KB060387

然寓 崔光律 名譽會長 獻呈論文集

規範과 現實의 調和

- 合理性과 實效性 -

2020

然寓 崔光律 名譽會長
獻呈論文集　刊行委員會

刊 行 辭

1984년 10월 행정법 학계의 목촌 김도창 선생님, 법조실무계의 연우 최광률 변호사님, 재조의 황우려 판사님 등을 중심으로 하여 한국행정판례연구회가 발족한 이래 1991년에 "행정판례연구" 창간호가 발간되었고, 1996년 제2집, 3집을 발간하였으며, 1999년부터 해마다 정기적으로 행정판례연구가 발간되기 시작하여 2009년부터는 매년 2호씩을 발간해 오면서 등재학술지에 선정되었습니다.

이 행정판례연구는 역사와 전통을 자랑하는 학술지로서 행정판례의 이론적 기초와 아울러 실천적 적용범위를 제시해 왔다고 자부합니다. 행정판례연구는 우리나라 행정판례의 역사이고 또한 행정판례를 두고서 선학과 후학, 학계와 실무계가 함께 대화하고 만나는 곳입니다.

제가 2017년부터 한국행정판례연구회 회장을 맡으면서, 회장을 지내신 선대 회장님들께서 고희, 희수, 산수, 미수, 백수를 맞이하는 등 적절한 때가 되면 이를 축하드리기 위하여 기념논문집을 봉정하는 전통을 만들어 나갔으면 좋겠다는 제의를 한 바 있습니다.

그 결과 회원 여러분들의 적극적인 참여로, 2018년 7월 5일 우리 연구회의 제8, 9대(2005.2~2011.2) 회장을 역임하신 청담 최송화 선생님의 희수기념논문집으로 "행정판례와 공익"을 발간한 바 있으며, 2019년 12월 31일 우리 연구회의 제5, 6대(1996.2~2002.2) 회장을 역임하신 연우 최광률 선생님께 봉정하는 논문집으로 행정판례연구 제24집 제2호를 발간한 바 있습니다.

연우 선생님께서는 일찍이 판사로서 법조실무를 시작하였고, 대한변호사협회의 사무총장을 역임하면서 변협의 발전을 위하여 노력한 결과 한국법률문화상과 명덕상을 수상하였고, 한편으로는 헌법재판소 재판관까지 역임하는 등 재야법조를 대표하는 분이십니다.

우리 연구회에도 설립 초기부터 참여하여 제5,6대 회장으로서 연구회의 기반을 다지셨고 이후 명예회장으로 계시면서 물심양면으로 연구활동을 지원해 주는 등 우리 연구회의 발전에 크게 기여하고 계십니다.

　　연우 선생님께서는 우리나라의 법률잡지인 법정, 사법행정, 고시계, 법조 등을 초기 창간호부터 이를 수집하면서, 중간에 빠진 부분이 있으면, 고서점 탐방은 물론 광고를 내어서까지 이를 구하여 채워 놓으셔야 하는 완벽주의자입니다. 은퇴 후 이들 귀중본을 헌법재판소에 기증까지 하셨습니다.

　　이제 우리는 행정판례연구 제24집 제2호에 실린 16편의 논문을 기본으로 하여 다시 32분의 교수와 변호사님들이 참여하여 옥고를 보내 주신 결과, "규범과 현실의 조화 ─합리성과 실효성─ "이라는 기념논문집으로 재탄생하게 되었고, 2020년 12월 17일 이와 같이 훌륭하고 따뜻한 성품을 지닌 선생님에 대한 우리 회원 모두의 존경심을 담아 이 책을 헌정하는 바입니다.

　　선생님께 앞날의 행운과 만수무강을 축원 드리면서 우리 모두 선생님의 헌신을 기억하고 그 뜻을 잘 이어받아야 할 것입니다.

　　한편 연우 선생님께 올린 이번 헌정논문집에는, 유남석 헌법재판소장님께서 축사를 보내 주셨는바, 이에 대하여 한량없는 감사를 올립니다.

　　또한 김철용 교수님께서도 축하의 글을 써 주셨습니다. 김철용 교수님께서는 우리 연구회의 제7대(2002.2~2005.2) 회장을 역임하셨고, 2017년에는 80세 기념논문집으로 "행정절차와 행정소송"을 손수 편찬 간행한 적이 있습니다. 사모님의 병구환 등으로 무척 힘드실 텐데도, 연우 선생님하면 김철용 교수님을 떼어놓고 생각할 수 없는 인연인지라 선뜻 이에 응해 주신데 대하여 진심으로 감사드리는 바입니다.

　　마지막으로 옥고를 보내 주신 32분의 집필진, 연우 선생님의 자료정리에 노고를 아끼지 않으신 배보윤 변호사님, 아울러 이 헌정논문집이 계획에 따라 순조롭게 출간될 수 있도록 헌신적으로 노력해 주신 김중권 편집위원장님을 비롯한 편집위원님, 그리고 간행위원님과 집행위원님들께 감사의 마음을 표합니다.

2020. 11. 30.

연우 최광률 명예회장 헌정 논문집 간행위원회 위원장

사단법인 한국행정판례연구회 제12대 회장

김동건

賀 序

　　연우(然寓) 최광률(崔光律) 변호사를 위한 헌정논문집이 간행된 것은 기쁜 일이 아닐 수 없습니다. 최광률 변호사에게 축하를 드립니다.

　　최광률 변호사는 전문직 법률가입니다. 전문직 법률가는, 유럽에서는 중세 이래, 의사와 성직자와 더불어 profession이라는 개념으로 지칭되어 왔습니다. 이 경우의 전문직 법률가는 변호사, 판사, 검사를 의미했습니다. 이들 전문직 법률가, 의사, 성직자는 그 어느 것이나 독립성이 높은 직업단체를 조직하고, 특유한 학식을 스스로 떠맡으며, 사회에서 가장 중요한 공공적 역할을 행하면서 다른 직업과 구별되는 특권적 지위를 누리는 것이 인정되어 왔습니다. 20세기에 들어오면서는 많이 달라졌고, 종래의 전문직상(專門職像)을 근본적으로 비판하는 견해마저 등장하였습니다. 그래서 전문직 법률가의 특징이 무엇이냐에 대하여 한 마디에 요약하기는 쉽지 않습니다.

　　전문직 법률가의 특징이 사회의 변화와 더불어 달라지고 있습니다만, 그 기본적인 특징은 고도의 학식과 기능, 공공적 성격, 독립성·자율성 셋으로 아직도 어느 정도 유지되고 있는 것이 아닌가 생각합니다. 그 기본적 특징 중 첫째가 고도의 학식과 기능입니다. 전문직 법률가는 높은 학식과 특수한 기능의 습득을 필요로 한다는 점입니다. 이 속에는 법 규범과 법 제도에 관한 기본적 이해와 지식, 법 규범의 구체적 사실에의 적용능력을 함유한 법적 언설(discours)의 조작 능력, 법적 관점에서의 사실 분석 능력, 증거의 평가능력 등을 기본으로 한 여러 가지 응용 능력을 포함합니다. 이와 같은 지식과 능력은 이론적이고 체계적인 학문의 바탕 위에서만 가능합니다.

　　최광률 변호사의 전문직 법률가 인생은 판사로 시작합니다. 최광률 변호사의 법조 경력은 이 글을 쓰고 있는 날까지 약 58년으로 추산됩니다. 판사 7년, 헌법재판소 재판관 6년, 변호사 45년입니다.

　　헌법재판소 재판관은 1988년 9월 비상임 재판관으로 임명되었고, 1991년 11월 상임

재판관으로 임명되어 1994년 12월 퇴임하였습니다. 이 6년 동안 최광률 재판관은 우리나라 헌법재판소 초대 헌법재판관의 일원으로서 오늘날의 헌법재판제도를 정착하고 발전시키는 데 그 기틀을 만들었다는 것이 일반적인 평가인 것으로 알고 있습니다.

최광률 재판관은 재판관으로서 헌법적 판단과 기본권의 확인과 보장을 위해 청구되었던 수많은 심판 사건에 관여하여 기념비와 같은 획기적인 결정을 많이 하였습니다. 특히 최광률 재판관이 주심재판관으로 관여한 사건 중 기록으로 남길 만한 헌법재판 실무 역사의 관점에서 이정표로 볼 수 있는 결정으로는 구 상속세법 제32조의2의 위헌 여부에 대한 사건과 김형욱 한 사람에 대한 처벌을 위한 반국가행위자처벌법의 위헌 여부에 관한 사건입니다. 전자는 합헌적 법률해석의 의미와 효과를 밝힌 최초의 변형결정의 사례이고, 후자는 상소를 과도하게 제한하여 형사피고인의 상소권을 본질적으로 박탈하고 상속회복청구를 전면 봉쇄하는 규정으로 법률 전체를 위헌 결정한 최초의 사례입니다.

최광률 재판관은 이러한 결정 외에도 재임 중 헌법재판소의 법규심의위원장으로서 헌법재판의 불모지에 아무것도 갖춰져 있지 아니한 상황에서 지정재판부의 구성·운영에 관한 규칙 제정, 사건의 접수·배당에 관한 내규 등 심판에 필요한 제 규칙을 제정하였습니다. 특히 사건배당내규는 사건의 접수 단계에서 주심재판관을 배정하는데 임의조작의 가능성을 배제하기 위하여 추첨의 방법으로 공평하게 배정하는 것으로, 심판 초기부터 공정성 시비를 불식시키고 그 시비의 여지를 차단하도록 하여, 재판의 신뢰성과 심판의 공정성을 확보하도록 하였습니다. 또한 헌법재판소 초기 "무에서 유를 창조하는 암중모색의 시절" 각종 보고서, 결정서 등 문례·서식이 전무한 상태에서 심사보고서, 사전심사결정서, 보정명령, 석명준비명령, 사실조회서, 기록송부·자료제출요구, 연구요청서, 평의요청서, 심리보고서, 심판결정서 등 각종 서식을 만든 것도 최광률 재판관이었습니다.

그러나 최광률 변호사가 우리나라 헌법재판의 역사에 길이 남을 업적은 헌법재판소가 개소되기 전 헌법재판소의 설립을 위한 헌법재판소법 제정 논의에서 오늘날 헌법재판소의 규범통제제도의 근간이 되고 있는 위헌소원(헌법재판소법 제68조 제2항)제도의 창안에 중추적 역할을 한 것으로 듣고 있습니다. 당시 헌법재판소 관할에 관한 논의의 주요 쟁점은 우리 헌정사상 헌법재판소 설립 이전 40여년간 위헌결정(판결)이 단 4건에 불과하였던 규범통제제도를 어떻게 활성화할 것이냐의 문제와 법원의 재판을 심판대상으로 할 것이냐의 여부 문제였습니다. 최광률 재판관은 헌법재판소법의 제정방향에 관한 세미나의 주제 발표에서 법원이 사법절차상의 기본권을 침해한 경우와 위헌제청 신청을 기각한 경우에는 법원의 재판도 헌법재판소의 심판대상이 되어야 한다는 주장을 하였습니다. 그 중 후자가 위헌소원제도로 도입된 것으로 듣고 있습니다.

헌법재판에 관한 것 외에도 최광률 변호사는 1983년부터 법무부 공법연구특별분과위원회 위원으로 행정심판법 정부원안 작성과 행정소송법 개정 정부원안 작성에 참여하였습니다. 특히 행정심판법초안작성 소위원회에서 기준이라고는 헌법 제108조 제3항(현행헌법 제107조 제3항) 밖에 없었던 상황에서 행정심판법 초안을 새롭게 창조할 수 있었던 것은 실무와 학문을 겸비한 최광률 제판관의 공이 큽니다.

박영사에서 우리나라 최초로 주석 행정소송법이 발간된 날은 2004년 12월 10일입니다. 이 책의 간행을 기획한 날은 2001년 1월입니다. 집필이 너무 지지 부진하니까 포기하자는 의견까지 나왔습니다. 우여곡절 끝에 거의 원고가 마감될 즈음 원래 발간계획서에 행정소송법 제11조(선결문제)를 집필하기로 하였던 이론정연한 서정우(徐廷友) 변호사가 집필을 끝낼 수 없는 상황이 발생하였습니다. 이 갑작스러운 상황에 재빨리 최광률 변호사가 단 시일 내에 대신 집필을 끝내주었습니다. 최광률 변호사의 도움으로 만 4년에 걸친 책이 완성을 이루게 된 것입니다.

또한 최광률 변호사는 한국행정판례연구회에 대해서도 기여하였습니다. 제5대 회장으로 취임하여 1999년 8월에 연구논집 간행규칙을 제정하여 시행하였습니다. 그 후 개정을 거듭하여 오늘날의 연구논집 간행 및 편집규칙에 이르게 된 것입니다. 그리고 1999년 행정판례연구 제4집, 2000년 행정판례연구 제5집, 2001년 제6집을 간행하여 행정판례연구가 속간될 수 있는 선례를 만들었습니다.

그 밖에도 최광률 변호사는 목촌 법률상 기념 사업회 초대 회장을 맡는 등 우리 공동체에 다방면에 걸쳐 여러 형태로 기여하였습니다.

필자는 부끄럽게도 Ulrich Battis란 사람을 오랫동안 그저 이름 있는 공법학을 전공으로 하는 학자의 한 분으로 알고 있었습니다. Peter Friedrich Bultmann, Klaus Joachim Grigoleit, Christoph Gusy, Jens Kersten, Christian. W. Otto, Christina Preschel이 펴낸 Ulrich Battis의 70세 탄생기념논문집의 서문을 보면서 사람을 평가할 때 정말 여러 가지 차원의 고려(Mehrebenenberücksichtigung)를 해야 하는구나 하는 생각을 했습니다.

필자는 이 글의 서두에서 전문직 법률가의 특징을 기술하였습니다. 그 중 둘째 특징인 공공적 성격과 셋째 특징인 독립성·자율성은 개인의 자질과의 관계가 깊지 않습니다. 개인의 자질과 가장 관계가 깊은 것은 첫째 특징인 고도의 학식과 특수한 기능의 습득입니다. 전문직 법률가를 평가할 경우에 첫째 특징을 기준으로 평가하는 것이 원칙입니다. 필자는 최광률 변호사를 56년 동안 옆에서 지켜보고 있습니다. 법 규범과 법 제도에 대한 탁월한 이해와 지식, 법적 언설의 조작 능력, 법적 관점에서의 사실 분석 능력 등 어느 하나 흠 작을 데가 없습니다. 그래서 필자는 최소한 두 가지 결론을 내리고 있습니다. 첫째 결론은 최광률 변호사라는 사람은 훌륭한 전문직 법률가라는 것입니다. 둘째 결론은 첫째 결론 못지않게 중요한 것으로 훌륭한 제도설계자로 평가되어야 한다는 것입니다.

　　최광률 변호사의 호(號)인 연우(然寓)는 자연과 더불어 산다는 뜻입니다. 최광률 변호사의 여생이 자연과 더불어 평온하고 즐거운 나날이 되길 빕니다.

2020년 12월
한국행정판례연구회 명예회장 김 철 용

崔光律 변호사 年譜

기본 사항

성 명: 최 광 률(崔 光 律)

생년월일: 1936년 8월 1일

아 호: 연우(然寓)

출생지: 평안남도 대동군 남곶면 소이도리

본 적: 서울특별시 동대문구 전농동 412

주 소: 서울 종로구 북촌로 90, 403호(가회동, 북촌힐스)

종 교: 천주교(세례명 세례자 요한)

가족관계

처   : 김혜자(金惠子)   1942년생

장녀   : 崔惠璟(최혜경)   1964년생

2녀   : 崔美璟(최미경)   1965년생

3녀   : 崔裕璟(최유경)   1967년생

학 력

1954. 3. 서울대학교 사범대학 부속고등학교 3년 졸업

1958. 3. 서울대학교 법과대학 졸업(법학사)

1978. 2. 건국대학교 대학원 법학과 수료(법학석사)

1979. 8. 서울대학교 경영대학 최고경영자 과정 수료

자 격

1958. 12. 고등고시 제10회 사법과 합격

1962. 2. 변호사 등록(등록번호 제1468호)

1973. 1. 변리사 등록(등록번호 제224호)

본직 경력

1959.　7.　공군법무관(중위, 대위)

1962. 11.　대전지방법원 판사

1965. 11.　서울지방법원 판사

1969.　9.　변호사 개업(변호사 최광률 법률사무소)

1981.　7.　공증인가 아세아합동법률사무소 대표

1983.　9.　동양종합법무법인 대표

1991. 11.　헌법재판소 재판관(상임)

1994. 12.　동양종합법무법인 대표

1997.　1.　동양합동법률사무소 대표

겸직 경력

1963.　9.　충청남도 제2지역구 선거관리위원회 위원장

1968. 10.　서울특별시 제3지역구 선거관리위원회 위원장

1969.　3.　명지대학교 강사

1972.　1.　총무처 중앙공무원교육원 강사

1974.　4.　서울제일변호사회 재무

1977.　5.　사단법인 삼성미술문화재단 감사

1978. 10.　사단법인 대한상사중재원 중재인

1979.　6.　해운항만청 해운진흥심의위원회 위원

1980.　3.　정부 헌법개정심의위원회 위원

1980.　5.　재단법인 낙산장학회 이사

1981.　5.　대한변호사협회 총무 겸 사무총장

1981.　6.　국무총리실 성장발전저해위원회 위원

1981.　9.　사법연수원 강사

1981. 12.　법무부 민·상법개정특별심의위원회 위원

1981. 12.　사단법인 한국법학원 총무이사

1982.　7.　법무부 정책자문위원회 위원

1983.　3.　법무부 공법연구특별분과위원회 위원

1983.　3.　고시동지회 부회장

1984.　1.　대법원 사법행정제도자문위원회 위원

1984.　6.　법무부 법무자문위원회 위원

1984.　8.　주식회사 법률신문사 감사

1985. 3. 해운항만청 해운진흥심의위원회 위원

1985. 7. 한국공법학회 상임이사

1985. 7. 대한공증협회 부회장

1985. 10. 법무부 행정심판위원회 위원

1985. 10. 해운항만청 행정심판위원회 위원

1986. 8. 철도청 행정심판위원회 위원

1987. 2. 정부 인권보호특별위원회 위원

1987. 6. 경제기획원 공정거래위원회 위원(비상임)

1988. 9. 헌법재판소 재판관(비상임)

1998. 2. 한국행정판례연구회 회장

1998. 3. 사단법인 서울컨트리클럽 이사

1998. 12. 한국방송개혁위원회 위원

2001. 12. 천주교 가회동성당 사목협의회 총회장

2003. 8. 광고심의기준위원회 위원장

상 훈

1983. 4. 국민훈장 모란장(대통령)

1990. 7. 한국법률문화상(대한변호사협회)

1997. 9. 청조근정훈장(대통령)

2002. 8. 대한변호사협회 공로상(협회장)

2002. 9. 서울지방변호사회 백로상(회장)

2004. 12. 자랑스런 부고인상(동창회장)

2008. 9. 서울지방변호사회 명덕상(회장)

주요 연구논문 목록

순번	제 목	발표시기	수록문헌	권 차	면 수
1	不正手票團束法의 改正과 그 解釋上의 問題點	66. 4.	法政	190	17－19
2	辯護士의 職域恢復 問題	77. 3.	大韓辯協誌	25	25－30
3	辯護士法 改正案 管見	77.11.	〃	32	8－14
4	被告人의 出席과 公判廷의 構成	78. 1.	〃	33	22－25
5	辯護士實態에 관한 統計分析	78. 4.	辯護士	9	85－120
6	報酬基準制定의 意義	78. 6.	大韓辯協誌	38	10－11
7	憲法上의 司法制度에 관한 研究(Ⅰ)	80. 5.	司法行政	233	17－28

8	憲法上의 司法制度에 관한 研究(Ⅱ)	80. 7.	〃	235	32－43
9	憲法上의 司法制度에 관한 研究(Ⅲ)	80. 8.	〃	236	15－25
10	憲法上의 司法制度에 관한 研究(Ⅳ)	80. 9.	〃	237	37－45
11	國選辯護制度改善方案(上)	81. 5.	大韓辯協誌	67	16－31
12	國選辯護制度改善方案(下)	81. 6.	〃	68	26－38
13	大法院의 規則制定權과 訴訟規則	82. 7.	司法行政	259	3
14	上告制限制度 解釋上 問題點	82. 7.	大韓辯協誌	79	23－31
15	上告制限制度 運營에 관한 統計分析	82. 9.	法曹	31－9	1－11
16	上告制限制度 運營上의 問題點	83.	民事判例研究	5	369－390
17	自動車運送約款의 檢討	83.	普通去來約款의 研究	단행본	179－193
18	辯護士法改正의 意義	83. 3.	大韓辯協誌	85	6－7
19	行政爭訟制度의 改善方向	83. 9.	大韓辯協誌	90	12－32
20	實地讓渡價額을 넘은 讓渡差益의 認定可否	85. 8.	判例月報	179	68－75
21	新 行政爭訟法槪觀 (서울地方辯護士會法律實務講座)	86. 1.	法曹春秋	134	139－148
22	辯護士法解說(第17回 辯護士研修會 講座)	86. 2.	大韓辯協誌	114	35－44
23	言論기본법 槪要(上)	86. 9.	朝鮮日報社報	761	4
24	言論기본법 槪要(下)	86. 10.	〃	762	3
25	行政訴訟上의 執行停止制度	87. 3.	建國大學院論文集	24	259－286
26	新 行政審判法의 特色	87. 7.	法曹	36－7	1－11
27	辯護士 아닌 者의 訴訟代理行爲	87. 7.	大韓辯協誌	131	8－15
28	改正 行政訴訟法의 特色	87. 7.	司法行政	319	62－66
29	憲法裁判所法의 立法方向	88. 2.	法務資料	95	30－46
30	辯護士의 職域問題	88. 4.	大韓辯協誌	140	6－7
31	執行停止의 要件과 本案理由와의 관계	88. 5.	〃	141	98－103
32	憲法裁判所法 槪觀	88. 10.	司法行政	334	69－89
33	韓國의 違憲法律審査制度	88. 10.	韓日辯護誌	7	95－99
34	違憲法律審判의 提請節次	89. 7.	法曹	394	55－83
35	憲法裁判의 運營方向	90. 5.	考試界	399	202－212
36	日本 民事保全法의 소개	90. 6.	人權과正義	166	99－117
37	法學界와 實務界의 交流協力 문제	90.12.	저스티스	23－2	49－65
38	農地轉用에 관한 委任命令의 한계	02. 4.	行政判例研究	7	3－7
39	行政訴訟法의 總則 槪說	04.12.	註釋行政訴訟法	단행본	37－40
40	行政訴訟의 종류(제3조)	〃	〃	〃	63－94
41	先決問題(제11조)	〃	〃	〃	317－336

目　次

공행정임무의 민간위탁과 손해배상책임

정하중*

I. 사실관계

　　피고 강남구는 관할 지역 내에 청소년수련관을 설치하고, 그 시설의 관리와 운영을 2013. 3. 1.부터 2016. 2. 28. 까지 3년간 피고 사단법인 OOO청소년연합회(이하 '청소년연합회'라 한다)에 위탁하였다. 피고 乙은 2011. 8. 10. 생활스포츠지도사 자격을 취득한 후 2014년 초경부터 피고 청소년연합회에 고용되어 위 청소년수련관 수영장에서 근무한 시간제 강사이다. 2015. 12. 4. 乙의 지도하에 수영강습을 받던 원고 丙은 스타트 다이빙 시도에서 수영장 바닥에 머리를 부딪쳐 경수척수손상에 의한 사지마비 등의 상해를 입었다. 원고 丙은 乙과 청소년연합회 그리고 강남구를 각각 피고로 하여 서울중앙지방법원에 손해배상청구소송을 제기하였다.

II. 소송의 경과

　　서울중앙지방법원은 피고 乙은 수영강사로서 원고가 안전하게 훈련할 수 있도록 지도·감독하여야 하여야 할 주의의무를 위반한 과실로 이 사건 사고를 발생시켰고, 피고 청소년연합회는 피고의 사용자로서, 피고 강남구는 피고 연합회의 감독자 내지 사용자로서 감독의무를 다하지 못한 과실이 있으므로, 피고들은 공동하여 원고에게 손해를 배상할 책임이 있다고 판시하였다.[1]

　　일심 판결에 대하여 ① 강남구는 청소년연합회가 수행하는 수탁업무에 관한 일반적인 감사 및 지도 감독을 할 뿐 이 사건 수영장의 운영에 관한 구체적 지휘·감독을 하지 않기 때문에 민법 756조에 의한 손해배상책임이 인정되지 않는다는 이유로, ② 청소년연

---

* 서강대학교 법학전문대학원 명예교수

[1) 서울중앙지법 2018. 1. 19. 선고 2017가합566704 판결.

합회와 乙은 청소년수련시설의 설치·운영은 지방자치단체의 복지행정에 해당하고, 강남구는 관련 조례 및 시행규칙에 따라 위 청소년수련관의 관리·운영권한을 청소년연합회에 위탁하였는바, 청소년연합회는 공무수탁사인에 해당하기 때문에, 이 사건은 민법상 사용자책임이 아니라, 국가배상법상 손해배상책임만이 문제되는바, 청소년연합회는 위 시설의 운영·관리에 있어서 과실이 없기 때문에 손해배상책임이 없으며, 乙 역시 고의 내지 중과실이 없기 때문에 손해배상책임이 없다는 이유로 원심인 서울고등법원에 항소하였다.

원심법원은 수영장에서의 강습행위 자체는 일반 사경제 주체로서의 강습행위와 본질적으로 다르지 아니한 바, 민법상의 불법행위책임이 적용된다는 이유로 청소년연합회와 乙의 항소를 기각하였다.

아울러 원심법원은 「청소년기본법」, 「청소년활동진흥법」 및 관련 조례 및 시행규칙에 의하면 강남구는 청소년연합회의 위 시설의 운영·관리에 관하여 일반적 지도·감독권을 넘어 조직, 인사, 회계, 보수, 안전관리, 물적 시설 등 상당히 구체적이고 직접적인 지도·감독권을 갖는다고 보아야 한다는 이유로 강남구의 항소를 기각하였다.

원심법원의 판결에 대하여 강남구는 항소이유와 동일한 이유로, 乙은 수영강사로서 지도·감독하여야 할 주의의무 위반이 없다는 이유로 상고하였다.

III. 대상판결의 요지

민법 제756조의 사용관계는 어떤 사람이 다른 사람을 위하여 그 지휘·감독 아래 그 의사에 따라 사무를 집행하는 관계로서, 고용관계에 의하는 것이 보통이겠지만 위임·조합·도급 기타 어떠한 관계라도 실질적인 지휘·감독 관계가 있으면 충분하고, 이러한 지휘·감독 관계는 실제로 지휘·감독하고 있느냐의 여부에 의하여 결정되는 것이 아니라 객관적으로 지휘·감독을 하여야 할 관계에 있느냐의 여부에 따라 결정된다.[2] 원심은 「청소년기본법」, 「청소년활동진흥법」, 「서울특별시 강남구립 청소년시설 설치 및 운영에 관한 조례」, 동 조례 시행규칙에 따라 강남구가 청소년연합회의 위 시설의 운영·관리에 관하여 조직, 인사, 회계, 보수, 안전관리, 물적 시설 등 일반적 지도·감독권을 넘어 상당히 구체적이고 직접적인 지도·감독권을 갖는다고 보아야 한다는 이유로 강남구의 민법 756조에 의한 손해배상책임을 인정하였다. 원심의 이와 같은 판단에 공공시설의 민간위탁운영과 관련한 지방자치단체의 감독책임 등에 관한 법리를 오해한 잘못이 없다. 한편, 원심은 피고 乙의 지도 하에 수영강습을 받던 원고가 스타트 다이빙 훈련도중 입수 직후 수영장 바닥에 머리를

---

2) 참조 판례 : 대법원 2010. 7. 8. 선고 2010다13732 판결 ; 2016. 7. 14. 선고 2013다69286 판결.

부딪쳐 경부 척수손상에 의한 사지 마비 등의 상해를 입은 사고는, 수영강사로서 수강생인 원고가 안전하게 훈련할 수 있도록 지도·감독하여야 할 乙이 그 주의의무를 위반한 과실로 발생하였다고 판단하였다. 원심의 위와 같은 판단에 사실을 오인하거나, 주의의무위반에 관한 법리를 오해한 잘못이 없다.

III. 평석

1. 청소년수련관의 설치·운영의 업무의 성격

「청소년활동진흥법」에서는 청소년수련시설의 하나로 청소년수련관을 규정하고 있다 (제10조 제1호 가목). 청소년수련관은 다양한 청소년수련거리를 실시할 수 있는 각종 시설 및 설비를 갖춘 종합수련시설로서 「청소년활동 진흥법」 제11조 제1항 제2호는 특별시장·광역시장·특별자치시장·도지사·특별자치도지사 및 시장·군수·구청장은 각각 청소년수련관을 1개소 이상 설치·운영도록 규정하고 있다. 청소년수련관은 청소년의 균형 있는 성장을 위하여 필요한 활동을 적극적으로 진흥하기 위한 시설로서 그 설치·운영은 복지행정으로서 지방자치단체의 자치사무에 속한다고 볼 것이다. 「청소년활동 진흥법」뿐만 아니라 지방자치법 제9조 2항 제5호 역시 교육·체육·문화·예술의 진흥에 관한 사무를 지방자치단체의 사무로 규정하고 있으며, 나목에서는 여기에 체육관·박물관·공연장·미술관·음악당 등 공공교육·체육·문화시설의 설치 및 관리를 포함시키고 있다.

주민의 복리증진은 헌법 제117조 제1항에서 명시적으로 규정하고 있는 바와 같이 지방자치단체의 사무의 중심을 이루고 있는바, 상술한 바와 같이 청소년수련관의 설치·운영은 지방자치단체의 전형적인 급부행정에 속한다. 만일 강남구가 청소년연합회에 위탁하지 않고 직접 위 청소년수련관을 운영을 하다가 이 사건과 같은 사고가 발생하였다면, 수영강사를 공무원으로 보아 국가배상법 제2조에 따라 손해배상책임을 져야 하는지 또는 민법 756조 사용자책임에 따른 손해배상책임을 부담하여야 하는지 문제가 발생한다. 지배적인 학설과 판례는[3] 국가배상법 제2조 제1항의 공무원의 직무행위의 범위를 공행정작용으로 보아 여기에 권력행위와 관리행위를 포함시키고 있는 반면 사경제행위를 배제시키고 있다. 피고 청소년연합회와 乙 역시 청소년수련시설의 설치·운영은 지방자치단체의 복지행정에 해당하여, 국가배상법이 적용된다고 주장하면서 항소하였다. 그러나 항소심은 피고 연합회는 영리목적으로 이 사건 수영장을 운영·관리하였고, 수영장에서의 강습행위 자체

---

3) 대법원 2004. 4. 9. 선고 2002다10691 판결; 대법원 1999. 11. 26. 98다47245 판결.

는 일반 사경제주체로서의 강습행위와 본질적으로 다르지 않다는 이유에서 피고들의 주장
을 배척하고 민법상의 불법행위에 의한 손해배상책임을 인정하였다. 청소년수련관의 운영·
관리라는 공행정작용이 청소년연합회라는 사법상 주체에게 위탁되는 경우, 과연 그 운영·
관리작용을 순수한 영리행위, 즉 사경제작용으로 보아야 할 것인지 의문이 제기된다.

2. 행정사법관계

행정주체는 전기·가스 등의 에너지 공급, 상수도 설치를 통한 생활용수의 공급, 폐기
물의 수거와 처리, 전철운행을 통한 교통수단의 제공 등 개인의 생활에 필수적인 급부를
제공하는 생존배려영역에 있어서 많은 경우에 이미 오래전부터 사법형식으로 활동을 하고
있다. 이들 급부행정은 실질적인 공행정에 해당하며, 이에 따라 공법에 의하여 규율되어야
하나, 많은 경우 공법은 이에 대하여 적합한 행위형식을 마련하고 있지 않기 때문에 행정
주체는 사법상의 계약형식을 사용하여 왔다. 행정법의 발전은 사법에 비하여 역사적으로
일천하며, 적지 않은 영역에서 규율의 불충분함과 흠결이 존재하고 있다. 이에 대하여 사
법은 급부관계의 형성과 해결에 적합한 규율과 법형식을 갖고 있을 뿐만 아니라, 강행법규
위주의 행정법과는 달리 임의법규가 많아 당면한 행정임무의 유연한 형성과 처리를 가능
하게 한다.

그러나 행정주체가 급부행정 영역에서 사법형식을 사용하는 경우에, 사인과 사인 사
이의 관계와는 달리 직접 행정목적의 실현을 위하여 활동하기 때문에 기본권을 포함한 일
련의 공법적 규율에 기속되며, 사적 자치의 원리는 현저하게 수정되어 적용된다. 이와같이
행정주체가 사법형식으로 공행정을 수행하는 경우에 일정한 공법적 규율의 기속을 받는
관계를 이른바 행정사법관계라고 부른다. 행정사법(Verwaltungsprivatrecht)의 특징은 사법규
범이 공법규범에 의하여 보충되고, 중첩되며 수정되는데 있다. 이러한 행정사법은 행정주
체가 헌법과 행정법의 기속을 벗어나기 위한, 이른바 "사법으로의 도피"를 차단하기 위하
여 Wolff 등[4]에 의하여 발전된 이론이다.[5]

행정사법관계에서는 ① 평등권을 비롯한 기본권이 적용되고, 비례의 원칙, 신뢰보호
의 원칙, 부당결부금지의 원칙, 신의성실의 원칙 등 행정법의 일반원칙이 적용된다. 아울
러 전기·가스, 생활용수의 공급, 및 교통수단의 제공 등 공기업의 사용관계에 있어서 대량
적이고 정형적인 급부유형을 고려하여 행위능력이나 의사표시의 착오 등 사법규정들이 부
분적으로 수정되며, 계약이 법적으로 또는 사실상으로 강제되거나 해지나 해제가 제한된

---

4) Wolff/Bachof,. VerwR I , 1974, 9. Aufl. S. 108 ff. ; Siebert FS für Niedermeyer, 1953, S. 240 ff.
5) 행정사법관계에 대하여 자세히는 정하중, 사법행정의 기본권기속, 서강법학연구 2권, 2000. 3, 51면 이하.

다. 또한 기업경영의무가 존재하고, 사용료나 수수료 등이 조례로 정하여지거나 정부의 인가대상이 되고 있다. 행정사법 영역에서의 법적 분쟁은 그 실질이 공행정작용이라고 할 지라도 법형식에 초점을 맞추어 민사소송의 대상이 되며, 개인이 손해를 입은 경우에는 민법상의 손해배상청구권을 행사할 수 있다.

　　우리의 행정법 실무에서도 행정사법은 오래전부터 정착되어 왔다. 예를 들어 통신시장이 민영화 되기전에 유선통신사업은 공기업인 한국통신공사에 의하여 독점적으로 영위되었는바, 당시 대법원은 "전화가입계약은 전화가입희망자의 가입청약과 이에 대한 전화관서의 승락에 의하여 성립하는 영조물 이용의 계약관계로서 비록 그것이 공중통신역무의 제공이라는 이용관계의 특수성 때문에 그 이용조건 및 방법, 이용의 제한, 이용관계의 종료원인 등에 관하여 여러가지 법적 규제가 있기는 하나 그 성질은 사법상의 계약관계에 불과하다"고 판시하였다.6) 철도운행사업이 국가에 의하여 직접 행하여졌던 당시, 대법원은 "국가의 철도운행사업은 국가가 공권력의 행사로서 하는 것이 아니고 사경제적 작용이라 할 것이므로, 이로 인한 사고에 공무원이 간여하였다고 하더라도 국가배상법을 적용할 것이 아니고 일반 민법의 규정에 따라야 한다"라고 판시하였다.7) 또한 대법원은 "서울특별시지하철공사의 임원과 직원의 근무관계의 성질은 지방공기업법의 모든 규정을 살펴보아도 공법상의 특별권력관계라고는 볼 수 없고 사법관계에 속할 뿐만 아니라, 위 지하철공사의 사장이 그 이사회의 결의를 거쳐 제정된 인사규정에 의거하여 소속직원에 대한 징계처분을 한 경우 위 사장은 공권력발동주체로서 위 징계처분을 행한 것으로 볼 수 없고, 따라서 이에 대한 불복절차는 민사소송에 의할 것이지 행정소송에 의할 수는 없다"라고 판시하였다.8)

　　이 사건 청소년수련관은 다양한 청소년수련거리를 실시할 수 있는 각종 시설 및 설비를 갖춘 종합수련시설(청소년활동진흥법 제10조 제1호 가목)로서, 기초지방자치단체가 설치·운영하고 있는 청소년수련관은 규모에 따라 다소 차이가 있지만 일반적으로 다목적체육관(농구·배구·배드민턴 등 각종 경기를 할 수 있는 실내체육관), 수영장, 체력단련실, 댄스연습실 및 음악연습실 등 기타 문화시설로 이루어지고 있다. 청소년수련관의 설치·운영은 위에서 설명한 바와 같이 공행정으로서 급부행정에 속한다고 할 것이다. 이러한 청소년수련관의 각종 시설은 사설체육시설과 마찬가지로 회원제로 운영되고 있으며, 그 이용은 회원등록 및 이용료납부를 전제로 하고 있다. 이에 따라 청소년수련관의 이용관계는 사설체육관시설과 마찬가지로 사법상의 계약관계의 성격을 갖는다고 할 것이다. 다만, 그 시설의 설치·

---

6) 대법원 1982. 12. 28. 선고 82누441 판결.

7) 대법원 1999. 6. 22. 선고 99다7008 판결.

8) 대법원 1989. . 12. 선고9 89누2103 판결.

운영이 실질적인 공행정에 해당한다는 점에서 행정사법관계에 해당하다고 볼 것이다. 비록 청소년수련관의 이용관계가 사법관계라고 하더라도 기본권 및 행정법의 일반원칙 등 공법적 기속이 이루어지며, 부분적으로 사적 자치의 원칙이 수정된다. 예를 들어 사설수영장의 경우 설립자의 의도에 따라서 여성 전용수영장 또는 특정종교인 전용수영장 등의 설치가 허용될 수 있으나, 구립·시립 수영장의 경우 이러한 차별적 이용이 배제된다. 또한 사설수영장의 경우 사우나 등이 구비된 호화시설의 경우 고가의 이용료가 부과될 수 있지만, 구립·시립의 경우 이용료는 조례 및 규칙에 의하여 정하여지는 것이 일반적이다.

3. 청소년수련관의 운영의 민간위탁과 이용관계

이 사건에서 강남구는 「청소년활동 진흥법」 제11조 제1항 제2호에 따라 청소년수련관을 설치·운영하다가, 2013. 3. 1부터 2016. 2. 28일까지 청소년연합회에 관리·운영을 위탁하였다. 오늘날 공원·주차장·체육관·공연장·미술관·음악당 등 지방자치단체가 설치·운영하는 공공시설은 민간에 위탁하여 운영되는 경우가 일반적인 현상이 되고 있다. 이는 민영화의 한 형태로서 이른바 경영수행위탁모델(Betriebsführungsmodel)에 해당한다. 이 방식에 따르면 경영수행계약(Betriebsführungsvertrag)에 의하여 기술적이고 상업적인 경영수행만이 일정한 대가를 조건으로 민간업자에게 위탁된다. 행정주체는 여전히 당해 공공시설의 소유자일 뿐만 아니라, 경영주체로서의 지위도 그대로 보유한다. 이에 따라 행정주체가 모든 기본적이고 중요한 경영상의 결정을 내린다.[9] 이와 같은 기능적 민영화를 비롯한 공행정 임무의 민영화가 현대행정의 중심적 화두로 부각된 이유는 무엇보다 국가와 지방자치단체의 행정부담을 완화하고, 사적인 지발성과 재정수단, 기술 및 전문지식의 활용에서 찾을 수 있다.[10] 청소년활동진흥법 제16조는 청소년수련시설의 효율적 운영을 위하여 청소년단체에게 그 운영을 위탁할 수 있도록 규정하고 있고(제1항), 그 운영을 위탁할 때에는 위탁 업무의 내용, 위탁 계약의 기간·조건·해지 등에 관한 사항이 포함된 위탁계약서를 작성하도록 규정하고 있으며(제2항), 지방자치단체는 예산의 범위 내에서 그 위탁된 수련시설의 운영에 필요한 경비를 지원할 수 있도록 규정하고 있다(제3항).

이 사건 강남구는 청소년활동 진흥법 제16조에 따라 청소년수련관의 운영을 청소년연합회에 위탁하였는바, 여기서 위탁 업무의 내용, 기간, 조건, 해지 등에 관한 사항이 포함된 위탁계약서를 작성한 것으로 보인다. 이러한 위탁계약은 청소년수련관의 이용관계가

---

9) 이원우, 정부기능의 민영화를 위한 법적 수단에 대한 고찰 - 사인에 의한 공행정의 법적 수단에 대한 체계적 연구, 행정법연구 제3호, 1998, 113면.

10) 정하중, 행정법개론 14판, 2020, 51면.

행정사법관계의 성격을 갖는다는 점을 고려할 때, 사법상 계약의 성격을 갖는다고 할 것이다. 다만, 청소년수련관의 운영은 사설체육시설과는 달리 영리를 목적으로 하는 것이 아니라, 청소년의 균형 있는 성장을 위하여 필요한 활동을 적극적으로 진흥한다는 공적 목적을 추구하며, 이러한 공적 목적은 사법상 사단법인인 청소년연합회에 운영이 위탁된다고 하더라도 변함없이 존속된다고 보아야 할 것이다.

4. 행정주체의 통제

공행정임무를 민간위탁하는 경우에 일반적으로 사적 주체는 공익보다는 자신의 영리적 목적을 추구하는 경향이 강하기 때문에, 공적 목적의 실현을 위하여 행정주체의 엄격한 감독이 요구된다. 특히 사적 주체에 의한 공행정수행에 있어서는 계층적 행정조직에 특유한 직무감독이 결여되기 때문에 이를 보완하는 통제조치가 요구된다. 학설에서는 공행정임무의 민간위탁시 필요한 행정주체의 통제수단으로 ① 사적 주체의 선정, ② 위탁된 임무수행에 대한 감독, ③ 행정주체의 임무회수권을 들고 있다.[11]

1) 사적 주체의 선정

사인으로서 공행정임무를 수행하고자 하는 자는 우선 이와 관련된 전문성을 구비하여야 하며, 인적 신뢰성이 있어야 하고, 임무수행에 적합한 조직을 갖추어야 한다. 일반적인 사법상의 단체 및 조직보다는 다년간 청소년활동 및 교육에 종사한 청소년단체가 청소년수련관의 운영과 관련된 전문성과 경험을 갖추었다고 판단할 수 있다.

인적 신뢰성과 관련하여 사적 주체가 향후 위탁된 임무를 올바로 수행하고 관련된 법규를 준수할 것이라고 기대되어야 한다. 예를 들어 사적 주체가 불법체류중인 외국인을 고용하고 있다든지, 또는 기타 노동관계법규를 위반한 사실이 있는 경우에는 인적 신뢰성이 결여된다고 보아야 할 것이다.

한편 사적 주체가 제한된 사업수단 및 재정적 사정으로 공행정임무를 지속적으로 이행할 수 없는 상황이라면 조직상의 적합성이 결여된다. 예를 들어 폐기물처리업자가 파산절차에 들어가는 경우 폐기물처리는 중단되어 현저한 공익침해가 우려될 것이다. 이에 따라 행정주체는 선정대상이 되는 사적 주체의 재정 및 회계상황을 세심하게 검토하여야 한다.

사적 주체의 선정시 전문성, 인적 신뢰성, 조직상의 적합성의 객관적 평가를 위하여 공개입찰방식이 요구되며, 특별한 사정이 있는 경우에만 수의계약이 허용될 것이다.

---

11) Däubler, Privatisierung als Rechtsproblem, 1980. S. 90 ff.

2) 감독

사적 주체가 전문성, 인적 신뢰성, 조직상의 적합성이 인정되어 임무수탁자로 선정되었다고 할지라도 그의 활동은 지속적인 감독에 예속된다. 감독의 강도는 위탁된 행정임무의 종류와 사적 주체의 결정여지에 의존한다. 임무수행에 있어서 사적 주체의 결정여지가 크면 클수록 행정주체의 감독은 임무수행과 관련하여 그의 활동의 적법성 뿐만 아니라 합목적성에 미친다.[12) 양적으로 충분하며 일정한 질적 수준을 유지시키는 급부가 계속 제공되기 위하여 주기적인 통제가 이루어져야만 한다. 아울러 이용자의 정당한 이익과 편리성이 충분히 고려되고 있는지 심사하여야 한다. 급부에 대한 이용료가 사적 주체에 의하여 임의적으로 결정되는 경우는 거의 없으며, 지방자치단체의 조례나 규칙에 결정되거나 인가의 대상이 된다.

3) 위임의 해지와 공적 임무의 회수

모든 관점에서 적합하며 상당한 범위에서 통제되고 있는 사적 주체에 있어서도 위탁된 행정임무를 더 이상 계속하여 수행할 수 없는 예기치 못한 상황이 발생할 수 있다. 예를 들어 사적 주체가 파산하거나. 그의 사업을 포기하는 경우를 생각할 수 있다. 또한 그의 급부가 합의된 수준에 현저히 미달하고 이에 대한 행정주체의 이의제기가 어떤 성과를 거두지 못하는 경우도 있을 수 있다. 이들 경우에 단기간에 그를 대체하는 사적 주체를 찾을 수 없다면, 행정주체는 해당 공행정임무를 다시 회수하여야 한다. 그러한 한도에서 행정주체는 보장적 지위를 부담한다.[13) 이러한 경우에 대비하기 위하여 사적 주체와의 계약에는 행정주체의 회수권이 합의되어야 한다. 이러한 회수권에는 행정주체의 해지권 및 사적 주체에 의하여 사용된 물적 시설을 상당한 가격(일반적으로 거래가격) 획득할 권한을 포함하여야 할 것이다. 사적 주체를 대체하기 위하여 짧은 기간내에 급부제공에 필수적인 시설에 대한 투자를 하는 것은 결코 쉬운 일이 아니기 때문이다.

4) 청소년시설 설치 및 운영에 관한 조례 및 관련 시행규칙의 내용

청소년시설 운영의 민간위탁에 대하여 규정하고 있는 청소년기본법 제18조 제3항과 청소년활동진흥법 제16조 제1항에 따라 강남구는 「서울특별시 강남구립 청소년시설 설치 및 운영에 관한 조례」를 제정하였고 그에 근거하여 「서울특별시 강남구립 청소년시설 설치 및 운영에 관한 조례 시행규칙」을 제정하였다. 위 조례 및 시행규칙은 청소년시설의 위

---

12) Ossenbuhl, VVdStRL 29, S. 160.

13) Steiner, Öffentliche Verwaltung durch Private. 1975, S. 284 ; Gallwas, VVdStRL 29, S. 221.

탁운영과 관련하여 수탁기관을 직접 통제·감독할 수 있는 근거를 다음과 같이 상세히 규정하고 있다.

① 구청장은 시설별로 조직, 인사, 보수, 재산·물품관리, 안전관리, 사무의 처리절차·기준 및 지도·감독 등에 기준을 정하고 이를 수탁기관에 시달할 수 있으며(조례 13조 1항), 수탁기관은 강남구가 제정한 조례 및 시행규칙에 따라 인적 조직을 구성하거나 물적 시설을 하도록 규정하고 있다(조례 3조·4조).

② 인사와 관련하여 청소년시설의 운영대표자는 수탁기관의 대표자가 임명하되 구청장의 승인을 얻어야 하고, 기타 직원들은 수탁기관의 대표자가 법령상 자격을 갖춘 사람을 공개경쟁을 원칙으로 임용하되 구청장에게 보고하도록 규정하고 있다(조례 제14조 제1항, 3항).

③ 예산·결산과 관련하여 위탁운영단체는 구청장에게 매년 11월 말까지 구청장에게 예산안을 제출하여 승인받아야 하며(시행규칙 제16조), 세입·세출결산서를 작성하여 구청장이 지정하는 공인회계사의 검사를 받은 후 다음 연도 3월 31일까지 구청장에게 제출하도록 규정하고 있다(시행규칙 제 24조).

④ 시설의 안전과 관련하여 시행규칙은 안전기준에 대하여 구체적으로 규정하고 있으며(시행규칙 29조 1항), 위탁운영단체는 시설에 대하여 정기 및 수시 안전점검을 실시한 후, 그 결과를 구청장에게 보고하여야 하고(시행규칙 제 29조 3항), 안전기준에 대한 종사자 교육을 실시한 후 구청장에게 보고하도록 규정하고 있다(시행규칙 제 29조 2항).

⑤ 감사·지도·감독과 관련하여 위탁운영단체는 강남구의 감사·지도·감독에 따라야 하며, 시정사항이 발생한 경우에는 시정조치하고 그 결과를 구청장에게 보고하도록 규정하고 있으며, 감사·지도·감독은 연 1회 이상 실시하도록 하고 있다(시행규칙 제37조). 수탁기관은 구청장이 정한 운영규정이나 구청장의 지시시항 등을 준수할 의무가 있고, 구청장은 이를 위반한 때에는 심의위원회의 심의를 거쳐 위탁을 취소 또는 철회할 수 있도록 규정하고 있다(조례 제17조 제1항).

이와 같이 위 조례 및 시행규칙에서 위탁운영단체의 조직, 인사, 예산·결산, 안전관리, 운영 등에 관하여 상세한 지도·감독·통제규정을 두고 있는 이유는 청소년시설이 추구하는 공적 목적을 실현하고, 자의적인 운영과 과도한 사익추구를 방지하기 위한 것이다. 이러한 조례와 시행규칙의 내용은 이 사건 강남구가 청소년연합회와 합의한 위탁계약의 내용이 되었음은 물론이다. 한편 이 사건 위탁계약에 따라서 사법상의 사단법인인 청소년 연합회가 청소년수련관을 운영한다고 할지라도 그 이용관계는 행정사법관계의 성격을 갖는다고 할 것이다. 청소년연합회는 청소년수련관을 운영함에 있어서 그 설립의 공적 목적에 기속되어야 하며, 평등권 등 기본권 및 행정법의 일반원칙에 직접 적용을 받는다. 또한 시설의 운영·관리 등에 있어서 직원의 보수 및 청소년의 이용료의 책정에 있어서 사익을 추구하여서 안됨은 물론이다. 이러한 청소년수련관의 운영에 있어서 공적 목적을 실현시키기 위하여 강남구의 조례와 시행규칙에 상세한 지도·감독·통제 규정을 두었다고 보아야 할 것이다.

5. 결어

원고 丙이 강남구, 청소년연합회와 乙을 각각 피고로 하여 손해배상청구를 한 이 사건에서 두가지 쟁점이 제기되고 있다. 첫째, 청소년연합회와 수영강사 乙은 이 사건 청소년수련관의 설치·운영이 복지행정에 해당하므로 국가배상법이 적용된다고 주장하였으나, 원심판결은 수영장에서의 강습행위는 사경제주체로서 강습행위와 본질적으로 다르지 않다는 이유로 기각하였다. 위에서 설명한 바와 같이 비록 청소년수련관의 설치·운영은 복지행정으로서 공행정에 해당하나 사법에 의하여 규율되는 행정사법관계에 해당한다. 이 사건 법률관계는 강남구와 청소년연합회는 사용자와 피용자관계에 해당하며, 청소년연합회와 乙과의 관계도 사용자와 피용자관계에 해당한다. 청소년연합회는 민법 756조에 의한 사용자책임을 인정한 원심판결에 대하여 상고하지 않았으나, 강남구는 청소년연합회가 수행하는 수탁업무에 대하여는 일반적인 감사·지도 감독을 할 뿐 수영장의 운영에 관하여는 구체적 지휘·감독을 하지 않는다는 이유로 사용자책임을 부담하지 않는다는 이유로 상고하였다.

대법원은 대상판결에서 피고 서울특별시 강남구의 상고이유에 대하여 "민법 제756조의 사용관계는 어떤 사람이 다른 사람을 위하여 그 지휘·감독 아래 그 의사에 따라 사무를 집행하는 관계로서, 고용관계에 의하는 것이 보통이겠지만 위임·조합·도급 기타 어떠한 관계라도 실질적인 지휘·감독 관계가 있으면 충분하고, 이러한 지휘·감독 관계는 실제로 지휘·감독하고 있느냐의 여부에 의하여 결정되는 것이 아니라 객관적으로 지휘·감독을 하여야 할 관계에 있느냐의 여부에 따라 결정된다"고 설시하였다. 아울러 강남구가 제정한 위 조례 및 시행규칙을 참조하면서, 피고 청소년연합회에 대한 일반적인 지휘·감독권을 넘어 상당히 직접적이고 구체적인 지도·감독권을 보유하고 있다고 판단한 원심판결은 공공시설의 민간위탁운영과 관련한 지방자치단체의 감독책임 등에 관한 법리를 오해한 잘못이 없다고 판시하였다.

대상판결에 동의를 하나, 청소년수련관의 설치·운영이 지방자치단체의 복리행정에 해당한다는 점과 그 이용관계와 관련하여 행정사법의 특수성을 설시하였으면 보다 바람직하였을 것이다.

중앙행정심판위원회 2019. 11. 12.자
2018-22908 부정당업자 제재처분
취소청구사건의 재결에 대한 평석

박홍우*

1. 사실관계

청구인은 해군군수사령부와 '해군의 선박자동식별장치를 1년간 유지보수 및 정비를 하기로 하는 계약(이하 '이 사건 정비계약'이라 한다)을 체결하였다. 그런데 이 사건 정비계약과 관련하여 청구인의 직원이 유지보수 정비업무를 일부 이행하지 않고도 그 업무를 수행한 것처럼 점검일지 등을 임의로 작성하였고 청구인은 이러한 사실을 모르는 상태에서 해군군수사령부에 위 자료를 계약의 정산자료로 제출하였다. 이에 피청구인 국방부장관은 청구인이 계약과 관련하여 허위서류를 제출하고 정당한 사유 없이 계약을 불이행했다는 이유로 국가를 당사자로 하는 계약에 관한 법률(이하 '국가계약법'이라 한다) 제27조 및 같은 법 시행령(이하 '시행령'이라 한다) 제76조 제1항 제1호 가목을 적용하고, 같은 법 시행규칙 [별표 2] 중 2. 개별기준 9호 나목에 따라 부정당업자 제재처분을 하였다.

2. 결정 요지

국가계약법 제27조 제1항 제8호는 '그 밖에 다음 각 목의 어느 하나에 해당하는 자로서 대통령령으로 정하는 자'에 대하여 부정당업자로서 입찰참가자격을 제한할 수 있다고 규정하고 있고, 가목은 '입찰·계약 관련 서류를 위조 또는 변조하거나 입찰·계약을 방해하는 등 경쟁의 공정한 집행을 저해할 염려가 있는 자'를, 나목은 '정당한 이유 없이 계약의 체결 또는 이행 관련 행위를 하지 아니하거나 방해하는 등 계약의 적정한 이행을 해칠 염

* 법무법인 케이씨엘 변호사, 법학박사, 전 대전고등법원장

려가 있는 자'를 규정하고 있다. 한편 이를 구체화한 시행령 제76조 제1항 제1호는 경쟁의 공정한 집행을 저해할 염려가 있는 자를 열거하고 있고, 제2호는 계약의 적정한 이행을 해칠 염려가 있는 자를 열거하고 있다. 이러한 국가계약법 제27조 및 시행령 제76조의 구성체계와 형식 및 시행령 제76조 제1항 제1호에서 라목을 제외하고는 '이행'이라는 용어를 사용하지 않고, 라목의 '이행'도 제3자가 방해하는 것을 전제로 하고 있는 것 외에는 모두 입찰 또는 계약에 관한 사항들이다. 이에 반하여 제2호에서는 '이행'이라는 용어를 사용하면서 열거하고 있는 사항들이 모두 계약의 이행과 관련된 사항이다. 그렇기 때문에 시행령 76조 제1항 제1호는 국가계약법 제27조 제1항 제8호 가목의 입찰·계약 관련 서류를 위조 또는 변조하거나 입찰·계약을 방해하는 등 경쟁의 공정한 집행을 저해할 염려가 있는 자 중 처분대상을 구체화하고 있는 것이고, 시행령 제76조 제1항 제2호는 국가계약법 제27조 제1항 제8호 나목의 정당한 이유없이 계약의 체결 또는 이행 관련 행위를 하지 아니하거나 방해하는 등 계약의 적정한 이행을 해칠 자 중 처분대상을 구체화하고 있는 것으로 나누어 규정하고 있는 것으로 해석된다.

따라서 청구인의 계약 이행과정에서 작성되어 제출된 작업일지 및 예방정비점검표 제출행위를 '국가계약법 시행령 제76조 제1항 제1호 가목'에 해당된다는 것을 전제로 한 이 사건 처분은 위법하다.

3. 문제의 제기

국가계약법 제27조 제1항 전문은 "각 중앙관서의 장은 다음 각 호의 어느 하나에 해당하는 자(이하 '부정당업자'라 한다)에게는 2년 이내의 범위에서 대통령령으로 정하는 바에 따라 입찰 참가자격을 제한하여야 하며, 그 제한사실을 즉시 다른 중앙관서의 장에게 통보하여야 한다."고 규정하고 있다. 이러한 입찰참가자격제한 처분은 입찰참가자 또는 계약상대방이 입찰이나 계약체결 또는 계약이행 과정 등에서 법령이 정한 위법행위를 한 경우 법령이 정하는 바에 따라 일정기간 입찰참가자격을 제한하는 제재를 가하는 것이다.

국가계약법이 부정당업자의 입찰참가자격을 제한하는 취지는 국가를 당사자로 하는 계약에서 공정한 입찰 및 계약질서를 어지럽히는 행위를 하는 자에 대하여 일정 기간 입찰참가를 배제함으로써 국가가 체결하는 계약의 성실한 이행을 확보함과 동시에 국가가 입게 될 불이익을 미연에 방지하기 위한 것이다(대법원 2020. 2. 27. 선고 2017두39266 판결). 국가계약법 및 같은 법 시행령은 부정당업자에 대하여는 입찰참가자격을 제한할 뿐만 아니라 계약에서도 배제하고 있다(국가계약법 제27조 제3항, 국가계약법 시행령 제76조 제6항, 제7

항 참조). 따라서 입찰참가자격의 제한이 관급공사를 많이 수주하는 당사자에게는 치명적이다.

국가계약법 시행령 제76조 제1항 제1호는 입찰 또는 계약에 관한 서류를 위조·변조하거나 부정하게 행사한 자 또는 허위서류를 제출한 자를 부정당업자로 규정하고 있고, 제76조 제1항 제2호는 정당한 이유 없이 계약을 체결 또는 이행하지 아니한 자 등을 부정당업자로 규정하고 있다. 만약 이 사건과 같이 계약 체결 후 계약의 이행과정에서 필요한 서류를 위조한 경우 이를 시행령 제76조 제1항 제1호 가목 위반으로 해석하게 되면 시행령 제76조의2 제1항 단서에 의하여 과징금 부과대상에서 제외된다. 시행령 제76조 제1항 제2호 가목 위반으로 해석하면 과징금 부과대상이 될 수 있다[1]. 이리하여 이 사건과 같은 경우 적용할 법령조항이 무엇인가 하는 것이 당사자에게는 매우 중요한 의미를 갖는다.

이러한 사안에서 적용할 법령조항에 관하여 판례는 나뉘고 있는데 중앙행정심판위원회가 2019. 11. 12.자 2018－22908 부정당업자 제재처분 취소청구사건에 대한 재결에서, 시행령 제76조 제1항 제1호 가목을 적용해서는 안 되고 제2호 가목을 적용하여야 한다는 취지로 결정하였으므로 이를 살펴볼 가치가 있다고 하겠다.

---

1) 국가계약법 제27조의2(과징금) ① 각 중앙관서의 장은 제27조 제1항에 따라 부정당업자에게 입찰 참가자격을 제한하여야 하는 경우로서 다음 각 호의 어느 하나에 해당하는 경우에는 입찰 참가자격 제한을 갈음하여 다음 각 호의 구분에 따른 금액 이하의 과징금을 부과할 수 있다.

  1. 부정당업자의 위반행위가 예견할 수 없음이 명백한 경제여건 변화에 기인하는 등 부정당업자의 책임이 경미한 경우로서 대통령령으로 정하는 경우: 위반행위와 관련된 계약의 계약금액(계약을 체결하지 아니한 경우에는 추정가격을 말한다)의 100분의 10에 해당하는 금액

  2. 입찰 참가자격 제한으로 유효한 경쟁입찰이 명백히 성립되지 아니하는 경우로서 대통령령으로 정하는 경우: 위반행위와 관련된 계약의 계약금액(계약을 체결하지 아니한 경우에는 추정가격을 말한다)의 100분의 30에 해당하는 금액

  국가계약법 시행령 제76조의2(과징금 부과의 세부적인 대상과 기준) ① 법 제27조의2 제1항 제1호에서 "부정당업자의 책임이 경미한 경우로서 대통령령으로 정하는 경우"란 다음 각 호의 어느 하나에 해당하는 경우를 말한다. 다만, 법 제27조 제1항 제2호, 제4호부터 제7호까지, 이 영 제76조 제1항 제1호 가목·나목·라목, 같은 항 제2호 나목부터 라목까지, 같은 항 제3호 나목 또는 다목에 해당하는 자는 제외한다.

  1. 천재지변이나 그 밖에 이에 준하는 부득이한 사유로 인한 경우

  2. 국내·국외 경제 사정의 악화 등 급격한 경제 여건 변화로 인한 경우

  3. 발주자에 의하여 계약의 주요 내용이 변경되거나 발주자로부터 받은 자료의 오류 등으로 인한 경우

  4. 공동계약자나 하수급인 등 관련 업체에도 위반행위와 관련한 공동의 책임이 있는 경우

  5. 입찰금액 과소산정으로 계약체결·이행이 곤란한 경우로서 제36조제16호에 따른 기준 및 비율을 적용하는 등 책임이 경미한 경우

  6. 금액단위의 오기 등 명백한 단순착오로 가격을 잘못 제시하여 계약을 체결하지 못한 경우

  7. 입찰의 공정성과 계약이행의 적정성이 현저하게 훼손되지 아니한 경우로서 부정당업자의 책임이 경미하며 다시 위반행위를 할 위험성이 낮다고 인정되는 사유가 있는 경우

  ※ 단, 이 사건에 적용된 당시의 시행령(대통령령 제30078호, 2019. 9. 17. 개정되기 전의 것) 제76조의2 제1항 5호는 '입찰의 공정성과 계약이행의 적정성이 현저하게 훼손되지 아니한 경우로서 부정당업자의 책임이 경미하며 다시 위반행위를 할 위험성이 낮다고 인정되는 사유가 있는 경우'로 규정되어 있었고, 당시에는 현행 시행령 제76조의2 제1항 6, 7호는 입법되지 않았다.

4. 재결에 대한 평석

가. 계약의 이행과 관련하여 작성된 서류에 적용할 법령조항에 관한 판례

계약의 이행과 관련하여 작성된 서류를 '계약에 관한 서류'로 보아 시행령 제76조 제1항 제1호 가목을 적용할 것인지 여부에 관한 판례는 다음과 같이 나뉘고 있다.

1) 계약에 관한 서류로 인정한 사례
- 서울행정법원 2012. 12. 20. 선고 2011구합43522 판결

계약을 체결한 후 물자를 납품하는 원고가 작업일보를 중복하여 제출한 사건에서, 법원은 국가계약법 구 시행령(대통령령 제27475호 2016. 9. 2. 개정 전의 것) 제76조 제1항 제8호(현행 시행령 제76조 제1항 제1호 가목에 해당함)에서 정하고 있는 '계약에 관한 서류'라 함은 계약상대방이 계약을 체결하기 위하여 제출하는 서류나 계약의 적정한 이행을 위한 전제조건 내지 그 고려요소에 관계되는 서류를 가리킨다 할 것이고, 계약금액을 확정하는 원가 관련 자료 또한 이에 해당한다고 설시한 후, 원고가 매 분기별 작업일보를 피고 측에 제출하면 피고가 이를 검토하여 직접 노무비를 정산하는 과정을 거쳤고 이러한 작업일보는 위 국가계약법 시행령 제76조 제1항 제8호에서 규정하고 있는 '계약에 관한 서류'에 해당한다고 판시하였다. 다만 작업일보의 중복기재로 인하여 경쟁의 공정한 집행 또는 계약의 적정한 이행을 해칠 염려가 없다는 이유로 입찰참가자격 제한처분을 취소하였다.

이 판결은 그후 서울고등법원 2013. 11. 13. 선고 2013누2268 판결에서 같은 취지에서 항소를 기각하였고, 대법원 2014. 12. 11. 2013두26811 판결로 피고의 상고가 기각되어 확정되었다.

2) 계약에 관한 서류로 인정하지 않은 사례
- 서울행정법원 2006. 1. 12. 선고 2005구합24582 판결

의약품 납품을 위한 계약 체결 후 납품 과정에서 약품의 제조지시기록서 등이 부정확하여 문제된 사건에서, 법원은 국가계약법 구 시행령(대통령령 19035호 2005. 9. 8. 개정되기 전의 것) 제76조 제1항 제8호(현행 시행령 제76조 제1항 제1호 가목에 해당함) 소정의 '입찰 또는 계약에 관한 서류'라고 함은 계약자가 다른 경쟁 사업자를 배제하고 부당하게 계약을 체결하기 위하여 제출하는 계약자의 자격요건에 관한 서류나 계약을 체결하기 위한 전제조건 내지 그 고려요소에 관계되는 서류를 가리키는데, 원고가 제출한 서류는 계약의 이행과 관련하여 작성된 서류일 뿐 계약의 체결을 위하여 작성, 교부된 서류라고 할 수 없다고

판시한 다음, 적용법조항의 잘못을 이유로 하여 부정당업자 제재처분을 취소하였다.

이 판결은 서울고등법원 2006. 9. 15. 선고 2006누3201 사건에서 항소기각되었고, 대법원 2006. 12. 8. 선고 2006두15523 사건에서 심리불속행으로 기각되어 확정되었다.

3) 위 각 판례와 시행령 제76조 제1항 제1호 가목의 관계

위 각 판례에 적용된 각 국가계약법 구 시행령은 이 사건 시행령과 달리 부정당업자의 입찰참가자격 제한 사유에 관하여 1. 경쟁의 공정한 집행을 저해할 염려가 있는 자와 2. 계약의 적정한 이행을 해칠 염려가 있는 자로 구분하지 않은 채, 제76조 제1항 제1호에서 '계약을 이행함에 있어서 부실·조잡 또는 부당하게 하거나 부정한 행위를 한 자'를, 제6호에서 '정당한 이유없이 계약을 체결 또는 이행하지 아니한 자'를, 제8호에서 '입찰 또는 계약에 관한 서류를 위조·변조하거나 부정하게 행사한 자 또는 허위서류를 제출한 자'를 규정하고 있었다.

이와 같이 부정당업자의 입찰참가자격 제한 사유에 관하여 규정방식이 현재와 다른 점은 있지만 내용에 있어서는 다르지 않으므로, 위 각 판례는 국가계약법 시행령 제76조 제1항 제1호 가목의 해석에 적용될 수 있다고 하겠다.

나. 국가계약법과 시행령의 구성체계와 형식

국가계약법 제27조 제1항 제8호는 각 중앙관서의 장은 입찰·계약 관련 서류를 위조 또는 변조하거나 입찰·계약을 방해하는 등 경쟁의 공정한 집행을 저해할 염려가 있는 자(가목), 정당한 이유 없이 계약의 체결 또는 이행 관련 행위를 하지 아니하거나 방해하는 등 계약의 적정한 이행을 해칠 염려가 있는 자(나목), 다른 법령을 위반하는 등 입찰에 참가시키는 것이 적합하지 아니하다고 인정되는 자(다목)의 어느 하나에 해당하는 자로서 대통령령으로 정하는 자에 대해서 입찰참가자격 제한을 해야 한다고 규정하고 있다. 이를 위임받아 구체화한 시행령 제76조 제1항[2] 중 제1호는 경쟁의 공정한 집행을 저해할 염려가 있는 자로서 '입찰 또는 계약에 관한 서류를 위조·변조하거나 부정하게 행사한 자 또는 허위서류를 제출한 자(가목), 고의로 무효의 입찰을 한 자(나목), 입찰참가신청서 또는 입찰참가승낙서를 제출하고도 정당한 이유 없이 해당 회계연도 중 3회 이상 입찰에 참가하지 아니한 자(다목), 입찰참가를 방해하거나 낙찰자의 계약체결 또는 그 이행을 방해한 자(라

---

2) 단 이 규정은 2019. 9. 17. 대통령령 제30078호로 일부 개정되었다. 즉 나목은 '고의로 무효의 입찰을 한 자. 다만, 입찰서상 금액과 산출내역서상 금액이 일치하지 않은 입찰 등 기획재정부령으로 정하는 입찰 무효사유에 해당하는 입찰의 경우는 제외한다'로 개정되었고, 다항, 마항, 바항, 사항은 삭제되었다. 이해의 편의상 이 사건 재결 당시 적용된 개정 전 시행령을 소개한다.

목), 정당한 이유 없이 제42조 제1항에 따른 계약이행능력의 심사에 필요한 서류의 전부 또는 일부를 제출하지 아니하거나 서류제출 후 낙찰자 결정 전에 심사를 포기한 자(마목), 제42조 제4항에 따른 낙찰자 결정과정에서 정당한 이유 없이 심사에 필요한 서류의 전부 또는 일부를 제출하지 아니하거나 서류제출 후 낙찰자 결정 전에 심사를 포기한 자(바목), 제87조에 따라 일괄입찰의 낙찰자를 결정하는 경우에 실시설계적격자로 선정된 후 정당한 이유 없이 기한 내에 실시설계서를 제출하지 아니한 자(사목)를 말한다고 규정하고 있다.

이에 반해 같은 항 제2호에서는 계약의 적정한 이행을 해칠 염려가 있는 자로서, 정당한 이유 없이 계약을 체결 또는 이행하지 아니하거나 입찰공고와 계약서에 명시된 계약의 주요조건을 위반한 자(가목), 조사설계용역계약 또는 원가계산용역계약에 있어서 고의 또는 중대한 과실로 조사설계금액이나 원가계약금액을 적정하게 산정하지 아니한 자(나목), 「건설기술진흥법」 제47조에 따른 타당성 조사를 부실하게 수행하여 발주기관에 손해를 끼친 자(다목), 감독 또는 검사에 있어서 그 직무의 수행을 방해한 자(라목), 시공 단계의 건설사업관리 용역계약 시 「건설기술진흥법 시행령」 제60조 및 계약서 등에 따른 건설사업관리기술자 교체 사유 및 절차에 따르지 아니하고 건설사업관리기술자를 교체한 자(마목)로 구별하여 규정하고 있다.

이러한 국가계약법 제27조 및 이에 위임을 받아 규정된 시행령 제76조의 구성 체계와 형식 및 시행령 제76조 제1항 제1호에서 라목을 제외하고는 '이행'이라는 용어를 사용하지 않고(라목에서 '이행'이라는 단어를 사용하고 있으나 이는 입찰참가자나 계약체결 당사자가 아니라 제3자가 낙찰자의 계약체결이나 그 이행을 방해하는 것을 전제로 하고 있는 것이어서 다른 목에서의 행위자가 입찰참가자인 사실과 비교할 때 큰 차이가 있다), 나아가 열거하고 있는 사항들이 모두 입찰 또는 계약에 관한 사항들이다. 그런데 같은 항 제2호에서는 '이행'이라는 용어를 사용하면서, 열거하고 있는 사항들이 모두 계약의 이행과 관련된 사항이다. 따라서 국가계약법 시행령 제76조 제1항 제1호는 국가계약법 제27조 제1항 제8호 가목의 입찰·계약 관련 서류를 위조 또는 변조하거나 입찰·계약을 방해하는 등 경쟁의 공정한 집행을 저해할 염려가 있는 자 중 처분대상을 구체화하고 있는 것이고, 시행령 제76조 제1항 제2호는 국가계약법 제27조 제1항 제8호 나목의 정당한 이유 없이 계약의 체결 또는 이행 관련 행위를 하지 아니하거나 방해하는 등 계약의 적정한 이행을 해칠 염려가 있는 자 중 처분대상을 구체화하고 있는 것으로 나누어 규정하고 있는 것으로 이해된다.

다. 국가계약법 시행규칙과의 관계

국가계약법 시행규칙 제76조 및 [별표 2] 중 2. 개별기준 9호에서 '영 제76조 제1항 제1호 가목에 해당하는 자'에 대해 입찰에 관한 서류를 위조·변조하거나 부정하게 행사하여 낙찰을 받은 자 또는 허위서류를 제출하여 낙찰을 받은 자(가호)에 대해서는 1년의 제재기간을 정하고, 입찰 또는 계약에 관한 서류를 위조·변조하거나 부정하게 행사한 자 또는 허위서류를 제출한 자(나호)에 대해서는 6개월의 제재기간을 정하고 있어, 낙찰 유무를 기준으로 그 제재기간을 나누고 있는 것으로 이해된다. 그 외 개별기준 16호의 가목에서 '계약을 체결 또는 이행하지 아니한 자'에 대하여 별도로 6개월의 제재기간을 정하고 있다.

라. 법령해석과 침익적 행정처분

법은 원칙적으로 불특정 다수인에 대하여 동일한 구속력을 갖는 사회의 보편타당한 규범이므로 이를 해석함에 있어서는 법의 표준적 의미를 밝혀 객관적 타당성이 있도록 하여야 하고, 가급적 모든 사람이 수긍할 수 있는 일관성을 유지함으로써 법적 안정성이 손상되지 않도록 하여야 한다. 그리고 실정법이란 보편적이고 전형적인 사안을 염두에 두고 규정되기 마련이므로 사회현실에서 일어나는 다양한 사안에서 그 법을 적용함에 있어서는 구체적 사안에 맞는 가장 타당한 해결이 될 수 있도록, 즉 구체적 타당성을 가지도록 해석할 것도 요구된다. 요컨대, 법해석의 목표는 어디까지나 법적 안정성을 저해하지 않는 범위 내에서 구체적 타당성을 찾는 데 두어야 한다. 그리고 그 과정에서 가능한 한 법률에 사용된 문언의 통상적인 의미에 충실하게 해석하는 것을 원칙으로 하고, 나아가 법률의 입법 취지와 목적, 그 제·개정 연혁, 법질서 전체와의 조화, 다른 법령과의 관계 등을 고려하는 체계적·논리적 해석방법을 추가적으로 동원함으로써, 앞서 본 법해석의 요청에 부응하는 타당한 해석이 되도록 하여야 한다. 한편, 법률의 문언 자체가 비교적 명확한 개념으로 구성되어 있다면 원칙적으로 더 이상 다른 해석방법은 활용할 필요가 없거나 제한될 수밖에 없고, 어떠한 법률의 규정에서 사용된 용어에 관하여 그 법률 및 규정의 입법 취지와 목적을 중시하여 문언의 통상적 의미와 다르게 해석하려 하더라도 당해 법률 내의 다른 규정들 및 다른 법률과의 체계적 관련성 내지 전체 법체계와의 조화를 무시할 수 없으므로, 거기에는 일정한 한계가 있을 수밖에 없다(대법원 2009. 4. 23. 선고 2006다81035 판결).

나아가 부정당업자 제재처분은 침익적 행정처분이고 침익적 행정처분의 근거가 되는 행정법규는 엄격하게 해석·적용하여야 하며, 그 의미가 불명확한 경우 행정처분의 상대방에게 불리한 방향으로 해석·적용하여서는 아니 된다(대법원 2019. 2. 21. 선고 2014두12697 판결).

마. 논의 및 결어

시행령 제76조 제1항 제1호 가목의 문언상 '계약에 관한 서류'는 계약체결 과정에서 사용된 서류뿐만 아니라 계약의 이행과정에서 사용된 서류도 포함된다고 해석할 수도 있다. 그러나 위에서 살펴본 바와 같이 국가계약법과 시행령의 구성체계와 형식에 비추어 볼 때 시행령 제76조 제1항 제1호는 계약 체결 또는 입찰과 관련하여 경쟁의 공정한 집행을 저해할 염려가 있는 행위만을 규율하는 것으로 이해된다.

뿐만 아니라 계약의 이행과 관련하여 작성된 서류를 시행령 제76조 제1항 제1호 소정의 '계약에 관한 서류'로 보고 국가계약법 시행규칙 제76조 및 [별표 2] 중 2. 개별기준 9호 나호를 적용하여 제재를 가하는 경우와 위 '계약에 관한 서류'로 보지 않고 단순히 계약을 이행하지 아니한 경우에 적용되는 위 [별표 2] 중 2. 개별기준 16호를 적용하는 경우 부정당업자 제재기준은 모두 6개월로 동일하다. 다만 후자의 경우에는 시행령 제76조의2 제1항에 의하여 일정한 사유가 있으면 과징금 부과대상이 되는데 계약의 이행과 관련하여 작성된 서류가 위조·변조된 때 등에는 어떠한 경우에도 과징금 부과대상이 될 수 없다고 하여야 할 합리적인 이유는 없다고 하겠다. 즉 계약을 이행하지 아니한 자가 불이행과정에서 위조 또는 변조된 서류 등을 사용하였을 때에 그 불이행의 정도나 태양은 다양하기 때문에 이러한 경우를 그러한 서류 등을 사용하지 아니한 채 계약을 이행하지 아니한 경우와 특별히 구별할 이유는 없다고 하겠다. 만약 이를 구분한다면 구체적 사안에 합당한 제재가 불가능하거나 매우 어려울 수 있을 것이다.

그럼에도 불구하고 국가계약법과 시행령의 구성체계와 형식 등을 무시하고 계약의 이행과 관련하여 필요한 서류를 위조·변조한 경우 그 서류를 '계약에 관한 서류'로 인정하고 시행령 제76조 제1항 제1호 가목을 적용하는 것으로 해석하는 것은, 국민에게 부담을 주는 행정법규는 엄격하게 해석·적용하여야 하고 그 의미가 불명확한 경우에는 행정처분의 상대방에게 불리한 방향으로 해석·적용하여서는 아니 된다고 하는 침익적 행정처분에 관한 법령해석의 원칙에도 위배된다고 하겠다.

따라서 중앙행정심판위원회가 2019. 11. 12. 고지한 이 사건 재결이 계약의 이행과정에서 위조하여 사용된 서류는 시행령 제76조 제1항 제1호 가목 소정의 '계약에 관한 서류'에 해당하지 않는다고 판단한 것은, 법령의 구성체계와 형식뿐만 아니라 의미가 불명확한 경우에 행정처분의 상대방에게 불리한 방향으로 해석·적용하지 않았다는 점에서 법령해석의 원칙에도 부합한다고 하겠다.

5. 맺는 말

　계약의 이행과 관련하여 작성된 서류가 국가계약법 시행령 제76조 제1항 제1호 가목 소정의 '계약에 관한 서류'에 해당하는지 여부에 관하여 비록 판례가 나뉘고 있기는 하지만 근래의 판례는 '계약에 관한 서류'로 해석하였다. 그럼에도 불구하고 이 사건 재결은 그와 견해를 달리하여 독자적인 논증을 통하여 법령해석을 하였다는 점에서 상당한 의미가 있다고 하겠다.

　이 사건에서 논란이 되는 국가계약법 시행령 제76조 제1항 제1호 가목 소정의 '계약에 관한 서류'의 개념을 보다 명확하게 입법함으로써 문제를 해결하는 것이 바람직하다고 하겠다. 나아가 중앙행정심판위원회가 상반되는 법원의 판례가 있는 가운데 근래의 대법원 판례와 달리 '계약에 관한 서류'의 개념을 해석하였으므로, 법원이 이 사건과 같은 경우에 적용할 법령조항에 관하여 보다 논리적이고도 체계적으로 접근하여 국가계약법 시행령 제76조 제1항 제1호 가목 소정의 '계약에 관한 서류'의 개념을 명확히 해주기를 기대한다.

묘지·장사(葬事)규제에 대한 법적 고찰*

I. 서 언

벌초를 하기 위해 이동하는 차량으로 인해 전국의 고속도로가 정체되는 현상은 우리나라에서만 특이하며 어제 오늘의 일이 아니다. 우리의 조상숭배전통은 선대분묘의 조성·관리로 이어져 경관·산림환경보전과 국토의 효율적 이용에 큰 장애가 되고 있다.

2010년 보건복지부자료에 의하면, 전국의 분묘는 2,100만기로서 여의도의 246배, 서울시의 1.2배로 주거면적의 1/3에 달하고 1999년까지만 해도 매년 여의도면적에 달하는 17만기의 분묘가 신설되며 무연고 묘는 증가일로에 있다.[1]

최근 장례문화가 매장에서 화장으로 변화되기 전까지 국토의 64%인 임야가 묘지조성으로 계속 훼손되고 있었다. 정부의 정책과 국민의식의 변화에 따라 2015년 전국평균 화장률이 80%를 넘고 장묘에 관한 국민의식이 바람직하게 변하고 있다. 장사법상 토지소유자의 동의 없이 설치된 무연고 분묘에 대한 분묘기지권의 불인정 등의 입법적 개선도 있었다. 분묘기지권을 인정해온 민사판례의 변경과 장사법 개정에 대한 사회인식 전환이 필요한 시점이다. 그럼에도 대법원은 2017.1.9. 분묘기지권을 인정하는 기존판례를 계속 유지하는 판결을 내렸다. 현행 장사법은 부칙에서 묘지설치기간을 법 시행 이후에 조성된 분묘에 대해서만 적용되도록 하여 소급적용을 배제하고 있는바, 환경보전 및 국토의 효율적 이용이라는 정책적 관점에서 볼 때 문제가 많다.

위와 같은 문제의식 하에 묘지·장사행정법제의 변천과정, 법제의 내용, 분묘 및 묘지현황 그리고 분묘기지권에 관한 민사판례, 묘지관련 행정, 헌재 판례를 살펴본 후 환경보

---

* 이 논문은 행정법연구 제48권(2017.2., 행정법이론실무학회)에 게재된 논문을 약간 수정한 것임을 밝혀둔다.
** 전 서강대학교 법학전문대학원 교수, 변호사

1) 국토교통부의 지적통계연보에 따르면, 2015년 기준 묘지는 약 2,100만기로 지목이 묘지로 된 총묘지면적은 283.3km²로서 전 국토면적의 0.28%를 차지하고 있으며 그 중 무연고묘는 최소 220만기가 넘을 것으로 추정되고 있다. http://stat.molit.go.kr/portal/cate/statView.do, 집단묘지정비 및 경관향상 등에 관한 특별조치법제정 토론회자료(2016.7.21. 국회), 16쪽. 묘지면적을 전국토의 1%로 보기도 한다. 김달수, 한국장사제도의 특성과 나아갈 방향, 한국노년학연구 제16권, 2007, 140쪽. 현재 무연고 묘를 40%인 800만기로 보기도 한다. 임상규, 장사법의 처벌규정과 그 문제점, 법학논고 제56호, 경북대 법학연구원, 2016, 98쪽.

전과 국토의 효율적 이용을 위한 장사법제의 개선방안을 제시하고자 한다.

II. 우리나라의 분묘·장사시설 현황

묘지·장사규제법제의 문제점을 살펴보기에 앞서 우리나라의 분묘, 화장시설 등 장사
시설에 관한 현황을 살펴볼 필요가 있다.[2]

1. 분묘 현황

(1) 연도별 분묘관리 현황

(단위 : 명, 기)

연 도	사망자수	화장건수	매장추정 건수	한시적 매장제도 대상 분묘 (합법분묘)						미신고 추정
				소계	공설	법인	종·문중	가족	개인	
2001년	241,521	93,493	148,028	25,081	1,927	17,114	2,697	2,184	1,159	122,947
2002년	245,317	105,103	140,214	27,327	6,019	14,726	2,939	2,380	1,263	112,887
2003년	244,506	113,999	130,507	42,343	8,351	23,794	4,554	3,687	1,957	88,164
2004년	244,217	120,091	124,126	106,462	64,770	16,051	11,449	9,271	4,921	17,664
2005년	243,883	128,251	115,632	40,697	12,824	18,071	4,377	3,544	1,881	74,935
2006년	242,266	136,854	105,412	18,353	9,906	4,027	1,974	1,598	848	87,059
2007년	244,874	144,255	100,619	23,215	6,806	15,047	795	195	372	77,404
2008년	246,113	152,420	93,693	26,084	9,647	16,165	174	51	47	67,609
2009년	246,942	160,433	86,509	39,047	7,897	17,650	5,119	3,568	4,813	47,462
2010년	255,405	172,276	83,129	31,278	12,647	11,722	2,368	4,169	372	51,851
2011년	257,396	182,946	74,450	29,881	6,067	15,016	3,756	3,334	1,708	44,569
2012년	267,221	197,717	69,504	34,638	6,001	14,048	7,635	5,211	1,743	34,866
2013년	266,257	204,750	61,507	23,245	5,356	13,338	2,593	1,464	494	38,262
2014년	267,692	212,083	55,609	21,976	5,004	13,039	2,034	1,328	571	33,633
2015년	275,700	221,886	53,814	20,834	4,008	12,600	1,972	1,741	513	32,980
합계	3,789,310	2,346,557	1,442,753	510,461	167,230	222,408	54,436	43,725	22,662	932,292

* 2007~2015년은 시도별 장사통계 참고.
** 2015년 사망자수는 익년 9월 확정됨에 따라, 통계청에서 발표한 월간 인구동향자료잠정치(p)
   활용 및 화장 건수도 잠정치임.

2001년부터 12년간의 위 통계자료를 살펴보면 매장비율이 해가 갈수록 현저히 감소
하고 화장비율이 획기적으로 증가되고 있는바, 국토의 효율적 이용과 환경보전의 관점에
서 볼 때 매우 바람직한 현상으로 평가할 수 있다.

---

2) 이하 장사관련 현황 통계자료는 보건복지부 노인지원과로부터 입수한 것이다.

(2) 화장 관련 현황

1) 전국 화장시설 현황

시·도	개소수	화장로수			비고
		계	운영	예비	
계	57	330	285	45	
서 울	2	34	31	3	고양(23), 서초(11)
부 산	1	15	14	1	15
대 구	1	11	10	1	11
인 천	1	20	19	1	20
광 주	1	9	8	1	9
대 전	1	10	9	1	10
울 산	1	10	10	0	10
세 종	1	10	8	2	10
경 기	3	35	30	5	수원(9), 성남(15), 용인(11)
강 원	8	28	22	6	춘천(8), 원주(2), 강릉(4), 동해(3), 태백(3), 속초(3), 정선(2), 인제(3)
충 북	3	16	13	3	청주(8), 충주(4), 제천(4)
충 남	3	19	16	3	홍성(8), 천안(8), 공주(3)
전 북	5	24	18	6	전주(6), 군산(5), 익산(7), 정읍(3), 남원(3)
전 남	5	19	17	2	목포(6), 여수(4), 순천(5), 광양(4), 소록도(1)
경 북	10	30	22	8	포항(우현 3, 구룡포 1), 경주(7), 김천(2), 안동(3), 영주(2), 상주(3), 문경(3), 의성(4), 울릉(2)
경 남	10	35	33	2	창원(창원 4, 마산 2, 진해 2), 진주(7), 통영(3), 사천(4), 김해(6), 밀양(3), 고성(2), 남해(2)
제 주	1	5	5	0	5

위 통계자료를 보면 화장시설이 지역적으로 편재되어 있다. 대규모 인구밀집지역인 서울에 2개소, 부산에 1개소에 불과하여 이용자들의 불편이 예상되고 있다. 접근성 확보를 위해 경북, 경남지방과 같이 적절한 시설의 확보와 분산 배치가 필요하다.

2) 화장률

(가) 연도별 화장률 추이

(단위: %)

구분	'92	'95	'00	'01	'02	'03	'04	'05	'06	'07	'08	'09	'10	'11	'12	'13	'14	'15
화장률	18.4	22.0	33.7	38.5	42.6	46.4	49.2	52.6	56.5	58.9	61.9	65.0	67.5	71.1	74.0	76.9	79.2	80.5
사망자	–	–	246	241	245	245	244	244	242	245	246	247	255	257	267	266	268	276
65세 이상 사망자	–	–	149	150	156	156	159	162	164	168	170	170	178	181	193	193	196	222

불과 20여년 만에 화장률이 18.4%에서 80.5%로 4배 이상 급상승한 것은 장묘문화에 대한 사회인식 변화에 기인한다고 본다. 2015년 현재 우리나라의 화장률은 80.5%로서 일본의 99.9%, 대만의 92.8%, 홍콩의 89.6%에는 못 미치나 미국의 45.7%, 중국의 49.5%보다는(이상 2013년 통계) 앞서고 있다. 화장률은 앞으로 더욱 높아질 전망으로 매우 바람직한 현상으로 평가된다.

(나) 전국 화장률

사망자수(명)	화장자수(명)	전국 화장률
275,700p	221,886	80.5%

* 2015년 사망자수는 익년 9월 확정됨에 따라, 통계청에서 발표한 월간 인구동향자료잠정치(p) 활용 및 화장률도 잠정치임.

(다) 외국의 화장률(2013년 기준)

구 분	일본	대만	홍콩	스위스	영국	중국	미국
화장률(%)	99.9	92.5	89.6	82.1	75.2	49.5	45.7

(라) 화장시설 현황

화장시설 ('15.12월말 기준)				화장실적 ('15.12월말 기준)			
시·도	공설	사설	화장로수	계	시 신	죽은태아	개장유골
계	57	–	330	277,182	225,816	4,913	46,453
수도권 (서울, 인천, 경기)	6	–	89 (27.0%)	102,637 (37.0%)	92,596 (41.0%)	1,374 (28.0%)	8,667 (18.6%)
기타지역	51	–	241	174,545	133,220	3,539	37,786

(마) 지역별화장률

시·도	사망자수(명)		화장자수(명)		화장률(%)	
	2014년	2015년p	2014년	2015년p	2014년	2015년p
계	267,692	275,700	212,083	221,886	79.2	80.5
서 울	42,153	43,100	36,144	37,029	85.7	85.9
부 산	20,230	20,900	18,225	18,871	90.1	90.3
대 구	12,642	12,900	10,036	10,503	79.4	81.4
인 천	13,409	13,400	11,994	12,078	89.4	90.1
광 주	6,935	7,400	5,311	5,798	76.6	78.4
대 전	6,564	7,000	5,213	5,595	79.4	79.9
울 산	4,695	4,800	4,067	4,293	86.6	89.4
세 종	853	1,200	594	729	69.6	60.8
경 기	51,425	52,900	43,682	45,453	84.9	85.9
강 원	11,004	11,300	7,975	8,447	72.5	74.8

시·도	사망자수(명)		화장자수(명)		화장률(%)	
	2014년	2015년p	2014년	2015년p	2014년	2015년p
충 북	10,174	10,600	6,686	7,230	65.7	68.2
충 남	14,149	14,500	8,861	9,487	62.6	65.4
전 북	13,563	13,800	9,817	10,009	72.4	72.5
전 남	16,053	16,500	10,460	11,174	65.2	67.7
경 북	20,304	20,900	13,514	14,494	66.6	69.3
경 남	20,239	21,300	17,399	18,532	86.0	87.0
제 주	3,300	3,500	2,095	2,145	63.5	61.3
지역미상			10	19		

화장률이 전국 평균인 80.5%에 훨씬 못 미치는 세종, 제주, 충남, 전남, 충북, 경북, 전북, 강원도의 화장률 제고를 위해 정책적 지원과 행정지도가 이루어질 필요가 있다.

2. 장사시설의 설치기준

(1) 사설묘지

구 분		개인	가족	종중·문중	재단법인
조성지역	면 적	30㎡ 미만	100㎡ 이하	1,000㎡ 이하	100,000㎡ 이상
	신고 등	신 고	허 가		
	봉분규모	봉분의 높이는 지면으로부터 1m, 평분의 높이는 50㎝ 이하			
	고려사항	(법인묘지 : 폭 5m 이상의 도로와 주차장 마련)			
	조성장소	도로에서 200m 이상, 인가밀집지역에서 300m 이상 떨어진 곳		도로에서 300m 이상, 인가밀집지역에서 500m 이상 떨어진 곳	

(2) 봉안당

구 분		가족 또는 종중·문중	종교단체	재단법인
조성지역	면 적	민법상 친족, 100㎡ 이하	신도 및 그 가족, 5천 구 이하	500구 이상
	장소등	사원·묘지·화장시설, 조례	폭 5m 이상의 진입로와 주차장 등 마련	

(3) 봉안묘(봉안탑 및 봉안담 이 기준 준용)

구 분		개인·가족	종중·문중	종교단체	재단법인
조성지역	면 적	10㎡/30㎡ 이하	100㎡ 이하	500㎡ 이하	-
	고려사항	지형·배수·토양 등을 고려하여 붕과침수가 없는 곳 (법인봉안묘 : 폭 5m 이상의 진입로와 주차장 마련)			
	조성장소	사원, 묘지, 화장시설이나 지자체의 조례로 정하는 장소			

(4) 사설자연장지

구 분		개인	가족	종중 · 문중	종교단체	재단법인
조성지역	면 적	30㎡ 미만	100㎡ 미만	2,000㎡ 이하	40,000㎡ 이하	50,000㎡ 이상
	신고 등	사후신고	사전신고		허 가	
	고려사항	지형 · 배수 · 토양			지형 · 배수 · 토양 · 경사도, 폭 5m 이상의 진입로, 주차장 등	

Ⅲ. 묘지 · 장사에 관한 규제 법제

1. 장사규제법의 연혁

일제 강점기에는 장사행정에 관한 규제법으로서 1912년 제정된 「묘지, 화장장, 매장 및 화장 취체규칙」이 있었다. 묘지 · 장사에 관한 사항을 규율할 목적으로 제정된 규제법인 「매장등 및 묘지등에 관한 법률」은 1961.12.5.제정되어 1962.1.1.부터 시행된 22개조의 비교적 간단한 법률이었다. 1962년부터 시행된 이후 개정되다가 2000.1.12. '장사 등에 관한 법률'로 전면 개정되어 2001.1.13.부터 시행되었고, 개정되어 오고 있다.

「매장 및 묘지 등에 관한 법률」은 장사에 관한 일반적 행정사항에 대해서만 규율하고 1998년까지 5회의 개정에도 불구하고 묘지의 설치기간에 관한 규정은 두지 않았다. 다만 1981.3.16. 개정시 국토의 효율적 이용을 목적으로 추가하였다. 2000.1.12. 전부 개정한 「장사 등에 관한 법률」에서 분묘의 설치기간을 처음으로 규정하였다.

2. 장사법의 주요 규제 내용

(1) 국가 · 지방자치단체의 장사시설 수급에 관한 책무

2000.1.12. 「장사 등에 관한 법률」로 전면 개정되면서 제4조에서 국가 및 지방자치단체의 장사정책에 대한 책무를 명시하였다. 또한 제1조 목적 조항 및 제4조에 이어 제5조에서 지방자치단체장에게 수급계획의 수립책무를 부과하고 있다.

(2) 묘지의 시한부 설치기간 법정

2000.1.12. 개정 장사법은 분묘의 설치기간을 15년으로 제한하고 15년씩 3회에 한하여 설치기간의 연장을 허용하였다(제17조 제1항, 제2항).3) 토지소유자의 승낙 없이 설치된

---

3) 장사법 제17조 ① 제12조의 규정에 의한 공설묘지 및 제13조의 규정에 의한 사설묘지에 설치된 분묘의

분묘에 대하여 토지소유자가 이를 개장하는 경우에 분묘의 연고자는 당해 토지 소유자에게 토지사용권 기타 분묘의 보존을 위한 권리를 주장할 수 없다고 규정함으로서 분묘기지권 불인정을 규정했으나(제23조 제3항), 적용시기에 관하여는 개정법 시행 후 최초로 설치되는 분묘부터 적용한다고 규정함으로서 소급적용을 배제하였다(부칙 제2조). 시한부 묘지설치를 인정하는 규정의 신설은 결국 조상숭배라는 우리사회의 미풍양속에 기한 묘지조성(사익)을 일정기간 확보해 주면서도 궁극적으로는 국토의 효율적 이용이라는 공익과 조화시켜 묘지의 존속기간을 최대 60년으로 제한한 것으로 의미는 있다.

(3) 묘지의 한시적 설치기간 변경

2015.12.29. 개정된 장사법 제19조에서는 공설묘지 및 사설묘지에 설치된 분묘의 설치기간을 30년으로 연장하고(제1항), 1회에 한해 그 설치기간을 30년 연장을 할 수 있도록 하였다(제2항). 이전의 분묘의 설치기간을 최초 조성시부터 15년, 15년씩 3회 연장 45년 합계 60년으로 했던 것을 최초 30년, 연장1회 30년 합계 60년으로 개정하여 최장 존속기간에는 변동이 없으나 최초기간을 15년에서 30년으로 늘리고 15년씩 3회 45년 연장했던 것을 1회 30년으로 변경한 것이다. 이와 같이 개정한 이유는 연장신청에 대한 국민의 불편을 해소함과 동시에 묘지·장사행정의 편의성, 효율성을 기한 것이다.

IV. 분묘 관련 판례

묘지·장사에 관한 규율은 공법과 사법에 산재되어 있다. 공법인 장사법의 개정방향 제시를 위해 토지 소유와 분묘기지가 충돌하는 민사판결을 개괄적으로 살펴보는 것이 필요하다. 분묘기지권을 인정해 온 민사판례, 장사법이 적용된 행정판결 및 형사판결, 헌법재판소 결정을 차례로 살펴본다.

1. 민사 판례[4]

분묘기지권이란 기존에 있던 분묘가 그 자리에 있을 권리이다. 즉 분묘를 설치한 자가 있는 경우에 분묘를 수호하고 봉제사를 하는 목적을 달성하기 위한 범위 내에서 타인의 토지를 사용할 수 있고 토지의 소유자나 제3자의 방해를 배제할 수 있는 관습법상의

설치기간은 15년으로 한다. ②제1항의 규정에 의한 설치기간이 경과한 분묘의 연고자가 시·도지사, 시장·군수·구청장 또는 제13조제3항의 규정에 의하여 법인묘지의 설치·관리를 허가받은 자에게 당해 설치기간의 연장을 신청하는 경우에는 15년씩 3회에 한하여 당해 설치기간을 연장하여야 한다.

4) 분묘기지권이 인정된 판결 중 특징적 사례들의 판시내용 중 필요부분만 발췌하여 소개한다.

물권이다.5) 분묘의 기지부분인 토지를 사용할 수 있는 권리로서 지상권의 성질을 갖는 일종의 물권으로서6) 민법에 명문규정은 없지만 판례에 의해서 인정된 물권이다. 일제 강점기인 1927.3.8. 일본인 판사들로 구성된 조선고등법원 판결에서 충남 공주지역의 관습법을 근거로 하여 인정된7) 이래 우리 법원도 이를 인정해 왔다.8)

(1) 대법원 1960.6.30선고 4292민상840판결[분묘이장]

이 사안은 원고가 피고에 대해 분묘이장을 청구한 사안이다. 대법원은 "동일종손이 소유관리하는 누대의 분묘가 집단설치된 경우의 기묘지 소유를 위한 지상권 유사의 물권이 미치는 지역은 해 종손이 기 집단된 전분묘를 보전하여 묘 참배함에 소요되는 범위를 참작하여 포괄적으로 정하는 것이 위 물권의 효력을 인정하는 관습의 취지라고 해석되는 만큼 원심이 본건 임야내에 설치된 원고 주장의 동일소유 각 분묘에 관하여 기 각 묘지와 동 각 분묘의 집단을 표준으로 하여 인정한 소위 '벌안' 지역내에 상기 물권이 성립된다는지를 판시하였음을 논란하는 소론 제1점의 논지는 이유없다"고 판시하였다.

이 판결은 분묘기지권이라는 용어를 명시적으로 사용하지 않았지만 지상권 유사의 물권의 효력을 인정하는 관습이라고 설시함으로서 관습상의 분묘기지권을 인정하였다.

(2) 대법원 1994. 12. 23.선고 94다15530판결[토지인도등]

이 사안은 원고가 피고에 대하여 분묘가 설치되어 있는 토지인도 등을 청구한 사건이다. 대법원은 "타인의 토지에 소유자의 승낙을 얻어 분묘를 설치하는 등으로 일단 분묘기지권을 취득한 경우라도 그 후 그 분묘를 다른 곳으로 이장하면 그 분묘기지권이 소멸함은 소론이 주장하는 바와 같다. 분묘기지권은 분묘의 기지 자체뿐만 아니라 그 분묘의 설치목적인 분묘의 수호 및 제사에 필요한 범위 내에서 분묘의 기지 주위의 공지를 포함한 지역에까지 미치는 것이고, 그 확실한 범위는 각 구체적인 경우에 개별적으로 정하여야 할 것이며, 매장및묘지등에관한법률 제4조 제1항 후단 및 같은법 시행령 제2조 제2항의 규정이 분묘의 점유면적을 1기당 20㎡로 제한하고 있으나, 여기서 말하는 분묘의 점유면적이라 함은 분묘의 기지 면적만을 가리키며 분묘기지 외에 분묘의 수호 및 제사에 필요한 분묘기지 주위의 공지까지 포함한 묘지 면적을 가리키는 것은 아니므로 분묘기지권의 범위가

---

5) 대법원 2017.1.19.선고 2013다17292 전합체판결 [분묘철거등] 참조.

6) 헌법재판소 2009.9.24.선고 전원재판부 2007헌마872결정 참조.

7) 이에 대해서 타인 토지상의 분묘가 30년 이상 된 경우 분묘기지권을 인정하는 공주지역과 전주지역의 관습이 없다는 충추원 정무총감의 관습실태조사보고를 회신하였음에도 이와 다르게 중추원 서기관이 함경남도지역에 토지매도시 분묘를 철거하기로 한 특약이 없는 이상 분묘기지권을 인정하는 관습법이 있다고 회신한 것을 타지역인 공주지역에 적용한 것으로 부당한 판결로 보는 견해가 있다. 오시영, 관습법상의 분묘기지권의 폐지여부에 대한 고찰, 토지법학 23−1호, 2007.6, 63쪽 참조.

8) 대법원 2017.1.19.선고 2013다17292 전원합의체 판결[분묘철거등] 반대의견 참조.

위 법령이 규정한 위 제한면적 범위 내로 한정되는 것은 아니라 할 것이다"고 판시하였다.

이 판결은 분묘기지권이 미치는 범위를 봉분 외에 분묘의 수호, 유지에 필요한 기지 주위의 공지까지도 포함시켰다는 점에서 의미가 있다.

(3) 대법원 2015.7.23.선고 2015다206850 판결[분묘굴이등]

이건은 원고가 피고에 대해 분묘굴이 등을 청구한 사안이다. 대법원은 "분묘기지권자가 판결확정 후 지료지급 청구를 받았음에도 책임 있는 사유로 상당한 기간 동안 지료의 지급을 지체한 경우에만 분묘기지권의 소멸을 청구할 수 있는 것은 아니다. 피고는 2013.2.20. 이 사건 분묘기지권에 관하여 2009.4.17. 이후의 지료를 지급하라는 판결을 받아 그 판결이 그 무렵 확정되었음에도 지료를 지급하지 아니하다가 원고가 2013. 11. 26. 이 사건 소로써 분묘기지권의 소멸을 청구하자 2013.12.17.에 이르러서야 위 판결에서 지급을 명한 지료 상당의 돈을 공탁한 사실을 인정한 후, 피고는 위 판결확정 후 상당한 기간 동안 판결확정 전후에 걸쳐 2년분 이상의 지료를 지급하지 아니하였으므로 원고의 분묘기지권 소멸청구의 의사표시가 기재된 이 사건 소장이 피고에게 송달된 2013. 12. 12. 그 분묘기지권이 소멸되었다고 판단하였다"고 판결하였다.

이 판결은 분묘기지권이 인정된 경우라 하더라도 지료지급채무가 있음에도 이를 불이행하면 분묘기지권의 소멸청구가 가능함을 밝힌 판결이다.

(4) 대법원 2017.1.19.선고 2013다17292 전원합의체 판결[분묘철거등]

이 건은 원고가 토지 소유자로서 그의 승낙이 없이 분묘를 설치한 피고에 대하여 분묘철거 등을 청구한 것으로 분묘기지권을 인정한 가장 최근의 판결이다.

대법원은 "오랜 기간 동안 타인 소유의 토지에 소유자의 승낙을 받아 분묘를 설치한 경우 분묘기지권을 취득하고(대법원 1958. 6. 12. 선고 4290민상771판결 참조), 분묘를 설치한 사람이 토지를 양도한 경우에 분묘를 이장하겠다는 특약을 하지 않는 한 분묘기지권을 취득한다고 판시하여 왔고(대법원 1967. 10. 12. 선고 67다1920 판결 등 참조), 타인 소유의 토지에 소유자의 승낙 없이 분묘를 설치한 경우에도 20년간 평온, 공연하게 그 분묘의 기지를 점유하면 지상권과 유사한 관습상의 물권인 분묘기지권을 시효로 취득하고, 이를 등기 없이 제3자에게 대항할 수 있는 것이 관습이라고 판시하여 왔다(대법원 1957.10.31.선고 4290민상539 판결, 대법원 2011.11.10. 선고 2011다63017, 63024 판결 등 참조). 분묘기지권의 시효취득을 우리 사회에 오랜 기간 지속되어 온 관습법의 하나로 인정하여, 20년 이상의 장기간 계속된 사실관계를 기초로 형성된 분묘에 대한 사회질서를 법적으로 보호하였고, 민법 시행일인 1960. 1. 1.부터 50년 이상의 기간 동안 위와 같은 관습에 대한 사회 구성원들의 법적 확신이 어떠한 흔들림도 없이 확고부동하게 이어져 온 것을 확인하고 이를 적용하여 왔다. 오랜 기간 동안 사회 구성원들의 법적 확신에 의하여 뒷받침되고 유효하다고 인정해

온 관습법의 효력을 사회를 지배하는 기본적 이념이나 사회질서의 변화로 인하여 전체 법질서에 부합하지 않게 되었다는 등의 이유로 부정하게 되면, 기존의 관습법에 따라 수십 년간 형성된 과거의 법률관계에 대한 효력을 일시에 뒤흔드는 것이 되어 법적 안정성을 해할 위험이 있으므로, 위와 같은 관습법의 법적 규범으로서의 효력을 부정하기 위해서는 그 관습을 둘러싼 전체적인 법질서 체계와 함께 관습법의 효력을 인정한 대법원판례의 기초가 된 사회 구성원들의 인식·태도나 그 사회적·문화적 배경 등에 의미 있는 변화가 뚜렷하게 드러나야 하고, 그러한 사정이 명백하지 않다면 기존의 관습법에 대하여 법적 규범으로서의 효력을 유지할 수 없게 되었다고 단정하여서는 아니 된다. 2000.1.12. 법률 제6158호로 '매장 및 묘지 등에 관한 법률'(이하 '매장법'이라 한다)을 전부 개정하여 2001.1.13. 부터 시행된 '장사 등에 관한 법률'[이하 '장사법(법률 제6158호)'이라 한다]은 분묘의 설치기간을 15년으로 제한하고 15년씩 3회에 한하여 설치기간의 연장을 허용하며(제17조 제1항, 제2항), 토지 소유자의 승낙 없이 설치된 분묘에 대하여 토지 소유자가 이를 개장하는 경우에 분묘의 연고자는 당해 토지 소유자에게 토지 사용권 기타 분묘의 보존을 위한 권리를 주장할 수 없다고 규정하고 있지만(제23조 제3항), 위 조항들의 적용시기에 관하여 법 시행 후 최초로 설치되는 분묘부터 적용한다고 명시하고 있다(부칙 제2조). 분묘의 설치기간을 제한하고 토지 소유자의 승낙 없이 설치된 분묘에 대하여 토지 소유자가 이를 개장하는 경우에 분묘의 연고자는 당해 토지 소유자에 대항할 수 없다는 내용의 규정들은 장사법 시행 후 설치된 분묘에 관하여만 적용한다고 명시하고 있어서, 장사법의 시행 전에 설치된 분묘에 대한 분묘기지권의 존립근거가 위 법률의 시행으로 상실되었다고 볼 수 없다(대법원 2002.12.24. 선고 2002다53377 판결 참조). 관습법에 의하여 분묘기지권이라는 제한물권을 인정하는 이상, 토지 소유자는 분묘의 수호·관리에 필요한 상당한 범위 내에서는 분묘기지가 된 토지 부분에 대한 소유권의 행사가 제한될 수밖에 없고(대법원 2000.9.26. 선고 99다14006 판결 참조), 분묘 소유자가 분묘기지권을 시효취득한 결과 토지 소유자의 권리 행사가 제한된다고 하여 취득시효완성을 부인할 근거가 될 수 없는 것이다(대법원 1995.2.28. 선고 94다37912 판결 참조). 여전히 우리 사회에 분묘기지권의 기초가 된 매장문화가 자리 잡고 있고 사설묘지의 설치가 허용되고 있으며, 기록상 분묘기지권에 관한 관습에 대하여 사회 구성원들의 법적 구속력에 대한 확신이 소멸하였다거나 그러한 관행이 본질적으로 변경되었다고 인정할 수 있는 자료는 쉽게 찾아볼 수 없다. 그렇다면 타인 소유의 토지에 분묘를 설치한 경우에 20년간 평온, 공연하게 그 분묘의 기지를 점유하면 지상권과 유사한 관습상의 물권인 분묘기지권을 시효로 취득한다는 점은 오랜 세월 동안 지속되어 온 관습 또는 관행으로서 법적 규범으로 승인되어 왔고, 이러한 법적 규범이 장사법 시행일인 2001.1.13. 이전에 설치된 분묘에 관하여 현재까지 유지되고 있다고 보아야 한다고 판시하였다.

    이러한 다수의견에 대하여 반대의견은 "토지 소유자의 승낙이 없음에도 20년간 평온,

공연한 점유가 있었다는 사실만으로 사실상 영구적이고 무상인 분묘기지권의 시효취득을 인정하는 종전의 관습은 적어도 2001.1.13. 장사법(법률 제6158호)이 시행될 무렵에는 사유재산권을 존중하는 헌법을 비롯한 전체 법질서에 반하는 것으로서 정당성과 합리성을 상실하였을 뿐 아니라 이러한 관습의 법적 구속력에 대하여 우리 사회 구성원들이 확신을 가지지 않게 됨에 따라 법적 규범으로서 효력을 상실하였다고 봄이 타당하므로, 2001.1.13. 당시 아직 20년의 시효기간이 경과하지 아니한 분묘의 경우에는 이와 같이 법적 규범의 효력을 상실한 분묘기지권의 시효취득에 관한 종전의 관습을 가지고 분묘기지권의 시효취득을 주장할 수 없다"고 판시하고 있다 .

분묘기지권에 대해 가장 최근에 내려진 이 판결은 2016.9.22. 대법원이 공개변론까지 열어 사회인식의 변화에 따른 비판론에 귀를 기울이고서도 2001.1.13.부터 시행된「장사법」에서 최장 60년의 분묘설치기간을 유지하고 있는 점, 분묘기지권을 폐지하자는 사회적 인식이 아직 법적 확신에 이르지 않은 점 등을 이유로 분묘기지권을 인정한 판결이다.

현행 장사법이 무연고 분묘에 관한 분묘기지권의 폐지를 확대하고 있는 점에서 기존 분묘에 대한 전통적 가치관이 유지되고 있다고 본 판결이라는 점에서 큰 아쉬움이 있다. 매장을 전제로 판례에 의해 인정되어 온 분묘기지권은 화장률이 전국평균 80%를 넘는 현실에서는 그 존재 의의가 점점 퇴색되고 있다. 분묘기지권은 이미 설치된 기존 분묘에는 여전히 해당되지만 기존분묘도 관리의 어려움 등의 이유로 화장에 의한 자연장 전환이나 납골시설로 이장하는 경우도 점점 늘고 있다. 분묘기지권의 폐지로 가는 판례변경의 필요성이 있음에도 계속 이를 인정한 대법원의 다수의견은 사회의 장묘인식의 변화에 적극적으로 부응하지 못한 소극적 판결이었다고 본다.

2. 행정판례 및 형사판례

(1) 대법원 1995.9.26.선고, 94누14544, 판결[상수원보호구역변경처분등취소]

이 건은 주민인 원고 강OO 외 298인이 피고 부산시장에게 상수원 보호구역변경처분 등의 취소를 청구한 행정사건이다.

대법원은 "도시계획법 제12조 제3항의 위임에 따라 제정된 도시계획시설기준에관한규칙 제125조 제1항이 화장장의 구조 및 설치에 관하여는 매장및묘지등에관한법률이 정하는 바에 의한다고 규정하고 있어, 도시계획의 내용이 화장장의 설치에 관한 것일 때에는 도시계획법 제12조 뿐만 아니라 매장및묘지등에관한법률 및 같은법 시행령 역시 그 근거법률이 된다고 보아야 할 것이므로, 같은법시행령 제4조 제2호가 공설화장장은 20호 이상의 인가가 밀집한 지역, 학교 또는 공중이 수시 집합하는 시설 또는 장소로부터 1,000m 이상 떨어진 곳에 설치하도록 제한을 가하고, 같은법 시행령 제9조가 국민보건상 위해를 끼칠 우려가 있는 지역, 도시계획법 제17조의 규정에 의한 주거지역, 상업지역, 공업지역 및 녹지지역 안의 풍치지구 등에의 공설화장장 설치를 금지함에 의하여 보호되는 부근 주민들의 이익은 위 도시계획결정처분의 근거 법률에 의하여 보호되는 법률상 이익이다"라고 판시하였다.

이 판결은 공설화장장 설치를 위한 상수원보호구역변경의 도시계획결정처분의 근거 규범인지에 대한 판단에서, 도시계획의 내용이 화장장의 설치에 관한 것일 때에는 「도시계획법」 뿐만 아니라 「매장및묘지등에관한법률」 및 같은법 시행령 역시 그 근거 법률이 된다고 본 것이다. 법원의 원고적격의 확대경향에 부합하는 전향적인 판결일 뿐 아니라 장사시설인 화장장 설치를 위한 도시계획변경결정의 근거로서 장사법이 근거법률이 될 수 있다고 본 유의미한 판결로 평가할 수 있다.

(2) 대법원 2012.10.25. 선고 2010도5112 판결[장사등에관한법률위반·농지법위반]

이 건은 피고인이 농지에 화장한 유골 5기를 매장한 사건으로 형사사건이다. 대법원은 "분묘는 시체나 유골을 매장하여 제사나 예배 또는 기념의 대상으로 삼기 위하여 만든 시설이므로, 여기에 매장된 시체나 유골이 후에 토괴화되었더라도 이는 여전히 분묘라 할 것이고, 이를 개장하여 토괴화한 유골을 화장하여 다시 묻는 경우에도 그 시설이 자연장의 요건을 갖추었다는 등의 사정이 없는 한 제사나 예배 또는 기념의 대상으로 삼기 위하여 만든 분묘로 보아야 할 것이다. 피고인이 사용한 용기에 골분이 담겨 있었다고 하더라도 골분은 분묘의 매장 대상인 유골에도 해당되므로, 골분을 묻었다는 이유만으로 이를 분묘에 해당하지 않는다고 볼 것은 아니다. 피고인이 2008. 6. 24.경 이 사건 농지에 유골 5기를 묻은 후 지표에 대리석 덮개를 설치하고 그 주위에 잔디를 심은 후(조경의 목적으로 보인다) 같은 달 29일경 그곳에서 제사를 올리기도 하였다면, 위와 같은 행위는 농지를 농작물 경작이나 다년생식물의 재배 외의 용도로 사용한 경우에 해당한다고 보기에 충분하고, 그와 같은 사용이 일시적이었다거나 그로부터 오랜 기간이 경과하기 전에 그곳에 흙을 덮고 경작을 다시 시작하였다고 하여 달리 판단할 것은 아니라 할 것이다. 그럼에도 피고인이 유골을 매장한 부분 위에 다시 흙을 덮고 참깨를 파종하여 경작하고 있다는 이유만으로 이 부분 공소사실을 무죄로 판단한 원심에는 그 사실인정이 자유심증주의의 한계를 벗어나거나, 농지전용 행위의 성립에 관한 법리를 오해하여 필요한 심리를 다하지 아니함으로써 판결 결과에 영향을 미친 위법이 있다고 할 것이다"라고 판시하였다.

이 판결은 피고인이 유골을 매장한 부분 위에 다시 흙을 덮고 농작물을 경작하고 있다는 이유만으로 이 부분 공소사실을 무죄로 판단한 제2심판결의 사실인정이 자유심증주의의 한계를 벗어나거나, 농지전용 행위의 성립에 관한 법리를 오해하여 필요한 심리를 다하지 아니함으로써 판결 결과에 영향을 미친 위법이 있다는 이유로 파기한 사안이다. 자연장에 유사한 피고인의 행위에 농지법을 엄격히 적용함으로써 유죄로 판단한 것은 결국 유골을 '자연으로 돌아가게 한다'는 자연장의 취지에서 볼 때 아쉬움이 남는 판결이다.

3. 헌법재판소 결정

헌법재판소 2009.9.24.선고 전원재판부 2007헌마872결정
[장사 등에 관한 법률 제17조 위헌확인]

청구인은 1979.6.21. 김포시 양촌면 구래리에 부의 분묘를 설치하였고, 2001.4.21. 위 청구인 부의 묘에 청구인 모의 합장 분묘를 설치하였는데, 2006.12.13. 김포양촌지구 택지 개발사업으로 이 사건 토지가 협의취득됨에 따라 2007.4.5. 한국토지공사로부터 같은 해 6. 30.까지 이 사건 분묘를 이장하라는 요구를 받게 되었다. 이에 청구인은 이 사건 분묘는 분묘의 설치기간을 제한한 구 '장사 등에 관한 법률' 제17조(2000.1.12. 법률 제6158호로 전부 개정되고 2007.5.25. 법률 제8489호로 전부 개정되기 전의 것, 이하 '구 법 제17조'라 함)가 시행되기 전에 설치된 것이므로 구 '장사 등에 관한 법률' 부칙 제2조에 의해 구 법 제17조에 의한 설치기간 제한을 받지 않으나, 이 사건 토지가 협의취득됨으로 인해 이 사건 분묘를 이장할 수밖에 없게 되고 분묘를 이장할 경우 이장된 분묘는 새로운 분묘로 취급되어 위 부칙 조항에 의해 구 법 제17조가 적용됨으로써 분묘의 설치기간에 제한을 받게 되는바, 이와 같이 구 법 제17조가 시행되기 전에 설치된 분묘로서 설치기간의 제한을 받지 않는 분묘를 공익사업 등으로 인하여 불가피하게 이장한 경우에도 구 법 제17조가 적용되도록 하는 것은 청구인의 재산권 등을 침해하여 위헌이라고 주장하면서 2007.7.31. 이 사건 헌법소원 심판을 청구하였다.

청구인은 구 법 제17조 전체에 대한 위헌주장의 취지는 분묘의 설치기간을 제한하는 것 그 자체가 위헌이라는 것이 아니라, 이 사건 분묘는 구 법 제17조가 시행되기 전에 설치된 것이므로 구 '장사 등에 관한 법률' 부칙 제2조에 의해 구 법 제17조에 의한 설치기간의 제한을 받지 않으나, 청구인이 이 사건 분묘를 이장하여 새로 설치하는 분묘는 구 법 제17조의 시행일 후에 새로 설치한 분묘에 해당하게 되어 구 '장사 등에 관한 법률' 부칙 제2조에 의해 구 법 제17조가 적용됨으로써 분묘의 설치기간에 제한을 받게 되는 것이 위헌이라는 것이다.

헌법재판소는 청구인이 구 장사 등에 관한 법률 부칙 제2조 중 제17조에 관한 부분에 대한 위헌심판청구를 기각하였다.

헌법재판소는 "청구인이 분묘의 설치기간을 제한하는 규정이 없던 때에 분묘를 설치하여 계속 관리하여 왔다 하더라도 토지 공급이 제한된 상황 하에서 분묘의 수만 증가하는 현실 및 지난 수십 년간 꾸준히 진행되어 온 우리나라의 국토개발 사업에 비추어 토지는 여러 가지 개발 사업으로 인하여 언제라도 그 현상에 변화가 올 수 있음을 짐작할 수 있으므로, 청구인 소유의 토지에 이미 설치되어 있는 분묘라도 이를 영구히 보존할 수 있으리라는 기대와 신뢰가 절대적인 것이라고는 볼 수 없다. 또한 분묘의 설치기간이 15년으로 제한되지만 60년까지 연장이 가능하도록 되어 있고, 60년이 지난 후에도 자연장 등의

방법으로 조상의 추모를 계속할 수 있으며 이러한 경우에는 설치기간의 제한이 없다. 그렇다면 청구인이 이 사건 부칙조항으로 인하여 새로 설치하는 분묘를 영구히 유지할 수는 없게 된다 하더라도, 원칙적으로 60년의 존속기간이 보장되므로 침해의 방법이 완충적이라고 할 수 있고, 그 후에도 분묘 이외의 방법을 통한 추모의 길이 열려 있어 장사에 관련한 권리의 본질적 부분이 침해될 것으로는 보이지 않으므로, 신뢰이익의 침해 정도가 과중하다고 볼 수 없다.

아울러, 분묘의 설치기간을 제한하게 된 이유는, 국토가 묘지로 잠식되는 심각한 상황하에서 묘지의 부족과 묘지 설치로 인한 환경파괴 및 국토의 효율적 이용 저해 등의 문제를 해소하기 위한 것인바, 우리나라의 장례문화 및 제한된 국토사정 등을 고려할 때 분묘의 설치기간을 제한하는 규정이 추구하는 공익은 매우 긴요하다고 할 것이고, 분묘의 설치기간을 제한하는 제도가 실효를 거두려면 기존의 분묘를 이장하는 경우도 이러한 기간의 제한을 받게 해야 할 것이며, 이 사건의 경우와 같이 공익사업 등으로 인한 이장의 경우도 마찬가지로 그 규제의 범위 안에 두는 것이 분묘의 설치기간 제한을 통해 분묘·묘지의 확대를 방지하여 국토의 효율적 이용 및 공공복리의 증진에 이바지함을 목적으로 하는 입법취지에 부합한다고 할 것이다. 이 사건 부칙 조항은 그로 인하여 침해되는 신뢰이익의 보호가치, 침해의 방법과 정도, 실현하고자 하는 공익목적 등을 종합적으로 비교·형량할 때, 헌법상의 신뢰보호원칙을 위반하여 청구인이 부모의 분묘를 가꾸고 봉제사를 하고자 하는 행복추구권을 침해한다고 볼 수 없다"고 판시하였다.

이 결정은 헌재가 분묘기지권을 인정하면서도 이건에서는 구 장사법이 그 요건을 갖추지 않은 청구인의 분묘기기지권을 침해하지 않는다며 위헌법률심판청구를 기각하였는바, 분묘기지권을 인정하지만 그 적용범위를 제한한 타당한 결정이다.

V. 묘지·장사법제의 개선방향

국토의 효율적 이용과 환경보전을 위해 분묘기지권을 인정해 온 민사판례의 변경과 이를 수용한 장사법제의 획기적 개선이 필요하다. 이를 실현하기 위해서는 장묘제도에 대한 사회인식의 변화와 정책적 지원이 병행되어야 한다. 기존 법제와 판례의 문제점을 감안한 묘지 및 장사규제법제의 구체적 개선방향은 다음과 같다.

1. 분묘기지권의 폐지

화장률의 급격한 상승으로 인해 향후 신설분묘는 현저히 줄어들 것이다. 이러한 장묘문화의 변화는 분묘기지권 폐지에 대한 사회적 공감대가 폭넓게 형성되어 이를 법제화해

야 한다는 움직임으로 이어질 수 있다.9)

　민사판결에 의해서 인정되어온 분묘기지권이 최근 대법원 2017.1.19.선고 2013다17292 전원합의체판결에서도 여전히 인정되었는바, 앞으로 폭넓은 사회적 합의를 거친 후 장묘행정규제에 관한 공법인 장사법 개정이 선행되고 민사판례에서도 기존 분묘에 대한 분묘기지권의 인정이 폐지되어야 한다.

　분묘기지권에 대해서는 토지소유권의 과도한 침해라는 법논리적 측면과 환경보전 관점에서 이를 폐지하여야한다는 학계의 비판론이 줄곧 이어져 왔다.10)

　현행 장사법 제27조는 무연고 분묘에 대하여 제한적으로 분묘기지권의 폐지를 입법화하고 있는바11), 동법 개정시에는 그 적용범위를 타인 소유 토지에 조성되어 있는 유연고 분묘까지 적용을 확대해 가야 한다. 분묘기지권이 인정되는 유연고 분묘라 하더라도 아래에서와 같이 설치기간이 단축되어야 함은 두 말할 나위도 없다.

2. 묘지설치기간의 단축

　2000년 개정 이전에는 매장 및 묘지 등에 관한 법률에 분묘의 설치기간에 대한 규정이 없었다. 2000년 「매장 및 묘지에 관한 법률」이 「장사(葬事) 등에 관한 법률」로 전면 개정되면서 묘지의 설치기간, 즉 시한부 매장기간이 최장 60년으로 되었다.

　또한 2000년 법 개정으로 토지소유주의 허락없이 분묘를 설치한 경우에는 분묘기지권을 인정받을 수 없게 되었다. 토지주의 승낙이 없이 분묘가 조성된 경우에도 기존 판례에 의하면 이의없이 20년을 경과하면 분묘기지권이 인정된다.

　그러나 현행 장사법에서는 종전 「매장 및 묘지의 처리에 관한 법률」에 없었던 분묘기

---

9) 대법원 2017.1.19.선고 2013다17292 전합체판결[분묘철거등] 다수의견은 관습, 시효취득과 법적 안정성을 강조하고, 대법관 김용덕, 대법관 박보영, 대법관 김소영, 대법관 권순일, 대법관 김재형의 반대의견에서는 무단설치분묘의 토지 소유권 침해와 취득시효요건미비, 장묘문화의 변화, 장사법의 무연분묘에 대한 분묘기지권 폐지 등을 이유로 들고 있다.

10) 2016.9.22. 대법원 공개변론의 참고인진술에서 분묘기지권 폐지론자인 숭실대 오시영 교수는 "관습상의 분묘기지권은 일본인 판사들로 구성된 조선고등법원이 1927년 판례로 인정한 후 우리 대법원이 이를 그대로 답습해 90년 정도 유지돼 왔다"며 "조선고등법원이 이를 인정한 것은 1920년대 소작쟁의와 3·1독립운동을 주도한 지배층을 약화시키려는 정책적 의도에서였을 뿐만 아니라 성문법에도 없는 관습상의 제도일 뿐"이라고 지적했다. 그러나 2017.1.9. 대법원은 종전과 같이 분묘기지권을 인정하였다. 법률신문 2016.9.22. 인터넷, http://www.telelaw.net.

11) 장사법 제27조(타인의 토지 등에 설치된 분묘 등의 처리 등) ① 토지 소유자(점유자나 그 밖의 관리인을 포함한다), 묘지 설치자 또는 연고자는 다음 각 호의 어느 하나에 해당하는 분묘에 대하여 보건복지부령으로 정하는 바에 따라 그 분묘를 관할하는 시장 등의 허가를 받아 분묘에 매장된 시신 또는 유골을 개장할 수 있다. 1. 토지 소유자의 승낙 없이 해당 토지에 설치한 분묘 2. 묘지 설치자 또는 연고자의 승낙 없이 해당 묘지에 설치한 분묘
제28조(무연분묘의 처리) ① 시·도지사 또는 시장·군수·구청장은 제11조에 따른 일제 조사 결과 연고자가 없는 분묘("무연분묘")에 매장된 시신 또는 유골을 화장하여 일정 기간 봉안할 수 있다.

지권에 대한 제한 규정을 두고 있다. 무연묘의 처리에 관한 규정을 제27조와 제28조에 두고 있는바, 무연묘에 대해 분묘기지권의 배제를 명문화한 것이다.[12)

묘지설치기간을 규정한 장사법 제19조에서 최장 60년으로 되어 있는 묘지의 시한부 설치기간[13)을 조성시 15년, 1회에 한하여 15년 연장으로 최대 30년으로 제한하거나 신설시 10년, 1회 10년 연장으로 최장 20년으로 제한하여야 한다. 묘지의 한시적 설치기간은 프랑스의 경우 10~50년, 영국은 30년, 독일 20년인 점을 참고하여 독일식 또는 영국식으로 20년~30년으로 감축해야 한다.[14) 분묘설치기간의 급격한 단축에 대한 사회적 저항을 염려한다면 10년~20년 마다 설치 최장기간 60년에서 10년씩 점진적으로 감축하는 것도 고려해 볼 만하다.

3. 개정 장사법의 소급적용

2001.1.13.부터 시행된 전면개정 장사법은 부칙 제2조에서 묘지설치기간을 위법 시행 이후로 적용되게 하고 소급적용이 되지 않도록 규정하였는바, 이로 인해 2001년 이전에 조성된 분묘는 영구히 존속시킬 수 있다는 모순이 발생하였다.[15)

국토의 효율적 이용과 환경보전을 위해서는 신설 묘지면적의 확대는 물론 기존묘지를 속히 줄여야 하는바, 정책적 관점에서 볼 때 문제가 많다. 2015년 현재 전국의 분묘 수는 약 2,100만기에 이르며, 1999년 말 당시 기준으로 매년 17만기가 새로 조성되고 있어 묘지면적의 증가로 인한 산림훼손은 심각하였다.[16)

우선 사회적 합의를 도출한 후에 장사법의 개정으로 묘지의 설치기간을 획기적으로 줄이고, 2000년 장사법 개정 이전에 조성된 분묘에 대해서도 묘지의 설치기간에 대한 규정을 소급적용을 하도록 함으로써 산림환경의 보전을 기할 필요가 있다. 그렇게 하더라도 환경상 이익 즉 공익이 헌법상 보장되는 개인의 재산권 보호이익보다 커서 재산권의 공공복리를 위한 제한에 해당되므로 위헌적인 소급적 재산권침해가 되지 않는다.

또한 장사법 제1조에서 "보건위생상의 위해(危害)를 방지하고, 국토의 효율적 이용과 공공복리 증진에 이바지하는 것을 목적으로 한다"고 규정하고 있는바, 이를 "보건위생상의

---

12) 소재선, 이경용, 장사법과 분묘기지권제도의 고찰, 법학논총 제36권 2호(2012). 단국대 법학연구소, 515쪽.

13) 장사법 제19조(분묘의 설치기간) ① 제13조에 따른 공설묘지 및 제14조에 따른 사설묘지에 설치된 분묘의 설치기간은 30년으로 한다. ② 제1항에 따른 설치기간이 지난 분묘의 연고자가 시·도지사, 시장·군수·구청장 또는 제14조제3항에 따라 법인묘지의 설치·관리를 허가받은 자에게 그 설치기간의 연장을 신청하는 경우에는 1회에 한하여 그 설치기간을 30년으로 하여 연장하여야 한다.

14) 김성욱, 묘지의 설치 및 관리와 관련한 문제점과 개선방안, 경희법학 제50권 제2호, 2015, 282쪽.

15) 묘지의 한시적 매장기간을 법정하면서 이전에 설치된 분묘에 대해서는 소급적용을 하지 않도록 한 결과 오히려 동법 시행이전에 조성한 분묘는 영구히 존속시킬 수 있다는 문제점 발생이 지적된다. 박용석, 분묘기지권에 관한 고찰, 법학연구 제50권 제2호(통권62호), 부산대, 2009, 390쪽.

16) 대법원 2017.1.19. 선고2013다17292 판결의 대법관 김신, 조희대의 다수의견의 보충의견 참조.

위해(危害)를 방지하고, 국토의 효율적 이용과 자연환경보전 등 공공복리 증진에 이바지하는 것을 목적으로 한다"라고 개정하여 자연환경보전이라는 목적도 명시할 필요가 있다.

아울러 장사문제 관련법인 「환경정책기본법」(장사법상 제한지역 : 특별대책지역, 이하 같음), 「국토의 계획 및 이용에 관한 법률」(녹지지역(일부), 주거·상업·공업지역), 「산림보호법」(산림보호구역) 등에서, 형질 변경, 개발행위 허가, 묘지 설치 허용 등에 관련 될 때는 위임입법 제정시 환경부, 국토교통부 등 관련부서와 공동부령으로 제정함으로써 장사법령의 집행 효율성을 제고해야 한다.[17]

4. 화장장·납골시설의 확대 및 분묘폐지의 재정지원

2001.1.13.시행된 장사법' 제4조에서는 국가 및 지방자치단체의 장사정책에 대한 책무를 명시하였고 제5조에서 지방자치단체장에게 묘지·화장장 및 납골시설 등의 중·장기수급계획 수립의무를 부과하고 있다.[18]

장사법 개정을 통해 정부 및 지방자치단체장에게 국·공설 화장장 및 납골시설의 수급계획의 수립의무와 함께 국·공설 화장장 및 납골시설의 설치의무를 부과하고 기존 분묘의 폐지·화장·산골 및 납골시설의 안치비용을 정부 및 지방자치단체가 지원하도록 법제화하여야 한다.

아울러 정책실현의 제고와 형평의 원칙상 사설 화장장 및 납골시설[19]에 대해서도 그 비용을 정부나 지자체가 상당부분을 보조금이나 지원금으로 지원하도록 개정하여야 한다.

공·사설 봉안당, 납골시설 안치도 NIMBY시설로서 결국 혐오시설이나 흉물로 전락하기 쉽다. 궁극적으로는 2007.4. 장사법 개정시 도입한 자연친화적 장묘제도로서의 산골(散骨)[20] 또는 자연장을 적극 장려할 필요가 있다.[21] 자연장은 '인간은 흙에서 나서 흙으로 돌아간다'는 자연주의 근본에 충실한 것이므로 자연장 실행유족에게 보조금지원을 하는

---

17) 그밖에도 산림자원의 조성 및 관리에 관한 법률(채종림 등 시험림, 특별산림보호구역), 수도법(상수원보호구역), 문화재보호법(문화재보호구역), 국유림의 경영 및 관리에 관한 법률(요존국유림), 백두대간보호에 관한 법률(백두대간보호지역), 한강수계상수원수질개선및주민지원등에관한법률, 낙동강/금강/영산강·섬진강수계물관리및주민지원등에관한법률(수변구역), 하천법(하천구역), 농지법(농업진흥구역), 군사기밀 보호법, 군사기지 및 군사시설 보호법(군사보호구역), 도로법(접도구역)이 관련된다. 보건복지부 노인지원과 내부자료 참조.

18) 장사법 제5조 제1항은 "특별시장·광역시장 및 도지사와 시장·군수·구청장은 대통령령이 정하는 바에 따라 관할 구역안의 묘지·화장장 및 납골시설의 수급에 관한 중·장기계획을 수립하여야 한다"고 규정하고 있다.

19) 현재 사찰에 주로 설치되고 있는 납골시설을 성당, 교회 등의 종교시설에도 설치하도록 행정지도를 하고 설치와 유지·관리비를 정부나 지자체의 지원금, 보조금 형태로 지급하는 것도 한 방안이다.

20) 산골은 화장 후 골분을 강이나 바다, 임야에 뿌리는 것을 말한다.

21) 자연장의 활성화방안에 대해서는 김달수, 앞의 논문, 149-151쪽 참조.

것도 한 방법이다.

5. 국립묘지 등 집단묘지의 정비

「국립묘지의 설치 및 운영에 관한 법률」에 의하면 동법은 특별법으로서 장사법에 우선하여 적용하도록 규정하고 있다(법 제4조). 안장 형태도 유골 및 시신을 매장, 안치, 자연장 및 위패봉안을 할 수 있도록 하고 있다(법 제2조).

화장률이 80%를 넘어선 만큼 법 개정을 통하여 안장형태를 납골안치, 자연장 및 위패봉안 형태로 변경할 필요가 있다. 아울러 전직 대통령, 국무총리, 장군 경력자도 안장형태를 화장 후 안치 등으로 변경하고 그에 앞서 우선 향후 조성되는 묘역 면적도 다른 국가유공자 묘역 면적과 같게 균등화해야 한다.[22] 국립 서울·대전 현충원 등 6개 국립묘지 수용능력의 한계를 해결하기 위해 사회지도층의 솔선수범으로 국민의식변화에 발맞추고 '노블레스 오블리제' 정신으로 이를 선도해 나가야 하기 때문이다.

아울러 다른 집단묘지의 정비대책도 시급하다. 335개의 공설묘소, 여의도 면적 4.5배에 이르는 155개의 사설법인묘지 그리고 사실상 방치된 수천 개의 공동묘지, 2007년 도입된 1514곳의 자연장지 등 매장이 관행이던 시절에 조성된 집단묘지를 대대적으로 정비해야 할 시점에 와 있다. 국회, 보건복지부, 지자체가 집단묘지 정비대책을 공동으로 강구함으로서 국토의 묘지화를 방지하고 효율적 국토이용에 이바지 할 수 있다.[23]

6. 행정제재 및 벌칙의 완화

장사법상 매장, 화장 등의 신고(제8조), 묘지 설치기간(제19조), 지자치장의 묘적부관리(제22조) 등이 규정되어 있고 이를 어길 경우 형사 및 행정적 제재가 가해진다.

매장은 장사법령에 따라 신고 또는 허가된 묘지에서만 가능하다. 신고 또는 허가를 받은 묘지에 매장한 시신이나 유골만 매장신고 수리가 가능하고 분묘의 설치기준 위반 시 개수명령 등의 행정처분(법인묘지의 경우 과징금)을 발하고, 1년 이하의 징역 또는 500만원 이하의 벌금이 부과된다. 대리인 등이 위반행위를 한 경우 당해 행위자(대리인 등)뿐만 아니라 그 개인에 대하여도 500만원 이하의 벌금, 묘지의 개수명령을 받고 이행하지 아니한 해당 묘지의 연고자에게는 500만원의 이행강제금 등을 부과한다.

---

22) 국립묘지 설치 및 운영에 관한 법률 제12조에 의하면 묘 1기당 면적을 제한하고 있다. 대통령의 직에 있었던 사람은 264제곱미터(80평)이내, 대통령의 직에 있었던 사람 외의 사람: 3.3제곱(1평)미터이고 국회의장·대법원장 또는 헌법재판소장의 직에 있었던 사람과 국가나 사회에 현저하게 공헌한 사람 중「국가장법」제2조에 따라 국가장으로 장례된 사람은 안장대상심의위원회의 의결로 26.4제곱미터(8평)이내로 정할 수 있다.

23) 2017.1.27.자 조선일보 25면, 김태복(한국토지행정학회 회장), '집단묘지정비대책 시급하다' 참조.

설치기간이 종료된 분묘의 설치자가 분묘를 철거하지 않으면 1년 이하의 징역 또는 1000만원 이하의 벌금, 철거명령을 이행하지 않는 경우 1년에 2회 이행강제금 500만원을 부과할 수 있다. 매장(화장)시기, 매장(화장)장소, 매장(화장·개장)방법, 개장허가 등 위반 시에는 1년 이하의 징역 또는 1,000만원 이하의 벌금, 대리인 등이 위반행위를 한 경우 당해 행위자(대리인 등)뿐만 아니라 그 개인에 대하여도 1,000만원 이하의 벌금, 통보 또는 공고를 하지 아니하고 개장한 토지 소유자, 묘지 설치자 또는 연고자에게는 최고 300만원 이하의 과태료가 부과된다.

그런데 사실상 이러한 규정들이 제대로 지켜지지 않아 그 실효성에 의문이 있고 행정의 집행실효성을 위해 전국적인 묘지 실태조사가 정확히 이루어지고 있는지도 의문이다.

분묘의 시한부 설치기간을 신설한 개정 장사법 시행 15년을 불과 2주 앞두고 2016년 묘지 설치기간이 30년으로 연장되었다.[24] 앞에서 본 바와 같은 과도한 처벌 및 제재규정은 오히려 장사법의 실효성을 떨어뜨리고 있다.

장사에 관한 신고를 정보제공적 신고로서 운용하며 위반행위에 대해 제재적 행정처분이나 벌칙규정을 사안에 따라 폐지, 축소하는 등 장묘문화의 사회적 변화에 따라 장사에 관한 제반 규제도 현실에 맞게 대폭 완화되어야 한다.[25]

7. 사회인식변화를 유도하기 위한 범국민 운동

위와 같은 민사판례의 변경과 장사법의 개정을 위해서는 조상숭배 전통에 대한 사회인식변화가 필요하다. 장묘에 관한 인식을 변화시키기 위해서는 사회적 공감대를 형성하기 위해 공익광고 등 이를 유도하기 위한 범국민적 사회운동을 지속적으로 펼쳐야 한다. 산아제한을 위해 1960년대부터 1980년대까지 계속된 가족계획인 "둘만 나아 잘 기르자"운동을 상기할 필요가 있다. 이러한 범사회적 운동과 정책만으로는 한계가 있다. 범사회적 장묘문화개선운동의 확산을 위해서는 화장확산추세와는 동떨어진 재벌, 명문가, 국회의원 등 정치인, 고위공무원, 연예인 등 사회지도층의 호화분묘가 문제되는 바, 향후 강력한 행정지도를 통하여 개선하도록 유도해야 한다.

사회운동과 함께 화장장 및 납골시설의 입지에 대한 NIMBY, LULU 등 부정적 현상이 긍정적인 PIMFY현상으로 전환될 수 있도록 경주 방폐장선정사례에서와 같이 해당지역사회에 인센티브를 주는 등 국가나 지자체가 재정지원을 해야 한다. 기존분묘의 철거를 통한

---

24) 임상규, 앞의 논문, 97쪽.

25) 장사법의 처벌규정이 처벌대상의 불명확성, 과잉범죄화, 과잉제재 등으로 죄형법정주의 원칙의 관점에서 문제가 많다고 한다. 임상규, 앞의 논문, 98－105쪽.
임교수는 설치기간이 만료된 분묘의 철거의무 불이행자를 2년이하의 징역 또는 2000만원 이하의 벌금으로 처벌을 강화해야 한다는 주장을 하고 있다. 앞의 논문, 111쪽.

산림복원과 함께 100%의 화장률이 달성될 수 있도록 적극적 정책이 강구되어야 할 것이다.

VI. 결어

묘지·장사시설현황과 과거로부터 장사법제에 대해 살펴보았다. 개정 장사법 부칙에서 분묘의 설치기간 제한규정의 소급효를 배제하고 있는바, 묘지를 줄이려는 정책적 측면에서 볼 때 문제가 많다.

분묘의 설치기간을 제한하게 된 이유는 국토가 묘지로 잠식되는 심각한 상황 하에서 산림환경의 복원과 국토의 효율적 이용을 위한 것이다.

그러한 관점에서 민사판례에 의해서 인정되어온 물권인 분묘기지권을 인정을 폐지하여야 한다. 아울러 매장묘지의 한시적 설치기간도 2001년 개정법 시행 시부터 20년 내지 30년으로 대폭 줄이고 위 법 시행 이전에 조성된 분묘에 대해서도 소급적용하여야 한다. 2000년 장사법 개정으로 동법 시행 전에 설치된 기존분묘의 영구보존이 가능하다는 모순된 문제점을 보완하고 산림환경의 복원으로 국토의 효율적 이용 및 공공복리의 증진에 이바지함을 목적으로 하는 장사법의 입법취지에도 부합한다.

최근 자연친화적이고 바람직한 장묘문화의 확산으로 화장률이 전국평균 80%를 상회하는 현실은 산림자연환경보전과 국토의 효율적 이용이라는 관점에서 매우 바람직한 현상이다. 이러한 사회적 분위기에 부응하며 선진적 장묘인식을 선도하기 위해 묘지 및 장사관련 공·사법의 조화에 기한 기존 분묘의 화장, 납골안치 및 산림복구비용 을 정부가 지원하는 분묘폐지 지원금제도의 법제화, 공공 화장시설 및 납골시설의 획기적 증대를 위한 입법적 개선 및 분묘기지권에 관한 민사판례 변경이 조속히 이루어져야 한다.

司法의 機能과 行政判例[*]

朴均省[**]

I. 머리말

사법의 개념과 기능을 어떻게 볼 것인가 하는 것은 행정소송과 행정판례의 현재와 미래에 적지 않은 영향을 미치지 않을 수 없다. 그동안 행정판례의 과제와 발전과제에 대하여는 많은 연구가 있었지만, 사법의 개념과 기능의 관점에서 행정소송과 행정판례를 검토하는 연구, 달리 말하면 사법과 행정소송 및 행정판례의 관계를 검토하는 연구는 많지 않았다. 사법의 개념과 기능은 헌법, 행정소송법 등 소송법의 본질적인 문제임에도 사법의 개념과 기능 자체에 관한 연구도 많지 않았다.

사법은 재판을 본질적 속성으로 하고 있고, 이 점은 변하지 않는 사법의 본질이지만, 사법의 개념, 범위와 기능은 시대에 따라 변하였다. 그렇지만, 사법의 개념, 범위와 기능의 변화에 대한 연구도 많지 않았다. 그리고, 사법이나 사법권의 개념 정의에 관하여 의견의 일치를 보고 있지도 못하고, 사법의 기능에 관하여 다양한 견해가 제시되고 있다. 사법의 권리구제기능, 분쟁해결기능, 법질서유지기능에 대하여는 이견이 없지만, 사법이 행정통제적 기능을 갖는지에 대하여는 심도 있는 연구도 많지 않았고, 이에 관한 견해도 다양하다.

행정소송 및 행정판례와 관련하여 사법의 개념과 기능을 논함에 있어서는 삼권분립의 원칙, 법치주의의 원칙의 관점에서 조명할 필요가 있다. 최근에 관심을 끌고 있는 주제인 사법적극주의와 사법소극주의라는 관점에서도 고찰할 필요가 있다.

따라서, 이 글에서는 행정소송 및 행정판례와 관련하여 사법의 개념과 기능을 새롭게 정립하고, 그러한 관점에서 행정소송 및 행정판례를 조명하면서 행정판례의 발전방향을 모색해보고자 한다. 그렇지만, 전술한 바와 같이 이에 관한 연구도 많지 않고, 연구주제가 본질적이고 철학적인 문제이기 때문에 한 번의 연구로 모든 문제를 철저히 규명하기는 쉽

---

[*] 이 논문은 행정판례연구 XXII-1(2017.06)에 게재된 논문으로 「최광률 명예회장 헌정논문집」에 전재하는 것이다.
[**] 경희대 법학전문대학원 교수

지 않을 것이다. 행정판례에 관한 연구에서 이러한 논의가 명시적으로는 행해지지 않은 상황하에서 수 많은 행정판례를 관통하는 법원의 입장을 진단하는 것은 어려운 작업이다. 그러므로 본 연구는 행정소송 및 행정판례와 관련하여 사법의 개념과 기능을 재조명하고, 새롭게 정립된 사법의 개념과 기능에 기초하여 행정소송 및 행정판례를 재검하는 시론적 연구에 그치지 않을 수 없다.

II. 현대 사법의 개념과 기능

1. 권력분립과 사법

권력분립의 원칙이라 함은 전통적으로 국가작용을 입법, 행정, 사법 등으로 나누고, 이를 다른 기관이 담당하도록 권력을 분산하고, 권력 상호간에 견제와 균형을 통해 권력의 남용을 통제하고 국민의 자유와 권리를 보장하려는 통치기관의 구성원리를 말한다.

헌법학자에 의한 권력분립의 원칙의 정의는 다음과 같다. "국가작용을 입법·행정·사법의 3개의 다른 작용으로 나누어, 각 작용을 각기 다른 구성을 가진 독립기관이 담당하게 하여 기관의 견제를 유지하도록 함으로써 국가권력의 집중과 남용을 방지하고 국민의 자유를 보호하기 위한 자유주의적인 정치조직원리,"[1] "국가권력을 그 성질에 따라 여러 국가기관에 분산시킴으로써 권력 상호간의 견제와 균형을 통해서 국민의 자유와 권리를 보호하려는 통치기관의 구성원리"[2] 등.

권력분립의 원칙의 핵심적 요소의 하나인 권력의 견제와 균형의 내용은 통치구조에 따라 다르다. 의원내각제국가에서 권력의 견제와 균형은 입법권과 행정권 사이에서 문제되고, 사법권의 경우에는 독립성이 강조되었다. 대통령제인 미국에서는 입법권, 행정권, 사법권 3권 상호간의 견제와 균형이 중요하게 여겨진다. 우리나라에서는 대통령제이면서도 입법권과 행정권의 견제와 균형이 주로 문제가 되고, 사법권의 경우에는 사법권의 독립성이 강조되었다. 3권 중 행정권의 권한이 강한 것이 현실인데, 이것은 법치주의가 제 기능을 발휘하지 못하고 있는 면도 있지만, 사법권의 행정권에 대한 견제가 매우 약하다는 점에도 기인한다. 역사적으로 사법권의 독립이 위협받았기 때문에 사법권은 사법권의 독립을 지켜내는 것 자체만으로도 부분적으로 권력분립의 기능을 수행하였다고 할 수도 있지만, 사법권이 행정권을 견제하는 기능은 제대로 발휘되지 못하였다고 말할 수 밖에 없다.

---

1) 김철수, 헌법학개론, 박영사, 2001, 871면.
2) 허영, 한국헌법론, 박영사, 2011, 696면.

행정권에 대한 사법권의 통제는 주로 행정소송을 통해 행해진다. 행정소송은 권리구제기능과 행정통제기능을 갖는 것으로 보는 것이 일반적 견해이다. 그런데, 행정소송의 기능에 관하여 행정소송의 주된 기능이 행정구제기능인지 아니면 행정통제기능인지가 다투어지고 있다. 행정소송이 두 기능 중에서 어디에 중점을 두고 있는가는 입법례 및 행정쟁송의 종류에 따라 다르다. 독일의 경우 취소소송은 주관소송으로서 권리구제기능이 강하지만, 프랑스의 경우 월권소송은 객관소송으로서 행정통제적인 기능이 강하다. 권리의무관계에 관한 소송의 형식을 취하는 당사자소송3)보다는 행정청의 결정을 다투는 형식을 취하고 처분의 위법성이 취소사유가 되는 항고소송이 행정통제기능을 보다 직접적으로 그리고 강하게 가질 수 있다. 따라서, 취소소송중심주의를 취한 것은 행정통제적 기능을 강화하는 의미를 갖는다. 헌법소원은 공권력행사를 다투는 점에서는 항고소송과 동일하다. 그런데, 헌법소원은 국민의 권리(기본권)구제제도이기는 하지만 항고소송에 비하여 행정통제제도로서의 성격이 보다 강한 것으로 이해되고 있다.

행정소송은 이론상 행정통제기능과 함께 권리구제기능을 함께 갖는 것으로 보는 것이 타당하다. 행정에 대한 사법의 통제를 강화하기 위해서는 행정소송의 행정통제적 기능이 강화되어야 한다. 특히 우리나라의 경우 행정권이 비대하고 행정권의 남용이 적지 않은 점에 비추어 법치주의의 실현 및 권력분립의 실질화를 위해 행정소송의 행정통제적 기능을 강화하여야 한다. 그렇지만, 우리나라의 항고소송을 행정통제보다는 권리구제에 중점을 두고 있는 주관소송이라고 보는 견해가 강하다. 행정법이론상 전통적으로 행정소송은 권리구제에 중점이 있는 소송으로 인정되어 왔다. 권리구제기능과 행정통제기능 중 전자가 주된 기능이고, 후자를 종된 기능으로 보아야 하는 이유로 법원은 특별한 규정이 없는 한 행정권 행사(특히 '처분')가 개인의 법률상 이익(권리)을 침해하는가 여부를 심사하는 한도내에서만 행정통제를 할 수 있기 때문이라는 견해가 있다.4) 그렇지만, 최근 행정소송의 행정통제적 기능을 강조하는 견해도 나타나고 있다. 우리의 취소소송은 본안에서는 원고의 주관적 관련성 여부와 관계없이 '객관적" 위법성이 취소사유가 된다는 점에서 객관소송으로 보고, 항고소송의 행정권에 대한 견제기능을 인정하는 견해5)는 전통적 견해 보다 취소소송의 행정통제기능을 강조하는 견해이다. 항고소송을 행정통제에 중점이 있는 객관소송이라고 보는 견해는 실정법을 초월하여 순수한 이론으로 주장하는 것은 타당할 수도 있으나 현행 행정소송법하에서는 받아들이기 어려운 견해로 보인다.

생각건대 현행 행정소송법상 행정소송은 권리구제기능과 행정통제기능을 함께 갖고

---

3) 공법상 당사자소송은 기본적으로 권리구제를 목적으로 하는 주관소송이다.

4) 김남진, 김연태, 행정법 I, 법문사, 2011, 707면. 동지: 정하중, 행정법개론, 법문사, 2015, 664면; 홍정선, 행정법특강, 박영사, 2015, 644면.

5) 박정훈, 행정소송의 구조와 기능, 박영사, 2006, 44－47면, 394면.

있을 뿐만 아니라 주관소송적 성격과 객관소송적 성격을 함께 갖고 있는 것으로 보고 현행 행정소송법하에서 행정소송의 행정통제적 기능을 최대한 확대·강화하는 것이 법치행정의 원칙 및 권력분립의 원칙에 비추어 타당하다.[6] 법치행정의 실효성을 확보하기 위하여는 위법한 행정작용에 대한 법원의 통제가 있어야 하고, 권력분립의 원칙은 사법(司法)에 의한 행정의 통제 내지 견제를 포함하는 것으로 보아야 한다.

오늘날 권력분립은 권력기관간의 협력과 통합도 내용으로 하고 있다고 보는 새로운 견해가 제기되고 있다. 현대 자유민주국가의 통치구조에서는 기계적이고 획일적인 '권력분리'에서 목적지향적이고 유동적인 '기능분리'로, 그리고 권력간의 '대립적인 제한관계'가 '기관간의 협동적인 통제관계'로 바뀌었다고 보는 견해,[7] "권력분립은 여러 관점에서 보면 국가기관간 '협력'을 요구한다. 그 이유는 국가기관은 상호작용 및 형성을 함에 있어서 수많은 권력융합을 위하여 상호간의 협력을 필요로 하기 때문이다. … 권력분립은 협력의무에 의하여 보완되는 것으로 이해하여야 한다."라고 하는 견해[8] 등이 있다. 이에 대하여 권리분립의 원칙의 자유주의적 성격을 강조하는 고전적 견해도 있다.[9] 생각건대, 권력기관간의 협력과 통합이 권력기관간의 견제를 무디게 한다면 문제이지만, 권력기관간의 견제가 유지되는 것을 전제로 공익목적을 위해 권력기관간 협력을 도모하는 것은 국가권력의 존재이유이기도 하다. 그 동안 사법부와 입법부 및 행정부간의 협력과 지원이 연구주제가 되지 않았고, 논의의 주제가 되는 것 자체가 사법권의 독립성에 위배되는 것처럼 금기시되어 왔다. 그러나 현실에서 사법부와 입법부 및 행정부간의 협력은 그 타당성은 별론으로 하고 일정 정도 행해져 왔고, 일정한 한도 내에서는 요구되기도 한다.

실제로 법원이 법령을 해석·적용함에 있어서 법령의 문제점과 그에 대한 개정의견을 판결문에 완곡하게 설시하는 것은 삼권분립의 원칙이나 법원의 독립성 등의 원칙에 반하지 않으면서도 실효적이고 효율적인 국가작용을 위해 바람직하다고 할 수 있다. 판결문에서의 법령의 문제점 지적은 판결의 설득력을 높이기 위해 필요한 경우도 있을 것이다. 실무상으로도 판결 후 판결의 내용을 반영하여 법령을 개정하는 경우 심지어는 판결 중 드러난 입법론상 문제를 법령의 개정을 통해 해결하는 경우가 적지 않다. 그리고, 소송관련 법령의 개정안은 법원이 직접 개정의견의 형식으로 국회에 제출하는 것이 타당하다.[10] 정부가 소송관련법의 개정안을 제출하는 것은 전문성 및 사법권 독립이라는 관점에서도 문

---

6) 장영수, 헌법학, 홍문사, 2014, 988면.

7) 허영, 전게서, 709면. 그 예로 입법기능이 입법부와 행정부에 의해서 함께 행해지는 것을 들고 있다.

8) 이부하, 권력분립에서 기능법설에 대한 평가, 헌법학연구 제12권 제1호, 2006.3, 440-441면; 강재규, 헌법상 기능적 권력분립론의 행정법적 수용에 관한 연구, 공법연구 제41집 제1호, 2012.10, 284면.

9) 김철수, 전게서, 871면.

10) 대법원 법원행정처가 만든 행정소송법 전면개정안이 개정의견의 형식으로 국회에 직접 제출된 적이 있다.

제가 있을 수 있다. 분쟁의 해결에 있어서 사법권에 속하는 소송과 행정권에 속하는 행정심판, 조정 등 분쟁해결수단 사이의 협력관계의 구축도 필요하다.

2. 법치주의 내지 법치행정의 원칙과 사법

법치주의는 다양한 의미를 갖는데, 크게 독일식 법치주의인 법치국가(Rechtsstaat)와 영미식 법치주의인 법의 지배(Rule of Law)로 나눌 수 있다.

독일식 법치주의는 시민의 자유와 재산의 보호를 목적으로 하는 시민적 법치주의[11]에서 국가작용 특히 행정작용의 합법성을 강조하는 단계를 거쳐 오늘날 실질적 법치주의로 발전되었다. 법률에 의한 행정은 법치주의의 행정면에서의 표현으로서 행정재판은 법치행정의 원칙, 행정의 합법성을 보장하기 위해 인정되었다. 오늘날의 법치국가의 원칙에서는 법에 의한 규율, 법률유보의 원칙, 기본권보장, 위헌법률심사, 행정재판제도의 확립을 주된 내용으로 한다.

영미식 법치주의는 법의 지배를 의미한다. 영미 법의 지배는 다이시에 의해 수립되어 발전하여 왔다. 오늘날 영미식 법치주의는 기본권보장, 사법국가, 영국의 자연적 정의의 원칙, 미국의 적법절차의 원칙, 미국의 위헌법률심사제도를 주요 내용으로 한다.

독일식 법치주의는 법의 규범성을 강하게 인정하는 입장을 취하고, 미국식 법의 지배는 법의 규범성과 함께 입법의 정책적 성격을 인정하는 입장을 취하고 있다. 전자의 입장을 취하는 경우 재판에서 법을 적용함에 있어 규범적 판단에 충실하게 되고, 후자의 입장에 서는 경우에는 재판에서 법을 적용함에 있어 규범적 판단과 함께 정책적 고려를 하여야 한다는 주장이 가능할 수 있다. 이 문제는 사법소극주의와 사법적극주의의 문제와도 관련이 있다고 할 수 있다.

사법은 법치주의에 대한 최후의 보루가 되어야 한다. 사법은 법에 대한 최종적인 해석권을 가지며 판례를 통하여 법이 무엇인가를 선언하는 기능을 수행하여야 한다. 법치주의는 법에 의한 권력의 통제를 내용으로 하므로 사법은 법치주의의 실현을 위해 재판을 통하여 법을 위반한 권력을 통제하는 기능을 수행하여야 한다. 법이 무엇인가를 선언하고 권력이 법을 위반하여 형성한 위법한 상태를 시정하여 적법질서를 회복하는 기능을 수행하여야 한다.

사법은 법을 창조하는 기능을 갖지는 못하지만 법의 불비한 경우 법을 발견하는 기능을 수행하여야 한다. 행정법에는 행정법총칙이 존재하지 않으므로 사법은 실정법령으로부

---

11) 시민적 법치주의는 자유주의적 법치국가이론이고, 이에 따르면 시민의 자유와 안전의 보장은 국가의 중요한 의무이다.

터 행정법상 법의 일반원칙을 도출하는 기능을 수행하여야 한다. 법의 일반원칙은 실정법령이 전제하고 있는 일반법원칙으로서 법원은 법의 일반원칙을 창설하는 것이 아니라 실정법령으로부터 발견해내는 것이다. 사법은 법을 해석함에 있어 조리에 합당하도록 하여야 하고, 법이 없는 경우에는 최종적으로 조리에 의해 판단하여야 한다.

　　법치주의의 원칙상 위법한 공권력 행사에 의해 국민의 권익이 침해된 경우에는 이 침해된 국민의 권익을 구제해 주는 제도가 보장되어야 한다. 헌법 27조는 국민에게 재판을 받을 권리를 보장하고 있다. 공권력 행사에 의해 국민의 권익이 침해되었는데, 침해된 권익을 구제받을 수 있는 소송법상 수단이 인정되지 않는 것은 법치주의의 원칙 및 헌법상 재판을 받을 권리에 반한다. 또한, 위법한 공권력 행사에 의해 국민의 권익이 침해되기 이전에 위법한 공권력 행사를 사전에 예방하는 행정절차도 법치주의의 원칙을 실현하기 위해 요구된다. 적법절차는 절차적 법치주의의 실현을 위해 헌법상 인정된 법원칙이다. 판례는 절차의 하자를 독자적 취소사유로 봄으로써 절차적 법치주의의 실현을 담보하고 있다. 독일식 실체적 법치주의에 따르면 절차의 하자를 독자적 취소사유로 보는 것은 타당하지 않고, 절차의 하자가 공권력 행사의 실체(내용)에 영향을 미치는 경우에 한하여 취소사유로 보는 것이 논리적이다. 그렇지만, 미국식 절차적 법치주의에 따르면 절차의 하자를 독자적인 취소사유로 보는 것이 타당하다. 우리 나라의 법치주의는 실체적 법치주의뿐만 아니라 절차적 법치주의를 포함한다고 보아야 한다.

3. 사법소극주의와 사법적극주의

　　사법소극주의와 사법적극주의는 그 의미가 다양하고 아직은 모호한 개념이다.

　　목촌 선생은 사법소극주의를 사법권 고유의 영역을 지키려고 하는 것으로 보고, 사법적극주의를 권익구제의 폭을 넓히려고 하는 것으로 보았다. 사법소극주의는 사법만능의 폐단을 경계하고, 그럼으로써 사법의 정치화를 막고, 예방적금지소송이나 의무이행소송을 행정기관이 하는 일에 대하여 개입적 기능·대체적 기능을 담당하는 것으로 보고, 권력분립이나 책임행정의 원리에 반하는 것으로 본다고 하고, 사법적극주의는 그와 같은 소송은 행정권 고유의 영역을 침범하는 것이 아니라, 바로 법률적 판단을 사명으로 하는 사법권의 당연한 직무의 일부가 된다고 보는 것으로 이해하고 있다.12)

　　권력분립의 원리와의 관계하에서 사법적극주의를 다음과 같이 정의하는 견해가 있다: "권력분립의 원리가 기초하고 있는 '견제와 균형'의 이상을 실현하기 위해 행정부나 입법부의 의사나 결정에 곧잘 반대를 제기하여 두 부에 의한 권력의 남용을 적극적으로 견제

---

12) 김도창, 일반행정법(상), 청운사, 1992.5, 733면 각주 5).

하는 사법부의 태도나 철학". 사법소극주의는 입법부나 사법부의 견제에 소극적인 태도나 철학을 말하는 것으로 본다.[13]

미국에서는 사법적극주의를 "헌법, 법규나 선판례의 자구의 문어적인 의미에 얽매이지 않고 선거에 의해 뽑힌 공무원들의 정책결정을 대체하는 정책결정을 판결을 통해 감행하는 진보적인 사법부의 태도"라고 보는 견해도 있다.[14]

사법적극주의를 "판사들이 선판례에 엄격히 얽매이지 않고 상급법원의 판사들이 싫어할지도 모르는 진보적이고 새로운 사회정책을 선호하는 사법부의 철학"이라고 보는 견해도 있다.[15] 현재 미국학계에서 사법적극주의라는 말은 지나치게 적극적인 사법부 더 나아가 사법권을 남용하는 사법부를 비판하는 조소적 용어로 사용되는 것이 일반적이라고 하면서 사법입법을 기준으로 사법극소주의는 당해 분쟁만 해결하고 다른 문제는 다음 번에 해결하려는 경향을 말하고, 사법적극주의는 개별사건을 계기로 다른 사건까지 해결할 수 있는 보편적인 기준(broadly applicable principles)을 정립하려고 하는 경향이라고 사법적극주의와 사법소극주의를 정의내리는 것이 가장 합리적이라고 할 것이라고 하는 견해도 있다.[16]

이와 같이 사법적극주의와 사법소극주의는 다양한 의미를 갖는 개념으로 논자에 따라 다른 의미로 사용되고 있다. 결국 사법적극주의와 사법소극주의는 권력분립의 관점에서 사법의 기능 그리고 사법의 본질을 어떻게 보아야 하는가에 관한 사법의 적극적 태도와 소극적 태도 및 사법에 대한 관점을 의미하는 것으로 볼 수 있다. 사법적극주의와 사법소극주의는 현재로서는 사법에 대한 두 입장을 말하는 것이며 어느 입장이 타당한지에 관하여는 심도 있는 검토가 필요하다.

우선 국민의 권익구제의 폭을 넓히려고 하는 것을 사법적극주의로 보는 것은 적절하지 않은 것으로 보인다. 현행 법질서 내에서 법해석을 통하여 국민의 권익구제의 폭을 넓히는 것에 대하여 반대할 사람은 적을 것이다. 사법은 법해석의 한계를 지켜야 하고 법해석의 한계를 넘어 법을 변경하거나 창조하여서는 안 된다는 점에 대하여도 의견은 일치하고 있다.

선판례의 변경에 적극적인가 소극적인가를 사법적극주의와 사법소극주의의 내용으로 보는 것도 타당하지 않다. 법과 사회의 변화에 따라 판례를 변경하는 것은 성문법국가에서는 당연한 것으로 보아야 한다.[17] 하급심이 판례의 발전이 필요한 경우에 상급심의 판례

---

13) 임지봉, 사법적극주의·사법소극주의의 개념에 관한 새로운 모색과 그 적용: 전두환·노태우 두 전직대통령에 관한 사건의 분석을 중심으로, 경희법학 제34권 제1호, 1999, 354면.

14) 임지봉, 전게논문, 354면.

15) 임지봉, 상게논문, 354면.

16) 문재완, 사법소극주의의 재검토, 외법논집 제27집, 2007.8, 141면, 152면.

를 따라지 않는 것도 당연한 것이다. 다만, 하급심이 상급심의 판례를 따르지 않을 경우에
는 상급심 판례의 문제점을 적절하게 지적하고 판례변경의 필요성에 대해 정치한 논리를
제시하여야 할 것이다. 행정사건에서 전원합의체판결이 적지 않은 점, 새로운 법리를 제시
하는 행정판례가 적지 않은 점 등에 비추어 대법원도 행정판례의 변경·발전에 비교적 적
극적 입장을 갖고 있는 것으로 평가할 수 있다.

사법의 정치화를 막는 것에도 이견이 없을 것이므로 사법의 정치화를 막는 것을 사법
소극주의로 보는 것은 논의의 실익이 없다. 행정에 대한 '개입'을 회피하려는 사법부의 태
도에 문제가 없다는 점에 대해서도 이견이 없을 것이므로 행정에 대한 '개입'을 회피하려
는 것 자체를 사법소극주의로 보는 것도 타당하지 않은 것으로 생각된다. 이와 관련하여
예방적금지소송이나 의무이행소송을 행정기관이 하는 일에 대하여 개입적 기능·대체적 기
능을 담당하는 것으로 보고, 권력분립이나 책임행정의 원리에 반하는 것으로 보는 것을 사
법소극주의로 보거나 그와 같은 소송은 행정권 고유의 영역을 침범하는 것이 아니라, 바로
법률적 판단을 사명으로 하는 사법권의 당연한 직무의 일부가 된다고 보는 것을 사법적극
주의로 보는 것도 타당하지 않다고 생각한다. 예방적금지소송이나 의무이행소송의 인정문
제는 권력분립, 사법의 개념, 재판을 받을 권리의 보장과 관련된 법리적 문제인 것이다. 오
늘날 의무이행소송이 법리상 권력분립의 원칙에 반하지 않고, 입법정책적으로도 인정되어
야 한다는 것이 대다수의 행정법학자의 입장이다. 예방적 금지소송이 행정권의 제1차적
판단권을 침해한다고 보는 견해도 있지만, 다수 견해는 이에 동의하지 않는다.

행정사건에서 법원이 판결을 하면서 법의 일반원칙을 발견하고, 판결의 기준 및 행정
법이론을 형성하는 것도 사법적극주의와 사법적극주의의 문제와 분리하여 행정판례에 있
어서의 사법기능상의 법리적 문제로 논하는 것이 타당하다. 행정법에서는 총칙규정이 없
고, 법의 흠결이 있는 경우가 많다. 법원은 법이 없는 것을 이유로 재판을 거부할 수 없고,
'조리'에 따라 재판을 하여야 한다. 법령의 흠결이나 불충분한 점이 있는 경우 구체적 사건
에서 조리에 따라 형평성있는 분쟁해결을 하는 것에 그치고 일반적 분쟁해결기준을 제시
하지 않는 것도 가능하지만, 이렇게 하면 국민이 법원의 판결에 대한 예측가능성을 가질
수 없게 된다. 또한 판결은 합리적 이유 및 적절한 논거를 제시해야 설득력을 가질 수 있
다. 법원이 분쟁해결의 기준 또는 관련법이론을 제시하기 어려운 경우에는 행정판례 및 행
정법이론의 형성은 학설 또는 후일의 판결에 맡기고 구체적인 분쟁의 해결에 만족할 수
밖에 없겠지만, 법의 일반원칙을 발견할 수 있고, 분쟁해결의 기준 또는 법이론을 제시할
수 있는 경우에는 가능한 한 그렇게 하는 것이 바람직하다. 이를 위해서는 재판의 전문화

---

17) 판례법국가에서는 선판례가 법적 구속력을 가지므로 판례의 변경에 관한 적극적 태도와 소극적 태도는
법리의 논쟁이 될 수 있지만, 성문법국가에서 판례의 변경은 법리논쟁이 될 수는 없다.

가 이루어져야 하고, 법원과 학계와의 협력이 필요하다.

사법적극주의와 사법소극주의의 대립은 다음의 두 가지 점에서 있을 수 있다고 보는 것이 타당하다. 하나는 사법권이 입법권 및 행정권에 대해 견제의 기능을 갖는 것으로 볼 것인지, 견제의 기능을 갖는 경우에도 보다 적극적으로 견제하려는 태도를 가져야 하는 것으로 볼 것인지이다. 이 문제는 사법권의 독립성의 문제와도 관련이 있다. 다른 하나는 사법의 권한을 법의 규범논리적 해석에 한정하고, 분쟁의 규범논리적 해결에 한정할 것인가 아니면 법의 해석에서 법의 정책적 성격을 고려하고, 판례의 사회적·정책적 영향을 고려할 것인가 하는 문제이다.

독일식 법치주의에 따라 법의 규범성을 강조하는 입장에서는 법을 해석하고 적용함에 있어서 정책적 고려를 하는 것은 타당하지 않다고 본다. 이에 대하여 미국식 법의 지배에 따라 법의 규범성과 함께 입법의 정책적 성격을 인정하는 입장을 취하면 법의 해석 및 적용에서 입법의 정책적 취지 및 판결의 사회적·정책적 영향을 적극 고려하여야 한다고 볼 것이다.

현재 우리의 사법부는 국민의 권익구제를 확대하려는 점에서는 적극적이라고 할 수 있다. 그렇지만, 사법의 기능을 규범논리적인 분쟁해결기능으로 보면서 법원은 입법부나 행정부를 견제하는데 있어서는 극히 소극적인 태도를 취하고 있는 것으로 평가할 수 있다. 법원의 기능 중에 입법권이나 행정권에 대한 견제는 아예 포함하지 않는 입장을 취하고 있는 것이라고 평가할 수도 있다. 나아가 후술하는 바와 같이 오히려 행정부의 입장을 과도하게 고려하는 것은 아닌가 하는 생각도 든다. 그리고, 법원은 법을 해석하거나 적용함에 있어 규범논리에 충실한 태도를 보이고 있고, 정책적인 고려에는 소극적인 것으로 보인다.

생각건대, 우리나라의 경우 사법부는 행정부에 비하여 힘이 약한 것이 현실이므로 행정부로부터 사법부의 독립성을 확보하는 것이 일차적으로 중요하다. 정책적 영향은 가치관이나 보는 관점에 따라 다를 수 있는 것인데, 사법부의 힘이 약한 상태에서 법원이 행정부의 입장과 다른 정책적 방향으로 판결하기는 어려울 것이다. 미국과 같이 사법부의 독립이 보장되고 있고, 사법부의 힘이 있는 경우에는 법원이 판결시 정책적 고려를 적극적으로 하는 것이 행정부에 의해 수용될 수 있지만, 우리나라에서와 같이 사법부의 독립이 확고하지 못하고, 사법부가 상대적으로 약한 경우에는 법원의 정책적 판결이 행정부에 의해 수용되기 어려울 것이고, 그렇게 하는 경우 사법부의 독립성에 대한 위협으로 부메랑이 되어 돌아올 것이다. 따라서, 현재의 상황하에서는 원칙상 법의 해석 및 적용에 있어 법규범논리에 철저한 것이 사법권의 독립을 지키면서도 행정부를 통제할 수 있는 길이 될 것이다. 법원의 판결이 법논리에 충실한 경우에 행정부는 법원의 판결에 이의를 제기하기 어려울 것이다. 그런데, 대부분의 법령(특히 행정법령)은 정책을 입법을 통해 선언하고 있다. 따라

서, 법의 해석과 적용은 정책을 구체화하는 의미를 갖는다. 법의 해석과 적용은 정책관련
성을 가질 수밖에 없다. 또한, 판결이 사회와 정책에 영향을 미칠 수 밖에 없다. 그러므로
판결시에 판결의 정책적인 영향을 전혀 고려하지 않는 것은 타당하지 않고, 원칙상 규범적
법리에 충실하면서도 부수적으로 법의 해석·적용에서 정책적 고려를 하는 것이 현재로서
는 사법정책적으로 타당하다고 생각한다.

4. 헌법상 司法의 개념

헌법 제101조 제1항은 "사법권은 법관으로 구성된 법원에 속한다."라고 규정하고 있
다. 헌법 제101조의 사법권이 실질적 의미의 사법권을 말하는지, 형식적 의미의 사법권을
말하는지 견해가 대립하고 있다. 실질설은 헌법 제101조 제1항을 실질적 의미의 사법기능
은 법관으로 구성된 독립된 법원이 맡아야 한다는 것을 의미하는 것으로 이해해야 한다고
한다.[18] 입법자는 법원에 속하는 사법의 과제를 임의로 정의할 수 없으며, 본질상 사법에
속하는 사안을 법원으로부터 박탈해서는 안 되기 때문에 사법의 개념은 실체적 기준에 의
해 판단하여야 한다고 한다.[19] 이에 대하여 헌법 제101조 제1항에서 정하고 있는 사법권
은 헌법 제101조 제1항과 제2항이 정하고 있는 법원에 속하는 재판권만 의미하는 형식적
의미의 사법권을 뜻한다고 보는 견해도 있다.[20] 사법권은 법원에 속한다고 할 때의 사법
권은 형식적 의미로 보고, 법원의 권한으로서의 사법권의 범위와 한계를 논한 때에는 실질
적 의미로 한정할 수 밖에 없다"는 견해도 있다.[21] 또한, 사법에 관한 실질설과 형식설의
논의는 무의미한 논리적 전개에 불과하다는 견해도 있다.[22]

생각건대 헌법 제101조 제1항은 규범적 효력을 갖고, 권력분립의 의미를 갖는 규정으
로 보아야 하므로 헌법 제101조 제1항의 사법권은 실질적 의미로 이해하는 것이 타당하
다. 헌법 제101조 제1항의 실질적 의의는 실질적으로 "사법권에 해당하는 국가과제는 오
로지 법원에 의해서만 행사되어야 하며 입법자는 그 본질에 있어서 사법권에 해당하는 과
제영역을 다른 국가기관에 위임해서는 안 된다는 적극적인 의미를 담고 있다."[23]고 할 수
있다. 형식설에 따르면 법원이 현실적으로 담당하는 모든 권한을 사법권으로 봄으로써 현
실의 사법부의 권한을 지칭할 뿐 어떠한 규범적 의미도 갖지 못하는 문제가 있다. 그리고,

---

18) 허영, 전게서, 1025면.

19) 한수웅, 헌법학, 법문사, 2015, 1326면.

20) 정종섭, 헌법학원론, 박영사, 2015, 1394면 ; 성낙인, 헌법학, 법문사, 2015, 1136면.

21) 김철수, 전게서, 1201면.

22) 허영, 전게서, 986면 주 1) ; 장영수, 전게서, 1039면.

23) 한수웅, 전게서, 1325면.

헌법 제101조 제1항의 규정 중 "법관으로 구성된 법원"을 주목할 필요가 있다. 사법부에는 법관으로 구성된 법원뿐만 아니라 사법행정조직도 존재한다. 사법행정조직 중 법원의 재판을 직접적으로 보조하는 조직은 헌법 제101조 제1항의 "법관으로 구성된 법원"에 속하지만, 법원의 재판을 직접적으로 보조하는 조직이 아닌 조직(예, 가족관계등록업무를 담당하는 조직)은 "법관으로 구성된 법원"에 속하지 않을 수도 있다.

따라서, 헌법 제101조 제1항은 실질적 의미의 사법권을 의미하는 것으로 보는 것이 타당하다. 다만, 실질설에 따르는 경우에도 사법권을 재판권에 한정하는 것은 타당하지 않다. 사법권은 재판권과 함께 재판권이 제대로 기능하기 위하여 그리고 사법권의 독립이 보장되기 위하여 필요한 권한을 포함하는 것으로 이해하는 것이 타당하다. 사법권의 독립을 위해 필요한 대법원장의 규칙제정권, 법관인사권 등도 헌법 제102조 제1항의 사법권에 포함되는 것으로 보는 것이 타당하다. 다만, 가족관계등록업무는 헌법 제101조의 사법권에는 포함되지 않으며 법원의 권한으로 할 것인지 아니면 행정부의 권한으로 할 것인지는 입법정책적으로 결정될 문제이다.[24] 따라서, 헌법 제101조 제1항의 사법권은 실질적 의미의 사법권을 의미하는 것으로 보되 재판권(협의의 사법권)과 재판권이 실질적으로 제대로 기능하기 위하여 필요한 권한(광의의 사법권)을 의미하는 것으로 보는 것이 타당하다.

법원조직법 제2조 제1항은 "법원은 헌법에 특별한 규정이 있는 경우를 제외한 일절의 법률상의 쟁송을 심판하고, 이법과 다른 법률에 의하여 법원에 속하는 권한을 가진다."라고 규정하고 있다.[25] 동조 제2항은 "제1항의 규정은 행정기관에 의한 전심으로서의 심판을 금하지 아니한다."라고 규정하고 있다. 동조 제3항은 "법원은 등기, 가족관계등록, 공탁, 집행관, 법무사에 관한 사무를 관장하거나 감독한다."라고 규정하고 있다.

법원조직법 제2조 제3항은 형식적 의미의 사법권을 정의하고 있다는 견해도 있지만, 법원조직법 제2조 제1항의 법률상 쟁송에 대한 심판은 (좁은 의미의) 실질적 의미의 사법을 말하고, "이법과 다른 법률에 의하여 법원에 속하는 권한"은 형식적 의미의 사법을 말한다고 볼 수 있다. 그리고 동조 제2항에 비추어 행정소송도 법률상 쟁송에 대한 심판 즉 실질적 의미의 사법에 포함되는 것으로 규정하고 있다고 볼 수 있다. 동조 제3항은 법원조직법에 따른 형식적 의미의 사법권을 규정하고 있다.[26] 가족관계등록[27]과 법무사에 관한 사무

---

24) 박균성, 행정법론 하, 박영사, 2016, 159-160면 참조.

25) 이 규정은 일본 재판소법 제3조 제1항과 유사하다. 일본에서의 법률상 쟁송과 사건성의 요건 그리고 사법권의 개념에 대해서는 민병로, 司法權의 槪念과 헌법소송 -일본에서의 논의를 중심으로-, 공법연구 제32집 제1호, 2003.11 참조.

26) 김철수, 전게서, 1201면.

27) 가족관계의 등록에 관한 법률은 "가족관계의 발생 및 변동사항에 관한 등록과 그 증명에 관한 사무(이하 "등록사무"라 한다)는 대법원이 관장한다."고 규정하고(제2조), 등록사무를 시·읍·면의 장에게 위임하는 것으로 규정하고(제3조 제1항, 제4조), 등록사무의 감독에 관한 권한을 가정법원장에게 위임하는 것으로

의 관장·감독은 실질적으로는 행정사무인데, 입법정책상 법원에 그 권한을 법정위탁한 것
으로 보아야 한다.

　　전통적으로 실질적 의의의 사법은 법률상 쟁송을 재판절차에 따라 해결하는 작용을
말한다. 사법의 개념 중 법률상 쟁송이 핵심적인 내용이 되며 사법의 범위를 결정한다. 전
통적으로 법률상 쟁송은 '당사자 사이의 구체적인 권리의무관계에 대한 법률적용상의 분
쟁'을 의미하는 것으로 보았다.[28) 법률상 쟁송은 두 부분으로 나누어진다. 하나는 당사자
사이의 구체적인 권리의무관계에 관한 분쟁이라는 것이고 다음 하나는 법률을 적용하여
해결한다는 것이다.

　　그런데, 항고소송의 대상인 처분은 법률상 쟁송, 보다 정확히 말하면 권리의무관계로
환원하기 어려운 경우가 적지 않다. 과세처분과 같이 조세채권과 조세채무를 발생시키는
처분도 있지만, 일반적으로 인허가에 대해 제3자가 다투는 경우 행정과 제3자 사이에 권리
의무관계가 발생하는 것으로 보기는 어렵다. 특히 권력적 사실행위는 항고소송의 대상이
되지만 법적 행위가 아니고 권리의무관계에 직접 변동을 가져오지 않는다. 이와 같이 항고
소송은 전통적인 의미의 법률상 쟁송이 존재하지 않는 경우에도 인정된다. 따라서, 행정소
송을 사법에 포함시키기 위해서는 전통적인 의미의 법률상 쟁송의 개념을 수정할 필요가
있다. 즉 법률상 쟁송을 권리의무관계와 관련짓지 않고 "구체적인 법적 분쟁"으로 개념정
의하는 것이 타당하고 사법을 "당사자 사이의 구체적인 법적 분쟁을 당사자의 소송의 제
기에 의해 독립한 법원이 법을 적용하여 해결하는 작용"이라고 개념정의하는 것이 타당하
다.[29) 나아가 법원조직법에서도 구시대적 개념인 법률상 쟁송이라는 개념을 버리고, "구체
적인 법적 분쟁"이라는 개념을 사용하는 것이 바람직하다.

　　전통적인 사법 개념인 "당사자 사이의 구체적인 권리의무관계에 대한 법률적용상의
분쟁을 법원이 법을 적용하여 해결하는 작용"이나 새로운 사법 개념인 "당사자 사이의 구
체적인 법적 분쟁을 당사자의 소송의 제기에 의해 법원이 법을 적용하여 해결하는 작용"
은 최협의의 실질적 사법 개념이다. 최협의의 사법 개념은 다음과 같은 의의를 갖는다. ①
구체적 법적 분쟁(법률상 쟁송)에 대하여는 국민의 재판을 받을 권리에 비추어 원칙상 재판
이 허용되어야 한다. 명문의 규정이 없더라도 소송을 인정하여야 한다. 이와 관련하여 예
방적 금지소송과 의무이행소송이 행정소송법상 명문의 규정이 없음에도 무명항고소송으로
인정될 수 있는지가 문제되는데, 헌법 제101조 제1항, 헌법상 재판을 받을 권리, 법치주의
의의 원칙, 기본권 보장의무 등에 비추어 예방적 금지소송과 의무이행소송이 구체적 사건

　　규정하고 있다(제3조 제3항).

28) 김도창, 전게서, 733면.

29) 법률상 쟁송(구체적인 권리의무관계에 관한 분쟁)을 "구체적 법적 분쟁"보다 다소 좁은 개념으로 보는
　　견해도 있지만, 법률상 쟁송과 구체적 법적 분쟁을 동의어로 사용하는 경우도 많다.

성을 갖는 한도내에서 보충적으로 인정된다고 보는 것이 헌법에 합치한다. ② 법적 분쟁이
지만 구체적인 법적 분쟁이 아닌 사건(구체적 사건성이 없는 사건)은 명문의 규정이 없는 경
우 사법의 본질상 당연히 행정소송의 대상이 될 수는 없고, 법률의 명문의 규정에 의해 사
법의 대상이 되는 것으로 정해져야 사법의 대상이 된다.

　　그런데, 오늘날 구체적인 법적 분쟁이 아닌 법적 분쟁을 재판의 대상으로 규정하는
입법이 늘고 있는 점에 비추어[30] 최협의의 사법 개념에 명문의 법률규정에 의해 인정되는
당사자 사이의 구체적인 법적 분쟁이 아닌 법적 분쟁에 대한 재판(예, 추상적 규범통제소송,
민중소송, 기관소송 등 객관소송)을 추가하여 협의의 사법이라고 할 필요가 있다. 즉, 협의의
사법은 "법적 분쟁이 발생한 경우에 당사자의 소송의 제기에 의해 독립적 지위를 가진 법
원이 법을 적용하여 당해 법적 분쟁을 해결하는 작용"을 말한다. 최협의의 사법이 아닌 협
의의 사법에 해당하는 법적 분쟁은 명문의 규정이 있는 경우 재판의 대상이 될 수 있고,
그 재판권은 실질적 의미의 사법권의 권한에 속하게 되며[31] 법원의 권한으로 인정되어야
한다. 이에 대하여 권력분립의 원칙에 근거한 헌법상의 사법권의 영역이 입법정책에 의해
좌우되어서는 안 되기 때문에 민중소송, 기관소송 등 객관소송을 사법의 본질인 「사건성
의 요건」을 충족하는 것으로 보면서 입법정책에 근거해서가 아니라 헌법상의 사법권의 개
념에 내재된 것이라고 해석하는 견해도 있다.[32]

　　또한, 협의의 사법작용에 속하지 않는 사건(통치행위, 내부행위에 관한 분쟁 등)은 이론상
행정소송이 될 수 없다는 점에서 협의의 사법 개념의 인정 실익이 있다. 달리 말하면 법령
을 적용하여 해결할 성질의 것이 아닌 사건(법적 분쟁이 아닌 사건)은 재판의 대상이 될 수
없고, 재판의 대상이 되는 것으로 규정하는 것도 타당하지 않다.

30) 법원조직법 제2조 제1항도 "법원은 헌법에 특별한 규정이 있는 경우를 제외한 일체의 법률상의 쟁송을
　　심판하고, 이 법과 다른 법률에 의하여 법원에 속하는 권한을 가진다"라고 규정하고 있다. 행정소송법상
　　의 민중소송, 기관소송 등 객관소송은 최협의의 사법에 들어가지 않고, 입법정책상 인정된 소송이다. 그
　　리고 입법에 의해 공익소송이 늘고 있는 것은 세계적인 추세이다.
31) 사법은 그 본질에 있어서 법적 분쟁의 해결에 그 사명이 있다는 견해(성낙인, 전게서, 683면)도 이에 해
　　당한다. 이 견해는 헌법재판권도 실질적으로 사법권에 포함되는 것으로 보면서 헌법개정론으로 사법권
　　을 법원만에 한정할 것이 아니라 헌법재판소까지 포함시켜야 한다고 주장한다(성낙인, 전게서, 686면).
　　이에 대하여 헌법재판을 사법의 고유의 작용이 아니라 사법유사작용으로서 제4의 국가작용으로 이해하
　　고. 헌법재판권을 사법권과 구별되는 제4의 국가권한으로 보는 견해(허영, 전게서, 849면, 854면)도 있다.
32) 민병로, 전게논문, 455-456, 472면.

III. 사법의 개념과 행정소송

1. 행정재판권의 헌법적 근거

행정재판권의 헌법적 근거를 헌법 제107조 제2항에서 찾는 견해가 적지 않다.[33] 그런데, 헌법 제107조 제2항은 "명령·규칙 또는 처분이 헌법이나 법률에 위반되는 여부가 재판의 전제가 된 경우에는 대법원은 이를 최종적으로 심사할 권한을 가진다."라고 규정하고 있다. 즉 처분의 위헌·위법 여부가 재판에서 전제가 된 경우에 대법원이 최종적 심사권을 갖는다고 규정하고 있는 것이다. 달리 말하면 처분에 대한 직접적 재판적 통제가 아니라 처분에 대한 간접적 재판적 통제를 규정하고 있는 것이다. 그런데, 항고소송은 처분이 전제문제로 다투어지는 경우가 아니라 직접 다투어지는 경우이다. 그리고 행정소송 중 공법상 당사자소송에서는 항상 처분의 위헌·위법 여부가 재판에서 전제가 되는 것은 아니다. 따라서, 헌법 제107조 제2항은 행정재판의 헌법적 근거가 될 수는 없다. 이에 대하여 "헌법 제107조 제2항이 처분의 경우에도 '재판의 전제성'이란 표현을 사용한 것은 명령·규칙과 처분이라는 서로 상이한 유형의 행정작용을 함께 규율하는 과정에서 발생한 입법기술적인 결함으로 보고, 여기서의 "재판의 전제성"이란 처분의 위헌·위법 여부에 관한 법원의 판단에 따라 재판의 결과, 즉 청구의 인용 여부가 달라지는 경우를 의미한다고 보아야 한다"는 견해가 있다.[34] 그러나, 이러한 견해는 해석의 한계를 넘은 자의적인 해석이고, 입법론으로 주장할 것을 해석론으로 주장한 것으로 볼 수 밖에 없다. 헌법 제107조 제1항의 "재판의 전제성"과 헌법 제107조 제2항의 "재판의 전제성"을 다르게 해석하는 것도 문제이고, 헌법 제107조 제2항의 "재판의 전제성"을 명령·규칙의 경우와 처분의 경우에 다르게 해석하고 있는 것도 문제이다.

그러면, 행정재판의 헌법적 근거를 어디에서 찾아야 할 것인가? 행정재판의 헌법적 근거는 "사법권은 법관으로 구성된 법원에 속한다."라고 규정하고 있는 헌법 제101조 제1항과 "모든 국민은 헌법과 법률이 정한 법관에 의하여 법률에 의한 재판을 받을 권리를 가진다."라고 규정한 헌법 제27조 제1항으로 보는 것이 타당하다. 행정재판도 최협의의 사법 즉 고유한 사법 개념에 포함되는 것이고,[35] 재판을 받을 권리에는 행정재판권이 포함된다

---

33) 한수웅, 전게서, 1332면.
34) 한수웅, 상게서, 1332면.
35) 과거 유럽이나 일본에서 행정소송을 행정으로 보는 견해가 있었지만, 오늘날 행정소송을 재판작용 즉 실질적 의미의 사법으로 보는 것이 일반적 견해이다. 프랑스에서 행정최고법원인 국사원(Conseil d'Etat)은 행정조직의 일부이지만, 국사원에서 하는 행정소송의 성질을 재판작용이라고 보는 것이 프랑스에서의 일반적 견해이다.

고 보아야 한다. 재판을 받을 권리는 법원에 의한 재판제도가 존재하고 있는 것을 전제로 한다. 재판으로 해결해야 할 구체적 법적 분쟁에 대해서는 가능한 한 해석에 의해 재판을 인정하여야 하고, 해석으로 재판의 인정이 어려운 경우에는 입법으로 재판제도를 보완하여야 한다. "국민의 재판청구권은 사법제도 및 사법절차의 형성을 위한 가장 기본적인 기준 내지 지침이 되는 규범이라고 할 수 있다. 즉 재판청구권은 공정한 사법제도 내지 사법절차를 전제하는 것이며, 재판청구권의 실질적 보장을 위해서는 헌법 제27조 제1항에서 규정하고 있는 바와 같이 "헌법과 법률이 정한 법관에 의하여 법률에 의한 재판"을 공정하게 받을 수 있도록 법원조직과 사법절차가 구성되어야 하며, 헌법 제27조 제3항의 요청에 따라 재판의 신속성 또한 확보되어야 한다."[36)]

2. 사법의 본질에 따른 행정소송의 한계

종래 행정소송도 사법이므로 사법의 본질에 따른 한계가 있다고 보았다. 즉 최협의의 사법에 속하는 소송의 경우 소송의 본질상 소송의 대상이 되기 위해서는 법적 분쟁으로서 구체적 사건성이 있어야 한다.[37)]

구체적 사건성을 좁게 보는 전통적 견해에 의하면 구체적 사건이라 함은 당사자 사이의 구체적인 권리의무에 관한 분쟁인 사건을 말하는 것으로 본다. 그리고 구체적 사건성은 법규명령에 대한 항고소송을 부정하는 근거로 제시되었다. 구체적인 법적 분쟁을 전제로 함이 없이 법령의 효력 또는 해석 자체를 직접 다투는 소송(직접적 규범통제)은 원칙상 인정할 수 없다고 보았다. 그러나, 오늘날에는 처분적 법규명령은 그 자체가 항고소송의 대상이 된다는 것이 판례 및 학설의 일반적 견해이다. 그런데, 명령의 처분성을 인정하는 기준에 관하여 학설은 협의설,[38)] 중간설,[39)] 광의설[40)] 등이 대립하고 있다. 판례는 협의설에 가까운 입장을 취하고 있다. 즉, 대법원은 "행정소송의 대상이 될 수 있는 것은 구체적인 권리의무에 관한 분쟁이어야 하고 일반적·추상적인 법령 그 자체로서 국민의 구체적인 권

---

36) 장영수, 전게서, 1046면.

37) 미국에서 행정입법의 구체적 사건성 요건은 개별사안의 구체적인 사정을 기초로 판단되는 것이므로 대상적격의 문제가 아니라 권리보호필요성 내지 소의 이익의 문제라고 보아야 한다고 하는 견해가 있지만(박정훈, 앞의 책, 130면), 행정입법의 구체적 사건성 요건은 행정입법에 대한 사법심사의 가능성 여부의 문제이므로 대상적격의 문제로 보는 것이 타당하다.

38) 이 견해는 명령이 별도의 집행행위 없이도 국민에 대하여 직접적이고 구체적인 법적 효과를 미치는 경우, 즉 국민의 권리의무에 직접 변동을 야기하는 경우에 한하여 처분적 명령으로 보는 견해이다.

39) 이 견해는 자동집행력을 갖는 법규명령(별도의 집행행위의 매개 없이 직접 국민의 권리의무를 규율하는 명령)을 항고소송의 대상이 되는 처분적 명령으로 보는 견해이다.

40) 이 견해는 별도의 집행행위 없이 직접 권리의무관계에 변동을 가져오는 명령을 포함하여 별도의 집행행위 없이 국민의 권익에 직접 영향을 미치는 명령을 처분적 명령으로 보는 견해이다.

리의무에 직접적인 변동을 초래하는 것이 아닌 것은 그 대상이 될 수 없으므로 구체적인 권리의무에 관한 분쟁을 떠나서 재무부령 자체의 무효확인을 구하는 청구는 행정소송의 대상이 아닌 사항에 대한 것으로서 부적법하다.”고 판시하였고,[41] “조례가 집행행위의 개입 없이도 그 자체로서 직접 국민의 구체적인 권리의무나 법적 이익에 영향을 미치는 등의 법률상 효과를 발생하는 경우 그 조례는 항고소송의 대상이 되는 행정처분에 해당한다.”고 판시하였다.[42] 그렇지만 법령보충적 고시의 처분성에 관하여는 중간설에 가까운 입장을 취하고 있다. 즉, “보건복지부 고시인 약제급여·비급여목록 및 급여상한금액표(보건복지부 고시 제2002-46호로 개정된 것)는 다른 집행행위의 매개 없이 그 자체로서 국민건강보험가입자, 국민건강보험공단, 요양기관 등의 법률관계를 직접 규율하는 성격을 가지므로 항고소송의 대상이 되는 행정처분에 해당한다.”고 판시하였다.[43]

입법례를 보면 프랑스나 미국의 경우에는 법규명령에 의해 국민의 구체적인 권익이 직접 침해되었거나 침해될 개연성이 있으면 법규명령 자체에 대해서도 일반 행정작용과 동일하게 취소소송을 인정하고 있다. 이에 반하여 독일에서는 법규명령에 대한 항고소송은 해석상 인정할 수는 없고 별도의 법률의 규정에 의해 규범통제소송으로 인정하여야 한다고 보고 있다.

생각건대, 다음과 같은 이유에서 법규명령으로 국민의 권익이 직접 구체적으로 영향을 받은 경우에는(직접 침해되거나 침해될 개연성이 있으면) 그에 대해 항고소송을 통한 권리구제의 길을 열어주는 것이 타당하다. 첫째, 법규명령도 기본적으로 행정작용이고 행정권의 공권력 행사이므로 알반 행정작용과 같이 항고소송의 대상으로 보는 것이 타당하다.[44] 둘째, 구체적 사건성은 더 이상 법규명령에 대한 항고소송을 배제하는 논거가 될 수 없다. 법규명령 자체에 의해 국민의 권익이 직접 침해된 경우에는 구체적 사건성이 갖추어진 것으로 보아야 한다. 미국에서도 초기 판례에서는 법규명령의 위법성에 관한 분쟁은 사건의 성숙성이 없는 것으로 보고, 사법의 본질상 구체적 사건성이 요구되므로 행정입법에 대한 직접적 규범통제를 인정하지 않다가 별도의 입법조치 없이 판례에 의해 사건의 성숙성을 확대하여 직접적 규범통제인 집행전 사법심사를 인정하였다.[45] 법규명령 자체에 의해 국

---

41) 대법원 1987. 03. 24. 선고 86누656 판결: 구 국유재산법시행규칙(1980. 04. 29 재무부령 제1432호) 제58조 제 1 항이 처분이 아니라고 한 사례. 동지 판례: 대법원 2007. 04. 12. 2005두15168 판결[의료법시행규칙 제31조 무효확인등]): 의료기관의 명칭표시판에 진료과목을 함께 표시하는 경우 글자 크기를 제한하고 있는 구 의료법 시행규칙 제31조가 그 자체로서 국민의 구체적인 권리의무나 법률관계에 직접적인 변동을 초래하지 아니하므로 항고소송의 대상이 되는 행정처분이라고 할 수 없다고 한 사례.

42) 대법원 1996. 09. 20. 선고 95누8003 판결: 두밀분교폐교조례의 처분성을 인정한 사례.

43) 대법원 2006. 09. 22. 선고 2005두2506 판결 [보험약가인하처분취소].

44) 법규명령을 규범작용으로 보는 견해는 법규명령은 일반 행정작용과 달리 규범통제소송의 대상이 되는 것으로 보아야 한다고 본다.

민의 권익이 직접 침해된 경우에는 행정소송을 통한 권리구제의 길을 열어 주는 것이 법치주의의 원칙 및 국민의 재판을 받을 권리상 요구되고, 사법의 본질에도 반하는 않는다고 보는 것이 타당하다. 따라서, 사법의 본질론, 구체적 사건성은 더 이상 명령에 대한 항고소송의 한계론이 될 수 없다고 보아야 한다.

 판례가 항고소송의 대상인 처분과 관련하여 실체법적 개념설을 넘어 행정행위뿐만 아니라 권력적 사실행위,[46] 구속적 행정계획, 일정한 내부적 행위, 경고 등의 처분성을 인정하는 점에서 처분 개념을 넓혀 가고 있고,[47] 쟁송법적 처분개념설을 취하면서도[48] 법규명령의 처분성에 관하여는 처분개념을 좁게 보아 법률관계에 변동을 초래하는 경우에만 처분성을 인정하는 것은 논리의 일관성이 없다. 일반 행정작용의 처분 개념과 명령의 처분 개념을 달리 보는 것은 타당하지 않다. 명령도 기본적으로 행정작용이고 행정권의 공권력 행사이므로 명령으로 국민의 권익이 직접 구체적으로 침해된(직접 영향을 받은) 경우에는 그에 대해 행정소송을 통한 권리구제의 길을 열어주는 것이 타당하다.[49] 종래 우리 나라에서는 행정입법을 준입법작용으로 보면서 처분과 엄격하게 구별하였지만, 최근 행정입법이 준입법작용의 성질을 가지기는 하지만, 기본적으로 행정작용이라고 보면서 행정작용이라는 점을 특히 강조하는 견해도 늘어나고 있다. 다만, 후술하는 바와 같이 법규명령의 규범작용으로서의 성질을 고려하여 법원에 의한 위법성 심사 및 판결의 내용과 효력 등에서 행정입법의 특질을 고려할 수 있을 것이다.

---

45) 박균성, 미국 행정입법제도의 시사점 – 사법적 통제를 중심으로 –, 행정법연구 제46호, 2016.8, 83–84면.

46) 대법원 2014. 02. 13. 선고 2013두20899 판결: 교도소장이 수형자 갑을 '접견내용 녹음 · 녹화 및 접견 시 교도관 참여대상자'로 지정한 사안에서, 위 지정행위(이에 따라 접견 시마다 사생활의 비밀 등 권리에 제한을 가하는 교도관의 참여, 접견내용의 청취 · 기록 · 녹음 · 녹화가 이루어짐)는 권력적 사실행위로서 항고소송의 대상이 되는 '처분'에 해당한다고 본 원심판단을 정당한 것으로 수긍한 사례.

47) 박균성, 전게서, 1121–1150면.

48) 판례가 실체법적 개념설을 취하고 있는지 쟁송법적 개념설을 취하고 있는지에 관하여 견해의 대립이 있으나. 판례가 종래와 달리 오늘날에는 "직접 변동을 초래하는"이라는 문구가 아니라 "직접 영향을 미치는" 내지는 "직접 관계가 있는" 이라는 문구를 사용하고 있을 뿐만 아니라 행정행위라고 볼 수 없는 권력적 사실행위, 건축신고 거부, 경고, 내부행위에 그치는 지목 변경 등의 처분성 인정하고 있는 점 등에 비추어 오늘날 판례는 쟁송법상 처분 개념을 취하고 있다고 보는 것이 타당하다.

49) 윤정인, "행정입법에 대한 사법적 통제", 한국공법학회 · 대법원 헌법연구회 공동학술대회 발표, 2016.5.28, 62면.

Ⅳ. 새로운 사법 개념에 근거한 행정판례의 재검토 및 발전방향

1. 법질서의 통일과 행정판례

오늘날 사법의 기능을 구체적인 법적 분쟁의 해결에만 한정하는 것은 타당하지 않으며 司法의 법질서보장기능을 인정하여야 한다. 공법질서와 사법질서는 성질이 다르지만 한 국가의 법질서로서 통일성을 가져야 한다. 행정법질서과 형사법질서도 통일성을 가져야 한다. 이러한 법질서의 통일은 실정법령에서, 법집행자인 공무원의 의식에서, 법원에서, 학설에서 이루어져야 한다.

(1) 공법과 사법의 통일과 판례

대륙법계국가인 우리나라에서는 공법과 사법을 구별하지만, 공법과 사법은 하나의 법질서를 이루어야 하므로 상호 모순되어서는 안 되며 통일되어야 한다. 공법문제와 사법문제가 교착되는 경우에는 상호 관계가 모순 없이 정립되어야 한다.

공법상 규제기준의 준수 여부가 불법행위책임에서의 위법성 판단기준인 수인한도의 판단과 어떠한 관계를 갖는지가 문제된다. 판례는 "건축법 등 관계 법령에 일조방해에 관한 직접적인 단속법규가 있다면 그 법규에 적합한지 여부가 사법상 위법성을 판단함에 있어서 중요한 판단자료가 될 것이지만, 이러한 공법적 규제에 의하여 확보하고자 하는 일조는 원래 사법상 보호되는 일조권을 공법적인 면에서도 가능한 한 보장하려는 것으로서 특별한 사정이 없는 한 일조권 보호를 위한 최소한도의 기준으로 봄이 상당하고, 구체적인 경우에 있어서는 어떠한 건물 신축이 건축 당시의 공법적 규제에 형식적으로 적합하다고 하더라도 현실적인 일조방해의 정도가 현저하게 커서 사회통념상 수인한도를 넘은 경우에는 위법행위로 평가될 수 있다."고 보고 있다.[50] 환경정책기본법의 환경기준과 관련하여서 판례는 "공법상 기준으로서 환경정책기본법의 환경기준은 국민의 건강을 보호하고 쾌적한 환경을 조성하기 위하여 유지되는 것이 바람직한 기준, 즉 환경행정에서 정책목표로 설정된 기준"이라고 보고, "도로소음으로 인한 생활방해를 원인으로 제기된 사건에서 공동주택에 거주하는 사람들이 참을 한도를 넘는 생활방해를 받고 있는지는 특별한 사정이 없는 한 일상생활이 실제 주로 이루어지는 장소인 거실에서 도로 등 소음원에 면한 방향의 모든 창호를 개방한 상태로 측정한 소음도가 환경정책기본법상 소음환경기준 등을 초과하는지에 따라 판단하는 것이 타당하다."고 하였다.[51] 그런데, 환경정책기본법의 환경기준을

---

50) 대법원 2014.02.27. 선고 2009다40462 판결.

51) 대법원 2015.09.24. 선고 2011다91784 판결.

"환경행정에서 정책목표로 설정된 기준"으로 보면서 사법상 수인한도를 넘는지는 "측정한 소음도가 환경정책기본법상 소음환경기준 등을 초과하는지에 따라 판단하는 것이 타당하다."고 한 것은 모순되는 것은 아닌지 검토를 요한다.

학문상 인가는 행정법이론이면서 동시에 민법이론이다. 인가는 사인의 사법상 법률행위의 효력을 행정기관의 결정에 맡기는 점에서 공익을 이유로 민간의 자율을 제한하는 성격을 가진다. 민간영역의 자율적 운영능력이 부족한 과거에는 인가가 다소 넓게 인정될 수 있었겠지만, 민간의 자율적 운영능력이 행정을 능가할 정도로 성장한 오늘날 인가는 공익을 위해 필요한 최소한도로 제한되어야 한다. 2012.1.26 사립학교법 개정에서 사립학교 정관에 대한 사전인가제가 폐지되고 사후보고제로의 전환된 것[52]도 이러한 의미를 갖는다. 그런데, 민법학자들은 행정법상 인가에 대해 재량행위인 것은 "허가", 기속행위인 것은 "인가"라는 용어를 사용하고 있다.[53]

행정판례는 인가를 재량행위로 해석하는 경향이 있다. 판례가 인가제도의 입법취지 즉 공익을 재량행위의 인정근거의 하나로 들고 있는 것[54]은 인가를 재량행위로 보려는 판례의 입장을 보여주는 하나의 예이다. 그렇지만, 민간의 자율성을 보장하기 위해서는 구체적 타당성을 보장하기 위해 어쩔 수 없이 재량행위로 해야 할 경우를 제외하고는 원칙상 기속행위로 입법하고 해석해야 할 것이다. 민법학자들은 법인의 설립과 관련하여 법률에서 "허가"로 규정한 것은 재량행위로 보고, "인가"로 규정한 것은 기속행위로 보고 있다.[55] 민법 제42조 제2항의 정관변경에 대한 주무관청의 "허가"는 본질상 주무관청의 재량행위로 보는 것이 민법학자의 일반적 견해이다.[56]

현행 행정소송법은 법률상 이익이 있는 자만이 항고소송을 제기할 수 있는 것으로 규정하고 있다(법 제12조, 제35조, 제36조). 판례는 '법률상 이익'을 '처분의 근거법규 내지 관계법규에 의해 보호되는 이익'이라고 좁게 해석하고 있다. 그런데, 프랑스나 미국의 경우에는 처분의 근거법규 내지 관계법규에 의해 보호되는 이익이 있는 자에 한정하지 않고 널리 개인적 이익이 침해된 자는 취소소송을 제기할 수 있는 것으로 하고 있다. 우리 나라에서도 처분에 대한 항고소송에서 원고는 사권의 침해를 법률상 이익으로 주장할 수 있는 것은 아닌지에 관하여 검토가 행해질 필요가 있다. 원고적격을 논함에 있어 보호규범을 처분의 근거 내지 관계법규에 제한하는 것은 타당하지 못하다. 자유주의, 자본주의 국가에서 이익은 불법이익이 아닌 정당한 이익인 한 법으로 보호해야 하는 것이 타당하다. 물론 반

52) 사립학교법 제45조.
53) 송덕수, 민법강의, 박영사, 2016, 398면, 433면 등.
54) 대법원 2015.5.29. 선고 2013두635 판결.
55) 송덕수, 전게서, 398면.
56) 송덕수, 상게서, 433면.

사적 이익은 법적 이익이 아니고 법의 보호대상에서 제외되어야 한다. 사적 이익도 법적 이익(정당한 이익)인 한 처분에 의해 침해된 경우에 법적인 보호의 대상이 되어야 한다. 따라서, 항고소송에서 원고는 사권의 침해를 법률상 이익으로 주장할 수 있다고 보는 것이 타당하다.

실무상 국가배상사건은 민사사건으로 처리되고 있다. 법원은 국가배상법을 민법 불법행위법의 특별법으로 보고 있는 것으로 보인다. 이러한 점 때문인지 국가배상사건에 관한 판례는 국가배상법의 법리를 구성함에 있어 행정법의 법리와 다른 법리에 입각하는 경우가 적지 않다. 우선 판례는 국가배상법상의 위법 개념을 항고소송에서의 위법 개념과 다르게 정의하고 있다. 본래 위법이란 문제의 행위가 법을 위반한 것을 말하는데, 판례는 국가배상책임에 있어서 법령 위반(위법)을 가해행위가 법을 위반한 것을 의미하는 것으로 보면서도 이것뿐만 아니라 "인권존중·권력남용금지·신의성실과 같이 공무원으로서 마땅히 지켜야 할 준칙이나 규범을 지키지 아니하고 위반한 경우를 비롯하여 널리 그 행위가 객관적인 정당성을 결여하고 있는 경우"도 포함하는 것으로 본다.57) 또한, 국가배상법상의 위법을 행위의 위법뿐만 아니라 피침해이익의 종류 및 성질, 침해행위가 되는 행정처분의 태양 및 그 원인, 행정처분의 발동에 대한 피해자측의 관여의 유무, 정도 및 손해의 정도 등 제반 사정을 종합하여 가해행위가 객관적 정당성을 상실하였다고 인정될 정도에 이른 경우를 의미하는 것으로 보는 상대적 위법성설을 지지한 것으로 보이는 판결도 적지 않다.58) 민법원리인 공서양속까지 국가배상법상 위법규범으로 본 판례도 있다.59) 그렇지만, 국가배상법상 위법은 다음과 같은 이유에서 행위 위법으로 보는 것이 타당하다. ① 국가배상법은 "공무원이 … 법령을 위반하여"라고 하여 공무원이 법령을 위반한 것을 국가배상법상의 위법으로 보고 있다. ② 법률에 의한 행정의 원칙상 공권력 행사는 법률에 의하여 규율되고 있고, 공법에서는 공권력 행사에 의한 국민의 법익에 대한 침해를 예정하고 있는 경우가 있고, 이 경우에는 타인의 손해를 야기하는 공권력 행사도 적법한 것이 된다. 또한, 공권력 행사의 수권법률에서 피침해이익의 성질 및 침해행위의 태양 등을 정하는 경우가 많다. 따라서, 위법한 공권력 행사에 의한 손해의 배상을 목적으로 하는 국가배상소송에 있어서는 제 1 차적으로 공권력 행사의 요건법규에의 적합성 여부를 판단하여야 한다. ③ 법률에 의한 행정의 원칙하에서 국가배상소송을 항고소송과 함께 행정통제(감시)기능을 갖는 제도로 이해하기 위하여는 행위위법설을 취하는 것이 타당하다. 직무상 의무 위반설도

---

57) 대법원 2015. 08. 27. 선고 2012다204587 판결.

58) 대법원 2000. 05. 12. 선고 99다70600 판결.

59) 대법원 2009. 12. 24. 선고 2009다70180 판결: 법령 위반이라 함은 엄격한 의미의 법령 위반뿐만 아니라 인권존중, 권력남용금지, 신의성실, 공서양속 등의 위반도 포함하여 널리 그 행위가 객관적인 정당성을 결여하고 있음을 의미한다"고 하였다.

가해행위가 직무상 의무를 위반한 것을 위법으로 보는 것이므로 행위위법설의 하나로 볼 수 있다.

　　공공단체의 공행정작용으로 인한 손해에 대한 배상책임에 국가배상법을 적용할 것인지 아니면 민법을 적용할 것인지 문제된다. 판례는 국가배상법 제2조 또는 제5조에 따른 국가배상책임이 아니라 민법 750조의 불법행위로 인한 배상책임 또는 758조의 공작물의 책임을 인정하면서도 배상책임의 요건의 인정에 있어서는 국가배상법의 법리를 적용하고 있는 경우가 있는 등 모호한 입장을 보이고 있다. 적용법규정으로 제750조와 국가배상법 제2조를 함께 들기도 한다. 즉 판례는 공무를 수탁받은 공공단체(구 한국토지공사)를 행정주체로 보고, 해당 공공단체가 수탁받은 공무를 수행하는 과정에서 불법행위로 손해를 발생시킨 경우 민법에 근거하여 배상책임을 인정하면서도 공무수탁자인 해당 공공단체는 국가배상법 제2조 소정의 공무원이 아니라고 보면서 국가공무원법상 공무원에게 인정되는 경과실면책의 적용대상인 공무원이 되지 않는다고 보았다. 실제로 공무를 수행한 공공단체의 직원이 국가배상법 제2조 소정의 공무원이라고 보았다.[60] '구 수산청장으로부터 뱀장어에 대한 수출추천 업무를 위탁받은 수산업협동조합이 수출제한조치를 취할 당시 국내 뱀장어 양식용 종묘의 부족으로 종묘확보에 지장을 초래할 우려가 있다고 판단하여 추천업무를 행하지 않은 것은 공무원이 그 직무를 집행함에 당하여 고의로 법령에 위반하여 타인에게 손해를 가한 때에 해당한다고 보아야 할 것이므로, 피고는 불법행위자로서 손해배상책임을 부담한다 할 것이다.'라고 한 판례가 있다. 이 판결에서 참조조문으로 국가배상법 제2조 제1항과 민법 제750조를 들고 있다.[61] 고속도로의 확장으로 인하여 소음·진동이 증가하여 인근 양돈업자가 양돈업을 폐업하게 된 사안에서, 양돈업에 대한 침해의 정도가 사회통념상 일반적으로 수인할 정도를 넘어선 것으로 보아 한국도로공사의 손해배상책임을 인정한 사례에서 참조조문으로 민법 제750조만 들고 있다.[62] 폭설로 차량 운전자 등이 고속도로에서 장시간 고립된 사안에서, 고속도로의 관리자가 고립구간의 교통정체를 충분히 예견할 수 있었음에도 교통제한 및 운행정지 등 필요한 조치를 충실히 이행하지 아니하였으므로 고속도로의 관리상 하자가 있다고 한 사례에서 참조조문으로 민법 제758조 제1항만 적시되고 있다.[63] 생각건대, 국가배상법이 국가와 지방자치단체의 배상책임만을 정하고 있고, 공공단체의 배상책임에 관하여는 특별한 규정을 두지 않은 것은 입법의 불비이며 해석을 통하여 이를 보충하여야 한다. 공공단체의 배상책임에 관한 명문의 규정이 없는 현행법의 해석론으로는 가해행위가 공행정작용인 점을 고려하여 공평의 원칙상

---

60) 대법원 2010.1.28. 선고 2007다82950, 82967 판결.
61) 대법원 2003.11.14. 선고 2002다55304 판결.
62) 대법원 2001.02.09. 선고 99다55434 판결.
63) 대법원 2008.03.13. 선고 2007다29287 판결.

국가배상법 제 2 조 또는 제 5 조를 유추적용하여 공무수행으로 인한 공공단체의 배상책임에도 국가배상책임을 인정하는 것이 타당할 것이다.

(2) 행정법과 형사법의 통일과 판례

행정법과 형법은 상호 독자의 법리를 가지면서도 하나의 법질서를 이루므로 통일성을 가져야 한다.

수리를 요하는 신고 영업의 경우 적법한 신고 후 수리되지 않았음에도 영업행위를 하면 신고를 하지 아니하고 영업을 한 자를 처벌하는 것으로 규정하고 있는 법정의 행정형벌을 받을 것인지가 문제된다. 수리를 요하는 신고의 경우에는 적법한 신고가 있더라도 행정청의 수리행위가 있어야 신고의 효력이 발생한다고 보고, 수리행위가 있어야 신고의 대상이 되는 행위를 할 수 있다고 보는 것이 행정판례의 입장이다.[64] 그렇지만 형사판례도 이러한 입장을 취하는지는 명백하지 않다. 오히려 형사판례는 명확하지는 않지만, 자기완결적 신고와 수리를 요하는 신고를 구별하지 않고, 적법한 신고가 있었던 경우에는 신고의무를 이행한 것으로 보고, 수리가 거부되었어도 신고의 대상이 되는 행위를 한 것은 무신고행위가 아니므로 처벌할 수 없는 것으로 보는 경향이 있는 것으로 보인다. 대법원 1996. 2. 27. 선고 94누6062 판결은 체육시설업신고수리거부처분은 항고소송의 대상이 되는 행정처분이라고 판시하였다. 대법원이 체육시설업신고를 수리를 요하는 신고라고 명시하지는 않았지만, 자기완결적 신고 수리거부의 처분성을 인정하지 않는 입장을 취하고 있는 판례가 체육시설업신고수리거부의 처분성을 인정한 점 등에 비추어 체육시설업신고를 수리를 요하는 신고로 본 것으로 볼 수 있다.[65] 그런데, 형사판례는 "당구장업과 같은 신고체육시설업을 하고자 하는 자는 체육시설업의 종류별로 같은법시행규칙이 정하는 해당 시설을 갖추어 소정의 양식에 따라 신고서를 제출하는 방식으로 시·도지사에 신고하도록 규정하고 있으므로, 소정의 시설을 갖추지 못한 체육시설업의 신고는 부적법한 것으로 그 수리가

---

64) 대법원 2000.05.26. 선고 99다37382 판결: 수산업법 제44조 소정의 어업의 신고는 행정청의 수리에 의하여 비로소 그 효과가 발생하는 이른바 '수리를 요하는 신고'라고 할 것이고, 따라서 설사 관할관청이 어업신고를 수리하면서 공유수면매립구역을 조업구역에서 제외한 것이 위법하다고 하더라도, 그 제외된 구역에 관하여 관할관청의 적법한 수리가 없었던 것이 분명한 이상 그 구역에 관하여는 같은 법 제44조 소정의 적법한 어업신고가 있는 것으로 볼 수 없다.; 대법원 2011. 09. 08. 선고 2009두6766 판결 [납골당설치신고수리처분이행통지취소] : 납골당설치 신고는 이른바 '수리를 요하는 신고'라 할 것이므로, 납골당설치 신고가 구 장사법 관련 규정의 모든 요건에 맞는 신고라 하더라도 신고인은 곧바로 납골당을 설치할 수는 없고, 이에 대한 행정청의 수리처분이 있어야만 신고한 대로 납골당을 설치할 수 있다.

65) 동지: 홍정선, 신고체육시설업의 신고는 수리를 요하는 신고가 아니다, 법률신문 2519호, 법률신문사, 1996.2.27. 다만, 홍정선 교수는 신고체육시설업의 신고를 수리를 요하는 신고로 보는 것이 대법원의 일관된 입장임은 분명하지만, 신고체육시설업의 신고는 수리를 요하는 신고가 아니라고 보는 것이 타당하다고 한다.

거부될 수밖에 없고 그러한 상태에서 신고체육시설업의 영업행위를 계속하는 것은 무신고 영업행위에 해당할 것이지만, 이에 반하여 적법한 요건을 갖춘 신고의 경우에는 행정청의 수리처분 등 별단의 조처를 기다릴 필요 없이 그 접수시에 신고로서의 효력이 발생하는 것이므로 그 수리가 거부되었다고 하여 무신고 영업이 되는 것은 아니다."라고 판시하고 있는 것66)은 수리를 요하는 신고에서도 적법한 신고가 있었던 경우에는 신고의무를 이행한 것으로 보고, 수리가 거부되었어도 신고의 대상이 되는 행위를 한 것은 무신고행위가 아니므로 처벌할 수 없는 것으로 본 것으로 해석할 수 있다. 생각건대, 수리를 요하는 신고로 별도의 법적 효력이 발생하는 것으로 규정되어 있는 경우에는 수리를 요하는 신고에 따른 법적 효력은 적법한 신고만으로는 발생하지 않고 수리행위가 있어야 발생하는 것으로 보는 것이 타당하다. 그렇지만, 처벌과 관련하여서는 수리를 요하는 신고도 신고인 점, 실정법령에서 신고를 하지 않은 것에 대한 처벌을 통상 "신고를 하지 아니하고 신고의 대상이 되는 행위를 한 것"으로 규정하고 있는 점 등에 비추어 적법한 신고를 하였지만 수리가 거부된 경우에는 신고대상이 되는 행위를 하여도 처벌할 수 없다고 보는 것이 타당하다. 형사판례에서는 수리를 요하는 신고에서도 적법한 신고를 하였지만 수리가 거부된 경우에는 신고대상이 되는 행위를 하여도 처벌할 수 없다는 것을 명확히 하고, 행정판례에서도 이러한 점을 인정하여야 할 것이다. 다만, 수리를 요하는 신고의 대상이 영업인 경우 적법한 신고가 있더라도 수리가 거부된 경우에는 수리 없이 행한 영업은 적법한 영업으로 볼 수는 없다고 하여야 한다.

행정범죄의 구성요건은 행정법규로 규정되고 있다. 이 경우 행정범죄는 그 구성요건이나 위법성의 차원에서 행정법에 종속하게 된다는 입장이 있는데, 이를 행정범죄의 행정종속성이라 한다. 달리 말하면 형법의 행정종속성이라 함은 범죄구성요건의 내용이 행정행위나 행정법에 의해 보충됨으로써 비로소 확정되는 성질을 말한다.67) 이 경우 행정범죄는 행정법의 개념 및 법리에 종속된다. 다만, 행정범죄의 구성요건인 행정법규에는 죄형법정주의가 적용된다. 판례도 "형벌법규의 해석은 엄격하여야 하고 명문규정의 의미를 피고인에게 불리한 방향으로 지나치게 확장 해석하거나 유추 해석하는 것은 죄형법정주의의 원칙에 어긋나는 것으로서 허용되지 않으며, 이러한 법해석의 원리는 그 형벌법규의 적용대상이 행정법규가 규정한 사항을 내용으로 하고 있는 경우에 그 행정법규의 규정을 해석하는 데에도 마찬가지로 적용된다."고 보고 있다.68) 이 판례는 행정형벌법규의 적용대상인 규정이 행정법규라는 것을 전제로 하면서도 그러한 행정법규는 형벌법규에 대한 엄격한

---

66) 대법원 1998. 04. 24. 선고 97도3121 판결 [체육시설의설치·이용에관한법률위반].

67) 장영민, 박기석, 환경형법의 이론적 문제점에 관한 연구, 형사정책연구원 연구총서, 1992.12, 35면.

68) 대법원 2007.6.29. 선고 2006도4582 판결.

법해석 법리의 적용을 받는다고 보고 있는 것으로 해석할 수 있다.

그렇지만, 과태료는 형벌이 아니므로 죄형법정주의의 규율대상에 해당하지 아니한다.[69] 그렇지만, 과태료도 행정벌의 하나이고, 과태료는 행정형벌과 유사한 성질을 갖고 있는 점을 부인할 수 없기 때문에 과태료규정이나 과태료의 부과대상이 되는 행정법규사항의 해석·적용은 엄격히 하여야 한다.[70] 판례도 과태료처분은 규정 위반자에 대하여 처벌 또는 제재를 가하는 것이므로 같은 법이 정하고 있는 처분대상인 위반행위를 함부로 유추해석하거나 확대해석하여서는 아니 된다고 판시하고 있다.[71]

이와 같이 행정형벌이나 과태료의 대상이 되는 행위를 규정하는 행정법규를 엄격하게 해석하여야 하므로 행정형벌이나 과태료의 대상이 되는 행위를 규정함에 있어서는 이러한 점을 고려하여 신중하게 입법하여야 할 것이다. 죄형법정주의는 범죄의 구성요건을 법규명령에 구체적으로 위임하는 것을 금지하는 것은 아니다. 헌법재판소는 "처벌법규를 위임하기 위하여는 첫째, 특히 긴급한 필요가 있거나 미리 법률로써 자세히 정할 수 없는 부득이한 사정이 있는 경우에 한정되어야 하며, 둘째, 이러한 경우일지라도 법률에서 범죄의 구성요건은 처벌대상행위가 어떠한 것일 것이라고 이를 예측할 수 있을 정도로 구체적으로 정하여야 하며, 셋째, 형벌의 종류 및 그 상한과 폭을 명백히 규정하여야 한다."고 하고 있다.[72] 죄형법정주의의 적용대상이 아닌 과태료의 부과대상이 되는 사항을 명령에 위임하는 데에 있어서는 형벌의 부과대상이 되는 사항을 명령에 위임하는 것보다는 보다 유연할 수 있다고 하여야 할 것이다. 그리고, 처벌의 대상이 되는 행위를 규율하는 행정법규를 입법함에 있어서는 행정의 다양성을 충분히 포함할 수 있도록 입법하여야 한다.

---

69) 헌재 1998. 05. 28, 96헌바83 전원재판부.

70) 박정훈, 행정법의 체계와 방법론, 박영사, 2005.4.30, 350쪽.

71) 여객자동차 운수사업법 제76조, 제85조에서 정하는 과태료처분이나 감차처분 등은 규정 위반자에 대하여 처벌 또는 제재를 가하는 것이므로 같은 법이 정하고 있는 처분대상인 위반행위를 함부로 유추해석하거나 확대해석하여서는 아니 된다고 한 사례(대법원 2007.3.30. 선고 2004두7665 판결 ; 동지 대법원 2007.3.29. 자 2006마724 결정).

72) 헌재 1995.10.26. 93헌바62 전원재판부: 구 주택건설촉진법(1987.12.4. 법률 제3998호로 개정되어 1992.12.8. 법률 제4530호로 개정되기 전의 것) 제52조 제1항은 제32조의 규정을 위반한 자는 1년 이하의 징역 또는 500만원 이하의 벌금에 처한다고 규정하고 있는데, 구 주택건설촉진법(1981.4.7. 법률 제3420호로 개정되어 1994.1.7. 법률 제4723호로 개정되기 전의 것) 제32조 제1항이 "사업주체는 주택(부대시설 및 복리시설을 포함한다. 이하 이 조에서 같다)의 공급질서를 유지하기 위하여 건설부장관이 정하는 주택의 공급조건·방법 및 절차 등에 따라 주택을 건설·공급하여야 한다."라고 규정하고 있는 것은 죄형법정주의와 위임입법의 한계를 넘지 않는다고 판시하였다.

2. 행정입법의 사법적 통제

(1) 행정입법의 위법성 통제

법원에 의한 행정입법의 위법성 통제에는 절차상 하자의 통제와 내용상 하자의 통제가 있다.

우리나라 판례 중 행정입법의 절차상 하자를 통제한 판례는 아직 없다. 가장 큰 이유는 행정입법절차이기도 한 입법예고절차가 엄격하게 규정되어 있지 않고, 절차의 하자가 행정입법의 독자적 위법사유가 될 수 있는지의 문제에 관한 논의가 없었고, 실제 소송에서 행정입법절차의 하자가 행정입법의 위법사유로 주장되지 않았기 때문이다. 절차의 하자를 처분의 독자적 취소사유로 본 것처럼 행정입법절차의 하자를 경미한 경우를 제외하고는 행정입법의 독자적인 무효 내지 취소사유로 보아야 할 것이다.[73]

법원은 행정입법의 내용상 위법성을 심사할 권한을 갖는다. 헌법 제107조 제2항은 명령 등에 대한 법원의 심사권, 대법원의 최종적 심사권을 부여하고 있다. 그리고 이론상 법령의 상위법령 위반의 문제는 법의 문제이고, 법원은 법의 문제에 대한 최종적인 해결권한을 갖고 있다고 할 수 있다. 법원의 법령에 관한 해석은 행정권의 해석 보다 우월하다. 이와 같이 이론상 법원은 명령 등에 대한 전면적인 통제권한을 갖는다. 그렇지만, 실제에 있어서 법원은 행정입법의 내용상 하자에 대한 통제에 적극적이지는 않고, 법규명령의 위헌·위법을 인정하는 데에는 소극적인 것으로 보인다. 법규명령이 모호한 경우도 적지 않고, 상위 법령에 반하는 경우도 적지 않은 것이 행정입법의 현실인데, 법규명령의 내용상 위법을 인정한 사례는 많지 않다.

법규명령이 내용상 위법한 경우에는 법규명령이 수권의 한계를 넘은 경우와 상위 법령에 반하는 경우가 있다.

수권의 범위를 일탈한 명령은 위법한 명령이 된다. 판례는 법규명령(법령보충적 고시 포함)이 위임의 한계를 준수하고 있는지 판단하는 기준을 다음과 같이 제시하고 있다. : "법률의 위임 규정 자체가 그 의미 내용을 정확하게 알 수 있는 용어를 사용하여 위임의 한계를 분명히 하고 있는데도 시행령이 그 문언적 의미의 한계를 벗어났다든지, 위임 규정에서 사용하고 있는 용어의 의미를 넘어 그 범위를 확장하거나 축소함으로써 위임 내용을 구체화하는 단계를 벗어나 새로운 입법을 한 것으로 평가할 수 있다면, 이는 위임의 한계를 일탈한 것으로서 허용되지 않는다."[74]

---

73) 미국의 경우 절차의 하자를 행정입법의 독자적 무효 내지 취소사유로 본다(박균성, 전게논문, 85면).

74) 대법원 2012. 12. 20. 선고 2011두30878 전원합의체 판결 [화물자동차운행정지처분취소]: 구 화물자동차 운수사업법 시행령 제6조 제1항 [별표 1] 제12호 (가)목에 규정된 '2인 이하가 중상을 입은 때' 중 '1인이 중상을 입은 때' 부분이 모법인 구 화물자동차 운수사업법 제19조 제1항 및 제2항의 위임범위를

   법규명령이 상위 법령에 반하는 경우에 그 법규명령은 내용상 위법하다. 판례는 '상위 법령합치적 법령해석'이라는 법리를 세우고, 위헌·위법의 여지가 있는 법령도 해석을 통해 가능한 한 위법하지 않은 것으로 판단하려고 한다. '상위법령합치적 법령해석'이라 함은 "하위법령은 그 규정이 상위법령의 규정에 명백히 저촉되어 무효인 경우를 제외하고는 관련 법령의 내용과 입법 취지 및 연혁 등을 종합적으로 살펴서 의미를 상위법령에 합치되는 것으로 해석하여야 한다."는 것을 말한다.[75] 상위법령합치적 해석의 법리는 어느 면에서는 행정입법의 위법을 가급적 인정하지 않으려는 입장의 표현이기도 하다. '상위법령합치적 법령해석'은 헌법합치적 법률해석의 법리를 차용한 것으로 보이는데, 그 타당성에는 의문이 제기된다. 법률은 주권자인 일반 국민의 의사의 표현으로서의 의미를 갖고 있고, 엄격한 절차를 거쳐 제정되고, 정치적 타협과 합의의 과정을 거쳐 제정되므로 가능한 한에서 헌법합치적으로 해석하는 것이 타당할 수 있겠지만, 법규명령은 법률과 달리 행정부내에서 제정되는 것으로서 넓은 의미의 행정작용의 하나이다. 그리고 판례가 제시하는 '상위법령합치적 법령해석'의 기준은 너무 법규명령을 존중하는 입장이다. 판례의 기준에 의하면 법규명령이 상위법령에 명백히 저촉되는 경우에 한하여 위법·무효가 되고, 상위법령에 저촉되는지에 관하여 논란이 있는 경우에는 (위법하더라도) 위법·무효로 보아서는 안 된다는 것이다. 상위법령합치적 해석에도 법령해석의 한계에서 오는 한계가 있다고 보아야 한다. 법규명령이 상위법령에 위반되는지에 관하여 논란이 있음에도 위법하지 않다고 보는 것은 상위법령에 따른 일반 국민의 예측가능성을 침해할 우려가 있다. 문언상 명백히 상위법령에 반하는 명령은 법령의 예측가능성을 보장하기 위하여 위법한 것으로 판단하여야 한다. 법령의 해석에서는 입법취지(입법목적), 관련법규정과의 조화로운 해석도 중요하지만 법령의 예측가능성의 보장을 위해서는 법령의 문언과 문구를 중요시하는 것이 타당하다. 다음 사례는 법령 해석의 한계를 넘은 것으로 보인다. 즉, 국가유공자 등 예우 및 지원에 관한 법률 시행규칙 제8조의3 [별표 4]가 영 제14조 제3항 [별표 3] 7급 8122호의 장애내용에 관하여 '적절한 치료에도 불구하고 연골판 손상에 의한 외상 후 변화가 엑스선 촬영 등의 검사에서 퇴행성이 명백히 나타나는 사람'이라고 규정한 의미를 유기적·체계적으로 해석하면서 이를 '적절한 치료에도 불구하고 연골판 손상에 의한 외상 후 변화가 엑스선 촬영 등의 검사에서 퇴행성이 명백히 나타나고 그로 인하여 경도의 기능장애가 있는 사람'을 뜻한다고 해석한 것(대법원 2016.6.10. 선고 2016두33186 판결)은 해석의 한계를 넘은 것으로 보인다.

   벗어나 무효라고 한 사례 ; 대법원 2016.8.17. 선고 2015두51132 판결 [유가보조금환수및유가보조금지급정지6개월처분취소] .

75) 대법원 2016. 6. 10. 선고 2016두33186 판결.

　　법령 해석의 한계와 관련하여 제주해군기지사건을 검토할 필요가 있다. 이 사건에서 여러 쟁점이 있었는데, 여기에서는 법규명령의 위법 여부와 관련한 점만을 검토하기로 한다. 제주해군기지사건은 복잡한 사건이라 법규명령의 위법 여부와 관련한 부분만을 간략하게 서술하면 다음과 같다.76) 승인기관인 피고(국방부장관)는 2008. 6.경 환경부장관에게 사전환경성검토서에 대한 협의요청을 하였고, 2009. 1. 21. 구 국방·군사시설사업에 관한 법률(이하 '국방사업법'이라 한다) 제4조에 따라 국방·군사시설 실시계획 승인(이하 '이 사건 승인처분'이라 한다)을 하였다. 사업시행자인 해군본부는 환경영향평가서를 2009. 7. 7. 피고(국방부장관)에게 제출하였고, 승인기관인 피고 국방부장관은 제주특별자치도 설치 및 국제자유도시 조성을 위한 특별법 제299조에 따라 2009. 7. 8. 제주도지사에게 제주해군기지사업에 대한 환경영향평가 협의요청을 하였다. 제주해군기지 건설사업 입찰에 참가한 건설회사들은 2009.5. 경 제주해군기지 건설을 위한 기본설계도서를 작성하여 제출하였고, 2009. 7. 24.경 기본설계에 대한 승인이 있었다.77) 제주도지사의 환경영향평가서에 대한 협의의견은 2009. 12. 21. 피고에게 제출되었다. 이 사건에서 2009. 1. 21. 자 '이 사건 승인처분'의 위법 여부가 다투어졌다. 이와 관련하여 구 환경영향평가법 시행령 [별표 1] 16. (가)목에서는 환경영향평가 대상사업에 해당하는 이 사건 사업에 관한 환경영향평가서의 제출시기 및 협의요청시기를 '기본설계의 승인 전'으로 규정하고 있었고, 구 환경영향평가법 제16조 제1항은 "실시계획등의 승인등"을 받기 전에 환경영향평가서를 제출하도록 규정하고 있었다. 이 사건에서 구 환경영향평가법 시행령 [별표 1] 16. (가)목이 구 환경영향평가법 제16조 제1항에 위반되는지가 문제되었다. 종전 대법원 판례78)는 구 국방사업법 제4조의 실시계획의 승인 전에 환경영향평가를 거치지 아니한 처분을 무효로 보았다. 그런데, 이 사건 대법원 전원합의체 판결은 구 국방사업법 제4조의 실시계획의 승인전이 아니라 구 환경영향평가법 시행령 제23조 [별표 1] 제16호 (가)목의 '기본설계의 승인 전'에

76) 이 사건의 개요와 쟁점 및 그에 대한 판결요지 및 평석에 관하여는 다음을 참조하기 바란다: 이재덕/장현철, 국방·군사시설 설치시 환경영향평가서 제출시기와 하자치유 여부: 제주해군기지 사건을 중심으로, 송무자료집 14집, 2011, 대검찰청 고등검찰청; 정성윤, 제주해군기지 건설사업과 환경영향평가제도, 법학논총 제30권 제2호, 2013년 6월, 한양대학교법학연구소 ; 신용인, 절대보전지역변경처분에 관한 사법적 통제, 인권과 정의 426호, 2012. 6, 대한변호사협회 ; 박균성, 환경영향평가서의 제출시기, 협의요청시기 및 협의완료시기 등, 행정판례연구 XVIII－1, 2013, 한국행정판례연구회.
77) 00중앙경리단장은 2009. 7. 24. 항만공사부분에 대한 실시설계적격자로서 피고보조참가인들을 선정하여 통보하였는데, 구 건설기술관리법 시행령 제38조의11 제1항에서 실시설계는 기본설계를 토대로 하도록 규정하고 있는 점에 비추어, 적어도 피고보조참가인들이 실시설계적격자로 선정되었음이 통보된 2009. 7. 24.경에는 기본설계에 대한 승인이 있었다고 봄이 상당하다(서울고등법원 2012.12.13. 선고 2012누21170 판결【국방·군사시설사업실시계획승인처분무효확인등】). 이 사안에서 기본설계를 작성한 발주청이 누구인지 기본설계를 승인한 기관이 누구인지는 밝혀지지 않았다.
78) 대법원 2006.6.30. 선고 2005두14363 판결【국방군사시설사업실시계획승인처분무효확인】: 박격포 사격장 설치를 위한 구 국방사업법 제4조의 실시계획승인이 환경영향평가절차를 거치지 않아 무효라고 한 사례.

환경영향평가서를 제출하면 되는 것으로 종전의 판례를 변경하였던 것이다.

제1심[79] 및 원심[80] 법원은 '이 사건 승인처분'은 환경영향평가 대상사업에 관하여 환경영향평가를 거치지 아니한 중대하고 명백한 하자가 존재하여 무효라고 보았다. 즉, 제1심 및 원심 법원은 구 환경영향평가법 시행령 [별표 1] 16. (가)목에서의 '기본설계'를 구 환경영향평가법 제16조 제1항의 "실시계획등"으로 보았다. 제1심 및 원심의 이러한 판단의 문제점은 구 국방·군사시설사업에 관한 법률(이하 '국방사업법'이라 한다) 제4조에 "국방·군사시설 실시계획"이라는 용어가 있고, 구 건설기술관리법 시행령(2009. 11. 26. 대통령령 제21852호로 개정되기 전의 것)상 '기본설계'라는 용어가 있고, 실제에 있어서도 구 국방·군사시설사업에 관한 법률(이하 '국방사업법'이라 한다) 제4조에 따른 "국방·군사시설 실시계획 승인"과 건설기술관리법 시행령상의 '기본설계"에 대한 승인이 있었는데, 환경영향평가법 시행령 [별표 1] 16. (가)목에서 환경영향평가 대상사업에 해당하는 이 사건 사업에 관한 평가서의 제출시기 및 협의요청시기로 규정하고 있는 '기본설계의 승인 전'은 이 사건 사업의 실시계획승인 이전의 시점을 가리키는 것으로 보면서 서로 다른 용어인 '기본설계'와 "실시계획"을 동일한 개념으로 해석하였다는 것이다. 결과적으로 상위법령합치적 법률해석을 한 것인데, 해석의 한계를 넘은 것이 아닌지 의문이 든다.

대법원은 구 환경영향평가법 시행령 제23조 [별표 1] 제16호 (가)목에서 정한 '기본설계의 승인 전'을 구 건설기술관리법 시행령 제38조의9에서 정한 '기본설계'의 승인 전을 의미한다고 해석하였다. 그리고, 그렇게 보는 것이 환경영향평가법의 위임 범위를 벗어나는 것도 아니라고 하였다. 구 국방사업법 및 같은 법 시행령에 근거하여 행하는 실시계획은 구 환경정책기본법상 사전환경성검토(현행 환경영향평가법상 전략환경영향평가)의 대상이 되는 것으로 보았다. 그러나, 이러한 판시는 다음과 같은 점에서 문제가 있다. 본래 환경영향평가 전에 행해졌던 구 환경정책기본법상 사전환경성검토(현행 환경영향평가법상 전략환경영향평가)는 구체적인 실시계획 이전에 수립되는 일반적인 기본계획에 대해 행해지는 것이 일반적이다. 그런데, 구 국방·군사시설사업에 관한 법률(이하 '국방사업법'이라 한다) 제4조상의 "국방·군사시설 실시계획"은 일반적 성격의 기본계획이 아니고, 구체적 성격의 실시계획의 성격을 가지므로[81] 구 국방·군사시설사업에 관한 법률(이하 '국방사업법'이라 한다) 제4조상의 "국방·군사시설 실시계획"을 구 환경정책기본법상 사전환경성검토(현행 환경영향평가법상 전략환경영향평가)의 대상으로 본 것은 타당하지 않고, 환경영향평가법상 환경영향평가의 대상으로 보는 것이 타당하다. 그리고, 구 건설기술관리법 시행령 제38조의9에서 정

---

79) 서울행법 2010.7.15. 선고 2009구합15258 판결

80) 서울고등법원 2012.12.13. 선고 2012누21170 판결

81) 박균성, 환경영향평가서의 제출시기, 협의요청시기 및 협의완료시기 등, 행정판례연구 XVIII-1, 2013, 374면- 379면 참조.

한 '기본설계' 및 구 환경영향평가법 시행령 제23조 [별표 1] 제16호 (가)목에서 정한 '기본설계'를 구 환경영향평가법 제16조 제1항의 "실시계획등"에 해당한다고 본 것도 타당하지 않다. 구 건설기술관리법 시행령 제38조의9에서 정한 기본설계의 승인 자체는 국민의 권리의무에 직접 영향이 있는 구체적 사실에 관한 법집행행위로서의 행정처분이라고 볼 수 없다. 그리고, 환경영향평가법상 승인기관[82]의 승인의 대상이 되는 사업시행계획의 수립과 환경영향평가는 사업시행자[83]가 하여야 하는 것인데, 구 국방·군사시설사업에 관한 법률(이하 '국방사업법'이라 한다) 제4조상의 "국방·군사시설 실시계획"이 사업시행자인 해군참모총장(해군본부)이 작성한 것인 반면에 구 건설기술관리법 시행령 제38조의9에서 정한 '기본설계'는 발주청이 작성한 것이고 사업시행자가 작성한 것이 아니다. 대법원의 다수견해도 결과적으로 상위법령합치적 법률해석을 한 것인데, 해석의 한계를 넘은 것이 아닌지 의문이 든다.

이에 대하여 대법관 전수안, 대법관 이상훈의 반대의견은 환경영향평가법 제16조 제1항은 구 국방사업법상 국방·군사시설사업에 대한 실시계획 승인을 받기 전에 환경영향평가서를 제출하도록 규정하면서 그 범위 내에서 구체적인 제출시기를 대통령령에 위임한 것인데, 구 환경영향평가법 시행령 제23조 [별표 1] 제16호 (가)목은 이와 같은 위임 범위를 벗어나 실시계획의 승인이 이루어진 후 실제 공사가 진행되는 과정의 하나로 보이는 구 건설기술관리법 시행령 제38조의9에서 정한 '기본설계의 승인 전'까지 환경영향평가서를 제출하도록 규정하고 있으므로, 이는 근거가 되는 상위법률에 위반되는 무효인 규정으로 보면서 구 국방·군사시설 사업에 관한 법률에 따른 국방·군사시설사업의 경우 환경영향평가법 제16조 제1항의 '사업계획 등에 대한 승인 등'은 구 국방사업법 제4조 제1항의 '실시계획의 승인'을 의미한다고 보아야 한다고 하였다. 위에서 검토한 바와 같이 이 견해가 타당하다.

(2) 행정입법에 대한 소송에서 판결의 내용과 효력

현재 실무상 처분적 법규명령의 위법을 다투는 소송은 무효확인소송으로 하고 있고, 해당 법규명령이 위법한 경우 무효확인판결을 내리는 것으로 하고 있다. 그런데, 무효확인판결은 원칙상 대세효와 소급효를 갖는다. 법규명령에 대한 무효확인판결의 소급효를 제한하는 것이 법리상 불가능한 것은 아니지만, 이에 관한 논의가 거의 없다.

법규명령은 불특정 다수인에게 효력을 미친다. 광의설에 따라 법규명령의 처분성을 넓게 인정하면 할수록 법규명령의 단순 무효확인판결의 효력이 미치는 영향은 더욱 커진

---

82) 이 사안에서는 국방부장관이다.
83) 이 사안에서 사업시행자는 해군참모총장(해국본부)이었다.

다. 법규명령에 대해 단순무효확인판결이 나면 해당 법규명령은 소급적으로 대세적으로 효력을 상실하고, 그에 따라 법규명령을 전제로 형성된 법률관계가 효력을 상실하게 된다. 그리고 법규명령이 없는 상태 또는 해당 법규명령으로 폐지된 과거의 시대에 뒤진 법규명령이 효력을 회복한다. 이러한 점 때문에 법규명령에 대한 무효확인소송에서 판결의 내용과 효력을 다양하게 인정할 필요가 있다.

    법령에 대한 헌법소원의 경우 판결의 유형이 단순위헌결정, 헌법불합치결정, 한정위헌결정, 한정합헌결정과 같이 다양하다.[84] 미국에서는 행정입법(rule)에 대한 취소소송에서 취소판결(단순취소, 취소하면서 일정기간 집행을 유예하는 방식, 전부취소 또는 일부 취소), 환송판결(취소없는(무효확인 없는) 환송판결 또는 행정기관이 해당 행정입법의 개정 여부를 재검토하도록 하면서 판결을 유예하는 환송판결), 행정입법의 집행금지명령신청과 그에 대한 금지명령판결이 인정되고 있다. 이러한 다양한 유형의 판결은 법령의 규정에 의해 인정되는 것이 아니라 법원의 재량에 따라 인정된다.

    법규명령의 무효확인판결과 취소판결에도 다양한 유형 또는 내용을 인정하는 것을 검토할 필요가 있다. 단순 취소판결이나 단순 무효확인판결의 문제점은 새로운 입법이 제정될 때까지 법의 공백이 생기고, 공익이 보호되지 못한다는 것이다. 새로운 입법을 촉구하면서 판결을 유예하는 방식, 공익상 필요한 경우에는 사정판결을 하는 방식, 상위법령합치적 해석에 따라 기각판결을 하면서 입법을 촉구하는 방식, 무효를 확인하면서 일정기간 집행을 유예하는 방식, 당해 사건 및 병행사건에는 소급효를 인정하되 불가쟁력이 발생한 다른 사건에 대해서는 무효확인판결의 소급효를 제한하는 판결, 일부 무효판결이나 일부 취소판결의 가능성을 모색해볼 필요가 있다.

    또한, 법령보충적 고시도 법규명령의 성질을 갖는 점에 비추어 처분적 법규명령에 대해서는 무효확인소송을 제기하고, 법령보충적 고시에 대해서는 취소소송을 제기하고 있는 실무도 재검토를 요한다. 처분적 법규명령과 법령보충적 고시에 대해서 통일적으로 하자가 무효사유인 경우(중대·명백한 경우) 무효확인소송의 대상으로 하고, 하자가 취소사유인 경우(중대·명백하지 않은 경우) 취소소송의 대상이 하는 것이 타당한 것은 아닌지 검토를 요한다.

3. 행정통제의 관점에서 본 행정판례의 과제

(1) 행정소송의 소송요건의 완화

행정판례는 지속적으로 행정소송의 소송요건을 완화하여 오고 있다. 소송요건의 완화

---

84) 정연주, 『헌법소송론』, 법영사, 2015, 442-449면.

는 행정결정에 대한 법원의 통제 가능성의 확대라는 의미를 갖는다. 행정판례는 특히 처분성, 원고적격의 요소인 법률상 이익, 소의 이익을 확대하고 있다.

처분성을 확대한 판례 중 대표적인 것을 보면 도시관리계획 등 구속적 행정계획의 처분성, 권력적 사실행위의 처분성[85]을 인정한 것을 들 수 있다. 그리고, 법규명령과 법령보충적 고시가 처분성을 갖는 경우를 인정하고 있다. 다만, 전술한 바와 같이 법규명령의 처분성은 일반 처분 개념에 비추어 좁게 인정하고 있다. 그리고, 행정규칙의 처분성은 아직 인정하지 않고 있다. 그리고 행정입법부작위는 부작위위법확인소송의 대상이 되지 않는 것으로 보고 있다. 그런데, 미국과 프랑스의 경우에는 법규명령뿐만 아니라 행정규칙도 직접 국민의 권익에 영향을 미치면 항고소송의 대상으로 보고 있다. 그리고 행정입법부작위도 직접 국민의 권익에 영향을 미치면 행정소송의 대상으로 보고 있다. 판례는 일반적으로 공권력 행사로서 국민의 권익에 직접 영향을 미치면 행정소송법상 처분으로 보고 있으므로 이런 처분 개념의 일반적 기준에 의하면 법규명령이나 행정규칙도 국민의 권익에 직접 영향을 미치면 처분으로 보는 것이 타당하고, 행정입법부작위도 국민의 권익에 직접 영향을 미치면 부작위위법확인소송의 대상이 되는 부작위로 보는 것이 타당하다. 이에 반하여 헌법재판소는 법규명령이나 행정규칙 그리고 행정입법부작위가 헌법소원의 요건인 직접성, 구체성 및 자기관련성을 가지면 헌법소원의 대상이 된다고 보고 있다. 헌법소원은 항고소송과 경쟁관계에 있으면서 항고소송의 대상을 확대하는 자극적 역할을 수행하고 있다. 법규명령을 헌법소원의 대상으로 보는 헌법재판소의 결정이 있은 후 법규명령의 처분성을 인정하는 판례가 나오고, 일찍이 헌법재판소가 권력적 사실행위의 처분성을 인정하는 판시를 한 후, 최근 대법원 판례가 명시적으로 권력적 사실행위의 처분성을 인정하게 되었다.

원고적격의 확대에 있어서는 환경영향평가 대상지역 주민의 원고적격을 추정한 것, 이해관계인의 절차적 권리를 법률상 이익으로 본 것 등을 대표적인 예로 들 수 있다. 최근 단체의 원고적격도 확대하여 인정하고 있다. 대법원은 "甲 학교법인의 정상화 과정에서 서울특별시교육감이 임시이사들을 해임하고 정이사를 선임한 사안에서, 사립학교법 제25조의3 제1항이 학교법인을 정상화하기 위하여 임시이사를 해임하고 이사를 선임하는 절차에서 이해관계인에게 어떠한 청구권 또는 의견진술권을 부여하고 있지 않으므로, 乙 학교법인이 임시이사 해임 및 이사 선임에 관하여 사립학교법에 의해 보호받는 법률상 이익이 없다"판시하였는데,[86] 반대해석을 하면 의견진술권이 있는 이해관계인은 법적 이익이 있

85) 교도소장이 수형자 갑을 '접견내용 녹음·녹화 및 접견 시 교도관 참여대상자'로 지정한 사안에서, 위 지정행위(이에 따라 접견 시마다 사생활의 비밀 등 권리에 제한을 가하는 교도관의 참여, 접견내용의 청취·기록·녹음·녹화가 이루어짐)는 권력적 사실행위로서 항고소송의 대상이 되는 '처분'에 해당한다고 본 원심판단을 정당한 것으로 수긍한 사례(대법원 2014. 02. 13. 선고 2013두20899 판결).

다고 판시한 것으로 볼 수 있다. 그 후 대법원은 대학교 교수협의회 및 총학생회에게 학교법인 정상화 과정에서 이루어진 이사선임처분의 취소를 구할 원고적격을 인정할 수 있는지 여부에 관하여 "임시이사제도의 취지, 교직원·학생 등의 학교운영에 참여할 기회를 부여하기 위한 개방이사 제도에 관한 법령의 규정 내용과 그 입법취지 등 여러 사정들을 종합하여 보면, 구 사립학교법령 및 상지학원 정관 규정은 헌법 제31조 제 4 항에 정한 교육의 자주성과 대학의 자율성에 근거한 원고 교수협의회와 원고 총학생회의 학교운영참여권을 구체화하여 이를 보호하고 있다고 해석되므로, 위 원고들은 피고의 이 사건 각 이사선임처분을 다툴 법률상 이익을 가진다고 할 수 있다."고 판시하였다.[87] 그러나, 아직 공익단체가 추구하는 이익은 법률상 이익으로 인정하지 않고, 공익단체에게 항고소송의 원고적격을 인정하지 않고 있다. 그러나, 공익단체가 공권력 행사를 다투는 공익소송을 인정하는 것이 세계적인 추세이다. 우리나라에서는 환경단체 등 공익단체의 원고적격을 인정하기 위해서는 독일의 입법례와 같이 특별법의 제정이 필요한 것으로 보는 견해가 일반적견해이다. 그러나, 프랑스에서는 공권력 행사에 의해 환경단체의 존립목적인 환경이익이 침해받은 경우 환경단체의 항고소송의 원고적격을 판례에 의해 인정하고 있다. 미국의 경우에도 일정한 요건하에 환경단체에게 취소소송을 제기할 원고적격을 인정하고 있다. 환경단체도 법주체이고, 환경단체의 정관에 표시된 환경단체의 존립근거인 환경이익은 법주체인 환경단체의 개인적 이익으로 볼 수 있으므로 공권력 행사에 의해 환경단체의 존립목적인 환경이익이 직접 침해받은 경우 해당 환경단체에게 항소소송을 제기할 원고적격을 인정하는 것이 이론상 불가능한 것은 아니다. 미국이나 프랑스의 판례를 보아도 그러하다.

항고소송에서 소의 이익의 확대와 관련하여서는 최근 동일한 소송 당사자 사이에서 동일한 사유로 위법한 처분이 반복될 위험성이 있어 행정처분의 위법성 확인 내지 불분명한 법률문제에 대한 해명이 필요하다고 판단되는 경우 소의 이익을 인정한 것을 들 수 있다.[88] 헌법재판소는 이미 이러한 취지의 헌법소원결정을 내리고 있다.[89]

---

86) 대법원 2014. 01. 23. 선고 2012두6629 판결[임시이사해임처분취소등].

87) 대법원 2015. 07. 23. 선고 2012두19496,19502 판결.

88) 피고(교도소장)가 제1심판결 선고 이후 원고를 위 '접견내용 녹음·녹화 및 접견 시 교도관 참여대상자'에서 해제하기는 하였지만 앞으로도 원고에게 '접견내용 녹음·녹화 및 접견 시 교도관 참여대상자' 지정행위(이 사건 처분)와 같은 포괄적 접견제한처분을 할 염려가 있는 것으로 예상되므로 이 사건 소는 여전히 법률상 이익(소의 이익)이 있다고 본 원심판단을 정당한 것으로 수긍한 사례(대법원 2014. 02. 13. 선고 2013두20899 판결).

89) 피청구인의 서신검열행위는 이미 종료되었고, 청구인도 형기종료로 출소하였다 하더라도 수형자의 서신에 대한 검열행위는 헌법이 보장하고 있는 통신의 자유, 비밀을 침해받지 아니할 권리 등과의 관계에서 그 위헌 여부가 해명되어야 할 중요한 문제이고, 이러한 검열행위는 행형법의 규정에 의하여 앞으로도 계속 반복될 것으로 보인다. 그런데 '미결수'에 대한 서신검열행위의 위헌여부에 대하여는 헌법재판소가 1995. 7. 21.에 선고한 92헌마144 서신검열 등 위헌확인 결정에서 헌법적 해명을 하였으나, '수형자'에 대

(2) 정책결정의 위법성 통제

대법원이 정책결정 등 중대한 행정결정에 대한 항고소송에서 인용판결을 내린 경우는 적다. 정책결정에서는 행정권에게 폭넓은 재량이 인정된다. 정책결정에서는 다양한 공익과 사익의 조정이 필요하므로 실제에 있어서 비례원칙에 의한 통제가 중요한 문제가 된다. 정책결정의 통제에서 행정의 책임성을 강조하는 견해도 있고, 이에 따라 비례의 원칙의 적용에 있어 심히 균형을 잃은 경우만 위법하다고 보는 견해도 있다. 이러한 주장은 이론상으로 타당한 면이 있지만, 우리의 현실을 고려할 때 재검토를 요한다. 정책결정이 심히 균형을 잃은 경우만 위법하다고 보는 이론은 정책결정에 대한 법원의 위법 판단에 장애가 될 수 있다. 정책결정에 있어 행정권의 남용이 적지 않은 현실에서 정책결정의 합리성을 보장하기 위해 정책결정에 대한 법원의 적극적인 통제가 요청된다. 이러한 점에서 법원이 행정기관의 이익형량을 어느 수위로 조정·통제할 것인가 하는 것은 법원의 몫으로 맡기고, 이익형량이 균형을 잃은 경우 위법하다고 보는 것이 타당하다. 형량의 하자에 관하여 이익형량의 균형 보다는 이익형량의 합리성과 객관성을 결한 경우를 위법하다고 판시한 판례[90]가 있는데, 이러한 점에 비추어 타당하다. 법원의 행정권에 대한 통제력이 미약한 현실에서 법원에 힘을 실어줄 필요가 있다.

새만금판결[91]에서 대법원은 환경영향평가 대상지역 안 주민의 원고적격을 사실상 추정하고, 환경영향평가 대상지역 밖 주민이라 할지라도 공유수면매립면허처분 등으로 인하여 그 처분 전과 비교하여 수인한도를 넘는 환경피해를 받거나 받을 우려가 있는 경우에는, 공유수면매립면허처분 등으로 인하여 환경상 이익에 대한 침해 또는 침해우려가 있다는 것을 입증함으로써 그 처분 등의 무효확인을 구할 원고적격을 인정받을 수 있다고 하면서 원고적격을 획기적으로 넓혀 인정하면서도 본안에 있어서는 다음과 같이 소극적인 입장에서 기각판결을 하였다: ① 환경영향평가법령에서 정한 환경영향평가를 거쳐야 할 대상사업에 대하여 그러한 환경영향평가를 거치지 아니하였음에도 승인 등 처분을 하였다면 그 처분은 위법하다 할 것이나, 그러한 절차를 거쳤다면, 비록 그 환경영향평가의 내용이 다소 부실하다 하더라도, 그 부실의 정도가 환경영향평가제도를 둔 입법 취지를 달성할 수 없을 정도이어서 환경영향평가를 하지 아니한 것과 다를 바 없는 정도의 것이 아닌 이

하여는 아직 견해를 밝힌 사실이 없으므로 헌법판단의 적격성을 갖추었다고 인정되어 심판청구의 이익이 있다(헌재 1998. 08. 27, 96헌마398).

90) 대법원 2007. 04. 12. 선고 2005두1893 판결 <원지동 추모공원 사건>: "행정주체가 행정계획을 입안·결정함에 있어서 이익형량을 전혀 행하지 아니하거나 이익형량의 고려 대상에 마땅히 포함시켜야 할 사항을 누락한 경우 또는 이익형량을 하였으나 정당성과 객관성이 결여된 경우에는 그 행정계획결정은 형량에 하자가 있어 위법하게 된다."

91) 대법원 2006.03.16. 선고 2006두330 전원합의체 판결[정부조치계획취소등].

상, 그 부실은 당해 승인 등 처분에 재량권 일탈·남용의 위법이 있는지 여부를 판단하는 하나의 요소로 됨에 그칠 뿐, 그 부실로 인하여 당연히 당해 승인 등 처분이 위법하게 되는 것이 아니라고 판시하였는데, 판례의 입장은 환경영향평가의 실체상 하자로 인한 사업계획승인처분의 하자의 인정에 있어서 너무 엄격한 입장이다. 환경영향평가의 하자는 사업계획승인처분의 절차의 하자이고, 판례는 절차의 하자를 독자적 위법사유로 보므로 환경영향평가의 부실이 경미하지 않고 중대한 한 이는 사업계획승인처분의 하자가 된다고 보아야 논리적이다. ② 새만금사업의 이익과 그로 인한 불이익의 형량에서 개발이익 보다 환경가치 등을 더 큰 것으로 본 반대의견과 달리 다수의견은 새만금사업의 이익과 그로 인한 불이익 보다 큰 것으로 보았다.

'4대강 살리기 사업' 중 한강 부분에 관한 각 하천공사시행계획 및 각 실시계획승인처분의 취소를 구한 사안에서 행정계획의 수립 단계에서 사업성 또는 효율성의 존부나 정도를 정확하게 예측하는 것은 과학적·기술적 특성상 한계가 있을 수밖에 없으므로 사업성에 관한 행정주체의 판단에 정당성과 객관성이 없지 아니하는 이상 이를 존중할 필요가 있다고 하면서 행정청의 판단을 존중하여야 한다고 판단한 것[92]은 논란의 여지가 있다.

국토해양부 등에서 발표한 '4대강 살리기 마스터플랜'에 따른 '한강 살리기 사업' 구간 인근에 거주하는 주민들이 각 공구별 사업실시계획승인처분에 대한 효력정지를 신청한 사안에서, 대법원이 "주민들 중 환경영향평가대상지역 및 근접 지역에 거주하거나 소유권 기타 권리를 가지고 있는 사람들이 위 사업으로 인하여 토지 소유권 기타 권리를 수용당하고 이로 인하여 정착지를 떠나 타지로 이주를 해야 하며 더 이상 농사를 지을 수 없게 되고 팔당지역의 유기농업이 사실상 해체될 위기에 처하게 된다고 하더라도, 그러한 손해는 행정소송법 제23조 제2항에서 정하고 있는 효력정지 요건인 금전으로 보상할 수 없거나 사회관념상 금전보상으로는 참고 견디기 어렵거나 현저히 곤란한 경우의 유·무형 손해에 해당하지 않는다"고 본 원심판단을 수긍한 것[93]은 논란의 여지가 있다.

국가의 주요한 정책결정이 법원의 심판대상이 되는 경우가 늘어남에 따라 정치문제 내지 정책문제가 정치과정이나 행정결정과정에서 해결되는 것이 아니라 법원에 의해 해결되는 경우가 늘고 있다. 이에 따라 정치 내지 정책의 사법화(judicialization of politics)현상이 나타나고 있다. 이러한 상황하에서 법원은 국가의 주요한 정책결정을 어떠한 기준에 의해 어느 정도 통제할 것인지를 결정하여야 한다.

미국의 Chevron판결에서 제시된 것처럼 행정이 고도로 전문적이고 기술적인 지식이나 경험을 토대로 이루어지거나 미래 예측적인 정책형성의 경우에는, 법원이 행정 측의 판

---

92) 대법원 2015.12.10. 선고 2011두32515 판결[하천공사시행계획취소청구등].
93) 대법원 2011. 04. 21. 자 2010무111 전원합의체 결정.

단을 존중하더라도 별 무리는 없을 것이라고 보고, 이러한 영역에 대한 사법심사는 절차적 통제를 통해 가능할 것이라는 견해94)가 있다. 이러한 견해는 행정의 전문성, 행정의 책임성을 고려할 때 이론상 타당한 면이 있지만, 현실을 보면 정책결정에서의 행정의 전문성을 인정하기 어려운 면이 있고, 정책결정이 자의적으로 행해지는 것이 적지 않은 점 등에 비추어 정책결정에 대한 사법적 통제 강화의 필요성이 있다.95) 법률의 해석에 대한 통제와 관련하여 행정기관이 그 시행을 담당하고 있는 법률에 대한 행정기관의 해석을 그 해석이 합리적인 한 존중해주어야 한다는 Chevron이론은 우리나라에서는 타당하지 않다고 보아야 한다. 그 이유는 법률의 해석은 기본적으로 법문제이고, 우리 헌법 제107조 제2항은 법원에 법령의 최종적인 해석권을 부여하고 있을 뿐만 아니라 우리나라의 경우 행정부의 법령해석에 관한 전문성이 높지 못하고 법원이 법령해석에 관하여는 보다 전문성이 높다고 할 수 있기 때문이다. 다만, 법률에서 법률규정의 해석을 명시적으로 행정권에 위임한 경우에는 행정권은 수권의 범위내에서는 재량을 갖는 것으로 볼 여지도 있으므로 그 해석명령이 명백히 불합리하지 않는 한 위법하지 않은 것으로 볼 수 있을 것이다. 행정입법은 정책결정의 의미를 갖는 경우가 많지만. 행정입법은 상위법령에의 위반 여부가 문제되므로 법문제의 전문가이며 법문제에 대해 최종적 판단권을 갖는 법원으로서는 일반 정책결정보다는 통제하려면 통제가 보다 용이한 분야이다. 그렇지만, 전술하는 바와 같이 행정입법이 위헌·위법으로 판단된 사례는 많지는 않고 법원은 행정입법의 위헌·위법판결에 신중한 입장을 보이고 있다.

(3) 국가배상의 행정통제적 기능의 강화

법치국가의 원칙상 위법행위와 적법행위의 구별은 큰 의미를 갖는다. 그런데, 국가배상책임을 인정하기 위해서는 행정권 행사의 흠(위법·과실)을 판단해야 하므로 국가배상은 행정통제적 기능을 갖는다고 할 수 있다. 행정권 행사에 대한 직접적 통제기능은 항고소송이 수행하지만, 항고소송의 대상은 처분에 한정되는 등 항고소송의 행정통제적 기능에는 한계가 있다. 국가배상소송은 다음과 같이 항고소송을 보충하여 행정통제의 확대에 기여하는 면이 있다. 항고소송에서는 출소기간의 제한, 소의 이익 등에 의해 소제기에 제약을 받는 경우가 많은데, 국가배상소송에서는 이와 같은 제한 없이 소제기가 널리 인정될 수

---

94) 다만, 행정판단의 과학성과 민주성 및 투명성을 담보하기 위해 그러한 영역에서의 행정결정에 대해서는 합의제행정기관을 통한 전문가시민단체 등 다양한 이해관계자가 폭넓게 참여하여 결정하는 방식을 취하도록 하고, 또 의회는 그러한 행정정책형성이나 정책결정과정을 입법으로 규정함으로써 통제하여야 할 것이라고 한다(강재규, 전게논문, 303−304면).

95) 사법권력의 본질과 기능을 종합하면 사법권력은 권력통제기관, 헌법 및 기본권수호기관, 정책결정기관으로서의 지위를 가지는 것으로 정리될 수 있다고 보는 견해가 있다(김종철, 사법제도의 개정 필요성과 방향, 헌법학연구 제16권 제3호, 2010.9, 114면).

있다. 또한, 처분이 아닌 공권력 행사의 위법성은 항고소송을 통하여 통제할 수는 없고 국가배상소송을 통해 인정할 수 밖에 없다. 과실을 일종의 국가작용의 하자의 표현으로 볼 수 있다면 과실판단을 통하여 항고소송에서와는 다른 차원에서의 행정통제, 즉 공무원의 행위의 태양에 대한 통제가 가능하다.

실제로 피해자는 손해의 배상 보다는 국가작용에 흠이 있었다는 것을 판단받기 위해 국가배상소송을 제기하는 경우도 적지 않다. 그런데, 국가배상판례를 행정통제적 기능이라는 관점에서 살펴보면 재검토해야 할 점이 적지 않다.

우선 국가배상법상의 위법 개념에 관하여 판례는 전술한 바와 같이 행위 위법이 아닌 상대적 위법 등 항고소송에서의 위법과 다른 위법 개념을 채택하고 있는 경우가 적지 않다. 그러나, 법률에 의한 행정의 원칙하에서 국가배상소송을 행정통제(감시)기능을 갖는 제도로 이해하기 위하여는 행위위법설을 취하는 것이 타당하다.

다음으로 국가배상인정의 적극성 및 소극성에 관해 살펴보기로 한다. 명문의 규정이 없음에도 제한적이나마 공무원에게 직무상 손해방지의무를 인정하고 있는 것은 국가배상을 적극적으로 인정하려는 판례라고 할 수 있다. 즉, '일반적으로 국가 또는 지방자치단체가 권한을 행사할 때에는 국민에 대한 손해를 방지하여야 하고, 국민의 안전을 배려하여야 한다고 선언하고 있고,[96] 행정기관의 권한을 불행사하여 (손해방지를 위하여) 필요한 조치를 취하지 아니하는 것이 현저하게 불합리하다고 인정되는 경우에는 그러한 권한의 불행사는 직무상의 의무를 위반한 것이 되어 위법하게 된다고 판시하고 있다.[97] 다만, 명문의 규정이 없음에도 인정하는 직무상 손해방지의무는 제한적으로 인정되고 있다. "경찰관이 교통법규 등을 위반하고 도주하는 차량을 순찰차로 추적하는 직무를 집행하는 중에 그 도주차량의 주행에 의하여 제3자가 손해를 입었다고 하더라도 그 추적이 당해 직무 목적을 수행하는 데에 불필요하다거나 또는 도주차량의 도주의 태양 및 도로교통상황 등으로부터 예측되는 피해발생의 구체적 위험성의 유무 및 내용에 비추어 추적의 개시·계속 혹은 추적의 방법이 상당하지 않다는 등의 특별한 사정이 없는 한 그 추적행위를 위법하다고 할 수는 없다."고 하였다.[98] "국민의 생명, 신체, 재산 등에 대하여 절박하고 중대한 위험상태가 발생하였거나 발생할 우려가 있어서 국민의 생명, 신체, 재산 등을 보호하는 것을 본래적

---

96) 대법원 2001.10.23. 선고 99다36280 판결.

97) 대법원 1998.08.25. 선고 98다16890 판결: 경찰관이 농민들의 시위를 진압하고 시위과정에 도로 상에 방치된 트랙터 1대에 대하여 이를 도로 밖으로 옮기거나 후방에 안전표지판을 설치하는 것과 같은 위험발생방지조치를 취하지 아니한 채 그대로 방치하고 철수하여 버린 결과, 야간에 그 도로를 진행하던 운전자가 위 방치된 트랙터를 피하려다가 다른 트랙터에 부딪혀 상해를 입은 사안에서 국가배상책임을 인정한 사례 등

98) 달리 말하면 추적의 개시·계속 혹은 추적의 방법이 상당하지 않다는 등의 특별한 사정이 있으면 그 추적행위를 위법하다고 할 수는 있다는 것이다(대법원 2000.11.10. 선고 2000다26807 판결).

사명으로 하는 국가가 초법규적, 일차적으로 그 위험 배제에 나서지 아니하면 국민의 생명, 신체, 재산 등을 보호할 수 없는 경우에는 형식적 의미의 법령에 근거가 없더라도 국가나 관련 공무원에 대하여 그러한 위험을 배제할 작위의무를 인정할 수 있을 것"이라고 하면서도 "그와 같은 절박하고 중대한 위험상태가 발생하였거나 발생할 우려가 있는 경우가 아니라면 원칙적으로 공무원이 관련 법령을 준수하여 직무를 수행하였다면 그와 같은 공무원의 부작위를 가지고 '고의 또는 과실로 법령에 위반'하였다고 할 수는 없을 것"이라고 판시하고 있다.

실제 사건에서 명문의 규정이 없는 경우에도 공무원에게 손해방지의무를 인정한 사례는 다음과 같다. 토석채취공사 도중 경사지를 굴러 내린 암석이 가스저장시설을 충격하여 화재가 발생한 사안에서, 토지형질변경허가권자에게 허가 당시 사업자로 하여금 위해방지시설을 설치하게 할 의무를 다하지 아니한 위법과 작업 도중 구체적인 위험이 발생하였음에도 작업을 중지시키는 등의 사고예방조치를 취하지 아니한 위법이 있다고 하였다.[99] 경찰관들이 총기를 사용하여 피의자를 제압한 후 바로 119에 신고하고 그로부터 5분 후 119구급대가 사고현장에 도착하여 총상을 입은 피의자를 병원으로 후송하였으나 과다출혈로 사망한 사안에서, 경찰관들이 119에 신고를 마친 때로부터 119구급대가 사고현장에 도착할 때까지 지혈 등 기본적인 응급조치를 하지 않았다면 부상을 당한 피의자에 대한 구호 기타 필요한 긴급조치의무를 다하지 않은 과실이 있다고 볼 여지가 있음에도 그에 관한 구체적인 심리 없이 국가의 배상책임을 부정한 원심 판결을 파기하였다.[100] 교도소 내에서 수용자가 자살한 사안에서, 담당 교도관은 급성정신착란증의 증세가 있는 망인의 자살사고의 발생위험에 대비하여 계구의 사용을 그대로 유지하거나 또는 계구의 사용을 일시 해제하는 경우에는 CCTV상으로 보다 면밀히 관찰하여야 하는 등의 직무상 주의의무가 있음에도 이를 위반하여 망인이 사망에 이르렀다고 보았다.[101]

실제 사건에서 조리상 손해방지의무를 인정하지 않은 사례도 적지 않다. 에이즈 검사결과 양성으로 판정된 후 자의로 보건당국의 관리를 벗어난 특수업태부에 대하여 그 후 국가 산하 검사기관이 실시한 일련의 정기검진 결과 중에서 일부가 음성으로 판정된 적이 있음에도 불구하고 위 검사기관이 이를 본인에게 통보하지 않고 그에 따른 후속조치도 없었던 사안에서, 국가의 위자료 지급의무를 인정한 원심판결을 파기하였다.[102] 원고 소유의 원심판결 별지목록 기재 토지(이하 '이 사건 토지'라 한다)가 하천사업에 편입되는 사정이 생겼다고 하여 이 사건 점용허가를 한 담당 공무원에 대하여 그와 같은 사정으로 인해 이 사

99) 대법원 2001. 03. 09. 선고 99다64278 판결.
100) 대법원 2010. 03. 25. 선고 2009다84424 판결.
101) 대법원 2010. 01. 28. 선고 2008다75768 판결.
102) 대법원 1998.10.13. 선고 98다18520 판결

건 점용허가가 취소될 수 있고 그로 인해 이 사건 토지에 신축한 비행장 등을 철거할 가능성이 있다는 사정을 원고에게 알려 주어 원고로 하여금 위 점용허가에 따른 비행장 설치 등으로 인한 손해를 입지 않게 할 주의의무가 있다고 할 수 없다고 한 원심의 판단은 정당하다고 하였다.103) 어린이가 '미니컵 젤리'를 먹다가 질식하여 사망한 사안에서, 식품의약품안전청장 등이 그 사고 발생시까지 구 식품위생법상의 규제 권한을 행사하여 미니컵 젤리의 수입·유통 등을 금지하거나 그 기준과 규격, 표시 등을 강화하고 그에 필요한 검사 등을 실시하는 조치를 취하지 않은 것이 현저하게 합리성을 잃어 사회적 타당성이 없다거나 객관적 정당성을 상실하여 위법하다고 할 수 있을 정도에까지 이르렀다고 보기 어렵고, 그 권한 불행사에 과실이 있다고 할 수도 없다고 한 원심의 판단이 정당하다고 하였다.104) 그런데, 어린이가 미니컵 젤리를 섭취하던 중 미니컵 젤리가 목에 걸려 질식사한 두 건의 사고가 연달아 발생한 뒤 약 8개월 20일 이후 다시 어린이가 미니컵 젤리를 먹다가 질식사한 사안에서, 식품의약품안전청장 등이 미니컵 젤리의 유통을 금지하거나 물성실험 등을 통하여 미니컵 젤리의 위험성을 확인하고 기존의 규제조치보다 강화된 미니컵 젤리의 기준 및 규격 등을 마련하지 아니하였다고 하더라도 이를 현저하게 합리성을 잃어 사회적 타당성이 없다고 볼 수 있는 정도에 이른 것이라고 보기 어렵다고 한 사례105)는 재검토를 요한다. 동일한 사망사건이 이미 8개월 전에 2건 있었던 점에 비추어 손해발생의 방지를 위해 필요한 조치를 취할 의무가 보다 강하게 요구된다는 점을 고려하였어야 했다. 미니컵 젤리에 대한 법상 규제권이 충분하지 않더라도 법적 근거없이도 인정되는 행정지도권을 발동할 의무가 있다고 보아야 한다. 또한 미니컵 젤리사고 등 위험성에 관한 정보를 공개하여 소비자가 주의하도록 할 직무상 의무가 있다고 보아야 한다.

　　법정의 직무상 의무 위반은 이론상 그것만으로 위법인 것으로 보아야 한다. 그런데, 판례는 직무상 의무 위반이 위법이 되기 위하여는 직무상 의무를 게을리한 것이 의무 위반이 직무에 충실한 보통 일반의 공무원을 표준으로 객관적 정당성을 상실하였다고 인정될 정도에 이른 때에 해당하여야 한다고 본다.106) 또한 행정권의 불행사로 인한 위법을 인정함에 있어서 권한을 행사하지 아니한 것이 현저하게 불합리하다고 인정되는 경우107) 또는 현저하게 합리성을 잃어 사회적 타당성이 없는 경우에 한하여 위법한 것으로 보는 것108)도 너무 엄격한 것으로 보인다.

---

103) 대법원 2005.06.10. 선고 2002다53995 판결.
104) 대법원 2010. 09. 09. 선고 2008다77795 판결.
105) 대법원 2010. 11. 25. 선고 2008다67828 판결.
106) 대법원 2016.8.25. 선고 2014다225083 판결.
107) 대법원 2016.4.15. 선고 2013다20427 판결.
108) 대법원 2016.8.25. 선고 2014다225083 판결.

국가배상책임의 인정에 공무원의 직무상 의무의 사익보호성을 요구하고 있는 것[109]도 비판의 대상이 되고 있다.

군인 등에 대한 이중배상을 금지하는 국가배상법 제 2 조 제 1 항 단서의 적용범위에 관하여 판례는 국가배상법 제 2 조 제 1 항 단서가 전투·훈련 또는 이에 준하는 직무집행 뿐만 아니라 일반 직무집행에 관하여도 국가나 지방자치단체의 배상책임을 제한하는 것으로 본다.[110] 그러나 이러한 판례는 국가배상법 제 2 조 제 1 항 단서의 입법취지 등 법률의 규정에 합치하지 않는 것은 아닌지 재검토를 요한다. 2005년 개정 전 국가배상법 제 2 조 제 1 항 단서에서는 "전투·훈련 기타 직무집행과 관련하거나 국방 또는 치안유지의 목적상 사용하는 시설 및 자동차·함선·항공기·기타 운반기구안에서 전사·순직 또는 공상을 입은 경우"라고 규정되어 있었는데, 2005년 개정에서 헌법과 실질적으로 동일하게 "전투·훈련 등 직무집행과 관련하여 전사·순직 또는 공상을 입은 경우"로 개정된 것이다. 2005년 개정의 취지가 기록상 명확하지 않지만, 2005년의 개정은 "전투·훈련 등 직무집행"을 "전투·훈련 및 이에 준하는 직무행위"만을 의미하는 것으로 하려는 개정이었다고 제한적으로 해석하는 것이 타당할 것이다. 국가배상법 제 2 조 제 1 항 단서는 예외규정이며 기본권인 국가배상청구구권을 제한하는 규정이므로 엄격히 해석하는 것이 타당하다. 그리고, 법령규정에서 "등"이라는 것은 앞에 예시된 것에 준하는 것을 의미하는 것으로 보는 것이 타당하다. 또한, 현재 군인 등에 대한 특별법에 의한 보상액이 국가배상액에 비해 상당히 적은 점에 비추어도 국가배상법 제 2 조 제 1 항 단서를 확대하는 것은 실제에 있어서 국가배상청구권을 제한하는 결과를 가져온다.

국가배상판례의 발전을 위해서는 국가배상소송이 행정소송인지의 문제를 떠나 국가배상재판의 전문성, 국가배상판례와 항고소송판례의 통일성을 위해 국가배상사건을 행정법원의 관할로 하는 것이 타당하다. 그리고, 국가의 재정이 빈약하였던 60년대, 70년대에는 국가배상제도의 설계나 국가배상책임의 인정에서 국가재정을 어느 정도 고려하는 것이 타당할 수도 있겠지만, 국가의 재정규모도 커지고 국가재정도 크게 부족하지 않은 오늘날에는 더 이상 국가배상에서 국가재정을 고려하는 것은 타당하지 않다.

---

109) 판례는 직무상 의무의 사익보호성을 위법성의 요소로 보다가(대법원 2001. 10. 23. 선고 99다36280 판결 [정수처리규정 위반사건]) 최근에는 상당인과관계의 요소로 보고 있다.

110) 대법원 2011. 03. 10. 선고 2010다85942 판결.

V. 맺음말

정치권력이나 행정부에 비하여 사법부의 힘이 약한 현실하에서 정치권력이나 행정부로부터 사법부의 독립성을 확보하는 것이 일차적으로 중요한 사법의 과제이다. 사법부의 독립이 확고하지 못한 현재의 상황하에서는 법원에 의한 법의 해석 및 적용에 있어 철저한 법규범논리에 기초하는 것이 사법권의 독립을 지키면서도 행정부를 통제할 수 있는 길이 될 수 있다. 그렇지만, 판결시에 판결의 정책적인 영향을 전혀 고려하지 않는 것은 타당하지 않고, 원칙상 법규범논리에 충실하면서도 부수적으로 법의 해석·적용에서 정책적 고려를 하는 것이 현재로서는 사법정책적으로 타당하다고 생각한다.

전통적으로 실질적 의미의 사법은 법률상 쟁송을 재판절차에 따라 해결하는 작용을 말하는 것으로 보고, 법률상 쟁송은 '당사자 사이의 구체적인 권리의무관계에 대한 법률적용상의 분쟁'을 의미하는 것으로 보았다. 그러나, 현대의 행정소송을 사법에 포함시키기 위해서는 전통적인 의미의 법률상 쟁송의 개념을 수정할 필요가 있다. 즉 법률상 쟁송을 권리의무관계와 관련짓지 말고 "구체적인 법적 분쟁"으로 개념정의하는 것이 타당하고, 사법을 "당사자 사이의 구체적인 법적 분쟁을 당사자의 소송의 제기에 의해 독립한 법원이 법을 적용하여 해결하는 작용"이라고 개념정의하는 것이 타당하다. 또한, 오늘날 구체적인 법적 분쟁이 아닌 법적 분쟁을 재판의 대상으로 규정하는 입법이 늘고 있는 점에 비추어 사법의 개념에 명문의 법률규정에 의해 인정되는 당사자 사이의 구체적인 법적 분쟁이 아닌 법적 분쟁에 대한 재판을 추가할 필요가 있다. 이러한 사법개념의 확대는 사법의 기능 중 행정통제기능의 강화와도 관련이 있다.

사법의 개념 및 기능을 재조정함에 맞추어 행정소송의 근거 및 범위를 재조정할 필요가 있다. 우선 행정재판의 헌법적 근거는 헌법 제101조 제1항과 헌법 제27조 제1항으로 보는 것이 타당하다. 다음으로 사법의 본질론, 구체적 사건성은 더 이상 명령에 대한 항고소송의 한계론이 될 수 없다고 보고, 법규명령 자체에 의해 국민의 권익이 직접 침해된 경우에는 행정소송을 통한 권리구제의 길을 열어 주어야 한다.

새로운 사법 개념에 근거하여 행정판례를 재검토하고 그 발전방향을 제시할 필요가 있다. 우선 공법질서와 사법질서 그리고 행정법질서와 형사법질서가 통일성을 갖는 방향으로 행정판례를 형성해나가야 한다. 다음으로 행정입법의 위법성에 대한 법원의 통제를 보다 강화할 필요가 있다. '상위법령합치적 법령해석'에 대한 재검토가 필요하고, 문언상 명백히 상위법령에 반하는 명령은 법령의 예측가능성을 보장하기 위하여 위법한 것으로 판단하여야 한다. 법률의 해석에 대한 통제와 관련하여 행정기관이 그 시행을 담당하고 있는 법률에 대한 행정기관의 해석을 그 해석이 합리적인 한 존중해주어야 한다는 미국의

Chevron이론은 우리나라에서는 타당하지 않다고 보아야 한다. 행정입법은 정책결정의 의미를 갖는 경우가 많지만, 행정입법의 위법 여부는 상위법령에의 위반 여부의 법문제이므로 법문제에 대해 최종적 판단권을 갖는 법원은 일반 정책결정 보다는 보다 강한 통제를 해야 할 것이다.

국가의 중요한 정책결정이 법원의 심판대상이 되는 경우가 늘어나는 상황하에서 법원은 국가의 주요한 정책결정을 어떠한 기준에 의해 어느 정도 통제할 것인지를 결정하여야 한다. 정책결정이 자의적으로 행해지는 것이 적지 않은 점 등에 비추어 정책결정에 대한 사법적 통제 강화의 필요성이 있다. 정책결정이 심히 균형을 잃은 경우만 위법하다고 보는 이론은 정책결정에 대한 법원의 위법 판단에 장애가 될 수 있다. 정책결정에 있어 행정권의 남용이 적지 않은 현실에서 '이익형량이 균형을 잃은 경우' 위법하다고 보는 것이 타당하다.

국가배상소송은 항고소송을 보충하여 행정통제의 확대에 기여하는 면이 있다. 국가배상판례를 행정통제적 기능이라는 관점에서 재검토해야 한다. 법률에 의한 행정의 원칙하에서 국가배상소송을 행정통제기능을 갖는 제도로 이해하기 위하여는 국가배상법상 위법에 관하여 행위위법설을 취하는 것이 타당하다. 판례는 명문의 규정이 없음에도 제한적이나마 공무원에게 직무상 손해방지의무를 인정하고 있는데, 공무원의 직무상 손해방지의무를 보다 적극적으로 인정하여야 할 것이다. 국가배상책임의 인정에 공무원의 직무상 의무의 사익보호성을 요구하고 있는데, 이는 타당하지 않다. 국가배상재판의 전문성을 위해 국가배상사건을 행정법원의 관할로 하는 것이 타당하다.

현대적 사법 개념을 정립하고, 이에 맞추어 행정판례를 재검토하고, 현대적 사법 개념에 맞는 행정판례를 형성해나갈 수 있도록 학계와 실무계가 힘을 합쳐야 할 것이다.

대학 산학협력단에 대한 공공기관의 입찰참가자격 제한 처분의 한계

오준근*

대법원 2017. 6. 29. 선고 2017두39365 판결의 평석

I. 헌정사와 사건의 개요

1. 헌정사

이 논문을 然寓 최광률 명예회장님께 헌정합니다. 회장님께서는 한국 행정판례연구회의 창립 회원으로서 한국행정판례연구회의 오늘을 있게 해 주셨으며, 평생 행정재판과 헌법재판을 통해 우리나라 공법학과 법제도의 발전에 이바지하셨습니다. 회장님과 행정판례를 연구하는 길을 함께할 수 있었던 모든 여정은 큰 영광과 기쁨이었습니다.

이 논문은 필자가 재직하는 경희대학교가 공기업인 한국수력원자력으로부터 1년간 입찰참가자격 제한처분을 받은 상황에서 당시 법학전문대학원장으로서 집행정지처분, 취소청구소송의 전 과정과 함께한 경험에 기초한 것입니다. "입찰참가자격제한" 처분의 특징은 부정당업자로 적발되어 처분을 받은 사업자는 제한기간 동안 모든 국가기관, 지방자치단체, 공공기관 등과 (이하 "국가 등"이라 한다) 공공조달을 통한 입찰계약에 참가할 수 없는 매우 가혹한 포괄적 제재를 받게 된다는 것입니다.[1] 경희대학교 산학협력단이 이 처분을 받음으로 인하여 처분의 직접적인 원인을 제공하였던 공과대학 특정 학과 교수뿐만 아니라 의과대학 의과학연구실 연구원, 법학전문대학원의 국제법 교수에 이르기까지 모든 교

---

* 법학박사(Dr. jur), 경희대학교 법학전문대학원 교수
  1) 국가기관에는 중앙행정기관 뿐만 아니라 국회사무처, 법원행정처, 헌법재판소 사무처, 중앙선거관리위원회, 국가인권위원회 등 헌법과 법률에 의하여 설치된 모든 중앙관서가 포함되고, 지방자치단체에는 특별시, 광역시, 경기도와 같은 광역자치단체 뿐만 아니라 동대문구청, 수원시청 등과 같은 기초자치단체가 포함되고 공공기관에는 한국전력과 같은 공기업, 국민건강보험공단과 같은 준정부기관, 과학기술정책연구원과 같은 기타공공기관이 모두 포함된다.

수와 대학원생들이 무차별적으로 국회사무처, 과학기술부, 법원행정처, 서울시, 경기도, 강남구청, 국민건강보험공단, 한국연구재단 등 모든 기관에 대한 연구과제의 입찰에 1년간 참가할 수 없는 위기에 처했습니다. 대학의 교무위원회에서 "이 처분을 수용하고 1년간 어떻게 위기를 극복할 것인가"가 논의의 주제가 되기도 하였지만 저는 이 처분이 위법함을 역설하고 집행정지의 토대 위에서 행정소송을 통하여 이 처분이 없던 일로 하여야 함을 역설하였습니다. 비록 1심은 패소하였지만 항소심에서 승소하였고 대법원은 취소판결을 확정하였습니다. 이 처분의 취소소송과 함께 하면서 연구가 절실했고 논문의 발표가 필요했습니다. 이 논문은 최광율 명예회장님께 헌정하고자 전에 발표한 2편의 논문을 각색한 것입니다.[2] 최광율 명예회장님의 건강과 행복을 기원합니다.

2. 사건의 개요

H공기업(피고)은 2011.9.28. "용역명 APR 1400 인간기계연계훈련 및 평가방법개발"에 대하여 입찰기간 2011.10.6.까지로 입찰공고(이하 "이 사건 용역"이라 한다)를 하였다. K대학교 P교수는 원고의 용역책임자로서 2011.10.5.경 K대학교 산학협력단(원고) 명의의 용역제안서를 피고에게 제출하였다. 원고의 단독 입찰로 유찰될 것이 우려되는 상황에서 H공기업 원자력발전기술원의 팀장으로서 과제의 기획 등의 책임자였던 C는 P교수에게 들러리를 요청하였고 P교수는 이에 응하여 Y대학교 A교수 명의의 용역제안서를 제출하도록 하였다. 2건 이상의 용역제안서 제출로 인하여 입찰 요건이 성숙되자 입찰절차가 진행되었고 원고는 2011.10.10.경 낙찰을 받아 2011.10.24. 피고와의 사이에 계약금액 363,504,545원, 계약기간 2012.11.30.까지로 한 용역도급계약(이하 "이 사건 계약"이라 한다)을 체결하였다. P교수는 2011.11. 이 사건 계약의 이행을 위한 용역사업에 착수하여 2012.11. 최종보고서를 제출하였고 검수 결과 이행을 완료한 것으로 하여 종료되었다.

감사원은 2014.12. 공공기관 R&D 투자관리 실태에 관한 특정감사를 실시한 결과 이 사건 계약에 문제가 있었음을 지적하였다.[3] 그 내용은 첫째, 이 사건 계약은 P교수의 요구에 의하여 A교수 명의의 용역 제안서가 허위로 제출되었다는 점에서 입찰방해에 해당된다는 점, 둘째, P교수는 입찰서류를 작성함에 있어 이 사건 계약에 실제로는 6명의 연구원이 참여할 예정임에도 14명이 참여하는 것으로 참여인력 수를 과다계상 하는 방식으로 "허위

2) 필자는 "대학산학협력단에 대한 입찰참가자격 제한 처분에 관한 공법적 고찰, 토지공법연구 제73집 제1호, 2016, 305쪽 이하"에서 대학 산학협력단의 특수성을 중심으로 입찰참가자격 처분과 관련하여 개괄적으로 다루었고 "공공기관 입찰참가자격제한 처분의 한계, 경희법학 제52권 제3호, 2017, 3쪽 이하"에서 이 판례를 평석하였다.
3) 감사원, 감사결과 처분요구서 － 공공기관 R&D 투자 관리실태 －, 2014. 12. 참조

용역제안서"를 제출하고 과다계상에 해당하는 인건비를 착복하였다는 것이었다. 감사원은 위와 같은 감사결과에 따라 H공기업이 K대학교 산학협력단에 대하여 입찰참가자격 제한 처분을 할 것을 요구하였다.[4]

H공기업은 감사원의 위와 같은 처분요구를 수용하여 K대학교 산학협력단을 대상으로 입찰참가자격 제한처분을 하였다. 처분기간은 2015.3.5.부터 2016.3.4.까지 1년, 처분근거는 「공공기관운영에 관한 법률」 제39조 제2항 및 제3항 등,[5] 처분사유는 "입찰 또는 계약에 관한 서류를 위조·변조·부정사용하거나 허위서류를 제출한 자"였다.

원고는 "입찰참가자격 제한처분을 취소하라"는 청구취지로 행정소송을 제기하였다. 청구이유는 "① 원고는 '계약의 공정성과 적정성을 해치고 계약을 통해 달성하려는 목적을 해할 수 있는 자라는 것이 확실한 상태'에 있는 자에 해당하지 않는다는 점에서 처분사유에 대한 사실오인이 있다는 점, ② 설령 원고에 대한 제재의 필요성이 인정된다고 하더라도, 이 사건 처분은 재량권을 일탈·남용하여 위법하다는 점"을 들고 있다.

피고는 "① 원고가 실제로는 단독입찰임에도 경쟁입찰의 외관을 작출하여 낙찰을 받았고 이를 이용하여 인건비를 과다하게 부당 수령한 것은 공정한 경쟁이나 계약의 적정한 이행을 해칠 것이 명백하다는 점, ② P교수는 원고가 지정한 용역책임자로서 이 사건에 관하여 원고를 대표하므로 제재의 필요성이 있다는 점"을 주장하였다.

II. 판결의 요지

1. 제1심 판결의 요지

제1심법원인 서울행정법원 제7행정부는 원고의 청구를 기각함으로써 H공기업이 K

---

4) 감사원 처분요구서는 다음과 같은 처분을 요구하고 있다. "H공기업 사장은 ① 연구용역 입찰을 방해하고, 참여연구원 인건비 산정업무 등을 부당 처리한 총괄연구책임자 C 등 2명을 H공기업 「인사관리규정」 제103조의 규정에 따라 징계처분하고(문책) ② 회사 내규 「계약규정 시행세칙」 제97조의 규정에 따라 K 대학교 산학협력단에 대하여 연구개발 사업 등의 입찰참여를 제한하고, P교수가 횡령한 연구개발비를 회수하는 방안을 마련하시기 바랍니다.(통보) 교육부장관은 학교법인 K학원 이사장으로 하여금 H공기업의 "APR1400 인간기계 연계 훈련 및 평가방법 개발" 과제의 입찰을 방해하고, 연구 과제를 수탁하면서 허위로 연구원을 등록하는 등의 방법으로 참여연구원의 인건비를 횡령한 P교수에 대하여 사립학교법 제54조의 규정에 따라 신분상 책임을 묻는 방안을 마련하시기 바랍니다.(통보)"

5) H공기업은 처분근거로 「공공기관 운영에 관한 법률」 제39조 제2항과 제3항의 위임에 따른 「공기업·준정부기관 계약사무규칙」 제15조와 이 규정의 준용에 따른 「국가를 당사자로 하는 계약에 관한 법률 시행령」 제76조 제1항 제8호, 「국가를 당사자로 하는 계약에 관한 법률 시행규칙」 제76조 제1항 및 [별표 2]의 제10호 가목을 제시하였다.

대학교 산학협력단에 대하여 행한 입찰참가자격 제한 처분이 위법하지 아니하다고 판단하였다.

그 이유는 다음과 같이 요약될 수 있다.[6]

첫째, 처분사유가 인정된다. ① 피고가 용역입찰공고를 하였고, ② P교수는 원고의 용역책임자로서 원고 명의의 용역제안서를 피고에게 제출하였고, ③ 원고 단독입찰로 유찰될 것이 우려되자 Y대학교 명의 용역제안서를 허위로 작성하여 피고에게 제출하였고, ④ 그 결과 원고가 낙찰을 받아 피고와의 사이에 이 사건 계약을 체결하였으며, ⑤ P교수는 이 사건 계약에 실제로는 6명의 연구원이 참여할 예정임에도 14명이 참여하는 것처럼 허위 용역제안서를 피고에게 제출한 사실을 인정할 수 있으므로, 원고는 입찰에 관한 서류를 부정행사하여 낙찰을 받은 자 및 허위서류를 제출한 자에 해당하여 이 사건 처분 사유가 인정된다.

둘째, 원고는 입찰참가자격 제한 처분의 상대방이 된다. ① 근거법령은 계약상대자의 대리인, 지배인 또는 그 밖의 사용인이 부정당 행위를 하는 경우 입찰참가자격을 제한하여야 한다고 규정하고 있고, ② P교수는 원고의 대리인 또는 그 밖의 사용인에 해당한다고 보아야 하며, ③ 원고는 이 사건 계약의 체결 및 이행과정에서 관리·감독의무가 있고, ④ 원고가 징수한 간접비는 원고의 이득금으로 보이는 점 등을 종합하면 P교수는 원고의 대리인 또는 사용인에 해당한다고 보아야 하므로 원고는 이 사건 처분의 상대방이 된다.

셋째, 원고는 공정한 경쟁이나 계약의 적정한 이행을 해칠 것이 명백한 법인에 해당한다. ① P교수는 이 사건 계약에 입찰하면서 다른 대학교 명의로 입찰을 가장하여 공정한 경쟁을 저해한 점, ② P교수는 이 사건 계약에 실제로는 6명의 연구원이 참여하였음에도 14명이 참여하는 내용의 허위 용역제안서를 피고에게 제출하여 인건비를 과다하게 부정수령하여 허위제출로 인한 의무위반 정도가 중한 점, ③ 산학협력단이라는 이유로 입찰참가자격 제한의 예외를 인정할 수 없는 점 등을 종합하면 위와 같은 결론에 이르게 된다.

넷째, 원고가 주장하는 사정을 모두 참작한다고 하더라도 이 사건 처분으로 달성하려는 공익목적이 원고가 그로 인하여 입게 될 불이익보다 결코 가볍다고 할 수 없으므로 이 사건 처분은 재량권을 일탈·남용한 처분이라 볼 수 없다.

2. 제2심 판결의 요지

제2심법원인 서울고등법원 제6행정부는 원고의 청구를 인용함으로써 H공기업이 K대학교 산학협력단에 대하여 행한 입찰참가자격 제한 처분이 위법하다고 판단하였다.

---

6) 서울행정법원 제7부 2015.12.3. 선고 2015구합55615판결

그 이유는 다음과 같이 요약될 수 있다.[7].

첫째, 처분사유의 존재여부에 관한 쟁점은 제1심 판결을 그대로 인용한다.

둘째, 피고의 이 사건 처분은 재량권의 범위를 일탈하였거나 재량권을 남용하였다고 판단된다. 그 이유는 P교수의 입찰방해 행위의 동기와 구체적 경위, 원고의 관리책임 정도, 처분을 통하여 달성하고자 하는 공익, 처분이 원고에게 미치는 영향과 파급효과 등을 종합하여 볼 때, 이 사건의 경우 행정청 내부의 사무처리 준칙을 정한 국가를 당사자로 하는 계약에 관한 시행규칙 제76조를 적용한 결과가 처분사유인 위반행위의 내용 및 관계 법령의 취지에 비추어 현저히 부당하다고 인정할 만한 합리적인 이유가 있기 때문이다.

3. 대법원 판결의 요지

대법원은 피고의 상고를 기각하였다.

그 이유는 "상고인의 상고이유에 관한 주장은 「상고심 절차에 관한 특례법」 제4조 제1항 각호에 정한 사유를 포함하지 아니하거나 이유 없다고 인정 된다"는 것이었다.[8] 이로써 제2심 판결 즉 H공기업이 K대학교 산학협력단에 대하여 행한 입찰참가자격 제한 처분이 위법하다는 판단은 확정판결이 되었다.

III. 판결의 평석

1. 쟁 점

대법원 판결은 "심리의 불속행" 사유에 해당함을 이유로 상고를 기각하였으므로 법적 쟁점은 서로 모순되는 제1심과 제2심의 판결의 분석을 통하여 도출되어야 한다. 이들 판결은 입찰참가자격 제한처분의 법적 성질과 그 한계를 극명하게 드러내는 사례에 해당한다고 할 수 있다. 입찰참가자격 제한처분은 행정청인 국가 등이 구체적 사실에 관한 법집행으로서 공권력을 행사하여 국민의 입찰에 참가할 수 있는 기본적 인권을 제한하는 행정작용이라는 점에서 행정행위로 분류된다.[9] 판례도 일관되게 행정처분성을 인정하고 있어서

---

7) 서울고등법원 제6행정부 2017.2.15. 선고 2015누69272판결

8) 대법원 2017두39365판결

9) 강운산, 공공입찰참가자격제한제도의 문제점 및 개선방안, 건설이슈포커스, 2015, 12쪽 이하; 이동수, 국가계약법상 부정당업자에 대한 제재, 사회과학논총 제3권, 2004, 18쪽 이하; 이영동, 「공공계약을 둘러싼 몇 가지 문제 - 공공계약의 공법적 특성을 중심으로」, 사법논집 2007, 94쪽 이하; 박정훈, 「부정당업자 입

입찰참가자격 제한처분의 취소를 구하는 소송은 행정소송의 형식을 취하여야 한다.[10] 국가와 지방자치단체가 당사자인 경우에는 그 근거법률인 「국가당사자로 하는 계약에 관한 법률」(이하 「국가계약법」) 및 「지방자치단체를 당사자로 하는 계약에 관한 법률(이하 「지방계약법」)이 "하여야 한다"라고 규정하여 기속행위의 입법 방식을 취하고 있다. 그 반면에 공공기관이 당사자인 경우에는 그 근거 법률인 「공공기관의 운영에 관한 법률」(이하 「공공기관법」)이 "할 수 있다"고 규정하여 재량행위의 입법 방식을 취하고 있다. 문제가 되는 것은 「공공기관법」이 재량행위의 입법방식을 취하고 있음에도 불구하고 기속행위로 규정된 「국가계약법」의 시행령 및 시행규칙을 준용함으로써 개별·구체적인 위반행위가 있을 때 재량행위가 아닌 기속행위로 법 적용을 하게 한다는 점이다.[11] 법률이 국민에 대한 제재처분을 재량행위로 규정한 것을 시행령이 기속행위로 규정하였다면 위임입법의 한계를 벗어난 것이어서 헌법에 위배된다.[12] 준용규정의 위헌성을 피하려면 준용된 「국가계약법」 시행령 및 시행규칙에 열거된 처분기준 만을 활용하고, 처분 그 자체는 재량행위로 해석하여야 한다. 제1심 법원과 제2심 법원은 이 사건 처분을 동일하게 재량행위로 판단하고 있다.

위와 같은 점을 전제로 할 때, 이 판결의 쟁점은 이 사건 처분과 관련한 재량권 일탈·

찰참가자격 제한의 법적 제문제」, 서울대학교 법학 제46권 제1호, 2005, 298쪽 이하; 허현, 「부정당업자 입찰참가자격 제한에 관한 법적 문제」, 법제, 2014, 4쪽 이하 등 참조

10) 박정훈, 전게논문(서울대학교 법학), 298쪽 이하는 국가등에 의한 부정당업자 입찰참가자격 제한조치에 대하여는 "일찍부터 처분성이 인정되어 왔다"고 서술하고 대법원 1979.6.26. 선고 79누34판결을 인용하고 있다. 그 밖에도 대법원 1985.7.23. 선고 85누136판결, 대법원 1999.3.9. 선고 98누18565판결; 대법원 2008.2.28. 선고 2007두13791 등 참조

11) 대법원 2013.09.12. 선고 2011두10584 판결[부정당업자제재처분취소] 은 "「공공기관법」 제39조 제2항, 제3항 및 그 위임에 따라 기획재정부령으로 제정된 「계약사무규칙」 제15조 제1항의 내용을 대비해 보면, 입찰참가자격 제한의 요건을 「공공기관법」에서는 '공정한 경쟁이나 계약의 적정한 이행을 해칠 것이 명백할 것'을 규정하고 있는 반면, 이 사건 규칙 조항에서는 '경쟁의 공정한 집행이나 계약의 적정한 이행을 해칠 우려가 있거나 입찰에 참가시키는 것이 부적합하다고 인정되는 자'라고 규정함으로써, 이 사건 규칙 조항이 법률에 규정된 것보다 한층 완화된 처분요건을 규정하여 그 처분대상을 확대하고 있다. 그러나 「공공기관법」 제39조 제3항에서 부령에 위임한 것은 '입찰참가자격의 제한기준 등에 관하여 필요한 사항'일 뿐이고, 이는 그 규정의 문언상 입찰참가자격을 제한하면서 그 기간의 정도와 가중·감경 등에 관한 사항을 의미하는 것이지 처분의 요건까지를 위임한 것이라고 볼 수는 없다. 따라서 이 사건 규칙 조항에서 위와 같이 처분의 요건을 완화하여 정한 것은 상위법령의 위임 없이 규정한 것이므로 이는 행정기관 내부의 사무처리준칙을 정한 것에 지나지 않는다"고 판단함으로써 위와 같은 문제점을 분명히 지적하고 있다.

12) 헌법재판소는 2007.11.29. 2004헌가 290; 2011.9.29. 2010헌가93 등 그 결정에서 "위임입법은 상위법령이 위임한 범위를 넘어서서는 아니 된다. 특히 제재적 처분에 있어 상위 법령보다 하위 법령이 더 강한 제재를 가할 수 있도록 규정하였다면 헌법에 위반 된다"는 점을 명확히 하고 있다. 법률이 재량행위로 규정한 것을 시행령이 기속행위로 규정하였다면 법률이 "제재할 수도 있고 안할 수도 있다"고 규정한 것을 시행령이 "반드시 하여야 한다"고 규정한 것이어서 위임입법의 한계를 벗어난 위헌적인 입법이라고 판단하여야 한다. 같은 의견, 박균성, 행정법강의, 136쪽 이하; 정형근, 행정법, 100쪽 이하; 허영, 한국헌법론, 297쪽 이하 등 참조

남용 여부의 판단기준을 어떻게 포섭할 것인가, 처분 기준의 법적 성질은 무엇인가, 처분사유로 인정된 사실관계의 판단과 재량권의 일탈·남용 여부의 판단 기준인 과잉금지원칙의 위배 여부에 대한 오류가 없는가, 등으로 요약할 수 있다. 아래에서 제1심 법원과 제2심 법원의 판결을 구체적으로 비교·평가함으로써 입찰참가자격 제한처분의 한계를 구체화 하고자 한다.

2. 재량권의 일탈·남용여부의 판단기준

(1) 제1심 법원 판결의 분석

제1심 법원은 이 사건이 재량권을 일탈·남용하였는가의 여부를 판단함에 있어 대법원 2007.09.20. 선고 2007두6946 판결을 인용하고 있다. 이 판결은 약사의 의약품 개봉판매행위에 대하여 약사법령에 근거하여 업무정지에 갈음하는 과징금 부과처분을 한 것이 재량권의 일탈·남용에 해당한다고 보기 어렵다고 한 사례이기 때문에 당해 사건과 거리가 멀다. 이 판결에서 전제하고 있는 것은 행정청이 처분기준에 따라 처분한 경우 "처분기준이 그 자체로 헌법 또는 법률에 합치되지 아니하거나 위 처분기준에 따른 제재적 행정처분이 그 처분사유가 된 위반행위의 내용 및 관계 법령의 규정 내용과 취지에 비추어 현저히 부당하다고 인정할 만한 합리적인 이유가 없는 한 섣불리 그 처분이 재량권의 범위를 일탈하였거나 재량권을 남용한 것이라고 판단해서는 안 된다"는 것이었다. 제1심 법원은 처분기준인 부령에 따라 기계적으로 처분을 하였다 하더라도 재량권 위반이 아니라는 점을 강조하기 위하여 이 판결을 인용한 것으로 보인다.

(2) 제2심 법원 판결의 분석

제2심 법원은 대법원 2014.11.27. 선고 2013두18964 판결을 인용하고 있다. 이 판결은 공기업·준정부기관이 행하는 입찰참가자격 제한처분이 적법한지 판단하는 방법 및 입찰참가자격 제한처분에 관한 공기업·준정부기관 내부의 재량준칙에 반하는 행정처분이 위법하게 되는 경우를 직접 다룬 것이어서 당해 사건에 중요한 판단기준으로 작용할 수 있다.[13] 제2심 판결은 먼저 「공공기관법」 제39조 제2항 및 제3항에 따라 입찰참가자격 제한기준을 정하고 있는 각종 처분기준이 비록 부령의 형식으로 되어 있으나 그 규정의 성질과 내용이 공기업 등이 행하는 입찰참가자격 제한 처분에 관한 행정청 내부의 재량준칙을

---

13) 이 판결은 한국전력공사가, 갑 주식회사가 광섬유복합가공지선 구매입찰에서 담합행위를 하였다는 이유로 6개월의 입찰참가자격 제한처분(1차 처분)을 한 다음, 1차 처분이 있기 전에 전력선 구매입찰에서 담합행위를 하였다는 이유로 갑 회사에 다시 6개월의 입찰참가자격 제한처분(2차 처분)을 한 사안에서, 위 2차 처분은 재량권을 일탈·남용하여 위법하다고 한 사례이다.

정한 것에 지나지 아니하여 대외적으로 국민이나 법원을 기속하는 효력이 없다고 전제하고 있다. 따라서 입찰참가자격 제한 처분이 적법한지 여부는 이러한 규칙에서 정한 기준에 적합한지 여부 만에 따라 판단할 것이 아니라 「공공기관법」상 입찰참가자격 제한 처분에 관한 규정과 그 취지에 적합한지 여부에 따라 판단하여야 한다"는 것이었다.

(3) 판례의 평석

제1심과 제2심의 판결을 종합하면 공공기관의 입찰참가자격 제한 처분의 한계는 명확해 진다. 공공기관은 시행규칙에서 설정된 요건을 충족하였다고 하더라도 이를 이유로 곧바로 입찰참가자격 제한처분을 할 수 없다. 입찰참가자격 제한 처분은 기속행위가 아니라 재량행위이므로 합리적 재량판단을 하여야 한다. 종래 대법원이 일관되게 강조하고 있는 것은 입찰참가자격 제한과 같은 침익적 행정처분의 근거가 되는 행정법규는 엄격하게 해석·적용되어야 한다는 것이었다.[14] 특히 공공기관이 행하는 입찰참가자격 제한 처분은 「공공기관법」 제39조가 규정한 "공정한 경쟁 또는 계약의 적정한 이행을 해칠 것이 명백한" 경우에 한정되어야 하며, 명백성의 해석은 매우 엄격히 함을 강조하고 있다.[15] 이와 같은 점에서 제1심 법원이 판단한 바와 같이 처분기준인 부령에 따라 기계적으로 처분을 하였다 하더라도 재량권 위반이 아니라는 점이 강조되어서는 아니된다 할 것이다. 제2심 법원은 재량권 일탈·남용의 판단기준을 정리하고 있다.[16] 제2심 법원이 정리한 바와 같이 제재적 행정처분이 재량권의 범위를 일탈하였거나 남용하였는지 여부는 처분사유로 된 위반행위의 내용과 그 위반의 정도, 당해 처분에 의하여 달성하려는 공익상의 필요와 개인이 입게 될 불이익 및 이에 따르는 제반 사정 등을 객관적으로 심리하여 공익침해의 정도와 그 처분으로 인하여 개인이 입게 될 불이익을 비교·교량하여 판단하여야 할 것이다.

---

14) 대법원 2014.11.27. 선고 2013두18964 판결; 대법원 2013.09.12. 선고 2011두10584 판결 등 참조. 대표적으로 대법원 2008.02.28. 선고 2007두13791 판결[부정당업자제재처분취소]은 국가를 당사자로 하는 계약에 관한 법률 시행령 제76조 제1항 제7호에 규정된 '특정인의 낙찰을 위하여 담합한 자'의 의미 및 이에 경쟁입찰의 성립 자체를 방해하기 위하여 경쟁입찰에 참가하지 않은 자가 해당하는지 여부를 매우 엄격하게 판단하고 있다.

15) 대법원은 대법원 2013.09.12. 선고 2011두10584 판결[부정당업자재제처분취소]에서 "공공기관법의 목적, 입찰참가제한 규정의 내용과 취지 등에 비추어 살펴보면, 이 사건 행위로 인하여 이 사건 계약의 적정한 이행을 해칠 것이 '명백'하다고 하기는 어렵다 할 것이다"고 판단하고 있다.

16) 제2심 법원은 대법원 2000.4.7. 선고 98두11779 판결, 대법원 2006.4.14. 선고 2004두3854판결 등을 인용하고 있다. 대법원 2012.12.13. 선고 2011두29205 판결에서 "재량행위에 대한 사법심사는 행정청의 재량에 의한 공익판단의 여지를 감안하여 원칙적으로 재량권의 일탈이나 남용이 있는지 여부만을 대상으로 하고, 재량권의 일탈·남용 여부에 대한 심사는 사실오인, 비례·평등의 원칙 위반 등을 그 판단 대상으로 한다"고 선언하고 있다. 박균성, 행정법강의, 215쪽 이하; 정하중, 행정법개론, 184쪽 이하; 정형근, 행정법, 141쪽 이하; 홍정선, 행정법특강, 207쪽 이하 등 참조

3. 처분 기준의 법적 성질

(1) 제1심 법원 판결의 분석

제1심 법원은 "이 사건 처분은 법령이 정한 처분기준에 부합하고 위 처분기준이 그 자체로 헌법 또는 법률에 합치되지 않는다고 볼 수 없음"을 들어 재량권 행사가 위법하지 아니하다고 판단한다.

(2) 제2심 법원 판결의 분석

제2심 법원은"「공공기관의 운영에 관한 법률」제39조 제2항, 제3항에 따라 입찰참가 자격 제한 기준을 정하고 있는 「공기업·준정부기관 계약사무규칙」제15조 제2항, 「국가를 당사로 하는 계약에 관한 법률 시행규칙」제76조 제1항〔별표2〕, 제3항 등은 비록 부령의 형식으로 되어 있으나 그 규정의 성질과 내용이공기업·준정부기관이 행하는 입찰참가자 격 제한처분에 관한 행정청 내부의 재량준칙을 정한 것에 지나지 아니하여 대외적으로 국 민이나 법원을 기속하는 효력이 없다"고 전제하고 있다.

(3) 판례의 평석

처분기준의 법적 성질에 관한 제1심 법원과 제2심 법원의 판단은 공공기관의 입찰참 가자격 제한처분과 같은 제재적 행정처분에 관한 위임입법의 한계를 명확히 하는 중요한 지표가 된다.

이 사건 처분의 주체인 피고는 공공기관인 H공기업이다. 피고의 처분의 근거가 되는 법률인 「공공기관법」의 경우 입찰참가자격 제한이 재량행위로 규정되어 있다. 그 반면에 「국가계약법」에는 기속행위로 규정되어 있다. 재량행위로 규정된 법률의 위임을 받은 시 행규칙이 기속행위로 규정된 법률 시행령 및 시행규칙을 준용하도록 규정하고 있어서 재 량권의 행사를 사실상 봉쇄하고 있다. 이와 같은 준용방식은 그 자체로 위법하다고 할 수 있다. 제2심 법원이 직접적으로 위와 같은 준용방식의 위법성을 선언하지 아니한 채 그 법 적 성질을 법규성이 인정되지 아니하는 재량준칙으로만 판단한 것은 비록 아쉽지만 위와 같은 점을 고려한 것으로 생각된다. 제1심 법원이 "제한하여야 한다"고 기속행위로 규정하 고 있는 국가계약법 및 동법 시행령의 규정을 근거로 삼았고, 처분에 재량권의 일탈·남용 이 없다고 쓰고는 있지만 재량권 행사의 여부, 재량권의 일탈 또는 남용에 대한 실질적인 판단을 하지 아니한 점, 특히 제한하지 아니할 수 있는 사유에 해당하는가의 여부 즉 원고 가 "그 행위를 방지하기 위하여 상당한 주의와 감독을 게을리 하지 아니한 경우"에 해당하 는가의 여부에 대한 명백한 판단을 하지 아니한 점, 계약사무규칙 제15조에 규정된 예외사유에 대한 판단을 하고 있지 아니한 점,[17] 등을 종합하면 처분의 근거에 해당하는 시행규칙 규정의 법적 성격을 판단함에 있어 혼선을 빚은 것이어서 문제점이라 지적할 수 있다고 생각한다. 기속행위와 재량행위는 그 판단방법에 본질적인 차이가 있다. 제재적 처분이 기속행위로 분류되는 경우 법령에 규정된 요건의 충족여부만을 판단의 근거로 하는 반면에 재량행위로 분류되는 경우 재량권의 일탈 또는 남용여부를 판단의 근거로 하여야 한다. 제1심 법원이 요건의 충족 여부에 중점을 두고 재량권 일탈·남용에 대한 판단을 소홀히 한 것을 제2심 법원이 지적하고 이를 파기한 것은 적절한 판단이었다고 생각한다.[18]

4. 처분사유로 인정된 사실관계

처분사유로 인정된 사실관계에 관하여 제1심 법원은 입찰참가자격 제한 처분의 요건 충족 여부의 차원에서 나누어서 판단한 반면, 제2심 법원은 제1심 법원이 판단한 사실관계를 일단 그대로 인용한 후 "참작할 만한 사정이 존재함에도 불구하고 이를 참작하지 아니하였는가"를 재량권의 일탈·남용 여부의 판단 기준으로 삼고 있다. 따라서 이 부분에서는 제1심판결과 제2심 판결을 구분하지 아니하고 판례를 평석하고자 한다.

(1) 들러리 용역제안서의 제출

1) 판결의 분석
제1심 법원이 변론 전체의 취지를 종합하여 인정한 사실관계는 다음과 같다.
① H공기업(피고)은 2011.9.28. "용역명 APR 1400 인간기계연계훈련 및 평가방법개발"에 대하여 입찰기간 2011.10.6.까지로 입찰공고를 하였다.

---

17) 대법원 2010.07.15. 선고 2010두7031 판결은 이 점을 명확히 하고 있다. 이 판결은 "실권리자명의 등기의무를 위반한 명의신탁자에 대하여 부과하는 과징금의 감경에 관한 '부동산 실권리자명의 등기에 관한 법률 시행령' 제3조의2 단서는 임의적 감경규정임이 명백하므로, 그 감경사유가 존재하더라도 과징금 부과관청이 감경사유까지 고려하고도 과징금을 감경하지 않은 채 과징금 전액을 부과하는 처분을 한 경우에는 이를 위법하다고 단정할 수는 없으나, 위 감경사유가 있음에도 이를 전혀 고려하지 않았거나 감경사유에 해당하지 않는다고 오인한 나머지 과징금을 감경하지 않았다면 그 과징금 부과처분은 재량권을 일탈·남용한 위법한 처분이라고 할 수밖에 없다"고 판단하고 있다. 이 판례와 같은 취지 즉 "처분을 하지 아니할 사유가 있는 경우 이 사유를 전혀 고려하지 않았다면 그 처분은 위법하다"고 판단하여야 한다.
18) 대법원 2007.9.20. 선고 2007두6946 판결 등 재량행위에 대한 대법원의 판결은 "제재적 행정처분이 사회통념상 재량권의 범위를 일탈하였거나 남용하였는지 여부는 처분사유인 위반행위의 내용과 당해 처분행위에 의하여 달성하려는 공익목적 및 이에 따르는 제반 사정 등을 객관적으로 심리하여 공익 침해의 정도와 그 처분으로 인하여 개인이 입게 될 불이익을 비교·형량하여 판단하여야 한다."는 점을 강조하고 있다. 대법원 2002. 2. 5. 선고 2001두7138 판결; 대법원 2007. 6. 28. 선고 2005두9910 판결; 대법원 2007. 7. 19. 선고 2006두19297 전원합의체 판결 등 참조; 기속행위와 재량행위의 구분 및 그 판단 기준 등에 관하여는, 오준근, 재량행위의 판단기준과 재량행위의 투명화를 위한 법제정비방안, 법제, 2005년 6월호, 9쪽 이하 참조.

② K대학교 P교수는 원고의 용역책임자로서 2011.10.5.경 K대학교 산학협력단(원고) 명의의 용역제안서를 피고에게 제출하였고 원고 단독입찰로 유찰될 것이 우려되자 2011.10.6.경 KY대학교 명의 용역제안서를 허위로 작성하여 피고에게 제출하였다.

③ 원고가 2011.10.10.경 낙찰을 받아 2011.10.24. 피고와의 사이에 이 사건 계약을 체결하였다.

④ P교수는 이 사건 계약에 실제로는 6명의 연구원이 참여할 예정임에도 14명이 참여하는 것처럼 허위용역제안서를 제출하였다.

제1심 법원은 이상의 네 가지 점을 종합할 때 원고는 입찰에 관한 서류를 부정행사하여 낙찰을 받은 자 및 허위서류를 제출한 자에 해당하여 이 사건 처분사유가 인정된다고 판단하였다.

제1심 법원이 인정한 제②항목의 경우 K대학교 P교수 이외에 입찰자가 없어 유찰되는 등 절차가 지연될 우려가 있어 피고가 직접 "들러리"를 요구하였다는 점을 사실관계의 판단에서 포함시키지 아니하고 있다. 제2심 법원의 경우 사실관계 부분에서는 판단하지 아니하고 재량권 행사에 있어 참작하여야 할 사유임에도 불구하고 참작하지 아니하여 재량권을 일탈·남용하였다고 판단하였다.

2) 판례의 평석

제①항목에 제시된 용역사업은 전형적인 산학연 협력 사업에 해당한다. 이 사업은 공공기관인 H공기업이 산업발전에 필요한 새로운 지식·기술을 개발·보급·확산·사업화함으로써 국가의 발전에 이바지함을 목적으로 공고하고 대학은 교육과 연구의 연계를 기반으로 산업사회의 요구에 따르는 창의적인 산업인력을 양성하며, 효율적인 연구개발체제를 구축함을 목적으로 입찰에 참여하여 연구를 수행하는 구조로 설계된 것이다. 산학연 협력 사업이 유찰되어 연구가 수행되지 못하는 것은 H공기업에게 손실이 될 것이 명백한 상황이었다.[19] H공기업 원자력발전기술원의 팀장으로서 과제의 기획 등의 책임자였던 C가 P교수에게 들러리를 요청하였고 이에 응하여 들러리를 세우고 필요한 서류를 제출한 사실이 확정판결을 통하여 입증되었다면[20] 근거법률인 「공공기관법」 제39조 제2항에서 규정한 "공정한 경쟁이나 계약의 적정한 이행을 해칠 것이 명백하다"는 판단에 부정적인 영향

---

19) 제2심 판결은 이 점을 명확히 적시하고 있다. "이 사건 용역의 총괄 연구책임자 C는 감사원의 특정감사와 관련 형사사건의 공판과정에서 P교수 이외에는 해당 분야에 전문가가 없어 입찰을 실시할 경우 원고만 입찰에 참여할 것으로 예상되었고, 그렇게 될 경우 최초 입찰이 유찰되어 재공고 절차를 거쳐야 하는 등 위 용역의 착수 및 결과물 산출이 늦어질 것이 우려되어 입찰공고 전 P교수에게 입찰절차가 지연되지 않도록 이 사건 입찰에 다른 업체가 참여하게 해 달라고 요청하였다고 진술하고 있다".

20) 대전지방법원 2015고단3179 판결은 H공기업 원자력발전기술원의 팀장으로서 과제의 기획등의 책임자였던 C가 P교수와 공모하여 위계로써 입찰의 공정을 해하였다고 판단하여 벌금 700만원을 선고하였다.

을 미칠 수밖에 없다.[21] 이 점을 간과한 제1심 판결은 사실인정 단계에서 오류가 있었다고 생각된다. 이와 같은 점에서 제2심 법원이 "참작할 만한 사정이 존재한다"는 이유로 재량권의 일탈·남용여부를 판단한 것은 그 타당성이 인정된다고 할 것이다.

　제2심 법원이 결론으로 제시한 "참작할 만한 사정이 존재한다"는 의미는 공공기관이 입찰참가자격 제한처분을 하고자 사실관계를 확정함에 있어 매우 중요한 한계를 설정한 것이라 생각한다. 위에서 언급한 바와 같이 공공기관은 시행규칙 등에 규정된 요건을 충족한 경우에도 입찰참가자격 제한 처분을 하고자 할 경우 공정한 경쟁이나 계약의 적정한 이행을 해칠 것이 명백한지 여부를 반드시 판단하여야 한다. 이 경우 명백성 여부를 결정하는 중요한 요소가 "참작할 만한 사정의 존재여부"라 할 것이다. "참작할 만한 사정이 존재"한다는 것은 "명백성"을 부인할 사정이 존재한다는 뜻으로 보아야 한다. 이 점에서 H공기업이 K대학교 산학협력단에게 행한 이 사건 처분은 처분 기준을 충족하지 못한 위법한 처분이라 결론 맺는 것이 보다 바람직할 것이라 생각된다.

(2) 참여인력수의 과다 계상

1) 판결의 분석

　제1심 법원은 위의 제④항목의 경우 P교수가 입찰서류를 작성함에 있어 참여인력의 수를 과다계상 하였음을 이유로 "허위용역제안서"를 제출하였다고 판단하고 있다. 그 반면에 제2심 판결은 이를 입찰참가자격 제한사유가 아니라 개인의 비리에 대한 제재사유로 판단하고 있다.

2) 판례의 평석

　처분의 법적 근거로 인용된 「별표2」 제10호 '가'목, 즉 "입찰에 관한 서류를 위조·변조·부정행사하거나 허위서류를 제출하여 낙찰을 받은 자"에 해당하려면 직접적인 "입찰방해" 행위, 즉 "낙찰을 받을 목적으로 낙찰 전에 허위사실을 기록한 서류를 제출한 행위"가 있어야 한다. 제④항목에 제시된 참여인력의 수 및 그 명단이 원고가 제출한 용역제안서에 포함되어 있기는 하지만, 이는 사후에 변경이 가능한 것이어서 용역제안서에 기록된 연구원의 수와 실제 용역에 참가한 연구원의 수의 불일치는 "허위사실"로 분류될 수 없고, 따라서 낙찰여부의 결정을 방해하는 "입찰방해"의 요건과 직접적 관련이 있는 사실에 해당한다고 할 수 없다. 그 이유는 피고의 용역설계서가 낙찰을 받은 후 1주일 이내에 용역을 수행하기 위하여 제출하여야 하는 "착수계"에 실제로 투입할 인력의 명단 및 참여율을 기

---

21) 제2심 판결은 "원고가 이 사건 입찰에 단독으로 참여하여 최초 입찰이 유찰되더라도 수의계약을 체결할 수 있기 때문에 P교수 스스로 반드시 이 사건 위반행위를 시도하여야만 하는 상황은 아니었다"고 판단하고 있다.

록하도록 하고 있고, 14명의 참여인력을 착수계에 제출하였는데 실제로 6명만 연구에 투입하였다면 "참여연구원 및 참여율 변경신청서"를 작성하여 피고의 허가를 받아야 함을 규정하고 있기 때문이다. 연구책임자인 P교수가 연구제안서에 14명의 참여인력을 제출한 것을 그 자체만으로 "허위서류"로 분류하여서는 아니 된다. 실질적으로는 6명만 활용함으로써 8명분의 인건비를 횡령한 비리를 저지른 것은 개인적 범죄에 해당할 뿐이어서, 처분사유로 제시된 입찰참가자격 제한의 요건인 "허위서류를 제출하여 낙찰을 받은 자"의 구성요건과의 직접적 관련성이 부인되어야 한다.[22] 이 처분의 근거가 된 감사원의 감사결과 처분요구서는 이 점을 분명히 하고 있다. 동 처분요구서는 처분 요구 항목을 입찰방해와 참여연구원 인건비 횡령의 두 종류로 구분하고 있다. 입찰방해의 사유로 위의 사례 제②점이 제시되어 있고, 연구비 횡령과 관련하여 제④점이 제시되어 있다.[23] 연구책임자인 P교수가 연구비를 횡령하는 범죄를 저질렀다는 처분사유와 직접 관련이 없는 다른 사실관계를 "허위서류를 제출하여 낙찰을 받은 자"의 요건에 포함시키고 중대한 법위반의 사실관계로 삼은 제1심 판결은 사실인정 단계에서 오류가 있었다고 생각된다. 그 반면에 제2심 판결이 이를 입찰참가자격 제한사유가 아니라 개인의 비리에 대한 제재사유로 판단하고 있는 것은 법규정의 부정확한 적용을 바로잡은 것이라 할 수 있다. 즉 "불량한 수법으로 연구비를 횡령한 P교수에 대해서는 개인에 대한 형사적·행정적 제재를 통하여 이 사건과는 별도로 추가로 공익 실현을 위한 조치를 취하는 것이 가능하다. K대학교는 이 사건 처분사유와 관련하여 P교수에게 가장 중한 징계인 파면 처분을 하였고, 원고는 피고에게 P교수가 횡령한 금원을 모두 반환하였다"는 점을 적시함으로써 원심판결의 요건 사실 인정을 부인하고 있다. 이와 같은 점에서 제2심 판결의 타당성이 인정된다.

이 점은 입찰참가자격 제한 처분의 요건에 관한 법해석과 관련한 매우 중요한 한계를 설정하는 것이라 생각한다. 법령이 처분 기준으로 설정한 각종 요건은 매우 엄격히 해석하여야 하며, 요건에 해당하지 아니한 사실을 원용하여 처분의 근거로 삼아서는 아니 된다.

---

22) 이 사건 입찰을 위하여 응찰자는 "용역제안서"를 작성·제출하여야 한다. 이 사건 입찰공고에 첨부되었던 용역설계서는 I. 용역개요 II. 용역지시서 III. 용역수행기준 IV. 용역일반지침 V. 부록 등으로 구성되어 있다. 용역제안서에는 설계서의 용역목표 달성을 위한 용역수행 방법, 절차, 세부추진계획 등이 반영되어야 한다. 제안서에는 유사연구 분야에 대한 용역책임자 및 용역책임자의 이력서와 경력 및 논문발표현황, 저서 등 평가받을 수 있는 객관적 자료가 첨부되어야 한다. III. 용역수행기준 중 특별기준으로 수행인력의 자격기준 및 업무별 소요인력이 제시되어 있다. 입찰을 받기 위하여 제출하는 용역제안서에는 참여자의 수 및 인력의 명단이 기록되어 있다. 제안서에 기록된 참여인력의 수 및 명단은 실제로 연구를 수행함에 있어 변경이 가능한 사항이다. 이러한 점 때문에 용역설계서는 낙찰 후 1주일 이내에 참여자의 수 및 명단을 "착수계"로 제출하도록 하고, 이 사항에 변경이 있을 경우 "참여연구원 및 참여율 변경신청서"를 제출하도록 하고 있다. 감사원이 용역제안서에 적혀있는 수 보다 적은 수의 참여연구원을 운용한 것을 입찰부정으로 분류하지 않고 연구비횡령으로 분류한 것은 위와 같은 사정 때문이다.

23) 감사원, 감사결과 처분요구서 - 공공기관 R&D 투자관리실태 -", 2014.12, 2쪽 이하 참조

5. 대학의 산학협력단의 특수성과 과잉금지의 원칙

(1) 대학의 산학협력단의 특수성

1) 제1심 법원 판결의 분석

제1심 법원은 "① 원고의 입찰서류에는 P교수가 용역책임자로 지정되어 있고 P교수는 원고의 위임을 받아 이 사건에 입찰하고 이를 이행한 것으로 보여 위 규정상 '대리인 또는 그 밖의 사용인'에 해당한다고 보아야 한다는 점, ③원고는 「산학연협력법」에 의하여 설립된 법인으로 대학 내 산학연협력 총괄 기획·조정 등을 업무로 하고 있고 P교수가 원고의 용역책임자로서 체결한 이 사건 계약의 체결 및 이행과정에서 관리·감독 의무가 있는 점, ④ 이 사건 계약의 용역대금 중 30% 정도는 간접비 명목으로 원고의 이득금으로 보이는 점 등을 종합하면 P교수는 원고의 대리인 또는 사용인에 해당한다고 보아야 하고, 원고는 이사건 계약의 당사자로서 P교수의 입찰방해 및 허위서류 제출행위로 인한 입찰참가자격 제한 처분의 상대방이 된다 할 것이다"라고 판단하고 있다.

2) 제2심 법원 판결의 분석

제2심 법원은 원고가 대학의 산학협력에 관한 업무를 총괄적으로 관리하는 기관으로서 연구 윤리를 확립하고 구성원들의 부정행위를 예방할 책임이 있으며 이 사건 위반행위에 대하여 엄중한 책임을 져야 하는 것은 당연하다는 것을 일단 전제한다. 다만, 이 사건의 경우와 같이 그 구성원이 상대방의 요청에 의하여 들러리 입찰을 하는 경우 까지 예상하여 이를 방지하기는 어려운 측면이 있다는 점을 인정하고 있다. 더 나아가 원고가 이 사건 위반행위가 발생한 이후 연구 관련 윤리규정 및 처벌규정을 정비하고 부정행위 방지를 위한 연구자 교육을 실시하며, 비위행위 고발제도 운영 등 자체감사와 내부통제를 강화하여 유사행위 재발을 방지하기 위한 많은 노력을 기울이고 있다는 점을 지적함으로써 그 특수성을 인정한 후, "참작할 만한 사정이 있다"는 점과 "과중하다고 볼 소지가 있다"는 점을 들어 재량권을 일탈·남용하였다고 판단하고 있다.

3) 판례의 평석

원고와 피고가 체결한 계약은 산학연협력계약이다. 이 계약은 단순한 사법상의 계약이 아니라 공공계약 내지는 행정계약으로서의 법적 성질을 가지고 있다고 보아야 한다.[24] 산학연협력계약에 있어 연구책임자는 일반적인 영리기업의 용역사업에 있어 용역책임자와

---

[24] 이하 산학협력단의 법적 지위 및 산학연 협력계약의 법적 성질에 관한 부분은 오준근, 전게논문 (대학산학협력단에 대한 입찰참가자격 제한 처분에 관한 공법적 고찰) 305쪽 이하에서 인용 ; 같은 의견, 박정훈, 전게논문 (「행정조달계약의 법적 성격」), 567쪽 이하; 이동수, 전게논문 (국가계약법상 부정당업자에 대한 제재), 18쪽 이하; 이영동, 전게논문, 94쪽 이하 등 참조

전혀 다른 법적 지위를 갖는다. 일반적인 영리기업의 용역책임자는 해당 기업의 사용인에 해당하며, 해당기업의 관리·감독을 받고, 용역사업으로 인한 이득은 해당 기업의 이득으로 돌아간다. 그 반면에 산학연협력사업의 연구책임자인 P교수는 대학의 교수로서 연구의 자유 및 교수의 자유가 보장된 독립된 연구 및 교수 활동의 주체이다. P교수에게는 헌법상 학문의 자유(제22조 제1항), 특히 학문연구 및 학술활동의 자유가 보장되어야 하는데 그 내용에는 교수 스스로 그 연구 분야 및 연구 과제를 선택할 수 있는 연구 선택의 자유와 연구결과 발표의 자유가 포함된다. 교수에게는 특히 교수의 자유가 보장되어야 하는데 그 내용에는 연구과정 및 연구에 의하여 얻어진 결과를 대학에서 수강자에게 전달할 자유가 포함된다.[25] 연구책임자인 P교수는 독자적 판단에 의하여 연구 과제를 선택하였고, 대학·원생들과 더불어 교육과 연구를 수행하였으며, 그 결과를 발표하였다. 대학의 산학협력단은 연구책임자인 P교수에게 연구과제의 입찰을 요구할 수 없는데, 그 이유는 입찰여부에 대한 판단은 순수한 교수의 자유 영역에 속하기 때문이다. 연구의 수행 및 연구결과 발표와 관련한 내용 또한 P교수의 자유의 영역에 속하기 때문에 산학협력단이 간섭할 수 없었다.[26] 산학협력단과 연구책임자인 P교수는 본 건 연구과제의 수행에 있어 일정한 분업관계를 형성하였다고 할 수 있다. 산학협력단이 P교수를 대표하여 H공기업과 산학연협력계약을 체결하였고, 연구책임자인 P교수는 대학·원생과 함께 연구를 수행하고 결과를 도출하였으며, 이 과정에서 산학협력단은 연구행정의 전문가를 활용하여 연구비를 관리하며 정산하는 등 연구과제와 관련한 대외적 사무를 처리하였다. 산학협력단이 P교수의 계약과 관련한 산학연협력사업의 대가의 일부를 간접비로 징수하기는 하였지만, 이는 산학협력단의 이득금이 아니라 산학연협력과제를 관리하기 위하여 필요한 직원의 인건비와 연구진실성 확보와 자체감사 등을 위하여 필수적인 사업비 등에 사용되는 경비일 뿐이었다.[27]

위에서 제시한 모든 논거를 종합할 때, 연구책임자인 P교수와 대학의 산학협력단의 관계는 영리를 추구하는 기업에 있어 직원인 사용인과 그 기업의 관계와 본질적으로 다르다는 결론에 도달할 수 있다. 제1심 법원은 사실관계에서 이와 같은 점을 부인하고 있는

---

25) 허영, 한국헌법론, 412쪽 이하; 정종섭, 헌법학원론, 567쪽 이하 등 참조. 헌법재판소는 1992.11.12. 89헌마 88 결정에서 "학문의 자유라 하은 진리를 탐구하는 자유를 의미하는데 그것은 단순히 진리탐구의 자유에 그치지 않고 탐구한 결과에 대한 발표의 자유 내지 가르치는 자유 등을 포함하는 것이다"고 정리하고 있다.

26) 실제로 P교수 연구실은 연구과제를 성공적으로 수행하여 최종보고서의 납본을 완료하였고 과제는 종료되어 정산이 완료되었다. 이 사건 처분은 과제가 종료된 후 2년 이상이 경과된 시점에 감사원의 감사결과 지적사항이 적발되었고, 감사원의 요구에 따라 이루어진 것일 뿐, 과제 계약의 체결부터 이행이 이루어지는 기간 동안은 아무런 문제가 제기되지 않았다.

27) 간접비도 임의로 징수할 수 있는 것이 아니다. 미래창조과학부 장관은 「국가연구개발사업 기관별 간접비 계상기준」을 고시하며, 이 고시에는 각 대학교 산학협력단이 징수할 수 있는 간접비의 비율이 명시되어 있다. 미래창조과학부 고시 제2015 -112호 참조

반면에 제2심 법원은 다른 판단을 하고 있다. 위에서 언급한 바와 같이 이 사건 처분의 근거 법률인 「공공기관법」 제39조 제2항은 "공정한 경쟁 또는 계약의 적정한 이행을 해칠 것이 명백한" 경우에 입찰참가자격 제한처분을 할 수 있다고 규정하고 있고 이 규정은 엄격히 해석되어야 하는데 제2심 판결이 위법행위가 피고의 요청으로 인한 것이어서 재발가능성이 없고, 원고의 위와 같은 노력은 재발가능성을 차단하기 위한 노력이어서 참작할 만한 사정이 있고 과중하다고 볼 소지가 있다"고 판단한 것은 매우 타당한 것이라 할 수 있다.

　　　이상을 종합하면 공공기관이 입찰참가자격 제한 처분 여부에 대한 결정재량권을 행사함에 대한 중요한 한계가 되는 판단기준을 발견할 수 있다. 그 키워드는 "재발가능성" 여부이다. 즉 입찰부정행위가 발생한 기관이 재발방지를 위한 적극적인 노력을 함으로 인하여 재발가능성을 최소화하였는지 여부를 결정재량권 행사의 판단 기준으로 삼아야 한다. 이 사건에서 입찰방해 행위가 발생한 것은 2011년이고 처분이 이루어진 것은 2015년이다. K대학의 산학협력단이 구성원인 교수의 입찰방해 사실을 인지하고 재발을 방지하기 위한 노력을 경주하고 있음이 확인되었다면 "공정한 경쟁 또는 계약의 적정한 이행을 해칠 것이 명백하지 아니하다"고 판단하여야 할 것이다.

　　(2) 과잉금지의 원칙

　1) 제1심 법원 판결의 분석

　　제1심 법원은 위에서 언급한 바와 같이 제재처분의 요건을 충족하였고 제재를 필요로 하는 공익이 중대함을 이유로 재량권을 일탈·남용하지 않았다고 판단하여 과잉금지 원칙 위반여부에 대한 판단을 적극적으로 하지 아니하고 있다.

　2) 제2심 법원 판결의 분석

　　제2심 법원은 제1심 법원과는 달리 H공기업의 이 사건 처분이 과잉금지 원칙에 위배됨을 적극적으로 판단하고 있다. 즉 K대학의 정부용역과제 수주규모가 2015년을 기준으로 135건으로 약 190억원에 달하며 이 중 50억여원은 인건비에 해당하다는 점을 전제로 하고, 이 사건 처분으로 인하여 원고 소속 인력에 대한 인건비와 연구지원비 등의 지급에 차질이 발생할 우려가 현저하다는 점을 들어 피해의 최소성의 원칙에 위배된다고 판단한다. 특히 P교수의 입찰방해 행위와 직접적인 관련이 없는 1,500여 명의 원고 소속 전임교원 등이 입찰참가자격 제한기간 동안 정부 용역 과제를 수행할 수 없을 뿐만 아니라 위 기간 이후에도 조달청의 용역 입찰에서 상당한 불이익을 받을 것이 예상된다는 점에서 법익 균형성의 원칙에 위배됨을 적극적으로 판단하고 있다. 특히 원고의 연구 기능이 형식적으로 1년 동안 마비되는 것처럼 보이지만 과학기술의 발전 속도와 연구에 투입되는 시간과 비용 등에 비추어 향후 수년간 회복되기 어려운 피해 상황에 처할 가능성이 크다는 점을 적극적으로 적시하여 이 사건 처분이 원고와 원고의 구성원에게 초래하는 불이익이 심대함을 지적하고 있다.

3) 판례의 평석

과잉금지의 원칙은 행정작용 특히 재량권 행사의 한계를 명시하는 것으로서 행정청이 재량권을 행사할 경우 목적의 정당성, 방법의 적절성, 피해의 최소성 및 법익의 균형성 등 네 가지 요소를 모두 충족하여야 함을 요구한다. 특히 행정처분에 따른 불이익이 이로 인하여 달성되는 공익보다 심히 큰 경우에는 행정처분을 하여서는 아니되고, 이를 위반한 경우 당해 행정처분은 재량권을 일탈하거나 남용한 것으로서 처분은 위법하다고 선언되어야 한다.[28]

제2심 법원의 판결은 재량권 행사의 한계로서 과잉금지의 원칙 특히 그 요소로서의 법익균형의 원칙을 적절히 판단한 것으로 보인다. 입찰참가자격을 제한함으로 얻어지는 공익은 "입찰부정행위를 한 K대학교 소속 P교수를 제재하여 P교수가 공정한 경쟁이나 계약의 적정한 이행을 침해하는 것을 방지하는 것"이다. 입찰참가자격을 제한함으로 입게 되는 피해는 K대학교 산학협력단에 속한 모든 교수의 입찰참가를 1년간 제한함으로써 1500명을 상회하는 모든 교수의 국가등의 연구개발사업 참여를 막는 것이다. 아무런 잘못이 없는 다른 모든 교수들은 K대학교 산학협력단에 속해있다는 이유만으로 1년간 학문연구를 위한 국가등 연구개발사업의 참여를 못하게 되고, 그 연구실 및 실험실에서 급여를 받고 장학금을 받으며 연구하고 있는 수천명의 대학원생의 재정 지원을 중단시키며 K대학교에 속한 학자들의 학식과 연구역량을 필요로 하는 국가, 지방자치단체 및 모든 공공기관에게 국가 연구개발 사업의 기획부터 발주까지 많은 어려움을 줄 수 있다. 위와 같이 입찰참가자격을 제한함으로 얻어지는 공익과 대학의 산학협력단이 국가연구개발사업에 참여하지 못함으로써 초래되는 불이익 및 다른 모든 교수와 대학원생이 입는 불이익을 비교·교량할 경우 불이익 쪽으로 저울추가 너무 크게 기울어지므로 법익의 균형성 원칙에 위배된다는 점을 제2심 법원이 적절히 판단하였다고 생각된다.

이상을 종합하면 과잉금지의 원칙은 입찰참가자격 제한처분의 최종적인 한계로 작용한다. 처분의 요건에 해당한다 하더라도 처분으로 인하여 얻어지는 공익보다 입찰에 참가하지 못함으로 인한 법익침해가 현저히 큰 경우는 입찰참가자격 제한을 할 것이 아니라 다른 수단을 강구하여야 한다. 이 사례는 이 점을 극명히 드러내는 것이라 할 것이다.

---

28) 대법원 2005. 7. 14. 선고 2004두6181 판결; 대법원 2007.09.20. 선고 2007두6946 판결; 대법원 2012.12.13. 선고 2011두29205 판결 등 참조

IV. 확정판결의 효력과 재처분 가능성

1. 문제의 제기

대법원의 심리불속행 판결로 인하여 이 사건 입찰참가자격 제한 처분은 취소로 확정되었다.

먼저, 이 판결로 인하여 피고의 원고에 대한 입찰참가자격 제한 처분은 원고의 취소를 기다릴 것 없이 당연히 그 효력을 상실하는 형성력이 발생하였다. 이 사건 취소판결은 처분시에 소급하며, 그 결과 처분을 전제로 형성된 법률관계는 모두 그 효력을 상실하였다.

둘째, 이 판결은 처분청인 H공기업에 대하여 판결의 취지에 따라 행동하도록 하는 기속력을 가진다. 특히 H공기업은 취소된 처분에서 행한 과오와 동일한 과오를 반복하여서는 아니 된다.[29] 문제가 되는 것은 재처분 가능성이다. 즉 H공기업이 K대학교 산학협력단에 대하여 동일한 사실관계를 이유로 1년이 아니라 6개월 정도로 제재기간을 줄여서 입찰참가자격 제한 처분을 하는 것이 기속력에 반하는가에 대한 논란이 있다.

2. 확정판결의 취지

위에서 정리한 바와 같이 제2심 법원은 제1심 법원의 사실관계를 그대로 인용한 후 재량권 일탈남용을 이유로 피고의 원고에 대한 입찰참가자격 제한 처분을 취소하였다. 확정판결의 취지는 "P교수의 입찰방해 행위의 동기와 구체적 경위, 원고의 관리책임 정도, 처분을 통하여 달성하고자 하는 공익, 처분이 원고에게 미치는 영향과 파급효과 등을 종합하여 볼 때, 이 사건의 경우 행정청 내부의 사무처리 준칙을 정한 「국가계약법 시행규칙」 제76조를 적용한 결과가 처분사유인 위반행위의 내용 및 관계 법령의 규정과 취지에 비추어 현저히 부당하다고 인정할만한 합리적인 이유가 있다고 볼 것이므로 피고의 이 사건 처분은 재량권의 범위를 일탈하였거나 재량권을 남용하였다고 판단된다"는 것이었다.

3. 재처분 가능성에 대한 판단

재처분 가능성이 문제가 되는 것은 1년의 입찰참가자격 제한처분과 6개월의 입찰참가자격 제한 처분은 동일한 처분이 아니어서 취소판결의 기속력에 반하지 않는다는 주장

---

29) 취소판결의 효력, 특히 기속력에 관하여는, 박균성, 행정법강의, 856쪽 이하; 홍정선, 행정법특강, 754쪽 이하; 정하중, 행정법개론, 827쪽 이하 등 참조

이 있을 수 있기 때문이다. 그러나 취소판결의 기속력은 판결에 제시된 위법사유에도 미치므로 판결의 이유에서 제시된 위법사유를 다시 반복하는 것은 제재기간을 달리하는 입찰참가자격 제한 처분의 경우에도 동일한 행위의 반복에 해당하는 것이어서 기속력에 반하여 위법하다.

위에서 살펴본 바와 같이 제2심 법원의 판결에는 원고의 피고에 대한 입찰참가자격 제한 처분이 그 자체로 재량권을 일탈·남용하여 위법하다고 판단하고 있을 뿐이고 1년의 기간이 가혹하다는 판단은 전혀 하고 있지 아니하다.

판결에서 제시된 첫 번째 위법사유는 P교수의 입찰방해 행위의 동기와 구체적 경위를 참작하여야 했음에도 불구하고 이를 참작하지 아니하였다는 점이었다. 즉 원고가 제출한 입찰에 관한 서류는 피고의 이익을 위하여 피고 직원의 요청에 따라 작성된 것이었고, 수의계약으로 용역사업을 수행함이 불가피할 만큼 피고의 입장이 긴박했으며, 용역사업이 성공적으로 수행되어 결과가 완성되어 피고에게 이익이 되었다는 점을 참작하지 않은 것은 재량권의 일탈·남용에 해당한다는 것이었다. 동일한 사실관계에 기초할 경우 입찰참가자격 제한기간이 1년이든, 6개월이든, 1개월이든 위와 같은 사정을 참작하지 않은 것이 위법하다는 점은 동일하다. 따라서 피고가 동일한 사실관계를 이유로 기간을 줄여서 재처분을 하는 것은 확정판결의 기속력에 반하는 것이어서 위법하다.

판결에서 제시된 두 번째 위법사유는 원고의 관리책임 정도를 분석하여 재발가능성 여부를 판단하여야 하였음에도 불구하고 그 판단을 결여하였으므로 위법하다는 점이었다. 즉 원고는 이 사건 위반행위가 발생한 이후 연구윤리관련 규정 및 처벌규정 구비, 부정행위 방지를 위한 연구자 교육 실시, 비위행위 고발제도 운영 등 자체 감사와 내부 통제를 강화하여 유사행위의 재발을 방지하기 위하여 많은 노력을 기울이고 있어서 이 점을 고려할 때 공정한 경쟁 또는 계약의 적정한 이행을 해칠 것이 명백하지 아니하다고 할 것이어서 법률이 규정한 입찰참가자격 제한 사유에 해당하지 아니하여 재량권의 범위를 일탈하였다는 것이었다. 동일한 사실관계에 기초하여 재차 이루어지는 입찰참가자격 제한 처분은 그 기간의 장단과 관계없이 위와 같은 점을 감안하지 아니하는 한 확정판결의 기속력에 반하는 것이어서 위법하다.

판결에서 제시된 세 번째 위법사유는 처분을 통하여 달성하고자 하는 공익과 처분이 원고에게 미치는 영향과 파급효과를 비교·교량할 때 위법하다는 점이었다. 즉 처분사유를 통하여 달성하고자 하는 공익은 위법행위자인 P교수에 대한 파면, 형사처벌, 횡령한 연구비의 환수조치 등을 통하여 충분히 달성할 수 있고 또 달성되었다고 할 수 있는 반면 이 사건 처분으로 말미암아 이 사건과 관련이 없는 1,500명 이상의 전임교원과 학생들이 향후 수년간 회복하기 어려운 피해를 입을 수 있음을 고려할 때 이 사건 처분은 재량권을 일탈·남용한 것이어서 위법하다는 것이었다. 위와 같은 법익의 불균형으로 인한 과잉금지원칙위반은 6개월의 입찰참가자격 제한의 경우도 마찬가지이다. 대학의 연구사업의 특성, 과학기술의 발전속도 등을 감안할 때, 6개월의 기간 동안 무차별적으로 모든 국가, 지방자치단체 및 공공기관에 대한 입찰을 할 수 없도록 하는 것은 1,500명 이상의 전임교원과 대학원생들 모두에게 매우 가혹하며 회복하기 어려운 피해를 야기할 수밖에 없다는 점을 고려할 때, 동일한 사실관계에 기초하여 재차 이루어지는 입찰참가자격 제한 처분은 그 기간의 장단과 관계없이 확정판결의 기속력에 반하는 것이어서 위법하다.

V. 요약 및 결론

이 논문은 H공기업이 K대학교 산학협력단에 대하여 행한 1년간의 입찰참가자격 제한처분 취소소송의 확정판결에 대한 평석을 통하여 입찰참가자격 제한 처분의 한계를 구체적으로 정리한 것이다.

제1심법원은 원고의 청구를 기각함으로써 H공기업이 K대학교 산학협력단에 대하여 행한 입찰참가자격 제한 처분이 위법하지 아니하다고 판단하였다. 그 반면에 제2심법원은 원고의 청구를 인용함으로써 H공기업이 K대학교 산학협력단에 대하여 행한 입찰참가자격 제한 처분이 위법하다고 판단하였다. 대법원은 피고의 상고를 기각하여 취소판결은 확정되었다.

대법원 판결이 "심리의 불속행" 사유에 해당함을 이유로 상고를 기각하였으므로 법적 쟁점은 서로 모순되는 제1심과 제2심의 판결의 분석을 통하여 도출되어야 한다. 이들 판결은 입찰참가자격 제한처분의 법적 성질과 그 한계를 극명하게 드러내는 사례에 해당한다고 할 수 있다. 제1심 법원과 제2심 법원은 이 사건 처분을 동일하게 재량행위로 판단하고 있다. 이들 판결의 쟁점을 분석한 결과 공공기관의 입찰참가자격 제한 처분의 한계는 다음과 같이 요약될 수 있다.

첫째, 법령이 처분 기준으로 설정한 각종 요건은 매우 엄격히 해석하여야 하며, 요건에 해당하지 아니한 사실을 원용하여 처분의 근거로 삼아서는 아니 된다.

둘째, 공공기관이 행하는 입찰참가자격 제한 처분은 「공공기관법」 제39조가 규정한 "공정한 경쟁 또는 계약의 적정한 이행을 해칠 것이 명백한" 경우에 한정되어야 한다.

셋째, "참작할 만한 사정"이 있으면 "명백성"이 부인되므로 공공기관은 처분기준으로 설정한 각종 요건을 충족하였다 하더라도 이들 사정을 적극적으로 고려하여 처분 여부를 결정하여야 한다.

넷째, "재발가능성"의 정도에 따라 처분 여부를 결정하여야 한다. 처분대상 기관이 부정당행위를 인지하고 부정당행위자에 대한 충분한 제재조치를 취하는 한편 재발을 방지하기 위한 노력을 경주하고 있음이 확인되었다면 "공정한 경쟁 또는 계약의 적정한 이행을 해칠 것이 명백하지 아니하다"고 판단하여 처분을 하여서는 아니 된다.

다섯째, 입찰참가자격 제한처분에 따른 불이익이 이로 인하여 달성되는 공익보다 심히 큰 경우에는 처분을 하여서는 아니 된다. 이 점에서 대학의 산학협력단에 대한 입찰참가자격 제한은 매우 신중하게 이루어져야 한다. 입찰참가자격을 제한함으로 얻어지는 공익은 "입찰부정행위를 한 K대학교 소속 P교수를 제재하여 P교수가 공정한 경쟁이나 계약의 적정한 이행을 침해하는 것을 방지하는 것"이다. 입찰참가자격을 제한함으로 입게 되는 피해는 K대학교 산학협력단에 속한 모든 교수의 입찰참가를 1년간 제한함으로써 1500명을 상회하는 모든 교수의 국가등의 연구개발사업 참여를 막는 것이다. 아무런 잘못이 없는 다른 모든 교수들은 K대학교 산학협력단에 속해있다는 이유만으로 1년간 학문연구를 위한 국가등 연구개발사업의 참여를 못하게 되고, 그 연구실 및 실험실에서 급여를 받고 장학금을 받으며 연구하고 있는 수천명의 대학원생의 재정 지원을 중단시키며 K대학교에 속한 학자들의 학식과 연구역량을 필요로 하는 국가, 지방자치단체 및 모든 공공기관에게 국가 연구개발 사업의 기획부터 발주까지 많은 어려움을 줄 수 있다. 위와 같이 입찰참가자격을 제한함으로 얻어지는 공익과 대학의 산학협력단이 국가연구개발사업에 참여하지 못함으로써 초래되는 불이익 및 다른 모든 교수와 대학원생이 입는 불이익을 비교·교량할 경우 불이익 쪽으로 저울추가 너무 크게 기울어지므로 법익의 균형성 원칙에 위배된다.

이 사건 취소판결이 확정됨으로 인하여 입찰참가자격 제한처분을 전제로 형성된 법률관계는 모두 그 효력을 상실하였다. 취소판결의 기속력은 판결에 제시된 위법사유에도 미치므로 판결의 이유에서 제시된 위법사유를 다시 반복하는 것은 제재기간을 달리하는 입찰참가자격 제한 처분의 경우에도 동일한 행위의 반복에 해당하는 것이어서 기속력에 반하여 위법하다. 피고가 제한기간을 1년, 6개월 혹은 1개월로 설정하더라도 위에서 제시된 입찰참가자격 제한 처분의 한계를 위반하였다면 동일한 사실관계에 기초한 재처분은 확정판결의 기속력에 반하는 것이어서 위법하다.

공공기관이 입찰참가자격 제한 처분을 함에 있어 위와 같은 한계를 준수하여 신중한 처분을 함으로써 그 위법성을 최소화할 수 있기를 기대한다.

이 논문을 然寓 최광률 명예회장님께 헌정합니다. 회장님의 건강과 행복을 기원합니다.

요청조달계약과
입찰참가자격제한처분 권한*
— 요청조달계약의 법적 성질,
사법적 관점과 공법적 관점 —

朴正勳**

대상판결: 대법원 2017. 6. 29. 선고 2014두14389 판결

[사실관계]

원고 계룡건설산업 주식회사는 토목, 건축, 전기공사도급, 건설감리업 등을 영위하는 회사인데, 피고(조달청장)가 「조달사업에 관한 법률」(이하 '조달사업법') 제5조의2 제1항에 따라 부산대학교병원(기타공공기관)으로부터 조달요청을 받아 입찰공고를 한 '부산대학교병원 외상전문센터 건립공사'에 관하여 낙찰을 받아, 2010. 10. 13. 조달청과 계약금액 약 520억 원으로 위 공사에 관한 계약을 체결하였다. 피고는 원고의 직원이 위 공사와 관련하여 조달청 설계심의분과위원회 위원에게 현금 2,000만 원을 교부하였다는 사유로, 2012. 12. 5. 구 「국가를 당사자로 하는 계약에 관한 법률」(2012. 12. 18. 법률 제11547호로 개정되기 전의 것, 이하 '국가계약법') 제27조 제1항, 동시행령 제76조 제1항 제10호, 동시행규칙 제76조 제1항 별표2 제12호 다목을 근거법령으로 하여 원고에 대하여 6개월의 입찰참가자격제한 처분을 하였고, 원고는 이를 다투는 취소소송을 제기하였다.

---

* 본고는 서울대학교 법학발전재단 출연 서울대학교 법학연구소 2019학년도 학술연구비 지원 받은 것으로서, 한국행정판례연구회 2018. 4. 20. 월례발표회의 발표문을 수정·보완하여 2019년 12월 행정판례연구 제24권 제2호에 게재된 논문을 전재한 것임을 밝힌다.
** 서울대학교 법학전문대학원 교수

[소송의 경과]

(1) 제1심 서울행정법원에서 원고는 첫 번째 위법사유로 이 사건 입찰참가자격제한처분 권한의 흠결을 주장하였다. 즉, 이 사건 계약은 원고와 부산대학교병원 사이에 체결되었으므로, 동 계약의 '당사자'는 원고와 부산대학교병원으로, 피고는 단지 계약수탁자로서의 지위에서 계약을 체결할 권한만 가지고, 따라서 이 사건 입찰 및 계약에는 「공공기관의 운영에 관한 법률」(이하 '공공기관법')이 우선 적용되어야 하고, 피고가 계약당사자임을 전제로 국가계약법이 적용될 수 없기 때문에, 국가계약법 제27조 제1항에 근거한 이 사건 처분은 권한 없는 자가 한 처분으로 위법하다는 것이다.[1]

이에 대하여 서울행정법원 2013. 11. 22. 선고 2012구합41264 판결(청구기각)은 — 대법원 판례들[2]을 인용하면서 — 피고가 부산대학교병원을 위하여 원고와의 사이에 체결한 이 사건 계약의 당사자는 대한민국과 원고이고, 수요기관인 부산대학교병원은 이 사건 계약상의 수익자에 불과한 제3자를 위한 계약이므로, 이 사건 계약은 국가를 당사자로 하는 계약으로서, 국가계약법 제3조에 의하여 다른 법률에 특별한 규정이 있는 경우를 제외하고는 국가계약법이 적용되고, 따라서 동법 제27조 제1항에 의거한 이 사건 처분은 적법하다고 하여 원고의 위 주장을 배척하였다.

위 판결은 추가적인 논거로서, 국가계약법의 위 조항은 입찰참가자격제한의 요건으로, 경쟁의 공정한 집행 또는 계약의 적정한 이행에 대한 침해의 '염려'나 입찰에 참가시키는 것이 '부적합'하다고 인정되는 경우로 정하여 그 요건을 폭넓게 규정하면서도 그에 해당하면 반드시 입찰참가자격을 제한하도록 기속규정의 형식을 취하고 있는 반면, 공공기관법 제39조 제2항은 공정한 경쟁이나 계약의 적정한 이행을 해칠 것이 '명백'한 경우로 요건은 더 제한적으로 규정하면서도 제한 여부에 대해서는 '제한할 수 있다'고 하여 재량을 인정하고 있는데, 이는 국가가 계약당사자로 되어 국가계약법이 적용되는 경우 부정당

---

1) 그 밖에도 원고는 입찰참가자격제한사유들을 정한 국가계약법 시행령 제76조 제1항이 법률의 위임범위를 벗어나 무효라는 주장, 공무원에게 뇌물을 제공한 것이 아니라는 주장, 뇌물제공행위가 있었다 하더라도 그것만으로 국가계약법 제27조 제1항의 '경쟁의 공정한 집행이나 계약의 적정한 이행을 해할 염려'가 있다고 보기 어렵다는 주장, 원고가 공정경쟁을 달성하기 위하여 주의의무를 게을리 하지 아니하여, 국가계약법시행령 제76조 제1항 단서규정인 '계약상대자등이 그 사용인의 행위를 방지하기 위하여 상당한 주의와 감독을 게을리하지 아니한 경우'에 해당하기 때문에 입찰참자자격제한을 할 수 없다는 주장, 이 사건 처분은 법정 최상한인 6개월로서 재량권 불행사 또는 재량권 일탈·남용에 해당한다는 주장을 하였는데, 이 주장들 전부 위 처분권한 흠결 주장과 함께 제1심과 원심에서 모두 배척되어 원고의 청구가 기각되었으나, 상고심 대상판결은 위 처분권한 문제에 대해서만 판단하여 원고승소 취지로 파기환송하였다.

2) 대법원 2005. 1. 28. 선고 2002다74947 판결; 대법원 1994. 8. 12. 선고 92다41559 판결; 대법원 2010. 1. 28. 선고 2009다56160 판결 등.

업자의 행위가 공적계약에 관한 공정한 경쟁을 저해함으로 인한 폐해가 클 것이 예상되므로 부정당업자의 행위에 관하여 더 엄히 제재하려는 취지로 보인다고 설시한 다음, 이 사건에서 원고의 직원이 조달청 소속의 심의분과위원에게 뇌물을 제공함으로써 조달청의 입찰 및 계약 업무에 관한 공정경쟁을 저해하는 폐해를 발생시켰으므로 피고가 조달청의 장으로서 부정당업자 제재처분권한을 가진다고 판시하였다. 이러한 판시는 이 사건에서 국가계약법에 따라 국가기관인 조달청장이 보다 엄중한 제재처분을 하는 것이 타당하다는 의미를 갖는데, 이러한 '실질적' 논거는 원심에 이르러 명시적인 판시로 나타나게 된다.

(2) 즉, 원심 서울고등법원 2014. 10. 28. 선고 2013누31549 판결(항소기각)도 원고의 위 처분권한 흠결 주장을 배척하였는데, 제1심판결에서와 같이, 이 사건 계약은 수요기관(부산대병원)을 수익자로 하는 '제3자를 위한 계약'으로서, 대한민국과 원고가 그 당사자이므로 이에 대하여는 국가계약법 제2조에 따라 동법이 적용되는 결과 동법 제27조 제1항, 동법 시행령 제76조 제1항 제10호에 따라 피고가 이 사건 입찰참가자격제한처분을 할 권한이 있음이 위 조항들의 문언에 비추어 명백하다고 판단한 다음, 상당한 분량(제4면~제7면)을 할애하여, 이러한 판단이 조달사업법 제5조의2 제1항에 의한 요청조달계약의 — 조달청장의 전문지식·경험과 업무체계를 빌린다는 — '입법목적'과 부정당업자에 대한 엄중한 제재의 '필요성'에 부합한다고 자세히 설시하였다. 그 중 일부를 인용하면,

"<u>공공기관법 제39조 제2항</u>은 이 사건 제재권한을 가진 자로 공기업 및 준정부기관만을 규정하고 있고, 이에 따라 원고가 자인하는 바와 같이 <u>기타공공기관</u>은 이 사건 제재와 유사하게 입찰참가자격제한 조치를 하더라도 <u>그 사실을 지정정보처리장치에 게재할 수 없는 결과 국가 또는 지방자치단체가 발주하는 공사의 입찰에 참가할 수 있게 되어 그 제재효과가 미약하다.</u> 따라서 요청조달계약에 관해서도 제1심 판결에서 살펴본 바와 같이 <u>그 요건이나 효과에 있어 보다 엄중한 국가계약법에 따라</u> 이 사건 제재처분을 하여야 요청조달계약 체결 과정에서의 공정성 제고라는 조달사업법 제5조의2 제1항의 입법목적이 더 잘 달성될 수 있을 것이다." (밑줄: 필자)

이어 원심판결은 원고가 이 사건에 국가계약법이 아니라 공공기관법이 적용되어야 한다고 주장하면서 그 근거로 주장한 공공기관법 제2조 제2항(제1주장), 조달사업법 제5조의2 제3항(제2주장), 조달사업법 제5조 제3항(제3주장) 및 「지방자치단체를 당사자로 하는 계약에 관한 법률」(이하 '지방계약법') 제7조 제2항 단서(제4주장)에 대하여 각각 판단하면서, 위 조항들 모두 이 사건에서 국가계약법에 의거하여 피고가 이 사건 처분 권한을 갖는다는 점

에 모순되지 않는다고 설시하였다.

[대상판결]

상고심 대상판결의 판시사항은 세 가지이다. 첫째, 조달청장이 조달사업법 제5조의2 제1항 또는 제2항에 따라 수요기관으로부터 계약 체결을 요청받아 그에 따라 체결하는 '요청조달계약'은 국가가 당사자가 되고 수요기관은 수익자에 불과한 '제3자를 위한 계약'에 해당한다는 것이다. 둘째, 국가계약법 제2조는 국가가 대한민국 국민을 계약상대자로 하여 체결하는 계약 등 국가를 당사자로 하는 계약에 대하여 위 법을 적용한다고 규정하고 있고, 제3조는 국가를 당사자로 하는 계약에 관하여는 다른 법률에 특별한 규정이 있는 경우를 제외하고는 이 법에서 정하는 바에 의한다고 규정하고 있으므로, 국가가 수익자인 수요기관을 위하여 국민을 계약상대자로 하여 체결하는 요청조달계약에는 다른 법률에 특별한 규정이 없는 한 당연히 국가계약법이 적용된다는 것이다. 위 첫 번째 및 두 번째 판시사항은 제1심 및 원심의 판단과 동일하다.

그러나 세 번째 판시사항에서 원심의 판단과 달라진다. 즉,

"위 법리에 의하여 요청조달계약에 적용되는 <u>국가계약법 조항은 국가가 사경제 주체로서 국민과 대등한 관계에 있음을 전제로 한 사법관계에 관한 규정</u>에 한정되고, <u>고권적 지위에서 국민에게 침익적 효과를 발생시키는 행정처분에 관한 규정</u>까지 당연히 적용된다고 할 수 없다. 특히 요청조달계약에 있어 조달청장은 수요기관으로부터 요청받은 계약 업무를 이행하는 것에 불과하므로, 조달청장이 수요기관을 대신하여 국가계약법 제27조 제1항에 규정된 입찰참가자격 제한 처분을 할 수 있기 위해서는 그에 관한 수권의 취지가 포함된 업무 위탁에 관한 근거가 법률에 별도로 마련되어 있어야 한다."(밑줄: 필자)

"그런데 공공기관의 운영에 관한 법률 제44조 제2항은 "공기업·준정부기관은 필요하다고 인정하는 때에는 수요물자 구매나 시설공사계약의 체결을 조달청장에게 위탁할 수 있다."라고 규정함으로써, <u>공기업·준정부기관</u>에 대해서는 <u>입찰참가자격제한처분의 수권 취지가 포함된 업무 위탁에 관한 근거 규정</u>을 두고 있는 반면, <u>기타공공기관은 여기에서 제외하고 있음</u>을 알 수 있다. 따라서 <u>수요기관이 기타공공기관인 요청조달계약의 경우에 관하여는 입찰참가자격제한처분의 수권 등에 관한 법령상 근거가 없으므로</u>, 조달청장이 국가계약법 제27조 제1항에 의하여서는 계약상대방에 대하여 입찰참가자격

제한 처분을 할 수는 없고, …"(밑줄: 필자)

대상판결은 결론적으로, 국가계약법 제27조 제1항에 의하여 이 사건 처분을 할 권한이 있다고 판단한 원심판결이 "공·사법의 관계의 구분, 법률유보의 원칙 등에 관한 법리를 오해하여 판결에 영향을 미친 잘못이 있다."고 하면서 파기환송하였다.

I. 문제의 소재 및 논의의 순서

이 사건의 쟁점은 크게 두 가지로 요약된다. 첫째는 조달사업법 제5조의2에 따라 수요기관의 요청에 의해 조달청장이 체결하는 소위 요청조달계약이 과연 '제3자를 위한 계약'에 해당하느냐, 그리하여 계약의 당사자는 수요기관이 아니라 국가이기 때문에 요청조달계약에 관해 국가계약법이 적용되느냐의 문제이다. 둘째는 국가계약법이 적용된다고 하더라도 동법 제27조 제1항이 조달청장에 의한 입찰참가자격제한처분 권한의 근거가 될 수 있는가의 문제이다. 대상판결은 첫째 문제를 긍정하면서도, 둘째 문제는 공법관계와 사법관계의 구별 및 법률유보를 근거로 부정하였다.

논리적으로는 위 첫째 문제가 먼저 결정된 연후에 비로소 둘째 문제가 논의될 수 있다. 그런데 필자는 첫째 문제에 관해서는 대상판결에 반대하지만, 둘째 문제에 관하여 찬성하고 환영하기 때문에, 본고에서는 먼저 첫째 문제를 긍정한다는 가정 하에, 다시 말해, 이 사건 요청조달계약이 '제3자를 위한 계약'으로서, 국가계약법의 적용을 받는다는 전제 하에, 동법 제27조 제1항이 입찰참가자격제한처분 권한의 근거가 될 수 있는가를 고찰하면서 대상판결의 타당성을 강조한 다음(II.), 요청조달계약은 사법상의 '제3자를 위한 계약'이 아니라 공법상의 '행정권한의 위탁'으로 보는 것이 타당하다는 점을 논의하면서 대상판결 및 원심판결의 문제점을 제시하고(III.), 이 문제점이 근본적으로 조달계약 일반을 사법상계약으로 파악하는 우리 판례에서 비롯된다는 점을 밝히고, 궁극적으로는 입찰참가자격제한조치와 요청조달계약만이 아니라 행정조달 일반에 있어 그 법률관계 전체를 공법관계로 파악하여야 한다는 점을 피력하고자 한다(IV.)

II. 입찰참가자격제한처분 권한과 법률유보

1. 입찰참가자격제한처분의 법적 성격

(1) 우리의 입찰참가자격제한처분에 상응하는 독일의 '발주차단'(Vergabe–bzw. Auftragssperre)은, 독일의 전통적인 國庫(Fiskus)이론에 따라, 행정의 私法上 계약체결의 자유에 의거하여 사전에 일정 기간 계약체결을 거부하는 것으로 파악된다. 이를 단계적으로 설명하면 다음과 같다. 제1단계의, 말하자면 '원시적인' 발주차단은 개별 계약과 관련 있는 사유를 요건으로, 당해 계약의 체결을 거부하는 것으로, 뇌물제공을 사유로 하는 경우에도 '당해 계약'과 관련된 뇌물제공을 이유로 '당해 계약'의 체결을 거부하는 것이 된다. 여기서 '시간적'으로 확대되면, 제2단계로서, 향후 일정 기간 동안의 계약체결을 대상으로 하게 되는데, 이것이 오늘날 독일의 통상적인 발주차단 제도이다. 개별 계약 때마다 입찰을 거부하는 것보다 미리 일정한 기간을 정하게 되면 상대방에게 법적안정성 내지 예측가능성을 부여할 수 있고 또한 사전에 상대방에게 통지됨으로써 이의제기의 기회가 주어진다는 점에서 별도의 법률상 근거가 없이도 가능한 것으로 인정되고 있다. 이러한 통상의 발주차단도 시간적으로 확대되긴 하였지만, 원시적 발주차단과 동일하게, 계약상 지위에 의거한 권리행사로 파악되고, 따라서 당해 발주기관에 대한 관계에서만 효력이 있다. 그리하여 발주차단은 私法上 관념의 통지로서, 민사소송의 대상이 된다.[3]

독일에서도 최근에 위와 같은 통상의 발주차단이 다시 '공간적'으로 확장되어, 제3단계로서, 당해 발주기관만이 아니라 모든 공적 계약주체가 발주하는 입찰절차에 적용되는 '통합적 발주차단'(koordinierte Vergabesperre) 제도가 운영되고 있는데, 그 수단이 '발주기록부'(Vergaberegister), 특히 뇌물제공에 관해서는 '부패기록부'(Korruptionsregister)이다. 즉, 어느 발주기관에 의해 (통상의) 발주차단이 내려지면 그 사실이 발주·부패기록부에 등재되도록 하고, 향후 모든 발주기관에 대해 반드시 이를 조회할 의무를 부과하는 것이다. 이에 관한 법률상 규율이 연방과 주별로 조금씩 다르긴 하지만, 발주·부패기록부 '등재의무'와 '조회의무'는 명문으로 규정되어 있는 반면, 다른 기관에서의 '입찰참가 배제의무'는 규정되어 있지 아니한 점은 공통적이다. 이는 각 발주기관의 계약상 지위에서의 권리행사라는 발주차단의 전통적 관념을 유지하기 것으로서, 규범적으로는 발주·부패기록부가 '정보공유'를 위한 수단이지만, 실제로는 발주·부패기록부에 등재되면 예외 없이 다른 모든 기관에서 발주차단이 되는 '사실상 구속력'을 갖는다. 이러한 다른 발주기관들의 조회의

---

3) 이상에 관한 자세한 내용은 졸고, 부정당업자의 입찰참가자격제한의 법적 제문제,『서울대학교 법학』제 46권 제1호, 2005, 285–289면 참조.

무 및 사실상의 구속력에 근거하여, 해당 기업의 권리침해 가능성을 긍정하고, 이에 기하여 그 '등재'(Eintragung)를 다투는 행정소송(취소소송 또는 금지소송)이 인정된다. 요컨대, 독일에서도 최소한 통합적 발주차단에 대해서는, 위 '등재'가 행정행위로 파악되는가 여부는 별론으로, 분명히 그 공법적 성격이 인정된다고 할 것이다.[4]

    (2) 프랑스의 '발주배제'(l'exclusion)는 발주행정청에 의해 부과되는 경우도 있으나, 대부분의 경우 조달절차의 적법성을 심사하는 행정재판소에 의해 부과된다. 특기할 것은 뇌물제공·담합·문서위조 등의 범죄행위의 경우에는 형사소송에서 부가형으로 선고된다는 점이다. 이 모든 경우에 발주배제는 그 자체로 모든 공공발주기관에 대한 관계에서 발주참가가 배제되는 '통합적' 효과를 갖는다. 이는 프랑스에서 일찍부터 공공조달이 공법상 제도로 발전함으로써 발주배제의 법적 성질이 '행정제재'(la sanction administrative)로 파악되고 있기 때문이라고 할 수 있다.[5]

    (3) 미국(연방)에서는 한 연방기관에 의해 '발주금지'(debarment, disqualification)가 내려지면 다른 모든 연방기관들도 이를 준수할 의무가 있는 것으로 명문(연방조달규칙 Federal Acquisition Regulation; FAR)으로 규정되어 있고, 이를 위해 연방행정관리청(General Service Administration)이 통합된 '금지기업명부 시스템'(Excluded Parties List System; EPLS)을 운용하고 있다. 미국에서는 독일과는 달리, 금지기업명부 등재를 별도로 다투지 않고 원래의 발주금지결정에 대해서만 연방청구법원(Court of Federal Claims; COFC)에의 제소가 인정되고 있는데, 이는 일반 민사소송과 다른 특수한 소송절차이기 때문에 우리나라의 행정소송에 상응하는 것이라고 할 수 있다.[6]

    (4) 우리나라에서는, 조달계약 자체는 판례상 독일에서와 같이 사법상계약으로 파악되고 낙찰자결정에 관하여 처분성이 부정되어 취소소송이 허용되지 않는 것과는 대조적으로, 입찰참가자격제한처분은 오래전부터 별다른 의문 없이 처분성이 인정되어 항고소송의 대상이 되어 왔다. 그 근거는 바로 우리의 입찰참가자격제한처분이 당해 처분기관에 대해

---

4) *Daniel Fülling*, a.a.O., S.184 이하; *Jörg Stoye*, a.a.O., S.124 이하; *Christian Lantermann*, a.a.O., S.193 이하 참조. 위 '등재'가 행정행위로 파악되면 취소소송의 대상이 되고, 그렇지 아니하면 사실행위로서 금지소송의 대상이 되는데, 여하튼 모두 행정소송의 범주에 속한다.

5) 이에 관하여 *Stéphane Braconnier*, Précis du droit de la commande publique. 5ᵉ éd., 2017, p.215 이하; Michel Guival, Mémento des marchés publics. 3e éd., 2001, p.144; 졸고, 전게논문(각주 5), 291면 이하 참조.

6) 이에 관하여 *Sope Williams—Elegbe*, Fighting Corruption in Public Procurement: A Comparative Analysis of Disqualification or Debarment Measures, 2012, p.149 이하; 졸고, 전게논문(각주 5), 289면 이하 참조.

서만 한정되는 것이 아니라, 조달계약 법령상「처분사실 통지의무 조항」또는「지정정보 처리장치 게재의무 조항」및「제한범위 확장 조항」에 의거하여7) 처음부터 '통합적' 처분 으로서의 성격도 함께 갖고 있기 때문이라고 할 수 있다.

다시 말해, 민사법상 계약당사자로서 가질 수 있는 권한은 당해 기관이 ― 계약체결 의 자유에 근거하여 ― 앞으로 일정 기간 그 부정당업자와 계약을 체결하지 않겠다는 의 사를 표명하는 데 그치고, 그것을 넘어 모든 국가기관과 지방자치단체, 공공단체와 계약을 체결하지 못하도록 하는 법률효과를 발생시키는 것은 '공법적 제재'에 해당한다. 바로 그렇 기 때문에, 판례가 조달계약을 사법상계약으로 파악하면서도 입찰참가자격제한에 대해서 만은 처분성을 인정하여 항고소송으로 다투게 함으로써 그 공법적 성격을 정면으로 인정 하고 있는 것이다.

2. 입찰참가자격제한처분 권한의 근거

(1) 행정청의 '공법적 제재' 권한은 명문의 법률 규정에 의해 부여되어야 한다는 점은 법치행정원칙 뿐만 아니라, 헌법 제37조 제2항의 기본권 제한의 법률유보와 또한 ― 공법 적 제재도 '처벌'에 상응한다는 점에서 ― 헌법 제12조 제1항 후단의 적법절차 원칙8)에 의 해 요구된다. 이러한 공법적 제재 권한의 근거 규정으로, 원심판결은 국가계약법 제2조를 들고 있으나, 동조에서 말하는 "국가를 당사자로 하는 계약"에 이 사건과 같은 요청조달계 약이 해당한다고 하여 바로 입찰참가자격제한처분에 관한 제27조가 적용된다는 결론을 내 릴 수 없다. 민법상 제3자를 위한 계약의 법리에 의거하여 조달청장(국가)을 당사자로 보아 국가계약법 제2조에 따라 동법의 규정들이 적용되는 것을 인정하더라도, 이는 계약의 체 결 및 이행과 같은 사법상 법률관계에 관한 규정들에 관해서만 타당하고, 공법적 제재에 관한 공법적 규정인 제27조도 당연히 적용된다고 할 수 없다. 다시 말해, 사법상의 적용 법규를 결정하는 논거만으로 공법상의 제재 권한의 근거를 인정할 수 없다.

---

7) 국가계약법 제27조 제1항 후문, 동법시행령 제76조 제8항 단서, 지방계약법 제31조 제4항,「공기업·준정 부기관 계약사무규칙」제15조 제7항 및 제11항 단서 등 참조. 다만, 대법원 2017. 4. 7. 선고 2015두50313 판결은 이러한 통합적 효과를 입찰참가자격제한처분 자체의 효과가 아니라 법령상 추가된 별개의 효과 로 파악하고, 그 논리적 결과로, 위와 같은 법령 규정들이 입찰참가자격제한에 대한 취소소송에서 부수 적 규범통제의 대상이 되지 않는다고 판단하였는데, 공법상 법률행위(행정행위)의 특성과 규범통제의 강 화의 관점에서 재고를 요한다.

8) "법률과 적법한 절차에 의하지 아니하고는 처벌…을 받지 아니한다"는 헌법상 적법절차원칙이 형사절차 영역에 한정되지 아니하고 입법, 행정 등 국가의 공권력 작용에 적용된다는 것이 오래된 헌법재판소판례 이다. 헌법재판소 1992. 12. 24. 선고, 92헌가8 결정.

(2) 원심판결은 요청조달계약의 당사자인 조달청장에게 국가계약법 제2조 및 제27조에 따라 이 사건 제재처분의 권한이 귀속된다고 간략히 결론을 내린 다음, 요청조달계약 제도의 '입법목적'을 최대한 달성하고, 엄중하고 정확한 제재의 '필요성'에 부응하기 위해서는 조달청장이 제재 권한을 가지는 것이 타당하다는 점을 상당한 분량으로 설시하고 있다. 사실 원심판결이 지적하는 바와 같이, 이 사건에서 수요기관인 부산대학교병원이 제재 권한을 갖는다고 하면, 그 제재의 효과는 미약할 것이다. 공공기관법 제39조 제2항은 공공기관 중 공기업과 준정부기관에 대해서만 — 통합적 효과를 갖는 — 입찰참가자격제한처분 권한이 부여되어 있고, 부산대학교병원 같은 기타공공기관은 제외하고 있기 때문에, 기타공공기관은 내부지침에 의거하여 당해 기관에 대해서만 일정 기간 입찰을 금지하는 조치를 할 수밖에 없다.

그러나 이러한 요청조달계약의 입법목적과 엄중한 제재의 필요성에 관한 원심의 장황한 설시는 역설적으로 그 권한의 법률상 근거가 부족하다는 점을 자인하는 것이라고 할 수 있다. 계약 체결에 관한 전문성과 업무체계를 조달청장이 구비하고 있다는 점에는 이의가 없지만, 이는 조달청장에게 계약 체결을 요청하도록 하는 제도의 근거가 될 수 있을 뿐, 입찰참가자격제한이라는 공법상 제재의 권한까지 조달청장에게 귀속되어야 한다는 논거는 될 수 없다. 설사 그러한 입법목적과 제재의 필요성을 인정한다고 하더라도, 공법상 제재 권한은 법률상 분명히 규정되어야 한다는 법률유보 원칙을 대체할 수는 없다.

(3) 또한 원심판결에 의하면, 제3자를 위한 계약의 "법률효과"는 수익자에게 귀속될 부분과 계약당사자에게 귀속될 부분으로 분리되는데, 이 사건 제재 권한은 수익자(부산대병원)가 아니라 계약당사자(조달청장)에게 귀속될 부분으로 보는 것이 타당하고, 그렇게 본다고 하여 수요기관에게 "어떠한 불이익이 발생하는 것도 아니다"라고 설시하였다. 이는 민사법적 사고에 경도되어 공법적 제재 권한에 관한 판단을 그르쳤음을 단적으로 보여주는 것이다.

즉, 무엇보다도, 이 사건 제재 권한이 제3자를 위한 계약의 '법률효과'의 하나로서 그 계약당사자에게 인정되어야 한다는 설시 부분이 가장 큰 문제인데, 계약의 '법률효과'는 사법상의 법률효과에 한정되고 결코 공법상 제재 권한을 포함할 수 없기 때문이다. 아마도 위와 같은 설시는 입찰참가자격제한을 독일에서와 같이, 사법상 계약체결의 자유에 의거한, 계약상의 지위에서의 권한 행사로 파악하였기 때문으로 추측할 수 있는데, 이는 상술한 바와 같이 우리나라의 입찰참가자격제한처분과 거리가 멀다. 또한 제재 권한을 조달청장에게 인정한다고 하여 수요기관(부산대병원)에게 하등의 불이익이 발생하지 않는다는 설시 부분도, 이 사건의 쟁점이 조달청장과 수요기관 사이의 권한 분쟁이 아니라, 국민(원고)

에 대한 제재처분이 헌법과 법률에 따라 적법하게 이루어졌는지 여부에 있다는 점을 망각한 것이 아닌가 라는 비판도 가능하다.

(4) 이러한 점에서, 대상판결이 '제3자를 위한 계약'의 법리에 의하여 요청조달계약에 적용되는 국가계약법 조항은 "국가가 사경제 주체로서 국민과 대등한 관계에 있음을 전제로 한 사법관계에 관한 규정에 한정되고, 고권적 지위에서 국민에게 침익적 효과를 발생시키는 행정처분에 관한 규정까지 당연히 적용된다고 할 수 없다."고 설시한 것에 대하여, 사경제 주체로서의 국가 및 국가계약법의 사법적 성격 부분에 관해서는 견해를 달리하지만, 그 국가계약법 조항이 입찰참가자격처분에 적용될 수 없다고 한 부분은 타당하고, 또한 이를 전제로, "요청조달계약에 있어 조달청장은 수요기관으로부터 요청받은 계약 업무를 이행하는 것에 불과하므로, 조달청장이 수요기관을 대신하여 국가계약법 제27조 제1항에 규정된 입찰참가자격 제한 처분을 할 수 있기 위해서는 그에 관한 수권의 취지가 포함된 업무 위탁에 관한 근거가 법률에 별도로 마련되어 있어야 한다."고 판시한 부분도 타당하므로, 이에 전적으로 찬성한다.

Ⅲ. 요청조달계약의 법적 성질

1. 私法的 관점 : '제3자를 위한 계약'

(1) 민법은 제539조에서 제542조까지 4개조에 걸쳐 '제3자를 위한 계약'에 관해 규정하고 있다. 그 규율의 핵심은 수익자의 채무자에 대한 이행청구권 인정과 반대로 채무자의 수익자에 대한 항변권 인정에 있는데, 모두 수익자와 채무자 사이의 이해관계를 조정하는 것이다. 제1심판결이 인용하고 대법원판례들도 모두 요청조달계약에 있어 수요기관과 수급인 사이의 — 私法上 — 법률관계에 관한 것이고, 계약자(조달청장 내지 국가)와 수급인 사이의 법률관계에 관한 것은 전혀 찾을 수 없다.

즉, 첫 번째의 대법원 2005. 1. 28. 선고 2002다74947 판결은 수급인이 계약상대방인 국가를 상대로 잔여 공사에 대한 계약 체결을 소구하는 등 법적 불안을 해소할 수 있는 직접적인 수단이 있으므로 수급인은 수익자인 수요기관(공공기관)을 상대로 수급인 지위의 확인을 구할 이익이 없다는 것으로, 민사소송법에 관한 판례이다. 두 번째의 대법원 1994. 8. 12. 선고 92다41559 판결에 의하면, 수요기관(지방자치단체)은 수익자로서 계약의 해제권이나 해제를 원인으로 한 원상회복청구권은 없지만, 국가에 의해 계약이 해제된 경우 수급인에 대해 손해 배상을 청구할 수 있다는 것으로, 민법상 계약해제 및 손해배상에 관한 판례이다. 세 번째의 대법원 2010. 1. 28. 선고 2009다56160 판결도 요청조달계약에서 대금지급방법을 국가가 수요기관을 대신하여 지급하는 '대지급'으로 약정한 이상, 수요기관(지방자치단체)을 제3채무자로 하여 채권압류 및 전부명령을 받은 수급인의 채권자가 수요기관에게 전부금을 청구할 수 없다고 판단한 것으로, 민법 내지 민사집행법에 관한 판례이다.

이와 같이 위 대법원판례들은 민법, 민사소송법, 민사집행법 등 일반 사법상의 문제들을 해결하는 데 있어 수요기관은 제3자를 위한 계약에 있어 수익자의 지위에 있고 계약당사자가 아니라는 점을 근거로 한 것이다. 조달청장(국가)이 계약당사자라는 이유로 요청조달계약에도 국가계약법이 적용된다고 하는 판례는 대상판결 이전에는 전혀 없었고, 오히려 지방자치단체가 수요기관인 경우에 국가계약법이 아니라 지방계약법이 적용된다고 하는 판례[9]가 있었을 뿐이다.

(2) 생각건대, 조달사업법상 수요기관은 동법 제5조의3 제2항에 의해 원칙적으로 직접 수급인에게 대금을 지급할 의무가 있고 동법 시행규칙 제12조 제1항 내지 제3항에 따라 감독 및 검사, 그리고 변경계약의 체결권을 갖고 있을 뿐만 아니라, 동 시행규칙 제13조에 의거하여 계약해제 요구권까지 갖고 있다. 따라서 수요기관이 민법상 '제3자를 위한 계약'에서와 동일하게 순수한 '수익자'에 불과하고 계약당사자적인 지위는 전혀 없다고 보기 어렵고, 그리하여 일반 사법적인 관점에서도 위 대법원판례들을 유보 없이 받아들이기에는 의문의 여지가 많다. 오히려 '명의상으로' 조달청장이 계약당사자이지만 실질적인 계약당사자는 수요기관인 것으로 보아, 말하자면, '非顯名代理' 관계로 파악하는 것이 타당한 것이 아닌가 라고 생각한다.

2. 공법적 관점 : '행정권한의 위탁'

(1) 사법적 관점에서 벗어나 공법적 관점에서 살펴보면, 조달사업법 제5조의2 제1항이 중요한 의미를 갖는다. 즉, 동 조항에 의하면, "수요기관의 장은 <u>수요물자 또는 공사 관련 계약을 체결함에 있어</u>" 일정한 요건에 해당하는 경우에 "조달청장에게 계약 체결을 요청하여야 한다"(밑줄: 필자)라고 규정하고 있는데, 이는 조달청장에게 계약 체결을 요청하는 경우에도 실질적으로는 여전히 수요기관의 장이 그 계약을 체결한다는 것을 의미하는 것으로 볼 수 있다. 2007. 12. 7.자 법제처 유권해석도, 위 조달사업법 제5조의2가 신설되기 이전에, 조달사업법령상 계약체결의 '요청'을 지방계약법령과 공공기관법령상의 계약사무

---

9) 대법원 2012. 11. 15. 선고 2011두31635 판결.

의 ― 의무적 ― '위탁'에 해당하는 것으로 파악하여, 자치단체가 수요기관인 경우 조달청
장은 당해 지방자치단체의 계약사무를 '위탁'받아 수행하기 때문에, 국가계약법이 아니라
지방계약법이 적용된다고 하였다.[10]

행정권한의 위탁의 경우에는 '수탁자의 명의로' 수탁사무를 처리하는 것이므로(「행정
권한의 위임 및 위탁에 관한 규정」 제8조 제2항 참조), 조달청장이 '명의상' 계약당사자가 된다는
점은 분명하지만, 이 경우 조달청장은 국가의 기관으로서의 지위가 아니라, 수요기관의
'수탁기관'으로서, 수요기관의 행정권한을 위탁받아 행사하는 것이고, 따라서 수요기관에
적용되는 법령이 적용된다.

(2) 바로 이 점에서 ― 원심에서의 원고의 '제2주장'에 해당되는 ― 조달사업법 제5조
의2 제3항이 결정적인 의미를 갖는다. 즉, 동 조항에 의하면, "조달청장은 제1항 및 제2항
에 따라 계약 체결을 요청받은 경우 <u>수요기관이 계약 체결에 적용하여야 할 법령에 따라
계약 체결의 방법 등을</u> 수요기관과 협의하여 <u>결정하여야 한다</u>"(밑줄: 필자)라고 규정하고
있다. 이 규정에서 동사는 '결정하여야 한다'이며, 그 동사를 수식하는 부사구가 '수요기관
이 계약 체결에 적용하여야 할 법령에 따라'이다. 여기서 '수요기관이 계약 체결에 적용하
여야 할 법령'이라 함은 수요기관이 직접 계약을 체결하는 경우 적용되는 법령, 즉 수요기
관이 공공기관인 경우에는 공공기관법과 계약사무규칙을 가리킨다. 따라서 이 사건에서
위 규정의 의미는 '조달청장이 공공기관법령에 따라 계약 체결의 방법 등을 결정하되, 수
요기관과의 협의를 거쳐야 한다'라는 것으로 쉽게 이해된다.

그럼에도 원심판결은 위 조항의 의미를 "조달청장은 계약체결을 요청받은 경우 그 계
약체결의 방법 등에 관하여는 수요기관이 원래 계약체결에 적용하여야 할 법령에 의할지
여부에 관하여 수요기관의 장과 협의하여 결정하여야" 하고, 그러한 법령에 의하기로 결정
하지 않는 한 "원칙적으로 국가계약법이 적용된다"고 해석하였다. 더욱이 원심은 바로 이
어 위 조항이 "적어도 '요청조달계약에 관하여는 원칙적으로 원래 수요기관의 계약체결에
적용될 법령을 적용하여야 한다'는 의미가 아님은 명백하다고 하면서, 그 근거로 "만약 입
법자가 그러한 의미로 이해되기를 의도하였다면 '요청조달계약에 관하여 수요기관이 원래
계약체결에 적용할 법령을 적용하여야 한다'고 바로 규정하면 되는 것이지 굳이 '협의하여

---

10) 오히려 법제처 유권해석의 취지에 따라 위 조달사업법 제5조의2 제1항과 특히 제3항이 제정된 것이라는
추측이 가능하다. 즉, 2009. 12. 29. 조달사업법 개정에 의해 제5조의2가 법률에 신설되기 이전에는 동법
시행령 제15조에 의해 "수요기관의 장은 그 소관에 속하는 공사 중 … 공사의 경우에는 그 공사계약의
체결을 조달청장에게 요청하여야 한다"고 규정되어 있었고 수요기관의 장이 '계약을 체결함에 있어'라는
문구가 없었다가 위 법률 제5조의2가 신설되면서 그 제1항에 그러한 문구가 추가되었는데, 이는 바로 위
법제처 유권해석의 취지에 따라 수요기관이 계약체결 당사자임을 표시하기 위한 것으로 볼 수 있다.

야 한다'고 규정할 이유가 없(다)"고 설시하였다.

　　일반적인 입법례에 의하면, 행정기관이 어떤 법령을 '적용하여야 한다'라는 규정은 복수의 법령 중에서 일정한 법령을 선택하여 적용하라는 의미로 사용되고, 행정기관이 어떤 '법령에 따라' 어떤 사항에 관한 결정을 하여야 한다는 규정은 선택의 여지없이 바로 그 법령에 따른 규율을 명하는 것으로 보아야 한다. 위 조항에서 조달청장은 수요기관의 계약법령에 '따라' 계약 체결 방법 등을 결정해야 한다고 규정한 것은 그 법령을 적용하여 계약 체결의 방법 등을 결정하라는 의미로 새겨야 한다.

　　문제는 수요기관의 장과의 '협의'에 유보하고 있는 부분인데, 위 조항에서 '결정하여야 한다'라는 동사의 목적어는 '계약 체결의 방법 등'이기 때문에, 조달청장이 수요기관의 장과 협의하여 결정해야 할 대상은 바로 그 '계약 체결의 방법 등'이지 결코 적용법령이 아니다. 문법상으로 부사는 동사를 한정하는 것이기 때문에, 계약 체결 방법 등에 관한 조달청장의 결정은, 또한 수요기관의 장과의 협의도, 어디까지나 '수요기관의 계약법령에 따라', 그 법령의 범위 내에서, 이루어져야 하는 것이다. 다시 말해, 적용법령은 조달청장이 결정할 수 있는 대상이 아니고 수요기관의 장과의 협의의 대상도 아니다. 이는 이미 문언적 해석에 의해서도 너무나 명백하지만, 합헌적 해석의 관점에서, 행정기관이 적용법령을 임의로 선택할 수 있도록 하는 법률은 특단의 사정이 없는 한 위헌이라는 점이 중요한 근거가 될 수 있다.

　　(3) 대법원 2012. 11. 15. 선고 2011두31635판결에 의하면, 경상남도가 수요기관인 의무적 요청조달계약에 있어 원고회사가 낙찰자로 선정되어 경남지방조달청장과 계약을 체결하였는데, 그 납품기한까지 계약에 따른 물품이 납품되지 않았다는 이유로 경상남도 도지사가 입찰참가자격제한처분을 한 사안에서, 지방계약법 및 조달사업법의 관련 규정들을 종합하면, 위 계약 사무의 처리에 관해 지방계약법이 적용되고, 따라서 계약의 이행 등과 관련한 입찰참가자격제한에 관한 권한은 지방계약법 제31조 제1항에 따라 지방자치단체의 장에게 있다고 판시하였다. 이 사안에는 신설된 위 조달사업법 제5조의2 제3항이 적용되어야 하는데, 대법원판결은 위 조항을 제외하고, 동조 제1항과 제2항, 그리고 신설된 지방계약법 제7조 제2항 단서만을 판단근거로 제시하고 있다. 이를 두고 위 조달사업법 제5조의2 중 제3항을 빠뜨린 법령적용의 오류라고 할 수 있겠으나, 다른 한편으로 요청조달계약의 법적 성격이 행정권한의 위탁에 해당된다는 점과 위 지방계약법 제7조 제2항 단서('국가계약법의 적용을 받는 중앙행정기관의 장에게 계약사무를 위탁하는 경우에도 지방계약법에 따라 계약사무를 처리하여야 한다')만으로 근거가 충분한 것으로 판단하고 위 조달사업법 제5조의2 제3항을 제시하지 않은 것으로 이해한다면, 오히려 위 대법원판결은 이 사건에서 행정권한 위탁의 법리가 적용되어야 한다는 중요한 판례상의 근거가 된다고 할 수

있다.

(4) 문제는 위 대법원판결과 ― 원심에서의 원고의 '제4주장'에 해당하는 ― 위 지방
계약법 제7조 제2항 단서가 수요기관이 지방자치단체인 경우에 관한 것이므로, 이 사건에
서와 같이 수요기관이 (기타)공공기관인 경우에는 의미가 없는 것이 아닌가에 있다. 이에
관해 원심판결은 위 지방계약법 규정은 공공기관이 수요기관인 경우에 '유추'될 수 없다고
하면서, 그 논거로, 공공기관에 의한 요청조달계약의 경우에 위와 같은 규정이 없는 것이
'입법자가 의도하지 않은 법률의 흠결'에 해당한다고 할 수 없고, 또한 법률의 문언을 극복
할 정도로 충분히 설득력 있는 뚜렷한 입법목적이 없다고 설시하였다. 이와 같이 위 단서
규정이 유추될 수 없기 때문에, 그 반대해석에 의해, 공공기관법령에 동일한 규정이 없는
한, 그와 반대로, 국가계약법이 적용되어야 한다는 것이 원심의 판단이다.

그러나 지방계약법 제7조 제2항 본문과 그 단서는 계약사무의 위탁의 경우에는 그
'위탁'으로서의 성격상 반드시 위탁기관(지방자치단체)의 계약법령에 따라야 하고(본문), 그
렇기 때문에 조달청장 등 중앙행정기관의 장이 수탁자로서 명의상 계약당사자가 된다고
해서 국가계약법이 적용될 수는 없다(단서)는 점을 주의적으로 확인하는 것이다. 다시 말
해, 위 본문과 단서는 2단계에 걸쳐 연속적으로 '행정권한의 위탁' 법리를 명시하는 확인적
규정이므로, 지방자치단체의 경우에만 한정되지 않고 이 사건과 같은 공공기관에 의한 요
청조달계약에도 타당한 것으로 보아야 한다.

(5) 이 사건 대상판결도 "요청조달계약에 있어 조달청장은 수요기관으로부터 요청받
은 계약 업무를 이행하는 것에 불과하므로, 조달청장이 수요기관을 대신하여 국가계약법
제27조 제1항에 규정된 입찰참가자격 제한 처분을 할 수 있기 위해서는 그에 관한 수권의
취지가 포함된 업무 위탁에 관한 근거가 법률에 별도로 마련되어 있어야 한다."(밑줄: 필자)
고 판시하고 있다는 점에서, 요청조달계약을 행정권한의 위탁으로 파악할 여지를 남겨 두
고 있다고 할 수 있다. 그러나 행정권한의 위탁은 어디까지나 '위탁기관'의 권한을 대상으
로 하는 것이므로, 그에 의하더라도 조달청장이 위탁 내지 수권 받는 것은 수요기관의 공
공기관법 또는 내부지침상의 입찰참가자격제한 권한이지 국가계약법상의 입찰참가자격제
한 권한은 아니라는 점에서 대상판결의 위 설시는 재고되어야 한다.

3. 공법적 법해석 : 공공기관법 제2조 제2항의 해석

(1) 이상과 같이 요청조달계약을 '행정권한의 위탁'으로 파악하여, 공공기관이 수요기관인 경우에 요청조달계약에 관하여 원칙적으로 국가계약법이 아니라 공공기관법 및 계약사무규칙이 적용되어야 한다는 또 다른 법률상 근거는 ― 원심에서의 원고의 '제1주장'에 해당하는 ― 공공기관법 제2조 제2항이다. 동 조항은 "공공기관에 대하여 <u>다른 법률에 이 법과 다른 규정이 있을 경우 이 법에서 그 법률을 따르도록 한 때를 제외하고는</u> 이 법을 우선하여 적용한다"(밑줄: 필자)고 규정하고 있다. 우리나라 법률 중 '이 법을 다른 법률에 우선하여 적용한다'라는 규정을 가진 법률은 「대한민국 법원 종합법률정보」에서 현재 100개 검색되는데, 이와 같이 '다른 법률에 이 법과 다른 규정이 있을 경우 이 법에서 그 법률을 따르도록 한 때를 제외하고는'이라는 문구는 유일하게 공공기관법에만 있다.[11]

(2) 이에 관하여 원심판결은 "위 규정의 입법목적은 '모든 법적 주체에게 일반적으로 적용되는 법령에 대하여 그 법적 주체가 공공기관인 경우에는 공공기관법령이 이에 대한 특별법 관계에 있어 공공기관법령을 일반적으로 적용되는 법령에 우선하여 적용하기로 한다'는 의미로 <u>제한적으로</u> 해석하여야 한다. <u>만약 이와 같이 해석하지 않는다면 공공기관법령에 대해 특별법 관계에 있는 규정은 모두 공공기관법에 명시되어야만 한다는 것인데, 이는 입법기술상 매우 곤란한 것이다</u>"(밑줄: 필자)라고 설시하였다. 요컨대, 위 조항은 일반적인 '특별법 우선의 원칙'에 의거하여 동법이 특별법임을 명시하고 있는 데 불과하다는 것이다. 따라서 공공기관이 수요기관인 요청조달계약에 대하여 국가계약법 제2조에 따라 국가계약법이 적용되더라도 동법은 공공기관법에 대한 관계에서 또다시 특별법의 지위에 있는 것이므로 위 공공기관법 제2조 제2항에 표현된 '특별법 우선의 원칙'에 반하지 않는다는 것이 원심판결의 취지이다.

(3) 생각건대, 우리나라 법률 중 유일하게 위와 같은 문구를 가진 법률 규정의 특수성을 무시하고 다른 99개의 법률 규정들과 동일시한다면, 이는 입법자의 의사를 왜곡하는 것이다. 원심판결은 위 공공기관법 제2조 제2항을 일반적인 특별법 우선의 원칙을 표현한 것으로 '제한적으로' 해석해야 한다고 하면서 그 논거로 '입법기술상의 곤란'을 들고 있다. 그러나 '제한적 해석'(Restriktion)은 통상의 ― 문언의 가능한 의미 범위 내에서의 ― '해석'(Auslegung)이 아니라 이를 뛰어넘는 '법형성'(Rechtsfortbildung)에 해당하기 때문에, 입법

---

11) 나머지 99개의 법률에는 예컨대 「청소년 기본법」 제4조가 "이 법은 청소년육성에 관하여 다른 법률보다 우선하여 적용한다"고 규정하고 있듯이, 대부분 일정한 사항에 관하여 당해 법률이 우선하여 적용된다고 명시하고 있을 뿐, 위와 같은 문구는 없다.

기술상의 곤란과 같은 사실상의 이유만으로는 부족하고, 당해 법률의 목적, 법의 기본원리와 헌법원리와 같은 규범적 근거들이 필요하다.[12) 이러한 규범적 근거들이 명백하지 않는한, 입법기술상 곤란한 점이 있더라도, 입법자의 의사를 최대한 존중하여, 함부로 그 문언의 의미를 축소시켜는 아니 된다. 이것이 공법적 법해석에 있어 가장 중요한 관점이다.

(4) 이러한 관점에서 위 공공기관법 제2조 제2항의 입법취지를 살펴보면, 동 조항은 동법이 공공기관의 규율에 관하여 특별법임을 명시함과 동시에, 다른 법률에서 동법과 다른 특별규정들을 함부로 제정하지 못하도록 봉쇄하자는 것임을 알 수 있다. 달리 말해, 동법의 특별법적 성격을 입법절차적으로 보장하고자 하는 것이다.
이는 공공기관법의 연혁 및 정책적 기능에 비추어 쉽게 이해된다. 즉, 공공기관법은 1983년부터 시행되어 오던 「정부투자기관 관리기본법」과 2004년 시행된 「정부산하기관 관리기본법」을 통합하여 2007년 새롭게 제정된 것인데, 개개의 법률에 의해 설립된 수많은 공기업 등 공공기관들을 단 하나의 통일된 법률에 의해 규율하는 데 그 특징이 있다. 이는 공공기관들에 대한 기획재정부장관의 권한 확보와 연결된다. 현재 35개의 공기업, 88개의 준정부기관 및 207개의 기타공공기관, 총 330개의 공공기관들은 그 주무기관이 거의 모든 정부부처들로 나뉘어져 있고 각각의 설립근거 법률들은 그 주무기관의 소관 법률로 되어 있으나, 공공기관들을 총괄하여 관리·감독하는 권한은 기획재정부장관에게 부여되어 있다.[13) 이러한 상황에서 정부조직법상 선임 부총리인 기획재정부장관의 권한을 확보하기 위해서는 다른 정부부처에서 설치근거법률과 그 밖의 소관 법률들을 통하여 함부로 공공기관법과 다른 특별규정들을 제정하지 못하도록 봉쇄할 필요가 있고, 이러한 필요에 의해 탄생한 조항이 바로 위 공공기관법 제2조 제2항이다.

(5) 물론 위 조항에도 불구하고 다른 법률에서 공공기관에 대한 특별규정이 제정된다면 ― 같은 법률이기 때문에 ― 그 효력에는 영향이 없고 오히려 '신법' 우선의 원칙에 의거하여 위 조항을 포함한 공공기관법 전체의 적용이 배제되겠지만, 동 조항은 입법 과정에서 이러한 특별규정들이 제정되지 못하도록 사전에 억제하는 '입법정책적' 기능을 수행한다는 점을 간과해서는 아니 된다. 뿐만 아니라, 법해석의 측면에서, 위 조항은 다른 법률들을 매개로 하여 공공기관법의 규정과 다른 규율내용들을 도출하는 해석을 가능한 한 금지

---

12) 이에 관해 졸고, 행정법과 법해석 ― 법률유보 내지 의회유보와 법형성의 한계, 「행정법연구」 제43호, 2015, 13-46면 (27면); Franz Bydlinski, Grundzüge der juristischen Methodenlehre. 2.Aufl., Wien 2012, S.90-92 참조.
13) 공공기관법 제6조, 제7조, 제9조, 제14조, 제15조 제2항, 제25조, 제35조 제2항, 제48조, 제50조, 제51조 등 참조.

하는 '법해석 지침'으로서의 역할도 수행한다. 결국 원심판결은 위 조항의 이러한 입법정책적 기능과 법해석 지침으로서의 역할을 간과하고 그 의미를 '제한적으로' 해석하는 잘못을 범하였고 할 수 있다.

요컨대, 이 사건에서, 제3자를 위한 계약이든, 행정권한의 위탁이든 간에, 국가가 최소한 형식적으로 당사자가 된다는 이유로 국가계약법 제2조를 매개로 동법 제27조가 적용되는 것으로 해석할 수 있느냐가 핵심 쟁점인데, 위 공공기관법 제2조 제2항은 그러한 해석을 저지하는 강력한 법률적 근거로 작용한다.

(6) 조달청도 기획재정부 소속이긴 하지만, 소위 '외청'으로서 기획재정부와 분리되어 있기 때문에, 소관 부서의 관점에서도 국가계약법과 공공기관법이 혼동되어서는 아니 되지만, 가장 중요한 차이는 양 법률의 입법목적과 규율방향이다. 즉, 국가계약법은 공정한 계약체결과 성실한 계약이행을 확보하기 위한 것으로서, '엄정성'이 그 규율방향인 반면, 공공기관법은 공공기관의 경영 합리화와 운영의 투명성을 확보하기 위한 것으로서, '자율성'과 '책임성'이 그 규율방향이다. 실제로 공공기관법 및 동법 제39조 제3항의 위임에 의해 제정된 「공기업·준정부기관 계약사무규칙」(기획재정부령)과 동법 제15조 제2항에 의거하여 제정된 「기타공공기관 계약사무 운영규정」(기획재정부훈령)은 국가계약법과 별도로 공공기관의 계약 체결 및 이행, 입찰참가자격제한 등에 관하여 '자족적으로' 상세한 규정들을 두고 있는데, 필요한 경우에는 개별 조항에서 일일이 국가계약법 규정들을 명시적으로 준용하고 있다. 입찰참가자격제한에 관해서는 그 요건, 제한사유, 효과 등에 있어 국가계약법과 상당한 차이가 있다. 이러한 상황에서, 공공기관이 조달청장에게 계약 체결을 요청하였다는 이유만으로, 명문의 법률 규정 없이, 민사상 '제3자를 위한 계약' 법리에 의거하여, 국가계약법령을 전면적으로 공공기관에게 적용하는 것은 입법자의 의사를 정면으로 무시하는 결과가 될 것이다.

IV. 공법상계약으로서의 조달계약

1. 행정작용으로서의 조달계약

이상의 문제들은 근본적으로 조달계약을 공법상계약 또는 사법상계약으로 파악할 것인가의 문제로 귀착된다. 종래의 판례·통설에 의하면, 조달계약 자체는 사법상계약이지만, 입찰참가자격제한 조치는 공법상 처분인 것으로 파악된다. 대상판결은 후자에 관하여 —

전자로부터 유입되는 ― 제3자를 위한 계약의 법리를 배제하고 별도의 법률상 근거를 요구함으로써 그 공법적 성격을 확고하게 하였다는 점에서 진일보한 것으로 평가할 수 있다. 여기서 한 걸음 더 나아가, 말하자면 후자의 공법적 성격을 전자에 유입시켜, 상술한 바와 같이 요청조달계약을 '행정권한의 위탁'으로 이해하게 되면, 조달계약 자체를 공법관계, 즉 공법상계약으로 파악할 수 있는 길이 열리게 된다. 그 위탁의 대상이 되는 조달계약이 바로 행정권한 내지 행정작용임이 분명해지기 때문이다.

행정소송법상 처분의 개념적 요소 중 '공권력'은 달리 말하면 '행정권한'이다. 공권력의 핵심은 물리력 행사가 아니라 '일방적 결정'에 있고, 그 일방적 결정은 ― 당사자 쌍방의 이해관계의 공평한 조정을 위한 私法 이외에 ― 질서유지와 공공복리를 위해 특별히 제정된 법, 즉 공법에 의거하여 이루어진다. 국가계약법, 지방계약법, 공공기관 계약법령 등 조달계약에 관한 방대한 법령은 계약 당사자 쌍방의 이해관계 조정만이 아니라 공공조달을 통한 공익 실현을 위해 특별히 제정된 것이다. 이러한 점에서 낙찰자결정, 이행방법의 선택, 계약해제 및 해지 등 조달계약에 관한 행정의 결정은 행정권한의 행사로서, 단순한 私法上 채권자 또는 채무자로서의 의사결정이 아니기 때문에, 모두 공법관계에 속하는 것으로 보아야 한다.

2. 조달계약의 내용적 특수성

공·사법 구별에 관한 권력설은 최소한 조달계약에 관해서는 명백히 타당하지 않다. 오늘날 민주법치국가에서 조달계약은 사법상계약과 동일하게 양 당사자의 평등을 필수적 전제로 하기 때문에, 그 계약의 내용적 특수성에 초점을 맞추어야 한다. 우선 계약의 목적이 행정수요 물품의 조달이라는 공익 목적이다.

독일의 전통적 이론에 의하면, 공익실현이 '직접적'인 목적일 때에는 급부행정, 관리행정 등 비권력행정으로서 공법관계에 속하지만, 조달계약은 행정활동을 보조하는 것으로 '간접적인' 공익실현에 불과하므로 사법관계에 속한다고 하지만, 수긍하기 어렵다. 위 기준에 따르면, 예컨대 국방조달계약의 경우 군수품관리는 공물관리로서 공법관계에 해당하고 군수품획득은 조달계약으로 사법관계에 해당하는 것이 된다. 그러나 이미 획득한 군수품의 품질을 유지·관리하는 것보다 처음부터 품질이 우수한 군수품을 획득하는 것이 공익실현에 더 직접적인 중요성이 있음이 분명하므로, 위와 같은 독일의 전통적 이론은 더 이상 유지되기 어렵다.[14]

나아가, 조달계약의 내용적 특수성으로, 조달계약은 거의 대부분 국민의 세금으로 충

---

14) 상세는 졸저, 행정법의 체계와 방법론, 225면 이하 참조.

당된다는 점, 그럼에도 조달계약의 담당공무원은 반드시 私人과 같이 '최선의 계약 체결'이라는 동기를 갖는다고 할 수 없고 부패·비리의 위험성이 크기 때문에 엄격한 법적 규율이 필요하다는 점, 계약상대방은 私人간의 계약의 경우와는 달리 대금의 수령에 관한 리스크를 부담하지 않는다는 점, 조달계약은 국가 전체의 경제와 사회에 결정적인 영향을 미치기 때문에 국가의 중요한 정책 수단, 특히 국방조달의 경우에는 외교적 수단이 된다는 점 등을 들 수 있다.[15] 이러한 조달계약의 공익적 성격에 착안하여 프랑스에서는 일찍이 19세기부터 공공조달계약이 '행정계약'(le contrat administratif)으로서 공법으로서 행정법의 주요 규율대상이 되어 왔다.[16]

3. 조달계약의 공법적 성격의 방법론적 의의

공·사법 구별의 방법론적 의의는 문제해결(도그마틱), 문제발견(교육·연구) 및 문제접근(법철학)에 있는데, 문제해결은 재판관할과 내용적 특수성의 문제로 나뉜다.[17] 조달계약을 공법관계로 파악하는 것은, 재판관할의 관점에서 취소소송의 대상으로 인정함으로써 재판상통제를 강화하고, 내용적 특수성의 관점에서 행정의 절차적·실체적 책임을 강조할 수 있다. 뿐만 아니라, 나아가 문제발견과 문제접근의 차원에서 조달계약의 공공성과 투명성을 확보하고 부패와 비리·비효율을 방지할 수 있는 제도와 문화를 정착시킬 수 있다.

V. 結語

행정법과 행정소송의 본령은 국민의 권리구제만이 아니라 그와 함께 행정의 '법률적 합성' 통제에 있다. 민법과 민사소송에서 법률적 근거가 흠결된 경우 '목적론적' 해석을 통해 타당한 규율내용을 정립하는 것과는 달리, 행정소송에서는 처분 권한에 관하여 법률적 근거가 흠결되었다는 점을 그대로 인정하여 계쟁 처분을 취소함으로써 행정의 법률적합성을 확보함과 동시에 입법의 정비를 촉구하여야 한다. 이러한 점에서 대상판결을 크게 환영한다.

동시에, 학자와 학문은 이에 만족하지 않고 보다 더 큰 '꿈'을 꾸어야 한다. 우리 모두가 동시에 같은 꿈을 꾸면 반드시 현실이 된다. 그와 같이 반드시 실현되어야 한 가지

---

15) 상세는 졸저, 전게서, 226면 이하 참조.
16) 졸저, 전게서 202면 참조.
17) 상세는 졸고, 공·사법 구별의 방법론적 의의와 한계 -프랑스와 독일에서의 발전과정을 참고하여, 공법연구 제37집 제3호, 2009, 83-110면 참조.

가 바로 조달계약 자체를 행정권한의 행사로서 공법관계로 파악하는 것인데, 바로 대상판결이 그것으로 나아가는 첫걸음이라고 할 수 있다. 즉, 대상판결은 입찰참가자격제한 조치에 대하여 요청조달계약에 관한 민법상 법리(제3자를 위한 계약)를 차단하고 공법적 관점에서 법률상 근거를 요구함으로써, 요청조달계약을 '행정권한의 위탁'으로 이해하고, 나아가 조달계약 자체를 행정권한의 행사 내지 행정작용의 일환으로 파악할 수 있는 첫걸음을 내디딘 것이다.

사찰 불교회화(불화) 제작에 따른
미술저작권의 인정여부에 관한 연구

한견우*

I. 서 론

    저작권법은 "저작자의 권리와 이에 인접하는 권리를 보호하고 저작물의 공정한 이용을 도모함으로써 문화 및 관련 사업의 향상·발전에 이바지함을 목적으로 한다"(제1조 참조). 이러한 저작권법의 기본원리는 한편으로 '저작자에 대한 권리와 이에 인접하는 권리를 보호'하고, 다른 한편으로 '저작물의 공정한 이용을 도모'함으로써 지식의 성과물을 이용·활용한 문화 및 관련사업의 향상발전에 이바지하는 것이다. 따라서 저작권법은 저작자의 창작 동기를 부여하기 위해 저작자의 권리(저작권)를 기본적으로 보호하지만, 이러한 저작권을 무한정 보호하는 것이 아니라 다른 사람들이 저작자의 저작물을 이용하여 새로운 저작물을 창작할 수 있도록 하는 것이다. 요컨대 저작권의 보호를 받는 타인의 저작물을 이용할 수는 있으나 저작자의 권리(저작권)를 함부로 침해하지 않는 공정한 범위 내에서 이용할 수 있다는 것이다. 또한 저작권법은 모든 창작물에 대하여 저작권을 보호하는 것이 아니다. 저작권법에 의하여 저작권의 보호를 받기 위해서는 저작권법에 규정하고 있는 '저작물의 요건'을 충족하여야 한다. 그런데 저작권법은 역사적으로 보면 18세기 초반 서구에서 출판업자에 대한 보호로 시행되었고 이후 저작자와 창작자들의 보호로 확장되었는데, 오늘날 문화예술의 환경변화와 산업기술의 발전에 따라 그 적용대상이 늘어나면서 복합적인 양상을 띠고 있는 실정이다.

    미술저작물의 경우도 미술가들의 권리의식에 힘입어 날로 미술저작물에 대한 저작권의 주장이 순수미술과 응용미술의 영역으로 그리고 현대미술의 영역으로 확장되고 있다. 그러나 미술저작물이 가지는 기능에 따라 저작권의 법리를 확장할 수도 있으나, 다른 한편 저작권의 법리를 제한할 필요도 있다. 전통 불교회화(불화)의 영역이 후자에 해당하는 경우

---

* 법학박사 · 연세대 · 법학전문대학원 · 법무대학원 정교수/화가

라고 할 것이다. 전통 혹은 전승의 영역은 '저작자 자신의 사상 또는 감정을 표현한 창작물'이 아니기 때문이기도 하지만, 국가적·사회적 문화가치의 전통문화 혹은 전승문화를 계승·발전한다는 측면에서 저작권의 법리가 제한될 수 있다고 할 것이다. 특히 '사찰 불교회화(불화)'의 제작 등에 대한 저작권의 제한은 '저작물의 공정한 이용'(저작권법제35조의5), 패러디와 '차용미술'에 있어서 모방 내지 차용의 법리 또는 '공공미술'의 관념으로도 이해할 수 있을 것이다.

역사적으로 문화를 창작하고 보호하는 방식은 시대흐름에 따라 변화를 겪어오면서 타인이 이용할 수 있는 방식이 점차 제한되어 오고 있다. 그러나 문화적 창작물에 대한 이용자와 권리자 사이에는 오랜 시간에 걸쳐 형성된 암묵적 합의가 전제되어 있었다. 그런데 저작물 등에 대한 이용방식이 급속하게 변화함으로써 이용자와 권리자 사이의 이용방식에 대한 새로운 합의를 도출해낼 시간적 여유도 없이, 그동안 관행적으로 해왔던 동일한 이용방식을 고수한 이용자는 하루아침에 침해자가 되고, 권리자는 그러한 침해로부터 자신의 이익을 쟁취하기 위해 법적 수단을 최대한 동원함으로써 그동안 양자 간에 존재해 왔던 평온한 균형과 조화가 깨져버리는 수가 있다.[1] 예컨대 최근 문화콘텐츠산업의 활성화로 전통문화예술과 관련된 법적 분쟁이 늘어나고 있는데, 조선시대부터 전승된 밑그림을 바탕으로 작업하는 민화(民畵)는 비교적 저작권의 분쟁에서 거리가 먼 것으로 여겨졌지만, 전통민화에서 벗어나 새롭게 창작된 민화나 민화를 활용한 상품들이 늘어나면서 민화 화단에서도 저작권의 분쟁이 생겨나고 있다. 그리고 동일한 불교의 설화를 바탕으로 사찰 내에 설치하기로 하고 각각의 사찰주지가 시차를 두고 각기 다른 불교회화(불화) 작가에게 불화제작을 맡겼는데, 먼저 제작한 불화작가가 후에 제작한 불화작가에게 자신의 저작권을 침해했음을 이유로 형사고소하고 1심에서 300만원 벌금을 선고받는 사건이 발생함으로써 전통불화의 제작에 있어서 저작권의 인정여부가 문제되고 있다.[2] 이러한 후자의 불화사건은

---

1) 탁희성, 저작권침해에 대한 형사적 보호의 현황과 개선방안, 연구총서 09-05, 한국형사정책연구원, 154 참조.

2) A(고소인)은 조계종 제4교구 본사 월정사 말사인 상원사 사찰의 주지스님(X)으로부터 "문수보살이 매일 나타나 36가지의 신통한 변화를 보여주었다"는 삼국유사에 나타난 불교 경전의 설화를 반영하여 그림을 그려줄 것을 의뢰받고, 주지스님(X)과 '상의 하'에 불화를 제작하여 상원사 청풍루 천장화로 봉안하였는데, '문수보살 36화현도'라는 작품명칭은 작품제작자인 A가 아니라 작품의뢰자인 주지스님(X)이 옛날 불화 '36화현도'를 따서 작명하였던 것이다. 즉 A는 사찰의 분위기를 높여주기 위하여 주지스님(X)의 의뢰를 받아 '종교화로서의 불화', 즉 '장엄용 불화'를 제작한 것이다. 다른 한편 B(피고인) 역시 상원사와 같은 월정사 말사인 정암사 주지스님(Y)으로부터 문수보살 설화를 바탕으로 후불도를 그려줄 것을 의뢰받고, 스케치를 완성 한 후 주지스님과 상의 하에 주지스님(Y)의 의견을 반영하여 불화를 그려 문수전의 후불탱화에 봉안한 것으로 '종교화로서의 불화', 즉 불교의식의 예배를 위한 '예배용(의식용) 불화'를 제작하였다. 요컨대 A의 불화작품과 B의 불화작품은 문수보살의 설화를 바탕으로 한 종교불화라는 점에서 동일하지만, 전자는 사찰의 분위기를 높여주는 '장엄용 불화'라는 점과 후자는 후불탱화로서 '의식용 불화'라는 점에 불화의 목적상 차이가 있다.

종교(회)화라는 전통적 불화의 영역에서 보면 전자의 민화사건에서 보다 더욱 처절함이 담겨져 있다.

종교미술의 하나인 종교(회)화의 가장 큰 특징은 그 종교가 갖고 있는 교리나 내용을 알기 쉽게 그림으로 풀어 대중을 교화시키는데 있다. 불교회화(불화) 역시 종교화로서 석가모니 부처에서부터 여러 부처들을 시각화하거나 이들의 설법들을 그림으로 풀어 대중들과 소통하고자 하는 것이다. 그렇기 때문에 사찰에서 활용되는 불교회화(불화)는 엄격한 방식[법식(法式)]에 의하여 제작되고 전승되어 오고 있다고 할 것이다. 불교의 수행과 의식을 위한 공간인 사찰과 그 공간(사찰)을 구성하는 불상·불탑·불화 등은 그동안 조금씩 변화가 일어났지만, 그 근본적인 체제는 지난 1600년간을 이어온 전통적인 체제가 지금까지 그대로 계승·전승되고 있다. 새로운 문화와 생활 양식에 맞는 새로운 체계의 모색이 근래에 적지 않게 이루어지고 있기는 하지만, 불교회화(불화)는 아직까지도 전통의 계승과 재현에 주안점이 주어져 있다는 것이 불교계의 입장이다.3)

II. 불교회화(불화)

1. 불교회화(불화)의 의의

불화(佛畵)란 불교회화를 줄인 말로서, 넓은 의미로는 '불교와 관련된 모든 그림'을 말하기도 하고 '사찰(절)에 그려진 모든 그림'을 말하기도 하지만, 좁은 의미로는 '불교의 교리와 신앙에 기초하여 그 내용을 소재로 하여 그림으로 표현한 것'이다.4) 이러한 좁은 의미의 불화는 불탑, 불상이나 불경 등과 함께 불교신앙의 대상이며 사찰예배의 대상이 되는 불교미술의 중요한 분야이다. 좁은 의미의 불화는 불교의 교리를 알기 쉽게 압축하여 그린 그림, 즉 '불교 교리의 회화적 표현'을 말하지만, 더 좁은 의미의 불화는 사찰(절)의 법당 등에 모셔 놓고 예배하기 위한 존상화(尊像畵)만을 뜻하기도 한다. 일반적으로 '불화'라고 할 때는 이와 같은 존상화뿐만 아니라 불교도나 이교도를 교화하기 위한 갖가지 그림이나 사찰(절)의 장엄한 분위기를 살리기 위한 단청과 같은 여러 그림들을 포함하여 불교적인 목적으로 쓰이는 일체의 그림을 통틀어서 '불화'라고 한다. 요컨대 불화는 '불교적인 이념

---

3) 이주형, 한국 불교미술의 미학적 의미와 문화적 특징, 철학사상(제11권), 2002.12. 21~22면 참조.
4) 불교회화는 불교의 성립과 더불어 시작되었는데, 초기에는 불상을 대신하여 불족(佛足: 석존의 발바닥 모양)이나 법륜(法輪: 불교의 교의를 뜻하는 수레바퀴모양의 법구)을 그려 놓고 신앙하거나 보리수(菩提樹) 등의 상징적 대상물을 예배하기도 하였다. 이와 같이 불상이 없었던 무불상시대는 부처님이 열반에 드신 후 500여 년간 지속되었다.

(신앙)을 바탕으로 하여 나타낸 모든 형상'을 일컫는 것이라 할 수 있다.[5] 이러한 불화는 그 용도에 따라서 다음과 같이 크게 세 가지로 압축할 수 있다 : 1) 사찰의 신성하고 장엄한 분위기를 높여주기 위해 그린 '장엄용 불화', 2) 대중에게 불교의 교리를 쉽게 전달해 주기 위한 '교화용 불화', 3) 불교의식과 같은 때에 예배하기 위한 '예배용(의식용) 불화'이다.[6] 그런데 불화를 이와 같이 한 가지 용도로만 제한하는 것이 아니라, 예배용 불화이면서 장엄하는 기능도 있고, 또한 교화의 역할도 함께 하는 경우도 있다.

　　불화를 흔히 '시각적인 경전'이라고도 한다. 불화가 일반 회화작품과 다른 이유는 단순히 그림의 아름다움만을 추구하는 것이 아니라 그림 속에 바로 불교의 이념이나 사상

---

5) 따라서 불화는 불교경전에 등장하는 여러 존상들, 예를 들면, 부처님[佛陀]·보살·신중을 나타낸 그림, 고승대덕을 기리기 위하여 그린 그림, 부처님의 전생이야기, 부처님의 일대기, 법회의 모습을 그린 그림, 경전에 그려진 그림, 이처럼 불상을 모시는 전각에는 오색을 기조로 갖가지 문양을 베풀어 장엄하는 '단청' 그리고 벽에는 그림을　그려 종교적인 신성한 분위기를 조성하는 '벽화' 등을 말한다.

6) 1) 후불탱화는 불상과 함께 예배의 대상이 되기도 하지만, 그 불상이 상징하는 내용을 더욱 구체적으로 설명하고 장엄하는 구실을 하는 면에서는 예배화인 동시에 교화용 불화이자 또한 장엄용 불화라고 할 수 있다. 장엄용 불화의 대표적인 예는 천장이나 기둥, 문 등에 그리는 단청(丹靑)이라고 할 수 있다. 단청은 원래 건물에 그리는 그림을 총칭하는 말이었다. 그러므로 벽화를 곧 단청이라고 일컬었으나 요즘은 후불벽, 좌우 측벽 등과 같은 주요 벽면에 그린 특정한 주제의 불화를 벽화라고 부르고, 단청은 주로 건물의 나무 부재에 그리는 도안적인 그림을 일컫는다. 이러한 단청은 용이나 호랑이와 같은 서수(瑞獸), 봉황이나 가릉빈가와 같은 서조(瑞鳥), 연꽃이나 당초문과 같은 식물무늬를 주요 소재로 한다. 특히 천장에는 연꽃을 도안적인 형태로 그리고, 악기를 연주하거나 꽃이나 향을 공양하는 비천(飛天) 등을 그려 법당의 종교적인 분위기를 한층 높여준다. 2) 교화용 불화는 어려운 불교의 교리를 일반 대중에게 쉽게 전달해 주고자 그린 것으로 부처님의 일대기를 그린 불전도(佛傳圖)나 전생의 이야기를 그린 본생도(本生圖)가 있다. 팔상도(八相圖)는 조선시대에 널리 유행한 대표적인 불전도이다. 또한 죄를 지으면 그 업장(業障)에 따라 심판을 받고 지옥에 떨어진다는 내용을 그린 시왕도(十王圖), 반대로 선업(善業)을 쌓고 열심히 염불하고 수행하면 극락으로 인도된다는 내용을 그린 아미타래영도(阿彌陀來迎圖), 성반(盛飯)을 차려 부처님께 재를 올려 죽은 이의 영혼을 천도하는 내용을 그린 감로왕도(甘露王圖)와 같은 불화는 불교사상을 쉽게 풀이한 그림으로 대표적인 교화용 불화이다. 특히 경전에 포함되어 있는 경변상도(經變相圖)는 교리 내용을 그림으로 알기 쉽게 표현했다는 점에서 교화용 불화의 으뜸이라고 할 수 있다. 3) 불교의식 때 예배하기 위한 예배용 불화로는 법당 내의 후불탱화가 있다. 예컨대, 대웅전의 석가모니불상과 영산회상도, 극락전의 아미타불상과 극락회상도, 대적광전에는 비로자나삼신불상과 비로자나삼신불회도 등을 들 수 있다. 야외에서 법회를 거행할 때 본존불상 대신 불화를 높이 걸어 놓는 괘불(掛佛)이 있다. 법당 앞뜰에 있는 돌로 된 당간지주는 십수미터나 되는 거대한 괘불을 거는데 사용되는 것이다. 우리나라에는 흔하지 않지만 티베트 등지에서 밀교의식 때 사용하는 만다라(曼茶羅)도 예배화로 볼 수 있다.
그리고 "고려시대 불교회화는 장엄의 대상인 '불화'가 아니라 경배의 대상인 '화불'이다"라고 주장하고, 또한 "불교 신앙심이 두터운 화가의 그림이라도 신앙심을 일으킬만한 예술성과 신앙심을 일으키지 않으면 화불이 아니다"라고 전제하고 "제작자가 화불이라 칭하지 않더라도 감상자가 불교의 신앙심을 일으킨다면 화불"(허흥식)이라고 설명했다(허흥식, "고려 화불에서 불화로, 다시 화불로 부활", 동국포럼 국제학술대회 발표문. 허 교수는 "고려 말 조계종이 득세하면서 화불은 약화됐다"며 "조선 시대 불교가 도교와 유교의 세속성을 따르면서 크게 변질되고, 성리학의 공격으로 은둔하면서 화불이 발전하지 못했다"고 밝혔다. 그는 "화불은 고려를 정점으로 조선 전기까지 불교회화로 신앙심을 강하게 표현했으나 20세기 이후 불교예술이 세속화되고, 본래 정신이 퇴색되면서 화불은 본래 정신이 퇴색한 채 회화이론이나 유학자에 의해 학술용어로 탈바꿈하게 됐다"고 부연했다(금강신문, "고려 불교 회화, '불화' 아닌 '화불'", 2007.04.19. : http://www.ggbn.co.kr/news/articleView.html?idxno=2880).

등과 같은 불교적인 내용을 담고 있기 때문이다. 그리고 이러한 불교적인 내용을 알기 쉽
고 아름답게 그려놓은 불화를 통해 감명을 받아 불교의 세계를 이해하고 종교적인 실천을
하게 하는 것이 바로 불화의 진정한 의미이다. 따라서 불교를 시각적으로 이해하고 교화될
수 있는 가장 효과적인 불화는 종교화로서 예배의 대상이 되거나 혹은 부처의 세계를 장
엄하는 용도로 제작되었다. 우리가 흔히 알고 있는, 거는 형식의 불화인 '탱화(幀畵)' 외에
도 사찰 전각의 벽화와 단청까지도 불화의 범주에 들어간다. 최초의 불화 제작과 관련한
기록을 담은 초기 경전에는 사원의 각 공간은 법식(法式 불화를 그리는 정해진 방식)에 따라
정해진 내용의 그림이 그려졌고, 또한 정해진 채색으로 그려졌다고 전하며, 이는 현재의
사찰 공간에도 일정 부분 그대로 전승되고 있다. 그만큼 불화는 일정한 내용이 변함없이
그려지며 그 기법 역시 대체로 다채로운 채색으로 정교하고 묘하게 그려지는데, 탱화로 대
표되는 불화는 섬세한 선의 묘사와 함께 색채 사용에도 심혈을 기울여 제작하기 때문에
거의 수행에 가까운 작업으로 여겨진다. 그래서 전통사찰에는 부처 혹은 보살의 초상이나
경전 등 불교의 세계관을 담아 그림을 그리는 사람을 금어(金魚), 화승(畵僧), 화사(畵師), 화
원(畵員)이라 부르기도 한다.7)

2. 불교회화(불화)의 연혁

불화의 명확한 기원은 정확하게 알려진 바가 없으나, 불교의 성립과 거의 비슷한 시
기에 만들어졌으리라 추정되고 있으며,8) 지금까지 알려진 최초의 불화는 인도의 아잔타
석굴(石窟 Ajanta Caves)이다. 따라서 우리나라에 불교가 전래된 후부터 사원의 건립과 함께
우리나라에서도 불교적인 회화가 그려졌을 것으로 추측되지만 불화의 기원을 명확히 밝힐
수 있는 삼국시대의 불화는 남아 있는 것이 없다.9) 따라서 우리나라에서 언제부터 불화(탱

---

7) 불화를 제작한 인연을 적은 화기란(畵記欄)에는 이들 중 가장 우두머리를 주로 '금어(金魚)' '용면(龍眠)'
'편수(片手)' 등의 명칭으로 기재하고 있다. 오늘날 불화를 제작하는 장인(匠人)을 불화장이라고 하고,
2006년 국가무형문화재 제118호 불화장 기능보유자 故석정 스님과 임석환 선생을 기능보유자로 인정하
였다.
8) 경전에서는 부처님이 살이 계시던 불교 성립 초기부터 법당을 장엄했다는 사실을 전해주고 있다. '근본설
일체유부비나야잡사'(根本說一切有部毗那耶雜事) 제17권에서는 부처님이 가장 오래 머문 기원정사(祇園精
舍)에 불화를 그린 사실이 나오며, 이 내용으로 보아 불화는 기원정사에서부터 그렸고, 건물의 각 용도에
따라 그림의 내용을 달리했다는 사실을 알 수 있다.
9) '삼국유사'의 기록에 의하면 삼국시대에 '53불도', '천수관음도', '11면관음도', '미륵보살도', '보현보살도' 등
불화를 그렸다고 한다. 그리고 석굴암 조각의 팔부신장상(八部神將像)·사천왕상(四天王像) 등의 구도가
현재의 팔부신장도와 거의 같은 점 등으로 보아 오늘날 불화의 시원은 이미 삼국시대에 있었던 것으로
보인다. 다만 시대에 따라 차이를 보이는 것은 불화의 화폭에 각 존상을 배치하는 배열이나 여백의 이용
방법 등이 다르고, 기법에 차이를 나타내고 있는 것이라 하겠다. 그리고 고구려의 승려화사 담징(曇徵)의
영향을 받은 것으로 여겨지는 610년 일본 호류사(法隆寺) 금당 벽화, 653년 고구려 화사 자마려가 센겐지

화)를 그리게 되었는지는 확실하지 않지만, 석굴암의 석조탱(石彫幀)이 남아 있는 것으로
보아 신라시대에 시작된 것으로 볼 수 있다고 추론한다. 그리고 삼국시대 고분 벽화에서
스님의 모습, 연꽃 문양 등 불교적인 그림(불화)의 흔적을 살필 수 있고,10) 당시의 불화를
직접 볼 수 있는 것은 최근에 발견된 백지에 먹으로 쓴 '(백지묵서)대방광불화엄경(大方廣佛
華嚴經變相圖 744-745년, 국보 제196호; 삼성미술관 리움 소장)의 변상도(變相圖)11)가 유일하다.
여기에 그려진 불화는 자색(紫色)으로 물들인 닥종이에 금은니(金銀泥)로 불상·보살상·역
사상 등을 그렸는데, 유려한 필선과 정교하고 화려한 세부 표현 양식 등은 통일신라의 불
화에 대한 우수함을 보여준 것으로 통일신라 불교 회화의 높은 수준을 입증한 셈이다.12)

　불교 도입 이후 벽화와 탱화의 형태로 크게 발전한 우리나라 불화의 역사 중에 많은
사찰을 건립하고 수많은 불화를 제작했던 고려시대는 불화의 새로운 면모를 과시한 시대
이다.

　특히 당시 동아시아에서 최고 수준의 작품으로 인정받았던 '수월관음도'(水月觀音圖)가
유명하고13) 사경변상도(寫經變相圖)나 불경 판화를 통해서 이 시대 불교 회화의 면모를 살
펴볼 수 있다. 또한 벽화로는 영주 부석사의 조사당(祖師堂) 벽화(1377년)를 들 수 있는데,
이 벽화는 조사당의 조사도를 호위하던 범천·제석천과 사천왕상으로 구성되어 있다. 범천
·제석천의 정적이고 유려한 선(線)으로만 그린 그림이고, 사천왕상의 힘찬 동적인 구성과
표현력 등은 고려 불화가 지니는 격조 높은 예술성을 잘 반영해 주고 있다고 평가한다.14)

　(川原寺)의 불보살상을 그린 것으로 전해지고 있다.

10) 375년 고구려의 이불란사(伊佛蘭寺)가 처음 건립되면서 불화가 제작되었을 것으로 짐작되지만 현존하지
　　않고 있으며, 고구려 무용총의 공양도나 쌍영총의 행렬도, 장천리 고분의 예불도 같은 고분 벽화, 백제의
　　부소산 절터에서 발견된 사원 벽화의 파편과 무령왕릉 유품이나 부여 능산리 고분 변화의 천장도에 있
　　는 연화문 등을 볼 수 있다. 신라의 금관총이나 천마총, 고령의 벽화 고분, 순흥의 벽화 고분 등에서도
　　연꽃무늬가 발견된다. 특히 솔거(率居)가 그린 황룡사의 노송도(老松圖), 분황사의 전수대비관음보살, 산
　　청 단속사의 유마상(維摩像) 등이 있었다고 하지만 전해지지는 않았다.

11) 변상도는 불교의 교리에 입각하여 표현되는 종교화인데, '진리의 내용을 변화하여 나타낸 것'을 변상이라
　　한다. 대체로 변상도는 석가모니의 전생을 묘사한 본생도(本生圖)와 현생(現生)의 전기를 담은 불전도(佛
　　傳圖) 그리고 정토(淨土)의 장엄도(莊嚴圖)가 중심이 된다. 따라서 변상도는 교훈적 의미를 지닌 석가모
　　니 전생의 설화와 사상적 내용을 지닌 여러 형태의 불교 조형물을 뜻한다.[출처: 한국민족문화대백과사
　　전(변상도(變相圖) 참조]

12) 출처: 한국민족문화대백과사전(불교미술(佛敎美術) 참조.

13) 고려시대 수월관음도는 전세계 약 160점(일본이나 미국, 한국의 개인소장가들이 소장한 작품들까지
　　포함하면 약 200점정도로 추정하고 있다)정도 남아있는 고려불화 중에서 40점 정도에 이르는 가장
　　인기있는 불화이다. 중국에서 당송 시대 이후 형성된 33변화관음 중 하나인 수월관음의 모습을 도상
　　화한 수월관음도는 일반적으로 보타낙가산(補陀洛迦山)의 연못가 바위 위에 앉아 스승들을 만나서
　　깨우침을 받기위해 긴 여정을 떠난 선재동자의 방문을 받는 관음보살의 모습을 기본 구성으로 한다.
　　중국 당말(唐末) 오대(五代) 돈황(敦煌)에서 제작된 수월관음도들이 현존하는 수월관음도 중 가장 이
　　른 작품이며, 우리나라에서는 고려시대 제작된 관세음보살화 대부분이 수월관음도에 속한다. 출처:
　　https://namu.wiki/w/%EC%88%98%EC%9B%94%EA%B4%80%EC%9D%8C%EB%8F%84 참조.

그런데 대단히 아쉬운 점은 국내에는 몇 점의 작품만 전하고 거의 일본 등 외국에 있다는 사실이다. 즉 13세기경의 고려 불화작품이 국내에 5점[15] 정도 전해지고 있는 반면에, 일본에 80여 점[16] 그리고 유럽과 미국 지역에도 상당수 전해지고 있는 것으로 파악되고 있다.

고려시대부터 본격적으로 탱화(幀畵)의 형태로 불화가 제작되기 시작하였으며, 조선시대에 이르러는 상당수의 불화가 제작되어 전해지고 있다. 후대에 이르러 '탱화'는 '불화'를 대체하는 말로 사용되었으며, 오늘날도 불화와 탱화는 거의 같은 뜻으로 사용되고 있다. 고려 불화의 경우에는 여러 존상을 같이 배열할 경우 주존(主尊)을 돋보이게 상방(上方)으로 우뚝 솟게 배열하여 화면의 공간감을 극대화하였다. 반면에 조선시대 불화에서는 점차 평면적이고 가로로 넓게 펼쳐지는 구도로 점차 변모하였다. 또한 바탕재와 안료의 사용에서 커다란 차이가 있었는데, 조선시대의 불화에서는 금니(金尼)의 사용이 현저히 줄어들어 고려불화와의 현격한 차이를 보이고 있다. 이는 조선시대 불교가 여러 보살 신앙을 발전·전개시킨 데에서 연유하고 다른 한편으로는 귀족불교에서 대중불교로 전개된 양상을 나타내고 있는 것이다. 요컨대 기법이나 예술적인 가치의 측면에서 보면 고려시대 불화가 훨씬 높은 가치를 지니고 있다고 할 수 있으며, 고려시대 불화가 귀족적 취향을 나타내는 것이라면 조선시대 불화는 민중적 취향을 나타내고 있는 것이라 할 수 있다.

조선시대의 불화는 임진왜란을 전후하여 2기로 나누어 볼 수 있는데, 전기의 불화는 그렇게 많은 편이 아닌 반면에,[17] 후기의 불화는 전국 사찰에 걸쳐 많은 수가 전해지고 있

---

14) 출처: 한국민족문화대백과사전(불교미술(佛敎美術) 참조.

15) 현재 국립중앙박물관이 소장하고 있는 '아미타팔대보살도'(阿彌陀八大菩薩圖)은 검은 칠 바탕의 병풍(漆屛)에 금니로 그린 것이다. 그림의 체제는 사경변상도에서 볼 수 있는 것과 같이 그림의 주위를 금강저(金剛杵:악마를 깨뜨리는 무기)의 그림으로 외곽을 액자모양으로 제작되어 있는데, 이는 불가에서 "수행자가 불도를 닦는데 장애가 되는 것을 제한한다"는 의미인 '결계'(結界 제한된 경계)이다. 이 불화의 화기에 의하면 1307년 선원사(禪源寺)의 반두(班頭) 노영(魯英)이 그렸음을 알 수 있다. 그리고 고려시대의 사경변상도로는 화엄경변상도(趙明基 소장), 광덕사의 법화경변상도 등이 있다. [출처: 한국민족문화대백과사전(불교미술(佛敎美術) 참조]

16) 현재 일본에 전하는 고려 불화는 대체로 관경변상도·미륵변상도 등의 변상도와 아미타도·양류관음도·지장보살도 및 지장시왕도 등 다양한 작품들이 있는데, 이들 중 화기(畵記)가 있는 작품 가운데 가장 연대가 올라가는 것은 1286년의 '아미타여래도'이다. 중생을 제도하고 있는 아미타여래의 활기찬 모습이 화려하면서도 박력 있는 필치와 표현을 보여 주는 걸작이다. 또한 동경 아사구사사(淺草寺)의 양류관음도(楊柳觀音圖)는 주목되는 작품인데, 섬세하고 유려한 고려 불화의 특색이 화면 전체에 잘 조화되어 매우 아름답고 귀족적인 기풍을 잘 나타내고 있다. 그리고 서구방(徐九方)이 그린 '양류관음도'(1323년)는 해변가 바위 위에 반가부좌 자세로 앉아 선재동자(善財童子)를 내려다보는 모습의 관음보살을 그린 것이다. 이러한 도상을 가지는 유사한 그림들이 일본에 많이 전하고 있다. 이밖에도 동경(東京) 세이카당(靜嘉堂)의 지장시왕도, 1306년에 그려진 아미타여래도(根津美術館 소장), 1309년의 아미타삼존도(上杉神社 소장), 1320년의 아미타팔대보살도(奈良松尾寺 소장), 지온원(知恩院)과 서복사(西福寺)의 16관경변상도 및 젠도사(善導寺)의 지장보살도 등이 주목되는 작품으로 꼽히고 있다.[출처: 한국민족문화대백과사전(불교미술(佛敎美術)] 참조.

17) 1) 본존 후불벽에 아미타후불 벽화와 그 뒷면에 있는 수월관음도 그리고 좌우벽에 있는 아미타내영도(阿

다.[18] 16세기 말의 임진왜란과 17세기 중반의 병자호란 등 40여년간에 걸친 전쟁으로 당시 사원들은 많은 피해를 입었는데 특히 불화(佛畵)는 완전히 불타 버렸거나 아니면 왜인(倭人)들이 닥치는 대로 약탈해 갔다. 초토화된 사찰에 그나마 다소 복구 또는 중창되어 영·정조시대에 이르러 불교미술은 새로운 발달을 보게 되었는데 오늘날 전국의 사찰에 전해지는 대부분의 불화는 이 시대 이후의 작품들이다.[19]

전기의 불화 특징은 일정한 양식 속에서 구도와 형태 그리고 채색 등이 이전 시대와 다른 양식적 특징을 보이는데, 고려의 불화가 주존과 협시(夾侍 좌우에서 가까이 모시는)보살의 2단 구성임에 비하여 이 시대에는 이러한 구도가 점차 무시되면서 화면에는 보살·사천왕 등 많은 구성 인물이 등장한다. 또 이전 시대의 탱화(불화)가 주로 홍색을 많이 사용하였음에 비하여 전기의 탱화(불화)는 연분홍 계통과 녹색이 밝고 연하게 채색되어 거의 밑바탕이 비칠 정도의 색감이 주조를 이루고 있었다.[20] 그러나 18세기 중반 이후에는 바탕과 광배(光背 부처의 몸에서 나오는 성스러운 빛을 형상화한 의장) 등에 녹색을 두드러지게 사용하고 거기에 감홍색을 배합하는 등 강렬한 색의 대비를 나타내었다. 어느 정도 차이는 있지만 녹색과 홍색을 주조색으로 하면서 황토색·검정색·금니·하늘색·흰색 등을 배합한 특색이 나타났다. 그리고 보관·옷깃·홀(笏)·법의의 일부 등을 제외하고는 금니(金泥)의 사용이 극도로 제한된 특색이 있다.[21]

彌陀來迎圖)와 석가설법도 등으로 나누어져 있는 무위사(無爲寺) '극락전의 벽화'가 있다. 중앙의 아미타후불 벽화는 미타 좌우에 관음과 지장보살을 배치하였고, 그 위에는 각각 3분씩 6분의 제자상을 나타냈다. 고려 불화에서 보이던 복잡하고 화려한 묘선이 많이 간명해지긴 하였으나 아직도 섬세하고 우아한 화풍을 간직하고 있는 조선 초기의 우수작에 속하는 작품이다. 뒷벽의 관음도는 버들가지와 감로병(甘露瓶)을 들고 큰 원형 광배를 등지고 서 있는 관음보살을 그린 그림이다. 흰 천의를 나타낸 먹선의 힘찬 필세와 당당한 기풍은 참으로 명공의 절묘한 표현 수법을 잘 나타내고 있다.또 아미타내영도는 중앙의 아미타불을 중심으로 좌우에 8대보살의 입상을 나타내었고 그 뒤쪽에 성문(聲聞)의 제자상이 보인다. 그리고 석가설법도는 석가와 문수·보현의 양대 보살 및 아난·가섭을 위시하여 제자상과 두 보살이 보인다. 이 무위사 벽화는 1476(성종7)년에 제작된 것으로 조선 초기 불화 양식을 파악하는데 매우 중요한 자료가 된다. 2) 국립중앙박물관에 소장된 1565(명종 20)년의 '약사여래삼존도' 역시 조선 초기 불화를 대표하는 훌륭한 작품으로 꼽히고 있다. 출처: 한국민족문화대백과사전(불교미술(佛敎美術) 참조.

18) 이 시기의 대표적인 작품으로는 1) 봉정사 극락전의 아미타후불탱화(1712년), 2) 운흥사 팔상탱화(1719년), 3) 직지사 대웅전의 삼신후불탱화(1744년), 4) 화엄사 대웅전의 삼신후불탱화(1757년), 5) 장곡사의 영산탱화(1759년), 6) 통도사의 삼장탱화(1792년), 7) 동화사 극락전의 후불탱화, 8) 쌍계사 대웅전의 삼신후불탱화 등 수많은 탱화를 열거할 수 있다.
사경변상도 가운데 초기에 속하는 것은 내소사 소장 법화경절본사본(보물 제278호)의 변상도가 있다. 전대의 광덕사 전래 변상도 등에는 미치지 못하나 아직까지 고려시대의 양식을 충실히 따르고 있는 중요한 변상도로서 1415년 제작되었다. 이러한 사경변상도는 시대가 내려감에 따라 전대에 비하여 그 섬세도가 떨어질 뿐만 아니라 재료에 있어서도 장지(丈紙) 또는 백지가 등장함을 볼 수 있다. 출처: 한국민족문화대백과사전(불교미술(佛敎美術) 참조.

19) 출처: 한국민족문화대백과사전(불교미술(佛敎美術) 참조.

20) 출처: 한국민족문화대백과사전(불교미술(佛敎美術) 참조.

21) 김정희, 불화(佛畵)-조선후기 불교회화의 이해(http://blog.daum.net/gijuzzang/3299589) 참조.

후기에 해당하는 19세기의 불화에 나타난 가장 큰 변화는 구도인데, 18세기와 마찬가지로 본존 혹은 주존을 중심으로 하여 권속들이 둥글게 에워싸는 군도형식(群圖型式)이 가장 기본을 이루지만, 대체적으로 불화의 규모가 소형화됨에 따라 일부 권속이 생략되기도 하고 또한 일부에서는 작아진 화면에 오히려 이전보다 많은 권속(眷屬)들이 등장하기도 함으로써 상대적으로 화면은 더욱 복잡해지기도 하였다. 또한 18세기 불화에서 보였던 둥글고 원만했던 얼굴의 모습은 점차 현실적인 모습으로 변모하였으며, 신체의 비례가 맞지 않아 다소 우스운 모습이 보이기도 하였다. 얼굴은 전보다 더 가늘고 길어졌으며 아주 작은 입술은 얼굴 한 가운데에 몰려있었고 신체 또한 가늘고 긴 모습으로 탄력이나 양감(量感)이 줄어들어 중생을 구제하는 넉넉하고 자비로운 불(佛) 또는 보살과 다소 거리가 있었다.22)

오늘날 각 사찰의 법당에는 대형 불화가 본존불의 후불탱을 비롯하여 주벽에 배치되어 있고 모두 하단부에 화기(畵記)를 묵기하였으므로 조성연대와 소속 사원, 화주, 시주, 화공들의 존재를 알 수 있어 회화사 연구에도 귀중한 자료가 되고 있다. 그리고 불교회화는 어느 불교미술보다도 다양하고 다채로우며, 색채를 칠하되 색의 종류가 많으며 색칠의 농도가 일정하지 않아 불화제작에 있어 높은 예술의 경지에 이르고 있음을 알 수 있다.

3. 불교회화(불화)의 종류

가. 불화가 만들어진 형태에 따른 분류

불화는 만들어진 형태에 따라 1) 벽에 그리는 벽화(壁畵), 2) 거는 그림인 탱화(幀畵), 3) 종이에 그리는 경화(經畵) 등으로 분류할 수 있는데, 우리나라에서 주류를 이루는 불화는 탱화23)이기 때문에 불화를 탱화, 불탱(佛幀)이라 칭하기도 한다.

---

22) 1880년대를 전후하여 경기도 일대에서는 권속들의 얼굴에 음영을 표현하는 기법이 등장하였는데, 눈주위, 코부분, 뺨부분 등을 짙게 칠하여 움푹 들어간 느낌을 주면서 얼굴 골격을 유난히 강조한 불화들이 등장하였다. 이는 조선후기에 이르러 서양화법이 전래되면서 전통적인 표현법에도 영향을 끼친 것으로 이해된다(http://blog.daum.net/gijuzzang/3299589 참조).

23) 탱화는 티베트에서 유래한 'Thang-ka'(탕카)가 어원이다. 한자로 족자그림 '정(幀)'자를 쓰면서도 읽기는 '탱'으로 읽는 아주 특이한 단어이다. 그런데 우리나라 논문 중에 탱화(幀畵)를 정화(幀畵)로 적고 있는 경우도 있다(홍윤식,한국사원전래의 불화내용과 그 성격-조사방법론을 중심으로-).
국보 또는 보물인 불화(佛畵)를 어떻게 부를 것인가를 두고 문화재청이 의견을 수렴하고 있다. 한국의 불화는 벽화보다는 내거는 탱화가 주류였고, '괘불탱'처럼 탱이나 탱화로 불려 왔다. 현재 국보, 보물의 명칭에는 '칠장사오불회괘불탱'(국보)이나 '안심사영산회괘불탱'(〃)처럼 '탱'이 절대 다수다. 그러나 '문경 김룡사 영산회괘불도'(보물)처럼 '도'도 일부 섞여 있다. 문화재청은 2011년 11월 9일 불교회화 분야 국보, 보물 지정 명칭 부여 지침을 최근 마련하면서 '탱'이라는 단어가 이해하기 쉽지 않다고 보고, 명칭을 '도(圖)'로 변경해 통일하는 것을 추진했다. 그러나 대한불교조계종이 "성보문화재로서 불화의 조성 당시 용어를 존중하길 바란다"며 반대의견을 내고, 조계종은 "불교회화는 종교적 예경의 대상이며 조성 당시

벽화는 전각을 장엄하기 위해 그 안팎 벽면에 직접 그리는 그림을 말한다. 부처님을 봉안하는 전각은 부처님의 정토를 인간 세상에 형상화한 공간이라고 할 수 있다. 그러므로 종교적인 분위기가 충만하도록 아름답고 숭고하게 장엄한다. 벽화는 벽면의 재질에 따라 토벽화(土壁畵), 석벽화(石壁畵), 판벽화(板壁畵)로 나눌 수 있다. 우리나라 사찰의 전각은 나무로 가구(架構)를 엮고, 이들 사이에 생긴 공간에 흙으로 벽을 만들고 그 위에 벽화를 그리므로 대다수가 토벽화다. 벽화는 건물의 수명과 연관되므로 건물이 훼손되면 벽화도 손상을 입게 마련이다. 우리나라는 여러 차례 전란을 겪어서 연대가 오래된 전각과 벽화가 그다지 많지는 않다. 기원정사를 그림으로 장엄했다는 기록에서 불화가 처음에는 벽화로 시작되었다는 것을 알 수 있다.[24]

탱화는 불교의 구체적인 내용과 사상이 담긴 불교 경전의 내용을 종이·비단 또는 삼베 등[25]에 그린 것으로 신앙의 대상으로서 벽면에 액자 또는 족자의 형태로 걸도록 만들어진 불화의 한 종류이다.[26] 즉 탱화는 종교적 체험이라는 목적을 달성하는 데 필요한 의궤를 질서 정연하게 도상화(圖像化) 한 것이다. 우리나라의 사찰은 어디든지 신앙대상으로 불상을 봉안하고 그 뒤에 탱화[후불탱화]가 걸려 있는 것이 보통인데, 일본이나 중국 등지의 사찰에는 이와 같은 탱화가 없다. 물론 일본이나 중국에도 탱화가 있긴 하지만 한국 탱화처럼 직접적인 신앙대상으로 봉안되거나 불상의 뒷벽에 거는 후불탱화로서의 성격을 가지는 것은 아니다. 요컨대 후불탱화는 본존불 뒤에 놓여 본존불의 신앙적 성격을 보다 구체적으로 묘사해 놓은 불화(그림)인데, 고려시대부터 본격적으로 시작되었다. 그러나 대웅전의 천장화나 사찰 전각 외벽의 심우도 등도 탱화의 범주에 속하며, 사찰의 큰 행사 때 마당에 걸어두는 괘불(掛佛)도 우리나라와 티베트에만 존재하는 세계적으로 유례가 없는

화기(畵記)에도 탱, 탱화를 사용한 만큼 이 용어가 지닌 종교적 가치와 문화재적 가치가 인정돼야 한다"는 입장을 문화재청에 보냈다. 이에 따라 명칭 변경은 보류되었다(매일종교신문, "불교 회화 용어, 문화재청 '도(圖)' 변경 추진에 조계종은 '탱(幀)' 고수", 2020.05.13. : http://www.dailywrn.com/15573).

24) 우리나라도 조선 초기까지는 법당의 불화를 대부분 벽화로 제작했다. 그러나 조선시대 중기 이후에는 제작공정이 어려운 벽화를 제작하기보다는 탱화를 그려 벽에 거는 방식이 유행했다. 지금까지 남아 있는 사찰의 벽화 가운데 주목받는 것은 경상북도 영주 부석사 조사당에 그려져 있는 범천과 제석천도, 사천왕도가 고려시대의 벽화로 유명하다. 안동 봉정사 대웅전의 영산회상도(1435년경)와 강진 무위사 극락전의 아미타 후불 벽화(1476년)·아미타래영도·설법도·관음도 등도 널리 알려져 있다. 양산 통도사 영산전의 보탑도, 양산 신흥사 대광전의 아미타여래도와 약사삼존도, 고창 선운사 대웅전의 후불 벽화(1840년) 등도 유명하다.

25) 주로 비단과 삼베 바탕에 그림을 그린 다음, 족자나 액자로 만든 탱화는 조선조 후기에 이르면 모시, 종이 등 그 바탕 재료가 한층 다양해짐을 볼 수 있다.

26) 탱화라는 명칭과 관련해서 1) 부처님을 그림 속 주인공으로 삼는 경우에 '탱화'라 하고 2) 불교종파의 조사(祖師) 또는 고승을 주인공으로 한 그림은 영정(影幀)이라고 부르고 본 모습을 닮은 그림자라는 뜻으로 진영(眞影)이라고도 부른다. 사찰에는 조사당 또는 진영각이라는 전각이 있는데, 여기에는 각 사찰과 인연이 있는 스님들의 초상화를 봉안한다.

탱화의 일종이다.27)

경전에는 손으로 직접 베껴 쓴 사경(寫經)[사경화]과 나무와 같은 판에 새겨서 찍어낸 판경(版經)[판경화]이 있다. 이러한 경전에는 가장 핵심적인 내용이나 본문을 압축한 그림이 실려 있어 경전의 내용을 쉽게 이해할 수 있다. 이 그림들은 경전의 내용을 그림으로 표현했으므로 흔히 변상도(變相圖)라고도 부른다. 이러한 경전 변상도는 심오하고 양이 많은 경전 내용을 한 장 또는 몇 장의 그림에 압축해서 표현해 경전의 세계로 인도하고 교화한다는 점에 그 의의가 있다. 그러나 사실 방대한 내용을 좁은 지면에 함축적으로 그린다는 것은 쉬운 일이 아니므로 경전 변상도 중에는 경전의 내용 가운데 여러 장면을 한 화면에 설명적으로 표현해서 보기에 매우 복잡한 것도 있다. 반면 구체적인 내용을 생략하고 부처님의 설법장면으로 변상을 대표하는 것도 있다. 주제별로 경전의 종류만큼 다양하고, 또한 같은 경전이라도 사경화와 판경화의 도상이 같은 것이 있고 다른 것도 있어, 경전 변상의 도상은 실로 무수하다고 할 수 있다.28)

나. 불화의 분화양상에 따른 분류

불화의 소재는 다양하나 시대에 따라 변천하는 신앙의 양상에 의하여 그 전개 양상도 달라진다. 우리나라 불화의 소재와 전개, 분화양상(分化樣相)은 대체로 다음과 같다 : 1) 불교를 절대적인 경지에서 보면 형상도 형체도 없는 것이므로 그것을 표현할 수가 없다. 그러나 부득이 그를 표현하고자 할 때에는 가상(假相)의 위에서 표현하게 된다. 불교에서는 흔히 부처를 법신불(法身佛)·보신불(報身佛)·화신불(化身佛)의 삼신불(三身佛)로 나누고 있다.29) 법신불멸 법신상주(法身不滅法身常住)의 부처가 그림(회화)으로 나타나게 되는데, 일찍이 아사세왕(阿闍世王)의 신하 우사(雨舍)가 석가의 일생을 8상(相)으로 나누어 그린 '여래본

---

27) 이러한 괘불은 높이가 10~15m에 이르는 대형불화인데 전국에 90여 점이 있다.

28) 지금까지 전해오는 사경과 판경을 통틀어서 '묘법연화경'(妙法蓮華經)이 가장 많이 간행되었다. 법화경은 대승경전 가운데 가장 기본적인 경전이고, 또한 법화경에서 경전 간행의 공덕을 크게 강조했기 때문이다. 경전에 그림이 배치되는 형식은 권수화(卷首畵)형식, 삽도(揷圖)형식, 병렬전개(並列展開)형식의 세 가지가 있다. 권수화형식은 경전의 첫머리에 그 경의 내용을 압축하거나 대표적인 내용을 묘사한 것이다. 경전화의 대부분이 이 형식으로 이루어져 있다. 삽도형식은 경전의 본문 가운데 필요한 부분에 그림을 삽입하는 형식을 말한다. 병렬전개형식은 경전의 모든 장마다 본문과 그에 해당하는 그림을 동시에 전개하는 형식이다. 대체로 글과 그림이 상하 또는 좌우로 배치된다. 경전화의 도상에서 불화와 다른 것은 화면이 가로로 길기 때문에 도상이 주로 횡적인 구도로 전개된다는 점이다. 또한 우리나라 경전화의 특징은 사경화건 판경화건 간에 채색이 없는 선묘화(線描畵)라는 점이다. 경전 변상도의 양식은 바로 이 선의 성격으로 좌우된다고 할 수 있다.

29) 화신불은 진실한 불신(佛身)인 법신과 보신의 표현이라 할 수 있다. 즉, 이는 가상의 불신으로, 석가모니를 일러 화신불이라 하며, 이에 근거를 두고 부처의 모습 등을 표현하게 된 것이다. 그런데 가상에는 반드시 처음과 마지막이 있다. 이 때문에 가상불인 석가는 결국 입멸(入滅)하고 법신불멸의 설법을 남기게 된 것이다. 그리고 이와 같은 설법 내용은 다시 가상의 문자에 의해 경전으로 만들어졌다.

행지도'(如來本行之圖)인데, 일명 석가팔상도(釋迦八相圖)라고도 한다.30) 2) 우리나라 사찰 전래의 불화(탱화)도 이와 같은 석가팔상의 생애 중 뒤의 세 가지가 '화엄경'31) · '법화경'32)의 내용을 회화적으로 표현하는 데 중점을 두고 있기 때문에, 결국 우리나라 불화(탱화)는 '화엄경'과 '법화경'의 내용을 표현한 후불탱화가 중심이 되고 이 후불탱화에서 다시 분화되어 다양한 각종 탱화로 전개 · 발전되고 있다.

탱화의 분화는 신앙 형태의 분화를 의미한다. 이와 같은 신앙의 분화가 우리나라에서는 일차적으로 상단(上壇) · 중단(中壇) · 하단(下壇) 신앙으로 분화된다. 여기서 다시 이차적인 분화 현상(상 · 중 · 하)이 나타나 보다 다양한 탱화가 제작되었고, 그에 따른 신앙행위를 하게 된다. 상단인 주불단에 주(主)가 되는 불화인 불보살탱화(佛菩薩幀畵)가 그려지고, 호법신을 그린 신중탱화(神衆幀畵) 등과 같은 불화들이 중단에 걸리고, 하단에는 영단(靈壇)이나 명부전(冥府殿) 등에 걸리는 불화인 영가천도를 위한 영단탱화(靈壇幀畵)가 모셔진다. 그러나 이러한 신앙 형태의 분화들은 의식을 중시하게 된 조선시대 사찰에서 드러나는 특

---

30) 팔상이란 도솔래의상(兜率來儀相) · 비람강생상(毘藍降生相) · 사문유관상(四門遊觀相) · 유성출가상(踰城出家相) · 설산수도상(雪山修道相) · 수하항마상(樹下降魔相) · 녹원전법상(鹿苑轉法相) · 쌍림열반상(雙林涅槃相)을 가리킨다. 명칭상으로는 경론에 다소 차이가 있으나 대체로 강도솔(降兜率) · 탁태(託胎) · 강탄(降誕) · 출가(出家) · 항마(降魔) · 성도(成道) · 설법(說法) · 열반(涅槃)의 내용을 지닌 것이라 할 수 있다. 이 팔상도에 의하면 석가의 일생은 천(天) · 인(人) · 불(佛)의 세 가지 모습에 의하여 성립되고 있음을 알 수 있다. 이중 석가모니의 불상(佛相)은 성도상 · 설법상 · 열반상이다. 보통 석가의 설법 내용을 경전상으로 볼 때 '화엄경'(華嚴經) · '아함경'(阿含經) · '방등경'(方等經) · '반야경'(般若經) · '법화경'(法華經) · '열반경'(涅槃經)으로 그 순서를 구분하기도 한다. 이와 같은 경전 내용을 팔상에 의해서 보면 '화엄경' · '법화경' · '열반경'은 석가의 생애를 나타내고 있는데, '화엄경'은 성도의 불심(佛心)을, '법화경'은 전법륜을, '열반경'은 입열반(入涅槃)의 불심을 각각 나타낸 것이라 할 수 있다.

31) '화엄경'은 석가성도의 상을 그대로 나타낸 것이다. 진리의 세계는 한없이 깊은 광명에 의하여 비추어지고 규명되고 있음을 밝히고 있다. 이 같은 세계를 연화장세계(蓮花藏世界)라 하고 근본 부처를 비로자나불(毘盧遮那佛)이라 한다. 그런데 이와 같은 '화엄경'의 연화장세계, 즉 석가모니의 성도상이 탱화로 그려지고 있음을 사찰에서 가끔 발견할 수 있다. 이를 화엄탱화(華嚴幀畵) 또는 화엄변상도(華嚴變相圖)라 하고, 화엄전의 주불 뒤에 모셔졌을 때 화엄전 후불탱화라 한다.
그런데 화엄탱화에서 자내증(自內證)의 선우(善友)인 보살과 천선중(天仙衆)은 다시 그 기능이 독립되어 신중탱화(神衆幀畵)로 분화된다. 신중단의식(神衆壇儀式)에서 화엄신중이라 함은 이를 말하는 것이다. 즉, '화엄경'에서 말하는 적멸도량에서 정각(正覺)을 이룸과 동시에 일체의 도량에서 정각을 이룬 무수한 보살과 금강역사(金剛力士) 등 33중(衆)이 있다. 이들 제성중(諸聖衆)은 인도 당시의 토속신이 많이 포함되어 있다. 대승불교가 발전함에 있어, 또는 지역을 달리함에 있어 수호신은 더욱 첨가되고 분화되어 제법선신중(諸法善神衆)으로서의 신중신앙을 낳았다. 그리고 이와 같은 신앙에 의거하여 신중탱화가 발생하였다.

32) '법화경'은 8상 중 전법륜상에 해당하며, '법화경'의 그림은 영산법회의 광경을 그린 것이기 때문에 영산회상도(靈山會相圖)라 한다. 여기서 영산이란 영축산(靈鷲山)의 준말로서 석가의 '법화경' 설법 장소를 가리킨다. 그러나 보다 넓은 의미로 영산회상은 일정한 장소에 구애됨이 없는 석가의 설법 모임을 지칭하게 된다. 이러한 영산회상도는 석가모니가 보좌(寶座)에 앉아 보살들과 십대제자를 앞에 두고 설법을 하며 호법선신인 사대천왕(四大天王)이나 팔부신장(八部神將)이 도량을 호위하고 천선녀(天仙女)가 그 광경을 찬탄하는 것으로 구성되어 있다. 우리나라 사찰의 후불탱화는 이와 같은 석가설법의 광경을 그림으로 표현한 것이 대종을 이루고 있다.

징으로 고려시대의 불교회화에까지 적용된다고는 볼 수 없다.[33]

다. 불화의 주제에 따른 분류

불화는 주제에 따라 분류할 수 있는데, 일반적으로 다음과 같은 종류들이 있다 : 1) 석가불화(釋迦佛畵)는 부처님 위주로 그린 불화로서 부처님이 영축산(靈鷲山)에서 설법하는 모습을 그린 것인데, 석가독존도·석가삼존도·석가오존도·팔상도·석가16나한도·영산회상도(靈山會相圖)·팔상도 등이 있는데, 석가모니께서 영취산에서 묘법연화격을 설법한 장면을 그린 영산회상도는 주로 대웅전에 걸리게 된다. 2) 아마타불화(阿彌陀佛畵)는 서방 극락정토를 주재하는 아미타불을 그린 불화로서 아마타독존도·아미타삼존도·아미타칠존도·관경변상도(觀經變相圖)·아미타극락회상도(阿彌陀極樂會上圖) 등이 있는데, 조선후기에는 극락전의 후불탱화로 아마타극락회상도가 주로 그려져 봉안되었다. 3) 광명의 부처님인 비로자나[34]를 그린 비로자나불화(毘盧遮那佛畵)가 있는데, 부처님의 진리가 이 세상 어디에나 두루 비친다는 의미를 지니고 있다. 대적광전 또는 대광명전에 봉안하며, 주로 세폭으로 이루어진 비로자나삼신불화[35]를 봉안한다, 4) 대승불교에서 중요시되는 것으로 "위로는 진리를 찾고, 아래로는 중생을 제도한다"는 이상을 실천하는 모습으로 중요시하는 보살도(菩薩圖)가 있는데, 관음보살도가 대표적이다. 그 밖에 5) 사천왕 또는 팔부중 등과 같이 불교(佛敎)를 수호하고 중생을 지켜주는 수호신들을 그린 것으로 대웅전의 좌우 벽면 혹은 각종 전각에 설치된 신중(神衆)탱화,[36] 북두칠성에 대한 신앙을 불교화한 칠성(七星)탱화, 지장보살을 그린 지장(地藏)탱화, 산신각에 모신 산신(山神)탱화, 염라왕의 심판을 그린 시왕(十王)탱화, 원혼들의 극락왕생을 발원하는 데 쓰인 감로(甘露)탱화, 도리천의 우두머리인 제석을 그린 제석(帝釋)탱화, 공양을 짓는 부엌의 신인 조왕신을 묘사한 조왕(竈王)탱화와 현왕(現王)탱화, 부처의 제자인 나반존자를 그린 독성(獨聖)탱화 등 많은 종류가 있다.

---

33) 대한불교조계종, 유형성보문화재 :
   http://www.buddhism.or.kr/bbs/board.php?bo_table=DN_Content_cul&wr_id=25&DNUX=cul_02_010104.

34) '화엄경'의 본존으로 널리 신앙되었으며 밀교에서는 대일여래(大日如來)라고 부른다. 석가모니와 같이 문수보살과 보현보살을 협시[脇侍: 본존인 여래(如來)를 좌우에서 가까이 모시는 상(像)]로 하고 있으며, 두 손을 마주 잡은 지권인(智拳印)을 결하고 있다.

35) 삼신은 법신(法身)·보신(報身)·화신(化身)을 일컫는다. 법신은 부처님의 진신(眞身), 즉 영겁토록 변치 않는 만유의 본체(本體)로서의 진리를 말하고, 보신은 인연에 따라 나타난 불신, 화신은 중생을 구제하기 위해 스스로 몸을 바꾸어 중생의 모습이 된 불신을 말한다. 삼신불화에서 법신은 비로자나부처님(毘盧遮那佛), 보신은 노사나부처님(盧舍那佛), 화신은 석가모니부처님으로 표현한다. 법신 비로자나부처님은 지권인(智拳印)을 취하며, 협시보살은 석가모니부처님과 마찬가지로 문수와 보현 보살이다. 보신 노사나부처님은 양손을 벌리고 설법인(說法印)을 취하며, 주로 보관을 쓴 보살형으로 표현된다. 화신 석가모니부처님은 항마촉지인을 취하며, 영산회상도와 같은 도상이다.

36) 신중탱화는 수호신적인 기능을 띤 그림이인데, 한국의 토속신앙과 불교신앙이 결합되어 그림으로 표현된 것으로서 등장인물들도 해학적이고 토속적인 것이 많다.

4. 불화의 특수성

가. 성질에 따른 특수성

불화는 불교신앙의 내용(교리)을 알기 쉽게 압축하여 그림으로 표현한 것으로서 불탑, 불상, 불경 등과 함께 불교 신앙의 대상이 되는 그림(회화)이다. 따라서 전통적인 '종교화로서의 불화'는 경전의 내용 내지 불교의 가르침을 담아낸 '시각적인 경전'으로 평가되며 예배의 대상이 되거나 부처의 세계를 장엄하는 용도 혹은 혹은 대중들에게 불교의 교리를 쉽게 전달하기 위하여 제작되었다. 따라서 '시각적인 경전'인 불화가 일반 회화작품과 다른 이유는 단순히 그림의 아름다움만을 추구하는 것이 아니라 그림 속에 바로 불교의 이념이나 사상 등과 같은 불교적인 내용을 담고 있기 때문이다. 그리고 이러한 불교적인 내용을 알기 쉽고 아름답게 그려놓은 불화를 통해 감명을 받아 불교의 세계를 이해하고 종교적인 실천을 하게 하는 것이 바로 불화의 진정한 의미이다. 그래서 전통사찰에는 부처 혹은 보살의 초상이나 경전 등 불교의 세계관을 담아 그림을 그리는 사람을 존경의 의미로 금어(金魚)[37]라고 하였다.

나. 제작방식에 따른 특수성

(1) 전통적 불화제작 방식[법식(法式)]

불화 제작과 관련한 기록을 담은 초기 경전에는 사원의 각 공간은 법식(法式 불화를 그리는 정해진 방식)에 따라 정해진 내용의 그림이 그려졌고, 또한 정해진 채색으로 그려졌다고 전하며, 이는 현재의 사찰 공간에도 일정 부분 그대로 전승되고 있다. 그만큼 불화는 일정한 내용이 변함없이 그려지며 그 기법 역시 대체로 다채로운 채색으로 정묘하게 그려지는데, 탱화로 대표되는 불화는 섬세한 선의 묘사와 함께 색채 사용에도 심혈을 기울여 제작하기 때문에 거의 수행에 가까운 작업으로 여겨진다. 그래서 전통사찰에는 부처 혹은 보살의 초상이나 경전 등 불교의 세계관을 담아 그림을 그리는 사람을 화승(畵僧), 화사(畵師)라고 칭하였던 것이다. 2006년 국가무형문화재 제118호 불화장 기능보유자 고(故)석정 스님이 바로 '화승'인 셈이다.

따라서 '종교화로서의 불화'는 종교적 신앙심을 고취 시키고 표방하고자 하는 종교적 이념을 반영시키기 위한 목적으로 작업이 이뤄지는 것으로 개인의 순수한 창작 작품인 순

---

37) 여기서 '금어'란 문언적으로는 '금붕어'를 의미하지만, 그 유래는 "부처님의 상을 그리면 내세에 극락정토 연못의 물고기로 환생시켜 주겠다"는 불교 설화에서 비롯되었다. 금어를 사용한 화기(畵記)는 충북 갑산의 괘불도(1650년)에서 확인된다. 그리고 18세기 개암사 괘불(1749년)의 화기에는 의겸 스님을 '금어존숙'(金魚尊宿)이러 표현하여 "남에게 본보기가 될 만한 존경스러운 스승임'을 표시하였다(김나래, [그림으로 읽는 불교상징] 화승畵僧금어金魚,불광미디어(bulkwang.co.kr) 참조).

수회화와는 제작동기와 목적 등에 있어서 현저하게 다를 뿐만 아니라 그 제작방법 등에 있어서도 자유로운 구도와 형상 그리고 채색이 허용되지 않고 하나의 규범인 법식(法式)에 따라 제작된다는 특수성이 있다.

　　우리나라 불교회화(불화)는 대중 교화라는 큰 목적 아래 경전을 구현화한 것으로 일반 회화와는 달리 형식적이며 전통적인 방식을 고수하며 계승되어 왔다. 불교회화(불화)에서 장식적인 표현들은 대중들에게 예배대상을 향한 존경과 장엄미를 불러일으켜 자연스럽게 예배대상과 종교에 귀의하려 했던 것이며, 예배를 위해 모인 대중들을 수용하기 위해 규모가 커진 법당에 장식되는 불교회화(불화) 역시 건물 규모에 따라 대형화되었다. 대형불교회화(불화)에서 보이는 밀도 있는 구도와 세밀한 장식적 표현은 한 개인 화원의 원력이 아닌 다수의 화원들의 참여, 후원자와 대중들의 분업과 전문적인 기술을 통해 제작되었으며, 그런 대형불교회화(불화) 제작의 방식은 경제적 상황에 따라 다르지만 조선후기까지 계승된 것으로 추정된다.

　　요컨대 '종교화로서의 불화'는 전통적으로 내려오는 도상(圖像, iconography)이라고 하는 특수한 '종교적 규범'의 범위 안에서 경전의 내용에 맞게 계승·변용하여 그려야 한다는 특수성이 인정된다. 예컨대 불화에 쓰이는 색도 청(靑)·적(赤)·황(黃)·백(白)·흑(黑)의 오방색으로 동(東)·남(南)·중앙(中)·서(西)·북(北)의 방향을 나타낸다. 우리나라 고유의 오방색은 나쁜 기운을 몰아내고 무병장수를 기원하는 색으로 자리 잡았는데, 이러한 이유로 옛날 스님들이 불화를 작업할 때는 악한 기운이 침투하지 않도록 금(禁)줄을 치고 목탁을 치면서 염불을 외운 후 일을 시작했다.[38]

　　그리고 시대마다 불화의 특징이 다른데, 불교가 국교였던 고려시대에는 화려한 불화였고, 조선시대에는 원색을 많이 이용했다. 또한 시대뿐만 아니라 지역별로 불화의 특징이 있기는 하지만, 불화의 제작에는 '32상 80종호'라는 기준을 지켜야 한다. 여기서 '32상 80종호'란 부처나 보살상을 그릴 때 지켜야 하는 수칙으로서 '이가 가지런한 모습', '몸이 금색으로 된 모습', '넓고 둥근 얼굴', '눈썹이 초승달 같고 짙푸른 유리색', '덕스러운 손발' 등을 가리킨다.[39]

---

38) 국가무형문화재 제118호 불화장 임석환 선생은 불화제작과 관련해서 다음과 같이 말씀을 하신다 : 이 제자들에게 항상 강조하는 말이다."불화는 붓 손질 한번, 선 하나에도 정신과 혼을 담아야 한다. 그렇지 않으면 부처님의 자비를 제대로 표현할 수 없다. 불화를 그리는 사람들은 생계의 수단으로 생각하기보다는 수행의 자세로 다가가야 한다. 또한 시대의 문화재를 그린다는 생각으로 열정과 정성을 다해 그림을 그려야 한다."

39) 불교 제존(諸尊)의 조상(彫像), 화상(畫像), 만다라, 불교적 주제를 담은 회화·조각의 양식과 내용 등에 관한 해석학을 불교도상학(佛敎圖像學 Buddhist Iconography)라고 한다. 불교도상학은 불교문헌에서 그 출전을 구명하고 타당한 해석을 하며 불교적 의의를 해명하는 것을 과제로 하지만 동시에 작품의 양식과 연대, 배경 등을 고찰하는 미술사의 연구와도 밀접한 관련을 갖는다. 이러한 불교도상학의 영역은 자세, 수인(手印), 지물 등 상(像)형식 일반에 관한 문제와 대좌(臺座), 광배(光背), 의복과 장식구, 조상법(造像

(2) 불화제작자의 몰개인성

불화는 궁정화원들이 제작한 사례들도 있지만, 현전하는 조선시대의 불화들은 대체로 불화를 그리는 승려들, 즉 화승(畵僧)들에 의해 제작되었다. 이러한 불화 (승려)제작자들이 불화를 제작하는 것은 개인적 성향을 드러내거나 종교 이외의 목적을 가지고 자신의 개인적 예술성(창작성)을 드러내는 '순수예술작품'을 창작하는 것이 목적이 아니었기 때문에 불화제작자 개개인은 부각되는 경우가 없었다.

또한 '종교화로서의 불화'는 주로 사찰 주지스님들의 주문에 의하여 제작되고, 작품을 의뢰하는 의뢰인(사찰 주지스님)은 사찰과 관련된 전승설화 또는 종교적 이념을 그림(회화)으로 표방하고자 하며, 불화작업자의 의사에 앞서 의뢰인(사찰 주지스님)의 의사가 투영된다는 특성이 있다.

불화를 제작하는 화원들 간의 교류와 계승 등으로 지역별·시대별 화원 문중을 형성하게 되고, 표현기법, 전통 도상 계승, 화첩의 전파와 확산 등 예배대상을 그리는 종교회화의 소의경전(所依經典)을 중심으로 각 문중화원들 간의 다양한 표현과 채색 기법이 불화에 녹아들게 되었다.[40] 그리고 고려시대나 조선시대이라는 시대적인 간극과 정치적 이념, 생활 풍토 등 당시의 다양한 환경에 맞게 불교도 불화도 변천해 왔다. 특히 불교회화(불화)는 당시의 시대적 환경을 그대로 구현화한 또 다른 문화적 표현으로써 현재에 계승·전승되고 있다. 그러나 이러한 다양한 표현 또는 변화된 표현 등은 불교회화(불화)가 경전이라는 일정한 규범 안에서 변천된 것으로써 일반회화의 시각[41]에서 판단해서는 안 되며 전통적 불화제작의 계승·전승이라는 시각에서 당시의 일정한 독자적인 양식이라고 이해해야 한다.

(3) 불화의 제작에 있어서 모방성(차용성)

종교미술의 의도는 종교의례에 참여한 사람들에게 특정한 종교적 내용을 전달하는데 그 목적이 있기 때문에, 종교미술은 의례참여자에게 정확하게 종교미술작품의 의도를 잘 전달하기 위해서는 기존에 전승되어온 도상의 이미지를 모방 내지 차용하는 경우가 많다. 불화의 제작에 있어서 이러한 모방은 '규범에 따른 법칙에 대한 순종'의 의미로서 '올바른 것에 대한 경모'의 뜻이 담긴 모방을 통하여 불화를 아름답게 제작해 가는 것이다.[42] 종교

法) 그리고 만다라와 그 조직에 관한 문제 등을 종합적으로 고찰하고 해명하는 것 등이다.

40) 김민, "고려불화와 조선불화에 사용된 채색 비교", 56-57면 참조.

41) 일반회화도 시대에 따른 유행과 풍토, 제작 당시 사용 재료의 수급의 한계 등에서 시대별·지역별 유사성을 있는 경우가 있는데, 이는 기본적으로 당시의 작품들은 작가의 상황과 취향에 따른 표현 의지가 가장 중요한 영향을 끼치기 때문에 주제와 소재가 광범위하고 사용하는 채색기법 또한 당시의 시대성을 띠며 다양하게 발전하게 된다.

42) '그리스도에의 모방'(The Imitation of Christ 1418-1427)을 저술한 수도승 켐피스(Thomas à Kempis)은

화로서 불화는 위대한 전통에 대한 복종, 즉 올바른 규범[법식(法式)]에 대한 경건한 순종의 자세가 있었기에 찬란한 불화가 전승되어 전해내려 왔다고 할 것이다. 불화가 개인적 특성(=독창성)을 중요시하는 것이었다면 '모방'이나 '차용'은 배척되었을 것이지만, 불화는 개인적 특성(=독창성)을 중요시 하는 것이 아니라 비개인적인 것이고 인간초월적 종교이념을 추구하는 것이기 때문에, 개인적 독창성이 불화를 아름답게 하는 것이 아니다. 요컨대 불화는 개인의 자유로운 표현보다는 전통에 기반을 두고 전통에 도달해야 비로소 '불화의 완성'이 되었다고 보는 것이다. 따라서 불화는 개인적 입장에서 행하는 것이 아니기 때문에 혐오하여야 할 '부정적 의미의 모방'[43]이 있는 것이 아니다. 그러나 개인의 남다른 개성과 독창성 그리고 천재성을 중요시하는 순수미술(예술)의 영역에 있어서 '모방성'은 결코 '불화의 모방성'과 같을 수 없으며, 순수미술(예술)의 모방성은 '부정적 의미'로 인식되는 것은 지극히 당연한 것이기 때문에 오늘날 저작권법의 규율대상이 되는 것이라고 할 것이다.

　　요컨대 불화에서의 모방은 위대한 전통에 대한 복종, 즉 전통적 규범[법식(法式)]에 따른 것으로서 '긍정적 의미'를 가지며, 불화제작에 있어서 모방은 '부정적 의미'의 모조나 위조가 아니고 또한 표절도 아니다. 따라서 "불화가 독창성이 없다"는 점에서 가치 없는 것으로 비하할 수 없는 것과 마찬가지로 "불화가 모방성이 있다"는 점을 비난해서는 안 된다. 또한 독창성이 없는 불화는 발전성이 없다고 비판하는 경우가 있으나, "전통은 정지되어 있는 것이지만, 고인 물이 아니라 끊임없이 흘려내려 감으로써 발전하고 있다"는 점에서 오늘날 진정한 의미의 전통은 '전진하고 있는 전통'을 의미한다고 할 것이다.

　　불화의 제작에 있어서 '좋은 점'을 계승하고 지켜나가는 것이 공명한 모방이며, 위대한 전통에 대한 모방 없이는 위대한 불화도 없다. 이러한 모방은 훌륭한 전통을 계승하는 것이며 전달하는 것이고 수호하는 것이다. 이러한 모방은 자기를 꾸미기 위한 것도 아니고 외부를 속이기 위한 것도 아니다. 자기를 초월하여 위대한 전통에 대한 솔직한 수용에 망설임이 없어야 불화가 끊임없이 계승·발전할 수 있다.[44] 따라서 불화의 제작에 있어서 전통에 대한 모방을 이유로 개인적 죄의식을 낳게 한다면 더 이상 전통의 계승·발전을 기대할 수 없고 찬란한 문화유산은 영영 멀어지게 될 것이다. 다시 한 번 강조한다면, 모방이 있는 불화에 있어서 아름다움은 개인적 아름다움이 아니라 많은 사람들이 함께 하는 아름

"올바른 것에 대해 경건하게 순종하는 것"을 '모방'이라는 말로 표현하였고, 그래서 켐피스는 평신도들에게 '그리스도에 대한 모방'을 가르쳤다.

43) '모방'이 '굴욕'이라는 뜻으로 사용하게 된 것은 "모방은 개인이 걸어야 할 길은 아니다"라고 생각한 개인주의시대 이후의 일이다. '모방'이 굴욕적인 의미를 가지는 것은 단지 개인적인 입장에 의할 때이고, 개인적 입장을 초월하면 '모방'은 '받아들이는 마음'이고, '믿는 마음'이고 '솔직하게 따르는 마음'이고 '귀의'와 같은 뜻이다. 이러한 의미의 '모방'은 '모조'도 아니고 '위조'도 아니고 '표절'도 아니라고 본다(야나기 무네요시 지음/ 이길진 옮김, 공예의 길, 신구문화사, 2001, 316면 참조).

44) 야나기 무네요시 지음/ 이길진 옮김, 공예의 길, 318-319면 참조.

다움, 즉 '비개인적 아름다움'이기 때문에, '위대한 전통을 본뜨는 마음'으로서 '모방'이 바로 찬란한 불화를 키울 수 있는 원동력이 된다. 요컨대 "불화에 있어서 모방은 불화의 창조를 낳은 원동력이자 어머니이다."

불화는 시각으로 보는 경전이라고 했다. 경전도 시대에 따라 단어와 표현이 바뀌는 것과 같이 불화도 시대의 변화에 따라 변하는 것이 당연하다. 그러나 이러한 변화는 불화의 기본인 법식(法式)을 벗어나지 않는다는 점에서 불화의 창조라고 할 수는 없다. 고려와 조선은 시대적인 간극과 정치적 이념, 생활 풍토 등 당시의 다양한 환경에 맞게 불교와 더불어 불화도 변천해 왔다. 비록 시대적인 차이는 보이지만 대중들에게 예배대상을 향한 존경과 장엄미를 불러일으켜 자연스럽게 종교에 귀의하게 하려 했던 목적은 같았던 것으로 각 시대에 맞게 경전을 충실하게 재현하려 했던 시도들이었다.45)

Ⅲ. 불교회화(불화)와 저작권

1. 미술저작권의 의의

가. 저작권법의 탄생과 발전

저작물에 대한 권리의식은 15세기 출판인쇄술의 발명으로 문서의 대량복제가 가능해지면서 시작하였으나, 아직 '저작권'이라는 권리 개념이 생긴 것은 아니었다. 그러다가 1684년 독일 황제의 칙령에 의하여 비로소 저작권이 권리로서 처음 인정받게 되었다. 그 이후 저작권은 세계 최초의 저작권법인 1709년 공포된 영국 앤여왕법(The Statute of Anne) 이래 유럽과 미국 등 각국에서 국내법으로 보호되어 왔으며, 오늘날은 문학적·예술적 저작물의 보호를 위한 '베른협약'이나 세계무역기구(WTO) 무역관련 지적재산권협정(TRIPs협정) 등을 통한 국제적 보호에까지 이르게 되었다.

이러한 저작권법의 역사는 문서의 저작물 보호에서 시작되어 소설·음악·회화에서부터 설계도·컴퓨터프로그램·데이터베이스 등과 같은 기능적·사실적인 작품까지도 다양하게 나타나고 있다. 과거에는 복제나 방송을 만들고 제작하는 것은 극히 일부 업종 종사자의 일이었지만, 디지털기기나 인터넷의 급속한 발전에 따라, 개인 차원에서도 지극히 값싸고 정교한 복제가 가능해진 것이 현실이다. 따라서 저작권법은 주로 고액의 자금을 필요로 하는 출판사나, 방송·음반사뿐만 아니라 개인의 행위 대상까지 폭넓게 적용되는 것이다.46)

---

45) 김민, "고려불화와 조선불화에 사용된 채색 비교", 2019, 55면.
46) 中山信弘, 著作權法, 有斐閣, 2007(윤선희 편역, 법문사, 2008). 3면.

그리고 저작권법은 저작자의 권리 보호라는 측면을 중시하지만 저작물이 다른 생산물과는 달리 사회문화적 가치를 가진 생산물(저작물)이기 때문에 사회적 효용이라는 큰 틀에서 보면 공공재산적 성격을 가지기도 한다. 이러한 '사회문화적 저작물'은 창작(creation)의 보호를 통해서도 확대되지만 참고(reference)와 모방(imitation)을 통해서도 문화적 유산으로 발전할 수 있다.[47] 이러한 측면에서 우리나라 저작권법[48](제1조)은 "저작자의 권리와 이에 인접하는 권리를 보호하고 저작물의 공정한 이용을 도모함으로써 문화 및 관련 산업의 향상발전에 이바지함을 목적으로 한다"고 규정함으로써, 사회문화적 저작물의 경우는 '저작권이라는 개별적 보호'와 '사회적·공익적 보호'라는 두 가지 가치를 조화롭게 실현하고자 노력하고 있다.

나. 미술저작권의 내용

(1) 미술저작권의 개념과 종류

'저작권'(copyright)이란 인간의 사상이나 감정을 창작적으로 표현한 저작물로서, 문학(시·소설)·미술·음악·영화·연극·컴퓨터프로그램 등과 같이 사람이 자신의 사상이나 감정을 표현한 '저작물'에 대하여 창작자가 가지는 권리를 말하며(저작권법 제2조 제1호 참조), '저작재산권'(eonomic right)과 '저작인격권'(moral rights)이 인정된다(저작권법제10조 제1항 참조). 따라서 미술저작권은 미술에 관한 인간의 사상이나 감정을 표현한 미술저작물에 대하여 창작자가 가지는 권리를 말한다. 이러한 미술저작권도 미술저작재산권과 미술저작인격권으로 구분해서 인정된다. 미술작품의 복제 및 작품의 창작요소에 대한 보호와 작품의 발표 이후에 나타나는 다양한 창작자의 권리가 미술저작권의 중심을 이룬다.[49] 미술저작물의 경우에는 그 저작물을 소유하는 사람이 모든 저작권을 행사할 수 있다고 생각하기 쉽지만 그렇지 않고 미술저작물의 소유권과 저작권은 구별된다. 따라서 미술저작물에 대한 저작권의 규정은 일반적인 저작물에 적용되는 법규정이 적용되지만, 저작권법 제35조에서

---

47) 최영묵 외 5명, 미디어콘텐츠와 저작권, 논형 학술 44, 2009. 20면.

48) 우리나라의 저작권보호는 1908년 대한제국 당시 한국저작권령(칙령 제200호)에서 처음으로 도입되었으나, 일본 저작권법을 의용(依用)한 데 불과한 것이었다. 그러나 이 칙령은 조선총독부와 군정 그리고 대한민국 정부 수립 이후에까지 영향을 미쳐 우리의 저작권법이 모습을 드러낸 1957년 1월 28일까지 그 효력을 이어갔다. 1957년에 제정된 저작권법은 디지털 기술의 발달과 저작물 이용환경의 변화 및 저작권의 국제적 보호 추세에 능동적으로 대처하기 위하여 1986년, 2006년 전부개정을 하는 등 총 20회에 걸쳐 개정되었다. 그런데 이러한 20회 개정 중 다른 법률이 제·개정됨에 따른 법명 정비 등의 내용을 담고 있는 경우가 8회 있었기 때문에, 실질적으로 저작권법상의 내용을 변경하는 개정은 12회라고 할 것이다(문화체육관광부, 주요정책－콘텐츠·저작권·미디어 :
https://www.mcst.go.kr/kor/s_policy/copyright/knowledge/know01.jsp 참조).

49) 우리나라 미술계는 다른 분야에 비해서 저작권에 대한 인식도가 사회적으로 낮은 편이고, 디자인이나 사진 등의 응용미술에서처럼 상업적인 실용성의 경우 다른 지적재산권과 혼재되어 적용됨으로써 많은 분쟁의 소지를 가지고 있는 것이다(김진엽, 미술에서의 저작권 문제, 180면 참조).

'미술저작물 등의 전시 또는 복제'에 관하여 특별한 규정을 두고 있는데, 이는 미술저작물이 주로 전시의 형태로 이루어지고 저작권과 소유권 사이의 관계를 규율할 필요성 때문이다.[50]

1) 저작권법은 저작물의 이용으로부터 생기는 경제적 이익을 보호하기 위한 권리로서 복제권(제16조), 공연권(제17조), 공중송신권(제18조), 전시권(제19조), 배포권(제20조), 대여권(제21조), 2차적저작물작성권(제22조) 등을 '저작재산권'으로 규정하고 있다. 예를 들면, 소설가가 소설작품(저작물)을 창작한 경우에 원고 그대로 출판·배포할 수 있는 '복제권'과 '배포권'이 인정되며, 그 소설을 영화나 번역물 등과 같이 다른 형태로 저작할 수 있는 '2차적저작물 작성권'이 인정되고, 연극 등으로 공연할 수 있는 '공연권'과 방송물로 만들어 방송할 수 있는 '공연권'과 '공중송신권'이 인정된다. 미술저작물 등의 원본이나 그 복제물을 전시할 권리인 전시권과 관련해서, 가정 내 전시는 저작권법의 전시에 해당하지 않는다. 그리고 위탁에 의한 초상화는 위탁자의 동의가 없는 한 저작자가 이를 전시할 수 없다(저작권법 제35조 제4항 참조).

미술저작재산권은 토지 등 부동산과 같이 양도(매매)하거나 상속할 수 있고 질권을 설정할 수도 있으며, 다른 사람에게 빌려 줄 수도 있는 '대여권'이 인정된다. 또한 미술저작물 위에 '출판권'을 설정하여 주고 그 대가를 받을 수도 있는데, 이러한 방법으로 미술저작자는 자기의 미술저작물로부터 경제적 수익, 즉 재산적 이득을 취할 수 있다. 그리고 어떤 사람이 다른 사람(저작권자)의 미술저작물을 허락 없이 사용한다면 미술저작권자는 민사상 손해배상을 해당 무단사용자에 대하여 청구할 수 있고, 형사사상 처벌를 받게 할 수도 있다.

2) 저작권법은 '저작인격권'으로 공표권(제11조), 성명표시권(제12조), 동일성유지권(제13조)[51] 등을 규정하고 '저작인격권의 일신전속성'(제14조) 등을 규정하고 있다. 따라서 자작자가 자신의 저작물을 이용하는 과정에서, 예컨대 소설의 제목·내용 등이 바뀌지 않도록 하는 '동일성유지권'이 인정되고, 출판된 소설책에 저작자의 성명을 표시할 수 있는 '성명표시권'과 그 소설을 출판할 것인지 여부를 결정할 수 있는 '공표권'이 인정된다. 그리고 이러한 저작인격권은 저작물이 다른 사람에게 양도되거나 대여된 경우도 해당 다른 사람에게 넘어가는 것이 아니라 저작권자 자신이 보유하게 된다.

(2) 미술저작물

저작물이란 '인간의 사상 또는 감정을 표현한 창작물'을 말한다(저작권법 제2조 제1호).

---

50) 강미희, 차용미술의 저작권상 허용범위, 전남대학교 대학원 법학과 석사학위논문, 2016, 4-5면 참조.

51) 조각은 보수뿐만 아니라 위치변경에 있어서도 동일성유지권이 문제된다. 따라서 조각의 위치만 변경되었을 뿐이고 작품에는 어떠한 훼손도 가해지지 않았을 경우도 야외 조각의 경우는 그 위치도 작품의 일부(구성공간)이기 때문에 동일성유지권에 저촉된다.

따라서 저작권법에 따른 저작물은 표현의 방법 또는 형식의 여하를 막론하고 학문과 예술에 관한 일체의 물건으로서 사람의 정신적 노력에 의하여 얻어진 사상 또는 감정에 관한 창작적 표현물이라고 할 것이고,[52] 저작권법은 "구체적으로 외부에 표현된 창작적인 표현형식만을 보호대상으로 한다.[53]

　　현행 저작권법에서 보호받는 미술저작물은 형상 또는 색체에 따라 미적으로 표현된 것을 뜻하며, 회화 · 서예 · 조각 · 판화 · 공예 · 응용미술저작물, 그 밖의 미술저작물[54]을 예시하고 있다(저작권법 제4조 제4호 참조). 저작권법의 규율대상이 되는 '응용미술저작물'은 미술공예품 · 의상도안 · 장신구도안 · 가구도안 · 산업디자인 등과 같은 실용품에 응용된 미술을 가리키며,[55] 이러한 응용미술저작물의 독창적 창작성을 보호하는 것이라고 할 것이다.[56] 따라서 저작권법의 보호대상이 되는 '공예'는 '실용적 가치'에 주안점이 있는 '전통공예'와 '예술적 가치'에 주안점이 있는 '미술공예' 또는 '예술공예'를 망라적으로 의미하는 것이 아니라, 기본적으로 "작가 개인의 미적 표현을 목적으로 자유롭게 제작하는 공예 또는 작가의 조형의식을 바탕으로 작가의 예술세계를 표현하는" 미술공예(예술공예)를 의미한다.[57] 요

---

52) 대판 1979.12.28. 79도1482 등 참조.

53) 대판 1999.10.22. 98도112; 대판 2009.12.10. 2007도7181 등 참조

54) 여기서 '그 밖의 미술저작물'의 범위는 삽화, 만화, 무대장치 등 미를 표현하여 시각으로 감상이 가능한 것을 포함한다.

55) 저작권법 제2조 제15호에서 "응용미술저작물"은 물품에 동일한 형상으로 복제될 수 있는 미술저작물로서 그 이용된 물품과 구분되어 독자성을 인정할 수 있는 것을 말하며, 디자인 등을 포함한다"고 규정하고 있다.
　그리고 디자인 등 미술저작물이 응용미술저작물로서 저작권법의 보호를 받기 위한 요건과 관련해서, 대법원은 "응용미술저작물로서 저작권법의 보호를 받기 위해서는, 산업적 목적으로의 이용을 위한 '복제가능성'과 당해 물품의 실용적 · 기능적 요소로부터의 '분리가능성'이라는 요건이 충족되어야 한다"(대판 2004.07.22. 2003도7572; 대판 2013.04.25. 2012다41410<출판및판매금지등> 등 참조)고 판시하였다.

56) '히딩크 넥타이사건'에서 대법원은 "일명 '히딩크 넥타이'의 도안이 우리 민족 전래의 태극문양 및 팔괘문양을 상하 좌우 연속 반복한 넥타이 도안으로서 응용미술작품의 일종이라면 위 도안은 '물품에 동일한 형상으로 복제될 수 있는 미술저작물'에 해당한다고 할 것이며, 또한 그 이용된 물품과 구분되어 독자성을 인정할 수 있는 것이라면 저작권법 제2조 제11의2호에서 정하는 응용미술저작물에 해당한다"(대판 2004.07.22. 2003도7572)고 판시하였다.

57) 공예문화산업진흥법 제2조(정의) 제1호에 의하며, "'공예'란 문화적 요소가 반영된 기법, 기술, 소재, 문양 등을 바탕으로 기능성과 장식성을 추구하여 수작업(부분적으로 기계적 공정이 가미된 것을 포함한다)으로 물품을 만드는 일 또는 그 능력을 말한다"고 개념정의하고 있다. 그리고 같은법 제2조 제2호에서는 "'공예품'이란 공예의 결과물로서 실용적 · 예술적 가치가 있는 물품을 말하며, 우리 민족 고유의 전통적 기술 · 기법이나 소재 등에 근거하여 제작한 전통공예의 제품과 현대적인 소재나 기술 · 기법을 활용하여 제작한 현대공예의 제품을 포함하여 말한다"고 개념정의하고 있다.
　따라서 공예문화산업진흥법에 의하면, ① '기능성'을 주안점으로 하면서 (기물에 대한 또는 기물과 관련된) '장식성'[전통적 장식성]을 부차적 요소로 추구하는 경우, ② '기능성'을 주안점으로 하기는 하지만 (기물에 대한 또는 기물과 관련된) '장식성'[현대적 장식성]을 추구하는 경우, ③ '기능성'은 전혀 무시하고 오직 '장식성'[현대적 장식성]을 추구하는 경우로 나누어 볼 수 있다. ①은 전통에 기반을 둔 것이라는 점이고 ②는 현대적 요소가 가미된 점에서 그 특징과 차이가 있을 수 있다. ③의 경우는 '실용적 목적이

컨대 저작권법의 규율대상은 기본적으로 작가의 창의성이 아무런 제약 없이 자유롭게 발현되어 질 수 있고 감상자들이 자유롭게 해석하고 접근하면서 풀어나가는 순수미술과 응용미술의 영역이라고 할 것이다.

이러한 '미술저작물'로 인정되기 위해서도 역시 1) 정신적 노력인 창작성이 요구되고, 2) 인간의 사상 또는 감정의 표현이 요구된다.

첫째, 창작성은 다른 창작물과 구별할 수 있을 정도면 족하다는[58] 점에서 산업재산권법의 신규성 및 진보성과 구별된다. 따라서 저작권법에 의하여 "저작물로서 보호받기 위해서 필요한 창작성은 완전한 의미의 독창성을 말하는 것은 아니며 단지 어떠한 작품이 남의 것을 단순히 모방한 것이 아니고 작자 자신의 독자적인 사상 또는 감정의 표현을 담고 있음을 의미한다".[59] '선택의 폭'이론에 의하면, 선택의 폭이 넓게 존재하면 창작성이 있고 선택의 폭이 없으면 창작성을 부정하게 된다. 그리고 서로 다른 창작물이 극히 유사해도 완전히 독자적으로 창작됐으면 저작권이 부여될 수 있다. "누가 하더라도 같거나 비슷할 수밖에 없는 표현, 즉 저작물 작성자의 창조적 개성이 드러나지 않는 표현을 담고 있는 것은 창작성이 있는 저작물이라고 할 수 없다".[60] 즉, 저작자 나름대로 정신적 노력의 소산으로서 특성, 창조적 개성이 부여되고 다른 저작자의 기존의 작품과 구별할 수 있을 정도면 창작성을 인정하기 충분하다고 할 것이다.

둘째, '인간의 사상 또는 감정의 표현'은 사상 또는 감정이 반드시 사람의 것이어야 한다. 단순히 사실만을 나열한 것은 저작물이 아니다. 따라서 인터넷블로그 등에 게시된 맛집·여행정보는 저작권의 보호대상이 된다.[61] 저작물은 사상 또는 감정을 표현한 것이어야 하기 때문에, 사상 또는 감정 그 자체는 보호대상이 아니다.

미술작품과 같은 창작품들은 실질적으로는 언제나 완전히 새로운 작품이라고 말할 수는 없다. 작품을 창작할 때에는 기존의 아이디어와 표현방식, 그리고 동일한 장소와 건물, 피사체들을 모티브로 사용할 수 있기 때문이다. 그런데 저작권법은 외부로 드러난 표현을 보호할 뿐이고, 화풍(스타일)의 복제 혹은 화풍을 유사하게 베끼는 표절(剽竊)은 역시 저작권법에 의하여 보호받는 표현이 아닌 아이디어를 모방한 것이다.[62] 표현을 위한 아이디어

없는' 아름다운 물건(공예품)을 말합니다. 따라서 ①은 좁은 의미의 '전통공예'이고, ②는 넓은 의미의 '전통공예'라는 점에 ①과 ②는 모두 '전통공예'라는 공통점이 있다. 그러나 ③은 '미술공예' 또는 '예술공예'의 영역으로서 '현대공예'라고 할 것이다. 요컨대 저작권법의 규율대상인 '저작물'은 ③의 영역과 ②의 영역 중에서 분리가능한 '장식성'이라고 할 것이다.

58) 대판 1995.11.14. 94도2238 참조.

59) 대판 2005.01.27. 2002도965 등 참조.

60) 대판 2005.01.27. 2002도965<설비제안서 도면>; 대판 2017.11.09. 2014다49180 등 참조.

61) 서울지방법원 2001.11.30., 2000가합62419 등 참조.

62) 위작(僞作 forgery)이란 미술저작자의 이름을 위조하는 것을 말하고, 화풍(스타일)의 복제 혹은 표절은 자

나 표현방식의 복제 또는 표절은 도덕적 의미에서의 부정행위일 수 있어도 저작권법상의 저작권 침해라고 할 수 없다. 또한 비슷한 화풍(스타일)의 경우도 화풍은 하나의 아이디어로서 보호받을 수 없기 때문에 복제권의 침해도 아니고 2차적저작물작성권의 침해도 아니다.[63] 이에 대하여 일부에서는 작가들이 오랫동안 고생해서 만든 화풍을 "상징"으로 보아 상표법으로 보호해야 한다고 하기도 하고, 반대로 특정작가가 화풍을 독점하는 것은 미술계의 발전을 막는 것이라고도 한다.[64] 아무리 비슷한 화풍이라도 실제로 그림을 그리게 되면 구체적으로 똑같은 경우는 없으며, 어떠한 화풍이라도 자신만의 독자적 창조물은 아니고 이전에 계속 이어져 온 화풍을 결합하거나 본받아 만들어진 역사적 산물이다. 즉 미술저작물은 언제나 완전히 새로운 것이라고 할 수 없고, 미술저작물을 창작할 때는 기존의 아이디어와 표현방식 등을 사용하지 않을 수 없다. 따라서 화풍에 실정법이 간여하는 것은 인류사에 있어서 미술의 발전을 저해하는 것이라고 할 것이다.[65]

그런데 '표현'보다는 '아이디어와 개념과 사고'가 중요시되고 우선시되는 현대미술[66]에서는 '아이디어'가 '표현'보다 더 중요한 면이 있다는 점에서 저작권법의 보호에 의문을 제기하기도 한다. 그러나 아무리 현대미술이라고 해도 '아이디어'로만 있는 것이 아니라 어떤 형태로든지 표현되기 마련이고, 이러한 표현된 부분에 한하여 저작물로 보고 저작권법의 보호를 받도록 한다면 현대미술의 발전은 요원하게 될 것이다. 즉 '아이디어'가 '표현'보다 아무리 중요하다고 해도 그것은 현대미술 작가들의 자유로운 생각이고 저작권법은 표현에만 초점을 맞춘다면 저작권법 위반에 걸리지 않는 경우가 거의 없을 것이다. 따라서

신의 이름을 걸고 발표하는 것이기 때문에 위작이 아니다. 요컨대 위작은 작품 제작의 내력을 의도적으로 조작한 것으로써 속이려는 의도가 필수적이다. 반면에 표절(plagiarism)은 타인의 창작물을 자신의 것인 것처럼 공표·제시하는 행위로써 독창성이 중시되는 창작 세계에서 금기시되는 행위이다. 위작과 표절 모두 속이려는 의도에 있어서는 공통되는데, 위작은 원작자의 권위에 기생하여 자신을 은폐하는 것이고, 표절은 표절자 스스로 권위를 부여받기 위해 원작을 은폐하는 것이다.

63) 최동배·김별다비, "현대미술장르에서 표절이 저작권 침해가 되기 위한 요건에 관한 연구", 법학연구(제40집), 전북대 법학연구소, 2013.12,, 376면 참조; 이상정, 미술과 법, 세창출판사, 2016, 292면 참조.

64) 최동배·김별다비, "현대미술 장르에서 표절이 저작권 침해가 되기 위한 요건에 관한 연구", 377면 참조.

65) 미국 법원에서는 이스라엘 미술가인 '이즈하크 타카이'(Itzchak Tarkay)라는 작가의 독특한 스타일이 상표법상 상징으로 인정되어 보호 받을 수 있다고 판결했다(Romm v. Simcha International Inc. 786 F.Supp. 1126 (E.D.N.Y. 1992)). 그러나 '달리'(Salvador Felipe Jacinto Dali)의 경우는 저작권법으로 보호되어도 상표법상 상징으로 보호될 수 없다고 판결했다(Galerie Furstenberg v. Coffaro 697 F. Supp. 1282 (S.D.N.Y. 1988)). 우리나라에서는 상징이 인정되지 않으므로 유사작품의 문제에 대해서 상표법이 아니라 부정경쟁방지법이 적용될 것이다. 작가가 상표로 등록하지는 않았어도 이러한 것이 국내에 널리 알려진 표지라면 가능하다고 한다(김형진, 미술법, 메이문화, 176면). 그리고 위작미술로 1950년대 홈쇼핑을 시작한 헝가리 태생 유태인 위작화가 '엘미르 드 호리'(Elmyr de Hory)는 저작권, 상표법 위반이 아닌 부당이득혐의로 법정에 섰다가 자살하였다(https://en.wikipedia.org/wiki/Elmyr_de_Hory). 최동배·김별다비, 현대미술 장르에서 표절이 저작권 침해가 되기 위한 요건에 관한 연구, 377면 참조.

66) 1960년대 생성된 개념미술은 시각적인 대상보다는 그 대상을 바라보는 관념, 즉 작품의 의도나 개념, 아이디어가 가장 중요하다고 생각하는 현대미술의 한 경향이다.

실정법이 간여하지 않고 자유롭게 방임하는 것이 더욱 더 활발한 현대미술의 창조를 촉진하는 것이 될 것이다.[67]

  (3) 미술저작권자

　　미술저작물을 창작한 자를 미술저작자라고 하는데, 실제로 창작한 사람이 누구인지를 안다는 것이 어렵기 때문에 그 미술저작자의 원작품이나 그 복제물에 성명이나 이명(예명·아호·약칭 등)이 표시된 자가 미술저작자로서 그 미술저작물에 대한 미술저작권을 가지는 것으로 추정한다(저작권법 제8조제1항 참조). 미술저작자는 자기의 저작물에 대한 미술저작권, 즉 미술저작인격권과 미술저작재산권을 가진다. 이러한 미술저작권은 저작한 때부터 발생하며, 미술저작권 등록이나 납본 등과 같은 어떠한 절차나 형식을 필요로 하지 아니한다(저작권법 제10조 참조). 미술저작자가 2인 이상이 되는 공동미술저작자는 그 미술저작물에 대한 권리를 공동으로 가지게 된다.

　　미술저작자가 미술저작권자가 되는 것이 원칙이지만, 미술저작권을 양도하거나 상속하게 되면 미술저작자와 미술저작권자가 분리되어 양수자·상속인이 미술저작권자가 된다. 미술저작자가 미술저작권을 양도한다고 해도 양도되는 미술저작권은 미술저작재산권만을 의미하기 때문에 미술저작인격권은 여전히 미술저작자(양도인)에게 남아 있게 된다. 그리고 미술저작재산권을 양도하는 경우에도 특약이 없는 한 2차저작물작성·이용권는 포함하지 않는 것으로 추정한다(저작권법 제45조제2항 참조). 공모에 의한 미술저작물이 당선된 경우, 다른 사람의 부탁을 받고 미술저작물을 작성하여 그 촉탁자의 명의로 이를 공표하는 경우, 초상화를 부탁하거나 사진을 찍는 경우 등은 당사자간의 계약에 의해 미술저작권의 귀속 여부가 결정된다.

　　2인 이상이 공동으로 창작된 미술저작물에 대한 미술저작권은 각자가 기여한 부분의 비율에 따라 분배되지만, 그 비율을 입증하기 곤란할 경우에는 각자의 지분이 균등한 것으로 추정한다(저작권법 제48조 제2항 참조). 공동저작물의 미술저작인격권과 미술저작재산권의 행사는 미술저작자 전원의 합의에 의해서 가능하며(저작권법 제15조 및 제48조제1항1문 참조), 공동미술저작물의 미술지적재산권 지분은 다른 공동미술저작자들의 동의가 있을 때에는 양도하거나 질권의 목적으로 할 수도 있다(저작권법 제48조제1항2문 참조).

  (4) 미술저작권의 보호기간

　　미술저작권은 미술저작물을 창작한 때부터 자동적으로 발생하지만 영구적으로 존속하는 권리는 아니기 때문에 일정한 보호기간이 지난 미술저작물은 목적의 영리성 여부와

---

67) 현대미술의 아이디어 표절로 인하여 무명작가들이 실의에 빠지는 경우가 빈번히 발생한다는 지적도 있는데(유인화 기자, 미술작품 패러디와 표절, 경계는 없다?, 경향신문 2011.5.19.), 이러한 문제점은 저작권법의 개정 등을 통하여 해결할 문제가 아니라 다른 예술가진흥정책을 통하여 해결할 문제가 아닌가 한다.

상관없이 누구나 자유롭게 이용할 수 있다. 우리나라 저작권법은 원칙적으로 미술저작자의
생존기간 및 사후 70년간 미술저작권을 보호한다. 공동미술저작물인 경우에는 맨 마지막으
로 사망한 미술저작자를 기준으로 사후 70년간 존속한다. 무명 또는 이명 미술저작물인 경
우, 업무상 미술저작물인 경우에는 공표된 시점을 기준으로 70년간 존속하고, 이러한 미술
저작재산권의 보호기간은 미술저작자가 사망하거나 미술저작물을 공표한 다음해 1월 1일
부터 기산한다.[68] 그런데 이러한 미술저작재산권의 보호기간에 관한 법조항은 2013년 7월
1일부터 시행되었으며 시행일 이전에 이미 만료된 권리는 연장하여 보호하지 않는다.[69]

　　미술저작인격권은 미술저작자의 일신에 전속한다고 규정하고 있으므로 미술저작자가
사망함과 동시에 소멸한다고 볼 수 있다. 그러나 미술저작자 사망 후에도 인격적 이익을
보호하고 있으므로 미술저작자의 사망 후에 그의 미술저작물을 이용하기 위해서는 미술저
작자가 생존하였더라면 그 명예를 훼손할 정도로 미술저작인격권의 침해가 될 행위를 하
여서는 안 된다.

　　다. 미술저작권의 행사

　　(1) 미술저작재산권의 이전

　　미술저작재산권은 이를 전부 양도하거나 또는 일부만을 분리하여 양도할 수 있으며,
전부를 양도하는 경우에도 특약이 없는 경우에는 그 미술저작물의 복제권·공연권·공중송
신권·전시권·배포권·대여권만이 양도되고 2차적저작물작성권은 양도되지 않은 것으로
추정된다(저작권법 제45조 참조). 미술저작재산권의 일부 양도는 복제권 등 지분권만을 분리
하여 개별적으로 양도할 수 있고, 경우에 따라서는 지역을 지정하여 양도하거나 일정기한
을 붙여 양도할 수도 있다. 이 밖에도 미술저작재산권은 상속에 의하여 상속인에게 이전될
수 있으며, 질권의 목적이 되어 담보로 작용을 할 수도 있다(저작권법 제46조 참조).

　　(2) 미술저작물의 이용허락과 법정이용허락

　　미술저작재산권은 타인에게 이전하지 않고 미술저작자 자신이 직접 독점적으로 그 미
술저작물을 이용하거나 타인에게 그 이용을 허락하고 그 대가를 받을 수도 있다(저작권법
제46조 참조). 이러한 이용허락은 통상 비독점적인 것인지 또는 독점적인 것인지로 구분되
며, 독점적 이용허락인 경우에는 더 이상 다른 사람에게 동일한 내용의 허락을 할 수 없
다. 또한 이용허락을 받은 자는 허락받은 이용방법과 조건의 범위 안에서 그 미술저작물을
이용할 수 있으며, 미술저작재산권자의 동의 없이는 그 이용권을 제3자에게 양도할 수 없

---

68) 따라서 2020년 12월 5일에 저작자가 사망했거나 저작물이 창작 또는 공표되었다면 2021년 1월 1일부터
　　계산한다. 결국 해당 저작물은 2090년 12월 31일까지 보호된다.
69) 따라서 개정법에 의해 보호기간이 70년으로 연장된다 하더라도, 1918년 사망한 화가 클림트의 명화 '키
　　스'는 이미 저작재산권의 보호기간이 만료된 저작물로 누구나 자유롭게 이용하여 상품화할 수 있다.

다(저작권법 제46조제3항 참조).

　　미술저작재산권이 제한되는 경우를 제외하고는 미술저작자의 허락을 받아야 미술저작물을 이용할 수 있다는 것이 원칙이지만, 미술저작권자를 알 수 없거나 공익상 그 미술저작물의 이용이 절대 필요한 경우 등에는 보상금을 공탁하거나 지급하고 미술저작물을 이용할 수도 있다. 이에 우리 저작권법은 1) 미술저작재산권자가 불명하거나 그의 거소를 알 수 없어 협의가 불가능한 경우의 이용(저작권법 제50조 참조), 2) 미술저작물의 방송이 공익상 필요하나 미술저작재산권자와 협의가 성립하지 못한 경우(저작권법 제51조 참조) 등을 규정하고 있다.

　　(3) 미술저작물의 배타적 발행권과 출판권

　　미술저작물을 발행하거나 복제·전송(이하 '발행 등'이라 함)할 권리를 가진 사람은 그 미술저작물을 발행 등에 이용하고자 하는 사람에게 배타적 권리[배타적 발행권]를 설정할 수 있다(저작권법 제57조 참조). 발행은 미술저작물을 공중의 수요를 충족시키기 위하여 복제·배포하는 것을 말하는데, 저작권법은 이 발행의 개념을 확장하여 복제·전송에 의한 것도 포함하여 배타적 권리를 설정할 수 있도록 한 것이다. 그러나 물권법정주의에 따라 저작권법이 정하는 범위를 넘어서는 권리의 설정은 허용되지 않는다. 다만, 권리자는 그 미술저작물에 대하여 발행하거나 복제·전송의 방법 및 조건이 중첩되지 않는 범위 내에서 새로운 배타적 발행권을 설정할 수 있다. 배타적 발행권은 단순한 채권적 권리를 의미하는 이용허락과는 달리 배타적이고 독점적인 물권적 권리이다. 배타적 발행권을 설정 받은 사람(배타적 발행권자)은 다른 사람이 그 미술저작물을 배타적으로 발행하는 경우에 미술저작권자의 도움을 받을 필요 없이 직접 그러한 이용에 대해 민·형사상의 구제를 청구할 수 있다.[70]

　라. 미술저작권의 제한

　(1) 미술저작권의 공정한 이용

　　각국의 저작권제도는 공중의 자유이용 상태에 놓여 있던 저작물에 어떤 형태로든지 독점적인 권리를 부여하기 시작한 데에서 출발했다고 할 수 있다. 상대적으로 인정되지 않고 있던 저작자의 권리를 보호하기 위해서 저작권제도가 갖추어지기 시작하였다. 그러나 저작물의 모든 이용형태에 이르기까지 영구히 저작자의 독점적인 권리가 미치게 한다면 일반인들이 그 저작물을 이용하기가 매우 불편해지고, 학문과 예술의 전파·발전에도 지장

---

70) (구)저작권법에서는 전자출판에 대해 채권 계약만이 가능했고 이에 기초해서는 민사상의 대위행사만이 가능했으나, 배타적 발행권 제도의 도입으로 이제 전자출판에 대해서도 물권적인 권리설정이 가능해졌다. 그리고 출판업계의 오랜 관행을 존중하여 기존에 저작물을 인쇄 그 밖에 이와 유사한 방법으로 문서 또는 도화로 발행하고자 하는 사람에 대하여 이를 출판할 권리를 설정할 수 있도록 한 제도는 특례로서 유지하되, 그 내용은 배타적 발행권을 준용토록 하고 있다(저작권법 제63조 참조).

을 초래하게 될 것이다. 또한 어떤 저작물이건 완전히 저작자의 창작에 의한 것이라고 보기 어렵고 오히려 저작자 당대까지 전승되어 온 학문·예술의 영향을 입고 있는 것이라는 점을 감안한다면 이러한 보호는 지나친 것이라고 할 수 있다.

　　이러한 바탕에서 우리 저작권법 제1조는 '저작자의 권리 보호'와 '저작물의 공정한 이용'이라는 2가지 축의 형평을 기할 것을 천명하고 있다. 따라서 '저작물의 공정한 이용'(fair use)은 저작자의 권리를 본질적으로 침해하지 않는 범위 내에서 저작자의 권리의 제한이라는 형태로 나타난다. 우리 저작권법에서는 저작재산권의 제한, 강제허락, 보호기간의 한정 등의 규정을 통해 저작물의 공정한 이용을 도모하고 있다.

　　미술저작재산권은 미술저작물을 배타적·독점적으로 이용할 수 있는 권리이지만, 직접적·간접적으로 사회의 도움을 받아 미술저작물이 창작된다는 점을 고려할 때 권리자의 독점을 무제한 인정하는 것은 공공의 이익에 맞지 않으며, 문화발전에 지장을 줄 수 있다. 따라서 미술지적재산권은 일정한 범위 안에서 미술저작자의 권리 행사가 제한 될 수 있다고 할 것이다. 예컨대, 비영리목적의 개인적인 이용이나 교육목적을 위한 경우, 시사보도를 위한 경우 등은 미술지적재산권의 일부가 제한될 수 있다.[71]

　(2) 패러디(Parody)의 영역에 있어서 미술저작권의 제한

　　사전적 의미에 의하면, 패러디란 특정 작품의 소재나 작가의 문체를 흉내 내어 익살스럽게 표현하는 등 비평·풍자를 목적으로 하는 수법을 말한다.[72] 오늘날 유행하고 있는 패러디는 기존의 사회현상과 전통문화를 계승하고 또는 비판적으로 수용하면서 재구성하는 것을 말하고 사회의 구조와 질서체계를 새롭게 담아내는 방식이라고 말한다.[73] 예컨대

---

71) 따라서 저작권법은 1) 재판 등에서의 복제(제23조), 2) 정치적 연설 등의 이용(제24조), 3) 공공저작물의 자유사용(제24조의2), 4) 학교교육 목적 등에의 이용(제25조), 5) 시사보도를 위한 이용(제26조), 6) 시사적인 기사 및 논설의 복제 등(제27조), 7) 공표된 저작물의 인용(제28조), 8) 영리를 목적으로 하지 아니하는 공연·방송(제29조), 9) 사적이용을 위한 복제(제30조), 10) 도서관등에서의 복제 등(제31조), 11) 시험문제를 위한 복제 등(제32조), 12) 시각장애인 등을 위한 복제 등(제33조), 13) 청각장애인 등을 위한 복제 등(제33조의2), 14) 방송사업자의 일시적 녹음·녹화(제34조), 15) 미술저작자물등의 전시 또는 복제(제35조), 16) 저작물 이용과정에서의 일시적 복제(제35조의2), 17) 부수적 복제 등(제35조의3), 18) 문화시설에 의한 복제 등(제35조의4), 19) 저작물의 공정한 이용(제35조의5), 19) 번역 등에 의한 이용(제36조) 등을 규정하고 있다.

72) 패러디의 어원은 대응노래(counter−song)을 뜻하는 그리스어 'paradia'인데, 'para'(대응하는 counter) 혹은 'against'(~반하는)의 의미이므로, 패러디는 조롱하거나 우습게 만들려는 의도를 지닌 채 하나의 텍스트를 다른 텍스트와 대조시킨다는 것이다. 그러나 그리스어 'para'는 '이외에'라는 뜻도 있기 때문에 '대조'가 아니 '일치'와 '친밀'의 의미도 있기 때문에, 패러디는 하나의 텍스트가 다른 텍스트를 조롱하거나 우습게 만든다는 좁은 의미보다는 원작을 반복(모방)함에 있어 차이를 발생시킨다는 의미로 넓은 의미로 이해하게 된다. 따라서 패러디는 원작을 새롭게 해석하거나 변용하여 새로운 작품을 만든다[재창조]는 의미를 포함하게 된다(린다 허치언(Linda Hutcheon) 지음/ 김상구·윤여복 옮김, 패러디 이론, 문예출판사, 1998, 55−56면 참조; 송호진·정의태, "현대 예술작품에서 나타나는 패러디와 패스티쉬에 관한 연구", 한국융합학회논문집(제6권 제6호), 2015.12, 203면 참조).

다른 화가의 여러 작품에서 부분적인 모티브들을 인용하여 다시 조합해 마치 하나의 독립된 독창적인 작품을 만드는 기법이다.

원칙적으로 타인의 미술저작물을 복제하거나 변형하기 위해서는 미술저작권자의 허락이 필요하지만, 일정한 경우에 미술저작권자의 허락 없이도 미술저작물을 이용할 수 있는 미술저작재산권 제한이 인정된다(저작권법 제35조의3(저작물의 공정한 이용)). 따라서 사전적 의미로 인 패러디는 이러한 미술저작재산권 제한 규정 범위 내에 들 경우 미술저작권자의 허락 없이 이용 가능하지만, 저작권법상 허용되는 패러디이기 위해서는 원작의 비평 또는 풍자라는 목적에 충실해야 한다. 따라서 단순히 흥미를 유발하거나 원저작물을 연상시켜 관심을 끌기 위한 패러디는 모방에 불과할 수 있다. 요컨대 원작을 차용하여 원작 자체를 비평·풍자하는 패러디는 원작 이상의 의미를 도출하는 재창작으로써 저작권법상 허용되고 장려되어야 할 것이다.[74]

패러디는 모방을 통한 창조의 정신을 나타낼 수 있으므로, 원작을 이해하고 나서 다시 재해석한 후 새로운 형태로 표현함으로써 표현자체의 즐거움과 그것을 감상하는 사람들에게 새로운 재미를 전달한다.[75] 이러한 개념의 패러디와 표절(plagiarism)의 개념은 구별되어야 한다. 표절은 남의 작품을 몰래 쓰는 것으로 창작에 대한 도용행위로써 남몰래 할 뿐만 아니라 그 행위를 감추거나 숨기고자 한다. 그리고 표절은 작가의 창작적 전략이나 미학적 자의식에서 출발한 것이 아니라 기존 작품의 권위나 명성에 편승하고자 하는 작가의 상업적 동기 또는 속물적 욕망에 비롯된 경우가 대부분이다. 따라서 패러디가 '합법적인 차용에 의한 모방'인 반면에 표절은 '비합법적인 도용에 의한 모방'이라고 할 수 있다.

---

73) 최혜원, 미술쟁점, 아트북스, 2008, 96−87면 참조.

74) 따라서 1) 특정 영화 포스터나 드라마의 한 장면을 자신이 의도한 상황에 맞도록 제목이나 문구를 수정하고 주인공의 얼굴을 바꾸어 원작 자체를 비평, 풍자하기보다는 특정 정치인이나 사회 현실을 비판하기 위한 목적인 경우에는 저작권법상 허용되는 패러디라고 보기 어렵다. 또한 2) 저작권법상 허용되는 패러디가 되기 위해서는 원작에 대한 비평적 내용을 더해 새로운 가치를 창출하고, 원저작물과는 다른 기능을 해야 하며, 원작을 떠올리게 하는 정도에 그쳐야 한다. 이러한 요건을 충족하지 못한다면 동일성유지권·복제권·2차적저작물작성권 등의 침해가 된다. 한국저작권위원회, "저작권법상 허용되는 패러디란?", 저작권상담(2015.05.14.):

https://www.copyright.or.kr/kcc/counsel/copyright−information/counseling−issues/view.do?pageIndex=4&brdctsno=17053&portalcode=02&brdclasscode=&nationcode=&searchText=&servicecode=08&searchTarget=ALL&brdctsstatecode=&pageIndex=4

1991년 대한민국 미술대전의 서양화부문대상 수상작 '또 다른 꿈'이 프랑스와 이탈리아 작가의 누드사진 작품을 표절했다고 문제되었는데, 1) 내용과 형식에 걸친 아이디어를 그대로 옮겨 놓은 것이라는 점에서 표절이라는 입장과 2) 기존의 작품이나 이미지를 차용하는 경우 그것이 갖는 본래의 속성·의도·표현성을 바꾸어 놓았기 때문에 패러디라는 입장이 있을 수 있다. 3) 양화작가는 작품의 인용을 인정하지만 그대로의 복제가 아니라 창작의 토대일 뿐이라고 주장하였다.

75) 뒤샹(Marcel Duchamp)은 '모나리자'를 패러디에서 모나리자의 얼굴에 수염을 단 작품(L.H.O.O.Q.)을 제작했고, 이후 앤디 워홀(Andy Warhol), 바스키아(Michel Basquiat), 보테르(Fernando Botero Angulo) 등 많은 작가들이 '모나리자'를 다양하게 패러디한 작품을 남겼다.

(3) 차용미술의 영역에 있어서 미술저작권의 제한

패러디와 차용(借用 appropriation)은 저작권의 공정한 이용의 한 종류라는 점에서 유사하지만, 패러디는 원작을 변형 혹은 각색한 것인 반면에 차용은 다른 작가의 작품을 거의 변형함이 없이 합성시켜 사용하는 것을 말한다. 패러디는 단순한 웃음 이외의 풍자·교훈이 가미되어 새로운 창작성이 생기므로 면책되는 것이고, 차용은 공정한 이용으로 볼 정도로 양이 적거나 그대로 가져다 썼음에도 현대 미술사적인 의미로 새로운 독창성을 가진 새로운 창작물이기 때문에 면책이 되는 것이다.76)

1917년 마르셀 뒤샹(Marcel Duchamp)이 남성용 변기를 전시장에 갖다 놓은 이후 추상화 물결에 밀려 잠잠하던 차용의 방식은 1960년대 팝아트에서 화려하게 부활했다. 차용예술은 타인의 작품을 전혀 새로운 각도에서 조명하므로 표절이 아닌 새로운 작품이다.77) 남을 속이려고 하는 표절과는 달리 차용은 표면상의 일관되고 고상하게 여기는 세련된 효과를 지향하는 것이다. 원래 미술은 이미 있는 이미지나 친근한 작품을 바탕으로 재창조되는 것이 보통인 것은 사실이다.78) 대중문화의 발달로 원작의 진품성·희소성이라는 관념이 해제되면서 원작의 형식적 구성요소나 기법을 그대로 전용(차용)하는 패스티쉬(Pastiche79) 혼성차용)가 등장한다. 이 경우 패스티쉬는 패러디와 달리 비판이나 풍자의 의도가 없이 기존의 작품들을 차용하는 것이고, 원작의 가치를 해체함으로써 그 자체가 역설적으로 독창적 창작물이 된다는 것이다.80) 요컨대 패스티쉬는 잘 알려진 낯익은 명화나 대중적 이미지를 부분적으로 작품에 차용, 인용, 번안, 각색하는 창작방법이다. 즉 남의 작품에서 이미지를 차용하되 독창적으로 혼성하는 창작하는 방법이다.81)

따라서 예술적으로 '허용된 차용'과 '허용이 되지 않는 차용'을 구별할 필요가 있는데, 일반적으로 위조와 표절은 예술적으로 '허용되지 않는 차용'에 해당하고, 패러디와 페스티쉬는 '허용된 차용'에 해당한다고 할 것이다. 적어도 어떤 작품이 다른 작품의 이미지를 완전히 그대로 가져온다 하더라도 새로운 창작성이 곁들여 있는 경우는 차용미술이라고 할

---

76) 최동배·김별다비, 현대미술 장르에서 표절이 저작권 침해가 되기 위한 요건에 관한 연구, 374면 참조.

77) 김형진, 미술법, 2011, 303면 참조. 신디셔먼, 쉐리 레빈, 리처드 프린스, 루이즈 로러, 비키 알렉산더등이 대표적인 차용을 이용한 현대미술가들이다.

78) 김형진, 미술법, 2011, 298면.

79) 패스티쉬의 사전적 의미는 '긁어모으는 것', '발췌하는 것'이란 뜻으로 다른 작가의 작품양식으로 조립한 문학이나 예술작품을 말한다. 영어사전(Cambridge Dictionary)에 의하면, "다른 사람의 작품을 의도적으로 복제하거나 여러 스타일들로 혼합한 문화, 음악, 회화 등의 작품 또는 그러한 방법으로 예술활동을 하는 행위"(a piece of art, music, literature, etc. that intentionally copies the style of someone else's work or is intentionally in various styles, or the practice of making art in either of these ways)라고 적고 있다.

80) https://takentext.tistory.com/191.

81) 송호진·정의태, "현대 예술작품에서 나타나는 패러디와 패스티쉬에 관한 연구", 204면 참조.

수 있다.[82] 즉 원작을 차용하는 작가들은 원작의 모델이나 권위를 승계하지만, 그것을 재
해석하는데 중점을 두고 있으며, 차용의 목적은 원작 자체에 있는 것이 아니라 자신의 작
품제작에 있어서 하나의 수단으로 이용하는 것이다.

차용이 근대 이후 가장 주도적인 예술 양식적 특징 중 하나임은 분명하나 차용예술은
결코 최근에 발생한 새로운 현상이 아니며 미술계에서 복제와 차용은 오래된 전통이기도
하다.[83] 최초의 차용미술 작품으로 일컬어지는 르네상스 시대 라이몬디(Marcantonio
Raimondi)의 에칭(etching)동판화[84]에서 거장 마네(Edouard Manet)[85]와 피카소(Pablo
Picasso)의 작품[86]에 이르기까지 차용에 의하여 미술작업이 계속됐다. 그런데도 현대 저작
권법은 여전히 '독창적 개인에 의한 저작물의 창작'이라는 사고를 고수하면서 저작권 보호
의 배타적 근거로 저작물의 창작성을 요구하고 있다. '모방을 통한 창작성'의 개념은 예술
계에서는 일반적 규범으로 인정될 수 있으나, 저작권법상 '창작성'의 개념과는 양립할 수
없기에 저작권자의 배타적 권리와의 충돌은 불가피하며 많은 포스트모던 예술가들을 분쟁
의 불구덩이에 빠지게 된 것이다.[87] 그런데 현대예술작품에서 모방과 차용은 작품제작에
있어서 하나의 방법론으로써 널리 사용되고 있는 것이고 그 예술적 가치를 명백하게 인정

---

82) 차용예술을 법적으로 어떻게 취급할 것인가에 대해서는 예술가와 법률가가 서로 다른 견해를 보이는
경향이 있는데, 예술가는 차용에 대한 법적 제약을 예술의 자유에 대한 위협으로 인식하는 반면 저작
권법 관점에서는 차용예술이라는 용어자체를 절도를 암시하는 도발적인 것으로 받아들인다(강은경,
차용예술의 대가 제프 쿤스와 포스트모던 시대의 저작권, [컬처] 읽는 예술, 말하는 예술법① :
https://hub.zum.com/sac/3609).

83) 역사적으로 고대 로마의 대부분의 미술작품은 그리스 미술작품을 복제하거나 아이디어를 이어받아 제작
되었다. 또 종교적·교육적·실용적 목적에 복제는 광범위하게 이루어졌다(김진엽, 미술에서의 저작권 문
제, 196면). 미켈란젤로의 '메디치가의 마돈나'(Madonna Medici)는 헬레니즘 조각 '뮤즈의 여신'(Muse)에
서 앉아 있는 자태만을 형상화하고 있는 여인의 이미지를 차용하여 "아이를 안고 있는 어머니의 모습"이
라는 미켈란젤로 자신의 의도를 새롭게 형상화하였다.

84) 라이몬디는 1506년경 독일의 거장 알브레히트 뒤러(Albrecht Durer)의 판화 총 80여점 이상을 위작해서
판매하였다가, 이 사실을 안 뒤러가 라이몬디를 고소하였는데 이 사건이 저작권에 관한 최초의 소송이
다. 당시는 지적재산권과 같은 법률적 근거가 없던 시대였기 때문에 그렇게 심각하게 받아들여지지 않았
고, "작가 고유의 문양만 뺀다면 별 문제가 없다"는 판결이 났다(최혜원, "원작은 사라지고 복제품만 남아
버린 '표절의 역사', [명화로 보는 논술] 파리스의 심판, 조선일보, 2008.01.09. :
https://www.chosun.com/site/data/html_dir/2008/01/09/2008010901131.html 참조).

85) 마네는 '풀밭 위의 점심'의 작품에서 라파엘로의 작품인데 라이몬디가 위작한 '파리스의 심판'에 나오는
인물들(3명의 바다의 신)의 포즈를 그대로 모방하였는데, 이를 두고 '19세기 근대미술의 스캔들'이라고
한다. 마네는 라파엘로의 구도를 모사하거나 재현하지 않고 오직 인물을 근대품으로 바꾸어 그리면서 원
작의 주요한 윤곽을 '차용'했다. 그런데 라파엘로의 이러한 인물화도 마네와 마찬가지로 어떤 원작에서
파생한 것이다(이상정, 미술과 법, 세창출판사, 286면 참조).

86) 피카소는 16살 때 프라도 미술관에서 벨라스케스(Diego Velázquez)의 '시녀들'을 처음 본 후 이 걸작에
깊이 매료되어 그는 말년인 1957년까지 '시녀들'(Les Meninas)이라는 이름으로 50점이 넘는 작품을 변주
해 그렸다.

87) 강은경, 차용예술의 대가 제프 쿤스와 포스트모던 시대의 저작권, [컬처] 읽는 예술, 말하는 예술법① :
https://hub.zum.com/sac/3609 참조.

받고 있는 점을 생각하면, 과연 이들 모더니즘 혹은 포스트모더니즘의 작품들에 대해서 "무에서 유일한 창작물을 만들어 낸다"는 고전적 저작권법의 잣대만으로 재단한다는 것은 자칫하면 이들 작품들을 불구덩이에서 다 태워버릴 수도 있다는 기우적 생각이 든다.88)

　　(4) 공공미술의 영역에 있어서 미술저작권의 제한

　　공공미술이란 공공장소 속의 미술(art in public space)이고 공공장소로서의 미술(art as public space)이고 공공의 관심 속의 미술(art in public interest)를 말한다. 이러한 공공미술의 특징은 갤러리나 미술관의 실내에 전시되어 선택된 소수만이 관람할 수 있는 미술품과 달리 처음부터 대중에게 공개된 장소에 설치 또는 전시되는 작품을 전제로 한다. 이러한 공공미술의 기원은 미국이나 프랑스와 같은 서구 선진국에서 처음 시작되었는데 주로 미술가들의 일자리 창출 또는 도시미화라는 정책적 목표 하에 정부 주도로 추진되었다. 특히 미국에서는 1930년대 미국의 경제공황기에 미술가를 위한 일자리 창출의 일환인 '미술가를 위한 공공사업'(Public Works for Artists)으로 시작되었다. 공공장소 속의 미술(Art in Public Places) 외에 새로운 장르로서의 공공미술은 광범위하고 다양한 관객과 함께 그들의 삶과 직접 관련된 이슈들에 관해 의견을 나누고 상호작용하는 시각예술을 지향하고, 미술을 통한 시민간의 커뮤니케이션 확대와 공동체 형성에 기여하는 것을 주요 목적으로 하기도 한다.

　　공공미술의 작품은 기본적으로 미술저작물이기 때문에 미술저작권과 관련하여 문제가 있다. 우선 공공미술 작품이 국가나 지방자치단체 또는 공공기관의 주문을 받아 창작되어 인도되고 공공장소에 설치된 경우, 미술저작권 양도에 관한 별도의 약정이 없는 한 미술저작권은 작가에게 남아 있게 된다. 조각 등 유체물로서의 미술저작물에 대한 소유권은 주문자인 국가 등 공공기관의 소유로 귀속되지만, 그 유체물에 화체된 미술저작권은 여전히 작가가 보유하고 있는 것이다. 따라서 공공장소에 전시한 미술저작물에 대한 사진이나 동영상을 촬영하여 영리적인 목적으로 웹사이트 등을 운영할 경우는 이는 해당 공공미술품 작가의 전송권을 침해하는 것이 된다. 그런데 개방된 공공장소에 항시 전시된 미술저작물은 누구라도 어떠한 방법으로든지 이를 복제하여 이용할 수 있다. 예컨대, 평창동계올림픽이 열리는 개최 장소 앞에 설치되어 있는 기념 조각상을 관광객이 사진을 촬영하는 것

---

88) 패러디와 패스티쉬가 남의 작품을 사용하기 때문에 독창성이 결여된 것으로 원본의 가치를 떨어뜨린다는 비판을 받기도 하지만, '더 이상 혁신적(창조적)인 작업'이 불가능한 시대적 상황 내지 현상을 잘 보여주는 것이다. 과거 작품의 내용과 형식을 새로운 관점에 다시 보는 패러디와 기존의 이미지가 지니는 하나의 의미에서 벗어나 다양한 관점에서 해석되게 하는 패스티쉬는 고정관념을 타파하고 작품을 읽는 시각을 확장시킨다. 그리고 패러디와 패스티쉬는 창조적 미술작업의 위기를 가져오는 것이 아니라 오히려 기존의 작품이나 이미지들에 대해 비판적 사고를 도모하게 하고, 한 이미지가 기존의 한계를 벗고 무한히 새롭게 거듭날 수 있는 조형적 기능성을 가진다(송호진·정의태, "현대 예술작품에서 나타나는 패러디와 패스티쉬에 관한 연구", 210−211면 참조).

이 복제권 침해라고 할 수는 없다. 하지만 판매목적으로 사진을 촬영하여 이를 유상으로 판매하는 것은 허용될 수 없다(저작권법 제35조). 저작권법이 "이를 복제하여 이용할 수 있다"라고 규정되어 있어 복제한 이후 인터넷 등으로 전송하는 행위까지 포함하는 것인지 논란이 될 수 있다. 법문의 해석을 "복제한 후 어떠한 방법으로 이용할 수 있다"는 뜻으로 이해하는 것이 바람직하기 때문에, 전송하는 것도 가능하다고 할 것이다.[89]

그리고 도라산역에 설치된 벽화를 작가에게 알리지 않고 떼어낸 후 소각하여 폐기하자 작가가 저작인격권(동일성유지권)의 침해 등을 원인으로 소송을 제기하였는데, 원심은 벽화를 폐기한 것은 소유권자의 권능을 행사한 것이라고 보아야 하고 이러한 소유권자의 처분행위에 대하여 저작자가 동일성유지권을 가지고 대항할 수 없다고 판단하였다. 요컨대 원심의 입장은 미술저작물의 소유권과 동일성유지권이 충돌할 때 소유권이 우선한다고 판시한 것이다. 그러나 대법원은 예술작품이 공공장소에 전시되어 일반대중에게 상당한 인지도를 얻는 등 예술작품의 종류와 성격 등에 따라서는 저작자가 자신의 예술작품이 공공장소에 전시·보존될 것이라는 점에 대하여 정당한 이익을 가질 수 있기 때문에, 예술창작자가 갖는 명예감정 및 사회적 신용이나 명성 등이 침해될 것을 예상할 수 있었음에도, 관리자(미술저작물의 소유자)가 적법한 절차를 거치지 아니한 채 철거 후 소각한 행위는 객관적 정당성이 없어 위법하다고 판시하였다.[90]

2. 불교회화(불화)의 미술저작권 인정여부

가. 불교회화(불화)의 성질에 따른 미술저작권의 불인정

불교회화(불화)는 불교신앙의 내용(교리)을 알기 쉽게 압축하여 그림으로 표현한 것으로서 불교 신앙의 대상이 되는 그림이다. 따라서 전통적인 '종교화로서의 불화'는 경전의 내용 내지 불교의 가르침을 담아낸 '시각적인 경전'으로 평가되며 예배의 대상이 되거나 혹은 부처의 세계를 장엄하는 용도 등으로 제작되었다. 따라서 '시각적인 경전'인 불화가 일반 회화작품과 다른 이유는 단순히 그림의 아름다움만을 추구하는 것이 아니라 그림 속에 바로 불교의 이념이나 사상 등과 같은 불교적인 내용을 담고 있기 때문이다. 그리고 이러한 불교적인 내용을 알기 쉽고 아름답게 그려놓은 불화를 통해 감명을 받아 불교의 세

---

89) 그런데 스웨덴 시각저작권협회가 공공미술품을 찍은 사진을 작가의 동의 없이 무료로 사용할 수 있도록 웹사이트에 게시한 위키미디어를 상대로 저작권 침해 소송을 제기한 사건에서 스웨덴 법원은 공공미술품의 사진을 촬영하는 것은 허용되지만 이를 데이터베이스화하여 무료로 제한 없이 이용하는 것은 불가하다고 판시하였다(Paul O'Mahony, Wikimedia 'breaks copyright' with Swedish statue photos, The Local, 2016. 4. 4.; 재인용: 최승수, 공공미술과 저작권, 저작권 문화(vol.280), 2017.12. 한국저작권위원회,18 − 20 면 참조).

90) 대판 2015.08.27. 2012다204587.

계를 이해하고 종교적인 실천을 하게 하는 것이 바로 불화의 진정한 의미이다.

순수미술과 종교미술은 작가의 제작 아이디어가 중요하다는 점에 대해서는 동일한 입장이지만, 순수미술 작가의 창작의도는 감상자들이 자유롭게 해석하고 접근하면서 풀어나가야 하는 개념인 반면에, 종교미술의 의도는 종교의례에 참여한 사람들에게 특정한 내용을 전달하는데 그 목적이 있다. 따라서 순수미술은 작가의 창의성이 아무런 제약 없이 자유롭게 발현될 수 있는 반면에, 종교미술에는 전통적으로 내려오는 도상(圖像, iconography)이라고 하는 특수한 종교적 규범의 범위 안에서 제작되는 제약이 있다.

저작권법에서 미술저작권을 인정하는 이유는 기본적으로 미술저작물의 '창작성'을 보호함으로써 창작의욕을 고취하기 위한 것이다. 그러나 종교화로서 불교회화(불화)는 제작자의 창작성을 기본관념으로 하는 것이 아니라 비개인적이고 인간초월적인 종교적 이념 내지 신앙을 추구하는 것이기 때문에 미술저작물로서 개인적 창조성은 그 요소가 아니다. 따라서 종교화로서 불화는 저작권법에서 규정하고 있는 '저작물의 창조성'이 결여되어 있기 때문에 저작권법에 의한 미술저작권이 인정될 수 없다.

나. 불교회화(불화)의 제작방식에 따른 미술저작권의 불인정

불화 제작과 관련한 기록을 담은 초기 경전에서 밝히고 있는 바와 같이, 사찰의 각 공간은 법식(法式 불화를 그리는 정해진 방식)에 따라 정해진 내용의 그림이 그려졌고, 또한 정해진 채색으로 그려졌다고 전한다. 그리고 이러한 불화 제작방식은 오늘날 사찰 공간에도 그대로 전승되고 있다. 그만큼 불화는 일정한 내용이 변함없이 그려지며 그 기법 역시 대체로 다채로운 채색으로 정묘하게 그려지는데, 탱화로 대표되는 불화는 섬세한 선의 묘사와 함께 다양한 색채의 사용에도 심혈을 기울여 제작하기 때문에 거의 수행에 가까운 작업으로 여겨진다. 요컨대 '종교화로서의 불화'는 종교적 신앙심을 고취 시키고 표방하고자 하는 이념을 반영시키기 위한 목적으로 작업이 이뤄지기 때문에, 개인의 순수한 창작 작품인 순수회화와는 제작동기와 목적 등에 있어서 현저하게 다를 뿐만 아니라 그 제작방법 등에 있어서도 자유로운 구도와 형상 그리고 채색이 허용되지 않고 하나의 규범인 법식(法式)에 따라 제작된다는 특징이 있다. 예컨대 전통적으로 내려오는 도상(iconography)을 바탕으로 동·남·중앙·서·북의 방향을 나타내는 청·적·황·백·흑의 오방색을 사용하여 불화를 제작하여야 한다는 것이다.

우리나라 불교회화(불화)는 대중 교화라는 큰 목적 아래 경전을 구현화한 것으로 일반회화와는 달리 형식적이며 전통적인 방식[법식(法式)]을 고수하며 계승되어 왔다. 불교회화(불화)에서 장식적인 표현들은 대중들에게 예배대상을 향한 존경과 장엄미를 불러일으킴으로써 자연스럽게 예배대상과 종교에 귀의로 나아갈 수 있도록 하는 방법 중의 하나였다.

저작권법이 미술저작권으로 보호하고자 미술저작물은 저작자의 창조성을 나타내는 '인간(저작자)의 사상이나 감정을 창작적으로 표현한 저작물'에 대하여 미술저작재산권과 미술저작인격권을 인정하는 것이다. 그런데 종교화로서 불교회화(불화)는 인간(불화제작자)의 사상 또는 감정의 표현이 직접적으로 표현된 것이 아니라 불교의 사상 내지 이념을 일정한 법식(法式)에 따라서 제작된 것으로 작가 개인의 창의성이 아무런 제약 없이 자유롭게 발현된 것이라고 할 수 없다.

다. 불교회화(불화) 제작자의 몰개인성에 따른 미술저작권의 불인정

불교회화(불화)의 제작자들이 승려이건 일반 화원이건 불문하고 불화의 제작에 있어서 개인적 성향을 드러내거나 종교 이외의 목적을 가지고 자신의 개인적 예술성(창작성)을 드러내는 '순수예술작품'을 창작하는 것이 목적이 아니었기 때문에 불화제작자 개개인은 부각되는 경우가 없었다. 또한 '종교화로서의 불화'는 주로 사찰 주지스님들의 주문에 의하여 제작되고, 작품을 의뢰하는 의뢰인(사찰 주지스님)은 사찰과 관련된 전승설화 또는 종교적 이념을 그림(회화)으로 표방하고자 하며, 불화작업자의 의사에 앞서 의뢰인(사찰 주지스님)의 의사가 투영된다는 특성이 있다.

사찰의 종교의식화로서 불교회화(불화)를 제작함에 있어서는 사찰의 설화를 바탕으로 사찰 주지의 요청에 의하여 이루어지는데, 불교회화(불화)제작을 요청하는 사찰주지는 당연히 이미 존재하는 관련 도상에 대하여 언급을 하고, 이러한 기존 도상과 유사한 불교회화(불화)제작을 요구함으로써 사찰의 설화에 대한 동질성을 공유하고자 하는 것이 전통적 불교회화(불화)제작의 기본기법이라고 할 것이다. 따라서 사찰과 관련된 동일한 설화내용을 소재로 불교회화(불화)를 주문제작 하게 된 작가(불화전문가)는 이미 존재하는 불교회화(불화)도상을 기본으로 해서 전통불화제작기법에 충실할 것이 요구되기는 하지만, 불교회화(불화)도상을 근본을 흔들지 않는 범위 내에서 어느 정도의 허용된 독창성을 발휘할 수 있다. 여기서 '어느 정도의 허용된 독창성'이란 시대의 변천에 따른 환경의 변화를 반영한 전통적 불화제작의 계승·전승이라는 시각에서 불교의 경전이라는 일정한 규범 안에서 이루어지는 것을 말한다.

라. 불교회화(불화) 제작의 모방성(차용성)에 따른 미술저작권의 불인정

종교의례에 참여한 사람들에게 특정한 종교적 내용을 전달하는데 그 목적이 있는 종교미술은 의례참여자에게 정확하게 종교미술작품의 의도를 잘 전달하기 위해서는 기존에 전승되어온 도상의 이미지를 모방 내지 차용하는 것이 효율적인 방법이다. 불화는 개인적 특성(독창성)을 중요시 하는 것이 아니라 비개인적인 것이고 인간초월적 종교이념을 추구하는 것이기 때문에, 위대한 전통에 대한 복종 내지 올바른 규범[법식(法式)]에 대한 경건한 순종의 자세인 모방 내지 차용을 통하여 찬란한 불화가 전승되어 전해내려 왔다고 본다. 요컨대 불화는 개인의 자유로운 표현보다는 전통에 기반을 두고 전통에 도달해야 비로소 '불화의 완성'이 되었다고 보는 것이다. 불화의 제작에 있어서 '좋은 점'을 계승하고 지켜나가는 것이 공명한 모방이며, 위대한 전통에 대한 모방 없이는 위대한 불화도 없다. 이러한 모방은 훌륭한 전통을 계승하는 것이며 전달하는 것이고 수호하는 것이다. 이러한 모방은 자기를 꾸미기 위한 것도 아니고 외부를 속이기 위한 것도 아니다. 자기를 초월하여 위대한 전통에 대한 솔직한 수용에 망설임이 없어야 불화가 끊임없이 계승·발전할 수 있다. 따라서 불화의 제작에 있어서 전통에 대한 모방을 이유로 개인적 죄의식을 낳게 한다면 더 이상 전통의 계승·발전을 기대할 수 없고 찬란한 문화유산은 영영 멀어지게 될 것이다. 모방이 있는 불화에 있어서 아름다움은 개인적 아름다움이 아니라 많은 사람들이 함께하는 아름다움, 즉 '비개인적 아름다움'이기 때문에, '위대한 전통을 본뜨는 마음'으로서 '모방'이 바로 찬란한 불화를 키울 수 있는 원동력이 된다. 따라서 "불화에 있어서 모방은 불화의 창조를 낳은 원동력이자 어머니이다."

순수미술(예술)의 모방성은 '부정적 의미'로 인식되는 것은 지극히 당연한 것이기 때문에 또한 당연히 오늘날 저작권법의 규율대상이 된다고 할 것이다. 그러나 불화는 개인적 입장에서 행하는 것이 아니기 때문에 혐오하여야 할 '부정적 의미의 모방'이 있는 것이 아니다. 요컨대 개인의 남다른 개성과 독창성 그리고 천재성을 중요시하는 순수미술(예술)의 영역에 있어서 '모방성'은 결코 '불화의 모방성'과 같을 수 없다. 불화가 개인적 특성(=독창성)을 중요시하는 것이었다면 '모방'이나 '차용'은 배척되었을 것이고, 순수미술의 경우와 마찬가지로 저작권법의 규율대상이 되는 것이 당연하다고 할 것이다. 불화에서의 모방은 위대한 전통에 대한 복종, 즉 전통적 규범[법식(法式)]에 따른 것으로서 '긍정적 의미'를 가지며, 불화제작에 있어서 모방은 '부정적 의미'의 모조나 위조가 아니고 또한 표절도 아니다.

"불화가 독창성이 없다"는 점에서 가치 없는 것으로 비하할 수 없는 것과 마찬가지로 "불화가 모방성이 있다"는 점을 비난해서는 안 된다. 또한 독창성이 없는 불화는 발전성이 없다고 비판하는 경우가 있으나, "전통은 정지되어 있는 고인 물이 아니라 끊임없이 흘러내려 감으로써 발전하고 있다"는 점에서 오늘날 진정한 의미의 전통은 '전진하고 있는 전통'을 의미한다고 할 것이다. 불화는 시각으로 보는 경전이라고 했다. 경전도 시대에 따라 단어와 표현이 바뀌는 것과 같이 불화도 시대의 변화에 따라 변하는 것이 당연하다. 그러나 이러한 변화는 불화의 기본인 법식(法式)을 벗어나지 않는다는 점에서 불화의 창조라고 할 수는 없다.

마. 불교회화(불화)의 가치변화에 따른 미술저작권의 인정

불화는 근대기 이전에는 순수 감상이나 재산으로서 소유가 목적이 아니었고, 오로지 종교화로서 기능했다. 사찰 전각을 새로 짓거나 불교회화(불화)가 낡으면 불교회화(불화)를 새로 제작하였다. 또한 촛농이 튀어 오염되거나 변색, 혹은 여러 가지 이유로 불교회화(불화)가 훼손되었을 경우, 보통 낡은 불교회화(불화)는 보관하지 않고 태워 없앤 후, 새로 제작된 불교회화(불화)를 봉안하였다. 현전하는 불교회화(불화)들 중 특히 서울·경기 지역은 시대가 올라가는 불교회화(불화)를 찾아보기 어렵고, 서울·경기 지역의 현전하는 불교회화(불화)들을 살펴보면 다른 지역과 비교해 19세기 말 이후의 것들이 대부분이다. 그 이유는 서울·경기 지역의 경우에 19세기 후반의 왕실 후원의 건축불사가 빈번해짐에 따라 새로 조성되는 불교회화(불화)들도 많이 제작되었기 때문이다. 새로운 불교회화(불화)를 조성하였을 때 원래 존재하던 불교회화(불화)를 태워버리는 것은 훼손된 '부처님' 그림이 보존해야 할 문화재나 미술품 혹은 재산적 가치가 있는 골동품이라는 인식이 없었고, 수리하지 않은 채 보관한다는 것은 부처님께 누가 되는 일이라 여겼다. 불교회화(불화)뿐만이 아니라 불상과 불구(佛具) 그리고 사찰 전각에 이르기까지 조금만 먼지가 앉거나 훼손되어도 불교회화(불화)는 태워버리고, 금속제의 불교의식구 등은 부수어 새로 주조하고, 불상은 도금하고 건물은 새로 짓기도 했다. 그런데 이러한 행위들이 종교적 신심에 의거한 것이 아니라 명예를 얻기 위한 후원자들과 사익을 도모하고자 하는 화주(化主)들에 의한 것이라고 비판한다.[91] 다른 한편 훼손된 불교회화(불화)를 태웠다는 점, 즉 새로운 불교회화(불화)를 조성할 당시 오래된 불교회화(불화)는 태워버리는 사실은 역설적으로 근대기 불사가 얼마나 빈번했는지를 보여주는 것이기도 하고 또한 종교화인 불교회화(불화)가 감상이나 소장 자체가 결코 목적이 아니었다는 것을 보여준다. 만약 불화를 감상이나 소유의 대상, 즉 골동품이나 미술품으로 보았더라면 결코 오래된 불교회화(불화)들을 태워버리고 다시 봉안하지는 않았을 것이다.

근대시대에 들어와서는 불상이나 불교회화(불화)가 사찰 내 예배용뿐 아니라 본래 있어야 할 공간을 떠나 박람회 등의 전시에 출품되거나 소장과 수집 혹은 감상의 대상이 되

---

91) 고(故) 석정 스님은 근대기의 불화의 새로운 경향과 당시의 상황들을 다음과 같이 적고 있다: "……才操 있는 몇몇 佛母들은 西洋畵의 遠近法과 濃淡法을 導入하여 전통을 무시한 似而非佛畵를 그리게 되었으니 이것이 불화의 本質을 모르는 많은 사람들의 눈에 띄어 佛畵界에 새로운 변화가 왔다. 즉 인기에 迎合한 佛母들로 인하여 우수한 古幀畵는 낡았다는 이유로 燒盡되고 새로운 탱화를 모시는 것을 자랑으로 알기에 이르렀다. 그러므로 재정이 풍부하거나 도시 근처의 사찰에는 古幀畵가 거의 없고……그것은 모다 이 따위 비젓한 行爲로 幀畵가 조곰만 검으면 火德眞君리 祭物로 封하고 울긋불긋하게 彩色칠한 새 幀畵로 밧구어 걸고 不面에는 몬지만 조곰 안저도 새로 鍍金하고 거대한 建築에 一椽一柱만 傷하여도 허러버리고 새로 짓고 鐘鼎古器에 때만 조곰 끼이든지 태만 조곰 가드래도 때려부세서 새로 鑄造하는 等 얼는 보아서는 金光이 燦爛하고 彩色이 輝煌하야 嶄新한 氣分이 잇고 信仰하는 成績이 잇는 것 갓지마는 기실로는 十分之七八은 名譽를 사기 爲하는 檀家나 私益을 圖謀하는 化主들의 線外加線하고 彩上加彩하야 노은 것이오."

기 시작하면서 불상과 불교회화(불화)는 '불교미술품'으로 인식되기 시작하였다.[92] 이처럼 근대기에는 불교회화 작품들에 이전과는 다른 새로운 가치가 부여되었고, 이러한 현상은 불교 미술품 제작자들에 대한 관심으로 이어지기도 하였다. 몇몇 불교회화(불화) 제작자들은 당대의 예술가로서 평가받기도 하였고, 자신들의 개성이 드러나는 불교회화(불화)를 제작하기도 하였다. 그러나 근대기 이전에는 상황이 달랐다. 불상이나 불화가 사찰 내 예배용뿐만 아니라 본래 있어야 할 공간을 떠나 비종교적 목적에서 '미술전시회' 혹은 '미술대전' 등에 출품되거나 재산적 가치로서 개인이 소유하는 경우가 생겨났다. 소유가 목적인 '개인의 소장' 혹은 '문화적 활동'의 하나로서 '감상의 대상'이 되기 시작하면서 '종교화로서의 불화'[종교적 불교회화]가 아니라 '예술품으로서의 불화'[창작적 불교회화], 즉 '불교미술품'으로 확장되기에 이르렀다.

바. 소 결

종교미술은 종교의례에 참여한 사람들에게 종교적 내용을 전달하는데 그 목적이 있기 때문에, 의례참여자에게 정확하게 종교미술작품의 의도를 전달하기 위하여 기존에 전승되어온 도상의 이미지를 모방 내지 차용하게 된다. 시각적 경전으로서 불화 역시 단순히 그림의 아름다움만을 추구하는 것이 아니라 불교적인 내용을 알기 쉽고 감명을 받고 또한 종교적 실천으로 나아갈 수 있도록 하는 것을 목적으로 한다. 따라서 종교화로서 불화는 제작자의 창작성을 기본관념으로 하는 것이 아니라 전통적으로 내려오는 도상(iconography)에 의하여 비개인적이고 인간초월적인 종교적 이념 내지 신앙을 추구한다. 요컨대 종교화로서 불화는 그 태생적 성질상 저작권법에서 규정하고 있는 '저작물의 창조성'이 결여되어 있다.

'종교화로서의 불화'는 종교적 신앙심을 고취 시키고 표방하고자 하는 이념을 반영시키기 위한 목적으로 작업이 이뤄지기 때문에, 개인의 순수한 창작 작품인 순수회화와는 제작동기와 목적 등에 있어서 현저하게 다를 뿐만 아니라 그 제작방법 등에 있어서도 자유로운 구도와 형상 그리고 채색이 허용되지 않고 하나의 규범인 법식(法式)에 따라 제작된다는 특징이 있다. 그리고 불화의 제작에 있어서 개인적 성향을 드러내거나 종교 이외의 목적을 가지고 자신의 개인적 예술성(창작성)을 드러내는 '순수예술작품'을 창작하는 것이 목적이 아니었기 때문에 불화 제작자 개개인은 부각되는 경우가 없다. 따라서 전통적 불교회화(불화)의 도상은 어느 누구 개인의 것도 아니고, 이러한 도상들을 근거로 조성된 불교

---

92) 이러한 현상을 단적으로 보여주는 것이 근대기 조선을 방문한 서양인 선교사 알렌(Horace Newton Allen, 1858~1932)의 집무실을 찍은 사진(1880년대 촬영)이다. 사진 속 한쪽 벽면에는 조선의 '지장시왕도'(地藏十王圖)가 걸려 있으며, 나머지 벽들에는 회화 작품들이 걸려 있다. 이는 선교사였던 알렌이 '지장시왕도'를 종교화가 아닌 다른 그림(순수회화)들과 마찬가지로 감상과 소장을 위해 벽에 걸어두고 있음을 보여주는 것이다.

회화(불화) 역시 개인적인 것이 아니라 인간초월적인 종교이념을 추구한 것이다. 그리고 불화제작에 있어서 도상의 모방은 순수미술의 모방성과 같은 부정적인 의미가 아니라 전통적 법식(法式)에 따른 것으로서 '긍정적 의미'를 가진다. 요컨대 1) 불화가 단순한 그림(회화)이 아니라 '시각적인 경전'이라는 점, 2) 전통적으로 내려오는 도상을 바탕으로 법식(法式)에 따라 제작된다는 점, 3) 인간초월적 종교이념을 추구하기 때문에 불화 제작자 개개인이 들어나지 않는다는 점, 그리고 4) 순수미술의 부정적 모방이 아니라 '위대한 전통을 본뜨는 마음'으로 찬란한 불교회화(불화)를 전승·발전해 가는 긍정적 모방이라는 점 등에 있어서 사찰 불화의 제작에 있어서는 미술저작권이 인정되지 않는다고 할 것이다.

그러나 불교회화(불화)가 사찰 내 예배용 등의 종교적 목적을 떠나 본래 있어야 할 공간이 아닌 박람회 등의 전시에 출품되거나 소장과 수집 혹은 감상의 대상이 된 불교회화(불화)는 더 이상 '종교적 불교회화'가 아니라 예술품(미술품)으로서 '창작적 불교회화'라고 할 것이다. 이러한 '창작적 불교회화'는 엄연히 전통적 '종교적 불교회화'와 다른 성격과 지위에 있다고 할 것이므로 미술저작물의 요건을 충족한다면 저작권법에 의한 미술저작권이 인정된다고 할 것이다.

IV. 결 론

저작권은 창작자를 보호하기 위한 기본적인 요소이다. 이를 통해 다양한 문화예술 창작이 진흥되고 예술 저변의 확대가 이루어진다는 점에서 저작권법은 분명히 필요한 법률이다. 개인의 저작권을 경제적인 이익에만 초점을 맞추다 보면 불교회화의 사회공익적 측면을 망각함으로써 자칫 잘못하면 유구하고 찬란한 우리나라 불교회화문화에 찬물을 끼얹을 수 있다. 즉 순수미술의 창작성에는 저작권법의 적용을 당연히 받게 되지만, 종교화로서의 불교회화(불화)는 독창적 창작성을 추구하는 것이 아니기 때문에 저작권법의 적용대상이 되는 미술저작물에 해당하지 않다고 보아야 한다. 그럼에도 불구하고 만약 종교화로서 불교회화(불화)에 대하여 저작권법에 의한 저작권성을 인정하게 되면 종교화의 본질이 몰각되어 우리나라 전통유산인 불교회화(불화)의 계승·발전에 심대한 장해가 될 것이다. 예컨대 종교화로서의 불교회화(불화)에 특별한 사정이 없음에도 저작권성을 인정하는 경우, 불교회화의 도상은 사유화되어 사찰의 의뢰를 받아 불교회화(불화)를 그리는 장인들은 작업을 할 때마다 매번 새로운 도상을 창작하여야 한다는 불합리한 결론에 이르게 될 것이고, 이는 불교회화 전통의 계승·발전을 오히려 저해하게 될 것이다.

'종교화로서의 불교회화(불화)'가 미술저작권의 대상이 되지 못하는 중요한 이유는 불교회화(불화)는 단순한 아름다움[미(美)]을 추구하는 예술이 아니고, 불교적 이념에 입각한 종교적 주제를 그리는 성스러운 인간초월적인 작업이기 때문이다. 따라서 좋은 불교회화(불화)는 창조적인 기법이나 양식의 획기적인 업적보다 불교적인 이념이 얼마만큼 성공적으로 표현되었느냐가 중요하다. 불교가 모든 괴로움에서 해탈하는 것이 주목적이라면 가장 성공적인 불교회화(불화)는 괴로움에서 해탈 할 수 있는 장면을 가장 멋지게 그린 그림이라 할 것이다.93)

　　요컨대 1) 불교회화(불화)는 불교신앙의 내용[교리(敎理)] 등을 그림으로 표현한 것으로써 '시각적인 경전'이고, 2) 종교화로서 불교회화(불화)는 종교의례에 참석한 사람들에게 종교적인 가르침을 전하는 것이기 때문에 도상이라는 특수한 종교적 규범 안에서 모방 또는 차용의 방법으로 제작되며, 3) 불교회화(불화)의 제작에 있어서 모방은 찬란한 불교회화(불화)를 만들어가는 원동력이고 위대한 전통에 대한 복종이라는 '긍정적 의미의 모방'이기 때문에 비난해서도 안 되고 법적인 처벌이 있어서도 안 된다. 4) 역사적으로 유명한 불교회화(불화)는 모방하고 답습하되 일정 부분을 변형하면서 하나의 도상(圖像)으로 자리매김을 하게 되고, 이러한 도상들이 축적됨으로써 불화의 발전도 있게 될 것이다.

　　이 글 서론에서 언급한 민화사건과 불교회화(불화)사건을 다시 소환에서, 다음과 같이 결론에 갈음하고자 한다 : 후자의 불교회화(불화)사건이 전자의 민화사건의 경우와 같이 사찰 장엄용 또는 예배용 종교화[종교적 불교회화]의 영역을 벗어나 예술감상용의 '예술품으로서의 불교회화(불화)'[창작적 불교회화]의 영역에서 일어난 경우라면 저작권법 적용을 통하여 창작자를 보호할 필요가 있다고 할 것이다. 그러나 사찰 장엄용 또는 예배용 종교화인 전통적 불교회화(불화)의 영역에서 저작권법의 적용을 주장하는 것은 전통적 불교회화(불화)의 영역에서 오랜 세월동안 존재해 왔던 평온한 균형과 조화 그리고 사회문화적(종교적) 가치를 깨뜨리는 것이기 때문에 사법적 판단을 함에 있어서 보다 신중할 필요가 있다.

　　또한 미술의 영역에서 '모방'은 모든 작품의 출발이다. 즉 자연이라는 원본을 참조하여 작품을 만들기 때문에 미술작품은 처음부터 자연을 모방한 것이고, 이러한 모방은 '재창조'의 의미를 가진다는 특징이 있다. 모더니즘의 '꼴라쥬' 내지 '패러디'나 포스트모더니즘의 '패스티쉬'에 있어서 '모방'과 '차용'의 기법도 하나의 작품기법으로 널리 활용되고 있고 그 예술적 가치도 분명하게 인정받고 있으며, 또한 예술영역의 확장으로 이해하고 작품을 보는 시각의 확장으로 이해한다. 이런 의미에서 종교화로서 불교회화(불화)의 모방 내지 차용은 모더니즘의 패러디와 포스트모더니즘의 패스티쉬에 있어서 모방 내지 차용과 일맥상통하는 점이 있다. 요컨대 현대미술에 있어서 모방과 차용 그리고 불교회화(불화)의 제작에 있어서 모방과 차용은 모두 과거의 작품과 현재의 작품을 모두 활성화시키는 역할을

93) http://www.sky33.org/samul3.htm 참조.

하며 '더 이상 창조적인 작업이 불가능'한 시대적 상황 내지 여건을 잘 보여 주는 현상이라는 점에 공통점이 있다.

然寓 최광률 회장님을 회고하면서 이 논문을 헌정합니다.

然寓 최광률 회장님 처음 뵌 해가 지금으로부터 32년 전인 1989년 국립 경북대학교 법과대학의 교수로 재직한 지 2년차 되던 해였습니다. 프랑스 파리 제1대학에서 박사학위를 받고 1988년 3월 1일부터 부임한 교수초년생으로서 열심히 활동하던 때였습니다. 프랑스에서 배웠던 프랑스 행정법이론에 대해서 글도 많이 써서 기고도 하고 발표도 열심히 하였던 것으로 기억합니다. 지금 돌이켜 생각해보면 겁도 없이 글을 막 써대었던 때가 아니었나 싶은데, 그러한 용기나 났던 것은 프랑스 박사논문 지도교수였던 고(故) 프랑크 모데른 (Frank MODERNE)의 격려가 크게 작용하였습니다. 논문도 책도 젊어서 기억력이 왕성하고 의욕이 불타고 체력이 좋을 때 많이 쓰는 것이 좋다는 것이었습니다. 당시 프랑스에서도 책은 주로 어느 정도 학문적 완성이 있은 후에 하는 것으로 알려져 있었던 모양입니다.

그런데 논문과 저술활동을 하면서 그리고 무엇보다 스칸디나비아클럽에서 개최되었던 행정판례연구회에 참석하면서 행정법이론만으로는 행정법을 제대로 완성할 수 없다는 것을 깨달았습니다. 은사이신 고(故) 양승두 선생님에게 행정법실무를 배울 수 있는 실무가를 소개시켜 달라고 부탁드렸더니, 선생님께서는 당시 광화문 코리아나호텔에 자리 잡고 있던 동양합동법률사무소의 최광률 대표변호사께 저를 인사시켜 주었습니다. 대표변호사 사무실에서 처음 뵙고 "왜 저가 대표변호사님 밑에서 행정법실무를 배우고 싶은 이유"를 설명드렸고, 대표변호사님께서는 흔쾌히 허락을 하시고 사무실까지 내주시면서 열심히 하라고 격려를 하시던 그 인자한 모습이 지금도 눈에 선합니다. 덕분에 저는 동양합동법률사무소에 1주일에 2일을 출근하면서 변호사사무소에서 일어나는 모든 행정소송사건에 대한 기록을 복사해서 실무적 감각을 쌓아갔습니다. 그리고 당시 동양법률사무소는 '변호사 사관학교'라고 불릴 정도로 대표변호사님께서 꼼꼼히 초임변호사들을 지도하시는 열정이 있으셨고 자료실 또한 가장 잘 구비되어 있었던 것으로 기억합니다. 당시 然寓 최광률 회장님을 뵈올 때마다 하셨던 말씀들 중에 지금도 특별히 기억하는 말씀이 있습니다. 첫째, "변호사들은 변호사가 되고 나면 책을 잘 사지 않는다. 그러나 틈틈이 교보문고에 들려서 책을 사서 그 값이 얼마든지 불문하고, 1권의 책으로 소송에 이길 수 있는 자료를 얻는다면 얼마나 값진 것인가"라고 하셨습니다. 둘째, 최 회장님은 "원래 자연과학에 더 관심이 많았는데 어찌하다 문리대학을 진학하여 법쟁이(?)가 되었는데, 법학은 수학과 서로 잘 통하는 것 같다."고 하셨습니다. 그래서 "서면도 수학과 같이 논리적으로 짜임새가 있도록 하여야 한다."고 하셨습니다. 그래서 당시 동양법률사무소에서 생산되는 서면들이 법조계에서 가장 모범적인 모델이 아니었나 싶습니다. 저도 원래 고등학교 때는 이과공부를 하였고 특히 수학을 잘했는데, 33여 년 동안 교수생활을 하면서 "법학은 수학이다."라는 최 회장님의 말씀을 공감하고 또 감사하는 마음으로 지금까지 학생들에게 가르치고 있습니다.

이렇게 음으로 양으로 然寓 최광률 회장님에게 입은 은혜는 태산 같은데, 그동안 감사하다는 말씀도 제대로 드리지 못하던 차 김동건 간행위원장님으로부터 논문 집필을 의뢰받고 얼마나 기쁜 마음으로 이 글을 쓰게 되었는지 모릅니다. 글 내용은 시원찮으나 글 하나 문장 하나에 회장님에 대한 감사의 마음으로 적었습니다. 부디 앞으로도 더욱 강건하시길 바라고 언젠가 큰 은혜에 보답하는 기회를 꼭 주시길 앙망합니다. 다시 한 번 감사드립니다.

국토계획법상 실시계획인가의 법적 성질 및 사법통제의 방법과 한계*

김용섭**

대상판결: 대법원 2018. 7. 24. 선고 2016두48416 판결 [수용재결취소등]

[사실관계 및 판결요지]

I. 사실관계

1. 전라남도지사는 2002. 12. 13. 광양시 광양읍 덕례리 일원에 대하여 대학교 인근의 건전한 대학촌 조성을 위하여 기존의 자연녹지지역 644,560㎡와 생산녹지지역 26,680㎡의 용도를 2종 일반주거지역으로 변경하는 내용의 도시계획변경을 결정·고시하였고, 2005. 12. 13. 위 2종 일반주거지역 중 일부인 46,660㎡를 준주거지역으로 용도변경하는 내용의 광양도시관리계획변경(덕례 제1종 지구단위계획)을 결정·고시하였다.

피고 광양시장은 2006. 2. 20. 위 변경 결정 및 지형도면을 고시하였는데, 위 계획에는 교통시설인 도로·철도·주차장, 도시공간시설인 광장·공원·녹지, 공공·문화체육시설인 학교가 상당 부분을 차지하고 있다(이하 '종전 도시관리계획결정'이라 한다).

전라남도지사는 2013. 7. 12. 주식회사 엘에프 및 피고보조참가인(이하 '참가인'이라 한다)으로부터 광양시 인근에 약 66,000㎡ 면적의 교외형 프리미엄 패션아울렛 타운을 조성하고자 한다는 취지의 투자제안서를 제출받고, 피고 광양시장에게 유치의사를 통보하여 줄 것을 요청하였다.

이에 피고 광양시장이 유치의사를 밝힘에 따라, 피고 광양시장과 참가인은 상호간에 협의를 거쳐 피고 광양시장과 참가인 사이에 토지보상과 관련한 위·수탁계약을 체결하고

---

* 이 논문은 행정판례연구 XXV-1(2020.06)에 게재된 논문으로 「최광률 명예회장 헌정논문집」에 전재하는 것이다.

** 전북대 법학전문대학원 교수, 법학박사, 변호사

그에 따라 피고 광양시장이 이 사건 건립사업이 진행될 것으로 예상되는 토지의 소유자들로부터 동의서를 징구한 후 위 토지의 용도지역을 제2종 일반주거지역에서 준주거지역으로 변경하여 해당 토지에 기반시설로서 대규모점포의 설치를 위한 도시계획시설을 배치하는 것으로 덕례지구단위계획을 변경하고, 참가인은 위 도시계획시설의 사업시행자 지정 및 실시계획인가를 받는 방법으로 광양 엘에프네트웍스 프리미엄 패션 아울렛 건립사업(이하 '이 사건 건립사업'이라 하고, 그로 인해 건립되는 아울렛을 '이 사건 아울렛'이라 한다)을 진행하기로 합의하였다.

피고 광양시장은 5차례에 걸쳐 이 사건 건립사업이 진행될 것으로 예상되는 토지의 소유자들에게 '소유자들의 토지가 소재된 덕례지구단위계획의 일정 면적에 국내 메이저급 유통시설을 유치하여 우선 개발하는 사업을 추진 중에 있으므로, 동의서 및 인간증명서를 제출하여 달라'는 취지의 공문을 '대규모점포 투자유치를 위한 토지소유자 서한문 발송'이라는 제목으로 발송하였고, 2014. 5. 28., 2014. 6. 17.에는 이 사건 건립사업이 진행될 것으로 추가로 예상되는 토지의 소유자들에게 위와 같은 취지로 이 사건 서한문 및 동의서 양식이 첨부된 공문을 발송하였다.[1)]

2. 피고 광양시장은 2014. 6. 3.부터 2014. 6. 17.까지 국토의 계획 및 이용에 관한 법률(이하 '국토계획법'이라 한다) 제28조, 동법 시행령(이하 '국토계획법 시행령'이라 한다) 제22조에 따라 광양 도시관리계획(덕례지구 지구단위계획) 결정(변경)안을 공람공고하였고, 2014. 6. 12. 광양읍사무소에서 주민설명회를 개최하였다.

이후 이 사건 건립사업 예정지 토지소유자의 75%로부터 동의서를 받자, 피고 광양시장은 2014. 8. 28. 광양 도시관리계획(지구단위계획)변경을 결정·고시하고, 그 지형도면을 승인·고시하였는데, 그 주요 변경내용은 이 사건 건립사업을 위하여 덕례지구단위계획 사업구역 내 토지 중 제2종 일반주거지역 94,127㎡를 준주거지역으로 변경하고, 해당토지에 기반시설인 시장(대규모점포, 78,184㎡), 공공공지(4,303㎡), 경관녹지(3,344㎡), 도로를 설치하는 계획을 신설하는 것이다(이하 위 도시관리계획변경 결정을 '이 사건 도시관리계획변경 결정'이라 하고, 위 시장, 공공공지, 경관녹지, 도로를 '이 사건 도시계획시설'이라 한다).

---

1) 이 사건 대법원 판결에서 원심판결 이유에 비추어 다음과 같이 추가적인 사실인정을 하였다. (가) 피고 광양시장은 이 사건 동의서를 받을 당시에 서한문 등을 발송하거나 주민설명회, 전화상담 등의 방법으로 도시계획시설의 위치(덕례지구단위계획 사업단지), 종류 및 명칭(국내 메이저급 유통시설 건립), 규모 (76,538㎡) 등의 정보를 토지소유자에게 제공하였다. (나) 토지소유자에게 제공된 위 정보 중 시설의 규모(76,538㎡)에 대해서는 이후 도시계획시설결정에서 일부 변경(97,826㎡)이 있었으나, 나머지 부분은 크게 달라진 내용이 없다. (다) 이 사건 도시계획시설결정은 기존 도시관리계획인 덕례지구단위계획 중 일부를 변경하는 것으로서 토지소유자는 기존의 도시관리계획 및 지형도면 등을 통해 동의 대상 사업의 대략적인 위치와 규모 등을 알 수 있었다.

참가인이 2014. 10. 21. 피고 광양시장에게 이 사건 건립사업을 위하여 이 사건 도시
계획시설사업에 대한 사업시행자 지정신청을 하자, 피고 광양시장은 2014. 10. 30. 참가인
이 위 라.항 동의서 징구를 위한 서한문 발송, 위 바.항 토지매수를 위한 보상협의절차를
통하여 이 사건 도시계획시설사업 대상 토지의 2/3 이상을 소유하고, 토지소유자 총수의
1/2 이상(70.5% = 토지를 매도하지 않은 토지소유자 112명 중 동의서를 발송한 79명)의 동의를 얻
어 국토계획법 제86조 제5항, 제7항, 국토계획법 시행령 제96조 제2항에 따른 사업시행자
지정 요건을 갖추었다고 판단하고, 참가인을 이 사건 도시계획시설사업의 시행자로 지정
·고시(이하 '이 사건 사업시행자 지정'이라 한다)하였다.

이후 참가인이 2014. 11. 6. 피고 광양시장에게 사업시행자 지정신청변경 및 실시계
획인가신청을 하자, 피고 광양시장은 2014. 11. 10. 국토계획법 제90조, 국토계획법 시행령
제99조에 따라 위 실시계획을 공람공고하고, 2014. 11. 18. 국토계획법 제92조에 따라 관
계 행정기관의 장에게 협의를 요청한 후, 2014. 12. 18. 광양 도시계획시설(시장, 도로, 공공
공지, 경관녹지) 사업시행자 지정 변경을 결정·고시하고, 그 실시계획을 인가·고시(이하 '이
사건 실시계획인가'라고 한다)하였다.

3. 피고 광양시장은 2014. 11. 6. 공익사업을 위한 토지 등의 취득 및 보상에 관한 법
률(이하 '토지보상법'이라 한다) 제15조에 따라 이 사건 건립사업의 개요, 토지조서 및 물건조
서의 내용, 보상계획열람의 장소, 보상의 시기·방법 및 절차 등이 포함된 보상계획을 통
지하고, 2014. 12월부터 2015. 1월까지 3차례에 걸쳐 이 사건 도시계획시설사업 대상 토지
소유자들에게 토지보상법 제16조 및 동법 시행령 제8조에 따라 보상협의를 요청한 후
2015. 2. 6. 피고 전라남도토지수용위원회에 재결을 신청하였다.

이에 위 피고 위원회는 2015. 3. 24. 이 사건 실시계획인가에 따라 토지보상법에 따른
사업인정이 의제된다는 이유로 원고들에 대하여 부동산을 수용재결 하였다.

II. 대법원 판결의 요지

1. 국토의 계획 및 이용에 관한 법률이 민간사업자가 도시·군계획시설(이하 '도시계획
시설'이라고 한다)사업의 시행자로 지정받기 위한 동의 요건을 둔 취지는 민간사업자가 시행
하는 도시계획시설사업의 공공성을 보완하고 민간사업자에 의한 일방적인 수용을 제어하
기 위한 것이다. 이러한 입법 취지에 비추어 보면, 사업시행자 지정에 관한 토지소유자의
동의가 유효하기 위해서는 동의를 받기 전에, 그 동의가 사업시행자 지정을 위한 것이라는

동의 목적, 그 동의에 따라 지정될 사업시행자, 그 동의에 따라 시행될 동의 대상 사업 등이 특정되고 그 정보가 토지소유자에게 제공되어야 한다.

2. 도시·군계획시설(이하 '도시계획시설'이라 한다)사업 사업시행자 지정을 위한 동의를 받기 위하여 토지소유자에게 제공되어야 할 동의 대상 사업에 관한 정보는, 해당 도시계획시설의 종류·명칭·위치·규모 등이고, 이러한 정보는 일반적으로 도시계획시설결정 및 그 고시를 통해 제공되므로 토지소유자의 동의는 도시계획시설결정 이후에 받는 것이 원칙이라고 할 수 있다.

그런데 국토의 계획 및 이용에 관한 법령은 동의 요건에 관하여 동의 비율만을 규정하고 있을 뿐, 동의 시기 등에 관하여는 명문의 규정을 두고 있지 않다. 또한 재정상황을 고려하여 지방자치단체 등이 민간사업자 참여에 대한 토지소유자의 동의 여부를 미리 확인한 뒤 동의 여부에 따라 사업 진행 여부를 결정하는 것이 불합리하다고 볼 수도 없다. 이러한 점을 고려하면, 도시계획시설결정 이전에 받은 동의라고 하더라도, 동의를 받을 당시 앞으로 설치될 도시계획시설의 종류·명칭·위치·규모 등에 관한 정보가 토지소유자에게 제공되었고, 이후의 도시계획시설결정 내용이 사전에 제공된 정보와 중요한 부분에서 동일성을 상실하였다고 볼 정도로 달라진 경우가 아닌 이상, 도시계획시설결정 이전에 받은 사업시행자 지정에 관한 동의라고 하여 무효라고 볼 수는 없다.

3. 국토의 계획 및 이용에 관한 법률(이하 '국토계획법'이라 한다)상 기반시설은 도시 공동생활을 위해 기본적으로 공급되어야 하지만 공공성이나 외부경제성이 크기 때문에 시설의 입지 결정, 설치 및 관리 등에 공공의 개입이 필요한 시설을 의미한다.

기반시설을 조성하는 행정계획 영역에서 행정주체가 가지는 광범위한 재량, 현대 도시생활의 복잡·다양성과 질적 수준 향상의 정도 등을 고려하면, 어떤 시설이 국토계획법령이 정하고 있는 기반시설에 형식적으로 해당할 뿐 아니라, 그 시설이 다수 일반 시민들이 행복한 삶을 추구하는 데 보탬이 되는 기반시설로서의 가치가 있고 그 시설에 대한 일반 시민의 자유로운 접근 및 이용이 보장되는 등 공공필요성의 요청이 충족되는 이상, 그 시설이 영리 목적으로 운영된다는 이유만으로 기반시설에 해당되지 않는다고 볼 것은 아니다.

다만 행정주체가 기반시설을 조성하기 위하여 도시·군계획시설결정을 하거나 실시계획인가처분을 할 때 행사하는 재량권에는 한계가 있음이 분명하므로, 이는 재량통제의 대상이 된다.

4. 도시·군계획시설(이하 '도시계획시설'이라 한다)사업에 관한 실시계획인가처분은 해당 사업을 구체화하여 현실적으로 실현하기 위한 형성행위로서 이에 따라 토지수용권 등이 구체적으로 발생하게 된다. 따라서 행정청이 실시계획인가처분을 하기 위해서는 그 실시계획이 법령이 정한 도시계획시설의 결정·구조 및 설치기준에 적합하여야 함은 물론이고 사업의 내용과 방법에 대하여 인가처분에 관련된 자들의 이익을 공익과 사익 간에서는 물론, 공익 상호 간 및 사익 상호 간에도 정당하게 비교·교량하여야 하며, 그 비교·교량은 비례의 원칙에 적합하도록 하여야 한다.

[판례연구]

I. 문제의 제기

1. 국토의 계획 및 이용에 관한 법률(이하 '국토계획법" 이라 한다)상 민간사업자가 도시·군계획시설사업의 시행자로 지정받기 위한 요건으로서 토지소유자의 동의가 필요하다. 그런데, 이 사건 판결에서는 동의가 유효하기 위한 전제 조건으로 ① 동의를 받기 전에, 그 동의가 사업시행자 지정을 위한 것이라는 동의 목적, 그 동의에 따라 지정될 사업시행자, 그 동의에 따라 시행될 동의 대상 사업 등이 특정되고 ② 그 정보가 토지소유자에게 제공되어야 한다는 것을 제시하고 있다.

아울러 이 사건 판결에 따르면 도시계획시설사업의 시행자 지정을 위한 동의를 받기 위하여 토지소유자에게 제공되어야 할 동의 대상 사업에 관한 정보는, 해당 도시계획시설의 종류·명칭·위치·규모 등이고, 이러한 정보는 일반적으로 도시계획시설결정 및 그 고시를 통해 제공되므로 토지소유자의 동의는 도시계획시설결정 이후에 받는 것이 원칙이라고 할 수 있다. 그런데, 도시계획시설결정 이전에 받은 동의라고 하더라도, 동의를 받을 당시 앞으로 설치될 도시계획시설의 종류·명칭·위치·규모 등에 관한 정보가 토지소유자에게 제공되었고, 이후의 도시계획시설결정 내용이 사전에 제공된 정보와 중요한 부분에서 동일성을 상실하였다고 볼 정도로 달라진 경우가 아닌 이상, 도시계획시설결정 이전에 받은 사업시행자 지정에 관한 동의라고 하여 무효라고 볼 수는 없다고 보았다.[2]

---

[2] 김용섭, "2018년 행정법(I) 중요판례평석", 인권과 정의 통권 제480호, 2019, 116면. 이 사건 판결에서 동의의 의미와 관련하여 토지소유자가 동의의 의미를 명확하게 인식할 수 있어야 하는 점은 제시된 것으로 볼 수 있으나, 토지소유자의 동의 자체가 회유나 강요가 아니라 자발적으로 이루어 진 것이라는 점은 제시되지 않고 있다.

2. 이 사건 판결에서 주목을 끄는 부분은 행정주체가 기반시설을 조성하기 위하여 도시계획시설결정을 하거나 실시계획인가처분을 할 때에는 광범위한 형성의 자유가 있으나, 그 재량권에는 한계가 있으므로 재량통제의 대상이 된다는 것이다. 아울러 도시계획시설사업에 관한 실시계획인가처분의 법적 성질은 해당 사업을 구체화하여 현실적으로 실현하기 위한 형성행위로서 이에 따라 토지수용권 등이 구체적으로 발생하게 된다고 보았다. 같은 맥락에서 행정청이 실시계획인가처분을 하기 위해서는 그 실시계획이 법령이 정한 도시계획시설의 결정·구조 및 설치기준에 적합하여야 함은 물론이고 사업의 내용과 방법에 대하여 인가처분에 관련된 자들의 이익을 공익과 사익 간에서는 물론, 공익 상호 간 및 사익 상호 간에도 정당하게 비교·교량하여야 하며, 그 비교·교량은 비례의 원칙에 적합하도록 하여야 한다고 판시하고 있다.

이 논문은 이 사건 판결을 소재로 하여 국토계획법상 실시계획 인가의 법적 성질을 재량행위로 보는 입장이 타당한 것인지를 중점적으로 분석하고, 법원의 재량행위에 대한 전통적인 심사방식에 대하여도 비판적으로 검토하는데 있다. 주지하는 바와 같이 행정청이 행정에 관한 법적 결정이나 행위를 할 때 사전에 정하여 둔 법규범에 구속되는가 아니면 이로부터 벗어나서 행정행위를 함에 있어 판단과 선택의 가능성이 있는가의 문제가 기속과 재량의 문제이다.[3] 행정행위는 법에 기속되는 정도에 따라 기속행위와 재량행위로 구분된다. 행정권 행사의 요건과 효과가 법에 일의적으로 규정되어 있는 기속행위와는 달리, 재량행위는 법규범의 엄격한 구속이 완화되어 행위의 요건 판단이나 효과의 선택의 가능성이 인정되는 경우를 말한다.

국토계획법 제88조 제3항에서 규정하고 있는 실시계획의 인가는 사업자지정을 받은 민간 사업시행자가 실시계획을 작성하여 공익사업인 도시계획시설사업의 공사에 착수하고 토지수용권을 확보하기 위한 것으로 설계도에 따른 공사허가의 성질을 지닌다.[4] 따라서 국토계획법상의 실시계획의 인가는 도시계획시설사업을 구체화하여 현실적으로 실현하기 위한 행정처분이다. 실시계획 인가의 법적성질이 기속행위인지 재량행위인지, 아울러 재량행위라면 기속재량인지 자유재량행위인지 문제가 된다.

이 논문에서는 먼저 국토계획법 제88조 제3항에서 규정하고 있는 실시계획 인가의 법적성격(II)을 중점적으로 고찰하기로 한다. 이러한 국토계획법상 실시계획 인가의 법적 성격을 규명하기 위해서는 국토계획법의 관련 규정을 상세히 검토하고, 학설과 판례를 종합적으로 분석할 필요가 있다.

---

3) 김용섭·신봉기·김광수·이희정, 「법학전문대학원 판례교재 행정법 제4판」, 법문사, 2018, 201면.
4) 김종보, "도시계획시설의 공공성과 수용권", 행정법연구 제30호, 2011. 287면.

3. 이 논문에서는 국토계획법상 실시계획의 인가의 법적성질을 기본적으로 기속행위 내지 기속재량행위로 보는 전제하에, 기속재량행위에 있어서 중대한 공익상 필요의 의미와 요소(Ⅲ)를 고찰하기로 한다. 여기에서는 중대한 공익상의 필요의 의미, 판례상 중대한 공익상의 필요의 요소, 공익과 사익의 적절한 조화로 구분하여 살펴보기로 한다. 나아가 재량권 행사의 범위 및 사법통제의 방법과 한계(Ⅳ)에 관하여 고찰하되, 국토계획법상의 실시계획인가가 계획재량에 속하지 않는다는 점을 먼저 밝히고, 재량행위의 스펙트럼에 따른 법원의 재량통제의 심사기준과 그 방법 및 한계에 관하여 고찰하기로 한다. 끝으로 결론에 갈음하여 비판적 관점에서 이 사건 판결에 대한 평석(Ⅴ)을 하는 순서로 논의를 진행하기로 한다.

Ⅱ. 국토계획법 제88조의 실시계획 인가의 법적성격

1. 국토계획법의 실시계획인가에 관한 규정

국토계획법 제88조 제3항에서 규정하고 있는 실시계획 인가의 법적 성질을 규명하려면 국토계획법의 규정과 그 입법변천을 먼저 살펴볼 필요가 있다.

종전의 국토계획법(2002. 2. 4. 법률 제6655호) 제88조 제2항에서 "도시계획시설사업의 시행자(건설교통부장관 및 시·도지사를 제외한다)는 제1항의 규정에 의하여 실시계획을 작성한 때에는 대통령령이 정하는 바에 따라 건설교통부장관 또는 시·도지사의 인가를 받아야 한다. 이 경우 건설교통부장관 또는 시·도지사는 기반시설의 설치 또는 그에 필요한 용지의 확보·위해방지·환경오염방지·경관·조경 등의 조치를 할 것을 조건으로 실시계획을 인가할 수 있다." 고 되어 있었다. 이러한 실시계획의 인가에 관한 규정이 2007. 1. 19. 법률 제8250호로 개정되어, 국토계획법 제88조 제3항에서 "국토교통부장관, 시·도지사 또는 대도시 시장은 도시·군계획시설사업의 시행자가 작성한 실시계획이 제43조제2항에 따른 도시·군계획시설의 결정·구조 및 설치의 기준 등에 맞다고 인정하는 경우에는 실시계획을 인가하여야 한다. 이 경우 국토교통부장관, 시·도지사 또는 대도시 시장은 기반시설의 설치나 그에 필요한 용지의 확보, 위해 방지, 환경오염 방지, 경관 조성, 조경 등의 조치를 할 것을 조건으로 실시계획을 인가할 수 있다."로 변경하였다.

2. 기속행위인지 재량행위인지

가. 기속행위와 재량행위의 개념

기속행위란 법령에 일의적으로 명확히 규정하고 있어 법률요건이 충족되면 법이 정한 일정한 행위를 반드시 하거나 해서는 안 되는 행정행위를 말한다. 재량행위란 입법자가 행정청에게 행정목적에 적합한 행위를 스스로 결정·선택할 수 있는 권한을 부여함으로써, 행정청이 복수의 행위 중에서 어느 것을 선택할 수 있는 여지를 말한다. 기속행위와 재량행위의 구별은 한편으로 재량영역이 어디에 존재하는가를 둘러싸고 요건인가 아니면 효과인가를 중심으로 요건재량설과 효과재량설로 구별되어 논의되어 왔다. 그러나, 오늘날 독일의 이론의 영향을 받아 요건에서의 불확정개념은 재량개념이 아닌 법개념으로 파악하여 전면적인 사법심사의 통제하에 두되, 비대체적 결정, 구속적 가치평가, 미래예측결정, 전문가회의의 결정 등 예외적인 경우에는 판단여지의 문제로 파악하고, 효과에서 비로소 재량의 문제로 보아 결정재량(ob)과 선택재량(wie)으로 구분하여 파악하고 있다.

판례 중에는 기속행위와 재량행위의 구별과 관련하여 법령의 규정을 고려하지 않고, "공유수면 관리 및 매립에 관한 법률에 따른 공유수면의 점용·사용허가는 특정인에게 공유수면 이용권이라는 독점적 권리를 설정하여 주는 처분으로서 처분여부 및 내용의 결정은 원칙적으로 행정청의 재량에 속한다(대법원 2017. 4. 28. 선고 2017두30139판결5))"고 판시하거나, "본래 자동차운수사업법에 의한 자동차운송사업의 면허는 특정인에게 권리를 설정하는 행위로서 법령에 특별히 정한 바가 없으면 행정청의 재량에 속하는 것이다(대법원 1989. 3. 28. 선고 88누12257판결)"라고 판시하는 등 행정행위의 성질을 토대로 재량행위로 파악하였다. 기본적으로 재량권은 입법부인 국회에 의하여 행정권에 부여되는 것이고, 재량

---

5) 이 판결에서는 법령을 일부 참고하여 "공유수면법 제8조 제1항 본문, 공유수면법 시행령 제4조, 공유수면법 시행규칙 제4조 제2항 제2호의 각 규정에 의하면, 일정한 용도로 공유수면을 점용 또는 사용(이하 '점용·사용'이라 한다)하려는 자는 공유수면관리청으로부터 점용·사용허가를 받아야 하고, 그 허가를 받으려면 사업계획서, 구적도 및 설계도서 등을 첨부한 허가신청서를 제출하도록 되어 있다."고 판시하면서, "공유수면에 대한 점용·사용허가를 신청할 때에 설계도서 등을 제출하도록 한 취지는 공유수면관리청으로 하여금 해당 공유수면에 설치할 인공구조물 등의 정확한 구조와 크기, 위치, 형상 등을 정확하게 파악함으로써 (1) 그 허가 등으로 인하여 피해가 예상되는 일정한 권리를 가진 자가 있는지 여부, (2) 해양환경·생태계·수산자원 및 자연경관의 보호 등을 위해 점용·사용의 방법이나 관리 등에 관하여 부관을 붙일 필요가 있는지 여부 및 (3) 점용·사용허가 기간을 얼마로 정할 것인지 등을 심사할 수 있도록 하고, 나아가 (4) 점용·사용허가를 받은 자가 위 부관을 제대로 이행하였는지 또는 (5) 점용·사용 기간이 끝난 후 해당 공유수면을 원상으로 회복시켰는지 여부를 판단할 수 있도록 하기 위한 것이라고 해석된다. 따라서 공유수면에 대한 점용·사용허가를 신청하는 자가 위 설계도서 등을 첨부하지 아니한 채 허가신청서를 제출하였다면 공유수면관리청으로서는 특별한 사정이 없는 한 허가요건을 충족하지 못한 것으로 보아 거부처분을 할 수 있다고 봄이 타당하다."고 판시하고 있어 설계도서를 제출하기만 하면 허가가 거부되지 않을 가능성이 있으나, 요건을 충족하지 못하여 허가가 거부된 것이므로, 기본적으로 법령의 체제나 문구 보다는 행위의 성질을 고려하여 내리고 있는 판결로 보여 진다.

이 부여되어 있다고 하여 자의적으로 처리하여도 무방하다는 의미가 아닌, 구체적 개별적 사정을 감안하여 정의에 입각한 올바른 결정을 위하여 입법자에 의하여 법적 기속이 완화된 것을 말한다.[6]

기속행위와 재량행위의 구별기준은 1차적으로는 입법자의 의사인 법문의 형식이나 체제 또는 문언에 기초하여 판별하는 것이 타당하다. 다만, 법령의 규정이 명확하지 않은 경우에는 개별 행위의 성질 등이 참고가 될 수는 있다.[7]

나. 기속행위와 재량행위의 구별기준

(1) 법문의 형식이나 체제 또는 문언

기속행위와 재량행위의 구별기준은 법률의 규정의 형식이나 체제 또는 문언이 일차적 기준이 된다.[8] 어떤 행정행위가 기속행위에 해당하는지 재량행위에 해당하는지의 1차적 판단은 그 근거규정의 분석을 기준으로 하되, 법문의 규정이 명확하지 않은 경우에는 행정행위의 유형과 개별적 성질 등도 보충적 기준으로 고려된다.[9]

재량권은 입법부인 국회에 의하여 행정권에 부여되는 것이고, 재량이 부여되어 있다고 하여 자의적으로 처리하여도 무방하다는 의미가 아니라 의무에 적합한 재량으로 처리하여야 하며 구체적 개별적 사정을 고려하여 정의에 따른 올바른 결정이 내려질 것을 기대한다.

법률의 규정과 입법취지 등을 고려하여 "행정청은 − − − 하여야 한다(Muß−Vorschrift)"고 되어 있는 경우에는 기속행위로, "행정청은 − − − − 할 수 있다(Kann− Vorschrift)"로 규정되어 있는 경우에는 재량행위로 보는 것이 일반적이다.[10]

어느 행정처분이 기속행위에 해당하는지 아니면 재량행위에 해당하는지 여부는 당해 처분의 근거가 된 법규의 형식이나 체제 또는 그 문언에 따라 판정한다는 대법원 판결의 예는 다음과 같다.[11]

---

6) 입법자는 규율대상의 다양성에도 불구하고 처분요건을 유형화하여 일의적으로 규정하지 못한 현실 하에서 처분요건이 충족된 경우에도 중대한 공익상 필요가 있는 경우에는 법적 효과가 미치지 않는다는 기속재량론이 대두되었다.

7) 수익적 결정이면 재량행위로 보는 견해, 예외적 허가의 경우에 재량행위로 보는 입장 등은 법문을 종합적으로 고려한 후 결정한 것이라기보다 행위의 성질을 주요기준으로 제시한 경우라고 할 것이다.

8) 홍강훈, "기속행위와 재량행위 구별의 새로운 기준", 공법연구 제40집, 2012, 294면 이하.

9) 김용섭·신봉기·김광수·이희정, 앞의 책, 201면.

10) 그런데, '행정청은 − − − − 할 수 있다(Kann−Vorschrift)'로 되어 있더라도 기속행위로 해석되는 경우가 있다. 한편, 독일의 경우 '행정청은− − − −한다(Soll−Vorschrift)'의 경우에는 입법취지를 감안하여 양자의 어디에 해당하는지를 판별하되, 기속재량에 해당하는 사안으로 파악한다. 이에 관하여는 김용섭, 기속행위, 재량행위, 기속재량, 서울지방변호사회, 2001.

11) 하급심 판결례: 창원지방법원 2001. 10. 8. 선고 2001구1618 판결 : 항소기각 [자동차운전면허취소처분취

- 대법원 2008. 5. 29. 2007두18329

어느 행정행위가 기속행위인지 재량행위인지 나아가 재량행위라고 할지라도 기속재량행위인지 또는 자유재량에 속하는 것인지의 여부는 이를 일률적으로 규정지을 수는 없는 것이고, 당해 처분의 근거가 된 규정의 형식이나 체제 또는 문언에 따라 개별적으로 판단하여야 한다(대법원 1997. 12. 26. 선고 97누15418 판결 참조).

- 대법원 2013. 12. 12. 선고 2011두3388 판결
[유가보조금전액환수및지급정지처분취소]

"어느 행정행위가 기속행위인지 재량행위인지는 이를 일률적으로 규정지을 수는 없는 것이고, 당해 처분의 근거가 된 규정의 형식이나 체재 또는 문언에 따라 개별적으로 판단해야 한다. 또한 침익적 행정행위의 근거가 되는 행정법규는 엄격하게 해석·적용하여야 하고 그 행정행위의 상대방에게 불리한 방향으로 지나치게 확장해석하거나 유추해석해서는 안 되며, 그 입법 취지와 목적 등을 고려한 목적론적 해석이 전적으로 배제되는 것은 아니라고 하더라도 그 해석이 문언의 통상적인 의미를 벗어나서는 안 된다."

(2) 종합기준설

구별기준 제2척도는 법규의 체제·형식과 그 문언, 당해 행위가 속하는 행정 분야의 주된 목적과 특성, 당해 행위 자체의 개별적 성질과 유형 등을 종합하여 판단하는 입장이다. 가령 일반적 건축허가나 행정행위의 성질상 확인적 판단작용의 성질을 가진 경우에는 기속행위의 가능성이 높고, 개인에게 새로운 권리를 부여하거나 이익을 부여하는 행정행위의 경우에는 재량행위의 가능성이 높다고 볼 것이다. 이러한 입장은 법문에만 국한하지 않고, 구체적인 사안에 따라 법률규정 및 행정행위의 성질을 고려하여 행정청에게 재량이 부여되어 있는지 여부를 종합적으로 판단하는 입장이다.12)

- 대법원 2001. 2. 9. 선고 98두17593 판결[건축물용도변경신청거부처분취소]

행정행위가 그 재량성의 유무 및 범위와 관련하여 이른바 기속행위 내지 기속재량행위와 재량행위 내지 자유재량행위로 구분된다고 할 때, 그 구분은 당해 행위의 근거가 된 법규의 체재·형식과 그 문언, 당해 행위가 속하는 행정 분야의 주된 목적과 특성, 당해 행위 자체의 개별적 성질과 유형 등을 모두 고려하여 판단하여야 하고, 이렇게 구분되는 양자에 대한 사법심사는, 전자의 경우 그 법규에 대한 원칙적인 기속성으로 인하여 법원이 사실인정과 관련 법규의 해석·적용을 통하여 일정한 결론을 도출한 후 그 결론에 비추어

소] "어느 행정처분이 기속행위에 해당하는지 아니면 재량행위에 해당하는지 여부는 당해 처분의 근거가 된 법규의 형식이나 체제 또는 그 문언에 따라 결정되어야 한다."
12) 이영창, "환경행정소송에서 행정청의 재량에 대한 사법심사의 방법과 한계", 사법논집 제49집, 법원도서관, 2009. 249면.

행정청이 한 판단의 적법 여부를 독자의 입장에서 판정하는 방식에 의하게 되나, 후자의
경우 행정청의 재량에 기한 공익판단의 여지를 감안하여 법원은 독자의 결론을 도출함이
없이 당해 행위에 재량권의 일탈·남용이 있는지 여부만을 심사하게 되고, 이러한 재량권
의 일탈·남용 여부에 대한 심사는 사실오인, 비례·평등의 원칙 위배, 당해 행위의 목적
위반이나 동기의 부정 유무 등을 그 판단 대상으로 한다.

　　구 도시계획법(2000. 1. 18. 법률 제6243호로 전문 개정되기 전의 것) 제21조와 같은법시행
령(1998. 5. 19. 대통령령 제15799호로 개정되기 전의 것) 제20조 제1, 2항 및 같은법시행규칙
(1998. 5. 19. 건설교통부령 제133호로 개정되기 전의 것) 제7조 제1항 제6호 (다)목 등의 규정을
살펴보면, 도시의 무질서한 확산을 방지하고 도시주변의 자연환경을 보전하여 도시민의
건전한 생활환경을 확보하기 위하여 지정되는 개발제한구역 내에서는 구역 지정의 목적상
건축물의 건축이나 그 용도변경은 원칙적으로 금지되고, 다만 구체적인 경우에 위와 같은
구역 지정의 목적에 위배되지 아니할 경우 예외적으로 허가에 의하여 그러한 행위를 할
수 있게 되어 있음이 위와 같은 관련 규정의 체제와 문언상 분명한 한편, 이러한 건축물의
용도변경에 대한 예외적인 허가는 그 상대방에게 수익적인 것에 틀림이 없으므로, 이는 그
법률적 성질이 재량행위 내지 자유재량행위에 속하는 것이라고 할 것이고, 따라서 그 위법
여부에 대한 심사는 재량권 일탈·남용의 유무를 그 대상으로 한다.

　　(3) 소결

　　기속행위와 재량행위의 판단척도에 관한 판례의 태도를 종합하면, 법문을 중시하는
입장과 개별 행위의 성질을 중시하는 입장으로 준별된다. 당해 행위의 근거가 된 법규의
체제·형식과 그 문언을 1차적으로 고려하고 이것으로 판별이 어려운 경우에 "당해 행위가
속하는 행정분야의 주된 목적과 특성, 당해 행위 자체의 개별적 성질과 유형을 고려 요소
로 하는 종합적 고찰방식으로 구분하는 것이 타당하다고 본다. 법문에 "행정청은 … 할 수
있다"라고 규정되어 있으면 원칙적으로 재량행위에 해당한다고 볼 것이고, "행정청은 …
하여야 한다"라고 규정되어 있으면 입법자의 의사를 존중하여 이를 기속행위로 보아야 한
다. 따라서, 국토계획법 제88조 제3항에서 규정하고 있는 실시계획의 인가는 "행정청은 …
하여야 한다"고 규정하고 있기 때문에 법문만을 놓고 보면 이는 기속행위에 해당한다고
볼 것이다.[13] 또한 실시계획의 인가 신청의 거부의 경우에는 다음에 살펴보는 바와 같이
기속재량(거부재량)의 경우에 해당된다고 볼 것이다.

---

13) 규범을 고려하지 않고 실시계획의 인가가 토지수용권을 발생하게 하는 설권적 성질의 형성행위로 보게 되
　　면 재량행위로 볼 여지도 있으나, 실시계획의 인가를 받더라도 공사착공의 허가의 의미만 지니고 이미 부
　　지의 소유권을 확보하여 토지수용권의 발생이 의미가 없는 경우라면 재량행위로 보는 것은 한계가 있다.

2. 기속행위와 재량행위의 중간 영역으로서의 기속재량

가. 논의의 출발

기속재량이란 종래부터 재량이론과는 별도로 우리의 행정판례에서 특유하게 인정되어 온 개념이다. 이러한 기속재량은 기속행위의 범주에서 파악하는 판례도 있고, 재량행위 중 기속재량행위와 자유재량행위로 구분하여 협소한 재량만 인정되는 범주로 파악하기도 한다.14) 여기서는 거부처분과 관련하여 중대한 공익상의 필요가 인정되는 때에 법문의 기속으로부터 벗어날 수 있는 매우 협소한 재량으로 이해한다.15) 사법심사와 관련하여 기속재량은 기속행위와 같은 맥락에서 법원이 일정한 결론을 먼저 도출한 후에 행정청의 거부처분이 적법한지 판단하는 판단대치의 방식으로 사법심사를 하게 된다.16)

기속행위일 경우 비정형적인 예외적인 상황에서 중대한 공익상의 필요를 이유로 법적 기속을 벗어날 수 있지만 중대한 공익상의 필요 없음에도 거부처분이 내려지면 위법한 처분이 된다. 독일법상의 의도된 재량(intendierte Ermessen) 개념도 우리의 기속재량과 매우 유사하다고 보여진다. 재량행위에 있어서 재량권의 일탈·남용에 대한 입증책임은 원고가 지고, 거부처분의 적법성에 대한 입증책임은 행정청이 지는 것이 판례의 입장이다. 처분의 적법성은 피고 행정청이 증명하여야 하므로 실시계획의 인가 신청 불허라는 거부처분을 할 경우 중대한 공익상 필요가 있다는 것에 대하여 행정청에게 입증책임은 있다고 볼 것이다.17)

나. 기속재량 관련 판례

(1) 기속행위의 범주로 파악하는 기속재량행위

- 대법원 2001. 2. 9. 선고 98두17593판결[건축물용도변경신청거부처분취소]

행정행위가 그 재량성의 유무 및 범위와 관련하여 이른바 기속행위 내지 기속재량행위와 재량행위 내지 자유재량행위로 구분된다고 할 때, 그 구분은 당해 행위의 근거가 된

---

14) 이에 관하여는 김용섭, "행정재량론의 재검토 - 기속재량의 새로운 방향모색을 중심으로-", 경희법학 제 36권 제1호, 2001. 53~73면.

15) 이영창, "환경행정소송에서 행정청의 재량에 대한 사법심사의 방법과 한계", 245면. 선정원, "행정재량의 법적 통제에 관한 몇 가지 쟁점의 검토", 행정소송(I), 한국사법행정학회, 2008, 562면. 기속재량행위에 대비되는 자유재량행위는 행정청에게 광범위한 결정재량과 선택재량이 부여되어 있는 것으로 이해하는 입장이다.

16) 최선웅, "행정소송에서의 기속재량", 행정법연구 제52호, 2018, 133면, 박균성, 「행정법론(상) 제16판 」, 박영사, 2017, 315-317면, 박윤흔/정형근, 「최신행정법강의(상)」. 박영사, 2009, 297면.

17) 박균성, 행정법강의, 박영사, 2020, 206면. 김용섭, "행정재량론의 재검토-기속재량의 새로운 방향모색을 중심으로", 경희법학 제36권 제1호, 2001, 72면

법규의 체재·형식과 그 문언, 당해 행위가 속하는 행정 분야의 주된 목적과 특성, 당해 행위 자체의 개별적 성질과 유형 등을 모두 고려하여 판단하여야 하고, 이렇게 구분되는 양자에 대한 사법심사는, 전자의 경우 그 법규에 대한 원칙적인 기속성으로 인하여 법원이 사실인정과 관련 법규의 해석·적용을 통하여 일정한 결론을 도출한 후 그 결론에 비추어 행정청이 한 판단의 적법 여부를 독자의 입장에서 판정하는 방식에 의하게 되나, 후자의 경우 행정청의 재량에 기한 공익판단의 여지를 감안하여 법원은 독자의 결론을 도출함이 없이 당해 행위에 재량권의 일탈·남용이 있는지 여부만을 심사하게 되고, 이러한 재량권의 일탈·남용 여부에 대한 심사는 사실오인, 비례·평등의 원칙 위배, 당해 행위의 목적 위반이나 동기의 부정 유무 등을 그 판단 대상으로 한다.

　- 대법원 2018. 10. 4. 선고 2014두37702 판결[특허권존속기간연장신청불승인처분취소청구]

　행정행위가 재량성의 유무 및 범위와 관련하여 이른바 기속행위 내지 기속재량행위와 재량행위 내지 자유재량행위로 구분된다고 할 때, 그 구분은 당해 행위의 근거가 된 법규의 체제·형식과 문언, 당해 행위가 속하는 행정 분야의 주된 목적과 특성, 당해 행위 자체의 개별적 성질과 유형 등을 모두 고려하여 판단하여야 한다. 이렇게 구분되는 양자에 대한 사법심사는, 전자의 경우 그 법규에 대한 원칙적인 기속성으로 인하여 법원이 사실인정과 관련 법규의 해석·적용을 통하여 일정한 결론을 도출한 후 그 결론에 비추어 행정청이 한 판단의 적법 여부를 독자의 입장에서 판정하는 방식에 의하게 된다. 후자의 경우 행정청의 재량에 기한 공익판단의 여지를 감안하여 법원은 독자의 결론을 도출함이 없이 당해 행위에 재량권의 일탈·남용이 있는지 여부만을 심사하게 되고, 이러한 재량권의 일탈·남용 여부에 대한 심사는 사실오인, 비례·평등의 원칙 위배, 당해 행위의 목적 위반이나 동기의 부정 유무 등을 판단 대상으로 한다.

　(2) 재량행위의 범주로 파악하는 기속재량행위

　- 대법원 1997. 12. 26. 선고 97누15418 판결[주택건설사업영업정지처분취소]

　어느 행정행위가 기속행위인지 재량행위인지 나아가 재량행위라고 할지라도 기속재량행위인지 또는 자유재량에 속하는 것인지의 여부는 이를 일률적으로 규정지을 수는 없는 것이고, 당해 처분의 근거가 된 규정의 형식이나 체재 또는 문언에 따라 개별적으로 판단하여야 한다.

　- 대법원 1998. 4. 28. 선고 97누21086 판결[폐기물처리사업부적정통보취소]

　어느 행정행위가 기속행위인지 재량행위인지 나아가 재량행위라고 할지라도 기속재량행위인지 또는 자유재량에 속하는 것인지의 여부는 이를 일률적으로 규정지을 수는 없는 것이고, 당해 처분의 근거가 된 규정의 형식이나 체제 또는 문언에 따라 개별적으로 판단하여야 한다.

- 대법원 2008. 5. 29. 선고 2007두18321 판결[합격결정취소및응시자격제한처분]

어느 행정행위가 기속행위인지 재량행위인지 나아가 재량행위라고 할지라도 기속재량행위인지 또는 자유재량에 속하는 것인지의 여부는 이를 일률적으로 규정지을 수는 없는 것이고, 당해 처분의 근거가 된 규정의 형식이나 체제 또는 문언에 따라 개별적으로 판단하여야 한다(대법원 1997. 12. 26. 선고 97누15418 판결 참조).

(3) 독자적 제3의 범주인 기속재량

앞에서 예로 든 기속재량행위를 기속행위의 범주로 파악하는 견해는 거부처분과 관련되고, 재량행위의 범주로 파악하는 견해는 처분의 근거가 된 규정의 내용이나 체제 또는 문언에 따라 개별적으로 판단되어 진다. 따라서, 독자적인 제3범주인 기속재량은 수익적 행정행위의 신청에 대한 불허가나 거부처분에서 발전한 것으로, 거부재량의 문제로 환치할 수 있다. 기속재량이나 거부재량의 경우에는 법원은 기속행위에 준하여 사법심사를 하기 때문에 재량권의 일탈·남용의 경우보다 광범위한 사법심사를 할 수 있다. 판례에 따르면 행정청의 재량행위가 기속재량행위에 해당하는 경우 행정청은 중대한 공익상의 필요성을 이유로만 재량권을 행사할 수 있다.[18]

① 채광계획인가신청 불허가처분 및 채광계획불인가처분

- 대법원 1993. 5. 27. 선고 92누19477 판결[채광계획인가신청불허가처분취소]

광업권의 행사를 보장하면서 광산개발에 따른 자연경관의 훼손, 상수원의 수질오염 등 공익침해를 방지하기 위한 목적에서 광물채굴에 앞서 채광계획인가를 받도록 한 제도의 취지와 공익을 실현하여야 하는 행정의 합목적성에 비추어 볼 때, 채광계획이 중대한 공익에 배치된다고 할 때에는 인가를 거부할 수 있다고 보아야 하고, 채광계획을 불인가하는 경우에는 정당한 사유가 제시되어야 하며 자의적으로 불인가를 하여서는 아니 될 것이므로 채광계획인가는 기속재량행위에 속하는 것으로 보아야 한다.

- 대법원 2002. 10. 11. 선고 2001두151 판결[채광계획불인가처분취소]

채광계획이 중대한 공익에 배치된다고 할 때에는 인가를 거부할 수 있고, 채광계획을 불인가 하는 경우에는 정당한 사유가 제시되어야 하며 자의적으로 불인가를 하여서는 아니 될 것이므로 채광계획인가는 기속재량행위에 속하는 것으로 보아야 할 것이나, 구 광업법(1999. 2. 8. 법률 제5893호로 개정되기 전의 것) 제47조의2 제5호에 의하여 채광계획인가를 받으면 공유수면 점용허가를 받은 것으로 의제되고, 이 공유수면 점용허가는 공유수면 관리청이 공공 위해의 예방 경감과 공공 복리의 증진에 기여함에 적당하다고 인정하는 경우에 그 자유재량에 의하여 허가의 여부를 결정하여야 할 것이므로, 공유수면 점용허가를 필

---

18) 이영창, 앞의 논문, 256면.

요로 하는 채광계획 인가신청에 대하여도, 공유수면 관리청이 재량적 판단에 의하여 공유수면 점용을 허가 여부를 결정할 수 있고, 그 결과 공유수면 점용을 허용하지 않기로 결정하였다면, 채광계획 인가관청은 이를 사유로 하여 채광계획을 인가하지 아니할 수 있는 것이다.

② 사설 납골당설치 불허가처분
- 대법원 1994. 9. 13. 선고 94누3544 판결[사설납골당설치불허가처분취소]

재단법인이 아닌 자연인이 불특정다수인을 상대로 사설납골당을 설치하는 것을 허용해야 할 것인가 여부는 사설납골당설치허가를 기속재량행위에 속하는 사항이라고 보는 한 이를 금지하는 법령의 규정이 없는 이상 자연인의 사설납골당 설치를 재단법인이 아니라는 이유로 불허할 수는 없고, 더욱이 사설납골당 설치기준을 매장및묘지등에관한법률시행령 제5조 제2항 제3호에서 같은 영 제4조 제3호의 공설납골당 설치기준에 따라 설치하도록 하고 있는 이상, 그 주체가 자연인이든 재단법인이든 관계가 없이 설치기준에 맞으면 비록 자연인이라 할지라도 허용해야 한다.

③ 산림형질변경허가신청반려처분
- 대법원 1997. 9. 12. 선고 97누1228 판결[산림형질변경허가신청반려처분취소]

산림훼손행위는 국토의 유지와 환경의 보전에 직접적으로 영향을 미치는 행위이므로 법령이 규정하는 산림훼손 금지 또는 제한지역에 해당하는 경우는 물론 금지 또는 제한지역에 해당하지 않더라도 허가관청은 산림훼손허가신청 대상토지의 현상과 위치 및 주위의 상황 등을 고려하여 국토 및 자연의 유지와 환경의 보전 등 중대한 공익상 필요가 있다고 인정될 때에는 허가를 거부할 수 있고, 그 경우 법규에 명문의 근거가 없더라도 거부처분을 할 수 있으며, 산림훼손허가를 함에 있어서 고려하여야 할 공익침해의 정도 예컨대 자연경관훼손정도, 소음·분진의 정도, 수질오염의 정도 등에 관하여 반드시 수치에 근거한 일정한 기준을 정하여 놓고 허가·불허가 여부를 결정하여야 하는 것은 아니고, 산림훼손을 필요로 하는 사업계획에 나타난 사업의 내용, 규모, 방법과 그것이 환경에 미치는 영향 등 제반 사정을 종합하여 사회관념상 공익침해의 우려가 현저하다고 인정되는 경우에 불허가 할 수 있다.

④ 건축허가거부처분
- 대법원 2009. 9. 24. 선고 2009두8946 판결[건축허가거부처분취소]

건축허가권자는 건축허가신청이 건축법 등 관계 법규에서 정하는 어떠한 제한에 배치되지 않는 이상 당연히 같은 법조에서 정하는 건축허가를 하여야 하고, 중대한 공익상의 필요가 없는데도 관계 법령에서 정하는 제한사유 이외의 사유를 들어 요건을 갖춘 자에 대한 허가를 거부할 수는 없다.

구 국토의 계획 및 이용에 관한 법률(2009. 2. 6. 법률 제9442호로 개정되기 전의 것) 제63조가 도시기본계획 등을 수립하고 있는 지역으로 특히 필요하다고 인정되는 지역에 대하여 개발행위를 제한하고자 하는 때에는 '제한지역 · 제한사유 · 제한대상 및 제한기간을 미리 고시'하도록 규정한 취지를 고려할 때, 건축허가신청이 시장이 수립하고 있는 도시 · 주거환경정비 기본계획에 배치될 가능성이 높다고 하여 바로 건축허가신청을 반려할 중대한 공익상의 필요가 있다고 보기 어렵다고 한 사례.

⑤ 대기배출시설설치불허가처분

－ 대법원 2013. 5. 9. 선고 2012두22799판결[대기배출시설설치불허가처분등취소]

구 대기환경보전법(2011. 7. 21. 법률 제10893호로 개정되기 전의 것, 이하 같다) 제2조 제9호, 제23조 제1항, 제5항, 제6항, 같은 법 시행령(2010. 12. 31. 대통령령 제22601호로 개정되기 전의 것, 이하 같다) 제11조 제1항 제1호, 제12조, 같은 법 시행규칙 제4조, [별표 2]와 같은 배출시설 설치허가와 설치제한에 관한 규정들의 문언과 그 체제 · 형식에 따르면 환경부장관은 배출시설 설치허가 신청이 구 대기환경보전법 제23조 제5항에서 정한 허가 기준에 부합하고 구 대기환경보전법 제23조 제6항, 같은 법 시행령 제12조에서 정한 허가제한사유에 해당하지 아니하는 한 원칙적으로 허가를 하여야 한다. 다만 배출시설의 설치는 국민건강이나 환경의 보전에 직접적으로 영향을 미치는 행위라는 점과 대기오염으로 인한 국민건강이나 환경에 관한 위해를 예방하고 대기환경을 적정하고 지속가능하게 관리 · 보전하여 모든 국민이 건강하고 쾌적한 환경에서 생활할 수 있게 하려는 구 대기환경보전법의 목적(제1조) 등을 고려하면, 환경부장관은 같은 법 시행령 제12조 각 호에서 정한 사유에 준하는 사유로서 환경 기준의 유지가 곤란하거나 주민의 건강 · 재산, 동식물의 생육에 심각한 위해를 끼칠 우려가 있다고 인정되는 등 중대한 공익상의 필요가 있을 때에는 허가를 거부할 수 있다고 보는 것이 타당하다.

다. 소결

기속재량행위는 엄밀히 말하여 기속행위도 아니고 재량행위도 아닌 법령상의 요건이 충족된 경우에는 원칙적으로 법적인 효과가 발생하지만 예외적인 사례에 있어서 즉 비정형적인 상황 다시 말하여 중대한 공익상 필요가 있는 경우에는 설사 법령상의 요건을 충족하였다고 할지라도 법적효과를 벗어날 수 있는 의미로 기속재량행위를 파악하게 된다. 단지 막연한 환경침해가 있다는 주장에 기초하거나 예외적 상황이 아님에도 법원이 중대한 공익상 필요가 있는 때에 해당한다고 판단해서는 곤란하다. 중대한 공익상 필요가 있는 때에 해당한다는 점에 대한 입증책임은 행정청이 부담하는 것으로 보는 것이 타당하다.

판례 중 중대한 공익상의 필요가 있어 거부할 수 있다고 본 경우로서 객관적 기준의 제시 없이 행정청이 종합적으로 판단할 수 있다는 식의 판결로는 대법원 1997. 9. 12. 선고 97누1228판결[19]을 들 수 있다. 이 판결은 행정절차법 제20조 제1항에서 행정처분의 기준을 설정·공표하도록 한 행정절차법의 취지에 반하는 내용의 판시태도라고 할 것이다. 이와 같이 막연히 사회관념상 공익침해의 우려가 현저하다고 인정되는 경우에 거부처분 할 수 있다는 식의 종합적 사정을 고려하는 주먹구구식으로 형량적 고려를 객관화하지 않은 판시태도는 극복되어야 할 것이다. 이와 같은 중대한 공익상의 필요에 해당하는지 여부는 법원이 재량행위의 심사보다 강화된 심사로 특히 행정소송법 제26조의 직권증거조사주의를 표방하고 있는 우리 행정소송법을 감안하여 행정청이 법적 기속으로부터 벗어나는 것이 용인되는 예외적 상황인지를 행정청 스스로 적절히 형량요소를 검토하였으며, 그 조사를 토대로 공익상의 필요를 입증한 것인지를 객관적 기준을 설정하여 이를 적절히 적용하였는지 여부를 토대로 사법심사를 할 필요가 있다.

한편, 중대한 공익상의 필요가 없음에도 이를 이유로 거부하는 것이 위법하다고 법원의 사법심사를 적극적으로 인정한 판결의 예는 앞에서 살펴본 바와 같다. 다만, 중대한 공익상의 필요가 법률의 명문으로 규정된 것이 아니므로, 법치국가 원리의 차원에서 이를 제한적으로 해석할 필요가 있다. 이와 관련하여 전주지방법원 2009. 4. 21. 선고 2008구합3187 판결에서 "대형 할인점의 신축을 위한 건축허가신청에 대하여 행정청이 재래시장 및 영세상권의 보호를 이유로 불허한 사안에서, 그 불허가처분의 사유가 건축물의 안전·기능 및 미관 향상, 주거환경·교육환경 향상이라는 건축법의 입법 취지와는 거리가 멀고, 재래시장 및 영세상권의 보호라는 공익이 대형 할인점의 진입을 전면적으로 차단하는 등 경쟁을 배제하는 조치를 통하여 이루어져야 할 성질이 아닌 점 등에 비추어, 그 신청을 불허할 중대한 공익상 필요가 있다고 볼 수 없어 위법하다"고 적절히 판시한 바 있다.

3. 국토계획법상 실시계획 인가 및
그 신청불허의 기속재량성

가. 국토계획법상 실시계획인가의 규범구조적 특징

국토계획법 제88조 제3항에서 "국토계획부장관, 시·도지사 또는 대도시 시장은 도시·군계획시설사업의 시행자가 작성한 실시계획이 제43조 제2항에 따른 도시·군계획시설의 결정·구조 및 설치기준 등이 맞다고 인정하는 경우에는 실시계획을 인가하여야 한다."고 되어 있어 행정주체가 광범위한 형성의 자유가 인정되는 계획재량이 아니라 조건프로

---

19) 이 판결에서 산림훼손허가를 함에 있어 고려하여야 할 공익침해의 정도 예컨대 자연경관훼손정도, 소음·분진의 정도, 수질오염의 정도 등에 관하여 반드시 수치에 근거한 일정한 기준을 정하여 놓고 허가·불허가 여부를 결정하여야 하는 것은 아니라고 판시하고 있다.

그램으로 되어 있어 요건에 해당하면 반드시 실시계획을 인가해야 하는 기속행위로 되어 있다. 또한 실시계획의 인가 전에 도시계획시설 사업시행자의 지정이 있었기 때문에 그와 같은 사업시행자 지정으로 인하여 형량적 검토를 마쳤다고 볼 수 있으므로, 실시계획 인가의 단계에서는 사업시행자가 작성한 실시계획이 도시·군계획시설의 결정·구조 및 설치기준 등에 맞다고 인정하는 지 여부만 판단하는 것이므로 재량행위로 볼 하등의 이유가 없다.

이와 관련하여 개발행위허가의 경우처럼 미리 환경오염방지, 경관 등에 관한 계획서를 첨부한 신청서를 제출하도록 하고 있지 않으며, 만약에 그와 같은 우려가 있을 경우에는 불허가할 것이 아니라 국토계획법 제88조 제3항 단서[20])에서 정하는 바와 같이 부관을 붙여 해결할 수 있도록 되어 있다. 이와 같은 부관의 가능성에 관한 규정은 실시계획의 인가의 법적 성질이 재량행위라면 그와 같은 규정이 없더라도 부관을 붙이는데 아무런 제약이 없으나, 기속행위나 기속재량행위로 이해하게 될 경우에 법령에 근거가 있어야 부관을 붙이는 것이 무효가 되지 않기 때문에 의미 있는 규정이라고 할 것이다.

사업시행자가 작성하는 실시계획은 설계도에 따른 공사허가의 본질을 갖는 것으로 실시계획의 인가에 의해 사업시행자에게는 공사에 착수할 수 있는 지위가 부여된다.[21] 따라서 실시계획인가에 있어서 중요한 고려요소는 도시계획시설의 공공성의 요청인 타인의 토지에 대한 수용에 있어 공공필요의 요청이라는 관점에서 접근해야 하고 환경적 요소는 도시계획 시설결정이나 사업시행자 지정단계에서 이미 선취하여 판단하였다고 보여진다.

이와 같이 입법자인 국회가 법률을 개정한 경우에 문구의 변화와 입법취지를 고려할 필요가 있다. 국토계획법(2002. 2. 4. 법률 제6655호) 제88조 제2항에서 "도시계획시설사업의 시행자(건설교통부장관 및 시·도지사를 제외한다)는 제1항의 규정에 의하여 실시계획을 작성한 때에는 대통령령이 정하는 바에 따라 건설교통부장관 또는 시·도지사의 인가를 받아야 한다."고 되어 있어 당시의 국토계획법상의 실시계획 인가의 법적 성질이 재량행위인지 기속행위인지 명확하지 않았다. 이와 같은 규정을 국회에서 2007. 1. 19. 법률 제8250호로 개정하여 국토계획법 제88조 제3항에서 "국토교통부장관, 시·도지사 또는 대도시 시장은 도시·군계획시설사업의 시행자가 작성한 실시계획이 제43조 제2항에 따른 도시·군계획시설의 결정·구조 및 설치의 기준 등에 맞다고 인정하는 경우에는 실시계획을 인가하여야 한다."는 내용의 기속규정을 두게 되었다. 이러한 입법 개정취지는 선취된 형량이나 결정을 무시하고 새로운 사유 가령, 막연히 환경오염의 피해가능성이라는 이유를 들어 대규모시설의 여러 단계를 거쳐 자본과 노력이 투입된 기반시설인 공익사업이 물거품이 되지

---

20) 이 경우 국토계획부장관, 시·도지사 또는 대도시 시장은 기반시설의 설치나 그에 필요한 용지의 확보, 위해방지, 환경오염의 방지, 경관조성, 조경 등의 조치를 할 것을 조건으로 실시계획을 인가할 수 있다.
21) 김종보, "앞의 논문", 행정법연구 제30호, 2011, 287면.

않도록 하기 위한 제도적 장치를 마련한 것으로 볼 수 있다. 그리하여 환경상의 이유를 들어 실시계획의 인가를 거부할 것이 아니라 조건을 붙여서라도 인가하라는 의미이고 그와 같은 조건의 이행을 제대로 하지 않을 경우에 대비하여 국토계획법 제89조에서 도시·군계획시설사업의 이행담보를 위해 이행보증금을 예치하도록 하고 있는 점도 실시계획 인가의 법적성질이 기속행위 내지 기속재량행위라고 할 것이다.

한편, 국토계획법 제88조 제7항에서 수용권이 인정된다는 전제하에 재결신청하도록 하고 있고, 일정한 기간내에 재결신청하지 않으면 인가의 효력이 상실되도록 하고 있으나, 동조 제8항에서 이미 토지 등을 이미 확보한 경우에는 효력이 그대로 유지되도록 하고 있다. 따라서 실시계획인가의 경우 토지수용권이 구체적으로 발생하는 경우에는 재량행위로 볼 여지가 있으나, 실시계획의 인가를 받더라도 토지수용권이 구체적으로 발생하는 경우가 아닌 경우에는 그 성질을 재량행위로 속단할 것은 아니다.

도시계획시설사업의 시행자가 하는 실시계획의 인가는 비록 민간 사업시행자이기는 하지만 기반시설로서 공익성이 강하고, 타인의 토지에 대한 수용이 불필요하므로 공익성의 판단이 이미 마쳐진 사안으로 법령에서 요구하지 않는 환경상 이익 등의 사유를 들어 거부하는 것은 타당하지 않다고 볼 것이다. 설사 그와 같은 환경보호의 필요성이 인정된다고 할지라도 이에 관하여는 도시계획시설의 결정이나 실시계획 인가 신청전에 환경영향평가절차가 법령상 요구될 경우에 이에 따르면 될 것이다. 사업시행자가 기반시설을 설치하기 위한 실시계획인가는 공사착공의 허가에 불과하고, 도시계획결정에 이르는 입안, 기초조사, 주민과 지방의회의 의견 청취 등 계획수립과정에서의 광범위한 형성의 자유가 인정되는 경우나, 개발행위허가의 경우와는 기본적으로 규범구조가 다르고 개발행위 허가에 앞서 환경오염을 방지하기 위한 조치 등을 담도록 규정하고 있는 점도 실정법 규정상의 본질적 차이가 있다.

위와 같은 국토계획법상의 규범구조에 의하면 실시계획 인가의 법적 성질을 기속행위 내지 기속재량으로 보아야 함에도 불구하고, 이 사건 평석대상 판결에서는 "행정주체가 기반시설을 조성하기 위하여 도시·군계획시설결정을 하거나 실시계획인가처분을 할 때 행사하는 재량권에는 한계가 있음이 분명하므로, 이는 재량통제의 대상이 된다."고 보고 있다. 그러나 도시·군계획시설결정을 하는 경우에 재량행위로 보는 것은 차치하고, 토지수용권이 발생하여 제3자의 권리침해가 예상되는 실시계획인가의 경우와는 달리 이미 부지내의 소유권을 이미 확보하고 있어 토지수용권이 문제되지 않은 사안에서 국토계획법상 실시계획인가의 법적성질은 기속행위 내지 기속재량행위에 해당한다고 볼 것이다.

나. 실시계획 인가와 개발행위허가의 본질상 차이

(1) 개발행위허가에 관한 대법원 판결의 요지

대법원 2017. 3. 15. 선고 2016두55490 판결[건축허가신청반려처분취소]

− 건축법 제11조 제1항, 제5항 제3호, 국토의 계획 및 이용에 관한 법률(이하 '국토계획법'이라 한다) 제56조 제1항 제1호, 제2호, 제58조 제1항 제4호, 제3항, 국토의 계획 및 이용에 관한 법률 시행령 제56조 제1항 [별표 1의2] '개발행위허가기준' 제1호 (라)목 (2)를 종합하면, 국토계획법이 정한 용도지역 안에서의 건축허가는 건축법 제11조 제1항에 의한 건축허가와 국토계획법 제56조 제1항의 개발행위허가의 성질을 아울러 갖는데, 개발행위허가는 허가기준 및 금지요건이 불확정개념으로 규정된 부분이 많아 그 요건에 해당하는지 여부는 행정청의 재량판단의 영역에 속한다. 그러므로 그에 대한 사법심사는 행정청의 공익판단에 관한 재량의 여지를 감안하여 원칙적으로 재량권의 일탈이나 남용이 있는지 여부만을 대상으로 하고, 사실오인과 비례·평등의 원칙 위반 여부 등이 그 판단 기준이 된다.

− 환경의 훼손이나 오염을 발생시킬 우려가 있는 개발행위에 대한 행정청의 허가와 관련하여 재량권의 일탈·남용 여부를 심사할 때에는, 해당지역 주민들의 토지이용실태와 생활환경 등 구체적 지역 상황과 상반되는 이익을 가진 이해관계자들 사이의 권익 균형 및 환경권의 보호에 관한 각종 규정의 입법 취지 등을 종합하여 신중하게 판단하여야 한다. 그러므로 그 심사 및 판단에는, 우리 헌법이 "모든 국민은 건강하고 쾌적한 환경에서 생활할 권리를 가지며, 국가와 국민은 환경보전을 위하여 노력하여야 한다."라고 규정하여 (제35조 제1항) 환경권을 헌법상 기본권으로 명시함과 동시에 국가와 국민에게 환경보전을 위하여 노력할 의무를 부과하고 있는 점, 환경정책기본법은 환경권에 관한 헌법이념에 근거하여, 환경보전을 위하여 노력하여야 할 국민의 권리·의무와 국가 및 지방자치단체, 사업자의 책무를 구체적으로 정하는 한편(제1조, 제4조, 제5조, 제6조), 국가·지방자치단체·사업자 및 국민은 환경을 이용하는 모든 행위를 할 때에는 환경보전을 우선적으로 고려하여야 한다고 규정하고 있는 점(제2조), '환경오염 발생 우려'와 같이 장래에 발생할 불확실한 상황과 파급효과에 대한 예측이 필요한 요건에 관한 행정청의 재량적 판단은 내용이 현저히 합리성을 결여하였다거나 상반되는 이익이나 가치를 대비해 볼 때 형평이나 비례의 원칙에 뚜렷하게 배치되는 등의 사정이 없는 한 폭넓게 존중될 필요가 있는 점 등을 함께 고려하여야 한다. 이 경우 행정청의 당초 예측이나 평가와 일부 다른 내용의 감정의견이 제시되었다는 등의 사정만으로 쉽게 행정청의 판단이 위법하다고 단정할 것은 아니다.

대법원 2017. 10. 12. 선고 2017두48956 판결[건축허가신청불허가처분취소]

국토의 계획 및 이용에 관한 법률(이하 '국토계획법'이라고 한다) 제56조에 따른 개발행위허가와 농지법 제34조에 따른 농지전용허가·협의는 금지요건·허가기준 등이 불확정개념으로 규정된 부분이 많아 그 요건·기준에 부합하는지의 판단에 관하여 행정청에 재량권이 부여되어 있으므로, 그 요건에 해당하는지 여부는 행정청의 재량판단의 영역에 속한다. 나아가 국토계획법이 정한 용도지역 안에서 토지의 형질변경행위·농지전용행위를 수반하는 건축허가는 건축법 제11조 제1항에 의한 건축허가와 위와 같은 개발행위허가 및 농지전용허가의 성질을 아울러 갖게 되므로 이 역시 재량행위에 해당하고, 그에 대한 사법심사는 행정청의 공익판단에 관한 재량의 여지를 감안하여 원칙적으로 재량권의 일탈이나 남용이 있는지 여부만을 대상으로 하는데, 판단 기준은 사실오인과 비례·평등의 원칙 위반 여부 등이 된다. 이러한 재량권 일탈·남용에 관하여는 행정행위의 효력을 다투는 사람이 주장·증명책임을 부담한다.

(2) 비판적 검토

국토계획법상 개발행위허가는 금지요건·허가기준 등이 불확정개념으로 규정된 부분이 많아 그 요건·기준에 부합하는지의 판단에 관하여 행정청에 재량권이 부여되어 있으므로, 그 요건에 해당하는지 여부는 행정청의 재량판단의 영역에 속한다.

그러나, 대법원 2017. 3. 15. 선고 2016두55490판결은 '환경에 미치는 영향'이라는 예측적 성격을 가지는 처분요건에 관하여 폭넓은 존중을 하여야 하고, 재량권의 일탈·남용 위반에 대하여는 처분상대방에게 입증책임을 부담하면서 행정과정상의 문제점을 이유로 행정처분을 취소한 하급심의 판결을 파기하고 있다. 이와 같은 대법원의 판시태도는 독일의 판단여지이론에 비추어 보거나 사법부의 엄격심사가 필요한 대목에서 사법심사의 방기로 이어질 수 있어 심각한 문제가 아닐 수 없다.

행정부의 재량행사가 판단여지로 볼 수 있는 예외적 상황이라면 폭넓은 존중이 필요하겠지만, 사실인정과 관련하여서는 '근거가 된 증거가 정확하고 믿을 만하고 일관성이 있는지, 위 증거가 복잡한 상황에 대한 평가를 위하여 고려하여야 하는 모든 정보를 조사를 통하여 확보하고 있는지, 형량이 결여되거나 누락된 것은 없는지, 형량을 하였으나 정당성과 객관성이결여된 형량오평가와 형량 불비례는 없는 것인지 나아가 형량의 이유가 구체적으로 제시되고 있는지' 등에 관하여 사법부의 엄격한 심사가 필요하다.[22]

이와는 달리 국토계획법상의 실시계획의 인가는 사업시행자와 관할 행정청간의 협력하에 실시계획의 작성이 적법한 기준에 맞는지를 확인하는 과정이고, 요건에 맞으면 반드시 실시계획의 인가를 하도록 되어 있다. 단지 예외적으로 중대한 공익상의 필요가 있는

---

22) 임성훈, "행정에 대한 폭넓은 존중과 사법심사기준", 행정법연구 제52호, 2018, 161면 이하.

경우에 실시계획 인가 신청을 불허할 수 있어 그 법적 성질은 기속재량행위에 해당한다. 즉, 도시·군계획시설은 이미 공익성이 인정되는 시설에 대한 시행이 결정된 것이므로 이를 실행하여 구체화시키는 실시계획의 인가는 기속행위 내지 기속재량행위로 볼 수 있다. 당해 시설의 설치로 인해 과도한 공·사익 침해가 발생되는 중대한 공익상의 필요가 있는 경우에는 이를 시행할 수 없을 것이므로 이러한 예외적인 경우에는 기속재량행위로 봄이 타당하다.

국토계획법 제88조 제3항의 실시계획의 인가의 경우에는 규범구조적으로 요건과 효과가 명확히 규정되어 있으며, 효과면에서 기속행위의 형태로 규율하고 있다. 아울러 실시계획의 인가의 경우에는 공익사업이 그 대상이 되고 기반시설의 설치와 관련되는데 반해, 개발행위허가의 경우에는 국토계획법 제56조[23] 규정의 법문의 내용만 놓고 보면 요건면과 효과면이 불분명하게 되어 있어 기속행위인지 재량행위인지 명확하지 않다.

아울러 개발행위의 허가는 이를 통해 얻고자 하는 것이 공익사업이라기보다는 건축허가와 같은 개인의 재산권의 행사의 경우가 대부분이고, 환경오염방지, 경관 등에 관한 계획서를 첨부한 신청서를 제출하도록 국토계획법 제57조에 규정을 두고 있으며, 제57조 제2항에서 "특별시장·광역시장·특별자치시장·특별자치도지사·시장 또는 군수는 제1항에 따른 개발행위허가의 신청에 대하여 특별한 사유가 없으면 대통령령으로 정하는 기간 이내에 허가 또는 불허가의 처분을 하여야 한다."고 규정하고 있어 재량행위로 볼 여지가 많다.[24]

무엇보다 실시계획의 인가의 법률요건은 도시·군계획시설의 결정·구조 및 설치기준에 관한 규칙(국토교통부령)에서 규정하고 있는 바를 충족하는지 여부가 문제되는데, 동 기준에서는 전기공급설비에 관하여 제66조에서 제69조까지 규정이 법문상 불확정개념을 사용하지 않고 있으며 명확하게 규정하고 있어 그 기준의 충족여부를 판단함에 있어서 행정청의 재량이 개입될 여지가 있다고 보여지지 않는다.[25]

---

23) 제56조(개발행위의 허가) ① 다음 각 호의 어느 하나에 해당하는 행위로서 대통령령으로 정하는 행위(이하 "개발행위"라 한다)를 하려는 자는 특별시장·광역시장·특별자치시장·특별자치도지사·시장 또는 군수의 허가(이하 "개발행위허가"라 한다)를 받아야 한다. 다만, 도시·군계획사업(다른 법률에 따라 도시·군계획사업을 의제한 사업을 포함한다)에 의한 행위는 그러하지 아니하다.
   1. 건축물의 건축 또는 공작물의 설치
   2.−5. <생략>

24) 개발행위허가의 법적 성질을 재량행위로 보는 입장과 다른 관점으로는 김용섭, "개발허가의 법적성질", 한국토지공법학회 제28회 학술대회 제1주제 발제논문, 토지공법연구 제13집, 2001, 123면 이하, 이 논문에서 개발행위허가의 법적성질을 기속재량행위로 보고 있다. 같은 맥락에서 개발행위허가의 법적 성질을 기속행위의 측면으로 파악하는 견해로는 김광수, "개발행위허가의 쟁점과 절차", 토지공법연구 제77집, 2017, 14면. 김광수 교수는 개발행위허가는 이미 수립되어 있는 토지이용계획 내에서 개별 개발행위가 계획법제에 합치하는 여부를 확인하고 그 개발을 승인하는 행위이므로 계획의 집행이지 계획 자체는 아니므로 행정행위이며 기속적인 성격이 강하게 나타난다고 설명하고 있다.

(3) 소결: 국토계획법상의 실시계획 인가 및 그 신청 불허의 법적 성질

국토계획법상의 실시계획의 인가는 도시계획시설사업시행자가 실시계획을 작성하여 인가를 받는 것이므로, 보충행위로서 인가는 아니며, 실시계획의 인가에 관한 명문의 규정이 기속규범으로 되어 있다. 한편 도시계획시설은 기반시설로, 이는 도시 공동생활을 위해 기본적으로 공급되어야 하지만 공공성이나 외부경제성이 크기 때문에 시설의 입지 결정, 설치 및 관리 등에 공공의 개입이 필요한 시설을 의미하며, 동 규정은 물리적인 측면에서의 설치기준을 갖추기만 하면 실시계획을 인가하여 도시·군계획시설사업을 시행하여 공익실현을 도모하려는 의미라고 보여진다.

실시계획의 인가를 하는 행정청은 만약에 도시계획시설에서 발생할지 모르는 위해 방지, 환경오염 방지 등을 위해서 제반 형량요소를 객관적이며 충실히 검토한 후에 중대한 공익상의 필요가 있을 경우에는 실시계획의 인가 신청을 불허하는 것이 정당화된다. 국토계획법 제88조 제3항 후문에서는 "국토교통부장관, 시·도지사 또는 대도시 시장은 기반시설의 설치나 그에 필요한 용지의 확보, 위해 방지, 환경오염 방지, 경관 조성, 조경 등의 조치를 할 것을 조건으로 실시계획을 인가할 수 있다"고 규정하여 공익상 필요에 따른 부관을 부가하여 공익보호를 위한 조치를 취할 수 있는 점이나, 국토계획법 제89조 제1항 내지 제3항에서는 이행보증금예치 및 원상회복의무를 규정하여 공익실현을 담보하고 있다. 한편, 국토계획법 제88조 제2항 후문에서는 "다만, 제98조에 따른 준공검사를 받은 후에 해당 도시·군계획시설사업에 대하여 국토교통부령으로 정하는 경미한 사항을 변경하기

---

25) 제67조(전기공급설비) 이 절에서 "전기공급설비"란 「전기사업법」 제2조 제17호에 따른 전기사업용 전기설비 중 다음 각 호의 시설을 말한다. <개정 2005. 7. 1., 2006. 11. 22., 2008. 1. 14., 2012. 6. 28., 2016. 5. 16., 2019. 8. 7.>
  1. 발전시설
  2.－ 4. <생략>
  제68조(전기공급설비의 결정기준) 전기공급설비의 결정기준은 다음 각 호와 같다. <개정 2006. 11. 22., 2009. 5. 15., 2012. 10. 31.>
  1. 발전시설
  가. 소음, 사고 등에 따른 재해를 방지할 수 있도록 인근의 토지이용계획을 고려하여 설치할 것
  나. 전용공업지역·일반공업지역·준공업지역·자연녹지지역 및 계획관리지역에만 설치할 것. 다만, 「신에너지 및 재생에너지 개발·이용·보급 촉진법」 제2조 제2호에 따른 신·재생에너지설비에 해당하는 발전시설은 전용주거지역 및 일반주거지역 외의 지역에 설치할 수 있다.
  다. 화력이나 원자력을 이용한 발전시설은 가목 및 나목 외에 다음의 기준을 고려하여 설치할 것
  1) 항만이나 철도수송이 편리하고 연료를 확보하기 쉬운 곳에 설치할 것
  2) 임해지역 등 발전용수를 확보하기 쉬운 곳에 설치할 것
  3) 조수(潮水)·파도 등에 따른 침수의 우려가 없거나 습한 저지대가 아닌 곳에 설치할 것
  2. － 4. <생략>
  제69조(전기공급설비의 구조 및 설치기준) 전기공급설비의 구조 및 설치에 관하여는 「전기사업법」이 정하는 바에 의한다. <개정 2005. 7. 1.>

위하여 실시계획을 작성하는 경우에는 국토교통부장관, 시·도지사 또는 대도시 시장의 인가를 받지 아니한다"고 규정하고 있어 경미한 사항은 인가를 받지 않아도 된다고 규정하고 있는데 이는 경미한 사항은 공익에 큰 영향을 주지 않는다고 판단되므로 인가를 받지 않아도 되는 것으로 판단되어 절차측면에서의 경제성 확보를 도모한 것으로 볼 수 있다.

아울러 국토계획법 제88조 제7항에서는 실시계획 고시일로부터 5년 및 7년 이내에 재결을 신청하지 않으면 실시계획은 실효된다고 규정하고 있다. 즉, 사업을 시행할 의사가 없음에도 타인 소유의 재산권 행사에 제한을 가하는 것은 과도한 사익침해로서 이를 방지하기 위한 제도로 판단된다. 만약에 이미 토지소유권을 확보한 마당에 토지소유자 등 이해관계인이 없고, 형성적 효과가 발생할 여지가 없는 경우라면 사업인정의 효과가 당연히 발생하는 것은 아니며, 토지보상법의 규정을 준용할 여지도 없고, 아울러 재결을 신청할 이유가 없으므로 사업인정과 동일한 효과가 발생할 여지가 없는 실시계획의 인가의 경우에는 그 법적 성질은 개발행위 허가나 토지보상법이 준용되는 실시 계획 인가와는 달리 평가할 수밖에 없다.

Ⅲ. 기속재량행위에 있어 중대한 공익상 필요의 의미와 요소

1. 중대한 공익상 필요의 의미

행정법학에서는 중대한 공익상 필요가 무엇을 의미하는지에 대하여 명확하게 설명하지 못하고 있다. 이는 불확정 개념으로 이에 대하여는 법률의 해석과 적용을 통하여 구체화가 필요하다. 기속행위의 경우라 할지라도 중대한 공익상 필요가 있다면 행정청은 이를 이유로 한 거부처분이 정당화 된다. 이는 철회의 사유로 들고 있는 중대한 공익상 이유와 같은 맥락이다. 이와 관련하여 독일은 연방행정절차법 제49조 제2항 제1호 5목에서 철회의 사유로 공공복리를 위한 중대한 손해(schwere Nachteile für das Gemeinwohl)를 들고 있다.[26] 여기서 중대한 공익상의 필요는 철회의 사유로 들고 있는 공공복리를 위해 중대한 손해를 입히는 것과 같은 의미로 보아도 무방하다고 할 것이다. 그 이유는 행정행위가 발령되어도 철회의 사유가 있다면 행정행위의 효력의 소멸사유가 되므로, 미리 이를 거부하는 것이 타당하기 때문이다. 이러한 의미에서 거부사유로서 들고 있는 중대한 공익상의 필요는 선취된 철회사유로 볼 수 있다. 아울러 공익상의 필요는 헌법상의 공공복리 또는 공

---

26) Steffen Detterbeck, 「Allgemeines Verwaltungsrecht, mit Verwaltungsprozessrecht, 17. Auflage」, C. H. Beck, 2019. S.242.

공의 필요성과 같은 의미로 파악할 수 있다.

2. 판례상 중대한 공익상의 필요의 요소

판례에 나타난 중대한 공익상의 필요로서는 "법률상 기준인 환경기준의 유지가 곤란하거나 주민의 건강·재산·동식물의 생육에 심각한 위해를 끼칠 우려가 있다고 인정되는 등 환경상의 이익을 침해하는 경우"를 들 수 있고, 환경상 피해우려라는 막연한 주장만으로는 중대한 공익상의 필요가 있는 경우에 해당한다고 말하기 어려울 것이다.

국토계획법상의 실시계획인가와 관련하여 중대한 공익상의 필요가 있는 경우에 해당하는 가의 형량의 고려요소로 다음과 같은 점이 포함될 수 있다. 먼저 실시계획인가로 인해 토지수용권을 확보하여야 하는 상황이라면 공익성 내지 공공필요성이 요청된다고 할 것이다. 토지수용권의 확보의 관점에서 이미 부지의 소유권을 확보한 경우라면 토지보상법상 사업인정을 받은 경우처럼 타인의 토지를 수용함에 있어서 필요한 공공성과 필요성의 측면을 갖추었다고 보여진다. 부지의 소유권이 확보되었거나 협의매수를 한 경우라면 토지수용권의 확보를 위해 토지보상법을 준용할 필요가 없다.

3. 공익과 사익의 적절한 조화

재량권 행사의 범위가 도시·군계획시설의 결정·구조 및 설치기준에 관한 사항에 국한되는지 아니면 다른 법률에 따른 요건도 갖추어야 하는지 검토가 필요하다. 다른 법률에서 구체적으로 고려하도록 의무화 된 경우에는 이를 반영하여야 한다. 다만, 거부행위를 하지 않고 실시계획의 인가를 할 경우 위법의 결과가 초래되거나 중대한 법익침해를 방지하기 위해서는 별도의 법률의 근거조항이 있어야 한다.

막연한 공익침해로는 곤란하고, 일정한 위험이 예상되어 중대한 공익이 침해될 정도에 다다르는 점을 행정청이 입증하여야 한다. 종래의 공익은 사익과 엄격이 구별되고 공익은 언제나 사익보다 우선하는 것으로 이해하였다. 그러나 오늘날 공익의 사익에 대한 절대적 우월성을 인정하기는 어렵고 사익과 공익의 적절한 조화가 필요하다.

IV. 재량권행사의 범위 및 사법통제의 방법과 한계

1. 문제의 제기

국토계획법상 실시계획 인가의 법적 성질은 광범위한 형성의 자유가 인정되는 계획재량의 경우에 해당한다고 보기 어렵다. 그 이유는 우선 규범의 구조가 일반재량행위의 경우처럼 요건과 효과의 조건프로그램으로 되어 있는데 반해, 계획재량의 경우에는 목적ㅡ수단의 규범구조여야 하기 때문이다. 국토계획법상 실시계획 인가의 경우는 요건을 갖춘 경우에 인가를 하여야 한다고 되어 있기 때문이다. 한편, 국토계획법 시행령 제97조 제4항에서 "법 제86조 제5항의 규정에 의하여 도시·군계획시설사업의 시행자로 지정을 받은 자는 실시계획을 작성하고자 하는 때에는 미리 당해 특별시장·광역시장·특별자치시장·특별자치도지사·시장 또는 군수의 의견을 들어야 한다."고 되어 있어 사업시행자와 관할 행정청이 협력하여 실시계획을 작성하여 확인적 의미에서 이를 인가하는 것이기 때문이다.

따라서 국토계획법상의 실시계획의 인가는 앞서 살펴 본 바와 같이 기속행위 내지 기속재량행위임에도, 이 사건 판결의 경우처럼 그 법적 성질이 재량행위로 볼 여지는 있어도 이를 계획재량으로 광범위한 형성의 자유가 인정되는 것으로 잘못 파악하여서는 곤란하다.[27] 국토계획법상의 실시계획 인가를 계획법제에 있는 제도로 파악하여 무리하게 계획재량으로 파악하거나 실시계획인가를 개발제한구역지정처분과 동일하게 파악하는 것은 타당하지 않다. 판례는 개발제한구역지정처분을 그 입안·결정에 관하여 광범위한 형성의 자유를 가지는 계획재량의 일종으로 보고 있다.[28] 다만, 개발제한구역 지정처분과는 달리 실시계획 인가처분은 계획주체의 입안과정의 광범위한 형성의 여지가 없다는 점에서 계획재량의 일종으로 보는 것은 옳지 않다. 계획재량과 행정재량이 구별과 관련하여 양자의 구별을 부정하는 견해에 의하면 재량의 양적 차이만 있을 뿐이고 형량명령도 비례원칙에 불과하다고 파악하고 있다.

2. 실시계획 인가는 계획재량에 해당하는지 여부

도시계획시설사업에 대한 실시계획에 대한 인가처분은 특정 도시계획시설사업을 구

---

27) 계획재량으로 보는 견해로는 성봉근·손진상, "실시계획에 대한 인가절차 및 법적 쟁점" 토지공법연구 제78집, 2017, 10면. 그러나 김중권 교수는 "도시계획시설사업 실시계 인가의 무효와 관련한 문제", 법조 통권 735호, 2019, 588면에서 국토계획법상 실시계획 인가의 법적 성질을 계획재량으로 보지 아니하고 "법문은 기속행위인양 규정하고 있고, 판례는 재량적 접근을 하고 있다"고 설명하고 있다.

28) 대법원 1997. 6. 24. 선고 96누1313 [토지수용이의재결처분취소 등]

체화하여 현실적으로 실현하기 위한 것으로,[29] 이는 설계도에 따른 공사 허가의 본질을 갖는 것으로 실시계획인가에 의해 사업시행자에게 공사에 착수할 수 있는 지위가 부여된다. 대법원은 국토계획법상 실시계획의 인가를 재량행위로 파악하는 입장이다.[30] 실시계획의 인가를 국토계획법이라는 계획법제에 있는 제도라고 하여 이를 행정계획으로 이해할 것은 아니다.[31]

　　실시계획의 인가의 법적 성질을 토지수용권이 인정된다는 점에서 토지수용법상의 사업인정과 동일한 성질을 가지는 것으로 이해하여, 토지보상법상 사업인정과 마찬가지로 관련된 제 이익을 형량하여 수용권을 설정해주는 재량행위로 볼 여지도 있다. 이 사건 판결은 사업인정과 같은 맥락에서 실시계획의 인가를 설권적 처분으로 형성행위로 보면서 이를 재량행위로 보고 있다.[32] 그러나, 대법원 2015. 3. 20. 선고 2011두3746 판결은 국토계획법상의 실시계획의 인가를 기속행위 내지 기속재량행위로 보는 듯한 설시를 하고 있다.[33]

　　국토계획법 제96조 제2항에서 실시계획을 고시한 경우에는 사업인정 및 그 고시가 있는 것으로 보나, 만약 사업시행자가 협의 취득을 하였거나 토지의 소유권을 이미 확보한 경우라면 실시계획의 인가에 따른 고시가 있더라도 토지보상법을 준용하여 수용권을 확보하려고 하지 않는 한 실시계획의 인가는 사업인정과 동일한 효과가 발생하는 것은 아니므로 이와 같은 경우라면 설권적 처분으로 형성행위로 단정할 것은 아니다.[34]

　　도시계획결정에 있어서는 구체적인 행정계획을 입안·결정함에 있어서의 광범위한 형성의 자유를 갖게 되므로 이러한 경우에는 계획재량에 해당한다고 볼 수 있다. 그러나, 국

---

29) 대법원 2015. 3. 20. 선고 2011두3746 판결

30) 다만, 개발제한구역지정처분을 그 입안·결정에 관하여 광범위한 형성의 자유를 가지는 계획재량으로 보고 있다. (대법원 1997. 6. 24. 96누1313 판결)

31) 김현준, "행정계획에 대한 사법심사-도시계획소송에 대한 한·독비교 검토를 중심으로-", 특별법연구 제13권, 2016, 91면 이하.

32) 대법원 2019. 2. 28. 선고 2017두71031 판결은 사업인정을 공익사업을 위한 토지등의 취득 및 보상에 관한 법률상의 공익사업의 시행자에게 그 후 일정한 절차를 거칠 것을 조건으로 일정한 내용의 수용권을 설정하여 주는 형성행위로 보고 있다.

33) 대법원 2015. 3. 20. 선고 2011두3746 판결 [토지수용재결처분취소등]은 "(국토계획법령의) 각 규정 형식과 내용, 그리고 도시계획시설사업에 관한 실시계획의 인가처분은 특정 도시계획시설사업을 구체화하여 현실적으로 실현하기 위한 것인 점 등을 종합하여 보면, 행정청이 도시계획시설인 유원지를 설치하는 도시계획시설사업에 관한 실시계획을 인가하려면, 실시계획에서 설치하고자 하는 시설이 국토계획법령상 유원지의 개념인 '주로 주민의 복지향상에 기여하기 위하여 설치하는 오락과 휴양을 위한 시설'에 해당하고, 실시계획이 국토계획법령이 정한 도시계획시설(유원지)의 결정·구조 및 설치의 기준에 적합하여야 한다."고 판시하고 있다. 이러한 판시태도에 의하면 실사계획 인가의 법적 성질은 기속행위 내지 기속재량에 해당된다고 볼 수 있다.

34) 기존의 판결 사안은 수용재결 까지 나아간 사안이고, 본건의 경우에는 시설부지의 소유권이 원고측에 있는 입장에서 토지수용권은 의미가 없기 때문에 설권적 처분으로 보는데 한계가 있다.

토계획법상의 실시계획의 인가는 도시계획결정이나 도시계획시설 사업자지정과는 다른 차원이라고 할 것이다. 따라서 실시계획의 인가의 법적 성질을 도시계획시설의 사업자 지정 행위와 동일하게 재량행위로 파악하거나 무리하게 도시계획결정의 경우처럼 계획재량으로 파악하는 것은 실정법령의 규정을 도외시한 결론도출이라고 보여진다.[35]

도시계획시설은 이미 도시관리계획에서 결정된 시설이므로 이에 대한 결정가부에 대한 적정성까지 판단하는 것은 아니고, 계획시설로 결정되는 시점과 이를 시행하는 시점간 시간차이가 있으므로 계획시설을 설치하는 시점에서 다시금 관련된 제 이익을 형량하여 공·사익의 조화를 도모해야 하는 취지로 해석될 수 있을 것인 바, 이러한 관점에서 국토계획법상 실시계획인가 처분은 기속재량행위로 볼 수 있을 것이다.

실시계획의 인가를 재량행위라고 할지라도 그것은 광범위한 형성의 자유가 인정되는 재량행위라기 보다 엄격하게 재량권이 제한되는 경우에 해당된다고 볼 것이다. 이와 관련하여, 예외적 허가(승인)에 해당되는 하급심 판례로, 사립학교법 제54조의 3 제3항에서 "학교법인의 이사장과 다음 각 호의 어느 하나의 관계에 있는 자는 당해 학교법인이 설치·경영하는 학교의 장에게 임명될 수 없다. 다만, 이사정수의 3분의 2 이상의 찬성과 '관할청의 승인'을 받은 자는 그러하지 아니하다"고 규정하고 있다. 관할청의 승인은 일반적으로는 인가로서 성질을 지니고 있어 기속행위로 볼 여지가 있다. 다만 법령상 금지해 놓고, 예외적으로 이를 승인하는 예외적 허가(승인)의 경우에는 재량행위로 본다. 이와 관련하여 제1심인 수원지방법원[36]은 광범위한 재량권이 인정되는 듯한 판시를 하였으나, 항소심인 서울고등법원[37]은 제한적 재량권이 인정되는 것으로 본 바 있다. 이와 같이 이 사건 국토계획법상 실시계획의 인가의 법적 성질은 기속재량행위이며, 설사 재량행위가 된다고 할지라도 이는 계획 주체에게 광범위하게 인정되는 재량이 아니라 단지 공익판단에 있어 제한된 재량권이 인정된다고 할 것이다.

같은 맥락에서 서울행정법원 1999. 12. 14. 선고 99구4371 판결은 "어느 행정행위가 '기속행위인지 또는 재량행위'인지, 나아가 재량행위라고 할지라도 '기속재량행위인지 또는 자유재량에 속하는 것인지' 여부는 이를 일률적으로 규정지을 수는 없는 것이고, 당해 처분의 근거가 된 규정의 형식이나 체제 또는 문언에 따라 개별적으로 판단하여야 하는 것이다"라고 전제하고, "분뇨 등 관련 영업허가의 성질은 '일반적 금지의 해제'라는 허가의 기본적 성질을 전제로 하고, 분뇨 등 관련 영업허가의 근거 규정인 구 오수·분뇨및축산폐수의처리에관한법률(1999. 2. 8. 법률 제5864호로 개정 되기 전의 것) 제35조에 의하여 결정되어

---

35) 김중권, "도시계획시설사업 실시계획인가의 무효와 관련한 문제점", 법조 제68권 제3호(통권 제735호), 2019, 587－588면.

36) 수원지방법원 2018. 5. 3. 선고 2017구합69374 판결

37) 서울고등법원 2019. 1. 15. 선고 2018누48450 판결

야 할 것인바, 시장 등이 분뇨등 관련 영업의 허가 여부를 결정함에 있어서 같은 법 제35
조 제1항에 의한 허가기준을 갖추고 같은 법 제36조의 결격사유에 해당하지 아니하는 자
에 대하여 그 허가를 제한할 수 있음을 인정할 만한 근거가 없고, 더욱이 1997. 3. 7. 법률
제5301호로 개정된 같은 법에서 시장 등에게 분뇨 등 관련 영업의 허가 여부를 결정할 수
있는 자유재량권을 부여하였던 제35조 제5항을 삭제한 점에 비추어 볼 때, 같은 법 제35
조 제1항에 의한 허가는 환경부령이 정하는 기준을 갖추어 신청을 하면 공익에 현저히 반
한다는 등의 특별한 사정이 없는 한 이를 반드시 허가하여야 하는 기속재량 행위의 성질
을 가진다."고 판시하였다.

3. 국토계획법상 실시계획 인가의 법적 성격 및 재량권의 구체적 내용과 제한 범위

가. 재량권과 사법심사

국토계획법상 도시·군계획시설사업에 관한 실시계획인가는 일반적으로 사업의 목적
인 기반시설의 설치를 위하여 사업시행자에게 토지수용권한 및 공사에 착수할 수 있는 지
위 등을 부여하는 행정행위이다.[38] 이와 같은 실시계획인가의 법적 성질을 법규범에 충실
하게 기속행위로 보게 된다면 중대한 공익상의 필요에 의하여 거부할 수 있는 거부재량의
문제가 대두된다. 신청에 따른 실시계획의 인가처분은 원칙상 기속행위로서 요건을 충족
하면 법적 효과가 발생하나 중대한 공익상 필요가 있으면 신청을 불허할 수 있는 재량을
말한다.

법원은 "행정청의 재량에 속하는 처분이라도 재량권의 한계를 넘거나 그 남용이 있는
때에는 법원은 이를 취소할 수 있다"고 규정하고 있는 행정소송법 제27조 규정에 따라 사
법심사를 하게 된다. 자유재량의 경우에는 사법심사를 하는 법원은 스스로 심사 판단하기
보다는 재량권의 일탈·남용유무에 대한 한정심사방식에 의한다. 기속재량의 경우에는 기
속행위의 경우처럼 법원이 전면적 심사를 하고 행정청이 사실인정이나 법률해석과 적용을
잘못했는가 여부를 법률이 정하는 기준에 따라 객관적으로 판정할 수 있다. 기속재량행위
의 경우 기속행위의 심사에 준하여 법원이 스스로 사실을 인정하고 법의 해석·적용을 행
정청이 한 판단의 적정성 여부를 독자적 입장에서 판단하게 된다. 이처럼 기속재량행위의
경우에는 실무상 법원은 행정기관이 행한 재량판단의 내용적 당부에 대하여도 독자의 판
단을 형성하여 법원의 결론이 행정기관의 판단과 다른 경우에 행정청의 판단을 위법한 것
으로 하여 자기의 판단으로 대치시키는 완전심사 방식 내지 판단대치방식으로 심사하여

---

38) 광주지방법원 2014. 4. 14. 선고 2013구합3061 판결[사업시행계획인가처분무효확인 등]

왔다.[39]

나. 재량행위의 스펙트럼

행정에 있어서 기속과 재량의 문제와 관련하여 기속행위와 재량행위라는 대립적인 범주로 구분하는 것은 한계가 있다. 2분법적 시각을 넘어서서 다양한 법률의 기속의 정도 또는 재량의 정도를 설정할 수 있는 재량행위의 스펙트럼의 문제로 보는 것이 행정현실에 보다 적합하다고 보여진다.

국토계획법상 실시계획인가의 경우에는 중대한 공익상의 필요가 없는 한 요건을 충족한 경우에는 법적 구속의무가 발생하는 기속재량을 보아야 하고 이는 거부재량의 문제로 파악된다. 이와 같은 경우에는 재량권이 제약된 가장 약한 재량으로 법원의 심사는 엄격심사를 하게 된다. 따라서 이와 같은 실시계획의 인가처분을 도시계획결정의 경우처럼 도시계획 주체인 입안권자의 광범위한 형성의 자유가 인정되는 계획재량이 인정되는 경우에 해당하지 아니한다는 것을 간과하지 말아야 한다.

입법자가 예상하지 못한 중대한 공익상의 필요가 있는 때에는 행정청에 관련 법령의 해석을 통해 거부할 수 있는 정도의 제한된 재량인 기속재량을 수권한 것으로 보는 것이 행정에 대한 예측가능성의 보장과 공익의 실현사이에 조화를 이룰 수 있는 합리적 법해석일 수 있다. 따라서 기속재량행위의 경우는 법률유보의 원칙이나 국민의 행정에 대한 예측가능성의 측면에서 매우 이례적이므로 극히 제한적으로 인정하여야 하며, 행정청에서 중대한 공익상의 필요가 있다는 점에 대한 입증책임을 지게 된다.

행정권 행사로 달성되는 공익은 그로 인하여 침해되는 공익, 사익 등 불이익과 비례관계를 유지하여야 한다. 이는 비례원칙의 하나인 상당성의 원칙에 해당한다. 만약 국토계획법상의 실시계획인가의 법적 성질을 재량행위로 본다면 법원은 공익실현을 위한 행정권 행사의 적법성과 관련하여 행정청이 이익형량의 원칙을 준수하였는지를 검토하여야 한다.

근본적으로 개발이익과 환경이익의 우열관계는 가치관에 따라 달라지지만 지속가능성이 있는 친환경적 개발의 방식으로 추진할 필요가 있다.[40] 따라서 환경피해가 우려된다면 국토계획법 제88조 제3항 후단의 규정에 따른 조건을 붙여 실시계획의 인가를 하는 것이 합리적이라고 사료된다.

---

39) 김재협, "최근 행정판례의 흐름과 극복하여야 할 과제", 법조 2001. 6. 18면.

40) 환경행정은 국토개발과정에서 공익과 사익, 공익과 공익의 충돌이 이루어지는 현장이다. 환경영향평가를 거쳐야 하는 환경영향평가대상사업의 경우 그 사업이 환경을 해치지 않는 방법으로 시행되도록 함으로써 당해 사업과 관련된 환경공익을 보호하는데 그치지 않고 환경영향평가대상지역내 주민의 개별적·구체적 환경이익(환경사익)도 보호하여야 한다.

다. 법원의 재량통제의 심사기준과 그 방법 및 한계

(1) 개관

행정재량이 확대되어 행정청의 자의적인 재량권의 행사와 관련하여 법원에 의한 사법심사의 범위와 한계가 논의된다. 행정소송법 제27조에서 "행정청의 재량에 속하는 처분이라도 재량권의 한계를 넘거나 그 남용이 있는 때에는 법원은 이를 취소할 수 있다"고 규정하고 있어 재량권의 일탈·남용의 경우에 재량처분의 취소에 관하여 규율하고 있다. 재량영역에서는 행정의 권한 존중과 사법적 통제와의 긴장관계가 설정된다. 단순한 기속행위 내지 기속재량에서의 심사범위와 판단여지와 자유재량행위에서의 심사범위와 밀도가 다르다.

(2) 기속재량행위의 심사방식

기속재량행위의 경우에는 중대한 공익상의 필요가 있는지 여부에 대하여는 비교형량을 하여야 한다. 법원은 기속행위의 경우와 마찬가지로 중대한 공익상 필요가 구비되어 있는지를 심사함에 있어 엄격한 심사로 적극적으로 사법심사하는 방법을 택하고 있다.

기속행위의 경우 법원은 사실인정과 관련 법규의 해석·적용을 통하여 일정한 결론을 도출한 후에 그 결론에 비추어 행정청이 한 판단의 적법여부를 독자적 입장에서 판정하는 방식에 의하듯이 기속재량행위의 경우에도 기속행위에 준하여 심사한다.

이와 관련하여 독일의 의도된 재량(intendierte Ermessen)은 전형적인 사안에서는 법률에 의하여 예정된 법률효과가 발생하고, 예외적인 사안에서만 특별한 이유제시를 요하는 재량이 행사되는 것을 의미하는 것으로, 우리의 기속재량과 유사하다. 당위규정(Soll-vorschrift)의 경우 이례적 사례인 비정형적 사례(atypische Fälle)[41]에 있어서는 그것이 과연 존재하는지의 여부 및 행정청이 법규가 일반적으로 의도하는 법적효과로부터 일탈하는 것이 허용될 수 있는지 등의 문제도 전적으로 법원에 의한 사법심사의 대상이 되는 것으로 파악한다.[42] 다만, 중대한 공익상의 이유로 거부를 할 수 있는 비정형적 예외적 사유에 있어서는 ① 사실관계의 조사(Sachverhaltsermittlung)로 행정청에서 예외적인 사안이 존재한다는 것을 인식할 수 있을 정도로 진행되어야 하며, 관련되는 공익과 사익간의 형량을 위한 제반자료를 마련할 수 있을 정도로 행정조사가 이루어 져야 하고, ② 형량(Abwägung)을 거쳐야 하는데, 공익 상호간, 사익상호간, 공익과 사익 상호간에 있어서 행정청이 정당한 형량을 하여야 하며, ③ 이유제시(Begründung)를 해야 할 의무는 정상적인 경우에는 그 의무가 면

---

41) 김용섭, "개발허가의 법적성질", 한국토지공법학회 제28회 학술대회 제1주제 발제논문, 토지공법연구 제13집, 2001, 143면, 행정법원은 비정형적인 사례(atypische Fälle)에 해당하는지에 대하여 사법심사를 하고, 아울러 행정청은 법원에 이를 주장하고 입증하여야 한다.

42) 김성수, "독일행정법에서의 의도된 재량이론과 재량통제", 헌법판례연구, 제6집, 334면.

제되지만, 예외적 사안이 존재하는 경우에는 독일 행정절차법상 제39조 제1항에 따라 이유제시의무를 준수하여야 한다. 아울러 재량결정에 있어서의 이유제시는 행정청이 그 재량을 행사함에 있어서 어떠한 시각을 전제로 판단하였는지를 분명하게 인식할 수 있을 정도 및 범위로 이루어져야 한다.[43]

　　행정조사가 선행되지 않은 행정결정은 있을 수 없다. 행정청은 법치국가 내에서 각각의 행정결정을 하기에 앞서 사실관계를 충분히 조사하여야 하는 과제와 의무를 동시에 갖는다. 그 이유는 법을 적용하기에 앞서 사실관계의 확정에 있어 담당 공무원이 실체적 진실을 인식하고 있다는 전제 위에서 행정결정이 이루어져야 하기 때문이다.[44] 실시계획의 신청에 대하여 조사를 하지 아니하고, 법령상이 요건이 아닌 단지 민원의 제기를 이유로 이를 거부한 경우에는 조사절차를 게을리 한 하자가 있다고 보아야 한다. 왜냐하면 조사에 기하지 않은 사실의 억측에 따라 안건을 처리하는 것은 일종의 권한남용으로서 재량처분에 있어서는 물론이거니와 모든 처분에 있어서 판단과정의 하자를 구성한다고 볼 것이다.[45] 행정청은 행정처분을 행하는데 있어서 성실하게 법령을 집행할 의무를 진다. 우리의 기속재량 내지 거부재량과 유사한 독일의 의도재량의 경우에 중대한 공익상의 필요가 있는지 여부에 대한 조사를 필수적으로 할 것을 요구한다. 처분의 적법성을 기초지우는 사실에 대한 피고 행정청이 입증책임을 진다. 처분을 행함에 있어서 필요한 조사의 정도는 그 처분의 근거가 되는 법의 취지에 의하여 결정되고, 이것은 처분에 의하여 제한되는 가치와 이익의 헌법적 보장정도에 따라서 서로 다르기 때문에 행정청으로서는 당해 처분을 행함에 있어서 요구되는 조사의무의 정도에 따라서 당해 처분의 주요 사실이 그 정도의 조사 범위 내에서 합리적으로 인정가능하다는 것을 제시하여야 한다. 비례원칙의 내용이라고 할 수 있는 형량명령에 있어서도 이익형량을 하기 위한 전제는 행정청이 관련 있는 이익을 모두 조사하는 것이 선행되어야 하고, 조사의무를 이행하지 않은 하자를 조사의 결함이라고 할 것이다.[46]

(3) 재량행위에 대한 심사방식

(가) 전통적 심사방식

재량행위에 있어서는 행정청의 재량에 기한 공익판단의 여지를 감안하여 법원은 독자적인 결론을 도출함이 없이 당해 행위에 재량권의 일탈·남용이 있는지 여부만을 심사하게 되고, 이러한 재량권의 일탈·남용으로 사실오인, 목적위반이나 타사고려, 비례·평등원

---

43) 이은상, "독일법상의 의도된 재량", 행정법연구 제11호, 2004, 300면.

44) 김용섭,이경구, 이광수, 「행정조사의 사법적 통제방안 연구」, 박영사, 2016, 1면, Betrina Spilker, 「Behördliche Amtsermittlung」, Mohr Siebeck, 2015, Vorwort.

45) 岡田正則 外6, 「行政手續と行政救濟」, 現代行政法講座 Ⅱ, 日本評論社, 2014. 144面.

46) 박균성, 「행정법강의」, 박영사, 2020, 183면.

칙위반, 신뢰보호원칙을 포함시키기도 한다.[47]

 그러나, 재량권의 일탈·남용의 기준으로 '현저하게 균형을 잃었을 것'을 요건으로 들거나 '현저히 부당하다고 인정할 합리적 이유가 없는 한', '사회적 관념상 현저히 타당성을 잃었다고 보지 않는 한' 등의 이유를 드는 판례의 전통적 심사방식은 법원이 행정의 재량통제를 제대로 하지 않고 행정청의 자의적 결정을 방임하는 결과를 초래하게 된다.

 이와 관련하여 대법원 2017. 3. 15. 선고 2016두55490판결은 환경의 훼손이나 오염을 발생시킬 우려가 있는 개발행위에 대한 행정청의 허가와 관련하여 재량권의 일탈·남용을 심사할 때, 환경권과 환경정책기본법 등을 고려하여 행정적 재량적 판단은 내용이 현저히 합리성을 결여하였거나 상반되는 이익이나 가치를 대비해 볼 때 형평이나 비례원칙에 뚜렷하게 배치되는 사정이 없는 한 폭넓게 존중될 필요가 있다고 하면서, 행정청의 당초예측이나 평가와 일부 다른 내용의 감정의견이 제시되었다는 사정만으로 쉽게 행정청의 판단이 위법하다고 단정할 것은 아니라고 하였다. 이 판결은 환경이익을 고려한 측면은 높이 평가할 수 있지만 형량을 그르친 경우에 있어서도 행정청의 입장을 최대한 존중하는 그야말로 행정청의 자의적 재량권 행사까지 용인하는 결과가 되어, 행정부의 입장을 지나치게 옹호하여 사법통제를 방기한 문제가 있는 판결이라고 할 것이다.[48] 법원이 일방적으로 환경권과 환경보호 의무라는 공익을 지나치게 앞세울 경우 헌법상 재산권의 보호와 공공사업의 추진이라는 또 다른 공익적 가치가 몰각될 수 있으므로 양 가치를 균형 있고 조화롭게 해석하는 노력을 기울여 나갈 필요가 있다.[49]

 (나) 법원의 판단과정의 심사방식

 현대행정에 있어 고도의 정책적 판단이나 과학기술적 판단을 필요로 하는 행정작용이 증가하고 있는 추세에 있다. 이러한 영역에서는 법원에 의한 실체적 통제는 한계가 있다. 법원은 절차적 관점에서 행정청의 판단과정상의 잘못이 있는지 여부를 판별하는 방식으로 심사가 이루어 질 필요가 있다.

 이와 관련하여 일본에서는 실체적 대체심리방식에서 심리의 밀도를 좀 더 높이 판단과정의 통제방식에 의해 재량행위를 사법통제하려는 움직임이 있다. 이러한 판단과정통제방식에 관한 최초의 판례가 70년대 하급심에서 닛코타로스기 사건을 들 수 있다. 일본의 하급심은 재량처분을 내리는 판단과정에 있어서 ① 고려할 필요가 있는 요소를 고려하지 않고 판단한 경우(要考慮要素不考慮), 반대로 고려해서는 안 되는 요소를 고려해서 판단한

---

47) 대법원 2005. 7. 14. 선고 2004두6181 판결 등
48) 이 부분은 박병대 대법관이 퇴임을 앞두고 개인적 가치관이 깊이 투영된 판결로 보인다. 이에 관하여 2017년 6월 5일자 법률신문 인터뷰 참조
49) 장혜진, "환경 훼손 우려가 있는 건축허가의 법적 성질과 사법심사 기준에 대한 검토", 법과 정책 제24집 제1호, 2018, 221면.

경우(他事考慮)에는 처분이 위법이 된다고 보았다. ② 아울러 본래 중시해야 할 고려요소를 부당하게 안이하게 경시한 경우 혹은 본래 과대하게 평가해서는 안 되는 요소를 과중하게 평가하는 경우에도 위법이라고 보았다.[50] 이 판결 이후에 이러한 판단과정 통제방식에 의한 판결이 약 20년간 나오지 않다가 전문기술적 재량이 있는 이이가타 원자력 발전소사건인 最高裁 1992. 10. 29 판결[51]에서 이러한 심사방식이 다시 등장하게 되었다. 이처럼 오늘날 일본의 행정재량의 사법심사방식은 종래의 심사방식에서 탈피하여 행정결정과정의 메커니즘에 주목해서 특히 판단과정의 일환으로서 재량기준이 책정되어 있는 경우에 그 기준정책단계와 기준적용단계에서의 전제사정과 고려요소를 고려해서 판단하는 경향으로 나아가고 있다는 것을 알 수 있다.[52]

  (4) 판단여지의 심사방식

국토계획법상 실시계획 인가의 경우에 요건면에 명시적으로 불확정개념을 사용하는 경우는 아니지만 중대한 공익상 필요가 암묵적으로 함축되어 있다고 본다면 그 해석은 전면적인 사법심사에 해당하기 때문에 법원의 심사권이 제한되지 않는다.[53]

설사 불확정개념의 해석 적용의 문제를 판단여지로 보게 되더라도 그와 같은 법원의 심사가 제한되는 영역의 사안으로 처분이 판단여지의 범위 내에서 이루어진 것이어서 적법한 처분이라는 것을 행정청이 입증해야 한다.[54] 가령, 환경피해 발생가능성이 있다는 이유의 제시만으로 국토계획법상 실시계획 인가 신청 불허처분의 정당성이 인정되지 않고 전문가들로 구성된 독립위원회의 결정이 있는 경우라면 법원의 사법심사의 범위가 축소될 여지가 있다.

독일의 경우 규제재량의 영역에 있어서 행정의 권한 행사의 전제가 되는 요건은 비록 불확정개념을 사용하더라도 전면적 사법심사에 해당한다. 아울러 예외적으로 판단여지가

---

50) 노기현, "행정법상 재량행위에 대한 사법심사기준의 변천에 관한 연구— 일본의 학설과 판례의 논의를 중심으로—", 공법학연구 제14권 제3호, 2013, 309−310면.

51) 이에 대한 자세한 내용은 이영창, 앞의 논문, 290−282면, 김창조, "항고소송에 있어서 입증책임", 법학논고 제48집, 2014, 71−72면. 김창조 교수에 의하면 위 최고재판소 판결 중 입증책임의 완화와 관련되는 부분이 관심을 끈다고 말하며, 재량권 행사의 불합리성의 판단에 관한 주장, 입증책임은 원고에 있다고 보면서도 심사기준과 그 심사기준의 적용에 있어 간과하기 어려운 결함이 있는지 여부에 심사를 강화하여 원고의 입증책임의 경감을 도모한 것으로 실질적으로 증명도의 완화를 통해 원고의 권리구제를 확대하고 있다고 설명하고 있다.

52) 노기현, 앞의 논문, 311−312면.

53) 다만 특정한 예외적인 상황에서 행정청의 처분의 영향이 불특정 다수인에게 미치는 예측가능성의 문제는 불확정 개념의 해석 적용의 문제로 법의 해석의 문제로 법원의 전면적인 사법심사에 해당한다고 볼 것이다. 다만, 우리의 판례는 불확정개념의 특수한 경우에 사법심사가 제한되는 경우를 판단여지로 받아들이지 않고, 재량으로 통일적으로 파악하고 있다.

54) 이영창, 앞의 논문, 258면, 김동건, "대법원 판례상의 재량행위—기속행위와 재량행위의 구분과 그에 대한 사법심사방식을 중심으로", 행정판례연구 제7집, 한국행정판례연구회, 2001, 61−63면.

인정될 수 있는 예측결정 영역의 경우에도 전면적인 사법심사에 해당한다고 보고 있다. 다만, 계획에서의 예측에 대하여는 예측여지를 인정하여 제한적 사법심사가 이루어져서 행정청의 판단을 최대한 존중하지만, 법원은 당시 사용가능한 최선의 방법을 사용하였는지, 예측에 필요한 요소를 모두 고려하였는지, 적절한 예측방법이 선택되었는지, 전제되는 사실관계에 대한 적절한 조사가 이루어 졌는지, 예측결과에 대한 명확한 근거가 제시되었는지, 비례원칙이 준수되었는지를 심사한다.55) 한편 EU의 경우에는 재량행위와 관련하여 처분요건에 대한 입증책임을 행정청이 부담하는 한편 처분요건의 평가의 근거가 되는 사실에 관하여 '근거가 된 증거가 정확하고 믿을 만하고 일관성이 있는지, 위 증거가 복잡한 상황에 대한 평가를 위하여 고려하여야 하는 모든 정보를 포함하고 있는지, 그로부터 도출된 결론을 실질적으로 뒷받침하는지'에 대한 구체적이고 엄격한 심사를 법원이 하도록 하고 있다.56)

   (5) 계획재량에 관한 심사방식
   계획재량의 경우에 광범위한 형성의 자유가 인정되는 반면에 법원에 의한 형량명령에 따른 심사척도가 발전되어 행정청의 자의적 행정에 대한 법원의 통제밀도를 높이고 있는 것이 추세라고 할 것이다.
   대법원 2007. 4. 12. 선고 2005두1893판결은 행정계획에서 계획재량을 통제하는 법리로 일반의 이익형량보다 체계화되고 객관화된 형량명령의 법리를 인정하고 있다. 즉, 형량명령은 행정주체가 행정계획을 입반·결정함에 있어서 이익형량을 전혀 행하지 아니라거나 이익형량의 고려대상에 마땅히 포함시켜야 할 사항을 누락한 경우 또는 이익형량을 하였으나 정당성과 객관성이 결여된 경우에는 그 행정계획결정은 형량에 하자가 있어 위법하게 된다고 보고 있다. 형량명령은 이익형량에서 관련 공익을 구체적 공익으로 파악하고, 각 구체적인 공익을 달성되는 정도와 가치, 침해되는 정도와 가치를 세밀하게 판단하여 이익형량을 할 것을 요구한다. 이러한 계획재량에서의 형량명령의 공익의 가치 판단방식은 일반 행정재량에 대한 비례원칙의 적용으로서 이익형량에도 적용되어야 할 원칙이다.
   국토계획법상 실시계획의 인가를 광범위한 형성의 자유가 있는 계획재량으로 파악하고 있다고 보지 않지만, 일반 재량의 경우에도 계획재량에 있어서 형량명령에 따라 심사하는 것처럼 구체적으로 형량을 비교하는 것은 비례원칙의 실질을 위해 바람직한 측면이 없지 않다.57)

---

55) 임성훈, 앞의 논문, 175면.
56) 임성훈, 앞의 논문, 176면
57) 실시계획의 인가를 할 것인지 여부를 심사함에 있어서는 사업시행자로서 실시계획을 작성하여 인가를 받고자하는 자가 거부처분으로 입게 되는 불이익의 내용과 정도 등을 전혀 비교형량하지 않았거나 비교형량의 고려대상에 마땅히 포함시켜야 할 사항을 누락한 경우 또는 비교형량을 하였으나 정당성과 객관

대법원은 형량하자의 개념은 인정하지만 심사방식에 있어서는 효과재량에 있어서 비례원칙의 위반과 별 차이가 없이 개별 형량과정에 대한 구체적인 심사는 생략하고 있다는 비판이 있다.[58] 행정청의 미래예측 당부에 대하여도 사법심사를 하여야 하는데 전문가 집단의 결과라면 이를 존중하여야 하지만, 단지 행정청의 자의적인 형식적 기준에 의하여 거부사유를 밝히는 것을 그대로 법원이 수용하는 것은 사법권의 행사를 스스로 포기하는 것이 된다고 할 것이다. 이러한 처사는 행정청의 자의적인 공행정의 잘못에 대하여 눈감는 것으로 적법통제를 하여야 하는 법원의 역할 방기라고 할 것이다.

V. 이 사건 판결에 대한 평석

이상에서 살펴본 바와 같이, 이 사건에 있어서의 국토계획법상 실시계획 인가의 법적 성질은 수용권을 발생하는 설권적 성질이 있으므로 재량행위의 성질을 지닌다고 볼 여지도 있다. 그러나 그와 같은 재량은 계획재량과 같이 광범위한 형성의 자유가 인정되기 보다는 제한된 재량권의 영역의 문제라고 보여진다. 그 이유는 국토계획법의 규범구조에 비추어 보거나 이미 토지를 확보하여 토지보상법의 준용의 필요가 없는 사안에 있어서는 요건을 갖춘 경우에 실시계획의 인가를 하여야 하는 기속행위 내지 기속재량행위로 파악하는 것이 타당하기 때문이다. 실시계획의 인가 신청을 불허하는 경우에는 보다 중대한 공익상의 필요가 있는 경우에 가능한 기속재량에 속한다고 보는 것이 법문의 구조와 체제, 학설과 판례에 비추어 타당하다고 할 것이다.

법령상의 요건을 모두 갖추어 실시계획의 인가를 하도록 되어 있음에도 중대한 공익상 필요나 그와 같은 침해가능성에 대한 피고의 입증이 없을 뿐만 아니라 비교형량에 있어 제대로 된 형량을 하지도 않은 경우에는 위법한 처분이 된다고 할 것이다. 이와 관련하여, 최근에 선고된 대법원 2020. 6. 15. 선고 2020두34384판결에서 "피고가 이 사건 한정면허를 포함한 공항버스 면허기간 종료 시 한정면허를 회수할 것을 전제로 후속방안을 검토하는 과정에서 한정면허의 노선에 대한 수요 증감의 폭과 추이, 원고의 공익적 기여도 등에 대하여 구체적인 검토를 하였다는 자료를 찾아볼 수 없고, 오히려 피고는 이러한 사정을 고려하지 아니한 채 한정면허의 갱신 여부를 판단하였던 것으로 보인다"며 "피고가

성이 결여된 경우에는 거부처분은 재량권을 일탈·남용하여 위법하다고 볼 수밖에 없다.(대법원 2005. 9. 15. 선고 2005두3257판결; 대법원 2019. 7.11. 선고 2017두 38874판결)

58) 강현호, "계획적 형성의 자유의 통제수단으로서 형량명령", 토지공법연구 제66집, 2014, 222면, 김병기, "도시·군 관리계획 변경제안 거부와 형량명령", 행정법연구 제37호, 2013, 191-192면, 임성훈, 앞의 논문, 178면.

원고의 한정면허 갱신 신청을 심사할 당시 각 노선에 대한 수요 증감의 폭과 추이, 원고가 해당 노선을 운영한 기간, 공익적 기여도, 그간 노선을 운행하면서 취한 이익의 정도 등을 종합적으로 고려하였어야 하는데도, 단순히 공항 이용객의 증가, 운송여건의 개선, 한정면허 운송업체의 평균 수익률을 이유로 이 사건 한정면허 노선의 수요 불규칙성이 개선되었다고 전제한 다음 한정면허의 갱신 사유에 관하여 구체적으로 살펴보지도 않은 채 갱신거부처분을 하였으므로, 거부처분이 위법하다"고 적절히 판시하였다.

이 사건 판결에서는 법원의 재량권 심사와 관련하여 형량명령의 원리를 적용하고 있으나, 이러한 판시 태도는 재판통제를 강화한 것으로 공익과 사익, 공익 상호간의 이익형량을 전혀 행하지 않거나 그러한 형량이 비례성을 결한 경우에는 위법하다는 판단척도를 제시하고 있다는 점에서 법원의 비례성 통제를 강화한 것으로 볼 것이다.[59] 일부 대법원 판결에서 보는 바와 같이 국토계획법상 실시계획 인가의 규범구조는 고찰하지 않고 설권적 처분인 특허로 파악하거나 법문은 고려하지 않고 단지 수익적 행위라는 이유로 재량행위로 보고 있는 것은 문제가 있다고 할 것이다. 실시계획인가에 있어서 법원은 공익판단과 관련하여 사실적 공익과 진정한 공익을 구별하여 막연한 공익을 내세우는 것을 정당화 할 것이 아니라 공익판단은 진정한 공익을 향하는 것이어야 하고, 행정청의 비교형량이 객관적이며 체계적으로 이루어 질 것을 법원에서 통제하지 않으면 행정청은 막연한 공익을 주장하는 것만으로 그 입증을 다 한 것으로 안일한 행정을 지속할 가능성이 있다. 실시계획의 인가 전에 여러 단계의 행정결정의 과정에서 형량평가를 하는 경우가 많다. 이 경우에는 선행단계에서 결정된 것을 이해 관계자가 뒤늦게 이의제기할 수 없어야 대규모 시설에 대한 안정적 설치가 가능하다.[60] 다시 말해 선행처분을 하면서 형량을 평가하여 이를 적법한 것으로 결정을 내렸다면 이에 대하여 다툴 수 있는 기간내에 다투지 않으면 후속결정에 그대로 규준력이 미친다. 이해관계인은 선행행정행위의 하자를 다툴 수 없는 바, 이는 대규모 시설의 경우에 투자이익의 보호와 합목적적인 절차형성을 위해 인정되는 배제효라고 할 것이다.[61] 그 하자여부의 평가를 가령 최종적인 단계인 실시계획 인가의 과정에서 문제를 삼게 된다면 종전에 한 형량평가를 모두 부인하는 결과가 된다.

이 사건 판결의 경우에는 국토계획법상 실시계획인가의 법적 성질을 재량행위로 보고 있다. 토지수용권이 발생하는 경우이므로 설권적 처분이라서 형성적 행위의 성질을 함께 고려하면 재량행위로 볼 여지가 있다. 이 사건 판결이 의미 있는 것은 법원이 형량적 요소를 들어 구체적인 비교형량을 하고 있다는 점이다. 이 사건의 판결이유에서 형량요소로 든

59) 백윤기, "도시계획결정에 있어서 이웃사람과 계획재량", 원광법학 23권 제2호, 2007. 293면 이하.
60) 박종국, "독일법상 행정절차참가와 배제효", 법조 통권 569호, 2004, 5면 이하
61) 정하중, "다단계 행정절차에 있어서 사전결정과 부분허가의 의미 – 판례평석: 대판 1998. 9. 4. 97누 19588(부지사전승인처분취소) –", 서강법학 제1호, 1999, 80면.

것은 다음 같다. ① 이 사건 아울렛은 도시계획시설규칙이 정한 대규모점포 중에서도 복합
쇼핑몰에 해당하는 지하 1층 및 지상 3층 규모의 시설로서, 건물면적이 약 50,000㎡에 이
르고, 약 250개의 의류매장, 식당, 카페 등 매장과 영화관 등이 설치될 예정으로 지역 주민
들의 자유롭고 편리한 경제·문화 활동에 크게 기여할 것으로 보인다. ② 기존에 광양 지
역에 이와 같은 종류의 복합쇼핑몰은 없었던 것으로 보이고, 상당수 지역 주민들도 생활의
편의를 위하여 이전부터 위와 같은 대규모 유통시설의 설치를 요구하고 있었다. ③ 이 사
건 아울렛의 위치 및 규모에 비추어, 지역 사회에 상당한 일자리 창출이 예상되고, 지역
내 유입 및 유동인구의 증가, 세수 증대 등 직·간접적 효과로 인한 지역 주민들의 삶의 질
향상이 기대된다. ④ 이 사건 아울렛으로 인하여 기존의 상인들에게 영업과 관련한 피해
등이 일부 있을 수 있고, 사업에 반대하는 토지소유자의 사익도 고려될 수도 있으나, 지역
주민들이 향유하게 될 편익, 법령이 정한 다수 토지소유자가 사업에 동의하는 점 등과 형
량하여 볼 때, 이 사건 실시계획인가처분과 관련되는 사익이 공익보다 크다는 점에 관한
구체적 증명이 있다고 보기 어렵다. ⑤ 이 사건 아울렛에 관한 실시계획은 기존 도시계획
시설의 결정·구조 및 설치기준에 대체로 부합하는 것으로 보이고, 달리 도시계획시설결정
이후에 공익성을 상실하였다고 볼 만한 사정의 변경도 발견되지 아니한다.

　　이 사건 판결은 피고 광양시장이 국토계획법상의 실시계획인가처분을 하면서 공익과
사익 간의 이익형량 등을 제대로 한 결과 재량권을 일탈·남용하였다고 볼 수 없다고 판시
하였다. 이 사건 판결은 단순한 비례원칙의 적용이 아니라 행정청의 형량적 고려를 토대로
비교형량을 하였다는 점, 법원이 광범위한 형성의 자유를 인정하는 계획재량을 인정한 것
이 아니라 사법심사의 범위를 넓혀 행정청이 형량적 요소를 고려하여 비교형량을 충실히
하여 재량통제를 강화하였다는 점에서 결론에 있어서 타당한 판결이라고 할 것이다. 다만,
국토계획법상의 실시계획의 인가의 법적 성질을 규범구조적 측면에서 분석하지 아니하고
단정적으로 재량행위로 파악하고 있는 점은 문제점으로 지적될 수 있다. 결론적으로 국토
계획법상 실시계획 인가의 법적 성질을 일률적으로 재량행위로 접근 할 것이 아니라 특수
한 예외적 사례의 경우에 중대한 공익상 필요로 그 거부 가능성이 인정되거나, 재량권이
제한되는 기속재량행위로 접근하는 것이 국민의 권익구제의 관점에서 바람직한 측면이 있
다고 할 것이다.

사회적 공공성 개념과
쟁송취소에서의 신뢰보호*

김유환**

대법원 2019.10.17. 선고 2018두104 판결의 법이론적 함의와 논평

I. 문제의 제기

1. 대상판결인 대법원 2019.10.17. 선고 2018두104 판결은 사안이 복잡하고 쟁점이 다양한 만큼 행정법이론과 가치체계의 측면에서도 중요한 의미를 가지는 판시를 하고 있다. 그중에는 행정법학이 그동안 구축해 온 이론체계에 큰 의미가 있거나 또는 그에 도전이 될 만한 내용이 포함되어 있다. 구체적으로 보면 ① 사회적 공공성의 실체에 대한 논의 없이 공익판단에 이르고 있는 점, ② 행정계획의 일환으로 이루어진 개별행위에 대해 계획과 연계된 이익형량을 하지 않고 있는 점. ③ 일반적인 재처분의무와 원상회복의무를 취소판결의 기속력의 일환으로 선언하고 있는 점, ④ 그동안 학설의 소수설이 주장하여 왔고 2019년 1월 대법원 판결[1]이 다시 거론한 행정행위의 기결력, 구속력 개념을 부인하고 있는 점, ⑤ 쟁송취소에서 취소권 제한과 신뢰보호를 인정하지 않고 있는 점 등은 향후의 우리 사회의 가치관과 행정법질서를 크게 바꿀 수 있는 이론적, 실제적 영향력을 가지는 것이라 할 만하다.

물론 대상판결이 시사하는 바는 여기에 그치지 않는다. 그러나 이 판례평석에서는 개별적인 모든 쟁점을 다 분석하기보다는 위에서 제시한 바와 같은 행정법학의 학문적 논의에 중요한 의미를 가지는 쟁점만을 추출하여 검토하고자 한다.

---

* 이 논문은 행정판례연구 ⅩⅩⅤ-1(2020.06)에 게재된 논문으로「최광률 명예회장 헌정논문집」에 전재하는 것이다.
** 이화여자대학교 법학전문대학원 교수
1) 대법원 2019.1.31. 선고 2017두40372 판결

2. 판결은 구체적 타당성을 추구하는 것을 본질로 한다. 그러나 대법원 판결은 행정법의 법원의 일종으로 받아들여지는 경우가 보통이고 모든 법률가들이 법적 판단의 기준으로 존중할 뿐 아니라 예비법률가들에게 가르쳐지는 것으로서 그것이 사회에 미치는 영향이 매우 크다. 따라서 구체적 타당성의 추구 못지않게 판결을 통하여 선포되는 법리의 제시에 신중하여야 한다. 또한 판결의 배경을 이루는 가치판단에 있어서도 법관 개인의 판단이 아니라 동시대의 법적 Ethos를 반영하는 것일 것이 요구된다. 이러한 관점에서 대상판결이 제시하고 있는 국가적 가치체계와 행정법학의 방향성에 대하여 진지한 학문적 검토가 이루어져야 한다고 본다. 대상판결이 제시하고 있는 방향을 앞으로도 우리가 채택하여야 할 가치체계로 그리고 행정법질서로 인정할 것인지 아니면 이를 비판하고 대상판결이 제시하는 새로운 방향의 적용을 제한하여야 할 것인지 이하에서 대상판결의 문제되는 판결이유에 대해 검토해 보기로 한다.

II. 사안의 개요

1. 처분의 경위

이 사건 피고보조참가인 대한예수교장로회 사랑의 교회는 교회 건물 신축을 위해 2009년 6월 1일 당시 지구단위계획으로 지정되어 있던 서울 서초구 일대의 특별계획구역 II 토지 6,861.2 ㎡를 매수하고 교회건물의 신축을 위해 지구단위계획변경을 제안하였다. 이에 서울특별시장은 그 제안에 따라 특별계획구역 II 지구단위 변경계획을 결정·고시하였다.

또한 이 사건 피고보조참가인은 지구단위변경계획에 따라 이 사건 도로 지하부분의 점용허가를 전제로 예배당 건축을 계획하고 피고 서초구청장에게 건축허가와 도로점용허가를 신청하였다. 이에 피고는 행정재산(도로)인 이 사건 서울 서초구 1541-1 지역 참나리길의 지하 부분에 시설물 설치를 위한 도로점용허가가 가능한지 유관부서에 여러 차례 질의 한 끝에 국토해양부로부터 도로점용허가가 재량행위라는 등의 회신을 받고 '사유지 폭 4m 도로에 대하여 기부채납할 것' 그리고 '건축하는 건물 안에(구립) 어린이집을 설치하고 기부채납할 것' 등을 전제로 주식회사 케이티, 서울도시가스 등 유관부서와 협의 하에 이 사건 도로점용허가처분과 건축허가처분을 하였다.

2. 소송의 경과

(1) 주민감사 청구의 경과와 주민소송의 제기

이 사건 도로점용허가처분과 건축허가 처분에 대하여 피고보조참가인에 대한 특혜 의혹이 제기되어 원고를 포함한 서초구 주민 293명은 서울시장에게 지방자치법 제16조 제1항에 따라 감사청구를 하면서 이 사건 도로점용허가처분에 대한 시정조치를 요구하였다. 또한 도로점용허가처분과 건축허가처분의 위법성을 언급하면서 감사결과 위법한 처분이 있었다면 이에 대한 시정조치가 필요함을 언급하였다.

감사결과 서울시장은 이 사건 도로점용허가처분이 위법·부당하다고 판단하고 2개월 이내에 도로점용허가처분을 시정하고 관계공무원에게 훈계 조치를 할 것을 요구하였다. 그러나 피고 서초구청장은 서울시장의 이러한 조치요구에 불복하며 주민소송의 결과를 기다려보겠다는 의사를 표시하였고 이에 원고들은 2012.8.29. 지방자치법 제17조 제1항에 따라 이 사건 주민소송을 제기하면서 도로점용허가처분의 무효확인 또는 취소를 구하고 동시에 건축허가처분의 취소 및 손해배상청구의 소 제기의 이행을 청구하였다.

(2) 대법원 환송판결까지의 소송의 경과

이 소송사건의 제1심 법원인 서울행정법원은 이 사건 건축허가처분과 도로점용허가처분은 주민소송의 대상인 '재산의 관리·처분에 관한 사항'에 해당하지 않는다고 하면서 원고들의 청구를 모두 각하하였다.[2] 또한, 이 소송사건의 항소심 법원인 서울고등법원도 제1심 판결을 인용하면서 원고들의 항소를 모두 기각하였다.[3]

그러나 이 소송사건의 상고심에서 대법원은 이 사건 처분이 지방자치법 제17조 제1항에서 주민소송으로 규정한 '재산의 취득·관리·처분에 관한 사항'에 해당하는지에 대하여 판단하면서 '도로 등 공물이나 공공용물을 특정 사인이 배타적으로 사용하도록 하는 점용허가가 도로 등의 본래 기능 및 목적과 무관하게 그 사용가치를 실현·활용하기 위한 것으로 평가되는 경우에는 주민소송의 대상이 되는 재산의 관리·처분에 해당한다'고 하면서 원심판결 중 피고 보조참가인에 대한 도로점용허가에 관한 주위적, 예비적 청구 및 도로점용허가와 관련된 손해배상 요구에 관한 청구 부분을 파기하고, 제1심 판결 중 이 부분을 취소하여 이 부분 사건을 서울행정법원에 환송하였다.[4]

---

2) 서울행정법원 2013.7.9. 선고 2012구합28797 판결
3) 서울고등법원 2014.5.15. 선고 2013누21030 판결
4) 대법원 2016.5.27. 선고 2014두8490 판결

(3) 환송판결 이후의 소송의 경과

① 환송 후 제1심 판결5)

환송 후의 제1심에서는 이 사건 주위적 청구인 무효확인청구에 대해서는 처분의 하자가 중대·명백하다고 할 수 없다고 판단하여 이를 기각하였다. 그리고 손해배상청구의 소제기의 이행 부분에 대해서도 서초구청 공무원에게 고의·중과실이 있었다고 인정할 증거가 없고 피고보조참가인에게도 고의·과실이 있었음을 인정할 만한 증거가 없다고 하면서 이를 기각하였다.

그러나 이 사건의 예비적 청구인 도로점용허가처분 취소 청구와 관련하여서는, 공유재산에 영구시설물을 설치하지 못한다는 공유재산 및 물품관리법의 규정을 감안한 이익형량 과정에서 이 사건 처분이 비례·형평의 원칙을 위반한 위법이 있다고 판시하여 그를 취소하는 판결을 하였다.

② 환송 후 항소심 판결6)

환송 후 제1심 판결에 대해서는 피고와 피고보조참가인이 이에 불복하여 항소를 제기하였고 항소심 법원인 서울고등법원은 항소를 모두 기각하면서 판결이유에서 이 사건과 관련된 의미있는 법적 판단을 추가하였다. 특히 항소심 판결은 제1심 판결과 달리 이 사건 처분의 위법 이유를 단순히 이익형량이 잘못되어 재량하자가 있는 것만으로 보지 않고 공유재산법 제13조의 영구시설물 축조금지에 관한 규정을 위반한 것으로 보았다. 즉 도로에 대하여도 공유재산법의 적용이 있는 것으로 보아 도로법이 공유재산법의 특별법으로서 도로에 관하여 공유재산법의 적용이 배제된다는 주장을 배척한 것이다.

항소심 판결에서 또한 특이한 점은 이익형량이나 사정판결 주장에 대한 판단에서 종교단체의 공익성을 분명한 어조로 부인하고 있다는 점이다. 종교단체를 사적 단체로 지칭하거나 종교인들의 활동에 공익성을 인정하지 못한다는 견해를 분명히 밝히고 있다.

또한 항소심 판결은 이 사건 도로점용허가처분이 이 사건 건축허가 처분과 반드시 단계적 관계에 있지 않다고 하고, 이 사건 도로점용허가처분이 별도의 주된 행위에 속하여 인·허가가 의제되지 아니하고 별개의 행위로서 별도의 인·허가 대상이 되는 한, 일련의 처분이 행정계획의 일환으로 이루어졌다고 하더라도 그에 대하여 계획재량을 인정하기 어렵고 개별행위로만 취급되어야 한다는 점을 밝히고 있다.

---

5) 서울행정법원 2017.1.13. 선고 2016구합4645 판결
6) 서울고등법원 2018.1.11. 선고 2017누31 판결

Ⅲ. 대상판결의 중요 쟁점과 판단

1. 대상판결의 개요

이 사건의 최종심으로서 대법원은 피고와 피고보조참가인의 상고를 모두 기각하였다. 그러나 판결이유에서 대법원은 도로점용에 적용되는 법률에 관한 한 원심판결과는 달리 판단하였다.

대상판결에서 대법원은 항소심 판결과 달리 도로점용에 관한 한 도로법이 '공유재산 및 물품관리법'의 특별법으로서 '공유재산 및 물품관리법'의 규정 등에 대하여 우선적으로 적용되고 '공유재산 및 물품관리법'은 이에 적용되지 않는다고 판시하였다.

이에 따라 이 사건 처분이 취소되어야 한다는 원심판결은 유지되었으나 그 위법사유는 법령위반이 아니라 재량권의 일탈·남용만으로 확정되었다.

2. 주요 쟁점과 판단의 내용

대상판결 스스로가 제시하고 있는 이 판결의 중요 판시사항은 다음과 같다. 이하의 판시사항 중 중요부분은 뒤에서 자세한 평석의 대상으로 삼고 구체적인 평석의 대상으로 삼을 필요가 없는 부분에 대해서는 간단히 그에 대하여 논평함에 그치고자 한다.

여기에서는 대상판결이 제시한 쟁점의 순서에 따라 쟁점을 제시하고 간단히 논평하고자 한다.

(1) 취소판결의 기속력 및 행정행위의 확정력

대상판결은 취소판결의 기속력에 대하여 언급하면서 "어떤 행정처분을 위법하다고 판단하여 취소하는 판결이 확정되면 행정청은 취소판결의 기속력에 따라 그 판결에서 확인된 위법사유를 배제한 상태에서 다시 처분을 하거나 그 밖에 위법한 결과를 제거하는 조치를 할 의무가 있다(행정소송법 제30조)."라고 판시하였다. 이 판시에서 주목할 점은 판결의 기속력의 내용으로서 거부처분이나 절차적 위법으로 취소되지 아니한 이 사건의 경우에도 재처분의무를 언급하고 또한 결과제거의무 또는 원상회복의무를 기속력의 내용의 하나로 보았다고 이해될 수 있는 판시를 한 점이다. 대법원이 이 판시를 하면서 인용한 다른 대법원 판결[7]의 내용을 검토해 볼 때 대법원의 뜻은 아마도 원상회복의무를 기속력의 한 내용으로 제시하고 싶었던 것 같다. 그런데 이러한 판시는 현재의 이론체계에서는 획기

---

7) 대법원 2015.10.29. 선고 2013두27517 판결

적인 의미가 있다. 그러나 이것은 후술하는 바처럼 취소소송의 본질에 비추어 본질적인 문제를 유발한다.

한편, 대법원은 행정행위의 확정력의 의미를 설시하면서 그것은 불가쟁력을 의미할 뿐, 학설의 일부가 주장하는 기결력이나 규준력 또는 그를 의미하는 구속력의 실질을 가지지는 않는다는 점을 분명히 하였다. 즉 대법원은 "행정처분이 불복기간의 경과로 인하여 확정될 경우 그 확정력은, 처분으로 인하여 법률상 이익을 침해받은 자가 해당 처분이나 재결의 효력을 더 이상 다툴 수 없다는 의미일 뿐, 더 나아가 판결에 있어서와 같은 기판력이 인정되는 것은 아니어서 처분의 기초가 된 사실관계나 법률적 판단이 확정되고 당사자들이나 법원이 이에 기속되어 모순되는 주장이나 판단을 할 수 없게 되는 것은 아니다." 라고 하였다.

(2) 주민소송의 소송물

대상판결은 지방자치법상의 주민소송에서 다툼의 대상 곧 소송물이 되는 처분의 위법성은

"행정소송법상 항고소송에서와 마찬가지로 헌법, 법률, 그 하위의 법규명령, 법의 일반원칙 등 객관적 법질서를 구성하는 모든 법규범에 위반되는지 여부를 기준으로 판단하여야 하는 것이지, 해당 처분으로 지방자치단체의 재정에 손실이 발생하였는지 만을 기준으로 판단할 것은 아니다."라고 판시하였다. 이 쟁점은 사실 '주민소송의 대상'이라는 쟁점과 혼동되기 쉬우나 주민소송의 대상의 문제는 본안 전의 문제이고 이 문제는 본안 후의 문제라는 점에서 엄밀히는 구별된다고 할 것이다. 어쨌든 주민소송의 소송물에 대한 이와 같은 판시는 주민소송이 항고소송의 형태로 제기된 이상 정당한 것으로 생각되어 판례평석의 대상으로 삼지는 않기로 한다.

(3) 도로법과 공유재산 및 물품관리법의 경합과 법해석

대상판결은 항소심 판결과 달리 도로법과 '공유재산 및 물품관리법'의 관계가 특별법, 일반법의 관계가 있음을 들어 도로점용에 있어서는 '공유재산 및 물품관리법'이 적용되지 않음을 분명히 하였다. 환송 전 제1심은 '공유재산 및 물품관리법'을 고려하여 이익형량을 하여야 한다는 취지로 판시한데 비하여 환송 후 항소심은 '공유재산 및 물품관리법'의 적용이 있다고 하는 등 혼선이 있었는데 대상판결이 분명하게 도로점용에 적용될 법령을 분명히 한 것이다. 대상판결은 '공유재산 및 물품관리법' 규정 위반 여부를 이익형량 과정에서 고려하여야 한다는 언급도 하지 않았으므로 환송 전 제1심 판결과도 입장이 다소 다르다고 할 수 있다.

도로법과 '공유재산 및 물품관리법'에 대한 대법원의 논거가 분명하고 이론의 여지가 많지 않으므로 이 쟁점은 구체적인 판례평석의 대상으로는 삼지 않기로 한다.

(4) 재량권 행사의 하자

대상 판결이 이 사건 처분을 위법하다고 판단한 논거는 결국 재량권 행사에 하자가 있다는 점에 근거한 것이다.

대상판결은 피고 보조참가인이 지구단위계획구역으로 지정되어 있던 토지에서 예배당, 성가대실, 방송실과 같은 지하구조물 설치를 통한 지하의 점유를 하게 되면 "원상회복이 쉽지 않을 뿐 아니라 유지·관리·안전에 상당한 위험과 책임이 수반되고, 이러한 형태의 점용을 허가하여 줄 경우 향후 유사한 내용의 도로점용허가신청을 거부하기 어려워져 도로의 지하 부분이 무분별하게 사용되어 공중안전에 대한 위해가 발생할 우려가 있으며, 위 도로 지하 부분이 교회 건물의 일부로 사실상 영구적·전속적으로 사용되게 됨으로써 도로 주변의 상황 변화에 탄력적·능동적으로 대처할 수 없게 된다"는 등의 사정을 들어, 위 도로점용허가가 비례·형평의 원칙을 위반하였다고 본 원심판단을 지지하였다. 그리고 이러한 대상판결의 이익형량에 대한 기본적인 입장은 이 사건 상고이유 중 사정판결에 대한 주장에 대한 판단에서의 이익형량의 기반이 되고 있다.

이러한 대상판결의 취지 자체의 정당성은 별론으로 하더라도 대상판결이 지지한 원심법원의 이익형량이 종교단체의 공익성을 부인하고 도로점용허가를 지구단위계획과 분리시켜 별도로 취급하여 이익형량을 한 점 등의 면에서 그 이익형량이 정당하였는지에 대한 검토가 필요하다고 본다.

(5) 쟁송취소에서의 취소권의 제한과 신뢰보호

대상판결은 "수익적 행정처분에 대한 취소권 등의 행사는 기득권의 침해를 정당화할 만한 중대한 공익상의 필요 또는 제3자의 이익보호의 필요가 있는 때에 한하여 허용될 수 있다는 법리는, 처분청이 수익적 행정처분을 직권으로 취소·철회하는 경우에 적용되는 법리일 뿐 쟁송취소의 경우에는 적용되지 않는다."라고 판시하였다. 이것은 취소권의 제한의 법리 및 신뢰보호의 원칙의 적용영역을 제한하는 중대한 선언이다. 그러나 이러한 중대한 선언을 하면서 대법원은 그 논리적 근거에 대해서는 전혀 밝히지 않고 있다. 대법원의 이러한 판단을 법치주의와 신뢰보호의 원칙 등 헌법원리와 행정법의 기본원리의 관점에서 수용할 수 있는지 검토해 보아야 할 것이다.

(6) 명확성원칙과 보충적 법해석

대상판결은 명확성원칙의 적용과 보충적 해석과 관련하여 의미있는 판시를 하였다. 대상 판결은 "법문언에 어느 정도의 모호함이 내포되어 있다고 하더라도 법관의 보충적인 가치판단을 통해서 법문언의 의미 내용을 확인할 수 있고 그러한 보충적 해석이 해석자의 개인적인 취향에 따라 좌우될 가능성이 없다면 명확성원칙에 반한다고 할 수 없다."고 하였다. 이러한 관점에서 대상판결은 주민소송의 대상에 대한 "지방자치법 제17조 제1항 중 '재산의 취득·관리·처분에 관한 사항' 부분은 명확성원칙에 반하지 아니한다."고 판시하였다.

이 판시는 법해석이 해석자의 개인적 취향에 좌우될 가능성이 있어서는 안된다는 점을 선언하였다는 점에서 고무적이다. 다만 학문적으로는 그러한 가능성을 차단하기 위한 법해석방법론이 구체적으로 제시되고 있다는 점8)에서 향후 이에 대한 대법원의 입장이 더 구체화되기를 희망하는 마음이다.

3. 대상판결의 다른 쟁점

이상과 같은 대상판결이 스스로 제시한 대상판결의 중요쟁점 이외에도 이 사건 전반을 관통하는 다른 쟁점들이 있다.

대상판결이 있기까지 이 사건을 대상으로 모두 5개의 판결이 있었으므로 이 사건에는 대상판결이 중요쟁점으로 삼지 않은 다른 쟁점들도 존재한다. 그러나 이 판례평석에서는 원칙적으로 대상판결의 쟁점만을 다루고자 한다. 즉, 이미 앞선 관련 판결에서 검토되고 해결된 쟁점이 아니라 대상판결에서 부각되지는 않았으나 이 사건 전반을 관통하는 핵심적 쟁점을 추가적으로 다루고자 한다.

이하에서 서술하는 사항들이 대상판결이 암묵적으로 판단하고 있거나 또는 미처 부각시키지 못한 대상판결의 주요 쟁점이 될 수 있다고 생각한다.

(1) 사회적 공공성과 공익

이 사건 판결에서 대법원은 분명한 의견을 제시하지는 않았으나 원심법원이 전제하고 있는 종교단체와 그 활동의 공공성과 공익성에 대한 판단을 그대로 유지하고 있다. 대상판결의 이익형량에 대한 판단은 이러한 공공성과 공익성에 대한 판단에 근거하고 있고 그

---

8) Cass R. Sunstein, Interpreting Statute in the Regulatory State, 103 *Harvard Law Review*, 4, 1989. 4ff. 참조. 또한, 졸저, 『행정법과 규제정책』, 개정증보판, 삼원사, 2017, 53면 이하, 66-67면 및 68면 이하 참조.

판단은 이 사건 처분의 위법성의 근거가 된 재량의 일탈·남용에 대한 판단, 나아가 사정판결에서의 이익형량에까지 영향을 미쳤다고 생각된다.

원심법원 판결은 문제되는 종교단체와 그 활동의 공익성에 대해 보다 분명한 어조로 판단하고 있는데 원심법원은 종교단체인 피고보조참가인의 공공성을 거의 인정하지 않았다. 원심법원은 피고보조참가인의 도로점용이 '사적 이용'이라는 점을 분명히 하고 있으며 피고보조참가인을 '사인' 또는 '사적 종교단체'라고 지칭하고 있다.

그러나 종교단체가 단순한 사인인지 그리고 그 활동을 공공성이 없는 단순한 사적 활동이라고 할 수 있는지에 대해서는 전반적인 국가법체계 등과 관련하여 신중한 검토가 필요하다고 본다. 특히 종교단체와 그 활동의 공공성과 공익성을 부정하는 것은 공공성과 공익성의 원천을 국가에 국한한다는 의미가 될 수도 있어서 과연 그러한 판시를 어떻게 이해하여야 할 것인가 하는 것이 국가 가치체계 전반에 큰 의미를 가진다고 본다.

(2) 행정계획의 일환으로 행해진 개별처분에서의 재량의 법적 성격

대상판결에서 문제된 도로점용허가처분은 지구단위계획이라는 도시계획의 일환으로 이루어진 것이다. 그런데 대상판결은 도로점용허가처분을 그와 밀접한 관련이 있는 건축허가처분과도 절연시켜, 그 재량행사에 대한 판단에 있어 행정계획에서의 재량이라는 관점에서의 고려를 하지 않았다. 행정계획으로 인하여 이루어진 개별처분에 대한 재량하자의 판단에서 행정계획과의 관계를 절연하고 판단하는 대상판결의 이러한 입장이 과연 행정계획이라는 행위형식에 대하여 별도의 법리를 전개하고 있는 오늘날의 일반적인 행정법학에 비추어 정당화될 수 있을 것인지가 문제이다. 만약 대상판결과 같은 결론을 일반화한다면 과연 행정계획에 광범위한 형성의 자유를 인정하고자 하는 현대 행정법학의 취지는 유지될 수 있을 것인지 진지한 검토가 필요하다.

IV. 평석

1. 서설

앞에서 대상판결의 드러난 쟁점과 숨은 쟁점을 살펴보면서 각 쟁점이 가지는 의미에 대해 간략히 살펴보았다. 이하에서는 이러한 쟁점 가운데에서 특별히 행정법학의 관점에서 큰 의미를 가지는 것을 중심 대상으로 하여 논평에 임하고자 한다.

대상 판결의 평석에서 평석자가 고심한 것은 대상판결과 관련되는 법적 분쟁이 아직

도 다른 형태로 진행되고 있다는 점이다. 이 평석은 진행되고 있는 법적 분쟁에 미치는 영향을 최소화하는 것이 마땅하다고 생각하면서 어디까지나 학문상 그리고 강학상 중요한 의미를 가지는 쟁점만을 검토하는 것을 목표로 삼았다.

이러한 관점에서 여기에서는 대상판결이 제시한 쟁점의 순서가 아니라 평석자가 보기에 학문적 의미에서 국가의 가치체계와 행정법질서에 중요한 의미를 가지는 순서대로 중요 쟁점들을 검토해 보기로 한다.

2. 사회적 공공성의 개념과 공익판단

앞에서 살펴본 바와 같이 대상판결은 종교단체를 사인 또는 사적단체라고 하고, 종교단체의 활동의 공공성 또는 공익성을 인정하지 않는 전제에 서있다. 이것은 오늘날의 우리 종교단체들이 세습이나 사유화 등으로 논란을 빚은 현상과 밀접한 관계가 있다고 본다. 그러나 종교단체들의 세습이나 사유화가 공론에서 비판을 받는다는 사실은 그만큼 종교단체는 공공성이 있고 그러한 공공성을 외면한 일부 종교단체의 행태는 사회적으로 공분의 대상이 되고 있다는 것을 반증하는 것이다. 역설적으로 종교단체의 문제는 오히려 공공성의 회복을 통해 해결되어야 할 것이지 공공성을 부인하여 그 활동을 사적 영역으로 내몰아서 해결할 일이 아니라고 본다.

현대 공법학에서의 공공성이나 공익개념의 논의에서도 종교단체의 공익성은 여전히 인정되어왔다. 현대 공법학에서 공익은 다양한 원천과 타당영역을 가진다.[9] 공익의 전제가 되는 공공성은 국가영역에서만 발생하는 것이 아니다.[10] 공공성이 국가적 영역에만 존재한다는 것은 이미 지양된 낡은 이론이다. 공공성에 대한 다원적 이해는 이미 20세기에 풍미한 사상이다. 독일의 경우를 소개하면, 먼저 Smend의 통합이론은 헌법을 통합의 과정에 관한 법이라 하여 동태적이고 유연하며 스스로 보충되며 변천되는 것이라고 하면서 국가의 고정적 실체성을 부정하며 국가와 사회의 이원론적 구별을 부정하였다[11]. 또한, 독일의 유명한 철학자 Habermas는 '공공성의 구조변동'[12]이라는 유명한 저작을 통해 산업사회에서 국가와 관련된 모든 단체나 조직에까지 정치적 공공에 대한 비판적 기능을 영위

---

9) 최송화, 『공익론-공법적 탐구-』, 서울대학교 출판부, 2002, 258면

10) Peter Häberle, *Öffentliches Interesse als jusirtisches Problem*, Athenäum Verlag· Bad Homburg, 1970, S.25f, S.468f.

11) 이러한 논의와 Smend의 통합이론에 대하여 허영, 『헌법이론과 헌법(상)』, 박영사,1989,14면이하; 허영, 『헌법이론과 헌법(중)』, 박영사, 1988 32면 이하; 허영, 『헌법이론과 헌법(하)』, 박영사, 1988, 29면 이하 참조.

12) Jürgen Habermas, *Strukturwandel der Öffentlichkeit: Untersuchungen zu einer Kategorie der bürgerlichen Gesellschft*, 5 Aufl., Hermann Luchterland Verlag, 1971.

하도록 하고자 하였으며 이에 이들 단체와 조직에 공공성의 핵심적 지표인 공개원칙의
적용을 확대할 것을 주장하였다. Habermas의 이러한 주장은 개념사적으로 공법이론의
공공성 개념에서 공개성이 중요요소로 평가된 것과 관련이 있다.13) 예컨대 Wolfgang
Martens는 공공성과 관련되는 öffentlich의 의미를 불특정다수인에게 접근 가능하거나 인
지되어 질 수 있는 것으로 다루고 있다.14)

그리고 Häberle의 '법적 문제로서의 공익'등의 논의에서도 모두 국가영역이 아닌 사
회영역에서의 '사회적 공공' 역시 공익의 원천이 될 수 있음을 말하고 있다.15)

이러한 사회적 영역에서의 공공성 개념 곧 '사회적 공공성'의 개념은 법학이나 사회
학, 철학이론으로만 주장되어진 것이 아니라 이미 우리 시민사회(시민단체 포함)의 작동원
리가 되고 있고 법령에도 반영되어 있는 것이 현실이다. 그래서 현행 비영리민간단체지원
법은 비영리민간단체가 공익을 추구하는 단체임을 명시하고 있다16)

교회와 같은 종교단체는 비국가적 공공성의 영역에서 대표적인 공익활동의 주체라고
할 수 있다. 종교단체 역시 자발적 토대 위에서 이루어진 비국가적이고 비경제적인 결사로
서 시민사회의 제도적 핵심을 이루는 것 중의 하나인 것이다.17) 이런 까닭에 우리 법은 종
교단체에 대해서도 '전통사찰보존 및 지원에 관한 법률'18)이나 법인세법 등을 통해 공익의
주체임을 전제로 보호하고 있는 것이다. 특히 법인세법 제24조 제4항은 '종교(등)의 공익성
을 고려하여 대통령령으로 정하는 기부금'이라는 표현을 사용함으로써 종교단체가 공익성
을 가진다는 것을 명문으로 밝히고 있다. 종교단체의 공공성과 공익성을 부정한다면 '부처
님 오신 날'과 크리스마스를 공휴일로 지정하는 것도 근거가 박약한 일이 될 것이며 오늘
날 수많은 사회복지 프로그램이 종교단체의 참여 하에 이루어지고 있는 것을 외면하는 일
이 될 것이다.

이상에서 살펴본 바와 같이 현대국가에서의 공공성 개념과 공익개념이 종교단체의 공
공성과 공익성에 주목하고 있음에도 불구하고 대상판결이 이 사건 피고보조참가인이 종교
단체임에도 불구하고 그 공공성과 공익성을 부인한 가운데 이익형량에 임한 것은 현대 국

---

13) 최송화, 앞의 책, 107면 이하.

14) 최송화 앞의 책, 108면 및 그에 인용된 Wolfgang Martens, *Öffentlich als Rechtsbegriff*, Gehlen, 1969, SS. 42−80.

15) 서원우, "사회국가원리와 공법이론의 새로운 경향", 『행정법연구 Ⅰ』, 1986. 8면 이하

16) 제2조 이 법에 있어서 "비영리민간단체"라 함은 영리가 아닌 공익활동을 수행하는 것을 주된 목적으로
   하는 민간단체로서 다음 각 호의 요건을 갖춘 단체를 말한다.

17) 교회의 공론장으로서의 기능을 거론한 것으로 Jürgen Habermas, *Faktizität und Geltung*, Suhrkamp, 1998, S.452.

18) '전통사찰보존에 관한 법률'은 불교 보호가 아니라 문화재 보호를 위한 법률이라는 인식을 가질 수 있으
   나 법률의 구체적 내용은 문화재만을 보호하는 것이라고 볼 수 없고 불교 보호의 취지를 동시에 가지고
   있다고 생각된다.

가에서 철학적, 사회학적으로 그리고 법이론적, 실정법 체계적으로 맞지 않다.

더구나 피고보조참가인은 이 사건 건물 안에 구립 어린이집을 기부채납하였다. 어린이집은 공공성 개념의 핵심인 공개성의 관점에서 볼 때 불특정다수의 어린이의 이용이 가능한 기관으로서 그 자체가 지방자치단체의 활동과 관련된다.

대상판결은 결국 교회라는 공론장을 공론장으로 인정하지 않고 어린이집의 공익성조차도 이익형량에서 깊이 고려하지 않은 것이 아닌가 우려된다.

대상판결의 종교단체에 대한 이러한 태도는 오늘날 우리 사회에서 보여준 종교단체의 사유화 등의 문제점을 배경으로 한 것일지도 모른다. 그렇다 하더라도 대상 판결이 제시하고 있는 문제 해결의 방향은 적절하지 않다고 본다. 종교단체의 공공성과 공익성을 부정하고 종교단체의 공론장으로서의 기능을 박탈하는 것 보다는 종교단체의 공공성을 강조하고 그에 따라 종교단체의 사유화나 부조리를 공공적 관점에서 견제하여 종교단체의 건전한 공론장으로서의 기능을 회복하도록 하는 것이 국가적 관점에서 문제 해결의 바른 방향이 아닌가 한다.

3. 쟁송취소에서의 이익형량과 신뢰보호원칙

대상판결은 "수익적 행정처분에 대한 취소권 등의 행사는 기득권의 침해를 정당화할 만한 중대한 공익상의 필요 또는 제3자의 이익보호의 필요가 있는 때에 한하여 허용될 수 있다는 법리는, 처분청이 수익적 행정처분을 직권으로 취소·철회하는 경우에 적용되는 법리일 뿐 쟁송취소의 경우에는 적용되지 않는다."고 판시하였다. 대상판결의 표현은 직접적으로 '취소권의 제한'이나 '신뢰보호의 원칙'을 언급하지 않고 동일한 사항을 에둘러 표현하고 있지만 실상 이 판시는 쟁송취소에는 신뢰보호를 하지 않으며 따라서 이익형량도 별로 중요하지 않고 '취소권의 제한' 법리가 적용되지 않는다는 말에 다름 아니다.

그러나 대상판결은 이러한 중대한 법리를 제시하면서 그 이유에 대해 아무런 논증도 제시하지 않는다. 다만 대법원 1991.5.14. 선고 90누9780 판결을 인용하고 있을 뿐이다. 그러나 이 인용된 판례에서도 쟁송취소에는 신뢰보호원칙을 적용할 수 없다거나 취소권이 제한되지 않는다는 법리는 전혀 언급되지 않고 있다. 단순히 취소권의 제한의 법리를 판시하고 있을 뿐이다. 오히려 대상판결이 인용된 판례의 적용범위를 직권취소에 국한 시키는 실질적인 판례변경을 하였다는 점이 문제이다.

그런데 취소권 제한의 배경을 이루는 것은 헌법에서 도출되는 넓은 의미에서의 신뢰보호원칙이라고 할 수 있다. 그동안 대법원은 신뢰보호원칙에 대해 이는 "헌법의 기본원리인 법치주의 원리에서 도출되는" 것이라고 지속적으로 판시하여 왔다.[19] 즉, 대법원은 다수 학설의 견해와 같이 신뢰보호원칙을 법치주의의 요청에 따른 법적 안정성의 가치에서 비롯되는 것으로 이해하고 있는 듯하다. 이러한 대법원의 입장에 따르면 신뢰보호원칙은 헌법에서 도출되는 것이다. 따라서 이러한 신뢰보호원칙이 쟁송취소에 적용되지 않는다면 국가법체계에 심각한 혼란이 발생한다. 행정청은 신뢰보호원칙을 따라야 하지만 법원 등의 쟁송기관은 신뢰보호원칙을 따를 필요가 없다는 것은 정당화되기 어려운 주장이다. 더구나 신뢰보호원칙을 헌법에서 기인한 원칙으로 보면서도 쟁송기관에 의한 취소에는 적용하지 않는다는 것은 도저히 납득할 수 없다.

대법원이 명시적으로 제시하지는 않았지만 이러한 판시의 논리적 근거로서 생각해 볼 수 있는 것은 쟁송취소는 보통은 행정행위의 상대방이 원하는 취소이므로 신뢰보호를 거론할 필요가 없는 경우가 대부분이라는 점이다. 그리고 아마 대법원은 제3자가 소송을 제기한 경우에 제3자의 이익도 고려하여야 한다는 점을 생각하였을지도 모른다. 그러나 쟁송취소의 경우에도 제3자가 소송을 제기한 경우 등은 여전히 신뢰보호원칙을 적용하고 취소권을 제한할 여지가 있다. 또한 제3자가 소송을 제기한 경우에 제3자의 이익을 고려할 필요가 있다고 하여 취소권의 제한 법리의 적용을 배제하고 수익처분의 상대방의 이익을 전혀 고려하지 않는 것은 법리적으로 납득하기 어렵다.

제3자의 소송제기에 의한 쟁송취소의 존재를 고려하면 쟁송취소에는 취소권의 제한이나 신뢰보호에 관한 법리의 적용이 없다고 하는 주장은 '성급한 일반화'에 해당한다고 할 수 있다.

이 사건은 행정행위의 상대방이 원하는 취소가 아닌 수익적 행정처분의 취소로서 제3자에 의하여 취소가 청구된 것이다. 따라서 법적 안정성이라는 법치주의의 가치로부터 도출되는 신뢰보호의 원칙과 취소권의 제한의 법리의 적용이 배제될 아무런 이유가 없다.

4. 행정계획의 일환으로 이루어진 개별 처분에 대한 이익형량

이 사건 도로점용허가처분은 전체적으로 지구단위계획이라는 행정계획의 일환으로 이루어진 것인데 대상판결은 도로점용처분은 개별행위라는 이유로 행정청의 폭넓은 재량을 인정하는 계획재량에 해당하는 것이 아니라는 원심의 판단을 유지하였다.

이러한 대법원의 입장은 행정계획과 그에 따른 개별행위의 재량행사에 중요한 의미를 가지는 것이라고 할 수 있다. 행정계획과 개별행위는 분명히 구별될 수 있는 것임에는 틀림없다. 따라서 아무리 행정계획에서 예정된 사항이라 하더라도 개별 처분의 법적 요건을

---

19) 예컨대 대법원 2007.10.12. 선고 2006두14476 판결

갖추지 못하면 그러한 개별 처분은 위법한 것이다. 그러나 이러한 개별처분의 독자성은 재량행사에서도 유지되어야 하는 것일까? 개별처분이 법령위반 사항이 없고 재량적 판단의 대상이 될 때 그 재량행사에서는 행정계획과의 관련성 즉, 행정계획을 실현하는 다른 행정처분과의 관련성 하에 검토되어야 하는 것은 아닐까? 만약 그 개별처분이 행정계획을 실현하는 것이라 하더라도 다른 행정계획의 실행행위와 아무런 관계가 없다면 다른 실행처분들을 고려하지 않은 재량권 행사가 가능하다고 할 것이다. 그러나 개별처분이 행정계획에 나타난 다른 처분과 긴밀한 관련을 가지고 있는 것임에도 재량행사에서 개별처분의 독자성에 기한 판단만을 하여야 한다고 할 수는 없다고 본다.

그러므로 대상판결의 취지가 정당화되려면 도로점용허가처분이 행정계획을 이행하기 위한 다른 처분과 아무런 관계가 없는 독자적인 것일 것이 요구된다.

그러나 이 사건 도로점용허가처분이 건축허가처분과 밀접한 관련이 있다는 것은 명백하다. 한 가지 사실 만으로도 이것의 입증이 가능하다고 본다. 즉, 도로점용의 근거가 되는 도로(참나리길) 기부채납의 부관이 건축허가의 부관으로 되어 있다. 더구나 대상판결은 스스로 이 사건 도로점용허가처분이 이 사건 건축허가처분과 밀접한 관련을 가지고 있다는 점을 인정하기도 한다. 즉, 대상판결은 기속력의 효과로서 판시한 것은 아닌 것 같으나 대상 판결과 관련하여 행정청에게 이 사건 처분과 밀접한 관련이 있고 이미 제소기간이 도과하여 형식적으로 확정된 건축허가처분의 취소와 변경의 의무 까지 있다고 설시하고 있는데 이것은 대상판결의 재판부가 이 사건이 행정계획의 일환으로 이루어졌고 건축허가처분과 떼려야 뗄 수 없는 밀접한 관계가 있다는 것을 인정한 셈이 된다.

그럼에도 불구하고 대상판결이 이 사건 처분에 대한 재량 판단에 있어서 행정계획 전반에 걸치는 계획재량과 관련되는 고려를 하지 않는 것이 옳다는 입장을 취한 것은 문제라고 본다.

향후 이 쟁점에 대한 대상판결의 취지를 일반적으로 행정계획과 그 실현을 위한 처분들에 적용한다면, 행정계획과 관련된 일련의 처분 중 행정계획 전체와 관련이 있는 처분 하나에 대해서는 계획재량의 법리가 적용되지 않아 하나의 처분만을 고려한 재량하자 판단만으로 행정계획 전반을 도외시하는 법적 판단이 이루어질 수 있고 결국은 행정계획 전반을 무위로 돌릴 수 있다는 결과도 야기할 수 있을 것이다.

또한 이 분쟁사건에 국한하여도 대상판결이 요구하는 것은 결국 건축허가는 적법하지만 지하주차장은 허락할 수 없으니 건축도 변경하고 지하주차장 없이 건물을 사용하라는 취지가 된다. 이것은 지구단위계획 전반을 변경하지 않으면 안되는 사항인데도 대상판결은 그 계획의 실행행위인 도로점용허가 처분의 재량하자를 논하면서 계획과 관련되는 재량적 고려를 하지 않는 것이 정당하다는 결론을 제시한 것이다.

5. 판결의 기속력과 재처분의무 및 원상회복의무

대상판결은 "어떤 행정처분을 위법하다고 판단하여 취소하는 판결이 확정되면 행정
청은 취소판결의 기속력에 따라 그 판결에서 확인된 위법사유를 배제한 상태에서 다시 처
분을 하거나 그 밖에 위법한 결과를 제거하는 조치를 할 의무가 있다(행정소송법 제30조)."
라고 판시하였다. 이것은 행정소송법의 규정에 없는 일반적인 재처분의무 그리고 결과제
거의무(원상회복의무)를 판결의 기속력의 내용으로 선언한 것으로 보이지만, 만약 그렇다면
이를 기존의 취소소송의 체계에 비추어 조화롭게 해석할 방법을 찾기가 어렵다.

(1) 판결의 기속력과 소송물의 관계

판결의 효력은 소송물과 떼려야 뗄 수 없는 관계에 있다. 다투어진 내용에 대해서만
판결의 효력이 미친다는 것은 소송과 판결에 있어 그다지 설명할 필요가 없는 당연한 이
치이다. 우리 행정소송법에는 이를 명문의 규정으로 밝히고 있지는 않지만 독일 행정법원
법 제121조는 이 점을 명문으로 분명히 하고 있다.[20] 요컨대, 다투어지지 않은 사항에 대
해서는 법이 특별히 예외적으로 규정하지 않은 한 판결의 기속력을 인정할 수 없다.

우리 행정소송법 제30조 제2항과 제3항의 재처분의무에 대한 규정은 그러한 예외적
인 규정에 속한다. 이 조항들은 형식상 소송물에 해당하지 않는 사항(재처분의무)에 대한
예외적인 기속력을 인정하고 있는 것이다. 그러나 이 조항에 규정된 재처분의무도 소송상
직접 거론되지 않았을 뿐 소송물에 대한 판단의 결과인 취소에 따른 당연한 논리적 귀결
이므로 그 분쟁의 실체가 소송에서 다투어지지 않았다고 할 수는 없다.

그러나 대상판결은 이러한 행정소송법 제30조 제2항과 제3항에 해당하는 사항과는 확
연히 다른 전혀 다투어지지 않은 재처분의무와 결과제거의무를 언급하고 있어서 문제이다.

(2) 취소소송의 판결의 기속력과 재처분의무

대상판결의 판시는 비록 행정소송법 제30조를 인용하고는 있으나 행정소송법 제30조
에는 규정되고 있지 않은 내용의 기속력에 따른 재처분의무를 말하고 있다. 먼저 대상판결
은 "취소판결의 기속력에 따라 그 판결에서 확인된 위법사유를 배제한 상태에서 다시 처
분"을 하여야 한다고 한다. 그러나 이것은 행정소송법 제30조를 넘어서는 판결의 기속력

---

20) Rechtskräftige Urteile binden, soweit über den Streitgegenstand entschieden worden ist, − − − (이후 생략)
    Kopp/Schenke, *Verwaltungsgerichtsordnung Kommentar*, 23 Aufl., 2017, S.1554f. 참조

을 인정한 것이다. 행정소송법 제30조 제2항과 제3항이 재처분의무를 규정하고 있는 것은 사실이다. 그러나 그것은 거부처분이 취소된 경우와 '절차를 위법으로' 처분이 취소된 경우에 국한된다. 그런데 대상판결이 취소하고 있는 도로점용허가처분은 거부처분도 아니고 절차를 위법으로 취소되는 경우도 아니다. 그럼에도 불구하고 대법원이 재처분의무를 인정한 것은 어떤 처분을 염두에 둔 것인지 가늠하기 어렵다. 만약 그것이 건축허가의 취소·변경처분 등의 다른 처분을 할 의무를 말한다고 하면 그것은 판결의 기속력에 관한 행정소송법의 규정을 넘어서는 판시를 한 것이라고 보아야 한다.

건축허가의 취소나 변경처분 등은 이 사건 소송의 소송물에 해당되지 않는다. 그런데 소송물의 범위에도 들지 않아 전혀 다투어지지도 않은 사항과 관련하여 판결의 효력으로서의 재처분의무가 있다고 하는 판시는 취소소송의 기속력의 법리를 전혀 고려하지 않은 것으로서 이해하기 어렵다.

(3) 취소소송의 판결의 기속력과 결과제거의무(원상회복의무)

대상판결은 또한 (기속력에 따라) "그 밖에 위법한 결과를 제거하는 조치를 할 의무가 있다."라는 판시를 하고 있다. 그러나 이 역시 판결의 기속력에 대한 행정소송법 제30조의 규정에는 존재하지 않는 내용이다.

여기서 결과를 제거하는 조치는 이 사건의 경우에는 직접 원상회복을 의미하는 것일 수는 없다. 원상회복의 주체가 피고보조참가인이 되기 때문이다. 그러니 이 조치의무는 피고보조참가인에게 원상회복을 명할 의무를 의미한다고 보아야 할 것이다. 어쨌든 대상판결은 판결의 기속력의 객관적 범위인 '기본적 사실관계의 동일성'의 범위를 훨씬 넘어서는 사항에 대한 판결의 기속력을 인정한 셈이다.

대상판결은 이와 관련하여 다른 대법원 판결을 인용하고 있는데 대상판결이 인용하고 있는 대법원 2015.10.29. 선고 2013두27517 판결은, 다소 오해의 여지는 있지만, 취소소송에서의 판결의 기속력의 내용에 대한 것이 아니다. 그것은 단지 소의 이익에 대한 판단에서 원상회복이 불가능한 경우에는 취소소송의 소의 이익을 부정할 수도 있음을 판시하고 있는 것에 불과하다.[21] 2013두27517 판결이 인용하고 있는 2004두13219 판결[22]도 마찬가지이다.

---

21) 대법원 2015.10.29. 선고 2013두27517 판결. 문제되는 내용은 다음과 같다. "위법한 행정처분의 취소를 구하는 소는 위법한 처분에 의하여 발생한 위법상태를 배제하여 원상으로 회복시키고 그 처분으로 침해되거나 방해받은 권리와 이익을 보호·구제하고자 하는 소송이므로, 비록 그 위법한 처분을 취소하더라도 원상회복이나 권리구제가 불가능한 경우에는 그 취소를 구할 이익이 없다고 할 것이지만(대법원 2006. 7. 28. 선고 2004두13219 판결 등 참조), 그 취소판결로 인한 권리구제의 가능성이 확실한 경우에만 소의 이익이 인정된다고 볼 것은 아니다."

22) 대법원 2006. 7. 28. 선고 2004두13219 판결.

오히려 대법원 2019.6.27. 선고 대법원 2018두49130 판결이 판결의 기속력에 따른 결과제거의무를 먼저 판시한 바 있다[23]. 그러나 대법원 2018두49130 판결의 경우와 대상판결의 경우는 비교대상으로 삼기 어렵다. 대법원 2018두49130 판결의 경우 공표의 취소에 따라 그에 대한 결과제거를 말하고 있는데 대법원이 공표의 처분성을 인정하게 됨에 따라 이러한 혼란은 당연히 예상되는 것이었다. 공표의 취소는 잘못된 공표에 대한 해명광고가 수반되지 않으면 아무런 의미가 없는 것이므로 공표의 처분성을 인정하는 한 이러한 해명광고의무라는 예외적인 기속력을 인정할 수밖에 없고 그렇게 한다고 하여 그다지 큰 혼란을 가져오지는 않는다. 무엇보다도 판결의 취소에 따른 해명광고 등의 조치를 하는데 별다른 행정청의 재량의 여지가 없고 별도의 법적, 사실적 판단을 필요로 하지 않기 때문이다. 물론 바람직하기는 행정소송법 개정시에 이와 같은 예외적인 기속력 인정에 대한 법적 근거를 두도록 하여야 할 것이다.

그러나 대상판결의 사건의 경우에는 행정청의 처분취소에 따른 조치에 재량이나 법적용과 해석에서의 판단여지 그리고 별도의 법적, 사실적 판단을 필요로 할 수 있다. 결과제거명령을 할 것인지 다른 조치를 할 것인지 그리고 결과제거명령을 할 수 있는 법적 요건은 충족시켰는지에 대한 판단이 필요하며 그에는 재량이나 판단여지가 인정될 여지도 있다. 더구나 결과제거명령의무에 대해서는 이 사건 소송상 다투어진 바도 없고 소송물에 포함되지도 않는 것이다. 사정이 이러한데 대상판결이 결과제거에 대한 의무를 기속력의 이름으로 명한다는 것은 소송제도의 자기부인이 될 수 있고 권력분립원칙 위반에 해당할 수도 있다.

이론상 취소소송은 형성의 소이고 그 소송물은 처분의 위법성 일반으로 이해된다. 그러나 원상회복은 본질상 이행을 목적으로 하는 것이므로 취소소송의 기속력에 원상회복의 의무가 있다고 하려면 취소소송을 일종의 이행소송의 성격이 있는 것으로 이해하여야 한다. 또한 만약 판결의 효력으로서 원상회복의무가 있다고 하게 되면 법관은 원상회복의 가능성 등 원상회복청구권에 대해서도 판단하여야 할 의무를 지게 된다.

부연하면 원상회복이나 결과제거를 구하는 이행의 소와 취소소송과 같은 형성의 소는 다툼의 대상, 즉 소송물이 다르다. 원상회복의 경우 원상회복청구권이 소송물(Streitgegenstand: 다툼의 대상)이다. 그러나 취소소송은 처분의 위법성이 소송물이다. 그러니 취소소송에서는 원상회복청구권에 대해 다투어지지 않았는데 대상판결은 다투어지지 않은 사항에 대하여 판결의 효력을 인정한 것이다. 분쟁의 일거해결이라는 관점에서 이를 바람직하다고 주장

---

23) "병무청장이 인터넷 홈페이지 등에 게시하는 사실행위를 함으로써 공개 대상자의 인적사항 등이 이미 공개되었더라도, 재판에서 병무청장의 공개결정이 위법함이 확인되어 취소판결이 선고되는 경우, 병무청장은 취소판결의 기속력에 따라 위법한 결과를 제거하는 조치를 할 의무가 있으므로"(대법원 2019. 6. 27. 선고 2018두49130 판결)

하는 견해도 있으나[24] 그것이 당사자의 이행청구를 전제로 하지 않은 것이라면 받아들이기 어렵다. 우리나라도 마찬가지이지만 독일이나 프랑스의 경우 취소소송이나 월권소송을 하면서 원고가 결과제거 등의 이행청구를 할 수 있고 이런 경우에는 물론 이행판결이 가능하다. 그러나 그런 경우에도 이행판결은 원고가 이행을 청구하고, 행정기관이 어떤 선택의 자유[25]를 가지지 않을 때에만 인정된다고 한다.[26]

대상판결의 위 판시사항을 기속력의 내용으로 인정해 주면 결국 소송물에 해당되어 다투어지지도 않았고 당사자가 신청하지도 않았으며 재량의 여지가 있고 별도의 법적 판단을 하여야 되는 사항에 대하여 판결의 효력으로 일정한 의무이행을 명하는 것을 허용하는 셈이 된다. 이것은 취소소송의 소송물에 관한 법리에 어긋나고 이행판결의 법리에도 어긋나며 권력분립의 원칙이나 행정재량의 법리에도 어긋난다.

6. 행정행위의 확정력과 학문상의 존속력, 불가쟁력 개념

대상판결은 행정처분이 불복기간의 경과로 인하여 확정될 경우 "그 확정력은, 처분으로 인하여 법률상 이익을 침해받은 자가 해당 처분이나 재결의 효력을 더 이상 다툴 수 없다는 의미일 뿐, 더 나아가 판결에 있어서와 같은 기판력이 인정되는 것은 아니어서 처분의 기초가 된 사실관계나 법률적 판단이 확정되고 당사자들이나 법원이 이에 기속되어 모순되는 주장이나 판단을 할 수 없게 되는 것은 아니다." 라고 판시하였다. 이 판시의 인용 부분의 문구는 대법원 1994.11.8. 선고 93누21927 판결 등과 동일한 것이다. 따라서 이 판시가 새로울 것은 없다고 보여지지만 이 판시가 가지는 강학상 그리고 학문적 의미를 되새긴다는 점에서 이 기회를 빌려 촌평을 더하고자 한다.

학계에서는 그동안 독일이론의 영향으로 행정행위의 존속력, 규준력, 기결력(판례이론의 표현으로는 구속력) 등에 대한 논의가 있어왔다. 그러나 20세기의 판례에서부터 오늘에 이르기 까지 대법원은 변함없이 행정행위에서 결정한 사실관계나 법률적 판단이 설사 그 행정행위가 불가쟁력을 가진다 하더라도 당사자나 법원을 구속하는 효력이 없음을 밝히고 있는 것이다. 이것은 소위 행정행위의 규준력, 기결력, 구속력 등의 개념을 인정하지 않고 있는 것이라고 할 수 있다. 그런데 물론 독일의 행정행위의 기결력이나 규준력 개념을 그대

---

24) 박정훈, 『행정소송의 구조와 기능』, 박영사, 2011, 440쪽 이하 참조.

25) 재량이나 판단여지 또는 법률로부터 자유로운 행위(평석자 주), 김유환, 『현대행정법강의』, 법문사, 2020, 9,117-119면 참조.

26) 프랑스의 경우, 박재현, "프랑스의 1995년 2월 8일 법률의 파급효과", 『성균관법학』제18권 제1호, 성균관대학교 비교법연구소, 2006,27면 및 그에 인용된 TA Limoges 7 décembre 1995, Consorts Descat et Calary de Lamazière, RFDA, 1996, p.348 및 Fontaine (M.), "Injonction et astreinte" : Bilan et perspectives de la loi du 8 février 1995,Bordeaux IV, mémoire de DEA, 1997-1998, p.25. 참조

로 받아들인 것이라고 생각되지는 않지만, 하자의 승계에 대한 대법원의 일부 판례는 최근
까지도[27) 행정처분의 '구속력'이라는 표현을 사용하고 있다.

그런데 논리적으로 행정처분의 구속력이라는 개념을 사용한다는 것은 대상판결의 판
시의 취지와는 배치되는 것이 아닌가 한다. 이처럼 대법원의 행정판례에서 행정행위의 효
력에 대하여 모순적인 표현이나 개념이 혼용되고 있는 점에 대하여, 대법원이 앞으로 이를
정리하여 통일적인 판례이론을 제시할 것을 기대해 본다.

V. 결론

1. 대상판결의 재량행사와 이익형량의 하자에 대한
   판단의 구조적 문제점

대상판결이 이 사건 처분을 위법한 것으로 보아 취소하기에 이른 것은 이 사건 처분이
법령에 위배된 사항이 있는 것으로 본 것이 아니라 이 사건 처분에 있어서 재량권의 행사
그리고 그 재량권 행사에서의 이익형량이 비례·형평의 원칙을 위반 한 것으로 판단하였기
때문이다. 요컨대 이 사건 처분은 재량행사와 이익형량에서의 잘못이 있다고 본 것이다.

이 사건의 궁극적인 재량행사와 이익형량에 대한 판단은 평석자의 몫이 아니라고
본다. 그러나 앞에서 살펴본 바와 같이 대상판결은 재량권 행사와 이익형량의 판단에 있
어서 몇 가지 문제 있는 입장을 취하였다.

첫째로, 대상판결은 종교단체의 공공성과 공익성을 전혀 인정하지 않는 전제 위에서
종교단체를 한낱 사인이나 사적 단체로 파악하고 이 사건 처분의 재량행사와 이익형량에
대하여 판단하였다. 그러나 앞에서 논증한대로 이와 같은 전제는 현행법질서에도 맞지 않
고 국가의 전반적인 가치체계와도 부합하지 않는다.

둘째로, 이미 앞에서 자세히 살펴본 바와 같이 대상판결은 쟁송취소에 취소권의 제한
이나 신뢰보호의 법리가 적용되지 않음을 선언하였으나 이것은 뚜렷한 근거없이 헌법에서
도출된 신뢰보호의 원칙의 적용을 제한하는 것이라서 문제이다.

셋째로, 대상판결은 스스로가 인정하듯이 밀접한 관계가 있는 건축허가처분과 도로점
용허가처분 사이의 관련성을 원칙적으로 부정하고 도로점용허가 자체의 사유만으로 재량
행사와 이익형량에 대한 판단에 임하였다. 그러나 도로점용허가가 이루어지지 않으면 지
구단위계획 전반에 대한 재검토가 이루어져야 하며 지구단위계획 자체가 존속될 수 없을

---

27) 대법원 2019.1.31. 선고 2017두40372 판결

지도 모르는 사정 아래에서 도로점용허가만을 독자적인 이익형량의 대상으로 하는 것은 적절하지 않다는 점을 앞에서 검토한 바 있다. 법령위반도 아니고, 또한 건축허가 처분과의 깊은 관련성이 있다는 것을 대법원 판시 자체가 인정하면서도, 이처럼 도로점용허가에 대한 재량행사의 위법성 여부와 이익형량에 대한 판단에서 처분 사이의 관련성과 행정계획의 실행행위로서의 요소를 고려하지 않는 것은 부적절한 것으로 보인다.

이외에도 피고보조참가인의 주장하는 ① 구립어린이집의 공공성과 공익성, ② 기타 이 사건 건물을 활용한 전반적 공익적 활동, ③ 문제되는 토지의 다른 용도로의 사용가능성이 별로 없다는 점 등은 재량하자에 대한 판단과 이익형량 과정에서 좀 더 진지하게 검토되어야 할 것으로 생각된다.

2. 판결의 기속력에 대한 대상판결의 판시의 이해

대상판결의 판결의 효력에 대한 설시는 대상판결을 담당한 대법관들이 이 사건에 대해서 가지고 있는 전향적인 문제의식을 대표적으로 보여주고 있다고 생각한다. 아니 문제의식을 넘어서는 조급함이 엿보이는 것은 아닐까 라는 생각도 하게 된다. 그러나 아무리 대형교회의 사회적 문제점에 대한 문제의식이 크다 하더라도 다투어지지 않은 사항에 대하여까지 판결의 효력이 있는 것으로 비추어질 수 있는 판시를 하는 것은 이해하기 어렵다.

행정소송법 제30조의 범위를 넘어서는 대상판결의 판결의 기속력에 대한 판시는 관여 대법관들의 이 사건에 대한 전향적인 입장을 표시하는 것으로 이해하지만 그에 대하여 특별한 법적 의미가 있는 것으로 생각하지는 않는 것이 좋지 않은가 생각한다.

3. 결어

대상판결은 대형 종교단체의 활동에 관한 것으로서 중요한 의미가 있다. 그래서 아마도 오늘의 한국 사회의 대형 종교단체의 문제점에 대한 인식이 그 배경에 있다고 생각된다.

오늘날 우리 사회에서 대형 종교단체의 모습은 심히 일그러진 것으로 비추어지고 있다. 세습과 사유화 그리고 각종 비리사건과 분쟁 등으로 얼룩진 대형 종교단체에 대한 사회적 인식은 악화될 대로 악화되어 있다. 그런데 이러한 종교단체의 문제는 종교의 공공성에 대한 인식을 새롭게 함으로써 해결되는 것이 바람직하다. 종교 역시 국가와 사회를 위한 공론장의 하나이므로 공공성에 따른 책임이 있고 그 운영이 공개적으로 투명하게 이루어져야 한다. 이런 관점에서 종교단체의 공공성을 부인하는 것은 전반적인 종교단체와 관련된 사회적 문제의 해결에 도움을 주지 못한다고 본다.

그리고 대상판결의 판시사항 하나하나는 우리 사회의 행정법질서와 가치체계에 큰 영향을 줄 요인이 다분하다. 대법원은 이 사건 해결의 구체적 타당성 확보를 위하여 고심한 흔적이 뚜렷하지만 대상 판결이 취하는 태도와 입장 하나하나가 우리 국가와 사회의 가치 체계와 법질서에 심각한 영향을 미친다는 점을 간과해서는 안 된다. 이런 관점에서 대상판 결은 문제의식이 앞선 나머지 논증이나 철학적 기반, 법이론적 구조에 대한 성찰이 다소 결여되지는 않았나 하는 생각을 떨칠 수 없다. 이 판례평석이 대상판결이 가지는 행정법이 론과 강학체계에 대한 영향을 적절히 조절하는데 조그마한 보탬이 되기를 희망하면서 글을 맺는다.

決定 基準을 委任하는 施行令 및 隨意契約 排除事由를 規定한 例規의 憲法訴願 對象性*

裴柄皓**

憲法裁判所 2018.5.31.宣告 2015헌마853決定

I. 사실관계

1. 사실관계

환경설비의 공정개발, 제작 및 판매업을 영위하는 주식회사인 청구인은 2012. 4. 30. A시장 등이 발주한 '주덕총인처리시설 탈수 및 배수장치 구매설치'와 관련하여 수의계약을 체결하였다. 이후 A시장은 2015. 5. 22. 청구인의 대표이사가 위 계약의 체결 등과 관련하여 관계 공무원에게 뇌물을 공여하였다는 이유로, '지방자치단체를 당사자로 하는 계약에 관한 법률(약칭; 지방계약법)' 제31조 및 같은 법 시행령 제92조 제1항 제10호[1] 등에 따라

* 이 논문은 행정판례연구 24-2(2019.12.)에 게재된 논문으로 [최광률 명예회장 헌정논문집]에 전재하는 것이다.
** 성균관대학교 법학전문대학원 교수, 법학박사, 변호사

[1] 지방자치단체를 당사자로 하는 계약에 관한 법률 시행령(2014. 11. 19. 대통령령 제25751호로 개정된 것) 제92조(부정당업자의 입찰 참가자격 제한) ① 지방자치단체의 장은 다음 각 호의 어느 하나에 해당하는 계약상대자, 입찰자 또는 제30조제2항에 따라 지정정보처리장치를 이용한 견적서 제출자(계약상대자, 입찰자 또는 지정정보처리장치를 이용한 견적서 제출자의 대리인, 지배인, 그 밖의 사용인을 포함한다)에 대해서는 법 제31조에 따라 해당 사실(고용계약, 하도급계약 등을 체결한 자의 행위에 기인하는 경우에는 그의 위반행위를 방지하기 위한 의무 이행을 게을리한 것을 탓할 수 없는 정당한 사유가 있는 경우는 제외한다)이 있은 후 지체 없이 법 제32조에 따른 계약심의위원회의 심의를 거쳐 1개월 이상 2년 이하의 범위에서 입찰 참가자격을 제한하여야 한다. 다만, 제2호, 제3호, 제6호 또는 제11호부터 제15호까지의 어느 하나에 해당하는 자의 경우에는 계약심의위원회의 심의를 거치지 아니하고 입찰 참가자격을 제한할 수 있다.
10. 입찰·낙찰 또는 계약의 체결·이행과 관련하여 관계 공무원(법 제7조제1항에 따른 전문기관의 계약담당자, 법 제16조제2항에 따른 주민참여감독자, 법 제32조에 따른 계약심의위원회의 위원, 법 제35조에 따른 지방자치단체 계약분쟁조정위원회의 위원, 지방건설기술심의위원회 및 기술자문위원회의 위원, 제42

청구인에게 3개월의 입찰참가자격 제한처분을 하였다.

이에 청구인은 2015. 8. 20. 지방자치단체가 체결하는 수의계약과 관련하여 견적제출자의 견적가격과 계약이행능력 등 행정자치부장관이 정하는 기준에 따라 계약상대자를 결정하도록 규정한 '지방계약법 시행령' 제30조 제5항2) 및 당시 행정자치부 예규인 '지방자치단체 입찰 및 계약집행 기준' 제5장 <별표 1> 수의계약 배제사유 ③ 중 "부정당업자 제재 처분을 받고 그 종료일로부터 6개월이 지나지 아니한 자" 부분의 위헌확인을 구하는 이 사건 헌법소원심판을 청구하였다. 청구인은 2015년 이 대상사건을 본안으로 하여 헌법재판소에 효력정지가처분신청을 하였으나, 헌법재판소는 대상결정 선고일인 2018.5.31. 이유 없다고 하면서 가처분신청을 기각하였다.3)

2. 심판대상

청구인은 '지방자치단체 입찰 및 계약집행 기준' 제5장 <별표 1> ③ 중 "부정당업자 제재 처분을 받고 그 종료일로부터 6개월이 지나지 아니한 자" 부분 전부에 대하여 이 사건 헌법소원심판을 청구하였으나, 헌법재판소는 심판대상을 구 '지방계약법 시행령'(2014. 11. 19. 대통령령 제25751호로 개정되고, 2017. 7. 26. 대통령령 제28211호로 개정되기 전의 것) 제30조 제5항(이하 '이 사건 시행령조항'이라 한다) 및 구 '지방자치단체 입찰 및 계약 집행기준'(2016. 11. 14. 행정자치부예규 제70호로 개정되고, 2017. 7. 26. 행정안전부예규 제1호로 개정되기 전의 것, 이하 '이 사건 예규'라 한다) 제5장 <별표 1> ③ 중 '지방자치단체를 당사자로 하는 계약에 관한 법률 시행령 제92조 제1항 제10호에 따라 부정당업자 제재 처분을 받고 그 종료일로부터 6개월이 지나지 아니한 자'에 관한 부분(이하 '이 사건 예규조항'이라 한다)이 청구인의 기본권을 침해하는지 여부로 한정하였다. 왜냐하면 지방계약법 시행령 제92조 제1항의 부정당업자 제재처분의 사유가 제1호부터 제21호까지 있기 때문이다.

3. 청구인의 주장 요지

이 사건 시행령조항이 수의계약상대자의 선정 기준을 행정자치부장관이 정하도록 한 것은 기본권 제한에 관한 사항을 행정규칙으로 정하도록 위임한 것이므로, 법률유보원칙

조의2제2항에 따른 입찰금액적정성심사위원회 위원, 제43조제9항에 따른 제안서평가위원회 위원을 포함한다)에게 금품 또는 그 밖의 재산상 이익을 제공한 자

2) 지방계약법 시행령 제30조(수의계약대상자의 선정절차 등) ⑤ 지방자치단체의 장 또는 계약담당자는 견적제출자의 견적가격과 계약이행능력 등 행정자치부장관이 정하는 기준에 따라 수의계약대상자를 결정한다.

3) 헌재 2018.5.31. 2015헌사969 [효력정지가처분신청].

내지 포괄위임금지원칙에 위반된다. 또한 이 사건 예규조항이 '부정당업자 제재 처분을 받고 그 종료일로부터 6개월이 지나지 아니한 자'를 수의계약상대자의 배제사유로 규정한 것은 모법에 근거가 없거나 모법의 위임 범위를 벗어난 것으로 법률유보원칙에 위반되고, 위 조항이 계약의 목적·성질·규모 등과 관계없이 일률적으로 6개월간 수의계약의 체결을 금지하는 것은 과잉금지원칙에 위반하여 청구인의 영업의 자유를 침해한다.

II. 헌법재판소의 결정이유의 요지

헌법재판소는 이 사건 시행령조항은 기본권침해의 직접성이 인정되지 않으므로 각하하고, 이 사건 예규조항은 헌법소원의 대상이 되나 법률유보원칙과 과잉금지원칙에 반하지 않으므로 기각하였다.[4] 그러나 이 사건 시행령조항에 대하여 각하사유를 달리하는 재판관 4인[5]의 별개의견이 있고, 이 사건 예규조항에 대하여 법정의견과 달리 각하되어야 한다는 위 4인의 반대의견이 있고, 법정의견에 대한 재판관 3인[6]의 보충의견과 재판관1인[7]의 별개의 보충의견 및 반대의견에 대한 재판관 1인[8]의 보충의견이 있다.

1. 법정의견의 요지

(1) 이 사건 시행령조항에 대한 법정의견

이 사건 시행령조항은 행정자치부장관에게 하위규범을 제정·시행할 권한을 부여하고 있을 뿐 청구인에 대하여 법적 효과를 발생시키는 내용을 직접 규정하고 있지 아니하므로 기본권 침해의 직접성이 인정되지 아니한다.

(2) 이 사건 예규조항에 대한 법정의견

1) 이 사건 예규조항은 상위법령의 위임에 따라 지방계약법상 수의계약의 계약상대자 선정 기준을 구체화한 것이고, 국가가 일방적으로 정한 기준에 따라 지방자치단체와 수의

---

4) 주문은 "1. 구 '지방자치단체를 당사자로 하는 계약에 관한 법률 시행령'(2014. 11. 19. 대통령령 제25751호로 개정되고, 2017. 7. 26. 대통령령 제28211호로 개정되기 전의 것) 제30조 제5항에 대한 심판청구를 각하한다. 2. 나머지 심판청구를 기각한다."이다.

5) 재판관 김창종, 재판관 강일원, 재판관 서기석, 재판관 유남석.

6) 재판관 김이수, 재판관 조용호, 재판관 이선애.

7) 재판관 안창호.

8) 재판관 강일원.

계약을 체결할 자격을 박탈하는 것은 상대방의 법적 지위에 영향을 미치므로, 이 사건 예규조항은 헌법소원의 대상이 되는 공권력의 행사에 해당한다.

　　2) 지방계약법 제9조 제3항9)의 위임에 따라 이 사건 시행령조항이 행정자치부장관이 정하도록 이 사건 예규조항에 위임하고 있는 '계약이행능력'에는 계약질서의 준수 정도, 성실도 등이 포함된다고 볼 수 있으므로, 이 사건 예규조항이 계약의 체결·이행 등과 관련한 금품 제공 등으로 부정당업자 제재 처분을 받은 자를 일정 기간 수의계약상대자에서 배제한 것이 모법의 위임한계를 일탈하여 법률유보원칙에 위배된다고 볼 수 없다.

　　3) 이 사건 예규조항은 지방계약법상 수의계약 체결의 공정성과 충실한 이행을 확보하기 위한 것으로 입법목적의 정당성이 인정되고, 계약의 체결·이행 등과 관련한 금품 제공 등으로 제재 처분을 받은 자를 일정 기간 계약상대자에서 배제하는 것은 입법목적 달성을 위한 효과적인 수단에 해당한다. 계약의 체결·이행 등과 관련한 금품 제공 등은 계약업무의 공정성 및 신뢰성을 중대하게 침해하는 것이고, 이 사건 예규조항은 새로운 수의계약을 체결할 자격만 일시적으로 제한하며, 지방계약법상 수의계약의 체결·이행과정에서의 공정성과 적정성의 확보는 중대한 공익이므로, 이 사건 예규조항은 침해의 최소성 및 법익의 균형성에도 위반되지 아니한다. 따라서 이 사건 예규조항은 청구인의 직업수행의 자유를 침해하지 아니한다.

2. 별개의견과 반대의견 및 보충의견의 요지

(1) 재판관 4인의 이 사건 시행령조항에 대한 별개의견 및
　　　이 사건 예규조항에 대한 반대의견

이 사건 시행령조항 및 이 사건 예규조항은 지방자치단체가 사인과의 사법상 계약관계를 공정하고 합리적·효율적으로 처리할 수 있도록 관계 공무원이 지켜야 할 계약사무 처리에 관한 필요한 사항을 정한 지방자치단체의 내부규정에 불과하고, 계약의 상대방이나 상대방이 되고자 하는 사인의 권리·의무를 규율하는 것이 아니다. 그러므로 이 사건 시행령조항에 대한 심판청구는 기본권침해 가능성이 없다는 이유로 각하하여야 하고, 대외적 구속력을 가지는 행정규칙에 해당하지 않는 이 사건 예규조항에 대한 심판청구는 헌법소원 대상성이 없어 부적법하므로 각하하여야 한다.

---

9) 제9조(계약의 방법) ③ 제1항 단서에 따른 지명기준 및 지명절차, 수의계약의 대상범위 및 수의계약상대자의 선정절차, 그 밖에 필요한 사항은 대통령령으로 정한다.

(2) 재판관 3인의 이 사건 예규조항에 대한 법정의견에 대한 보충의견

'행정규칙의 헌법소원 대상성 여부'와 '행정규칙의 법규성 여부'는 헌법소원과 행정소송의 고유한 목적·구조·기능에 따라 독자적인 기준에 의하여 판단되어야 한다. 국가작용은 그 형식을 불문하고 헌법상 원리 또는 기본권에 구속되어야 하는 점과 국가나 지방자치단체가 체결하는 입찰·수의계약의 공공성을 고려하면, 이러한 입찰·수의계약에 대한 법적 규율을 일반적인 사경제주체의 내부적 기준과 전적으로 동일한 것으로 볼 수는 없다. 이 사건 예규조항은 지방자치단체가 일방적으로 일정한 자들에게 일정 기간 수의계약을 체결하지 못하는 불이익을 가하는 행정권의 입법 작용으로서 헌법소원의 대상이 되는 공권력의 행사에 해당한다.

(3) 재판관 1인의 이 사건 예규조항에 대한 법정의견에 대한 별개의 보충의견

헌법재판소는 행정규칙은 원칙적으로 대외적 구속력이 인정되지 않는다는 이유로 헌법소원의 대상인 '공권력의 행사'가 아니라고 하여 왔다. 그러나 행정규칙은 비록 법률·대법원규칙·법규명령 등과 그 형성주체, 절차, 형식, 방법 등이 다르기는 하나, 일반적·추상적 성격을 가지는 고권적 작용임을 부인할 수 없다. 또한, 행정규칙이 단순히 내부적인 효력만 가지는 경우라고 하더라도 그 소속 공무원의 기본권을 제한할 수도 있으므로 이에 대한 통제가 필요하고, 나아가 행정규칙이 외관상 대외적 구속력이 인정되지 않는 경우에도 실질적으로는 국민의 기본권을 제한하는 경우도 있다. 이러한 사정 등을 종합하면, 행정규칙은 대외적 구속력이 있는지 여부를 불문하고 행정권의 고권적 작용으로서 헌법소원의 대상이 된다고 하는 것이 타당하다. 이와 같이 행정규칙에 대한 헌법소원 대상성을 확대하더라도, 그에 대한 헌법소원도 헌법재판소법 제68조 제1항이 정한 요건을 충족하여야 하므로, 헌법소원심판의 범위가 지나치게 넓어지는 문제는 발생하지 않는다.

이 사건과 같이 행정규칙을 근거로 한 구체적인 행정작용이 공권력의 행사에 해당하지 아니하거나, 다른 구제절차로써 다툴 수 없는 경우에는 행정규칙을 직접 대상으로 한 헌법소원심판 청구는 직접성 요건을 충족한 것으로 봄이 타당하다.

(4) 재판관 1인의 이 사건 예규조항에 대한 반대의견에 대한 보충의견

지방계약법 제9조 제3항 및 이 사건 시행령조항은 포괄적이고 일반적인 위임 규정에 불과하여 이 사건 예규조항과 같이 실질적으로 제재 처분의 효력을 연장하는 행정규칙의 근거 규정이 될 수 없다. 따라서 이 사건 예규조항을 수의계약 체결과 관련한 지방자치단체 내부의 업무처리지침에 불과하고 공권력의 행사가 아니라고 보아야만 이를 상위 법령

과 모순되지 않게 이해할 수 있고, 법정의견과 같이 이 사건 예규조항이 공권력의 행사라고 본다면, 이는 법률에 근거 없이 국민의 권리·의무를 제한하는 규정으로 법률유보원칙 또는 포괄위임금지원칙에 위반된다고 보는 것이 합리적이다.

III. 판례연구

1. 문제의 제기

이 사건의 주요 쟁점은 헌법소원심판의 가장 기본적인 적법요건 중 하나인 대상성 인정 여부이다. 헌법소원 대상성 문제는 기본적인 것이므로 정리가 되었다고 생각할 수 있으나, 법정의견 외에 다른 의견들이 강하게 나타나 있는 바와 같이 간명하게 해결된 것은 아니다. 소수의견이 다수의견으로 변경될 수 있고 그 결정 이유도 구체적인 사건과 사회의 변화에 따라 변화하므로 그 내용을 검토할 필요가 있다. 헌법재판관들의 다양한 의견은 헌법 질서 내에서 기존의 판례에 대한 새로운 의견을 제시하는 것으로 국민의 기본권보장 또는 권리구제를 위한 부단한 노력의 일환이며, 헌법 개정 연구나 비교법적 연구를 통한 학설의 흐름과도 무관하지 않으므로 그 의미는 작지 않다.

헌법재판소 출범 이후 헌법소원에 관한 헌법재판소의 판례의 흐름에 대한 비판적 고찰[10]과 행정소송법의 항고소송과 헌법소원의 관계 재정립에 대한 연구[11]도 적지 않다. 공법소송이란 틀 안에서 헌법재판소법 제68조 제1항의 헌법소원의 도입과 항고소송의 대상의 확대 및 헌법소원의 대상에의 영향에 관한 연구에서 행정작용에 대한 통제를 위하여 제도개선을 하여야 한다는 주장[12]도 관계 재정립 주장 중의 하나라고 할 것이다. 이에 반하여 명령·규칙에 대한 규범통제기관 이원화의 부작용을 줄이기 위하여 모든 종류의 법규

---

10) 이노홍, "헌법소원의 대상으로서 공권력의 행사와 행정청의 행위-헌재결정을 중심으로-," 세계헌법연구 제17권 제2호, 2011. 503-530면; 이부하, "헌법소원심판에 있어서 기본권침해의 직접성 요건," 법학논고 제41집, 경북대학교, 2013.2. 453-476면; 최진수, "행정규칙에 대한 헌법소원', 공법연구 제41집 제3호, 2013.2. 497-526면; 최희수, "법령헌법소원의 직접성요건에 관한 헌법재판소 판례 경향," 강원법학 제45권, 2015.6. 1-27면; 정호경, "법령소원의 요건에 관한 연구-직접성 요건을 중심으로", 사법 제38호, 2016.12. 583-619면; 정광현, "직접 관련성 요건의 본질과 그 심사척도," 공법학연구, 제19권 제1호, 2018.2.187-225면.

11) 이상덕, "항고소송과 헌법소원의 관계 재정립," 공법연구 제44집 제1호, 2015.10. 227-274면; 김현준, "행정입법의 법규성과 규범통제-행정입법 변종대응의 도그마틱-", 공법연구 제47집 제2호, 2018.12. 1-28면; 정남철, "항고소송과 헌법소원의 대상-공법소송 대상 재구성을 위한 시론을 중심으로-," 법조 제68권 제2호, 2019.4. 7-34면.

12) 최계영, "헌법소원에 의한 행정작용의 통제", 공법연구 제37집 제2호, 2008.12. 230-231면.

범에 대한 위헌통제기관을 헌법재판소로 일원화하는 것이 바람직하다는 주장도 있다.[13)]

이 사건 대상결정에서 법정의견 외에 별개의견 및 반대의견 그리고 보충의견 등 다양한 의견이 제시되는 것은 변화와 발전을 위한 과정이라고 할 수 있으나, 적지 않은 시간이 흘렀음에도 불구하고 헌법소원의 대상성에 대하여 다양한 의견이 존재하는 것은 국민의 권리구제 측면에서 비판적인 입장도 있다. 헌법소원의 대상성에 관하여 예측가능성이 없어 항고소송과 헌법소원을 병행하여 제기하는 사례가 있다는 것은 제도의 취지에 반하는 것이다.[14)] 즉 '건강보험요양급여행위 상대가치점수 고시'사건에서 항고소송과 헌법소원이 동시에 제기되었고, 항고소송의 1심, 2심 법원이 고시의 처분성을 인정하여 본안판단을 하였고[15)] 특히 항고소송의 피고인 보건복지부장관과 헌법소원의 피청구인인 보건복지부장관과 그 대리인이 동일하였음에도 불구하고 헌법소원이 그대로 진행되어, 헌법재판소는 헌법소원 외에는 달리 효과적인 구제방법이 없다면서 본안판단을 하여 청구인들의 심판청구를 기각하였다.[16)] 법원과 헌법재판소의 결론이 같았기에 다행이나 다른 경우였다면 위 고시는 효력을 잃는 사태가 발생하여 양 국가기관의 신뢰를 상실하는 문제가 발생하였을 것이다.[17)]

여기서는 이 사건 시행령조항과 이 사건 예규조항에 관한 법정의견의 타당성을 중심으로 검토하면서 다른 의견 등을 살펴보고자 한다. 이를 위하여 헌법소원의 대상성을 중심으로 헌법재판소법의 관련 규정과 기존의 논의를 먼저 살펴보고 대상결정의 각 의견의 차이를 검토하기로 한다.

2. 헌법재판소법 제68조 제1항에 의한 헌법소원

(1) 헌법재판소법 제68조 제1항

헌법재판소법 제68조 제1항은 "공권력의 행사 또는 불행사로 인하여 헌법상 보장된 기본권을 침해받은 자는 법원의 재판을 제외하고는 헌법재판소에 헌법소원을 청구할 수 있다. 다만, 다른 법률에 구제절차가 있는 경우에는 그 절차를 모두 거친 후에 청구할 수

---

13) 정태호, "명령·규칙에 대한 규범통제기관 이원화의 부작용과 헌법 제107조 제2항의 개정방향," 헌법재판연구 창간호, 2014.11. 75면.

14) 이상덕, 앞의 글, 243면.

15) 서울행정법원 2003.1.15. 선고 2001구25610 [건강보험요양급여행위등처분취소] 원고 (사)대한의사협회 외 393인, 피고 보건복지부장관, 국민건강보험공단; 서울고등법원 2003. 9. 19. 선고 2003누3019 판결; 대법원 2006. 5. 25. 선고 2003두11988 판결.

16) 헌재 2003. 12. 18. 2001헌마543 [보건복지부 고시 제2001-32호 위헌확인] 청구인 (의사) 4인, 피청구인 보건복지부방관.

17) 김국현, "우리나라 공법상 쟁송에서의 위헌·위법통제", 공법연구 제38집 제4호, 2010.6. 72면.

있다"고 규정하고 있을 뿐 공권력의 행사 또는 불행사에 대한 구체적인 규정을 하고 있지 않다. 공권력은 대한민국 국가기관의 공권력을 의미하고 외국이나 국제기관의 공권력작용은 해당되지 않는다.[18]

(2) 헌법소원심판 청구 요건

헌법재판소가 1993년 발간한 헌법소원심판개요는 제1장 헌법재판소와 헌법소원, 제2장 헌법소원의 대상[19], 제3장 헌법소원의 요건,[20] 제4장 헌법소원의 청구, 제5장 헌법소원의 심판, 제6장 제68조 제2항의 헌법소원 등으로 구성되어 있다.[21] 이후 1998년 헌법재판소가 발간한 후 헌법재판소의 판례를 반영한 실무지침서인 헌법재판실무제요(제2개정판)에서는 헌법소원의 대상과 적법요건 및 종국결정으로 나누어 설명하면서, 대상을 국회의 공권력작용, 행정작용, 사법작용, 그 밖의 공권력의 행사 또는 불행사가 아닌 것으로 구분하고, 적법요건을 청구권자, 공권력의 행사 또는 불행사의 존재, 기본권침해, 법적 관련성, 보충성, 청구기간, 권리보호이익, 일사부재리로 구분하고 있다.[22] 헌법재판연구원이 발간한 '주석 헌법재판소법'에서도 헌법재판소법 제68조 제1항의 주석으로 입법연혁과 관련법령에 이어 헌법소원의 대상,[23] 청구인능력, 법적 관련성,[24] 보충성, 권리보호이익 순으로 설명하고 있다.[25]

김철수 교수는 헌법소원심판의 대상, 청구요건, 심리의 원칙 등으로 나누어 설명하고 있는데, 청구요건은 청구인적격과 보충성의 원칙과 예외, 청구기간, 대리인소송의 원칙 등으로 되어 있다.[26] 허영 교수는 헌법소원심판청구절차를 청구인, 제출, 헌법소원심판청구의 대상과 보충성의 요건 및 청구기간의 준수로 대별한 후 헌법소원심판청구의 대상을 공권력의 작용,[27] 기본권침해, 법적 관련성[28]으로 나누어 설명하고 있다.[29] 이동흡 전 헌법재판관은 제1절 총설에 이어 제2절 헌법소원심판의 대상, 제3절 헌법소원심판의 요건,[30]

---

18) 헌재 1997.9.25. 96헌마159[여권압수 등 위헌확인]

19) 입법작용, 행정작용, 사법작용, 기타 공권력의 행사가 아닌 것으로 구성되어 있다.

20) 요건은 공권력의 행사 또는 불행사의 존재, 기본권침해(자기관련성, 현재관련성, 직접관련성), 보충성, 청구기간, 변호사강제주의, 권리보호이익, 일사부재리 등으로 구성되어 있다.

21) 헌법재판소, 헌법소원심판개요, 1993. 1−77면.

22) 헌법재판소, 헌법재판실무제요, 2015. 231−382면.

23) 공권력의 행사 또는 불행사, 입법작용, 행정작용, 사법작용으로 나누어 설명하고 있다.

24) 기본권의 침해, 자기관련성, 현재성, 직접성으로 구성되어 있다.

25) 헌법재판연구원, 주석 헌법재판소법, 2015. 981−1134면.

26) 김철수, 헌법학개론, 박영사, 1999. 1331−1357면

27) 입법작용, 입법기관의 기타 공권력작용, 행정작용, 자치입법작용, 검찰작용, 사법작용으로 구분하고 있다.

28) 자기관련성, 직접성, 현재성, 법적 관련성과 권리보호이익으로 구분하고 있다.

29) 허영, 헌법소송법론, 박영사, 2019. 368−436면.

제4절 헌법소원심판청구의 절차, 제5절 헌법소원심판의 절차로 나누어 기술하고 있다.[31) 정재황 교수는 헌법소원심판의 대상을 먼저 설명하고 청구요건에 대상, 청구인능력, 청구인적격(기본권의 침해요건[32)), 권리보호의 이익, 보충성의 원칙, 청구기간 등으로 나누어 기술하고 있다.[33) 김현철 교수는 대상요건과 기타 적법요건 및 종국결정으로 나누고 있는데, 대상요건은 법령소원, 처분소원, 재판소원으로 구분하여 설명하고, 기타 적법요건은 공권력의 행사 또는 불행사, 기본권 침해, 기본권을 침해받은 자, 보충성, 청구기간, 권리보호이익, 일사부재리 등으로 구성되어 있다.[34)

생각건대 여러 책에서 기술의 차이는 있지만 헌법소원심판의 대상이 청구요건에 따로 포함되어 있지 않다고 하더라도 청구요건의 하나임을 전제로 하고 있다. 헌법소원의 대상이 되지 않으면 본안판단에 들어가지 않고 각하결정을 하게 된다.[35)

(3) 헌법소원의 대상성

대상성의 표지인 공권력의 행사 또는 불행사에 해당하지 않는 행위를 대상으로 한 헌법소원청구는 각하된다. 이는 사법서사법시행규칙에 관한 헌법소원사건[36)에서 "법원행정처장의 소위 민원인에 대한 법령 질의회신이란 한낱 법령해석에 관한 의견진술에 지나지 않고, 그것이 법규나 행정처분과 같은 법적 구속력을 갖는 것이라고는 보여지지 아니하며, 기록에 의하면 문제된 질의회신은 청구인에 대한 것도 아님이 명백하므로 이를 소원의 대상으로 삼아 심판을 구하는 부분 역시 부적법함을 면치 못할 것'이라고 한 이래 확립된 판례다. 대상결정을 참조판례로 하고 있는 '기본권 침해 위헌 확인'사건[37)에서도 헌법재판소는, 재외국민에게 사건·사고 등이 발생하는 경우 관할 재외공관이 재외국민들을 보호하기 위하여 행하는 영사업무에 관한 사항을 규정하는 것을 목적으로 하는 '재외국민보호를 위한 재외공관의 영사업무 처리지침'에서 재외국민의 보호를 위하여 통역인 명단을 제공하도록 규정하고 있는 것은 청구인에 대하여 어떠한 법적 불이익이 발생한다거나 법적 지위에 영향을 미친다고 할 수 없고, 재외국민이 통역으로 소요되는 비용을 자비로 부담하고

30) 청구권자, 공권력의 행사 또는 불행사의 존재, 기본권의 침해, 법적 관련성, 보충성, 청구기간, 변호사강제주의, 권리보호이익, 일사부재리로 되어 있다.
31) 이동흡, 헌법소송법, 박영사, 2018. 319-640면.
32) 침해되는 기본권의 존재와 침해의 실제성, 기본권 침해의 관련성(자기관련성, 직접성, 현재성)으로 되어 있다.
33) 정재황, 헌법재판개론, 박영사, 2001. 538면 이하.
34) 김현철, 판례 헌법소송법, 전남대학교출판부, 2012. 286면 이하.
35) 김철수, 앞의 책, 1333면.; 정재황, 앞의 책, 344면.
36) 헌재 1989. 7. 28. 89헌마1 [사법서사법시행규칙에 관한 헌법소원].
37) 헌재 2018.9.14. 2018헌마921 [기본권 침해 위헌 확인].

있다 하더라도 이는 간접적·사실적·경제적 불이익에 불과하므로, 위 조항은 헌법소원의 대상이 되는 공권력의 행사에 해당하지 아니한다고 하면서 각하하였다. 대상 결정과 같은 날 선고된 '전자발찌 부착 등 위헌확인 등' 사건38)에서도 법정의견은 교도소·구치소의 수용자가 교정시설 외부로 나갈 경우 도주 방지를 위하여 해당 수용자의 발목에 전자장치를 부착하도록 한 '수용자 도주방지를 위한 위치추적전자장치 운영방안(교정본부 2015. 11. 13.자 공문)' Ⅴ. 수용자 위치추적 전자장치 운영계획 중 부착대상 수용자 가운데 2단계 출정수용자 관련 부분은 행정기관 내부의 행위 또는 단순한 시행 방침에 불과하고, 대외적인 효력이 있는 명령이나 지시가 아니므로 헌법소원의 대상인 공권력의 행사에 해당하지 않는다는 것이다. 이에 대하여 행정규칙은 대외적 구속력 유무를 떠나 행정권의 고권적 작용으로 헌법소원의 대상성을 인정하고 그로 인한 적법요건 완화문제는 기본권 침해의 직접성 요건으로 해결하여야 한다는 재판관 1인의 별개의견39)이 있다.

(4) 헌법소원청구요건 판단

1) 헌법소원청구요건 판단 순서

헌법소원심판대상과 적법(심판, 청구)요건으로 구분하고 있는 상황에서 대상과 적법요건의 '공권력의 행사 또는 불행사의 존재'의 관계가 문제된다. 만약에 양자가 다르다면 대상에 해당되는지 먼저 판단해야 하는 것이고, 같은 것이라면 기본권의 침해, 법적 관련성 등보다 우선적으로 판단해야 할 것이다. 청구요건의 불비를 이유로 한 각하사유는 일반적으로 기본권침해가능성 등 실질적인 내용 분석보다 형식적인 판단이 우선되어야 할 것이다.

2) '공권력의 행사'와 '기본권침해의 가능성'의 관계

국가기관간의 내부적 행위나 행정청의 지침, 의견진술, 행정규칙 등은 기본권의 보호법익이나 행사에 대하여 불리한 효과(직접적인 외부효과)를 발생시키지 않기 때문에 '공권력의 행사'에 해당하지 않는다. 이에 대하여 헌법재판소는 헌법소원의 대상인 공권력의 행사는 국민의 권리와 의무에 대하여 직접적인 법률효과를 발생시켜야 하고 청구인의 법적 지위를 그에게 불리하게 변화시키기에 적합해야 한다고 판시함으로써,40) '공권력의 행사 또는 불행사'를 '기본권 침해의 가능성이 있는 공권력의 행사 또는 불행사'로 이해하여 '공권

---

38) 헌재 2018. 5. 31. 2016헌마191·330, 2017헌마171(병합)[전자발찌 부착 등 위헌확인 등]
39) 재판관 안창호의 별개의견은 이사건 대상결정에서의 의견과 같다.
40) 헌재 1997.10.30. 95헌마124 [정기간행물의등록등에관한법률 제2조 제6호 위헌확인] 이 사건 공보처장관의 통보는 지역신문 발행인의 질의에 따라 보낸 단순한 회신으로서 법률적 문제를 안내한 것에 불과하고, 어떠한 법적 권리의무를 부과하거나 일정한 작위나 부작위를 구체적으로 지시하는 내용이라고 볼 수 없으므로, 헌법소원심판청구의 대상이 될 수 없다.

력의 행사 또는 불행사'를 판단하는 단계에서 이미 '기본권 침해의 가능성'을 함께 판단하는 경우가 있다. 이에 대해 '공권력의 행사 또는 불행사' 요건은 헌법소원의 대상성 여부의 문제이고 '기본권 침해의 가능성' 문제는 헌법소원의 대상에 의하여 개인의 기본권이 침해될 가능성이 있는지의 문제이므로 구분되어야 견해가 있다.[41]

생각건대 헌법소원심판의 청구는 기본권침해를 전제로 하므로 대상성을 판단하면서 공권력 행사와 분리하기가 어려운 경우가 많아 함께 검토하는 것이 자연스러울 수 있으나, 가능하면 공권력의 행사라는 대상성을 먼저 판단하는 것이 헌법재판소법 제61조 제1항 해석론에 부합하고 이론적으로도 타당하다고 할 것이다.

3. 이 사건 시행령조항에 대한 법정의견과 별개의견의 검토

(1) 각하사유의 차이

이 사건 시행령조항에 대한 각하는 다툼이 없으나, 법정의견은 각하사유로 기본권침해의 직접성이 인정되지 않는다는 것이고, 4인의 별개의견은 기본권침해의 가능성이 없다는 것이다.

(2) 법령소원 중 행정입법에 대한 헌법소원과 직접성요건

이는 법령소원의 하나로 '직접성' 요건과 문제된다.[42] 법령소원의 직접성에 관한 연구가 많이 있지만, 대상결정과 같은 법규명령의 경우에는 그 관할에 관하여 헌법 제107조 제2항의 해석과 관련하여 논의가 있다. 특히 다른 집행행위의 매개 없이 시행령 자체로 직접 국민의 기본권을 침해하면, 헌법소원에 의하여야 한다는 견해와 항고소송에 의하여야 한다는 견해가 대립되고 있다.[43] 현실적으로 항고소송과 헌법소원의 제기가 가능하다면 자신과 관련된 범위를 '초과하여' 헌법소원심판대상을 설정하는 것은 허용되지 않는다는 청구인적격론에 의하여야 한다는 견해도 있다.[44] 또한 행정입법의 법규성과 규범통제라는 차원에서 법규성 유무의 판단기준과 법규라는 개념의 인정의 실효성 및 행정규칙형식의 법규명령 등의 변종에 대한 대응을 논하기도 하고,[45] 행정규칙의 헌법소원 대상성을 판단하는 직접적인 기준으로 '자기구속의 원칙'이나 '대외적 구속력'이 아니라 '기본권 침해 가능성'을 제시하는 견해도 있다.[46] 이 견해는 행정규칙의 헌법소원 대상성 문제와 행정규칙

---

41) 한수웅, 주석 헌법재판소법, 헌법재판연구원, 983면.
42) 김현철, 앞의 책, 287면.
43) 정호경, 앞의 글, 589면.
44) 정광현, 앞의 글, 209면.
45) 김현준, 앞의 글, 10면.

의 법규성 인정 문제는 헌법소원과 행정소송의 고유한 목적·구조·기능에 따라 독자적으로 판단되어야 하면서 행정규칙의 대상성을 인정하자는 헌법재판관의 의견과 유사하다.

헌법재판소는 헌법소원의 직접성 요건의 예외를 넓게 인정하고 있다.[47] 집행행위가 예정되어 있어도 법령에 따라 일정한 집행행위를 하여야 하는 경우, 법규범의 내용이 이미 국민의 권리관계를 확정한 상태인 경우, 집행행위를 대상으로 한 구제절차가 없거나 권리구제의 기대가능성이 없는 경우, 법령의 집행행위를 기다렸다가 그에 대한 권리구제절차를 밟을 것을 국민에게 요구할 수 없는 경우 등이다. 이는 국민의 기본권보호의 공백을 방지하고 우회적인 방법보다 근원적이고 직접적으로 기본권보장수단을 제공하려는 것이다.

(3) 법령의 하위 규범에의 위임과 각하사유

법령이 헌법소원의 대상이 되려면 구체적인 집행행위 없이 직접 기본권을 침해해야 하고, 여기의 집행행위에는 입법행위도 포함된다.[48] 하위규범에 구체적인 입법규율을 위임하는 법령조항은 직접성이 없고, 법률의 경우에는 하위규범에 명령·규칙뿐 아니라 행정규칙, 조례도 포함되고, 시행령의 경우에는 부령, 행정규칙, 조례도 포함된다. 시행령, 시행규칙 및 행정규칙 등 행정입법은 행정기관이 법률에서 위임받은 사항과 법률을 집행하기 위하여 필요한 사항을 제정하는 행위를 말하고, 법률하위규범의 구체적 규범통제권은 대법원의 관할로 규정하고 있으므로 예외적인 경우에만 헌법소원의 대상이 된다. 직접성이 요구되는 법령에는 형식적인 의미의 법률 뿐 아니라 조약, 명령·규칙, 헌법소원의 대상성이 인정되는 행정규칙, 조례 등이 모두 포함된다.[49]

(4) 각하 사유의 검토

법정의견은 이 사건 시행령조항은 지방자치단체가 지방계약법에 따라 당사자로서 체결하는 수의계약의 계약상대자를 선정하는 기준과 관련하여 행정자치부장관에게 하위규범을 제정·시행할 권한을 부여하고 있을 뿐, 지방계약법상 수의계약의 체결을 통하여 업무를 수행하고자 하는 청구인에 대하여 자유의 제한, 의무의 부과, 권리 또는 법적 지위의 박탈

---

46) 최진수, 앞의 글, 517면.

47) 이부하, 앞의 글, 462-463면.

48) 김하열, 헌법소송법, 박영사, 2018. 474면; 헌재 2008.4.24. 2004헌마440[복권 및 복권기금법 제11조 위헌확인] ; 헌재2011.11.24. 2009헌마415[의료급여법 제7조 제2항 후문 등 위헌확인]"의료수가기준과 그 계산방법 등에 관하여는 보건복지가족부장관이 정한다."고 규정한 구 의료급여법(2008. 2. 29. 법률 제8852호로 개정되고, 2010. 1. 18. 법률 제9932호로 개정되기 전의 것) 제7조 제2항 후문은 보건복지가족부장관의 고시라는 구체적인 하위 규범의 시행을 예정하고 있을 뿐, 위 법률조항이 직접적으로 청구인의 기본권을 침해하고 있다고 볼 수 없어, 위 법률조항에 대한 심판청구는 직접성을 결여하여 부적법하다.

49) 이동흡, 앞의 책, 466면.; 허영, 앞의 책, 405면.; 이준일, 헌법학강의, 홍문사, 2019.1120면.

이라는 법적 효과를 발생시키는 내용을 직접 규정하고 있지 아니하므로 이 사건 시행령조
항에 대한 심판청구는 기본권 침해의 직접성이 인정되지 아니하여 부적법하다는 것이다.

　이에 대하여 4인의 별개의견은 지방계약법에 따라 지방자치단체를 당사자로 하는 이
른바 공공계약은 지방자치단체가 사경제의 주체로서 상대방과 대등한 지위에서 체결하는
사법상의 계약으로서 그 본질적인 내용은 사인 간의 계약과 다를 바가 없으므로, 법령에
특별한 정함이 있는 경우를 제외하고는 상호 대등한 입장에서 당사자의 합의에 따라 계약
을 체결하여야 하고 당사자는 계약의 내용을 신의성실의 원칙에 따라 이행하여야 하는 등
(지방계약법 제6조 제1항) 사적 자치와 계약자유의 원칙을 비롯한 사법의 원리가 원칙적으로
적용된다는 것이다. 즉 이 사건 시행령조항은 지방자치단체가 사인과의 사법상 계약관계
를 공정하고 합리적·효율적으로 처리할 수 있도록 계약담당공무원이 지켜야 할 계약사무
처리에 관한 사항을 정한 지방자치단체의 내부규정에 불과하고, 그 자체로 인해 수의계약
의 상대방이 되고자 하는 청구인의 계약체결에 관한 자유 또는 권리가 박탈·제한되거나 그
법적 지위에 불리한 영향을 미친다고 볼 수는 없으므로 애당초 청구인에 대한 기본권침해
의 가능성이나 위험성이 없다는 것이다.

(5) 소결

　각하사유의 우선적 판단 기준은 형식성과 간명성에 두는 것이 타당하다고 할 것이다.
법령이 그 규정의 구체화를 위하여 하위규범의 시행을 예정하고 있는 경우에는 당해 법령
의 직접성은 원칙적으로 부인된다는 법정의견이 이 사건 시행령조항은 계약담당공무원이
지켜야 할 계약사무 처리에 관한 사항을 정한 지방자치단체의 내부규정에 불과하므로, 애
당초 청구인에 대한 기본권침해의 가능성이나 위험성이 없다는 별개의견보다 더 간명하다.
법정의견은 기존의 헌법재판소의 판례에 따른 것으로 이후로도 유지되고 있다.[50] 즉 법령
이 헌법소원의 대상이 되려면 구체적인 집행행위 없이 직접 기본권을 침해하여야 하고, 여
기의 집행행위에는 입법행위도 포함되므로 법령이 그 규정의 구체화를 위하여 하위규범의
시행을 예정하고 있는 경우에는 당해 법령의 직접성은 원칙적으로 부인된다는 것이다.

---

50) 헌재 2013.6.27. 2011헌마475 [병역법 시행령 제146조 제2항 등 위헌확인] 법률조항 자체가 헌법재판소법
　　제68조 제1항의 헌법소원의 대상이 될 수 있으려면 그 법률조항에 의하여 구체적인 집행행위를 기다리
　　지 아니하고 직접 자기의 기본권을 침해받아야 한다. 집행행위에는 입법행위도 포함되므로 법률규정이
　　그 규정의 구체화를 위하여 하위규범의 시행을 예정하고 있는 경우에는 원칙적으로 당해 법률의 직접성
　　은 부인된다. ; 헌재 2019. 11.12. 2019헌마1242 [기본권 침해 위헌확인] 형사소송법 제59조의3 제6항은
　　판결서등의 열람 등에 관한 사항을 하위규범인 대법원규칙에 위임하고 있으므로, 형사소송법 제59조의3
　　제6항이 직접 청구인의 기본권을 침해한다고 볼 수 없다. 따라서 이 사건 심판청구는 청구인의 기본권침
　　해에 대한 직접성을 갖추지 못하였다. ; 헌재 2019. 9.10. 2019헌마902 [도시 및 주거환경정비법 제36조
　　제4항 등 위헌확인]

4. 이 사건 예규조항에 대한 법정의견과 반대의견 및 여러 의견의 검토

(1) 의견의 차이

기각해야 한다는 법정의견은 이 사건 예규조항이 상대방의 법적 지위에 영향을 미치므로 헌법소원의 대상이 되는 공권력의 행사에 해당하나 법률유보원칙과 과잉금지원칙에 반하지 않으므로 기각이라는 것이고, 3인의 보충의견은 지방자치단체가 일방적으로 일정한 자들에게 일정 기간 수의계약을 체결하지 못하는 불이익을 가하는 행정권의 입법 작용으로서 헌법소원의 대상이 되는 공권력의 행사에 해당한다는 것이고, 1인의 보충의견은 행정규칙은 대외적 구속력이 있는지 여부를 불문하고 행정권의 고권적 작용으로서 헌법소원의 대상이 되고 직접성도 갖추었다는 것이다.

4인의 각하의견은 이 사건 예규조항이 대외적 구속력이 없으므로 대상성이 없어 각하해야 한다는 것이며, 1인의 보충의견은 이 사건 예규조항이 수의계약 체결과 관련한 지방자치단체 내부의 업무처리지침에 불과하므로 각하되어야 한다는 것이다.

(2) 이사건 예규조항의 법적 성질

1) '공권력 행사' 해당 유무

이사건 예규조항은 시행령에서 위임받은 행정자치부 예규로서 뇌물죄로 부정당업자 제재처분을 받은 자는 그 제재처분 종료일로부터 6개월간 수의계약에서 배제된다는 것이다. 예규의 법적 성질은 행정규칙으로 원칙적으로 법규성이 인정되지 않고 대외적 구속력이 없다. 종래 통설과 판례에 의하면 행정입법 아래 법규명령과 행정규칙 또는 행정명령이란 분류를 하고, 법규명령은 헌법에 규정된 대통령령, 총리령, 부령을 말하고 행정규칙 또는 행정명령은 행정기관 내부에서만 효력을 가지는 일반적·추상적 규범을 말한다.[51] 법규명령과 행정규칙의 차이는 법규성과 대외적 구속력의 유무이나, 변하는 행정환경에 따라 입법형식과 규율사항의 불일치가 인정되면서 학설과 판례도 변하고 있다. 이를 해결하기 위하여 법규개념 해체를 통한 재구성론도 주장되고 있다. 그러나 헌법상 근거를 가지고 있는 대통령령, 총리령, 부령과 그러하지 않은 규칙, 훈령, 예규 등이 존재하고 앞으로도 존재할 것으로 예상되므로 양자의 구분은 필요하다고 할 것이다.[52] 양자의 구별을 전제로 한 바탕 위에 문제의 해결을 강구하는 것이 바람직하다고 할 것이다.

그러면 이사건 예규조항에 '공권력 행사'를 인정할 수 있는가가 문제된다. 이 조항으로 인하여 청구인은 부정당업자 제재처분 종료일로부터 6개월간 수의계약의 당사자 자격

---

51) 배병호, 일반행정법강의, 동방문화사, 2019. 154, 160-163면.

52) 김현준, 앞의 글, 13면.

에서 배제되므로 청구인에게는 헌법소원의 대상인 공권력 행사라고 아니할 수 없다. 위 규정으로 인하여 청구인은 다른 집행행위의 개입 없이 그 자체로 수의계약 당사자 자격이 일정기간 상실되므로 공권력의 행사라고 할 것이다.

　2) 항고소송 제기 가능성

　이 경우 이 사건 예규 조항을 대상으로 항고소송을 제기할 수 있는지가 문제된다. 행정소송법 제1조는 행정청의 위법한 처분 그 밖에 공권력의 행사 또는 불행사 등으로 인한 권리구제를 천명하고 있으나, 항고소송은 행정청의 처분등에 대하여 제기하여야 하고(동법 제3조 제1항), 처분등은 행정청이 행하는 구체적 사실에 관한 법집행으로서의 공권력의 행사 또는 그 거부 등을 말하는바(동법 제2조 제1호), 이사건 예규조항은 구체적 사실에 관한 법집행이라고 볼 수 없으므로 항고소송의 대상이 되기는 어렵다.

　이에 대하여 고시의 일반성·추상성과 개별성·구체성을 기준으로 규범과 처분으로 양분하는 엄격한 이분론을 탈피하여 고시의 내용에 따른 중요도에 따라 그 통제방법을 달리하여야 한다는 견해가 있다.[53] 이 사건 예규조항의 경우 규범적 형식의 고시로서 처분 형식의 고시가 아니라고 할 것인바, 현재의 방법으로 구별이 예측가능하다면 구별하는 것이 타당하다고 할 것이다.

　3) 법령보충적 행정규칙의 허용가능성

　법령보충적 행정규칙 또는 행정규칙형식의 법규명령이란 법규의 위임을 받아 그 구체적인 내용을 고시·훈령의 형식으로 규정한 것으로 '법규적 성질을 갖는 행정규칙'으로 부르기도 한다. 이 사건 예규조항과 같이 청구인의 수의계약 참여권을 박탈하는 내용은 대외적 구속력을 갖는 법규로서 기능한다. 이러한 형식의 행정규칙의 인정여부에 관하여 학설은 법규명령설, 행정규칙설, 규범구체화 행정규칙설, 위헌무효설이 있고, 대법원은 헌법 제40조의 국회입법원칙에서 헌법 제75조, 제95조 등의 관계를 예시적인 것으로 보면서 법률이 일정한 사항을 행정규칙에 위임하는 것을 허용하고 있다.[54] 대법원은 행정규칙이 당해 법령의 위임한계를 벗어나지 않는 한 수권법령과 결합하여 대외적 효력을 갖는다고 하면

---

53) 정호경, "고시의 법적 성격과 쟁송 방법", 행정법연구 제55호, 2018.11. 101면.

54) 대법원 2017.5.30. 선고 2014다61340판결[조합총회결의무효확인] 구 도시 및 주거환경정비법(2013. 3. 23. 법률 제11690호로 개정되기 전의 것) 제11조 제1항 본문은 계약 상대방 선정의 절차와 방법에 관하여 조합총회에서 '경쟁입찰'의 방법으로 하도록 규정함으로써, 계약 상대방 선정의 방법을 법률에서 직접 제한하고 제한의 내용을 구체화하고 있다. 다만 경쟁입찰의 실시를 위한 절차 등 세부적 내용만을 국토해양부장관이 정하도록 규정하고 있을 뿐이고, 이것이 계약의 자유를 본질적으로 제한하는 사항으로서 입법자가 반드시 법률로써 규율하여야 하는 사항이라고 보기 어렵다. 또한 '경쟁입찰'은 경쟁의 공정성을 유지하는 가운데 입찰자 중 입찰 시행자에게 가장 유리한 입찰참가인을 낙찰자로 하는 것까지를 포괄하는 개념이므로 위 규정이 낙찰자 선정 기준을 전혀 규정하지 않고 있다고 볼 수 없다. 따라서 위 규정은 법률유보의 원칙에 반하지 않는다.

서 법규성을 인정하고 있다. 헌법재판소도 2004.10.28. 법률이 입법사항을 한정된 범위에서 행정규칙에 위임할 수 있다고 한 이래 일관되게 허용된다는 입장을 취하고 있다[55].

따라서 이 사건 예규조항이 법률유보원칙에 반한다는 반대의견이나 그 보충의견을 찬성하기는 어렵다고 할 것이다.

4) 보충의견에 대한 평가

이 사건 예규조항은 지방자치단체가 일방적으로 일정한 자들에게 일정 기간 수의계약을 체결하지 못하는 불이익을 가하는 행정권의 입법 작용으로서 헌법소원의 대상이 되는 공권력의 행사에 해당한다는 3인의 보충의견은 행정입법성을 부각하는 것으로 인정되나, 행정규칙은 대외적 구속력이 있는지 여부를 불문하고 행정권의 고권적 작용으로서 헌법소원의 대상이 된다는 1인의 별개 보충의견은 종래의 판례와 다수 학설과는 다른 새로운 주장으로 충분한 시간을 두고 평가해야 할 것이다.

(3) 소결

그러므로 이 사건 예규조항은 청구인의 수의계약 참여권을 일정 기간 박탈하여 기본권을 제한하므로 헌법소원의 공권력의 행사에 해당하고, 이러한 법규적 성질을 갖는 행정규칙 형식이 헌법상 허용된다는 것이 대법원과 헌법재판소의 입장을 감안하면 법정의견인 기각의견이 타당하고 각하의견은 받아들이기 어렵다고 할 것이다.

반대의견(각하의견)은 헌법재판소가 이 사건 예규조항과 유사한 법적 성질을 가지는 낙찰자의 계약이행능력의 심사기준인 방위사업청 지침이 국가가 사인과의 사이의 계약관계를 공정하고 합리적·효율적으로 처리할 수 있도록 관계 공무원이 지켜야 할 계약사무처리에 관한 필요한 사항을 규정한 것으로서 국가의 내부규정에 불과하여 '공권력의 행사'에 해당하지 아니한다고 한 입장[56]과 배치된다고 한다. 그러나 이 사건 지침들은 계약담당공

---

55) 헌재 2004.10.28. 99헌바91[금융산업의구조개선에관한법률 제2조 제3호 가목 등 위헌소원]오늘날 의회의 입법독점주의에서 입법중심주의로 전환하여 일정한 범위 내에서 행정입법을 허용하게 된 동기가 사회적 변화에 대응한 입법수요의 급증과 종래의 형식적 권력분립주의로는 현대사회에 대응할 수 없다는 기능적 권력분립론에 있다는 점 등을 감안하여 헌법 제40조와 헌법 제75조, 제95조의 의미를 살펴보면, 국회 입법에 의한 수권이 입법기관이 아닌 행정기관에게 법률 등으로 구체적인 범위를 정하여 위임한 사항에 관하여는 당해 행정기관에게 법정립의 권한을 갖게 되고, 입법자가 규율의 형식도 선택할 수도 있다 할 것이므로, 헌법이 인정하고 있는 위임입법의 형식은 예시적인 것으로 보아야 할 것이고, 그것은 법률이 행정규칙에 위임하더라도 그 행정규칙은 위임된 사항만을 규율할 수 있으므로, 국회입법의 원칙과 상치되지도 않는다. 다만, 형식의 선택에 있어서 규율의 밀도와 규율영역의 특성이 개별적으로 고찰되어야 할 것이고, 그에 따라 입법자에게 상세한 규율이 불가능한 것으로 보이는 영역이라면 행정부에게 필요한 보충을 할 책임이 인정되고 극히 전문적인 식견에 좌우되는 영역에서는 행정기관에 의한 구체화의 우위가 불가피하게 있을 수 있다. 그러한 영역에서 행정규칙에 대한 위임입법이 제한적으로 인정될 수 있다. ; 헌재 2017.9.28. 2016헌바140[축산물 위생관리법 제45조 제4항 제1호 등 위헌소원] 등.

56) 헌재 2013. 11. 28. 2012헌마763 [방위사업청물품적격심사기준부칙제2조등 위헌확인] '국가를 당사자로

무원이 계약의 특성·목적 및 내용 등을 종합 고려하여 심사분야별 배점한도(입찰가격은 제외)를 20% 범위 내에서 가감 조정할 수 있도록 규정하고 있는 것으로(이 사건 지침 1 제3조 제2항, 이 사건 지침 2 제4조 제2항), 심판대상조항들에 의한 감점이 확정적이고 반복적인 것으로서 방위사업청에 대하여 자기구속력을 가지게 되어 대외적인 구속력이 인정되는 경우라 보기도 어려울 뿐만 아니라 이 사건 예규조항과 같이 '지방자치단체를 당사자로 하는 계약에 관한 법률 시행령 제92조 제1항 제10호에 따라 부정당업자 제재 처분을 받고 그 종료일로부터 6개월이 지나지 아니한 자'에 대하여 수의계약을 체결할 자격을 박탈하는 것이 아니므로 사안이 다르다.

5. 결론

청구인의 입장에서는 부정당업자 처분 외에 처분 종료일로부터 6개월간의 수의계약 배제규정이 가혹하다고 느껴질 수 있으나, 법정의견이 이 사건 예규조항이 과잉금지원칙

하는 계약에 관한 법률'은 국가가 계약을 체결하는 경우 원칙적으로 경쟁입찰에 의하도록 하는 한편(제7조 제1항), 국고의 부담이 되는 경쟁입찰에 있어서 충분한 계약이행 능력이 있다고 인정되는 자로서 최저가격으로 입찰한 자, 입찰공고 또는 입찰설명서에 명기된 평가기준에 따라 국가에 가장 유리하게 입찰한 자 등을 낙찰자로 정하도록 하고 있다(제10조 제2항). 한편, 같은 법 시행령은, 계약이행능력심사는 입찰자의 이행실적, 기술능력, 재무상태, 과거 계약이행 성실도, 자재 및 인력조달가격의 적정성, 계약질서의 준수정도, 과거공사의 품질정도 및 입찰가격 등을 종합적으로 고려하여 기획재정부장관이 정하는 심사기준에 따라 세부심사기준을 정하여 적격여부를 심사하도록 하고 있다(제42조 제5항). 또 '중소기업제품 구매촉진 및 판로지원에 관한 법률' 제7조는 중소기업자 간 경쟁입찰에서 중소기업자의 계약이행능력을 심사하여 계약상대자를 결정하도록 하면서, 중소기업청장이 계약이행능력에 대한 세부심사기준을 정하여 고시하도록 하고 있을 뿐 관계 기관의 장 등이 심사기준을 정할 수 있도록 위임하고 있지는 아니하다. 이러한 법령의 규정이나 낙찰자 결정에 적용할 계약이행능력의 심사에 관한 세부적인 사항을 정하고 있는 이 사건 지침들은, 국가가 사인과의 사이의 계약관계를 공정하고 합리적·효율적으로 처리할 수 있도록 관계 공무원이 지켜야 할 계약사무처리에 관한 필요한 사항을 규정한 것으로, 이 사건 지침들은 국가의 내부규정에 불과하고, 법령의 규정에 의하여 행정관청에 법령의 구체적 내용을 보충할 권한을 부여한 경우에 해당하지 아니한다. 또한, 이 사건 지침들은 계약담당공무원이 계약의 특성·목적 및 내용 등을 종합 고려하여 심사분야별 배점한도(입찰가격은 제외)를 20% 범위 내에서 가감 조정할 수 있도록 규정하고 있으므로(이 사건 지침 1 제3조 제2항, 이 사건 지침 2 제4조 제2항), 심판대상조항들에 의한 감점이 확정적이고 반복적인 것으로서 방위사업청에 대하여 자기구속력을 가지게 되어 대외적인 구속력이 인정되는 경우라 보기도 어렵다. 더구나 심판대상조항들은 청구인 회사들의 입찰참가의 기회나 자격 자체를 제한하는 것이 아니다. 심판대상조항들로 인하여 청구인 회사들이 입는 불이익은 계약이행능력 심사를 받음에 있어 다른 감점 요인을 줄이고, 가점요소를 갖추기 위한 경영상 노력을 이 사건 지침들의 개정 이전보다 조금 더 하여야 한다는 것에 불과하다. 즉 심판대상조항들이 청구인 회사들을 비롯하여 입찰에 참가하는 자들에게 미치는 영향은 한시적·간접적·사실적 이해관계에 관한 것일 뿐, 그 자체로 국민에 대해 어떤 권리를 설정하거나 의무를 부과하는 등 법률상 지위를 변동시키거나 영향을 주는 것으로 볼 수는 없다 할 것이다. 결국 심판대상조항들은 행정기관 내부의 업무처리지침 내지 사무처리준칙으로서, 청구인 회사들의 권리·의무에 직접 영향을 미치는 것이 아니므로 헌법소원의 대상이 되는 공권력 행사에 해당하지 아니하여, 그 위헌확인을 구하는 헌법소원 심판청구는 부적법하다

에 반하지 않는다고 설시한 바와 같이 이유 없다고 할 것이다. 대상결정에서 헌법재판소는 종래의 입장을 고수하고 있다. 이 사건 시행령조항에 대한 법정의견의 각하사유는 위임규정으로 직접성이 없다는 것으로 종래의 판례에 따른 것으로 판단의 간명성과 실질에 부합하고, 이사건 예규조항은 법령보충적 행정규칙으로 헌법소원 대상성이 인정되고 모법의 위임한계를 일탈하지 않았으므로 법률유보의 원칙에 반하지 않고, 또한 헌법 제37조 제2항에서 정하고 있는 기본권제한의 한계인 과잉금지원칙에 반하지 않아 청구인의 직업의 자유를 침해하지 않는다는 법정의견이 타당하다고 할 것이다.

　　대상결정에 나타난 다양한 의견은 국민의 권리구제를 위한 노력의 일환으로 평가된다. 행정규칙의 성질과 관련한 항고소송과 헌법소원의 관계 재정립에 대한 논의가 있고 나아가 헌법 제107조 제2항의 개정안까지 제안된 상태이므로 헌법재판관들의 다양한 의견 제시는 법학 발전과 새로운 입법의 단초가 될 수 있다.

　　행정규칙의 기능과 항고소송과 헌법소원의 관계 정립에 관한 논의가 계속 되고 있지만, 대상결정에 대한 판례연구자 입장에서는 기존의 틀을 유지하면서 헌법소원제도와 항고소송의 취지를 살려나가는 것이 타당하다고 할 것이다. 헌법재판관들의 대상결정에 대한 다양한 의견 제시와 치밀한 이론 구성은 국민의 권리구제에 이바지하고 나아가 법학의 발전에 이바지할 것이다.

법원의 명령·규칙 심사의 한계

배보윤*

[대상 판결] 대법원 2020. 9. 3. 선고 2016두32992 판결(전원합의체)

1. 사건의 개요

가. 원고는 1989. 5. 28. 전국의 국·공립학교와 사립학교의 교원을 조합원으로 하는 전국교직원노동조합을 설립하였는데, 설립당시 규약 제6조 제2항[1])에는 해직 교원도 조합원으로 포함하고 있었다. 교원 노동조합의 설립을 허용하는 교원의 노동조합 설립 및 운영등에 관한 법률(이하 '교원노조법'이라 함)이 1999. 1. 29. 제정되고 같은 해 7. 1. 부터 시행되자,[2]) 원고는 같은 해 6. 27. 전국대의원대회를 개최하여 규약 제6조 제2항을 삭제하기로

---

* 변호사, 전 헌법재판소 헌법연구관
1) 규약 제6조 ① 본 조합원은 전국의 유치원, 초등학교, 중고등학교, 대학교, 문교부 및 기타 교육기관에 종사하는 교직원으로 하되, 사용자를 위하여 일하는 자를 제외한다.
　② 교육부나 시도교육청, 재단의 부정한 처사에 의하여 해직(파면, 해임, 직권면직 등), 임용제외된 교직원도 조합원이 될 수 있다.
2) 구 교원의 노동조합 설립 및 운영 등에 관한 법률(2020. 6. 9. 법률 제17430호로 개정되기 전의 것)
　제2조(정의) 이 법에서 "교원"이란 「초·중등교육법」 제19조제1항에서 규정하고 있는 교원을 말한다. 다만, 해고된 사람으로서 「노동조합 및 노동관계조정법」 제82조제1항에 따라 노동위원회에 부당노동행위의 구제신청을 한 사람은 「노동위원회법」 제2조에 따른 중앙노동위원회(이하 "중앙노동위원회"라 한다)의 재심판정이 있을 때까지 교원으로 본다.
　구 노동조합 및 노동관계조정법(2014. 5. 20. 법률 제12630호로 개정되기 전의 것)
　제2조(정의) 이 법에서 사용하는 용어의 정의는 다음과 같다.
　4. "노동조합"이라 함은 근로자가 주체가 되어 자주적으로 단결하여 근로조건의 유지·개선 기타 근로자의 경제적·사회적 지위의 향상을 도모함을 목적으로 조직하는 단체 또는 그 연합단체를 말한다. 다만, 다음 각목의 1에 해당하는 경우에는 노동조합으로 보지 아니한다.
　가. 사용자 또는 항상 그의 이익을 대표하여 행동하는 자의 참가를 허용하는 경우
　나. 경비의 주된 부분을 사용자로부터 원조받는 경우
　다. 공제·수양 기타 복리사업만을 목적으로 하는 경우
　라. 근로자가 아닌 자의 가입을 허용하는 경우. 다만, 해고된 자가 노동위원회에 부당노동행위의 구제신청을 한 경우에는 중앙노동위원회의 재심판정이 있을 때까지는 근로자가 아닌 자로 해석하여서는 아니 된다.

245

의결하였다. 원고는 1999. 7. 1. 교원노조법에 따른 교원 노동조합의 설립 신고를 하면서 규약 제6조 제2항이 삭제된 개정 규약을 제출하였고, 피고 (고용)노동부장관은 같은 달 2. 원고의 설립신고를 수리하고 신고증을 교부하였다.

　　나. 피고는 2010. 2. 12. 부당 해고된 교원 등에 조합원 자격을 부여하는 원고의 규약 부칙 제5조 제1항, 제2항3)을 확인하고 서울지방노동위원회에 원고의 노동관계법령 위반사항에 대한 시정명령의 의결을 요청하였고, 서울지방노동위원회는 같은 해 3. 10. 원고의 규약 제9조, 부칙 제5조가 교원노조법 제2조에 위반된다고 의결하였다(서울2010의결6호). 이에 피고는 같은 해 3. 31. 원고에게 규약 제55조 제4항, 부칙 제5조에 대한 시정명령을 하였다(제1차 시정명령, 시정기한 2010. 5. 3.). 그러자 원고는 같은 해 6. 29. <u>서울행정법원에 2010구합27110으로 시정명령 취소의 소를 제기하였고</u>, 같은 해 11. 5. 원고의 청구 중 규약 제55조 제4항 부분은 취소되었으나 부칙 제5조 부분은 기각되었다. 이에 원고는 <u>서울고등법원에 2010누43725로 항소하였으나 2011. 9. 9. 기각되었고</u>, 이에 대하여 <u>2011두24231로 대법원에 상고하였으나 2012. 1. 12. 기각되어 그 판결은 확정되었다.</u>

　　다. 그러던 중, 원고는 2010. 8. 14. 규약 부칙 제5조 제1항을 삭제하고 제2항을 개정하였다.4) 이에 피고는 2012. 8. 3. 서울지방노동위원회에 원고의 규약 부칙 제5조에 대한 시정명령의 의결을 요청하였고, 서울지방노동위원회는 같은 해 9. 3. 위 규약 부칙 제5조가 교원노조법 제2조에 위반된다고 의결하였다. 피고는 같은 해 9. 17. 원고에게 위 규약 부칙 제5조에 대한 시정명령을 하였다(제2차 시정명령, 시정기한 2012. 10. 18.). 원고가 이에 응하지 않자, 피고는 2013. 9. 23. 교원노조법 제14조 제1항5), 노동조합 및 노동관계 조정법 제12조 제3항 제1호6), 제2조 제4호 라목7) 및 교원노조법시행령 제9조 제1항,8) 노동조

　　마. 주로 정치운동을 목적으로 하는 경우
3)　전국교직원노동조합 규약 부칙 제5조 ① 규약 제6조 제1항의 규정에 불구하고 부당해고된 교원은 조합원이 될 수 있다.
　　② 종전 규약에 의거 조합원 자격을 갖고 있던 해직교원 중 복직되지 않은 조합원 및 이 규약 시행일 이후 부당해고된 조합원은 규약 제6조 제1항의 규정에 불구하고 조합원의 자격을 유지한다.
4)　규약 부칙 제5조 부당하게 해고된 조합원은 규약 제6조 제1항의 규정에 불구하고 조합원 자격을 유지한다.
5)　교원노조법 제14조(다른 법률과의 관계) ① 교원에 적용할 노동조합 및 노동관계조정법에 관하여 이 법에 정하지 아니한 사항에 대하여는 제2항에서 정하는 경우를 제외하고는 「노동조합 및 노동관계조정법」에서 정하는 바에 따른다. (이하 생략)
6)　구 노동조합 및 노동관계조정법(2014. 5. 20. 법률 제12630호로 개정되기 전의 것)
　　제12조(신고증의 교부) ③ 행정관청은 설립하고자 하는 노동조합이 다음 각호의 1에 해당하는 경우에는 설립신고서를 반려하여야 한다.
　　1. 제2조제4호 각목의 1에 해당하는 경우

합 및 노동관계조정법 시행령 제9조 제2항[9])에 의하여 시정요구하고, 같은 해 10. 23. 까지 시정하지 않으면 법외노조 통보할 것임을 명시하여 원고에 대하여 법외노조 예정통보를 하였다. 그러자 원고는 같은 해 10. 2. 교원노조법 제2조, 노동조합법시행령 제9조 제2항 및 피고의 2013. 9. 23. 자 시정요구의 위헌확인을 구하는 헌법소원심판을 청구하였다 (2013헌마671). 결국 피고는 같은 해 10. 24. 원고에 대하여 법외노조 통보를 하였고, 그에 따라 교육부장관은 같은 달 25. 시·도교육청에 "전교조 '노조아님 통보'에 따른 휴직사유 소멸 통보 및 후속조치 이행 협조 요청"을[10]) 하였다.

　　라. 이에 원고는 서울행정법원에 원고의 법외노조 통보 취소의 소를 제기하여 2014. 6. 19. 기각되자, 서울고등법원에 항소를 제기하는 한편 교원노조법 제2조에 대한 위헌제 청신청을 하였고, 같은 법원이 같은 해 9. 19. 원고의 제청신청을 받아들여 <u>헌법재판소에 위헌법률심판을 제청하였다</u>(2014헌가21, 원고가 청구한 위 2013헌마671 사건과 병합됨). <u>헌법재 판소는</u> 2015. 5. 28. 원고의 청구 중 교원노조법시행령 제9조 제1항 중 노동조합법 시행령 제9조 제2항에 관한 부분과 피고의 2013. 9. 23.자 원고에 대한 시정요구에 대한 청구를 각하하고, <u>교원노조법 제2조가 헌법에 위반되지 아니한다고 결정하였다</u>[2015. 5. 28. 2013 헌마671, 2014헌가21(병합)].

---

7) 주3) 참조.

8) 교원의 노동조합 설립 및 운영 등에 관한 법률 시행령 제9조(다른 시행령과의 관계) ① 교원에게 적용할 노동조합 및 노동관계조정법에 관하여 이 영에서 정하지 아니한 사항에 관하여는 제2항에서 정하는 경우를 제외하고는 「노동조합 및 노동관계조정법 시행령」에서 정하는 바에 따른다.(이하 생략)

9) 노동조합 및 노동관계조정법 시행령 제9조(설립신고서의 보완요구 등) ① 고용노동부장관, 특별시장·광역시장·도지사·특별자치도지사, 시장·군수 또는 자치구의 구청장(이하 '행정관청'이라 한다)은 법 제12조제2항에 따라 노동조합의 설립신고가 다음 각 호의 어느 하나에 해당하는 경우에는 보완을 요구하여야 한다.
1. 설립신고서에 규약이 첨부되어 있지 아니하거나 설립신고서 또는 규약의 기재사항 중 누락 또는 허위사실이 있는 경우
2. 임원의 선거 또는 규약의 제정절차가 법 제16조제2항부터 제4항까지 또는 법 제23조제1항에 위반되는 경우
② 노동조합이 설립신고증을 교부받은 후 제12조제3항제1호에 해당하는 설립신고서의 반려사유가 발생한 경우에는 행정관청은 30일의 기간을 정하여 시정을 요구하고 그 기간 내에 이를 이행하지 아니하는 경우에는 당해 노동조합에 대하여 이 법에 의한 노동조합으로 보지 아니함을 통보하여야 한다.
③ 행정관청은 노동조합에 설립신고증을 교부하거나 제2항의 규정에 의한 통보를 한 때에는 지체없이 그 사실을 관할 노동위원회와 당해 사업 또는 사업장의 사용자나 사용자단체에 통보하여야 한다.

10) □노조 전임자에 대한 휴직허가취소 및 복직 발령 □전교조에 지원한 사무실 퇴거 및 사무실 지원금 반환요청 □기존에 체결된 단체협약의 2013. 10. 24. 이후 효력 상실 및 현재 진행 중인 단체교섭의 중지 □조합비 급여 원천징수 금지 □각종 위원회 위원 중 단체협약에 의하여 전교조 조합원이 위원으로 참여한 경우 단체협약의 효력상실로 인한 위원 자격 상실 등 후속조치 이행촉구 □2013. 12. 2. 교육부장관에 이행결과보고

서울고등법원은 위 헌재결정 후인 2016. 1. 21. 노동조합 및 노동관계조정법 시행령 제9조 제2항[11](이하 '노동조합법시행령 조항'이하 한다)에 대하여 합헌으로 판단하는 등 원고의 주장을 배척하고 원고의 항소를 기각하였고(2014누54228), 대법원은 2020. 9. 3. 원심판결을 파기환송하였다(2016두32992).

2. 판결의 요지

법외노조 통보는 적법하게 설립된 노동조합의 법적 지위를 박탈하는 중대한 침익적 처분으로서 원칙적으로 국민의 대표자인 입법자가 스스로 형식적 법률로써 규정하여야 할 사항이고, 행정입법으로 이를 규정하기 위하여는 반드시 법률의 명시적이고 구체적인 위임이 있어야 한다. 그런데 노동조합법시행령 조항은 법률의 위임 없이 법률이 정하지 아니한 법외노조 통보에 관하여 규정함으로써 헌법상 노동3권을 본질적으로 제한하고 있으므로 그 자체로 무효이다.

따라서 노동조합법시행령 조항에 기초한 피고의 이 사건 법외노조 통보는 그 법적 근거를 상실하여 위법하다고 보아야 한다. 결국 이러한 원심판단에는 헌법상 법률유보원칙에 관한 법리를 오해하여 판결에 영향을 미친 잘못이 있다. 이 점을 지적하는 상고이유 주장은 이유 있다.

대상판결은 노동조합법시행령 조항이 헌법상 법률유보원칙에 위반되어 무효라고 판시하였는데, 그 구체적인 논거로 다음 3가지를 들고 있다.

첫째, 법외노조 통보는 적법하게 설립되어 활동 중인 노동조합에 대하여 더 이상 노동조합법상 노동조합이 아님을 확정하는 형성적 행정처분이다. 즉, 노동조합법 제2조 4호 단서의 '노동조합으로 보지 아니한다'는 규정은 그 자체로 법률효과를 가지는 것이 아니라 노동조합법에 의한 노동조합인지에 관한 판단기준을 밝히고 있을 뿐이므로, 법상 노동조합에 결격사유가 발생한 경우 곧바로 법외노조가 되는 것이 아니라, 행정관청이 이를 이유로 하여 더 이상 노동조합법상 노동조합이 아님을 고권적으로 확정하는 행정처분, 즉 법외노조 통보가 있을 때 비로소 법외노조가 된다.

둘째, 법외노조 통보는 이미 적법하게 설립된 노동조합에 결격사유가 발생하였다는 이유로 그 노동조합으로부터 노동조합법이 정한 권리와 혜택을 향유할 수 있는 법적 지위를 박탈하는 것이다. 법외노조통보를 받은 노동조합은 더 이상 노동조합이라는 명칭을 사용할 수 없고, 사용자가 단체교섭을 거부하는 등 부당노동행위를 하더라도 적절히 대응할

---

11) 각주 10) 참조

수 없게 되는 등 노동조합으로써 활동에 지장을 받게 된다. 결국 법외노조 통보는 형식적으로는 노동조합법에 의한 특별한 보호만을 제거하는 것처럼 보이지만 실질적으로는 헌법(제33조 제1항)이 보장하는 노동3권을 본질적으로 제약하는 결과를 초래한다. 그리고 헌법 제33조 제2항에 따라 교원의 노동3권은 법률에 특별한 규정이 있는 경우에 비로소 실질적으로 보장될 수 있고, 그 법률이 교원노조법이다. 따라서 교원 노동조합에 대하여 '교원노조법에 의한 노동조합으로 보지 아니함'을 통보하는 것은 단순히 '법상 노동조합'의 지위를 박탈하는 것이 아니라 사실상 '노동조합'으로서의 존재 자체를 부정하는 것이 될 수 있다.

셋째, 노동조합법상 노동조합으로 인정되는지 여부는 헌법상 노동3권의 실질적인 행사를 위한 필수적 전제가 되고, 이미 적법한 절차를 거쳐 설립된 노동조합에 대한 법외노조 통보는 아직 법상 노동조합이 아닌 단체에 대한 설립신고서 반려에 비하여 그 침익성이 더욱 크다. 이처럼 강력한 기본권 관련성을 가지는 법외노조 통보에 관하여는 법률에 분명한 근거가 있어야 한다고 보는 것이 헌법상 법률유보원칙에 부합한다. 그런데 그 제정 당시부터 현재까지 설립신고서 반려에 관하여는 이를 직접 규정하면서도 그보다 더 침익적인 법외노조 통보에 관하여는 아무런 규정을 두지 않고, 이를 시행령에서 규정하도록 위임하고 있지도 않다. 아울러 법외노조 통보제도는 본래 법률에 규정되어 있던 것으로서 국민의 대표자인 입법자의 결단에 따라 폐지된 노동조합 해산명령 제도를 행정부가 법률상 근거 내지 위임 없이 행정입법으로 부활시킨 것으로, 노동조합법시행령 조항의 위헌성 판단에 있어 그 제도의 연혁이 마땅히 고려되어야 한다.

3. 쟁점의 정리

가. 대상판결은 그 자체에서 대법관 2인의 각 별개의견, 대법관 2인의 반대의견과 대법관 5인의 보충의견을 담고 있어, 재판과정에서 다양한 쟁점에 대하여 치열한 논의의 결과라는 것을 짐작케 한다. 대상판결에 대한 학계의 견해로는 김중권교수의 평석[12]과 장용수교수의 논설[13]이 발견되는데, 전자는 법외노조 통보의 행정처분성과 법적 성질을 논급하고 위헌법률심판제청이 정도(正道)라는 견해이고, 후자는 법외노조 통보가 확인적 처분이고 해산명명제도와 다른 성질의 것이라고 지적하며 대상판결이 노동조합법 제2조 제4호 라목을 무력화시켰다는 비판을 제기한 것이다. 대상판결에서 노동조합법시행령 조항이 무효라고 판단함으로써 노동조합법 제2조 제4호 라목에 대한 법 준수를 관계 당사자에게 맡겨놓은 상태여서, 앞으로 학계에서 다양한 관점에서 논의가 있을 것으로 보인다. 이 글에

---

12) 김중권, 전교조 법외노조 통보의 법적 성질과 문제, 2020. 9. 21. 자 법률신문
13) 장용수, 대법 전교조 판결의 3대 법리적 결함, 2020. 9. 7.자 문화일보 포럼

서는 다음 3가지 관점에서 대상판결을 살펴보고자 한다.

나. 먼저, 제도적 측면의 해석론으로 법원의 명령규칙심사권과 헌법재판소의 규범통제권한 관계 문제이다. 즉, 이 글의 주요주제인 법원의 명령규칙 심사의 한계이다. 대상판결의 사건 진행과정에서 원고(전교조)는 피고(고용노동부장관)가 2013. 9. 23. 법외노조 예정통보를 하자 곧바로 헌법재판소에 그 예정통보 내 시정요구와 교원노조법 제2조 및 노동조합법시행령 조항의 위헌확인을 구하는 헌법소원을 제기하였고(2013헌마671), 대상판결의 원심인 서울고등법원 계속 중 교원노조법 제2조에 대하여 위헌제청신청을 하였는바, 서울고등법원은 이를 받아들여 헌법재판소에 위헌법률심판제청을 하였으며(2014헌가21), 헌법재판소는 노동조합법시행령 조항에 대한 청구부분은 각하하고, 교원노조법 제2조에 대하여는 합헌결정을 하였다. 헌법재판소의 위 결정 후 당해사건 법원인 서울고등법원은 위 법률조항과 시행령조항의 위헌주장을 배척하고 항소기각 판결을 선고하였는데, 원고의 상고로 대상판결에 이르게 되었다.

다. 다음, 교원의 노동3권(교원 노동조합)의 헌법상 근거 문제이다. 대상판결은 그 주된 근거를 헌법 제33조 제1항, 보조적으로 헌법 제33조 제2항으로 보고 있는 것 같고, 헌법 제31조 제6항의 교원의 지위에 대하여는 전혀 언급하지 않고 있다. 교원노조법이 제정되어 교원의 노동조합이 허용되기 전 헌법재판소 창립 초기에 교원의 노동운동금지에 관한 사립학교법의 위헌여부에 대하여 헌법재판에서 결정한 바 있는데, 교원의 노조허용 문제는 헌법 제31조 제6항이 헌법 제33조 제1항에 우선한다고 판시를 한 바 있고,[14] 교원노조법 제정 이후 헌재결정에서도 그 근간은 유지되고 있다. 그런데 대상판결은 노동조합법시행령 조항의 법률유보원칙 위반의 전제로 법외노조 통보가 헌법 제33조 제1항에서 보장되고 있는 교원의 노동3권의 본질적 내용을 실질적으로 제한하는 강력한 기본권 관련성이 있다는 것을 주요 논거로 삼고 있다. 이는 헌법이 보장하는 교원의 지위와 더불어 교원 노조의 법적 성격을 규명하고 그 해석론을 전개하는데 있어 주요한 쟁점이 된다고 할 것이다.

라. 끝으로, 합헌적 법률해석의 범위와 한계 문제이다. 합헌적 법률해석은 법률의 합헌성 추정과 대의민주제, 권력분립의 원칙에 따른 헌법과 법률의 해석원칙이다. 헌법에 따라 헌법과 법률 해석권한을 부여받은 헌법재판소는 물론 법원 모두 규범을 해석함에 있어 이를 할 수 있다. 대상판결에서 대법관 김재형의 별개의견은 노동조합법 제2조 4호 단서에 '교원 노동조합의 조합원으로 있다가 해직된 자'가 있는 경우에는 법외노조로 보아서는 아

---

14) 헌재 1991. 7. 22. 89헌가106, 판례집 3, 387, 416-420

니된다는 견해를 제시하여 명시적으로 합헌적 법률해석의 일환이라고 하고 있고, 법정의
견은 비록 명시적으로 합헌적 법률해석을 표명하지는 않았지만, 위 정의규정은 그 자체로
바로 효과가 발생하는 것이 아니라 법외노조에 대한 판단기준일 뿐이라고 해석하고 있어,
실질적으로 위 규정에 대한 합헌적 법률해석을 하고 있으므로, 그 범위와 한계문제를 특별
히 살펴 볼 필요가 있다.

4. 판결에 대한 평석

가. 법원의 명령규칙에 대한 심사와 헌법재판소의 규범통제

(1) 양자의 관계와 규범통제의 실재

법률이 헌법에 위반되는 여부가 재판의 전제가 된 경우에는 법원은 헌법재판소에 제
청하여 그 심판에 의하여 재판하고(헌법 제107조 제1항), 명령·규칙이 헌법이나 법률에 위
반되는 여부가 재판의 전제가 된 경우에는 대법원은 이를 최종적으로 심사할 권한을 가진
다(헌법 제107조 제2항).

헌법재판소는 법원의 제청에 의한 법률의 위헌여부 심판(헌법 제111조 제1항 1호)과 법
률이 정하는 헌법소원에 관한 심판(헌법 제111조 제1항 제5호) 등을 관장한다. 공권력의 행사
또는 불행사로 인하여 헌법상 보장된 기본권을 침해받은 자는 법원의 재판을 제외하고는
헌법재판소에 심판을 청구할 수 있다. 다만, 다른 법률에 구제절차가 있는 경우에는 그 절
차를 모두 거친 후에 청구할 수 있다. <1997. 12. 24. 헌법재판소의 한정위헌결정으로 본
항 본문의 "법원의 재판"에 헌법재판소가 위헌으로 결정한 법령을 적용함으로써 국민의
기본권을 침해한 재판도 포함되는 것으로 해석하는 한도내에서 효력상실>(헌법재판소법 제
68조 제1항) 그리고 법 제41조 제1항에 따른 법률의 위헌 여부 심판의 제청신청이 기각된
때에는 그 신청을 한 당사자는 헌법재판소에 헌법소원심판을 청구할 수 있다(헌법재판소법
제68조 제2항).

법률에 대한 규범통제는 부수적 규범통제든 본원적 규범통제이든 모두 헌법재판소에
집중하여 관장하고 있다. 그런데 법률의 하위규범인 명령, 규칙에 대한 규범통제의 경우,
부수적 규범통제는 법원에서, 본원적 규범통제는 헌법재판소에서 심판하는 것으로 해석하
고 있다. 후자의 경우 직접성 요건을 매개로 하고 있다.

(2) 상위법규인 법률의 위헌성과 결부된 명령·규칙 심사

헌법재판과 일반법원의 재판권한을 분리하고 있는 독일, 오스트리아, 스페인 포르투
갈 등 대부분은 법률을 비롯한 하위법규의 규범통제권한은 헌법재판소에 집중하여 행사하
도록 하여 규범해석의 통일성을 기함으로써 효과적인 헌법질서의 유지·수호를 도모하고

있다. 최근 오스트리아는 행정재판의 경우 처분소원과 재판소원을 헌법재판소와 법원에 분리하던 것을 개정하여 헌법재판소에 일원화 하는 등 헌법재판소에 규범통제권한을 집중시켜 통일적으로 행사하도록 하고 있다. 법 단계이론에 비추어 보아도, 적어도 법률에 대한 규범통제가 허용된다면 명령·규칙에 대한 규범통제는 그에 준하는 것이다.15)

　　법원의 명령규칙 심사권은 명령·규칙의 위헌여부가 재판의 전제가 되었을 때 법령의 통일적인 해석·적용이라는 법치주의 요청 때문에 인정된 것으로 볼 때,16) 법원이 명령·규칙을 심사함에 있어 그 상위법규인 법률의 해석이 결부되고 그 법률이 합헌임을 전제로 하면 모르되 그 법률의 위헌성을 합헌적 법률해석(이 점에 대하여 아래 다항에서 자세히 살펴본다)을 전제로 하는 것은 문제라고 할 것이다.17) 왜냐하면, 이는 i) 명령·규칙에 대한 심사권한의 틀에서 헌법에서 허용되지 않은 법률에 대한 규범통제권을 실질적으로 행사하는 결과를 초래하고, ii) 헌법이 헌법재판소에 법률에 대한 규범통제권한을 부여한 취지에 배치되며, iii) 헌법을 상위법으로 하는 법질서의 통일적인 규율을 저해하기 때문이다.

　　그러한 경우 법원은 명령·규칙에 대한 심사 전에 그 상위법규인 법률에 대한 위헌제청을 하고, 그에 대한 헌법재판소의 위헌여부 판단을 전제로 하여, 법령의 통일적인 해석·적용의 관점에서 그 명령·규칙에 대한 위헌여부 심사를 하는 것이 마땅하다고 할 것이다.

　　이는 법률의 위헌결정(단순위헌결정은 물론 헌법불합치결정, 한정합헌결정, 한정위헌결정도 포함된다는 것이 헌법재판소의 확립된 판례)은 법원과 그 밖의 국가기관 및 지방자치단체를 기속하여(헌법재판소법 제47조 제1항) 위헌결정에는 당연히 기속력이 미치지만, 헌법재판소의 법률에 대한 합헌결정에대하여는 법원에 기속력이 미치지 않는다는 입장에서 위와 달리 볼 수 있다. 그러나 위와 같은 경우에는 우리 헌법이 규범통제권한을 분리하여 규정하였다고 하더라도 이를 허용하면 규범해석의 충돌, 불일치와 부조화를 초래할 수 있어, 헌법질서의 통일적인 유지·수호를 위한 규범 조화적 해석의 견지에서 허용되어서는 아니 될 것이다.

---

15) 허영, 헌법소송법 박영사 2019. 47면

16) 허영, 전게서 48면

17) 명령·규칙에 대한 규범통제에 대한 실제 구조가 대부분 위헌심사와 위법성 심사가 결부되어 있고, 그 다투어질 수 있는 사항에 관한 분석례는 김하열, 헌법소송법 박영사 2018. 54-55면 참조. 김 교수는 규범통제의 통일성을 확보하는 과제는 최종적인 헌법해석기관이자 규범통제에 특화된 헌법재판소에 유보됨이 타당하다는 입법론을 제시하고 있다. 이는 해석론에서도 참고할 만하다. "규범통제는 통일적 규범질서를 위한 제도이다. 그러므로 규범통제가 여러 사법기관에 의하여 산발적으로 이루어지고 통일적으로 수렴되는 체계를 갖지 않으면 법적 충돌, 판단의 상충 등으로 인하여 법적 안정성을 저해한다. 그런데 법질서는 최고규범인 헌법을 정점으로 형성되어 있으므로 규범통제라는 것은 궁극적으로 헌법해석의 문제로 귀결된다." 같은 전게서 57면 참조.

(3) 대상판결에 대한 검토

(가) 교원노조법 규정의 합헌결정과 시행령 조항 위헌심사

대상판결의 원심법원에서 교원노조법의 적용을 받는 교원의 범위를 재직 중인 교원에 한정하고 있는 교원노조법 제2조의 위헌법률심판제청에 대하여 헌법재판소는 합헌결정을 하였다.   그 결정요지는 다음과 같다.

『교원노조는 교원을 대표하여 단체교섭권을 행사하는 등 교원의 근로조건에 직접적이고 중대한 영향력을 행사하고, 교원의 근로조건의 대부분은 법령이나 조례 등으로 정해지므로 교원의 근로조건과 직접 관련이 없는 교원이 아닌 사람을 교원노조의 조합원 자격에서 배제하는 것이 단결권의 지나친 제한이라고 볼 수 없고, 교원으로 취업하기를 희망하는 사람들이 '노동조합 및 노동관계조정법'(이하 '노동조합법'이라 한다)에 따라 노동조합을 설립하거나 그에 가입하는 데에는 아무런 제한이 없으므로 이들의 단결권이 박탈되는 것도 아니다.

이 사건 법률조항 단서는 교원의 노동조합 활동이 임명권자에 의하여 부당하게 제한되는 것을 방지함으로써 교원의 노동조합 활동을 보호하기 위한 것이고, 해직 교원에게도 교원노조의 조합원 자격을 유지하도록 할 경우 개인적인 해고의 부당성을 다투는 데 교원노조의 활동을 이용할 우려가 있으므로, 해고된 사람의 교원노조 조합원 자격을 제한하는 데에는 합리적 이유가 인정된다.

한편, 교원이 아닌 사람이 교원노조에 일부 포함되어 있다는 이유로 이미 설립신고를 마치고 활동 중인 노동조합을 법외노조로 할 것인지 여부는 법외노조통보 조항이 정하고 있고, 법원은 법외노조통보 조항에 따른 행정당국의 판단이 적법한 재량의 범위 안에 있는 것인지 충분히 판단할 수 있으므로, 이미 설립신고를 마친 교원노조의 법상 지위를 박탈할 것인지 여부는 이 사건 법외노조통보 조항의 해석 내지 법 집행의 운용에 달린 문제라 할 것이다. 따라서 이 사건 법률조항은 침해의 최소성에도 위반되지 않는다.

이 사건 법률조항으로 인하여 교원 노조 및 해직 교원의 단결권 자체가 박탈된다고 할 수는 없는 반면, 교원이 아닌 자가 교원노조의 조합원 자격을 가질 경우 교원노조의 자주성에 대한 침해는 중대할 것이어서 법익의 균형성도 갖추었으므로, 이 사건 법률조항은 청구인들의 단결권을 침해하지 아니한다.』[18]

위와 같이 합헌결정이 내려진 교원노조법 제2조는 "이 법에서 '교원'이란 「초·중등교육법」 제19조 제1항에서 규정하고 있는 교원을 말한다. 다만, 해고된 사람으로서 「노동조합 및 노동관계조정법」 제82조 제1항에 따라 노동위원회에 부당노동행위의 구제신청을 한

---

18) 2015. 5. 28. 2013헌마671, 2014헌가21(병합), 판례집 27−1하, 336

사람은 「노동위원회법」 제2조에 따른 중앙노동위원회(이하 '중앙노동위원회'라 한다)의 재심판정이 있을 때까지 교원으로 본다."라고 규정되어 있고, 구 노동조합법(2014. 5. 20. 법률 제12630호로 개정되기 전의 것, 이하 '구 노동조합법'이라 한다) 제2조 4호 단서 및 그 라목은 "다만, 다음 각목의 1에 해당하는 경우에는 노동조합으로 보지 아니한다. ……

　　라. 근로자가 아닌 자의 가입을 허용하는 경우. 다만, 해고된 자가 노동위원회에 부당노동행위의 구제신청을 한 경우에는 중앙노동위원회의 재심판정이 있을 때가지 근로자가 아닌 자로 해석하여서는 아니된다."라고 규정되어 있어, 위 노동조합법 규정상 '근로자가 아닌 자'의 정의는 교원 노동조합에 관한 부분에 대하여는 합헌결정이 난 것이다.

　　그렇다면 원심법원의 상고심인 대법원으로서는 위 헌법재판소의 합헌결정을 전제로 하여 노동조합법시행령 조항에 대한 위헌여부 판단을 하여야 마땅할 것이다. 위헌제청신청이나 위헌제청은 당해사건 소송 중 통틀어 한차례 할 수 있는 것으로 위헌법률심판 제도를 해석·운영하고 있다. 만약 원심법원이 아니라 대법원이 당해사건 재판에 전제되는 법률조항에 대하여 위헌이라고 하여 헌법재판소에 위헌제청을 하였는데, 헌법재판소가 이에 대하여 합헌결정을 결정하였다면, 대법원으로서는 위헌의견을 가졌지만 이에 따를 수밖에 없을 것이고, 이(합헌)를 전제로 당해사건을 재판하여야 할 것이다. 원심인 하급심 법원이 위헌제청을 한 경우라고 하여 달리 볼 수는 없을 것이다.

　　그럼에도 불구하고 이와 달리 해석한다면, 이는 우리 헌법상 위헌법률심판제도의 근간을 흔들게 하고 법적 안정성을 심각히 훼손하며 헌법해석의 통일성을 기대할 수 없을 것이다.

　　(나) 노동조합법 규정의 합헌적 법률해석과 시행령 조항 위헌심사

　　한편, 교원노조법 제2조와 구 노동조합법 제2조 4호 단서 라목의 정의 규정은 서로 밀접하게 연관되어 있음에도 불구하고, 대상판결의 입장을 선해하여 교원노조법 제2조가 아니라 구 노동조합법 제2조 4호 단서 라목의 '노동조합으로 보지 아니한다'의 해석을 전제로 법원의 권한인 노동조합법시행령 조항의 위헌심사를 한 것이라고 보더라도 문제다. 왜냐하면 대상판결이 구 노동조합법 제2조 4호 단서 라목의 규정이 문언상 명백히 일의적으로 규정되어 있음에도 불구하고, 이를 "노동조합법 제2조 4호 단서의 '노동조합으로 보지 아니한다'는 규정은 그 자체로 법률효과를 가지는 것이 아니라 노동조합에 의한 노동조합인지에 관한 판단기준을 밝히고 있을 뿐"이라고 해석함(뒤에서 보는 바와 같은 합헌적 법률해석을 하는 것으로 보임)을 전제로 위헌심사를 하고 있을 뿐만 아니라, 심지어 헌법재판소의 위 합헌결정의 법정의견이 아닌 1인의 반대의견[19]과 같은 입장에서, "법외노조 통보는 형식적으로는

---

19) 재판관 김이수의 반대의견, 위 판례집 27-1하, 336, 354-360

노동조합법에 의한 특별한 보호만을 제거하는 것처럼 보이지만 실질적으로는 헌법(제33조 제1항)이 보장하는 노동3권을 본질적으로 제약하는 결과를 초래한다"라고 해석함을 전제로 하여 노동조합법시행령 조항에 대한 위헌판단을 하고 있다. 다시 말하면 노동조합법 제2조 4호 단서 라목 규정의 위헌성을 합헌적으로 해석하면서 시행령 조항에 대한 위헌심사를 하고 있는 것으로 보인다.

그렇다면 이러한 경우라고 하더라도 대법원으로서는 노동조합법 제2호 4호 단서 라목 규정의 위헌성을 지적하면서 헌법재판소에 위헌제청을 하고, 그에 대한 헌법재판소의 결정에 따라 그것을 전제로 시행령 조항에 대한 위헌심사를 함이 마땅하다고 할 것이다. 그런데 대상판결은 그러한 절차를 거치지 않고 독자적으로 판단함으로써, 우리 위헌법률심판제도의 근간을 흔들게 하고 법적 안정성을 심각히 훼손하며 헌법해석의 불일치를 야기시키는 우려를 낳고 있다.

(다) 헌재결정에 대한 기속력 저촉여부

결국 교원의 노동조합의 경우 교원노조법 제2조에 대한 위헌여부 판단이 본원적인이고, 대상판결이 노동조합법 조항에 대한 해석을 전제로 노동조합법시행령 조항에 대한 위헌판단을 한다는 점에서, 대상판결은 위 헌법재판소의 결정은 비록 합헌결정이더라도 그 헌재 결정의 기속력에 저촉된다고 보아야 할 것이다. 그렇지 않다면 우리 헌법상 위헌법률심판제도의 근간을 흔들게 하고 법적 안정성을 심각히 훼손하며 헌법해석의 통일성을 기대할 수 없을 것이기 때문이다.

나. 교원의 노동3권의 헌법적 근거

(1) 교원의 헌법상 지위와 노동3권

교원의 헌법상 지위와 노동3권에 관하여는 교원의 노동조합을 허용하는 교원노조법이 제정되기 전(헌재 1991. 7. 22. 89헌가106)과 후(헌재 2015. 5. 28. 2013헌마671 등)에 헌법재판소에서 명확히 판단한 바 있다.

교원의 헌법상 지위는, 헌법 제31조 제6항에서, "학교교육 및 평생교육을 포함한 교육제도와 그 운영, 교육재정 및 교원의 지위에 관한 기본적인 사항은 법률로 정한다."라고 규정하여, 법률로 정하도록 하고 있다. 이는 헌법 제7조에서 "공무원은 국민전체에 대한 봉사자이며, 국민에 대하여 책임을 진다. 공무원의 신분과 정치적 중립성은 법률이 정하는 바에 의하여 보장된다."라고 규정한 공무원의 헌법상 지위 규정에 비견되는 것이다. 우리 헌법은 공무원과 교원을 그 헌법상 지위를 일반근로자와 달리 보고 규정하고 있다. 즉, 공무원은 국민전체에 대한 봉사자이며 주권자인 국민에 대하여 책임을 지고, 그 책임을 다하기 위하여 신분과 정치적 중립성을 법으로 보장하도록 하는 것이다. 공무원 자신도 국민의 한 사람인데, 국민이 사용자, 공무원인 국민이 피용자, 이는 우리 헌법상 공무원의 지위에 원칙적으로 부합되기 어려운 면이 있다. 교원은 우리 헌법 제31조의 국민의 교육을 받을 권리를 효과적으로 실현하기 위하여, 교육의 자주성·전문성·정치적 중립성을 법률로 보장하는 한편, 교육을 담당, 수행하는 교원의 지위를 공립학교는 물론 사립학교의 구분 없이 법률로 보장하는 것이다. 교원의 지위를 설정하는데는 헌법상 교육기본권을 효과적으로 실현하기 위하여, 학생의 교육을 받을 권리와 학부모의 양육권이 있고, 초·중등학교는 헌법상 의무교육의 대상이다. 이는 국·공립학교의 교원은 물론 사립학교의 교원도 마찬가지이다. 따라서 교원은 그 지위 보장과 관련하여 노동3권 문제라고 하더라도 일반 근로자와 다른 규율을 하는 것이 마땅하고, 그 법률이 교원노조법이다. 교원 노조에 관한 노동조합법령을 해석함에 있어 이러한 특성에 맞게 교원노조법과 직결하여 하여야 한다.

그래서 헌법재판소는 위 결정들에서 교원의 지위를 규정하고 있는 헌법 제31조 제6항이 헌법 제33조 제1항에 우선한다고 명확히 판시하였다.

"헌법 제31조 제6항은 앞서 밝힌 바와 같이 국민의 교육을 받을 기본적인 권리를 보다 효과적으로 보장하기 위하여 교원의 보수 및 근무조건 등을 포함하는 개념인 "교원의 지위"에 관한 기본적인 사항을 법률로서 정하도록 한 것이므로 교원의 지위에 관련된 사항에 관한 한 위 헌법 조항이 헌법 제33조 제1항에 우선하여 적용된다고 보아야 할 것이다."[20]

교원의 지위는 헌법 제31조 제6항에 근거하여 교원의 자격, 복무, 신분보장(징계 포함), 사회보장(연금 보장 등) 등에 있어 교육공무원법, 국가공무원법을 준용하여 공립학교와 사립학교 불문하고 그 임용권자만 다를 뿐 같게 보장되고 있다. 교원의 자격, 복무, 신분보장에 관하여는 사립학교법과 교육공무원법에서, 사회보장에 관하여는 사학연금법과 공무원연금법에 각각 같게 규율하고 있다. 헌법 제33조 제1항에 근거하고 노동관계법으로 규율 받는 일반 근로자 보다 오히려 복무, 신분보장, 사회보장에 있어 오히려 강하게 보장받고 있다. 이는 공무와 공교육이라는 헌법이 부여한 과제 실현을 위한 것이다.

위 헌법재판소의 2013헌마671등 결정에서 이를 다음과 같이 분명히 판시하고 있다.
"교원의 임금 기타 근로조건은 기본적으로 법령·조례 및 예산에 따라 결정되고, 사립학교 교원의 경우도 자격·복무 등에 있어서 국·공립학교 교원에 관한 규정을 거의 대부분 준용하고 있다. 따라서 교원의 근로조건은 학교법인별로 크게 다르지 아니하므로 공사립을 불문하고 교원

---

20) 헌재 1991. 7. 22. 89헌가106, 판례집 3, 387, 419-420

의 근로조건에 대해서 개개 학교별로 단체교섭을 한다는 것은 큰 의미가 없다. ……

교원지위법정주의에 따라 교원과 관련한 근로조건의 대부분은 법령이나 조례 등으로 정해지고, 이러한 규정들을 실질적이고 직접적으로 적용받는 사람은 재직 중인 교원들이므로, 그 관련성이 없는 교원이 아닌 사람을 교원노조의 조합원 자격에서 배제하는 것이 단결권의 지나친 제한이라고 볼 수는 없다. 또한, 교원노조의 경우 단체협약의 내용 중 법령·조례 및 예산에 따라 규정되는 내용과 법령 또는 조례에 따라 위임을 받아 규정되는 내용에 대하여는 단체협약으로서의 효력이 인정되지 아니하므로, 교원이 아닌 사람들이 교원노조를 통해 정부 등을 상대로 교원의 임용 문제나 지위에 관한 사항에 관하여 단체교섭을 할 수 있도록 할 실익이 거의 없다.

한편, 노동조합법 제2조 제1호 및 제4호 라목 본문에서 말하는 '근로자'에는 일시적으로 실업 상태에 있는 사람이나 구직 중인 사람도 근로3권을 보장할 필요성이 있는 한 그 범위에 포함된다(대법원 2004. 2. 27. 선고 2001두8568 판결 참조). 따라서 이 사건 법률조항이 정한 교원에 해당되지 않으나 앞으로 교원으로 취업하기를 희망하는 사람들이 노동조합법에 따라 노동조합을 설립하거나 그에 가입하는 데에는 아무런 제한이 없다. 이 점에서도 이 사건 법률조항이 교원노조의 단결권에 심각한 제한을 초래한다고 보기는 어렵다."[21]

결국 교원의 헌법상 지위는 헌법 제31조 제6항에 따라 법률로 보장되고, 이를 근거로 교원의 노동3권도 법률로 정하는데, 그 법률이 교원노조법이며, 그 교원노조법 제2조에서 그 적용대상이 되는 자를 현직교원으로 한정하여 규정하였는데, 이에 대하여 헌법재판소에서 합헌결정을 한 것이다. 그리고 교원노조법에서 적용되는 범위 내에서 노동조합법이 적용되는 것이므로, 헌법 제33조 제1항에 근거한 일반 근로자와 다른 헌법상 지위와 규율체계에 입각한 것이다.

(2) 대상판결에 대한 검토

대상판결은 우선, 교원의 노동조합에 관한 것으로서 교원노조법 제2조와 직결되는 것으로 노동조합법시행령 조항의 상위법규인 노동조합법 제2조 4호 단서 라목의 '근로자'는 교원노조법이 적용되는 교원에 한정하여야 함에도 불구하고 일반 근로자와 같이 보고 판단하고 있다. 이는 교원의 헌법상 지위를 무시하거나 간과한 것으로 보인다. 아니면 헌법 규정에도 불구하고 교원을 일반 근로자와 같이 취급하고 있는 것으로 보인다. 그렇다면 이는 헌법에 위반하는 소지가 있는 해석이다.

다음으로 대상판결은 교원의 노동3권의 헌법상 근거를 헌법 제33조 제1항을 주로, 제33조 제2항 공무원인 근로자의 노동3권을 보조적으로 보고 판시하고 있다. 이 점에 관

21) 헌재 2015. 5. 28. 2013헌마671등, 판례집 27-1하, 336, 350-351

하여는 시행령 조항의 문제와 관련하여서는 반대의견과 궤를 같이 하면서도 노동조합법상 정의규정과 관련하여서 교원의 노동3권의 헌법상 근거를 헌법 제33조 제1항으로 보고 있다.

대상판결의 해석 입장이 백보를 양보하여 헌법에 위반되는 해석은 아니라고 보더라도, 이와 같은 해석은 당해사건의 위헌제청으로 판단한 헌법재판소의 결정에 배치될 뿐만 아니라 이에 대한 헌법재판소의 판례 입장과도 명백히 배치되는 것이다. 헌법이 법률에 대한 위헌심판권을 헌법재판소에 부여하여 헌법 해석의 통일성을 맡긴 이상, 법원은 당해사건 관련 규범통제에 대한 판단을 존중하여 이를 전제로 하여 관련 시행령 조항에 대한 위헌심사를 하여야 마땅할 것이다.

다. 합헌적 법률해석의 범위와 한계

(1) 법원의 합헌적 법률해석의 범위와 한계

법률의 합헌적 해석은 규범통제 권한을 행사하는 기관에서 필연적으로 내재되어 있는 권한이다. 헌법재판소의 법령에 대한 규범통제에 있어 일부위헌, 헌법불합치, 한정위헌, 한정합헌 등 결정이 이러한 해석원칙에 입각하고 있는 것이다. 다른 한편 헌법재판소는 합헌적 법률해석의 범위와 한계에 대하여도 이를 명시적으로 판시하여 왔다.

"법률의 합헌적 해석은 헌법의 최고규범성에서 나오는 법질서의 통일성에 바탕을 두고, 법률이 헌법에 조화하여 해석될 수 있는 경우에는 위헌으로 판단하여서는 아니된다는 것을 뜻하는 것으로서 권력분립과 입법권을 존중하는 정신에 그 뿌리를 두고 있다. 따라서, 법률 또는 법률의 위 조항은 원칙적으로 가능한 범위 안에서 합헌적으로 해석함이 마땅하나 그 해석은 법의 문구와 목적에 따른 한계가 있다. 즉, 법률의 조항의 문구가 간직하고 있는 말의 뜻을 넘어서 말의 뜻이 완전히 다른 의미로 변질되지 아니하는 범위 내여야 한다는 문의적 한계와 입법권자가 그 법률의 제정으로써 추구하고자 하는 입법자의 명백한 의지와 입법의 목적을 헛되게 하는 내용으로 해석할 수 없다는 법목적에 따른 한계가 바로 그것이다. 왜냐하면, 그러한 범위를 벗어난 합헌적 해석은 그것이 바로 실질적 의미에서의 입법작용을 뜻하게 되어 결과적으로 입법권자의 입법권을 침해하는 것이 되기 때문이다."[22]

즉, 합헌적 법률해석은 문언적인 한계와 입법목적에 따른 한계가 있다. 이는 권력분립과 입법권의 존중에서 인정되는 것이지만 그 범위와 한계를 넘는다면 사법기관이 입법을

---

22) 헌재 1989. 7. 14. 88헌가5등, 판례집1, 69, 86; 헌재 2013. 7. 28. 2012헌바71, 판례집25－2, 171, 176; 헌재 2015. 5. 28. 2012헌마652, 판례집27－1 301, 308－309

하는 것이 되어 오히려 입법권을 침해하는 결과가 되기 때문이다.

그런데 법원에도 재판에 부수적인 명령·규칙에 대한 심사권과 법률에 대한 합헌결정권이 있으므로 합헌적 법률해석을 할 수는 있을 것이다. 그러나 위헌법률심판 등 법률에 대한 위헌결정권이 헌법재판소에 맡겨져 헌법해석에 대한 통일이 필요하므로, 법률에 대한 합헌적 해석은 법원에 있어서는 더욱 엄격한 기준에 입각하는 것이 요망된다. 법률에 대한 합헌결정권과 위헌결정권이 법원과 헌법재판소에 부여된 이원적인 체계에서는 헌법해석의 통일성을 기하기 위하여 법원이 법률에 대한 위헌제청권을 활용하는 것이 바람직할 것이기 때문이다.

(2) 대상판결에 대한 검토

노동조합법 제2조 4호 단서 라목은 근로자가 아닌 자의 가입을 허용하는 경우에는 '노동조합으로 보지 아니한다'고 규정하고, 단서에서 '해고된 자가 노동위원회에 부당노동행위의 구제신청을 한 경우에는 중앙노동위원회의 재심판정이 있을 때까지는 근로자가 아닌 자로 해석하여서는 아니된다'라고 규정하여, 문언상 단서의 경우를 제외하고는 해고된 근로자나 취업 준비 중인 근로자의 가입을 허용하는 경우에는 노동조합으로 보지 아니함은 명백한 것으로 보인다. 더구나 이 사건은 교원의 노동조합에 관한 것으로 교원노조법 제2조의 적용대상인 교원을 현직교원으로 정한 것과 직결되어 있는 적용부분이다. 이 사건의 원심법원에서 위헌제청하고 동 조항에 대하여 합헌결정을 한 것이다.

그럼에도 불구하고 대상판결은 노동조합법 제2조 4호 단서 라목 규정을 일응의 판단기준으로 보는 합헌적 법률해석을 한 것을 전제로 하여 노동조합법시행령 조항에 대한 위헌판단을 하고 있다.

대법관 2인의 별개의견은 명시적으로 합헌적 법률해석을 밝히면서 위 노동조합법 정의규정의 문제점을 지적하고 있다. 김재형 대법관은 원고의 조합원으로 있다가 해직된 경우 조합원으로 유지하고 있더라도 법외노조로 보아서는 아니된다는 것이고, 안철상 대법관은 국제노동기준 등을 거론하면서 해직된 교원을 조합원으로 두는 것은 헌법질서에 반하지 않는다고 지적하고 있다.

5인의 보충의견은 '근로자가 아닌 자의 가입이 허용되면 그 자체로 노동조합의 자주성이 부정된다는 취지는 아니라고 보아야 한다'라고 하고, 심지어 '법외노조 통보제도에 관한 법률 차원의 규율 공백은 입법자의 분명한 의사 내지 의도에 따른 것으로 볼 수 있다.'라고 전제하고 시행령 조항에 대한 위헌판단의 중요성을 피력하고 있다.

이는 모두 합헌적 법률해석의 문언상 한계를 벗어난 해석이고, 위에서 본 바와 같이 교원의 헌법상 지위를 간과 내지 무시하고 일반 근로자와 같이 보는 입장에서 본 것으로 입법목적상의 한계에도 벗어난 해석이라고 할 것이다.

라. 관련 문제(규범통제의 활성화)

현행헌법이 제정되고 헌법재판소가 창립될 무렵 헌법재판소법 제정에 대한 논의가 활발히 진행될 때, 그 핵심적인 논의의 대상은 제헌헌법이 제정된 이래 40년간의 헌정사에서 법령에 대한 규범통제에서 제1공화국 때 2건, 제3공화국 때 2건으로 도합 4건의 위헌결정을 보았을 뿐이어서, 어떻게 규범통제제도를 활성화 할 것이냐는 것이었다. 이에 대하여 헌법재판소 초대 재판관을 역임한 최광률 변호사(당시)는 위헌법률심판제도의 절차를 간소화하여 이를 활성화하고, 법원에서 위헌법률심판제청신청을 기각한 경우에 헌법소원으로 청구할 수 있도록 하는 등 합리적이고 실효성 있는 헌법재판제도를 제안[23]한 바 있었고, 그것이 그대로 실현되어 오늘날 규범통제의 활성화에 크게 기여하고 있다. 헌법재판소법 제68조 제2항 헌법소원제도는 세계헌법재판제도에 기여할 만한 우리의 창안품이다.

헌법재판소 창립이래 1988. 9. 1.부터 2019. 12. 31. 현재까지 위헌법심판은 988건이 접수되어 937건이 처리되었는데, 그 중 위헌결정 287건, 헌법불합치결정 78건, 한정위헌결정 18건, 한정합헌결정 7건, 합계 390건으로 그 인용률은 41.62%이고, 헌재법 제68조 제2항 위헌소원심판은 7,670건이 접수되어 7,240건이 처리되었는데, 그 중 위헌결정 246건, 헌법불합치결정 104건, 한정위헌결정 32건, 한정합헌결정 21건, 합계 403건으로 그 전체 인용률은 5.57%이고(각하된 것이 4,383건임), 본안판단대비 인용률은 14.77%이다.

위헌법률심판·위헌소원 사건처리누계표(1988. 9. 1.-2019. 12. 31.)

구분	접수	처리								미제
		위헌	불합치	한정위헌	한정합헌	합헌	각하	취하기타	계	
위헌법률	988	287	78	18	7	351	73	123	937	51
위헌소원	7,670	246	104	32	21	2,326	4,383	128	7,240	430

그런데, 법률의 하위법규인 명령·규칙에 대한 규범통제권한이 위와 같이 법원과 헌법재판소에 분장 행사된 결과, 규범통제제도의 활성화라는 관점에서 볼 때 실재 운용상 적

---

23) 최광률, 헌법재판소법의 입법방향, 법무자료 제95집 1988. 2. 30-46면

지 않은 문제점이 노정되고 있다. 헌법재판소는 법률에 대한 부수적 규범통제와 관련하여 명령·규칙에 심판의 필요성이 있음에도 그 규범통제가 제한되고 있고, 본원적 규범통제는 청구기간의 제약으로 한계가 있을 수밖에 없다. 법원의 명령·규칙 심사권이 헌법재판소의 이러한 한계를 벌충하여 심사하여야 하지만, 법원의 심사는 법원의 재판부담의 과중과 함께 3심의 심급을 거쳐야 하여 신속한 결정에는 한계가 있으며, 규범 자체의 폐지무효와 더불어 개선명령에 대한 내용상의 한계도 있다.

헌법재판소 창립이래 1988. 9. 1.부터 2019. 12. 31. 현재까지 헌재법 제68조 제1항에 의한 헌법소원의 통계를 보면 이는 여실히 드러난다. 즉, 행정입법에 대한 헌법소원은 913건이 접수되어 871건이 처리되었는데, 그 중 위헌결정 13건, 헌법불합치결정 3건, 한정위헌결정 3건, 기각결정 137건으로 각하률이 무려 77.04%이고, 인용률은 2.18%인데 본안판단대비 인용률은 12.17%이다. 자치입법에 대한 헌법소원은 71건 접수되어 63건이 처리되었는데, 그 중 불합치결정 3건, 기각결정 18건으로 각하률이 60.32%이고, 인용률은 4.76%인데 본안판단대비 인용률은 14.28%이다. 사법입법에 대한 헌법소원은 42건이 접수되어 39건이 처리되었는데, 그 중 위헌결정 1건, 기각결정 6건으로 각하률이 61.54%이고, 인용률은 3.73%인데 본안판단대비 인용률은 14.29%이다.

명령, 규칙 등에 대한 헌법재판소의 규범통제는 본안판단에 회부되지 않고 각하되는 사건이 평균 66.3%에 달하고 있고, 본안판단을 하는 경우에 그 인용되는 사건은 평균 13.58% 정도 된다는 것을 알 수 있다.

한편 법률에 대한 헌법소원은 4,852건이 접수되어 4,692건이 처리되었는데, 그 중 위헌결정 94건, 헌법불합치결정 63건, 한정위헌결정 16건, 합헌(기각)결정 867건으로 각하률이 75.23%이고, 인용률은 3.73%인데 본안판단대비 인용률은 16.79%이다.

권리구제법령헌법소원 사건처리누계표(1988. 9. 1.-2019. 12. 31.)

구분	접수	처리								미제
		위헌	불합치	한정위헌	한정합헌	합헌기각	각하	취하기타	계	
법률	4,852	94	63	16		867	3,530	122	4,692	160
행정입법	913	13	3	3		137	671	44	871	42
자치입법	71		3			18	38	4	63	8
사법입법	42	1				6	24	8	39	3

　　규범통제제도의 활성화를 위하여 하위법규에 대한 규범통제의 운영 개선과 개선입법이 필요한 소이이고 향후 과제라고 할 것이다.

　　참고로 법률과 하위법규에 대한 규범통제를 모두 연방헌법재판소에 집중하고 있는 독일의 경우 헌법재판 실무통계를 살펴보면 다음과 같다.

사건누계표(1951-2019)

구분	헌법 소원	규범* 통제 I	규범** 통제 II	권한*** 쟁의	정당 해산	선거 소원	가구제	기타	합계
접수	235,057	184	3,698	283	10	431	3,503	328	243,494
처리	210,567	120	1,361	166	6	321	2,837	122	215,500

　 * 추상적 규범통제<헌법 제93조 제1항 제2호>이고,
　** 구체적 규범통제<헌법 제100조 제1항>이며,
*** 연방기관간의 권한쟁의와 연방과주간의 권한쟁의를 포함한 수치임

규범통제사건 인용표(1951-2019)

구분	법령 전체 또는 부분		법령 규정* 전체	부분	합계	1재판부	2재판부
연방법령	30	20	181	275	506	317	189
주법령	18	34	104	122	278	165	113

위헌, 헌법불합치와 명시적인 위헌선언은 하지 않았으나 한정위헌/한정합헌을 판단한 것을 집계한 것임.
* 심판대상이 된 수개의 법령 규정은 하나로 간주하여 산정함

5. 결론

　　대상판결은 우리 헌법이 교원의 지위를 일반 근로자와 달리 보고 있음에도 불구하고, 교원의 노동조합문제에 관한 이 사건 노동조합법시행령 조항에 대한 위헌심사를 함에 있어, 교원의 헌법상 지위를 규정하고 있는 헌법 제31조 제6항을 간과하거나 무시하고 일반 근로자와 같이 취급하는 것을 전제로 해석함으로써 헌법위반의 소지가 있고, 합헌적 법률 해석의 범위와 한계를 벗어나는 상위 법규에 대한 해석을 전제로 한 시행령 조항에 대한 위헌심사를 하는 등 많은 문제를 노정하고 있다. 더구나 법령해석의 통일을 위하여 인정되는 시행령 조항에 대한 위헌심사를 하면서 오히려 법 위반의 상태를 방치하거나 야기하는 결과를 낳고 있어, 교육부 등 행정당국의 대응이 과연 법률에 합치될 수 있는 행위인지 의문을 들게 하고 있다.

　　이러한 경우에는 위에서 본 바와 같이 규범통제제도의 실효성을 보장하고 헌법해석의

통일을 보장하기 위하여 원심법원이 위헌법률심판을 제청하여 판단한 헌법재판소의 교원노조법 제2조에 대한 합헌결정의 기속력을 인정하는 것이 마땅하다고 할 것이다.

아울러 법률에 대한 위헌심판권은 헌법재판소에 전속하고 있지만, 명령·규칙에 대한 규범통제는 법원과 헌법재판소에 분장되고 있는 현 제도 하에서도 규범통제제도의 효과적인 실현, 법적안정성과 헌법해석의 통일성을 확보하기 위해서는 법률에 대한 확립된 헌법해석에 대하여는 존중하는 것이 필요할 것이다.

그리고 헌법재판소로서는 법률에 대한 규범통제권한을 헌법에 따라 위임받은 이상 헌법해석의 통일과 규범통제제도의 실효성을 확보하기 위하여 법률의 규범통제와 밀접한 관련이 있는 하위법규 즉, 명령·규칙에 대한 부수적인 규범통제도 판례변경을 통하여 적극적으로 수행하여야 함이 요망된다고 할 것이다.

입법론으로서 차제에 그동안 논란과 갈등을 일으키고 있는 헌법재판소의 한정위헌 등 변형결정에 대한 기속력 부여를 비롯한 헌법재판소 결정의 기속력을 강화하여 규범통제가 실효적이고 합리적으로 운영되도록 하여 헌법해석의 통일성을 확보하여야 할 것이고, 궁극적으로는 규범통제권한을 그에 특화된 헌법재판소에 집중하도록 하는 것이 바람직하므로 그에 따른 입법적 개선이 필요하다고 할 것이다.

끝으로, 보잘 것 없는 이 글을 헌법재판소의 창립초기에 헌법재판의 기틀을 마련하는 데 큰 공헌을 하신 최광률 초대재판관께 바칠 수 있다면, 운 좋게도 많은 은혜를 받은 필자로서는 그 보다 더 큰 영광이 없겠습니다.

규제권한불행사와 국가배상*

—일본의 치쿠호진폐(塵肺) 소송(最高裁2004年4月27日判決)을 소재로 하여—

유진식**

I. 판례의 개요

1. 사실관계

본건은 치구호지구(후쿠오카현 내륙부)에 위치한 탄광에서 작업에 종사하여 진폐증에 걸린 환자 또는 그 승계인인 X 등(원고·항소인·피상고인)이 Y(국가—피고·피항소인·상고인)에 대하여 Y가 진폐증의 발생·증세의 악화를 방지하기 위하여 광산보안법에 근거한 규제권한의 행사를 게을리 한 것은 위법이라고 하는 등을 이유로 하여 국가배상법 제1조 제1항을 근거로 하여 국가배상을 청구한 사건이다.

진폐란 진폐법 제2조 제1항 제1호에 의하면 「분진을 흡입함으로써 폐에서 발생한 선유증식성변화(線維增殖性變化)를 주체로 하는 질병」으로 일단 분진에 노출된 후에도 병세가 진행되는 진행성과 일단 발병하면 그에 대한 치료방법이 없는 불가역성이라는 특징이 있다고 한다. 또 분진에 노출된 후 오랜 시간이 지나서야 비로소 발병하는 일도 있을 수 있다. 진폐증의 증상은 기침, 담(痰), 질식, 호흡곤란 등이고 호흡(呼吸)부전(不全), 심폐기능장해 등 혹은 합병증을 일으켜 사망하는 수도 있다고 한다. 그런데 이 가운데 유리(遊離)규산을 포함한 분진을 흡입함으로서 발생하는 질병은 「규폐(硅肺)」라고 하여 금속광산에서 규폐(硅肺)발생한다는 것은 1920년대 후반에는 거의 누구에게나 다 알려지게 되었다.

통산성(당시)은 1950년 「금속광산등보안규칙」 및 「석탄광산보안규칙」(양자 모두 광산보안법에 근거한 통산성령)을 개정하여 규산(硅酸)질구역(암반 중에 유리(遊離)규산질을 다량 함유하여 통산대신이 지정하는 구역)에서는 천공(穿孔)전에 물을 뿌릴 것, 충격식착암기는 모두 습식

---

* 이 글은 2019년 6월 30일 발행된 행정판례연구 제24-1집에 게재된 논문을 전재한 것입니다.
**전북대학교 법학전문대학원 교수

형(날끝에서 물울 분출시켜 분진을 방지하는 기능이 있다)으로 할 것 등을 규정했다. 그 후 1959년경에는 탄광노동자의 진폐증이환(罹患)이 심각하다는 규폐(硅肺)에 한정하지 않고 탄진 등의 광물성분진의 흡입에 의한 것을 넓게 시책의 대상으로 하는 진폐법이 1960년 3월 제정되었다.

1950년대 중반까지는 착암기의 습식형화에 의해 분진의 발생을 현저히 억제할 수 있다는 것이 알려졌고, 늦어도 1960년경까지는 모든 석탄광산에서 충격식착암기를 습식형화하는 데에는 특별한 장애가 없었다. 현재 금속광산에서는 「금속광산등보안규칙」이 1952년의 개정으로 위의 규산(硅酸)질구역지정제도를 폐지하고 충격식착암기의 습식형화를 일반적인 의무로 부과한 이후 착암기의 습식형화는 급속하게 이뤄졌다. 그러나 석탄광산에서는 이른바 국책으로서 강력한 석탄증산정책이 추진되어왔음에도 「석탄광산보안규칙」은 1986년에 개정될 때까지 지정의 기준을 포함하여 규산(硅酸)질구역지정제도를 유지하였기 때문에 착암기의 습식형화율, 천공전의 물뿌리기 실시율은 극히 낮은 상태의 움직임을 보였다.

2. 재판의 경과

제1심(福岡地飯塚支判1994年7月20日判例時報1543号3쪽)은 Y의 국가배상법상의 책임을 부정하였지만 원심(原審)(福岡高判2001年7月19日判例時報1785号89쪽)은 규제권한불행사의 위법을 인정하여 X 등의 청구의 일부를 인용했다.

3. 판결요지

최고재판소는 다음과 같은 이유로 Y의 상고를 기각하였다.

① 「국가 또는 공공단체의 공무원에 의한 규제권한의 불행사는 그 권한을 정한 법령의 취지, 목적이나 그 권한의 성질 등에 비추어 구체적인 사정 아래서 그 불행사가 허용되는 한도를 일탈하여 현저히 합리성을 결한다고 인정될 때에는 그 불행사에 의해 피해를 입은 자와의 관계에서 국가배상법 제1조 제1항의 적용상 위법하게 된다. …(最高裁1989年11月24日判決, 最高裁1995年6月23日判決)」.

② 「이것을 본건에 대해서 보면 광산보안법은 광산노동자에 대한 위해의 방지 등을 그 목적으로 하는 것이고(제1조), …일터에서 노동자의 안전과 건강을 확보할 것 등을 목적으로 하는 노동안전위생법의 특별법으로서의 성격을 갖는다(동법 제115조 제1항). 그리하여 광산보안법은 광업권자는 분진 등의 처리에 따른 위해 또는 광해(鑛害)의 방지를 위하여 필요한 조치를 강구하지 않으면 안 되는 것으로 하고 있으며(제4조 제2호), 동법 제30조는

광업권자가 동법 제4조의 규정에 의하여 강구해야할 구체적인 보안조치를 성령(省令)에 위임하고 있는바, 동법 제30조가 성령에 포괄적으로 위임한 취지는 규정해야 할 구체적인 광업권자가 강구해야 할 보안조치의 내용이 다기(多岐)에 걸친 전문적, 기술적 사항이라는 점 또 그 내용을 될 수 있는 한 신속하게 기술의 진보나 최신의 의학적 지견 등에 적합한 것으로 개정해 가기 위해서는 이것을 주무대신에게 위임하는 것이 적당하다고 하는 점에 의한 것이다.

동법의 목적, 상기 각 규정의 취지에 비춰보면, 동법의 주무대신이었던 통상산업대신의 동법에 근거한 보안규제권한, 특히 동법 제30조의 규정에 근거한 성령제정권한은 광산노동장의 노동환경을 정비하고 생명, 신체에 대한 위해를 방지하여 건강을 확보하는 것을 주요한 목적으로 하여 가능한 한 신속하게 기술의 진보나 최신의 의학적 지견 등에 적합한 것으로 개정하도록 적시(適時), 적절하게 행사되어야 할 것이다.」

③「〔본건의 사실관계〕에 비춰보면 통상산업대신은 늦어도 1960년 3월 31일 진폐법이 성립할 때까지, ……진폐에 관한 의학적 지견 및 이에 근거한 진폐법제정의 취지에 따른 석탄광산보안규칙의 내용을 바로잡아 석탄광산에 있어서도 충격식 착암기의 습식형화나 천공(穿孔) 전의 물뿌리기의 실시 등의 유효한 분진발생방지책을 일반적으로 의무화하는 등의 새로운 보안규제조치를 취하고 나서 광산보안법에 근거한 감독권한을 적절하게 행사하여 상기 분진발생방지책의 신속한 보급, 실시를 도모해야할 상황에 있었다고 해야 할 것이다. 그리하여 상기의 시점까지 상기의 시점까지 상기의 보안규제의 권한(성령개정권한 등)이 적절하게 행사되었더라면 그 이후의 탄갱(炭坑)노동자의 진폐의 피해확대를 상당한 정도로 방지할 수 있었다고 할 수 있다.

본 건에 있어서 이상의 사정을 종합하면 1960년 4월 이후 광산보안법에 근거한 상기의 보안규제의 권한을 바로 행사하지 않았던 것은 그 취지, 목적에 비춰볼 때, 현저히 합리성을 결한 것으로 국가배상법 제1조 제1항의 적용상 위법하다고 해야 할 것이다.」

III. 평석

1. 문제의 소재

(일본)국가배상법 제1조가 적용되는 전형적인 사례는 공무원이 사인의 신체·재산에 작위적으로 위해를 가하는 경우라고 할 수 있다. 그러나 사인의 활동범위가 비약적으로 증대하게 되자 거기서 발생하는 피해에 대하여 민법의 불법행위법에 의한 해결만에 의존할

수 없게 되고 피해방지를 위하여 국가의 개입이 요구되게 되었다. 원래 경찰법은 위와 같은 요소를 갖고 있는 것이지만 환경행정법, 소비자행정법도 이와 같은 성질을 갖는다.[26] 이와 같은 배경에서 일본에서는 1970년대 후반부터 국가의 규제권한불행사를 이유로 하는 국가배상사건이 이른바 도쿄 스몬사건[27]을 필두로 다수 등장하게 되었다.[28]

한편 (일본)국가배상법 제1조는 공무원의 「작위」에 의한 불법행위가 전형적인 사례이기 때문에 규제권한불행사(=부작위)의 위법성을 어떠한 논리로 구성할 것인가가 문제가 된다. 왜냐 하면, 행정편의주의에 바탕하여 규제권한을 행사할 것인가의 여부는 효과재량이기 때문에 권한을 행사하지 않아도 위법하다는 주장이 있을 수 있기 때문이다. 그리하여 이를 극복하기 위한 이론으로서 재량권수축론과 재량권소극적남용론이 제시되었다. 전자는 효과재량이 일정한 경우에는 제로로 수축하여 작위의무가 발생한다는 이론이며, 후자는 재량처분의 작위에 대하여 재량권의 일탈남용이 인정되는 것처럼 부작위도 재량권의 일탈·남용에 해당하는 때에는 위법하다고 하는 이론이다.[29] 그러나 주목해야 할 점은 양자 모두 규제권한불행사에 대한 위법성의 고려요소(① 피침해이익, ② 예견가능성, ③ 회피가능성, ④ 기대가능성)를 매우 중시하고 있다는 점이다(따라서 본고에서는 양자를 통칭하여 재량권수축론이라 칭한다).

위의 재량권수축론은 학계에 압도적인 영향을 끼쳤고 현재도 각종 교과서에서 채용되고 있는 실정이다. 이처럼 이 설은 학계에서 여전히 유력한 위치를 차지하고 있다. 그러나 최고재판소 판례는 아직까지 명시적으로 재량권수축론을 언급한 적이 없고[30] 학계에서도 이 설의 유용성을 인정하면서도 그 한계와 문제점을 지적하는 견해도 제시되어 힘을 얻어가고 있는 상황이다.[31]

본 건은 본고가 고찰의 대상으로 삼고 있는 규제권한불행사에 대한 국가배상책임을 처음으로 인정한 최고재판례이며 이 판결의 논지는 그 후의 판례(판례④칸사이미나마타소송, ⑤ 센난아스베스트(석면)소송))에서도 그대로 답습되고 있다. 이하에서 위에서 언급한 점을

---

26) 塩野宏, 行政法Ⅱ〔第六版〕, 有斐閣(2015), 326쪽.

27) 東京地判1978年8月3日、判例時報899号, 48쪽.

28) 일본에서 규제권한불행사에 대한 국가배상책임을 논하는 경우 대표적인 판례로 다음과 같은 다섯 가지 사례를 드는 것이 보통이다. 즉, ① 택지건물거래업법상의 권한불행사에 관한 最高裁1989年11月24日判決(判例時報1337号48쪽), ② 크로로킹 제1차소송에 관한 最高裁1995年6月23日判決(判例時報1539号32쪽), ③ 치쿠호진폐(塵肺)소송에 관한 最高裁2004年4月27日判決(判例時報1860号34쪽), ④ 칸사이미나마타소송에 관한 最高裁2004年10月15日判決(判例時報1876号3쪽) 그리고 ⑤ 센난아스베스트(석면)소송에 관한 最高裁2014年6月10日判決(民集68巻8号1802쪽)이 그것이다. 이 가운데 판례①②에서는 규제권한불행사에 대한 위법성이 부인되었고 판례③에서 최초로 국가책임이 인정되었으며 판례④⑤도 이를 인정하고 있다.

29) 宇賀克也, 行政法概説Ⅱ, 有斐閣(2006), 372쪽.

30) 宇賀克也, 宅建業者の監督と国家賠償責任, 行政判例百選Ⅱ〔第6版〕(2012), 471쪽, 등.

31) 塩野, 상게서, 331쪽. 山本隆司＝金山直樹, 最高裁判所民事判例研究, 法学協会雑誌第122巻第6号, 1115-1116쪽.

염두에 두고 본 건에 대하여 분석적으로 살펴보고자 한다.

2. 규제권한불행사에 대한 위법성판단의 틀

1) 규제권한불행사의 유형

먼저 논의에 들어가기 앞서 규제권한불행사의 유형은 다양하기 때문에 이 점에 대해서 정리해 두고자 한다.

행정권이 부여된 권한을 행사하지 않아(또는 불충분 하여) 문제가 되는 경우는 다음과 같이 세 가지 유형이 있다. 즉, ① 피규제자, 행정청, 규제의 수익자라고 하는 3자관계가 존재하는 경우와 ② 자연현상이나 유기견(遺棄犬) 등에 의한 위해로부터 국민을 보호하기 위한 규제권한행사의 경우 그리고 ③이 두 가지 어디에도 속하지 않는 것으로서 폐기물처리의 해태(懈怠)와 같은 급부행정에 있어서의 부작위가 위법하다고 하여 책임을 묻게 되는 경우이다. 위의 세 가지의 경우는 국가배상책임이 성립하기 위한 핵심요건인 위법성을 인정함에 있어서 고려되는 보호규범 문제 등이 각각 다르다.[32] 따라서 이들 모두를 대상으로 하여 고찰해야 하지만 본고에서는 편의상 ① 피규제자, 행정청, 규제의 수익자라고 하는 3자관계가 존재하는 경우를 중심으로 분석한다.

2) 위법성인정을 위한 이론구성

앞서 언급한 것처럼 규제권한불행사에 대한 국가책임을 묻는 경우 가장 문제가 되는 것이 「위법성」을 어떠한 논리로 인정할 것인가 하는 점이다. 그 이유는 규제권한불행사에 대한 국가배상책임이 인정되기 위해서는 권한불행사가 위법해야 하는데 판례는 (일본)국가배상법 제1조의 위법을 「공무원이 개별적으로 국민에 대하여 부담하는 법적 의무」를 위반한 경우라는 입장을 취하고 있기 때문이다.[33] 따라서 규제권한불행사가 위법하게 되기 위해서는 행정이 개별적인 국민에 대하여 지는 작위의무위반이 인정되지 않으면 안 된다.[34] 그런데 이 때 작위의무를 이끌어내는 과정에서 가장 문제가 되는 것이 이른바 행정편의주의이다.[35] 왜냐하면 규제권한불행사가 문제가 되는 경우 규제권한을 행사할 것인가의 여부가 보통은 효과재량으로 되어있기 때문이다. 따라서 이 행정편의주의를 어떻게 극복하느냐가 중요한 과제였다. 이것을 극복하기 위한 이론으로서는 효과재량이 일정한 경우에는 제로로 수축하여 작위의무가 발생한다고 하는 재량권수축이론, 재량처분의 작위에 관

---

32) 宇賀, 상게논문, 38쪽.

33) 最高裁1985年11月21日民集39巻7号1512쪽.

34) 北村和生, 行政権限不行使に対する司法救済, ジュリトNo.1310(2006.4.15.), 36쪽.

35) 宇賀克也, 規制権限の不行使に関する国家賠償, 判例タイムズNo.833(1994.3.1.), 38−40쪽.

하여 재량권의 일탈·남용이 위법하게 되는 것과 나란히 효과재량이 인정되고 있는 경우에
도 부작위가 재량권의 일탈·남용에 해당하는 때에는 위법하다고 하는 재량권소극적남용
론 등 복수의 이론이 제시되고 있는데 이들 양자가 중요시하는 것은 규제권한불행사의 위
법요소이다.[36]

　　그리고 학설로 일반적으로 인정되고 있는 고려요소는 다음과 같다. 즉, ① 피침해이
익, ② 예견가능성, ③ 결과회피가능성, ④ 기대가능성이 그것이다. 먼저 피침해이익이 생
명, 신체와 같이 중요한 것일수록 작위의무가 인정되기 쉽다. 예견가능성의 요건은 어떠한
경우이든 작위의무를 인정하는데 불가결한 요소로 받아들여지고 있다. 그러나 어느 정도
의 예견가능성이 필요한가가 문제이다. 예를 들면, 위험이 급박한 정도에 이를 것이 필요
한가 아니면 개연성으로 충분한가 하는 문제이다. 결과회피가능성 역시 어떠한 경우이든
규제권한 불행사에 의한 책임을 인정하는 이상 해당 권한의 행사에 의해 결과를 회피할
수 있었다는 점이 작위의무발생의 필요조건이다. 마지막으로 기대가능성의 경우 사인이
스스로 위험을 회피하는 것이 곤란하여 행정의 개입이 기대되는 경우에는 작위의무를 인
정하기 쉽게 된다.[37]

　　현재 위의 재량권수축론이 학계에 주된 이론으로 자리를 잡고 있지만 이 이론이 갖고
있는 한계성을 지적하는 견해가 제시되어 주목을 끌고 있다. 먼저 시오노교수는 규제권한
불행사에 대한 국가배상책임을 인정한 판례들(판례③④⑤)은 행정기관에의 권한부여의 법
목적이 피해자의 이익보호라는 점에서 특정되어 있었기 때문에(특히, 본건 판례③), 이른바
반사적 이익론을 번잡스럽게 원용하지 않고, 권한불행사의 위법성을 인정할 수 있었다는
점에 주목해야 한다고 지적한다. 이것은 바꾸어 말하면 재량권축소론은 관계법령의 목적
이 법률의 규정 내지는 입법과정에서도 명확하지 않은 경우에 의미를 갖게 된다는 것이
다.[38] 또 재량권수축이라는 구성을 취하는 경우와 그렇지 않은 경우에 권한불행사가 위법
하게 되는 요건에 차이가 있다고는 당연히 말할 수 없기 때문에, 어쨌든 이것은 설명의 문
제에 지나지 않는다고 한다. 그리고 더 나아가 보다 근본적으로는 예의 위해방지책임의 근
거를 어떻게 세우느냐에 따라 법률의 유무를 묻지 않고 위해방지조치(여기에는 사인 측의 자
유, 재산의 침해가 포함되는 일도 있다)를 취할 것을 인정하는 데까지 발전할 가능성이 있다는
점에 유의해야 한다고 주의를 촉구하고 있다.[39]

　　한편 야마모토교수는 재량권수축론에서 위법판단의 고려요소의 하나인 보충성(본고는
기대가능성에 포함된 것으로 본다)을 예로 들어 이 이론이 갖고 있는 문제점을 다음과 같이

36) 宇賀克也, 行政法概説Ⅱ, 有斐閣(2006), 372쪽.
37) 宇賀, 行政法概説Ⅱ, 372쪽.
38) 塩野, 상게서, 327-328쪽.
39) 塩野, 상게서, 331쪽.

날카롭게 지적한다. 즉, 「본래 행정법규의 해석적용에 있어서 보충성 그 밖의 제(諸)인자(因子)를 어떻게 또 어느 정도 고려해야 할 것인가는 행정권한의 근거규범별로 근거규범의 해석에 의해서 결정된다. 그러나 재량권수축론은, 극단적으로 말하면, 이와 같은 제(諸)인자(因子)를 각 근거규범에서 떨어져서 일반적으로 평가하고 나서 어느 근거규범의 해석에도 평균적으로 끌고 들어갈 위험이 있다.……. 행정기관의 판단과정의 경과가 길고 복잡하여 행정기관의 다양한 판단·조치의 정합성·합리성·적시성을 재량통제할 필요가 있는 경우에는 재량수축론은 적절한 판단의 틀이 될 수 없다.」 그리고 재량수축론은 다음과 같은 경우에 의미가 있다고 한다. 즉, 「확실히 재량수축론은 일찍이 규제권한불행사에 의한 국가배상을 인정하기 위한 이론적 지렛대가 되기도 하였고 현재에도 규제권한의 근거규범이 제3자 사인의 이익을 일반적으로 보호하고 있는가의 여부와 관계없이 해당 사인에 대한 급박·중대한 권리침해를 방지해야할 사례에 있어서 혹은 국가배상청구소송의 원고 사인이 절차의 처음단계에서 위법성의 요건을 주장하는 실마리로서는 의의가 있다.」[40]

재량권수축론은 두 연구자가 지적하는 것처럼 규제권한불행사에 대한 국가배상을 인정하기 위한 논의의 시작단계에서 지렛대역할을 하였고 위법성판단의 고려요소도 최고재판례의 판단의 틀 속에서 활용되고 있는 것은 사실이다. 그러나 후술하는 것처럼 최고재판례는 명시적으로 재량권수축론을 원용한 적이 없고 해당 사안에 있어서 규제권한불행사의 근거가 되는 법령을 먼저 검토하고 이를 바탕으로 구체적인 사정을 고려하는 판단의 틀을 구축하고 있다.

3) 최고재판례의 판단의 틀

규제권한불행사에 대한 최초의 최고재판례가 앞서 언급한 판례①[41]이다. 사건은 택지건물거래업자 A의 불법영업에 의해 피해를 입은 B가 C(교토부)에 대하여 이 사건 면허의 부여·갱신을 한 점 및 A에 대한 업무정지처분·취소처분 등의 규제권한행사를 해태한 점이 위법하다고 주장하며 손해배상을 청구한 소송이다. 이 국가배상청구소송에 대하여 제1심판결은 본 건면허의 부여·갱신과 손해 사이의 상당인과관계를 부정하였지만 규제권한의 불행사는 위법하다고 하여 B의 청구를 일부 인용하였다. 그러나 항소심판결은 규제권한불행사에 대하여 현저히 합리성을 결했다고 할 수 없다고 하여 제1심판결을 취소하였다. 이에 대하여 B가 상고한 것이 본 건이다.

이에 대하여 최고재는 B의 상고를 기각하였는데 주된 판지는 다음과 같다.

---

40) 山本隆司＝金山直樹, 상게논문, 1115－1116쪽.
41) 택지건물거래업법상의 권한불행사에 관한 最高裁1989年11月24日判決, 判例時報1337号48쪽.

①「택지건물거래업법은, ……면허를 부여한 업자의 인격·자격 등을 일반적으로 보증하고 나아가서는 해당 업자의 부정한 행위에 의해 개개의 거래관계자가 입을 구체적인 손해의 방지, 구제를 제도의 직접적인 목적으로 하고 있다고는 갑자기 해석하기 어렵고 그러한 손해의 구제는 일반적인 불법행위규범 등에 맡겨져 있다고 해야하기 때문에 지사 등에 의한 면허의 부여 내지 갱신 그 자체는 법소정의 면허기준에 적합하지 않는 경우라 할지라도 해당업자와의 개개의 거래관계자에 대한 관계에 있어서 바로 국가배상법 제1조 제1항에서 말하는 위법한 행위에 해당하는 것은 아니라고 해야 할 것이다.」

②「당해업자의 부정한 행위에 의해 개개의 거래관계자가 손해를 입은 경우일지라도 구체적인 사정하에서 지사등에게 감독처분권한이 부여된 취지·목적 등에 비춰 그 불행사가 현저히 불합리하다고 인정되는 때가 아닌 한 위 권한의 불행사는 당해거래관계자에 대한 관계에서 국가배상법 제1조 제1항의 적용상 위법의 평가를 받는 것은 아니라고 말할 수밖에 없다.」

위의 판지에서 먼저 지적해야 할 사항은, 앞에서 언급한 것처럼, 재량권수축론에 대하여 전혀 언급하고 있지 않다는 점이다. 즉, 이 시점에서 「반사적 이익론」이나 「행정편의주의」는 이미 극복되었다고 보아도 좋을 것이다.

이어서 실체적 판단에 있어서 판지①은 근거법령의 보호범위문제를, 판지②는 행정재량의 문제를 다루고 있다. 전자는 규제권한을 규정한 법령이 해당 제3자의 이익보호를 직접적인 목적으로 하고 있는가에 대한 판단이다. 그리고 후자는 행정청에 재량이 인정되는 것이기 때문에 원래, 또 어떠한 경우에 행정청에 작위의무가 있다고 할 수 있는가 하는 점이다.[42] 이러한 관점에서 볼 때 위의 최고재의 판지는 다음과 같이 이해할 수 있을 것이다. 「택지건물거래업법」의 면허제도가 '직접' 보호하는 대상은 시장질서이지 '개개의 거래관계자의 이익은 아니라는 것이다. 물론 면허제도 가운데 면허취소처분이나 업무정지 등의 감독처분은 거래관계자의 경제적 이익에 대한 위험이 구체화한 경우에 취해지는 조치이다. 그러나 이러한 감독처분을 행하는 경우도 사업자 내지 기존의 거래관계자의 경제적 이익이라고 하는 반대이익을 강하게 고려하는 행정재량이 인정된다. 따라서 거래관계자의 경제적 이익이 국가배상에 의해 보호되는 것은 감독처분권한의 불행사가 '현저하게 불합리'한 특수하고 예외적인 경우에 한한다. 개개의 거래관계자의 보호는 기본적으로는 택지건물거래업법 및 국가배상법이 아니라 개별적인 거래관계를 규율하는 '불법행위규범 등'에 의해 행해진다.[43] 이러한 해적에 따라서 최고재는 C가 A에 대한 영업정지 내지 면허취소

---

42) 中原茂樹, 労働安全規制と国家賠償責任, 行政判例百選Ⅱ〔第6版〕(2012), 475쪽.
43) 山本隆司＝金山直樹, 1104-1105쪽.

를 하지 않았던 것이 감독처분권한의 취지·목적 등에 비춰 그 불행사가 현저히 불합리하다고 할 수 없기 때문에 C의 권한불행사는 국가배상법 제1조 제1항에서 말하는 위법에 해당하지 않는다고 판단하였다.

이처럼 최고재는 ① 근거법령의 보호범위의 문제와 ② 행정재량의 문제를 국가배상에서 규제권한불행사의 위법성 판단의 틀로 삼고 있다. 물론 모든 사안에서 이 두 가지 요소가 다 고려되는 것은 아니다. 본 건(판례③, 치쿠호진폐소송)에서 볼 수 있는 것처럼 근거법령에서 피해자의 생명·신체에 대한 위해방지를 주된 목적으로 하고 있는 것이 명백한 경우 근거법령을 분석은 하되 보호범위는 문제 삼지 않는 것이 보통이다. 그리고 ② 행정재량의 문제의 경우, 판례①과 판례②에서는 재량을 강조하여 권한불행사의 위법을 부정하였지만 본 건(판례③)에서는 재량을 특별히 언급함이 없이 권한불행사의 위법을 인정하고 있다. 이것은 앞서 사실관계에서 기술하고 있는 것처럼 진폐의 심각한 피해상황, 그 원인, 취해야할 대책 등이 명확해 졌고 또 법적으로도 기술적으로도 대책을 취하는 것이 가능하게 된 단계에서는 이미 재량을 논할 여지가 없기 때문이라고 생각된다.[44] 이러한 판단방식은 판례④와 판례⑤에서도 그대로 이어지고 있다,

3. 본 판결(판례③)이 갖는 의미

본 판결은 규제권한불행사에 관한 국가배상소송에 있어서 (일본의) 리딩케이스라고 할 수 있다. 특히 다음과 같은 두 가지 점에서 매우 중요한 의미를 갖는다.

첫째 본 판결은 판례①과 판례②에서처럼 행정기관의 재량 내지 판단여지를 강조하지 않고 있다. 그리고 광산보안법상의 규제의 목적을 노동자의 안전과 건강보호로 보아 노동자의 안전이익을 보호하는 수준을, 예를 들면 사업자의 이익과 비교형량하여 결정하는 행정재량도 기본적으로 인정하고 있지 않다. 또 무엇보다 눈여겨 볼 것은 본 판결은 규제권한불행사에 대하여 제3자 사인을 국가배상법으로 보호하는 경우에 「위법성」판단기준을 가중하는 요건을 제시하고 있지 않다는 점이다.

둘째 심사밀도에 관한 사항이다. 판례①과 판례②는 규제권한에 의해 제3자의 법적 지위가 원칙적으로 보호되지 않거나 혹은 그 보호가 상대화되어 있기 때문에 구가배상법 제1조 제1항의 「위법성」판단기준이 다소 가중되어 심사밀도가 느슨해질 여지가 있다. 그러나 본 판결에 의하여 규제권한 불행사에 관한 국가배상법상의 위법성심사를 통상의 기준·밀도로 행해야 한다는 점이 분명해졌다는 점 또한 지적되어야 할 것이다.[45]

---

44) 中原, 상게논문, 475쪽.

45) 山本隆司＝金山直樹, 1107쪽.

IV. 맺음말

오늘날 사인의 경제활동의 영역이 확대되고 있음에도 불구하고 이에 대하여 행정청이
규제권한을 행사하지 않거나 불충분하여 제3자가 피해를 입는 사례가 늘어나고 있다. 전
통적인 경찰행정 분야는 물론이고 환경행정, 소비자행정 분야 등에서도 이러한 현상을 흔
히 볼 수 있게 되었다. 이 경우 피해를 입은 제3자가 행정청의 규제권한불행사를 이유로
국가배상을 청구할 경우 「위법성」을 어떠한 기준에 따라 판단할 것인가가 문제가 된다. 왜
냐 하면 (일본)국가배상법 제1조는 공무원의 「작위」에 의한 불법행위가 전형적인 사례이기
때문에 규제권한불행사(=부작위)의 위법성 역시 같은 기준으로 판단할 수 있는가 하는 문
제가 당연히 제기되기 때문이다. 이에 대한 대답으로 등장한 것이 재량권수축론과 재량권
소극적남용론이다. 전자는 효과재량이 일정한 경우에는 제로로 수축하여 작위의무가 발생
한다는 이론이며, 후자는 재량처분의 작위에 대하여 재량권의 일탈남용이 인정되는 것처럼
부작위도 재량권의 일탈·남용에 해당하는 때에는 위법하다고 하는 이론이다. 그러나 주목
해야 할 점은 양자 모두 규제권한불행사에 대한 위법성의 고려요소(① 피침해이익, ② 예견가
능성, ③ 회피가능성, ④ 기대가능성)를 매우 중시하고 있다는 점이다(따라서 본고에서는 양자를
통칭하여 재량권수축론이라 칭한다). 이 재량권수축론은 학계에 압도적인 영향을 주었고 현재
에도 많은 학자들이 원용하고 있으며 이 이론을 원용하는 하급심판례도 적지 않았다.

그러나 1989년 「택지건물거래업법상의 권한불행사에 관한 최고재판결」(판례①)이 내
려지면서 위의 이론은 변화를 맞게 된다. 먼저 이 판결에서는 반사적 이익론이나 행정편의
주의에 대하여 언급하지 않을 뿐더러 재량권수축이론을 명시적으로 원용하지도 않는다.
그리고 ① 근거법령의 보호범위의 문제와 ② 행정재량의 문제를 규제권한불행사에 대한
위법성에 대한 판단의 틀로서 활용한다. 이 판결의 판지는 1995년 「크로로킹 제1차소송에
관한 최고재판결」(판례②)에 가지 이어진다. 그리고 규제권한불행사에 관한 국가배상소송
에 있어서 (일본의) 리딩케이스라고 할 수 있는 2004년 「치쿠호진폐(塵肺)소송에 관한 최고
재판결」(판례③)에서 큰 전기를 맞는다. 즉, 이 판결은 먼저 재량을 특별히 언급함이 없이
권한불행사의 위법을 인정하고 있다는 점이다. 그리고 이 판결은 규제권한불행사에 관한
국가배상에서 「위법성」판단기준을 가중하는 요건을 제시하고 있지 않을 뿐만 아니라 위법
성심사를 통상의 기준·밀도로 행해야 한다는 점을 확실히 밝히고 있다는 점은 매우 중요
한 의미를 갖는다. 이 판결의 판지는 2004년 「칸사이미나마타소송에 관한 최고재판결」(판
례④) 그리고 2014년 「센난아스베스트(석면)소송에 관한 최고재판결」(판례⑤)로 이어지고
있다.

행정처분의 절차적 하자*

김창조**

I. 머리글

　행정절차에 의한 사전적 규제는 민사법영역과 비교할 때, 행정법의 중요한 특색의 하나이다. 행정절차에 의한 사전규제는 권리구제와 행정통제라는 측면에서 행정소송과 기능적 공통성이 있다고 할 수 있다. 행정과정에서 행정청과 사인 간에 법적 분쟁이 발생하여 사법과정으로 이행할 경우, 행정활동에 관한 실체법상의 적법성에 부가하여 절차법상의 적법성이 심사대상이 된다.

　행정행위가 법령이 규정한 실체적 요건을 충족하지 못할 경우에는 무효사유 또는 취소사유가 되는 하자를 수반한다는 것은 법치행정 원리의 당연한 귀결이다. 이것에 대하여 절차적 하자가 있는 경우에 실체적 하자의 존부에 관계없이, 당해 하자를 독립적으로 무효사유 또는 취소사유로 취급할 것인가 여부가 문제된다. 법원의 심리과정에서 절차에 하자가 있지만, 행정청의 실체적 판단이 타당한 경우가 발생할 수 있다. 이러한 경우에 결과는 타당하지만 절차에 하자가 있다고 하여 당해 처분을 취소할 것인가 여부가 문제로 제기될 수 있다.[1]

---

* 이 논문은 법학논고 제60집(2017.11)에 게재된 논문으로 「최광률 명예회장 헌정논문집」에 전재하는 것이다.
** 경북대학교 법학전문대학원 교수

1) 우리나라의 경우, 절차적 위법만을 이유로 취소소송을 제기하는 경우가 많다. 따라서 실체적 하자와 절차적 하자의 관계가 독립적으로 취급되는 경우가 다수 존재한다. 그러나 분쟁의 종국적 해결을 도모하고 소송경제와 행정경제를 동시에 실현한다는 의미에서 행정소송법 제26조를 보다 적극적으로 해석하여 주장책임과 관련된 법원의 역할을 강조할 필요가 있다. 원고가 절차적 위법만을 주장하는 경우에, 사안에 따라서는 당사자의 주장을 넘어서 실체적 위법에 대하여도 직권으로 검토하여 심리의 대상으로 할 필요가 있을 것이다. 독일은 소송제기와 관련된 행정행위의 절차적 하자의 취급에 대하여 행정법원법에 명문규정을 두고 있다. 독일 행정법원법 제44a조는「행정청의 절차행위에 대한 법적 구제는 실체적 결정에 대하여 허용되는 법적 구제와 결합하여서만 청구될 수 있다. 다만, 행정청의 절차행위가 집행될 수 있거나 관계인 이외의 자에 대하여 행하여진 경우에는 예외로 한다」라고 규정하여 절차적 하자만을 가지고 취소소송을 제기하는 것을 제한하고 있다. Hufen/Siegel, Fehler Im Verwaltungsverfahren, 5. Auflage, Nomos, 2013, SS. 379−383.

만약 사인이 반드시 적정절차에 따라서만 처분을 받을 수 있다는 의미에서 절차적 권리가 있다고 한다면 절차위반은 처분의 취소사유 혹은 무효사유로 해석될 수 있다. 그리고 무엇이 타당한 행정결정인가의 문제에 대하여 절차적 정당성을 강조하는 입장에서 기본적으로는 타당한 절차에 의하여만 정당한 결정이 내려진다는 전제에 선다면, 이러한 견해가 타당하다고 할 수 있다.[2]

절차는 처분내용의 정당함을 담보하는 것으로 그 자체로서 독립한 절차적 권리가 사인에게 발생하지 않는다는 견해를 취할 경우, 절차적 하자가 반드시 취소사유나 무효사유에 해당하지 않는 경우도 있을 수 있다. 그것은 절차적 하자가 아무런 관계인의 실체적 권리이익을 침해하지 않고, 행정청이 절차를 다시 시행하더라도 실체적으로 동일한 결정을 내릴 가능성이 있기 때문이다. 절차적 규제는 실체적으로 정당한 결정을 도출하기 위한 수단으로서 의미를 갖고 있다. 또한 실체적으로 타당할 때에는 절차의 하자만을 이유로 취소하더라도 결국 행정청으로서는 절차의 하자를 보완하여 동일한 처분을 하는 것이 되어 행정경제에 반하는 것이 된다고 볼 수 있다.[3] 이 견해에 따르면 절차적 하자를 수반한 행정처분을 취소하여 하자없는 절차의 재실시를 거쳐 처분이 행하여졌다고 가정할 때, 결론이 변경될 가능성이 있는가 여부를 고려하여 그 가능성이 있는 경우에 당해 절차적 하자를 취소사유로 본다.[4]

모든 절차적 하자에 대하여 절차적 규제의 중요도와 절차적 하자 정도의 경중을 무시하고 항상 처분의 취소사유 혹은 무효사유로 취급하는 것은 그 타당성을 결한 경우도 있을 수 있다. 그러나 실체적 결과에 문제가 없다면 절차는 무시하여도 좋다고 한다면 행정절차의 독자적 의미는 없어지게 된다. 하자있는 행정절차라 하더라도 실체적으로 보아서 적법하다고 하여 허용한다고 한다면 행정기관은 적법한 절차를 거쳐서 실체적으로 적법·타당한 결정을 내려야 한다는 동기를 상실하게 될 것이다. 그리고 실체적 하자가 없는 경우에 절차적 하자를 문제시 않는다면 절차적 규제의 존재의의가 없어질 수 있다고 지적할 수 있다.

이러한 대립되는 견해가 제기하는 문제점을 해결하기 위하여, 행정처분이 행정절차에만 하자가 있는 경우에 법원이 절차를 재실시하여 당해 행정처분을 다시 행하게 하도록 행정청에게 명하여야 하는가 여부의 문제에 대하여 적절한 절차를 준수하면서 그것이 너무 과도하지 않게 하는 적절한 타협적 접근방식의 검토가 필요할 것이다.[5]

---

2) 김철용, 행정법, 고시연구사, 2016, 322-324면.

3) 행정처분의 실체적 적법성을 강조하는 견해에서는 이러한 경우 절차의 재실시는 시간, 노력, 비용, 행정자원의 낭비 등을 초래할 수 있어서 바람직하지 않다고 볼 수도 있다.

4) 정하중, 행정법개론(제11판), 법문사, 2017, 384-386면.

5) 芝池義一, 行政法讀本 第三版, 有斐閣, 2013, 239-240頁.

우리 법제에 큰 영향을 준 미국이나 독일의 경우[6]에는 절차적 하자에 대하여 명문의 규정으로 법적효과에 대하여 규정하고 있으나 우리나라와 일본의 경우에는 절차적 하자의 효과에 대하여 몇몇의 개별적 규정 이외에 이에 대한 일반적 규정을 두고 있지 않다.[7] 행정절차법에도 이에 대한 별도의 규정이 없기 때문에 그 해결은 학설·판례에 맡기고 있다.

이하에서는 행정처분의 절차적 하자의 법적 효과에 대한 학설·판례를 분석하여 추후 이 문제에 대한 적절한 논의방향을 검토하려 한다.

II. 절차적 하자의 법적 효과에 대한 판단방법

절차적 하자의 법적 효과에 대하여 당해 처분의 취소사유로 할 것인가 여부에 대하여는 2가지 입장이 대립하여 왔다. 그 하나의 견해는 절차적 위법이 당해 처분의 취소사유가 된다는 입장이고 또 다른 견해는 절차가 위법하더라도 처분이 취소되는 것이 아니라 실체적 문제에 대하여 영향을 미치는 한도 내에서 취소사유가 된다는 입장이다.

1. 행정처분의 결과·내용 독립적 절차적 하자판단

절차와 관계한 대다수의 판례와 종래의 다수 학설이 전개한 견해로서 절차적 하자의 법적 효과를 실체적 판단 내지 처분결과와 독립적으로 판단하는 입장이다.

이유제시가 결여된 행정처분에 대하여 대법원은 「허가의 취소처분에는 그 근거가 되는 법령과 처분을 받은 자가 어떠한 위반사실에 대하여 당해 처분이 있었는지를 알 수 있을 정도의 위 법령에 해당하는 사실의 적시를 요한다고 할 것이고 이러한 사실의 적시를 흠결한 하자는 그 처분 후 적시되어도 이에 의하여 치유될 수는 없다고 할 것이다」고 판시하여 하자있는 이유제시에 대하여 처분의 취소사유가 된다고 하였다.[8]

---

6) 5 U.S.C.§706(D)는 법이 규정하는 절차에 따르지 않는 행정청의 행위가 취소되어야 하는 것을 명확히 규정하고 있다.

독일연방행정절차법 제46조는 「제44조에 의하여 무효로 되지 않는 행정행위의 취소는, 그 위반이 실체에 있어서 결정에 영향을 미치지 않은 것이 명백할 때에는, 당해 결정이 절차, 형식, 토지관할에 관한 규정에 위반하였다는 것만으로 청구할 수 없다」라고 규정하고 있다.

7) 국가공무원법 제13조(소청인의 진술권) ① 소청심사위원회가 소청 사건을 심사할 때에는 대통령령등으로 정하는 바에 따라 소청인 또는 제76조제1항 후단에 따른 대리인에게 진술 기회를 주어야 한다. ② 제1항에 따른 진술 기회를 주지 아니한 결정은 무효로 한다.

지방공무원법 제18조(소청인의 진술권) ① 심사위원회가 소청사건을 심사할 때에는 대통령령으로 정하는 바에 따라 소청인 또는 그 대리인에게 진술 기회를 주어야 한다.

② 제1항의 진술 기회를 주지 아니한 결정은 무효로 한다.

이유제시의 정도와 방법에 대하여「행정절차법 제23조 제1항은 행정청은 처분을 하는 때에는 당사자에게 그 근거와 이유를 제시하여야 한다고 규정하고 있는바, 일반적으로 당사자가 근거규정 등을 명시하여 신청하는 인·허가 등을 거부하는 처분을 함에 있어 당사자가 그 근거를 알 수 있을 정도로 상당한 이유를 제시한 경우에는 당해 처분의 근거 및 이유를 구체적 조항 및 내용까지 명시하지 않았더라도 그로 말미암아 그 처분이 위법한 것이 된다고 할 수 없다」[9]고 하였다.

이들 판례에서는 절차적 하자의 법적 효과에 대한 판단을 실체적 판단 내지 처분결과와 관련시키지 않고, 절차제도의 취지와 적용영역, 사안에 있어서 권리보호의 중요성 등을 고려하여 절차적 위법을 취소사유로 판단하고 있다.

2. 행정처분의 결과·내용 의존적(결과종속적) 절차적 하자판단

일부 판례와 유력한 학설이 제시하는 견해로서 절차적 하자의 법적 효과를 실체적 판단 내지 처분결과와 관련시켜 판단하는 입장이다. 이 견해에 따르면 절차적 하자에 대하여 하자없는 절차를 거쳐 처분이 행하여졌다고 가정할 때, 상이한 결론이 내려질 가능성이 있는가 여부를 고려하여 그 가능성이 있는 경우에는 절차적 하자를 이유로 처분을 취소하는 것을 긍정하는 입장이다. 용화집단시설지구 기본설계변경 승인처분 취소소송에서 대법원은「내무부장관이 이 사건 변경처분을 함에 있어서 피고와의 협의를 거친 이상, 환경영향평가서의 내용이 환경영향평가제도를 둔 입법 취지를 달성할 수 없을 정도로 심히 부실하다는 등의 특별한 사정이 없는 한, 내무부장관이 피고의 환경영향평가에 대한 의견에 반하는 처분을 하였다고 하여 그 처분이 위법하다고 할 수는 없고, 따라서 피고가 이 사건 사업에 관한 부정적인 의견을 회신하였음에도 내무부장관이 이 사건 변경처분을 한 것은 환경영향평가 협의내용을 제대로 반영하지 않은 것으로서 자연공원법령 및 환경영향평가법령에 위배한 하자가 있다는 취지의 원심 판단 부분은 그 설시과정이 다소 적절하지 않다고 보인다」[10]고 하여 환경영향평가 협의 내용의 반영과정에서 발생한 절차적 흠이 존재하더라도 당해 처분은 위법이 되지 않는다고 하였다.

이 판결은 환경영향평가절차에서 행정기관간 협의절차에 대하여 절차적 하자가 있다고 하더라도「심히 부실」한 경우가 아니면, 취소사유가 되는 절차적 하자에 해당하지 않는다고 하였다. 환경영향평가의 하자에 대하여 절차적 하자와 실체적 하자로 구분하여 설명

---

8) 대법원 1984.7.10. 선고, 82누551, 판결.

9) 대법원 2007.5.10. 선고, 2005두13315, 판결

10) 대법원 2001.7.27. 선고 99두2970 판결.

하기도 한다. 그러나 환경영향평가 자체가 사업계획승인처분의 사전절차로서의 성격을 갖는다는 점에서 환경영향평가는 실체적 하자이든 절차적 하자이든 사업계획 승인처분의 절차적 하자로서의 성질을 갖는다고 할 수 있다.[11] 최근 환경영향평가의 하자와 관련된 일련의 판례에서 절차적 하자에 대하여 모두 취소사유가 되는 위법이라고 판단하지 않고 하자의 경중과 처분의 결과를 관련시켜 그 법적 효과를 세분화시키고 있다.

경부고속철도 서울차량기지정비창건설사업 실시계획 승인처분 취소소송에서 대법원은 「환경영향평가를 거쳐야 할 대상사업에 대하여 그러한 환경영향평가를 거치지 아니하였음에도 승인 등 처분을 하였다면 그 처분은 위법하다 할 것이나, 그러한 절차를 거쳤다면, 비록 그 환경영향평가의 내용이 다소 부실하다 하더라도, 그 부실의 정도가 환경영향평가제도를 둔 입법 취지를 달성할 수 없을 정도이어서 환경영향평가를 하지 아니한 것과 다를 바 없는 정도의 것이 아닌 이상 그 부실은 당해 승인 등 처분에 재량권 일탈·남용의 위법이 있는지 여부를 판단하는 하나의 요소로 됨에 그칠 뿐, 그 부실로 인하여 당연히 당해 승인 등 처분이 위법하게 되는 것이 아니다」[12]고 하였다.

이 판결은 절차로서의 환경영향평가가 다소 부실하여 절차적 하자가 존재하더라도 하자의 정도와 절차적 하자가 처분의 결과·내용에 미치는 정도를 고려하여 당해 하자가 취소사유가 되지 않는다고 하였다. 절차적 하자의 법적 효과를 당해 절차적 하자의 정도와 처분결과·내용에의 영향을 미치는가를 감안하여 취소사유가 될 수 있는가 여부를 판단하고 있다고 볼 수 있다.

3. 소결

절차적 하자의 법적효과 판단에 대한 전형적인 두 가지 접근방식으로 행정처분의 결과·내용 독립적 절차적 하자판단방식과 행정처분의 결과·내용 의존적 절차적 하자 판단방식을 들 수 있다. 전자는 절차적 하자를 절차적 권리의 침해로 파악하여 이러한 권리의 침해에 대하여 취소판결이 적절한가라는 관점에서 접근하는 견해이고 후자는 절차적 하자를 처분의 적법요건의 결여로 파악하여 법원이 어느 정도의 심사밀도로 심사하여 당해 문제를 해결할 것인가의 관점에서 이 문제해결을 도모하는 입장이다. 전자를 취하는 견해에서는 절차적 위법이 존재하는 경우 항상 당해 처분이 무효 또는 취소된다는 입장을 취하기 때문에 절대적 취소사유설이라고 칭하기도 한다. 이에 반하여 후자를 취하는 입장은 행정처분의 내용 내지 결과와 관련시켜 사안별로 절차적 하자의 효과를 정하기 때문에 상대

---

11) 박균성, 행정법강의(제12판), 박영사, 2015, 1303면.

12) 대법원 2001.6.29. 선고 99두9902 판결.

적 취소사유설이라고 칭하기도 한다.[13)]

Ⅲ. 절차적 하자의 법적효과에 대한 제학설

1. 절차적 하자를 독립적으로 취소사유로 보는 학설

절차적 하자를 실체적 판단과 독립적으로 취소사유로 보는 입장이다. 절차적 하자는 절차상의 법적 이익의 침해이고 그 구제는 절차적 하자를 수반한 당해 처분의 취소에 있다는 견해이다. 행정과정이 공정한 절차에 의하여 행하여지지 않는다면, 절차상 법적 이익이 침해당하기 때문에 판단내용의 변경가능성과 관계없이 취소된다는 입장으로 절차중시적 사고에 입각한 학설이라고 해석된다. 절차적 하자는 항상 행정처분의 절대적 취소사유를 구성한다. 절차적 하자가 처분의 효력에 미치는 영향에 대하여 절차를 중시하여 그 하자를 독립한 위법사유로 보는 이 견해를 취하면, 절차적 하자는 당해 처분의 취소사유나 무효사유가 될 것이다. 취소소송에서 절차적 하자가 주장된 경우에는 피고 행정청이 내용적으로 적법한 처분이라고 주장하는 경우에도 일반적으로 적법한 처분절차를 취하는 것에 의하여, 보다 타당한 내용의 행정처분이 가능하기 때문에 절차적 하자를 취소사유로 보아야 한다고 한다. 절차적 하자는 절차상의 법적 이익의 침해이고 그 구제는 절차적 하자를 수반한 당해 처분의 취소에 있다는 견해이다. 행정절차의 고유한 가치를 인정하여 이것을 취소소송을 통하여 보호하려는 것을 기본적 전제로 한다.[14)]

이 견해의 논거를 정리하면 다음과 같다. 첫째 법치행정원리는 실체적으로 뿐만 아니라 절차적으로 보장되어야 하는 것이므로 절차의 위법만으로도, 행정법규에 별도의 규정을 두지 않는 한 처분을 위법하게 하는 것이라고 보는 것이 법치행정원리에서 요구되는 당연한 요청이다. 둘째 재량행위 이외에는 항상 오직 하나의 올바른 해결만이 있다는 전제는 설득력을 결하고 있고, 결정자체가 명확하게 실체적인 기준으로부터 도출되지 않는다면 최소한 절차가 공정하였다는 것이 요구된다. 셋째 행정법규에 명시적인 유보가 없는 한 사인의 재판청구권인 취소청구권을 제한할 수 없다. 넷째 독일에서 절차의 흠을 중요시하지 아니하는 것은 독일의 정치적·법적 문화의 전통에 깊이 뿌리박혀 있는 독일의 특수한 현상일 뿐만 아니라, 이러한 것은 그들의 실정법에 바탕을 두고 있다. 다섯째 기속행위의

---

13) 本多滝夫, "節次的瑕疵の是正訴訟について", 紙野健二·白藤博行·本多滝夫 編「行政法の原理と展開」, 法律文化社, 2012, 160-164頁.

14) 김철용, 전게서, 323면; 홍정선, 신행정법특강(제16판), 박영사, 2017, 335면; 박균성, 행정법론 상(제16판), 박영사, 2017, 684-685면.

경우에는 독립된 취소사유가 될 수 없고 재량행위에만 독립된 취소사유가 될 수 있다는 것은 지나치게 도식적이다. 하자있는 절차에 기초한 행정행위에 대하여 새롭게 당해 하자를 보완하여 적정한 절차에 따라 처분을 할 경우 반드시 동일한 결정이 내려질 것이란 전제가 없다.15) 여섯째 행정소송법 제30조 제3항에 의하면 처분이 절차적 하자의 위법을 이유로 취소판결을 받은 경우에도 그 처분을 행한 행정청은 판결의 취지에 따라 다시 재처분을 하도록 규정한 것은 절차위반이 취소사유가 된다는 것을 전제로 한 것이다. 헌법 제11조와 제12조 등에서 보장하고 있는 사인이 행정과정에서 공정한 취급을 받을 권리를 구체화한 행정절차법의 제정으로 실질적 법치국가가 절차적으로 진화하고 있다. 즉 처분의 내용과는 독립된 절차적 권리가 구체적으로 보장되는 단계에 도달하고 있다. 이러한 점을 고려할 때 절차적 하자는 항상 취소사유 또는 무효사유가 되어야 한다고 한다.16)

경미한 절차적 위반이라고 평가되는 경우로서 절차를 재실시할 경우에도 결론이 바뀌지 않을 것이 명백한 경우에는 처분을 취소할 필요성이 적은 사안도 존재할 수 있다. 이러한 경우까지 절차적 하자가 존재하면 이것을 이유로 당해 행정행위에 취소사유가 되는 위법이 존재한다고 하는 것은 과도한 절차중시적 사고라고 할 수 있다.17)

2. 절차적 하자의 법적 효과를 행정처분의 내용 또는 결과와 관련시켜서 판단하려는 학설

이 견해에 따를 경우 행정절차의 하자가 바로 행정행위의 위법이 되지 않고 행정절차를 재시행하는 경우에 행정행위의 결론이 변경될 가능성이 있는 경우에 한하여 행정행위의 위법성을 가져온다고 한다. 절차의 의의를 적법타당한 행정결정을 보장하는 요청으로 파악하는 입장이나 행정능률의 요청을 중시하는 견해를 취할 경우, 행정결정의 내용적 변경에 영향을 주지 않는 절차적 하자를 취소하여 당해 절차를 재실시하는 것에 대하여 소극적 평가를 하기 쉽다. 이러한 관점에서 주장되는 이 견해는 기본적으로는 행정절차는 행정처분의 내용의 적정성을 확보하는 것을 목적으로 하고 있기 때문에, 절차적 하자가 발생하여 이를 취소소송을 통하여 취소하는 것이 절차상의 법적 이익침해의 구제를 목적으로

---

15) 절차적 하자를 이유로 취소하는 경우, 절차를 재실시하는 것은 단순한 것이 아니고 그 사후처리에는 곤란한 문제가 적지 않다. 예컨대 지금 재처분하려고 하는데 원래의 처분으로 처분이 집행완료되면 어떻게 되는가, 공무원의 징계처분의 경우 계쟁중인 피처분자가 사망하면 어떻게 되는가 등이 그 예이다.

16) 김철용, 전게서, 324면

17) 이러한 점을 감안하여 이러한 견해 중에는 모든 절차적 위법에 대하여 취소사유로 하지 않고 중요한 절차에 한정하여 절차적 위법을 인정하려는 견해도 있다. 적정절차 4원칙 즉, 고지·청문, 문서열람, 이유부기, 처분기준의 설정·공표에 관련된 절차적 흠결이나 불비에 대하여는 절대적 취소사유가 된다고 한다. 塩野宏, 行政法 I, 有斐閣, 2013, 319-322頁.

하는 것이 아니라는 사고에 기초하고 있다. 행정절차는 결과의 공정성을 지향하여 행하여 지는 것이고, 절차 그 자체가 목적이 아니기 때문에 절차상의 하자가 취소사유로 되는 경우는 절차를 다시 바로잡아 할 경우, 즉 행정청이 다른 판단을 내릴 가능성이 있는 경우이어야 한다. 따라서 단순히 절차의 중요성 및 절차적 규범의 실효성을 담보하기 위하여, 처분취소의 필요성을 주장하는 것은 설득력을 결한다고 할 수 있다. 절차하자를 수반한 행정처분이 왜 취소되어야 하는가의 근거를 절차적 하자가 신중하고 공정하게 행하여져야 하는 행정청의 실체적 판단형성에 영향을 주어 실체적 판단을 왜곡시키거나 그러한 의심을 외부에 대하여 발생시키는 점에서 찾아야 한다고 한다.[18] 이러한 학설의 배경에는 행정처분의 내용에 영향을 미치지 못하는 경미한 절차위반만이 존재하는 경우에 당해 처분을 위법하다고 하여 취소하고 당해 절차를 재실시하는 것은 분쟁의 종국적 해결을 도모하지 못하기 때문에 합리적이지 못하다는 사고가 존재한다.

이 학설의 주된 논거를 정리하면 다음과 같다. 첫째 처분의 절차적 규제는 실체법적으로 올바른 행정결정을 하기 위한 수단의 의미를 가진다. 둘째 처분이 실체법적으로 적법한 경우, 절차의 흠을 이유로 취소하여도 행정청으로서는 다시 적법한 절차를 거쳐 전과 동일한 처분을 하여야 하는 경우에는 절차의 흠만을 이유로 당해 처분을 취소하는 것은 행정경제에 반한다. 셋째, 개인이 취소소송을 제기하여 절차위반을 공격하는 것은 절차가 준수되었더라면 자기에게 유리한 행정판단이 행하여질 것을 기대하기 때문인데, 그 기대가 실현되는가의 여부는 실체법 수준에서 결말이 나는 것이므로 절차적 하자를 내걸 필요가 없다.[19]

실체법상의 위법이 존재하면 그 즉시 행정행위가 위법하게 된다는 것과 비교하면, 행정처분의 결과·내용 의존적 절차적 하자 판단방식을 취하는 학설은 절차적 위법을 가볍게 취급한다고 평가할 수 있다. 행정처분의 내용 내지 결과에 영향을 미치지 않는 한, 절차적 하자가 원칙적으로 행정행위의 위법을 초래하지 않는다는 이러한 견해는 과도하게 절차법 위반을 경시하는 사고라고 생각된다. 그리고 절차적 하자가 처분의 결과에 어떤 영향을 미칠 가능성이 있는가 여부를 판단하는 것이 어려운 측면도 있다. 절차적 하자와 처분의 내용을 연결시켜 판단하는 방법은 개개의 사건처리에 있어서 합리적 방법의 하나는 되겠지만 절차경시의 풍조를 조장할 위험이 높다.

---

18) 정하중, 전게서, 384-386면.
19) 하명호, "처분에 있어서 절차적 하자의 효과와 치유", 「행정소송실무(Ⅱ)」, 한국사법행정학회, 2008, 129면.

3. 사안별로 개별 구체적으로 나누어 절차적 권리의 침해와 그 밖의 경우를 나누어 절차적 하자의 법적 효과를 검토하는 견해

처분에 있어서 절차적 하자의 법적 효과를 일률적으로 독립적 취소사유나 무효사유로 파악하지 않고 행정절차와 하자를 분류하여 절차적 권리의 존재 여부에 따라 절차적 하자의 법적 효과를 개별적 구체적으로 판단하자는 입장이다.[20]

절차적 규제의 경중을 구별하여 권리로서 규정된 절차적 하자에 대하여는 절대적 취소사유로 하고 이에 해당되지 않는 절차적 하자에 대하여는 당해 행정처분의 실체적 적법성과 절차가 처분결과에 미친 영향 등을 고려해 개별 구체적으로 절차적 하자의 법적 효과를 결정하자는 입장이다. 절차적 하자가 존재하면 그것만으로 법원은 당해 행정처분을 취소하여 사건을 행정청에 파기환송하여 행정청으로 하여금 적정한 절차에 따라서 절차를 재실시하여 행정처분을 행하게 할 필요가 있다. 그 이유는 사인의 법익을 보호하려는 것을 의도한 절차가 법령상 요구되는 경우 등 사인이 당해 행정절차에 의하여 결정을 받을 권리를 가지고 있기 때문에 당해 절차가 적절히 행하여지지 않은 하자가 있을 때에는 사인은 절차적 권리의 침해를 받은 것이고, 이러한 권리회복을 위하여 필요하기 때문이라고 한다.

사인에게 절차적 권리가 부여되어 있다고 인정하기 어려운 절차에 있어서 하자가 있는 경우에는 처분의 결과나 처분내용에 실질적 침해를 초래할 가능성이 있는가를 기준으로 하여 처분의 취소여부를 결정할 수 있다고 한다. 그 이유는 절차적 하자가 절차권을 침해하지 않고 당해 하자가 실질적 권리·이익의 침해도 초래하지 않은 때에는 절차의 재실시는 무의미하다고 한다. 이 견해는 절차권을 침해하는 절차적 하자는 절대적 취소사유이고 그 밖의 절차적 하자는 상대적 취소사유가 된다고 한다.[21]

이 견해는 절차적 규제가 사인에게 권리로서 인정된 경우에는 행정처분의 결과 또는 내용과 독립적으로 절차적 하자의 법적 효과를 판단하고, 그 밖의 절차에 있어서는 당해 절차적 하자가 처분의 내용이나 결과에 어떠한 영향을 미쳤는가를 고려하여 개별 구체적으로 절차적 하자의 법적 효과를 결정하자고 하여 행정처분의 결과 또는 내용에 의존적으로 절차적 하자의 법적 효과를 판단하고 있다. 이러한 입장은 절차적 하자에 대하여 절대적 취소사유와 상대적 취소사유 모두를 인정하여, 전술한 양 견해를 절충하는 입장을 제시하고 있다.

---

20) 김유환, "행정절차하자의 법적효과 – 절차 및 하자의 유형론과 당사자의 절차적 권리의 관점에서의 검토" 「한국공법이론의 새로운 전개」, 삼지원, 2005, 76면.

21) 塩野宏, 前揭書, 319–322頁.

4. 절차규정의 종합적 고려설

이 학설은 처분내용의 적정성을 도모하는 것만을 목적으로 하는 절차법규와 처분의 내용적 적정성뿐만 아니라 절차 자체의 공정성을 목적으로 하는 절차적 규범으로 분류하여 절차적 하자의 법적 효과를 판단하는 견해이다. 절차적 하자가 처분의 취소사유가 되는가 여부는 절차를 규정한 법규의 해석문제이다. 쟁점이 절차적 하자가 처분의 실체적 정당성과 무관계하게 취소사유로 되는가 여부라는 점에 있기 때문에 그 해석의 중점이 당해 법규가 절차에 실체적 판단과 독립적으로 별개의 가치를 부여하고 있는가 여부에 두어져야 한다.[22)]

절차법규가 처분의 내용의 적정성을 도모하는 것만을 목적으로 하여 절차를 규정하는 때에절차는 실체적 결정에 봉사적 혹은 종속적 지위에 위치하기 때문에, 절차적 위반이 있다고 하더라도 그것만을 가지고 실체적 판단과 무관계하게 취소사유로 하기는 어려울 것이다. 이에 반하여 절차법규가 처분의 내용적 적정성뿐만 아니라 절차 자체의 공정성을 도모하려는 것을 그 목적·취지로 하는 경우와 내용적 적정성과 무관계하게 절차의 공정성만을 목적으로 하는 경우에는 당해 법규가 절차에 대하여 실체와 독립적으로 가치를 부여하고 있다고 생각되기 때문에 절차적 위반이 있고, 그것이 당해 법규의 목적인 절차적 공정성을 해할 정도에 도달할 때에는 처분내용의 적부와 관계없이 취소사유가 될 수 있다.[23)] 여기에서 말하는 절차적 공정성을 해할 정도에 도달하였는가 여부는 절차적 하자의 정도에 의하여 결정된다. 그리고 당해 절차가 일련의 연속적인 절차로 규정되어 있는 경우에는 하자있는 절차가 그 중에서 점하는 중요성 등을 고려하여, 일련의 절차 전체의 공정성이 침해되었는가 여부를 검토하여야 할 것이다.[24)] 또한 절차위반의 정도를 검토함에 있어서 그것이 처분내용에 미치는 영향도 고려요소의 하나가 될 수도 있다고 한다.[25)]

이 견해는 절차는 그 자체가 목적이 아니고 처분내용의 공정성을 확보하기 위한 수단이기 때문에 절차적 하자가 있다고 하더라도, 처분의 내용에 영향을 미칠 수 있는 성질의 것이 아니면 취소사유로 되지 않는다는 견해에 부가하여, 절차의 공정화를 위한 절차의 경

---

22) 田中健治, "行政手續의 瑕疵와 行政行爲의 有效性", 藤山雅行·村田齊志, 「新裁判實務大系25 行政爭訟」 靑林書院, 2012, 196頁.

23) 이 견해는 행정처분의 실체적 결정과 분리하여 행정절차의 독자적 의의를 존중하면서 처분내용에 영향을 미치는 절차적 하자를 고려할 여지도 남기고 있다. 전기의 두 가지 견해와 비교할 때, 절차적 하자의 법적 효과판단에 대하여 보다 합리적 결론을 도출할 가능성이 있다고 볼 수 있다.

24) 예컨대 처분기준의 설정·공표는 절차적 공정성을 목적으로 하는 것이지만, 동 절차하자는 동일한 목적을 가지는 이유제시와 종합적으로 고려하여 절차적 공정성을 침해하였는가 여부를 판단하여야 하기 때문에 전체적으로 보아서 공정성이 확보되었다고 판단되는 경우에는 이러한 절차적 하자는 그 자체만을 가지고 절차적 하자가 되지 않는다고 할 것이다.

25) 田中健治,前揭論文, 203-205頁.

우에는 처분의 내용에 영향을 미치는가 여부에 따라 결정하지 않고, 어디까지나 공정성을 침해하는가 여부에 의하여 절차적 하자의 법적 효과를 결정한다는 점에서 특징이 있다.[26]

5. 소결

행정처분의 절차적 하자의 문제는 행정절차와 항고소송의 관계에 있어서 법령에 규정된 절차규정 위반이 당해 절차를 거쳐 성립된 종국적 행정처분에 어떠한 영향을 미치느냐가 논의의 핵심을 구성한다고 볼 수 있다. 첫째 학설은 절차적 하자에 대하여 처분의 결과 및 내용과 독립적으로 판단하여 절차적 하자를 취소사유로 보는 입장이다. 이 견해는 절차적 하자가 행정처분의 무효 또는 취소사유를 구성한다는 절대적 취소사유설을 취하고 있다. 둘째 견해는 절차적 하자의 법적 효과를 행정처분의 결과 또는 내용과 관련시켜서 판단하려고 한다. 즉 절차적 하자가 행정처분의 취소사유가 되는가 여부는 당해 절차적 하자가 처분결과 내지 내용에 영향을 미치는가 여부에 따라서 결정된다고 보고 있다. 이것이 긍정되는 경우에 당해 하자는 취소사유가 되고 이것이 부정되는 경우에는 당해 하자는 취소사유가 되지 않는다고 한다. 셋째 견해는 사안별로 개별 구체적으로 나누어 절차적 권리의 침해와 그 밖의 경우를 나누어 절차적 하자의 법적 효과를 검토하려 한다. 사안에 따라서 절차적 하자에는 행정처분의 절대적 취소사유가 되는 절차적 하자유형과 상대적 취소사유가 되는 절차적 하자유형이 별도로 각각 존재할 수 있다고 한다. 넷째 견해는 처분내용의 적정성을 도모하는 것만을 목적으로 하는 절차법규와 처분의 내용적 적정성뿐만 아니라 절차 자체의 공정성을 목적으로 하는 절차적 규범으로 구분하여 판단하고 있다. 이 학설은 절차적 하자의 법적 효과를 절차법규의 목적·취지를 분석하여 처분내용의 적정성을 도모하는 것만을 목적으로 하는 절차법규에 해당하는 경우에는, 당해 절차는 실체적 결정에 봉사적 혹은 종속적 지위에 위치하는 절차로서 처분결과 내지 내용과 관련시켜서 절차적 하자를 판단하는 상대적 취소사유설의 입장을 취한다. 그리고 처분의 내용적 적정성뿐만 아니라 절차 자체의 공정성을 목적으로 하는 절차적 규범에 해당하는 경우에는 당해 법규의 목적인 절차적 공정성을 해할 정도에 도달할 때에 처분내용의 적부와 관계없이 절대적 취소사유가 된다고 한다.

첫째 견해는 절차적 하자에 대하여 행정처분의 결과·내용 독립적 판단구조의 입장을 취하고 둘째 견해는 행정처분의 결과·내용 의존적 판단구조를 취하고 있다. 이들 대립되는 두 가지 견해는 상호 배타적으로만 존재하는 것이 아니라 상호 병렬적으로 존재할 수 있

[26] 이러한 견해는 절차를 내용의 적정성만을 위한 절차의 경우와 절차의 공정성을 위한 절차의 경우를 2분하고 있다는 점에 대해서는 전기의 사안별로 개별 구체적으로 나누어 절차적 권리의 침해와 그 밖의 경우를 나누어 절차적 하자의 법적 효과를 검토하는 견해와 그 기본적 접근방식이 유사하다고 할 수 있다.

다. 셋째와 넷째 견해는 양자의 입장을 절차적 권리의 매개 또는 절차법규의 목적·취지를 기준으로 개별 구체적으로 절충하는 입장을 취하고 있다고 평가할 수 있다.

IV. 행정재량에 대한 통제강화의 필요성과 절차적 하자심사의 강화

1. 사법심사의 한계영역과 절차적 하자심사의 강화

절차적 하자문제판단에 대하여 행정처분의 결과·내용 의존적 접근방식을 취하거나 행정처분의 결과·내용 독립적 접근방식을 취하거나 그 판단구조에 차이가 없는 영역이 행정재량 등 사법심사의 한계 영역이다.[27] 사법심사의 한계영역에 속하는 재량행위나 판단여지가 인정되는 영역에서는 행정처분의 결과·내용 의존적 절차적 하자판단방법과 행정처분의 결과·내용 독립적 절차적 하자판단방법 어느 쪽을 취하든 행정처분의 실체적 정당성을 고려하지 않고 절차적 하자만을 가지고 당해 하자를 취소사유로 할 것인가 여부를 판단하는 점에서는 그 접근방식을 같이 한다고 할 수 있다.[28] 주의하여야 할 점은 행정재량의 통제방식의 하나로 요구되는 절차적 규제강화를 절차적 하자판단과 관련하여 어떻게 행할 것인가의 문제가 존재한다.[29]

행정재량 영역에 있어서는 사법심사의 한계가 존재하므로 이에 대한 보완책으로 절차적 규제밀도의 강화가 요청된다. 행정절차를 적절히 준수하게 함으로써 실체적으로 보다 적절한 재량권행사를 하게 할 수 있다. 이것은 행정재량의 절차적 통제에 관한 문제이다. 행정재량에 대하여는 실체적 통제에 한계가 있기 때문에 그 한계를 보완하는 수단으로서 절차적 통제가 주목된다. 행정청의 재량권행사는 다양한 요소로 성립하기 때문에 재량권

---

27) 행정재량에 관하여 기속결정과 재량결정이라고 하는 행정행위의 실체법상의 범주적 구분에 따르거나 혹은 행정결정에 대한 법의 구속정도의 차이에 따라서 평면적으로 그 범위를 정하여 문제해결을 도모하는 것은 적절하지 못한 측면이 있다. 행정재량은 법집행과정에서 인정되는 행정청과 법원간의 기능분담에서 현실적으로 인정되는 것으로 전문적 정책적 영역에서 행정청의 판단을 최종적으로 할 것인가 혹은 법원의 판단을 최종적으로 하여 법원의 판단을 행정청의 판단에 대체할 것인가가 그 핵심적 주제이다. 이러한 측면을 고려하면, 기속결정과 재량결정이라는 행정결정의 유형적 내용에 주목할 것이 아니고 절차적 하자를 수반한 행정결정의 내용의 선택가능성의 유무에 대하여 법원과 행정청 중 어느 쪽의 판단을 최종적인 것으로 할 것인가라는 점에 기능적으로 착안하여 보다 유연하게 개별 구체적으로 접근할 필요가 있을 것이다.

28) 행정재량에 속하는 영역에서 절차적 하자가 문제될 경우, 결과·내용 의존적 절차하자판단의 접근방식을 취하던, 결과·내용 독립적 절차하자의 판단방식을 취하던 절차적 하자의 효과를 판단하는데 있어서 실체적 내용의 고려가 제한된다.

29) 김창조, "행정재량에 대한 사법심리방법", 김철용 편 「행정절차와 행정소송」 피앤시미디어, 2017, 713면 이하.

행사의 공정성 확보를 위하여 재량결정의 개별요소, 개별과정 각각의 적정화가 필요할 것이다. 즉 재량권행사의 각 요소에 대하여 절차적 통제를 가할 필요가 있다. 첫째 재량권행사의 전제가 되는 사실인정과정의 적정화가 필요할 것이다. 재량권행사에 관련된 당사자·이해관계인으로부터 증거, 정보, 의견이 충분하고 적절하게 수집·청취할 수 있는 절차가 행하여져야 한다. 둘째 재량결정과정에서 필요한 요소를 고려할 수 있도록 이해관계인으로부터 의견을 청취할 필요가 있다. 셋째 행정기관의 전문성을 향상시키기 위하여 평소에 소관사무에 관하여 조사연구를 축적할 필요가 있다. 그리고 행정직원의 능력이 미치기 어려운 고도의 전문적 사항에 대하여는 행정기관에 속하지 않는 외부전문가를 활용하여 조사·심의를 할 수 있는 조직·절차를 도입하여 이것을 활용할 필요가 있다. 넷째 적절한 이해조정과 이익형량을 위하여 다양한 이해관계인이 관여한 절차를 활용할 필요가 있다. 다섯째 처분기준설정과정에 시민참가의 강화와 이유제시절차의 충실화 등을 들 수 있다.[30]

실체적 판단대체방식에 의한 사법심사가 어려운 행정재량영역에서는 절차적 통제를 지속적으로 강화하고 개선할 필요가 있을 것이다.[31] 그리고 이에 대응하여 이러한 영역에서는 절차적 규율에 대한 사법심사의 범위와 밀도를 향상시켜 이러한 절차적 통제의 실효성을 높일 필요가 있을 것이다. 이미 절차적 규제가 존재하는 경우에는 절차적 하자판단을 보다 엄격하게 함으로써 행정재량에 대한 절차적 통제의 실효성을 확보할 수 있을 것이다.[32] 이러한 행정재량의 절차적 통제와 관련하여 특히 절차적 하자가 엄격하게 판단되어야 할 유형으로서 다음의 두 가지 절차를 들 수 있다.

2. 다수 혹은 다양한 이해관계인의 참여절차

행정결정과정에 다수 혹은 다양한 이해관계인이 관여하는 행정절차가 규정된 경우가 있다. 이러한 경우에는 신청자 이외에 다양한 이해관계인 예컨대 경업자, 일반이용자, 지역주민 등이 관여하는 것에 의하여 다양한 이해를 최종결정에 반영할 수 있다. 이러한 경우 재량권 행사의 적정화를 위해 다수의 이해관계인의 참여가 필요하고, 이러한 이해조정절차는 사법절차와 같은 다른 절차에 의하여 대체될 수 없는 중요한 행정절차이다. 행정청

---

30) 常岡孝好, "裁量權行使に係る行政手續の意義", 磯部力·小早川光朗·芝池義一, 「行政法の新構想Ⅱ」有斐閣, 2008, 257頁.

31) 기능적 관점에서 보면 원칙적으로 기속적 행정처분에 있어서는 당해 행위에 대한 실체적 하자의 존부에 대하여 전면적 사법심사가 가능하기 때문에 결과·내용 의존적 절차적 하자에 관한 판단방식에 따라서 절차적 하자에 대한 효과의 판단이 가능할 것이다. 그러나 재량결정에 있어서는 원천적으로 당해 행정처분에 대한 전면적 사법심사를 행하는 것 자체가 한계가 있기 때문에 행정처분의 결과·내용 의존적 절차적 하자에 관한 판단방식에 따라서 절차적 하자에 대한 법적 효과의 판단이 어려울 것이다.

32) 김창조, 전게논문, 721면 이하.

으로서는 이해관계인의 참가절차를 적절히 실행하여 다양한 이해관계인을 참여시켜 행정절차를 통하여 대립되는 제이익을 적절히 조정하고 형량하여 합리적으로 재량권을 행사하여야 할 것이다. 이와 관련된 행정절차에 하자가 존재할 경우에는 다른 영역에 있어서 보다 엄격한 사법심사의 기준을 적용할 필요가 있을 것이다.[33]

3. 행정외부전문가의 관여절차

행정결정과정에 행정직원 이외에 특수한 전문가를 관여시켜, 그들의 전문 기술적 경험지식을 참조하고 반영하여 행정결정을 행하는 경우가 있다. 도시계획결정이나 원자력발전소의 건설과 같이 관련위원회의 심의를 거쳐 행정청이 구체적 결정을 행하도록 하는 경우가 있다. 이러한 분야에서 법적 분쟁이 발생하여 법원이 당해 결정의 법적 타당성을 심사할 경우, 당해 문제가 전문적 정책적 재량문제에 관련되어 있어서 그 실체적 판단이 어려운 경우가 많다. 이러한 경우에 실체적 심사의 한계를 절차적 규정이 잘 준수되었는가를 적절히 심사함으로써 보완할 수 있을 것이다.[34]

판례는 도시계획위원회 심의를 거치지 않은 개발행위 불허가처분의 하자유무에 대하여 「위와 같은 사정들을 종합하여 볼 때, 개발행위허가에 관한 사무를 처리하는 행정기관의 장이 일정한 개발행위를 허가하는 경우에는 국토계획법 제59조 제1항에 따라 도시계획위원회의 심의를 거쳐야 할 것이나, 개발행위허가의 신청 내용이 허가 기준에 맞지 않는다고 판단하여 개발행위허가신청을 불허가하였다면 이에 앞서 도시계획위원회의 심의를 거치지 않았다고 하여 이러한 사정만으로 곧바로 그 불허가처분에 취소사유에 이를 정도의 절차상 하자가 있다고 보기는 어렵다. 다만 행정기관의 장이 도시계획위원회의 심의를 거치지 아니한 결과 개발행위 불허가처분을 함에 있어 마땅히 고려하여야 할 사정을 참작하지 아니하였다면 그 불허가처분은 재량권을 일탈·남용한 것으로서 위법하다고 평가할 수 있을 것이다」라고 하였다.

이 판결은 도시계획위원회의 심의절차의 모든 하자를 취소사유로 보지 않고, 당해 절차를 거치지 않음으로써 재량판단과정에 「심의를 거치지 아니한 결과 개발행위 불허가처분을 함에 있어 마땅히 고려하여야 할 사정」을 고려하지 않는 것이 위법하다고 판시하고 있다. 행정의 외부전문가 관여절차는 행정재량권행사의 투명성과 공정성을 강화하는 핵심절차로서 이러한 절차의 위반에 대하여는 엄격한 법적 평가를 할 필요가 있다. 즉 이러한 분야에서 발생하는 절차적 하자는 원칙적으로 취소사유로 볼 수 있다고 생각한다.

---

33) 常岡孝好, 前揭論文, 254頁.
34) 常岡孝好, 前揭論文, 255頁.

4. 소결

처분청에게 재량의 여지가 있는 경우에는 절차적 하자를 수반한 행정처분을 취소하여 절차를 재실시하면, 설령 최초의 처분에 실체법상 하자가 없다고 하더라도 다른 결론에 도달할 가능성이 있다. 실체법상 하자가 없다고 하여 바로 결과가 동일하다고 하는 것은 행정의 재량을 무시하는 것이 되고 법원이 행정재량에 개입하는 것이 된다. 절차적 하자가 존재할 경우, 실체법상의 하자 유무에 관계없이 처분을 취소하여 행정청에게 다시 한번 고려하여 판단하게 하는 것이 필요할 것이다. 전문기술적 판단이나 정책적 판단이 요구되는 행정청의 재량처분에 대하여는 법원이 문제를 전면적으로 심사하여 법원의 판단을 가지고 행정청의 판단에 대신하는 실체적 판단대체방식에 의한 사법적 심리가 어려운 영역이다. 이들 영역에 있어서는 사인의 권리이익을 보호하기 위하여 절차적 규제가 행하여지는 경우가 많은데 이들 문제에 있어서는 절차적 하자에 대하여 엄격하게 심사할 필요가 있다. 사인의 권리이익을 보호하려는 것을 의도한 절차가 적절히 행사되지 않는 경우 이외에도, 앞에서 언급한 다양한 이해관계인의 참여절차, 행정의 외부전문가의 참여절차 등이 적절히 실시되지 않는 경우에는 그것만으로 행정처분은 취소되어야 한다고 볼 수 있다.

V. 절차적 하자에 관한 주요 판례와 절차적 하자의 유형화

1. 절차적 하자에 관한 주요 판례

1) 행정처분의 근거 법령 등에서 청문의 실시를 규정하고 있는 경우, 청문을 결여한 처분의 위법여부

행정절차법이 규정하는 청문절차는 처분의 공정성확보와 처분에 이르는 행정절차의 투명성 향상을 확보하고 당해 처분의 상대방의 권리보호를 도모한다. 이러한 관점에서 공정·투명한 절차를 법적으로 보호하고 처분의 원인이 되는 사실에 관하여 처분 상대방에게 스스로의 방어권을 행사하는 기회를 부여하는 것을 취지로 하고 있다. 따라서 청문기회를 부여하는 절차에 위반하는 하자가 존재하는 경우, 청문절차를 전혀 부여하지 않는 경우, 청문절차에서 전혀 심리의 대상이 되지 않는 사실에 기초한 불이익처분이 행하여진 경우 등에 있어서는 절차적 하자는 법령상 인정되는 절차적 권리를 침해하는 것으로 해석되기 때문에 당해 행정처분은 위법하다고 할 수 있다.

주택조합 설립인가 취소처분의 취소소송에서 대법원은 「행정절차법 제22조 제1항 제1호는, 행정청이 처분을 할 때에는 다른 법령 등에서 청문을 실시하도록 규정하고 있는 경우 청문을 실시한다고 규정하고 있다. 이러한 청문제도는 행정처분의 사유에 대하여 당사자에게 변명과 유리한 자료를 제출할 기회를 부여함으로써 위법사유의 시정가능성을 고려하고, 처분의 신중과 적정을 기하려는 데 그 취지가 있는 것이다. 그러므로 행정청이 특히 침해적 행정처분을 할 때 그 처분의 근거 법령 등에서 청문을 실시하도록 규정하고 있다면, 행정절차법 등 관련 법령상 청문을 실시하지 않아도 되는 예외적인 경우에 해당하지 않는 한, 반드시 청문을 실시하여야 하는 것이며, 그러한 절차를 결여한 처분은 위법한 처분으로서 취소사유에 해당한다」[35]고 하였다.

행정처분을 함에 있어서 이해관계인에게 의견진술의 기회를 주는 것은 행정절차의 핵심이다. 행정절차법은 처분 등의 상대방이 중요한 불이익을 받게 되는 경우에 청문을 하도록 규정하고 있다. 청문은 법령에서 의무적으로 청문하도록 규정하는 의무적 청문과 행정청이 필요하다고 인정되는 경우에 인정되는 임의적 청문, 당사자의 신청에 의한 청문의 등으로 분류할 수 있다. 이러한 청문절차의 하자의 법적 효과가 문제되는데 대법원은 원칙적으로 절차적 하자를 수반한 위법한 청문이 취소사유가 된다고 한다.

2) 의견제출절차의 하자의 효력

행정청이 어떠한 행정작용을 하기 전에 당사자 등이 의견을 제시하는 절차로서 청문이나 공청회에 해당하지 않는 절차를 행정절차법은 의견제출절차로서 규정하고 있다. 동법은 당사자 등에게 의무를 부과하거나 권익을 제한하는 처분에 한하여 청문이나 공청회를 실시하는 경우가 아닌 경우 의견제출 기회를 주어야 하는 것으로 규정하고 있다.[36]

해임처분 무효확인소송에서 대법원은「감사원이 한국방송공사에 대한 감사를 실시한 결과 사장 甲에게 부실 경영 등 문책사유가 있다는 이유로 한국방송공사 이사회에 甲에 대한 해임제청을 요구하였고, 이사회가 임시이사회를 개최하여 감사원 해임제청요구에 따른 문책사유와 방송의 공정성 훼손 등의 사유를 들어 甲에 대한 해임제청을 결의하고 대통령에게 甲의 사장직 해임을 제청함에 따라 대통령이 甲을 한국방송공사 사장직에서 해임한 사안에서, 甲에게 한국방송공사의 적자구조 만성화에 대한 경영상 책임이 인정되는데다 대통령이 감사원의 한국방송공사에 대한 감사에 따른 해임제청 요구 및 한국방송공사 이사회의 해임제청결의에 따라 해임처분을 하게 된 것인 점 등에 비추어 대통령에게 주어진 한국방송공사 사장 해임에 관한 재량권 일탈·남용의 하자가 존재한다고 하더라도 그것이 중대·명백하지 않아 당연무효 사유에 해당하지 않고, 해임처분 과정에서 甲이 처분 내용을 사전에 통지받거나 그에 대한 의견제출 기회 등을 받지 못했고 해임처분 시 법적

---

35) 대법원 2007.11.16. 선고 2005두15700 판결.
36) 행정절차법 제2조 제7호, 행정절차법 제22조 제3항.

근거 및 구체적 해임 사유를 제시받지 못하였으므로 해임처분이 행정절차법에 위배되어 위법하지만, 절차나 처분형식의 하자가 중대하고 명백하다고 볼 수 없어 역시 당연 무효가 아닌 취소 사유에 해당한다」[37]고 하였다.

이 판결에서 법원은 의견제출절차에 하자가 존재할 경우, 당해 하자가 취소사유가 되는 위법이라는 점을 분명히 하고 있다. 이러한 경우 하자가 중대하고도 명백할 경우 무효 사유도 될 수 있음을 설시하고 있다.

3) 공청회절차의 하자

공청회는 통상적으로 행정작용과 관련이 있는 이해관계인이 다수인 경우에 행하여지는 의견청취절차로서 「행정청이 공개적인 토론을 통하여 어떠한 행정작용에 대하여 당사자 등, 전문지식과 경험을 가진 사람, 그 밖의 일반인으로부터 의견을 널리 수렴하는 절차」를 말한다. 이러한 공청회는 다른 법령 등에서 공청회를 규정하고 있는 경우와 해당처분의 영향이 광범위하여 널리 의견을 수렴할 필요가 있다고 인정되는 경우에 인정되고 있다.[38]

도로구역 결정처분 취소소송에서 대법원은「구 환경영향평가법 시행령 제9조 제4항은 "공청회가 사업자가 책임질 수 없는 사유로 2회에 걸쳐 개최되지 못하거나 개최는 되었으나 정상적으로 진행되지 못한 경우에는 공청회를 생략할 수 있다. 이 경우 사업자는 공청회를 생략하게 된 사유와 공청회시 의견을 제출하고자 한 자의 의견제출의 시기 및 방법 등에 관한 사항을 제2항의 규정을 준용하여 공고하고, 다른 방법으로 주민의 의견을 듣도록 노력하여야 한다"고 규정하고 있다. … 천재지변이나 사업을 반대하는 세력에 의한 공청회의 개최 또는 진행 방해 등 사업자가 책임질 수 없는 사유로 인해 공청회를 개최 또는 진행하는 것이 불가능할 경우에는 공청회를 생략하고, 다른 방법으로 주민의 의견을 들을 수 있도록 하는 데 그 취지가 있다. 그러므로 1회의 공청회가 개최 또는 정상 진행되지 못한 경우에도 공청회가 개최 또는 진행되지 못한 사유 등에 비추어 차후의 공청회 역시 개최 또는 정상 진행되지 못할 것이 확실한 경우에는 위 규정의 취지에 비추어 반드시 2회 공청회를 개최할 필요는 없다. 원심이 인정한 사실 및 기록을 종합하면, 참가인이 2003. 1. 15. 개최한 공청회가 주민들의 반대로 정상적으로 진행되지 못하였으며, 차후 다시 공청회를 개최하여도 같은 사유로 공청회가 정상적으로 진행되지 못할 것으로 인정되고, 한편 위 공청회 이후 주민들은 수회에 걸쳐 자신들의 의견을 제출하였음을 알 수 있다. 원심의 표현은 적절하지 아니하나, 이 사건 사업에 대한 환경영향평가협의에 절차적 하자가 없다는 판단은 결과적으로 정당하다」[39]고 판시하였다.

---

37) 대법원 2012.2.23. 선고 2011두5001 판결.
38) 행정절차법 제2조 제6호, 행정절차법 제22조 제2항.

이 판결은 공청회 개최절차의 하자가 쟁점이 되었으나 법령에 규정되어 있는 공청회 생략규정을 유연하게 해석하여 절차적 하자가 없는 것으로 판시하였다. 공청회절차는 특정한 사인을 전제할 경우 전술한 청문과 의견제출절차에 비교할 때, 그 절차적 보호밀도 및 중요성에서 같다고 하기는 어렵다고 생각된다.

4) 이유제시의 하자

행정처분을 함에 있어서 처분의 근거와 이유를 제시하도록 하는 제도이다. 행정청의 이유제시는 청문 및 의견절차와 더불어 가장 중요한 행정절차를 구성하고 있다. 이유제시 제도는 첫째 상대방에게 행정처분의 근거가 되는 사실관계와 행정처분의 내용을 인식하게 하는 기능, 둘째 상대방에게 행정결정의 타당성을 확신시키고 그의 수인을 얻어내는 기능, 셋째 상대방으로 하여금 행정처분의 타당성과 그에 대한 쟁송가능성을 검토하게 하는 기능, 넷째 행정청과 감독청으로 하여금 행정처분의 합목적성과 적법성을 스스로 검토하게 하는 자기통제기능 등을 수행한다.[40]

일반주류 도매업면허 취소처분 취소소송에서 대법원은「면허의 취소처분에는 그 근거가 되는 법령이나 취소권 유보의 부관 등을 명시하여야 함은 물론 처분을 받은 자가 어떠한 위반사실에 대하여 당해 처분이 있었는지를 알 수 있을 정도로 사실을 적시할 것을 요하며, 이와 같은 취소처분의 근거와 위반사실의 적시를 빠뜨린 하자는 피처분자가 처분 당시 그 취지를 알고 있었다거나 그 후 알게 되었다 하여도 치유될 수 없다고 할 것인바, 세무서장인 피고가 주류도매업자인 원고에 대하여 한 이 사건 일반주류도매업면허취소통지에 "상기 주류도매장은 무면허 주류판매업자에게 주류를 판매하여 주세법 제11조 및 국세법사무처리규정 제26조에 의거 지정조건위반으로 주류판매면허를 취소합니다"라고만 되어 있어서 원고의 영업기간과 거래상대방 등에 비추어 원고가 어떠한 거래행위로 인하여 이 사건 처분을 받았는지 알 수 없게 되어 있다면 이 사건 면허취소처분은 위법하다」[41]고 판시하여 이유제시의 하자가 있으면 취소사유가 된다고 하였다.

행정절차법이 규정하는 이유제시에 대하여 판례는 행정절차법 제정 이전부터 개별입법에 의하여 과하여져 온 이유부기의 요건을 결한 경우에 당해 행정처분의 취소사유가 된다고 해석하였다. 행정절차법이 이유제시의 의무를 규정한 취지도 행정청의 판단의 신중과 합리성의 담보, 자의적 판단을 억제함과 동시에 이해관계인에게 행정심판 등 불복절차의 편의를 제공하기 위한 것이다. 판례는 행정절차법이 정하는 이유제시의무를 위반하는

39) 대법원 2009.4.23. 선고 2007두13159 판결.
40) 김철용, 전게서, 331면.
41) 대법원 1990.9.11. 선고 90누1786 판결.

하자가 있는 경우에는 당해 행정처분은 위법하다고 한다.

4) 행정절차법 이외의 개별법에 규정된 위원회의 심의절차

학교환경위생정화구역 내 금지행위 및 시설해제 신청거부처분 취소소송에서 대법원은「행정청이 구 학교보건법(2005. 12. 7. 법률 제7700호로 개정되기 전의 것) 소정의 학교환경위생정화구역 내에서 금지행위 및 시설의 해제 여부에 관한 행정처분을 함에 있어 학교환경위생정화위원회의 심의를 거치도록 한 취지는 그에 관한 전문가 내지 이해관계인의 의견과 주민의 의사를 행정청의 의사결정에 반영함으로써 공익에 가장 부합하는 민주적 의사를 도출하고 행정처분의 공정성과 투명성을 확보하려는 데 있고, 나아가 그 심의의 요구가 법률에 근거하고 있을 뿐 아니라 심의에 따른 의결내용도 단순히 절차의 형식에 관련된 사항에 그치지 않고 금지행위 및 시설의 해제 여부에 관한 행정처분에 영향을 미칠 수 있는 사항에 관한 것임을 종합해 보면, 금지행위 및 시설의 해제 여부에 관한 행정처분을 하면서 절차상 위와 같은 심의를 누락한 흠이 있다면 그와 같은 흠을 가리켜 위 행정처분의 효력에 아무런 영향을 주지 않는다거나 경미한 정도에 불과하다고 볼 수는 없으므로, 특별한 사정이 없는 한 이는 행정처분을 위법하게 하는 취소사유가 된다」[42]고 판시하였다.

이 판례에서 법원은 절차적 하자가 취소사유를 구성하는가 여부를 판단하는 중요한 고려요소의 하나로서 당해 절차적 하자가 행정처분의 효력에 영향을 주었는가 여부를 들고 있다. 이러한 접근방식은 행정처분의 내용과 독립적으로 절차적 하자가 취소사유가 된다는 판례들과 비교할 때 약간의 접근방식의 차이를 보이고 있다고 할 수 있다.

2. 절차적 하자의 유형화

처분절차는 적정하게 행하여져야 한다. 실체적 하자에도 그 경중에 따라서 무효, 단순위법, 부당으로 구분하듯이 절차적 하자에도 경중이 있을 수 있고, 그 하자도 일률적으로 처분의 무효사유 또는 취소사유로 하는 것은 경직적이라고 할 수 있다. 절차적 하자가 있을 경우에 그것을 어떻게 취급할 것인가는 절차의 중요도와 경중에 따라서 고려되어야 할 문제로서 다음의 네 가지 경우로 나누어서 고찰할 수 있다.

첫째, 절차적 하자가 중대하고 명백한 경우에 해당하여 당해 절차적 하자가 무효에 해당하는 경우이다.

둘째, 절차적 권리를 침해한 절차적 하자에 해당하는 경우로서 이 경우에는 절차적 하자가 위법한 경우로서 처분의 취소원인이 된다.

---

42) 대법원 2007.3.15. 선고 2006두15806 판결.

셋째, 절차적 하자가 행정처분의 결과·내용의존적 측면에서 보아도 결과에 영향을 미치지 않는 경우에 해당하고, 행정처분의 결과·내용독립적 측면에서 검토하여도 당해 절차가 중요절차에 해당하지 않고 절차적 하자의 정도가 경미한 경우에 해당하는 경우이다. 이 경우는 당해 절차적 하자는 경미한 절차적 하자로 취소원인이 되지 않는 것이라고 할 수 있다.

넷째, 절차적 하자에 대하여 당해 행정처분의 위법성문제와 별도의 법적 효과가 법령에 규정된 경우이다. 이들 유형 각각에 대하여 구체적 예를 살펴보면 다음과 같다.

1) 무효사유가 되는 절차적 하자

통설적 견해는 절차의 위법의 존재만으로 절차의 흠이 처분의 무효사유가 되는 경우는 법령의 명문의 규정이 있는 경우를 제외하고는 중대명백설에 따라 절차의 흠이 중대하고 동시에 흠의 존재가 객관적으로 명백한 경우라고 한다. 판례도 이러한 입장을 취하고 있다.

건설업 영업정지처분 무효확인소송에서 대법원은 「하자 있는 행정처분이 당연 무효가 되기 위하여는 그 하자가 법규의 중요한 부분을 위반한 중대한 것으로서 객관적으로 명백한 것이어야 하며 하자가 중대하고 명백한 것인지 여부를 판별함에 있어서는 그 법규의 목적, 의미, 기능 등을 목적론적으로 고찰함과 동시에 구체적 사안 자체의 특수성에 관하여도 합리적으로 고찰함을 요한다」[43]고 판시하여 무효판단의 일반적 기준으로 하자의 중대명백성을 제시하였다. 국방군사시설 사업실시계획 승인처분 무효확인소송에서 대법원은 구 환경영향평가법상 환경영향평가를 실시하여야 할 사업에 대하여 환경영향평가를 거치지 아니하였음에도 승인 등 처분을 한 경우, 그 처분의 하자가 행정처분의 당연무효사유에 해당하는지 여부에 관하여「환경영향평가를 실시하여야 할 사업(이하 '대상사업'이라 한다)이 환경을 해치지 아니하는 방법으로 시행되도록 함으로써 당해 사업과 관련된 환경공익을 보호하려는 데 그치는 것이 아니라, 당해 사업으로 인하여 직접적이고 중대한 환경피해를 입으리라고 예상되는 환경영향평가대상지역 안의 주민들이 전과 비교하여 수인한도를 넘는 환경침해를 받지 아니하고 쾌적한 환경에서 생활할 수 있는 개별적 이익까지도 보호하려는 데에 있는 것이다. 그런데 환경영향평가를 거쳐야 할 대상사업에 대하여 환경영향평가를 거치지 아니하였음에도 불구하고 승인 등 처분이 이루어진다면, 사전에 환경영향평가를 함에 있어 평가대상지역 주민들의 의견을 수렴하고 그 결과를 토대로 하여 환경부장관과의 협의내용을 사업계획에 미리 반영시키는 것 자체가 원천적으로 봉쇄되는바, 이렇게 되면 환경파괴를 미연에 방지하고 쾌적한 환경을 유지·조성하기 위하여 환경영향

---

43) 대법원 1995.7.11. 선고 94누4615 전원합의체판결.

평가제도를 둔 입법 취지를 달성할 수 없게 되는 결과를 초래할 뿐만 아니라 환경영향평가대상지역 안의 주민들의 직접적이고 개별적인 이익을 근본적으로 침해하게 되므로, 이러한 행정처분의 하자는 법규의 중요한 부분을 위반한 중대한 것이고 객관적으로도 명백한 것이라고 하지 않을 수 없어, 이와 같은 행정처분은 당연무효이다」[44]라고 하였다.

이 사안에서 판례는 환경영향평가절차의 하자와 본체인 행정행위의 양자의 관계에 있어서 환경영향평가를 실시하지 않은 것이 법규의 중요한 부분을 위반한 중대한 것이고 객관적으로도 명백한 것이기 때문에 당해 행정처분은 무효가 된다고 하였다.

2) 취소사유가 되는 절차적 하자

절차적 하자에 대하여 다수의 학설은 처분의 취소원인으로 파악하고 있으며 전통적인 판례의 입장도 이러한 기준에 입각하고 있다.

대법원은 전원개발사업실시계획승인처분 취소소송에서 「원심은 나아가, 피고참가인이 작성한 초안은 그 기재내용에 비추어 제1안에 대한 환경영향평가일 뿐 제2안에 대해서까지 환경영향평가를 한 것으로 볼 수 없으므로 그러한 초안을 공람시키고 주민설명회를 개최한 것만으로는 제2안에 대해서까지 공람·공고 및 주민설명회가 이루어진 것으로 볼 수 없고, 이를 보완하거나 노선변경의 검토를 위한 K 주민들에 대한 주민설명회도 이루어진 바 없으며, 그 외 위 제2안의 경과지 주변 환경영향 및 대책사항 등에 대해서는 포천시 K주민들에 대하여 구 환경·교통·재해 등에 관한 영향 평가법(2008. 3. 28. 법률 제 9037호로 "환경영향평가법"으로 법률 제명이 변경되고 전부 개정되기 전의 것, 이하 "구 환경영향평가법"이라 한다) 제 6조 제1항 및 구 전원개발촉진법(2008. 12. 31. 법률 제 9813호로 개정되기 전의 것) 제5조의2 제1항에 따른 의견 수렴 절차가 이루어진 바 없었는바, 위와 같이 공람·공고, 주민설명회 등 주민 의견수렴 절차를 거치지 아니한 채 이루어진 피고의 위 사업계획승인 처분은 포천시 K 주민들에 대하여 의견수렴절차를 누락한 판시 구간에 대한 부분에 있어 위법하다고 판단하였다. 관련 법리와 기록에 비추어 살펴보면, 위와 같은 원심의 판단은 정당하다고 수긍이 되고, 거기에 상고이유로 주장하는 바와 같은 구 환경영향평가법 제6조 제1항 등의 주민 의견 수렴 절차에 관한 법리오해나 채증법칙 위반, 심리미진 등의 위법이 없다」[45]라고 하였다.

이 판결은 환경영향평가의 절차적 하자가 취소사유가 되는 위법에 해당한다고 판시하였다. 즉 환경영향평가절차의 하자는 사업실시계획승인처분의 위법사유가 되어 취소원인이 된다고 한다.

---

44) 대법원 2006. 6.30. 선고 2005두14363 판결.
45) 대법원 2011.11.10. 선고 2010두228327 판결.

대법원은 청문절차를 결여한 구 공중위생법상의 유기장업 허가취소처분의 적법 여부에 관하여 「구 공중위생법(1999. 2. 8. 법률 제5839호 공중위생관리법 부칙 제2조로 폐지) 제24조 제1호, 행정절차법 제22조 제1항 제1호, 제4항, 제21조 제4항 및 제28조, 제31조, 제34조, 제35조의 각 규정을 종합하면, 행정청이 유기장업허가를 취소하기 위하여는 청문을 실시하여야 하고, 다만 행정절차법 제22조 제4항, 제21조 제4항에서 정한 예외 사유에 해당하는 경우에는 청문을 실시하지 아니할 수 있으며, 행정청이 선정한 청문주재자는 청문을 주재하고, 당사자 등의 출석 여부, 진술의 요지 및 제출된 증거, 청문주재자의 의견 등을 기재한 청문조서를 작성하여 청문을 마친 후 지체 없이 청문조서 등을 행정청에 제출하며, 행정청은 제출받은 청문조서 등을 검토하고 상당한 이유가 있다고 인정하는 경우에는 청문결과를 적극 반영하여 행정처분을 하여야 하는바, 이러한 청문절차에 관한 각 규정과 행정처분의 사유에 대하여 당해 영업자에게 변명과 유리한 자료를 제출할 기회를 부여함으로써 위법사유의 시정 가능성을 고려하고 처분의 신중과 적정을 기하려는 청문제도의 취지에 비추어 볼 때, 행정청이 침해적 행정처분을 함에 즈음하여 청문을 실시하지 않아도 되는 예외적인 경우에 해당하지 않는 한 반드시 청문을 실시하여야 하고, 그 절차를 결여한 처분은 위법한 처분으로서 취소 사유에 해당한다」고 판시하였다.[46]

이 판결은 절차적 하자를 행정처분의 결과 혹은 내용과 관련시키지 않고 절차 자체에 초점을 맞추어 하자판단을 행하고 있다. 전형적으로 결과·내용 독립적 측면에서 절차적 하자를 평가하여, 절차적 하자가 처분의 취소사유가 된다고 하였다.

3) 취소사유가 되지 않는 절차적 하자

절차적 하자의 법적 효과를 행정처분의 내용 또는 결과와 관련시켜서 판단하려는 입장에서는 행정절차의 하자가 바로 행정행위의 위법이 되지 않고 행정절차를 재시행하는 경우에 행정행위의 결론이 변경될 가능성이 없는 경우에는 절차적 하자가 존재하더라도 무효나 취소사유에 해당하지 않는다고 한다. 통상적으로 절차적 하자에 대하여 행정처분의 결과·내용 독립적 하자판단을 행하는 경우에는 이러한 유형의 하자의 존재를 인정하지 않고 절차적 하자만 존재하는 경우에도 무효 내지 취소사유에 해당하는 것을 전제하고 있으나 모든 절차의 보호밀도가 균질하지 않고 절차적 하자의 정도가 상이할 수 있기 때문에 이러한 견해를 취하더라도 취소사유가 되지 않는 절차적 하자의 존재를 완전히 부정하는 것은 타당하지 않은 것 같다.

대법원은 환경영향평가법령에서 정한 환경영향평가 절차를 거쳤으나 그 환경영향평가의 내용이 부실한 경우, 그 부실로 인하여 환경영향평가 대상사업에 대한 승인 등 처분

---

46) 대법원 2001.4.13. 선고 2000두3337 판결.

이 위법하게 되는지 여부에 대하여「환경영향평가법령에서 정한 환경영향평가를 거쳐야 할 대상사업에 대하여 그러한 환경영향평가를 거치지 아니하였음에도 승인 등 처분을 하였다면 그 처분은 위법하다 할 것이나, 그러한 절차를 거쳤다면, 비록 그 환경영향평가의 내용이 다소 부실하다 하더라도, 그 부실의 정도가 환경영향평가제도를 둔 입법 취지를 달성할 수 없을 정도이어서 환경영향평가를 하지 아니한 것과 다를 바 없는 정도의 것이 아닌 이상, 그 부실은 당해 승인 등 처분에 재량권 일탈·남용의 위법이 있는지 여부를 판단하는 하나의 요소로 됨에 그칠 뿐, 그 부실로 인하여 당연히 당해 승인 등 처분이 위법하게 되는 것이 아니다」47)라고 하였다.

이 판결은 환경영향평가절차의 하자를 긍정하고 있지만 대상사업의 승인처분에 대하여는 위법하지 않다고 판시하였다. 절차적 하자가 존재하면 처분이 위법하게 되며, 당해 절차적 위법은 항상 무효원인이나 취소원인이 된다는 판례법상 기본적 도식에 약간의 변화가능성을 제공하고 있다. 환경영향평가의 하자의 정도 즉「부실의 정도」와 결과에 미치는 영향을 고려하여 당해 하자를 취소사유로 할 것인가 여부를 판단하고 있다.

4) 절차적 하자가 행정처분의 하자와 분리하여 절차규정에 효과가 별도로 규정된 경우

절차적 하자가 당해 행정처분의 위법성과 관련없는 별도의 법적 효과를 발생하는 경우가 있다. 행정심판법상 규정되어 있는 고지제도와 관련하여 행정처분시 행정청의 불고지 또는 오고지의 법적 효과는 처분 자체의 효력에 직접 영향을 미치지 않는다.48)

판례는 고지의무의 불이행과 면허취소처분의 하자유무에 관하여「고지절차에 관한 규정은 행정처분의 상대방이 그 처분에 대한 행정심판의 절차를 밟는데 있어 편의를 제공하려는데 있으며 처분청이 위 규정에 따른 고지의무를 이행하지 아니하였다고 하더라도 경우에 따라서는 행정심판의 제기기간이 연장될 수 있는 것에 그치고 이로 인하여 심판의 대상이 되는 행정처분에 어떤 하자가 수반된다고 할 수 없다」고 하였다.49)

이 판례를 통하여 볼 수 있듯이 절차적 하자가 행정처분의 위법여부와 전혀 다른 관점에서제도상 취급되는 경우가 있다.

---

47) 대법원 2006.3.16. 선고 2006두330 전원합의체 판결.
48) 처분을 함에 있어서 고지를 하지 아니 하거나 잘못 고지한 경우에 그것이 당해 처분절차의 하자가 되어 당해 처분이 위법하게 되는지에 관하여 논란의 여지가 있으나 부정적으로 보는 것이 타당할 것이다.
49) 대법원 1987.11.24. 선고 87누529 판결.

3. 소결

절차적 하자에 대하여 종래의 판례의 주류적 흐름은 무효사유 내지 취소사유로 취급하고 있다. 특히 판례는 청문, 의견제출, 이유제시 등의 영역에서는, 절차적 위법이 있을 때 무효사유 내지 취소사유로 보고 있다.[50] 절차법규 전체를 고려할 때 이들 절차가 점하고 있는 절차 자체의 중요성, 독자적 절차적 권리로 인정될 정도로 높아진 절차적 보호의 필요성 등을 감안하면 기본적으로는 이러한 판례의 흐름에 대하여 긍정적인 평가가 가능하다. 그러나 이들 영역에서도 아무리 사소한 절차라도 모두 무효사유 내지 취소사유로 취급하는 것에는 의문의 여지가 있다. 따라서 구체적 사안별로 보다 세밀한 절차적 하자의 유형화가 필요하다.

절차적 하자는 하자의 정도에 따라서, 하자가 중대하고 객관적으로 명백한 경우에 해당하는 당연무효인 경우, 절차적 하자가 취소사유가 해당하는 경우, 취소사유가 되지 않는 절차적 하자에 해당하는 경우 그리고 절차적 하자가 행정처분의 하자와 분리하여 절차규정에 효과가 별도로 규정된 경우로 구분할 수 있다. 이들 유형 중 취소사유가 되지 않는 절차적 하자를 제외한 유형에 대하여는 그 판단기준을 찾는 것은 비교적 그렇게 어렵지 않은 것 같다. 취소사유가 되지 않는 절차적 하자는 종래에 절차적 하자에 대하여 행정처분의 결과·내용 의존적 절차하자 판단방식을 취하는 상대적 취소사유설을 주장하는 학설에서 주로 검토되었다. 이에 비하여 행정처분의 결과·내용 독립적 절차하자 판단방식을 취하는 입장에서는 절차적 하자는 항상 무효나 취소사유가 된다고 보았다.

그러나 행정처분의 결과·내용 독립적 절차하자판단방식과 행정처분의 결과·내용 의존적 절차하자판단방식 어느 쪽을 취하더라도 전기 4가지 유형의 절차적 하자의 존재를 긍정할 수 있다고 생각된다. 행정절차법 이외에 다양한 절차규정이 존재하고 있고 이들 규정의 경중과 보호밀도가 균질하지 않다. 이에 따라 절차적 하자도 절차적 규정의 경중과 하자의 정도에 따라서 다양하게 존재할 수 있다. 이러한 관점에서 절차적 규율의 중요도, 절차에 대한 위반의 정도, 그것에 의하여 초래된 행정운영에 대한 사인의 신뢰파괴의 정도, 절차의 재실시에 따른 행정운영에 미치는 영향, 절차적 하자의 치유가능성, 절차적 하자에 따른 권리이익에 대한 실질적 영향 등을 고려하여 사안에 따라 취소사유가 되는 절차적 하자와 취소사유가 되지 않는 절차적 하자의 구분이 가능하다고 생각된다.

---

50) 김철용, 전게서, 346면.

VI. 맺음말

행정절차법은 각종 행위형식에 대하여 절차적 규율을 행하고 있다. 이러한 절차적 규율에 위반되었을 때, 어떠한 법효과가 발생하는가가 문제로 제기된다. 이 가운데 이 논문은 절차적 하자를 수반한 행정처분의 법효과에 한정하여 고찰하였다.

절차적 하자가 처분의 효력에 미치는 영향에 대하여 절차를 중시하여 그 하자를 독립한 위법사유로 보는 견해를 취하면, 절차적 하자는 당해 처분의 취소사유나 무효사유가 될 것이다. 이에 대하여 절차의 의의를 적법타당한 행정결정을 보장하는 요청으로 파악하는 입장이나 행정능률의 요청을 중시하는 견해를 취할 경우 행정결정의 내용적 변경에 영향을 주지 않는 절차적 하자를 취소하여 당해 절차를 재실시하는 것에 대하여 소극적 평가를 하기 쉽다. 중대한 절차적 하자에 대하여 행정처분의 결과나 내용에 영향을 미치지 않았다는 이유로 독립적 취소사유로 하지 않는 것도 설득력을 결하고 있다고 할 수 있으며, 경미한 절차적 하자 모두에 대하여 처분에 대한 독립적 취소사유로 보는 것도 현실성을 결하고 있다고 할 수 있다. 행정처분의 결과·내용 독립적 절차하자 판단방식과 같은 과도한 절차 중시적 사고와 행정처분의 결과·내용 의존적 절차하자판단방식과 같은 과도한 절차 경시적 사고는 그 적용에 있어서 타당성을 결하는 경우가 있을 수 있다.

이들 견해를 적절히 타협할 수 있는 기준과 원칙을 검토할 필요가 있다. 이러한 측면에서 절차적 하자의 효과를 검토하는데 있어서 당해 절차적 규정의 취지나 목적 그리고 절차위반의 정도 등을 감안하여 개별 구체적으로 사안별로 검토할 필요가 있다. 그리고 절차적 하자를 판단함에 있어서 고려되어야 할 요소를 절차 재실시에 따른 결과에만 착안할 것이 아니라 다른 요소도 고려에 넣을 필요가 있다. 절차적 규제의 필요성, 절차에 대한 위반의 정도, 그것에 의하여 초래된 행정운영에 대한 사인의 신뢰파괴의 정도, 절차 재실시에 따른 행정운영에 미치는 영향, 절차적 하자의 치유가능성, 절차적 하자에 따른 권리이익에 대한 실질적 영향 등을 종합적으로 고려하여 법원은 절차위반이 행정행위효력에 초래하는 영향을 해석할 필요가 있다. 절차법규의 목적 취지를 고려할 때, 문제된 절차가 사소한 절차가 아닌 중요한 절차의 경우에는, 실체법상 하자가 존재하지 않더라도 절차적 하자가 존재하면 취소사유로 분류하는 것이 가능하고, 그다지 중요하지 않은 절차상의 하자가 있는 것에 지나지 않는 경우에는, 실체법상 하자를 고려하여 절차적 하자가 실체적 결정에 영향을 미칠 가능성이 어느 정도 존재하는 경우에 비로소 당해 절차적 하자를 취소사유로 분류하는 것도 가능할 것이다. 중요한 절차와 경미한 절차위반을 구분하여, 제도의 근간에 관한 절차, 중대한 절차위반이 존재하는 경우에는, 행정절차의 위반이 행정행위의 위반을 가져온다고 할 수 있을 것을 것이다. 이와 반대로 절차 자체가 중요한 절차를 구성하지 않고 하자의 정도가 경미한 절차적 위반이라고 평가되는 경우로서 절차를 재실시할 경우에도 결론이 바뀌지 않을 것이 명백한 경우에는 처분을 취소할 필요성이 적은 사안도 존재할 수 있다.

　　행정처분의 절차적 하자와 관련된 분쟁이 발생하면, 절차적 하자만을 이유로 취소소송을 제기하는 경우와 절차적 하자와 실체적 하자를 동시에 주장하면서 취소소송을 제기하는 경우가 있을 수 있다. 전자의 경우에는 주장책임과 관련된 법원의 직권심리규정을 적극적으로 활용하여 가능한 범위 내에서 실체적 위법까지 고려하여 분쟁의 일회적 해결을 도모할 필요가 있다. 후자의 경우에 있어서 절차적 하자가 존재하는 경우에 처분시점에 있어서 그 실체법상의 적법성의 유무에 관계없이 처분을 취소할 수 있다는 입장을 취한다고 하더라도, 법원은 우선 절차 면에서 심리를 선행하여 절차 면에 하자가 인정되면, 실체적 판단부분에 대한 적부를 심리하지 않고 취소하여야 한다는 것을 의미하는 것은 아니라고 할 수 있다. 법원이 실체적 문제에 대하여 심리를 하지 않고 오로지 절차적 면에 한정한 이유로 처분을 취소하면, 그 처분이 그것 이외의 실체적 위법도 있는 경우에 행정청은 이번에는 하자없는 절차에 의거하여 실체 면에서 동일한 하자가 있는 처분을 할 수도 있다, 따라서 원고로서는 행정처분의 절차법상 위법뿐만 아니라 실체적 위법을 이유로 취소하는 것이 유리하다. 결국 법원은 처분의 절차 면에서 하자를 발견한 경우에도 실체적 심리가 허용되는 범위에서 그것을 행하고 그 결과 처분의 실체적 하자가 발견되는 경우에는 절차적 하자와 실체적 하자의 모두를 이유로 취소하는 것이 요구된다고 할 수 있다.

산재보험의 사업종류변경, 보험료 부과 및 납입고지의 처분성*

최진수**

I. 서론

　「고용보험 및 산업재해보상보험의 보험료징수 등에 관한 법률」(이하 '보험료징수법1))에는, 근로복지공단(이하 '공단2))이 고용보험·산재보험료(이하 '산재보험료')를 부과하고, 국민건강보험공단(이하 '건강보험공단'이라 한다)이 이를 징수한다고 되어 있다(제16조의2 제1항). 산재보험료는 '보수총액 × 산재보험료율'로 결정되고(제13조 제5항), 산재보험료율은 사업종류에 따라 결정된다(제14조 제3항). 실무상 사업종류를 변경할 경우 공단에서 사업종류변경 및 산재보험료 추가부과 안내문을 발송하고, 이후 건강보험공단에서 4대 보험료 통합고지를 할 때 추가부과된 산재보험료를 함께 납입고지하고 있다.

　여기서 ① '공단의 사업종류 변경 결정'과 ② '공단의 보험료 부과' 그리고 ③ '건강보험공단의 납입고지'가 항고소송이나 행정심판의 대상이 되는 처분인가? 이에 대해 법원의 판례와 행정심판위원회의 재결례가 엇갈리고 있어 실무상 혼란이 초래되고 있다. 하급심 법원의 판례는 '공단의 사업종류 변경 결정'의 처분성을 부정하는 것과 긍정하는 것으로 나뉘고 있고, 중앙행정심판위원회의 재결례는 '공단의 사업종류 변경 결정'과 '건강보험공단의 납입고지의 처분성'은 긍정하지만 '공단의 보험료 부과'의 처분성은 이를 부정하는 태도를 보이고 있다.

　한편, 대법원은 '사업종류 변경거부'의 처분성을 긍정하고 있다. 먼저, 이 판례의 타당

---

　* 이 논문은 행정판례연구 ⅩⅩⅣ−2(2019.12)에 게재된 논문을 원문 그대로 전재하는 것으로 연구업적 등의 목적으로 활용되지 않습니다.

　** 연세대학교 법학전문대학원 부교수

　1) '고용산재보험료징수법'으로 약칭되기도 하나, 산재보험료에 대해 다루는 이 글에서는 더 줄여서 '보험료징수법'으로 약칭하기로 한다.

　2) 이 글에서 '근로복지공단' 외에 '(국민)건강보험공단'이 자주 등장하여 혼동의 우려가 없지 않지만, 법령의 약어례(보험료징수법 제4조 및 산재보험법 제10조)에 따라 전자를 '공단'이라 약칭한다.

성 여부부터 검토되어야 할 것이다. 만약 '사업종류 변경거부'의 처분성을 긍정하는 위 대법원 판례의 타당성이 긍정되는 경우, 다음으로 공단이 사업주의 신청에 따라 하는 '사업종류 변경결정'의 처분성 여부와 사업주의 변경신청에 대한 '사업종류 변경거부'의 처분성 여부를 달리 볼 수 있는지를 살펴보아야 할 것이다. 나아가 '공단의 산재보험료 부과'와 '건강보험공단의 납입고지'가 항고소송이나 행정심판의 대상이 되는 처분에 해당하는지를 판단하기 위해서는 부과처분과 징수처분과의 관계가 검토되어야 할 것이다.

먼저 관련 판례 및 재결례부터 살펴본다.

II. 관련 판례 및 재결례

(1) 항고소송의 대상이 되는 처분에 해당하는지 여부를 판단하는 기준에 관한 대법원의 가장 기본적인 태도부터 살펴보면, 대법원은 권리설정, 의무부담 기타 법적인 효과발생 등 '국민의 권리의무에 직접 영향을 미치는 행위'라면 항고소송이나 행정심판의 대상이 되는 행정처분에 해당한다고 보고 있는 것으로 정리해볼 수 있다.[3] 즉, 판례상으로는 어떠한 행정작용이 항고소송의 대상이 되는 처분에 해당하는지 여부를 가리는 가장 중요한 기준은 그것이 ① '외부적 행위'이고, ② '법적 효과'를 가지며, ③ 그 법적 효과는 당해 행위 자체로써 '직접' 발생하는 것이어야 한다는 것이다. ④ 한편, 국민의 적극적 행위신청에 대하여 행정청이 그 신청에 따른 행위를 하지 않겠다고 거부한 행위가 항고소송의 대상이 되는 행정처분에 해당하는 것이라고 하려면, 그 거부행위가 신청인의 법률관계에 어떤 변동을 일으키는 것이어야 할 뿐 아니라, 나아가 그 국민에게 그 행위발동을 요구할 법규상 또는 조리상의 신청권이 있어야만 한다고 한다.[4]

(2) 대법원은 1995. 7. 28. 선고, 94누8853 판결(이하 '94누8853 판결'이라 한다)에서, '산업재해보상보험 적용사업 변경'의 처분성을 부정하였다. 그 논거는, 산업재해보상보험 적용사업 변경은 보험료 부과처분에 앞선 행위로서 보험가입자가 그로 인하여 구체적인 보험료 납부의무를 부담하게 된다거나 그 밖에 현실적으로 어떠한 권리침해 내지 불이익을

---

3) 항고소송의 대상적격에 관한 대법원 판례의 기본적 태도에 관하여는, 졸고, 성년 행정법원이 나아갈 길, 법조 제68권 제3호, 2019, 55~62쪽 참조. 한편, 대법원은 "국민의 권리의무에 직접적으로 영향을 미치는 행위라는 점을 염두에 두고, 관련 법령의 내용과 취지, 그 행위의 주체·내용·형식·절차, 그 행위와 상대방 등 이해관계인이 입는 불이익과의 실질적 견련성, 그리고 법치행정의 원리와 당해 행위에 관련한 행정청 및 이해관계인의 태도 등을 참작"하여 결정한다는 기준을 제시하기도 한다(대법원 2010. 11. 18. 선고 2008두167 전원합의체 판결 등).

4) 대법원 2003. 4. 11. 선고 2001두9929 판결; 대법원 2003. 9. 23. 선고 2001두10936 판결 등 참조. 졸고, 앞의 논문, 55쪽.

받는다고는 할 수 없다는 것이다.

　(3) 그런데 그 뒤 대법원은 2008. 5. 8. 선고 2007두10488 판결(이하 '2007두10488 판결'이라 한다)에서, '사업종류변경신청 반려행위'의 처분성을 인정하였다. 그 논거는, 사업종류는 산재보험의 보험료 산정의 기초가 되는 것인데, 사업주의 사업종류변경신청을 받아들이지 않는 거부행위는 사업주의 권리의무에 직접 영향을 미치는 행위라는 것이다.

　그 논거를 자세히 살펴보면, 첫째, 공단(이 사건의 피고)이 사업주에게 통지한 사업종류에 대하여 사업주가 사업장의 사업실태 내지 현황에 대한 공단의 평가 잘못 등을 이유로 공단에 사업종류의 변경을 신청하였으나 공단이 이를 거부한 상황에서, 사업주가 자신이 적정하다고 보는 사업종류의 적용을 주장하면서 공단이 통지한 사업종류에 기초한 산재보험료를 납부하지 아니한 경우, 보험료징수법에 따라 사업주는 연체금이나 가산금을 징수당하게 됨은 물론(제24조, 제25조), 체납처분도 받게 되고(제28조), 산재보험료를 납부하지 아니한 기간 중에 재해가 발생한 경우 그 보험급여의 전부 또는 일부를 징수당할 수 있는(제26조 제1항 제2호) 등의 불이익이 있는 점을 감안해 보면, 사업주의 사업종류변경신청을 받아들이지 않는 공단의 거부행위는 사업주의 권리의무에 직접 영향을 미치는 행위라는 것이다. 둘째, 나아가 보험가입자인 사업주가 사업종류의 변경을 통하여 보험료율의 시정을 구하고자 하는 경우, 사업주는 공단이 통지한 사업종류에 따른 보험료를 신고납부하지 아니한 후 공단이 소정 절차에 따라 산정한 보험료 또는 차액의 납부를 명하는 징수통지를 받을 때까지 기다렸다가 비로소 그 징수처분에 불복하여 그 절차에서 사업종류의 변경 여부를 다툴 수 있다고 하면 앞서 본 바와 같은 불이익을 입을 수 있는 등 산재보험관계상의 불안정한 법률상 지위에 놓이게 되는데 이는 사업주의 권리보호에 미흡하며, 사업종류는 보험가입자인 사업주가 매 보험연도마다 계속 납부하여야 하는 산재보험료 산정에 있어 필수불가결한 기초가 되는 것이므로 사업종류 변경신청에 대한 거부행위가 있을 경우 바로 사업주로 하여금 이를 다툴 수 있게 하는 것이 분쟁을 조기에 발본적으로 해결할 수 있는 방안이기도 하다는 것이다.

　2007두10488 판결은 "이와 같은 사정을 모두 고려하여 보면, 보험가입자인 사업주에게 보험료율의 산정의 기초가 되는 사업종류의 변경에 대한 조리상 신청권이 있다고 봄이 상당하다. 따라서 이 사건 사업종류변경신청 반려행위는 항고소송의 대상이 되는 행정처분에 해당한다."라고 판시하였다.

　(4) 위 (2)와 (3)의 대법원 판례가 위 (1)에서 판시한 기본적인 태도에 대해 견해를 달리 한 것은 아니다. 두 대법원 판례 모두 위 (1)의 기본적인 태도에 입각하면서도, 94누8853 판결에서는 산업재해보상보험 적용사업 변경의 처분성을 부정한 반면, 2007두10488 판결에서는 사업종류변경신청 반려행위의 처분성을 인정하였다. 산재보험의 보험료율은

해당 사업장의 사업종류에 따라 다른바, 두 판례 모두 노동부장관이 사업종류별로 산업재해보상보험료율을 정하여 고시한 사업종류예시표상의 사업종류를 변경하는 사안이므로, 94누8853 판결에서의 '산업재해보상보험 적용사업 변경'은 2007두10488 판결에서의 '사업종류변경'과 같은 의미인 것으로 보인다. 만약 2007두10488 판결이 타당하다면, 공단이 사업주의 신청에 따라 하는 '사업종류 변경결정'의 처분성 여부와 사업주의 변경신청에 대한 '사업종류 변경거부'의 처분성 여부를 달리 볼 수 있는지가 문제될 것이다. 만약 달리 볼 수 있다면 위 두 판례는 양립 가능한 것이지만, 만약 달리 볼 수 없는 것이라면 전자의 판례는 후자의 판례에 의해서 사실상 변경된 것으로 보아야 할 것이다(이 점에 대해서는 아래 Ⅲ. 부분에서 살펴보기로 한다).

　　(5) 하급심 판례는, 2007두10488 판결에도 불구하고 여전히 94누8853 판결에 근거하여 사업종류변경의 처분성을 부정하는 판례(서울행정법원 2015. 3. 26 선고 2014구합60412 판결; 의정부지방법원 2016. 1. 19 선고 2015구합8355 판결)와, 그 처분성을 긍정하는 판례(전주지방법원 2008. 11. 20. 선고 2008구합690 판결)로 나뉘고 있다.

　　(6) 중앙행정심판위원회의 재결례(2018－20130, 2018－10812, 2019－ 05057 등)는 '공단의 사업종류 변경 결정'과 '건강보험공단의 납입고지의 처분성'도 긍정하지만 '공단의 보험료 부과'의 처분성은 이를 부정하는 태도에 입각하고 있다(이러한 태도가 타당한지에 대해서는 아래 Ⅳ. 부분에서 살펴보기로 한다).

Ⅲ. '근로복지공단의 사업종류 변경결정'의 처분성 여부

1. '사업종류 변경거부'의 처분성과 '사업종류 변경결정'의 처분성의 상호관계

　　행정소송법은 "처분"을 항고소송의 대상으로 규정하면서(제19조, 제38조) "처분"을 '행정청이 행하는 구체적 사실에 관한 법집행으로서의 공권력의 행사 또는 그 거부와 그 밖에 이에 준하는 행정작용'으로 정의하고 있다(제2조 제1항 제1호). 행정심판법 역시 "처분"을 행정심판의 대상으로 규정하면서(제3조 제1항) "처분"의 개념을 행정소송법상 처분과 동일하게 규정하고 있다(제2조 제1호). 즉, 행정소송법과 행정심판법은 모두 "그 거부"를 처분의 개념 속에 포함시키고 있다.

　　한편, 대법원은, 국민의 적극적 행위 신청에 대하여 행정청이 그 신청에 따른 행위를 하지 않겠다고 거부한 행위가 항고소송의 대상이 되는 행정처분에 해당하는 것이라고 하려면, 그 신청한 행위가 공권력의 행사 또는 이에 준하는 행정작용이어야 한다고 판시하고 있다(대법원 2008. 5. 8. 선고 2007두10488 판결; 2002. 11. 22. 선고 2000두9229 판결; 대법원 2007. 10. 11. 선고 2007두1316 판결 등 참조).

　　학설은, 행정소송법상 처분 개념으로서의 거부란 신청된 행정작용이 처분에 해당하는 경우의 거부만을 의미한다고 본다.5) 행정소송법 제2조 제1항 제1호의 문언상 처분에 해당하게 되는 "그 거부"란 '행정청이 행하는 구체적 사실에 관한 법집행으로서의 공권력의 행사의 거부'를 의미하고 그 중 "행정청이 행하는 구체적 사실에 관한 법집행으로서의 공권력의 행사'란 위 정의 규정상 '처분'에 해당하므로, 결국 행정소송법상 처분 개념으로서의 거부란 신청된 행정작용이 처분에 해당하는 경우의 거부만을 의미하는 것이다. 행정심판법상 처분 개념으로서의 거부의 의미도 이와 같다.

　　행정소송법상 위와 같은 처분의 개념에 비추어보면, 판례가 말하는 "그 신청한 행위가 공권력의 행사 또는 이에 준하는 행정작용이어야"한다는 것은 곧, 그 신청한 행위가 처분에 해당하여야 한다는 의미인 것이므로, 판례의 태도 역시 위 학설과 같은 입장이라 할 것이다.

　　따라서 사업주의 변경신청에 대한 '사업종류 변경거부'의 처분성을 긍정한다는 것은 곧, 사업주의 신청행위인 '사업종류 변경결정'의 처분성을 긍정하는 전제에 선 것이라 할 것이다.

　　그런데 앞서 본 94누8853 판결은 산업재해보상보험 적용사업 변경처분(즉 사업종류변경처분)은 항고소송의 대상이 되는 행정처분이라고 할 수 없다고 한 반면, 2007두10488 판결은 사업종류변경신청 반려행위는 항고소송의 대상이 되는 행정처분에 해당한다고 보았다. 그렇다면 사업종류 변경행위의 처분성을 부정한 94누8853 판결과 사업종류변경신청 반려행위의 처분성을 긍정한 2007두10488 판결의 내용은 서로 모순된다. 앞서 본 바와 같이 행정소송법과 행정심판법상 처분 개념으로서의 거부란 신청된 행정작용이 처분에 해당하는 경우의 거부만을 의미하는 것이므로, 2007두10488 판결에서 사업종류 변경거부의 처분성을 긍정한다는 것은 곧 '사업종류 변경'의 처분성을 긍정하는 전제에 선 것인데, 94누8853 판결은 '사업종류 변경'의 처분성을 부정하고 있기 때문이다.

　　이런 점에서, 대법원은 2007두10488 판결로 94누8853 판결을 사실상 변경한 것으로 보인다. 다만, 94누8853 판결은 외형상으로는 「산업재해보상보험법」(이하 '산재보험법'이라 한다)에 따른 '산업재해보상보험 적용사업 변경처분'에 대한 것인 반면, 2007두10488 판결은 외형상으로는 '보험료징수법'에 따른 '사업종류변경신청 반려행위'에 대한 것이어서, 전원합의체 판결을 통해 94누8853 판결을 폐기하지 않은 것으로 보인다.

---

5) 김남철, 행정법강론, 박영사, 2019, 845쪽; 박균성, 행정법론(상), 박영사, 2019, 1226쪽; 홍정선, 행정법원론(상), 박영사, 2018, 1029쪽 등.

그렇다면 '사업종류 변경결정'의 처분성을 부정한 94누8853 판결과 이를 긍정한 2007
두10488 판결 중 어느 쪽이 타당한가(다시 말해 판례를 변경한 것이 타당한가)? 이 점에 대해
서는 항을 바꾸어 검토하기로 한다.

2. 근로복지공단의 '사업종류 변경거부'의 처분성 여부

(1) 앞서 본 바와 같이, 대법원의 가장 기본적인 태도에 따르면 '국민의 권리의무에
직접 영향을 미치는 행위'라야 항고소송의 대상인 처분에 해당하게 된다.

(2) 94누8853 판결과 2007두10488 판결 모두 이러한 기본적인 태도를 취하고 있는
점에서는 같다. 하지만 94누8853 판결에서는 '국민의 권리의무에 직접 영향을 미치는 행
위'로서 오로지 '구체적인 보험료 납부의무'만을 상정하고 있다.[6] 반면, 2007두10488 판결
에서는, '산재보험료를 납부하지 아니하는 경우 사업주가 받게 될 수 있는 가산금 징수, 체
납처분, 보험급여 징수 등의 불이익'을 '사업주의 권리의무에 직접 영향을 미치는 행위'로
보고 있다.[7] 이러한 시각의 차이로 말미암아 같은 기준을 사용하고서도 서로 반대되는 결
론이 도출된 것으로 볼 수 있다.

먼저, 94누8853 판결에서 말하는 '구체적인 보험료 납부의무'라는 것이 위 기본적인
판례의 태도에서 말하는 '국민의 권리의무에 직접 영향을 미치는 행위'에 해당함에는 의문
이 없다. 하지만 사업종류가 변경되더라도 보험료 부과처분이 있을 때까지는 '구체적인 보
험료 납부의무'가 발생하지는 않는다. 그렇다면 사업종류 변경으로 인하여 사업주가 현실
적으로 어떠한 불이익을 받는가? 이에 대해 94누8853 판결은 "현실적으로 어떠한 권리침
해 내지 불이익을 받는다고 볼 수 없다."는 결론을 내리고 있다. 이에 반해 2007두10488
판결은 '사업주가 자신이 적정하다고 보는 사업종류의 적용을 주장하면서 산재보험료를
납부하지 아니하는 경우 사업주가 받게 될 수 있는 가산금 징수, 체납처분, 보험급여 징수

---

6) "행정소송법상 항고소송의 대상이 되는 행정처분은 행정청이 공권력의 행사로서 행하는 처분 중 국민의
권리의무에 직접적으로 법률적 영향을 미치는 것에 한하는 것이므로, 그 상대방이나 관계인의 권리의무
에 직접 법률상 변동을 가져오지 아니하는 처분은 이에 해당하지 아니하는바, 산업재해보상보험 적용사
업 변경처분은 보험료 부과처분에 앞선 처분으로서 보험가입자가 그로 인하여 구체적인 보험료 납부의
무를 부담하게 된다거나 그 밖에 현실적으로 어떠한 권리침해 내지 불이익을 받는다고는 할 수 없으므
로 항고소송의 대상이 되는 행정처분이라고 할 수 없다."

7) "사업주가 자신이 적정하다고 보는 사업종류의 적용을 주장하면서 피고가 통지한 사업종류에 기초한 산
재보험료를 납부하지 아니한 경우, 사업주는 연체금이나 가산금을 징수당하게 됨은 물론(법 제24조, 제
25조), 체납처분도 받게 되고(법 제28조), 산재보험료를 납부하지 아니한 기간 중에 재해가 발생한 경우
그 보험급여의 전부 또는 일부를 징수당할 수 있는(법 제26조 제1항 제2호) 등의 불이익이 있는 점을 감
안해 보면, 사업주의 사업종류변경신청을 받아들이지 않는 피고의 거부행위는 사업주의 권리의무에 직
접 영향을 미치는 행위라고 할 것이다."

등의 불이익'을 '사업주의 권리의무에 직접 영향을 미치는 행위'로 보고 있다. 상반되는 두 판례의 태도 중 어느 것이 옳은가?

(3) 예컨대 甲이 A사업종류를 B사업종류로 변경 신청하였는데 거부되었다고 하자. 산재보험료는 '보수총액 × 산재보험료율'로 결정되어 부과되는데, 여기서 산재보험료율은 사업종류에 따라 결정된다. 따라서 A사업종류에 따른 산재보험료율을 적용하여 계산된 산재보험료가 부과되었다고 하자. 이로써 甲은 위 산재보험료 부과처분이 무효가 아닌 한 공정력에 의하여 일응 유효한 것으로 통용되므로 해당 산재보험료를 납부할 의무가 있다. 그럼에도 2007두10488 판결의 판시 내용처럼 '사업주가 자신이 적정하다고 보는 사업종류의 적용을 주장하면서 산재보험료를 납부하지 아니하는 경우'에는, 당연히 가산금 징수, 체납처분, 보험급여 징수 등의 불이익을 받게 된다. 이러한 불이익은 甲이 납부의무를 이행하지 않은 데 따른 법정 제재의 효과인 것이지 사업종류 변경거부행위에 따른 효과가 아니다. 甲으로서는, 사업종류 변경거부행위가 있든 없든 상관없이, 해당 보험료 부과처분이 당연무효가 아닌 한 그 부과처분에 하자가 있다고 해서 보험료 납부의무를 면하게 되는 것은 아니다. 다시 말해, 사업종류 변경거부행위가 있든 없든 상관없이, 甲은 보험료를 납부할 의무가 있고, 다만 해당 보험료 부과처분에 대해 취소소송 등으로 다투면서 그 기준이 된 사업종류가 잘못되었음을 주장할 수 있을 뿐이다. 그럼에도 甲이 그 의무를 이행하지 않아 법률에 따라 받게 된 불이익을 사업종류 변경거부행위로 인한 불이익으로 볼 수는 없는 것이다. 따라서 2007두10488 판결이 이러한 불이익을 이유로 하여 사업종류 변경거부행위의 처분성을 긍정하는 것은 옳지 않다.

(4) 2007두10488 판결은 위에서 본 논거 외에도 "사업종류는 보험가입자인 사업주가 매 보험연도마다 계속 납부하여야 하는 산재보험료 산정에 있어 필수불가결한 기초가 되는 것이므로 사업종류 변경신청에 대한 거부행위가 있을 경우 바로 사업주로 하여금 이를 다툴 수 있게 하는 것이 분쟁을 조기에 발본적으로 해결할 수 있는 방안이기도 하다."라는 점을 처분성 긍정의 논거로 부가하고 있다. 이러한 논지는 매우 타당하다고 생각된다.

산재보험료율은 사업종류에 따라 결정되므로, 사업종류가 변경되면 기계적으로 산재보험료율이 달라지고, 이에 따라 산재보험료의 금액(=보수총액 × 산재보험료율) 역시 기계적으로 정해진다. 즉 산재보험료는 사업종류 변경 단계에서 이미 그 금액이 정해지는 것이다. 이것은 앞서 본 기본적인 판례의 태도에서 말하는 '국민의 권리의무에 직접 영향을 미치는 행위'에 해당한다고 보아야 한다. 국민의 입장에서는, 자신에게 부과될 보험료의 구체적 금액이 이미 산정되고 그 금액은 사업종류를 잘못 정한 잘못에서 기인한 것이라고 생각됨에도 즉시 그 시정을 구할 수는 없고 나중에 그 금액의 부과처분을 받을 때까지 기다렸다가 비로소 다툴 수밖에 없다고 하는 것은, 권리구제로서는 매우 미흡한 것이라 하지 않을 수 없다. 법치국가에서 행정은 법에 적합하고 공익에 맞게 행사되어야 하고, 만약 행정이 위법 또는 부당하게 행해짐으로써 국민의 권리나 이익이 침해되는 경우에 피해자를 효과적으로 구제할 수 있는 제도를 갖추는 것은 법치국가의 실현에 있어서 불가결한 전제조건이 된다는 점에서, 사업종류 변경거부 또는 사업종류 변경결정의 처분성을 긍정하는 것이 법치행정의 원리에 부합한다고 할 것이다.

이 점에 대해서는 개별공시지가의 처분성을 긍정한 대법원 판례가 시사하는 점이 크다. 개별공시지가는 각종 조세나 부담금 등의 산정기준일 뿐이고 그 자체로는 직접적으로 국민에 대하여 의무를 부과하지는 않는다. 그럼에도 대법원은 "개별토지가격결정은 관계 법령에 의한 토지초과이득세, 택지초과소유부담금 또는 개발부담금 산정의 기준이 되어 국민의 권리나 의무 또는 법률상 이익에 직접적으로 관계되는 것"이라는 이유로 항고소송의 대상이 되는 행정처분에 해당한다고 판시하였다[8]. 개별공시지가를 기초로 하여 과세처분 등의 행정행위가 행해지므로 개별공시지가 그 자체만으로 국민의 권리의무에 직접 영향을 미치는 것으로 볼 수 있고, 또한 개별공시지가 결정단계에서 이를 다툴 수 있게 하여 법률관계를 조기에 확정하고 권익구제를 가능하게 해 줄 필요가 있다는 점에서, 이 판례는 법치행정의 원리에 매우 충실하다. 다만, 개별공시지가결정의 처분성을 긍정할 경우에는 개별공시지가결정에 취소사유인 흠이 있고 제소기간 도과로 불가쟁력이 발생하면 과세처분 등 후행처분에 그 흠이 승계되지 않음으로써 가혹한 결과가 발생할 수 있지만, 이는 예측가능성, 수인가능성을 논거로 하여 예외적으로 흠의 승계를 긍정하는 일련의 판례들에 의해 극복되는 것으로 판단된다.[9]

(5) 그렇다면 결국, 사업종류변경신청 반려행위(여기서의 '반려'는 '거부'의 의미라고 할 것이다)의 처분성을 긍정한 2007두10488 판결의 태도가 타당한 것이라 할 것이고, 이로써 사업종류변경의 처분성을 부정한 94누8853 판결을 사실상 변경한 것이라 할 것이다.

취소소송, 무효등확인소송의 처분성과 취소심판, 무효등확인심판의 처분성을 달리 볼

---

8) 대법원 1993. 6. 11. 선고 92누16706 판결 등.

9) 대법원 판례는 원칙적으로 전통적인 하자의 승계론의 입장에 서 있지만, ① 개별공시지가결정의 위법을 이유로 그에 기초하여 부과된 양도소득세부과처분의 취소를 구한 사건에서, 선행행위와 후행행위가 별개의 효과를 목적으로 하더라도 수인가능성과 예측가능성이 없는 경우에는 하자의 승계를 예외적으로 인정하고 있고(대법원 1994. 1. 25. 선고 93누8542 판결. 이 판결에 대한 평석으로는, 선정원, 행정행위의 흠의 승계, 행정판례평선, 한국행정판례연구회, 박영사, 2016, 311~321쪽 참조), ② 표준지공시지가결정의 위법이 수용재결에 승계되는지가 문제된 사안에서, 양자는 별개의 법률효과를 목적으로 하지만 수인한도를 넘는 불이익을 이유로 하자의 승계를 긍정하고 있으며(대법원 2008. 8. 21. 선고 2007두13845 판결. 이 판결에 대한 평석으로는, 최계영, 표준지공시지가결정과 흠의 승계, 행정판례평선, 한국행정판례연구회, 박영사, 2016, 1206~1214쪽 참조.), ③ 친일반민족행위자 결정의 위법이 독립유공자법 적용배제자 결정에 승계되는지가 문제된 사안에서, 수인한도를 넘는 불이익을 주고 그 결과가 예측가능한 것이라고 할 수 없다는 이유로 하자의 승계를 긍정하고 있다(대법원 2013. 3. 14. 선고 2012두6964 판결).

이유가 없으므로, 이상의 법리는 행정심판의 경우에도 같다.

　　(6) 한편, 보험료징수법과 관련 법령에는 사업종류의 결정 및 변경에 관한 규정이 없고, 고용노동부 '고시'에 공단의 이사장이 사업종류를 결정할 수 있다고 되어 있다. 하지만, "항고소송의 대상이 되는 행정처분이라 함은 원칙적으로 행정청의 공법상 행위로서 특정 사항에 대하여 법규에 의한 권리의 설정 또는 의무의 부담을 명하거나 기타 법률상 효과를 발생하게 하는 등으로 일반 국민의 권리 의무에 직접 영향을 미치는 행위를 가리키는 것이지만, 어떠한 처분의 근거나 법적인 효과가 행정규칙에 규정되어 있다고 하더라도, 그 처분이 행정규칙의 내부적 구속력에 의하여 상대방에게 권리의 설정 또는 의무의 부담을 명하거나 기타 법적인 효과를 발생하게 하는 등으로 그 상대방의 권리 의무에 직접 영향을 미치는 행위라면, 이 경우에도 항고소송의 대상이 되는 행정처분에 해당한다."라고 보는 판례의 입장10)(이러한 입장은 매우 타당하다)에서 보면, 위 고용노동부 고시가 법규명령이든 행정규칙이든 가릴 것 없이, 사업종류의 결정 및 변경이 '고시'에 규정되어 있다고 하여 문제될 것은 없다.

　　(7) 그리고 실무상 공단에서 사업종류를 변경할 경우 이를 상대방에게 안내하고 있는바, 사업종류 변경결정을 처분으로 볼 경우 이는 단순한 안내에 그치지 않고 처분의 상대방에 대한 '통지'에 해당하게 될 것이다.

IV. '근로복지공단의 산재보험료 부과'와 '건강보험공단의 납입고지'의 처분성 여부

1. '근로복지공단의 산재보험료 부과'의 처분성 여부

　　산재보험법과 「고용보험법」에 각각 규정된 보험관계의 성립·소멸, 보험료의 납부 및 징수 등에 관한 사항을 통합규정하는 단일의 법률로서 보험료징수법이 제정되어 있는바, 산재보험법은 보험료의 징수와 납부에 관하여는 보험료징수법에 따르도록 규정하고 있다11). 보험료징수법에 따르면, 건설업과 벌목업의 경우를 제외한 보험료는 공단이 매월 부과하고, 건강보험공단이 이를 징수한다(제16조의2 제1항 및 동법 시행령 제19조의2).

　　여기서 '보험료 부과'란 사업주에게 구체적인 보험료 금액의 납부의무를 부담하게 하

---

10) 대법원 1993. 12. 10. 선고 93누12619 판결; 대법원 1984. 2. 14. 선고 82누370 판결; 대법원 2002. 7. 26. 선고 2001두3532 판결 등.

11) 동법 제4조, 제122조 제4항, 제123조 제5항, 제124조 제6항, 제125조 제7항 참조.

는 행위를 말한다고 할 것인바, 이로써 사업주는 (부과받은)[12] 그 달의 월별보험료를 원칙적으로 다음 달 10일까지 납부하여야 한다(제16조의7 제1항).

그런데 보험료징수법은 건강보험공단의 보험료 징수에 관하여는 그 징수하고자 하는 보험료의 종류, 납부하여야할 보험료의 금액, 납부기한 및 장소 등을 기재하여 납입고지하도록 하는 규정을 두고 있지만, 공단의 부과에 있어서는 그 고지나 통지 등에 관한 규정을 두고 있지 않다. 하지만 보험료를 부과하려면 부과하고자 하는 보험료의 종류, 납부하여야 할 보험료의 금액 등을 확정하여 이를 보험료납부의무자인 사업주에게 통지하여야 함은 당연히 부과의 의미 속에 포함된다고 할 것이다[실무상, 공단이 월보험료의 금액 등을 '안내' 등의 제목으로 사업주에게 알린 경우에 이는 부과처분의 통지에 해당한다고 할 것이다. 만약 공단이 월보험료의 금액 등을 사업주에게 통지하지 않고 건강보험공단에서 월별보험료 납입고지만 하는 경우라면, 이는 법문에 충실하지 못한 것이기는 하지만 후자의 납입고지가 공단의 부과고지(대행) 및 건강보험공단의 징수고지, 양자의 성질을 동시에 가진다고 볼 수 있을 것이다].

여기서, '공단의 보험료의 부과'는 이로써 사업주에게 구체적인 보험료 금액의 납부의무를 부담시키므로(이는 조세의 부과처분을 통해 조세채무가 확정되는 것과 마찬가지인바, 이 점은 보험료징수법 제27조의2의 "이미 납부의무가 확정된 보험료   를 징수할 수 있다"는 표현에 의해서도 뒷받침된다) 그 법적 성질은 행정행위 중 급부의무를 부담하게 하는 '급부하명'에 해당하고, 금전급부의무의 부과는 당연히 국민의 의무에 직접 영향을 미치는 행위이므로, 항고소송이나 행정심판의 대상인 처분에 해당한다고 할 것이다. 이 점은 조세 부과처분이 처분인 것과 같다.

따라서 이를 행정심판의 대상인 처분으로 보고 있지 않는 행정심판 재결례들은 앞으로는 변경되어야 할 것으로 생각된다.

2. '건강보험공단의 납입고지'의 처분성 여부

보험료징수법상 산재보험료는 공단이 매월 부과하고, 건강보험공단이 이를 징수한다(제16조의2 제1항). 여기서 '보험료 징수'란 '보험료 부과'를 통해 구체적 보험료액의 납부의무가 확정된 것을 전제로 하여, 그럼에도 불구하고 사업주가 임의로 납부(의무이행)하지 않는 경우 그 보험료납부의무의 이행을 구하는 일련의 절차를 의미한다고 할 것이다.

그런데 보험료징수법령은, (가) 건강보험공단은 사업주에게 ① 징수하고자 하는 보험

---

12) 제16조의7 제1항의 위치 및 부과의 의미에 비추어보면, 이 조항은 공단으로부터 부과받은 보험료의 납부기한을 규정한 것이라 할 것이다.

료 등의 종류, ② 납부하여야 할 보험료 등의 금액, ③ 납부기한 및 장소를 적은 문서로써 납부기한 10일 전까지 월별보험료의 납입을 고지하여야 한다고 규정(제16조의8 제1항, 제2항)하는 한편, (나) 건강보험공단이 보험료(제17조제1항 및 제19조제2항에 따른 보험료는 제외함)를 징수하는 경우에는 납부의무자에게 그 금액과 납부기한을 문서로 알려야하는데(제27조 제1항), 제27조 제1항에 따른 납입통지는 동법 시행규칙 별지 제37호서식의 '보험료 납입고지서'에 따른다고 되어 있고(동법 시행규칙 제31조), 시행규칙 별지 제37호서식의 '보험료 납입고지서'에는 그 명의자가 "근로복지공단 OO지역본부(지사)"로, 징수기관이 "근로복지공단,13) 국민건강보험공단"으로 되어 있으며, "보험료징수법 제27조에 따라 내야 할 보험료 등을 자진납부하지 않아 납입고지한다."라는 내용의 문구와 "납부할 금액에는 납부기한까지의 연체금이 포함되었습니다."라는 문구 및 "이 고지서에 이의가 있는 경우 고지서를 받은 날부터 90일 이내에 「행정심판법」 제17조 및 제19조에 따라 행정심판을 청구하거나 「행정소송법」 제19조에 따른 행정소송을 제기할 수 있습니다."라는 문구 등이 기재되어 있다. 그리고 납입고지하는 보험료의 년도, 구분, 분기, 금액, 납부기한 등을 기재하도록 되어 있다.

정리하자면, 건강보험공단이 하는 징수고지는 (가) 보험료징수법 제16조의8에 따른 월별보험료의 납입고지와 (나) 보험료징수법 제27조에 따른 분기별 보험료 납입통지(양식의 명칭은 '보험료 납입고지서')의 두 가지 형태로 규정되어 있다.

먼저, (가) 건강보험공단이 하는 월별보험료의 납입고지에 관하여 보면, 만약 실제 운영에 있어서 공단이 보험료징수법 제16조의2 제1항에 따라 월별보험료 부과를 통지(고지)하고 건강보험공단이 법 제16조의8에 따라 월별보험료의 납입고지를 한 경우라면, 건강보험공단의 월별보험료 납입고지는 공단의 부과처분을 통해 이미 납부의무가 확정된 보험료의 납부를 구하는 행위에 불과하고 이로써 새로운 보험료 납부의무를 발생시키는 것이 아니어서 국민의 권리의무에 영향을 미치지 않으므로, 항고소송이나 행정심판의 대상인 처분에 해당한다고 보기 어렵다고 할 것이다. 이와는 달리 공단이 보험료 부과를 별도로 통지하지 않고 건강보험공단이 월별보험료 납입고지만 하는 경우라면, 이 경우의 납입고지는 부과고지와 납입고지(징수고지)의 성질을 동시에 가지는 것으로 볼 수 있을 것이다. 조세의 경우에는 부과고지와 징수고지를 하나의 납세고지서에 의하여 동시에 행하도록 규정되어 있어 납세고지서에 의한 납세고지는 부과고지와 징수고지의 성질을 동시에 가지게 되는데,14) 보험료의 경우에는 부과고지와 납입고지(징수고지)를 하나의 고지서에 의하여

13) 이는 공단이 예외적으로 징수를 하는 경우를 상정한 것으로 보이므로, 이 논의에서는 고려하지 않아도 될 것이다.
14) 대법원 1993. 12. 21. 선고 93누10316 전원합의체 판결. 임승순, 조세법, 박영사, 2018, 227쪽.

동시에 행하도록 하는 규정은 없지만 하나의 서면으로 할 수 없다고 볼 이유는 없을 것이므로 하나의 서면으로 하는 경우에도 부과고지와 납입고지(징수고지)는 독립하여 있는 것이고[15] 결국 부과고지와 납입고지(징수고지)의 성질을 동시에 가지는 것으로 볼 수 있을 것이다. 이 경우엔 엄밀하게 보자면 부과고지만이 항고소송이나 행정심판의 대상이 된다고 할 것이다.

다음으로, (나) 건강보험공단이 보험료징수법 제27조에 따라 하는 분기별 보험료 납입통지(양식의 명칭은 '보험료 납입고지서')에 관하여 보면, 이는 납부의무자가 내야 할 보험료 등을 자진납부하지 않는 경우에 하는 것이고, 이로써 징수절차[독촉→체납처분(압류→매각→청산)절차]가 개시되며(보험료징수법 제27조 제2항, 제28조 제1항 등 참조), 그에 기재된 '납부할 금액'에는 납부기한까지의 연체금이 포함되므로, 이는 연체금 부과를 포함하는 보험료징수법상의 징수처분으로서의 성질을 가진다고 볼 수 있을 것이다. 위 서식에서 "이 고지서에 이의가 있는 경우 고지서를 받은 날부터 90일 이내에 「행정심판법」 제17조 및 제19조에 따라 행정심판을 청구하거나 「행정소송법」 제19조에 따른 행정소송을 제기할 수 있습니다."라는 문구가 기재되어 있는 것도 이를 행정심판법과 행정소송법상의 처분임을 전제로 한 것이다.

결국, 건강보험공단이 보험료징수법 제27조에 따라 하는 분기별 보험료 납입통지(서식의 명칭은 '보험료 납입고지서')는 항고소송과 행정심판의 대상인 처분에 해당한다고 할 것이다. 따라서 이를 행정심판의 대상인 처분으로 보는 일련의 재결례들은 타당한 것으로 생각된다.

3. 소결

이상과 같이 '공단의 산재보험료 부과'와 '건강보험공단의 납입고지'는 양자 모두 항고소송이나 행정심판의 대상이 되는 처분에 해당한다고 할 것이다. 이와 같이 양자를 모두 처분으로 볼 경우에는 전자에 있는 무효사유가 아닌 하자가 후자에 승계되는지가 문제될 수 있다. 대법원은 과세처분이 무효 또는 부존재가 아닌 한 그 과세처분에 있어서의 하자는 그 징수처분에 당연히 승계된다고는 할 수 없다고 판시하여 과세처분과 체납처분간의 흠의 승계를 부정하고 있는바,[16] 이러한 판례의 태도에 따른다면 산재보험료 부과처분이

---

15) 대법원은 '의무부과'와 '그 이행을 구하는 절차'를 하나의 서면으로 동시 발령할 수 있음을 인정하고 있다. 예를 들어, 행정대집행의 요건으로서 '작위의무의 부과'와 '대집행의 절차인 계고처분'은 별개로 독립하여 이루어져야 함이 원칙이지만, 판례는 계고서라는 명칭의 1장의 문서로써 하더라도 건축법상 철거명령(철거의무 부과처분)과 행정대집행법상 계고처분은 독립하여 있는 것으로서 각 그 요건이 충족되었다고 판시하고 있다(대법원 1992. 4. 12. 선고 91누13564 판결).

16) 대법원 2001. 11. 27. 선고 98두9530 판결; 대법원 2012. 1. 26. 선고 2009두14439 판결 등.

당연무효가 아닌 한 그 흠이 납입고지(징수처분)에 승계되지 않는다고 할 것이다(보험료 부과와 징수 사이에 시간적 간격이 크지 않은 것이 통상적인 점 등을 고려하면, 흠의 승계가 부정된다고 하여 앞서 본 바와 같은 수인가능성이나 예측가능성이 없는 가혹함을 초래하지는 않을 것이다).

V. 결론

보험료징수법에는, 공단이 산재보험료를 부과하고, 건강보험공단이 이를 징수한다고 되어 있다. 산재보험료는 '보수총액 × 산재보험료율'로 결정되고, 산재보험료율은 사업종류에 따라 결정된다. 실무상 사업종류를 변경할 경우 공단에서 사업종류변경 및 산재보험료 추가부과 안내문을 발송하고, 이후 건강보험공단에서 4대 보험료 통합고지를 할 때 추가 부과된 산재보험료를 함께 납입고지하고 있다.

하급심 법원의 판례는 '공단의 사업종류 변경 결정'의 처분성을 부정하는 것과 긍정하는 것으로 나뉘고 있고, 중앙행정심판위원회는 '공단의 사업종류 변경 결정'과 '건강보험공단의 납입고지'의 처분성은 긍정하지만 '공단의 보험료 부과'의 처분성은 부정하고 있다.

한편, 대법원은 '사업종류 변경거부'의 처분성을 긍정하고 있는바, 필자는 이를 법치국가 원리에 충실한 타당한 판례라고 평가하였다. 그런데 행정소송법과 행정심판법상 처분 개념에 있어 "거부"란 신청된 행정작용이 처분에 해당하는 경우의 거부만을 의미하므로, 사업종류 변경 결정을 하여 달라는 신청에 대한 공단의 거부행위가 처분에 해당한다고 보는 것은 곧, 그 신청된 행위(=공단의 사업종류 변경 결정)의 처분성을 긍정하는 전제에 서 있는 것을 의미한다. 따라서 공단의 사업종류 변경 결정의 처분성과 공단의 사업종류 변경 결정 거부의 처분성을 달리 볼 수는 없다고 할 것이므로, 공단의 사업종류 변경 결정의 처분성 역시 긍정되어야 한다.

그리고 '공단의 보험료 부과'의 성질은 '급부하명'으로서 사업주에게 구체적인 액수의 금전납부의무를 부담시키므로, 이 역시 조세 부과처분과 마찬가지로 처분성을 긍정하여야 할 것이다(즉, 공단의 보험료 부과는 '보험료 부과처분'이다).

또한 건강보험공단이 하는 '분기별 보험료 납입통지'(서식의 명칭은 '보험료 납입고지서')는 연체금 부과를 포함하는 '징수처분'으로서의 성질을 가지므로 건강보험공단의 납입통지(납입고지)의 처분성 역시 조세 징수처분과 마찬가지로 긍정되어야 할 것이다.

결국, '공단의 사업종류 변경'과 '공단의 보험료 부과', 그리고 '건강보험공단의 납입고지'는 모두 그 처분성이 긍정되어야 할 것이다.

공사완료 후에 제기한 건축허가취소소송의 권리보호의 필요성의 문제점*

金重權**

대상판결: 대법원 2018.7.12. 선고 2015두3485판결

I. 대상판결의 요지

[1] 행정처분의 직접 상대방이 아닌 자로서 처분에 의하여 자신의 환경상 이익을 침해받거나 침해받을 우려가 있다는 이유로 취소소송을 제기하는 제3자는, 자신의 환경상 이익이 처분의 근거 법규 또는 관련 법규에 의하여 개별적·직접적·구체적으로 보호되는 이익, 즉 법률상 보호되는 이익임을 증명하여야 원고적격이 인정된다.

[2] 행정소송법 제12조 후문은 '처분 등의 효과가 기간의 경과, 처분 등의 집행 그 밖의 사유로 인하여 소멸된 뒤에도 그 처분 등의 취소로 인하여 회복되는 법률상 이익이 있는 자의 경우에는' 취소소송을 제기할 수 있다고 규정하여, 이미 효과가 소멸된 행정처분에 대해서도 권리보호의 필요성이 인정되는 경우에는 취소소송의 제기를 허용하고 있다. 구체적인 사안에서 권리보호의 필요성 유무를 판단할 때에는 국민의 재판청구권을 보장한 헌법 제27조 제1항의 취지와 행정처분으로 인한 권익침해를 효과적으로 구제하려는 행정소송법의 목적 등에 비추어 행정처분의 존재로 인하여 국민의 권익이 실제로 침해되고 있는 경우는 물론이고 권익침해의 구체적·현실적 위험이 있는 경우에도 이를 구제하는 소송이 허용되어야 한다는 요청을 고려하여야 한다. 따라서 처분이 유효하게 존속하는 경우에는 특별한 사정이 없는 한 그 처분의 존재로 인하여 실제로 침해되고 있거나 침해될 수 있는 현실적인 위험을 제거하기 위해 취소소송을 제기할 권리보호의 필요성이 인정된다고 보아야 한다.

---

* 이 논문은 행정판례연구 XXIV-2(2019.12)에 게재된 논문으로 원문 그대로 「최광률 명예회장 헌정논문집」에 전재하는 것으로 연구업적 등의 목적으로 활용되지 않습니다.
** 중앙대학교 법학전문대학원 교수

[3] 구 산업집적활성화 및 공장설립에 관한 법률(2009.2.6. 법률 제9426호로 개정되기 전의 것) 제13조 제1항, 제13조의2 제1항 제16호, 제14조, 제50조, 제13조의5 제4호의 규정을 종합하면, 공장설립승인처분이 있고 난 뒤에 또는 그와 동시에 공장건축허가처분을 하는 것이 허용되므로, 공장설립승인처분이 취소된 경우에는 그 승인처분을 기초로 한 공장건축허가처분 역시 취소되어야 하고, 공장설립승인처분에 근거하여 토지의 형질변경이 이루어진 경우에는 원상회복을 해야 함이 원칙이다. 따라서 개발제한구역 안에서의 공장설립을 승인한 처분이 위법하다는 이유로 쟁송취소되었다고 하더라도 그 승인처분에 기초한 공장건축허가처분이 잔존하는 이상, 공장설립승인처분이 취소되었다는 사정만으로 인근 주민들의 환경상 이익이 침해되는 상태나 침해될 위험이 종료되었다거나 이를 시정할 수 있는 단계가 지나버렸다고 단정할 수는 없고, 인근 주민들은 여전히 공장건축허가처분의 취소를 구할 법률상 이익이 있다고 보아야 한다.

[4] 피고보조참가인에 대한 공장설립승인처분을 취소하는 판결이 확정되었으므로, 피고가 피고보조참가인에 대하여 한 이 사건 공장건축허가처분은 그 처분의 기초를 상실한 것으로서 위법하다. 같은 취지에서 원심은 이 사건 공장건축허가처분이 위법하므로 취소되어야 한다고 판단하였다. 이러한 원심의 판단에 개발제한구역에서의 행위 제한, 공장건축허가의 요건, 공장설립면적, 하자의 승계, 수익적 행정행위의 취소 제한, 감사원 심사결정의 기속력, 석명권 행사 등에 관한 법리를 오해한 잘못이 없다. 이 부분 상고이유 주장들은 결국 실질적으로 이미 확정된 공장설립승인처분 취소판결을 비난하는 취지에 불과하므로 받아들일 수 없다.

II. 사안과 경과

1. 사실관계

남양주시장이 2009.7.13. 쌍용양회공업에 대해 레미콘제조업 공장을 신설하는 것을 승인하였다('이 사건 공장설립승인처분'). 이 승인과정이 매우 복잡하다. 그 이전에 세 차례 반려되었다, 그 이유를 보면, 제1차 반려처분(2004.3.12.)은 '① 남양주시 고시 제2003-101호 제5조 제4호에 근거하여 이 사건 종전 신청부지를 중심으로 반경 500m 내 주택이 20호 이상 존재하고, ② 사전환경성검토사항이 반영되지 아니하였으며, ③ 개발제한구역의 지정 및 관리에 관한 특별조치법(이하 '개발제한구역법'이라 한다)상 개발제한구역 관리계획승인이 선행되어야 한다.'는 이유로, 제2차 반려처분(2005.3.10.)은 ① 한강유역환경청장과 사전환경성검토협의 결과 부정적 의견(이 사건 종전 신청부지가 조수보호구역 인근 및 상수원보호구역 상류지역에 위치하고 있어 공장신설에 따른 대기오염, 소음에 따른 조수보호에 악영향이 우려되고, 시설의 고장·사고 등으로 오·폐수 유출시 인근 잠실상수원보호구역에 악영향이 우려되므로 하수처리구역 편입 등의 대책마련이 필요하다는 견해)이 제시되었고, ② 이 사건 종전 신청부지 인근의 교통 혼잡이 심화될 것이 우려되므로 이에 대한 대책마련이 필요하며, ③ 개발제한구역 관리계획승인이 선행되어야 한다.'는 이유로, 제3차 반려처분(2007.2.2.)은 '기존 벽돌공장의 폐업으로 공장등록이 말소되어 용도변경의 대상 자체가 부존재한다.'는 이유로 이 사건 승인신청을 반려하였다.

쌍용양회공업은 제2차와 제3차 반려처분에 대해 감사원에 감사청구를 하였고, 감사원은 2006.6.8. "제2차 반려처분을 취소하고, 한강유역환경청장과 사전환경성검토에 관하여 다시 협의하여 처리하여야 한다."는 취지의 심사결정을 하였고, 2009.4.9. '기존 벽돌공장이 폐업되어 공장등록이 말소되었다고 할지라도 개발제한구역 건축물관리대장에 공장으로 등재되어 있고 해당 공장건축물이 존속하는 한 구 개발제한구역법(2008.3.21. 법률 제8975호로 전부개정되기 전의 것) 제11조 제1항 제8호 등의 규정에 따라 도시형 레미콘공장으로 용도변경이 가능한 데도 용도변경 대상 자체가 부존재한다는 사유를 들어 이 사건 승인신청을 거부한 것은 위법하다.'는 이유로 '제3차 반려처분이 취소되어야 한다.'는 취지의 심사결정을 하였다. 이에 기하여 2009.7.13. '이 사건 공장설립승인처분'이 내려졌다.

쌍용양회공업은 2009.7.24. 이 사건 공장설립승인 처분에 기하여 개발제한구역 행위(건축)허가신청을 하였고, 이에 대해 2012.2.3. 쌍용양회공업에게 공장 증·개축 목적의 개발제한구역 행위(건축)허가(이하 '이 사건 제1처분'이라 한다)를 하였고, 2012.4.4. 개발제한구역 행위(건축변경)허가(이하 '이 사건 제2처분'이라 한다)를 하였다(양자를 합해서 '이 사건 공장건축허가처분'이라 한다). 원고가 2012.4.30. 제1차 처분에 대해 취소소송을 제기하였지만, 그 와중에 이 사건 공장은 2012.10. 초경 건축공사가 완료되어 피고보조참가인(쌍용레미콘)이 2012.10.8. 이 사건 공장에 대한 사용승인을 신청하여 남양주시장이 2012.12.31. 개발제한구역법(2013.5.28. 법률 제11838호로 개정되기 전의 것) 제12조 및 건축법(2013.3.23. 법률 제11690호로 개정되기 전의 것) 제22조에 따라 이 사건 공장에 대한 사용승인(이하 '이 사건 사용승인처분'이라 한다)을 하였다.

2. 관련 소송의 경과

이 사건 공장설립승인처분에 대한 취소소송이 2009.10.21.에 제기되어, 제1심 의정부지방법원 2011.8.16. 선고 2009구합3373판결에서 원고패소판결이 내려졌으나, 항소심 서울고등법원 2012.9.28. 선고 2011누32326판결에서 원고승소판결이 내려졌고, 이에 불복한 피고가 상고하였으나, 대법원 2013.3.14. 선고 2012두24474판결에서 상고기각 판결이 내려졌다. 이 사건 공장설립승인처분이 관련 법령상의 성립요건에 합치하지 않는다는 것이다.[1]

이 사건 사용승인처분에 대한 취소소송이 2013.1.경 제기되어, 제1심 의정부지방법원 2013.6.25. 선고 2013구합302판결에서는 원고들에게 이 사건 사용승인처분의 취소를 구할 법률상 이익이 없다는 이유로 소각하 판결을 하였고, 항소심인 서울고등법원 2013.11.21. 선고 2013누45425판결도 같은 이유로 항소기각 판결을 하였으며, 대법원 2015 1.29. 선고 2013두35167판결에서도 마찬가지 이유로 상고기각 판결을 하였다.[2]

이 사건 공장건축허가처분을 대상으로 취소소송이 제기되어 제1심 의정부지방법원 2013.6.25. 선고 2012구합1643판결은 각하판결을 내렸다. 동 판결은, "건축허가에 기하여 이미 건축공사를 완료하였다면 그 건축허가처분의 취소를 구할 이익이 없다 할 것이고, 이와 같이 건축허가처분의 취소를 구할 이익이 없게 되는 것은 건축허가처분의 취소를 구하는 소를 제기하기 전에 건축공사가 완료된 경우뿐 아니라 소를 제기한 후 사실심 변론종결일 전에 건축공사가 완료된 경우에도 마찬가지이다(대법원 2007.4.26. 선고 2006두18409판결 등 참조)."는 전제에서 "피고보조참가인이 이 사건 각 처분에 기하여 이미 이 사건 변론종결일 전에 이 사건 공장의 건축공사를 마쳤음은 앞서 본 바와 같으므로, 원고들이 이 사건 각 처분의 취소를 구할 이익은 소멸하였다고 보아야 한다."고 판시하였다. 동 판결은 대법

---

1) i) 이 사건 공장의 건축면적은 제조시설의 설치를 위한 건축물의 바닥면적과 그 수평투영면적을 합한 1,865.1㎡로서 1,000㎡를 초과하므로, 이 사건 공장은 과밀억제지역 내에 있는 이 사건 부지 위에, 구 공장설립법 제20조 제1항, 제2항, 구 산업집적활성화 및 공장설립에 관한 법률 시행령(2009. 8. 5. 대통령령 제21665호로 개정되기 전의 것) 제26조 제1호 [별표 1] 제3호 (나)목에 따라, 신설할 수 있는 공장에 해당하지 아니하고, 나아가 이 사건 공장은 구 공장설립법 제8조의 위임에 따른 지식경제부장관의 공장입지 기준고시 제7조 [별표 2] 제1항에 의해 자연녹지지역에서 허용되는 공익사업 및 도시개발사업으로 인하여 당해 시·군 지역으로 이전하는 레미콘 공장에도 해당하지 아니한다. ii) 이 사건 공장의 신설은, 이 사건 부지 중 일부 위에 면적 합계 2,063.78㎡의 규모로 건축되어 있던 공장등록이 말소된 기존 벽돌공장을 모두 철거하고 위 벽돌공장이 건축되어 있지 아니한 부분까지 포함한 이 사건 부지 중 일부 위에 건축물 연면적 합계 1,056㎡, 공작물 연면적 합계 1,901.76㎡의 규모로 레미콘 공장을 신축하는 것을 내용으로 하는 것으로, 구 개발제한구역의 지정 및 관리에 관한 특별조치법(2009. 2. 6. 법률 제9436호로 개정되기 전의 것, 이하 '구 개발제한구역법'이라 한다) 제12조 제1항 제8호, 제13조, 구 개발제한구역의 지정 및 관리에 관한 특별조치법 시행령(2009. 8. 5. 대통령령 제21670호로 개정되기 전의 것) 제18조 제1항 제5호, 제23조 제2항 제1호에 따라 개발제한구역 내에서 예외적으로 허용되는 '공장을 도시형공장으로 업종을 변경하기 위하여 용도변경을 하는 행위'나 '존속 중인 건축물의 개축'에 해당하지 않는다.

2) 판례의 이런 태도는 준공처분에 대한 기왕의 판례의 태도와 일치한다. 판례는 확인적 행정행위에 해당하는 건물의 준공처분(사용승인처분; 사용검사처분)의 경우, 그것을 취소하더라도 해당 건축물의 하자가 제거되지 않는다는 점, 쟁송취소하지 않고서도 인근주민은 물론 입주자(및 입주예정자)는 민사소송을 통하여 소정의 권리구제를 받을 수 있다는 점을 들어 시종 소의 이익을 부인한다(대법원 93누13988판결; 2013두24976판결 등). 하지만 이는 문제가 있다. 준공처분에 대한 취소소송은 위법사유만으로 충분하여 인인이나 입주자는 용이하게 자신의 이익보호를 도모할 수 있다. 민사구제가능성이 존재함을 기화로 본 안심리에 들어가는 것조차 원천적으로 봉쇄하는 판례의 태도는 공법적 권리보호를 무시하는 것이다.

원 2013.3.14. 선고 2012두24474판결에 기하여 이 사건 공장설립 승인처분이 취소됨으로써 참가인이 공장설립법에 따른 공장설립 완료신고 등의 후속절차를 마치고 이 사건 공장을 가동할 여지도 사라져 버렸다고 하여 소의 이익이 없다고 하였다. 그 결과 이 사건 개발제한구역행위(건축)허가는 공식적으로 여전히 존재하여 유효한 셈이 되는 점이 문제되어, 서울고등법원 2015.8.20. 선고 2013누20594판결은 대법원 2013.3.14. 선고 2012두24474판결에 의한 이 사건 공장설립승인처분의 위법성 확인과는 별도로, 이 사건 공장건축허가처분의 위법성을 적극적으로 논증하여 제1심판결을 취소하고 이 사건 공장건축허가처분을 취소하였다.[3] 대상판결은 대법원 2013.3.14. 선고 2012두24474판결에 기하여 이 사건 공장건축허가처분은 그 처분의 기초를 상실한 것으로서 위법하다고 보아 원심의 판단을 그대로 수긍하였다.

3. 관련 규정

구 산업집적활성화 및 공장설립에 관한 법률(2009. 2. 6. 법률 제9426호로 개정되기 전의 것, 이하 '구 산업집적법'이라고 한다)에 따르면, 공장건축면적이 500㎡ 이상인 공장의 신설·증설 또는 업종 변경(이하 '공장설립 등'이라고 한다)을 하려면 대통령령이 정하는 바에 따라 관할 관청의 승인을 받아야 하고(제13조 제1항), 공장설립 등의 승인을 받은 자는 별도로 건축법령에 따른 건축허가 또는 건축신고를 거치거나 건축허가 또는 건축신고가 의제되어야 공장건축물을 신축할 수 있다(제13조의2 제1항 제16호, 제14조). 나아가 관할 관청은 공장설립 등의 승인을 받지 않은 자에 대하여는 관계 법령에 의한 공장의 건축허가·영업 등 허가를 하여서는 아니 되고(제50조), 공장설립 등의 승인을 받은 자가 그 부지 또는 건축물을 정당한 사유 없이 승인을 받은 내용과 다른 용도로 활용하는 등의 사유로 사업시행이 곤란하다고 인정하는 경우에는 공장설립 등의 승인을 취소하고 그 토지의 원상회복을 명할 수 있다(제13조의5 제4호).

Ⅲ. 문제의 제기

먼저 쟁점은 이 사건 공장건축허가처분을 대상으로 한 취소소송이 권리보호의 필요성

---

3) 대법원 2013.3.14. 선고 2012두24474판결에 기하여 이 사건 공장설립 승인처분이 취소됨으로써 참가인이 공장설립법에 따른 공장설립 완료신고 등의 후속절차를 마치고 이 사건 공장을 가동할 여지도 사라져 버렸다는 제1심 의정부지방법원 2013.6.25. 선고 2012구합1643판결의 지적은 기본적으로 공장가동은 공장설립승인처분과 독립된 것임을 간과하였다.

이 인정되느냐 이다. 대상판결과 원심은 공장설립승인처분이 위법하다는 대법원 2013.3.14. 선고 2012두24474판결을 바탕으로 권리보호의 필요성을 적극적으로 논증하였다. 그런데 일찍이 대법원 2007.4.26. 선고 2006두18409판결은 건축공사가 완료된 상황에서는 건축허가처분취소소송이 허용되지 않는다고 보았다. 치명적인 부조화가 존재한다.[4] 대상판결은 계쟁처분이 유효하게 존속하는 것을 출발점으로 삼았지만, 이미 공사가 2012.10. 완료된 이상, 권리보호의 필요성의 문제는 다투어질 수 있다.

피고보조참가인은 사후 재판으로 통해 위법한 것으로 된 공장설립승인처분과 관련해서 자신에게 귀책사유가 없음에도 불구하고 특히 이미 공사가 완료된 상황에서 결과적으로 기왕의 투자에 대해 막대한 손실을 입는 셈이 되는데, 두 번째로 과연 제3자 취소소송에서 처분의 상대방은 아무런 보호를 받지 못하는가의 물음이 제기된다. 종래 제3자효 행정행위와[5] 관련해서 제3자의 원고적격 문제에 논의의 초점이 모아지고, 처분의 상대방인 수범자(수익자)의 법적 지위에 관한 논의는 상대적으로 빈약하였다. 특히 행정행위의 위법성에 대해 아무런 책임이 없는 원래의 수범자는 위법한 행정행위의 취소(폐지)원칙을 그대로 전면적으로 대입하면 제3자의 고양된 권리보호와 비교해서 법적으로 매우 열악한 처지로 전락하게 된다.[6]

세 번째로 비록 법치국가원리의 측면에서 어울리지 않지만, 기성사실의 존중이 그 본질인 사정판결의 허용성에 관해 아무런 언급이 없는 것이 의아스럽다.

IV. 권리보호의 필요(협의의 소이익)의 차원의 문제점

1. 대법원 2007.4.26. 선고 2006두18409판결과의 상치 문제

대상판결이 공장설립승인처분을 취소하는 판결로 인해 이 사건 공장건축허가처분은 그 처분의 기초를 상실하여 위법하다는 지적은 타당하다.[7] 문제는 원심과 대상판결이 건

---

[4] 이런 부조화를 낳은 대법원 2013.3.14. 선고 2012두24474판결이 기왕의 판례의 기조와 다른 데 대해서 아무런 언급을 하지 않은 것은 문제라 여겨진다.

[5] 여기서 복효적(제3자효) 행정행위는 상대방(수범자)에게는 수익적이나 제3자에게는 침익적인 경우를 말하기로 한다. 명칭은 통일되게 사용되지 않는다. 복효적 행정행위(VA mit Doppelwirkung), 제3자효 행정행위(VA mit Drittwirkung), 야누스 행정행위(janusköpfiger VA) 등이 사용되는데, 독일 행정절차법 제80조 a는 '복효적 행정행위'를 제도화하였다.

[6] 이 문제에 대해 필자는 다루었지만(제3자 취소소송에서 처분상대방의 권리보호에 관한 소고, 사법 제43호(2018.3.15.), 187면 이하), 아직 활발히 논의되고 있지 않다. 이 글을 통해 공론화를 강구하고자 한다.

축공사가 완료된 상황에서는 건축허가처분취소소송이 허용되지 않는다는 대법원 2007.4.26. 선고 2006두18409판결과 정면으로 배치된다는 것이다. 여기서 먼저 해명되어야 할 물음은 사안에서 공장건축이 완료되었는데, 과연 대법원 2007.4.26. 선고 2006두18409판결을 어떻게 극복할 것인지의 물음이다. 원심은 나름의 이유로 사안이 다르다고 지적한다.[8] 공장설립승인처분에 기초하여 이 사건 공장건축허가처분이 행해졌지만 양자는 독립적이라는 점에서 사안의 본질은 다르지 않다고 할 수 있다. 그래도 원심은 대법원 2007.4.26. 선고 2006두18409판결의 존재를 의식하여 사안의 다름을 위한 나름의 논거를 제시한 데 대해 대상판결은 대법원 2007.4.26. 선고 2006두18409판결을 전혀 언급하지 않은 채 권리보호의 필요에 관한 일반론을 제시하면서 권리보호의 필요성을 긍정하였다. 따라서 향후 건축공사가 완료된 때 건축허가취소소송이 제기될 경우에 권리보호의 필요와 관련해서 대법원 2007.4.26. 선고 2006두18409판결의 입장과 대상판결의 입장이 병립하는 상황이 빚어졌다. 행정법도그마틱의 핵심기능은 관련 논의를 집약하고 쟁점거리를 줄이는 데 있다. 혼란상황을 낳은 대상판결은 행정법도그마틱의 이런 부담경감기능에 역행한다.

　대상판결이 지적한 대로, 처분이 유효하게 존속하는 경우에는 특별한 사정이 없는 한 그 처분의 존재로 인하여 실제로 침해되고 있거나 침해될 수 있는 현실적인 위험을 제거하기 위해 취소소송을 제기할 권리보호의 필요성이 인정된다고 보아야 한다. 따라서 사안에서 권리보호의 필요를 인정하기 위해서는, 판례가 행정처분의 존재로 인하여 국민의 권익이 실제로 침해되고 있는지, 또는 권익침해의 구체적·현실적 위험이 있는지에 관한 설득력 있는 논증이 행해져야 한다.

---

7) 사용승인처분은 공장건축허가처분을 전제로 하는데, 공장설립승인처분의 위법성이 최종 확인되기 전에 사용승인처분이 내려졌기에, 공장설립승인처분의 위법성이 이 사건 사용승인처분에 대해서는 영향을 미치지 않는다. 따라서 행정청이 사용승인처분에 대해 직권취소나 정지처분을 행하지 않는 이상, 이 사건 사용승인처분은 유효하고 그에 따라 공장을 가동할 수 있다.

8) 위 법리는 건축허가의 상대방이 아닌 제3자가 건축허가로 인하여 민법 및 건축법상의 권리나 이익을 침해당하였음을 이유로 건축허가의 취소를 구하는 경우 사실심 변론종결 전에 건축공사가 완료된 때에는 원상회복이 불가능하여 그 건축허가처분의 취소를 구할 이익이 없게 된다는 것으로 보임에 반하여, 이 사건은 앞서 본 바와 같이 개발제한구역법의 제한 하에 쌍용양회공업이 피고로부터 공장설립법에 기한 이 사건 공장설립승인 처분을 받은 다음에 이를 기초로 이 사건 각 처분을 받았다가 그 후 이 사건 공장설립승인 처분에 대한 취소소송을 거쳐 이 사건 공장설립승인 처분이 확정적으로 취소된 사안으로 위 법리가 적용되는 사건들과 사안을 달리할 뿐만 아니라, 개발제한구역법 제30조 제1항에 의하면 이 사건 각 처분이 취소될 경우 이 사건 공장은 개발제한구역법 제12조 제1항 단서 등에 따른 허가를 받지 아니한 건축물이 되어 피고가 참가인에 대하여 이 사건 공장의 철거 등을 명할 수도 있으므로 이 사건 공장의 건축이 완료되었다고 하더라도 그 원상회복이 불가능하다고 단정할 수도 없다.

2. 소결

소송을 통한 목적달성의 전망이 없을 때 권리보호의 필요성이 부인된다. 원고의 청구취지는 이론적인 의미만을 가져서는 아니 되고, 실제적인 효용 내지 실익이 있어야 한다. 따라서 목적이 사실적, 법적 이유에서 실현불가능하거나 소송의 결과가 실제적 의의가 없어서 소송을 이용하더라도 원상회복이 불가능한 경우처럼 목적을 달성할 수 없는 경우에는 그 소송은 의미가 없다. 제3자효 행정행위에 대해 취소판결이 내려진 경우 비록 취소판결의 제3자효가 인정되더라도, 피침익자인 제3자는 적법한 상태의 회복을 위해 원래의 상대방(수익자)에 대해 행정적 조치를 취해 줄 것에 관해 원칙적으로 청구권을 가지지 않는다.9) 즉, 현행법질서에 의하면 위법한 행위가 결코 결과제거의무를 객관법적으로 자동적으로 낳지 않는다.10) 결국 취소판결의 제3자효가 인정되더라도, 원고가 수범자를 상대로 자신의 권리보호를 강구하는 것은 결정적인 장애에 봉착한다. 즉, 결코 쟁송취소와 원상회복을 곧바로 연결시킬 수는 없다.

대상판결은, "개발제한구역 안에서의 공장설립을 승인한 처분이 위법하다는 이유로 쟁송취소되었다고 하더라도 그 승인처분에 기초한 공장건축허가처분이 잔존하는 이상, 공장설립승인처분이 취소되었다는 사정만으로 인근 주민들의 환경상 이익이 침해되는 상태나 침해될 위험이 종료되었다거나 이를 시정할 수 있는 단계가 지나버렸다고 단정할 수는 없고, 인근 주민들은 여전히 공장건축허가처분의 취소를 구할 법률상 이익이 있다고 보아야 한다."고 지적하지만, 이런 논거는 해당 공장이 아직 완공되지 않은 경우에나 통할 수 있다.

요컨대 사안처럼 이미 공장공사가 완료된 이상, 이 사건 공장건축허가처분에 대한 취소소송은 권리보호의 필요성이 부인된다고 하겠다. 물론 이것이 다른 구제수단의 부정을 의미하지는 않는다. 해당 공장의 가동으로 인한 상린관계에서의 민사적 책임은 여전하다는 점 역시 고려했어야 한다.11) 한편 이런 권리보호의 필요성의 문제를 행정행위의 실효의 차원에서 접근하는 것이 강구될 수 있겠지만, 행정행위의 집행 그 자체가 실효를 낳지 않으므로,12) 그런 접근은 타당하지 않다. 건축허가가 건축의 적법성에 관한 확인적 효과를

---

9) Gerhardt, in: Schoch/Schneider/Bier, VwGO, vormerkung §113 Rn.11.

10) 물론 재량이어서 행정 당국이 위법한 상태를 적극적으로 제거하고자 나선다면 그것 자체는 아무런 문제가 없다. 하지만 이 경우에도 이미 원상회복이 불가능한 기성사실이 존재하면 원상회복명령은 기대가능성의 원칙에 위배하게 된다. 사인에 의해 조성된 기성사실과 관련해서는 향후 행정소송법개정에서 취소판결의 구속력의 일환으로 결과제거의무가 제도화되더라도 다르지 않다.

11) 여기서 사용승인처분취소소송에서의 대법원 2015 1.29. 선고 2013두35167판결이 취소소송에 갈음하는 권리구제를 잘 지적하고 있다.

12) Kopp/Ramsauer, VwVfG, 17.Aufl., 2016. §43 Rn.41b. 물론 병역처분에 따라 병역의무를 이행한 경우처럼,

가지기에,13) 건축이 완료된 후에도 건축허가의 존재는 수허가자를 위법건축물이라는 주장
으로부터 보호한다.

V. 처분상대방의 신뢰보호의 차원에서의 문제점

1. 제3자 취소소송에서 수범자의 신뢰보호의 문제

제3자 취소소송의 상황은 결국 원래의 수범자의 이익과 제3자의 이익이 충돌하는 상
황이다. 제3자 취소소송의 이런 구조적 특별함에서 행정법의 여러 상이한 원칙이 상충하
는 양상이 빚어진다. 수범자는 수익적 행정행위에 대한 법적 안정성 및 신뢰보호의 원칙이
자신에게 유리하게 작용할 것을 요구하는 데 대해서, 제3자는 자신의 법률상 이익을 위하
여 행정의 법률적합성의 원칙의 관철할 것을 요구한다.

2. 독일에서의 논의현황

독일의 과거 논의를14) 보면, 일부 문헌은 행정의 법률적합성을 우위에 두고서 3자보
호규범의 위반을 수익자의 이익과의 관계에서 절대적 우위에 두는 데 대해서,15) 반대로
일부 문헌은 수익자가 자본과 노력을 투입하였기에 재산권과 유사한 지위를 누린다는 점
에 의거하여 수익자의 이익을 절대적 우위에 둔다.16) 전자의 입장을 대변하는 Laubinger
는 행정소송상 제3자 취소소송에서 계쟁처분이 위법하면 행정법원은 폐지(취소판결)로 수
익자의 이익이나 권리가 훼손될 수 있는지 여부나 수익자가 행위의 존속을 신뢰하였는지
여부에 관계없이 폐지할 의무가 있음을 지적하면서 행정행위의 불가쟁력이 발생하기 전에
는 수익자의 이익을 고려하지 않더라도 전적으로 타당하다고 주장하였다.17) 제3자효 행정
행위의 직권취소·철회와 관련한 Laubinger의 이런 주장은 쟁송취소에도 그대로 통용되어
통설적 지지를 받고 있다. 그런데 Buhren은 제3자효 행정행위로 인해 수익과 침익은 상호

행정행위의 나름의 목적달성이 있으면 그 행정행위는 실효한다.

13) 김중권, 행정법 제3판, 2019, 253면.

14) Buhren, Der gerichtliche Rechtsschutz gegen Verwaltungskate mit drittbelastender Doppelwirkung, 1973,
78ff.

15) BVerwG urt.v.9.9.1965, DVBl 1966, 272; Ossenbühl, "Die Rückmahme fehlerhafter begünstigender
Verwaltungsakte", 1965, S.125.

16) Erning DVBl 1960, 467.

17) ders., Der Verwaltungsakt mit Doppelwirkung, 1967, S.185.

관계성을 지니기에 어느 일방을 절대적 우위에 두는 접근은 바람직하지 않다고 하면서, 이런 상호관계성에서 참여자의 이익의 형량이 강구될 필요가 있다고 강조한다. 즉, 수범자의 신뢰보호의 원칙을 전제로 이런 상충된 이익의 형량이 취소소송에서 강구되어야 한다고 한다.[18]

3. 소결

제3자 취소소송에서 수범자의 신뢰보호의 차원에서 접근하지 않으려는 독일의 다수의 입장을 우리 상황에 바로 대입하는 것은 바람직하지 않고, 균형적 자세를 취할 필요가 있다. 최근 판례는 사회보장행정에서 부당이득징수처분 사건에서 신뢰보호의 원칙을 두드러지게 강조하여 부당이득징수처분의 위법성을 적극적으로 확인하고 있는데,[19] 제3자 취소소송에서도 고양된 신뢰보호의 원칙에 의거하여 수범자의 권리보호를 강구할 필요가 있다. 대상판결에서 수범자의 이익이 비중 있게 다루어지지 않은 점이 아쉽다.

VI. 사정판결제도의 차원에서의 문제점

1. 사정판결제도의 의의

사정판결제도는 우리나 일본의 특유의 제도이다.[20] 공법제도의 많은 내용이 독일이나 프랑스에서 연유하였는데, 사정판결제도는 이들 나라에 없는 일본의 특유한 제도이고[21] 우리 역시 그러하다. 일찍이 Ule 교수는 "일반적으로 규정하는 것은 법치국가의 제도로서는 생각되지 않는 권력국가의 제도"라 혹평하였다고 하며,[22] 프랑스에서도 이런 제

---

18) 동지: VG Koblenz Urt.19.4.1966, DVBl 68, 50; Peters, DÖV 1965, 753, 1968, 553f.; Bernhardt, JZ 1963, 308; Evers, JuS 1962, 90(Buhre, Der gerichtliche Rechtsschutz gegen Verwaltungskate mit drittbelastender Doppelwirkung, 1973, 78 Fn.5 재인용).

19) 대법원 2014.10.27. 선고 2012두17186판결; 2014.7.24. 선고 2013두27159판결; 2014.4.10. 선고 2011두31697 판결 등.

20) 일본의 영향을 받은 대만의 경우에도 일본 현행 행정사건소송법과 동일한 내용으로 사정판결제도를 규정하고 있다(제198조).

21) 일본에서 그것의 도입의 역사를 간략히 살펴보면, 일본 명치헌법시대인 1890년에 제정된 행정재판법에는 사정판결제도에 관한 규정을 두지 않았지만 그것의 필요성은 일찍부터 주장되어 1932년 행정재판법 및 소원법의 개정논의에서 행정소송법안 제174조에서 그런 규정을 두었다. 동 규정은 행정사건에 일반적으로 적용되지는 않고, 기성의 시설 등이 없어지는 것이 적당하지 않는 것으로 정해졌다. 그런데 동 개정안은 대륙과 같이 행정재판소를 전제로 만들어진 것이다. 결국 동법안 제174조는 태평양전쟁의 종전 이전에는 빛을 보지 못하고, 종전 후에 1948년 행정사건소송특별법과 1961년 행정사건소송법에 받아들여졌다.

도는 존재하지 않고 '법치주의에 반하는 제도라고 비평을 받고 있다고 한다.[23] 한편 아베 교수는 먼저 기성사실의 존중의 법리는 어느 나라에도 타당하게 여겨지고 있음을 전제로, 사정판결과 결과적으로 유사한 기능을 가지는 제도가 형태를 바꾸어 존재한다고 지적하였다.[24]

2. 사정판결의 허용성 여부

사정판결이 내려지기 위해서는 청구인용판결이 현저히 공공복리에 적합하지 아니하다고 인정되어야 한다. 현저히 공공복리에 적합하지 아니한가의 여부를 판단함에 있어서는 위법·부당한 행정처분을 취소·변경해야 할 필요성과 그로 인하여 발생할 수 있는 공공복리에 반하는 사태 등을 비교·교량하여야 하는데,[25] 최근 대법원은 바람직하게도 나름의 사정판결의 판단기준을 제시하였다: 요건에 해당하는지는 위법·부당한 행정처분을 취소·변경하여야 할 필요와 취소·변경으로 발생할 수 있는 공공복리에 반하는 사태 등을 비교·교량하여 엄격하게 판단하되, 처분에 이르기까지의 경과 및 처분 상대방의 관여 정도, 위법사유의 내용과 발생원인 및 전체 처분에서 위법사유가 관련된 부분이 차지하는 비중, 처분을 취소할 경우 예상되는 결과, 특히 처분을 기초로 새로운 법률관계나 사실상태가 형성되어 다수 이해관계인의 신뢰 보호 등 처분의 효력을 존속시킬 공익적 필요성이 있는지 여부 및 정도, 처분의 위법으로 인해 처분 상대방이 입게 된 손해 등 권익 침해의 내용, 행정청의 보완조치 등으로 위법상태의 해소 및 처분 상대방의 피해 전보가 가능한지 여부, 처분 이후 처분청이 위법상태의 해소를 위해 취한 조치 및 적극성의 정도와 처분 상대방의 태도 등 제반 사정을 종합적으로 고려하여야 한다.[26]

사안에서 사정판결이 전혀 논의되지 않은 점이 궁금하다. 사안에서 공장설립승인처분이 내려지는 과정에서 감사원의 적극적인 개입이 작용하였고, 동 처분의 위법성에 수범자의 귀책사유가 보이지 않는 점에서 이미 공사완료가 된 상황에서 사정판결은 나름 타당할

---

22) 市原昌三郎 発言, "行政事件訴訟特例法改正要綱試案(小委員会案)をめぐる諸問題(下)", ジュ…リスト 210号(60年)30頁。

23) 早川光郎 発言, "行政事件訴訟法施行二五年をふりかえって", ジュ…リスト925号(89年) 92頁.

24) 阿部泰隆, 行政救済の実効性(1985), 293−297. 독일의 경우 계쟁처분의 위법성을 인정하는 데 특히 절차하자나 재량하자와 관련해서 나름 엄격한 과정을 거치며, 원고의 권리침해와 계쟁처분의 위법성이 존재하더라도, 원고가 (예외적이지만) 행정행위의 제거에 관한 법적 청구권을 가지지 않는 경우에는 취소판결은 배제되고 단지 계쟁처분의 위법성을 확인에 그친다. Kopp/Schenke, VwGO, §113 Rn.6.

25) 대법원 2009.12.10. 선고 2009두8359판결 등.

26) 대법원 2016.7.14. 선고 2015두4167판결. 이에 관한 평석으로 이상덕, 기반시설부담금과 사정판결, 법과 정의 그리고 사람(박병대 대법관 재임기념논문집)(2017), 505면 이하 참조.

수 있다고 여겨진다.

VII. 맺으면서

제3자 취소소송에서 소를 제기하는 제3자의 권리보호는 행정의 법률적합성의 요청에 따른다. 그런데 행정의 법률적합성의 요청에 반하는 상황을 유발하는 데 원래의 수범자에게 아무런 귀책사유가 없다면, 신뢰보호의 원칙에 터 잡은 그의 권리보호는 제3자의 권리보호에 못지않게 중요하다. 법질서의 신뢰성은 자유행사의 기본적 전제요건에 해당한다. 자신의 행위가 나중에 불이익한 결과에 연계되지 않으리라고 믿을 수 있는 者만이 자신의 자유권을 행사한다.[27] 비록 우리의 사정판결제도와 같은 타협적 해결제도가 없는 독일의 경우 판례는 재량하자에 관한 심사에서 하자용인(결함감내)의 법리(Fault Tolerance, fehlertoleranz)와[28] 같은 나름의 숙고적 접근을 강구한다. 절차하자에 관한 엄격한 입법 역시 다른 의미에서 기성사실의 존중에 이바지한다. 사안에서 공장설립승인처분과 이 사건 공장건축허가처분은 처음에는 관할청이 주저함에도 불구하고 전적으로 감사원의 권고에 따라 발해졌다. 이런 상황에서 수범자에게 회복할 수 없는 손해를 야기하는 것은 바람직하지 않다. 귀책사유가 없는 수범자의 신뢰보호의 차원에서 대상판결은 문제가 있다. 이미 공장의 공사가 완료된 이상, 사정판결을 내리는 것이 나름 타당할 수 있으며, 나아가 2차적 권리보호수단으로서 국가배상책임을 적극적으로 강구하게 하는 것이 바람직하다. 물론 해당 공장의 가동으로 인한 상린관계에서의 민사적 책임은 별개이다.

---

27) Voßkuhle/Kaufhold, Grundwissen - Öffentliches Recht: Vertrauensschutz, JuS 2011, S.794.

28) 이는 기계시스템, 특히 데이터처리자시스템에서 예기치 않은 자료의 입력이나 예상하지 못한 오작동이나 고장이 발생하더라도 나름 정상기능을 발휘할 수 있게 하는 것을 의미하는데, 물론 용인할 수 없는 치명적인 결함이 발생하면 시스템은 더 이상 작동하지 않는다.

수익적 조례에 관한 법적 고찰*
- 보조금관리조례에 관한
대법원 2018. 8. 30. 선고 2017두56193 판결을 중심으로 -

I. 서

1. 수익적 조례에 대한 적용법리의 명확화

지방자치법상 위임사무와 자치사무의 구별이 명확하지 않고 위임조례도 여전히 많다. 이러한 상황에서 수익적 조례는 침익적 조례와 달리 엄격한 법률유보로부터 벗어나 자치입법권의 신장을 위해 중대한 기여를 하고 있다. 최근 우리 사회에서 정치사회적으로 주목을 받은 조례들, 즉, 학생인권조례, 저출산대책지원조례, 무상급식지원조례 등은 모두 수익적 조례들이었다. 이러한 조례들 이외에 감면조례, 보조금조례, 다양한 사회복지조례 그리고 개인정보보호조례 등 다른 수익적 조례들의 제정움직임에서도 지방자치단체들과 주민들의 적극적인 자치입법의지가 확인되고 있다.

이와 같이 우리나라에서 활발하게 전개되고 있는 수익적 조례제정운동은 우리 지방자치단체들에게 요구되어 오던 상위법령에 대한 자주적 법해석권의 발현으로서 주목할 만하다고 하겠다.[1]

하지만, 다른 한편으로는 우리나라 지방자치단체장이나 지방의회가 주도하는 수익적 조례에 대하여 지방재정능력의 취약성을 무시한 무책임한 선심정치나 선심행정의 발로라

---

* 이 논문은 행정판례연구 XXIV-2(2019.12)에 게재된 논문으로 원문 그대로 「최광률 명예회장 헌정논문집」에 전재하는 것으로 연구업적 등의 목적으로 활용되지 않습니다.
** 명지대학교 법학과 교수
1) 지방자치단체의 해석권이란 지방자치단체가 사무를 집행함에 있어 헌법과 합헌적인 법령에는 구속되지만 그 법령은 법치행정과 지방자치의 취지에 맞게 해석되고 운용되어야 하며 그에 관한 1차적 해석권은 집행담당자인 당해 지방자치단체 자신에게 있다는 것을 말한다. 문상덕, 지방자치단체의 자주적 법해석권 - 한일비교를 중심으로-, 행정법연구 제5호, 1999.11, 157면. 조성규, 행정법령의 해석과 지방자치권, 행정법연구 제32호, 2012.4, 10면 이하.

는 비판도 제기되어 왔다. 특히, 정치권의 좌우대립 속에 등장했던 학생인권조례, 무상급식지원조례 및 저출산대책지원조례와 같은 사회복지조례, 감면조례 그리고 보조금조례 등은 제정여부를 놓고 사회적으로도 심각한 갈등을 일으킨 경우도 많았다.

문제가 된 수익적 조례들에 대한 법령의 근거 또는 기준이 불명확하거나 상위법령의 규율밀도가 낮은 상태에서 지방자치단체가 상당한 입법재량을 행사함으로써 그 갈등이 증폭된 측면도 있었다.

지방자치법분야에서 수익적 조례에 관한 법해석론은 학계는 물론 재판실무에서도 아직 확실하게 정립되지 않았다고 할 수 있는데,[2] 지방행정실무에서 혼란을 완화시키고 법치행정을 정착시키기 위해서는 수익적 조례의 입법재량에 적용되는 법리의 내용과 한계 등을 명확하게 할 필요가 있다 할 것이다.

2018년 대법원은 수익적 조례의 일종인 보조금조례를 위임조례로 보면서도 침익적 조례에 대해서 요구하던 엄격한 법률유보와 엄격해석론으로부터 벗어나 법률유보의 요구를 완화하는 판결을 하였다.[3] 이 글은 보조금조례에 관한 이 대상판결을 중심으로 우리 지방자치법의 영역에서 적용되는 수익적 조례론을 구체화하고 명확하게 하는데 기여하고자 작성되었다.

2. 대상판결(홍성군 보조금관리조례 판결)의 경과와 개요

홍성군수는 기능성 양념압축 건조두부 상품화사업을 위해 생활개선홍성군연합회 영농조합법인에 2016. 1. 19.자로 지급한 보조금 1,750,040,320원에 대해 지원받은 사업의 실패를 이유로 보조금의 반환하도록 환수처분을 내렸다. 이에 대에 영농조합법인은 환수처분의 취소소송을 제기했다.

대전지방법원은 2017년 1월 18일 판결을 통해 이 사건 환수처분은 횡성군 보조금관리조례에 근거한 것으로 적법하다고 판결했다.[4] 지방법원에서는 횡성군보조금관리조례가 위임한계를 벗어나 무효인가 하는 점은 쟁점으로 등장하지 않았다.

원고가 항소를 제기한 대전고등법원에서는 횡성군수의 보조금환수처분의 직접적 근거규정인 횡성군 보조금관리조례 제20조가 상위법령인 구 지방재정법 시행령 제29조 제5

---

2) 조성규, 법치행정의 원리와 조례제정권의 관계 - 조례에 대한 법률유보의 문제를 중심으로 -, 공법연구 제33집 제3호, 2005, 394면은, "주민의 권리제한이나 의무부과(고권적 침해유보)와 직접 관련되지 않은 경우의 조례제정 가능성에 대해서는 지방자치의 헌법적 보장의 관점에서 보다 구체적인 검토가 필요한 것이 아닌가 생각된다"고 하고 있다.

3) 대법원 2018. 8. 30. 선고 2017두56193 판결.

4) 대전지방법원 2017. 1. 18. 선고 2016구합101340 판결.

항, "법 제17조 제1항의 규정에 의한 지방자치단체의 보조금 또는 그 밖의 공금의 지출에 대한 교부신청, 교부결정 및 사용 등에 관하여 필요한 사항은 당해 지방자치단체의 조례로 정한다."라는 규정의 유보범위를 벗어나 무효라고 판결하였다.[5] 대전고등법원은 보조금환수처분을 정한 조례규정은 침익적 조례규정이므로 상위법령으로부터 개별적인 명시적 위임이 없다면 무효라는 침익적 위임조례론의 논리를 사용하였다.

대전고등법원의 판결에 대해 홍성군수는 상고를 하였는데, 이 사건에서 대법원은 다음과 같은 논리로 횡성군 보조금관리조례 제20조는 위임한계내에 있어 적법유효하다고 판시하면서 대전고등법원으로 파기환송하였다.

"보조금 교부는 수익적 행정행위로서 교부대상의 선정과 취소, 기준과 범위 등에 관하여 교부기관에 상당히 폭넓은 재량이 부여되어 있다. 또한 보조금 지출을 건전하고 효율적으로 운용하기 위해서는, 보조금 교부기관이 보조금 지급목적에 맞게 보조사업이 진행되는지 또는 보조사업의 성공가능성이 있는지에 관하여 사후적으로 감독하여 경우에 따라 교부결정을 취소하고 보조금을 반환받을 필요도 있다. 그리고 법령의 위임에 따라 교부기관이 보조금의 교부 및 사후 감독 등에 관한 업무를 수행할 수 있는 이상, 그 교부결정을 취소하고 보조금을 반환받는 업무도 교부기관의 업무에 포함된다고 볼 수 있다."(대법원 2018. 8. 30. 선고 2017두56193 판결)

II. 수익적 조례의 의의와 유형

1. 수익적 조례의 의의

수익적 조례는 주민의 권리를 확대하고 의무를 감면하는 조례를 말하고, 침익적 조례는 "주민의 권리 제한 또는 의무 부과에 관한 사항이나 벌칙"을 정하는 조례(지방자치법 제22조 단서)를 말한다.

2. 수익적 조례의 유형

(1) 금전적 조례와 비금전적 조례

금전적 조례는 주민들에게 금전의 지급이나 금전지급의무의 감면과 같은 수익적 조치를 내용으로 규정한 조례이다. 비금전적 조례는 주민들에게 수익적 효과를 미치지만 금전

---

5) 대전고등법원 2017. 7. 13. 선고 2017누10607 판결.

의 지급이나 금전지급의무의 감면 등을 내용으로 하지 않은 조례이다. 우리나라에서 널리 이용되고 있는 수익적인 비금전적 조례들로는 학생인권조례나 개인정보보호조례 등이 여기에 속한다.

(2) 수익적 위임조례와 수익적 자치조례

수익적 위임조례는 보조금조례나 지방세감면조례와 같이 수익적인 사무이지만 상위법령에서 그 대상에 관해 규정하면서 일정한 사항을 조례로 제정하도록 위임한 경우 위임사무에 대해 제정된다. 수익적 자치조례는 지방자치단체가 상위법령으로부터 위임없이 자치사무에 대해 제정하는 수익적 조례를 말하는데, 지방자치법 제136조와 제137조에서 지방자치단체가 사용료와 수수료를 자치사무로서 규정할 수 있게 한 것을 근거로 규정한 사용료감면조례나 수수료감면조례 등이 여기에 해당된다.

헌법에서 국회입법원칙을 선언하고 있는 경우, 예를 들어, 조세법률주의(헌법 제59조)나 행정조직법정주의(헌법 제96조) 또는 국민의 기본권보호의 필요나 전국적 통일성을 보호할 필요 등을 고려하여 법령의 입법자는 지방자치단체가 처리하여야 할 수익적 사무임에도 법령에서 상세한 내용을 규정하고 일정한 사항을 조례로 규정하도록 함으로써 수익적 위임조례를 이용하도록 하고 있다.

판례도 위임사무와 자치사무의 구별은 물론 위임조례와 자치조례의 개념을 알고 있다. 즉, 대법원은 "지방자치단체는 그 고유사무인 자치사무와 개별법령에 의하여 지방자치단체에 위임된 단체위임사무에 관하여 자치조례를 제정"할 수 있다고 하면서, "기관위임사무에 관하여 제정되는 이른바 위임조례는 개별법령에서 일정한 사항을 조례로 정하도록 위임하고 있는 경우에 한하여 제정"할 수 있다고 하여 위임조례와 자치조례를 구별하고 있다.6)

(3) 금전적 조례의 유형

금전적 조례로서 우리나라에서 널리 이용되고 있는 수익적 조례들로는 감면조례, 보조금조례, 사회복지조례(예, 저출산대책지원조례, 무상급식지원조례) 등이다.

1) 감면조례
금전지급의무를 감면시키는 감면조례로는 지방세감면조례, 부담금감면조례, 사용료·수수료 감면조례 등이 있다.

---

6) 대법원 2000. 11. 24. 선고 2000추29 판결 ; 대법원 2007. 12. 13. 선고 2006추52 판결.

2) 보조금조례

지방자치단체가 일정한 사업자에게 해당 사업이나 활동의 촉진목적으로 금전의 지급을 내용으로 하는 조례를 말한다. 보조금조례는 지방재정법 등의 위임을 받아 제정되는 금전적 조례이자 수익적 위임조례이다.

3) 사회복지조례

저출산대책지원조례나 무상급식지원조례와 같이 사회복지목적으로 금전이나 현물 등을 지급하는 것을 내용으로 하는 조례를 말한다.

III. 수익적 조례론의 개념과 등장배경

1. 수익적 조례론의 개념

수익적 조례론이란 수익적 조례에 대해 적용되는 법도그마틱 또는 법해석론이다. 우리 실정법과 판례에 나타난 수익적 조례론에 따를 때, 주민의 권리를 확대하고 의무를 감면하는 사무에 관해서는 법률의 구체적 위임이 없더라도 조례를 제정할 수 있다.

우리 법과 판례는 침익적 조례와 수익적 조례를 나누어 조례의 제정가능성과 제정방법을 다르게 취급하고 있다. 지방자치법 제22조 단서에서는 "주민의 권리 제한 또는 의무 부과에 관한 사항이나 벌칙을 정할 때에는 법률의 위임이 있어야 한다."고 일반적 유보규정을 도입하고 있어 지방자치단체가 침익적 조례를 제정하기 위해서는 법률의 위임이 있어야 한다. 하지만, 지방자치법이나 다른 법률에서 수익적 조례의 제정시 법률의 유보를 요구하는 일반적 유보규정을 두고 있지는 않다.

법률의 유보문제와 달리 우리 헌법 제117조 제1항은 지방자치단체가 "법령의 범위 안에서 자치에 관한 규정을 제정할 수 있다"고만 하여 침익적 조례와 수익적 조례를 구별하지 않고 법의 우위원칙이 적용됨을 명확히 하고 있다.

한편, 우리 판례는 엄격하게 법령으로부터 개별적 위임을 요구하는 침익적 조례와 달리 수익적 조례와 관련하여 지방자치단체의 자치권을 매우 넓게 인정하고 있다. 대법원은 '정선군세자녀이상세대양육비등지원에관한조례안'의 무효소송에서 "지방자치단체는 그 내용이 주민의 권리의 제한 또는 의무의 부과에 관한 사항이거나 벌칙에 관한 사항이 아닌 한 법률의 위임이 없더라도 그의 사무에 관하여 조례를 제정"할 수 있다고 반복하여 판시하여 침익적 조례와 수익적 조례에 대해 법률의 유보가 달리 적용됨을 명확히 했다.[7]

하지만, 수익적 조례도 엄밀히 분석하면 수익적 자치조례와 수익적 위임조례로 구별할 수 있는데, 두 조례사이에 어떤 차이가 있는지, 수익적 위임조례의 경우 침익적 위임조례에 인정되는 자치입법권의 한계와 어떤 차이가 있는지, 그리고 수익적 위임조례에 있어 확장된 입법재량의 한계가 어디까지인지는 기존 판례나 학설들에 의해 구체화되거나 명확하게 설명되어지지 않았다.

2. 법치행정의 관점에서 본 수익적 조례론의 등장배경

(1) 우리 법에 있어 침해행정과 급부행정의 구별에 따른 법률의 규율밀도의 차이

수익적 조례론과 침익적 조례론의 차이를 가져온 직접적인 근거조문은 지방자치법 제22조 단서, 즉, "주민의 권리 제한 또는 의무 부과에 관한 사항이나 벌칙을 정할 때에는 법률의 위임이 있어야 한다."는 문장이라 할 수 있지만, 법률유보원칙이 침해행정과 급부행정에 적용되는 과정에서 보여주는 실질적인 차이도 양 조례론의 차이를 가져온 또 다른 중요한 원인이라고 볼 수 있을 것이다.

오늘날 우리나라에서 행정작용의 법률유보와 관련하여 통설과 판례는 본질성설을 따르고 있다.[8] 이에 따르면 급부행정의 영역에서도 본질적이고 중요한 사항은 법률에서 사전에 근거가 마련되어 있어야 하는데 기본권관련사항이 중요한 사항의 예로 제시되고 있으나 침해행정의 경우보다 급부행정에서 법률유보의 강도는 더 낮게 요구되고 있다.[9] 또, 입법사항들 중에는 헌법에서 조세법률주의나 행정조직법정주의처럼 국회입법원칙을 선언한 경우도 있어 중요도에도 정도의 차이가 있어서 어떤 사항은 국회가 보다 세밀하게 법률로 규정해야 할 사항도 존재한다.

법률유보에 관한 본질성설에 따를 때 급부행정의 영역에서도 본질적인 사항에 관한 법률의 규율은 포기될 수 없기 때문에 법률에 규정되어 있어야 할 사항들이 존재한다. 이에 관하여 우리 헌법재판소는 조세감면에 관한 다음의 결정에서 매우 중요한 기준을 제시하고 있다.

"조세의 감면에 관한 규정은 조세의 부과·징수의 요건이나 절차와 직접 관련되는 것은 아니지만, 조세란 공공경비를 국민에게 강제적으로 배분하는 것으로서 납세의무자 상호간에는 조세의 전가관계가 있으므로 특정인이나 특정계층에 대하여 정당한 이유없이 조세감면의 우대조치를 하는 것은 특정한 납세자군이 조세의 부담을 다른 납세자군의 부담

---

7) 대법원 2006. 10. 12. 선고 2006추38 판결 ; 대법원 2009. 10. 15. 선고 2008추32 판결.

8) 헌재 1999.5.27., 98헌바70 ; 대법원 2007.10.12., 2006두14476.

9) 김철용, 행정법 제8판, 2019, 110면. 홍정선, 행정법론(상), 2010 제18판, 58-59면. 박균성, 행정법론(상) 제16판, 2017, 28면.

으로 떠맡기는 것에 다름 아니므로 조세감면의 근거 역시 법률로 정하여야만 하는 것이
국민주권주의나 법치주의의 원리에 부응하는 것이다."[10]

"조세감면의 우대조치는 조세평등주의에 반하고 국가나 지방자치단체의 재원의 포기
이기도 하여 가급적 억제되어야 하고 그 범위를 확대하는 것은 결코 바람직하지 못하므로
특히 정책목표달성에 필요한 경우에 그 면제혜택을 받는 자의 요건을 엄격히 하여 극히
한정된 범위 내에서 예외적으로 허용되어야 한다."[11]

그럼에도 불구하고 판례는 법률유보이론의 적용에 있어 침해행정과 급부행정의 영역
을 구별하여 유보의 정도를 달리 요구하고 있다. 엄격하게 법치행정의 원칙을 적용하는 침
해행정과 달리 급부행정의 영역에서는 상위법으로부터 자유로운 재량영역을 하위법제정자
에게 넓게 인정하고 있다.

예를 들어, 대표적인 침익적 처분의 일종인 조세처분을 규정하는 조세법에는 조세법
률주의가 적용되어 조세처분의 요건을 법률에 엄격하게 규정하여야 하고 이를 위반한 법
률이나 조례는 위법하다. 하지만 조세감면처분에 대해서는 법률유보의 요건이 완화되어
적용되고 있다.

"조세법률주의를 규정한 헌법 제38조, 제59조의 취지에 의하면 국민에게 새로운 납세
의무나 종전보다 가중된 납세의무를 부과하는 규정은 그 시행 이후에 부과요건이 충족되
는 경우만을 적용대상으로 삼을 수 있음이 원칙이므로, 법률에서 특별히 예외규정을 두지
아니하였음에도 하위 법령인 조례에서 새로운 납세의무를 부과하는 요건에 관한 규정을
신설하면서 그 시행시기 이전에 이미 종결한 과세요건사실에 소급하여 이를 적용하도록
하는 것은 허용될 수 없다."[12]

하지만, 대법원은 "조세의무를 감경하는 세법조항에 대하여는 조세공평의 원칙에 어
긋나지 않는 한 소급효가 허용됨이 명백하고, 과세단위가 시간적으로 정해지는 조세에 있
어서 과세표준기간인 과세년도 진행 중에 세율인상 등 납세의무를 가중하는 세법의 제정
이 있는 경우에는 이미 충족되지 아니한 과세요건을 대상으로 하는, 강학상 이른바 부진정
소급효의 경우이므로 그 과세년도 개시시에 소급적용이 허용"된다고 한다.[13]

대상판결에 관련된 법령과 조례들의 관계를 살펴보면, 구 지방재정법(2014. 5. 28. 법률
제12687호로 개정되기 전의 것) 제17조 제1항 및 구 지방재정법 시행령(2014. 11. 28. 대통령령
제25781호로 개정되기 전의 것) 제29조 제5항에서 대강과 개요를 정하고 2013년 홍성군 보조

10) 헌재 1996. 6. 26. 93헌바2, 조세감면규제법 제74조 제1항 제1호 위헌소원.
11) 헌재 1996. 6. 26. 93헌바2, 조세감면규제법 제74조 제1항 제1호 위헌소원.
12) 대법원 2011. 9. 2. 선고 2008두17363 전원합의체 판결 [지역개발세부과처분취소].
13) 대법원 1983. 4. 26. 선고 81누423 판결 [법인세부과처분취소].

금관리조례 제20조는 이 법령들로부터 위임을 받아 제정되었다.

대상사례에서는 보조금교부라는 급부행정과 수익적 처분에 관한 업무를 처리함에 있어 급부행정에도 법률유보의 원칙이 적용되어 법령에서 본질적인 사항에 관한 대강과 개요를 규정하고 상세한 것은 조례에 위임하여 조례제정권자는 상당한 입법재량을 가지고 법령에서 맡겨진 임무의 수행을 위해 필요한 것들을 추가로 규정하였다. 지방세감면조례의 경우도 지방세법 등을 통해 법률의 위임을 받아 조례로 감면범위가 정해지고 있다. 이와 같이 제정된 조례들이 수익적 위임조례인 것이다.

위와 같이 우리나라의 급부행정의 영역에서도 법치행정의 원칙이 통설인 본질성설에 따라 이해되고 있지만, 급부행정에서는 상대방에게 수익적 효과를 미치므로 법률의 규율밀도를 완화하거나 소급적용을 인정하는 방식으로 법률의 유보와 법의 우위를 엄격하게 적용하는 침해행정과 다르게 법치행정의 원칙을 적용해왔다. 이 점이 침익적 조례와 다른 수익적 조례론의 등장에 중대한 영향을 미쳤다고 할 수 있을 것이다.

(2) 침익적 처분과 수익적 처분에 대한 해석론의 차이

우리 판례는 특별한 규정이 없는 한 침익적 행정행위는 기속행위로 보면서 "침익적 행정행위의 근거가 되는 행정법규는 엄격하게 해석·적용하여야" 한다고 하고 있다.[14]

하지만, "특정인에게 권리나 이익을 부여하는 이른바 수익적 행정처분은 법령에 특별한 규정이 없는 한 재량행위"라고 하면서,[15] "수익적, 재량적 행정처분에 있어서는 그 처분에 관한 근거법령에 특별한 규정이 없더라도 일반적으로 조건이나 부담 등의 부관을 붙일 수 있는 것"이라고 한다.[16] 그리고 "수익적 행정처분으로서 법령에 행정처분의 요건에 관하여 일의적으로 규정되어 있지 아니한 이상 행정청의 재량행위에 속한다 할 것이고, 이러한 승인을 받으려는 주택건설사업계획이 관계 법령이 정하는 제한에 배치되는 경우는 물론이고 그러한 제한사유가 없는 경우에도 공익상 필요가 있으면 처분권자는 그 승인신청에 대하여 불허가 결정을 할 수 있다"고 하여 처분청은 공익상 필요가 있으면 법령에 명시되지 않은 다른 사유로 처분을 할 수 있다고 한다.[17]

대법원은 대상판결의 이유에서 "보조금 교부는 수익적 행정행위로서 교부대상의 선정과 취소, 기준과 범위 등에 관하여 교부기관에 상당히 폭넓은 재량이 부여되어 있다."는 점을 강조하면서 수익적 위임조례에 있어 위임한계에 관한 위법심사론을 전개하였다. 대상판결에 나타난 대법원의 논리에서도 드러나듯이 그 동안 판례가 침익적 처분과 수익적

---

14) 대법원 2013. 12. 12. 선고 2011두3388.

15) 대법원 2014. 5. 16. 선고 2014두274 판결.

16) 대법원 1992. 2. 14. 선고 91다36062 판결.

17) 대법원 2005. 4. 15. 선고 2004두10883 판결.

처분에 대해서 정립해온 해석론의 차이가 침익적 조례론과 다른 수익적 조례론의 형성에 중대한 영향을 미쳤다고 할 수 있을 것이다.

IV. 수익적 조례론의 구체화와 명확화

1. 조례에의 위임한계에 관한 헌법재판소의 위헌심사원칙

지방자치법에 근거를 두고 제정되는 자치조례는 법률의 우위원칙을 준수하는 한 개별 법령으로부터 위임이 없더라도 제정될 수 있지만, 법령의 제정자는 침익적 조례인 경우는 물론 수익적인 조례의 경우도 위임조례형식을 이용하게 할 수도 있다.

위임조례에 대한 위헌심사와 관련하여 헌법재판소는 다음과 같이 유명한 포괄적 위임 의 원칙을 해석론으로 제시하였다. 즉, 헌법재판소는 "조례의 제정권자인 지방의회는 선거를 통해서 그 지역적인 민주적 정당성을 지니고 있는 주민의 대표기관이고, 헌법이 지방자치단체에 대해 포괄적인 자치권을 보장하고 있는 취지로 볼 때 조례제정권에 대한 지나친 제약은 바람직하지 않으므로 조례에 대한 법률의 위임은 법규명령에 대한 법률의 위임과 같이 반드시 구체적으로 범위를 정하여 할 필요가 없으며 포괄적인 것으로 족하다고 할 것이다."고 했다.[18]

이하에서는 우리나라 위임조례의 위법심사를 위한 법원의 해석론을 엄격해석론과 합리적 해석론으로 분류하여 설명해갈 것이다. 수익적 위임조례의 경우 대상판결에서 대법원은 합리적 해석론을 전개하여 헌법재판소의 포괄적 위임론의 취지를 따르고 있는 것을 확인할 것이다. 하지만, 법원은 침익적 위임조례에 있어서는 여전히 엄격해석론을 따르고 있는 것으로 보인다.

2. 침익적 위임조례에 대한 위법심사와 엄격해석론

침익적 조례는 '주민의 권리 제한 또는 의무 부과에 관한 사항이나 벌칙'(지방자치법 제22조 단서)을 정한 조례를 말한다.

자치사무에 대해 침익적 자치조례를 제정하는 경우, 예를 들어 지방자치법 제27조 제1항에 따라 과태료조례를 제정하거나[19], 지방자치법 제136조에 근거를 두고 사용료조례를

---

18) 헌재 1995. 4. 20. 92헌마264,279(병합).

19) 예를 들어, 지방자치법 제27조 제1항은 조례위반에 대한 과태료에 관하여, "지방자치단체는 조례를 위반한 행위에 대하여 조례로써 1천만원 이하의 과태료를 정할 수 있다."고 규정하고 있다. 이 조문에 근거를

제정하거나, 또는 지방자치법 제137조에 따라 수수료징수조례를 제정하는 경우 상위법령
으로부터 위임을 받을 필요는 없다.

하지만, 지방자치법을 제외한 다른 법령들을 근거로 하여 침익적 조례를 제정할 때,
즉, 침익적 위임조례와 관련하여 대법원은 "주민의 권리제한 또는 의무부과에 관한 사항이
나 벌칙에 해당하는 조례를 제정할 경우에는 그 조례의 성질을 묻지 아니하고 법률의 위
임이 있어야 하고 그러한 위임 없이 제정된 조례는 효력이 없다"고 하고 있다.[20] 또, 대법
원은 "제주특별자치도가 아닌 다른 곳에 등록을 한 사업자 및 자동차는 제주특별자치도에
서 영업을 하지 못하도록 함으로써 헌법 제15조가 보장하는 영업장소의 제한을 받지 아니
하고 자유롭게 영업할 자유를 제한하는 내용으로서 조례안의 적용을 받는 사람에 대하여
권리제한 또는 의무부과에 관한 사항을 규정하고 있다. 따라서 위 조례안 조항은 법률의
위임이 있어야 비로소 유효하게 된다"고도 했다.[21] 위와 같은 대법원의 판결로부터 알 수
있듯이 대법원은 침익적 조례에의 위임에 있어서는 그 위임을 완화하는 기준이나 문언을
제시한 바 없이 개별적 위임을 요구하고 있다.[22]

하지만, 법제처는 지방자치법을 제외한 다른 법률에서 "'과태료에 대한 별도의 법률
위임'이 없다고 할지라도 법률에서 '과태료 부과원인이 되는 의무'의 부과를 '조례로 위임'
한 경우에 과태료 부과에 관한 사항을 조례로 정할 수 있다고 할 것"이라고 하여,[23] 위임
조례로서 과태료를 규정하는 경우 위임의 구체성의 정도를 완화하는 독자적 해석론을 제
시하고 있다.[24] 이 해석론을 통해 법제처는 대상판결에서 대법원이 전개한 합리적 해석론,

둔 자치조례로서 과태료조례는 침익적 조례이지만 상위법령으로부터 개별적 위임을 요구하지 않는다.

20) 대법원 2007. 12. 13. 선고 2006추52. 대법원 2007. 12. 13. 선고 2006추52 ; 대법원 2009. 5. 28. 선고 2007추
134 ; 대법원 2014. 12. 24. 선고 2013추81 ; 대법원 2014. 2. 27. 선고 2012두15005 ; 대법원 2012. 11. 22.
선고 2010두19270 전원합의체 판결.

21) 대법원 2007. 12. 13. 선고 2006추52 판결.

22) 다만, 대법원판례중에는 침익적 조례에 대한 상위법령의 위임문언이 포괄적인 경우라 하더라도 자주법으
로서 조례의 특성을 고려하여 넓게 조례제정권을 인정한 예는 있다.
"법률이 주민의 권리의무에 관한 사항에 관하여 구체적으로 아무런 범위도 정하지 아니한 채 조례로 정
하도록 포괄적으로 위임하였다고 하더라도, 행정관청의 명령과는 달라, 조례도 주민의 대표기관인 지방
의회의 의결로 제정되는 지방자치단체의 자주법인 만큼, 지방자치단체가 법령에 위반되지 않는 범위 내
에서 주민의 권리의무에 관한 사항을 조례로 제정할 수 있는 것이다."(대법원 1991. 8. 27. 선고 90누6613
판결)
하지만, 이 판례가 침익적 위임조례의 제정시 개별적 위임을 요구하고 그것에 엄격한 구속을 요구하는
엄격해석론을 수정한 것으로 이해하기는 어려울 것이다. 이 조례는 서울특별시 공유수면점용료등징수조
례에 관한 것이었는데 공유수면관리법과 동 시행령의 입법자와 대법원은 지방자치법 제136조에서 사용
료징수조례를 자치조례로 규정하고 있는 것(1991년 판례에서도 점용료를 사용료라고 표현하고 있는 것
을 볼 때 점용료는 사용료의 성격을 갖는 것이다)에서 일정 정도 영향을 받지 않았을까 생각한다.

23) 법제처 2009. 6. 15. 회신 해석09-0135.

24) 이에 관한 소개 및 분석은, 선정원, 침익적 위임조례에 있어 위임의 포괄성과 그 한계 - 과태료조례를 중
심으로 -, 지방자치법연구 제60호, 2018.12, 3-27면 참조. 이 글에서는 이러한 조례를 '의무이행 과태료

위임받은 업무의 실효적 수행을 위해 필수적인 업무는 위임의 한계내에 있다는 것과 비슷한 논거를 제시했었다.[25] 즉, 상위법령에서 과태료부과원인이 되는 의무를 이행하도록 위임한 경우 그 의무이행을 확보하기 위해 과태료를 정한 조례는 위임문언에서 과태료가 직접 명시되지 않았더라도 위법하지 않다는 것이었다.

이상으로부터 침익적 위임조례의 허용여부의 심사에 있어 법제처의 '의무이행 과태료 조례'의 예외가 있지만, 법원과 행정실무는 ① 원칙적으로 개별적 위임문언을 요구하고 ② 위임문언에 엄격히 구속될 것을 요구하는 '엄격해석론'을 취하고 있는 것으로 보여진다.[26]

우리 법원이 향후 침익적 위임조례의 경우 상위법령의 개별적 위임에의 엄격한 구속을 요구하는 엄격해석론을 완화해갈 것인지는 지켜보아야 할 것이다.[27]

3. 수익적 자치조례에 대한 위법심사의 방법

수익적 자치조례는 지방자치단체가 상위법령으로부터 위임없이 자치사무에 관해 제정하는 수익적 조례를 말한다.

지방자치법 제22조는 "지방자치단체는 법령의 범위 안에서 그 사무에 관하여 조례를 제정할 수 있다."고 규정하고 있고, 동법 제9조 제1항은 "지방자치단체는 관할 구역의 자치사무와 법령에 따라 지방자치단체에 속하는 사무를 처리한다."고 하고 있으므로 이 규정들에 따라 지방자치단체는 수익적 자치사무에 대해 자치조례를 제정할 수 있다.

또, 지방자치법 제136조와 제137조에서 지방자치단체가 사용료와 수수료를 자치사무로서 규정할 수 있게 하고 있으므로 사용료징수조례나 수수료징수조례를 자치조례로서 규정할 수 있는데, 이 조례중에 사용료의 감면이나 수수료의 감면을 내용으로 하는 규정을 도입할 수도 있다.

조례를 제정하는 지방자치단체들은 수익적 위임조례사항인지 아니면 수익적 자치조

조례'로 불렀다. 이 사례를 제외하고 침익적 조례에 있어 위임의 정도를 완화한 다른 사례는 찾지 못했다.

25) 대법원은 대상판결에서 "법령의 위임에 따라 교부기관이 보조금의 교부 및 사후 감독 등에 관한 업무를 수행할 수 있는 이상, 그 교부결정을 취소하고 보조금을 반환받는 업무도 교부기관의 업무에 포함된다고 볼 수 있다"고 했다. 대법원 2018. 8. 30. 선고 2017두56193 판결.

26) 대법원은 침익적 처분의 위법심사에서도 엄격해석론을 견지하고 있다. 즉, "침익적 행정처분의 근거가 되는 행정법규는 엄격하게 해석·적용하여야 하고 행정처분의 상대방에게 불리한 방향으로 지나치게 확장해석하거나 유추해석하여서는 안되며"라고 한다. 대법원 2008. 2. 28. 선고 2007두13791,13807 판결.

27) 침익적 위임조례에 대해 상위법령으로부터 엄격한 위임을 요구하는 우리 법제와 판례의 태도에 대한 비판은, 문상덕, 조례와 법률유보 재론 — 지방자치법 제22조 단서를 중심으로 —, 행정법연구 제19호, 2007.12, 14면 참조. 문상덕 교수는 "권리를 제한하고 의무를 부과할 수 있는 법규로서의 실질을, 항상 별개의 법주체인 국가로부터의 법률적 위임이라는 단초에 의해서만 비로소 형성가능하도록 하는 것은, '자치' 입법권으로서의 본질을 왜곡시키고 그 헌법적 보장정신을 훼손하는 결과로 이어질 수밖에 없다"고 비판한다.

례사항인지에 따라 입법재량이 크게 달라진다. 수익적 위임조례에 있어서는 위임규정을 둔 상위법령의 문언을 살펴 그것을 위반하지 않고 위임된 범위 내에서 조례를 제정해야 한다. 법률의 우위원칙을 준수해야 할 뿐만 아니라 법률유보의 한계를 넘어서는 안된다. 이와 달리 수익적 자치조례를 제정할 때에는 개별적 법령유보의 제한을 받지 않고 법령을 위반하지 않는 범위 내에서 자치조례를 제정할 수 있으므로 지방자치단체의 자치입법권이 넓게 인정되고 위임의 한계에 관한 문제는 제기되지 않는다.

우리 판례가 위임조례와 자치조례의 구별을 알고 있듯이,[28] 법제처도 자치법규에 관한 의견제시사례에서 수익적 자치조례와 그의 넓은 입법재량을 인정하고 있다.

예를 들어, 부안군이 부안군과 자매결연이 체결되어 있는 다른 지방자치단체의 주민에 대하여 부안군의 시설 방문 시 부안군민의 감면율을 적용하는 내용을 조례에 규정할 수 있는지 문의한 사안에서 법제처는 다음과 같이 의견제시하고 있다.

"부안군의 시설 방문 시 부안군민의 감면율을 적용하는 것은 부안군 시설의 관람료 또는 사용료의 감면과 관련한 것으로", 위와 같은 사무는 부안군의 자치사무로 볼 수 있을 것입니다.

또한, "부안군 조례안에서 규정하고자 하는 내용은 부안군 시설의 감면율 적용에 관한 것으로, 이는 주민의 권리 제한 또는 의무 부과에 관한 사항이 아니기 때문에 법률의 위임이 없더라도 조례에 규정할 수 있다고 할 것입니다. 따라서, 부안군과 자매결연이 체결되어 있는 다른 지방자치단체의 주민에 대하여 부안군의 시설 방문 시 부안군민의 감면율을 적용하는 것은 부안군의 자치사무에 해당하여 조례에 규정하는 것이 가능할 것으로 보입니다."[29]

4. 대상판결의 분석
- 수익적 위임조례에 대한 위법심사와 합리적 해석론

(1) 관련 실정법령과 조례의 내용

2013년 홍성군 보조금관리조례 제20조는 구 지방재정법(2014. 5. 28. 법률 제12687호로 개정되기 전의 것) 제17조 제1항 및 구 지방재정법 시행령(2014. 11. 28. 대통령령 제25781호로 개정되기 전의 것) 제29조 제5항을 모법으로 하여 그의 위임을 받아 제정되었다.

구 지방재정법 제17조 제1항은 단서 및 각 호에서 지방자치단체의 소관에 속하는 사무와 관련하여 보조금 또는 그 밖의 공금 지출을 할 수 있도록 하는 예외 규정을 두고 있

---

28) 대법원 2000. 11. 24. 선고 2000추29 판결; 대법원 2007. 12. 13. 선고 2006추52 판결.
29) [의견16-0186, 2016. 8. 24., 전라북도 부안군].

수익적 조례에 관한 법적 고찰 339

었는데, 특히, 동법 제17조 제1항 제4호는 "보조금을 지출하지 아니하면 사업을 수행할 수 없는 경우로서 지방자치단체가 권장하는 사업을 위하여 필요하다고 인정되는 경우"라고 규정하고 있었다.

구 지방재정법시행령 제29조 제5항은 "법 제17조 제1항의 규정에 의한 지방자치단체의 보조금 또는 그 밖의 공금의 지출에 대한 교부신청, 교부결정 및 사용 등에 관하여 필요한 사항은 당해 지방자치단체의 조례로 정한다."라고 규정하였다.

홍성군수는 군비를 재원으로 하는 보조금의 교부대상, 교부방법 및 사용 등에 관하여 필요한 사항을 규정하기 위하여 홍성군 보조금관리조례(시행 2013. 12. 12. 충청남도홍성군조례 제2090호)를 제정하였다. 이 조례 제20조에서는 구 지방재정법시행령 제29조 제5항의 위임을 받아 "군수는 보조금을 교부받은 자가 다음 각 호의 어느 하나에 해당한다고 인정될 때는 보조금의 교부를 중지하거나 이미 교부한 보조금의 전부 또는 일부의 반환을 명할 수 있다."라고 하면서 제1호에서 "보조사업의 성공 가능성이 없을 때", 제2호에서 "사업의 전부 또는 일부를 정지하였을 때"를 들고 있었다.

(2) 대전고등법원의 판결내용

원심인 대전고등법원은 이 사건 조례 제20조의 효력유무를 평가하기 위해 법률유보원칙의 위배 여부를 다음과 같이 판단하였다.

첫째, 대전고등법원은 아래 내용과 같이 이 조례 제20조에서 규정한 보조금환수처분은 침익적 처분으로서 침익적 조례에 대하여 확립된 법해석론에 따라 판단하였음을 명확히 했다.

"지방자치법 제22조, 행정규제기본법 제4조 제3항에 의하면 지방자치단체가 조례를 제정함에 있어 그 내용이 주민의 권리제한 또는 의무부과에 관한 사항이나 벌칙인 경우에는 법률의 위임이 있어야 하므로, 법률의 위임 없이 주민의 권리제한 또는 의무부과에 관한 사항을 정한 조례는 효력이 없다(대법원 2012. 11. 22. 선고 2010두19270 전원합의체 판결 등 참조)."

둘째, 대전고등법원은 침익적 위임조례에 대해 대법원이 제시한 법해석론에 따라 횡성군 보조금관리조례 제20조가 규정한 보조금환수처분은 구 지방재정법시행령 제29조 제5항의 위임의 한계를 벗어나 제정된 것으로 아래 설명과 같이 무효라고 판단했다.

"구 지방재정법 및 같은 법 시행령은 보조금의 교부신청, 교부결정 및 사용 등에 관한 사항만을 조례에 위임하고 있을 뿐, 보조금 반환에 관한 사항까지 조례에 위임하고 있지 아니하다. 그럼에도 불구하고 이 사건 조례 제20조는 그 위임의 범위를 벗어나 일정한 사유에 해당하는 경우 보조금의 반환을 명할 수 있음을 창설적으로 규정하고 있는바, 이는 상위법령에서 위임하지 않은 사항을 제정한 것이어서 무효이다. 따라서 무효인 이 사건 조례 제20조에 근거한 피고 홍성군수의 이 사건 환수처분은 위법하다 할 것이다."

이상의 설명에서 알 수 있듯이 원심인 대전고등법원은 횡성군 보조금관리조례 제20조에서 규정한 보조금환수처분은 침익적 처분으로서 침익적 조례규정이므로 상위법령으로부터 개별적이고 명시적인 위임이 있어야 제정가능하다고 하였는데, 이는 대법원이 고수해왔던 침익적 위임조례의 위임문언에 관한 엄격해석론을 충실히 따른 것이었다. 그런데 놀랍게도 대법원은 이 판결을 파기환송하였다.

(3) 대법원판결내용의 검토

1) 대법원판결의 내용

대법원은 홍성군 보조금관리조례 제20조가 구 지방재정법시행령 제29조 제5항의 위임의 한계를 벗어난 것인지 여부를 판단하기 위하여 침익적 위임조례론을 전개한 자신의 판결들을 인용하지 않고 다른 접근방법을 취하였다.

첫째, 대법원은 대상판결에서 다음의 판결들을 인용하면서,[30] 아래와 같은 법논리를 전개하였다.

"특정 사안과 관련하여 법령에서 조례에 위임을 한 경우 조례가 위임의 한계를 준수하고 있는지 여부를 판단할 때는 당해 법령 규정의 입법 목적과 규정 내용, 규정의 체계, 다른 규정과의 관계 등을 종합적으로 살펴야 하고, 수권 규정에서 사용하고 있는 용어의 의미를 넘어 그 범위를 확장하거나 축소하여 위임 내용을 구체화하는 단계를 벗어나 새로운 입법을 하였는지 여부 등도 아울러 고려하여야 한다."

그런데 2009두17797판결은 조례에 관한 판결이 아니라 구 기반시설부담금에 관한 법률 시행령 제5조가 상위 법률을 위반한 것인지가 문제되어 내려진 판결이었다. 2014두37122 판결에서는 조례가 위임의 한계를 벗어난 것인지가 문제되었다.

여기서 주목해야 할 문언은 "조례가 위임의 한계를 준수하고 있는지 여부를 판단할 때는 당해 법령 규정의 입법 목적과 규정 내용, 규정의 체계, 다른 규정과의 관계 등을 종합적으로 살펴야" 한다는 것이다.

둘째, 대법원은 수익적 행정행위에 대한 위법심사에서 이용되는 해석방법론을 대상 조례의 위법판단에서도 활용하였다.

"보조금 교부는 수익적 행정행위로서 교부대상의 선정과 취소, 기준과 범위 등에 관하여 교부기관에 상당히 폭넓은 재량이 부여되어 있다. 또한 보조금 지출을 건전하고 효율적으로 운용하기 위해서는, 보조금 교부기관이 보조금 지급목적에 맞게 보조사업이 진행

---

30) 대법원 2010. 4. 29. 선고 2009두17797 판결 ; 대법원 2017. 4. 7. 선고 2014두37122 판결.

되는지 또는 보조사업의 성공가능성이 있는지에 관하여 사후적으로 감독하여 경우에 따라 교부결정을 취소하고 보조금을 반환받을 필요도 있다. 그리고 법령의 위임에 따라 교부기관이 보조금의 교부 및 사후 감독 등에 관한 업무를 수행할 수 있는 이상, 그 교부결정을 취소하고 보조금을 반환받는 업무도 교부기관의 업무에 포함된다고 볼 수 있다."

셋째, 대법원은 구 지방재정법 시행령 제29조 제5항에서 '보조금에 대한 교부신청, 교부결정 및 사용 등에 관하여 필요한 사항'을 조례에 위임하고 있는데, 이 위임문언에 '보조금 반환'과 관련한 사항이 여기에 포함되는 것으로 본다고 하여 이 문언의 통상적인 의미에 따른 위임의 한계를 벗어난 것으로 단정할 수 없다고 했다. 이러한 결론을 위해, 대법원은 보조금 지출을 건전하고 효율적으로 운용하기 위하여 보조금의 반환조치가 필요하다는 점을 고려했고, 국고보조금을 규율한 '보조금 관리에 관한 법률' 제1조는 '교부신청, 교부결정 및 사용 등'에 관한 기본적인 사항을 규정한다고 하고 있는데, 이 법률 제5장에서는 '보조금의 반환 및 제재'를 규정하고 있다는 점도 고려했다.

2) 대법원판결의 검토 – 수익적 위임조례의 위법심사에 있어
　　합리적 해석론의 전개

대법원은 원심인 대전고등법원의 판결이유를 받아들이지 않고 다른 법논리를 전개했다. 몇 가지로 요약해보고 검토하기로 한다.

첫째, 원심은 홍성군 보조금관리조례 제20조에 대한 위법심사에 있어 침익적 위임조례에 대하여 확립된 법해석론을 원용하였으나 대법원은 그것을 받아들이지 않았다.[31] 대법원은 "보조금 교부는 수익적 행정행위로서 교부대상의 선정과 취소, 기준과 범위 등에 관하여 교부기관에 상당히 폭넓은 재량이 부여되어 있다."고 하면서 개별적이고 명시적인 위임을 요구하지 않음으로써, 이 사안을 수익적 조례의 문제로 보고 있음을 시사하였다.

개별행위로서 환수처분 자체가 침익적 처분이라는 점은 명백하지만, 대법원은 이 환수처분은 보조금의 교부처분에 부수되고 필수적인 사후감독업무의 일종이므로 별개로 그 법적 성질을 따져 위임의 한계를 논할 수는 없다고 본 것이라고 할 수 있다. 즉, 상식적이고 합리적인 판단에 따를 때, 보조금의 교부처분이라는 수익적 처분에 부수적인 처분이라

---

31) 임성훈, 지방보조금 환수에 관한 법률의 위임 여부, 대법원판례해설 제118호, 2019, 17면 이하에서는 대상사건을 검토하는 과정에서 고려되었던 두 견해를 소개하고 있다. 원심의 입장에 서는 입장을 위임범위 일탈설로 소개하고 대상판결에서의 대법원의 입장을 위임범위 포함설로 나누었다. 위임범위 일탈설은 보조금반환처분은 침익적 처분으로서 구 지방재정법 시행령 제29조 제5항에서 '보조금에 대한 교부신청, 교부결정 및 사용 등에 관하여 필요한 사항'의 문언속에 보조금반환은 포함되지 않으므로 위임범위를 벗었다는 견해이다. 위임범위 포함설은 구 지방재정법 제17조의2 제5항 소정의 "보조금 지출을 건전하고 효율적으로 운용하기 위하여 필요한 사항"과 연관지어 생각하고, 국고보조금을 규율한 '보조금 관리에 관한 법률' 제1조는 '교부신청, 교부결정 및 사용 등'에 관한 기본적인 사항을 규정한다고 하고 있는데, 이 법률 제5장에서는 '보조금의 반환 및 제재'를 규정하고 있다는 점을 고려할 때 보조금의 반환조치가 위임범위에 포함되는 것으로 보아야 한다는 입장이었다.

는 것이다.32) 보조금 지출을 건전하고 효율적으로 운용하기 위하여 보조금의 반환조치는 반드시 필요하다는 점도 대법원은 강조하고 있다.

이것은 예를 들어, 공동주택건축허가처분을 하면서 일정 토지의 기부채납의 부담을 부과하였을 때와 유사한 상황이라 할 수 있다. 이 때 공동주택건축허가처분은 수익적 처분으로서 재량행위라 할 수 있고 부수적인 기부채납의 부담 자체는 침익적 처분이지만 행정청은 공동주택건축허가처분으로 누리는 수익의 범위내에 있는 한 기부채납의 부담 정도를 달리할 수 있으므로 기부채납의 부담은 재량행위라고 볼 수 있을 것이다.

둘째, 대상판결에서 대법원은 보조금의 환수처분을 규정한 횡성군 보조금관리조례 제20조의 위법심사를 하면서, "법령의 위임에 따라 교부기관이 보조금의 교부 및 사후 감독 등에 관한 업무를 수행할 수 있는 이상, 그 교부결정을 취소하고 보조금을 반환받는 업무도 교부기관의 업무에 포함된다고 볼 수 있다."고 해석했다.

위와 같은 판단을 지지하기 위하여 대법원은 "조례가 위임의 한계를 준수하고 있는지 여부를 판단할 때는 당해 법령 규정의 입법 목적과 규정 내용, 규정의 체계, 다른 규정과의 관계 등을 종합적으로 살펴야" 한다고 했다. 대법원은 이 기준을 제시하면서 조례에의 위임문언의 해석과 관련하여 동일한 표현을 사용한 것으로 인용한 참조판례는 대법원 2017. 4. 7. 선고 2014두37122 판결이었는데, 이 판결은 조례제정권자에게 상위법령에서 상당한 입법재량을 주고 있는 경우에 관한 것이다. 즉, "가축사육 제한구역 지정으로 인한 지역주민의 재산권 제약 등을 고려하여 법률에서 지정기준의 대강과 한계를 설정하되, 구체적인 세부기준은 각 지방자치단체의 실정 등에 맞게 전문적·기술적 판단과 정책적 고려에 따라 합리적으로 정하도록 한" 경우에 관한 것이었다.33)

셋째, 보조금에 관한 입법기술상으로도 이러한 해석은 합리적이라고 보았다. 즉, 대법원은 국고보조금을 규율한 '보조금 관리에 관한 법률' 제1조는 '교부신청, 교부결정 및 사용 등'에 관한 기본적인 사항을 규정한다고 하고 있는데, 이 법률 제5장에서는 '보조금의 반환 및 제재'를 규정하고 있다는 점도 그 논거로서 지적하고 있다.

사견으로는 이상과 같이 대법원이 대상판결을 통해 제시한 법논리는 수익적 조례에 관한 위법심사의 해석론의 정립을 위해 중요한 의미를 가진다고 본다. 이하에서는 침익적

---

32) "보조금 반환의 근거가 되는 교부결정의 취소는 교부결정에 관한 사항으로써, 교부결정에 관한 위임이 있으면 교부결정 취소에 관한 위임도 인정될 수 있다"고 보아야 한다. 임성훈, 위의 논문, 19면. 행정법학의 일반해석론에 따를 때에도 수익적 처분은 상대방에게 귀책사유가 있는 경우 신뢰보호원칙의 보호를 받을 수 없으므로 철회를 위한 별도의 법적 근거가 없더라도 직권으로 철회될 수 있으므로 이 견해는 타당하다고 본다. 대상사건에서는 사업자가 보조금 지급목적에 맞게 보조사업을 진행하지 않은 경우이었다.

33) 대법원 2017. 4. 7. 선고 2014두37122 판결.

조례에 대한 엄격해석론에 대비하여 수익적 조례와 관련하여 대법원이 정립한 법해석론을 '합리적 해석론'으로 부르고 그 법논리의 내용을 요약하고 구체화해보고자 한다.[34]

수익적 위임조례가 상위법령의 위임한계를 벗어났는가를 판단함에 있어서는 직접적인 위임이 없더라도 "당해 법령 규정의 입법 목적과 규정 내용, 규정의 체계, 다른 규정과의 관계 등을 종합적으로 살펴" 자치입법권자에게 입법재량이 부여되어 있는지, 그리고 어느 범위까지인지 살펴야 한다.[35]

특히, 법령에서 조례에 위임하는 주된 업무의 성격이 수익적일 때에는, 그 업무와 관련된 부수적이고 필수적인 업무가 침익적이고 명시적인 위임문언이 없더라도, 주된 업무와 부수적 업무를 전체로 보아 수익적 업무로 보고 수익적 위임조례론을 적용해 위임여부를 판단해야 한다. 이때, 이 침익적 처분은 주된 수익적 처분을 통해 추구하는 행정목적의 실효적 이행을 위해 꼭 필요한 것이어야 하고 부수적 처분에 의한 침익의 정도가 주된 처분에 의한 수익의 범위내에 있어야 한다.

이러한 해석은 헌법재판소가 자치입법권자에게 인정한 '포괄적' 입법재량, 그리고 특별한 규정이 없는 한 수익적 처분을 원칙적으로 재량행위로 파악하는 우리 판례의 입장 등과 그 흐름을 같이 하는 것이다. 또, 수익적 처분에 부가된 부담의 해석론에서 우리 판례가 취하는 입장[36]과 그 맥락을 같이 하는 것이다.

수익적 위임 조례의 위법심사에 관한 '합리적 해석론'에 따를 때 수익적 위임조례에 있어 법률유보요청은 상당히 완화된다고 할 수 있을 것이다.

---

34) 대법원 자신은 합리적 해석론이라는 용어는 사용하지 않는다. 미국 지방자치법학에서 주의 선점과 관련하여 엄격해석론, 합리적 해석론, 자유주의적 해석론으로 학설과 판례가 나뉘어 논의가 진행되고 있는 것에서 시사점을 얻었다.
미국에서는 주법률과 지방자치단체의 자치입법사이에 충돌이 발생할 때, 엄격해석론(strict construction), 합리적 해석론(reasonable construction)과 자유주의적 해석론(liberal construction)이 등장하였다. 이에 관해서는, 송시강, 미국의 지방자치제도 개관, 행정법연구 제19호, 2017.12, 73-74면 참조 및 박민영, 미국 지방자치법상 Dillon의 원칙과 선점주의의 조화, 지방자치법연구 제32호, 2011, 351면 참조.
하지만, 이 글에서 사용한 합리적 해석론의 의미는 우리 대법원이 보조금조례에 관한 대상판례에서 전개한 해석론을 지칭하는 것으로 미국 지방자치법학에서 사용하는 개념과 동일하지는 않다. 자치입법재량을 조금 더 확장하는 방향으로 상위법을 해석한다는 공통점은 갖는다고 할 수 있을 것이다.
35) 수익적 처분 및 재량행위에 대한 위법심사에 있어서도 법원은 처분청의 재량권의 일탈과 남용여부만을 심사하며 처분청은 공익상 필요하다면 법령에 명시되지 않은 사유로도 자신의 처분을 정당화할 수 있다고 한다. 대법원 2007. 5. 10. 선고 2005두13315.
36) 판례는 기부채납의 부담에 대해서는 재량행위임을 전제로 부당결부금지원칙과 비례원칙이 적용된다고 하고 있다. 대법원 1997. 3. 11. 선고 96다49650. 대법원 2009.2.12. 선고 2005다65500.

5. 수익적 위임조례의 위법심사에 있어 초과조례론·
추가조례론의 적용가능성

초과조례 또는 내용초과조례는 법령과 조례가 규율대상은 동일하지만 조례에서 법령이 정한 기준보다 초과하여 정한 조례를 말한다. 수익적 초과조례는 법령보다 조례에서 주민의 권익을 보다 강하게 보장하는 조례를 말한다.

한편, 추가조례 또는 대상추가조례는 법령과 조례가 규율목적은 동일하지만 적용대상을 추가하여 규정한 조례를 말한다. 수익적 추가조례는 법령과 동일한 목적을 규정하면서도 규율대상을 추가하여 주민의 권리를 확대하거나 부담을 감경하는 내용을 담은 조례이다.

대법원은 아래와 같이 초과조례론 또는 추가조례론을 전개하여 자치입법재량을 확대하려 했다. "지방자치단체는 법령에 위반되지 아니하는 범위 내에서 그 사무에 관하여 조례를 제정할 수 있는 것이고, 조례가 규율하는 특정사항에 관하여 그것을 규율하는 국가의 법령이 이미 존재하는 경우에도 조례가 법령과 별도의 목적에 기하여 규율함을 의도하는 것으로서 그 적용에 의하여 법령의 규정이 의도하는 목적과 효과를 전혀 저해하는 바가 없는 때, 또는 양자가 동일한 목적에서 출발한 것이라고 할지라도 국가의 법령이 반드시 그 규정에 의하여 전국 또는 광역지방자치단체 관할구역 단위로 일률적으로 동일한 내용을 규율하려는 취지가 아니고 각 지방자치단체가 그 지방의 실정에 맞게 별도로 규율하는 것을 용인하는 취지라고 해석되는 때에는 그 조례가 국가의 법령에 위반되는 것은 아니라 할 것입니다".[37]

추가조례론과 초과조례론은 이상에서 보았듯이 우리 판례도 수용한 해석론이지만, 이 해석론이 탄생했던 일본에서 이 논의는 환경보호 등의 영역에서 법률의 우위의 엄격한 구속으로부터 벗어나기 위하여 전개되었었다.[38] 대상판결에서 문제된 위임조례에 있어 조례가 위임의 한계를 벗어났는가의 문제는 법률의 우위원칙의 적용문제가 아니라 법률의 유보원칙의 적용에 관한 문제이기 때문에 추가조례론과 초과조례론을 대상판결의 이해를 위해 원용하는 것은 부적절한 것으로 보여진다.[39]

---

37) 대법원 1997. 4. 25. 선고 96추244 판결.
38) 조정환, 자치입법권 특히 조례제정권과 법률우위와의 관계문제, 공법연구 제29집 제1호, 2000, 384면 이하 참조.
39) 다만, 위임문언에의 조례의 구속이라는 측면에서는 상위법령에의 구속이라는 점에서 '유보'의 문제이외에 '우위'의 문제로서 파악할 수 있는 측면이 있을 것이지만 그러한 접근의 유용성은 한계가 있을 것이다.

V. 결어

헌법재판소가 조례에 대한 위임의 한계를 심사하면서 포괄적 위임의 원칙을 선언했으나 자치입법권의 신장은 매우 더디게 진행되었다. 마침내 2018년 대상판결을 통해 대법원은 수익적 위임조례에 있어 법령으로부터 직접적이고 명시적인 위임문언이 없는 경우에도 다른 규정들을 종합적으로 살펴 위임범위내에 포함되는 것으로 해석할 수 있다는 판결을 내림으로써 엄격한 위임문언에의 구속이라는 족쇄를 완화하였다.

그동안 수익적 자치조례는 침익적 조례와 달리 엄격한 법률유보로부터 벗어나 자치입법권의 신장을 위해 중대한 기여를 하고 있었지만, 수익적 위임조례에 관한 법해석론은 학계는 물론 재판실무에서도 아직 확실하게 정립되지 않았었다.

대법원은 대상판결에서 수익적 위임조례의 위법을 심사하면서 상위법령의 위임한계를 벗어났는가를 판단함에 있어서는 직접적인 위임이 없더라도 "당해 법령 규정의 입법목적과 규정 내용, 규정의 체계, 다른 규정과의 관계 등을 종합적으로 살펴" 위임의 한계를 벗어났는지를 판단해야 한다고 했다.

또, 대법원은 원심이 원용한 침익적 조례론을 배척하고 수익적 행정행위에 관한 법이론을 판결이유에서 거론했는데, 이것의 의미는 법령에서 조례에 위임하는 주된 업무의 성격이 수익적일 때에는 그 업무와 관련된 부수적이고 필수적인 업무가 침익적이고 명시적인 위임문언이 없더라도, 주된 업무와 부수적 업무를 전체로 보아 수익적 업무로 보고 수익적 위임조례론을 적용해 위임여부를 평가해야 한다고 본 것으로 생각할 수 있을 것이다.

필자는 이것을 침익적 위임조례에 대한 '엄격해석론'과 대비하여 '합리적 해석론'이라고 불렀다.

무효인 행정행위의 법적 효과[*]

김종보[**]

규범의 세계에서, 절대적인 것은 없다.

I. 서론 – 무효인 행정행위는 정말 무효인가?

행정법총론에서 자주 등장하는 무효인 행정행위라는 표현은 이를 처음 접하는 순간부터 행정행위가 절대적으로 효력이 없다는 인식을 심어준다. 그래서 법학을 처음 접하는 법학도부터 오랜 기간 실무에 종사한 판사, 변호사를 비롯해서 이론에 해박한 법학교수들에게도 행정행위의 무효는 절대적으로 무효인 것으로 인식된다. 그리고 행정행위의 무효는 누구나, 재판상 또는 재판 외에서 무효로 주장될 수 있다는 논리는 부지불식간에 통설과 판례인 것처럼 받아들여진다.[1]

행정행위의 무효가 절대적으로 무효일 것이라는 생각은 그 개념이 연원한 민사상 '법률행위의 무효'와 긴밀히 연결되어 있다. 그러나 민사상 법률관계의 효력은 처음부터 그 범위가 당사자간에 한정되는 것이기 때문에 법률관계를 무효로 판단하는 데 상대적으로 부담이 적다. 당사자간 법률행위가 무효가 된다고 해도 그 무효의 범위와 파급효과는 실체법상으로나 소송법상으로 강하게 제한된다. 이와 대조적으로 시간적으로나 인적으로 효력범위가 넓은 행정행위가 무효로 판단되면 후속하는 법률관계들도 모두 이론상으로는 무효로 판단될 위험성이 높아지고, 이를 둘러싼 법적 불안정성은 감내하기 어려운 상태가 된다. 그래서 실제로는 행정행위의 무효를 절대적인 것이 아니라 상대적인 것에 불과한 것으로 취급하려는 실무관행과 실정법 조문들도 적지 않다. 무효등확인소송에서 준용되는 집

---

* 이 논문은 행정법연구 62호(2020. 8.)에 게재된 글입니다. 최광률 명예회장님 헌정논문집 발간을 진심으로 축하드리며, 형편상 새로운 논문을 집필하지 못한 점 너그러이 혜량해주시길 부탁드립니다.
** 서울대학교 법학전문대학원 교수
1) 김동희, 행정법Ⅰ, 2019, 박영사(이하 김동희, 행정법Ⅰ), 347면; 김철용, 행정법, 2020, 고시계사(이하 김철용, 행정법), 256면 등 참조.

행정지제도, 판결의 제3자효 등이 후자의 대표적인 예이다(행정소송법 제38조 제1항).

　　재건축·재개발과 같은 정비사업에 대해 도시 및 주거환경정비(이하 도시정비법)은 공익성의 요청에 따라 '정비조합의 임원'에 대해 다양한 형사처벌조항을 두고 있다. 만약 정비조합의 성립요건으로서 조합설립인가 처분이 사후적으로 무효라는 판단을 받는다면 이 처벌조항의 운명은 어떻게 되는가 하는 현실적인 문제가, 최근에 대법원에 제기된 적이 있다. 어떤 행정행위가 무효일 때 무효라고 인식되고 선언되기 전까지는 일정한 효력을 유지하는가 아니면 전적으로 무효인가?

　　대법원은 전원합의체 다수의견을 통해 조합설립인가 처분의 효력이 무효일 때 그 처분을 전제로 인정되던 조합임원의 지위 등도 모두 법적으로 무효가 되는 것으로 보고 형벌조항을 적용할 수 없다는 입장을 취하고 있다.[2] 이 사건의 유력한 반대의견은 조합의 최종적인 운명에 관계없이 조합설립인가의 시점부터 '조합이 공법상의 지위를 상실하는 확정적인 판단을 받는 시점까지' 조합임원에 대한 법적 명령이나 금지가 유효하게 존재하므로 그 행위 당시의 형벌규정에 의하여 처벌되어야 한다는 반대의 입장을 밝히고 있다. 대법원의 다수의견과 반대의견이 갈리는 쟁점은 무효로 선언되기 전까지 존재하는 '무효인 행정행위'의 효력 여부이다.

　　이 사건의 또 다른 특징은 행정법원에 무효등확인소송이 별도로 제기되고 그 소송에서 조합설립인가가 무효로 선언되어 판결이 확정되었다는 점이다. 다수의견은 무효등확인소송에서 무효가 확정되었음을 전제로 이 사건 피고들에 대해 형사처벌이 불가능하다는 논리를 전개하고 있지만, 만약 행정행위의 무효가 절대적인 효력을 갖는 것이라면 민사, 형사재판에서 선결문제로 법원이 판단할 수 있는 것이다. 이러한 일반적 논리에 의하면 형사법원은 행정법원에 의한 무효판결과 무관하게 당해 사건에 대해 판단하면서 조합설립인가의 무효여부를 판단할 수 있어야 한다. 만약 대법원의 다수의견과 같이 행정소송에서 먼저 무효가 확정되는 경우에만 형사법원이 그 무효판결을 원용해서 결론을 내릴 수 있다면 그렇지 않은 경우에는 형사법원이 독자적으로 무효라고 판단하고 형사처벌을 할 수 없는 것일까?

　　반대의견도 이런 의문에 대해 자유롭지 않은데, 반대의견 또한 '조합이 공법상의 지위를 상실하는 확정적인 판단을 받는 시점까지' 조합임원에 대한 법적 명령이나 금지가 유효

---

2) 대법원 2014. 5. 22. 선고 2012도7190 전원합의체 판결: 재개발조합의 임원이었던 피고인들이 공모하여, 총회의 의결 없이 철거감리업체를 선정하거나 정비사업 시행과 관련한 자료 등을 공개하지 않아 도시정비법 위반으로 기소된 사안에서, 조합설립인가처분이 무효여서 처음부터 조합이 성립되었다 할 수 없으므로, 피고인들은 각 위반행위에 대한 주체가 될 수 없다(이 사건 조합의 조합원들의 일부가 동대문구청장을 피고로 하여 서울행정법원에 무효등확인소송을 제기하여 조합설립인가처분 무효확인판결이 선고되었고, 고등법원에서 항소기각, 대법원에서 상고기각으로 2013년 판결이 확정되었다).

하게 존재하므로 형사처벌이 가능하다는 논리를 전개하고 있기 때문이다. 반대의견도 역시 형사소송에서 직접 무효를 판단하는 것에 대해 매우 조심스러운 입장을 취하는 것은 행정행위 무효에 대한 일반법원의 판단권을 인정하는 학설3)이나 판례4)들과 차이를 보인다.

II. 행정행위 무효의 의의

1. 민사상 무효와 공법상 무효

행정행위는 민사상 법률행위의 개념에 의존해서 만들어진 개념으로 논리구조의 상당한 영역이 민사상 법률행위와 연결되어 있다. 행정행위 무효의 개념도 결국 민사상 법률행위 무효의 개념에 대응해서 행위의 효력을 부인하는 논리로 사용되고 있다. 행정행위의 무효는 따라서 행정청이 발급한 행정행위가 법적 효력을 부인당하고 실체법과 절차법의 영역에서 모두 법적으로 효력이 없는 상태인 것으로 이해된다.

민사상 법률행위는 처음부터 법적 효력이 법률관계의 당사자에 국한되고 무효에 대한 법원의 판단도 역시 양 당사자에게만 미치는 기판력에 묶인다. 민사상 법률관계는 유효일 때에도 당사자간의 문제이지만, 무효가 되는 경우에도 역시 당사자간의 문제이므로 그 무효의 효과는 제한적이다. 이에 비해 공법적 차원에서 논의되는 행정행위의 무효는 다양한 스펙트럼을 갖는데, 처분의 상대방이 한명에 불과한 행정행위(예컨대 운전면허)부터 처분의 상대방이 수천 명에 달하는 처분(도시관리계획, 관리처분계획)까지 모두 무효가 될 수 있다. 특히 다수의 수범자를 대상으로 하는 처분들 중에는 그 처분을 전제로 다시 민사상 계약, 공법상 처분, 형사처벌 등 다양한 법률관계가 후속하는 경우가 많다는 점에서 민사상 법률행위의 무효와는 비교하기 어렵다.

행정청이 발급하는 행정행위는 다양한 제도 운영의 전제가 되고, 행정청과 다수의 국민들이 그 유효성을 믿고 행동하는 경우가 많다. 행정행위의 공정력 이론에서 잘 알려진 바와 같이 행정행위는 하자가 있어도 처분의 상대방과 관계행정청을 구속하는 것으로 해석하는 이유도 행정행위가 제도로서 갖는 역할 때문이다. 행정행위가 다수의 이해관계인에 대해 법적인 효력을 미친다는 점은 행정행위의 무효라는 개념이 민사상 법률행위의 무효라는 개념과 다르게 취급되어야 할 이유가 된다.

---

3) 김동희, 행정법 I , 336; 김철용, 행정법, 248면 등.
4) 대법원 1992. 8. 18. 선고 90도1709 판결.

2. 행정행위 무효의 본질

행정행위 무효는 하나의 독자적인 논리체계를 갖추고 행정법총론을 지배하고 있는 것은 아니다. 주로 행정행위 무효와 취소의 구별이라는 제목 하에 무효의 판단기준이 논의되고 있지만, 무효의 개념과 본질, 소송법상의 위상 등에 대한 논의는 충분하지 않다. 통설과 판례에 따르면 행정행위의 무효란 행정행위에 중대하고 명백한 하자가 있어서 법적 효과가 인정되지 않는 것을 의미한다. 따라서 행정행위가 무효라는 표현 자체가 행정행위의 효력에 대한 평가이고 무효인 행정행위에 대해 다시 법적 효과를 판단한다는 것은 동어 반복이거나 형용 모순이 된다. 그럼에도 불구하고 무효인 행정행위의 법적 효과를 보고자 하는 것은 행정행위의 무효가 단순한 효력으로서 '0'이 아닌 무엇인가를 가지고 있다는 주장을 담는 것이다.

우선 무효등확인소송이 현행법상 항고소송의 일종으로 규정되어 있다는 점 자체가 무효의 법적 효과를 특별하게 취급하고 있다는 의미로 해석될 수 있다. 만약 행정행위가 진정한 의미에서 무효이고 아무런 효력이 없다면 행정소송에서 그 효력을 부인할 아무런 필요성이 없다. 행정행위의 무효를 선결문제 또는 전제로 하는 민사, 형사소송에서 당해 법원이 행정행위가 무효였음을 판단하거나 당사자가 자유롭게 이를 주장하는 것으로 충분하기 때문이다.

더 나아가 무효등확인소송의 법적 성질에 대한 오래된 논쟁도 역시 행정행위의 무효가 어떻게 취급되어야 하는가에 대한 견해대립의 일환이다.5) 무효등확인소송을 확인소송이라고 주장하는 견해는 무효가 절대적인 의미를 갖는다는 전제에 입각한 것이며 법원이 무효인 상태를 확인하는 것으로 충분하다는 주장이다. 이에 반해 (준)항고소송설은 행정행위의 무효를 판단 받는 것이 행정행위의 효력을 전제로 그 효력을 부인하고자 한다는 의미이며, 이는 행정행위 무효가 절대적으로 무효가 아니라는 주장과 연결된다.

행정행위가 무효라고 선언할 때 행정행위의 효력이 없다는 의미이므로, 행정행위가 존재하는 않는 것과 동일한 법적 평가가 내려져야 한다. 그러나 행정법에서 행정행위의 무효와 부존재는 애매하게 구분되며 하나로 평가되지 않는다. 이는 법률이나 판례, 학설 모두에서 보이는 견해들로서 이에 따르면 행정행위의 무효는 부존재보다는 행정행위의 실질을 갖추고 또 행정행위의 외관을 보이는 것으로 평가된다. 행정행위의 무효를 상대적인 것으로 파악하면, 무효와 부존재의 구별문제는 단순한 이론상의 문제가 아니라 무효로부터 사실상 전혀 무의미한 행정행위를 구별해내기 위한 실질적인 논의일 수 있다.

---

5) 정하중, 행정법개론, 2020, 법문사, 811면 참조.

3. 행정행위 무효의 기능

행정행위 무효의 개념과 범위 등에 관한 논의는 독자적인 차원에서보다는 무효와 취소를 구별하는 곳에서 주로 발견된다. 행정행위의 무효와 취소가 구별되어야 하는 가장 중요한 이유는 취소소송의 제소기간이 지난 후 제기된 무효등확인소송에서 원고의 승패를 결정하는 기준이 되기 때문이다.[6] 이 때 법원은 하자를 중대하고 명백하다고 선언하여 원고를 구제해 줄 것인가 아니면 원고의 청구를 기각할 것인가에 대해 고민하게 된다. 행정행위의 무효가 보여주는 이러한 문제해결 능력은 무효가 등장하는 다양한 영역들 중 무효의 역할을 가장 명확하고 또 가장 빛나는 것으로 만든다. 그래서 일단 무효와 취소를 구별하고 나면 나머지 문제는 대체로 해결되는 것으로 간주하고 더 이상 논의의 진전은 없다.

이처럼 행정행위의 무효의 개념과 범위는 무효와 취소의 구별기준에 대한 논의의 결과에 따라 주로 결정된다. 그러나 무효와 취소의 구별은 무효등확인소송에서 원고의 승패에만 집중하는 이론이므로, 행정행위 무효의 전반적이고 구조적인 기능과 역할에 대해서까지 답을 가지고 있는 것은 아니다. 이에 더해 무효와 취소의 구별에 관한 중대설, 중대명백설, 명백성보충설 등 다양한 이론들의 존재는 행정행위의 무효 여부가 명쾌한 합의에 의해 결정되지 않는다는 것을 의미한다. 심지어는 통설과 판례에 따른 중대명백설에 의할 때에도 중대성과 명백성의 기준에 대해 각각 다른 견해들이 주장되면서 무효의 범위는 상당히 불안정한 상태를 띠게 된다. 무효와 취소의 구별과정에서 설정되는 무효의 개념은 '원고의 권리구제 여부를 결정하기 위해', 구체적인 상황에 의존해 학설과 판례가 제시하는 기준에 따라 유동적으로 변화하기 때문이다. 명확하지 않은 기준에 따라 무효와 단순위법의 행정행위가 구별되면 소송의 승패가 결정되는 데 그치지 않고, 다시 전자는 절대적으로 무효인 것으로 후자는 공정력에 의해 효력이 부인될 수 없는 것으로 행정법 전영역에서 커다란 격차를 보인다.

---

6) 최초 일본과 한국의 행정소송법에 무효등확인소송이 도입된 계기도 제소기간을 넘긴 처분에 대한 불복의 일환으로 제기되었던 무명소송으로서 무효확인소송이었다. 하명호, 한국과 일본에서 행정소송법의 형성과 발전, 2018, 경인문화사, 243면 각주 12) 참조.

III. 행정행위 무효의 법적 효과

1. 절대적 무효와 상대적 무효

1) 의의

행정행위의 무효는 행정행위의 효력을 일체 부인해서 무효를 절대적 무효로 보는 견해(절대적 무효설)와 이와 다른 각도에서 행정행위의 효력을 국면과 상황에 따라 부분적으로만 부인함으로써 무효를 상대적 무효로 보는 견해(상대적 무효설)로 나눌 수 있다.7) 절대적 무효설에 따르면 행정행위의 무효는 사실상, 법률상, 재판상, 재판 외에서도 무효이며, 민사상 형사상으로도 이를 무효라고 전제하고 재판해야 한다. 행정행위의 무효는 당사자는 물론이고 모든 국민, 국가, 자치단체, 법원 등 누구나 주장할 수 있으며, 법원은 행정행위가 무효라는 점을 어떠한 경우에도 부인할 수 없다. 상대적 무효설에 의하면 행정행위의 무효가 언제나, 누구에게나 완벽하게 무효인 것은 아니고 일정한 범위에서만 무효로 취급된다. 다만 무효가 아닌 상태의 상대적인 효력이란 그 정체가 무엇인지 또 어떤 범위에서 무효를 인정해야 하는지에 대해서는 다양한 가능성이 열려있다.

2) 절대적 무효설

행정행위 무효가 실체법상 소송법상, 민사상, 형사상 모든 영역에서 절대적으로 무효라는 주장은 이론적으로 명확성을 추구한다는 점에 가장 큰 장점이 있다. 공정력 이론에서도 무효인 행정행위에는 공정력이 부인되며,8) 대법원의 판례에 따르면 무효인 행정행위에 대해서는 "존치시킬 효력이 있는 행정행위가 없기 때문에"사정판결도 허용되지 않는다.9) 행정법 총론을 지배하는 이런 규칙들은 행정행위의 무효가 절대적으로 무효라는 우리의 인식을 강화시킨다.

만약 절대적 무효설을 일관한다면 항고소송의 일종인 무효등확인소송에서 무효가 선언된 경우거나 또는 심지어 원고의 청구가 기각된 경우에도 무효가 객관적으로 존재한다면 그것이 무효라는 점에는 영향이 없다. 그러므로 행정법원에 현출된 사실만으로는 무효라고 보이지 않아 무효로 인정되지 못한 행정행위도 객관적으로 무효라면 무효임을 주장할 수 있다.10)

---

7) 이러한 학설이 실제 존재하는 것은 아니며, 다만 이하에서는 글의 전개를 위해 이를 두 개의 대립하는 논리구조라는 의미에서 절대적 무효설, 상대적 무효설로 칭한다.

8) 김동희, 행정법 I, 823면 등 참조.

9) 대법원 1996. 3. 22. 선고 95누5509 판결.

10) 한국이나 일본에서 행정소송법에 무효등확인소송이 최초로 도입되던 당시에는 절대적 무효설이 실무상

3) 상대적 무효설

상대적 무효설은 행정행위가 일정한 제도의 구성요소로 작동된다는 점에 주목해서 행정행위의 무효의 효과를 제한하고 이를 통해 제도 전체가 붕괴되는 것을 막는 기능을 한다. 상대적 무효설은 무효인 행정행위와 취소할 수 있는 행정행위가 상대적인 것이라는 주장과 거의 유사한 것이다.[11] 다만 상대적 무효설은 절대적 무효설과는 달리 다양한 의미를 가질 수 있는데, 대체적인 내용은 무효판결의 효력 및 선결문제 등과 관련된다. 우선 상대적 무효설은 무효등확인소송에서 내려진 무효판결 효력의 범위를 얼마나 넓게 볼 것인가 하는 점을 정리해야 한다. 또 민사법원 등이 선결문제로서 무효를 판단할 수 있는가 그렇다면 무효판단의 효력은 어디까지 미치는가 하는 어려운 문제도 해결되어야 한다.

행정상 법률관계는 법적 안정성을 추구하기 위해 여러 이론을 통해 법률관계를 조기에 확정하려는 경향을 띤다. 제소기간에 의해 취소소송을 제한하거나(불가쟁력) 법적인 해석을 통해 특정한 행정행위들은 일단 발급되면 직권취소나 변경처분을 할 수 없는 것으로 인식된다(불가변력). 그러나 이러한 모든 노력들에도 불구하고 공법상 법률관계의 전제가 되는 행정행위가 무효라는 것이 밝혀지면 법률관계 전체가 모두 와해되는 결과를 피할 수 없다(절대적 무효설). 이러한 결과는 받아들이기 너무 어려운 것이기 때문에, 실무에서 이에 따른 결과가 그대로 용인되거나 철두철미하게 관철될 가능성은 그리 높지 않다. 결국 실무적인 해결책의 하나는 행정행위가 무효라는 것을 무시하는 방향의 해석인데, 이러한 해석은 결국 무효의 효과를 상대화하는 결과로 이어진다.

4) 무효인 행정행위의 처분성

행정행위의 처분성은 국민의 권리의무에 대한 공법적 규율을 담고 있다는 점에서 인정된다. 국민의 권리의무에 대한 법집행으로서 권력적 행위를 처분으로 규정하고 이를 취소소송의 대상으로 삼고 있는 행정소송법의 취지도 이에 의한 것이다. 만약 행정행위가 중대명백한 하자를 이유로 무효라 생각되고 이 무효가 절대적인 것이라 해석한다면 무효등확인소송에서 처분성을 인정하는 것도 이론상 어렵다. 절대적으로 무효인 행정행위는 결과적으로 국민의 권리의무에 대한 아무런 법적 규율을 담지 못하기 때문이다. 그러므로 절대적 무효설에 의할 때 무효인 행정행위의 처분성은 일종의 가정에 의존하게 되는 것인데, 만약 그 행위가 무효가 아니라면 국민의 권리의무를 규율하는 행위로 판단되어야 한다는

더 주류적인 입장이었던 것으로 보인다. 하명호, 한국과 일본에서 행정소송법제의 형성과 발전, 2018, 경인문화사, 243 이하 참조.

11) 김철용, 행정법, 209면.

가정이 그것이다. 이에 비해 상대적 무효설에 의하면 행정행위의 무효는 상대적으로 국민의 권리의무에 영향을 미친다고 보기 때문에 처분성을 인정하기 한결 수월하다.

2. 행정소송법과 상대적 무효설

1) 무효등확인소송의 법적 성격

최초의 행정소송법(1951년)에는 취소소송만이 규정되어 있었으나, 학설과 판례는 무명소송의 일종으로 무효확인소송을 인정하고 있었다. 다만 무효확인소송이 당사자소송의 일종으로 확인소송인지, 아니면 취소소송에 준하는 준항고소송인지에 대해서 견해대립이 있었다.[12] 1984년의 행정소송법은 무효등확인소송을 항고소송의 일종으로 받아들임으로써 형식상으로는 오랜 논쟁에 종지부를 찍었지만, 여전히 확인소송설과 준항고소송설의 대립은 현재 진행형이다. 구법과 함께 소멸되었어야 할 학설대립이 현행법에서도 유지되는 납득하기 어려운 현상은 행정행위 무효의 법적 효과에 대한 숨어있는 견해 차이에서 유래한다. 무효의 효력에 대해 확인소송설은 절대적 무효설과, 준항고소송설[13]은 상대적 무효설과 연결되어 있다. 다만 준항고소송설을 취하는 경우에도 일관되게 상대적 무효설을 취하는 것은 아니라는 점에 유의해야 한다.

2) 준용규정

행정소송법은 취소소송에 대한 조항을 상세하게 베풀면서 이를 무효등확인소송에 준용하는 방식을 사용하고 있다. 이러한 준용조항 중 상대적 무효설에 입각한 해석이 자연스러운 조항들이 일부 있다. 우선 행정행위의 공정력을 전제로 한 집행정지에 관한 조항은 무효등확인소송에 준용되는데, 이 때 무효등확인소송에서 처분의 효력을 정지한다는 것은 행정행위의 무효에 일정한 효력이 있다는 것을 전제로 하는 것이다. 따라서 이 조항은 상대적 무효설에 입각한 것이라 해석할 수 있다. 같은 맥락에서 취소판결의 제3자효에 관한 조항이 무효등확인소송에 준용되는 것도 상대적 무효설에 입각한 것이다.[14] 무효의 효력이 절대적이라면 무효판결의 효력에 의존하지 않고도 행정행위는 제3자에게 무효로 되기

---

12) 경건, 무효확인소송의 소익, 행정법연구 제21호, 2008. 8. 118면 참조.

13) 학설의 명칭을 준항고소송설이라 하는 이유는 1984년 이전의 무명소송이었던 무효소송을 취소소송과 같은 항고소송에 준하는 것이라 부르던 것 때문이다. 현재에는 행정소송법이 무효등확인소송을 항고소송으로 정하고 있기 때문에 준항고소송설은 부적합한 명칭이 되었지만, 여전히 학설에서는 이를 그대로 사용하는 경우들이 많다(예컨대 김동희, 행정법Ⅰ, 832면 등). 상대적 무효설과 절대적 무효설의 대립이 생각보다 깊다는 것을 잘 보여주는 사례이다.

14) 일본의 행정사건소송법은 무효등확인소송에 대해 취소소송의 집행정지에 대한 조항을 준용하지만, 판결의 제3자효에 관한 조항은 준용하지 않는다(동법 제38조). 제3자효에 대해 박정훈, 행정소송의 구조와 기능, 2006, 박영사, 24면 참조.

때문이다.

일본의 경우에는 무효등확인소송에 집행정지조항은 준용되지만, 판결의 제3자효에 대한 조항은 준용되지 않는다. 또 일본은 우리와는 달리 무효등확인소송의 원고적격을 정하는 조항에서 보충성의 원칙을 명문화하고 있다.15) 일본의 소송제도와 우리의 소송제도가 상당히 유사한 것 같으면서도 다른 점이 곳곳에 있고 이는 상대적 무효, 절대적 무효의 논리를 해석할 때 참고할 사유가 된다. 전체적으로 보면 일본은 절대적 무효설의 전통도 오래되고 실무의 관행이나 법조문의 구성면에서 한국보다 절대적 무효설의 입장이 많이 발견되고 있다.16)

3) 선결문제 심사권

행정소송법은 처분등의 효력 유무 또는 존재 여부가 민사소송의 선결문제로 되어 당해 민사법원이 이를 심리·판단할 수 있다는 것을 전제로, 이 소송에서 행정소송법의 일부 조항을 준용하도록 정하고 있다(법 제11조 제1항). 준용되는 조항은 행정청의 소송참가(제17조), 행정심판기록의 제출명령(제25조), 직권심리(제26조) 및 소송비용의 부담(제33조)에 관한 것이다. 취소소송에 관한 이 조항은 무효등확인소송에 준용된다(제38조 제1항). 행정소송법이 행정행위의 무효를 민사상 선결문제로서 판단할 수 있다고 명시적으로 인정하고 있으므로 민사법원은 행정행위의 무효나 부존재에 대해 판단할 수 있다. 이 조항은 행정소송법이 절대적 무효설을 전제로 입법된 것이라는 주장에 힘을 실어준다. 다만 상대적 무효설의 입장에서도 이 조항은 민사법원에 선결문제 심사권만을 부여한 것으로 한정 해석하고, 민사법원의 무효판단은 당해 민사사건에 한해 효력이 있는 것으로 해석할 수 있다.

3. 상대적 무효설의 내용

1) 내용일반

절대적 무효설을 취하면 복잡한 논리의 구분이 필요 없고 간명하게 무효인 행정행위는 어떤 경우에나 무효라고 본다. 이와 달리 상대적 무효설에 의하면 무효인 행정행위가 어떤 한도와 범위에서 상대적으로 효력을 보유하는가에 대해 다양한 설명이 필요하다. 특히 상대적 무효설에 의해도 일정한 한도에서 무효의 효력을 절대적으로 볼 수밖에 없는 경우가 있는데, 최소한 무효등확인소송에서 행정행위의 무효가 선언되고 판결이 확정될 때 당해 행위가 무효가 된다는 점은 부인할 수 없기 때문이다. 그러나 그 판결의 효력범위

---

15) 櫻井敬子/橋本博之, 行政法 第2版, 弘文堂, 2009. 330면 이하 참조.
16) 塩野 宏저, 서원우/오세탁 역, 일본행정법론, 법문사, 1996. 124면 이하 참조.

가 어디까지 미치는가에 따라 무효의 법적 효과는 달라질 수 있다. 또 상대적 무효설을 강력하게 관철한다면 선결문제에 대해서도 일반법원의 심사권을 부인하고(마치 취소소송처럼) 오로지 행정법원에 의한 무효선언만이 가능하다고 볼 수도 있다. 이에 관한 논의는 현행법의 해석에 그치는 것이 아니라 입법론까지 포함하는 광범위한 것이다.

2) 무효판결과 상대적 무효설

우선 행정행위의 무효를 상대적인 무효로 보는 경우에도, 무효등확인소송에서 무효판결이 확정되면 행정행위의 무효는 절대적인 것으로 변환된다고 보는 견해와 무효판결에도 불구하고 당해 동일한 사실관계에서 권리구제에 필요한 한도에서만 행정행위가 무효로 된다는 논리가 대립할 수 있다. 무효판결이 선언되었을 때에는 당해 행정행위를 일반적으로 무효로 취급하는 것이 옳다는 것이 전자의 논거라면, 무효판결의 효력범위를 제한해서 법적 안정성을 높이려는 것이 후자의 논거일 것이다. 앞에서 제시된 사례에서 무효인 행정처분의 효과를 일반적으로 인정하는 대법원의 다수의견은 전자에 가깝고, 형사처벌을 주장하는 반대의견은 후자에 가깝다.

3) 무효판단의 관할권

절대적 무효설과 상대적 무효설은 무효판결의 효과에 국한된 이론이 아니고 무효의 판단권이 누구에게 귀속되는가 하는 관할권 문제와도 연결되어 있다. 절대적 무효설을 취하는 경우 자연스럽게 무효를 판단할 수 있는 자의 범위가 넓어지고 민사법원, 형사법원 등이 무효를 판단하는 데 아무런 제약이 없다. 다만 절대적 무효설에 의하면 이 때 행정행위는 민사법원 등의 선언에 의해 무효가 되는 것이 아니고 원래부터 무효였던 것을 확인하는 것에 불과하다. 이에 비해 상대적 무효설을 취하면 무효등확인소송을 담당하는 행정법원 이외에 민사법원 등 제3의 법원에 대해 무효판단을 제한하거나 또는 그 무효판단의 효력을 제한할 여지가 생긴다.[17]

선결문제라는 관점에서 다르게 표현하면 이는 행정행위의 무효를 선결문제로 하는 민사법원과 형사법원이 독자적으로 행정행위의 무효를 판단할 수 있는가 하는 쟁점으로 나타난다. 우선 상대적 무효설을 극단적으로 관철하면 민사법원과 형사법원은 선결문제로서 행정행위의 무효를 판단할 수 없다는 주장이 있을 수 있다. 이러한 견해는 입법론으로는

---

17) 두 견해의 차이는 사실상으로는 법원의 심리부담에도 영향을 미친다. 상대적 무효설에 의하면 민사법원 등은 행정행위의 무효에 대해 심리의 부담이 적지만 절대적 무효설에 의하면 민사법원 등의 심사부담은 상대적으로 높아진다. 절대적 무효설을 철두철미하게 일관하면 비록 '행정법원'에 의해 무효선언이 거부된 행정행위라도 무효일 가능성이 있으면 민사법원이 독자적으로 심리해서 무효여부를 가려야 한다. 행정행위가 절대적으로 무효라면 이를 간과하고 내린 법적 판단은 잘못된 것일 수 있기 때문이다.

몰라도 민사법원의 선결문제 심사권을 인정하고 있는 현행 행정소송법(제11조)과 잘 맞지 않고 법원의 실무감각에도 반하는 것이라 취하기 어렵다.

민·형사법원의 선결문제 심리권을 인정한다는 전제하에 상대적 무효설은 선결문제로서 행정행위의 무효가 선언되었을 때 그 무효의 효과를 어떻게 볼 것인가에 대해 답을 해야 한다. 민사법원 등에서 행정행위가 무효로 판단되면 그때부터 행정행위는 절대적 무효가 된다고 보는 견해가 있을 수 있고, 이러한 선결문제 판단이 당해 소송에만 미치는 것으로 봄으로써 무효의 범위를 제한하는 견해가 있을 수 있다.

IV. 무효판결의 제3자효

1. 의의

취소판결은 행정행위를 취소하는 형성판결이므로 처분이 취소되는 효과가 제3자에게 미친다(행정소송법 제29조).[18] 그리고 앞서 설명한 바와 같이 이 조항은 무효등확인소송에서도 준용된다.[19] 행정행위의 무효가 무효판결을 통해서 비로소 확정되고 그 효력이 제3자에게도 미친다고 보는 것이므로, 이 조항은 행정법원에 의한 무효선언이 있기까지 무효인 행정행위도 일정한 법적 효과가 있다는 것을 전제로 한 것이다. 이 조항은 행정행위 무효에 대해 상대적 무효설을 지지하는 중요한 근거가 된다. 다만 이 조항의 법적 의미에 대해서는 다양한 해석이 가능하며 그 중에서도 특히 제3자를 어떻게 보는가에 따라 중요한 차이가 드러난다.

무효등확인소송에서 무효판결의 제3자효는 취소판결의 조항을 준용하는 것이므로 취소판결의 제3자효에 대한 논의를 이해해야 한다. '취소판결'이 제3자에게 효력을 미치는 것으로 정하고 있는 조항에서 제3자의 범위를 둘러싸고 학설은 일치하지 않는다.[20] 취소판결의 대세효 또는 형성력이라는 용어를 사용하면서 여기서 제3자가 일반처분의 수범자 모두에 미친다고 볼 수도 있고,[21] 제3자의 범위를 좁게 한정해서 복효적 행정행위나 권리관계가 합일적으로 확정되어야 하는 인적 범위의 자만을 제3자로 볼 수도 있다.[22] 전자로

18) 김동희, 행정법 I, 824면; 김철용, 행정법, 623면 참조.
19) 최초 행정소송법(1951년)에는 판결의 제3자효에 대한 조항은 없고, 관계행정청과 그 소속기관에 대한 기속력을 정하는 조항만 있었으며(법 제13조), 이 조항은 1984년 개정을 통해 처음 등장한 것이다. 물론 일본 행정사건소송법에 있는 조항(제32조 제1항)과 대법원의 판례 등이 참고된 것이라 할 수 있다.
20) 김철용, 행정법, 623면; 김남진, 김연태, 행정법 I, 법문사, 2019, 919면 등 참조.
21) 제3자를 법적 이해관계가 있는 제3자가 아니라 모든 제3자로 넓게 보는 견해로는 박균성, 행정법론(상), 박영사, 2019, 1455면(제3자의 범위는 넓지만 소급효를 제한하는 해석법을 제안하고 있다).

보면 일반처분의 종류에 따라 상당히 많은 수의 사람들에 대해 판결의 효력이 미칠 수 있다.[23]

행정법에서 복효적 행정행위 이론에 따르면 처분의 상대방(甲)에게는 수익적이고 제3자(乙)에 대해 침익적인 행정행위가 있을 때, 처분의 상대방이 아니지만 당해 처분에 대해 법률상 이익을 갖는 자가 제3자(乙)이다. 다만 소송의 국면으로 전환되면 처분에 대한 취소소송의 구조가 되고 제3자(乙)가 취소소송을 제기하므로 그 자가 원고가 되고 피고는 행정청이 된다. 소송법상으로는 원고와 피고가 있고 정작 처분의 상대방이었던 자는 소송상 제3자(甲)가 된다. 행정소송법은 처분의 상대방이지만, 제3자(乙)가 원고가 되어 제기하는 소송에서 당사자가 되지 못하는 건축주, 경업자 등을 '소송법상의 제3자(甲)'로 상정하고 있었다고 보는 것이 합리적인 해석이다. 이는 행정소송법에서 제3자를 언급하는 제3자의 소송참가(제16조),[24] 판결의 제3자에 대한 효력(제29조 제1항), 제3자의 재심청구(제31조, 제5조)에서 동일하게 나타난다.[25] 특히 집행정지결정 등이 제3자에게 미친다는 조항(제29조 제2항)을 보면 이때의 제3자는 복효적 행정행위의 상대방으로 수익적 처분을 받은 자를 의미하는 것이 명확하다.[26]

2. 제3자효의 본질 - 기판력

취소판결의 제3자효는 복효적 행정행위를 취소하는 판결이 건축주나 경업자 등 복효적 행정행위의 상대방에 대해 판결의 효력을 확장하는 취지의 조항이다. 행정행위의 취소판결은 성격상 형성판결이기 때문에, 이러한 판결의 효력이 상대방에게 미치는 것은 지극히 당연한 것이다. 그러나 순수하게 소송법적인 관점에서 보면 건축주 등 처분의 상대방은 소송의 당사자가 아니고 이들에게 판결의 효력이 미치지 않는 것이 원칙이다. 이런 점에서 취소판결의 제3자효를 정하고 있는 조항은 원고의 권리구제를 위해 기판력을 넓히는 의미의 조항이고 이를 별도로 대세적 형성력[27]에 관한 조항으로 넓게 해석할 것은 아니다. 무

---

22) 김동희, 행정법 I, 825면. 정하중, 행정법개론, 796면 등 참조.

23) 취소소송을 객관소송으로 보아 제3자효를 결과적으로 가장 넓게 인정하는 견해로는 박정훈, 행정소송의 구조와 기능, 2006, 박영사, 162면 참조.

24) 김동희, 행정법 I, 760면 참조.

25) 하명호, 한국과 일본에서 행정소송법제의 형성과 발전, 2018, 경인문화사, 267면 참조.

26) 대법원 1952. 8. 19. 선고 4285행상4(귀속재산의 불하에 관한 경원자 관계의 취소소송). 이 판결의 취지를 받아들여 행정소송법 제29조가 제정된 것으로 판단된다. 같은 취지 하명호, 행정쟁송법 제2판, 박영사, 2015, 355면.

27) 형성력이라는 표현을 사용하는 문헌들은 이를 대세효와 함께 사용하면서 판결의 제3자효를 대세적 효력인 것처럼 표현하지만 이를 대세효로 볼 필연적인 이유는 없다. 단지 제3자에 대한 처분이 취소되었으므로 제3자도 이를 받아들여야 한다는 의미에서 기판력의 범위를 의미하는 것으로 해석하는 것이 더 자연

효등확인소송에서 무효판결의 제3자효도 역시 건축주 등에 대해서도 무효판결이 효력을 갖는다는 의미일 뿐이다. 문제는 일반처분으로, 수범자를 다수로 하는 특수한 처분들에 대해 취소판결이 나거나 또는 무효판결이 선언되었을 때 다른 자들의 운명은 어떻게 되는가 하는 점이다.

3. 제3자효의 범위

1) 일부 취소와 일부 무효

다수 당사자를 수범자로 하는 행정처분은 당사자 중의 일부가 당해 처분의 취소를 구할 때 소송물과 판결의 효력 범위가 일의적이지 않다. 예컨대 정비사업에서 관리처분계획에 불만이 있는 조합원 일부가 관리처분계획 취소소송을 제기해서 승소하는 경우에 관리처분계획은 판결에 의해 취소된다. 이 때 취소소송의 소송물은 관리처분계획의 전부로 해석될 수도 있지만, 원고들의 권리의무를 정하고 있는 관리처분계획의 일부로 한정될 수도 있다. 만약 전자로 해석한다면 취소되기 전에 관리처분계획에 의해 이루어졌던 일반분양의 절차, 조합원에 대한 동호수추첨, 조합원 분양계약 등 모든 절차가 효력을 상실하고 다시 반복되어야 한다. 그러나 후자로 해석하면 승소한 원고들의 관계에 대해서만 관리처분계획이 취소되므로 조합은 그에 한해 관리처분계획을 변경하거나 또는 판결의 취지에 따라 원고들의 권리구제에 필요한 조치들을 행하는 것으로 충분하다. 실무적인 면에서 후자의 해석이 더 일반적인 것이라 보이는데 이를 보면 다수당사자를 수범자로 하는 처분에 대한 취소판결이나 무효판결의 제3자효도 다시 소송물의 범위를 조작하는 방법으로 제한될 수 있다는 것을 알 수 있다. 일반처분의 경우에도 역시 소송물의 범위를 한정하는 방식으로 제3자의 범위가 좁아질 수 있다는 점에서 마찬가지이다.

2) 권리구제 기능과 제3자효의 제한

무효등확인소송의 기능도 권리구제를 목적으로 하는 것이므로, 무효판결이 제3자에게 미칠 때 원고의 권리구제를 위해 필요한 한도에서 행정행위를 무효로 만드는 것으로 해석해야 한다. 무효판결로 인해 원고의 권리구제를 위한 한도에서는 당해 행정행위가 무효라는 점을 부인할 수 없지만, 그 필요한 범위를 넘어서 제3자들에게 무효의 효력이 확대되지 않는다고 보아야 한다. 서론에서 제시된 사례에서 조합설립인가가 비록 무효판결에 의해 무효로 선언되었지만, 이러한 무효는 원고의 권리구제와 무관한 형사사건에서까지 절대적인 효력을 갖는 것은 아니다.

스럽다.

3) 무효판결의 소급효

복효적 행정행위가 법원의 판결로 취소되었을 때 그 판결의 효력이 건축주나 경원자 등 제3자에게 미친다는 점은 명확하지만, 그 판결에 의해 취소된 효력의 시간적 범위에 대해서는 다양한 해석이 있을 수 있다. 취소판결에 의해 취소된 건축허가는 소급효를 갖는데, 이로 인해 건축주의 건축행위가 불법건축으로 해석되어 형사처벌의 대상이 되는가?[28]

행정행위의 무효가 상대적인 것이고 행정법원의 무효판결이 확정될 때까지 효력을 유지한다는 상대적 무효설에 의하는 경우에도 무효판결에 의해 행정행위는 효력을 잃는다. 무효등확인소송의 권리구제 기능을 고려하면 당해 처분이 무효라는 점을 인정하지 않는 한 소송 자체가 무용해지기 때문이다. 다만 무효판결시를 기준으로 장래를 향해 무효의 효력이 인정되는 것으로 권리구제가 충분하다면 무효판결은 장래를 향해 효력을 갖는 것으로 해석할 수 있다.

V. 무효와 협의의 소익

1. 무효등확인소송과 협의의 소익 일반

1) 의의

행정소송법은 취소소송의 원고적격을 정하고 있는 조항에서 동시에 협의의 소익에 관한 문구를 포함하고 있다(법 제12조). 이에 따라 처분등이 기간의 경과 등으로 소멸한 경우에도 취소를 구할 법률상 이익이 있으면 협의의 소익이 사라지지 않아 취소소송을 제기할 수 있다. 무효등확인소송에 대해 행정소송법은 별개의 원고적격의 조항을 베풀면서, 협의의 소익과 관련된 이 조항을 반복하지 않고 있다(동법 제35조). 물론 일반적 준용조항을 정하고 있는 제38조에서도 취소소송의 원고적격에 대한 조항은 준용되지 않는다. 따라서 무효등확인소송에서 처분등이 소멸한 경우에도 소의 이익을 인정할 것인지에 대해 해석의 문제가 남는다.

여기서 시작되는 문제의식은 자연스럽게 취소소송에서 발전된 협의의 소익에 대한 이론 일반을 무효등확인소송에서 적용할 것인가 하는 커다란 쟁점으로 연결된다. 학설이나 판례는 대체로 취소소송에서 활용되는 협의의 소익에 대한 이론체계가 무효등확인소송에

---

28) 대법원 1999. 2. 5. 선고 98두4239 판결 참고. 이 사건에서 대법원은 공정력과 판결의 소급효가 충돌할 때 판결의 소급효를 우선시 하고 있다.

대해서도 그에 준해서 활용된다고 보지만, 그 정당성과 근거에 대해서 밝히고 있는 경우는 거의 없다.29) 무효를 상대적인 것으로 보고 무효등확인소송을 항고소송으로 보는 한, 대체로 취소소송에서 채택되는 협의의 소익이론은 무효등확인소송에 대해서도 적용된다고 해석할 수 있다.30) 따라서 원상회복이 불가능한 경우, 이익침해 상황이 해소된 경우 등에는 무효등확인소송도 협의의 소익이 없어 각하될 수 있다.31)

2) 상대적 무효와 협의의 소익

취소소송에서 협의의 소익은 일정한 처분에 하자가 있어도(정확하게는 하자가 있는지를 판단하기 전에) 처분의 취소를 구할 이익이 없다는 것을 이유로 각하하는 기능을 하는 소송요건이다. 취소소송을 중심으로 발전한 협의의 소익이론은 단순위법의 하자가 있는 행정행위에 대해 행정법원의 판단을 불가능하게 만들기 때문에 당해 행정행위에 효력이 사실상 확정된다. 결국 누구도 당해 처분의 효력을 부인하는 것이 불가능해지므로 이를 전제로 한 다양한 공법상, 사법상의 법률관계는 안정을 찾는다. 이처럼 협의의 소익이론은 소가 각하되었을 때 행정행위의 유효성이 유지된다는 것을 전제로 하는 경우가 많다.32) 따라서 무효등확인소송에서 협의의 소익이론이 일반적으로 적용된다고 보는 것은 상대적 무효설과 연결되어 있을 가능성이 높다. 만약 무효등확인소송에서 행정행위의 무효를 절대적 무효로 본다면 협의의 소익이론이 수행하는 이런 기능은 발휘되기 어렵다. 무효판결을 경유하지 않고도 다양한 법률관계에서 여전히 무효의 주장이 가능하기 때문이다.

예컨대 건축허가에 대한 취소소송에서 대법원은 건축물이 이미 완공된 경우라면 건축허가의 취소를 구할 법률상 이익이 없다는 입장을 취하고 있다.33) 따라서 단순위법의 하자를 갖는 건축허가는 건축물이 완공되면 공정력을 지속하며 유효한 건축허가로 인정된다. 대법원은 이러한 맥락에서 건축허가에 대한 무효등확인소송도 완공되는 순간 소의 이익을 잃고 각하되어야 한다는 입장이다.34) 이렇게 소송이 각하되면 건축허가의 무효여부

---

29) 서울행정법원 실무연구회, 행정소송의 이론과 실무, 2013, 사법발전재단, 135면 등.

30) 다만 강학상 인가에 대한 취소소송은 불허하지만, 기본행위가 무효인 경우 강학상 인가의 무효의 확인을 구할 수 있다는 판결(대법원 1979. 2. 13. 선고 78누428 판결)처럼 의도적으로 둘을 구별하는 이론이 존재하는 경우에는 다르게 취급하는 것이 옳다.

31) 대법원 2017. 4. 13. 선고 2016두64241 판결 [수용재결무효확인], "수용재결의 무효확인 판결을 받더라도 토지의 소유권을 회복시키는 것이 불가능하고, 무효확인으로써 회복할 수 있는 다른 권리나 이익이 남아 있다고도 볼 수 없다.": 같은 취지 대법원 1995. 7. 28. 선고 95누2623 판결 [계고처분등취소]

32) 예컨대 원상회복 불가, 이익침해상태의 해소, 처분기간의 경과 등을 이유로 하는 협의의 소익문제는 취소소송의 각하함으로써 현재 상태를 유지하고자 하는 취지가 강하다. 행정행위가 무효라면 이러한 사유로 협의의 소익을 판단해야 하는가에 대해 의문이 제기될 수 있다.

33) 대법원 1992. 4. 28. 선고 91누13441 판결 [교회건축허가처분취소]

34) 대법원 1993. 6. 8. 선고 91누11544 판결 [건축허가무효확인등]

에 대한 법원의 판단이 불가능해지는데 실무적인 관점에서 본다면 이를 통해 '무효일 수 있는' 건축허가도 더 이상 다투어지지 않고 법적으로 유효한 것과 동일하게 취급된다.

2. 무효등확인소송의 보충성

앞서 설명한 바와 같이 무효등확인소송의 원고적격을 정하고 있는 행정소송법 조항 (제35조)은 취소소송의 원고적격에 관한 조항을 준용하는 대신 독자적인 형태를 띠고 있다. 이 조항은 협의의 소익에 대해서도 해석을 요구하지만, 무효등확인소송의 보충성에 대해서도 해석을 요하는 조항이라는 점에서 매우 흥미롭다. 행정소송법이 제정될 당시 참고를 했을 것으로 보이는 일본의 행정사건소송법은 무효등확인소송에 대해 명확하게 보충성을 요구하고 있지만(동법 제36조),[35] 우리의 행정소송법은 이와 달리 무효등확인소송에 대해 보충성을 요구하지 않는다.[36] 이러한 행정소송법의 태도에도 불구하고 보충성을 요구할 것인가에 대해 견해가 대립하고 있었다.[37]

무효등확인소송의 보충성문제는 무효소송의 본질을 어떻게 보는가에 따라서 달라질 수 있다.[38] 무효등확인소송을 확인소송이라고 보거나 또는 취소소송의 보조물로 보면 보충성을 요구하는 것이 당연하지만,[39] 무효등확인소송의 법적 성격을 항고소송으로 보거나 취소소송과 대등한 권리구제수단이라 보면 보충성을 요구할 필요가 높지 않다. 다른 한편 행정행위 무효의 법적 효과가 절대적인 것이라 보면 무효등확인소송의 기능에 큰 기대를 걸지 않게 되므로 보충성이 더 강하게 요구되고,[40] 상대적 무효설을 취하면 무효등확인소송의 독자성이 높아지므로 무효등확인소송을 굳이 보충적으로 운용해야 할 필요가 없다.

조세 과오납금과 관련해서 대법원이 부당이득반환소송과 무효등확인소송의 관계에 대해 보이고 있는 일련의 입장변화는, 행정행위 무효의 효력과 관련해서 재미있는 시사점을 준다. 초기 대법원은 행정행위가 무효라면 무효등확인소송은 협의의 소익이 없다는 입장이었다.[41] 이는 행정행위의 무효가 절대적인 것이므로 무효등확인소송에 의존할 필요

---

35) 일본의 학설에 대해서 자세히는, 경건, 무효확인소송의 소익, 행정법연구 제21호, 2008. 8. 128면 이하 참조.
36) 독일도 무효등확인소송의 보충성은 요구하지 않는다. 독일 행정소송법 제43조 제2항. 독일의 보충성 논의에 대해 자세히는 정하중, 행정소송에 있어서 확인소송, 서강법학 12(1), 2010. 6. 201면 이하 참조.
37) 박균성, 행정법론(상), 1331면 이하 참조.
38) 경건, 무효확인소송의 소익, 행정법연구 제21호, 2008. 8. 120면 이하 참조.
39) 김남진, 무효등확인소송과 소의 이익, 사법행정, 1992. 1. 20면 참조; 보충성의 원칙을 요구하는 태도에서 요구하지 않는 태도로 바뀐 견해로는, 김남진·김연태, 행정법Ⅰ, 2019, 법문사, 934면 참조.
40) 일본 행정사건소송법은 현재에도 무효등확인소송의 원고적격에 관한 조항에서 무효를 선결문제로 하는 민사소송 등이 불가능한 경우에 한하도록 정하고 있다(동법 제36조). 이 조항은 무효등확인소송의 보충성을 정하는 것으로 항고소송을 제기하지 않아도 무효라고 주장할 수 있다는 것을 전제로 설계된 것이다. 김도창, 일반행정법론(상), 1983, 청운사, 524면 각주 7 참조.

없이 민사상 부당이득반환소송만 제기하면 된다는 취지였는데, 이 판단 속에는 무효등확인소송의 독자성을 무시하는 전제가 포함되어 있었다. 그 후 대법원은 조세과오납소송에서 무효등확인소송을 제기할 독자적인 필요성을 용인하고 민사소송과 별도로 제기되는 무효등확인소송의 소익을 인정하는 방향으로 입장을 변경했다.42) 무효등확인소송의 보충성을 요구하던 태도에서 이를 부인하는 방향으로 변경된 대법원의 입장은 상대적 무효설에 접근한 것으로 판단되는데 무효등확인소송을 통해 '무엇인가 거두어 낼'법적 효과가 있다고 보는 것이기 때문이다. 학설들도 이 판례를 전후해서 무효등확인소송의 보충성을 요구하지 않는 방향으로 의견이 모이고 있다.43)

3. 무효사유의 확대와 협의의 소익

행정행위의 무효는 개념에 대한 논의 없이 무효사유에 대한 논의가 더 중심에 서 있다. 그래서 무효사유가 중대하고 명백해야 하는가 또는 중대한 것으로 충분한가 하는 문제가 진지하게 논의되고 있다. 특히 무효사유를 넓게 인정하려고 하는 최근의 추세는 무효등확인소송에서 원고의 권리를 구제하려는 목적이 가장 중요한 것이다. 그러나 무효의 범위가 넓어지고 그것을 절대적 무효로 보면 그럴수록 행정행위를 구성요소로 하는 전체 제도들은 매우 불안정한 상태에 놓이게 된다.

행정행위의 무효가 갖는 제도 전체의 의미를 절대적 무효설과 상대적 무효로 나누어 분석하지 않은 채 무효소송의 원고를 폭넓게 구제해 주기 위해 무효사유를 넓히려는 해석론은 예상치 못한 결과를 초래할 수 있다. 또 무효사유가 학설이나 판례에 따라 범위를 달리 할수록 절대적 무효설은 법적 안정성을 크게 저해하게 된다. 따라서 견해대립에 의한 무효사유의 유동성은 무효등확인소송에서 무효판결의 효력을 당해 사건에 국한시켜야 할 또 다른 이유가 된다.

행정행위가 무효로 선언되는 경우는 사실 그렇게 많지 않다. 중대하고 또한 명백한 하자가 있어야 행정행위가 무효로 선언되는데, 행정청이 숙고 끝에 발급하는 행정행위에 중대·명백한 하자가 있다는 것은 생각하기 어렵다. 그럼에도 불구하고 최근 무효인 행정행위가 자주 발견되는 것은 도시정비법상 권리구제에 대한 판례의 변천과 관련이 있다. 재건축, 재개발사업을 막론하고 정비사업에서 조합원들의 소송이 가장 빈발하는 곳은 조합설립과 관리처분의 영역인데, 이 과정에서 조합원 개개인의 이익과 불이익의 대강이 정해

---

41) 대법원 1976. 2. 10. 선고 74누159 전원합의체 판결, 대법원 2001. 09. 08. 선고 99두11752 판결 등. 홍준형, 행정구제법, 2012, 도시출판 오래, 643 이하.
42) 대법원 2008. 3. 11. 선고 2007두6342 전원합의체 판결.
43) 김철용, 행정법, 628, 629면, 정하중, 행정법개론, 2020, 법문사, 811면 등.

지기 때문이다. 2000년대 초반에는 이에 대한 불만이 주로 민사상 확인소송에서 무효를 구하는 방법으로 다투어졌지만, 2009년 대법원의 입장변화로 이들은 모두 행정소송으로만 구제받도록 변경되었다.[44]

　　문제는 종래 민사법원에서 '동의율 미달'을 이유로 조합설립이나 관리처분총회를 무효로 보던 잣대가 특별한 문제의식 없이 행정소송에서도 그대로 답습되고 있다는 점이다. 이런 과정을 통해 행정소송에서도 동의율 미달이 바로 처분의 무효사유로 인정되어 무효인 행정행위가 속출하자 당해 처분에 근거해 다수당사자에게 형성되었던 수많은 법률관계들이 모두 실효될 위기에 처하게 되었다. 이렇게 대법원이 설정한 기준에 의하면 처분에 대한 무효선언을 피하기 어렵지만, 다른 한편 다수인의 법적 불안을 초래할 것이 심각하게 우려되는 사안들에서, 무효판단을 망설이던 일부 법원들이 본안판단을 회피하기 위한 수단으로 협의의 소익이론을 원용해 소를 각하하기 시작하고 있다.

　　최근에 대법원 판결에서 새롭게 등장하는 협의의 소익이론은 대부분 재건축·재개발사업과 관련된 것들이며, 이들은 무효사유의 확장과 일정한 관련을 맺는다. 사업시행인가나 관리처분계획에 대한 강학상 인가이론,[45] 변경처분이 내려지면 본처분이 변경처분에 흡수된다는 판결,[46] 이전고시가 내려지면 관리처분에 대해 더 이상 다툴 이익이 없다는 판결[47] 등이 모두 무효사유들과 직간접적으로 연관을 맺고 있다.[48] 이러한 판례의 경향은 행정행위의 무효가 절대적 무효라는 전제하에서는 내려질 수는 없는 것들이다. 대법원은 사업의 안정성이 유지되어야 할 것인가를 고려하면서 각하판결들을 내리고 있는데, 무효판결이 회피되면 처분이 어떤 형태로든 유효하게 유지될 것이라 본다는 점에서, 이는 상대적 무효설에 강하게 의존하는 것이다.[49]

4. 행정행위 무효와 사정판결

　　사정판결은 당사자의 주장이 인용되어 행정행위에 하자가 있다는 점이 인정되더라도

---

44) 대법원 2009. 9. 17. 선고 2007다2428 전원합의체 판결(관리처분), 대법원 2009. 9. 24. 선고 2008다60568 판결(조합설립).

45) 사업시행인가에 대해 대법원 2008. 1. 10. 선고 2007두16691 판결 등; 관리처분의 인가에 대해 대법원 2001. 12. 11. 선고 2001두7541 판결; 대법원 1994. 10. 14. 선고 93누22753 판결 등.

46) 대법원 2013. 10. 24. 선고 2012두12853 판결, 대법원 2011. 2. 10 선고 2010두19799 판결 등.

47) 대법원 2012. 3. 22. 선고 2011두6400 전원합의체 판결, "도시 및 주거환경정비법상 이전고시가 효력을 발생한 이후에도 조합원 등이 관리처분계획의 취소 또는 무효확인을 구할 법률상 이익이 있는지 여부(소극)."

48) 협의의 소익에 대해 자세히는 김종보, 재건축·재개발사업의 전개과정과 협의의 소익, 행정법연구 제56호, 2019. 2. 3면 이하 참조.

49) 이전고시와 소의 이익에 대해 이와 유사한 견해로는 허성욱, 재건축정비사업 이전고시 효력발생과 관리처분계획 무효확인소송의 소익, 행정판례연구 18-2, 2013. 278면 참조.

법원이 여러 정황을 참작해서 원고의 청구를 기각하고 원고를 패소시키는 판결을 말한다. 취소소송에서 인정되는 사정판결에 관한 조항(제28조)은 무효등확인소송에 준용되지 않는다. 이론상 행정행위의 무효에 대해서도 사정판결이 적용될 수 있지만 우리 대법원은 행정행위의 무효에 대해서는 사정판결을 할 수 없다는 입장을 밝히고 있다.[50] 학설도 다수의 견해가 무효인 행정행위에 대해서는 사정판결을 할 수 없다고 본다.[51] 절대적 무효설에 의하면 행정행위의 무효는 제소기간의 제한도 없고 영원히 무효인 상태이므로 무효인 것을 무효가 아니라고 선언할 방법은 없다. 사정판결과 관련된 판례와 다수의 학설은 행정행위 무효에 대해 절대적 무효설에 기울어 있음을 알 수 있다.

그러나 무효등확인소송에서 이미 대법원이 사정판결을 부인하는 태도는 다수의 이해관계인의 권리의무가 오랜 기간 규율되는 개발사업의 영역에서 계속 관철되기 쉽지 않을 것이다. 이미 대법원은 개발사업 관련사건에서 무효라는 점을 이미 선취하고 협의의 소익을 부인함으로써 사정판결과 유사한 결론을 얻고 있기 때문이다. 앞서 살펴본 바와 같이 조합설립인가에 대한 변경인가로 협의의 소익을 소멸시키는 이론구성이나, 관리처분계획에 대한 취소소송을 이전고시 이후 불허하는 판결 등에서 이런 경향은 아주 뚜렷하다. 무효등확인소송의 제기목적이 원고의 직접적인 권리구제를 목적으로 하는 경우여야 하고 이를 위해 행정행위가 무효로 선언되어야 하는 경우에도 무효선언으로 인해 장기간 운영된 제도 전반이 무효화하는 것을 막아야 할 때가 있을 수 있다. 따라서 무효등확인소송에 대해서도 엄격한 요건을 충족하는 경우에는 사정판결이 인정되어야 한다.

취소소송에 대해서도 사정판결은 인정할 것인가 아니면 위법인 경우 그 위법을 이유로 취소판결을 해야 할 뿐 다른 선택지를 주지 않을 것인가 하는 것은 입법정책의 문제이다. 취소소송에 대해 사정판결을 인정하는 이유는 이를 취소할 경우 중대한 공익의 침해가 예상되기 때문이다. 행정행위의 무효가 상대적 무효이고 항고소송에 의해 무효로 선언되고 그 판결이 확정될 때에 비로소 효력을 상실하는 것이라 해석한다면, 무효등확인소송에 사정판결이라는 수단을 활용할 것인가 하는 점은 정책적 문제가 된다. 물론 행정소송법이 사정판결에 대한 조항을 무효등확인소송에 준용하지 않고 있고 이는 입법적으로 사정판결의 준용을 배제한 것이라고 해석할 수도 있다. 그러나 이런 논리를 일관하면 무효등확인소송에서 입법자의 의사와 무관하게 대법원이 20년 넘게 보충성을 요구해 온 태도를 설명할 수 없다. 또한 행정소송법 입법자가 제정 당시 행정소송 제도 전반에 대해 전지전능하게 준비해서 조항을 둔 것이라 보기도 어렵다.

---

50) 대법원 1996. 3. 22. 선고 95누5509 판결, 대법원 1987. 3. 10. 선고 84누158 판결
51) 박균성, 행정법론(상), 1450면 참조.

VI. 결론

1. 상대적 무효

무효인 행정행위는 상대적으로 무효일 뿐이다. 행정행위의 무효가 언제나, 실체법상 또는 절차법상, 그리고 어떤 법원에 의해서나 무효로 선언될 수 있다는 해석은 일종의 의제일 뿐이다. 행정행위는 법률에 의해 설계되고 운영되는 제도의 중요한 구성요소가 되며 따라서 행정행위도 제도 그 자체로 해석되어야 한다. 국가 또는 자치단체가 발급하는 행정행위가 특정한 개인이나 집단의 권리를 침해하는 행위라면 이에 대해 무효등확인소송이 제기될 수 있고 법원은 행정행위의 무효를 선언할 수 있다. 그러나 그 이외의 행정법 영역 전반에서 행정행위의 무효를 '선험적인 효력부재 상태'로 판단하는 해석은 행정법의 실무와 맞지 않는다.

이런 의미에서 행정행위의 상대적 무효는, 행정행위가 무효로 판단되어 효력이 부인될 가능성은 있지만, 법원에 의해 무효로 선언 또는 판단되지 않는 한 인정되는 일응의 효력을 말한다. 법원에 의해 무효로 선언되거나 판단되는 경우에도 그 취지에 따라 행정행위의 무효는 범위가 제한되고 나머지 영역에서 행정행위는 여전히 상대적 무효인 상태로 남는다.

최초 무효등확인소송은 취소소송의 보조물로서 보충적인 항고소송으로 설계되었을 수 있다. 그러나 행정소송법이 전문개정되고 적용된 지 40년 가까운 세월이 흘렀고 행정행위의 무효에 대해, 법원과 행정부, 공법상 법률관계에 지속적으로 참가하는 당사자들에 의해 다양한 실무관행과 사례들이 축적되었다. 현재 실무의 감각에 의하면 오히려 무효인 행정행위가 전국적, 전국민적, 전시간적으로 무효라고 보는 것은 매우 과도한 것이다. 행정행위의 무효를 절대적으로 보던 시각에서 벗어나 당사자의 권리구제를 위해 필요한 한도에서 행정행위를 무효로 보는 합리적인 해석이 필요한 때이다.[52]

2. 무효판결의 효력

행정법원에 의해 무효로 선언되고 판결이 확정된 행정행위에 대해서도 그 판결이 확정되기 이전까지 제도로서 운영되었던 행정행위(예컨대 조합제도의 구성요소였던 조합설립인

---

52) 행정행위의 무효를 상대적 무효로 보면 무효와 부존재의 구별문제가 다시 중요한 쟁점이 될 것이다. 그러나 절대적 무효와 상대적 무효에 대한 논의가 시작되는 단계에서 무효와 부존재를 구별하는 것은 너무 앞서 나가는 것이다. 이에 대한 논의는 장래의 학설과 판례의 발전에 맡긴다.

가)의 효력을 거침없이 무효로 판단하는 것은 옳지 않다. 이 경우 법원이 무효로 선언한 행정행위의 효력은 국민의 권리구제와 무관한 영역에서는 여전히 상대적 무효로 존재하고, 권리구제라는 당해 항고소송의 목적 달성을 위해 필요한 범위 안에서만 효력이 상실된다고 보아야 한다. 물론 어떠한 범위가 권리구제에 필요한 것인가에 대해서는 장래 학설과 판례의 해석에 맡겨진다.

서론에서 제시된 사례에서 조합설립인가를 무효로 선언한 행정소송의 판결은 원고의 권리구제를 위해 필요한 한도에서만 효력을 갖는다. 판결의 제3자효도 이러한 원칙에 의해 제한되며 특히 무효인 조합을 설립한 조합임원의 이익을 위해 판결의 효력이 미치는 것은 아니다.

3. 선결문제의 판단

상대적 무효설에 의하는 경우에도 민사법원이나 형사법원이 행정행위가 무효인지를 선결문제로 판단하는 것을 부인하는 것은 현실적으로 어렵다. 다만 민사법원이나 형사법원이 선결문제로 행정행위를 무효로 판단한 경우에 그 판단은 당해 사건에서 권리구제를 위한 범위에서만 효력이 있을 뿐, 이로 인해 행정행위가 일반적으로 무효가 되는 것은 아니다. 선결문제를 심사하는 법원의 무효판단은, 행정법원이 행정행위 무효를 본안으로 판단하는 것에 비해 심사의 범위나 강도가 제한적이고 따라서 선결문제로서 무효판단의 효력을 행정법원의 무효판결보다 더 넓게 부여하는 것은 적절하지 않다.

형사법원도 역시 민사법원과 마찬가지로 행정행위의 무효를 선결문제로 심사할 수 있다고 보아야 한다. 다만 행정법상의 처벌규정은 형법상의 범죄와 달리 다양한 처분들을 무의식중에(!) 구성요소로 포함하는 경우가 많고, 그래서 구성요건의 일부를 이루는 처분이 위법이거나 무효일 때에도 처벌을 하려는 취지인지 판단하는 것이 매우 어렵다. 서론에서 제시된 사례에서 가장 중요한 쟁점은 행정행위 무효여부가 아니라, 통상적인 조합에서 죄를 범한 조합임원과, 무효인 설립인가를 받아 조합을 운영하면서 범죄를 저지른 조합임원 간 죄책의 경중이다. 이런 관점에서 보면 후자의 가벌성은 전자에 비해 오히려 더 높고 당연히 처벌대상이라고 보아야 한다. 형사법원은 규정의 취지를 잘 해석해서 처벌여부를 정하려고 노력해야 하며, 절대적 무효설이라는 단순논리에 의존해서 사건을 처리할 일은 아니다.

형사법원이 절대적 무효설에 의존하는 유사사례에 대해서도 이러한 비판은 동일하게 적용된다. 대법원은 총회의결 없이 조합이 업무를 집행할 때 처벌하는 조항(도시정비법 제137조 제6호)을 적용하면서, 총회의결은 거쳤지만 의결이 무효일 때에도 처벌대상인 것으로 해석하고 있다.[53] 그러나 총회의결을 '하나의 공법상 제도'로 이해하고[54] 그 제도가 기준에 따라 실질적으로 운영되었다면 그 절차가 형해화되지 않는 한, 그 무효는 역시 상대적인 것이라 보아야 한다. 대법원이 형사처벌의 가부를 '절대적 무효'라는 단순논리로 풀고 싶은 유혹에서 벗어나길 빈다.

---

53) 대법원 2014. 7. 10. 선고 2013도11532 판결, "구 도시 및 주거환경정비법상 형식적으로 총회의 의결을 거쳐 설계자를 선정하였으나 총회의 의결에 부존재 또는 무효의 하자가 있는 경우, 그 설계자의 선정이 총회의 의결을 거친 것에 해당하는지 여부(원칙적 소극)."

54) 도시정비법상 총회의결은 공법상의 법률행위여서 이를 다툴 때 공법상 당사자소송을 제기해야 하지만, 법원의 실무는 이를 단순한 민사문제로 보고 있다. 이런 오해가 총회의결의 무효를 쉽게 인정하고 이를 절대적 무효로 연결하는 오류로 이어지고 있는 것이다.

판결에 의한 교원소청심사위원회 결정의 취소와 재처분의무

김병기*

대법원 2018.7.12. 선고 2017두65821 판결

I. 사실관계 및 판결 요지

1. 사안의 개요

(1) 피고보조참가인(이하 '참가인'이라고 한다)은 ○○대학교 의과대학 교수로서 1995년부터 ○○대학교 △△병원 정형외과에 겸임·겸무명령을 받아[1] 임상 전임교수로 근무하였다.

(2) ○○대학교 의료원 겸임·겸무 시행세칙(2015. 2. 5. 개정된 것, 이하 '이 사건 시행세칙'이라고 한다) 제6조 제3항에 의하면, 의료원장은 병원장으로부터 겸임·겸무 해지 심사를 요청받은 경우 의료원 교원인사위원회의 심의를 거쳐 해지 여부를 결정하여야 하는데, 진료부서 교원의 경우 '최근 3년간 진료실적 평균 취득점수가 50점에 미달하거나, 소속병원 진료과 전체 교원 평균 취득점수의 50%에 미달하는 자'(제5조 제1항 제1호), '병원의 명예와 경영에 심대한 악영향을 끼친 자'(제5조 제1항 제2호) 등을 겸임·겸무 해지 심사대상으로 규정하고 있다. 진료실적 평가기준에 의하면, 진료실적은 100점 만점으로 평가하되, 세부기준으로 '순매출(50점), 순매출 증가율(15점), 환자수(20점), 타병원과 매출비교(15점)'를 들고 있다(제4조 및 별표 제1호).

(3) ○○대학교 △△병원장은 2016. 1. 11. 참가인에 대한 겸임·겸무 해지를 위한 심

---

* 중앙대 법학전문대학원 교수

1) 사립학교법 제55조(복무) ① 사립학교의 교원의 복무에 관하여는 국·공립학교의 교원에 관한 규정을 준용한다.

② 제1항에 따라 준용되는 「국가공무원법」 제64조에도 불구하고 의학·한의학 또는 치의학에 관한 학과를 두는 대학의 소속 교원은 학생의 임상교육을 위하여 필요한 경우 대학의 장의 허가를 받아 대통령령으로 정하는 기준을 충족하는 병원에 겸직할 수 있다.

사를 요청하였고, 원고 ○○대학교 총장은 의료원 교원인사위원회의 심의 결과에 따라 2016. 2. 25. 참가인에게 임상 전임교원 겸임·겸무를 2016. 2. 29.자로 해지한다고 통보하였다. 그 이유의 요지는 다음과 같다. ① 이 사건 시행세칙 제5조 제1항 제1호: 최근 1년간 (2015. 1. 1.~2015. 12. 31.)의 진료실적은 32점이고, 최근 2년간(2014. 1. 1.~2015. 12. 31.)의 진료실적은 32.8점이며, 2회에 걸쳐 진료실적 향상의 기회를 부여하였음에도 불구하고, 오히려 2015년 후반기 진료 실적은 28점으로 진료실적 향상을 위한 자구노력이 없었다. ② 이 사건 시행세칙 제5조 제1항 제2호: 환자들로부터 제기된 민원(2007년~2014년)과 진료 및 임상교육 등에서의 비윤리적 행위 등으로 병원의 명예와 경영에 심대한 악영향을 끼쳤다.

참가인은 2016. 3. 22. 피고 교원소청심사위원회에 해지 취소를 구하는 소청심사를 청구하였고, 피고는 2016. 6. 1. '이 사건 시행세칙 제5조 제1항 제1호, 제2호는 교원의 지위를 불합리하게 제한하는 것이고, 이에 따른 이 사건 해지는 합리적 기준과 수단에 근거하여 이루어지지 못한 것으로, 이로 인하여 발생하는 참가인의 불이익이 중대하다고 할 것이므로 해지의 정당성을 인정하기 어렵다'는 이유로 이 사건 해지를 취소하는 결정을 하였다. 이에 대하여 원고는 이 사건 결정의 취소를 구하는 교원소청심사위원회결정 취소소송을 제기하였다.

제1심은 동 시행세칙 제5조 제1항 제1호의 규정은 목적의 정당성 측면에서 비례원칙 위반을 인정하여 위법하다고 판단하였으나 동 제2호에 대해서는 목적의 정당성과 수단의 적합성이 인정되어 적법함에도 불구하고 교원소청심사위원회가 이 역시 위법하다는 전제 하에 해당 해지사유의 당부에 관하여는 아무런 판단을 하지 아니한 결정의 위법을 들어 소청결정을 취소하였다.[2] 원심도 제1심과 마찬가지로 동 시행세칙 제5조 제1항 제1호는 위법하고 동 제2호는 적법하다고 판단하였으나, 참가인에게 동 제2호에 해당하는 사유를 인정할 증거가 없는 이상 피고가 이 사건 해지의 정당성을 인정하기 어렵다고 본 결론은 정당하므로 결국 소청결정은 위법하지 않다고 판단하였다.[3] 그리고 이를 이유로 제1심 판

---

2) 서울행정법원 2017.5.11. 선고 2016구합74873 판결 : "이 사건 시행세칙 제5조 제1항 제1호는 임상 전임교원에 대한 겸임·겸무 해지를 심사하면서 병원의 영리활동을 위한 의사의 환자 유치와 매출액 증대 역할에만 초점을 맞추어 오로지 이에 관련된 지표만을 기준으로 교원의 경쟁력을 평가하고 있으나, 의과대학 부속병원의 임상교수는 환자 진료라는 의사의 지위와 함께 이를 통하여 임상연구 및 의과대학 학생들의 임상교육을 수행함으로써 국민보건 향상에 이바지하는 역할과 책무를 부담하는 점 등에 비추어 볼 때 위 시행세칙 조항은 그 목적의 정당성조차 인정할 수 없으므로 비례의 원칙에 위반되어 위법하다고 판단하였다. 이어서 이 사건 시행세칙 제5조 제1항 제2호는 대학 부속병원의 교육기능과 진료기능 등이 현저하게 침해되는 등의 사태를 미연에 방지하기 위한 것으로서 그 목적이 정당하고 수단으로서도 적합하여 적법하다고 보아야 함에도 피고가 위 제2호 역시 위법하다는 잘못된 전제 아래 그에 해당하는 해지사유의 당부에 관하여는 아무런 판단을 하지 아니하고 이 사건 결정을 하였으므로 이 사건 결정은 위법하다."

3) 서울고등법원 2017.10.10. 선고 2017누51602 판결 : "원고가 들고 있는 이 사건 해지 사유 중 이 사건 시행세칙 제5조 제1항 제2호에 관한 부분은 '참가인이 진료했던 환자들로부터 제기된 민원(2007년 ~ 2014년)

결을 취소하고, 원고의 청구를 기각하였다.

2. 대상판결 요지

[1] 교원소청심사위원회가 한 결정의 취소를 구하는 소송에서 그 결정의 적부는 결정이 이루어진 시점을 기준으로 판단하여야 하지만, 그렇다고 하여 소청심사 단계에서 이미 주장된 사유만을 행정소송의 판단대상으로 삼을 것은 아니다. 따라서 소청심사 결정 후에 생긴 사유가 아닌 이상 소청심사 단계에서 주장하지 아니한 사유도 행정소송에서 주장할 수 있고, 법원도 이에 대하여 심리·판단할 수 있다.

[2] 교원소청심사위원회의 결정은 학교법인 등에 대하여 기속력을 가지고 이는 그 결정의 주문에 포함된 사항뿐 아니라 그 전제가 된 요건사실의 인정과 판단, 즉 불리한 처분 등의 구체적 위법사유에 관한 판단에까지 미친다. 따라서 교원소청심사위원회가 사립학교 교원의 소청심사청구를 인용하여 불리한 처분 등을 취소한 데 대하여 행정소송이 제기되지 아니하거나 그에 대하여 학교법인 등이 제기한 행정소송에서 법원이 교원소청심사위원회 결정의 취소를 구하는 청구를 기각하여 그 결정이 그대로 확정되면, 결정의 주문과 그 전제가 되는 이유에 관한 판단만이 학교법인 등을 기속하게 되고, 설령 판결 이유에서 교원소청심사위원회의 결정과 달리 판단된 부분이 있더라도 이는 기속력을 가질 수 없다. 그러므로 사립학교 교원이 어떠한 불리한 처분을 받아 교원소청심사위원회에 소청심사청구

과 진료 및 임상교육 등에서의 비윤리적인 행위 등'인 사실은 위 소청심사 결정의 경위에서 본 바와 같고, 갑 제14, 18 내지 20호증(가지번호 있는 것은 가지번호 포함)의 각 기재와 변론 전체의 취지를 더하여 보면 참가인이 진료했던 환자들로부터 제기된 민원은 2007년부터 2014년까지 발생하였던 것이고, 전공의들은 2013년 내지 2016년경 참가인으로부터 진료 및 임상교육 등에서 비윤리적이고 부당한 대우를 받았다는 취지의 진술서를 각 제출한 사실이 인정되는바, 참가인이 진료했던 환자들로부터 제기된 민원은 이 사건 시행세칙이 시행되기 전(2015. 2. 5.)의 것으로 적절한 해지 사유가 된다고 볼 수 없고, 참가인의 '진료 및 임상교육 등에서의 비윤리적인 행위'라는 이 사건 해지 사유는 매우 추상적인 것으로서 참가인의 어떠한 행위가 비윤리적인 행위에 해당하는지 여부를 전혀 알 수 없으므로 참가인이 이에 대하여 방어하거나 불복하기에 충분할 정도로 구체적이고 명확한 사실이 특정되어 적시한 것이라고 볼 수 없을뿐더러, 진술서 외에 다른 객관적인 증거나 자료가 제출된 바 없어 참가인의 비윤리적인 행위가 객관적인 증거나 자료에 의하여 충분히 증명되었다고 보기도 어렵다. 이와 같은 점을 종합하여 보면, 이 사건 시행세칙 제5조 제1항 제2호가 적법하다고 보더라도 참가인에게 그에 따른 겸임·겸무 해지 사유가 인정된다고 볼 수 없으므로, 원고의 이 부분 주장도 이유 없다. 참가인에 대한 이 사건 해지의 근거규정 중 이 사건 시행세칙 제5조 제1항 제1호, 부칙 제2조 제1항은 위법하다고 할 것이나, 이 사건 시행세칙 제5조 제1항 제2호는 적법하다. 그런데도 피고는 이 사건 시행세칙 제5조 제1항 제2호가 위법하다는 전제 하에 이 사건 결정을 하고 있으나, 참가인에 대하여 이 사건 시행세칙 제5조 제1항 제2호의 해지 사유가 인정되지 아니하여 결국 이 사건 해지의 정당성을 인정하기 어렵다는 결론은 정당하므로, 이 사건 결정이 위법하다고 볼 수 없다. 그렇다면 원고의 청구는 이유 없어 기각하여야 할 것인바, 이와 결론을 달리한 제1심판결은 부당하므로, 피고의 항소를 받아들여 제1심판결을 취소하고 원고의 청구를 기각하기로 하여…"

를 하였고, 이에 대하여 교원소청심사위원회가 그 사유 자체가 인정되지 않는다는 이유로 양정의 당부에 대해서는 나아가 판단하지 않은 채 처분을 취소하는 결정을 한 경우, 그에 대하여 학교법인 등이 제기한 행정소송 절차에서 심리한 결과 처분사유 중 일부 사유는 인정된다고 판단되면 법원으로서는 교원소청심사위원회의 결정을 취소하여야 한다. 법원이 교원소청심사위원회 결정의 결론이 타당하다고 하여 학교법인 등의 청구를 기각하게 되면 결국 행정소송의 대상이 된 교원소청심사위원회의 결정이 유효한 것으로 확정되어 학교법인 등이 이에 기속되므로, 그 결정의 잘못을 바로잡을 길이 없게 되고 학교법인 등도 해당 교원에 대하여 적절한 재처분을 할 수 없게 되기 때문이다.

[3] 교원소청심사위원회가 학교법인 등이 교원에 대하여 불리한 처분을 한 근거인 내부규칙이 위법하여 효력이 없다는 이유로 학교법인 등의 처분을 취소하는 결정을 하였고 그에 대하여 학교법인 등이 제기한 행정소송 절차에서 심리한 결과 내부규칙은 적법하지만 교원이 그 내부규칙을 위반하였다고 볼 증거가 없다고 판단한 경우에는, 비록 교원소청심사위원회가 내린 결정의 전제가 되는 이유와 판결 이유가 다르다고 하더라도 법원은 교원소청심사위원회의 결정을 취소할 필요 없이 학교법인 등의 청구를 기각할 수 있다고 보아야 한다. 왜냐하면 교원의 내부규칙 위반사실이 인정되지 않는 이상 학교법인 등이 해당 교원에 대하여 다시 불리한 처분을 하지 못하게 되더라도 이것이 교원소청심사위원회 결정의 기속력으로 인한 부당한 결과라고 볼 수 없기 때문이다. 그리고 행정소송의 대상이 된 교원소청심사위원회의 결정이 유효한 것으로 확정되어 학교법인 등이 이에 기속되더라도 그 기속력은 당해 사건에 관하여 미칠 뿐 다른 사건에 미치지 않으므로, 학교법인 등은 다른 사건에서 문제가 된 내부규칙을 적용할 수 있기 때문에 법원으로서는 이를 이유로 취소할 필요도 없다.

【참조조문】

  * (구) 교원지위향상을 위한 특별법
    제7조(교원소청심사위원회의 설치) ① 각급학교 교원의 징계처분과 그 밖에 그 의사에 반하는 불리한 처분(「교육공무원법」 제11조의4제4항 및 「사립학교법」 제53조의2제6항에 따른 교원에 대한 재임용 거부처분을 포함한다. 이하 같다)에 대한 소청심사를 하기 위하여 교육부에 교원소청심사위원회(이하 "심사위원회"라 한다)를 둔다.
    ② 심사위원회는 위원장 1명을 포함하여 7명 이상 9명 이내의 위원으로 구성하되 위원장과 대통령령으로 정하는 수의 위원은 상임으로 한다.
    제9조(소청심사의 청구 등) ① 교원이 징계처분과 그 밖에 그 의사에 반하는 불리한 처

분에 대하여 불복할 때에는 그 처분이 있었던 것을 안 날부터 30일 이내에 심사위원회에 소청심사를 청구할 수 있다. 이 경우에 심사청구인은 변호사를 대리인으로 선임할 수 있다.

제10조(소청심사 결정) ① 심사위원회는 소청심사청구를 접수한 날부터 60일 이내에 이에 대한 결정을 하여야 한다. 다만, 심사위원회가 불가피하다고 인정하면 그 의결로 30일을 연장할 수 있다.

② 심사위원회의 결정은 처분권자를 기속한다.

③ 제1항에 따른 심사위원회의 결정에 대하여 교원, 「사립학교법」제2조에 따른 학교법인 또는 사립학교 경영자 등 당사자는 그 결정서를 송달받은 날부터 90일 이내에 「행정소송법」으로 정하는 바에 따라 소송을 제기할 수 있다.

* 교원의 지위 향상 및 교육활동 보호를 위한 특별법(2019.4.23. 법률 제16331호)

제7조(교원소청심사위원회의 설치) ① 각급학교 교원의 징계처분과 그 밖에 그 의사에 반하는 불리한 처분(「교육공무원법」제11조의4제4항 및 「사립학교법」제53조의2제6항에 따른 교원에 대한 재임용 거부처분을 포함한다. 이하 같다)에 대한 소청심사를 하기 위하여 교육부에 교원소청심사위원회(이하 "심사위원회"라 한다)를 둔다.

② 심사위원회는 위원장 1명을 포함하여 7명 이상 9명 이내의 위원으로 구성하되 위원장과 대통령령으로 정하는 수의 위원은 상임으로 한다.

제9조(소청심사의 청구 등) ① 교원이 징계처분과 그 밖에 그 의사에 반하는 불리한 처분에 대하여 불복할 때에는 그 처분이 있었던 것을 안 날부터 30일 이내에 심사위원회에 소청심사를 청구할 수 있다. 이 경우에 심사청구인은 변호사를 대리인으로 선임할 수 있다.

② <생략>

제10조(소청심사 결정) ① 심사위원회는 소청심사청구를 접수한 날부터 60일 이내에 이에 대한 결정을 하여야 한다. 다만, 심사위원회가 불가피하다고 인정하면 그 의결로 30일을 연장할 수 있다.

② 심사위원회는 다음 각 호의 구분에 따라 결정한다. <개정 2019.4.23>

1. 심사 청구가 부적법한 경우에는 그 청구를 각하한다.

2. 심사 청구가 이유 없다고 인정하는 경우에는 그 청구를 기각한다.

3. 처분의 취소 또는 변경을 구하는 심사 청구가 이유 있다고 인정하는 경우에는 처분을 취소 또는 변경하거나 처분권자에게 그 처분을 취소 또는 변경할 것을 명한다.

4. 처분의 효력 유무 또는 존재 여부에 대한 확인을 구하는 심사 청구가 이유 있다고 인정하는 경우에는 처분의 효력 유무 또는 존재 여부를 확인한다.

5. 위법 또는 부당한 거부처분이나 부작위에 대하여 의무 이행을 구하는 심사 청구가 이유 있다고 인정하는 경우에는 지체 없이 청구에 따른 처분을 하거나 처분을 할 것을 명

한다.

③ 제1항에 따른 심사위원회의 결정에 대하여 교원,「사립학교법」제2조에 따른 학교법인 또는 사립학교 경영자 등 당사자는 그 결정서를 송달받은 날부터 90일 이내에「행정소송법」으로 정하는 바에 따라 소송을 제기할 수 있다.

④ 소청심사의 청구·심사 및 결정 등 심사 절차에 관하여 필요한 사항은 대통령령으로 정한다.

제10조의3(결정의 효력) 심사위원회의 결정은 처분권자를 기속한다.

* 교원소청에 관한 규정

제2조(소청심사청구) ① 교원이 징계처분 그 밖에 그 의사에 반하는 불리한 처분(「교육공무원법」제11조의3제4항 및「사립학교법」제53조의2제6항의 규정에 의한 교원에 대한 재임용 거부처분을 포함한다. 이하 "처분"이라 한다)을 받고 「교원지위향상을 위한 특별법」(이하 "법"이라 한다) 제9조제1항의 규정에 의하여 교원소청심사위원회(이하 "심사위원회"라 한다)에 소청심사를 청구하는 때에는 다음 각 호의 사항을 기재한 소청심사청구서와 그 부본 1부를 심사위원회에 제출하여야 한다.

<각 호 생략>

제16조(심사위원회의 결정) ① 소청사건의 결정은 심사위원회 재적위원 3분의 2 이상의 출석과 재적위원 과반수의 합의에 의하되, 의견이 나뉘어 위원 과반수의 합의에 이르지 못할 경우에는 재적위원 과반수에 이를 때까지 청구인에게 가장 불리한 의견에 차례로 유리한 의견을 더하여 그 중 가장 유리한 의견을 합의된 의견으로 본다.

② 심사위원회의 결정은 다음과 같이 구분한다.

1. 소청심사청구가 부적법한 것인 때에는 그 청구를 각하한다.

2. 소청심사청구가 이유 없다고 인정하는 때에는 그 청구를 기각한다.

3. 처분의 취소 또는 변경을 구하는 소청심사청구가 이유 있다고 인정하는 때에는 처분을 취소 또는 변경하거나 처분권자에게 그 처분의 취소 또는 변경을 명한다.

4. 처분의 효력 유무 또는 존재 여부에 대한 확인을 구하는 소청심사청구가 이유있다고 인정하는 때에는 처분의 효력유무 또는 존재여부를 확인한다.

5. 위법 또는 부당한 거부처분에 대하여 의무이행을 구하는 소청심사청구가 이유있다고 인정하는 때에는 그 거부처분을 취소하거나 소청심사청구의 취지에 따른 의무이행을 명한다.

II. 문제의 제기

교원이 자신에 대한 징계처분과 그 밖에 그 의사에 반하는 불리한 처분에 대하여 불복할 때에는 그 처분이 있었던 것을 안 날부터 30일 이내에 교육부에 설치된 교원소청심사위원회(이하 '교원소청위'라 함)⁴)에 소청심사를 청구할 수 있다. 그러나 후속하는 행정소송의 전개 양상은 청구인이 사립학교 혹은 국·공립학교 교원인지에 따라 사뭇 다르게 진행된다. 교원소청위가 소청심사청구에 대해 기각결정을 하는 경우 사립학교 교원은 이제 교원소청위를 피고로 하여 소청결정을 대상으로, 국·공립학교 교원은 소청결정 고유의 하자가 없는 한 징계권자를 피고로 하여 원처분인 징계처분 등을 대상으로 각각 행정소송을 제기할 수 있다. 한편, 교원소청위가 인용결정을 하는 경우에는 징계권자는 소청결정의 기속력에 의해 이에 기속되는데, 다만 원 징계처분이 사립학교 교원에 대한 것이면 그 처분권자인 학교법인 등은 교원소청위의 결정에 불복하여 행정소송을 제기할 수 있음에 반해, 국·공립학교 교원이 제기한 소청심사청구인 경우에는 학교법인 등이 소청결정에 소송상 불복할 수 없는 것으로 해석된다.

이러한 차이점들은 비록 법에서 교원이면 누구나 소청심사청구를 할 수 있다고 규정하지만, 학설과 판례가 사립학교와 국·공립학교 교원의 근무관계를 서로 다른 법적 성격으로 이해하는데서 비롯한다. 즉, 국·공립학교 교원에 대한 징계처분은 그 자체로 행정처분이므로 그를 대상으로 하는 소청결정은 행정심판 재결과 같은 것임에 의문이 없다. 반면, 사립학교 교원에 대한 징계처분은 원칙적으로 행정처분이 아니고 그에 대한 간이민사분쟁 조정절차로서의 소청심사 결정이 행정처분이므로 교원이나 학교법인 등은 최초의 행정처분에 해당하는 소청결정을 대상으로 행정소송을 제기하는 구조가 형성된다. 그러나 판례에 따라서는 교원소청위의 결정을 근본에 있어서는 행정처분으로 보지만, 실질적 기능관계에 있어서 행정심판 재결과 유사한 것으로 보는 입장⁵)도 개진된다. 이런 점에서 이 글

---

4) 「교원지위향상을 위한 특별법」 제정 시에는 징계재심위원회라 칭하였는데, 판례의 변경과 교육공무원법·사립학교법의 개정 등을 통해 징계뿐만 아니라 재임용 탈락 등 교원의 신분상 불이익 전반에 대한 쟁송상 불복이 허용되었기 때문에 이를 반영하여 2005.1.27. 교원지위법의 개정으로 교원소청심사위원회로 개칭하게 된다.

5) 대법원 1994.11.23. 선고 94다30478 판결 : 사립학교 교원은 학교법인 또는 학교 경영자에 의하여 임면되는 것으로서 사립학교 교원과 학교법인의 관계를 공법상의 권력관계라고 볼 수는 없지만, 사립학교 교원에 대한 신분보장을 도모하는 취지에서 특별한 구제방법으로 재심위원회에 재심을 청구할 수 있도록 한 것이고, 한편 학교법인의 교원에 대한 처분이 행정처분이 아니어서 재심위원회의 결정이 바로 행정심판으로서의 재결에 해당하는 것은 아닐지라도 실질적으로는 재심위원회의 결정으로 하여금 행정처분에 대한 행정심판으로서의 재결에 유사한 것으로 기능하도록 하겠다는 취지(밑줄 필자)에서 재심위원회가 그 결정을 함에 있어서는 처분권자에게 취소·변경을 명하는 결정뿐만 아니라 직접 처분을 취소·변경하는 결정을 할 수 있도록 함과 동시에 이러한 결정에 처분권자가 기속되도록 함으로써 그 결정에 의하여 바로 교원과 학교법인 사이에 그 결정 내용에 따른 법률관계의 변동이 일어나도록 한 것으로 보여진다.

에서는 우선, 학설과 판례가 내세우는 교원소청심사제도의 이중적 성격과 소청결정의 법적 성격에 관한 판례의 명확하지 않은 입장을 비판적 고찰의 대상으로 한다.

한편, 대상판결은 교원소청위가 학교법인 등이 교원에 대하여 불리한 처분을 한 근거인 내부규칙이 위법하여 효력이 없다는 이유로 학교법인 등의 처분을 취소하는 결정을 하였고 그에 대하여 학교법인 등이 제기한 행정소송 절차에서 심리한 결과 내부규칙은 적법하지만 교원이 그 내부규칙을 위반하였다고 볼 증거가 없다고 판단한 경우, 환언하면 소청결정과 결론에 있어 동일하지만 소청결정의 전제가 되는 이유와 판결 이유가 다른 경우 법원은 어떠한 판결을 행하여야 하는가에 대해 원고청구의 기각으로 답하고 있다. 대상판결의 특별히 주목을 끄는 이유는 이와 유사한 이전의 판결에서는 교원소청위가 그 사유 자체가 인정되지 않는다는 이유로 양정의 당부에 대해서는 나아가 판단하지 않은 채 처분을 취소하는 결정을 한 경우, 그에 대하여 학교법인 등이 제기한 행정소송 절차에서 심리한 결과 처분사유 중 일부 사유는 인정된다고 판단되면 소청결정을 취소함으로써 상호 유사한 구조 하에서 서로 다른 결론에 이르렀기 때문이다. 이들 판례에 대한 논증의 중심에 － 앞서 이 글의 논의 대상으로 삼은 사항들과의 관련성 하에서 － 소청결정의 기속력, 판결의 기속력 및 재처분의무의 인정범위 등의 쟁점들이 위치한다.

Ⅲ. 교원소청심사제도

1. 교원소청심사제도의 연혁과 절차의 대강

교육기본권의 구현은 교원의 신분보장을 전제로 하고, 이러한 보장은 교원의 징계 등 불리한 처분에 대해 이에 불복할 수 있는 제도적 장치의 완비를 선결과제로 한다. 그러나 1991년 제정된 「교원지위향상을 위한 특별법(이하 '교원지위법'이라 함)」 제정 이전에는 국·공립학교 교원과 사립학교 교원의 신분상 불리한 처분에 대한 불복 쟁송절차가 그 출발부터 이원화되어 있었을 뿐만 아니라, 특히 사립학교 교원은 국·공립학교 교원에 비해 상대적으로 구제절차가 미흡했던 점을 부인할 수 없다. 즉, 국·공립학교 교원은 징계 등 불리한 처분에 대하여 국가공무원법에 따라 소청심사위원회에 소청심사를 청구할 수 있고(제52조), 이에 불복하는 교원은 행정소송을 제기할 수 있었다. 그러나 사립학교 교원은 각 학교법인이 그 내부에 설치하는 재심위원회에 재심청구를 하거나(제67조) 징계 등 불리한 처분의 무효확인을 구하는 민사소송만을 제기할 수 있었다.

이에 비해 교원지위법은 사립학교 교원과 국·공립학교 교원의 징계 등 불리한 처분에 대한 불복절차를 큰 틀에서 통일적으로 규정함으로써 학교법인에 대한 국가의 실효적인 감독권 행사를 보장하고, 사립학교 교원에 대하여도 국·공립학교 교원에 상응하는 정도의 구제절차를 제도화함으로써 교원의 신분보장 내지 지위향상을 도모하였다고 평가된다.[6] 내용적으로는 사립학교 교원의 신분상 불이익처분에 대하여도 교원소청위에의 소청심사청구를 가능케 하고 나아가 교원소청위의 결정에 불복하는 경우 민사소송과는 별도로 행정소송을 통하여 이에 불복할 수 있는 길을 열어 신분보장 강화를 꾀하였다.

한편, 2016년에는 교원지위법을 일부 개정하여, 그 입법 목적을 신분보장과 함께 교육활동에 대한 보호를 강화함으로써 교원의 지위를 향상시키고 교육 발전을 도모하는 것으로 확대하면서 법률 명칭도 「교원의 지위 향상 및 교육활동 보호를 위한 특별법」으로 변경하였다. 그러나 교원의 징계 등에 대한 쟁송 상 불복절차는 2008년의 교원지위법 규정을 동일하게 유지하여 제도적으로 변경된 사항은 없다. 「교원의 지위 향상 및 교육활동 보호를 위한 특별법」 제7조 제1항은 각급학교 교원의 징계처분과 그 밖에 그 의사에 반하는 불리한 처분(「교육공무원법」 제11조의4제4항 및 「사립학교법」 제53조의2 제6항에 따른 교원에 대한 재임용 거부처분을 포함한다.)에 대한 소청심사를 하기 위하여 교원소청위를 두고, 제9조 제1항은 '교원이 징계처분과 그 밖에 그 의사에 반하는 불리한 처분에 대하여 불복할 때에는 그 처분이 있었던 것을 안 날부터 30일 이내에 교원소청위에 소청심사를 청구할 수 있다'고 하며, 이어 제10조의3은 '교원소청위의 결정은 처분권자를 기속한다'고 규정한다. 제10조 제3항은 '제1항에 따른 교원소청위의 결정에 대하여 교원, 사립학교법 제2조에 따른 학교법인 또는 사립학교 경영자 등 당사자는 그 결정서를 송달받은 날부터 90일 이내에 행정소송법으로 정하는 바에 따라 소송을 제기할 수 있다'고 규정하고 있다. 또한 동법 제10조 제4항의 위임에 따라 제정된 교원소청에 관한 규 (2005.7.27. 대통령령 제18966호로 전부개정된 것) 제16조 제2항 제2호와 제3호는 위원회는 소청심사청구가 이유 없다고 인정하는 때에는 그 청구를 기각하고, 이유 있다고 인정하는 때에는 처분을 취소 또는 변경하거나 처분권자에게 그 처분의 취소 또는 변경을 명한다고 규정하고 있다.[7]

위와 같은 각 규정의 내용 등을 종합해 보면, 각급학교 교원이 징계처분을 받은 때에는 교원소청위에 소청심사를 청구할 수 있고, 교원소청위가 그 심사청구를 기각하거나 원 징계처분을 변경하는 처분을 한 때에는 다시 법원에 행정소송을 제기할 수 있다. 또한, 교원소청위가 교원의 심사청구를 인용하거나 원 징계처분을 변경하는 처분을 한 때에는 처분권자는 이에 기속되고 원 징계처분이 국·공립학교 교원에 대한 것이면 처분청은 불복할 수 없지만, 사립학교 교원에 대한 것이면 그 학교법인 등은 교원소청위 결정에 불복하여 법원에 행정소송을 제기할 수 있다. 다만, 행정청의 처분에 대한 불복소송이라는 행정소송의 본질적 성격상, 교원소청위의 심사대상인 징계처분이 국·공립학교 교원에 대한 것인지 사립학교 교원에 대한 것인지에 따라 위와 같이 교원소청위의 결정에 불복하여 제기되는 행정소송의 소송당사자와 심판대상 및 사후절차 등이 달라진다.

우선, 국·공립학교 교원에 대한 징계처분의 경우에는 원 징계처분 자체가 행정처분이므로 그에 대하여 교원소청위에 소청심사를 청구하고 교원소청위의 결정이 있은 후 그에 불복하는 행정소송이 제기되더라도 그 심판대상은 교육감 등에 의한 원 징계처분이 되는 것이 원칙이고, 교원소청위의 심사절차에 위법사유가 있다는 등 고유의 위법이 있는 경우에 한하여 교원소청위의 결정이 소송에서의 심판대상이 된다(행정소송법 제19조). 따라서 그 행정소송의 피고도 위와 같은 예외적 경우가 아닌 한 원처분을 행한 처분청이 되는 것이지 교원소청위가 되는 것이 아니다. 또한, 법원에서도 교원소청위 결정의 당부가 아니라 원처분의 위법 여부가 판단대상이 되는 것이므로 교원소청위 결정의 결론과 상관없이 원처분에 적법한 처분사유가 있는지, 그 징계양정이 적정한지가 판단대상이 되고,8) 거기에 위법사유가 있다고 인정되면 교원소청위의 결정이 아니라 원 징계처분을 취소하며, 그에 따라 후속절차도 원 징계처분을 한 처분청이 판결의 기속력에 따라 징계를 하지 않거나 재징계를 하는 구조로 운영된다.

반면, 사립학교 교원에 대한 징계처분의 경우에는 학교법인 등의 징계처분은 행정처분성이 없으므로 그에 대한 소청심사청구에 따라 교원소청위가 한 결정이 행정처분이며, 교원이나 학교법인 등은 그 결정에 대하여 행정소송으로 다투는 구조가 된다. 따라서 행정소송에서의 심판대상은 학교법인 등의 원 징계처분이 아니라 교원소청위의 결정이 되고, 피고도 행정청인 교원소청위가 되는 것이며, 법원이 교원소청위의 결정을 취소한 판결이 확정된다고 하더라도 교원소청위가 다시 그 소청심사청구사건을 재심사하게 될 뿐 학교법인 등이 곧바로 위 판결의 취지에 따라 재징계 등을 하여야 할 의무를 부담하는 것은 아니다.

---

8) 이때 교원소청위에서 원처분의 징계양정을 변경한 경우에는 그 내용에 따라 원처분이 유지되면서 내용적으로만 변경된 것으로 간주하여, 변경된 원처분이 심판대상이 된다(예컨대, 대법원 1993.8.24. 선고 93누5673 판결). 그러나 견해에 따라서는 파면을 해임으로 변경하는 등 징계의 종류가 달라지는 징계처분(질적 변경)은 정직 3월을 정직 1월로 감경하는 것처럼 동일 종류의 징계처분 내에서 변경하는 것(양적 변경)과 달리 새로운 처분으로 보기도 한다.

2. 소청심사(재심청구) 관련 판결에 비추어 본 사립학교 교원의 근무관계의 법적 성질

1) 대법원 판례의 입장

과거 대법원은 일련의 판결9)을 통해 사립학교와 그 교원의 법률관계에 대하여 교원지위법 제정 전후를 불문하고 일관된 태도를 보였던바, 판결에 담겨있는 대법원의 생각은 대체로 다음과 같다.

① 사립학교 교원은 학교법인 또는 사립학교 경영자에 의하여 임면되는 것으로 사립학교 교원과 학교법인의 관계는 공법상의 권력관계라고는 볼 수 없고 사법상의 고용관계라고 볼 수밖에 없다.

② 사립학교 교원에 대한 학교법인의 징계처분과 그 밖의 불이익처분은 행정청의 처분으로 볼 수 없다.

③ 사립학교 교원에 대한 징계처분 등에 대한 불복은 원칙적으로 민사소송절차에 의하되, 교원지위법이 제정된 후부터는 민사소송에 의하는 방법 이외에 동법 제7조 내지 제10조에 따라 교육부 내에 설치된 교원징계재심위원회에 재심청구를 하고, 동 결정에 불복하는 경우에는 행정소송을 제기할 수 있다.

④ 사립학교 교원이 청구한 재심사건(소청심사)에 대한 교원징계재심위원회의 결정은 행정심판 재결은 아니므로 교원징계재심위원회의 결정에 대하여 불복하여 교원이 행정소송을 제기하는 경우의 소송의 대상은 교원에 대한 징계처분 등이 아니고 교원징계재심위원회의 결정이어야 한다.

⑤ 교원지위법이 정하고 있는 교원징계재심위원회 결정에 대한 행정소송의 제기는 그 결정에 불복하는 교원만이 원고적격을 가질 뿐 결정에 불복하는 사립학교는 원고적격을 가지지 않는다.

그러나 판결문 상의 표현에 따라서는 前記한 입장과 다소간의 차이를 엿볼 수 있는 것들도 발견된다.10)

ⓐ 사립학교 교원은 학교법인 또는 사립학교 경영자에 의하여 임면되는 것으로서 사립학교 교원과 학교법인의 관계를 공법상의 권력관계라고 볼 수는 없다고 하더라도, 사립

---

9) 대법원 1995.7.14. 선고 94누9689 판결; 대법원 1995.6.13. 선고 93누23046 판결; 대법원 1993.2.12. 선고 92누13707 판결; 대법원 1995.6.13. 선고 93부39 결정; 대법원 1995.7.12. 선고 95부15 결정. 이들 사건의 주된 쟁점은 징계처분을 받은 사립학교 교원이 그 징계처분이 위법·부당하다고 하여 교원지위법에 의한 교원소청위에서 구제를 받은 경우, 교원소청위의 결정에 불복하는 사립학교가 같은 법이 정하고 있는 '행정소송법이 정한 소송'을 제기할 원고적격을 가지느냐에 관한 것이었다.
10) 대법원 1995.11.24. 선고 95누12934 판결; 대법원 1995.6.13. 선고 93누23046 판결.

학교가 국가 공교육의 일익을 담당하는 교육기관으로서 교육법과 사립학교법 등에 의하여 그 설립과 운영 및 교원의 임면 등에 있어서 국가나 지방자치단체의 지도 감독과 지원 및 규제를 받고 <u>사립학교 교원의 자격과 복무, 임면 및 신분보장 등에 있어서 국·공립학교 교원에 준하는</u> 대우를 받도록 규정되어 있다.

ⓑ 교원지위법의 취지를 고려하건대, 교원징계재심위원회의 결정은 실질적으로는 행정처분에 대한 행정심판으로서의 재결에 유사한 것으로 기능한다.

ⓒ 따라서 사립학교 법인 등 징계처분권자가 교원징계재심위원회의 결정에 대하여 불복할 수 없도록 한 것은 합리적 근거가 있다.

대법원 판결문에 나타난 이러한 표현상의 변화를 두고 법적인 쟁점에 대한 근본적인 입장 변화라고 평가할 수는 없다. 오히려 사립학교 교원의 근무관계를 사법관계라고 보는 기본적인 입장은 견지하면서도 교원소청위의 결정을 행정심판 재결과 유사한 성격으로 파악한 것은 특정한 결론, 즉 교원징계재심위원회의 결정에 대한 학교법인 등의 불복을 불허하기 위한 논리 전개상의 부득이한 것이라고 평가함이 일반적이다.[11]

징계처분권자의 징계 등의 처분성을 부인하고 교원징계재심위원회의 결정을 최초의 행정처분으로서 소송의 대상으로 삼아야 한다는 기존 판례의 입장에 전제할 때 교원의 재심청구를 행정심판법이 예정하고 있지 않은 당사자심판의 일환으로 해석할 수 있고 이때 재심청구의 쌍방 당사자는 교원징계재심위원회의 결정에 대해 각각 소송상 불복할 수 있다는 입론에 이른다. 그러나 대법원은 통상의 행정심판에 있어 피고 행정청(처분청)은 행정심판위원회의 인용결정에 대해 원고적격 흠결을 이유로 독립하여 소송상 불복할 수 없다는 기왕의 판례 입장[12]을 교원의 재심청구의 경우에도 동일하게 적용하기 위해 불가피하게 교원징계재심위원회의 결정을 일종의 행정심판 재결과 유사한 성질의 것으로 간주하였다.

대법원의 이러한 고민은 판결 내 문장의 표현 형식에도 나타나는데, 교원징계재심위원회 결정의 재결성 여부에 관한 내용을 "실질적으로는 교원징계재심위원회의 결정으로 하여금 행정처분에 대한 행정심판으로서의 재결에 유사한 것으로 기능하도록 하겠다는 취지로 보인다."고 하면서, 이를 괄호 안에 넣어 처리한 데에서도 잘 나타난다.[13] '행정심판으로서의 재결에 유사한 것으로 기능하도록 하겠다는 취지'의 법적 의미가 행정심판 재결이란 것인지, 혹은 엄격히 보아 행정심판 재결은 아니지만 이에 준하는 성질로 보는 것인지, 아니면 기존의 판례처럼 재결이 아니라는 뜻인지 반드시 명확하지는 않지만, 적어도

---

11) 양승두, 사립학교 교원에 대한 징계처분과 행정소송, 행정판례연구 Ⅳ, 1999, 234면.

12) 이러한 판례의 입장을 비판하면서, 특히 자치사무의 영역에서 처분청으로서의 지방자치단체의 장이 행정심판 인용재결을 대상으로 행정소송을 제기할 수 있음을 쟁점 별로 논증한 문헌으로는 박정훈, 지방자치단체의 자치권 보장을 위한 행정소송, 지방자치법연구 제1권 제2호, 2001, 22면 이하.

13) 예컨대, 대법원 1995.11.24. 선고 95누12934 판결.

행정심판 재결의 성질을 가진 것으로 볼 수 있다는 의미가 강한 것으로 볼 수 있다. 왜냐하면, 교원징계재심위원회의 결정은 행정심판 재결이 아니라는 종래의 明言을 고려할 때 이런 논리 전개는 학교법인 등 징계처분권자는 원고적격이 부인되어 교원징계재심위원회의 인용결정에 대한 항고소송의 제기할 수 없다는 결론을 도출하기 위한 방책으로 평가되기 때문이다. 그러나 그러한 취지는 별론으로 하더라도, 교원소청위의 결정을 징계 등에 관한 최초의 처분이 아니라 행정심판 재결의 성질을 가지는 것으로 간주하는 한, 이는 소청심사를 항고심판으로 보는 것이고, 따라서 징계권자의 징계처분 등은 행정소송법상 처분에 해당한다는 일련의 논리적 흐름을 막을 수 없으며, 이는 곧 사립학교 교원의 근무관계를 사법관계로 보아 온 대법원 판례의 '붕괴'를 뜻하기도 한다.

나아가 같은 판결에서 대법원은 "사립학교 교원의 자격과 복무, 임면 및 신분보장 등에 있어서 국공립학교 교원에 준하는 대우를 받도록 규정되어 있는바"라고 설시하는데(위 Ⅲ. 2. 1) ⓐ 밑줄 참조), 이를 통해서도 '공법관계로서의 사립학교 교원의 근무관계'를 부지불식간에 인정한 것으로 해석 가능하다. 여기에서의 '대우'의 의미도 명확하지 않지만, 판결문의 문맥을 고려할 때 사립학교 교원의 경우에도 자격, 복무, 임면 및 신분보장 등에 있어서 국공립학교 교원, 즉 교육공무원에 준하는 대우를 받는 것으로 해석할 수 있다. 이는 곧 징계 등 불이익 처분에 대한 사립학교 교원의 쟁송 상 불복절차의 근간을 이루는 사립학교 교원과 학교법인의 관계를 단순한 사법관계라고 할 수는 없다는 의미이며, 종래의 대법원 견해와도 상치된다.

2) 교원소청심사의 법적 성격

전술하였듯이 공무원 신분인 국·공립학교 교원에 대한 징계 등 불리한 처분은 '행정청의 구체적 사실에 관한 법집행으로서의 공권력 행사'에 해당하므로 행정처분이며, 이에 대한 불복 쟁송으로서의 교원소청심사가 행정심판의 성격임에는 이론의 여지가 없다. 그러나 교원소청심사를 二元的으로 이해하는 전통적 입장에서는 사립학교 교원이 제기하는 소청심사를 '간이민사분쟁조정절차'라 함으로써 이를 법률관계의 형성·존부에 관한 대등한 당사자 간의 始審的 쟁송으로서의 당사자심판으로 이해한다.[14] 여기에서는 사립학교 법인의 징계처분 등은 행정처분이 아니며, 그에 대한 소청결정이 비로소 행정처분이므로 소청결정을 대상으로 교원과 학교법인 양 당사자가 행정소송을 제기하는데 이론적 난점이 없다. 이런 점에서 ─ 후술하는 바와 같이 ─ 헌법재판소가 사립학교 교원에 대한 소청결정을 최초의 처분임을 전제로 하면서도 그 결정에 대한 학교법인 등의 제소권을 부인하던

---

14) 항고심판으로서의 취소심판, 무효확인 심판 및 의무이행심판 외의 당사자심판에 대해서는 현행 행정심판법이 예정하고 있지 않음으로 인해 신청인, 재결기관, 절차 및 효과 등은 개별법이 정하는 바에 따른다.

구교원지위법 제10조 제3항을 위헌으로 결정한 점은 결론에 있어 타당성이 인정된다.

그러나 공교육의 담당자로서의 사립학교 교원의 복무에 대해 사립학교법은 교육공무원법 상의 국·공립학교 교원의 복무규정을 준용하며(사립학교법 제55조 제1항), 사립학교 교원에 대한 징계 등의 불이익처분도 복무에 있어서 그 직무상 의무를 이행하지 못한 것에 대한 제재로서 이루어지는 것이므로15) 그 한도 내에서는 국·공립학교 교원에 대한 징계와 근본적으로 다를 바 없다. 사립학교 교원에 대한 징계의 경우 징계권자가 사립학교라고 하여 행정처분이 아닌 사법상의 행위라고 할 수만은 없지 않은 이유가 여기에 있다.16) 동일하게 공교육의 담당자이고 임용자격에 있어서도 유의미한 차이가 없으며, 복무에 있어서 동일한 내용의 법 규정이 적용된다면 교원지위법의 적용에 있어 사립학교 교원이라고 하여 징계처분 등의 법적 성질을 단순히 사법상의 법률행위라고 해석할 수는 없다.

한편, 사법상 법률관계에 전제하는 기존의 견해는 징계 등에 대한 쟁송수단과 관련하여서도 간과할 수 없는 문제를 노정한다. 현행 「교원의 지위 향상 및 교육활동 보호를 위한 특별법」 에서도 국·공립학교와 사립학교 교원을 막론하고 교원소청위의 소청심사청구와 행정소송을 통하여 구제를 규정하고 있음에도, 학설과 판례는 사립학교 교원에 대한 징계처분 등에 대해서는 징계처분무효확인소송, 교원지위확인소송 등 민사소송에 의한 구제를 허용하고 있다. 사립학교 교원이 교원소청위의 결정에 불복하여 소청결정을 대상으로 항고소송을 제기하면서 동시에 민사소송을 제기한다면, 내용적으로 균질한 두 개의 소송에 있어 원고가 동일함에도 피고가 달라지는 문제17)는 별론으로 하더라도 본질적으로 동일한 사건에 대해 서로 다른 소송의 대상 및 소송물임은 물론, 각각 공법원리 내지 사법원리가 적용됨으로 인해 법원의 판결내용이 상이할 수 있음으로부터 자유로울 수 없다.· 이러한 입론은 또한, 국·공립학교 교원과 사립학교 교원이 제기하는 교원소청심사의 법적 성

---

15) 사립학교법 제61조(징계의 사유 및 종류) ① 사립학교의 교원이 다음 각 호의 1에 해당하는 때에는 당해 교원의 임용권자는 징계의결의 요구를 하여야 하고, 징계의결의 결과에 따라 징계처분을 하여야 한다.
　　1. 이 법과 기타 교육관계법령에 위반하여 교원의 본분에 배치되는 행위를 한 때
　　2. 직무상의 의무에 위반하거나 직무를 태만히 한 때
　　3. 직무의 내외를 불문하고 교원으로서의 품위를 손상하는 행위를 한 때
　　　② 징계는 파면·해임·정직·감봉·견책으로 한다.
　　　③ 정직은 1월 이상 3월 이하의 기간으로 하고, 정직처분을 받은 자는 그 기간
　　　　중 신분은 보유하나 직무에 종사하지 못하며 보수의 3분의 2를 감한다.
　　　④ 감봉은 1월 이상 3월 이하의 기간, 보수의 3분의 1을 감한다.
　　　⑤ 견책은 전과에 대하여 훈계하고 회개하게 한다.
16) 사립대학의 최근 현실을 보건대, 사립대학 재정의 근간을 이루는 등록금 수입이 교육부의 등록금 동결정책으로 물경 10년간 제자리를 맴돌면서, 건학 이념 등 사립대학의 자율성은 뒷전으로 밀려난 채 '울며 겨자 먹기 식'으로 정원 감축, 교원으로서의 강사 채용 등 정부의 정책 기조에 발맞추는 것을 전제로 각종 재정지원사업에 전적으로 의존할 수밖에 없는 점도 이를 잘 말해준다.
17) 소청결정취소소송 등 항고소송의 피고는 교원소청위가, 징계처분무효확인소송 등 민사소송에 있어서는 그 피고가 학교법인이 된다.

격의 차이도 야기하는데, 전자에 의한 소청심사청구는 특별행정심판으로, 후자의 그것은
일종의 간이민사분쟁조정절차이고 그 결정은 행정심판의 재결이 아니라 사립학교가 행한
징계조치 등에 관한 최초의 행정처분으로 이해할 수밖에 없다.[18) 같은 법이 정하고 있는
교원소청심사의 기능과 적용 법 원리 등을 청구인이 누군가에 따라 달리 보아야 하는 현
실을 법리적으로 어떻게 해석해야 할지 난감하다.

　　이러한 해석상의 난점을 고려하여 일부 판례가 교원소청위의 결정을 '실질적으로는
행정처분에 대한 행정심판으로서의 재결에 유사'한 것으로 간주했음은 전술한 바와 같다.
교원지위법 시절부터 사립학교 교원에 대한 불이익처분을 다투는 절차로 국·공립학교 교
원에 대한 소청심사절차를 이용하게 한 것은 사립학교 교원의 신분보장을 국·공립학교 교
원의 그것에 상응하는 정도로 강화하기 위한 것이다. 판단건대, 이는 곧 사립학교의 사법
상 근무관계에 바탕하더라도 사립학교에 의한 징계처분 등의 사법행위를 적어도 행정처분
과 동일하게 취급한 것을 의미한다. 소청결정에 처분권자로서 학교법인을 기속하게 한 것
(교원의 지위 향상 및 교육활동 보호를 위한 특별법 제10조의3, 구교원지위법 제10조 제2항)도 교원
의 신분보장의 목적에서 학교법인의 지위를 규율한 것이며, 그러한 기속력의 법적 근거가
관할 행정청의 감독권에서 비롯하는 점 역시 국·공립학교의 경우와 다르지 않다. 따라서
사립학교 교원이 제기하는 교원소청심사는 특별행정심판절차로, 이에 대한 교원소청위의
결정은 행정심판 재결 내지 행정심판 재결의 성질을 갖는 것으로 보는 것이 타당하다.

3) 학교법인의 제소권

　　행정심판 인용재결에 불복하여 처분청이 항고소송을 제기할 수 있는가의 문제가 특히,
지방자치단체의 자치권 보장과 연관하여 논의된다. 이에 대해 판례는 국법질서의 통일성
차원에서 지방자치단체도 국가의 지도·감독 하에 놓일 수밖에 없고, 국가통제수단의 산물의
일환인 행정심판재결에 대해 제소를 허용하는 것은 행정통제 체계 전반을 흔드는 것이며,
이러한 점이 행정심판법상 재결의 기속력으로 표현되었다는 등의 이유를 들어 그 제소 가
능성을 부인한다.[19) 그러나 필자는 이미 다른 지면을 통해 그 부당성을 지적한바 있다.[20)

---

18) 이에 따르면 교원소청위는 국·공립학교 교원이 청구인이 되는 경우에는 행정심판법이 정하는 공법원칙에
　　따라 소청심사를 하고, 사립학교 교원의 경우에는 민사소송법에 따른 사익조정기구로서의 기능을 행할
　　수밖에 없다: 양승두, 전게논문, 240면.

19) 대법원 1998.5.8. 선고 97누15432 판결.

20) 국가적 차원의 지방분권 추진으로 지방자치권 확대가 다양하게 모색되는 상황에 비추어 볼 때, 국민의
　　권익구제라는 주관적 법치주의를 중심으로 전개되어 온 행정심판제도가 객관적 법치주의의 중요한 요소
　　인 지방자치권 보장과의 체계정합성을 견지하지 못한다는 비판을 겸허히 수용할 필요가 있다. 일련의 행
　　정심판법 개정을 통한 처분청으로부터 독립된 행정심판위원회의 의결 및 재결기구화, 심리구조의 사법
　　절차화 강화 등은 행정심판제도의 외관상 권리구제적 기능의 무한 확대를 의미하였음에 반하여, 지방자
　　치와 관련하여서는 지방자치단체의 자기책임성 보장과 자치권 침해 가능성을 높이는 부정적 측면을 노

사립학교법은 학교법인의 설립허가(제10조[21])부터 해산명령(제47조[22])에 이르기까지 관할 행정청의 광범위한 지휘·감독권을 규정하고 있는데, 이는 공교육을 수행하는 사적 주체로서의 학교법인이 교육의 공공성을 유지할 수 있도록 하기 위함에 다름 아니다. 사립학교 교원에 대해 국·공립학교 교원, 즉 교육공무원의 복무에 관한 규정을 준용하고 있는 것도 궤를 같이 한다. 나아가 사립학교 교원에 대한 교원소청심사제도도 교원의 신분보장과 함께 일종의 학교법인의 감독을 위한 제도적 장치로 기능하는 면이 있다. 그러나 여기에서의 감독을 행정조직 내부 상하기관 간의 감독 내지 행정주체가 설립한 공법인(특수법인)에 대한 그것과 동일시 할 수는 없다. 학교법인은 사립학교법에 의해 직접 설립된 협의의 특수법인이 아닐뿐더러 사립학교의 공공성이 곧 학교법인을 행정조직 내부에 편입시키는 것은 아니기 때문이다.

생각건대 학교법인에 대한 감독은 '공적 임무를 수행하지만 광범위한 자치권이 보장되는 단체에 대한 감독'의 일환으로 파악하는 것이 타당하다.[23] 학교법인의 설립목적은 법

정하게 되었다. 현행 행정심판법은 심판대상인 처분이 지방자치단체의 사무 영역에 해당하는 경우에도 해당 사무의 성질(자치사무 혹은 위임사무)에 상관없이 모든 사무에 관한 처분에 대한 위법·부당성 심사라는 단일의 심리·재결절차를 채택하고 있다. 이런 제도적 상황 하에서는 행정심판을 통한 자치사무 관여의 한계 설정, 재결에 대한 불복 제소의 인정 등 자치권의 보장을 위한 방어 장치가 마련되어 있지 않음을 쉽게 알 수 있다. 지방자치법이 이원적 구분체계를 바탕으로 지방자치단체의 사무를 파악하고 있는 한 모든 법령상의 단위사무를 명확히 분석하여 자치사무와 위임사무에 대한 행정심판절차의 이원화라는 방향 전환을 시도할 필요가 있다. 한편, 자치사무 관련 처분에 대한 취소심판인용재결이 있고 나면 취소재결의 당부 여하와 상관없이 - 해석상 처분청의 제소 가능성 여부는 별론으로 하더라도 - 행정실무상 처분의 효력은 소멸하고 사실상 당해 분쟁은 종결되고 만다. 그러나 법에 관한 최종적 유권해석기관이 아닐뿐더러 정치적·행정적 책임을 부담하지 않는 행정심판위원회의 의결·재결이 분쟁을 종식시키는 종국적 결정이 되는 형상은 법치주의적 관점에서 결코 권장할 만한 일이 아니다. 지방자치법 제169조 제2항이 자치사무에 대한 지방자치단체장의 제소권을 인정하고 있지만, 동 규정은 행정심판재결의 경우를 반드시 고려한 것으로 볼 수 없으며 15일이라는 단기 제소기간 하에 대법원에 제소하여야만 하는 필연성도 발견하기 어렵다. 즉, 동조를 자치권 보장을 위해 재결에 대한 처분청의 제소를 규정한 일반규정으로 볼 수 없으며, 결과적으로 재결에 의한 자치권 침해를 구제하기 위한 필요충분한 제도적 장치라고도 할 수 없다. 요컨대, 자치사무 관련 처분에 대한 행정심판의 재결에 대하여 피청구인인 처분청이 불복 제소할 수 있는 명문의 규정을 두는 것이 바람직하며, 이는 강화된 대심구조 하에 행정심판절차의 사법절차화에 박차를 가하려는 행정심판법의 최근 트렌드에도 부합하는 일이다. 拙稿, 행정개혁법제의 쟁점과 전망, 법제연구 제34호, 2008, 177면 이하.

21) 사립학교법 제10조(설립허가) ① 학교법인을 설립하고자 하는 자는 일정한 재산을 출연하고, 다음 각호의 사항을 기재한 정관을 작성하여 대통령령이 정하는 바에 의하여 교육부장관의 허가를 받아야 한다. 이 경우 기술대학을 설치·경영하는 학교법인을 설립하는 때에는 대통령령이 정하는 바에 의하여 미리 산업체가 일정한 재산을 출연하여야 한다. <각 호 생략>

22) 사립학교법 제47조(해산명령) ① 교육부장관은 학교법인에 다음 각호의 1에 해당하는 사유가 있다고 인정할 때에는 당해 학교법인에 대하여 해산을 명할 수 있다.
1. 설립허가조건에 위반한 때
2. 목적의 달성이 불가능한 때
② 제1항의 규정에 의한 학교법인의 해산명령은 다른 방법으로는 감독의 목적을 달성할 수 없을 때 또는 관할청이 시정 지시한 후 6월이 경과하여도 이에 응하지 아니한 때에 한하여야 한다.

률에서 직접 정한 공공성을 지향하고 그 목적달성을 위해 국가의 광범위한 지도·감독 하
에 놓이도록 한 교육관계법령의 취지를 고려한다면 학교법인을 단순한 私人의 지위와 동
일시 할 수는 없다. 이와 함께 '자주성 확보와 공공성 앙양'을 강조하는 사립학교법 제1조
에 비추어 학교법인의 자율성도 간과해서는 안 된다. 이는 마치 국가사무를 단순히 위임받
아 수행하는 내부관계(기관위임사무)의 경우에는 그 포괄적 지시권에 비추어 관할 행정청
(시·도지사 내지 주무부장관)의 명령이나 감독처분을 소송을 다툴 수 없지만, 자치사무 영역
에서는 위법한 처분에 대해 지방자치단체의 장이 소송상 다툴 수 있도록 규정한 지방자치
법 제169조 제2항의 구조와 유사하다. 일부 판례처럼 교원소청위의 결정을 행정심판 재결
로 보고, 피청구인인 학교법인에 대한 재결의 기속력을 들어 그의 불복 제소권을 부인하는
것은 지나치게 법 형식논리에 사로잡힌 愚를 범하는 것이다.

　　학교법인의 제소권 인정 여부는 교원소청심사가 항고심판인지 당사자심판인지, 혹은
교원소청위의 결정이 행정심판 재결인지 아니면 최초의 행정처분인지 여하에 따라 기계적
으로 결정할 성질의 것이 아니다. 오히려 교원소청위 또는 감독청과 학교법인의 관계 및
학교법인의 지위를 종합적으로 고려하여 판단할 대상의 것이다. 이는 행정청의 감독 강도
를 근거법규와 수행하는 업무의 성질, 관련 조직형식의 차이 등을 통할하여 가름하는 독일
행정조직법의 지배적 견해[24]와도 공통된다. 따라서 학교법인은 교원소청위의 결정에 대하
여 행정소송으로 다툴만한 법적 지위에 있으며, 이를 인정한다고 하여 교원의 신분보장을
해하는 것도 아니다.[25] 이러한 점은 학교법인의 제소권을 부인하던 구교원지위법 제10조
제3항을 위헌이라 설시한 헌법재판소의 결정에 반영되어,[26] 현행의 「교원의 지위 향상 및

---

23) 同旨 : 이경운, 전게논문, 386면 이하.

24) 예컨대, Kopp/Schenke, Verwaltungsgerichtsordnung, 24.Aufl., 2018, §42, Rn.141.

25) 헌재결 2006. 2. 23, 2005헌가7 : 학교법인에게 재심결정에 불복할 제소권한을 부여한다고 하여 이 사건
　　법률조항이 추구하는 사립학교 교원의 신분보장에 특별한 장애사유가 생긴다든가 그 권리구제에 공백이
　　발생하는 것도 아니다. 즉, 학교법인이 재심결정을 다투는 행정소송을 제기하더라도 행정소송법 제23조
　　제1항에 따라 집행부정지원칙이 적용될 것이므로 재심결정의 효력에는 아무런 영향이 없고, 법원의 재
　　판절차에 의한 교원의 신분보장이 재심위원회의 재심절차를 통하는 경우보다 교원에게 더 불리하다고
　　단정할 수도 없기 때문이다. 오히려 법원의 재판절차를 통하여 징계 등 불리한 처분을 둘러싼 법적 분쟁
　　을 확정적·종국적으로 해결하고, 학교법인의 재판청구권을 보장함으로써 그 판결의 절차적 정당성을 확
　　보하며, 이를 통하여 재심결정의 이행을 강제할 방법을 모색하고 판결의 집행력을 강화하는 것이 교원의
　　신분보장과 지위향상을 도모할 수 있는 유효적절한 권리구제수단이 될 것이다.

26) 헌재결 2006. 2. 23, 2005헌가7 등
　　: (2) 학교법인과 교원의 법률관계 및 재심결정의 법적 성격
　　(가) 학교법인과 교원의 법률관계 및 징계 등 불리한 처분의 법적 성격
　　사립학교 교원은 학교법인과의 사법상 고용계약에 의하여 임면(사립학교법 제53조, 제53조의2)되고, 학
　　생을 교육하는 대가로서 학교법인으로부터 임금을 지급받으므로 학교법인과 교원의 관계는 원칙적으로
　　사법적 법률관계에 기초하고 있다. 비록 위에서 본 바와 같이 인사권의 행사에 대하여 관할청에 보고의무
　　(사립학교법 제54조)가 부과되는 등 학교법인에 대하여 국가의 광범위한 감독 및 통제가 행해지고, 사립

교육활동 보호를 위한 특별법」제10조 제3항은 교원소청위의 결정에 대하여 교원, 사립학

학교 교원의 자격, 복무 및 신분보장을 공무원인 국·공립학교 교원과 동일하게 보장하고 있지만, 이 역시 이들 사이의 법률관계가 사법관계임을 전제로 그 신분 등을 교육공무원의 그것과 동일하게 보장한다는 취지에 다름 아니다. 따라서 학교법인의 사립학교 교원에 대한 인사권의 행사로서 징계 등 불리한 처분 또한 사법적 법률행위로서의 성격을 가진다. 대법원도 일관하여 이들의 관계가 사법관계에 있음을 확인 (대법원 1995.11.24. 선고 95누12934 판결 등)하고, 그 결과 학교법인의 교원에 대한 징계 등 불리한 처분 에 대하여 직접 그 취소를 구하는 행정소송을 제기할 수 없고 민사소송으로 그 효력유무를 다투어야 한다 고 한다.

(나) 사립학교 교원이 당사자인 재심절차 및 재심결정의 법적 성격

교원지위법이 재심위원회를 교육인적자원부 산하의 행정기관으로 설치하고(제7조), 그 결정에 처분권자 가 기속되도록 하며(제10조 제2항), 교원만이 재심결정에 불복하여 행정소송을 제기할 수 있게 한 취지 로 보아 입법자는 재심위원회에 특별행정심판기관 또는 특별행정쟁송기관으로서의 성격을 부여하였고, 그 결과 재심결정은 행정심판의 재결에 해당한다고 볼 여지도 없지 아니하다(국·공립학교 교원이 당사자 인 재심절차와 재심결정이 행정심판과 행정심판의 재결에 해당한다는 데는 이론이 없다). 그러나 행정심 판이라 함은 행정청의 처분 등으로 인하여 침해된 국민의 기본권 등 권익을 구제하고, 행정의 자기통제 및 자기감독을 실현함으로써 행정의 적법성을 보장하는 권리구제절차이므로 학교법인과 그 소속 교원 사이의 사법적 고용관계에 기초한 교원에 대한 징계 등 불리한 처분을 그 심판대상으로 삼을 수는 없는 것이다. 따라서 입법자의 의도에도 불구하고 여전히 재심절차는 학교법인과 그 교원 사이의 사법적 분쟁 을 해결하기 위한 간이분쟁해결절차로서의 성격을 갖는다고 할 것이므로, 재심결정은 특정한 법률관계 에 대하여 의문이 있거나 다툼이 있는 경우에 행정청이 공적 권위를 가지고 판단·확정하는 행정처분에 해당한다고 봄이 상당하다. 대법원도 "사립학교 교원에 대한 해임처분에 대한 구제방법으로서는 학교법 인을 상대로 한 민사소송 이외에도 교원지위향상을위한특별법 제7조 내지 제10조에 따라 교육부 내에 설치된 교원징계재심위원회에 재심청구를 하고 그 교원징계재심위원회의 결정에 불복하여 행정소송을 제기하는 방법도 있으나, 이 경우에도 행정소송의 대상이 되는 행정처분은 그 교원징계재심위원회의 결 정이지 학교법인의 해임처분이 행정처분으로 의제되는 것이 아니며 또한 교원징계재심위원회의 결정을 이에 대한 행정심판으로서의 재결에 해당되는 것으로 볼 수는 없다 할 것이다(대법원 1993.2.21. 선고 92 누13707 판결)."라고 판시함으로써 이 점을 분명히 하고 있다.

(3) 이 사건 법률조항이 입법형성권의 한계를 넘어 헌법에 위배되는지 여부

(가) ~ (나) <생략>

(다) 그러나 위에서 살핀 바와 같이 사립학교 교원에 대한 불리한 처분을 둘러싼 법률상 분쟁의 당사자 로서 학교법인은 재심절차에서 피청구인의 지위에 있고, 이로 인하여 재심결정의 기속력을 직접 받게 되 므로 교원과 마찬가지로 학교법인도 재심결정의 기속력에서 벗어날 수 있는 권리구제절차가 필연적으로 요청된다. 물론 그동안 열악한 상태에 놓여있던 사립학교 교원의 신분보장과 그 지위향상을 위하여 필요 한 범위에서 재심결정에 대한 학교법인의 재판청구권을 제한할 필요성을 부인할 수는 없지만, 그러한 경 우에도 권리 구제를 위한 학교법인의 법원에의 접근을 완전히 배제하는 것은 이를 정당화할 특별한 사 정이 없는 한 허용되지 아니한다.

1) … 민사소송을 제기하는 방법으로 재심결정의 대상인 불리한 처분을 다툴 수 있으므로 가사 재심결정 에 불복할 제소권한을 학교법인에게 부여하지 않더라도 학교법인에게 법원에의 접근이 완전히 봉쇄되었 다고 단정할 수는 없다. 그러나 교원이 제기한 민사소송에 대하여 응소하거나 피고로서 재판절차에 참여 함으로써 자신의 권리를 주장하는 것은 어디까지나 상대방인 교원이 교원지위법이 정하는 재심절차와 행정소송절차를 포기하고 민사소송을 제기하는 경우에 비로소 가능한 것이므로 이를 들어 학교법인에게 자신의 침해된 권익을 구제받을 수 있는 실효적인 권리구제절차가 제공되었다고 보기는 어렵다. 그리고 학교법인이 적극적으로 징계 등 처분이 유효함을 전제로 제기하는 교원지위부존재확인 등 민사소송절차 도 교원이 처분의 취소를 구하는 재심을 따로 청구하거나 또는 재심결정에 불복하여 행정소송을 제기하 는 경우에는 민사소송의 판결과 재심결정 또는 행정소송의 판결이 서로 모순·저촉될 가능성이 상존한다. 이러한 결과를 방지하기 위하여 민사법원이 선결문제로서 재심결정의 효력유무를 판단하기도 곤란하다. 재심결정도 행정처분인 이상 그것이 당연무효가 아닌 한 그 효력유무를 선결문제로서 판단할 수 있다고

교법 제2조에 따른 학교법인 또는 사립학교 경영자 등 당사자가 행정소송으로 다툴 수 있음을 규정하고 있다. 다만, 헌법재판소가 동 결정에서 학교법인의 제소권을 인정하는 결론에 이른 논거의 하나로서 사립학교교원의 근무관계를 여전히 사법관계로 간주한 것은 논란의 여지를 남긴다.

IV. 교원소청심사위원회 결정의 기속력

1. 행정심판 재결의 기속력 일반론

1) 재결의 기속력의 의의

재결은 행정심판사건을 해결하기 위하여 행정심판위원회가 행하는 종국적 판단인 의사표시를 말한다. 준사법행위로서의 재결은 행정처분의 일종이기 때문에 일반적인 행정행위의 효력(불가쟁력, 공정력)을 가지며, 쟁송판단행위로서 기속력, 형성력 등의 효력을 발생한다.

재결의 기속력이란 심판청구의 당사자인 행정청과 관계 행정청이 재결의 취지에 따르도록 기속하는 효력을 말한다(행정심판법 제49조 제1항). 재결의 기속력은 인용재결의 효력이며, 기각재결이나 각하재결에는 인정되지 않으므로 기각재결에 의하여 처분의 효력이 유지된 경우에도 처분청은 처분을 직권으로 취소·변경할 수 있다. 이는 재결의 효력과는 무관하며, 독자적인 직권취소사유 충족 여부만을 기준으로 하는 것이다.

보기 어렵기 때문이다. 따라서 이러한 민사소송절차는 학교법인의 권익을 구제할 실효적인 권리구제수단으로 보기 어렵고, 징계 등 처분이나 재심결정을 직접 소송대상으로 하여 그 효력유무를 다투는 것도 아니므로 간접적이고 우회적인 권리구제수단에 불과하다.

 2) <생략>

 3) 따라서 이 사건 법률조항은 사립학교 교원의 징계 등 불리한 처분에 대한 권리구제절차를 형성하면서 분쟁의 당사자이자 재심절차의 피청구인인 학교법인에게는 효율적인 권리구제절차를 제공하지 아니하므로 학교법인의 재판청구권을 침해한다.

 (라) 또한 학교법인은 그 소속 교원과 사법상의 고용계약관계에 있고 재심절차에서 그 결정의 효력을 받는 일방 당사자의 지위에 있음에도 불구하고 이 사건 법률조항은 합리적인 이유 없이 학교법인의 제소권한을 부인함으로써 헌법 제11조의 평등원칙에 위배되고, 사립학교 교원에 대한 징계 등 불리한 처분의 적법 여부에 관하여 재심위원회의 재심결정이 최종적인 것이 되는 결과 일체의 법률적 쟁송에 대한 재판권능을 법원에 부여한 헌법 제101조 제1항에도 위배(헌재 1995. 9. 28. 92헌가11등, 판례집 7-2, 264, 280 참조)될 뿐 아니라, 행정처분인 재심결정의 적법 여부에 관하여 대법원을 최종심으로 하는 법원의 심사를 박탈함으로써 헌법 제107조 제2항에도 아울러 위배된다고 할 것이다.

2) 재결의 기속력의 내용

(1) 소극적 효력(반복금지의무)

처분의 취소재결, 무효등확인재결이 있는 경우 처분청은 재결의 취지에 반하는 행위를 할 수 없다. 즉, 동일한 사실관계에서 동일한 당사자에 대하여 동일한 내용의 처분을 하여서는 아니 된다. 이러한 반복금지효에 위반하여 동일한 처분을 하는 경우, 그것은 당해 행위의 무효사유가 된다. 왜냐하면, 이 경우 단순히 취소 가능한 사유에 해당한다면 당해 처분이 제소기간의 경과 등으로 확정력을 발휘할 수도 있으며, 이는 행정심판법이 기속력을 인정한 취지에 반하기 때문이다.[27] 다만, 취소재결의 사유가 행정행위의 절차나 형식상의 하자인 경우에 그 확정재결이 행정청을 기속하는 효력은 취소사유로 된 절차나 형식상의 위법에 한하여 미친다 할 것이므로 행정청은 위법한 절차나 형식을 적법하게 갖추어 다시 동일 내용의 처분을 할 수 있다.[28] 또한 기속력은 구체적 위법사유에 대하여 생기는 것이므로, 처분이유에 하자가 있는 때에는 기본적 사실관계의 동일성이 인정되지 않는 — 따라서 심리절차에서 처분사유의 추가·변경이 불허된 — 다른 이유에 따라 재결에 적시된 위법사유를 보완하여 동일한 내용의 새로운 행정처분을 할 수 있음은 원칙적으로 판결의 기속력의 내용과 다르지 않다.

(2) 적극적 효력(의무이행재결에 따른 처분청의 재처분의무)[29]

행정심판위원회는 의무이행심판의 청구가 이유 있다고 인정한 때에는 재결로서 지체 없이 신청에 따른 처분을 하거나 행정청에게 이를 명한다(행정심판법 제43조 제5항). 의무이행재결에는 처분재결과 처분명령재결이 있으며, 전자는 행정심판위원회가 스스로 처분을 행하는 것이므로 형성재결이고, 후자는 처분청에게 처분을 명하는 재결이므로 이행재결이다. 처분명령재결의 경우 행정심판법은 그 기속력으로서 처분청에게 재결의 취지에 따라 이전의 신청에 대한 처분의 이행의무를 규정함으로써 재결의 실효성을 담보하고 있다(행정심판법 제49조 제2항).

이 경우 재결의 취지에 따라야 한다는 것이 언제나 청구인이 신청한 내용대로의 처분을 의미하는 것이 아님은 판결의 기속력에서의 논의와 동일하다. 또한, 의무이행심판의 위

---

27) 대법원 1989.9.12. 선고 89누985 판결.

28) 대법원 1987.2.10. 선고 86누91 판결 : "과세의 절차 내지 형식에 위법이 있어 과세처분을 취소하는 판결이 확정되었을 때에는 그 확정판결의 기판력은 거기서 적시된 절차 내지 형식의 위법사유에 한하여 미치는 것으로서 과세관청은 그 위법사유를 보완하여 다시 새로운 과세처분을 할 수 있고, 그 새로운 과세처분은 확정판결에 의하여 취소된 종전의 과세처분과는 별개의 처분이라 할 것으로서 확정판결의 기속력에 저촉되는 것은 아니다."

29) 적극적 효력으로는 재처분의무 이외에 원상회복의무(결과제거의무)가 논의되지만, 여기에서는 그 설명을 略한다.

법성 판단의 시점이 재결시라 하더라도[30] 일응 심리절차 종결 이전의 사유는 무엇이든지 절대로 내세울 수 없다는 의미는 아니다. 따라서 예컨대, 수익적 처분의 이행을 명하는 재결에도 불구하고 처분청은 처분 당시 내지 그 전에 존재하였지만 이전의 거부처분과는 다른 사유를 들어 – 또는 처분발령 이후 심리절차 종결 이전에 생긴 새로운, 법령 개정을 들어 – 재차 거부처분을 행하더라도 재결의 기속력 위반은 아니다.[31] 오히려 판례이론과 같이 이전의 거부처분사유와 '기본적 사실관계에 있어 동일성이 인정되는 사유'를 들어 동일한 거부처분을 행하는 것만 금지하는 것으로 보아야 한다. 왜냐하면, '기본적 사실관계에 있어 동일성이 인정되는 사유'는 쟁송법상 소위 처분사유의 추가·변경이 인정되므로 그 한도 내에서 재결의 기속력이 미치기 때문이다. 한편, 심리절차 진행 중에 법령개정 등으로 인하여 이전의 거부처분이 적법하게 변한 경우에는 의무이행심판의 위법성 판단시점이 재결시임을 고려하여[32] 기각재결을 내릴 것이므로 재결의 기속력 위반 여부는 원칙적으로 발생하지 않는다. 반대로 거부처분 이후 청구인에게 유리하고 행정청에게 불리한, 다시 말해 거부처분을 위법하게 만드는 사정변경 가능성에 관한 주장 또는 일건기록상의 현출이 있는 경우에는 인용재결이 내려지게 되고 그에 따른 재처분의무가 발생할 것이다.

다수설에 의하면, 재처분의무의 내용과 관련하여 기속행위의 경우에는 신청인의 신청대로의 처분을 하여야 하며, 재량행위인 경우에는 신청대로의 처분 또는 거부처분, 기타의 처분을 하여야 한다. 그러나 이러한 입론은 기속행위의 경우 거부처분사유가 하나이거나 존재하는 모든 거부처분사유가 기본적 사실관계에서 동일성이 인정되어 심판절차에서 전부 제출되었으나 받아들여지지 않은 경우만을 상정한 것이므로 예외 없이 타당한 것은 아니다. 복수의 처분 사유가 존재하는 경우, 재처분으로서 처분청에 의한 동일한 거부처분의 발령 가능성은 기속행위·재량행위 여부가 아니라 오히려 처분사유의 기본적 사실관계의 동일성 여부에 따라 달라지는 것이다.

---

30) 의무이행심판은 행정청의 처분발급의무를 확정하는 것이므로 그 의무는 처분시를 기준으로 한 과거의 의무가 아니라 재결시 현재의 의무이기 때문이다.

31) 그렇지 않을 경우, 이들 사유에 대하여는 처분사유의 추가·변경이 불허되어 잠재적 심판대상에서 제외될 뿐만 아니라 새로운 처분을 위한 사유로도 삼을 수 없게 되므로 이는 논리적으로도 맞지 않고, 행정청에게 처분 당시 존재하는 처분사유를 빠짐없이 내세우도록 강요함으로써 지나친 부담을 줄 우려가 있기 때문이다. 결국, 재처분의무는 구체적으로 나타난 '당해 처분사유에 따른 처분'의 반복을 금지하는 것이지, 처분 결과가 같은 것은 어떠한 처분사유를 내세우더라도 안 된다는 의미는 아니라고 할 수 있다: 석호철, 기속력의 범위로서의 처분사유의 동일, 행정판례연구 V, 2000, 274면.

32) 독일의 경우에는 의무이행심판 뿐만 아니라 모든 행정심판의 위법성 판단시점을 재결시로 보고 있다. 따라서 재결청은 재결시점을 기준으로 처분당시와 변경된 모든 법률·사실관계의 변동을 고려하여야 한다 (BVerwGE 2, 55(62); 49, 197(198)). 이는 행정심판을 행정절차의 일환으로 파악하여 재결 (Widerspruchsbescheid)의 행정행위적 성격을 강조한데서 비롯하는 것으로서, 이러한 점은 특별한 규정이 없는 한 행정심판절차에 행정절차법 규정이 대폭 준용되고 처분청에 의한 즉시구제(Abhilfe)가 인정되는 것으로도 잘 나타난다.

(3) 직권심리주의와 재처분의무[33]

거부처분 취소판결이나 취소재결과는 달리 의무이행재결로서 처분명령재결은 기속행위나 재량의 0으로의 수축의 경우 원칙적으로 특정처분의 발령을 명하는 것이므로, 이러한 이행재결에도 불구하고 처분청이 또 다른 사유를 내세워 거부처분을 행할 수 있음은 국민의 재결에 대한 신뢰보호 차원뿐만 아니라 의무이행심판의 제도적 존재의의를 해할 우려도 있다. 이러한 문제의 해결점은 행정심판의 심리에 관한 기본원칙인 직권심리주의에서 찾아야 한다.

직권심리주의란 심리의 진행을 심리기관(행정심판위원회)의 직권으로 함과 동시에 심리에 필요한 자료를 당사자가 제출한 것에만 의존하지 아니하고 직권으로 수집·조사하는 제도를 말한다. 행정심판의 본질에 충실하려면, 행정심판법에 의한 직권심리는 단지 직권에 의한 심리의 진행만 차원을 넘어 직권탐지의 실질을 가져야 한다. 행정심판위원회는 심리과정에서 처분청에 의한 처분사유의 추가·변경을 사실관계의 동일성 여부에 한정하여 인정할 것이 아니라 이를 가능한 한 널리 인정하거나 직권으로 모든 처분사유를 검증함으로써 분쟁의 일회적 해결을 도모하여야 한다. 강화된 직권심리주의를 전제로 하여 의무이행재결이 내려진 때에는 처분청은 예외 없이 재결이 명하는 바에 따라 신청대로의 처분을 하여야 한다. 이러한 논의는 특히, 기속행위에 대하여 처분재결이 내려진 경우와 처분명령재결이 내려진 경우에 있어 재결 이후 상이한 법률관계가 발생하는 불합리를 방지할 수 있는 장점도 있다.

---

33) 행정소송, 특히 의무이행소송에서 직권심리주의의 의미와 그에 따른 판결 내용에 대해서는 拙稿, 독일 행정소송상 의무이행소송의 이론과 실제 - 의무이행소송의 소송물과 판결성숙성 성취를 중심으로, 행정법학 제16호, 2019, 1면 이하 참조. 과거 행정소송법 개정안들은 의무이행소송의 심리범위에 대해 취소소송의 직권심리에 관한 규정(현행 행정소송법 제26조)을 그대로 준용하고 있는데, 이에 따르면
법원은 필요하다고 인정할 때에는 직권으로 증거조사를 할 수 있고 당사자가 주장하지 아니한 사실에 대해서도 판단할 수 있다. 의무이행소송의 심리범위는 소송물과 법원의 판결성숙성 성취 등과 직결되는데, 구체적으로는 기속행위 영역에서 행정청이 전혀 고려하지 않은 사실까지 법원이 조사하여 적극적으로 특정행위명령판결을 할 수 있는지의 문제로 나타나는 점에서 취소소송에서의 논의가 의무이행소송의 경우에도 적실한지는 의문의 여지가 있다. 선행된 처분의 위법성 여부를 후발적으로 심사하는 취소소송의 경우와는 달리, 의무이행소송은 판결시를 기준으로 원고의 소송상 청구권이 존재하는지 여부를 심사하여야만 청구의 인용 여부를 판단할 수 있는 점에서 직권심리주의의 요청이 상대적으로 강하다고 할 수 있기 때문이다. 독일의 경우처럼 직권심리주의 내지 직권조사원칙의 범위를 지나치게 확대하는 경우 일응 행정청의 선결권을 침해할 우려가 있는 것은 사실이다. 그러나 독일의 통설과 판례에 의할 때 기본법 제19조 제4항에 비추어 직권심리주의는 분쟁사안의 실체적 진실에 접근하기 위해 당사자가 제출하거나 주장하지 않은 사실관계나 증거까지도 법원이 직권으로 조사·심리하여야 한다는 것으로서, 이는 행정소송의 기능이 원고의 권리구제뿐만 아니라 판결을 통한 계고적 기능, 즉 객관적인 공법질서의 확립에도 있음을 대변해 준다. 바람직하기로는 직권심리주의의 진정한 의미는 소송당사자들의 소송절차법적 행위의 범위 내에서 당사자들이 제기하지 아니한 사항에 대해서도 법원이 직권으로 조사·심사하는데 있다. 또한 소송실무상 원고는 계쟁사실에 관한 주장이나 구체적인 내용의 청구를 적절히 할 수 없는 경우가 많다는 점을 고려하면 법원은 원고의 제출 자료나 주장에 의해 현출되지 아니한, 더 나아가 피고 행정청

그러나 행정심판위원회의 직권탐지는 필요한 경우에 재량으로 증거를 수집·조사할 수 있다는 의미이지 위원회가 증거의 수집·조사 의무를 지는 것은 아니다. 또한, 행정심판 실무상 상정 가능한 모든 거부처분사유에 대한 심도 있는 심사를 기대하기도 어려운 실정이다. 따라서 거부처분 사유에 대한 網羅的 심사가 이루어지지 않은 경우 실체적 적법성에 대한 법적 판단이 미진할 소지가 있고, 이 경우 재결의 강화된 기속력에 의하여 법령상 거부사유가 존재함에도 불구하고 신청대로의 인용처분을 할 수밖에 없다면, 이는 행정책임에 대한 위험부담을 처분청에게 전속적으로 부담시키는 결과가 되어 행정의 법률적합성의 원칙 및 행정을 통한 공익실현에 현저한 지장을 초래할 우려가 있는 것이다.[34] 또한 결과에 있어 판결의 기속력 보다 강한 기속력을 약식쟁송절차인 행정심판의 재결에 인정하는 것도 논란의 여지가 있다. 앞으로 학계의 논의를 통한 입법적 해결이 필요하다.

2. 소청결정의 기속력

교원소청위는 교원소청심사를 위해 교육부에 특별히 설치된 합의제 행정기관으로서 (제7조 제1항) 광의의 행정심판기관이고, 교원소청심사는 사안의 전문성과 특수성에 비추어 교원의 권리구제를 위한 이른바 특별행정심판으로서 동법에서 따로 규정하지 않은 사항은 행정심판법이 정하는 바에 따른다(행정심판법 제4조 제1항, 제2항). 「교원의 지위 향상 및 교육활동 보호를 위한 특별법」 제10조의3에 따른 교원소청위 결정의 기속력은 심사청구의 피청구인인 처분청이 결정의 취지에 따르도록 하는 것으로서, 기속력의 내용은 비록 명문의 규정은 없더라도 행정심판 재결의 기속력과 동일한 것으로 이해된다.[35] 동법에 나타난 소청결정의 유형에 비추어 볼 때 교원소청심사를 항고심판의 유형으로 단일하게 규율하면서 결정의 구분을 - 처분취소명령결정의 가능성을 인정한 것을 제외하고는 - 행정심판법상의 그것과 다르지 않은 점은 이를 잘 말해준다.[36] 따라서 소청결정이 처분의 취소를

이 고려하지 않은 사실도 조사·심리하여 행정행위 발급요건의 충족 여부에 관하여 망라적인 심사를 행하여야 한다. 우리의 행정소송제도 하에서는 판례가 직권심리주의의 의미를 변론주의 보충설, 즉 직권심리의 범위를 기록상 현출된 사실에 한정하는 입장으로 보는 것이 일반적인데, 향후 의무이행소송을 도입하면서 강화된 직권심리주의를 규정하지 않는다면, 적어도 판례를 통해 기존 조항(행정소송법 제26조)을 적극적으로 해석하여 법원의 심리범위를 확대하는 방향으로 진화해 나갈 것을 기대한다. 그렇지 않을 경우, 의무이행소송의 도입 취지와는 달리 법원의 심리범위의 축소 및 판결성숙성 성취 범위의 필연적 위축에 따라 재결정명령판결의 양산을 초래할지도 모르기 때문이다.

34) 행정심판 실무에 있어서도 처분명령재결에 불복하여 기초자치단체가 재차 거부처분을 하거나 부작위로 방치하는 경우를 흔히 찾아볼 수 있다. 또한 행정심판위원회가 처분재결을 하는 경우에도 처분청이 후속 허가절차 등을 해태하여 국민의 권익구제가 원만히 이루어지지 않고 기초자치단체와 광역자치단체 내지 소속 행정심판위원회 간의 갈등의 골만 깊어가는 사례가 빈번함은 문제라 아니할 수 없다. 더구나, 자치사무 영역에서의 갈등인 경우에는 그 심각성이 더하다 할 것이다.

35) 이경운, 전게논문, 383면.

내용으로 하는 경우 처분청은 동일인에 대하여 같은 이유로 동일한 내용의 처분을 하여서는 안 되며(반복금지효), 위법 부당한 거부처분이나 부작위에 대하여 청구에 따른 처분을 할 것을 명하는 결정이 있는 경우 처분청은 지체 없이 그 결정의 취지에 따라 이전의 신청에 대한 처분을 하여야 한다(재처분의무).[37) 또한, 재결의 기속력과 마찬가지로 소청결정의 기속력도 결정의 주문 및 그 전제가 되는 요건사실의 인정과 판단, 즉 처분 등의 구체적 위법사유에 관한 판단에 미친다.[38)

  그러나 사립학교의 징계처분 등이 사법상의 법률행위에 불과하다는 견해에 실질적으로 근거하는 사립대학의 운영 현실을 고려할 때, 또한 소청결정이 행정심판 재결 내지 그 유사 성격의 것이라는 판례 입장에 터 잡더라도 교원이 제기한 소청심사청구에 대한 교원소청위의 인용결정이 학교법인을 어느 정도 기속할 수 있는가 내지 기속하였는가는 문제라 아니할 수 없다. 예컨대, 징계처분을 취소하거나 감경하는 소청결정에 대하여 학교법인이 동일한 사정 하에서 결정의 취지와 상이한 조치를 취하거나 복직 등 원상회복(결과제거)에 필요한 조치를 취하지 않는 경우, 소청결정에 의해 재임용거부처분이 취소되었음에도 재임용처분을 이행하지 않는 경우 등의 사례가 흔히 발견된다. 마치 헌법에서 유래하는 교원의 신분보장이 학교법인의 임의에 맡겨지거나 교육정책의 수행 과정에서 관할 행정청의 부수적인 고려사항으로 전락한 느낌마저 든다. 이들 경우에 있어 관할 행정청이 감독권을 행사하는 것은 별론,[39) 결정의 기속력의 실효성 차원에서는 법적으로 감내할 수 없는 의

---

36) 제10조(소청심사 결정) ② 심사위원회는 다음 각 호의 구분에 따라 결정한다.
  1. 심사 청구가 부적법한 경우에는 그 청구를 각하(각하)한다.
  2. 심사 청구가 이유 없다고 인정하는 경우에는 그 청구를 기각(기각)한다.
  3. 처분의 취소 또는 변경을 구하는 심사 청구가 이유 있다고 인정하는 경우에는 처분을 취소 또는 변경하거나 처분권자에게 그 처분을 취소 또는 변경할 것을 명한다.
  4. 처분의 효력 유무 또는 존재 여부에 대한 확인을 구하는 심사 청구가 이유 있다고 인정하는 경우에는 처분의 효력 유무 또는 존재 여부를 확인한다.
  5. 위법 또는 부당한 거부처분이나 부작위에 대하여 의무 이행을 구하는 심사 청구가 이유 있다고 인정하는 경우에는 지체 없이 청구에 따른 처분을 하거나 처분을 할 것을 명한다.

37) 헌재결 1998.7.16, 95헌바19, 96헌마75(병합) : 교원지위법에 의한 재심위원회의 재심은 청구인들이 주장하는 바와 같이 징계처분 등을 한 학교법인 등과 교원 사이의 사법상 법률관계를 조정·해결하기 위한 것이 아니라, 국가가 교육기관에 대한 감독권에 기하여 사립학교 교원에 대하여도 국·공립학교 교원과 똑같이 신분보장을 해 주기 위하여 특별히 마련한 행정심판에 유사한 구제절차라고 할 것이다. 따라서 사립학교 교원에 대한 재심결정도 청구인들 주장과 같이 학교법인 등과 교원 사이의 대등한 사법상의 분쟁에 관한 일반적인 행정처분이 아니라, 국·공립학교 교원에 대한 재심결정과 마찬가지로 감독자인 국가의 감독대상자인 학교법인 등에 대한 감독권 행사로서의 처분으로서 행정심판의 재결에 유사한 것으로 보아야 할 것이다. … 재심위원회가 재심청구를 인용하여 이를 취소하는 경우에는 그 형성력으로 인하여 양 당사자 간의 법률관계가 직접 형성되고, 취소를 명하는 경우에는 그 기속력으로 인하여 학교법인은 그 결정의 취지대로 법률관계를 형성할 의무를 부담하게 된다.

38) 대법원 2005.12.9. 선고 2003두7705 판결.

39) 여기서의 감독권이 교원의 신분보장만을 위한 것이 아니라 오히려 학생의 교육받을 권리, 사학의 자율성

문이 제기된다.

이런 문제 상황의 중심에 사립학교 교원의 근무관계, 그 교원에 대한 징계 등 불이익처분의 법적 성격, 사립학교 교원의 교원소청심사제도 및 그 결정의 법적 성격 등의 미해결 쟁점이 위치함은 다언을 요하지 않는다. 이에 더하여 행정심판 인용재결의 기속력, 특히 재처분의무의 실효성 확보를 위해 인정되는 행정심판위원회의 직접처분(제50조), 간접강제(제50조의2) 등의 제도적 장치가 교원소청심사의 경우에 인정되지 않음도 중요한 요인으로 작용한다.

한편, 사립학교 교원의 경우 교원소청위의 재결을 대상으로 하여서만 행정소송을 제기할 수 있음은 노동위원회의 구제명령과 그에 대한 중앙노동위원회의 재심판정을 행정소송으로 다투는 제도(이른바 재결주의를 취하는 경우)와 외관상 유사하다.[40] 그러나 노동위원회 결정의 기속력과 관련하여서는, 노동위원회의 구제명령 또는 재심판정의 확정에도 이에 따르지 않는 당사자에 대해서는 징역 또는 벌금 등의 형벌에 처하도록 규정하고(근로기준법 제111조, 노동조합 및 노사관계조정법 제89조), 노동위원회의 구제명령을 따르지 않는 사용자에 대해서는 이행강제금을 부과할 수 있도록 하여(근로기준법 제33조) 그 실효성 확보를 위한 제도적 장치를 마련하고 있다. 교원소청심사제도가 일반 노동자의 권리구제에 미치지 못하는 '허울 좋은 장식'으로 전락하고 말았다는 자조 섞인 푸념[41]이 지나치지 않은 셈이다. 사립학교 교원의 근무관계를 사법상 법률관계라는 전제 하에 교원소청심사를 일종의 당사자심판으로 이해하는 전통적 견해를 극복하고 이를 항고심판으로 구성하면서, 인용재결 기속력의 실효성 확보를 위한 제도적 장치 마련이 시급하다.

V. 대상판결의 評釋

1. 교원소청심사절차와 소송절차에서의 주장 및 판단대상의 동일성 要否

사립학교 교원 관련 소청결정을 최초의 행정처분으로 보는 입장에서는 소청결정취소

등을 종합적으로 고려하여 발동됨을 고려할 때 소청결정을 정형적인 실효성 확보수단으로 간주할 수는 없다.

40) 즉, 사법적 근로관계인 근로계약관계에서 사용자의 부당해고와 부당노동행위에 대하여 근로자 또는 노동조합은 노동위원회에 구제신청을 할 수 있고, 이에 불복하는 경우 중앙노동위원회에 재심을 신청할 수 있으며, 이에 대하여 불복하는 사용자와 근로자는 모두 행정소송을 제기할 수 있다(근로기준법 제31조, 노동조합 및 노사관계조정법 제82조 내지 제86조)

41) 이경운, 전게논문, 394면.

소송에서의 위법성 판단 시점은 처분시설에 따라 소청결정이 이루어진 시점이 된다. 이때 소청심사 단계에서 주장하지 않은 사유를 소청결정취소소송에서 주장할 수 있는지가 문제 된다. 이에 대해 대상판결은 소청심사 단계에서 이미 주장된 사유만을 행정소송의 판단대 상으로 삼을 것은 아니어서, 소청심사 결정 후에 생긴 사유가 아닌 이상 소청심사 단계에 서 주장하지 아니한 사유도 행정소송에서 주장할 수 있고, 법원도 이에 대하여 심리·판단 할 수 있다고 하였다.[42]

　유사 판례에서처럼 대상판결도 그 논거에 대해서는 침묵하였지만, 이러한 판례 입장 의 정당성은 처분사유의 추가·변경 법리를 통하여 뒷받침 할 수 있을 것이다. 판례는 행정 처분의 상대방의 방어권을 보장함으로써 실질적 법치주의를 구현하고 처분의 상대방인 국 민에 대한 신뢰보호 견지에서 원칙적으로 처분사유의 추가·변경은 허용되지 않지만, 당초 의 처분사유와 기본적인 사실관계의 동일성이 인정되는 한도 내에서는 이를 사실심 변론 종결시까지 추가하거나 변경할 수 있다고 보고 있다.[43]

　예컨대, 과세처분취소소송의 소송물은 정당한 세액의 객관적 존부이므로 과세관청으 로서는 소송 도중이라도 사실심 변론종결시까지는 당해 처분에서 인정한 과세표준 또는 세액의 정당성을 뒷받침할 수 있는 새로운 자료를 제출하거나 처분의 동일성이 유지되는 범위 내에서 그 사유를 교환·변경할 수 있는 것이고, 반드시 처분 당시의 자료 만에 의하 여 처분의 적법 여부를 판단하여야 하거나 당초의 처분사유만을 주장할 수 있는 것은 아 니라고 할 것이므로 피고인 과세관청이 당초처분의 취소를 구하는 이 사건 소송 계속 중 법인세 면제세액의 계산에 관한 원고의 신고내용의 오류를 시정하여 정당한 면제세액을 다시 계산하여 당초의 결정세액을 일부 감액하는 감액경정처분을 한 것은 당초처분의 동 일성이 유지되는 범위 내에서 그 처분사유를 교환·변경한 것이므로 적법하다.[44] 따라서 소 청심리절차에서 논의된 쟁점은 소청결정 사유로 현출되고 소청결정을 최초의 처분으로 본 다면, 소청결정 시에 존재하였지만 소청심사 단계에서 주장하지 아니한 사유도 소청결정 사유와 기본적 사실관계의 동일성이 인정되는 범위 내에서는 행정소송에서 주장할 수 있 고 법원으로서도 이에 대하여 심리·판단할 수 있다는 판례 입장은 타당하다. 이 사건 원 심도 소청심사에서 판단한 '의료원겸임·겸무시행세칙' 제5조 제1항 제1호 및 제2호에 대 하여 조항 자체를 판단의 대상으로 하여 그 적법성을 인정한 다음, 나아가 교원소청위가

---

42) 同旨: 부당노동행위구제신청에 관한 중앙노동위원회의 명령 또는 결정의 취소를 구하는 소송에 있어서 그 명령 또는 결정의 적부는 그것이 이루어진 시점을 기준으로 판단하여야 할 것이지만 노동위원회에서 이미 주장된 사유 만에 한정된다고 볼 근거는 없으므로, 중앙노동위원회의 명령 또는 결정 후에 생긴 사 유가 아닌 이상 노동위원회에서 주장하지 아니한 사유도 행정소송에서 주장할 수 있다고 보아야 할 것 이다(대법원 1990.8.10. 선고 89누8217 판결).

43) 예컨대, 대법원 2004.2.13. 선고 2001두4030 판결.

44) 대법원 2002.9.24. 선고 2000두6657 판결.

소청심사에서 판단하지 않은 동 시행세칙 제5조 제1항 제2호의 해지사유의 존재 여부까지 심리하여 그 위법성을 판단한바, 이상의 논의에 비추어 거기에 행정소송의 심판대상, 법원의 심판범위에 관한 오류를 인정할 수 없다.

　　이와 반대로 소청결정을 행정심판 재결에 상당한 것으로 보는 입장에서는 재결의 기판력 부인 법리를 원용하여 대상판결의 타당성을 논거 지을 수 있을 것이다. 재결에는 예컨대, 「공익사업을 위한 토지 등의 취득 및 보상에 관한 법률」 제86조 제1항[45])처럼 명문의 규정이 없는 한 판결에서와 같은 기판력이 인정되지 않는다.[46]) 즉, 대상판결의 해당 부분은 "행정심판의 재결은 피청구인인 행정청을 기속하는 효력을 가지므로 재결청이 취소심판의 청구가 이유 있다고 인정하여 처분청에 처분을 취소할 것을 명하면 처분청으로서는 재결의 취지에 따라 처분을 취소하여야 하지만, 나아가 재결에 판결에서와 같은 기판력이 인정되는 것은 아니어서 재결이 확정된 경우에도 처분의 기초가 된 사실관계나 법률적 판단이 확정되고 당사자들이나 법원이 이에 기속되어 모순되는 주장이나 판단을 할 수 있는 것이 없게 되는 것은 아니"라는 판시[47])와 큰 틀에서 궤를 같이한다.

2. 소청결정이 판결에 의해 취소된 경우 재처분의무의 유무

　　대상판결의 사실관계를 고려할 때, 피고 교원소청위는 겸임·겸무 해지사유를 규정한 '의료원겸임·겸무시행세칙' 제5조 제1항 중 제1호[48]) 및 제2호[49]) 규정 자체의 위법을 전제하여, 구체적으로 그에 해당하는 해지사유에 관하여는 아무런 판단을 하지 아니하고 해당 교원에 대한 겸임·겸무해지처분취소결정을 하였다. 환언하면, 소청결정의 취지는 "겸임·겸무 해지사유가 아예 인정되지 않는다"는 것이고, 원심은 "당초 원고 ○○대학교 총장이 내세운 해지사유 중 일부는 인정되지만(해지의 근거인 시행세칙의 해당 조항 일부가 적법하다는 측면에서) 소청결정은 위법하지 않다"는 것이다. 권력분립원칙에 비추어 행정소송에서 법원은 처분의 위법 여부를 사후적으로 판정하는 것을 넘어 그 처분의 내용을 적극적으로 변경하는 것은 허용되지 않는다. 결국, 법원으로서는 원고의 청구를 인용하여 소청결정을 취

---

45) "제85조제1항에 따른 기간 이내에 소송이 제기되지 아니하거나 그 밖의 사유로 이의신청에 대한 재결이 확정된 때에는 「민사소송법」상의 확정판결이 있은 것으로 보며, 재결서 정본은 집행력 있는 판결의 정본과 동일한 효력을 가진다."

46) 박균성, 행정법강의 제16판, 2019, 679면.

47) 대법원 2015.11.27. 선고 2013다6759 판결.

48) '제4조(진료실적 평가기준)에 따른 최근 3년간 진료실적 평균 취득점수가 50점에 미달하거나, 소속병원 진료과(분과로 분리된 경우에는 진료분과로 한다) 전체 교원 평균의 50%에 미달한 자'

49) '병원의 명예와 경영에 심대한 악영향을 끼친 자'

소하거나 원고의 청구를 기각할 수밖에 없다. 그런데 원심의 입장에 의할 경우 소청결정 이유 중의 판단, 즉 "해지사유가 아예 인정되지 않는다"는 부분은 잘못되었지만, "이 사건 해지처분의 취소"라는 소청결정의 주문 자체는 타당하다고 볼 여지가 있다. 이러한 경우 법원의 판결 내용이 어떠해야 하는지가 쟁점이 된다.

1) 원고청구기각설

우선, 소청결정의 결론 자체는 타당하므로 원고의 소청결정취소청구를 기각하여야 한 다는 견해가 상정 가능하다. 원고의 청구를 인용하여 소청결정을 취소한 판결이 그대로 확 정되면 그 형성력에 따라 소청결정은 소급하여 소멸하고 이 사건 해지처분의 효력은 부활 한다. 이 경우 해지처분이 '당사자의 신청을 거부하는 것을 내용으로 하는 처분(거부처분)' 에 해당하지 않으므로 피고 교원소청위에게는 재처분의무가 인정되지 않는다. 결과적으로 이 사건 해지처분이 그대로 확정되고, 법원이 예컨대, 규정 위반사실은 인정되지만 해지처 분이 그 양정에 있어 과하다는 판단을 하였더라도 해당 교원에 대한 적절한 조치를 법적 으로 기대하기 어렵다. 반면에 원고의 소청결정취소청구를 기각하는 경우에는 예를 들어 징계 등 불이익처분의 양정을 통한 적정한 조치가 가능할 수 있다. 법원이 판결 이유에서 "징계사유는 인정되지만 해임이라는 양정이 과다하여 결과적으로 이 사건 소청결정(징계처 분등의 취소결정)은 정당하다"는 취지의 기각판결을 행하는 것이 그것이다. 동설에 따를 경 우 소청결정은 그대로 확정되고 처분청에 해당하는 학교법인 등은 해당 교원에 대하여 위 판결의 취지에 따라 다시 징계 등의 불이익처분을 하면 된다.

2) 소청결정취소설(대상판결의 기본 입장)

소청결정의 결론이 타당하더라도 결정 이유 중의 판단이 잘못된 이상 이 사건 해지처 분을 취소하고 원고의 청구를 인용하여 소청결정을 취소해야 한다는 입장이다. 원고청구 기각설에 따라 교원에 대한 적절한 재처분이 가능하다는 주장은 판결의 기속력을 오해한 소치로서 타당하지 않다. 소청결정취소소송에서의 기각판결에는 어떠한 형성력이나 기속 력이 인정되지 않으므로 소청결정이 그대로 확정된다. 즉, 법원이 기각판결을 하면서 판결 이유에서 징계사유의 일부가 인정된다는 취지로 판단하였더라도, 이번에는 "이 사건 해지 처분을 취소한다"는 소청결정의 주문뿐만 아니라 "해지사유가 인정되지 않는다"는 그 이 유 중의 판단도 재결의 기속력에 의해 그대로 확정된다. 재결의 기속력이 미치는 주관적 범위 내에 위치하는 학교법인은 해지사유가 인정되지 않는다는 소청결정에 기속되어 해당 교원에 대해 해지처분보다 경한 징계처분 등 어떠한 재처분도 할 수 없게 된다. 비록 법원 이 징계사유에는 해당하지만 그 양정이 과다하다고 판단한 경우에도 기각판결에 의해 학교

법인은 결국 아무런 징계처분도 할 수 없게 되는 것으로 확정된다. 이러한 논증 결과는 경우에 따라 법원에서 의도한 적정한 양정을 실현할 수 없게 되는 점에서 매우 불합리하다.

이에 반해 소청결정을 취소하는 청구인용판결이 내려지면 소청결정은 확정적으로 취소되고 소청심사청구만 남게 되므로 이에 대한 피고 교원소청위의 답변이 없는 상태가 된다. 따라서 관건은 재처분의무의 인정 범위에 있다. 현행 행정소송법 제30조 제2항에 의할 때 재처분의무는 거부처분을 취소하는 판결에만 인정되고 법문 상 이 사건처럼 재결은 포함하고 있지 않다. 그러나 이러한 엄격한 해석에 따라 인용판결에 따른 피고 교원소청위의 재처분의무를 부인하는 것은 논의의 조급함에서 비롯하는 것으로 동의하기 어렵다. 사립학교 교원의 경우에도 교원소청위 결정의 기속력에 의해 소청결정의 '재결성'이 인정되지만, 판례의 기본적인 인식에 의할 때에는 국·공립학교의 경우와는 달리 소청결정 자체가 '원처분'이 되는 구조라고 보아야 하므로 이를 재결과 전혀 동일하다고 볼 수는 없다. 또한, 소청심사청구를 인용하는 소청결정은 비록 교원의 소청심사청구에 대한 판단이고 학교법인이 청구인이 되는 것은 아니지만, 其實 교원의 징계를 유지해달라는 학교법인의 요구를 내용적으로 거부하는 것과 마찬가지라 할 것이므로 일종의 거부처분으로 간주하여 재처분의무가 인정된다고 볼 수 없는 것도 아니다.50) 나아가, 소청결정취소판결과 함께 이제는 소청심사청구만 남게 되므로 소청심사청구 접수일부터 60일 이내에 소청결정을 하여야 한다는 「교원의 지위 향상 및 교육활동 보호를 위한 특별법」 제10조 제1항의 규정도 교원소청위의 재처분의무를 위한 광의의 논거로 볼 여지가 있다.

생각건대, 소청결정취소판결을 통해 해당 교원의 소청심사청구는 여전히 유효하고 피고 교원소청위의 재처분의무가 인정된다고 보는 것이 타당하다. 따라서 피고 교원소청위는 예컨대, 양정 상의 이류로 소청결정을 취소한 확정판결의 기속력에 따라 판결의 취지에 따른 처분만을 할 수 있으며, 내용적으로는 징계사유 자체는 일부 인정된다는 전제 하에 이에 대한 적정한 양정을 하여 다시 판단하면 되는 것이다. 한편, 위에서 행한 다소 부자연스러운 논증은 국·공립학교 교원의 경우에는 원천적으로 발생할 여지가 없다. 즉, 거기에서는 징계처분 자체가 '원처분'이므로 교원의 소청심사청구에 대해 교원소청위가 기각결정을 하더라도 결정 자체의 고유한 위법이 없는 한 원처분인 징계처분이 행정소송의 대상이 되고, 교원소청위는 피고가 되지 아니한다. 나아가, 「교원의 지위 향상 및 교육활동 보

---

50) 사기업 노동자에 대한 부당해고 등의 구제신청과 관련하여, 노동위원회규칙(2019.4.1.)은 중앙노동위원회의 재심판정을 취소하는 법원의 판결이 확정된 때에는 중앙노동위원회가 일정 요건 하에 재처분을 하도록 규정하고 있다.
노동위원회규칙 제99조(재처분) ① 중앙노동위원회는 재심판정을 취소하는 법원의 판결이 확정된 때에는 심판위원회의 의결을 거쳐 해당 사건을 재처분하여야 한다. 다만, 법원의 확정 판결이 구제명령 등을 취소하는 내용인 경우에는 그러하지 아니하다.

호를 위한 특별법」에 따라 사립학교법인 또는 사립학교 경영자 등은 교원의 청구를 인용하는 소청결정에 대하여 행정소송상 불복할 수 있음에 비해(제10조 제3항), 국·공립학교가 원고가 되어 소청결정에 대한 행정소송을 제기하는 경우는 실질적으로 상정할 수 없으므로 피고로서의 교원소청위는 논의의 대상이 아니라 할 것이다.

3. 해지사유로서의 내부규칙 위반 자체가 부인되는 경우
: 원고청구기각설(대상판결의 종국적 입장)

대상판결은 교원소청위가 징계사유 자체가 인정되지 않는다는 이유로 학교법인의 징계처분 등을 취소하였지만 심리과정 중 처분사유 중 일부가 인정된다고 판단하는 경우에는 법원은 소청결정을 취소하여야 한다는 점을 이론적으로 전제하였지만, 최종적 판단에 있어서는 원고의 청구를 기각함으로써 이전의 유사사건에서의 판결[51]와 다른 결론을 택하였다. 즉, 대상판결의 사실관계를 고려하건대, 소청결정과는 달리 동 시행세칙 제5조 제1항 제2호상의 겸임·겸무해지사유의 내용적 적법성은 인정되지만 해당 교원이 동 시행세칙을 위반하여 제2호에 따른 해지사유의 구성요건을 충족하지 않는 경우에는, 비록 소청결정의 이유와 판결 이유가 다르다고 하더라도 소청결정을 취소하지 않고 원고인 학교법인의 청구를 기각할 수 있다고 판시하였다. 이럴 경우 소청결정은 유효한 것으로 확정되므로 소청결정 주문과 그 전제가 되는 이유에 관한 판단은 소청결정의 기속력에 의해 학교법인을 기속하지만, 결과에 있어 원고청구를 배척하는 기각판결이라는 점에서 판결 이유에서 소청결정과 달리 판단한 부분, 즉 동 '제2호의 적법성과 해지사유의 부재' 사유에는 판결의 기속력이 발생하지 않는다.

이러한 판결에 대해서는 학교법인의 입장에서 실질적으로 부당한 결과를 감내해야 하는 상황이 초래될 수 있다는 비판이 제기될 여지가 있지만, 법원은 이 점에 대해서도 이 사건 사실관계를 촘촘히 숙고하여 조화로운 결론에 이르렀다고 평가할 수 있다. 이전의

---

51) 대법원 2013.7.25. 선고 2012두12297 판결. 동 판결의 사안 개요는 다음과 같다. 학교법인은 소속 교원에 대하여 "재학생, 조교, 교수 등 8명을 허위사실로 고소함으로써 학교의 명예와 교원으로서의 품위를 손상시켰다"는 징계사유로 해당 교원을 해임하였다. 해당 교원은 해임처분에 불복하여 교원소청위에 소청심사를 청구하였고, 교원소청위는 "징계사유가 인정되지 않는다(교원이 고소한 내용 중 일부는 허위사실이 아니고, 고소하였다가 무혐의로 된 부분에 있어서도 해당 교원이 자신을 방어하기 위한 행위이므로 교원으로서의 품위를 손상시킨 것으로 볼 수 없음)"는 이유로 해임처분을 취소하는 결정을 하였다. 이에 대하여 학교법인은 교원소청위를 피고로 하여 소청결정의 취소를 구하는 소송을 제기하였다. 제1심은 원고의 청구를 기각하였으나, 원심은 위 징계사유 중 일부(재학생 4인 및 조교 1인에 관한 부분)은 인정되는데도 피고가 징계사유 전부가 인정되지 않다고 하면서 해임처분을 취소한 것은 위법하므로 소청결정은 취소되어야 한다("이러한 판단이 확정되면, 피고는 이를 전제로 다시 해임처분의 징계양정이 적정한지를 심사하여야 할 것이다")는 이유로 원고의 청구를 인용하였고, 대법원도 원심의 판결을 유지하였다.

2012두12297 판결은 교원에 대한 "징계사유가 인정되지 않는다"는 이유로 학교법인의 해임처분을 취소하는 소청결정에 대해, 징계사유 중 일부는 인정됨에도 피고 교원소청위가 징계사유 전부가 인정되지 않는다고 하면서 해임처분을 취소한 것은 위법하므로 소청결정을 취소하였다. 해당 판결은 원고청구에 대한 인용판결을 통해 "일부 징계사유가 인정된다"는 판결 이유와 함께, – 비록 전술한 거부처분의 재처분의무를 인정하여 법리적으로 문제를 해결할 의도임을 명시하지는 않았더라도 – "징계사유는 인정되지만 해임처분은 과중하다"는 판단에 따라 해당 교원에 대한 적정한 징계양정이 구현되도록 하려는 점을 판결에 반영한 것으로 해석된다. 만약 이 경우 해임처분을 취소한 소청결정이 결론에 있어 타당하다고 하여 법원이 원고 학교법인의 청구를 기각하면 판결의 기속력의 적용 여지가 없으므로 당해 소청결정은 유효한 것으로 확정되고, 따라서 청구인(교원)의 소청심사청구에 대한 인용결정으로서의 소청결정의 기속력에 의해 학교법인은 일부 징계사유가 존재하는 해당 교원에 대해 이제는 더 이상 적절한 재징계를 할 수 없는 불합리한 결과에 이르는 점을 고려하였다.

그러나 대상판결에 있어서는 동 시행세칙 제5조 제1항 제2호가 적법하다는 전제 하에 이를 해지처분의 준거로 삼을 여지가 있더라도 해지사유를 인정할 증거가 없는 이상, 해당 해지처분의 정당성을 인정하기 어렵다고 본 소청결정의 결론은 정당하므로 소청결정의 취소를 구하는 원고의 청구를 결론에 있어 기각한 것이다. 결국, 해당 교원의 동 시행세칙 위반사실이 인정되지 않는 이상 ○○대학교 총장이 해당 교원에 대해 다시 불리한 처분을 하지 못하게 되더라도 이는 소청결정의 기속력에 따른 결과이며, 해지사유가 부존재하는 이상 내용적으로도 부당한 결과라고도 할 수 없다.

나아가, 소청결정의 기속력이 미치는 사항인 동 시행세칙 제5조 제1항 제2호의 위법에 대해 원고청구 기각판결에도 불구하고 법원이 판결이유에서 소청결정의 이유와는 달리 내용적으로 위법하지 않다는 판단을 하였더라도, 결론에 있어 기각판결인 이상 동 제2호가 적법하다는 점에 대한 판결의 기속력은 발생하지 않는다. 이에 따라 동 제2호가 위법하므로 무효라고 본 소청결정 이유에 재결의 기속력이 여전히 유지되어 해당 학교법인으로서는 향후 동 규정을 해지사유로 삼을 수 없는 것은 아닌가라는 의문이 제기된다. 대상판결은 이 점에 대해서도 친절한 답변을 제공하였다. 대상판결은 소청결정에서 판단한 사항과 다른 이유, 즉 동 제2호는 적법하지만 해지사유의 부존재를 들어 원고의 청구를 기각하였으므로 원칙적으로 제2호의 적법성에 대해서는 판결의 기속력이 미치지 아니 한다. 그러나 동 제2호가 위법하다는 전제 하에, 이전에 행해진 교원소청위의 결정이 유효하다는 점을 실질적 내용으로 하는 해당 소청결정의 기속력은 당해 사건에 한하여 미칠 뿐 다른 사건에는 미치지 않고, 따라서 학교법인 등은 다른 사건에서 이 사건 시행세칙을 적용할 수 있기 때문에 이 점을 들어 소청결정을 취소하여야 하는 것도 아니라고 한 것이다.

VI. 결어 : 대상판결의 의의

대상판결은 '사립학교 교원에 대한 학교법인 등의 징계처분 → 교원의 소청심사청구 → 교원소청위의 소청결정을 대상으로 한 학교법인의 소청결정취소소송 제기'라는 비교적 해묵은 쟁송구조에 관한 법원의 입장을 경우의 수를 나누어 법리적으로 정리한 것으로 총 평할 수 있다.

사립학교 교원의 소청심사청구에 대하여 교원소청위가 징계사유 자체가 인정되지 않 는다는 이유로 징계처분을 취소하는 결정을 한 경우, 그에 대하여 학교법인 등이 제기한 행정소송 절차에서의 심리 결과, 징계사유 중 일부 사유는 인정된다고 판단되면 법원으로 서는 설령 그 징계처분을 취소한 소청결정이 결론에 있어서는 타당하더라도 그 소청결정 을 취소하여야 한다는 대법원의 기존 입장은 대상판결을 통해서도 논의의 전제로서 견지 되었다.[52] 비록, 이 경우 피고 교원소청위에 대해 재처분의무가 인정됨을 법리적으로 논 증하지는 않았지만, 만약 법원이 소청결정의 결론이 타당하다고 하여 학교법인의 청구를 기각하게 되면 결국 행정소송의 대상이 소청결정이 유효한 것으로 확정되어 그 형성력에 의해 징계처분은 취소되며 학교법인은 이에 기속되므로, 그 결정의 잘못을 바로잡을 길이 없게 되고 학교법인도 해당 교원에 대하여 적절한 재처분을 할 수 없게 되는 점을 고려한 소치로서 매우 찬동할 만하다.

한편, 바로 위의 경우와는 달리, 징계 근거규정의 위법을 근거로 한 소청결정(징계처분 취소결정)에 대해 − '징계사유의 부분적 인정 및 양정 과다'를 이유로 결론에 있어서 소청 결정과 동일한 것이 아니라 − 원천적으로 징계사유 자체가 부인되는 경우에는, 교원소청 위가 내린 결정의 전제가 되는 이유와 판결 이유가 다르다고 하더라도 법원은 교원소청위 의 결정을 취소할 필요 없이 학교법인 등의 청구를 기각하는 것이 타당하다고 설시하였다. 이러한 결론은 해당 사안에서의 판결의 기속력 및 그에 따른 재처분의무의 실익, 소청결정 의 기속력 등을 종합적으로 고려한 것으로서 법리적으로는 물론, 합목적성 견지에서도 그 타당성이 인정된다.

다만, 이 사안은 학교법인 등이 원고가 된 것이므로 사립학교 교원의 근무관계, 사립 학교 교원의 소청심사의 법적 성질 등 이 글의 일반론에서 개진한 쟁점이 직접 거론되지

---

52) 이는 대상판결이 유사사건에 대한 2012두12297 판결의 【판결요지】 전부를 자신의 【판결요지】 [2]'에 이식 한 것에서 잘 드러난다.

는 않았지만, 오랜 세월동안 미해결 과제로 남겨진 교원의 신분보장 제고와 관련된 근본적인 문제에 대해 대상판결이 자신의 판결을 위한 구조적 전제로서 언급하였다면 錦上添花격이 아니었을까 하는 아쉬움이 남는다. 즉, 사립학교 교원의 근무관계의 규명을 바탕으로, 해당 교원에 대한 징계처분 등의 불이익처분을 행정처분으로 보아 그에 대한 소청심사를 특별행정심판으로서의 항고심판으로 성격지우는 시도에 대해 판례는 여전히 주저하였다. 같은 법률에 근거한 교원소청심사를 이원적으로 파악하면서 사립학교 교원에 대한 소청결정을 처분 혹은 행정심판 재결과 유사한 것으로 판시한 판례의 불명확한 입장은 법적으로 쉽사리 이해하기 어려울 뿐만 아니라 소청결정의 기속력을 현실에 있어 형해화 하는 주된 요인임을 잊지 말아야 할 것이다.

　여기에서의 직접적 논의 대상인 사립대학교 교원의 근무관계에 관한 것은 아니지만, 하급심 판결에 따라서는 사립초등학교 학생의 재학관계(학교폭력에 대한 조치에 따른 징계처분)를 공법관계로 보아 징계조치의 처분성을 인정한 경우가 있어 주목을 끈다. 즉, 갑 학교법인이 운영하는 을 초등학교에 재학하던 병이 학교 폭력을 행사하였다는 이유로 을 초등학교의 학교폭력대책자치위원회가 학교폭력예방 및 대책에 관한 법률(이하 '학교폭력예방법'이라 한다) 제17조 제1항 소정의 '학내외 전문가에 의한 특별 교육이수 또는 심리치료' 6시간(제5호), '학급교체'(제7호)의 조치를 의결하여 을 초등학교장이 병에게 통지하였는데, 병이 위와 같은 징계가 행정처분이 아니라 사법상의 행위라고 주장하며 무효확인을 구하는 민사소송을 제기한 사안에서, 관계 법령에 의하여 인정되는 초등학교 의무교육의 위탁관계,53) 학교폭력예방법상의 조치를 받은 학생과 학부모가 부담하는 의무, 위 조치에 대한 학생과 학부모의 불복절차, 학부모가 위 조치를 불이행할 경우 받는 행정벌 등을 종합적으

---

53) 중학교 의무교육의 사립학교에 대한 위탁관계와 관련하여 대법원도 이를 공법관계라고 이미 설시한 바 있다: "의무교육의 무상성과 그 비용 부담에 관한 법령의 내용과 취지, 체계를 종합하여 보면, 이 사건 법률조항들은, 헌법이 규정한 의무교육 무상의 원칙에 따라 경제적 능력에 관계없이 교육기회를 균등하게 보장하기 위하여 의무교육대상자의 학부모 등이 교직원의 보수 등 의무교육에 관련된 경비를 부담하지 않도록 국가와 지방자치단체에 교육재정을 형성·운영할 책임을 부여하고, 그 재원 형성의 구체적인 내용을 규정하고 있는 데 그칠 뿐, 더 나아가 의무교육을 위탁받은 사립학교를 설치·운영하는 학교법인 등과의 관계에서 관련 법령에 의하여 이미 학교법인이 부담하도록 규정되어 있는 경비까지 종국적으로 국가나 지방자치단체의 부담으로 한다는 취지까지 규정한 것으로 볼 수 없다. 그리고 중학교 의무교육의 위탁관계는 초·중등교육법 제12조 제3항, 제4항 등 관련 법령에 의하여 정해지는 공법적 관계로서, 대등한 당사자 사이의 자유로운 의사를 전제로 사익 상호간의 조정을 목적으로 하는 민법 제688조의 수임인의 비용상환청구권에 관한 규정이 그대로 준용된다고 보기도 어렵다.
원심이 이와 같은 취지에서 의무교육을 위탁받은 사립학교를 설치·운영하는 학교법인이 사립학교교직원연금법 제47조와 구 국민건강보험법 제67조 제1항에 의하여 부담한 법인부담금에 관하여, 이 사건 법률조항들이 지방자치단체가 이를 최종적으로 부담하여야 한다는 취지를 규정한 것이 아니고, 위 조항들로부터 위 학교법인이 지방자치단체를 상대로 의무교육 관련 경비의 상환을 구할 구체적인 공법상 권리가 도출되지도 않는다고 판단한 것은 정당하고, 거기에 이 사건 법률조항들의 해석에 관한 법리 등을 오해한 잘못이 없다(대법원 2015. 1. 29. 선고 2012두7387 판결)."

로 고려하면, 갑 법인은 지방자치단체로부터 의무교육인 초등교육(교육에는 징계가 포함된다) 사무를 위탁받아 갑 법인이 임명한 을 초등학교의 교장에게 교육사무를 위임하여 교육사무를 수행하였으며, 위 징계는 갑 법인의 위임을 받은 을 초등학교의 교장이 교육사무를 수행하는 과정에서 우월적 지위에서 병에 대하여 구체적 사실에 관한 법집행으로 공권력을 행사한 것이어서 위 징계가 행정소송법 제2조 제2항 소정의 공무수탁사인인 갑 법인이 행한 같은 조 제1항 제1호 소정의 행정처분에 해당하므로, 징계의 무효확인을 구하는 소송은 행정소송이고, 따라서 제1심 전속관할법원으로 이송하여야 한다고 판시하였다.[54]

이제 이 글로 돌아와 논의를 맺건대 판례의 기본적 입장이, 사립학교 교원의 근무관계는 사법상 법률관계에 의율하고, 그의 소청심사청구에 대한 교원소청위의 결정은 그 법적 성질에 있어 행정심판 재결과 일부 유사하더라도 원칙적으로 행정처분이지 행정심판 재결은 아니라는 '傳家의 寶刀'에 머무르는 것이라면, "교원소청심사위원회의 결정은 처분권자를 기속한다."는 「교원의 지위 향상 및 교육활동 보호를 위한 특별법」 제10조의3 규정은 실질적으로 큰 의미가 없다.

---

54) 대구고등법원 2017.11.10. 선고 2017나22439 판결(사립학교처분무효확인).

역수용 소송의 주법원소송요건에 관한 미국연방대법원 판결례[*]

鄭夏明[**]

대상판결: 미국 연방대법원 2019. 6. 21. 선고
139 S. Ct. 2162 (2019) 판결

I. 들어가며

미국은 연방수정헌법 제1조, 연방수정헌법 제5조 및 연방수정헌법 제14조에서 재산권과 관련한 규정을 두고 있다. 연방수정헌법 제1조 10항의 1은 "어떠한 주든지 계약상의 채무를 손상하는 법률을 제정할 수 없다"라고 하여, 계약상의 권리를 규정하고 있다. 연방수정헌법 제5조에서는 정당한 보상이 없는 사유재산권의 공용수용금지 등의 재산권의 보호 규정을 두고 있다. 이와 더불어 연방수정헌법 제14조에서는 "어떤 주든지 적법절차에 의하지 아니하고는 생명·자유 또는 재산을 박탈할 수 없다"라고 하여, 적법절차에 의하지 아니한 주에 의한 재산권박탈의 금지를 규정하고 있다.[1]

미국 연방수정헌법 제5조 "누구도 정당보상 없이는 공공사용을 위한 수용을 당하지 아니한다."라고 규정하고 있다.[2] 이 규정은 수용의 목적으로서 공공사용(public use)과 피수용자에 대한 정당보상(just compensation)을 규정하고 있다. 이것은 토지수용권의 근거조항이면서 동시에 한계를 설정한 것이고 연방헌법상 권리장전 중에서 개별 주에 적용된 최초의 규정이다.[3] 더불어 연방수정헌법 제5조 및 연방수정헌법 제14조는 공용수용의 형식 내지

---

[*] 이 논문은 행정판례연구 行政判例研究 XXIV－2(2019)에 게재된 논문으로 「최광률 명예회장 헌정논문집」에 전재하는 것이다.

[**] 경북대학교 법학전문대학원 교수, 법학박사(S.J.D.)

1) the 14th Amendment "... nor shall any State deprive any person of life, liberty, or property, without due process of law; nor deny to any person within its jurisdiction the equal protection of the laws."

2) the Fifth Amendment "..., nor shall private property be taken for public use, without just compensation."

3) Erwin Chemerinsky, Constitutional Law, Principles and Policies (2nd ed. 2002) 615.

방법으로서 적법절차(due process of law)에 의할 것을 규정하고 있다. 이와 같이 미국헌법은 개개인의 재산권에 대한 국가개입의 한계로서, 공공사용의 목적과 형식 및 방법적 요소로서 적법절차 그리고 사인의 손실에 대한 정당보상의 지급을 규정함으로써 이를 통하여 재산권의 보장을 실현하고 있다. 이와 같이 미국헌법상 재산권보호를 위한 규정들 중에서도 연방수정헌법 제5조의 규정이 재산권보장의 핵심이라고 할 것이다.[4]

한편, 미국에서 정부의 규제권 행사와 관련해서는 州정부가 일반적 규제권(general police power)을 가지고 연방정부는 외교권, 통상규제권, 화폐권 등 제한된 권리(limited power)를 가지는 것으로 알려져 있다. 이렇게 정부의 규제권의 행사로 재산권이 침해받아 재산권의 경제적 이용가치가 박탈되는 경우, 전통적 물리적 수용(physical takings)과 더불어 손실보상의 대상이 되는 규제적 수용(regulatory takings)이라는 개념을 1920년대부터 미국 연방대법원의 판례를 통하여 고안하여 정부의 규제권 행사로부터 재산권을 보장받을 수 있는 길을 열어왔다.[5]

규제적 수용(regulatory takings)의 경우는 물리적 수용(physical takings)과는 달리 일반적으로 재산권자가 먼저 규제를 시행하는 정부기관을 대상으로 역수용소송(inverse condemnation proceedings)을 제기하여야 하는데 토지에 관한 규제의 주체가 주로 주정부 이하의 지방자치단체인 경우가 많아서 기본권이 주정부 이하의 자치단체에 의해 침해되는 경우에 통상적으로 적용되는 연방법률 제42장 제1983조 소송의 형식으로 제기하는 경우가 많았다.

이 경우 미국 연방대법원은 州法院(the state courts)이 연방법원(the federal courts)보다 해당토지에 대해 쟁점이 되는 주정부의 규제나 지방정부의 규제의 내용과 복잡성에 대해 전문성을 가지고 있다는 것 등을 근거로 Williamson County Regional Planning Commission v. Hamilton Bank of Johnson City판결[6]에서 州法院 訴訟要件(the state-litigation requirement)을 확립하여 왔다. 따라서 주정부 이하 지방자치단체의 규제에 의해 자신의 재산권에 대한 규제적 수용이 일어났다고 주장하는 재산권자는 연방법원에 소송을 제기하기 전에 먼저 주법원에서의 구제절차를 밟아야 했다.

이러한 州法院 訴訟要件(the state-litigation requirement)은 재산권자에게 불리하게 작용한다는 등 여러 가지 비판의 대상이 되어왔고 연방항소법원들의 판결들에서도 서로 배치되는 현상 등이 나타났다. 이에 미국 연방대법원은 2019년 6월 21일 Knick v. Township of Scott 판결에서 州法院 訴訟要件(the state-litigation requirement)을 폐기하는

---

4) 표명환, 미국연방헌법상의 재산권보장에 관한 고찰, 미국헌법연구 제23권 제1호 2012, 300면 참조.
5) 김성배, 우리나라 토지수용법제와 간접수용 : 한미FTA의 간접수용을 중심으로, 土地法學 제28권 제2호 2012. 140면 참조.
6) 473 U.S. 172 (1985).

판결을 하였다. 따라서 본고에서는 이 판결에 대해서 알아보고자 한다.

II. 사례의 분석

1. 사건의 개요

이 사건의 원고 Rose Mary Knick은 펜실베이니아(Pennsylvania)주 스콧타운쉽(Scott Township)의 주민이다. 원고 Knick은 가족묘원이 조성되어 있는 토지를 보유하고 있었는데 가족묘원은 사적 공간이었고 일반 공중에게는 공개되어 있지 않았다. 이 사건 피고 스콧타운쉽(Scott Township)은 2012년에 규정(ordinance)을 제정하여 묘지들은 그것이 공유이든 사유이든 가리지 않고 일광시간 동안은 개방하여 일반 공중에 공개할 것을 강제했고 시청직원에게 묘지의 존재와 위치를 확인하기 위하여 해당 토지를 출입할 수 있는 권한을 부여하였다. 이에 따라 시청직원이 Knick의 토지를 조사하여 2012년의 규정(ordinance)을 위반했다는 통지를 발하였다. Knick은 주법원에 스콧타운쉽(Scott Township)의 규정에 대한 선언적 구제(declaratory relief)와 금지명령구제를 구하는 소송을 제기하였다. Knick은 수용(takings)이 일어났는지, 수용(takings)이 일어났다면 손실보상금은 얼마할지 등을 구하는 역수용소송(inverse condemnation proceeding)은 제기하지 않았다. 스콧타운쉽(Scott Township) 당국은 소송이 제기되자 Knick에 대한 집행절차를 더 이상 진행하지 않았다. 주법원에서는 Knick에 대한 시 당국의 집행이 정지되었으므로 형평법상 구제(equitable relief)를 요하는 회복할 수 없는 손해(irreparable harm)가 발생했다는 것을 Knick이 입증하지 못하였다고 판단하여 원고의 청구를 기각하였다.[7]

Knick은 이러한 주법원의 판결이 있은 후에 연방제1심법원에 연방수정헌법 제5조의 위반한 수용으로 인한 손실보상소송을 제기하였지만 연방제1심법원의 카퓨터 판사(Judge Caputo)는 Knick의 청구를 기각하였다. 그 근거로 연방대법원 Williamson County 판결을 언급하면서 주법원에서 먼저 역수용소송(inverse condemnation proceeding)을 진행하고 난 후에 연방법원에 소송을 제기하여야 한다고 하였다.[8]

연방항소법원도 연방제1심법원의 판결을 인용하였다.[9] 연방항소법원장인 스미스 판사(Chief Judge Smith)는 문제의 2012년 규정(ordinance)이 이례적이고 헌법적으로 의심이 간다

---

7) 139 S. Ct. 2162, 2168 (2019).

8) Knick v. Township of Scott, No. 3:14−CV−2223, 2015 WL 6360647, 8−12 (M.D. Pa. Oct. 29, 2013).

9) Knick v. Township of Scott, 862 F.3d 310, 314 (3d Cir, 2017).

고 하면서도 연방대법원 Williamson County 판결에 따라야 하므로 각하한다는 판결을 하였다.[10]

　　연방대법원에 상고되었는데 연방대법원은 사건이송명령을 발한 후에 이 사건을 심리하여 파기환송하는 판결을 하였다.[11]

2. 판례의 요지

　　(1) 정부가 지나치게 규제권을 행사하여 보상없이 개인의 재산권을 수용함으로써 연방수정헌법 제5조를 위반하는 경우에는 재산권자는 제1983조에 따라 역수용소송을 그 규제권행사 당시에 제기할 수 있다.

　　(2) Williamson County 판결에서 선언하고 있는 주법원 소송요건은 위헌이고 효력이 없다. 이에 따라 원심법원의 판결(862 F. 3d 310)의 파기하고 환송한다.

3. 사례의 쟁점

　　본 사례에서 쟁점은 주정부 이하의 미국 지방자치단체가 규제권을 행사하여 주민의 재산권을 침해하여 규제적 수용에 해당하는 경우에는 재산권자가 연방수정헌법 제5조에 근거한 역수용 소송을 제기할 수 있는데 이때 이러한 소송을 주법원에 먼저 제기하여 판단을 받고 난 이후에 연방법원에 소송을 제기할 수 있는지 혹은 연방 수정헌법 제5조에 근거한 소송이니 바로 연방법원에 소송을 제기할 수 있는 지가 문제된다할 것이다. 미국은 개별 주에 따라서 재산권의 구체적 한계와 범위가 다르고 주정부 이하의 지방자치단체의 규제가 문제가 되는 경우에는 그러한 문제가 발생한 주의 법원이 연방법원보다 훨씬 잘 해결할 수 있는 문제로 여겨졌다. 그리고 이러한 경우 연방헌법만이 아니라 개별 주 헌법에서도 공용수용에 관한 규정을 가지고 있는 것이 대부분이어서 연방 수정헌법 제5조의 위반은 동시에 주헌법상 수용조항 위반으로 이어지는 경우가 많았다. 따라서 연방법원보다 주법원에서 이러한 문제를 먼저 다루는 것이 마땅하다는 이론적 근거를 바탕으로 Williamson County 판결이라는 연방대법원의 선례가 있고 이것을 이른바 州法院 訴訟要件(the state-litigation requirement)이라고 하는데 이러한 법리를 폐기할 것인가가 본 판결의 가장 핵심적 쟁점이라고 할 것이다.

---

10) Ibid, 326.
11) Knick v. Township of Scott, 139 S. Ct. 2162, 2168 (2019).

III. 평석

1. 미국의 규제적 수용의 법리

미국에서 수용은 원래 정부의 직접적 침해와 관련이 있거나 사적 재산에 대한 물리적 침해와 관련된 것이었다. 사인인 재산권자의 의사에 반하여 그 사람의 재산권을 박탈할 수 있는 공용수용권(eminent domain)은 연방정부 뿐만 아니라 주정부, 지방정부, 혹은 공익단체에 의해서도 행사된다고 하겠다. 이러한 경우는 물리적 수용(physical takings)에 해당한다고 한다.[12]

미국에서의 공용수용은 연방수정헌법 제5조와 제14조의 통합을 통하여 정부가 공적 사용을 위해 사적 재산을 공용수용할 수 있는 묵시적인 권한과 정당보상지급의무를 결합한 것이라고 할 수 있겠다. 연방헌법상 수용조항은 원래 재산권의 직접적 수용(direct appropriation of property)에 적용되었지만 규제적 수용(regulatory takings)이 인정된 이후에는 소유자 점유권의 실질적 박탈과 기능적 동일상태(the functional equivalent of a 'practical outer of [the owner's] possession')에도 적용하게 되었다.[13]

미국에서는 정부의 규제권이 방대하게 행사되기 시작한 19세기 말이나 20세기 초에 이미 정부규제가 부당하고 위헌적으로 재산권자의 권리에 손해를 주는 경우에는 수용(takings)으로 보아야 한다는 주장들이 널리 퍼져 있었다.[14]

1922년 연방대법원은 Pennsylvania Coal Co. v. Mahon 판결을 하였는데 이 판결에서 홈즈(Holmes) 대법관에 의해서 규제적 수용(regulatory takings)이라는 개념이 고안되었다. 이 판결은 펜실베니아 州法에서 지표면의 붕괴를 방지하기 위하여 광산회사가 소유한 석탄의 일부분을 지하갱도에 둘 것을 요구한 것에 대한 것이었다. 홈즈(Holmes) 대법관은 "이 규정은 광산회사의 석탄을 더 이상 상업적으로 이용할 수 없게 만들었다. 이것은 헌법적 견지에서 보면 석탄을 전유(appropriating)하거나 파괴하는 것과 거의 동일한 효과를 가

---

12) 김성배, 우리나라 토지수용법제와 간접수용 : 한미FTA의 간접수용을 중심으로, 土地法學 제28권 제2호 2012. 135면-136면 참조. 특히 김성배 교수는 미국의 재산권은 우리 헌법과 같은 형성적 법률유보로 규정되어 있지 않으며, 미국법상 공용수용은 우리법상 공용제한으로 공용수용, 공용제한, 공용사용을 포괄하는 개념으로 파악하고 있다.

13) Elissa Zlatkovich, The Constitutionality of Sex Offender Restrictions: A Takings Analysis, 29 REVLITIG 219, 244 (2009).

14) Dan Herber, Surviving the View through the Lochner Looking Glass: Tahoe—Sierra and the Case for Upholding Development Moratoria, 86 Minn. L. Rev. 913, 921 (2002). 1922년 이전에 이미 미국에서 정부가 개인의 재산을 영구·물리적으로 점유하거나 침해하는 경우(a permanent physical occupation or invasion)에 정부규제는 연방헌법 제5조 수용조항의 위반으로 위헌이라고 보아야 한다는 견해들이 널리 퍼져있었던 것이었다.

지는 것이다"[15]라고 하면서 "재산은 어느 정도는 규제되는 것이지만 만약 그 규제가 과도하게("too far") 되면 이것은 수용으로 보아야 한다."[16]고 하였다. 이러한 연방대법원의 판결에 의해서 미국에서 규제적 수용(regulatory takings)이라는 개념이 새롭게 창안되었고 그 후 판례법에 의해 계속 발전해오고 있다.

1922년 이후 연방대법원은 이른바 규제적 수용(regulatory takings)을 인정하여 개인 부동산권(fee)에 대한 정부규제가 너무 지나쳐서 그 효과가 직접 전용이나 점유박탈과 동일한 것으로 나타나는 경우에는 정당보상을 받을 권리를 인정하고 있다.[17]

그러다가 1978년에는 이른바 Penn Central 판결을 하게 된다.[18] 연방대법원은 이 판결에서 어떤 정부규제가 ① 재산에 대한 영구·물리적 침해(permanent physical takings)를 가져오고 ② 정부규제가 재산권자의 재산의 모든 유익한 사용을 박탈하는 경우에는 규제적 수용에 해당하는 것으로 인정하고 있다.[19]

규제적 수용이 인정되는 경우에도 이에 대한 구제수단은 애초에는 규제적 수용에 해당하는 법령, 조례 등의 무효를 구하는 방법만이 인정되었으며 직접 금전적 손실보상을 청구하는 것은 인정되지 않았지만 1987년 First English Evangelical Lutheran Church v. Los Angeles County 판결[20]에서 미국연방대법원은 규제적 수용에 대한 구제수단으로 금전적 손실보상을 직접 청구할 수 권리로 인정하였다.

결과적으로 미국에서 수용소송은 결국 물리적 수용소송이든 규제적 수용소송이든 자신의 자산에 대한 "공정시장가격"(fair market value)을 구하는 소송이라고 할 것이다. 공정시장가격은 손실보상액 산정의 일반적 기준이다.[21] "공정시장가격"(fair market value)을 완벽하게 측정할 수 있는 방법은 없겠지만 주정부 등에서는 가능하면 객관적 표준을 사용하여 공적자금으로 일반국민이 사용할 수 있는 토지를 획득하는 것으로 협의 매수가 우선하고 협의가 이루어지지 않으면 토지수용절차에 들어가는데 수용보상가를 정하는 것은 주별로

---

15) Pennsylvania Coal Co. v. Mahon, 260 U.S. 393. 414 (1922) "To make it commercially impracticable to mine certain coal has very nearly the same effect for constitutional purposes as appropriating or destroying it."

16) Id. 415. "The general rule at least is that while property may be regulated to a certain extent, if regulation goes too far it will be recognized as a taking."

17) Lingle v. Chevron U.S.A. Inc., 544 U.S. 528, 537 (2005).

18) 438 U.S. 104 (1978).

19) 김재선, 규제적 수용 인정여부와 손실보상액 산정에서 토지의 경제적 효용 평가기준에 관한 최근 미국 판례의 재평가 논의-Braggs v. EAA 판례분석을 중심으로, 토지보상법연구 제18권, 2018. 146면-147면 참조.

20) 482 U.S. 304 (1987).

21) 김재선, 규제적 수용 인정여부와 손실보상액 산정에서 토지의 경제적 효용 평가기준에 관한 최근 미국 판례의 재평가 논의-Braggs v. EAA 판례분석을 중심으로, 토지보상법연구 제18권, 2018. 150면 참조.

서로 다르지만 재판을 통하여 주로 배심원에 의해 결정된다.[22) 정당보상(just compensation)
을 받을 권리는 연방헌법상 보장되는 재산권의 하나로 공용수용이 이루어졌을 당시의 공정
한 시장가격에 의한 보상을 의미한다는 것은 연방대법원의 판결에 의해서도 확인되었다.[23)

미국에서 공용수용에 대한 사법적 심사의 첫 번째 단계는 재산권(property)을 침해하
는 것인가에서 출발한다고 할 수 있을 것이다.[24) 연방수정헌법 제5조 수용조항에서 말하
는 재산권은 법에 의해서 부여되는 유형적인 권리로 그것을 소유하고 사용·수익·처분할
수 있는 권리를 비롯하여 유형적인 것으로 개인의 관계에 포함할 수 있는 이익과 무형적
이익을 포함한 모든 권리의 총체라고 할 수 있다. 미국 연방대법원은 재산권(property)의
범위를 확정할 때 주법 등 다른 법률에 근거하여 재산권의 범위를 확정하고 있다.[25)

재산권에 대한 각각 분리된 권능에 대한 침해현상이 잘 나타나는 것이 1982년의
Loretto v. Teleprompter Manhattan CATV Corp. 판결[26)이다. 연방대법원은 유선방송회사
가 아파트 건물에 지름 ½인치 이하인 유선케이블을 설치하는 것을 재산권자가 용인할 것
을 요구하는 뉴욕주의 법률은 위헌이라고 판결하였다. 해당 뉴욕주 법률은 재산권의 영구
적 물리적 점유에 해당한다고 하면서 비록 부분적이지만 영구적 물리적 침해를 하는 것은
재산권의 내용을 침해하는 것으로 재산권자는 케이블선과 케이블상자가 설치된 자기 재산
의 일부분을 점유, 사용 또는 처분할 수 없기 때문에 명백한 수용(par se takings)에 해당한
다는 것이다.[27)

규제적 수용에서 수용조항의 적용을 받기 위해서 정부규제가 재산권의 전체적 내용을
모두 침해할 필요는 없다. 재산권 전체 내용 중 일부를 침해하는 경우라고 하더라도 재산
권의 본질적 내용을 침해하는 경우에는 충분히 수용에 해당한다고 할 것이다. 이러한 본질
적 내용 중 하나가 사적 배타적 점유권(the right of exclusive possession)이다. 이러한 사적
배타적 이용권을 박탈하는 경우에는 수용에 해당한다고 할 것이다.[28) 재산에 대한 처분권
(the right of disposition)도 배타적 점유권과 같은 정도로 재산권의 본질직 내용을 이루는 것
으로 정부의 규제가 배타적 처분권을 일부나 전부 침해하는 경우에는 재산권자는 충분히

22) 김성배, 우리나라 토지수용법제와 간접수용 : 한미FTA의 간접수용을 중심으로, 土地法學 제28권 제2호 2012. 137면 참조.
23) United States v. Miller, 317 U.S. 369, 373 (1943).
24) Robert Meltz, Dwight H. Merriam, Richard M. Frank, The Takings Issue, 25 (1999).
25) 김성배, 우리나라 토지수용법제와 간접수용 : 한미FTA의 간접수용을 중심으로, 土地法學 제28권 제2호 2012. 137면 참조.
26) 458 U.S. 419 (1982).
27) Erica Chee, Property Rights: Substantive Due Process and the "Shocks Conscience" Standard, 31 Uni. of Hawaii L. Rev. 577, 580 (2009).
28) Marla E. Mansfield, 2004−2005 Supreme Court Review: Takings and Threes: The Supreme Court's 2004−2005 Term, 41 Tulsa L. Rev. 243, 268 (2005).

규제적 수용소송을 제기할 수 있을 것이다.[29] 재산에 대한 여러 가지 사용권(right to use his property)을 규제하는 정부의 규제 또한 규제적 수용의 대상이 될 것이다. 특히 정부의 환경이나 토지규제가 과도하여 재산권자의 재산 사용권을 침해하는 경우에는 수용에 해당하게 되어 정당보상을 지급해야하는 경우가 된다.[30]

2. 사인의 역수용소송

소송절차의 측면에서 보면 직접·물리적 소송의 경우와 규제적 수용의 경우는 많은 차이가 있다. 직접·물리적 소송의 경우에는 정부가 공용수용권(eminent domain)을 발동하여 공식적으로 사인의 재산권을 침해하는 경우에 재산권자가 정부의 수용절차에 이의를 제기하는 방식이라고 할 수 있을 것이다. 전형적인 사례로 미국 연방대법원에서 2005년 6월 23일에 선고한 Kelo v. City of New London 판결[31]이라고 할 것이다. 이 사건은 낙후지역을 개발하여 대기업을 유치하려고 했던 City of New London이 Kelo 부인이 보유하였던 토지권에 대한 공용수용을 결정하여 2000년 11월에 통지하였는데 이에 대항하여 Kelo 부인이 자신이 거주하였던 코네티컷 주 법원에 소송을 제기하면서 시작된 사건이다.[32]

규제적 수용의 경우는 정부의 규제행위가 물리적 침해로 이어지지 않고 토지권을 지나치게 침해하여 토지권의 가치가 사실상 상실된 때에 토지권의 보유자가 규제권 행사 주체에 대하여 역수용소송(inverse condemnation action)을 제기하여 정당보상을 받으려고 하는 것이다. 역수용소송(inverse condemnation action)에서는 두 가지 주요문제들이 해결되어야 한다. 첫째, 정부의 규제행위가 수용에 해당하는가 하는 문제이다. 이 단계에서는 정부의 규제행위가 토지권에 미치는 영향을 분석하는 단계라고 할 수 있을 것이다. 둘째, 정부의 규제행위가 사실상 수용에 해당한다고 판단되는 경우에 그 보상은 어떻게 할 것인가를 결정하는 단계라고 할 것이다.

역수용소송(inverse condemnation action)은 정부의 규제행위를 대상으로 한다는 측면에서 미국에서 행정법령 등에 대한 행정소송과 비슷한 측면도 있다. 미국에서 행정소송을 제기하는 경우는 연방행정절차법(A.P.A)에 따라 행정법령 등에 의하여 자신의 법익이 침해당하는 경우에 행정법령 등의 효력을 부정하는 것을 그 내용으로 하는 소송이라면 역수용소

---

29) Carol Necole Brown, Taking the Takings Claim: A Policy and Economic Analysis of the Survival of Takings Claims after Property Transfers, 36 Conn. L. Rev. 7, 72 (2003).

30) Rebecca Lubens, The Social Obligation of Property Ownership: A Comparison of German and U.S. Law, 24 Ariz. J. Int'l &Comp. Law 389, 391 (2007).

31) 545 U.S. 469 (2005).

32) 정하명, 미국토지법상 사인의 역수용소송, 공법학연구 제6권 제3호, 한국비교공법학회 2005, 305면 참조.

송(inverse condemnation action)은 토지권자가 규제권의 행사주체에 대하여 손실보상을 구하는 소송이라는 측면에서 차이가 있다.

역수용소송(inverse condemnation action)이 제기되는 경우 피고가 주정부 등 지방자치단체인 경우에는 주정부 등의 규제행위를 포함한 행위로 인하여 연방헌법에서 보장받은 권리, 면책 등이 침해받는 경우에는 주정부, 관련공무원 등을 피고로 연방법률 제42장 제1983조33)에 의한 소송을 제기하여야 한다.

3. 州法院 訴訟要件(the state-litigation requirement)

역수용소송(inverse condemnation action)에서 고려해야할 사항 중 하나는 과연 어느 법원에 재산권보유자가 소송을 제기하여야 하는가하는 문제일 것이다. 미국에는 개별 주마다 州大法院(the state supreme court)이 있고 州抗訴法院(the state appellate court), 州第一審法院(the state district court)이 있다. 그와 동시에 聯邦大法院(the Supreme Court)을 비롯하여 聯邦抗訴法院(the federal circuit court), 聯邦第一審法院(the federal district court)으로 나누어진다. 연방헌법, 연방법률, 연방법령 등 연방법위반이 문제되는 경우에는 원칙적으로 연방법원에 소송을 제기하여야 한다.

역수용소송(inverse condemnation action)에서 규제의 주체가 연방정부의 기관에 해당하는 경우에는 연방정부기관을 피고로 연방법원에 소송을 제기하여야 한다. 주헌법, 주법률, 주법령 등 개별 주법 위반이 문제되는 경우에는 주법원에 소송을 제기하는 것이 원칙이라고 할 것이다. 주정부 이하의 지방자치단체가 주법률, 주법령을 제정하여 국민의 재산권 등을 침해하는 경우에는 역수용소송(inverse condemnation action)을 주법원에 제기하여야 하는 것이 원칙이라고 할 것이다.

문제는 주나 지방정부의 규제가 역수용소송(inverse condemnation action)의 대상이 되고 재산권자인 원고가 주헌법, 주법률 등과 더불어 연방수정헌법 제5조 위반을 그 내용으로 하는 역수용소송을 제기하는 경우라고 할 것이다. 이러한 소송에서 피고가 되는 주정부

33) 42 U.S. Code § 1983. Civil action for deprivation of rights
Every person who, under color of any statute, ordinance, regulation, custom, or usage, of any State or Territory or the District of Columbia, subjects, or causes to be subjected, any citizen of the United States or other person within the jurisdiction thereof to the deprivation of any rights, privileges, or immunities secured by the Constitution and laws, shall be liable to the party injured in an action at law, suit in equity, or other proper proceeding for redress, except that in any action brought against a judicial officer for an act or omission taken in such officer's judicial capacity, injunctive relief shall not be granted unless a declaratory decree was violated or declaratory relief was unavailable. For the purposes of this section, any Act of Congress applicable exclusively to the District of Columbia shall be considered to be a statute of the District of Columbia.

나 기타 지방정부는 그들이 익숙한 법원인 주법원에서 역수용소송이 계속되기를 바랄 것
이고, 재산권보유자들은 자신들에게 보다 호의적인 연방법원에 역수용소송(inverse
condemnation action)을 제기하기 원할 것이다.

이러한 문제에 대해 미국 연방대법원에서 다룬 것이 바로 Williamson County
Regional Planning Commission v. Hamilton Bank of Johnson City판결[34]이다.

이 사건에서 문제된 것은 미국 테네시주 법률(Tennessee law)에 따라 개발업자가 1973
년에 지역도시계획위원회(Williamson County Regional Planning Commission)에 의하여 예비개
발계획(a preliminary plat for development)의 승인을 받았는데 해당 토지는 지역지구규정
(zoning ordinance)에 의하여 주거지역(residential area)으로 개발할 예정이었다. 1977년 지역
지구규정(zoning ordinance)이 변경되어 고밀도를 조정하는 새로운 규정이 만들어졌지만 개
발업자의 토지에 대해서는 1973년 규정이 적용되는 것으로 보았다. 1979년 지역도시계획
위원회에서는 해당 토지에 대한 새로운 개발행위는 새로운 법령에 따라야 한다고 결정하
고 더 이상의 개발은 고밀도 제한규정 위반 등 여러 가지 근거에 의하여 불허한다는 결정
을 내렸다. 이에 개발업자는 해당 도시계획위원회, 해당 도시계획위원회 위원과 관련 공무
원들을 피고로 연방제1심법원에 연방법률 제42장 제1983조(42 U.S.C. § 1983)에 따른 소송
을 제기하여 해당 도시계획위원회가 자신의 토지에 대한 개발행위를 금지하는 것은 연방
수정헌법 제5조의 수용에 해당하며 정당보상을 요한다는 주장을 하였다. 연방제1심법원의
배심원들은 피고 도시계획위원회가 해당토지에 대한 개발행위를 금지하는 것은 연방수정
헌법 제5조의 위반에 해당하지만 경제적으로 가능한 이용권을 임시적으로 침해하는 것은
법적으로 수용에 해당하지는 않는다고 하여 원고의 청구를 받아들이지 않았다. 이에 원고
는 연방항소법원에 항소하였고 연방항소법원에서는 연방제1심법원의 판결을 파기하여 해
당 토지에 대해 경제적으로 가능한 이용권을 배심원들의 평결이 있을 때까지 금지하는 도
시계획위원회의 행위는 수용에 해당한다는 판결을 내렸다.[35] 이에 해당 도시계획위원회가
상고하여 연방대법원의 심리를 받게 되었다.

연방대법원에서는 1. 이 사건에서 원고가 주장하는 바와 같이 새로운 규제행위가 연
방수정헌법 제5조를 위반하여 정당보상을 요하는 수용에 해당한다고 하더라도 원고들의
주장을 받아들인 배심원의 평결을 받아들일 수 없다. 원고의 주장들은 아직 성숙하지 않았
기 때문이다. 원고는 연방법원에 소송을 제기하기 전에 미국 테네시주 당국에 해당 도시계
획위원회의 결정에 대한 최종적인 판단이 어떤 것인지에 대한 절차도 밟지 않았고, 테네시
주 법원의 판단도 받지 않았다. 따라서 원고들의 주장은 연방법원의 심사대상이 될 정도로

34) 473 U.S. 172 (1985).

35) 729 F.2d 402.

성숙하지 않았다. 또한 해당토지에 대한 손실보상의 범위를 확정하기 위해서도 테네시주 당국이 관련 규정을 어떻게 적용할 것인지를 결정하여 그 효과가 최종적으로 어떻게 해당 토지에 미치는지가 명확하게 되는 경우에만 평가가능한데 이 사건에서는 테네시주의 최종 결정을 알 수 없기에 수용주장은 시기상조라고 할 것이다. 연방항소법원 판결을 파기·환송 한다.36)

이 사건에서 문제되는 것은 과연 연방수용청구(federal takings claim)가 성숙했느냐 하는 것이다. 이 문제에 대해서는 먼저 정부의 기관에 의한 규제가 최종적이어야 한다는 것이 첫 단계 심사라고 할 것이다. 이 단계에서는 앞의 사건을 예로 든다면 단순히 토지계획위원회에서 토지개발허가를 불허했다는 사실만이 아니라 그러한 불허결정에 대한 행정심판청구 등을 통해서 최종적으로 테네시 주정부의 방침이 어떤 것인지가 명확해져야 한다는 것이다. 이렇게 주정부의 방침이 최종적으로 명확해졌더라도 주법원에 다시 이에 대한 소송을 제기하여 주법원에서 판단을 먼저 받아보아야 한다는 것이 두 번째 단계이다. 즉 원고가 연방법원에서 연방수용청구(federal takings claim)를 제기하기 전에 개별 州法院에서 구제절차를 먼저 진행했는가 하는 문제이다. 이를 원고가 연방법원에 연방수용소송(federal takings claim)을 제기하기에 앞서 먼저 州法院의 심사를 받아보아야 한다는 州法院 訴訟要件(the state-litigation requirement)이라고 한다. 역수용소송에서 이렇게 州法院 訴訟要件을 강제하게 되면 연방법원에서 규제적 수용소송을 담당해야 하는 부담은 상당히 감소하는 효과가 있다고 하겠다.37)

州法院訴訟要件(the state-litigation requirement)은 연방국가체계를 가지고 있는 미국에서 특히 주정부 이하 개별지방단체의 규제행위로 인하여 주민의 재산권에 대한 침해가 발행하는 경우, 그 규제행위의 구체적 내용과 효과에 대해서는 연방법원보다 주법원이 훨씬 잘 알 수 있고 재산권의 구체적 내용조차도 개별 주에 따라서 다르다는 미국의 현실을 잘 반영하고 있는 측면이 있다고 할 것이다.38)

---

36) 473 U. S. 197−200.

37) Keller. Scott A, Judicial Jurisdiction Stripping Masquerading Ripeness: Elimination William County State Litigation Requirement for Regulatory Takings Claims, 85 Texas Law Review 199, 210 (2006).

38) 그 대표적인 사건은 San Remo Hotel, L.P. v. City County of San Francisco 545 U.S. 323 (2005) 판결이다. 연방대법원은 "주법원이 연방법원보다 용도지구규정이나 토지이용관련 규정에 관련한 복잡한 사실적, 기술적, 법적 문제의 해결에 훨씬 많은 경험이 있다"는 것에 주법원 소송요건의 한계가 근거한다. The limitation imposed by the state-litigation requirement is grounded on the idea that "state courts undoubtedly have more experience than federal courts do in resolving the complex factual, technical, and legal questions related to zoning and land-use regulations." 545 U.S. 323, 347 (2005).

4. 州法院 訴訟要件(the state-litigation requirement)의 문제점

주법원 소송요건을 역수용소송에서 반드시 적용하는 것에 많은 문제점이 제기되었다. 첫째, 미국 전역에 걸쳐 공용수용의 법리가 다르게 적용되어 어떤 주에서는 손실보상을 받는데 어떤 주에서는 손실보상을 받지 못하는 경우가 생길 수 있다는 우려가 있다. 재산권의 구체적 내용도 개별 주에 따라 다르고 주정부 이하 지방정부의 규제정책에 대해 연방법원보다 주법원이 좀 더 전문성을 가지고 있다는 것은 사실이다. 그럼에도 불구하고 연방법원이 연방헌법에 대한 종국적 해석권을 가지고 있다고 할 수 있기 때문에 연방헌법에 규정하고 있는 평등보호조항(the equal protection clause) 차원에서도 주법원이 아닌 연방법원에 역수용소송을 바로 제기할 수 있도록 하여야 한다는 비판이 있다.39)

이러한 우려는 실제 사건에는 나타나고 있다. 오하이오 주법원에서는 공용수용의 정당한 근거가 되는 공공사용(public use)을 협의로 해석하여 경제개발은 이에 해당하지 않는다고 판결하였다.40) 뉴욕 주법원에서는 공공사용(public use)의 개념을 좀 더 확대하여 해석하여 경제개발도 여기에 해당한다고 판결한 경우가 있다.41) 이러한 주법원들 사이에 나타나는 공용수용에 관한 서로 다른 판결은 물론 연방대법원에서 최종적으로 해결할 문제이기는 하나 현실적으로 해당 사건이 연방대법원까지 상고되어야 하고, 연방대법원에서도 사건이송명령(cert.)을 발효하는 경우에만 심리대상이 되므로 정부기관의 규제에 따른 공용수용과 재산권보호의 법리가 미국 전역에서 동일하게 적용된다고 보기는 어렵다고 할 것이다.

둘째, 공용수용에 따른 손실보상권에 대해서만 州法院 訴訟要件(the state-litigation requirement)을 요구하는 것은 미국 헌법상 다른 기본권에서는 찾아볼 수 없는 부담이 된다는 것이다. 미국 헌법에서는 공용수용에 따른 손실보상만이 아니라 다양한 기본권들이 보장되고 있는데 그러한 기본권들에 대한 권리구제를 위해서 먼저 주법원에 소송을 제기할 것을 요구하는 것은 상상도 할 수 없는 경우라고 할 것이다. 표현의 자유(freedom of expression)가 미국 헌법에서 보장하고 있는 대표적인 기본권 중 하나인데 외설적 작품은 표현의 자유에 의해 보호되지 않는다고 보고 있다.42) 어떤 작품의 표현이 외적인가 아닌가의 판단은 연방법원이 아닌 주법원에서 그 지방의 법령과 정서를 고려하여 먼저 판단해

---

39) Raymond J. Nhan, Minimalist Solution to Williamson County, Duke Environmental Law & Policy Forum, 28 Duke Environmental Law & Policy Forum 73, 86 (2017).

40) Norwood v. Horney, 110 Ohio St.3d 353, 356 (2006).

41) Kaufmann's Carousel v. City of Syracuse Indus. Dev. Agency, 301 A.D.2d 292, 294 (N.Y. App. Div. 4th Dep't 2002).

42) Miller v. California, 413 U.S. 15 (1973).

야한다고 연방대법원에서 요구한다면 이상한 결과를 낳을 것이다. 어떤 작품의 예술적 가치는 전국적으로 단일한 기준에 의해서 판단되는 것이 바람직하고 따라서 연방법원에서 표현의 자유 침해여부를 다루고 있다고 할 것이다. 만약 표현의 자유를 침해했다고 주장하는 사건은 주법원에서 먼저 다루라는 요건을 연방대법원에서 설정했다면 이는 강한 비판의 대상이 되었을 것이다.[43]

　　셋째, 州法院 訴訟要件(the state-litigation requirement)을 요구하는 것은 부자와 빈자를 차별하는 결과를 낳을 수 있다. 정부의 규제가 자신의 재산권을 침해했다는 이유로 역수용소송을 연방법원에 제기하는 경우, 연방법원은 州法院 訴訟要件(the state-litigation requirement)에 따라 주법원에서 먼저 이 사건을 다룰 것을 지시하게 될 것이다. 주법원에서의 소송절차를 다 마치고 난 후에 다시 연방법원에서 다투도록 하는 것은 너무나 많은 비용이 소요된다고 할 것이다. 따라서 부자인 자산가는 자신의 재산권을 보호하기 위해 정부의 규제에 대해 역수용소송을 제기하겠지만 가난한 사람은 자신의 재산권을 침해하는 정부의 규제에 대해 역수용소송을 제기하지 않는 현상으로 나타날 수 있다. 특히 정부기관은 정치적, 경제적으로 취약한 소수자들이나 빈자들을 대상으로 강한 규제정책을 시행하는 현상이 나타날 수도 있다고 하겠다.[44] 역수용소송에서의 州法院 訴訟要件(the state-litigation requirement)은 미국 연방헌법에서 규정된 것이 아니라 연방대법원의 판결에 의해 확립된 것이므로 몇몇 연방법원들은 포기하기도 했다. 재산권자가 처음에 역수용소송이 주법원에 제기되자, 규제당국에서 그 사건을 연방법원으로 이송해서 판단할 것을 요구한 사건이 있었다. 그 후 약1년이 경과한 뒤에 규제당국에서 재산권자가 주법원에서 먼저 손실보상을 청구하지 않았기 때문에 연방대법원의 William County 판결에 따라 성숙하지 않았다고 주장한 사건이 있었다. 이에 연방항소법원은 규제당국에서 먼저 연방법원으로 역수용사건의 이송을 청구하였기 때문에 州法院 訴訟要件(the state-litigation requirement)은 포기한 것이 되었다고 판단하였다.[45] 또 다른 연방항소법원에서도 이러한

---

43) Michael Kent Curtis, The Fraying Fabric of Freedom: Crisis & Criminal Law in Struggles for Democracy & Freedom of Expression, 44 TEX. TECH L. REV. 89, 94 (2011).

44) Ryan Merriman, Closing Pandora's Box: Proposing a Statutory Solution to the Supreme Court's Failure to Adequately Protect Private Property, 2012 B.Y.U. L. Rev. 1331, 1345-46 (2012).

45) Sansotta v. Town of Nags Head, 724 F.3d 533, 544-45 (4th Cir. 2013).
　이 사건의 발단은 1991년 Leslie와 Ben 부부가 미국 인디아나주 Pawnee市에 결혼하여 정착하였는데 그들은 자신의 집 근처에 있는 부동산을 1994년 투자의 목적으로 구입하였다. 그 후 약 20년이 지난 후에 이들 부부는 문제의 토지를 매도하기로 하면서 Pawnee市가 법령 제30호(Ordinance 30)를 제정하여 투자 목적으로 구입한 부동산에 대해 개발행위를 금지하였다는 것을 알게 되었다. 법령 제30호(Ordinance 30)로 인하여 그 토지에 대한 경제적으로 혜택이 있는 모든 사용이 금지된 것이었다. Pawnee市 도시계획위원회(Pawnee's planning commission)에는 주민들이 규제적 수용을 주장하여 손실보상을 받을 수 있는 절차가 마련되어 있었다. Leslie와 Ben 부부는 손실보상을 청구했지만 도시계획위원회는 이를 거부하였다.

포기를 확인하는 판결을 하였다.[46] 이렇게 항소법원들 사이에서도 州法院 訴訟要件(the state-litigation requirement)에 대한 일관된 견해가 없었던 것으로 알려져 있다.

이러한 州法院 訴訟要件(the state-litigation requirement)의 가장 큰 문제점으로 지적되는 것은 재산권자들이 연방법원에 역수용소송을 제기할 수 있는 기회가 박탈된다는 것이었다.[47] 이러한 문제점을 해결하고자 연방대법원은 2019년 6월 21일 Knick v. Township of Scott 판결[48]에서 州法院 訴訟要件(the state-litigation requirement)을 폐기하는 판결을 하였다.

로버트 연방대법원장(Chief Justice Roberts)에 의해 다수의견이 작성되었는데 Williamson County판결에서 확립된 주법원 소송요건은 수용소송의 원고들에게 부당한 부담을 전가하고 수용에 관련한 여러 법원칙들과도 일치하지 않기 때문에 파기한다고 판시하고 있다.[49] 지방정부와 관련된 수용소송도 지방정부에 의한 다른 기본권침해와 동일하게 다루어져야하는데 Williamson County판결은 이점에서 잘못되었다고 할 것이다.[50]

반대의견은 케이건 대법관(Justice Kagan)에 의하여 작성되었고 긴스버그 대법관(Justice Ginsburg), 브라이어 대법관(Justice Breyer), 소토마이어 대법관(Justice Sotomayor)이 찬성하였다. 그 주요 논지 중의 하나는 다수의견과 같이 역수용소송에서 Williamson County판결에서 확립하고 있는 주법원소송요건을 폐기할 경우 복잡한 주법과 관련된 지방색이 짙은 지역적 토지규제 관련사건들이 대량으로 연방법원에 유입되는 결과가 될 것이라는 우려가 있다는 것이다.[51]

IV. 맺으며

미국 연방대법원은 2019년 6월 21일 Knick v. Township of Scott 판결[52]을 하였는데 이것은 약 34년 전 Williamson County Regional Planning Commission v. Hamilton Bank

---

46) Lilly Investments v. City of Rochester, 2017 WL 56753 (6th Cir. 2017).

47) Fifth Amendment-Takings Clause-State Litigation Requirement-Knick v. Township of Scott, 133 Harv. L. Rev. 322, 322 (2019).

48) 588 U. S. 1 (2019).

49) 588 U. S. 1, 2 (2019) "We now conclude that the state-litigation requirement imposes an unjustifiable burden on takings plaintiffs, conflicts with the rest of our takings jurisprudence, and must be overruled."

50) 588 U. S. 1, 20 (2019) "Takings claims against local governments should be handled the same as other claims under the Bill of Rights. Williamson County erred in holding otherwise."

51) 588 U. S. 1, (2019) "Its consequence is to channel a mass of quintessentially local cases involving complex state-law issues into federal courts."

52) 588 U. S. 1 (2019).

of Johnson City판결에서 확립한 역수용소송을 제기하는 경우에, 적용되는 州法院 訴訟要件(the state‒litigation requirement)을 폐기하는 판결이었다.

Williamson County판결에서 확립한 州法院 訴訟要件(the state‒litigation requirement)은 지방정부의 규제정책으로 인하여 자신의 토지권에 대한 침해가 발생했다는 규제적 수용(regulatory takings)을 주장하는 역수용소송(inverse condemnation proceeding)을 연방법률 제42장 제1983조에 따라 제기하는 경우에는 연방법원에 그 소송을 제기하기에 앞서 지방정부의 규제에 관련한 분쟁에 보다 많은 경험이 있는 주법원(the state court)에서의 구제절차를 밟을 것을 요구하는 것이었다.

州法院 訴訟要件(the state‒litigation requirement)은 개별토지의 구체적인 개발계획이나 이용에 관한 규제는 연방법 차원에서 이루어지는 경우보다는 주정부 이하 지방정부에서 이루어지는 경우가 많고, 재산권(property)의 구체적 내용이 부동산권(fee)도 50개 주에 따라 각각 다르다는 연방국가체계를 구성하고 있는 미국의 법현실을 반영한 제도라는 평가 속에서 이를 비판하는 견해들도 많았던 것이 사실이다. 특히 미국 헌법상 재산권(property) 보장의 핵심이 연방수정헌법 제5조와 연방수정헌법 제14조에 따른 공공사용(public use)과 정당보상(just compensation) 규정인데 다른 기본권조항의 침해와는 달리 유독 수용관련소송에서만 주법원 소송요건을 요구하는 것은 재산권자의 연방법원에의 소송청구권을 부당하게 제한한다는 우려가 제시되기도 하였다.

이러한 우려 속에 연방대법원에서 34년간 지속되었던 州法院 訴訟要件(the state‒litigation requirement)을 폐기하는 판결을 하여 이제는 지방정부의 규제로 인하여 자신의 재산권이 침해받았다고 주장하는 재산권자는 주법원의 소송절차를 먼저 거칠 필요 없이 바로 연방법원에 역수용소송(inverse condemnation proceeding)을 제기할 수 있는 길이 열렸다고 할 것이다. 이러한 연방 대법원의 판결은 재산권자의 이익을 좀 더 보호하고 수용관련소송도 다른 기본권침해와 관련한 소송과 동일하게 취급하는 긍정적인 효과를 기대할 수도 있겠지만 지방정부의 규제권이 위축되는 것은 아닌가하는 우려도 있다.

---

53) 473 U.S. 172 (1985).

54) Fifth Amendment‒Takings Clause‒State Litigation Requirement‒Knick v. Township of Scott, 133 Harv. L. Rev. 322, 331 (2019). "In so doing, the Knick ruling saddles takings jurisprudence with concerning ambiguities that restrict local government regulatory authority, potentially at the expense of property rights overall."

신고의 본질에 대한 법적 고찰*

강현호**

대법원 2018. 10. 25. 선고 2018두44302 [의료기관개설신고불수리처분취소]

I. 서설

신고라는 제도에 대해서는 지금까지 많은 논의가 있어 왔다.[1] 그래서 처음에는 신고(申告)라는 제도에 대해서 비교적 쉽게 어떠한 결론에 도달할 수 있을 것이라는 기대 하에 연구를 시작하는 경우가 많을 것이다. 그런데, 연구를 할수록 이처럼 논의가 복잡하게 전개되는 제도도 드물다는 것을 깨닫게 된다.[2]

신고라는 것은 어떠한 사실을 관할행정청에게 알리는 것으로서 국민이 공법상의 의무를 이행하거나 또는 어떠한 행위로 나아가기 위해서 행하는 것이다. 그런데, 신고라는 제도에 대해서 다양한 이해관계자들이 각자의 관점에서 각자가 이해한 내용들을 주장하고 있으므로 하나의 통일적인 제도로 이해하기 어려운 점이 있다.[3]

---

 * 이 논문은 행정판례연구 XXIV−2(2019.12)에 게재된 논문으로 「최광률 명예회장 헌정논문집」에 전재하는 것이다.

** 성균관대학교 법학전문대학원

1) 김중권, 이른바 '수리를 요하는 신고'의 문제점에 관한 소고, 행정판례연구 Ⅷ, 박영사(2003); 김중권, 신고제와 관련한 코페르니쿠스적 전환에 관한 소고, 법률신문 제3894호, 2010/12; 김중권, 행정법상의 신고와 관련한 판례의 문제점에 관한 소고, 인권과 정의, 통권 제306호, 2002. 3; 정훈, 공법상 신고의 법적 성질과 현실에서의 의미, 동아법학 제58호, 2013; 박균성 윤기중, 행정규제완화수단으로서의 신고에 관한 연구, 경희법학 제49권 제1호, 2014; 박재윤, 신고제와 제3자 보호, 행정판례연구 Vol. 24 No. 1, 한국행정판례연구회, 2019. 6; 홍강훈, 소위 자체완성적 신고와 수리를 요하는 신고의 구분가능성 및 신고제의 행정법 Dogmatik을 통한 해결론", 공법연구 제45집 제4호, 2017. 6; 홍강훈, 신고제의 행정법 Dogmatik을 통한 해결론에 근거한 신고관련 중요법령과 관련판례의 실증적 연구 (상) - 체육시설의 설치·이용에 관한 법률과 건축법을 중심으로 -, 공법연구 제46집 제1호, 2017. 10; 홍강훈, 신고제의 행정법 Dogmatik을 통한 해결론에 근거한 신고관련 중요법령과 관련판례의 실증적 연구 (하) - 의료법·수산업법·축산물위생관리법·평생교육법·공중위생관리법을 중심으로 -, 공법연구 제46집 제1호, 2017. 10.

2) 신고가 김중권 교수님의 조어(造語)처럼 신고(申告)가 신고(新苦: 새로운 고통)라는 것을 금방 깨닫게 될 것이다.

3) 홍강훈, 소위 자체완성적 신고와 수리를 요하는 신고의 구분가능성 및 신고제의 행정법 Dogmatik을 통한

　　국민의 입장에서는 어떤 행위를 하기 위해서 신고 하도록 규정하고 있는 경우에 신고라는 단어의 문언적 의미에 착안하여 신고를 한 연후에 원하는 행위로 신속하게 나아가기를 원할 것이고, 행정청의 입장에서는 신고가 제대로 되었는지, 신고요건은 준수하고 있는지 나아가 국민이 행위로 나아가는 경우에 다른 문제는 발생할 우려가 없는지 그리고 이러한 신고를 담당하는 기관이 지방자치단체인 경우에는 주민들의 반응은 어떠한 지 등을 고려하고자 한다. 신고를 둘러싼 이러한 문제에 대해서 법원이 제대로 올바른 기준을 정립하여 판단하는 것이 중요하다. 그런데 법원에서는 신고제도의 전체적인 맥락과 판결이 국민과 행정청에게 던지는 메시지는 무엇일까라는 접근보다는 개별적인 타당성이라는 관점에서 접근하고 있지는 않은가 하는 우려도 제기된다. 법원은 개별적 타당성이 중요시되는 법영역인 민사법 영역에서의 판단기준을 커다란 고민없이 체계적 정당성이 중요시되는 행정법의 영역에서도 그대로 통용하려고 하는 것이 아닌지 의문이 제기된다. 즉, 우리 법원이 사회 전체에 커다란 파장을 가져오고 사회질서 향도적인 행정법적 문제에 대해서도 개개인간의 분쟁해결이라는 민사법적인 사고에 머물러 있음으로 인하여 - 원치 않게도 - 문제를 확대 재생산하는 것은 아닌지 하는 생각도 든다.[4] 과연 신고를 둘러싸고 얽혀있는 고르디우스의 매듭을 해결하는 알렉산더의 지혜를 어디로부터 찾을 수 있을까 하는 물음을 가지고 본 사안에 대해서 생각해 본다.

II. 사실관계와 관련 법령

A. 사실관계

해결론, 공법연구 제45집 제4호, 2017. 6, 96면 이하: 두 신고제도의 구분기준에 관한 학설소개에서는 각 학자들의 명확한 입장을 이해할 수 있도록 이에 관한 언급이 있는 경우 이들 개념을 모두 포괄하여 입체적으로 소개하고자 한다라고 하면서, 대략 14 가지의 견해들을 소개하고 있다.

4) 홍강훈, 신고제의 행정법 Dogmatik을 통한 해결론 에 근거한 신고관련 중요법령과 관련판례의 실증적 연구 (상) - 체육시설의 설치·이용에 관한 법률과 건축법을 중심으로 -, 공법연구 제46집 제1호, 2017. 10, 228면: 필자가 공무원교육이나 중앙정부부처의 자문회의 등에서 만난 여러 실무담당 공무원 및 고위 공직자분들과 대화를 해보면, 이들은 하나같이 신고제의 구분문제로 실무상 골머리를 앓고 있었다. 여러 지방자치단체나 행정부처에서는 이를 위해 나름대로 신고제의 구분에 대한 내부지침을 만들어 운용하고 있음에도 공무원분들은 여전히 신고제는 도저히 모르겠다고 하소연하며 질문을 하시는 경우가 많았다. 하물며 신고제의 직접당사자인 일반 국민들이 겪는 어려움은 말로 다 표현할 수 없을 것이다. 법에 따라 신고를 한 국민들로서는 실정법이 자체완성적 신고와 수리를 요하는 신고를 명시적으로 구분하고 있지 않으므로, 자신이 한 신고가 자체완성적 신고인지 수리를 요하는 신고인지 사전에 직관적으로 구분할 수 없을 뿐만 아니라, 그 분류 결과에 따라 자신의 신고의 효과가 전혀 다른 방향으로 흘러가게 되는 예측 불가의 위험을 고스란히 떠안아야 하기 때문이다.

원고는 정신과의사이고 피고는 부산시 북구청장이다. 피고 외에 피고보조참가인이 있다. 원고는 2017. 5. 8. 부산 북구 (주소 생략) 소재 ○○빌딩(이하 '이 사건 건물'이라 한다) △△△△호에서 'ㅁㅁ 정신건강의학과의원'(시설면적 473.85㎡, 4개 병실 26병상, 전문의 1명, 간호사 1명 및 간호조무사 1명, 이하 '이 사건 의원'이라 한다)을 개설하기 위하여 피고에게 의료기관 개설신고서를 제출하였다. 피고는 '이 사건 의원이 의료법 제33조, 같은 법 시행규칙 제25조, 정신보건법 제12조, 정신보건법 시행규칙 제7조에서 규정하고 있는 정신의료기관의 시설기준에 부적법하고, 소방시설의 설치 및 안전기준에 관한 법률 제7조에 의한 자동화재탐지설비 상용전원 미설치로 화재안전기준에 부적법하며, 집합건물의 소유 및 관리에 관한 법률 제5조에 의한 구분소유자·점유자·시설이용자의 안전과 공동의 이익에 반하고[5], 건축법 제1조에 의한 건축물의 안전 저해로 공공복리 증진을 저해하며[6], 헌법 제23조에 의한 재산권의 행사가 공공복리에 부적법하다'라는 이유로 위 의료기관 개설신고를 불수리하였다.

원고는 2017. 5. 26. 위 불수리 사유를 보완하여 피고에게 다시 이 사건 의원 개설신고(이하 '이 사건 신고'라 한다)를 하였고, 이에 피고는 이 사건 신고에 따른 이 사건 의원에 대한 시설조사를 실시한 결과 '이 사건 의원의 시설은 관계 법령에 적합하나, 건축물 및 구분소유자 등의 안전과 공동의 이익에 반하는 등 공공복리에 부적합하다'라는 취지로 판단하였다. 위 조사결과에 따라 피고는 2017. 6. 16. 원고에 대하여 '이 사건 의원의 개설은 집합건물의 소유 및 관리에 관한 법률 제5조에 의한 구분소유자·점유자·시설이용자의 안전과 공동의 이익에 반하고, 건축법 제1조에 의한 건축물의 안전 저해로 공공복리 증진을 저해하며, 헌법 제23조에 의한 재산권의 행사가 공공복리에 부적법함'이라는 이유(이하 '이 사건 불수리 사유'라 한다)로 이 사건 신고를 불수리하였다(이하 '이 사건 처분'이라 한다). 이러한 의료기관 개설신고에 대한 불수리에 대해서 원고는 취소의 소를 제기하였다.

B. 관련 법령

1. 의료법령

a) 의료법

---

[5] 집합건물의 소유 및 관리에 관한 법률 타법개정 2016. 1. 19. [법률 제13805호, 시행 2016. 8. 12.]: 제5조 (구분소유자의 권리·의무 등) ① 구분소유자는 건물의 보존에 해로운 행위나 그 밖에 건물의 관리 및 사용에 관하여 구분소유자 공동의 이익에 어긋나는 행위를 하여서는 아니 된다.

[6] 건축법 일부개정 2017. 1. 17. [법률 제14535호, 시행 2017. 7. 18.]: 제1조(목적) 이 법은 건축물의 대지·구조·설비 기준 및 용도 등을 정하여 건축물의 안전·기능·환경 및 미관을 향상시킴으로써 공공복리의 증진에 이바지하는 것을 목적으로 한다.

제33조(개설 등) ① 의료인은 이 법에 따른 의료기관을 개설하지 아니하고는 의료업을 할 수 없으며, 다음 각 호의 어느 하나에 해당하는 경우 외에는 그 의료기관 내에서 의료업을 하여야 한다. <개정 2008.2.29, 2010.1.18>

1. 「응급의료에 관한 법률」 제2조제1호에 따른 응급환자를 진료하는 경우 … .

③ 제2항에 따라 의원·치과의원·한의원 또는 조산원을 개설하려는 자는 보건복지부령으로 정하는 바에 따라 시장·군수·구청장에게 신고하여야 한다. <개정 2008.2.29, 2010.1.18>[7)]

④ 제2항에 따라 종합병원·병원·치과병원·한방병원 또는 요양병원을 개설하려면 보건복지부령으로 정하는 바에 따라 시·도지사의 허가를 받아야 한다. 이 경우 시·도지사는 개설하려는 의료기관이 제36조에 따른 시설기준에 맞지 아니하는 경우에는 개설허가를 할 수 없다. <개정 2008.2.29., 2010.1.18>

b) 의료법시행규칙

제25조(의료기관 개설신고)

① 법 제33조제3항에 따라 의원·치과의원·한의원 또는 조산원을 개설하려는 자는 별지 제14호서식의 의료기관 개설신고서(전자문서로 된 신고서를 포함한다)에 다음 각 호의 서류(전자문서를 포함한다)를 첨부하여 시장·군수·구청장(자치구의 구청장을 말한다. 이하 같다)에게 신고하여야 한다. 이 경우 시장·군수·구청장은 「전자정부법」 제36조제1항에 따른 행정정보의 공동이용을 통하여 법인 등기사항증명서를 확인하여야 한다. <개정 2009.4.29, 2010.9.1, 2015.7.24, 2016.10.6>

1. 개설하려는 자가 법인인 경우: 법인 설립 허가증 사본(「공공기관의 운영에 관한 법률」에 따른 준정부기관은 제외한다), 정관 사본 및 사업계획서 사본

2. 개설하려는 자가 의료인인 경우: 면허증 사본

3. 건물평면도 사본 및 그 구조설명서 사본

4. 의료인 등 근무인원에 대한 확인이 필요한 경우: 면허(자격)증 사본 1부

5. 삭제 <2010.1.29>

② 제1항에 따라 신고를 받은 시장·군수·구청장은 신고를 수리하기 전에 「소방시설 설치·유지 및 안전관리에 관한 법률 시행령」 별표 5에 따라 의료시설이 갖추어야 하는 소방시설에 대하여 「소방시설 설치·유지 및 안전관리에 관한 법률」 제7조제6항 전단에 따

---

7) 참조: 의료법 시행령[시행 2017. 3. 20.] [대통령령 제27944호, 2017. 3. 20., 일부개정] 제11조(신고) ① 법 제25조제1항에 따라 의료인은 그 실태와 취업상황 등을 제8조 또는 법 제65조에 따라 면허증을 발급 또는 재발급 받은 날부터 매 3년이 되는 해의 12월 31일까지 보건복지부장관에게 신고하여야 한다. 다만, 법률 제10609호 의료법 일부개정법률 부칙 제2조제1항에 따라 신고를 한 의료인의 경우에는 그 신고한 날부터 매 3년이 되는 해의 12월 31일까지 신고하여야 한다.

라 그 의료기관의 소재지를 관할하는 소방본부장이나 소방서장에게 그 의료시설이 같은 법 또는 같은 법에 따른 명령을 따르고 있는지에 대한 확인을 요청하여야 한다. <신설 2015.5.29>

③ 시장·군수·구청장은 제1항에 따른 신고를 수리한 경우에는 별지 제15호서식의 의료기관 개설신고증명서를 발급하여야 한다. <개정 2015.5.29.>

제27조(의료기관 개설허가) ① 법 제33조제4항에 따라 종합병원·병원·치과병원·한방병원 또는 요양병원의 개설허가를 받으려는 자는 별지 제16호서식의 의료기관 개설허가신청서(전자문서로 된 신청서를 포함한다)에 다음 각 호의 서류(전자문서를 포함한다)를 첨부하여 시·도지사에게 제출하여야 한다. 이 경우 시·도지사는 「전자정부법」 제36조제1항에 따른 행정정보의 공동이용을 통하여 법인 등기사항증명서를 확인하여야 한다. <개정 2009. 4. 29., 2010. 1. 29., 2010. 9. 1., 2015. 7. 24., 2016. 10. 6., 2016. 12. 29.>

1. 개설하려는 자가 법인인 경우: 법인설립허가증 사본(「공공기관의 운영에 관한 법률」에 따른 준정부기관은 제외한다), 정관 사본 및 사업계획서 사본

2. 개설하려는 자가 의료인인 경우: 면허증 사본과 사업계획서 사본

3. 건물평면도 사본 및 그 구조설명서 사본

4. 의료인 등 근무인원에 대한 확인이 필요한 경우: 면허(자격)증 사본 1부

5. 「전기사업법 시행규칙」 제38조제3항 본문에 따른 전기안전점검확인서(종합병원만 해당한다)[8]

2. 정신건강복지법령

a) 정신건강복지법

제3조(정의) 이 법에서 사용하는 용어의 뜻은 다음과 같다.

5. "정신의료기관"이란 주로 정신질환자를 치료할 목적으로 설치된 다음 각 목의 어느 하나에 해당하는 기관을 말한다.

가. 「의료법」에 따른 의료기관 중 제19조제1항 후단에 따른 기준에 적합하게 설치된 병원(이하 "정신병원"이라 한다) 또는 의원

나. 「의료법」에 따른 병원급 의료기관에 설치된 정신건강의학과로서 제19조제1항 후단에 따른 기준에 적합한 기관

제19조(정신의료기관의 개설·운영 등) ① 정신의료기관의 개설은 「의료법」에 따른다. 이 경우 「의료법」 제36조에도 불구하고 정신의료기관의 시설·장비의 기준과 의료인 등 종사

---

8) 의료법 시행규칙 일부개정 2017. 3. 7. [보건복지부령 제485호, 시행 2018. 1. 1.].

자의 수·자격에 관하여 필요한 사항은 정신의료기관의 규모 등을 고려하여 보건복지부령으로 따로 정한다.

⑦ 정신의료기관에 관하여는 이 법에서 규정한 것을 제외하고는 「의료법」에 따른다.[9]

b) 정신보건법 시행규칙

제11조(정신의료기관의 시설기준 등) ① 법 제19조제1항 후단에 따른 정신의료기관의 시설 및 장비 기준은 별표 3과 같다.

② 법 제19조제1항 후단에 따른 정신의료기관 종사자의 수 및 자격기준은 별표 4와 같다.

③ 보건복지부장관은 법 제19조제3항에 따라 정신의료기관의 규모를 제한하는 경우에는 제한사유·제한지역 및 제한할 수 있는 병상의 규모를 고시하여야 한다.[10]

3. 소방법령

a) 화재예방, 소방시설 설치·유지 및 안전관리에 관한 법률

제7조(건축허가등의 동의)

⑥ 다른 법령에 따른 인가·허가 또는 신고 등(건축허가등과 제2항에 따른 신고는 제외하며, 이하 이 항에서 "인허가등"이라 한다)의 시설기준에 소방시설등의 설치·유지 등에 관한 사항이 포함되어 있는 경우[11] 해당 인허가등의 권한이 있는 행정기관은 인허가등을 할 때

---

9) 정신건강증진 및 정신질환자 복지서비스 지원에 관한 법률(약칭: 정신건강복지법) [시행 2017. 5. 30.] [법률 제14224호, 2016. 5. 29., 전부개정]

10) 정신건강증진 및 정신질환자 복지서비스 지원에 관한 법률 시행규칙(약칭: 정신건강복지법 시행규칙) [시행 2017. 5. 30.] [보건복지부령 제497호, 2017. 5. 30., 전부개정].

11) 다음의 경우에 시설기준에 소방시설등의 설치·유지 등에 관한 사항이 포함되어 있는 경우라고 볼 수 있는지에 대해서는 보다 검토가 필요하다:

정신건강복지법 시행규칙 [별표 3]

구 분	정신병원	병원급 이상의 의료기관에 설치된 정신건강의학과	정신과의원
가. 입원실	환자 50명 이상이 입원할 수 있는 병실 1개 이상		입원실을 두는 경우 환자 49명 이하가 입원할 수 있는 병실
나. 응급실 또는 야간진료실	1개 이상	1개 이상	
다. 진료실	1개 이상	1개 이상	1개 이상
...			

비고

1. 환자들의 생활에 불편이 없도록 식당·휴게실·욕실 및 화장실 등의 편의시설을 갖추어야 한다. 다만, 입원실을 두지 않는 경우에는 그렇지 않다. 2. 급식 또는 세탁물 처리는 의료기관이 함께 하거나 외부용역으로 처리할 수 있다. 3. 환자 49명 이하가 입원할 수 있는 병실을 가진 병원급 이상의 의료기관에 설치된 정신건강의학과의 경우에는 나목, 라목 또는 사목부터 파목까지의 시설이나 구급차는 다른 진료과와 함께 사용할 수 있다.

미리 그 시설의 소재지를 관할하는 소방본부장이나 소방서장에게 그 시설이 이 법 또는 이 법에 따른 명령을 따르고 있는지를 확인하여 줄 것을 요청할 수 있다. 이 경우 요청을 받은 소방본부장 또는 소방서장은 총리령으로 정하는 기간 이내에 확인 결과를 알려야 한다. <신설 2014.1.7, 2014.11.19>[전문개정 2011.8.4.][12]

b) 자동화재탐지설비 및 시각경보장치의 화재안전기준(NFSC 203)

제7조(감지기) ① 자동화재탐지설비의 감지기는 부착높이에 따라 다음 표에 따른 감지기를 설치하여야 한다. 다만, 지하층·무창층 등으로서 환기가 잘되지 아니하거나 실내면적이 40㎡ 미만인 장소, 감지기의 부착면과 실내바닥과의 거리가 2.3m 이하인 곳으로서 일시적으로 발생한 열·연기 또는 먼지 등으로 인하여 화재신호를 발신할 우려가 있는 장소(제5조제2항 본문에 따른 수신기를 설치한 장소를 제외한다)에는 다음 각 호에서 정한 감지기 중 적응성 있는 감지기를 설치하여야 한다. 1. 불꽃감지기 2. 정온식감지선형감지기 3. 분포형감지기 4. 복합형감지기 5. 광전식분리형감지기 6. 아날로그방식의 감지기 7. 다신호방식의 감지기 8. 축적방식의 감지기.[13]

III. 판결

A. 제1심 판결

'신고'란 '사인(사인)이 공법적 효과의 발생을 목적으로 행정주체에 대하여 일정한 사

---

2. 정신의료기관의 시설규격 및 장비 가. 입원실 1) 환자 1명이 사용하는 입원실의 바닥면적은 6.3제곱미터 이상이어야 하고, 환자 2명 이상이 사용하는 입원실의 바닥면적은 환자 1명당 4.3제곱미터 이상이어야 한다. 다만, 연면적의 합계 중 입원실을 제외한 부분의 면적이 입원실 면적의 2배 이상인 정신의료기관에서 환자 2명 이상이 사용하는 입원실의 바닥면적은 환자 1명당 3.3제곱미터 이상으로 한다. 2) 소아용 입원실의 바닥면적은 위 (1)의 입원실의 바닥면적의 3분의 2이상으로 한다. 다만, 환자 1명이 사용하는 입원실의 바닥면적은 6.3제곱미터 이상이어야 한다. 3) 입원환자(연평균 1일 입원환자를 말한다. 이하 같다) 50명당 보호실 1개를 설치하되, 그 끝수에는 보호실 1개를 추가하고, 보호실에는 자해 등을 예방할 수 있는 안전장치를 갖추어야 한다. 다만, 정신의료기관이 개방병동만으로 이루어진 경우에는 보호실을 두지 않을 수 있다. 4) 입원실의 시설 및 비품은 자신 또는 타인을 해할 위험이 예방될 수 있도록 설치하여야 한다. 5) 병동 안에는 외부와 신속하게 연락을 취할 수 있는 경보연락장치를 하여야 하고, 환자가 자유롭게 사용할 수 있는 전화를 설치하여야 한다. 6) 입원환자 50명 이상인 정신의료기관은 입원실의 100분의 10 이상을 개방 병동으로 운영하여야 한다. 7) 입원실의 정원은 입원환자 10명 이하로 한다.

12) 화재예방, 소방시설 설치·유지 및 안전관리에 관한 법률 [시행 2017. 3. 28.] [법률 제14476호, 2016. 12. 27., 타법개정].

13) 자동화재탐지설비 및 시각경보장치의 화재안전기준(NFSC 203) [시행 2016. 7. 13.] [국민안전처고시 제2016-98호, 2016. 7. 13., 일부개정].

실을 알리는 공법행위'를 의미하는바, 이 사건 신고가 본래적 의미로서의 신고, 즉 '수리를 요하지 아니하는 신고'에 해당할 경우 행정청으로서는 신고서의 기재사항에 흠이 없는지, 필요한 구비서류가 첨부되어 있는지, 그 밖에 법령 등에 규정된 형식상의 요건에 적합한지와 같은 형식적인 범위 안에서 심사를 할 수 있을 뿐인 반면, 이 사건 신고가 행정청에 의하여 수리되어야만 신고의 효력이 발생하는 이른바 '수리를 요하는 신고'에 해당할 경우 행정청은 위와 같은 형식적 요건 외에도 신고요건을 실질적으로 심사하여 수리 여부를 결정할 수 있다. 이러한 분류에 따라 이 사건 신고의 법적 성격에 관하여 살피건대, 의료법의 관련 규정의 내용 및 취지, 연혁 등을 종합하여 인정되는 다음과 같은 사정들에 비추어보면, 이 사건 신고와 같은 성격의 의료기관(의원) 개설신고는 이른바 '수리를 요하지 아니하는 신고'에 해당한다고 봄이 상당하므로, 행정청으로서는 형식상의 요건에 흠결이 없을 경우 별다른 심사, 결정 없이 그 신고를 당연히 수리하여야 한다(대법원 1985. 4. 23. 선고 84도2953 판결 참조).[14]

　　… 위 관련 법리 및 관련 규정의 내용 등에 비추어 이 사건에 관하여 살피건대, 피고는 이 사건 의원의 시설이 관계 법령에 적합하나, 구분소유자 등의 안전과 공동의 이익에 반하고, 건축물의 안전 저해로 공공복리 증진을 저해할 수 있다는 이 사건 불수리 사유를 근거로 이 사건 처분을 한 사실은 앞서 본 바와 같고, 위와 같이 피고가 들고 있는 이 사건 불수리 사유는 의료법 등 관계 법령이 정한 형식적 요건의 심사범위에서 벗어나 이 사건 신고의 그 실질적인 사유와 관련된 것으로서, 이 사건 신고에 대한 피고의 심사범위에 포함되지 아니한다고 할 것이다.

B. 원심 판결

　　정신건강증진법령과 의료법령의 규정 내용 및 취지, 그에 의하여 추단할 수 있는 다음의 여러 사정들을 종합하면, 피고는 의원급 의료기관 개설신고를 수리함에 있어서 개설신고서의 기재사항에 흠이 없고, 필요한 구비서류가 첨부되어 있는지 여부와 개설신고인이 의료법에서 정한 의료인으로서의 자격을 갖추었는지 여부, 의료기관의 종류에 따른 시설·장비의 기준·규격 및 의료인 정원을 갖추고 있는지 여부 등 관계 법령에 규정된 사항에 대하여만 심사할 수 있다고 할 것이고, 개설신고가 관계 법령에서 정한 요건을 모두 갖추었음에도 관계 법령에서 정한 요건 이외에 그 신고대상이 된 내용과 관련된 공익적 기준 등의 실체적 사유를 별도로 심사하여 그 개설신고의 수리를 거부할 수는 없다고 봄이 타당하다. … 이처럼 의료법은 허가의무를 위반한 경우와 신고의무를 위반한 경우를 분명하

---

14) 부산지방법원 2017. 10. 20. 선고 2017구합22061 판결.

게 구별하고 있다. 위와 같이 의료법이 의료기관 개설과 관련하여 의료기관의 종류에 따라 허가와 신고를 명확하게 구별함에도 불구하고 그 문언과 달리 신고제를 허가제 내지 완화된 허가제(이른바 수리를 요하는 신고)와 같이 변칙적으로 운용하는 것은 부당하다. … 정신건강증진법과 의료법은 의료기관 개설 신고가 있는 경우 행정청이 신고의 수리 여부를 실질적으로 심사·결정할 수 있도록 하는 내용의 특별한 규정을 두고 있지 않다. … 피고로서는 이 사건 신고서의 기재사항에 흠이 없고, 필요한 구비서류가 첨부되어 있으며, 이 사건 신고가 관계 법령에 규정된 신고요건에 적합한 이상 이 사건 신고의 수리를 거부할 수 없다고 봄이 타당하다. 그럼에도 피고가 앞서 본 바와 같이 의료법 등 관계 법령에 정하지 아니한 구분소유자 등의 안전과 공동의 이익 등을 심사하여 이를 이유로 이 사건 신고의 수리를 거부한 이상, 이 사건 처분은 위법하다.[15)]

C. 상고심 판결

가. 정신건강증진 및 정신질환자 복지서비스 지원에 관한 법률(이하 '정신건강증진법'이라 한다) 제19조 제1항은 "정신의료기관의 개설은 의료법에 따른다. 이 경우 의료법 제36조에도 불구하고 정신의료기관의 시설·장비의 기준과 의료인 등 종사자의 수·자격에 관하여 필요한 사항은 정신의료기관의 규모 등을 고려하여 보건복지부령으로 따로 정한다."라고 규정하고 있다. 위 후단 규정의 위임에 따라, 같은 법 시행규칙 [별표 3], [별표 4]는 정신의료기관에 관하여 시설·장비의 기준과 의료인 등 종사자의 수·자격 기준을 구체적으로 규정하고 있다.

한편 의료법은 의료기관의 개설 주체가 의원·치과의원·한의원 또는 조산원을 개설하려고 하는 경우에는 시장·군수·구청장에게 신고하도록 규정하고 있지만(제33조 제3항), 종합병원·병원·치과병원·한방병원 또는 요양병원을 개설하려고 하는 경우에는 시·도지사의 허가를 받도록 규정하고 있다(제33조 제4항). 이와 같이 의료법이 의료기관의 종류에 따라 허가제와 신고제를 구분하여 규정하고 있는 취지는, 신고 대상인 의원급 의료기관 개설의 경우 행정청이 법령에서 정하고 있는 요건 이외의 사유를 들어 그 신고 수리를 반려하는 것을 원칙적으로 배제함으로써 개설 주체가 신속하게 해당 의료기관을 개설할 수 있도록 하기 위함이다.

나. 앞서 본 관련 법령의 내용과 이러한 신고제의 취지를 종합하여 보면, 정신과의원을 개설하려는 자가 법령에 규정되어 있는 요건을 갖추어 개설신고를 한 때에, 행정청은 원칙적으로 이를 수리하여 신고필증을 교부하여야 하고, 법령에서 정한 요건 이외의 사유

---

15) 부산고법 2018. 4. 20. 선고 2017누24288 판결.

를 들어 의원급 의료기관 개설신고의 수리를 거부할 수는 없다.

　　다. 원심판결 이유와 기록에 의하면, 원고가 법령에 정한 요건을 모두 갖추어 정신과의원 개설신고를 하였음에도, 피고는 정신과의원 개설이 해당 건물의 구분소유자 등의 안전과 공동의 이익에 반하고, 건축물의 안전·기능·환경 및 공공복리 증진을 저해하며, 공공복리에 부적합한 재산권의 행사라는 등의 사유를 들어 이 사건 반려처분을 한 사정을 알 수 있다.

　　이러한 사정을 앞서 본 법리에 비추어 보면, 정신과의원 개설신고에 관한 법령상 요건에 해당하지 아니하는 위와 같은 사유만을 들어 그 개설신고의 수리를 거부한 이 사건 반려처분은 위법하다.

　　라. 원심판결 이유 중 원고의 개설신고가 '수리를 요하지 않는 신고'라는 취지로 판시한 부분은 적절하지 않으나, 피고가 법령에서 정하지 않은 사유를 들어 위 개설신고 수리를 거부할 수 없다고 보아 이 사건 반려처분이 위법하다고 판단한 원심의 결론은 정당하다. 거기에 상고이유 주장과 같이 정신과의원 개설신고의 수리 요건 등에 관한 법리를 오해한 잘못이 없다.

IV. 쟁점의 추출

　　사안에서는 동 건물에 다른 진료과 - 예를 들면 가정의학과, 내과, 피부과 등 - 의 의원(醫院)이 아니라, 정신의료기관이 위치하게 됨으로 인하여 발생하는 문제라고 사료된다. 만약에 다른 종류의 의료기관이었더라면 이처럼 문제가 되지 않았으리라 사료된다. 아마도 동 건물에 학원등도 자리잡고 있으므로 초·중등학생들이 다니다가 혹시나 정신질환자로부터 봉변을 당하지나 않을까 하는 우려가 있을 수도 있을 것이다. 얼마전 강북삼성병원의 모 정신과의사가 환자에 의하여 살해 되었듯이 동 건물에 정신의료기관이 개설되는 경우에 이 건물을 이용하는 자에 대한 안전의 문제가 제기되었으리라 사료된다.[16]

　　관할행정청은 다양한 관련법령을 토대로 의료기관 개설신고는 수리를 요하는 신고이고 그러므로 수리 여부를 판단함에 있어서 실체적인 내용에 대해서도 관련법령과의 부합여부를 심사할 수 있으며 이러한 공익상의 심사 결과 정신과의원 개설은 해당 건물의 구분소유자 등의 안전과 공동의 이익에 반하고, 건축물의 안전·기능·환경 및 공공복리 증진을 저해하며, 공공복리에도 부적합한 재산권의 행사이므로 개설신고를 수리할 수 없음

---

16) http://news.chosun.com/site/data/html_dir/2018/12/31/2018123102521.html: 강북삼성병원서 정신과 의사, 환자가 휘두른 흉기에 살해.

을 논증하고 있으며, 이에 반하여 의료인은 개설신고는 수리를 요하지 아니하는 자기완결적 신고로서 법령에 규정된 요건을 충족하여 신고를 한 경우에 수리를 거부할 수 없음을 이유로 제시하였다.

의료기관 개설신고에 대한 제1심의 견해는 비교적 명확하다. 즉 신고는 수리를 요하지 아니하는 신고와 수리를 요하는 신고로 구분되고, 전자는 법령에 규정된 형식적 요건에 적합한 지 여부와 관련된 심사만 할 수 있고, 그러한 형식적 요건만 갖추면 행정청은 당연히 신고를 수리하여야만 한다는 것이고, 후자는 형식적 요건 외에도 실질적 요건도 심사할 수 있다는 것이다. 항소심에서는 개설신고를 규정하는 법령에 근거하여 개설신고가 관계 법령에서 정한 요건을 모두 갖추었음에도 관계 법령에서 정한 요건 이외에 그 신고대상이 된 내용과 관련된 공익적 기준 등의 실체적 사유를 별도로 심사하여 그 개설신고의 수리를 거부할 수는 없다고 보고 있다. 대법원 역시 관련 법령에 터잡아 관련 법령의 내용과 이러한 신고제의 취지를 종합하여 보면서, 정신과의원을 개설하려는 자가 법령에 규정되어 있는 요건을 갖추어 개설신고를 한 때에, 행정청은 원칙적으로 이를 수리하여 신고필증을 교부하여야 하고, 법령에서 정한 요건 이외의 사유를 들어 의원급 의료기관 개설신고의 수리를 거부할 수는 없다고 판시하고 있다. 다만, 대법원은 "원심판결 이유 중 원고의 개설신고가 '수리를 요하지 않는 신고'라는 취지로 판시한 부분은 적절하지 않으나, 피고가 법령에서 정하지 않은 사유를 들어 위 개설신고 수리를 거부할 수 없다고 보아 이 사건 반려처분이 위법하다고 판단한 원심의 결론은 정당하다."라고 판시하고 있어서 대법원은 본 사안에서의 의료기관개설신고의 법적 성질을 수리를 요하지 않는 신고로 보는 것인지 아니면 본 사안의 신고를 수리를 요하는 신고의 경우에도 법령에서 정하지 아니한 사유를 들어서 수리를 거부할 수 없다고 보는 것인지는 불명확하다.[17] 아무튼 판례는 신고제를 두는 취지를 신고 대상인 의원급 의료기관 개설의 경우 행정청이 법령에서 정하고 있는 요건 이외의 사유를 들어 신고 수리를 반려하는 것을 원칙적으로 배제함으로써 개설 주체가 신속하게 해당 의료기관을 개설할 수 있도록 하기 위함이라고 적시하고 있다.

신고와 관련하여 크게 상충하는 양측의 입장이 대립되고 있으며, 이러한 대립은 앞으로도 계속하여 진행될 것이다. 행정청의 입장에서는 신고라고 규정되어 있는 경우에도 어떻게 하든지 행정의 심사권을 확대하려는 시도를 할 것이다. 이러한 시도는 특히 행정입법을 함에 있어서 - 또한 법률을 제정함에 있어서도 - 신고에 대해서도 수리라는 용어를 결부시키든지, 신고필증의 교부라는 내용이라든지, 신고를 반려할 수 있다는 표현 또는 신

---

[17] 학회에서의 토론에서는 대법원은 본 사안의 신고를 '수리를 요하는 신고'로 보고 있다는 견해도 주장되었으나, 사견으로는 대법원은 본 사안의 신고의 성질에 대해서 분명하게 판단한 것으로는 보이지 않는다. 왜냐하면 수리를 요하지 않는 신고라는 것이 적절치 않다는 표현으로부터 그 반면으로 수리를 요하는 신고라고 보기는 여전히 의문이 제기될 수 있기 때문이다.

430 規範과 現實의 調和 -合理性과 實效性-

고시에 신고의 요건으로서 추상적인 공익개념을 포함시키려는 시도를 포함하리라고 보인
다.[18] 신고인의 입장에서는 신고라는 제도를 통해서 얻을 수 있는 이익으로서 신속하고도
간편하게 원하는 행위로 나아갈 수 있는 것에 초점을 맞추어서 신고라는 제도는 허가와는
달리 원래적인 의미에 충실한 모습으로 존재하기를 바랄 것이다.

  이러한 양자의 중간에 서 있는 법원은 과연 어떠한 판단을 하여야 하는가 라는 문제
를 던지게 된다. 우리 판례는 신고제에 대해서 수리를 요하지 아니하는 신고 외에 수리를
요하는 신고제도를 긍정하고 있으며,[19] 신고제로 되어 있으나 법령의 내용을 검토한 결과
실질적 요건을 심사하여 신고의 수리를 거부할 수도 있거나 다른 법령에 따른 허가를 받
아야 한다고 판시하고 있다.[20] 그런데 이처럼 판단을 하는 경우에는 신고라는 제도가 본
래의 도입된 이유와는 달리 신고인에게 간편하고 신속하게 원하는 행위로 나아가도록 하
기 보다는 도리어 신고라는 제도를 앞에 두고 이것이 무슨 신고이지 라고 생각하며 머뭇
거리게 되고 오히려 - 제도 탄생의 목적(目的)과는 다르게 - 절차의 지연을 가져오는 것은
아닌가 우려가 될 수 있다. 판례는 허가제와 병행하여 신고제를 규정하고 있는 경우에는
법령상 요건을 구비한 신고에 대해서는 수리를 하여야 한다고 판시하고 있기는 하지만, 이
역시 구별기준으로서 불명확한 것이고 또한 허가제와 병행되지 아니한 신고제도도 규정되

---

18) 박재윤, 신고제와 제3자 보호, 행정판례연구 Vol. 24 No. 1, 한국행정판례연구회, 2019. 6, 60면 이하: 법
   률에서는 신고제만 규정하면서, 하위법령 차원에서 그 신고의 처리로서 수리와 관련된 조항이 있는 경우
   가 있다. 판례는 이러한 하위법령을 기준으로 법률에서 규정한 신고제를 수리를 요하는 신고로 보는 경
   우가 많다. 이러한 목적론적 해석은 하위법령을 통하여 법률의 취지를 변형시키는 것으로서, 행정의 개
   입근거라는 측면에서 허용되지 않는다고 보아야 할 것이다. 결국 법률에서 수리를 통한 명시적인 개입근
   거를 찾을 수 없다면 오히려 행정절차법의 원칙으로 돌아가 자기완결적 신고로 보는 것이, 신고제를 도
   입한 입법자의 의사에 부합하는 것이라고 생각한다.
19) 대법원 2000. 5. 26. 선고 99다37382 판결 [손해배상(기)] 개정 수산업법 제44조 소정의 어업의 신고는 행
   정청의 수리에 의하여 비로소 그 효과가 발생하는 이른바 '수리를 요하는 신고'라고 할 것이다.
   대법원 2011. 1. 20. 선고 2010두14954 전원합의체 판결 [건축(신축)신고불가취소] 인·허가의제 효과를
   수반하는 건축신고는 일반적인 건축신고와는 달리, 특별한 사정이 없는 한 행정청이 그 실체적 요건에
   관한 심사를 한 후 수리하여야 하는 이른바 '수리를 요하는 신고'로 보는 것이 옳다.
20) 대법원 2009. 6. 11. 선고 2008두18021 판결[신고수리거부처분취소]: 구 골재채취법(2007. 5. 17. 법률 제
   8479호로 개정되기 전의 것, 이하 같다) 제32조 제1항에서 '대통령령이 정하는 규모 이상의 골재를 선별·
   세척 또는 파쇄하고자 하는 자는 건설교통부령이 정하는 바에 의하여 관할 시장·군수 또는 구청장에게
   신고하여야 한다'고 규정하고 있는바, … 신고 당시에 이미 그와 같은 사유가 있다면 신고단계에서 이를
   심사하도록 함으로써 불필요한 행정력의 낭비 및 신청인의 불이익을 줄일 수 있다는 점 등에 비추어 보
   면, 시장·군수 또는 구청장은 골재선별·세척 또는 파쇄 신고에 대하여 실질적인 요건을 심사하여 신고를
   수리하거나 거부할 수 있다고 할 것이다.
   대법원 2003. 11. 14. 선고 2002두3379 판결 [토지형질변경불허가처분취소]: 구 농지법 제37조 제1항 의
   규정에 의하여 농지전용신고만으로 농지전용이 가능한 경우에도 해당 농지가 구 도시계획법상 도시계획
   구역 안에 있는 이상 농지전용신고만으로 구 농지법 제37조 제1항 각 호에 규정된 시설을 설치할 수는
   없고, 구 도시계획법 제4조 및 토지의형질변경등행위허가기준등에관한규칙(이하 '형질규칙'이라 한다)
   제4조 에 의하여 시장 또는 군수로부터 별도로 토지형질변경허가를 받아야 한다.

어 있고, 신고제와 등록제를 규정한 경우도 있으며, 신고제와 허가제 사이에 등록제를 규정하는 경우도 있는 등 여러 가지 경우들이 존재하고 있다.21) 이를 통해서 알 수 있는 점은 현재 우리나라의 법령으로부터 신고의 성격을 사전적으로 명확하게 규명하는 것은 불가능에 가깝고 그렇다면 무엇을 위해서 신고제는 존재하는가 하는 근원적인 물음을 던지지 않을 수 없다는 점을 지적할 수 있을 것이다.

법령에서 신고제를 규율함에 있어서 신고제의 본질에 대해서 깊은 고려가 없이 허가제가 있으니깐 이번에는 신고제나 등록제로 하기도 하고, 대상이나 규모가 크면 허가제로 하고 상대적으로 작은 것처럼 보이면 신고제로 하기도 하고, 때로는 규제 완화를 하라는 상부의 직무명령을 이행하기 위하여 허가제로 되어 있는 것을 신고제로 변경하기도 하는 등 일관성을 결여하고 있기 때문이다. 사견으로는 법원에서 신고제란 이런 것이어야 한다는 기본적 개념을 확정하고 향후 입법에 있어서나 행정의 운용에 있어서 이런 신고제를 상정하고 행동을 하도록 할 필요가 있지는 않는가 물음을 던지게 된다.

본 사안과 관련하여 판례에 대한 분석에 있어서 먼저 신고의 본질에 대해서 보다 분명한 이해가 필요하다고 사료된다. 신고라는 제도에 있어서 문제의 핵심은 신고인이 신고를 하는 경우에 행정청이 사전적 심사를 하여 수리를 거부할 수 있는가 여부이다. 본 사안인 의료기관 개설신고의 경우에 행정청은 신고를 수리를 요하는 신고로 보아 사전적인 심사를 하였고 그 결과 공익에 반한다고 보아 수리를 하지 아니하였다. 신고인의 입장에서는 신고제라는 것은 신고를 하면 의도하는 행위로 나아갈 수 있다는 제도인데 행정청은 왜 수리를 하려고 하는가 의문을 제기하게 된다. 수리를 하거나 수리를 거부하기 위해서는 신고에 대해서 사전적인 심사를 하는 것이 전제가 되는데, 그렇다면 신고제로 규정하지 말고 처음부터 사전적인 심사를 전제로 하는 허가제로 규율하였더라면 어떠하였을까 의문이 제기될 수도 있을 것이다.

그러므로 법령에서 신고를 한 연후에 의도하는 행위로 나아갈 수 있도록 규정하는 경우에 대해서는 사전적인 심사가 행해지지 아니하고 일응 신고를 하기만 하면 원하는 행위로 나아가는 제도로 볼 수는 없을까 하는 점이다. 물론 현재 다수의 입장은 신고에 대해서

---

21) 나선경/박민, "행정 관련법령상 등록과 신고의 개념적 유형화", 공법연구 제41집 제3호, 2013. 2, 350면 이하: 2013년을 기준으로 조문 제목에 신고가 들어간 조문은 3,102개, 등록이 들어간 조문은 3,797개, 허가가 들어간 조문은 2,228개다. 이를 법률 단위로 구분하면 모두 484개의 법률이었다. 신고·등록·허가가 어떠한 조합으로 규정되어 있는가에 따라 구별해 본 결과, 조문 제목에 신고·등록·허가가 모두 규율된 법률은 48개, 신고·등록만이 규율된 법률은 82개, 신고·허가만이 규율된 법률은 39개, 등록·허가만이 규율된 법률은 16개, 신고만 규율한 법률은 115개로 가장 많았고, 등록만 규율한 법률은 98개, 허가만 규율한 법률은 86개이다. 허가만 규율하고 있는 법률은 제외하였다.
2019년 11월 15일 현재를 기준으로 조문 제목에 신고가 들어간 조문은 3,542개, 등록이 들어간 조문은 4,812개, 허가가 들어간 조문은 3,084개. 조문 내용에 신고가 포함된 조문은 28,856개, 등록은 33,260개, 허가는 23,669개에 이른다.

수리 요부로 구분하면서 수리를 요하지 아니하는 신고에 대해서 법령에 규정된 형식적 요건에 대한 심사는 할 수 있으며 그러한 형식적 요건을 구비한 경우에는 수리를 거부할 수 없다는 입장이다. 아무튼 신고와 관련하여 그동안 학자들은 다양한 견해들을 피력하고 있는바, 이러한 견해들에 대해서 일견을 한 후, 신고라는 제도의 본질에 대해서 살펴보고서, 판례의 입장에 대해서 견해를 밝히고자 한다.

V. 신고의 본질

A. 신고의 법적 성질에 기존의 논의

신고란 말 그대로 알릴 신(申) 말할 고(告)로서 사인이 행정청에게 일정한 사실을 알리는 행위라고 할 수 있으며, 신고를 하면 사인은 그로 인한 공법상의 효과를 향유할 수 있게 된다.[22] 현재적으로 우리 법령에서 규율하는 신고에 대해서 이를 수리를 요하지 아니하는 신고(자체완결적 신고)와 수리를 요하는 신고(행정요건적 신고)로 구분하면서 논의를 전개하고 있는데, 수리를 요하는 신고와 관련하여 등록과 허가와 같은 제도와 비교를 하면서 다양한 견해들이 주장되는바, 이에 대해서는 홍강훈 교수의 논문에서 비교적 잘 정리하여 소개하고 있음을 지적하기로 한다.[23]

신고제도와 관련하여 등록이나 허가와 비교하면서 다양한 의견들이 제시되고 있는데, 이러한 견해들은 크게 보아서는 결국 다음의 견해들로 압축된다고 볼 수 있을 것이다.

첫째, 신고는 본래 수리를 요하지 아니하는 신고로서 사전적으로 심사를 하지 아니한다는 견해이다.[24] 신고 후에 사후적인 심사가 이루어진다고 본다.

둘째, 신고를 수리 요부에 따라 구분하면서, 수리를 요하지 아니하는 신고는 법령에 규정된 요건에 대해서 형식적인 심사를 한다는 견해이다.[25] 수리를 요하는 신고는 요건에 대해서 실질적인 심사를 하는 점에서 허가와 동일시 된다.[26]

---

22) 강현호, 행위개시통제수단으로서의 건축신고에 대한 고찰, 행정판례연구 Vol. 17 No. 2, 한국행정판례연구회, 2012.12, 14면; 정하중, 행정법개론, 법문사, 2019, 107면.

23) 홍강훈, 소위 자체완결적 신고와 수리를 요하는 신고의 구분가능성 및 신고제의 행정법 Dogmatik을 통한 해결론, 공법연구 제45집 제4호, 2017. 6, 96-100면.

24) 송동수, "행정법상 신고의 유형과 법적 효과", 토지공법연구 제60집, 2013. 2, 287면: 신고란 원래 사인의 공법행위로서 행정청에 대한 일방적 의사표시이며 따라서 그에 대한 행정청의 수리여부 등은 문제가 되지 않는 것이 원칙이다.

25) 송시강, "행정법상 신고의 법리의 재검토", 홍익법학 제13권 제4호, 2012. 12, 650면 이하;
류광해, "행정법상 신고의 요건과 심사범위", 인하대학교 법학연구 제16집 제1호, 2013.3, 49면;
윤기중, "수리를 요하는 신고의 독자성", 공법연구 제43집 제4호, 2015. 6, 200면.

셋째, 신고를 수리 요부에 따라 구분하면서 수리를 요하는 신고는 법령상 요건에 대해서 형식적 심사를 하고 그래서 등록과 동일시 할 수 있으며, 허가는 실질적 심사를 한다는 견해이다.[27]

넷째, 신고의 유형을 정보제공적 신고와 금지해제적 신고로 구분하는 전제하에, 수리를 요하지 아니하는 신고는 형식적 심사를 하고, 수리를 요하는 신고는 실질적 심사를 하는 점에서 허가와 동일하다고 보는 견해 등이 있다.[28]

그런데, 이러한 주장들에는 신고의 본질에 대한 고려가 생략된 채 논의가 진행되고 있음으로 인하여 다양한 견해들이 주장되지만 여전히 많은 의문점들을 남기고 있으며, 신고제에 대한 논의가 진행 될수록 더욱 더 미궁(迷宮)으로 빠져 들어가는 느낌을 지울 수가 없다.

다음에 서술하는 저자의 신고에 대한 고찰이 또 하나의 견해를 제시하는 것일 수도 있다는 생각을 하면서도, 다른 한편으로는 신고라는 제도의 본질(本質)에 대해서 - 다소 무모한 듯 해 보이기도 하지만 - 접근해야 보다 근원적인 해결책을 도출할 수도 있지 않을까 하는 물음으로 논의를 전개해 본다.

B. 신고의 본질에 대한 고찰

1. 신고의 분류

신고에 대해서 각자의 입장에서 바라볼 때 다양한 견해들이 주장될 수 있을 것이지만 이러한 견해들은 신고의 본질을 도외시하고 논의를 전개하므로 다양한 논의에도 불구하고 나아갈 방향을 명확하게 제시하지 못하고 있는 것은 아닌가 사료된다. 그러므로 신고라는

---

26) 정하중, 행정법개론, 2017, 법문사, 101면 이하.
27) 홍준형, "사인의 공법행위로서 신고에 대한 고찰", 공법연구 제40집 제4호, 2012. 6, 336면 이하.
류광해, "행정법상 신고의 요건과 심사범위", 인하대학교 법학연구 제16집 제1호, 2013.3, 49면: 행정요건적 신고에서는 형식적 요건에 대한 기존 정보까지 포함한 심사와 관련 법령상의 실질적 요건에 대한 기존 정보까지 포함한 심사, 즉 소극적·수동적인 정보에 의한 근거법령과 관련 법령의 실질적 요건에 대한 심사까지만 허용되고, 적극적인 실사를 통한 심사나 이익형량이나 공익성 심사는 허용되지 아니한다고 보는 것이 비교적 적절하다고 생각된다라고 하며, 허가에서 비로소 적극적 실사를 통한 심사나 이익형량이나 공익성 심사가 가능하다고 주장하고 있다.
정훈, 공법상 신고의 법적 성질과 현실에서의 의미, 동아법학 제58호, 191면: 신고와 유사한 것으로 등록이라는 제도가 존재하는데, 신고는 주로 사람의 행위를 통제하는 것이라면, 등록은 일정한 물건(자동차), 시설(공장), 업태(자동차운송사업) 또는 자격(사업자 등록, 면허등록 등)에 대한 실태를 공부에 등재하는 것이라고 보인다.
28) 김중권, "건축법상의 건축신고의 문제점에 관한 소고", 저스티스, 제34권 제3호, 2001. 6, 161면: 신고의 형식적 요건과 관련해선, 행정청의 심사의무가 성립한다. 그리고 그 밖의 공법규정과의 위배 역시 허가제처럼 심사의무가 성립하진 않지만, 심사가능성을 전혀 배제할 순 없다(이른바 심사선택, Prüfoption).

제도가 무엇을 의미하는가, 즉 그 본질(本質)은 무엇인가로부터 출발하여야 하지 않을까 한다. 신고에 대해서 고찰하기 위해서는 먼저 신고에 대한 조감(鳥瞰)이 필요한데, 신고제를 조감하면 크게 정보제공적 신고와 행위개시통제적 신고로 구분할 수 있다.

a) 정보제공적 신고

신고에 있어서 아무런 법적 의무가 없음에도 자발적으로 알리는 경우도 있을 것이지만, 이러한 행위는 법적으로는 커다란 의미가 없을 것이다. 그렇다면 알리는 것이 법적으로 의무 지워져 있어서 알리는 경우가 있다. 이는 행정청이 어떠한 분야에 대해서 - 국민의 행위를 직접적으로 통제할 목적이 아니라 - 단지 정보를 획득하기 위해서 신고의무를 국민에게 부과한 경우이다. 대표적으로 부동산 거래 신고, 건축물의 착공신고, 사업 내용의 변동신고 등을 들 수 있다. 그렇지만, 이러한 신고라고 하여도 국민의 사생활에 대한 것이나 영업의 비밀과 관련된 것이나 기본권의 핵심 내용에 대한 것을 신고하도록 하는 경우에는 비례의 원칙 등에 따른 헌법적 제한이 따르게 될 것이다.[29] 이러한 종류의 신고를 행정청에게 행정을 수행하기 위하여 필요한 정보를 국민이 제공하여야 하는 의무를 이행하는 정보제공적 신고라고 할 수 있을 것이다. 이러한 정보제공적 신고는 앞에서 말한 헌법적 한계의 문제 외에는 커다란 문제를 야기하지는 아니할 것으로 사료된다. 우리 행정절차법 제40조에서 신고에 대해서 규정을 두고 있는데 동 규정도 바로 정보제공적 신고에 대한 규정으로 볼 수 있을 것이다.[30] 동조 제1항에서는 "법령등에서 행정청에 대하여 일정한 사항을 통지함으로써 의무가 끝나는 신고를 규정하고 있는 경우"라고 하여 정보제공적 신고에 대해서 규율하고 있다고 사료된다.[31]

---

29) 김중권, 행정법기본연구 I, 법문사, 2008, 124면; 박균성/윤기중, 행정규제완화수단으로서의 신고에 관한 연구, 경희법학 제49권 제1호, 2014, 134면 이하.

30) 참조: 일본 行政手續法 第37条（届出）届出が届出書の記載事項に不備がないこと、届出書に必要な書類が添付されていることその他の法令に定められた届出の形式上の要件に適合している場合は、当該届出が法令により当該届出の提出先とされている機関の事務所に到達したときに、当該届出をすべき手続上の義務が履行されたものとする(제37조 신고가 신고서의 기재 사항에 어떠한 문제도 없고, 신고서에 필요한 서류가 첨부되어 있으며 그 밖의 법령에서 정한 신고의 형식상의 요건에 부합하는 경우에는 당해 신고가 법령 의해 해당 신고의 제출처로 되어 있는 기관의 사무소에 도달했을 때, 해당 신고를 해야 하는 절차상 의무가 이행된 것으로 본다).

31) 오준근, 행정절차법, 삼지원, 1998, 440면;
김명길, 신고의 유형에 관한 논고, 법학연구 47권 1호(55호), 2006/08, 124면: 행정절차법 제40조 제1항은 다만 의무적인 신고만을 규정하고 있을 뿐이다. 따라서 의무적인 신고가 아닌 임의적 신고는 동법의 규율대상이 아니다.
홍강훈, 소위 자체완성적 신고와 수리를 요하는 신고의 구분가능성 및 신고제의 행정법 Dogmatik을 통한 해결론, 공법연구 제45집 제4호, 2017. 6, 117면: 홍강훈 교수는 동 조항의 해석과 관련하여 "행정절차법 제40조 제1항이 말하는 '법령등에서 행정청에 일정한 사항을 통지함으로써 의무가 끝나는 신고를 규정하고 있는 경우'라는 것은, 실은 신고의무를 규정하는 법령의 그 법률효과부분이 기속행위로 규정되어 있는 경우를 말한다. 왜냐하면 기속행위의 경우는 법이 정한 일정한 사항 즉 법정요건만을 충족하여 통

b) 행위개시통제적 신고

신고에는 이러한 정보제공적 신고 외에도 행위개시통제적 신고가 존재한다.[32] 어떠한 의미에서는 모든 행위개시통제적 신고는 정보제공적 신고의 의미도 지니고 있다고 사료된다. 그렇다면 행위개시통제적 신고는 정보제공적 신고의 부분집합으로 자리매김하게 된다. 행위개시통제적 신고는 국민이 어떠한 행위로 - 예를 들면 건축행위나 영업행위 또는 의료행위 등으로 - 나아가려고 하는 경우에 신고를 한 연후에 이러한 행위로 나아가도록 하는 경우이다.

신고의 본질이 문제가 되는 것은 정보제공적 신고의 경우가 아니라, 신고를 한 후에 신고인이 원하는 행위로 나아가도록 하는 행위개시통제적 신고의 경우라고 할 것이다.

2. 행위개시통제적 신고의 본질

본 사안에서의 신고는 신고라는 행위에 행위개시의 통제를 결부시키는 행위개시통제적 신고에 대한 것으로서, 의료인이 의료업을 영위하기 위하여 의료기관의 개설신고를 하는 것이 필요하다. 의료기관 개설신고를 의료업의 영위와 결부시켜 놓은 점에서 본 사안의 신고는 행위개시를 통제하는 신고로 볼 수 있다. 여기서 행위란 주로 국민이 행동의 자유나 직업의 자유 등 기본권의 향유를 위해서 특정의 행위를 영위하고자 하는 경우를 말하는데, 이러한 행위의 개시(開始)에 대해서 국가는 공익상의 이유로 통제를 하는 경우가 있다. 국민의 기본권 행사를 통제하는 경우에, 일응 무통제, 약한 통제, 강한 통제 그리고 아주 강한 통제로 구분할 수 있을 것이다. 음식을 조리하는 행위, 아주 사소한 건축물의 보존 내지 수선행위 등은 특별한 예외적 경우를 제외하고는 통제를 하지 아니하고 있다. 다음으로는 약한 통제로서 신고를 하고 행위를 개시하도록 하는 경우이다. 그 다음으로는 예방적 금지를 한 행위를 허가를 통해서 개시할 수 있도록 하는 것이고, 가장 강한 통제로는 억제적 금지를 한 행위에 대해서 예외적으로 승인을 통해서 개시할 수 있도록 하는 예외적 승인(Ausnahmebewilligung)이라고 할 수 있다.[33]

지하면 신고자의 신고의무는 끝나게 되지만, 재량행위라면 법정요건뿐만 아니라 공·사익을 고려한 새로운 이익형량의 요건이 추가되기 때문에 법정요건충족의 통지만으로 신고자의 신고의무가 끝났다고 단언할 수 없기 때문이다."라고 주장하여 행위개시통제적 신고도 포함시키는데, 이러한 견해는 법령의 문언적 해석을 넘는다는 것과 이러한 견해를 취하더라도 신고인의 입장에서 기속행위인지 재량행위인지의 구분이 명확하지 아니한 문제가 있어서, 신고제도가 존재하는 본질인 신고인이 원하는 행위로 나아갈 수 있는지 여부가 불분명한 문제가 상존하게 되는 것이 동 견해의 한계로 지적될 수 있을 것이다.

32) 류광해, "행정법상 신고의 요건과 심사범위", 인하대학교 법학연구 제16집 제1호, 2013.3, 36면.
33) Maurer, Hartmut/Waldhoff, Christian, Allg. VerwR., 19. Aufl. 2017, Rn. 52: 마우러 교수는 허가유보부 예방적 금지를 통제허가(Kontrollerlaubnis)라고 하면서 이를 예외적 승인과 구별되기는 하지만, 항상 분명하게 구별되는 것은 아니라고 한다.
Reinhardt, Michael, Das wasserrechtliche Bewirtschaftungsermessen im ökologischen Gewässerschutzrecht,

여기서 약한 통제수단으로서의 행위개시통제적 신고는 행정절차의 간소화를 통한 국민의 기본권 향유의 원활화 및 행정 부담의 경감 차원에서 도입하는 제도로서 - 사견으로는 - 다음과 같은 특징을 지니는 것이다.

첫째, 신고를 하고서 원하는 행위로 나아가는 경우에 사전적인 통제를 하지 아니한다. 신고는 허가가 아니므로 신고인은 신고를 하기만 하면 행정청의 신고에 대한 수리가 없이도 즉 신고서가 행정청에 도달 되기만 하면 원하는 행위로 나아갈 수 있다.[34]

둘째, 신고인이 신고를 하여야 할 사항들을 제시하고, 신고시에 제출하도록 한다. 행위개시통제적 신고에 있어서 신고라는 것은 사전에 신고를 하여야 할 요건만 제시하고 있다.[35] 국민은 스스로 판단해서 제시된 요건을 구비한 신고를 한 연후에는 원하는 행위로 나아갈 수 있다. 신고인이 신고를 통해서 원하는 행위로 나아가기 위해서 신고를 하는 경우에, 신고제는 신고인에게 기본권의 향유라는 가치를 우선하는 것이므로 사전적으로 통제를 하여 행위를 금지하려는 의도는 없다. 신고라는 제도는 행위로 나아감에 있어서 국민에게 신속하게 나아갈 수 있도록 배려하는 것이고, 행정청에게는 제출된 서류에 대해서 심사의무를 경감시켜 주는 기능을 한다.[36]

셋째, 신고가 접수된 후에 행정청은 사후적인 통제를 한다.[37] 행정청은 신고의 요건

NVwZ 2017, S. 1003: 면제를 유보한 억제적 금지가 국민의 행위에 대한 강력한 제한을 의미한다. 특정의 행위가 법적으로 금지되고 단지 예외적으로만 제한된 범위에서 허용되는 경우이다. 이에 반하여 허가를 유보한 예방적 금지는 기본적으로 허용되고 기본법적으로 보호되는 행위에 대해서 적용법규범과의 부합여부를 보장한다(통제허가). 더 완화된 것은 사후적 교정적 개입을 유보한 신고이다.

34) Vollzugshilfe Anzeige— und Erlaubnisverfahren nach §§ 53 und 54 KrWG und AbfAEV, Rn. 86: Die Anzeige ist keine Erlaubnis, so dass der Antragsteller auch ohne Bestätigung der Behörde mit der jeweiligen Tätigkeit beginnen kann.

(Vgl. allerdings den Bußgeldtatbestand des § 69 Absatz 2 Nummer 1 KrWG).

35) 김중권, 정보제공적 신고로서의 집회신고의 공법적 의의에 관한 소고, 안암법학 제43호(2014), 안암법학회, 85면: 수리 그 자체가 관련법관계의 형성을 좌우한다면, 그것은 본연의 신고제가 아니라, 변형된 허가제이다. 수리에 비중을 두는 한, 결코 그것은 신고제가 될 수 없다.

36) Schmidt, Rolf, Öffentliches Baurecht, Verlag RS, 2015, Rn. 351;
https://www.help.gv.at/Portal.Node/hlpd/public/content/232/Seite.2320624.html: Die beabsichtigte Ausübung eines Gewerbes muss bei der Gewerbebehörde, die für den Gewerbestandort örtlich zuständig ist, angemeldet werden. Grundsätzlich kann das Gewerbe sofort nach Anmeldung ausgeübt werden.

37) 김중권, "건축법상의 건축신고의 문제점에 관한 소고", 저스티스, 제34권 제3호, 2001. 6 160면 이하. 참조: 김중권, 행정법기본연구 I, 법문사, 2008, 120면, 129면: 사실 신고(제)에 대한 오해의 출발은 행정청의 심사를 완전히 배제시킨데서 비롯되었다. 신고유보부 예방적 금지의 경우, 개시통제(심사)를 허가를 통해서 행정청이 행한다는 것이 아니라 사인 스스로가 행한다는 것이지, 결코 행정청의 심사를 배제하는 취지가 아니다.
박재윤, 신고제와 제3자 보호, 행정판례연구 Vol. 24 No. 1, 한국행정판례연구회, 2019. 6, 72면: 본고에서 제시된 신고제에 있어서 제3자 보호의 문제는 입법자의 의사에 따라 자기완결적 신고로 규정하여 사전적인 규제는 다소 후퇴하더라도, 적절한 시기에 관련규정에 대한 해석을 통하여 행정이 개입할 수 있는 근거를 마련하고, 또 사인간의 분쟁으로서 사인간의 합의 등을 통하여 해결할 수 있는 부분에 대하여는

의 구비여부에 대해서 사후적으로 심사가 가능하다. 행정청은 사후심사를 통해서 요건 미비에 대해서 상응하는 조치를 취할 수 있다. 다만, 단순한 신고의무의 위반의 경우에는 질서위반행위로서나 또는 벌칙을 부과하는 것이 원칙이고, 행위의 금지까지 나아갈 수는 없을 것이다.[38]

신고인이 법령에서 제시하고 있는 기재사항이나 구비서류가 구비되어 있는지 여부를 확인하고, 미비된 경우에는 보완을 명한다. 특히, 신고제가 행정청의 부담경감을 위해서 도입된 것이므로 행정청이 비교적 쉽게 인지할 수 있는 하자에 대해서는 즉각적으로 보완을 명하게 될 것이다. 행정청이 하자를 인지하지 못하여 오랜 시간이 경과한 경우에 행정청이 취할 수 있는 조치는 보완 내지 시정명령이나 영업의 중지 또는 벌칙 등 여러 가지 요소들을 고려하여 할 수 있을 것이다.[39] 물론 이 경우에 이미 진행된 행위의 결과에 대해서 신뢰이익을 고려하여 처리를 하여야 할 것이다. 즉, 신고라는 것은 국민이 원하는 어떤 행위와 관련하여 행정청에게 통지만 하면 아무런 사전적 심사를 하지 아니하고 행위개시로 나아갈 수 있도록 하는 체제인 것이다. 그러므로, 신고에서는 일단 스스로 판단하여 요건을 구비하여 알리기만 하면 신고는 이루어진 것이고 따라서 신고는 완전하게 효력을 발하는 것으로 볼 수 있는 것이다.[40]

이러한 신고제도를 전제로 할 때 그렇다면 신고요건을 충족하지 못하는 신고서류를 제출하고서 행위로 나아간 경우에는 어떻게 하는가? 신고 후에 그 즉시로 행위로 나아가는 경우에 제3자에 대한 불이익이 발생할 위험은 없는가? 라는 의문이 제기될 수 있을 것이다. 그렇다면 만약 입법자가 신고라는 제도를 설계할 때 - 이러한 신고의 본질을 고려하는 경우에는 독일의 입법례에서 볼 수 있듯이 대기기간을 설정하는 등 - 이에 대해서 요청되는 규정을 함께 둘 수 있을 것이다. 신고라는 제도를 둘러싼 법적 체제를 구축하기 위해서는 신고의 본질에 대해서 일단 전제가 되어야만 하는 것이다. 이러한 전제가 없이 신고제를 규율하는 경우에는 임기응변식의 신고제로 나아가게 되고 입법에 있어서나 행정의 집

행정이 개입을 유예할 수 있는 여지도 마련할 수 있는 적절한 방안이라고 생각한다.
Schmidt, Rolf, Öffentliches Baurecht, Verlag RS, 2015, Rn. 120.

38) Ehlers in Erichsen, Hans-Uwe / Ehlers, Dirk (Hg.), Allgemeines Verwaltungsrecht, 12. Aufl., 2002, § 1 Rn. 37.

39) Maurer, Hartmut, Allgemeines Verwaltungsrecht, 18. Aufl. 2011, S. 603: Anzeigevorbehalt: Bestimmte Beschlüsse oder Vorhaben müssen der Aufsichtsbehörde angezeigt werden, die dann, wenn sie eine Rechtsverletzung feststellt, mit den repressiven Aufsichtsmitteln einschreiten kann(§23 Rn. 20a).
Schmidt, Rolf, Öffentliches Baurecht, Verlag RS, 2015, Rn. 120.

40) 참조: 최계영, 건축신고와 인·허가의제, 행정법연구 제25호, 2009/12, 182면: "실체적 요건을 갖추지 못하였으나 행정청이 수리한 경우"를 상정하면서, 이에 대해서는 신고의 효력이 발생하는 지에 관해서 명시적 판단이 내려진 바가 없다고 하면서, 행정청이 수리한 이상 시민으로서는 적법한 신고를 한 것이라고 신뢰를 할 수 밖에 없을 것이므로, 신고의 효력이 발생한다고 한다.

행에 있어서 혼란을 야기하게 되고 그 결과 국민에게 절차의 간소화를 통한 기본권의 신속한 향유라는 가치를 부여할 수 없게 될 것이다.

3. 수리를 요하는 신고의 문제

사실 신고제는 바로 행위개시통제를 완화하기 위한 제도임에도, 우리 판례는 형용모순이라고 할 수 있는 '수리를 요하는 신고'라는 이물질(Aliud)을 만들어 내었다.[41] 왜 이러한 이상한 신고가 탄생하게 되었는가에 대해서 생각을 해 보니, 혹시 우리 판례는 행정법적인 사고에 대해서 커다란 숙고가 부족하였던 것은 아닌가 생각해 보게 되었다.[42] 민사

---

41) 대법원 2000. 5. 26. 선고 99다37382 판결 [손해배상(기)] 어업의 신고에 관하여 유효기간을 설정하면서 그 기산점을 '수리한 날'로 규정하고, 나아가 필요한 경우에는 그 유효기간을 단축할 수 있도록까지 하고 있는 개정 수산업법 제44조 제2항의 규정 취지 및 어업의 신고를 한 자가 공익상 필요에 의하여 한 행정청의 조치에 위반한 경우에 어업의 신고를 수리한 때에 교부한 어업신고필증을 회수하도록 하고 있는 구 수산업법시행령(1996. 12. 31. 대통령령 제15241호로 개정되기 전의 것) 제33조 제1항의 규정 취지에 비추어 보면, 개정 수산업법 제44조 소정의 어업의 신고는 행정청의 수리에 의하여 비로소 그 효과가 발생하는 이른바 '수리를 요하는 신고'라고 할 것이다. 따라서 설사 관할관청이 원고들 중 일부의 어업 신고를 수리하면서 이 사건 공유수면매립구역을 조업구역에서 제외한 것이 위법하다고 하더라도, 그 제외된 구역에 관하여 관할관청의 적법한 수리가 없었던 것이 분명한 이상 그 구역에 관하여는 개정 수산업법 제44조 소정의 적법한 어업 신고가 있는 것으로 볼 수 없다고 할 것이다. 이 점도 아울러 지적해두고자 한다.
대법원 2011. 1. 20. 선고 2010두14954 전원합의체 판결 [건축(신축)신고불가취소] 인·허가의제 효과를 수반하는 건축신고는 일반적인 건축신고와는 달리, 특별한 사정이 없는 한 행정청이 그 실체적 요건에 관한 심사를 한 후 수리하여야 하는 이른바 '수리를 요하는 신고'로 보는 것이 옳다.
사견: 신고의 본질에 비추어 볼 때, 신고를 한 연후에 건축으로 나아갈 수 있도록 하는 건축신고에 인·허가 의제효과를 부여한다는 것은 넌센스이며, 신고의 본질에 대해서 정확한 이해가 없는 상태에서 법령을 제정하다보니 온갖 종류의 무질서가 난무하게 된 것은 아닌가 물음을 제기하게 된다.
동지, 홍강훈, 신고제의 행정법 Dogmatik을 통한 해결론 에 근거한 신고관련 중요법령과 관련판례의 실증적 연구 (상) - 체육시설의 설치·이용에 관한 법률과 건축법을 중심으로 -", 공법연구 제46집 제1호, 2017. 10, 228면: 모든 혼란과 문제의 원인은 어디에 있을까? 세계에서 유일하게 실정법상의 '신고' 또는 '등록'이라는 용어등에 착안하여, 법해석과 이론을 통해 우리나라가 독자적으로 창안한 자체완성적 신고, 수리를 요하는 신고라는 독자적 규제완화수단에 그 원인이 있는 것으로 생각된다.
송동수, 행정법상 신고의 유형과 법적 효과, 토지공법연구 제60집, 2013. 2, 305면: 신고의 경우처럼 법이론의 혼란을 가중시키는 용어의 선택과 분명치 않은 입법태도는 궁극적으로 법치주의를 형해화 시킨다는 점을 명심하여야 할 것이다.
정남철, 건축신고와 인인보호 : 독일 건축법제와의 비교법적 고찰을 겸하여, 법조 통권645호, 2010/06, 262면: 신고의 '수리' 유무에 의한 신고의 유형구분은 그 기준이 대단히 모호하고, 결국 법원의 해석에 달려 있다. 이와 같이 신고의 유형에 관한 구분은 이론적으로나 실무적으로 혼란만 초래하고 있는 것으로 보인다.

42) 김중권, 정보제공적 신고로서의 집회신고의 공법적 의의에 관한 소고, 안암법학 제43호(2014), 안암법학회, 85면: 수리를 요하는 신고와 같은 명실불부(名實不副)한 법제도는, 일반인은 물론 전문가조차도 그것의 존재를 쉽게 이해할 수 없거니와, 그 해당성 여부가 전적으로 판례에 맡겨져 있다는 것은 다른 차원의 규제장벽인 동시에 법치국가원리적 문제이다.
정훈, 공법상 신고의 법적 성질과 현실에서의 의미, 동아법학 제58호, 210면: 신고를 이른바 자체 완성적 신고와 수리를 요하는 신고로 구분하는 것은 구별의 불명확함과 더불어 실정법의 규율현황과도 맞지 않

법적인 사고와 행정법적인 사고는 다른데 - 사견으로는 - 그 다른 점은 목적의 측면에서 사익을 추구하는가와 공익을 추구하는가 라는 점, 법규범을 바라봄에 있어서 재판규범성의 측면과 행위규범성의 측면, 분쟁해결에 있어서 개별적 타당성을 중요시 여기는가 아니면 보다 체계적 정당성을 중요시 여기는가, 과연 법원은 문제의 해결에 어디까지 관여할 수 있는가 하는 자세 등으로부터 유래하지 않는가 사료된다. 민사법은 당사자의 자치가 원칙이고 분쟁의 해결 역시 당사자의 의사에 맡기는 것이 원칙이므로, 당사자의 자유로운 의사를 전제로 민사법원의 역할 역시 가능한 한 당사자의 분쟁에 개입하지 않고자 하는 측면이 부각되고, 어쩔 수 없이 법원으로 문제가 넘어 온 경우에 법원은 이를 당사자 사이에서의 개별적인 타당성의 측면에서 문제해결에 치중하게 된다. 즉 당해 사안에 한정된 문제해결이라는 것에 초점을 맞추고 있는 것이다.

그러나 행정법적 사고는 민사법적인 사고와는 다른 접근이 필요하다고 사료된다. 이러한 사고의 차이는 프랑스 관할쟁의재판소의 블랑코 판결에서 이미 그 단초를 찾을 수 있는바, 행정법은 사익을 중심으로 하기보다는 국가와 사회의 정의로운 운영이라는 공익적 가치를 보다 중심에 놓으면서 전개되는 것으로서, 분쟁을 바라보는 시각에 있어서도 당사자간의 분쟁의 해결에 치중하기 보다는 결국 그러한 분쟁의 발생원인으로부터 시작하여 분쟁이 국가와 사회에 어떠한 영향을 미치는가에 보다 더 큰 가치를 부여하여야 하는 것은 아닌가 사료된다. 행정법적 사고는 보다 크고 넓고 체계적인 사고로서 국가와 사회 전체를 조망하면서 하나의 효율적인 작동체계를 형성하여 나가는 것이라고 할 수 있을 것이다. 국가와 사회의 정의롭고도 효율적인 작동은 결국 행정법적 체제의 형성으로부터 시작되고 종결된다고 볼 수 있는데, 행정법적 체제의 형성은 행정권이 주축이 되고 행정권에게 권한을 부여하는 법규범이 주도하는 행정법 관계에서의 국가와 사회 그리고 시민을 향도하는 체제라고 할 수 있을 것이다. 국가와 시민을 향도할 수 있는 행정법체제는 법치국가 원칙과 연관하여 구축되어야 하는바, 법치국가라고 부르는 경우에 있어서의 법은 원칙적으로는 행정법을 중심에 두어야만 하는 것이다. 법치국가의 핵심기제로서의 행정법은 법치국가의 핵심요소를 반영하여야 하는데, 그것은 바로 예견가능성과 법적 안정성이다.[43] 법치국가에서의 행정법체제는 예견가능성과 법적 안정성이라는 관점에서 유지가 가능하여야 한다. 이것은 바로 행정의 입장에서 뿐만 아니라 국민의 입장에서도 그러하여야 한다.[44] 그러므로 행정법적 사고 하에서는 어떤 사안을 판단함에 있어서 법원이 이런 이런

다. 따라서 기왕에 규제완화 차원에서 허가를 신고로 전환한 것이라면, 신고에 대해 행정청의 실질적인 심사 없이 신고서가 도달한 경우에 신고의무를 다한 것으로 하고, 신고 대상행위의 성질상 행정청의 심사가 필수적인 것이라면 허가로 하는 것이 타당하다.

43) BVerfG, 01.07.1953 — 1 BvL 23/51: Das Rechtsstaatsprinzip enthält als wesentlichen Bestandteil die Gewährleistung der Rechtssicherheit.

사정을 다 고려하여 판단하여 보니, 이런 경우에는 이렇게 보아야 한다는 것이 전제되는 법적 체제는 법치국가의 원칙에 비추어 볼 때 존립근거가 박약하다고 보아야 한다.[45] 왜냐하면 예견가능성과 법적 안정성이 부족하기 때문이다. 그러므로 법치국가의 원칙의 지배 하에서는 신고와 관련된 행정사건의 처리에 있어서 민사법적인 차원에서의 논리, 즉 구체적인 사안에서 타당성을 주안점으로 하여 판단하는 것을 탈피하여, 행정법적 사고에 터 잡아 바라보아야 하는 것은 아닌가 사료된다. 예측가능성과 법적 안정성의 관점으로부터 신고를 바라볼 때, 법령에 규정되어 있는 신고에 대해서 국민이 보아서 그러한 행위개시통제적 신고가 무엇을 어떻게 하여야 하는 지를 안정적으로 예측할 수 있도록 법원이 판단을 하여야 한다는 점이다. 이러한 관점에서 가장 먼저 제거되어야 하는 것이 바로 신고를 수리를 요하는 신고와 수리를 요하지 아니하는 신고로 구분하는 것이다. 법령에 신고라는 행위개시통제 제도가 도입되어 있는데 이러한 신고에 대해서 - 개별적 타당성을 기할 목적으로 이런 저런 사정들을 다 고려한 후에 - 그것은 수리를 요하는 신고라고 한다면, 국민의 입장에서는 그 법령에 규정된 신고를 보고 그것이 어떤 신고인지 예측하기 어렵기 때문이다. 법원은 신고를 규정한 법령을 선해하여 어떻게 어떻게 해석하여 이런 저런 경우에는 이렇게 보아야 한다고 하면서 법원 편에서의 타당한 결론을 도출하려고 시도하지만, 그 결과는 - 더구나 법령의 빈번한 개정으로 인하여 - 국민에게나 행정청에게도 예측가능성이나 법적 안정성을 부여하기 어렵고 혼란만 야기하지는 않을까 우려가 제기될 수 있을 것이다.[46]

---

44) 나선경/박민, 행정 관련법령상 등록과 신고의 개념적 유형화, 공법연구 제41집 제3호, 2013. 2, 361면: 개별법령에 산재해 있는 신고·등록·허가를 규제의 정도에 따라 명확하게 구분하여 사용할 필요가 있다. 이를 위하여 신고와 등록을 확실한 구분 없이 사용하는 법령은 개정되어야 한다. 이를 통하여 해당 법령의 적용을 받는 국민들에게 예측가능성을 부여하고 법치행정의 원칙이 공고해질 수 있다.
대법원 2011. 1. 20. 선고 2010두14954 전원합의체 판결 [건축(신축)신고불가취소] 반대의견: 여러 기본적인 법원칙의 근간 및 신고제의 본질과 취지를 훼손하지 아니하는 한도 내에서 건축법 제14조 제2항에 의하여 인·허가가 의제되는 건축신고의 범위 등을 합리적인 내용으로 개정하는 입법적 해결책을 통하여 현행 건축법에 규정된 건축신고 제도의 문제점 및 부작용을 해소하는 것은 별론으로 하더라도, '건축법상 신고사항에 관하여 건축을 하고자 하는 자가 적법한 요건을 갖춘 신고만 하면 건축을 할 수 있고, 행정청의 수리 등 별단의 조처를 기다릴 필요는 없다'는 대법원의 종래 견해(대법원 1968. 4. 30. 선고 68누12 판결, 대법원 1990. 6. 12. 선고 90누2468 판결, 대법원 1999. 4. 27. 선고 97누6780 판결, 대법원 2004. 9. 3. 선고 2004도3908 판결 등 참조)를 인·허가가 의제되는 건축신고의 경우에도 그대로 유지하는 편이 보다 합리적인 선택이라고 여겨진다.

45) 홍강훈, 신고제의 행정법 Dogmatik을 통한 해결론 에 근거한 신고관련 중요법령과 관련판례의 실증적 연구 (상) - 체육시설의 설치·이용에 관한 법률과 건축법을 중심으로 -, 공법연구 제46집 제1호, 2017. 10, 230면: 홍강훈 교수는 우리 실정법상 신고라는 용어가 사용된 규제를 특정한 기준을 사용하여 '사전'에 자체완성적 신고 또는 수리를 요하는 신고로 구분한다는 것도 원천적으로 불가능하다고 적시하고 있다.

46) 홍강훈, " 신고제의 행정법 Dogmatik을 통한 해결론 에 근거한 신고관련 중요법령과 관련판례의 실증적 연구 (하) - 의료법·수산업법·축산물위생관리법·평생교육법·공중위생관리법을 중심으로 -", 공법연구 제47집 제1호, 2018. 10, 234면: 대법원은 이러한 논란을 촉발시킨 당사자이지만 오히려 모순된 판례를

C. 독일에서의 신고제

독일에서도 신고제도가 운영되고 있는바, 일단 우리나라보다 신고를 하고서 원하는 행위로 나아가도록 하는 행위개시통제적 신고는 앞에서 본 신고의 본질에 따라서 대단히 구체적이고 자세하게 규정되어 있는 것으로 사료된다.[47] 독일에서 신고는 알리기만 하고서 원하는 행위로 나아가는 것을 전제로 하고 논의를 전개하고 있으므로, 그 법제에 있어서도 비교적 체계적 정당성을 유지하고 있으며 개별적 규율에 있어서도 모순을 배제하고 있다.[48]

행위의 개시통제와 관련하여 가장 약한 수단이 신고의무를 부과하는 것으로서, 행위의 개시가 사전적인 허가에 좌우되지 아니한다는 점이 핵심이다. 신고를 하고서 행위로 나

양산함으로써 혼란을 가중시키고 있다.

김남철, 행정법상 신고의 법리, 경원법학 제3권 제3호, 2010.11, 133면: 이러한 의미에서 김남철 교수도 "종래 수리를 요하는 신고는 실제로 허가와 구분되기 어려운 점이 있으므로, 이 가운데 허가와 같이 금지의 필요가 있는 경우는 허가로 전환하여야 한다"고 주장하고 있다.

나선경/박민, "행정 관련법령상 등록과 신고의 개념적 유형화", 공법연구 제41집 제3호, 2013. 2, 360면 이하: 저자들은 "대법원의 판례는 본래적 의미의 신고를 무의미하게 만들고 있다. 등록도 명확한 정의 없이 사용되고 있으며, 학설과 판례도 통일되어 있지 않아 예측가능성이나 명확성의 원칙을 해하고 있다. … 법적 성격과 규제의 정도에 따라 신고·등록·허가를 구분한다면, 규제의 정도가 가장 강한 것이 허가이며, 중간 단계의 규제는 등록, 가장 낮은 단계의 규제는 신고로 정리되어야 하고, 신고는 자기완결적 신고만을 의미하는 것으로 해석하여야 한다"고 주장하고 있다.

47) 박재윤, 신고제와 제3자 보호, 행정판례연구 Vol. 24 No. 1, 한국행정판례연구회, 2019. 6. 49면 이하: 박재윤 교수도 독일에서의 신고제도에 대해서 잘 정리하고 있다. Landesbauordnung für Baden−Württemberg (LBO) in der Fassung vom 5. März 2010: § 51 Kenntnisgabeverfahren (1) Das Kenntnisgabeverfahren kann durchgeführt werden bei der Errichtung von 1. Wohngebäuden, 2. sonstigen Gebäuden der Gebäudeklassen 1 bis 3, ausgenommen Gaststätten, 3. sonstigen baulichen Anlagen, die keine Gebäude sind, 4. Nebengebäuden und Nebenanlagen zu Bauvorhaben nach den Nummern 1 bis 3, 5. ausgenommen Sonderbauten, soweit die Vorhaben nicht bereits nach § 50 verfahrensfrei sind und die Voraussetzungen des Absatzes 2 vorliegen. Satz 1 gilt nicht für die Errichtung von 1. einem oder mehreren Gebäuden, wenn die Größe der dem Wohnen dienenden Nutzungseinheiten insgesamt mehr als 5.000 m2 Brutto−Grundfläche beträgt, und 2. baulichen Anlagen, die öffentlich zugänglich sind, wenn dadurch erstmals oder zusätzlich die gleichzeitige Nutzung durch mehr als 100 Personen zu erwarten ist, wenn sie innerhalb des angemessenen Sicherheitsabstands gemäß § 3 Absatz 5c des Bundes−Immissionsschutzgesetzes (BImSchG) eines Betriebsbereichs im Sinne von § 3 Absatz 5a BImSchG liegen und dem Gebot, einen angemessenen Sicherheitsabstand zu wahren, nicht bereits auf der Ebene der Bauleitplanung Rechnung getragen wurde. … (5) Der Bauherr kann beantragen, dass bei Vorhaben, die Absatz 1 oder 3 entsprechen, ein Baugenehmigungsverfahren durchgeführt wird.

48) 김중권, 정보제공적 신고로서의 집회신고의 공법적 의의에 관한 소고, 안암법학 제43호(2014), 안암법학회, 88면 이하: Walter Schick가 1967년에 발표한 소고에서, 독일연방헌법재판소가 1966년에 1934년의 구 집시법(Sammmlungsgesetz)에 대해서 내린 결정을 바탕으로 하여 신고유보부 금지의 기본구조 및 다른 제도(허용유보부금지와 단순한 신고의무)와의 차이점을 강조하였다. 신고유보부 금지를 통해서, 입법자는 일정한 활동의 실행을 그 활동이 사전이나 동시에 신고 되었는지에 좌우되게끔 만들었다고 지적하였다(Schick, Walter, Das Verbot mit Anzeigevorbehalt, BayVBl. 67, S. 341 ff.).

아가는 경우에 그 대상은 주로 국민이 기본권적인 행동의 자유를 향유하는 것으로서, 여기서 신고는 국민이 행정청에게 알리는 것이다. 신고를 한 후 행위를 하는 경우에는 그러한 행위는 처음부터 유효하다. 다만, 행정청이 그런 행위에 대해서 사후적으로 그 적법성을 심사하고 경우에 따라서는 금지명령을 발하는 것이 배제되는 것은 아니다.[49]

　　건축과 관련하여서 독일 건축법상 국민이 건축이라는 행위로 나아가기 위해서는 첫째, 허가(Baugenehmigung) 내지 간소화된 허가를 요하는 경우(vereinfachte Baugenehmigung), 둘째, 허가는 면제되고 신고는 하여야 하는 경우(Genehmigungsfreistellung, Anzeigeverfahren),[50] 그리고 셋째, 신고도 면제되는 허가면제 건축계획(Genehmigungsfreie Bauvorhaben)의 경우로 구분된다.[51]

　　건축신고는 건축을 하기 위하여 허가를 신청할 필요는 없고, 법령에서 요청되는 사항들에 대해서 신고를 하기만 하면 된다는 뜻이다. 건축신고로 건축을 할 수 있는 건축물은 그 대상이 엄격하게 정해져 있으며, 무엇보다도 지구상세계획과의 부합여부에 터잡고 있다. 신고절차의 적용을 위한 요건은 신고로서 건축을 할 수 있는 건축물의 건축계획(Bauvorhaben)에 대해서 건축계획자와 건축기사가 존재하는 지구상세계획(im Geltungsbereich eines Bebauungsplans)에 부합하고 건축관계법령에 부합하는 등 공법적인 규정의 준수를 담보하는 증명서를 제시하는 것이다. 즉 건축신고는 지구상세계획이 수립된 지역에서만 가능하고, 건축기사가 건축계획을 작성하여야만 한다.

　　독일에서 신고제는 원칙적으로 신고만으로 원하는 행위로 나아갈 수 있도록 하는 것을 전제로 하고 있다. 건축신고가 관할행정청에게 도달되면, 건축을 개시할 수 있는 것을 전제로 하고 있으며 - 다만 건축의 경우에는 보다 신중을 기하기 위하여 - 행정청이 건축 개시를 명하지 않거나 잠정적인 건축금지를 신청하지 않는 경우에는 4주 후에 건축을 개

---

49) Cherng, Ming-Shiou, Verbote mit Erlaubnisvorbehalt im Rechte der Ordnungsverwaltung, 2001, Juristische Schriftenreihe LIT, S. 16 ff.: 이러한 관점에서 신고유보부 금지(Verbot mit Anzeigevorbehalt)라는 용어는 적절하지 아니하다는 견해도 있는데, 왜냐하면 행정청은 사후적으로 신고인의 행위에 대해서 금지명령을 발할 수 있기 때문이라고 한다.

50) 이를 건축신고절차(Kenntnisgabeverfahren; Bauanzeigeverfahren)라고 할 수 있으며, 주의 건축법에 의하면 허가면제라고도 한다.
　　Bauordnung für das Land Nordrhein-Westfalen § 63 Genehmigungsfreistellung.

51) https://www.my-hammer.de/artikel/was-gilt-bauantrag-oder-bauanzeige.html: 함부르크 주에서는 건축신고제도를 폐지하고, 소위 허가면제 건축계획을 도입하였다. 그래서 특정의 건축물은 - 법령상의 규정에 부합되는 한 - 신고나 허가 없이도 건축될 수 있다.
　　BauO NRW § 62 Genehmigungsfreie Bauvorhaben, Beseitigung von Anlagen (1) Nicht genehmigungsbedürftig sind: 1. folgende Gebäude: a) Gebäude bis zu 75 m³ Brutto-Rauminhalt ohne Aufenthaltsräume, Ställe, Toiletten oder Feuerstätten, im Außenbereich nur, wenn sie einem land- oder forstwirtschaftlichen Betrieb (§ 35 Absatz 1 Nummer 1 des Baugesetzbuchs in der Fassung der Bekanntmachung vom 3. November 2017 (BGBl. I S. 3634) und weder Verkaufs- noch Ausstellungszwecken dienen, … .

시할 수 있다.[52] 만약 신고인이 인인의 동의를 첨부하여 신고한 경우에는 신고의 도달 후 2주 후부터 건축을 개시할 수 있도록 규정하고 있다. 신고를 통해서 건축계획을 실행하기 위한 모든 심사의무와 책임은 계획행정청과 건축행정청으로부터 건축주, 건축기사, 감정인으로 이전된다. 허가면제 건축계획의 경우에도 건축물을 건축하기 위해서는 그러한 건축물에 적용되는 법령을 준수하여야 한다.

　건축주는 자신의 책임 하에 법령의 준수 여부에 대하여 심사할 의무를 부담한다. 건축법적 그리고 관계법령상의 규정들을 준수하지 아니한 경우에는 그로 인하여 과태료를 부과 받거나 건축물을 철거하여야 하는 등 법령 위반으로 인한 책임을 부담한다.[53]

　의도한 건축계획이 신고를 하여야 하는 경우라면 건축주는 신고절차와 건축허가절차 사이에서 선택할 수 있다.[54] 독일에서는 건축의 자유를 영위함에 있어서 건축신고를 한 후 건축을 할 것인가 아니면 건축허가를 득한 연후에 건축을 할 것인가에 대해서 사인(私人)에게 선택권이 주어진다. 사인은 건축신고를 한 후에 건축을 할 수도 있지만, 그러나 신고를 한 후에 건축에 나아갔으나 행정청이 사후적으로 심사를 한 결과 신고요건의 미비 내지 위법으로 인하여 받는 불이익은 스스로 부담하여야 하는 것이므로 건축주가 이러한 위험을 피하고자 하는 경우에는 - 신고대상임에도 불구하고 - 허가를 신청하여 허가를 받은 후 건축을 개시할 수도 있다.[55]

　건축 외에 영업과 관련하여서도 신고제를 운영하고 있다.[56] 상설영업(stehendes Gewerbe: 고정장소영업)과 같은 경우에는 국민의 영업의 자유라는 기본권 향유 차원에서 주로 신고제(Anzeigeverfahren)로 운영하고 있다.[57] 이는 기본법 제12조로부터 도출되는 영업

52) 우리 건축법은 제14조(건축신고) 제3항에서 "③ 특별자치시장·특별자치도지사 또는 시장·군수·구청장은 제1항에 따른 신고를 받은 날부터 5일 이내에 신고수리 여부 또는 민원 처리 관련 법령에 따른 처리기간의 연장 여부를 신고인에게 통지하여야 한다. 다만, 이 법 또는 다른 법령에 따라 심의, 동의, 협의, 확인 등이 필요한 경우에는 20일 이내에 통지하여야 한다.<신설 2017. 4. 18.>"라는 규정을 도입하고 있기는 하지만, 여전히 신고를 수리라는 것으로부터 해방시키지 못하고 있다.

53) Schmidt, Rolf, Öffentliches Baurecht, Verlag RS, 2015, Rn. 120.

54) https://www.service-bw.de/leistung: Ihr geplantes Vorhaben nicht verfahrensfrei und liegen die Voraussetzungen des Kenntnisgabeverfahrens vor, können Sie als Bauherr wählen zwischen dem Kenntnisgabeverfahren und dem Baugenehmigungsverfahren.

55) 김중권, 행정법기본연구 I, 법문사, 2008, 126면: 건축주의 관점에서 보아서 건축허가(절차)는 많은 유리한 점을 제공한다. 무엇보다도 존속보호를 통한 안정성(확실성)을 제공한다. 그런데 신고와 허가면제 등을 통한 건축법의 규제완화의 경우, 건축주로선 자신을 그나마 보호해주던 건축허가가 부재하여 존속보호를 더 이상 누리지 못한다. 반면에 건축주가 실체적 규정을 준수해야 하는 데는 변함이 없다.

56) 박재윤, 신고제와 제3자 보호, 행정판례연구 Vol. 24 No. 1, 한국행정판례연구회, 2019. 6, 51면: 박재윤 교수는 영업법상의 영업신고를 정보제공적 신고로 보는 점에 있어서는 다소 견해를 달리 하고 있다. 상설영업의 독립적인 운영을 개시하는 자는 신고하여야 하도록 규율하고 있어서 정보제공적 신고와 행위개시통제적 신고의 성질도 지니고 있다고 보인다(Wer den selbständigen Betrieb eines stehenden Gewerbes anfängt, muss dies der zuständigen Behörde gleichzeitig anzeigen).

의 자유라는 기본원칙에 의하여 영업의 개시는 - 영업법을 통하여 예외 또는 제한이 규정되어 있지 아니한 한 - 모든 자에게 허용되어야만 하기 때문이라고 한다.58) 영업법은 원칙적으로 질서법으로서 위험방지를 목표로 하므로, 입법자는 이러한 유보에 상응하게 규율하고 통제하여야 하는바, 여기서는 신고의무를 부과하는 것을 통해서만 영업의 개시를 통제하는 것에 한정되어야 하기 때문이다. 독일 영업법(Gewerbeordnung) 제14조 제1항59)에 의하면 주민들이 영업을 개시함과 동시에 지방자치단체의 관할기관에게 신고를 하도록 규정하고 있다(anzeigen). 신고의무는 영업의 개시와 동시에 발생한다. 원래의 영업법(안)에서는 자영업을 시작하고자 하는 자는, 그 전에 신고를 하여야만 한다고 규정하였었다.60) 그러나, 관할행정청은 어떠한 영업이 장래에 행해지는 지에 대해서 커다란 관심이 없으며, 또한 영업의 개시 전에 신고를 할 수 있는 권리가 잠재적 영업자에게 부여되어 있는가와 관련하여 - 미리 신고를 하여 놓고 영업을 하지 아니하는 경우도 있을 수 있으므로 - 부정되었기 때문이었다. 그러므로 영업신고는 영업의 개시와 동시에 이루어져야 한다고 규정하게 되었다. 즉, 신고의무는 신고의무의 구성요건이 충족되는 시점에 발생하는데, 다만 그 시점에 정확하게 맞추어서 신고의무를 이행하는 것이 실제적으로는 불가능하기 때문에, 영업자에게는 신고를 위한 적절한 기간이 허용되고 적절한 기간은 영업자가 유책적 지체없이(ohne schuldhaftes Zögern) 행동하는 기간이라고 한다.61)

집회라는 자유를 향유하기 위하여 신고를 하는 경우에도 역시 집회는 신고만으로 할 수 있는 것이다. 독일 집회법(Versammlungsgesetz)에서는 실외집회를 하고자 하는 경우에는 늦어도 48시간 이전에 신고를 하도록 하고 있다. 이처럼 집회를 최소한 48시간 전에 신고하도록 규정하는 것은 신고라는 제도는 신고 즉시 원하는 행위로 나아갈 수 있음을 인정하기 때문에 - 공익을 담보하기 위하여 - 그러한 예방적 규정을 둔 것이다. 만약 신고제에 대해서 수리를 요하는 신고라는 방식과 같이 작동될 수 있다는 것을 전제로 한다면 이러

---

57) BT-Drs. III/318, 14.

58) BeckOK GewO/Leisner, 46. Ed. 1.12.2018, GewO § 14 Rn. 3 f.

59) Gewerbeordnung § 14 Anzeigepflicht, Verordnungsermächtigung (1) 1Wer den selbständigen Betrieb eines stehenden Gewerbes, einer Zweigniederlassung oder einer unselbständigen Zweigstelle anfängt, muss dies der zuständigen Behörde gleichzeitig anzeigen. … .

60) Landmann/Rohmer GewO/Marcks, 80. EL Januar 2019, GewO § 14 Rn. 53: wer den selbstständigen Betrieb eines stehenden Gewerbes anfangen will, muss zuvor Anzeige machen.

61) OLG Düsseldorf GewArch 1998, 242 (242).
   Heß, in: Friauf, § 14 Rn. 15: Eine (vorsorgliche) Anzeige vor Betriebsbeginn o. ä. ersetzt nach dem eindeutigen Wortlaut des § 14 I nicht die Anzeige zum Betriebsbeginn.
   Ehlers in Erichsen, Hans-Uwe / Ehlers, Dirk (Hg.), Allgemeines Verwaltungsrecht, 12. Aufl., 2002, § 1 Rn. 36: 신고를 하여야만 옥외집회를 할 수 있고, 특정의 영업행위를 할 수 있으며, 행정청은 그러한 행위를 심사하고 경우에 따라서는 금지를 할 수 있다.

한 48시간이라는 신고의 효력발생을 늦추는 완충기간을 둘 필요가 없을 수도 있기 때문이다. 신고의 효력발생을 늦추어 놓고 관할행정청은 신고된 집회가 공공의 안전과 질서에 대해서 어떠한 효과를 가져올 지를 판단하여 이를 직접적으로 위험하게 하는 경우 금지시킬 수 있는 것이다.62)

독일에서 존재하는 다양한 신고제도에 대해서 고찰한 결과, 독일에서는 법령상 행위개시통제적 신고의 경우에는 행위개시를 함에 있어서 행정청이 사전적인 통제를 하지는 않고 있으며, 다만 사후적으로 행위의 위법여부를 심사한다는 신고제의 본질에 부합되게 운영하고자 노력하고 있는 것으로 보인다.

신고에 있어서는 원하는 행위로 나아가기 위하여 원칙적으로 일회적이면 족하고, 시기별로 반복하여 할 필요는 없다. 그리고 신고 자체에는 기한을 부가할 수는 없고, 신고로 인하여 나아가는 행위에만 기한이 부가될 수는 있지만, 그러한 행위에 기한을 부가하는 경우에도 충분한 이유가 존재하여야 한다.63)

VI. 결론 - 평석

본 사안에 있어서 문제되는 의료기관 개설신고와 관련하여 개설신고를 불수리한 행정청의 처분은 위법하다는 판례의 결론에는 찬성하는 바이다. 다만, 신고라는 제도를 바라봄에 있어서 판례 스스로 하나의 제도적 모습을 상정할 필요가 있지 않을까 하는 바이다. 그리고 그러한 관점 하에서 신고제도와 관련하여 개별적 타당성 보다는 예측가능성과 법적 안정성의 관점에서 일관된 판결을 내릴 필요가 있지는 않을까 사료된다. 신고제와 관련하여 독일에서의 논의를 통하여 독일에서는 비교적 신고라는 것의 본질을 상정하고 그러한 본질에 입각하여 입법을 하고 행정을 수행하는 것으로 보인다. 즉, 독일법제에서의 행위개시통제적 신고란 신고인이 행정청에게 사실을 알린 연후에 의도하는 행위로 나아가는 것을 전제로 하여 설계를 하고 있다고 사료된다. 우리는 이러한 원형을 상정하지 아니하고

<hr>

62) Versammlungsgesetz § 15 (1) Die zuständige Behörde kann die Versammlung oder den Aufzug verbieten oder von bestimmten Auflagen abhängig machen, wenn nach den zur Zeit des Erlasses der Verfügung erkennbaren Umständen die öffentliche Sicherheit oder Ordnung bei Durchführung der Versammlung oder des Aufzuges unmittelbar gefährdet ist.

63) Vollzugshilfe Anzeige- und Erlaubnisverfahren nach §§ 53 und 54 KrWG und AbfAEV, Rn. 87: Bereits nach der gesetzlichen Konzeption ist die Anzeige einmalig vor Aufnahme der betrieblichen Tätigkeit und nicht periodisch zu erstatten. Eine Befristung der „Anzeige" ist daher nicht möglich. Möglich ist nur eine Befristung der „Tätigkeit". Die Befristung ist dann ein eigenständiger Verwaltungsakt, bedarf also insbesondere einer eigenständigen Begründung.

개별적 사안에서의 타당성에 입각하여 신고제도를 바라봄으로 인하여 신고제로 규정되어 있음에도 (완화된) 허가제로 운영되는 수리를 요하는 신고를 포함시키는 것은 아닌가 사료된다.64) 그런 점에서 본 사안에서의 신고와 관련하여서는 수리를 요하는 신고는 존재하지 아니하거나 존재할 수도 없다는 점을 판례 변경을 통해서 명확하게 밝힐 필요가 있다고 사료된다.

　의료기관 개설신고에 대해서는 수리 여부는 문제되지 아니하며, 신고인인 정신과의사는 신고한 즉시로 의료업을 영위할 수 있으며, 다만 사후적으로 신고와 관련하여 위법사항이 있는 경우에는 행정청이 행정적 조치를 취할 수 있다고 보는 것이 타당하다고 사료된다. 우리 판례에서 신고와 관련하여 간과하고 있는 점은 신고제로 되어 있더라도, 사후적으로는 심사가 가능하다는 점이다. 신고인의 행위에 대해서 신고요건의 미비의 경우에 보완을 명할 수도 있으며, 보완과 동시에 벌칙을 부과할 수도 있다. 신고 후에 행위로 나아간 경우에 위법한 경우에는 행위의 금지 내지 행위의 효력에 대해서 취소할 수도 있으며, 적법하더라도 경우에 따라서는 철회의 법리를 준용하는 방식으로 해결할 수 있을 것이다.65) 아무튼 신고의 본질을 이처럼 신고 후에 사전적 심사가 없이 신고인이 의도하는 행위로 나아가도록 하는 것으로 설정할 필요가 있다고 사료된다. 이렇게 신고를 전제하는 경우에는 이러한 신고의 본질 위에 체계적인 신고법제를 쌓아 올릴 수 있지 않을까 사료된다. 가장 먼저는 신고가 가져올 파급효과에 대해서 보다 쉽게 인지하게 될 것이다. 그러므로, 신고제로 어떤 행위를 할 수 있도록 하는 경우에 신고인이 그러한 행위로 나아갈 것이 전제되므로 그렇게 하더라도 공익이나 제3자의 정당한 이익에 지장이 없는 행위들에 대해서만 신고제로 입법을 하리라 사료된다. 다음으로는 신고제를 규정하는 경우에는 신고가 부정확 내지 불완전하거나 신고요건을 충족시키지 못하는 경우에 대한 대처방안도 법률에서 동시에 규정을 두게 될 것이다. 이와 관련하여 독일의 입법례를 보면, 건축을 신고제로 규정하면서 먼저 공익이나 제3자의 정당한 이익에 대한 침해 우려를 보완하기 위해서 4주

---

64) 학회 토론에서는 수리를 요하는 신고가 허가제와 구별되기 어렵다는 점과 관련하여 수리를 요하는 신고의 독자성을 긍정하는 입장에서 박균성 교수는 수리를 요하는 신고에 대해서는 허가와는 달리 심사권의 범위를 제시된 요건에 한정되는 것으로 보는 점과 형사법적인 차원에서 신고를 요하는 신고에 있어서신고가 불수리 경우에 행위로 나아간 경우에는 무허가와는 달리 무신고행위로는 처벌되지 않는 점을 제시하기도 한다. 또한 한견우 교수는 공익상의 고려의 정도에 있어서도 다를 수 있다고 한다.

65) 대법원 2012.3.15. 선고 2011두27322 판결 【건축신고철회처분취소】 : 1975. 12. 31. 법률 제2852호로 개정된 건축법 시행 이전부터 사실상 도로로 사용되는 토지 위에 제1종 근린생활시설 건물을 신축하는 내용으로 토지소유자 갑이 건축신고를 하였는데 행정청이 이를 수리하였다가 위 토지가 건축법상 도로이어서 건축법에 저촉된다는 이유 등으로 건축신고수리 철회통보를 한 사안에서, <u>위 토지는 개정 건축법 시행 전부터 이미 주민의 통행로로 이용되던 폭 4m 이상의 사실상 도로로서 건축법상 도로에 해당하여 건축할 수 없고, 건물 신축으로 통행을 막지 않도록 해야 할 공익상 요청이 갑의 기득권, 신뢰, 법적 안정성의 보호보다 훨씬 중요하다고 보아 건축신고수리를 철회한 처분이 적법하다고 본 원심판단을 정당하다</u>고 한 사례.

간의 대기기간을 함께 규율하고 그 기간 내에 행정청으로부터 건축금지명령이 발급되지 아니하면 건축으로 나아갈 수 있도록 있는 점과 또한 신고의 요건을 구비하지 못한 경우에 대해서는 과태료 내지 벌칙을 규율하고 있는 점을 참조할 수 있을 것이다. 우리의 입법은 신고제로 하면서도 신고의 본질을 전제로 하지 아니하므로 인하여 신고 대상 행위에 대해서 - 면밀한 검토나 숙고 없이 - 입법자가 자의적으로 규율하고 있지는 않은가 또는 허가의 대상임에도 별다른 고려도 없이 신고 대상으로 변모시키는 우를 범하지는 않은가 하는 문제를 제기해 본다. 이러한 신고의 본질을 이해하고 있다면 건축신고와 같은 것에 인허가의제효과까지 부여하지는 아니하였을 것이다. 수리를 요하는 신고라는 본질에 부합되지 아니하는 '이물질(Aliud)'을 출현시켜서 국민을 피곤하게 만들고 행정하는 행정청도 스스로 괴롭게 하며, 나아가 누구도 이해하기 어려운 제도로서 불필요한 분쟁을 야기시키는 일도 줄어들었을 것이다.

신고제도를 신고의 본질에 터잡아 제대로 확립할 때, 법령을 제정하는 입법부나 행정부에서도 신고제에 대해서 숙고를 하고 입법을 시도할 것이고, 행정부 역시 행정입법이나 실제적인 운용에 있어서 비교적 예측가능하게 운용할 수 있으리라 사료된다.

북한 투자기업의 분쟁해결방안 연구*
: 북한 법을 중심으로

1. 서 론

북한은 1984년 합영법 제정 이후 지금까지 외국인투자 유치를 위해 노력하고 있다. 지난 34년간 수많은 북한투자사례[1])가 있었고, 그 과정에서 다수의 분쟁이 발생했다. 이 논문은 북한 외부에서 북한지역에 투자할 경우를 전제로 분쟁이 발생했을 경우에 북한법 상 어떤 분쟁해결수단이 있는지, 그 각각의 장단점은 무엇인지, 향후 북한에 투자할 기업이 고려해야 할 사항은 무엇인지를 살펴보려 한다. 북한 법령에는 분쟁에 관한 조항이 있다. 예를 들면, 북한에서 외국투자기업이 토지를 사용하기 위한 기본법인 토지임대법 제42조는 "토지 임대와 관련한 의견상이는 당사자들사이에 협의의 방법으로 해결한다. 협의의 방법으로 해결할 수 없을 경우에는 조정, 중재, 재판의 방법으로 해결한다"고 규정함으로써 협의, 조정, 중재, 재판으로 분쟁해결제도를 열거하고 있다. 외국투자와 관련한 분쟁에 대해 북한법이 규정한 내용은 이 규정과 대동소이하다.

그 동안의 연구결과에 의하면, 북한에서 민사분쟁이 발생하였을 경우에는 대부분 소송외적 방법으로 해결되었다고 한다.[2]) 북한 내에도 민사재판이 있지만 이혼 및 부양료사

---

* 이 논문은 <통일과 법률> 통권 제37호(법무부, 2019.2.)에 게재된 논문으로 「최광률 명예회장 헌정논문집」에 전재하는 것이다.
** 북한학박사, 변호사
1) 남한기업의 북한투자현황을 살펴보면, 대우의 합영사업을 시작으로 남한정부로부터 남북협력자 사업승인을 받은 사업은 2011년말 기준으로 365개 사업이다. 이중 291건은 개성공단 입주사들이고 내륙지역 및 금강산관련 승인 기업수는 74건이다. 내륙지역 투자기업은 평양에 28개 업체로 녹십자의 유로키나제조업, 국양해운의 남북물류사업, 평화자동차의 자동차제조업, 평양대마의 섬유사업 등이 있다. 김한신, 2019 북한투자 가이드, 2018, 서교출판사, 60면 참조. 한편 2014년까지 라선경제무역지대에 등록된 외자기업은 150개이고 투자액은 4.1억 유로인데 대부분 중국기업이 투자한 것이라 한다. 김미란, "북한라선경제무역지대 투자분쟁해결에 관한 연구",홍익법학, 제19권 제3호, 2018, 329면 참조
2) 북한이탈주민을 상대로 한 연구에 따르면, 북한에서 민사분쟁이 발생하였을 경우에는 법기관에 신고한다(25%), 당기관에 신고한다(9%), 주변사람의 도움을 받아 자력으로 해결한다(55%), 당간부의 도움을 받는

건 등 가사사건이 큰 비중을 차지하고 민사분쟁은 비중이 낮다.[3] 또한 북한의 재판제도
또는 중재제도의 운영실태가 외부에 잘 알려져 있지 않아 분쟁해결에 대한 신뢰성이 높지
않고, 북한에 민법과 민사소송법이 존재하지만 일반인의 사유재산이 극히 제한적으로 인
정되고 개인의 자유로운 법률관계 형성이 이루어지지 않고 있기 때문에 민사소송사건이
많지 않다. 비교사례로 통일이전 동독은 북한에 비하여 활발한 사경제활동을 허용하였고
사유재산도 비교적 광범위하게 인정하였지만 통일 직전 민사소송건수는 서독에 비해 7분
의 1미만이었다.[4]

이런 상황에서 북한지역에 투자하려는 외부 투자자는 분쟁발생시 합리적인 해결방안
이 있는지 의문[5]을 갖게 될 것인바, 이를 적절히 해소시키는 것은 북한투자의 승패에 중
대한 영향을 미칠 것이다. 한편 남한의 분쟁해결제도는 세계적으로도 높은 평가를 받고 있
는바,[6] 남한의 경험을 적절히 활용할 필요도 있다.

이 논문에서는 북한법이 규정하는 각각의 분쟁해결제도가 어떻게 작동되는지, 외국인
투자기업에게는 어떤 의미가 있는지를 살펴본다. 이를 위하여 먼저 분쟁해결제도와 관련
된 선행연구를 살펴보고, 이어서 외국인투자기업 관련한 실제 분쟁사례를 살펴본다. 다음
으로 북한법상 분쟁해결제도를 살펴본 후 실제 사례 연구의 경험을 통해 각 분쟁해결제도
별 적용가능성을 검토하고, 이어서 분쟁해결제도의 장래를 전망하고자 한다.

2. 선행연구 검토

북한 투자 관련 분쟁해결방안에 대한 선행연구는 크게 북한의 외국인투자법제에 규정

다(10%)는 것으로 공식적인 절차에 비하여 비공식적 대응방안 모색이 더 많았다. 경남대 극동문제연구
소, 북한이탈주민 법의식 사례연구, 통일부 연구용역보고서, 2011, 79면

3) 이런 주장의 근거는 구 동독의 사례이다. 구 동독에서 민사분쟁사례는 다른 사회주의 국가에 비해 많은
   편이었지만 사건유형별로 분류해보면 이혼, 부양사건등 가사사건의 비중이 재산분쟁에 비해 훨씬 높은
   편이었다. 법원행정처, 북한사법제도 개관, 1996, 189면

4) 신현윤, "남북한 민사분쟁해결방안에 관하여", 남북교류협력 법제연구(II), 법무부, 2007, 398면

5) 투자자들이 가질 수 있는 의문으로는, 수용에 대한 법적 보호, 투자유인 조건의 보장, 공정한 사법절차의
   보장이 있을 수 있고, 이런 의문은 북한법으로 보장하기에는 한계가 있으므로 투자보호협정을 체결하는
   것이 중요하다는 연구가 있다. 김병필, "북한의 경제개발구 투자에 대한 법적 보호장치 검토", 통일문제
   연구, 2015 하반기 제27권 2호 참고

6) 2018년 세계은행 기업환경평가에서 평가대상 190개국 중 남한은 5위를 차지하였고, 북한은 평가대상에
   포함되지 않았다. 부문별로 볼 때 남한의 법적분쟁해결은 2위로 평가되었는데, 평가항목의 세부지표는
   시간, 비용, 사법절차의 효율성 지수인데, 남한은 낮은 소송비용과 효율적인 소송절차로 인해 상위권을
   유지하고 있다. 특히 온라인을 통한 소송절차 진행과 화해와 조정등 대체적 분쟁해결제도 도입이 좋은
   평가를 받았다. 기획재정부 보도자료, "2018년 세계은행 기업환경평가, 한국 5위"(2018.10.31.자)

된 분쟁해결제도에 관한 연구, 남북교역 및 경협 과정에서 발생한 분쟁해결제도에 관한 연구로 나누어 볼 수 있다. 전자는 다시 북한의 대외경제중재법의 내용 및 개선방안 등에 관한 연구,[7] 라선경제무역지대법 등 경제특구법 상 분쟁해결제도에 관한 규정 내용에 관한 연구[8]로 나눌 수 있고, 후자는 다시 남북상사중재제도에 관한 연구,[9] 개성공단에서 발생한 분쟁해결제도에 관한 연구[10] 등으로 나눌 수 있다.

한편, 위와 같은 범주에는 포함되지 않으나, 북한 투자 관련한 분쟁해결방안을 비교법적 견지에서 검토한 연구들도 있는데, "중국과 대만 양안 간의 경제교류 협력을 위한 투자분쟁해결 제도와 남북경협에 있어서의 시사점"(양효령, 2017),[11] "중국해협양안중재센터 중재규칙의 특징과 남북상사중재위원회 중재규칙제정의 시사점"(양효령, 2018)[12]과 같이 남북한의 관계처럼 특수 관계에 있는 중국과 대만 간에 마련된 투자분쟁해결제도의 연구를 통해 남북 간 투자분쟁해결 방안을 모색하는 연구가 있다. 또한 베트남의 외국인투자법제와 북한의 외국인투자법제를 비교한 연구(정영화, 2007)[13]도 있다.

---

7) 김광록, "북한의 대외경제중재법에 관한 연구," 법학연구, 2004; 김석철, "북한대외경제중재법의 실효성 고찰," 중재연구,제18권 제1호, 2008; 신현윤, "북한 대외경제중재법 개정의 주요 내용과 집행상의 문제점," 저스티스, 154호, 2016; 최석범, "북한 대외경제중재법의 문제점과 해결방안에 관한 연구," 관세학회지 제8권 제1호, 2007; 최석범, "북한의 중재법의 주요 특징과 시사점," 중재연구, 제17권 제3호, 2007 등

8) 김미란, "북한라선경제무역지대 투자분쟁해결에 관한 연구 – 중재의 실효성을 중심으로", 홍익법학 ,제19권 제3호, 2018; 정영화, "北·中間의 經濟特區 投資法制의 懸案과 展望 (라선·황금평 경제특구 개발법제)", 동북아법연구, 제8권 제3호, 2015 등

9) 양병회, "남북경제교류협력에 따른 상사중재제도의 문제점", 한국중재학회, 1995 ; 원용수, 남북간 상사중재제도 운영방안, 통일부, 2004 ; 김연호 외 4명, 2004년도 남북상사중재 정책세미나 및 학술발표논문집 : 남북한 경제교류 확대에 따른 상사분쟁 해결촉진, 한국중재학회, 2004 ;박종삼, "남북중재규정에 따른 상사분쟁해결에 관한 소고," 『중재연구』 15(1), 2005 ; 최석범 외 4인, "남북상사중재위원회 운영상의 문제점과 활성화방안 ," 한국중재학회, 2007 ; 이주원, "남북상사중재에 있어 중재인 선정방식에 관한 연구," 한국중재학회, 2008; 박필호, "Structural Flaws in the Commercial Dispute Settlement Mechanism between North and South Korea(남북한 간 상사분쟁 해결제도의 구조적 결함에 관한 연구)", 법학논총 제33권 제2호, 2009; 김광수, "남북상사중재 제도 활성화를 위한 남북협력방안 – 북한의 대외경제중재법(1980) 평가를 중심으로", 중재연구 제21권 제1호, 2011; 강병근, "남북상사중재위원회 구성·운영 활성화방안", 중재연구 제14권 제1호, 2004; 김광수, "개성공단에서의 남북상사중재위원회 구성·운영에 관한 연구", 중재연구 제24권 제2호, 2014; 김상호, "남북상사중재기구의 운영과 실행과제", 중재연구 제18권 제2호, 2008; 서정일, "남북상사중재위원회의 법적성격 및 효율적 운영방안에 관한 연구", 기업법연구 제19권 제4호, 2005; 법무법인(유)태평양, 남북상사중재 준거법 결정방안, 법무부, 2007.

10) 박덕영·강승관, "개성공단 투자보호와 분쟁해결제도의 개선방안 고찰", 통상법률 제92호, 2010; 박은정, 개성공업지구 노동분쟁해결을 위한 제도적 틀잡기에 관한 연구, 이화여자대학교 법학연구소, 2008; 신현윤, "개성공단 외국기업 투자활성화를 위한 법제도 개선방안 : 투자보장과 분쟁해결절차를 중심으로", 저스티스 제154호, 2016; 이철수· 박은정, "개성공업지구 노동분쟁해결제도의 모색," 북한법연구회, 2008; 임성택, 개성공업지구의 분쟁해결을 위한 사법제도, 법무부, 2011; 이주원· 신군재, "개성공단에서의 분쟁해결을 위한 중재규칙의 제정방향", 국제상학 제22권 제3호, 2011; 최기식, 개성공단의 국제화 선결과제로서의 상사분쟁 해결 제도화 방안, 법무부, 2014 등

11) 법학연구, 제27권 제4호, 2017. 12.

12) 중재연구, 제28권 제2호, 2018. 6.

선행연구 중에 북한의 외국인투자법제에 규정된 분쟁해결제도에 대한 연구는 북한법에 대한 연구로서, 북한에서 외국인투자를 유치하기 위해 제정한 외국인투자법제에서 어떤 내용으로 분쟁해결제도를 규정하고 있는지 분석하는 것이 주요 내용이다. 이러한 연구들은 대부분 북한의 외국인투자법제 상에 규정되어 있는 북한의 분쟁해결제도, 즉 협의, 중재, 재판, 신소 중에서 중재 내용에 집중을 하고, 북한의 대외경제중재법, 북한의 중재제도 등에 대한 내용을 검토하고 그 한계점을 제시한다. 즉, 대부분 북한의 대외경제중재법 내용에 집중하고 있어, 북한 내 사법절차 제도인 재판, 신소 등에 대한 연구는 중재제도에 비해 부족하다. 또한 중재절차가 진행되기에 앞서 협의로 분쟁을 해결하는 부분에 대하여도 북한에서 어떤 절차나 모습으로 분쟁 당사자 간 협의를 진행하는지, 관련 사례에 대한 연구가 없는 것도 아쉬운 점이다.

남북교역 및 경협 과정에서 발생한 분쟁해결제도에 관한 연구는 2000년 <남북 사이의 상사분쟁해결절차에 관한 합의서>가 채택된 이후로, 남북상사중재제도, 남북상사중재위원회에 관한 연구가 주를 이룬다. 또한 개성공업지구가 본격적으로 가동되고, 개성공업지구 내에서 발생하는 투자분쟁에 관한 연구도 활발히 이루어졌다. 이러한 연구들이 2013년 9월 11일 체결된 <개성공단에서의 "남북상사중재위원회 구성·운영에 관한 합의서"이행을 위한 부속합의서>와 이후 구성된 남북상사중재위원회의 구성과 운영에 기초 연구자료로서 기여를 했다고 평가할 수 있을 것이다. 다만, 남북상사중재위원회가 2014년 3월 13일 개성공업지구 지원센터에서 제1차 개성공단 상사중재위원회 회의를 개최한 이후로 운영되지 않고 있는 상황에서, 향후 남북상사중재위원회가 재구성되고 운영되기 위해서는 기존에 검토된 문제점과 개선방안 등에 대한 면밀한 재검토 및 최근 이루어진 비교법적 연구의 내용도 반영할 필요가 있을 것이다.

또한, 선행연구에서 큰 비중을 차지하고 있지는 않으나, 북한의 사법제도에 대한 연구도 북한 투자 관련 분쟁해결방안 모색에 참고할 만한 선행연구라고 할 수 있다. 본 논문은 기존 선행연구에서 북한의 대외경제중재법의 연구를 통한 중재제도 내용 및 문제점을 지적한 것에서 범위를 넓혀, 북한의 사법절차 내에서 재판, 신소, 조정 등의 분쟁해결제도를 활용하는 방안도 검토하는 것을 목적으로 하고 있으므로 이러한 선행연구들도 유의미하다고 본다. 그 예로서 "북한의 상사분쟁 해결제도에 관한 연구"(김상호, 2002), "북한에서의 민상사 관련 분쟁해결을 위한 법 시스템"(류승훈, 2010) 등이 있다.

마지막으로 북한의 사법제도나 중재제도 외에 국제분쟁해결절차를 활용하는 방법에 대한 선행연구도 참고할 수 있다. 즉, 북한 투자 관련 분쟁이 북한과 투자자 간의 분쟁의

---

13) 정영화, 북한의 외국인투자법제의 문제점과 개선방안: 베트남 외국인투자법제와 비교를 중심으로, 법제처, 2007

범주에 들 경우, 투자자－국가소송제(ISD: Investor－State Dispute)를 활용하는 방안에 대한 연구들이 있다. "북한의 경제개발구 투자에 대한 법적 보호"(김병필, 2015)와 같은 연구는 투자자－국가소송제를 도입하여 북한 투자에 대한 분쟁해결을 할 수 있다고 제시하고 있고, "우리 기업의 대북투자 보호 강화 방안에 대한 연구: 남북투자보장합의서 개정의 필요성을 중심으로"(안미진, 박사학위논문, 2014)와 같은 연구 역시 남북투자보장합의서를 국가가 투자보호협정으로 보고, 이를 개정하는 방안을 모색하고 있다.

지금까지 언급한 선행연구들은 대부분 법제연구나 비교법적인 연구들이고, 실제 분쟁 사례를 검토하여 기왕의 분쟁해결제도를 검토하거나 대안을 제시한 연구는 찾아보기 힘들다. 북한이라는 연구대상 자체가 가지는 자료와 정보의 폐쇄성에 기인하는 것이고, 이를 극복할만한 방법이 현재로서는 쉽게 보이지 않는 측면이 있다.

본 연구는 이와 같은 문제의식에서 최대한 북한 투자 관련한 분쟁사례를 찾아 정리하고, 이를 통해 북한 투자 관련 분쟁의 합리적 해결방안을 모색하는 것을 연구 목적으로 한다.

3. 분쟁사례

투자관련 분쟁의 형태는 다양한바, 몇 가지 유형으로 분류하여 사례를 검토한다. 계약 체결단계와 계약이행 중 변경, 불완전이행, 계약파기 등 시간 순으로 분쟁을 나누어 살펴보고, 이어서 제3국의 재판기관이나 남한 법원을 이용한 사례도 살펴본다.

(1) 양해각서(MOU)체결 단계의 분쟁 사례

중국의 '훈춘창리(創力)해운물류유한회사'는 2010년 북한 나진항을 중국 내항으로 이용하는 것으로 중국 정부로부터 정식 허가를 받고, 2014년 5월까지 나진항 1호 부두 정비 및 시설투자에 1억 위안을 투자하였다. 그런데 북한의 나진항 대외사업부서 관리는 홍콩 봉황위성TV의 나진선봉 관련 다큐멘터리에서 "현재 나진항에 중국전용 부두는 없다. 중국이 그렇게 말하는 것이지 정식으로 빌려준 적은 없다"고 인터뷰를 했다. 이에 대하여 중국 측은 "북한투자계약서에는 약속한 기한 내 투자가의 투자가 이행되지 않을 경우, 투자 철회 또는 다른 기업에 위임한다는 내용이 명시되어 있어 나진항 1호 부두를 사용하고 있는 훈춘창리 회사에도 이러한 계약 내용이 적용될 가능성이 있을 것"이라며, 북한 관리의 인터뷰 내용을 분석하고 있다.[14]

이 사안에서 실제로 중국이 투자한 금원을 회수하였는지, 북측과의 분쟁이 어떻게 처리되었는지 여부를 확인하지는 못하였지만, 이 사안을 통해 보면 북한과 투자계약을 함에 있어서 기한 내 투자 조항을 지키지 못하면, MOU 단계에서 사업계약이 철회되거나 다른 기업에 위임될 수 있는 계약 조항이 있는지, 그 당시까지 지출한 금액의 배상을 받을 수 있는지 여부 등을 명확히 할 필요가 있다.

(2) 계약 변경으로 인한 분쟁 사례

[양평합영회사 사례 : 중국 시양그룹과 북한 영봉연합회사 간 분쟁][15]

중국 시양그룹과 북한 영봉연합회사는 2006년 10월 북한 옹진철광의 철광석을 가공해 철 함유량을 높인 철광석을 생산하는 사업을 하기로 하고, 설비와 자금은 시양그룹이 투자하고(75%), 토지와 광물은 북한이 현물로 투자(25%)하여 '양평합영회사'를 설립하였다. 2007년부터 2011년까지 중국 시양그룹은 총 422억원(한화)을 투자하였고, 2011년 철 함유량이 67%에 이르는 고급 분광 3만톤 가량 생산이 가능하게 되었다. 한편, 이 과정에서 북한은 2008년경 광산개발에 25%의 '자원세'를 추가로 부과하기로 하자, 2009년 중국 시양그룹은 기존 투자금 포기, 사업 철수 의사를 밝혔다. 이에 북한은 당초 계약대로 조건을 이행하라고 하여 2011년까지 양평합영회사는 계속 사업을 추진하였으나, 2011년 9월경, 북한이 일방적으로 '북·중 근로자 동일 임금', '토지 임대료와 공업용수 사용료, 자원세 부담', '오·폐수 배출 금지' 등을 포함한 새로운 요구 16개를 제시하여 분쟁이 발생하게 되었다.

2011년 10월경, 북한 주재 중국대사관과 북한 조선합영투자위원회 주선으로 분쟁을 협의로 해결하려고 하였으나 실패하였다. 이후 북한은 2012년 계약 해지 통보를 하고, 시양그룹의 현장 직원 10명에 대한 추방조치를 한 것으로 알려져 있다. 2012년 8월경, 시양그룹은 중국 포털사이트 바이두에 이러한 분쟁발생과 계약 해지 단계에 대한 내용을 게시하였고, 북한에 대해 3,120만 달러(약 345억원)의 보상금을 지불할 것을 촉구하였다. 같은 해 9월경, 북한은 조선합영투자위원회 대변인 담화를 통해 '시양그룹이 계약이 발효된 때로부터 4년이 되도록 자기의 출자의무를 현물적으로 50%정도 밖에 하지 못함 점', '계약 쌍방은 1단계 투자완료시간표와 조업문제를 두고 협의하였으나 합의를 이루지 못한 점', '시양그룹이 분쟁 책임의 중요한 논거로 제시하고 있는 16개의 조항문제에 대하여 법률적

---

14) 투자자들이 가질 수 있는 의문으로는, 수용에 대한 법적 보호, 투자유인 조건의 보장, 공정한 사법절차의 보장이 있을 수 있고, 이런 의문은 북한법으로 보장하기에는 한계가 있으므로 투자보호협정을 체결하는 것이 중요하다는 연구가 있다. 김병필, "북한의 경제개발구 투자에 대한 법적 보호장치 검토", 통일문제연구, 2015 하반기 제27권 2호 참고

15) 노컷뉴스, 중국 시양그룹, "대북 투자실패 파문확산" (http://www.nocutnews.co.kr/news/961724)

견지에서 해석하여 본다면 쌍방 계약서에 "조선민주주의인민공화국 합영법에 기초하여 맺는다."라고 합의하였으므로 그에 맞게 계약을 이행하는 것은 당연한 계약상의 의무인 점', '시양그룹이 시제품 판매대금 처리와 관련하여 해당 재정관리규범에 따른 대금처리절차를 무시하고 중국 내에서 자기의 채무해결을 위한 독단적인 처리방안을 주장한 점' 등을 들어 시양그룹에게 계약 파기 및 분쟁의 책임이 있다고 주장하였고, 또한 "일반적으로 경제거래 관계에서 발생하는 분쟁해결은 계약의 해당 중재조항에 따라 처리하는 것이 국제적 관례이며 상업적 윤리"라고 하며, 북한은 국제투자관계를 발전시켜나갈 것이라고 담화를 발표한 바 있다.

이 사안은 중국 측에서는 북한이 일방적으로 계약 내용을 변경하여 이에 따라 부득이 계약을 해지하게 되었다고 주장하고, 북한 측에서는 중국이 양측이 체결한 계약 내용을 이행하지 않았고, 양측이 체결한 계약은 북한의 합영법에 맞게 체결하고 그에 따라야 하는데, 중국 측이 북한의 합영법에 따른 의무를 위반하여 계약을 이행하지 않았다고 주장한 사안이다. 이렇게 쌍방 당사자 간의 계약불이행 책임에 대한 주장이 엇갈린 가운데, 북한 주재 중국대사관과 북한 조선합영투자위원회 주선으로 협의로 분쟁을 해결하려 하였으나 결렬되었고, 이후 조정이나 중재 등의 분쟁해결절차를 거쳤는지 여부는 확인되지 않고 있다.

이 사안을 통해 알 수 있는 것은 북한은 계약 체결 이후 북한 당국의 자원세 부과 등 새로운 정책이 시행될 경우 이를 기존에 맺은 계약에 적용한다는 점, 즉, 북한 정부의 정책의 변화로 인한 계약의 변경이 불가피해지는 상황이 발생한다는 점, 둘째, 북한이 외자 유치를 통해 사업을 진행할 경우 계약서에 '합영법에 기초하여 맺는다'라는 조항이 있을 경우, 이를 투자자가 위반할 경우, 위 조항을 들어 계약 불이행 책임을 물을 수 있다는 점, 마지막으로 계약 당사자간 분쟁이 발생했을 경우, 북한은'계약의 해당 중재조항에 따라 처리하는 것이 국제적 관례이며 상업적 윤리'라고 한 바, 북한 측 입장은 분쟁해결에 있어 협의가 되지 않을 경우 중재를 통한 해결을 고려하고 있다는 점이다.

[북한 노동자의 임금 인상 요구 사례]

계약내용의 변경으로 인한 분쟁 사례 중의 하나로서, 북한이 북한 노동자에 대한 임금인상을 요구하는 경우가 있다. 북한은 2014년 3월 경, 중국 연변 지역 파견 북한 노동자에 대한 월 임금을 미화 300달러로 요구한 사례[16]가 있고, 개성공업지구에서는 월 최저임금을 개성공업지구관리위원회와 총국(북측)이 합의하여 5%의 범위 내에서 최저임금을 인상할 수 있도록 규정(개성공업지구 노동규정 제25조)한 바 있는데, 2014년 이 규정을 개정하여 최저임금상한규정을 폐지한 바 있다. 이에 따라 북측은 개성공업지구 입주기업들이 고

16) (사)남북교류협력지원협회 뉴스레터 vol16 참조(http://www.sonosa.or.kr/newsinter/vol16/sub6.html)

용한 북한 근로자의 월 최저임금을 기존 70.35달러에서 74달러로 해줄 것을 통보하였고, 이는 5.18%의 상승률로서 기존에 합의한 5%의 범위를 벗어난 것이어서 남측과 북측 간에 이와 관련한 분쟁이 발생하였다. 개성공업지구 사례는 2015년 당국 합의로 개성공단 최저임금을 월 70.35달러에서 월 73.87달러로 5% 범위내로 인상하는 것으로 일단락되었다.

이러한 사례를 통해, 북한은 계약체결 이후 법률 개정을 통해 변경된 내용을 북한에 진출한 외국기업들에게 요구할 가능성이 있는바, 향후 북한 투자에 있어 북한 노동자를 고용하거나, 해외파견 북한 근로자를 고용하는 경우에 이런 점을 미리 예상하고 관련 조항을 계약서에 명시하도록 할 필요가 있다.

[나선특구 진출 중국 기업에 대한 퇴출 통보 사례]

2015년 8월경, 북한 당국은 나선 특구 내 중국기업에 토지사용료 10 배 인상 및 토지임대기간 축소(기존 50년에서 20년으로)를 통보하였다. 즉, 같은 해 7월부터 기존 계약의 효력이 상실되었음을 통보하고, 위와 같은 새로운 조건을 받아들이지 않을 경우 기존 공장은 압류된다고 통지한 것이다. 또한 중국인 사업가들의 범법사항(휴대폰 차명 사용, 음란물 유포, 간첩혐의 등)에 대하여 단속을 엄정하게 하는 등의 압박을 하였다.[17]

(3) 북한의 계약 불이행 사례

[북한 무연탄 수입 시 중량미달 사례]

2014년 11월경 중국의 산둥성 룽커우(龍口)항 출입국 검사 검역국은 북한산 무연탄이 16차례 연속으로 당초 계약한 양보다 적게 수입되었다고 발표하였다. 부족한 무연탄의 양은 총 1,432톤에 달하며 금액으로는 8만 8천달러(약 9,600만원 상당)로 발표된 사례이다. 당시 중국 정부는 자국 기업 보호를 위해 유사사례 방지를 위한 권고를 발표하였는데, 우선 관련 업계에서 신용도가 낮은 북한 업체에 대한 명단 작성하여 배포하고, 북한 기업과 계약서 작성 시에는 화물을 하역하는 지역의 관할 검사감정기구가 발행한 증명서를 대금 결제 근거로 삼도록 권고하였다.[18]

위와 같은 북측의 계약 불이행의 경우, 중국이 손해배상청구를 하였는지 여부는 알 수 없으나, 중국 정부가 발표한 '유사사례 방지를 위한 권고' 내용을 통해 북한과의 거래에 있어 계약서에 구체적인 대금 결제 근거 등을 규정하는 것이 중요하다는 점을 알 수 있다.

---

17) (사)남북교류협력지원협회 뉴스레터 vol32 참조(http:// www.sonosa.or.kr/newsinter/vol32/sub6.html)
18) (사)남북교류협력지원협회 뉴스레터 vol24 참조(http://www.sonosa.or.kr/newsinter/vol24/sub6.html)

[중국과의 어업권 이중 계약 사례]

2004년 북한의 장성택이 관리하던 승리무역과 중국의 바오화그룹은 압록강 하구에 있는 신도양식장을 공동 운영하기로 합의하고 합영계약을 체결하였으나, 2016년 2월경 북한 군부가 관리하는 무역회사로 알려진 조선성산경제무역연합회사는 위의 계약을 일방적으로 파기하고 새 사업자인 중국의 룬정그룹과 계약을 체결하였다. 이에 대하여 해당 기업은 평양 주재 대사관을 통해 북측에 항의하였으나 별다른 진전이 없었다.[19]

위 사례는 북한 내 정치상황의 변화로 기존 사업권을 다른 기관이 뺏는 경우에 발생할 수 있는 형태인바, 북한 투자에 있어서 대상 사업권에 대한 이중 계약이 이뤄진 경우에 어떤 형태의 분쟁해결절차를 통해 손해배상을 청구하거나 계약의 이행을 보장 받을 수 있는지 검토되어야 한다.

(4) 제3국의 사법기관 또는 중재기관을 통한 분쟁 해결

[남북한 사이에 제3국의 중재절차를 이용하기로 한 사례]

2000년 8월 22일 현대아산과 조선아시아태평양위원회 사이의 '경제협력사업권에 관한 합의서'에는 북경의 국제경제무역중재위원회 중재판정에 따라 분쟁을 최종 해결하기로 합의하였다.[20]

[중국법원의 판결에 따르기로 합의한 사례]

2015년 10월 1일, 북한 측 공해상에서 남한 선박이 북한 어선 두루봉 3호를 충돌한 사건이 있다.[21] 이 사안에서 북측은 남측에 손해배상청구를 하였는데, 일반적으로 공해상에서의 선박충돌로 인한 손해배상청구는 준거법이 문제가 되는데, 이 사안의 경우 양측이 중국 법원의 판결에 따르기로 합의하였고, 그 합의에 따라 중국법원이 손해배상액을 결정한 것으로 알려져 있다.

---

19) (사)남북교류협력지원협회 뉴스레터 vol39 참조(http:// www.sonosa.or.kr/newsinter/vol39/sub6.html)
20) 신영호, "남북간 민사분쟁 해결방안", 남북교류협력 법제연구(II), 법무부 2007, 353쪽 참조
21) 중앙일보, "부산해경, 북한어선 충돌 선박 특정…경위 수사" (https://news.joins.com/article/18809011, 검색일 2018/12/11)

(5) 북한이 해외 당사자를 상대로 소제기 내지 중재신청을 한 사례

[조선보험총회사(Korea National Insurance Company) v Allianz 사건22)]

조선보험총회사는 북한의 보험회사로서 고려항공과 보험계약을 체결하고, 알리안츠(다른 재보험자들 포함)와 재보험계약을 체결하였다. 보험기간은 2004년 11월 1일부터 2005년 10월 31일까지이었다. 재보험계약에 따르면, 적용법과 관할은 북한이며, 보험금 청구가 유로로 들어오면 유로로 지급하고, 북한 돈으로 청구되면 북한 돈 160원 당 1유로 환율로 환전하여 유로로 지급("Currency Conversion Clause")하기로 하였다. 그런데, 2005년 7월 9일, 고려항공의 응급의료 헬리콥터에 의해 병원 창고가 부서지는 피해가 발생하였다. 2006년 1월 23일 고려항공은 조선보험총회사에 자신들이 병원에 북한 돈 7.353,600,000원의 피해금액을 지불하였다며 이를 청구하였고(대물손해 7.200.000.000원, 대인손해 9.600.000원, 144.000.000원의 비용을 합함), 2006년 3월 6일 고려항공은 조선보험총회사를 상대로 중재절차를 진행하여 총 합계 금 7,301,932,137원을 지급하라는 결정을 받았다. 조선보험총회사는 같은 해 7월 20일에 고려항공에 이 금액을 지급하였다. 조선보험총회사는 Currency Conversion Clause에 따라 이를 유로로 환산하여 총 45,657,076유로를 재보험사인 알리안츠에 청구하였고 알리안츠는 이를 거절하였다. 이에 따라 조선보험총회사는 평양 법원에 소제기하여 판결을 받고, 이 판결을 집행하기 위해 영국에 소를 제기한 사건이다. 소송은 영국법정에서 항소까지 진행된 후 4천만 유로를 지급받는 판결을 받았다. 북한은 소송대리인으로 영국 법률회사 엘본 미첼의 변호사들을 고용하였다.

[조선정명무역회사(JY, Korea Jonmyong Trading Co)
 v Sea-Shore Transportation Pte Ltd(SST)사례23)]

2001년 2월 15일, 조선 정명무역회사는 Sea－Shore Transportation Pte Ltd(이하 "SST")와 인도네시아산 고속디젤 3,000MT(1MT당 USD 215)을 구매하는 계약을 체결하고, 기한은 2001년 2월 중에 북한 남포항에 화물이 도착하는 것으로 하였다. 그런데, 일부 물량만이 2001년 6월 7일에야 남포항에 도착하였고, 더욱이 품질이 계약한 수준의 품질보다 하급의 물품이 배송되었다.

이에 조선정명무역회사는 SST를 상대로 USD 1,515,494의 손해배상을 청구하였다. 이 사건은 싱가포르 법원에서 진행되었고, SST는 자신들의 계약 위반 사실을 인정하고, USD

---

22) "유럽보험사, 北 헬기사고 관련 보험금 4천만 유로 지급"(http://www.nocutnews.co.kr/news/527679)
 "영국법정, 북한 대형사고 보험금 지급문제 논란"(http://www.nocutnews.co.kr/news/242306)
 판례 참조 (http://www.nadr.co.uk/articles/published/ArbitLRe/Korea%20v%20Alianz%202007.pdf)

23) https://www.singaporelawwatch.sg/Results/PID/426/mcat/442/acat/1/evl/0/nsw/a/EDNSearch/jonmyong

600,500 달러 배상에 합의한 사례이다.

(6) 남한 법원을 통한 분쟁해결 사례

1) 지식재산권 관련 분쟁사례

남한과 북한 사이에 지식재산권 관련 분쟁이 다수 있었다. 특히 저작권관련 분쟁이 많았으며 북한저작물을 남한에서 이용한 것에 대하여 남한 법원에서 소송이 제기된 경우가 대부분이다. 향후에는 남북한 사이의 특허, 상표 등 분쟁도 가능하고, 남한의 저작물이나 상표, 특허 등이 북한에서 무단 사용될 가능성도 있으므로 이와 관련된 분쟁이 생길 수도 있다. 기왕에 발생한 분쟁사례로는 아래와 같은 것이 있다.

[두만강 사건24)]   월북하여 사망한 작가 A의 작품을 남한에서 무단 출판한 경우에, 작가의 상속인으로 북한의 갑과 남한의 을이 있는데 남한의 을이 단독으로 침해자를 상대로 저작권침해금지가처분을 신청한 사건에서, 법원은 남한 헌법에 의하여 제정된 저작권법은 당연히 북한에 미치고, 남한의 상속인도 저작권을 준공유하므로 보존행위로 방해배제 가처분신청이 가능하다고 판결하였다.

[동의보감 사건25)]   남한 법원은 재판과정에서 저작권자가 누구인지를 남북경제문화협력재단에 사실조회하였고, 재단은 다시 북한의 저작권사무국에 문의하였으며, 이에 사무국은 보건부동의원이 저작권자이고 과학백과사전종합출판사는 출판권자에 불과한 것으로 회신하였는데, 남한 법원은 북한의 회신을 참고하여 판결하였다. 이 사건은 북한 내에서 일어난 사실관계에 대해 북측을 통하여 증거조사를 한 사건이다.

2) 개성공단에서 발생한 분쟁

[개성공단에서 북한주민이 남한주민으로부터 불법행위 피해를 입은 사례26)]

2005년 12월 금강산관광지구에서 음주상태의 남한주민이 승용차를 운전하다가 북한 군인 3명을 치어 그 중 1명은 사망하고, 2명은 중상을 입는 사고가 발생하였다. 가해 운전자의 사용자가 피해를 배상하였고, 이후 사용자가 한국 법원에 보험회사를 상대로 소송을 제기하여 북측에 지급한 손해배상합의금의 일부를 보험금으로 청구하였다. 북한 지역에서 발생한 사고에 대하여 남한 법원에 소송을 제기할 경우 재판관할권과 준거법이 문제가 될 수 있는데, 위 사례에서 소송당사자인 원고와 피고 모두 남한주민(법인)이어서 쟁점이 되지는 않았다.

---

24) 서울지방법원 1989.7.26.선고 89카12692 결정
25) 서울고등법원 2006.3.29.선고 2004다14033 판결
26) 광주지방법원 목포지원 2007. 10. 23. 선고 2006가합1539 판결

[개성공단에서 남한주민이 북한주민으로부터 불법행위 피해를 입은 사례[27)]]

이 경우는 피해자가 남한주민이고, 불법행위지가 북한지역이며, 가해자는 북한주민인 사례인데, 보험금 지급 관련한 구상금 청구소송이 원고는 피해자, 피고는 북한의 개성공업지구관리위원회를 대상으로 제기된 사례이다. 이 사안에서 피고의 항변으로 관리위원회는 북한법인이므로 당사자능력이 없다는 주장이 제기되었는데, 남한 법원은 헌법상의 영토조항의 존재, 남한법률인 <개성공업지구 지원에 관한 법률>에 따라 피고의 법인격이 인정된다는 이유로 피고의 항변을 배척하였다.

[개성공업지구 내 건물인도청구 사건[28)]]

원고와 피고 모두 북한 개성공업지구법에 의해 설립된 현지기업으로서 법적으로는 북한법인이다. 또한 소송의 대상이 되는 목적물이 북한에 소재하고 있고, 원고가 승소할 경우에 북한에서 집행이 가능한지도 쟁점이 된 사건이다. 피고는 재판관할권 항변을 하였다. 대법원은 <개성공업지구 지원에 관한 법률>의 규정 등을 근거로 남한 법원이 이 사건에 관한 재판관할권을 가지고 있다고 인정하였다.

앞서 본 바와 같이. 개성공업지구 내에서 발생한 법적 분쟁은 북한의 개성공업지구법에 따르면 협의, 남북 사이에 합의한 상사분쟁해결절차, 중재, 재판을 통해 해결할 수 있다(개성공업지구법 제46조). 그런데 현실에서는 상사분쟁해결절차나 중재제도가 작동되지 않고 북한 재판소에 재판을 신청해 본 경험이 없음에 따라 대안으로 남한 법원에 소송을 제기하는 방식으로 해결하고 있다. 현재 북한지역에서 일어난 남한주민과 북한주민간의 법적 분쟁에 대하여 남한 법원에 소송이 제기되었을 경우, 남한 법원은 남한 법원에 재판관할권이 있고, 남한법이 준거법이 될 수 있다는 입장으로 재판을 진행하고 있다. 그런데 향후 남북 간 교류가 활성화되는 과정에서 현재의 남한 법원 판결이 그대로 유지될 수 있을지는 알 수 없다. 한편 개성공단 분쟁은 공단 내에 특별재판소 등을 마련하여 일원적이고 체계적으로 처리하자는 논의가 있고, 대안으로 지역적 특성을 고려해 고양지원에서 처리하자는 의견도 있다.

(7) 소결

북한투자 분쟁사례를 유형별로 분류해 보면 매우 다양하다. 분쟁을 해결하기 위해 북한 내 분쟁해결제도가 선택된 경우도 있지만 그 밖에 제3국의 중재기관이나 제3국의 법원을 통

---

27) 서울중앙지방법원 2015. 9. 18. 선고 2015나3562 판결
28) 대법원 2016. 8. 30. 선고 2015다255265 판결

한 경우도 있고 남한 법원을 통해 해결한 경우도 있다. 이러한 사정을 보면, 북한도 특정한 분쟁해결방법을 고집하지는 않는 것 같다. 분쟁해결은 경제적인 문제인 만큼 합리적인 해결이 가능하다면 어떤 분쟁해결방법이라도 선택할 수 있을 것이다. 아래에서 북한의 분쟁해결제도를 하나씩 살펴본 후 앞서 본 분쟁사례와 관련하여 어떤 분쟁해결제도가 바람직한지 검토해 보고자 한다.

4. 북한법상 분쟁해결제도 검토

(1) 협의(協議)

북한법에는 대개 법령의 뒷부분에 분쟁해결이란 제목 하에 분쟁해결방법을 정한 규정을 두고 있는데, 공통적인 내용은 협의를 가장 우선적인 해결방법으로 규정한 것이다. 그런데 구체적으로 협의를 어떻게 하는지에 대한 내용은 없다. 법에서 정한 '협의의 방법'이란 당사자간 직접 협의를 통한 분쟁의 해결노력은 물론이고 당사자간 협의노력이 성공할 수 있도록 북한의 중재기관이 개입하여 알선이나 조정을 시도하는 경우도 포함된다는 견해[29]가 있고, 분쟁의 원만한 해결을 위해 협의를 강조하는 국가로는 중국이 있다.[30] 협의 단계에서는 상대방의 체제와 논리에 대한 이해에 기초하여 공존과 호혜의 자세로 협상을 풀어나갈 필요가 있고 엄격한 상호주의를 고집하기 보다는 장기적인 이익을 고려한 대승적인 문제해결의지를 가져야 한다는 견해[31]도 있다. 또한 투자협정에서는 통상 사건이 발생한 후 일정기간이 경과해야 중재를 제기할 수 있다는 냉각기간을 두거나 일방이 중재를 제기하기 전에 중재제기 의사를 상대방에게 서면으로 통보하게 하는 의사통보기간을 두고 있는바, 이는 협의에 의한 우호적인 분쟁해결 기회를 주기 위한 것이다.[32]

법에서 정한 협의를 분쟁의 직접 당사자인 투자의 쌍방당사자들이 자유롭게 협의하는 것으로 보는 것에서 한발 나아가 법령이 정한 '협의'의 의미를 찾으려 노력해 볼 필요도 있다. 필자는 북한법령상 협의와 관련한 조항을 찾고 그 조항을 활용하여 협의시 따라야 할

---

29) 김상호, "북한의 상사분쟁 해결제도에 관한 연구", 국제무역연구, 제8권 제2호, 2002, 33면
30) 1979년 체결된 미국과 중국 무역협정 제8조와 한국과 중국간 한중무역협정 제8조에는 중재 전 단계 의 분쟁해결 노력으로 당사자간의 우의적 협상이나 조정을 강조하고 있다. 김상호 위 논문, 33면
31) 정응기, "남북경협사업과 투자분쟁의 해결", 법학논총, 제20집 제2호, 2013, 813면
32) 정응기 위 논문 813면, 한중일 BIT 제15조 제1항에는 4개월의 냉각기간, 한미 FTA 제11.16조에는 90일의 의사통보기간과 6개월의 냉각기간을 두고 있고, 냉각기간과 의사통보기간은 별도로 연이어 진행되는 것이 아니라 동시에 진행될 수 있다고 한다.

일응의 기준을 정하려 한다. 북한 대외경제계약법은 제5장에서 '대외경제계약위반에 대한 책임과 분쟁해결'이라는 제목 하에 10개의 조항을 두고 있는바, 이 조항들을 협의시 활용할 수 있다. 보다 구체적으로 살펴보면, 계약을 어긴 계약당사자가 책임을 지며(제33조), 손해보상청구기간은 계약에서 정하거나 조약을 따르며 그것이 없을 경우에는 민사시효기간 내에 할 수 있다(제35조). 손해배상을 받으려는 계약당사자는 먼저 손해배상청구서를 상대편에게 내야하는데 이때 계약서번호, 계약대상, 손해의 형태와 범위, 보상청구근거, 요구조건을 밝히고, 관련된 공증문건을 첨부해야 한다(제37조). 만일 손해배상청구를 받은 상대방이 보상을 거절하는 경우에는 거절하는 통지를 하여야 한다(제38조). 이상과 같은 대외경제계약법의 내용은 실제 투자분쟁이 발생하여 협의할 때 활용할 수 있을 것이다. 우선 누가 계약을 어겼는지를 밝힌 후 일방은 법에서 정한 내용을 포함한 청구서를 상대방에게 보내야 할 것이다. 만일 투자자가 보낸 청구서에 대해 북측 계약상대방이 협의에 불응할 경우에는 대외경제중재법 조항을 근거로 책임 있는 답변을 요구할 수도 있을 것이다. 분쟁사례 중에서는 <북한 노동자 임금인상 요구 사례>, <나선특구 중국기업 퇴출통보 사례> 등에서 기존 계약의 변경을 요구하는 북측에서 먼저 변경의 이유와 요구조건을 밝히는 문서를 보내고, 그에 대하여 상대방이 통지를 하는 절차를 거치면서 협의를 진행할 수 있을 것이다.

향후 투자가 본격화되면 사안별로 분쟁의 특성을 고려한 다양한 형태의 협의가 시도될 것이고, 이런 사례들이 축적됨에 따라 협의절차나 방법도 점차 다양해지고 합리적으로 변모해갈 것이다. 향후의 연구과제로는 실제 협의사례를 유형별로 분류하여 협의절차와 그 과정에서 발생한 문제점을 경험적으로 연구할 필요가 있다.

(2) 신소(伸訴)

북한의 권리구제방법 중에는 신소가 있다. 예컨대, <외국투자기업 및 외국인세금법> 제73조는 "외국투자기업과 외국인은 세금납부와 관련하여 의견이 있을 경우 중앙세무지도기관과 해당 기관에 신소할 수 있다. 신소를 접수한 해당 기관은 30일 안으로 요해처리하여야 한다"고 규정한다. 이 규정에 의하면, 세금관련 분쟁의 해결은 원칙적으로 신소로 하여야 한다.

신소제도를 규율하는 법으로는 신소청원법[33]이 있다. 신소는 "자기의 권리와 이익에 대한 침해를 미리 막거나 침해된 권리와 이익을 회복 시켜줄 것을 요구하는 행위"이다(동법 제2조). 공민이나 기업소 등은 정당한 이유와 근거가 있는 한 기관, 기업소, 단체에 신소

---

33) (사)남북교류협력지원협회 뉴스레터 vol18 참조(http://www.sonosa.or.kr/newsinter/vol18/sub6.html)

를 제기할 수 있고, 신소를 접수한 기관 등은 정확히 등록하고 요해 처리할 의무를 부담한
다. 재판 또는 법적 제재를 받은 것과 관련하여 제기된 신소의 요해 처리는 최고인민회의
상임위원회가 직접 할 수 있다(동법 제22조 1호). 또한 행정경제사업, 행정경제일군의 사업
방법, 작풍과 관련한 신소의 요해처리는 내각과 지방정권기관, 해당기관, 기업소, 단체가
한다(동법 제22조 제2호). 재판, 중재, 공증과 관련한 신소는 재판기관이 요해처리한다(동조
제4호). 신소에 대해 요해처리를 끝낸 기관 등은 요해처리문건을 작성하여야 하고, 해당 중
앙기관은 제기된 신소에 대해 처리를 결정한 경우 기관 등에 신소처리통지문건을 보내어
집행하게 하고, 그 통지를 받은 기관 등은 문건에 지적된 대로 집행하고 그 결과를 보고하
여야 한다(동법 제35조).

　　북한의 신소제도를 남한과 비교하면, 행정기관에 대한 이의신청이나 행정심판에 준하
는 절차로 볼 수 있다. 행정심판과 행정소송제도가 없는 북한에서 신소제도는 행정기관의
처분 등 공권력행사에 대하여 준사법적 판단을 구할 수 있는 유일한 방법이다.[34] 하지만
신소는 독립적인 지위에 있는 제3의 기관이 판단하는 것이 아니라 그 기관의 신소청원사
업부가 담당하므로 독립성에 한계가 있다.

(3) 조정(調停)

　　조정의 사전적인 의미는 "분쟁을 중간에서 화해하게 하거나 서로 타협점을 찾아 합의
하도록 함."이고, 북한에서 조정이란 "분쟁해결을 위하여 제3자가 조정인이 되어 당사자들
이 서로 화해 또는 타협하도록 노력하는 행위"이다(대외경제중재법 제2조 제9호). 북한에서
대외경제분쟁은 조정의 방법으로도 해결할 수 있는데, 조정결정은 해당사건에 대하여 재
결과 같은 효력을 가진다(동법 제48조). 재결의 효력은 재결문을 작성한 날부터 발생하며(동
법 제55조), 만일 책임 있는 당사자가 재결문에 지적된 의무를 제때에 이행하지 않거나 불
성실하게 이행할 경우 상대방 당사자는 직접 또는 중재위원회를 통하여 재판기관 또는 해
당 기관에 재결집행을 신청할 수 있다(동법 제61조). 조정도 분쟁해결제도의 하나인데, 실제
로 이 절차로 분쟁을 해결한 사례는 발견하지 못하였다. 조정사건이 거의 없었는지, 혹은
조정의 성질상 비공개로 처리되는 경우가 많아 공개되지 않은 것인지는 알 수 없다.

　　한편 남한은 민사조정법이 있고 조정에 의해 분쟁이 해결되는 경우가 많은 편이다.
또한 특별법으로 <의료사고 피해구제 및 의료분쟁 조정 등에 관한 법률> 등에서 조정절
차를 규정하고 있다. 의료분쟁조정법에 의하면, 법인으로 한국의료분쟁조정중재원을 설립

---

34) 최진영 외, "개성공업지구 조세제도 개선방안", 통일법제특별위원회 연구보고서, 서울지방변호사회, 2018,
　　179면 참조

하고 그 산하에 의료분쟁조정위원회를 두고 조정을 진행한다. 조정부의 조정결정은 문서로 하고, 사건번호와 사건명, 당사자 및 대리인의 성명과 주소, 결정주문, 신청의 취지, 결정이유, 조정일자를 기재하며, 결정이유에는 주문의 내용이 정당함을 인정할 수 있는 정도의 판단을 표시하여야 한다(동법 제34조). 조정부가 조정결정을 한 때에는 그 조정결정서 정본을 7일 이내에 신청인과 피신청인에게 송달하고, 송달을 받은 신청인과 피신청인은 그 송달을 받은 날부터 15일 이내에 동의 여부를 조정중재원에 통보하여야 한다. 이 경우 15일 이내에 의사표시가 없는 때에는 동의한 것으로 본다. 조정은 당사자 쌍방이 조정결정에 동의하거나 동의한 것으로 보는 때에 성립한다. 성립된 조정은 재판상 화해와 동일한 효력이 있다(동법 제36조). 조정은 쌍방당사자의 동의를 전제로 분쟁을 해결하는 방식이며, 국가가 조정기관의 설립에 적극 관여하는 특징이 있다. 이런 남한법상의 조정제도 특성을 대북투자분쟁에서 활용하여, 북한 당국 주도로 투자분쟁을 전담하는 조정기구를 구성하고 이 기구를 통해 투자분쟁을 간이하고 신속해 처리할 수 있을 것이다.

(4) 중재(仲裁)

북한의 중재제도는 외국적 요소를 기준으로 중재법과 대외경제중재법으로 이원화되어 있다. 중재법에 의한 중재제도는 기관, 기업소 같은 사회주의적 소유조직이 인민경제계획을 수행하는 과정에서 발생하는 시비를 가리는 국가재판활동이나 행정활동으로서 자본주의 법제 하에서 일반적으로 사법상 분쟁을 해결하는 중재제도와는 다르다.35) 한편 대외경제중재법(1999년 제정되고 2008년, 2014년 개정)에 의한 중재는 투자분쟁과 같은 외국적 요소가 있는 사건을 취급한다. 대외경제중재는 외국적 요소와 당사자들 사이의 중재합의가 있는 대외경제 거래과정에서 발생한 분쟁을 재판소 판결이 아닌 중재부의 재결로 해결하는 분쟁해결제도이다. 외국적 요소란 "당사자들 가운데 어느 일방이 다른 나라의 법인, 개인이거나 업무장소, 거주지, 주소지 또는 분쟁재산이나 중재장소가 다른 나라에 있는 것 같은 다른 나라와 연관되는 조건들"(동법 제2조 제5호)이다. 중재사건은 중재제기, 중재부 구성, 심리, 재결 및 집행의 순서로 진행된다. 한편 대외경제분쟁의 해결기관으로는 상설중재기관으로 무역, 투자 등의 분쟁을 담당하는 조선국제무역중재위원회, 해상경제활동분쟁을 담당하는 조선해사중재위원회, 컴퓨터쏘프트웨어 분쟁을 담당하는 조선콤퓨터쏘프트웨어중재위원회가 있다(동법제3조). 대외경제중재법의 개정을 분석해 보면, 2008년 개정에서 UNCITRAL(United Nations Commission on International Trade and Law)의 국제상사중재모

---

35) 태원우 외, "개성공단에서 분쟁해결을 위한 제도 정비방안", 통일법제특별위원회 연구보고서, 서울지방변호사회, 2018, 196면 참조

델법을 상당부분 수용했고, 2014년 개정에서는 외국인투자유치를 염두에 두고 대외중재의 법적 안정성과 구체적 타당성을 추구하였다는 분석이 있다.[36] 2014년 개정법은 개념을 명확히 하여 해석상 논란을 줄였으며, 중재합의의 대상과 범위도 확대하였고, 또한 중재심리 과정에서 당사자 자치성을 보완하고 재결의 집행과 관련하여 신속성과 구체적 타당성을 보장하려는 노력을 하고 있다.

중국 연변대학 연구자는 현재 북한의 사법상황을 고려할 때 외국적 요소가 있는 사건 재판에서 북한 재판소는 전문성과 능력에 대한 신뢰도가 낮기 때문에 투자자입장에서는 재판보다는 중재를 선택할 가능성이 높다고 평가하며, 중재의 장점으로는 절차적인 유연성, 신속성, 간편성을 들고 있다.[37] 또한 이 연구는 북한 대외경제중재법의 문제점으로 중재합의를 함에 있어 자주권이 제약된다는 주장을 한다. 즉, 북한은 대외경제계약을 함에 있어 대외경제계약법의 규제를 받기 때문에 중재합의를 할 것인지 여부에 대해 해당기관의 승인을 받아야 할 수도 있고, 또한 동법 제18조에서 국가안전 혹은 국가경제이익에 손해를 주는 계약과 사기, 강요에 의하여 체결한 계약은 무효라고 규정하였는데 여기서 국가경제이익을 판단하는 기준이 명확하지 않기 때문에 중재합의를 부정할 우려가 있다는 견해를 제시한다.[38] 분쟁사례 중 <양평합영회사 사례>가 중재신청으로 진행되지 못한 것이 중재합의가 되지 못하였기 때문일 가능성도 있다. 그런데 대외경제중재법에 의하면, 중재합의는 계약서에 포함시킬 수도 있고 분쟁발생 후에 합의할 수도 있는바, 김미란이 우려한 점은 사전에 계약을 함에 있어 중재조항을 명확히 함으로써 극복할 수 있을 것이다.

한편 남북 당국은 <남북사이의 상사분쟁해결절차에 관한 합의서>(2000.12.)와 <남북상사중재위원회 구성 운영에 관한 합의서>(2003.10.)를 채택하여 중재위원회 구성, 기능 등에 관하여 합의한 바 있다. 동 합의서를 개성공단에 실제 적용하기 위하여 2014.3.13. '개성공단 상사중재위원회 운영을 위한 제1차 회의'를 개성공단에서 개최하여 남북 간 중재인 명부 교환, 중재규정 제정 등 구체적인 문제를 협의하였으나, 북측이 중재규정 제정은 북측의 입법주권에 관한 사항이므로 북측에서 제정하여야 한다고 주장하는 등 상호 인식차이가 커 접점을 찾지 못한 채 종료되었다.[39] 향후 남북상사중재의 실질적 구현을 위해서는 상사분쟁의 대상, 중재인의 자격 및 선정, 준거법의 결정, 중재절차, 중재판정과 취

---

36) 신현윤, "북한 대외경제중재법 개정의 주요 내용과 집행상의 문제점", 저스티스, 제154호, 2016, 207면 참조, 이 논문은 대외경제중재법의 주요내용을 설명하고 있다. 이 논문에서는 북한의 개정에도 불구하고 여전히 불확정 개념이 다수 있기 때문에 실제 적용이 어떻게 이루어질지 예측하기 어려운 문제가 있다고 지적한다.

37) 김미란, 위 논문 330면 참조

38) 김미란, 위 논문 331−332면 참조. 이 밖에도 북한 중재기관의 독립성이 보장되지 않을 우려가 있고, 중재원 선정 등에서 중재위원회의 권한이 지나치게 확대되는 등 미비한 점이 있다고 한다. 332−334면 참조

39) 이강우 외, 개성공단 운영실태와 발전방안: 개성공단 운영 11년의 교훈, 통일연구원, 2017. 175−176면 참조

소, 중재판정 승인절차 등을 구체적으로 만들 필요가 있다. 이때 상사분쟁의 대상이 무엇인지에 대해서는, 상사분쟁의 의미를 포괄하고 상사중재대상을 넓히기 위해서 상사분쟁 개념을 명확히 하거나 '남북 사이에 경제교류·협력과정에서 생기는 법률분쟁'으로 수정하자는 견해가 있다.[40] 남북상사중재위원회가 실제 가동시 발생할 사건은 남측 사업자의 북측 정부 및 북측 기업에 대한 손해배상 청구 등이 주종을 이룰 것으로 예상되는바, 이런 이유로 북한은 남북상사중재위원회 가동에 소극적이었고 그 동안의 진행은 남측의 정책적 의지에 의한 것이었다는 평가[41]가 있다. 향후 남북경협이 재개될 경우에는 남북상사중재위원회의 활성화가 선결되어야 할 것이다.

(5) 재판(裁判)

북한에서 재판을 담당하는 기관은 재판소이고, 재판소는 판사와 인민참심원에 의해 구성된다. 재판의 독립성에 대하여 헌법에서 재판소는 재판에서 독자적이며 재판활동을 법에 의거하여 수행한다고 규정한다(사회주의헌법 제166조). 판사와 인민참심원은 선거권을 가진 공화국 공민이 될 수 있다고 규정한다(재판소구성법 제6조). 특히 판사의 경우에는 '해당한 자격이 없는 자는 판사로 될 수 없다'(동법 제6조 후단)고 규정하고 있다. 실제 북한의 판사는 김일성종합대학 법학부 법학과에서 5년간 정규법학교육을 받고 재판소에서 실습생, 지도원, 재판서기, 집행원, 보조판사 등의 업무를 5년 이상 수행하던 자 중에서 선출되는 경우가 많다고 한다.[42] 북한의 재판소는 최고재판소, 도(직할시)재판소, 시(구역), 군인민재판소의 3급 2심제를 취하고 있다. 북한에서 1심 재판은 원칙적으로 참심제에 의하는데, 인민참심원은 1년에 14일 동안 재판에 참여하며 그간의 임금, 노동 보수 및 여비는 인민참심원이 소속하는 기관 등이 부담한다. 제1심 재판은 판사인 재판장 1인과 인민참심원 2인의 합의제로 행하고, 1심 재판에 대한 상소 및 항의에 대해서는 상급재판소의 판사 3인으로 2심 재판을 한다.

민사분쟁 처리에 관한 기본 법률인 민사소송법은 1976년 제정된 이래 2016년에 이르기까지 9차례 개정되었다. 과거 북한 민사소송법은 당사자처분권주의 및 변론주의를 배척하고, 검사가 민사소송에 깊이 관여하고, 일반대중도 참여하고, 1심 관할분배에 대한 기준에 명확하지 않는 등 문제가 있었는데, 최근 2016년 개정법에서는 이런 요소들이 대폭 변화하였다.[43] 연구자 중에는 북한의 사법제도를 활용하는 것도 중요하다고 지적하는 분이

---

40) 태원우 외, 위 논문 214면 참조
41) 오현석, "동일법제 공동세미나 토론문", 2018 통일법제 유관부처 공동학술대회 자료집, 98면 참조
42) 이은영, "북한의 사법제도 개관:북한의 변호사제도를 중심으로", 통일법제특별위원회 연구보고서, 서울지방변호사회. 2018, 17면

있는바, 북한의 사법절차에 당사자로서 적극 참여하여 실체적, 절차적 권리를 주장함으로써 북한의 사법제도를 정확하게 파악하고 그의 투명성과 민주성을 제고할 수 있기 때문이라 한다.[44)]

(6) 북한 변호사 활용방안

북한에도 변호사가 있다. 근거법령은 1993년 제정된 변호사법이며, 변호사 조직으로는 변호사에 대한 지도와 통제를 담당하는 조선변호사회 중앙위원회가 있고, 도·시급 변호사 조직으로 평양시의 고려법률사무소와 평양법률사무소, 사회과학원 법률연구소 산하의 평양대외민사법률상담소 및 기타 법률상담소가 있으며 라선시에 한 개의 법률사무소가 있다. 2018년 기준 중앙위원회에 등록된 변호사수는 500여명이고 그 중 평양시에서 활동하는 변호사가 200여 명이다.[45)] 변호사는 변호인, 소송대리인, 민사법률행위의 대리인, 기관, 기업소, 단체의 법률고문으로 활동하며 법률상담과 법률적 의의를 가지는 문서를 작성, 심의한다(동법 제3조). 북한 내에 있는 다른 나라 법인과 개인도 변호사의 법률상 방조를 받을 수 있다(변호사법 제4조). 변호사는 자기가 수행한 사건의 중요성, 결과 등을 고려하여 변호사보수를 받을 수 있으나, 보수는 변호사가 의뢰인으로부터 직접 받을 수는 없고 변호사위원회가 보수를 수령한다. 변호사는 원칙적으로 보수를 받는 직무를 겸직할 수 없으나 법학학위 소지자는 변호사를 겸직할 수 있다.

변호사가 가진 권리(동법 제9조)에는 "변호에 필요한 증거를 수집확인하며 증거를 보존하여야 할 특별한 이유가 있을 경우에는 재판에 앞서 재판소에 증거를 심리하여 줄 것을 신청할 수 있"고, "해당 기관, 기업소, 단체와 공민에게 변호에 필요한 증거문서, 증거물의 열람과 제출을 요구할 수 있"으므로 외국투자자로서는 분쟁발생시 북한 변호사를 통해 증거를 수집하고 재판을 진행업무를 위임할 수도 있을 것이다.

---

43) 자세한 내용은 이은영, 위 논문 17-27면 참조

44) 정응기, "개성공업지구에서의 투자분쟁해결", 2018 통일법제 유관부처 공동학술회의 자료집, 81면 참조, 다만 필자는 북측 법원의 소송을 통하여 분쟁을 해결하는 것은 많은 시간과 위험이 따르고 집행의 문제까지 고려하면 현실적인 해결책이 되기 어렵다는 견해를 취하면서 남북상사중재절차가 실효적인 분쟁해결제도라 주장한다.

45) 이은영, 위 논문 58면, 위 논문에는 변호사의 권리와 의무에 대한 자세한 내용이 포함되어 있다.

5. 효과적인 분쟁해결방안 모색

(1) 북한 내 분쟁해결제도의 실태와 변화방향

2018년 대한변호사협회가 최근 탈북한 50명의 탈북자를 심층면접을 통하여 시행한 실태조사에 의하면, 자기 재산을 빼앗기게 되거나 피해를 당한 경우 빼앗긴 재산을 되찾고 피해를 변상 받으려면 어떻게 해야 하느냐는 질문에 17명의 응답자 중 10명(58.9%)이 사실상 별다른 방법이 없다는 대답을 하고 있으며, 북한에서 빼앗긴 재산을 되찾거나 피해를 변상받기 위해서 재판을 하거나 재판을 해서 재산을 되찾는 것을 본 적이 있느냐는 질문에 대하여도 45명(90%)의 응답자가 본적이 없다고 대답했다.[46]

한편 북한법상 보장되는 재산권과 경제활동의 범위를 살펴보면, 사회주의헌법 제24조에서 개인소유를 보장한다고 하면서, 노동에 의한 사회주의분배와 텃밭경리 등에서 나오는 생산물 등 합법적인 경리활동을 통해서 얻은 수입을 보호하고 상속권도 인정한다. 또한 민법 제58조(개인소유의 성격과 원천), 제59조(개인소유권의 대상), 제60조(개인소유권의 담당자와 그 권한), 상속법 제2조에서 개인소유에 대한 규정을 두고 있으나, 개인소유의 범위는 남한에 비하여 매우 제한적이다.

지금까지 연구된 바에 의하면, 북한 내에서 개인소유가 제한적인데다가 사법권이 개인소유를 보장하는 제도로 제대로 기능하지 못하고 있는바, 북한에서는 민사재판제도가 분쟁해결제도로서 제대로 기능하지 못하고 있다고 판단된다. 또한 현재까지 북한의 민사판결이나 중재결정문 등이 입수된 적이 없기 때문에 북한분쟁해결기관의 수준을 평가할 자료도 없다. 필자가 추측하기로 북한 사법당국은 사적분쟁 특히 투자관련 분쟁을 해결한 경험이 절대적으로 부족할 것으로 보이고 그 결과 투자분쟁을 해결할 전문성도 부족할 것으로 보인다.

최근 외국인을 통해 북한법조의 현실이 조금씩 알려지고 있다. 미국변호사의 경험에 의하면, "북한로펌은 3군데가 있는데 모두 국가 소속이고, 특허로펌도 있고 미국의 많은 회사들이 이미 특허 등록을 하였다(HP나 인텔 등). 북한은 법이 상당히 선진화 되어 있으나 집행에 문제가 있고 가장 문제가 되는 것은 재판제도(court system)로 형사 법원만 제대로 운영될 뿐 민사와 상사 분쟁사례(civil and commercial dispute)는 전무하다시피 하다. 중재기관은 3군데로 해운, 철도, 국제무역 중재기관이 있다. 연간 40~60개의 중재 케이스가 진행된다. 북한법은 스웨덴 법의 영향을 많이 받았다."고 한다.[47]

---

46) 이재원, "경제적 자유", 북한인권백서, 대한변호사협회, 2018, 353면
47) 2018.10. 미국로펌 limnexus에 근무하는 James Min 변호사와 대담한 자료

중국 변호사의 접촉사례로는, 2018년 10월 16일 평양에서 중국−북한 로펌간 세미나 행사가 개최되었는데, 언론보도 요지는 아래와 같다.[48] 중국더헝로펌(德衡律師)은 평양에서 북한의 대외경제부 산하 고려로펌과 '조선과 중국 변호사 법률제도 비교 토론회'를 개최하고 상호협력을 강화하기로 하였다. 북한 경제특구에 투자하려는 기업들을 위해 법률, 무역, 외국인 직접투자에 대한 설명과 논의가 이뤄졌으며 양측의 민법과 상법, 경제특구법에 대한 정보가 교환되었다. 북한변호사들이 자국의 법률제도에 대해 외국과 논의한 것은 이번이 처음이며 중국변호사들이 북한에서 세미나를 개최한 것 또한 처음이다. 이번 세미나에서 북중간 경제특구법, 국제 무역 및 외국인 투자법의 차이점을 집중적으로 논의해 향후 북한의 대외 개방에 대비한 준비 작업임을 시사했다. 북한대외경제로펌은 25명의 변호사가 근무하는데 외국인 투자유치를 위해 영어, 러시아어, 일본어, 중국어 서비스가 가능하다. 한편, 더헝은 10월 10일에 중국 북경에서 고려 로펌과 함께 세미나를 개최했는데 북경 주재 조선대외경제투자협력위원회측도 관여했다. 북한에는 약 500여명의 변호사가 있고 이중 200명이 평양에 있으며 북한 변호사들 대부분은 형사 민사 분야에 집중돼있어 상법을 잘 아는 변호사는 많지 않다고 한다. 기업의 해외 진출에 있어 법률 서비스가 필수적이라는 점을 감안하면 이번 행사는 중국에서 북한 투자를 위한 준비가 이뤄지고 있음을 시사한다.

북한변호사의 대외접촉은 시작단계로 보이는바, 향후에는 남한 변호사들(변호사단체 포함)과 교류할 필요가 있다. 대북투자가 본격화될 경우, 남한기업이나 남한을 근거로 한 외국기업의 진출이 상당할 것인바, 이때를 대비하기 위해서는 남북 상호간에 법실무 경험을 공유할 필요가 있다. 이를 위하여 남북한 법조인 교류가 장려되어야 하고, 그 방법으로 남한 또는 제3국에서 개최되는 국제행사에 북한 변호사 참여를 유도하는 방안을 모색할 필요가 있다. 법조교류에는 정부 차원의 관심과 지원도 필요하다.

(2) 신소제도 활용가능성

신소청원법의 내용을 살펴보면, 외국투자와 관련된 분쟁에 대해서도 신소가 적용될 여지가 있다. 특히 재판이나 중재 등과 관련하여 권리가 침해되었다고 주장하는 경우에도 신소제도를 이용할 수 있다고 하므로, 분쟁해결과정에서 불이익을 입은 경우에는 이 제도의 활용을 고려할 수 있다. 다만 현실적으로 외국투자기업이 신소제도를 이용한 사례가 있

---

48) 북중밀월가속 … 무역투자확대겨냥법률공조나서(2018.10.18.,연합뉴스)
  ; Chinese,NKlawfirmsmeetontraderules(2018.10.17.,GlobalTimes); 德衡律师集团在北京组织举办中朝律师法律制度比较研讨会(北京德和衡律师事务所, 2018−10−12); 德衡律师集团 Website. 북한측참석자 : 정일남 변호사(조선변호사중앙위원회 부회장, 조선고려법률사무소 소장), 서송 변호사(조선고려법률사무소 소속)

는지 확인하지 못하였기 때문에 구체적인 운영 실태는 알 수 없다. 이번 연구에서는 신소도 향후 북한 진출시 고려 가능한 분쟁해결방법 중의 하나라는 점을 확인하였다는데 의미를 찾고 향후 이 분야의 연구를 기대한다.

북한에서 신소제도의 형성과 역할변화를 연구한 논문49)을 살펴보면, 신소50)가 차지하는 의미와 역할의 변화를 알 수 있다. 북한은 '우리식 사회주의'를 표방하고, 주체사상을 강조하는 방식으로 사회를 구성해왔다. 주체사상이 종교성을 강화하기 시작하면서 수령에 대한 절대적 복종과 충성을 강요당한 북한주민은 자신들의 존재를 지도자와 수직적 관계로 이해하게 되었다. 그와 동시에 주변의 동료와 이웃과는 다소 평등하고 독립적인 관계가 되었다. 이런 구조에서 신소는 지도자와 인민 사이의 직접적 소통이 가능하다는 신화를 사회 전체에 확산시키는 역할을 하였다. 인민은 신소를 통해 자신들의 곤경을 지도자가 해결해 줄 수 있다는 의식과 태도를 갖게 되었으며, 또한 신소는 당 간부에 대한 불신과 일상적인 불만을 해결하는 수단으로 기능하였다. 그런데 경제사정의 변화에 따른 시장화의 확산이라는 사회변화를 겪으면서 종래의 인식이 변화를 겪게 되었다. 수령에 대한 의존은 약해지고 주민들 간의 일상적인 협력이 생존에 직결되는 상황에서 북한주민은 이제 지도자와의 직접적인 소통이나 이념을 추종하는 것이 더 이상 중요하지 않고, 시장을 통해 형성하는 일상이 중요하다는 것을 알게 되었다. 이에 따라 신소제도는 북한사회 내에서 그 영향력이 약화되고 있다.

김성경의 연구는 북한사회 내에서 신소의 역할에 대한 시대적인 변화를 보여주는바, 이때의 신소는 북한 사회 내부를 염두에 둔 것이어서 외국투자자의 신소와는 차이가 있다. 하지만 신소가 가지는 청원이라는 고유한 기능은 제도상으로 보장되고 있으므로 이를 적극 활용해 볼 수 있을 것이다. 투자분쟁이 발생한 경우에 신소를 제기할 수 있을 것인바, 이때의 신소는 종래의 신소가 가졌던 북한 사회 내부의 정치적인 역할과는 무관하게 순전히 권리구제라는 기능적인 측면에서 작동할 가능성이 있고, 북한 당국의 입장에서도 신소를 통하여 투자유치정책의 집행을 감독하고 비리를 적발하는 수단으로 활용할 수 있을 것이다. 따라서 신소제도는 유용한 분쟁해결제도로 기능할 가능성이 있으므로 향후 신소제도의 구체적 적용사례에 대해서도 좀 더 관심을 가지고 지켜보아야 할 것이다.

---

49) 김성경, "북한정치체제와 마음의 습속; 주체사상과 신소(伸訴)제도의 작동을 중심으로", 현대북한연구, 제 21권 2호, 2018

50) 북한 문헌에서 신소가 등장한 것은 소련신탁통치기간이다. 1947.3.15. 북조선로동당 중앙위원회 제6차 회의보고에서 김일성은 비판과 자기비판에 게으른 당 일꾼들을 질타하면서 신소를 무겁게 다루어야 한다고 강조했다. 이는 일본 제국주의와 봉건주의의 잔재를 극복하기 위해서는 인민들에게 지지받는 노동당과 체제구축이 중요했고, 이를 위해 당이 나서 인민들의 불평과 불만을 적절하게 해소하는 것이 중요했기 때문이다. 김성경, 위 논문 210쪽

(3) 조정제도 활용가능성

북한법상 대외경제중재법 외에 조정절차를 보다 구체적으로 정한 법령은 발견하지 못하였는바, 위 대외경제중재법의 내용으로는 분쟁당사자가 조정절차로 진행하기로 합의하고, 조정인 선정방법에도 합의하면 조정이 진행될 수 있을 것이다. 일단 조정이 시작되면 민사소송법과 대외경제중재법을 준용하여 절차를 진행하게 될 것이고, 조정결정이 내려지면 재결의 효력이 있으므로 분쟁은 종국적으로 해결될 것이다. 북한 내에서 실제로 조정절차를 통해 분쟁이 해결된 사례는 발견하지 못하였으나, 조정은 중재에 비해 간이한 편이므로 간편하게 분쟁을 해결하기 원하는 경우[51]에는 이 제도를 활용할 여지도 있을 것이다. 또한 남한의 의료분쟁조정법상의 조정위원회제도처럼 분야별로 국가가 주도하는 조정위원회를 활용하는 방안도 적극 검토할 수 있다. 분쟁의 해결에는 결과적인 공정함뿐만 아니라 분쟁해결과정의 신속하고 저렴한 비용이라는 측면도 고려하여야 할 것인바, 북한 당국은 투자분쟁조정제도를 만들고 운영하는데 관심을 가져야 할 것이다. 대외경제중재법상 기구인 조선국제무역중재위원회 내에 조정위원회를 두는 방법도 고려할 수 있다.

(4) 중재제도 활용가능성

북한의 조선대외경제투자협력위원회가 2016년에 발간한 투자안내 책자[52]에서 분쟁해결 항목에 설명한 내용을 보면, "외국투자와 관련한 의견상이는 협의의 방법으로 해결한다. 협의의 방법으로 해결할 수 없는 경우에는 조정, 중재, 재판의 방법으로 해결한다. 외국투자기업의 활동에서 제기된 분쟁문제들을 중재의 방법으로 해결하려고 하는 경우 당사자들 사이에 중재합의를 하여야 한다. 중재합의는 해당 계약서에 중재사항을 포함시키거나 계약서와 별도로 중재합의문건을 만드는 방법으로 한다. 대외경제중재절차로 해결할 수 있는 전문적인 대외경제중재기관들이 있다. 조선국제무역중재위원회에서는 무역, 투자, 봉사와 관련한 분쟁을 심리해결하고 있다. 대외경제중재에서는 지역관할과 심급을 따로

---

51) 중재는 무거운 제도이고 저작권 분쟁은 산업재산권과 달리 권리자와 최종이용자사이의 침해분쟁이 대부분을 차지하고 피해 금액이 소액일 뿐만 아니라 침해 건수는 많으므로 중재와 함께 조정제도를 활성화할 필요가 있다는 견해가 있다. 김현철, 토론문, 한반도 지식재산 경쟁력 강화를 위한 미래전략 토론회, 국가지식재산위원회, 2018.11.27., 102면

52) 이 단체는 북한에서 국내외 투자사업을 전문으로 맡아보는 민간급단체라 한다. 담당업무는 외국투자가들에게 북한의 투자정책과 투자환경, 투자법률, 투자기회를 소개하는 사업, 이와 관련한 정책적 문제를 정부에 건의하는 사업, 투자대상에 대한 소개와 현지참관, 투자가능성조사보고서와 투자관련 문건 작성에 대한 협조, 외국투자가들이 필요로 하는 북한내 기관을 연결해 주는 사업, 투자기업의 영영과정에서 발생하는 분쟁을 조정하는 사업, 중요국가투자대상들에 대한 계약체결사업 등이다. 조선대외경제투자협력위원회, 조선민주주의인민공화국 투자안내, 2016, 111면

두지 않으며, 중재부가 내린 재결을 최종결정한다. 중재절차는 중재제기, 접수통지, 답변서 제출, 중재부구성, 중재사건심리, 재결, 재결문발송, 재결집행 순서로 진행된다."[53] 이러한 설명을 보면, 북한은 대외경제중재절차가 투자관련 분쟁해결제도로 유용하다고 인식하고 있는 것으로 보인다. 외국인투자유치는 북한이 강제할 수 없는 영역이고, 실제 투자를 할 것인지 여부는 외국투자자가 해당국의 인센티브와 법제도를 고려하여 결정하기 때문에 북한도 분쟁해결방법에 대해서도 북한 내부의 사법제도 보다는 중재를 제안하고 있는 것으로 보이는바, 이는 외국투자자의 입장을 최대한 고려한 것이라 짐작한다. 일반적으로 국제 중재의 장점으로는 당사자들이 중재인을 직접 선정할 수 있다는 것과 뉴욕협약(The New York Convention on the Recognition and Enforcement of Foreign Arbitral Awards, June 10, 1958) 에 의해 중재판정의 집행이 법적으로 보장된다는 점이 지적되는데, 북한은 뉴욕협약에 가입하지 않아 중재판정의 집행 여부가 불투명하다는 문제가 있다.[54]

한편 중재제도의 활용현실을 보면, 현재 남한의 소송건수는 100만 건에 달하지만 대한상사중재원에는 연 500건 정도의 사건만 접수되어 현격한 차이가 있다. 하지만 대북투자분쟁에서는 중재의 활용이 강조될 것이고 남북상사중재의 미래에 대한 관심도 높아질 것이라는 분석이 있다.[55] 외국사례로 동서독의 상사분쟁 경험을 살펴보면, 당사자들의 합의하에 동독의 대외무역상공회의소에 설치된 상설중재재판소에서 중재되는 경우가 많았다. 동독 중재재판소는 국제표준에 따라 준거법과 절차법을 적용하였고 외국인 중재인도 1명 포함되어 있어 불공정시비는 없었다고 한다. 동서독간의 상사분쟁은 동독에서 제작한 기계의 하자문제와 서독에서 시공한 공장의 하자문제가 다수였다.[56] 독일의 경험을 보면, 준거법과 절차법을 합리적으로 적용한다면 어느 일방의 민간단체인 상공회의소 산하의 중재재판소를 활용한 분쟁해결도 가능하다. 중요한 것은 상대방 국가의 분쟁해결기관에 대한 신뢰인데, 이것은 상호교류를 통해 축적해 나가야 할 것이다.

일반적인 상사분쟁과 구분되는 제도로 투자중재(investment arbitration) 또는 투자자-국가 소송(ISD: Investor-State Dispute)이 있는데, 절차는 일반상사중재와 유사하다. 투자중재를 위하여 세계은행 산하 기구로 국제투자분쟁해결센터(ICSID: International Center for Settlement of Investment Disputes)가 설립되어 있으며, '국가와 타국가 국민간 투자분쟁의 해결에 관한 협약'(International Center for Settlement of Investment Disputes between States and

---

53) 조선대외경제투자협력위원회, 조선민주주의인민공화국 투자안내, 2016, 51-52면

54) 김병필, 위 논문 258-259면

55) "향후 남북 경협시 분쟁이 발생하면 큰 역할을 할 수 있는 것이 중재산업일 것입니다. 분쟁 발생시 북한은 북한의 법원에서, 남한은 남한의 법원에서 분쟁을 해결하기를 원할 것이기 때문입니다. 역사적으로 과거 중국이 개방을 할 때나 소련이 해체할 때도 중재산업이 큰 역할을 했습니다" 법률신문 2018.11.5.일자 "주목 이사람, 이호원 대한상사중재원장" 기사 중에서(서영상 기자)

56) 법무부, 동서독 교류협력 법제연구, 2008, 204면

Natioonals of Other States)에 따라 운영된다. 투자중재사건은 1990년대 후반부터 꾸준히 증가하여 2012년말 기준으로 누적 514건이다.[57] 정치적 위험이 큰 북한과의 투자분쟁 위험을 줄이기 위해서는 북한이 국제사회의 일원으로 투자분쟁해결에 책임을 다한다는 모습을 보여야 하는데, 이를 위하여는 북한의 ICSID협약 가입이 선행되어야 한다.[58] 앞서 살펴본 분쟁사례 중에서 <중국과의 어업권 이중계약 사례>는 정부의 정책변화에 따라 발생한 사건이므로 투자중재로 해결되어야 할 것이다.

(5) 재판제도 활용가능성

북한 재판소는 투자분쟁을 해결해 본 경험이 절대적으로 부족할 것인바, 현재의 재판소를 그대로 이용하기는 적절하지 않을 것이고 대안을 모색해야 할 것이다. 향후 대북투자가 본격화 될 경우에 발생할 분쟁과 관련하여 생각해 보면, 대북투자 분쟁의 복잡성, 북한 사법당국의 경험부족, 북한의 사법제도에 대한 부정적 인식 등에 비추어 대북투자분쟁을 북한 재판소에 전적으로 맡기기는 불안하므로 북한의 재판제도 뿐만 아니라 제3자에 의한 분쟁해결방안을 포함한 다른 대안도 적극 고려되어야 할 것이다. 그런 현실을 고려하더라도 재판소가 분쟁해결의 기본적인 기관이고, 분쟁해결에 소요되는 시간과 비용을 고려할 때 현실적으로 북한 재판소에 의한 분쟁해결도 병행해야 할 것이다. 분쟁사례 중 <북한 무연탄 수입시 중량미달 사례>는 북한 재판소에 제기하는 것이 적절할 것이다.

이런 사정을 고려하여 북한 재판소의 재판능력을 향상시키는 노력을 해야 한다. 북한 판사와 교류를 통해 투자분쟁에 대한 이해를 높이고, 재판진행에 대한 경험을 전수함으로써 장래 북한 재판소에서 투자분쟁이 합리적으로 해결될 수 있도록 노력할 필요가 있다. 북한 재판소 구성원들의 능력이 향상되는 것은 외국투자자나 북한 측 투자자 어느 일방만을 위한 것이 아니다. 투자당사자 어느 측이든 분쟁이 발생한 이상 합리적인 비용으로 분쟁을 해결하는 것이 투자자들에게 유리할 뿐만 아니라 그런 합리적 분쟁해결 제도가 있다는 사실 자체가 외국인투자를 유치하는데도 큰 도움이 될 것이기 때문이다. 또한 북한의 주요 재판소에는 외국투자분쟁을 전담하는 전문재판부를 설치하고 투자분쟁은 해당 재판

---

57) 김병필, 위 논문 262－263면 참조. 위 논문에서는 북한정부는 투자중재를 두려워할 것이 아니라 오히려 적극적으로 ICSID 협약에 가입함으로써 북한이 투자보호협정을 준수하겠다는 신호를 보내야 한다고 주장(271면)하는 바, 위 주장에 찬동한다.

58) 신현윤, "북한 대외경제중재법 개정의 주요 내용과 집행상의 문제점", 저스티스, 제154호, 2016, 209면 참조, ICSID는 협약이 관할요건을 충족하는 분쟁이 회부된 경우 조정 또는 중재절차의 수행을 위한 편의를 제공하는 기관이다. 동 협약 제25조 내지 제27조에 따르면, 투자자 본국과 투자유치국이 협약당사국이어야 하며, 양 당사국이 ICSID 중재를 이용하겠다는 상호 서면동의가 있어야 하며, 투자로부터 직접 발생한 체약국과 쌍방 체약국 국민으로서 투자자간의 법적 분쟁이어야 한다.

부에서 재판하도록 하는 것도 고려할 수 있을 것이다. 남한의 법원에서도 경제발전에 따라 분쟁이 복잡해지자 이를 해결하기 위해 전담재판부(상사, 지적재산권, 국제무역 등)와 특수법원(특허, 가정, 행정, 파산)을 두는 방법으로 분쟁을 효율적으로 처리한 경험이 있다.

한편 북한관련 분쟁이 외국법원을 통해 해결된 사례도 다수 있었는바, 사안의 성질(해운사건의 관할합의 등), 소제기의 편의성(개성공단내 입주기업의 경영자가 모두 남한에 거주하는 경우의 사례), 당사자간의 관할합의(북한어선 두루봉 충돌사건에서 중국법원으로 관할합의)에 의하거나 <알리안쯔 보험회사사례>처럼 집행판결을 얻기 위해 영국법원에 소를 제기한 경우도 있다. 이런 사례를 보면, 북한은 자신들의 권리를 주장하기 위해 외국법원을 이용한 사례가 다수 있는바, 그 반대의 입장에서 외국투자자가 자신의 권리를 이용하기 위해 북한 재판소를 이용하는 것을 장려하고 신뢰를 얻는 관행을 형성해 나가야 할 것이다.

(6) 남북한 법조 인력의 교류 방안

북한 분쟁해결제도의 실질적, 형식적 발전을 지속적으로 추진하기 위해서는 북한법령의 관리개선과 법조 인력의 교류라는 두 가지 측면에서 접근이 필요하다. 먼저 북한법령의 형식적인 관리를 개선하기 위해서는 양측 법령에 대한 정보의 교류가 선행되어야 하며, 이를 바탕으로 법령을 수집, 입법, 관리하는 기술적인 지식과 시스템 교류가 추진되어야 한다. 쌍방 법령집의 정기적 교환과 법령관리시스템 및 관련 기술에 대한 정보의 교류를 우선 추진할 수 있을 것이다. 이러한 법제기술적인 교류와 지원은 쌍방의 체제와 이념에 관련되는 법령의 구체적인 내용과는 무관한 것으로 실무적이고 기술적인 것이므로 남북한 쌍방이 협력 초기 단계에서 시도하기 좋을 것이다.[59]

다음으로 법조 인력의 교류이다. 투자 관련 분쟁해결 경험이 많은 남한의 법조인력과 그런 경험이 부족한 북한 법조인력의 교류는 남북한 쌍방간의 이해를 증진시키고 북한 법조인력의 수준을 향상시키는데 도움이 될 것이다. 교류방법으로는 개성공업지구 등 북한 지역에서의 교류, 중국 등 제3국에서의 교류, 남한 방문을 통한 교류 등을 순차적으로 생각해 볼 수 있고, 교류의 내용으로는 학술회의 또는 세미나와 같은 쌍방이 참여하는 단기적인 것과 일정기간 교육과 연수를 하는 장기적인 것으로 구분해 볼 수 있다. 교육과정에 대한 비용문제는 ODA 자금을 활용하거나 국제기구의 지원을 받을 수도 있을 것이다. 또한 남북기본합의서(1991년) 부속합의서 내용 중 남북화해공동위원회 산하에 법률실무협의회를 구성하기로 되어 있는 점을 활용해 법률실무위원회를 구성하고 그 위원회에서 이 문제를 논의해 보는 것도 고려해 볼 수 있다.

---

59) 손희두, "북한의 법령관리와 법의식의 변화", 2013 남북법제연구보고서, 법제처. 2013, 94-95면

남북한은 개성공업지구에서 법제지원 및 법조인력 교류의 실험을 해 본 경험이 있다. 개성공업지구는 법제도적 측면에서 실험장이었다. 북한은 체제위협 없이 자본주의적 법제와 국제기준을 경험하였고, 남한은 북한의 법률실무와 법조인력의 사고방식을 이해할 수 있었다. 그 과정에서 기본법인 개성공업지구법 아래 개발규정 등 하위규정 16개와 시행세칙을 북한측이 제정하였고, 남한 인력이 운영하는 관리위원회는 51개의 사업준칙을 제정하였다. 개성공업지구에서 시행된 규정, 세칙, 준칙은 남북한 당국 및 관리위원회의 긴밀한 협의를 통해 제정되고 개정되고 있었다. 또한 북한은 개성공업지구에서 경험한 내용을 활용하여 나선경제지대법 등 후속 법령의 개정에 적극 활용하고 있다.

이런 사정을 고려해 보면, 북한 입장에서도 체제에 위협이 되지 않는 내용이라면 상호교류를 할 의향이 있을 것으로 예상한다. 분쟁해결제도가 투명하게 운영되고 분쟁해결을 담당하는 법조 인력의 독립성이 보장될수록 외국투자가의 신뢰가 높아질 것이고, 그런 신뢰가 있어야 투자규모가 확대될 것이다. 북한 입장에서도 분쟁해결제도를 국제기준에 맞게 운영하는 것이 투자유치에 유리할 것이므로 법조인력의 교류를 적극 환영할 것으로 예상한다.

한편 남한 변호사가 북한에서 활동할 수 있을지 여부에 대해 살펴보면, 북한 변호사법 제23조는 "다른 나라 변호사에 호상성의 원칙에서 공화국 변호사자격을 줄 수 있다. 공화국변호사 자격을 가진 다른 나라 변호사는 다른 나라 법인과 개인, 다른 나라 법과 관련된 문제만을 취급할 수 있다."고 규정하고 있는바, 남한 변호사는 조선변호사회 중앙위원회의 심사를 거쳐 북한 변호사 자격을 취득할 수 있고, 북한 변호사 자격을 취득하면 대북투자기업 관련 법률사무에 종사할 수 있을 것이다. 또한 외국변호사는 북한 변호사 자격을 취득하지 못할 경우에도 변호사가 아닌 일반대리인으로서 법률업무를 수행할 수 있을 것이다.[60]

실제 사례로 영국계 법률회사인 헤이 칼브 앤드 어소시에이트(Hay, Kalb & Associate)는 2004년에 평양에 진출하여 12년간 운영하다가 2016년에 대북 제재로 인해 업무를 중단하였다. 향후 대북투자가 본격화될 경우에는 투자자를 자문하는 외국변호사들이 북한에 진출하게 될 것이고, 이 경우 북한 변호사법에 따른 자격취득이 시도될 것이다. 북한 입장에서도 엄격한 심사와 관리를 전제로 남한을 포함한 외국 변호사들에게 북한 변호사 자격을 부여하여 법률전문가의 활동을 공식화시켜 주는 것이 투자유치와 경제협력에 도움이 될 것이다. 한편 중국의 경험에 의하면, 중국은 초기에 외국변호사의 자국 내 업무를 철저하게 제한하는 정책을 유지하였으나, 경제개혁과 개방에 따라 경제규모가 커지고 외국과의 교역과 분쟁이 늘어나면서 점차 자국의 법률시장을 개방하게 되었다. 경제교역과 관련

---

60) 이은영, 위 논문 59면도 같은 견해이다.

된 분쟁 및 대량의 외국자본 유입으로 인한 법률자문에서 외국변호사의 수요가 확대될 수밖에 없었다.[61] 북한의 경우에도 외국 투자가 늘어날수록 변호사의 수요는 늘어날 것이다. 북한은 국제거래를 하기 위해서 뿐만 아니라 북한 내부적으로 외국자본 도입을 위한 법제 정비를 하기 위해서도 법률전문가의 수요는 더욱 증가하게 될 것이다. 이 경우 언어와 문화가 유사한 남한 법률가의 경험을 활용할 필요가 있다.

(7) 사법공조 필요성

투자분쟁이 북한에서 발생하더라도 분쟁당사자중 일부는 남한 등 북한 이외 지역에 거주할 수 있는바, 분쟁당사자들이 서로 다른 나라에 있을 경우에는 분쟁해결을 위해 국가 간 협조가 필요한데, 이것은 사법공조의 문제다.

실제 사례로 개성공단 현지기업 사이에 임대차계약 만료 후 소유권에 기한 부동산 인도청구소송이 남한법원에 제기된 바 있다(대법원 2016.8.30.선고 2015다255265 판결). 이 소송에서 원고가 승소하였으나 판결집행은 하지 못하였다. 의정부지방법원 고양지원 집행관에게 인도 집행을 신청하였으나, 개성지역은 관할이 아니라는 이유로 거부되었다. 현실적으로 남북한 사법공조가 없는 한 개성공단 내에서 남한판결의 승인과 집행은 어렵다. 이 문제에 대한 해결방안으로 개성공업지구 부동산집행준칙 제3조의 개성공업지구관리기관 내 집행기구를 통해 판결집행을 하는 것도 고려할 수도 있으나 이것 또한 북한 당국의 협조가 필요하다.[62] 또한 남북한 사이에 분쟁이 발생할 경우 분쟁당사자 중 일부가 북한에 거주하는 경우에는 송달이나 증인소환이 불가능하다는 문제가 있는바, 이런 문제는 사법공조를 통해 해결하여야 한다. 남북한 사법공조에 대하여는 법무부의 연구자료를 참고할 수 있다.[63]

보다 근본적으로 대북투자 분쟁 중에서 남북간의 민사분쟁을 합리적으로 해결하기 위한 첫 출발점은 남한과 북한에 각각 형성된 사법질서를 존중해주는 것이며, 남한은 자신의 입장에서 북한의 법질서를 나름대로 검토하고 객관적인 질서로 존중하여 남한의 법질서와 공서양속에 반하지 아니하는 한 분쟁해결의 토대로 삼는 것이 바람직하다. 이때 가장 시급히 추진하여야 할 것은 사법공조의 문제라는 주장이 일찍이 제기된 바 있다.[64] 또한 같은 맥락에서 남북한의 민사분쟁은 순수한 법이론에 의해서만 해결될 관계가 아니고, 현실적인 상황도 고려되어야 하며, 해결방법은 다양하게 모색하여야 하고, 특별법의 제정, 남북

---

61) 박효선, "중국 변호사제도 연구", 통일법제특별위원회 연구보고서, 서울지방변호사회, 2018, 96면

62) 태원우 외, 위 논문 199면 참조

63) 법무부, 남북한 사법공조의 발전방향, 법무자료 제321집, 2016

64) 신영호, "남북간 민사분쟁 해결방안", 남북교류협력 법제연구(II), 법무부 2007, 368-370면

합의, 법이론과 법해석을 통한 해결 등 다양한 방법을 고려해야 한다. 남한헌법의 결단을 존중하면서도 분단의 특수성을 고려하고, 북한법을 북한지역의 지역법으로서 효력을 인정하면서, 가장 보편적이고 설득력 있는 제3의 법규범을 창조하여 분쟁을 해결해야 하며, 법해석에 의한 적극적인 해결방법을 적극 고려해야 한다는 방향성에 대한 주장[65]도 있다.

(8) 중국 경험 활용

북한투자분쟁에 대해 대안을 찾기 위해서는 다른 나라의 사례도 참고할 필요가 있는데, 중국의 경험이 참고가 될 것이다. 중국의 법제건설 과정을 살펴보면, 중국의 법치발전은 경제발전과 밀접한 관계가 있다. 중국은 경제건설이 시작된 1979년에 경제특구를 설치하였고, '법제건설 16자 방침[66]'을 정해 경제건설과 법제건설을 동시에 추진하였다. 1992년에는 경제체제 개혁의 목표를 사회주의 시장경제체제 건립으로 정하고 중국특색의 사회주의 법체계를 이루어나갔다. 1999년에는 개정 헌법에 '중국은 의법치국을 실행하고, 사회주의 법치국가를 건설한다.'는 규정을 신설해서 법치국가 노선을 분명히 하였다. 2012년에는 '법에 의한 치국의 전면적인 추진'이 보고되었는데, 법치건설의 16자 방침[67]이 제기되었다. 중국의 경제성장과 사회주의 법치의 발전과정을 보면, 개혁개방－경제건설－법제건설－경제체제전환－의법치국－법체제 확립－전면적 법치의 순서로 나아가면서 매 단계마다 경제성장의 목표와 법치노선의 실행이 함께 했다.[68] 한편 북한도 김정일 정권 시기 '우리식 사회주의 법제'를 주장하였고, 최근에는 '사회주의 법치국가건설론'을 제기하고 있는바, 중국의 경험을 존중할 필요가 있다. 중국은 공산당의 영도와 법치의 강력한 추진을 함께 실행함으로써 경제성장을 한 사례이며, 행정소송법(1989년), 부당한 행정행위에 대해 구제신청을 할 수 있는 행정재심법(1999년)을 도입하는 등 분쟁해결과 관련한 각종 제도를 정비하였을 뿐만 아니라 실제로 투자관련 분쟁해결도 원만히 운영되고 있다.

한편 중국과 싱가폴이 협력하여 만든 소주공단은 1994년 출범 후 10년 남짓한 기간

---

65) 김상용, "남북한 간의 민사분쟁 시 적용법률 결정의 방법에 관한 구상", 남북교류협력 법제연구(II), 법무부, 2007, 393면

66) 1978.12. 중공중앙 11기 3중전회에서 발표된 것으로, "의거할 법이 있어야 하고(有法可依), 법이 있으면 반드시 의거해야 하며(有法必依), 법집행은 필히 엄격해야 하고(執法必嚴), 위법은 반드시 추궁해야 한다(違法必究)"는 원칙이다.

67) 2012.11. 중국공산당 제18차 전국대표대회에서 제기된 것으로, "과학입법(科學立法), 엄격한 법집행(嚴格執法), 공정한 사법(公正司法), 전체인민의 법준수(全民守法)'이다. 이는 국가기관 뿐만 아니라 입법, 행정, 사법의 개혁에다가 전체 인민을 대상으로 법준수를 강조한 것이다. 이로써 중국특색의 사회주의 법률체계 구축을 완성하였다.

68) 한상돈, "중국 사회주의 법치의 발전과 북한법제에의 시사점", 한국법학원 제10회 한국법률가대회 발표자료, 2016, 42－43면

에 성공적인 공업신도시로 발전했다. 소주공단이 발전하게 된 이유는 중국과 싱가폴의 협력이다. 싱가폴은 외자유치를 통해 경제발전을 한 경험이 있고, 중국은 그런 싱가폴과 협력하여 도시계획 및 행정청 관리를 함으로써 기존에 대중국투자에서 문제되었던 불투명한 행정, 자의적인 법집행, 낮은 예측가능성 등의 고질적인 현상을 상당부분 해소하였다. 중국정부는 소주공단에 합리적인 시스템을 구축해 놓음으로써 외국기업의 투자를 유치할 수 있었다. 중국정부는 주도적으로 외국의 경험을 빌려 투자제도를 완비하고 체제와 충돌하는 문제를 합리적으로 회피하는 방법을 사용해 경제발전을 도모하는 정책적 의지를 가지고 유연하게 대처하였다.[69] 이러한 소주공단의 경험은 북한에게도 적용할 수 있다. 중국이 완비한 투자유치제도에는 합리적인 분쟁해결제도 구축도 포함된다.

중국의 외국변호사 활동과 관련하여, 중국의 개방정책으로 섭외사건이 증가하자 외국변호사의 법률서비스를 필요로 하게 되었다. 1988년 미국 변호사 사무소가 북경에 설립된 것을 시작으로 1990년부터는 홍콩, 대만의 변호사 사무소들이 중국과 합작으로 공동 변호사 사무소를 설립하였으며, 1992년부터는 북경, 상해, 광주, 심천 등에 외국변호사 사무소가 설치되었다. 외국변호사는 본국의 법률에 관한 자문과 법률상담 업무를 행하였고 중국의 소송절차, 중재절차, 행정절차에 참가할 수는 없었다. 2001년 12월 중국이 세계무역기구(WTO)에 가입하면서 법률서비스 시장 개방은 더욱 확대되었다.[70] 중국의 외국변호사제도 운영경험은 북한에게도 큰 참고가 될 것이다. 북한도 단계적으로 남한을 비롯한 외국변호사의 활동을 허용하게 될 것이며, 외국변호사의 활동이 외부투자 유치와 분쟁해결에 도움이 될 것이다.

5. 결론

이 논문은 북한에서 발생한 분쟁사례와 북한법상 분쟁해결제도를 하나씩 검토하면서 합리적인 분쟁해결방안을 찾아보았다. 실제로 북한에서 대북투자와 관련한 분쟁이 다양하게 발생하고 있는데, 원만히 해결된 경우도 있지만 그렇지 않은 경우가 많다. 그 이유는 사회주의 계획경제체제 사회인 북측과 시장경제체제하의 외국투자자간의 인식 차이가 컸기 때문이지만 북한분쟁해결제도에 대한 이해 부족과 북한의 경험부족도 한 몫 한 것 같다. 투자자들에게 두려운 것은 분쟁이 아니라 분쟁을 해결하는 법적보호조치가 부실한 것이다.

---

69) 홍승진, "중국 소주 공단 법제의 연구". 2013 남북법제연구보고서, 법제처, 2013, 446-447면
70) 박효선, 위 논문 95면 참조

앞에서 검토한 바와 같이 북한법상 분쟁해결제도는 다양하고 각 제도별로 장단점이 있으므로 분쟁의 성격과 규모에 따라 적합한 분쟁해결방법을 모색해 볼 수 있다. 또한 분쟁유형별 사례를 하나씩 축적해감으로써 예측가능성과 투명성을 높일 수 있을 것이다. 분쟁해결제도가 합리적 수준에서 정착되어야 북한에 대한 외국투자도 활기를 띠게 될 것이다. 북한 내 분쟁해결제도는 북한의 제도이지만 북한에 투자하는 것은 외국투자자이므로 분쟁해결제도의 형성과 운영에는 투자당사자들의 의견도 고려해야 한다. 또한 장차 북한도 남한 등 외국에 투자할 수 있는바, 이런 점까지 고려하면 사법공조나 법조인력의 교류에도 관심을 가져야 할 것이다.

본 논문은 북한 투자와 관련한 분쟁사례를 수집하고, 그 사례와 관련된 북한 법상 분쟁해결제도가 무엇인지 정리하였다. 또한 북한 법상 분쟁해결제도를 전반적으로 검토하여 장단점을 확인하고, 이를 바탕으로 향후 북한 투자와 관련한 분쟁해결제도의 활용방안을 제시하였다. 개별 분쟁해결제도에 대해서는 향후 분야별로 구체적인 연구가 있기를 희망하며, 분쟁사례도 다양하게 축적되기를 바란다.

글로벌 시대의 행정소송의 전망과 과제*

정호경**

I. 서론- 공론장(Public Forum)으로서의 행정소송

민주주의와 법치주의는 민주주의의 개념을 어떻게 이해하는지에 따라 그 긴장과 조화의 관계가 형성되는 관계에 있다. 한국의 헌법은 민주주의를 유일한 가치라기보다는 기본적 인권의 보장을 최고의 가치로 삼는 자유주의나 견제와 균형론에 입각한 공화주의가 요청하는 법치주의와 조화를 이루도록 요구한다.[1]

복잡다기한 현대사회에서 국가와 같은 대규모 공동체의 의사결정이 만장일치로 이루어지는 것은 거의 드물거나 사실상 불가능하다. 따라서 이러한 영역에서 민주주의의 종국적 결과는 자주 다수결로 표현되지만, 다수결이 곧 민주주의는 아니다. 진정한 민주주의는 결론을 도출하는 방법으로서의 다수결이 아니라, 결론에 이르는 과정에서 대화와 설득, 타협 속에 존재하고, 그것이 오히려 민주주의의 본질에 더 부합한다고 할 것이다.[2] 대화와 설득, 타협을 위해서는 표현의 자유를 기본으로 하는 참여와 소통이 필요한데, 이러한 참여와 소통의 장치와 기제를 생성하고 유지하는데 법치주의의 조력이 필요하다.

법치주의는 통상 '법의 지배(Rule of law)'로 표현되는데, '법의 지배(Rule of law)'에서 '법(law)'이 민주적 방법과 내용으로 제정될 때 비로소 민주주의와 법치주의는 조화를 이루

---

* 이 논문은 2016.10.20.~21.에 개최된 한국법률가대회의 세미나에서 발표한 내용을 수정·보완하여, 저스티스 통권 제158-2호(2017. 2. 한국법률가대회 특집호 I), 8~35면에 게재한 글입니다.

** 한양대학교 법학전문대학원 교수

1) 김종철, "한국의 법치주의와 민주주의 : 이상과 현실", 2015. 5. 12. 동아시아 정책논쟁, 동아시아재단

2) 민주주의에 대한 정의도 다양하지만, 정치원리로서의 민주주의는 대체로 구성원의 참여와 의사에 근거하여 공동체의 의사를 결정하는 원리라 정의할 수 있을 것이다. 정치원리로서의 민주주의는 국민주권의 원리, 복수정당제도, 선거제도, 민주주의의 기능원리로서 다수결원리 등에 구체화되어 있다. 그러나 민주주의가 완전한 제도는 아니며, 민주적 과정의 불확실성에 대해서는 임혁백, 「시장·국가·민주주의」, 나남, 2007, 43-50면 참조. "담론적 민주주의(Diskurstheorie der Demokratie)" 이론에 대한 논의에 관하여는 Jürgen Habermas/한상진·박영도 역, 「사실성과 타당성」, 나남, 2010, 387-440면 참조. 그 밖에 민주주의 이론에 대한 포괄적 비판과 그 정당화에 관하여 더 자세한 것은 로버트 달/조기제 역, 「민주주의와 그 비판자들」, 문학과 지성사, 2008, 83-168면 참조.

는 것이라 할 수 있다.[3] 근대 입헌국가에서 '법률(Gesetz)'은 법치주의의 근간인 동시에, 국민의 대표들의 모임인 의회에서 대화와 토론, 설득을 거쳐 이루어진 사회 제 세력간 이해관계의 타협의 산물이라는 점에서 민주주의의 결과물이라 할 수 있다. 이러한 의미에서 근대 입헌국가에서 바로 '법률(Gesetz)'은 이러한 법치주의와 민주주의를 조화시키는 핵심점 연결점으로 기능하고, 근대 법치국가에서 '법(law)'의 대부분이 '법률(Gesetz)'로 이루어진다는 점에서 민주주의와 법치주의는 조화를 이룬다고 할 것이다.[4]

법치주의는 민주주의로부터 그 내용을 제공받지만 다른 한편으로는 법치주의는 또한 민주주의를 더욱 민주주의답게 만드는 장치들을 제공한다. 민주주의의 전제로서 대화와 설득, 참여와 소통을 담보하는 장치들은 대부분 법치주의적 기제에 의한 것이다. 기본권으로서의 표현의 자유와 적법절차(due process)를 필두로 참여와 소통을 보장하는 절차적 보장장치들이 법치주의의 기반위에 서 있는 제도들이며, 이러한 제도들의 도움에 힘입어 비로소 민주주주의가 완성된다고 말할 수 있고, 이러한 측면에서도 법치주의와 민주주의는 서로가 서로를 보완하며 동시에 의존하는 관계에 있다고 할 수 있다.

그러나 오늘날 민주주의 제도 자체의 불완전함, 사회 내에 존재하는 여러 세력 간의 이해관계의 복잡다기함, 이러한 복잡한 사회경제적 문제를 해결하지 못하는 현재의 정치적 상황을 고려할 때 재판과정, 특히 행정소송제도는 부분적으로나마 민주주의를 보완하는 공론장(Public Forum)으로서 기능할 필요가 있다.[5] 이성적으로 잘 훈련된 법관에 의해 진행되고, 불편부당성을 그 고유의 특징으로 하는 사법적 절차가 전체 국민의 이익을 정의롭게 조정하는데 사용될 필요성은 오늘날 더욱 증가되었다. 재판절차에 보장되는 대등성·공개성·법적 청문권 등의 특징에 근거하여 재판과정 그 자체가 이익의 조정과 공개적 토론의 장으로 기능할 것이 요청된다고 할 것이다.[6] 즉 재판 자체가 하나의 의사소통의 수단

---

3) 영미에서 발전한 '법의 지배'와 독일에서 발전한 '법치국가' 개념이 완전히 동일한 것은 아니나, 현대에 이르러서 영·미에서 말하는 법의 지배와 독일의 법치국가는 거의 동일한 내용으로 변화하였다고 할 수 있다. 이에 관해 더 자세히는 졸고, "기본법의 관점에서 본 독일 행정소송제도의 기능 – 특히 법치국가원리의 관점에서", 공법연구 제39집 제2호(2010. 12), 595면 이하 참조. 독일에서의 법치국가원리의 발전과정과 법치국가 개념의 다의성에 관해서는 P. Kunig, Das Rechtsstaatsprinzip, Mohr, 1986, S. 117 ff.; K. Sobota, Das Prinzip Rechtsstaat, Mohr, 1997, S. 21 ff.; Edin Sarcevic, Der Rechtsstaat, Leibzig Universtätverlag, 1996, S. 6 ff. 참조.

4) 법치국가를 법이 국가생활전반에 기준과 형식을 부여하는 국가라고 한다면, 법치국가에서 법을 생성하는 가장 중요한 수단이자 원천인 법률이 바로 국민의 대표인 의회에 의해서 제정된다는 점에서 법치주의와 민주주의가 조화·결합되는 모습을 볼 수 있다. 이러한 원리 하에서 법률은 바로 공동체의 주요한 문제들에 대한 국민의사로서 하나의 공동선으로 간주된다.

5) 재판과정 자체를 하나의 의사소통과정으로 보는 대표적 견해로 Habermas의 담화이론을 들 수 있는데, 이에 관해 더 자세히는 Jürgen Habermas/이진우 역, 「현대성의 철학적 담론」, 문예출판사, 1994 등 참조.

6) 같은 관점으로 이계수, "정부정책을 다투는 행정소송에서 법원의 역할 – 제주지방법원 2010. 12. 15. 선고 2010구합34 등 판결에 대한 비평을 중심으로", 「일감법학」 제23호(2012. 10. 31), 건국대학교 법학연구

으로서 민주주의의 위기에 대한 보완적 기능을 수행할 것이 요청된다.[7]

글로벌 시대에서의 행정소송제도는 근대적 의미에서의 국민의 권리구제기능을 넘어서서, 민주주의적 장치들에 의해 해결되지 못하거나 불완전하게 해결되는 공동체의 중요한 문제들이 논의되고 걸러지는 또 하나의 장이 되어야 한다. 나아가 국가권력외의 권력들도 공동체의 질서형성에 함께 참여하는 협치의 시대, Governance의 시대에서는 Governance에 함께 참여하는 사회적으로 중요한 단체들의 의사결정도 법적으로 재검토(judicial review)할 수 있는 공론장(Public Forum)의 기능도 아울러 수행해야 할 것이다.

II. 주요 국가의 행정소송제도

1. 서론

근대 이후의 민주주의·법치주의 국가들은 대부분 국가의 행위 범위를 법률이 수권하는 한도로 제한하는 한편, 국가의 행위가 수권의 범위를 넘어서는 경우 사법심사를 통해 이를 시정할 수 있도록 하고 있다.[8] 모든 제도가 그러하듯 국가 행위에 대한 권리구제제도 역시 국가의 전통, 체제의 형태 및 국제정치 환경 등에 따라 상이한 모습을 보여주고 있다. 즉, 어떤 주체가 행정에 대한 사법 심사를 담당하고 있는지, 어떤 형태의 소송 혹은 구제 제도가 존재하는지, 어떤 행위가 그러한 권리 구제의 대상이 되는지, 그리고 어떤 요건에 따라 그러한 소송 기타 절차상의 구제를 제기할 수 있는가 하는 문제들은 국가의 체제나 시대의 변화에 따라 달라질 수 있다.

이하에서는 먼저 국가별 법체계의 특징에 따라 위의 네 가지 문제가 어떤 차이를 보이는지 살펴보고, 뒤에서는 글로벌화에 따라 법제도가 변화한 최근의 대표적인

소. 이 논문에서 이계수 교수는 제주 강정마을 해군기지 설치와 관련된 사건의 1심 법원의 판결을 다루고 있다. 여러 사정에 비추어 당해소송의 수소법원이 본안판단의 부담 때문에 사건을 각하한 것으로 추측하면서, 재판과정에서 본안의 결론 자체보다도 오히려 당해 사건과 관련하여 찬성하는 측과 반대하는 측의 의견을 공정한 절차 속에서 충분히 개진하고 제대로 평가받을 수 있는 공론의 장을 마련해 줄 필요성을 강조하고 있다.

7) 민주주의 이념의 변화, 자유 이념의 변화와 행정영역의 확대로부터 재판을 법속에 내재하는 정의의 발견이 아니라 공적 담론의 장으로 이해하는 견해에 대하여, 더 자세히는 졸고, "기본법의 관점에서 본 독일 행정소송제도의 기능 —특히 법치국가원리의 관점에서—", 참조.

8) 법률이 국가의 공권력 행사를 수권함과 동시에 제한하는 기능을 하고, 이러한 양면적 기능의 준수를 사법심사제도로 확보하는 행정소송제도가 인류의 보편적 지혜임을 강조하면서, 영국, 미국, 프랑스, 독일, 일본 5개국의 행정소송제도와 우리나라의 행정소송제도의 거시적 비교에 관한 탁월한 논문으로는 박정훈, "인류의 보편적 지혜로서의 행정소송", 행정소송의 구조와 기능, 박영사, 2006 참조.

사례라고 할 수 있는 유럽연합의 회원국들의 행정소송제도가 어떤 경향에 따라 변천해 왔는지 살펴보기로 한다.

2. 행정소송의 구조와 내용

(1) 국가별 비교의 필요성

국가의 체제 형태별로 행정소송제도에 어떤 차이가 있는지 유의미하게 알아보기 위해서는 국가의 정치 체제 및 기본적인 법 구조상 차이가 있는 나라들의 행정소송제도를 살펴볼 필요가 있을 것이다. 따라서 보통법(common law) 체계를 취하고 있는 영국과 미국을 비롯하여, 대륙법계(혹은 civil law 체계) 국가 중 고유의 공법 체계를 갖고 있는 프랑스와 독일을 비롯한 유럽 국가들의 행정소송 구조를 비교해 보기로 한다.

(2) 행정소송 전담법원의 존재 여부 – 단일 모델과 복수 모델

행정소송에 대한 관할을 가지는 법원 조직의 형태로는 두 가지 모델이 존재한다. 먼저 단일 모델(Montistisches Modell)은 하나의 단일한 법원이 통상의 민형사소송의 관할뿐만 아니라 행정재판의 관할까지 가지는 모델이며, 복수 모델(Dualistisches Modell)은 통상법원 외에 별도로 행정에 대한 사법심사를 전담하는 법원 내지 기관을 두는 형식이다.

단일 모델은 오랜 기간 영국 보통법의 전통적인 형식이었다. 고등법원(High Court)은 행정에 대한 사법심사 권한을 갖고 직간접적으로 행정을 통제해 왔다.[9] 보통법의 관념에서는 행정청 또한 사인에 비해 더 많은 권리를 가질 수 없으므로, 사인이 행정에 대해 소를 제기할 때에도, 다른 사인에 대해 소를 제기할 때와 같은 취급을 받았고, 특별한 공법상의 이익을 고려할 필요도 없었던 것이다.[10] 영국과 마찬가지로 common law에 기초하고 있는 미국의 행정에 대한 권리구제 구조도 영국의 전통과 대동소이하다.[11]

행정에 관한 사법심사권을 통상 법원으로부터 박탈하기 시작한 것은 프랑스 혁

---

9) Craig, Paul, Grundzüge des Verwaltungsrechts in gemeineuropäischer Perspektive: Großbritannien, in: Bogdandy/Huber (Hrsg.), Handbuch Ius Publicum Europaeum Band Ⅴ, C.F. Müller, Heidelberg 2014, § 77, Rn. 84.

10) Kayser, Martin, Rechtsschutz und Kontrolle, in: Bogdandy/Huber (Hrsg.), 2014, § 91, Rn. 47.

11) Hänni, Peter, Die Klage auf Vornahme einer Verwaltungshandlung, Universitätsverlag Freiburg Schweiz, 1988, S. 226.

명 이후부터이다. 프랑스 혁명의 주체들은 여전히 '앙시앙 레짐(Ancien Régime)'의 주체들을 구성원으로 하고 있던 통상 법원이 혁명의 조치들을 무효화할 것을 우려하여, 통상 법원의 행정 개입을 금지하고, 행정 절차의 한 부분으로서 행정의 행위에 대한 항고를 전담하는 기관을 설립한다. 이것이 오늘날의 꽁세유데타(Conseil d'Etat)이다. 이러한 형식은 나폴레옹 전쟁 등의 영향으로 전 유럽에 전파되고, 19세기 후반 이후 대부분의 국가들이 행정 재판을 전담하는 특별 법원 또는 기관을 설치하는 복수 모델을 채택하게 된다.12) 심지어 영국 역시 복수 모델의 형식을 일부 수용하여 고등법원(High Court) 내에 행정재판부를 두고 행정사건을 전담시키고 있다.13) 뿐만 아니라 2007년의 "재판소, 법원 및 집행에 관한 법(Tribunals, Courts and Enforcement Act 2007)"에 따라 창설된 상급 재판소(Upper Tribunal) 역시 행정에 대한 사법심사를 담당하고 있다. 상급 재판소는 판단에 있어 고등법원이 발전시킨 사법심사의 원칙들을 적용해야 하며, 그 소송요건은 고등법원과 동일하다.14)

복수 모델은 다시 행정 법원을 사법부의 소속에 두고, 통상 법원의 법관과 동일한 자격을 가진 법관들에게 재판을 담당시키는 독일식의 모델과 실체적·절차적으로 공사법을 완전히 구별하고 행정재판만을 전담하는 전문화된 법관들에게 재판을 맡기는 프랑스식의 모델로 구분된다.15)

(3) 행정소송의 유형

common law에 기초한 영국과 미국의 공법적인 의미의 행정에 대한 사법 통제 절차로는 대권 영장(prerogative writs) 제도가 있다. 이는 행정의 행위를 취소하는 'certiorari', 특정한 행위의 발령을 금지할 수 있는 'prohibition', 특정한 행위의 실행을 요구할 수 있는 구제 제도인 'mandamus'로 이루어져 있다.16) 또한 대권 영장의 청구 외에도 일반 민사소송의 형식으로 국가에 대해 손해배상 소송, 확인소송(Declaration) 및 금지처분소송(injunction) 등을 제기할 수 있다.17)

복수 모델을 채택하면서 사법부와는 완전히 분리된 행정재판기관(Conseil d'Etat)

---

12) Kayser, *op. cit.*, § 91, Rn. 48 ff.

13) Craig, *op. cit.*, § 77, Rn. 88. 영국의 행정소송제도의 핵심을 잘 소개하고 있는 국내문헌으로 박정훈, "영국의 행정소송", 「행정소송의 구조와 기능」, 박영사, 2006, 643-667면 참조.

14) Craig, *op. cit.*, § 77, Rn. 86.

15) Kayser, op. cit., § 91, Rn. 59. 독일 행정법과 프랑스 행정법의 핵심적 내용과 특징을 잘 비교하고 있는 국내문헌으로 박정훈, "독일 행정법과 비교하여 본 프랑스 행정법의 특수성", 「행정법의 체계와 방법론」, 박영사, 2005, 461-488면 참조.

16) Craig, *op. cit.*, § 77, Rn. 85; Hänni, *op. cit.*, S. 229 f.

17) Craig, *op. cit.*, § 77, Rn. 85; Hänni, *op. cit.*, S. 226 f.

을 두고 있는 프랑스의 기본적인 행정소송 형식은 일반법원에서의 '소송(plainte)'과 대비되는 '항고(recours)'이다.[18] 즉, 수권의 범위를 벗어나 위법한 행정의 행위에 대해 시정을 구하는 '월권소송(recours de excès de pouvoir)'[19]은 통상 법원에서의 소송과는 달리 행정에 대항할 수 있는 수단을 시민에게 부여하는 데에 일차적인 목적이 있는 것이 아니라, 행정청의 행위의 위법성을 지적하고, 이를 바로잡아 행정이 올바른 법상태에 놓이게 하는 데에 주된 목적이 있는[20] 이른바 객관소송[21]으로 분류된다.[22]

반면 역시 복수 모델을 취하고 있지만, 사법부의 범주 안에 행정법원을 두고 있는 독일의 행정소송 형식은 소(Klage)의 개념에 해당한다. 따라서 그 형식은 민사소송의 형식들을 기초로 하게 되고, 주관적 권리 보호를 소송의 주 목적으로 하게 된다. 즉, 형성의 소(Gestaltungsklage)에 해당하는 취소소송(Anfechungsklage)이 프랑스의 월권소송의 기능을 하게 되고, 이행의 소(Leistungsklage)와 확인의 소(Feststellungsklage)에 해당하는 소송 형식이 존재한다.[23]

(4) 대상적격

모든 국가에서는 어떠한 방식으로든 위법한 국가의 행위에 대해 취소를 구할 수 있는 절차를 마련하고 있다. 그러나 행정소송 제도의 조직구성과 소송 형식에 따라 취소를 구할 수 있는 대상이 되는 국가 행위의 범위는 다르다.

먼저 보통법과 단일 모델의 체계를 취하는 영국과 미국은 판례를 통하여[24] 법원의 포괄적인 통제권이 인정되어 왔기 때문에, 사법심사의 대상이 되는 국가의 행

---

18) Kayser, *op. cit.*, § 91, Rn. 61 참조.

19) 따라서 recours de excès de pouvoir는 엄밀하게는 '월권에 대한 항고'라고 번역해야 할 것이다. 그러나 우리 나라에서 이미 널리 쓰고 있는 '월권소송'이라는 번역을 사용하기로 한다.

20) Kayser, *op. cit.*, § 91, Rn. 42.

21) 유럽 국가들 중 이러한 프랑스 모델의 객관소송을 채택하고 있는 나라로는 이탈리아, 스페인, 그리스, 벨기에 및 네덜란드가 있다. Sommermann, Karl–Peter, Das Recht auf effektiven Rechtsschutz als Kristallisationspunkt eines gemeineuropäischen Rechtsstaatsverständnisses, in: Kirchhof/Papier/Schäffer, Rechtsstaat und Grundrechte - Festschrift für Detlef Merten, C.F. Müller, Heidelberg 2007, 443 (448 f.).

22) 월권소송 외에도 행정상의 결정을 취소 또는 변경하는 한편, 급부의 이행을 명령할 수 있는 완전심판소송(contentieux de la pleine juridiction), 법규의 해석과 관련한 문제를 다루는 해석소송(contentieux de l'interprétation) 및 교통로를 훼손하거나 파괴한 자에게 제재를 부과하는 재판인 제재소송(contentieux de la répression) 등이 존재한다. Gonod, Pascale, Grundzüge des Verwaltungsrechts in gemeineuropäischer Perspektive: Frankreich, in: Bogdandy/Huber (Hrsg.), 2014, § 75, Rn. 125.

23) Hufen, Friedhelm, Verwaltungsprozessrecht, C. H. Beck, München 2013, § 13, Rn. 5 ff; Kayser, *op. cit.*, § 91, Rn. 63 ff.

24) Craig, op. cit., § 77, Rn. 88; 미국 역시 연방대법원의 판례를 통해 행정에 대한 법원의 사법심사 권한을 인정해 오고 있다. 시금석이 되는 판례로 Marbury v. Madison, 5 U.S. 1 Cranch 137 (1803) 참조.

위 범위가 넓다. 즉, 민사소송규칙(Civil Procedure Rules: CPR) 제54.1조 제2항 (a)가 규정하는 대권 영장 절차의 대상은 법률(enactment), 결정 및 공적 기능의 수행과 관련이 있는 작위 또는 부작위로서 광범위하다. 미국 역시 행정절차법(Administrative Procedure Act: APA) 제702조를 통해 사법 심사의 대상이 되는 행위를 "행정기관의 행위(agency action)"라고 넓게 규정하고 있으며, 그 행위는 개별 행위뿐만 아니라 규칙의 발령과 같은 행위를 모두 포함하며 사실상 심사가 가능한 행위는 모두 대상이 된다고 해석된다.[25]

복수 모델과 civil law 체계를 취하는 경우, 사법심사의 대상은 해당 행정소송기관의 수권 범위에 따라 제한되는 것이 보통일 것이다. 프랑스의 월권소송의 대상은 행정상의 행위(acte administratif)로 제한되지만, 꽁세유데타의 판례와 학설에 따르면 이는 이른바 '조직상의 기준(critère organique)'에 따라, 공법상 주체의 행위가 논쟁의 대상이 될 때와 고권상의 권한(prérogatives de puissance publique)의 적용이 있는 경우에 인정되며, 개별적인 행위는 물론 추상적·일반적인 행위 역시 법 상태에 변화를 일으키는 법적효과를 가진 경우에는 대상에 포함된다.[26] 독일의 취소소송의 대상은 행정법원법(Verwaltungsgerichtsordnung: VwGO) 제42조 제1항에 따라 행정행위에 국한되며, 별도의 규범통제절차(VwGO 제47조)를 통하여 제한적으로 일부 규범에 대한 통제가 이루어지고 있다.[27]

(5) 원고적격

원고적격 역시 common law 국가들이 넓게 인정하고 있다. 영국의 경우 대권 영장 절차에도 일반 소송의 원고적격 요건이 그대로 적용되어, 상급법원법(Senior Courts Act 1981) 제31조 제3항에 따라 청구 사항과 관련하여 '충분한 이익(sufficient interest)'이 있을 경우 원고적격이 인정된다. 미국의 APA 제702조를 통하여 "행정기관의 행위로 인해 법적 어려움을 겪고 있거나, 관계 법률의 의미 내에서 행정 기관의 행위에 따라 부정적인 영향 또는 침해를 받은 자"에게 원고적격을 인정하고 있다.

복수 모델 형태의 사법심사 구조를 취하고 있으나, 객관소송으로서의 '항고' 개념의 소송형식을 기본으로 하는 프랑스에서는 원고적격 역시 "취소의 개인적 이익"이 있는 자로 비교적 넓게 인정된다. 단, 그 이익은 실체적 이익에 한정하며, 도덕적 내지 미적 이익은 배제된다.[28] 그러나 취소소송의 본질적인 구조를 '침해소송

---

25) Hänni, *op. cit.*, S. 161.

26) Hänni, *op. cit.*, S. 154.

27) 독일 행정소송제도에 관하여는 졸고, "독일 행정소송의 체계와 유형 - 대상적격과 원고적격을 중심으로 -", 법학논총 제23집 제2호 (2006. 10.), 한양대학교 법학연구소, 205-241면 참조.

(Verletztenklage)'으로 두고 있는 독일 및 오스트리아의 경우, 소송요건으로 주관적 권리의 침해를 요구하고 있어서,[29] common law 국가들이나 객관소송을 채택하는 국가들에 비해 원고적격의 인정범위가 좁다.

Ⅲ. 행정소송의 대상 확대 필요성
- 행정소송과 민사소송의 관계를 중심으로

1. 서론- 박태환 선수 올림픽 출전 자격 분쟁을 계기로

지난 여름에 개최된 리우 올림픽의 국가대표 출전자격 여부를 놓고 박태환 선수가 대한체육회와 입장을 달리하다가, 국제스포츠중재재판소의 판정과 서울동부지방법원의 가처분 결정으로 극적으로 리우 올림픽에 출전한 사건이 있었다.[30]

박태환 선수측은 서울동부지방법원에 국가대표 선발규정 결격사유 부존재확인 가처분을 대한체육회와 사단법인 대한수영연맹을 상대로 제기하였다. 신청인은 대한수영연맹의 국가대표 선발규정 제5조 제6호 및 대한체육회의 국가대표 선발규정 제5조 제6호[31]에

---

28) Hänni, *op. cit.*, S. 219.
29) Kayser, *op. cit.*, § 91, Rn. 99.
30) 박태환 선수 사건의 경과는 아래와 같다.
　2014. 7. 29. 박태환 국내 모 병원에서 주사제 투여
　2014. 9. 3. 박태환 인천 문학수영장에서 국제수영연맹(Federation Internationale De Natation, FINA) 도핑테스트
　2014. 10. 말 국제수영연맹은 A 샘플의 테스트 결과 양성반응이 나온 사실을 대한수영연맹에 통보
　B 샘플에 대해서도 테스트를 요청했고, B 샘플에서도 양성반응(2014. 12. 8)
　2015. 3. 23. 국제수영연맹(FINA)은 청문회 결과 양성판정을 받은 2014. 9. 3.부터 18개월간 자격정지 처분 결정
　박태환 측은 이 결정에 불복하지 않음. 위 결정에 따라 2016. 3. 2.까지 선수자격 정지
　2016. 4. 25. 국가대표 선발전을 겸하는 동아수영대회에 출전
　100m, 200m, 400m, 1,500m 등에서 모두 우승(4관왕)
　2016. 4. 26. 국제스포츠중재재판소(Court of Arbitration for Sport, CAS)에 중재 신청
　2016. 5. 11. 대한체육회는 국가대표 후보명단에서 박태환을 제외
　2016. 5. 21. CAS에 잠정처분 신청
　2016. 6. 16. 대한체육회 이사회는 국가대표선발규정 개정 불가 결정
　2016. 6. 23. 박태환측은 서울동부지방법원에 '국가대표 선발규정 결격사유 부존재확인 가처분' 신청
　2016. 7. 1. 서울동부지방법원은 위 가처분신청 인용결정
　2016. 7. 5. 대한체육회는 CAS의 판단에 따라 처리하겠다고 함
　2016. 7. 8. CAS가 박태환의 국가대표 자격을 인정하는 잠정처분
　2016. 7. 8. 대한체육회는 CAS의 잠정처분 결정에 따라 박태환의 출전 결정
31) 대한체육회 국가대표 선발규정

의한 결격사유가 존재하지 아니함과 2016년 리우올림픽 수영 종목의 국가대표로 출전할 수 있는 지위가 있음을 임시로 정하는 가처분을 신청하였다.

대한체육회는 처음 대한체육회의 국가대표 선발규정에 따라 박태환이 국가대표 자격이 없다고 결정하였다가, 박태환측이 국제스포츠 중재재판소(CAS)에 중재를 신청하자, 그 문제를 국제스포츠 중재재판소의 판단에 따라 처리하겠다고 입장을 변경하였고,32) 그 후 CAS가 박태환의 국가대표 자격을 인정하는 중재결정을 하자 대한체육회는 CAS의 잠정처분 결정에 따라 박태환의 국가대표 출전 자격을 인정하였다.

2. 박태환 선수 사건 분쟁의 성격과 소송유형

(1) 국제스포츠중재재판소의 결정과 성격

CAS는 국제 스포츠계에서 일어나는 각종 분쟁을 중재(仲裁)하는 독립기구로서,33) 원칙적으로 분쟁 당사자의 합의에 의해 회부된 건에 한해 법적 구속력이 없는 중재안을 제시하는 중재기구다.34) 따라서 국내법적으로 박태환의 출전자격을 회복시키는 법적 효력을 발생시키는 것은 대한체육회의 출전자격 인정 결정이라 할 것이다. 위 사안에서 박태환 선

제5조(결격사유) 다음 각 호의 1에 해당되는 자는 국가대표가 될 수 없다.
1. 금고 이상의 실형을 선고받고 그 집행이 종료되거나 집행을 받지 아니하기로 확정된 후 2년이 경과하지 아니한 자
2. 금고 이상의 형을 선고받고 그 집행유예 기간이 끝난 날로부터 2년이 지나지 아니한 자
3. 체육회 및 경기단체에서 자격정지 이상의 징계처분을 받고 징계가 만료되지 아니한 자
4. 체육회 및 경기단체에서 폭력행위를 한 선수 또는 지도자 중에서 3년 미만의 자격정지를 받고 징계가 만료된 날로부터 3년이 경과하지 아니한 자
   단, 3년 이상의 자격정지를 받은 자는 영구결격
5. 체육회 및 경기단체에서 성추행, 성희롱 등 성과 관련된 범죄행위를 한 선수 또는 지도자 중 자격정지를 받고 징계가 만료된 날로부터 3년이 경과되지 아니한 자
   단, 5년 이상의 자격정지를 받은 자는 영구 결격
6. 체육회 및 경기단체에서 금지약물을 복용, 약물사용 허용 또는, 부추기는 행위로 징계처분을 받고 징계가 만료된 날로부터 징계 기간이 끝나고 3년이 경과하지 아니한 자
7. 체육회 및 경기단체에서 승부조작, 불공정 행위(부정선발, 담합, 금품수수, 국가대표 훈련비 횡령)와 강간, 강제추행 등 성폭력 범죄행위로 징계를 받은 자는 영구결격
8. 사회적으로 물의를 일으켜 체육인의 품위를 손상시킨 자
32) 이러한 대학체육회의 입장에 대해 서울동부지방법원 공보판사는 CAS의 판단과 상관없이 법원의 가처분 결정은 효력이 있다고 말한바 있다.
33) 1983년 국제올림픽위원회(IOC)의 승인을 얻어 1984년 6월 30일 출범했고 본부는 스위스 로잔, 중재재판소는 로잔, 뉴욕, 시드니 세 곳에 있다. 1981년 늘어나는 국제 스포츠 분쟁을 해결할 독립기구가 필요하다는 후안 안토니오 사마란치(Juan Antonio Samaranch) IOC 위원장의 의의에 따라 이듬해 로마에서 열린 총회에서 국제사법재판소 재판관 케바 음바예(Kéba Mbaye)를 특별조사위원회 위원장으로 선임했다.
34) 87개 국 300여 명의 중재재판관은 스포츠법과 중재 전문가들로 구성된다. 매년 300건가량의 중재안을 내는데 2000년 이후 사례의 대다수는 프로축구에서의 이적과 도핑에 관한 것이다.

수는 서울동부지방법원에 국가대표출전 지위가 있음을 임시로 정하는 가처분을 민사소송
으로 제기하였는바, 서울동부지방법원은 리우올림픽은 올림픽헌장 및 세계반도핑규약
(WADA-code)이 적용되는 대회이고, 채무자 대한체육회와 대한수영연맹은 모두 올림픽헌
장 및 세계반도핑규약(WADA-code)에 기속되는데, 박태환 선수에게 적용되는 두 단체의
결격조항은 올림픽헌장 및 세계반도핑규약(WADA-code)에 반하므로, 대한체육회의 국가
대표 선발과 관련한 공고에 위 결격조항을 포함시킨 부분은 그 효력이 없고, 따라서 박태
환 선수는 국가대표 출전 자격이 있다고 결정하였다.

(2) 대한체육회의 법적 성격과 소송 유형

특별법에 의해 직접 설립되는 특수법인의 경우, 개별법 자체에 특수법인의 조직 및
법률관계에 관해 상세히 규정하지 아니하고, 민법의 사단법인 규정을 준용한다거나 상법
의 주식회사 규정을 준용한다는 규정을 두고 있는 경우가 많은데, 이러한 경우에 대체적으
로 사법인으로 보고 그에 관한 분쟁은 민사소송으로 의율하는 것이 판례의 전체적 경향이
라 할 수 있다. 이 사건에서 문제된 대한체육회의 법적 성격에 관해 판단한 대법원 판결은
아직 없는 것으로 보인다.[35]

무엇이 국가의 임무 또는 공무인지 판단하는 것은 쉽지 않다. 공무수탁사인의 위탁의
대상으로서의 임무설에 관한 비판에서 보듯이 국가의 임무영역을 선험적으로 확정하기 어
렵기 때문이다.[36] 오직 국가에 의해 결정되어야 하는 영역이라는 의미에서 추상적으로 결

---

[35] 2006년 서울 동부지방법원은 대한체육회에서 정한 전국체육대회 참가요강의 효력에 대해 민사소송으로
제기된 사건에서 원고와 피고, 법원 모두 관할에 관한 별다른 논의 없이 민사소송 사건으로 판결한바 있
는데(서울동부지법 2006.9.29. 선고 2006가합9635 판결 [무효확인]), 판결요지는 아래와 같다.
"사단법인 대한체육회의 전국체육대회 참가요강은 '체육특기자로서 중학교 또는 고등학교 재학 중 다른
시·도로 전학한 자는 만 2년이 경과된 후에 대회에 참가할 수 있다.'고 규정하고 있는바, 전국체육대회의
주최자인 대한체육회가 각 시·도 간의 실질적인 경쟁이 이루어질 수 있도록 하고 각 시·도 간의 과당경쟁
과 부정한 선수 스카우트를 방지하기 위하여 다른 시·도로 전학 또는 진학한 체육특기자의 참가자격을
제한하는 것이 가능하다고 하더라도 그 제한은 합리적인 범위 내이어야 하는데, 2년의 제한기간은 지나
치게 장기간인 점, 참가자격 제한의 예외사유가 학생들의 불가피한 개인적인 사정을 전혀 고려치 않은
것으로서 그 예외 인정의 범위가 지나치게 좁은 점, 부정한 선수 스카우트에 대한 제도적 통제가 가능한
점 등에 비추어 보면, 위 참가요강은 행복추구권에 포함되어 있는 일반적인 행동자유권과 개성이나 인격
의 자유로운 발현권을 과도하게 제한하는 것으로서 선량한 풍속 기타 사회질서에 반하여 민법 제103조
에 의하여 무효이다."
[36] 국가의 모든 작용은 순수하게 자기목적적일 수 없고, 종국적인 목적을 지향해야 한다. 입헌국가에서 공공
복리(Gemeinwohl)는 전헌법적(vorverfassungsmäßig)이고 일반적인 국가의 정당화근거이다. "공익"을 공
공복리의 총합으로 이해한다면, 국가작용의 정당화 목적으로 공익에 부합하는 국가의 활동영역들이 "공
무"라고 말할 수 있을 것이다. 그러나 구체적으로 무엇이 공무 내지 국가임무에 해당하는지 여부를 확정
하는 것은 쉽지 않다. 공무나 국가임무의 내용은 지속적인 정치적 소통과정에서 공식화되어야 하고, 거
기에는 많은 이념적·실체적·제도적 요소들이 작용하기 때문이다. T. Mann, "Die öffentlich-rechtliche
Gesellschaft", Mohr Siebeck. 2001, S. 81 ff..

정될 수 있는 공무는 존재하지 아니하며, 오히려 국가와 사회의 임무는 서로의 임무영역이 교착(Verschränkung)된다고 말하는 것이 현실적이다. 그렇다면 어떤 사무가 국가적인 것인지 또는 사적인 것인지 여부는 결국 개별 법률에 의해 결정될 수밖에 없다.37)38)

대한체육회는 체육경기대회의 개최와 국제 교류 등의 사업을 목적으로 국민체육진흥법 제33조39)에 근거하여 문화체육부장관의 인가를 받아 설립된 법인이다. 대한체육회의 사업 목적과 내용에 대하여는 동법 제33조 제1항에서 규정하고 있는데, 체육대회의 개최와 국제교류를 포함하여 체육진흥을 위하여 필요한 사업을 행한다고 규정하고 있다. 특히 사안과 같이 국가대표를 선발하여 국제대회에 출전시키는 것도 대한체육회의 임무 중 하나에 속한다. 동조 제8항에서 "체육회에 관하여 이 법에서 규정한 것 외에는 「민법」 중 사단법인에 관한 규정을 준용한다."고 규정하고 있는데,40) 이를 근거로 대한체육회를 사법인

---

37) 이러한 의미에서 공공복리실현 또는 생존배려 의미에서의 '국가임무' 또는 '공무'라는 추상적 개념은 공법적 주체와 사법적 주체를 구별하기 위한 개념으로는 적합하지 않다는 비판이 제기된다. A. Berger. *Staatseigenschaft gemischtwirtschaftlicher Unternehmen,* Duncker und Humblot, 2006, S. 95. (졸고, "공공기관운영에관한법률상의 공공기관의 범위와 지정의 한계", 인권과 정의 제394호, 2009. 6., 대한변호사협회 에서 재인용).
38) 독일 공법학에서의 국가임무에 관한 논의에 관해 더 자세히는 박재윤, "독일공법상 국가임무론에 관한 연구," 법학박사학위논문, 서울대학교, 2010 참조.
39) 국민체육진흥법
제1조(목적) 이 법은 국민체육을 진흥하여 국민의 체력을 증진하고, 건전한 정신을 함양하여 명랑한 국민 생활을 영위하게 하며, 나아가 체육을 통하여 국위 선양에 이바지함을 목적으로 한다.
제33조(통합체육회) ① 체육 진흥에 관한 다음 각 호의 사업과 활동을 하게 하기 위하여 문화체육관광부장관의 인가를 받아 통합체육회(이하 "체육회"라 한다)를 설립한다.
  1. 체육회에 가맹된 경기단체와 생활체육종목단체 등의 사업과 활동에 대한 지도와 지원
  2. 체육대회의 개최와 국제 교류
  3. 선수 양성과 경기력 향상 등 전문체육 진흥을 위한 사업
  4. 체육인의 복지 향상
  5. 국가대표 은퇴선수 지원사업
  5의2. 생활체육 프로그램 개발 및 보급
  5의3. 스포츠클럽 및 체육동호인조직의 활동 지원
  5의4. 생활체육 진흥에 관한 조사 및 연구
  5의5. 전문체육과 생활체육과의 연계 사업
  6. 그 밖에 체육 진흥을 위하여 필요한 사업
  ② 체육회는 제1항에 따른 목적 달성에 필요한 경비를 마련하기 위하여 대통령령으로 정하는 바에 따라 수익사업을 할 수 있다.
  ③ 체육회는 법인으로 한다.
  ④ 체육회는 정관으로 정하는 바에 따라 지부·지회 또는 해외 지회를 둘 수 있다.
  ⑤ 체육회의 회원과 회비 징수에 필요한 사항은 정관으로 정한다.
  ⑥ 체육회의 임원 중 회장은 정관으로 정하는 바에 따라 투표로 선출하되, 문화체육관광부장관의 승인을 받아 취임한다.
  ⑦ 체육회는 제6항에 따른 회장 선출에 대한 선거관리를 정관으로 정하는 바에 따라 「선거관리위원회법」에 따른 중앙선거관리위원회에 위탁하여야 한다.
  ⑧ 체육회에 관하여 이 법에서 규정한 것 외에는 「민법」 중 사단법인에 관한 규정을 준용한다.

(私法人)으로 보아서는 안 된다. 판례는 개별법에 의해 설립된 특수법인의 성격을 판정함에 있어서 민법상의 사단법인을 준용한다거나 상법상의 주식회사 규정을 준용한다는 규정을 두고 있는 경우 그것을 사법인을 인정하는 보충적 근거로 들기도 하나, 민법 또는 상법의 법인이론 외에 공법에 고유한 법인이론이 존재하는 것이 아니므로 이를 사법인의 근거로 드는 것은 타당하지 않다고 생각한다.

이 글이 대한체육회의 법적 성격에 관해 논증하는 글은 아니므로 이에 관한 논의는 문제제기 차원에서 그치고자 한다. 다만 박태환 선수 사건이나 위 각주에서 소개한 서울동부지법 판결에서 보다시피 대한체육회를 사법인으로, 그 분쟁해결을 민사소송으로 의율함에 따라, 전자에서는 헌법을 비롯한 국내법과는 전혀 연결점을 찾지 못하고 오로지 올림픽 헌장과 세계반도핑규약(WADA-code)에의 위반여부만으로 결론을 내리고, 후자에서는 대한체육회의 전국대회 참가요강을 규범체계 내에 편입시키지 못한 결과로 대한체육회의 결정에 대해 행복추구권을 비롯한 헌법상의 기본권을 직접 적용시키지 못하고, 기본권의 대사인적 효력론에 따라 민법 제103조 위반으로 의율하고 있다. 이에 관해서는 대한체육회의 법적 성격과 사안의 국내법과의 연관성에 대한 더 자세한 고찰이 필요할 것이나, 이 글에서는 이러한 소송 구조 하에서 대한체육회가 가지는 공익적 성격이 충분히 고려될 수 있는지에 관한 의문을 제기하는 것으로 그치고자 한다.41)

3. 거버넌스(governance) 개념의 발전과 행정소송

(1) 거버넌스(governance) 개념

거버넌스(governance) 개념은 신공공관리론(新公共管理論)에서 중요시되는 개념으로서 국가·정부의 통치기구 등의 조직체를 가리키는 'government'와 구별된다. 'governance'는 'government'라는 실체가 아니라 'governing'의 방식이며, 'governing'은 '집단활동을 조정하고 규율하고 해결하는' 작용으로 이해할 수 있다. 즉 관료제의 대응력 부족과 시장의 무책임성 모두를 부정하고 정부-시민사회-시장이 상호의존적이고 자율적으로 연결된 협력기제로 이해할 수 있을 것이다.42)

---

40) 판례의 이러한 경향에 대해 더 자세한 고찰로는 정호경, "공공기관운영에관한법률상의 공공기관의 범위와 지정의 한계 - 한국증권선물거래소를 중심으로 -", 인권과 정의 제394호(2009. 6. 1.), 대한변호사협회 참조.

41) 행정소송과 민사소송의 구별에 관해서 더 자세히는 안철상, "행정소송과 민사소송의 관계", 「법조」 제57권 1호, 2008. 01, 한국법학원, 319-365; 이홍훈, "행정소송과 민사소송", 「한국공법이론의 새로운 전개」, 삼지사, 2005. 06.; 하명호, "공법상 당사자소송과 민사소송의 구별과 소송상 취급", 「인권과 정의」 제380권, 대한변호사협회 등 참조.

42) 유민봉, 「한국 행정학」, 박영사, 2015, 164-165면 참조.

governance는 지역사회에서부터 국제사회에 이르기까지 여러 공공조직에 의한 행정 서비스 공급체계의 복합적 기능에 중점을 두는 포괄적인 개념으로 파악될 수 있다. governance는 사회 내 다양한 기관이 자율성을 지니면서 함께 국정운영에 참여하는 변화 통치 방식을 말하며, 다양한 행위자가 통치에 참여·협력하는 점을 강조해 '협치'라고도 한다. 오늘날의 행정이 시장화, 분권화, 네트워크화, 기업화, 국제화를 지향하고 있기 때문에 기존의 행정 이외에 민간 부문과 시민사회를 포함하는 다양한 구성원 사이의 네트워크를 강조한다.

거버넌스는 수직적 집행과 통제보다 수평적 협력과 자율이 강조되는 방향으로 시대의 균형추가 이동하면서, 'government'라는 개념으로는 현 사회를 제대로 설명할 수 없기에 새롭게 부각된 개념이다. 오늘날 거버넌스에 참여하는 단체들의 임무와 성격은 좀 더 섬세하게 파악할 필요가 있다. 전통적 행정소송이 정부에 의한 통치, 'government'에 대한 사법적 통제에 초점을 맞추어 왔다면, 협치와 거버넌스가 강조되는 시대에는 그에 발맞추어 거버넌스에 참여하는 단체들의 공공성에 주목할 필요가 있다. 그러한 단체들이 공동체의 공공복리와 공익성에 미치는 영향이 클수록 단체의 임무와 활동에 대한 행정소송에 의한 통제요청이 더 커진다고 할 것이다.[43]

(2) 글로벌 거버넌스(global governance) 개념

종래의 글로벌 정치에서는 정부가 주요 행위자로 역할을 해 왔다. 그러나 기업과 산업의 국제화가 증대되고, 인력과 제도가 국경을 넘어 확산되면서 참여자들이 크게 증가했다. 글로벌화의 증진과 함께 관련 기구와 조직의 역할도 증대되었다. 그러한 기구로는 세계무역기구(WTO), 국제통화기금(IMF), 유럽연합(EU), 북대서양조약기구(NATO) 등을 들 수 있다. 이 기구들은 개별 국가의 정책 결정에 영향을 주며, 심지어 개별 국가의 정책을 뒤엎기도 한다.

국제 금융 위기에 IMF는 해당 당사국들의 금융 자유화 등에 커다란 영향을 미쳐 왔다. 따라서 글로벌 거버넌스에서는 비국가 행위자들의 역할이 중요한 요소로 자리 잡고 있다고 본다. 따라서 국제기구, 초국적 기업들과 비정부기구(NGO)의 참여와 협력이 글로벌

---

43) 법학영역에서는 아직 거버넌스 개념이 활발하게 논의되고 있지는 않지만, 행정학을 포함한 타 학문 분야로 확대하면 2000년 이후 거버넌스에 관한 글은 적지 않다. 전광석, "공공거버넌스와 공법이론 : 구조이해와 기능", 공법연구 38집 3호, 2010, 165-196; 권영설, "변화하는 헌법과 거버넌스", 연세 공공거버넌스와 법 제3권 제1호(2012.03), 연세대학교 법학연구원, 111-159; 박정원, "민주적 거버넌스에 대한 소고", 법학논총 제39권 제2호(2015.06), 단국대학교, 475-498; 정규호, "환경갈등에 대한 거버넌스적 접근의 함의와 과제 — 시화지역과 굴포천유역 '지속가능발전협의회'의 경험", 동향과전망 2007년 가을·겨울호(2007.10), 114-152 ; 이명석, "거버넌스의 개념화 : '사회적 조정으로서의 거버넌스'",「한국행정학보」제36권 제4호(2002 겨울), 321~338.

거버넌스를 구성한다는 것이다.[44]

현재의 글로벌 거버넌스에 참여하는 기구들은 엄밀한 의미에서 근대적 국가 권력 개념에 부합하지는 않는다. 그러나 국가차원의 거버넌스에 참여하는 단체나 기구들의 임무를 개별적으로 파악하여 공익성이 강한 영역을 행정소송으로 편입하는 것이 적절하다면, 글로벌 시대에 글로벌 거버넌스에 참여하는 단체들 또한 그 임무나 활동의 공익관련성을 면밀히 검토하여 행정소송제도에의 편입을 검토할 필요가 있다. 물론 국제적 또는 초국가적 기구라는 점에서 글로벌 거버넌스의 활동이 공익이나 국가공동체에 영향을 미친다고 하더라도 바로 행정소송의 대상이 되는지 여부는 좀 더 구체적이고 세부적인 고찰을 필요로 한다.

VI. 글로벌 시대의 행정소송의 변화
- 유럽화에 따른 독일 행정소송제도 변화를 중심으로

1. 서론

국가의 국제적 정치 환경 변화에 따라 법제도가 변화하게 된 최근의 사례는 유럽연합 및 그 회원국에서 잘 나타난다. 유럽연합 조약(Vertrag über die Europäische Union: EUV) 제19조 및 유럽연합의 작용에 관한 조약(Vertrag über die Arbeitsweise der Europäische Union: AEUV) 제251조 이하에 따른 직접적인 유럽법원에서의 행정소송은 차치하더라도, 유럽연합 회원국들의 전통적인 행정상 권리구제 제도가 나름대로의 방법으로 유럽화(Europäisierung)되어 비슷한 모습으로 수렴하는 모습이 나타나고 있는 것이다.[45] 이는 첫째로, 조약 및 유럽인권협약(Konvention zum Schutz der Menschenrechte und Grundfreiheiten: EMRK) 등 유럽법의 규정이 회원국 내에 직접 적용되며,[46] 둘째로, 회원국 내에 직접 적용되지 않는 지침

---

44) 거버넌스나 글로벌 거버넌스 개념은 주로 행정학 분야를 중심으로 논의되어 온 것이 사실이다. 법학분야의 이에 관한 글을 많지 않지만, 이에 관해 더 자세한 논의에 대해서는 박진완, "글로벌 거버넌스와 국제공법", 법학논고 제41집(2013.2.28.), 경북대학교, 353-390 참조. 그 밖에 안덕근, "WTO체제 거버넌스의 구조적 문제점과 개선방안 분석", 통상법률 97호(2011. 2), 법무부, 179-221; 정서용, "국제 환경 거버넌스, 비국사행위자 그리고 국제법", 서울국제법연구 제17권 제2호(2010년), 서울국제법연구원, 19-34 등 참조.

45) 이러한 현상의 하나로 유럽연합의 보조금 규율정책에 관해 논한 글로 정호경·선지원, "유럽연합의 보조금 규율정책 -예외적 허용요건과 통제방식을 중심으로", 공법연구 제43집 제2호(2014. 2), 한국공법학회, 243-262면 참조.

46) Steinbeiß-Winkelmann, Christine, Europäisierung des Verwaltungsrechtsschutzes - Anmerkungen zu einer „unendlichen Geschichte", NJW 2010, 1233 (1233).

등의 각종 제2차 유럽법 규정 역시 적어도 재판상의 심사 기준으로 삼아야 했고,[47] 마지막으로, 회원국의 행정소송 기관이 유럽 법원과 공동으로 유럽법 적용의 관할권을 갖는다는 점[48]에서 비롯한다. 이에 따라 유럽 국가들의 행정소송법은 다음의 변화 경향을 보이고 있다.

2. 원고적격의 확대

유럽법상의 가치를 지키기 위한 원고적격(Klagebefugnis)의 확대 경향을 볼 수 있다. 유럽 시민이 유럽법에 따른 권리를 회원국 내 행정소송을 통해 보장받고자 할 경우, 유럽법상의 권리가 주관적 권리에 해당할 경우에는 독일과 같이 주관적 공권의 존재를 원고적격의 요건으로 하는 국가에서도 큰 문제가 되지 않을 것이다. 그러나 주관적 공권의 존재가 없더라도 유럽법이 수호하고자 하는 가치가 소송의 대상이 될 경우에는 원고적격에 문제가 발생한다.[49][50]

원고적격 확대의 대표적 사례는 환경법상의 권리구제에서 찾을 수 있다. 환경소송에서의 원고적격 확대는 Århus 협약(Århus−Konvention)과 이에 기초한 유럽연합의 지침에 뿌리를 두고 있다. Århus 협약은 환경 관련 문제에 공공단체의 참여를 강화하기 위한 목적에서 지난 1998년 유럽연합의 모든 회원국들을 포함한 48개국이 맺은 국제협약으로서,[51] 다음의 세 가지 내용을 골자로 하고 있다. 첫째로, 환경 관련 정보에 대한 개별 주체의 접근성을 강화하고 있으며(협약 제4조 및 제5조), 둘째로, 환경에 영향을 미치는 사업의 결정시 공공의 참여를 강화하는 규정을 포함하고 있고(제6조 내지 제8조), 마지막으로 환경 쟁송에 있어 공공단체의 참여권을 강화하여, 단체소송(Verbandklage)의 허용성을 확대할 것을 주문하고 있다(제9조).[52] 특히, 정보공개 소송(제9조 제1항) 내지 제6조의 사업 결정 시

---

47) Dörr, in: Sodan/Ziekow, Verwaltungsgerichtsordnung, Nomos, Baden−Baden 2014, EVR, Rn. 213.

48) Steinbeiß−Winkelmann, NJW 2010, 1233 (1233).

49) 원고적격 외에 대상적격 확대에 관한 논의가 추상적 규범통제 및 행정주체를 당사자로 하는 계약과 관련하여 나타날 수 있을 것이다. 이를 행정재판의 대상으로 삼고 있는 프랑스 모델과 달리, 독일 모델의 행정소송은 일반적·추상적 규범이나 계약의 체결을 취소소송의 대상으로 삼고 있지 않다. 그러나 독일 모델에서도 행정소송 외의 방법(헌법소송 및 일반민사소송)으로 이에 대한 사법심사가 가능하기에, 유럽법은 별도로 이들을 행정소송으로 대상으로 삼을 것을 요구하고 있지는 않다. 공정한 재판을 받을 권리를 규정한 EMRK 제6조 역시 추상적 규범통제 절차에 대해서는 규정하고 있지 않다. Kayser, *op. cit.*, § 91, Rn. 89 f..

50) 유럽연합의 보조금 규율정책에 따른 독일내에서의 보조금 지급과 관련한 소송방법의 변화에 관하여는 정호경·선지원, "유럽연합의 보조금 규율 정책 − 예외적 허용요건과 통제방식을 중심으로 −", 공법연구 제43집 제2호, 한국공법학회 참조.

51) 다음 링크에서 각 언어로 번역된 본 협약의 전문을 열람할 수 있다.
http://www.unece.org/env/pp/treatytext.html <2016. 8. 16.>

의 참여와 관련한 소송(제2항) 외에도 일반적인 단체소송의 가능성까지 열어두고 있다는 점에서 환경소송에서의 원고적격을 획기적으로 확대할 수 있는 여지를 제공하고 있다.[53]

유럽연합은 지침 2003/35/EG[54]를 통하여 본 협약의 내용을 회원국들의 국내법에 적용할 것을 요구했고, 특히 원고적격과 관련하여 지침 제3조를 통해 지침 85/337/EWG[55]에 제10조a를 신설함으로써, 회원국들로 하여금 관련 공공단체의 구성원이 "충분한 이익을 가졌거나" 또는 "회원국의 행정절차법 내지 행정소송법에서 요건으로서 요구하는 권리침해를 주장하는 경우"에는 그 단체에 결정, 행위 또는 부작위의 실체적·절차적 적법성을 다툴 수 있는 원고적격을 부여하도록 하고 있다. 따라서 원고적격의 요건으로 권리 침해를 요구하는 독일과 같은 나라에서는 환경소송에 한해서는 객관적 단체소송을 인정할 필요성이 생긴 것이다. 독일이 본 지침을 수용하여 2006년 12월 7일자로 발효한 환경상의 법적 구제에 관한 법률(Umweltrechtsbehelfsgesetz: UmwRG) 제2조 제1항 및 제2항에 따라 환경단체는 "자신의 권리에 대한 침해를 주장하지 않고도" 환경 관련 결정에 대한 행정소송을 제기할 수 있게 되었다.[56]

3. 절차흠결에 대한 권리구제 강화

일부 회원국의 기존 국내법에 따라서는 불가능했던 절차규정의 흠을 이유로 한 쟁송이 가능해진 경우도 찾아볼 수 있다. 독일 행정절차법은 제46조를 통하여 절차 및 형식상의 하자는 "위법사실이 결정에 실질적으로 영향을 미치지 않았음이 명백한 경우"에는 행정행위의 취소 근거로 주장할 수 없다고 규정하고 있다. 그러나 유럽법상의 규정에 따르면 행정절차법 규정에도 불구하고 구체적인 권리에의 침해 여부와 관계없이 절차의 흠을 이유로 하는 제소가 가능한 경우가 있다. 회원국 법률에의 수용 없이 직접 적용이 이루어지는 제1차법상의 예로는 AEUV 제108조 제3항의 보조금법상의 절차 위반을 들 수 있다. 동

---

52) Steinbeiß–Winkelmann, NJW 2010, 1233 (1236); Walter, Christian, Internationalisierung des deutschen und Europäischen Verwaltungsverfahrens–und Verwaltungsprozessrechts –am Beispiel der Århus–Konvention, EuR 2005, 302 (305).

53) Walter, EuR 2005, 302 (332).

54) Amtsblatt Nr. L 156 vom 25/06/2003 S. 0017 - 0025.

55) 특정 공공사업 또는 사적 사업에서의 환경적합성평가에 관한 지침(Richtlinie 85/337/EWG des Rates vom 27. Juni 1985 über die Umweltverträglichkeitsprüfung bei bestimmten öffentlichen und privaten Projekten). Amtsblatt Nr. L 175 vom 05/07/1985 S. 0040 - 0048.

56) 동법의 시행 전에는 "연방자연보호법(Bundesnaturschutzgesetz: BNatSchG)" 제61조에 따라 승인받은 환경단체가 환경보호와 관련한 규정의 위반을 행정 절차 진행 과정에서 이미 주장한 경우에 한해, 단체소송이 가능하였다. 이 규정은 UmwRG의 시행 이후 폐지된다. Porsch, Winfried, Die Zulässigkeit und Begründetheit von Umweltverbandsklagen, NVwZ 2013, 1062 (1063); Walter, EuR 2005, 302 (331).

규정에 따르면 회원국들은 보조금의 지급 계획을 집행위원회에 신고할 의무가 있고, 집행위원회의 심사 전에는 이를 집행해서는 안 된다. 유럽연합의 판례에 따르면, 집행위원회가 추후에 계획된 보조금이 AEUV가 금지하는 보조금이 아니라고 결정을 내렸다 할지라도, 절차 위반 사실에는 변동이 없다. 즉, 이 경우에는 독일 행정절차법 제46조의 적용이 배제될 뿐만 아니라, 제45조 제1항 제5호에 따른 하자의 치유 역시 이루어지지 않는다. 따라서 보조금 수혜자의 경쟁자는 보조금 조치에 대해 취소소송을 제기할 수 있는 것이다.[57]

제1차법상의 절차 외에 유럽연합의 지침상의 요구에 따라 독일에서 소송 가능성이 확대된 예는 환경절차 측면에서 찾아볼 수 있다. 환경적합성평가는 절차법적인 의미만을 갖고 있기 때문에, 2005년 이전까지 독일 연방행정법원은 그 절차의 불이행이 실제 결정에 있어 의미를 갖지 못하는 경우에는 행정절차법 제46조를 적용해 왔다.[58] 그러나 유럽연합은 위에서 언급한 대로 신설한 지침 85/337/EWG의 제10조a를 통해 "절차적 적법성" 역시 명시적으로 법적 구제 대상의 하나로 열거하고 있다. 독일 연방 정부는 유럽연합의 이러한 의도를 수용하여 UmwRG 제4조 제1항을 통해 필요한 환경적합성평가가 이루어지 않았거나 환경적합성평가 필요성 판단을 위한 사전 평가가 이루어지지 않은 경우, 환경적합성평가에서의 공공참여절차가 이루어지 않은 경우 또는 기타 절차상의 하자가 존재하는 경우 관련 결정의 취소를 요구할 수 있다고 규정함으로써, 행정절차법 제46조의 적용을 배제하고 있다.[59]

4. 권리보호 강화 경향

행정소송에서 주관적 공권론을 취하지 않는 국가에서도 주관적 권리의 보호 강화 노력이 나타났다는 점을 살펴볼 수 있다. 이는 주관적 공권 개념을 통해 소송요건을 제한하려는 의도가 아니라, 주관적 공권에서 비롯되는 구제 형식을 도입하려는 의도에서 비롯된 것이다. 예컨대 스페인은 1998년의 행정소송법 개정을 통해 주관적 권리 보호의 목적을 분명히 하고, 다양한 범주의 주관적 권리들을 독일식의 의무이행소송이나 확인소송 등을 통하여 관철하고자 하였다. 포르투갈 역시 행정소송법 개정을 통해 국가에 대한 시민의 지위를 강화하였다.[60] 특히, 프랑스, 스페인, 포르투갈에서 나타난 가구제 제도의 강화 노력

57) Dörr/Lenz, Europäischer Verwaltungsrechtsschutz, Nomos, Baden-Baden 2006, Rn. 436; Kopp/Ramsauer, Verwaltungsverfahrensgesetz, C.H. Beck, München 2015, § 46, Rn. 5a; Steinbeiß-Winkelmann, NJW 2010, 1233 (1235).

58) 단, 연방행정법원은 이러한 사례들에서 소송요건의 충족은 인정하면서, 행정절차법 제46조를 이유로 하여 취소소송을 기각하였다. BVerwG, Urt. v. 18. 11. 2004 - 4 CN 11/03 = NVwZ 2005, 442 (442) 참조.

59) Vgl. Dörr/Lenz, 2006, Rn. 437

60) Sommermann, Konvergenzen im Verwaltungsverfahrens- und Verwaltungsprozeßrecht europäischer

도 이러한 경향의 일환인 것으로 보인다. 가구제는 지금까지 주관적 권리의 존재를 전제로
한 것으로 간주되었기 때문이다.[61]

그밖에도, 행정소송에 대해 관할을 가지는 법원 조직구성과 관련한 동화 경향도 발견
할 수 있다. 특히, 일반 법원의 소송 절차와 행정에 대한 항고 절차를 분리하는 프랑스식
의 모델은 행정 절차의 진보로 평가되었고, 1998년 이후 스페인과 포르투갈이 이를 본뜬
사법개혁을 추진했다.[62]

5. 결어

이처럼 유럽연합의 성립과 유럽법의 수용이 유럽 내 회원국들의 행정소송 제도 변화
에 크고 작은 변화를 일으켰으며, 유럽법의 기준에 따라 각 회원국들의 제도가 근접해 온
것은 사실이다. 유럽 국가들의 행정소송 제도 변천을 평가하는 주목할 만한 관점은 유럽법
의 영향에 따른 회원국들의 소송법 변화는 기능적인 관점에서 접근해야 한다는 점이다.
즉, 유럽법이 요구하는 것은 회원국의 근본적인 소송 구조를 바꾸라는 것이 아니라, 특별
법의 제정 등을 통해 기능적인 관점에서 제도를 보완하고, 유럽법을 효율적으로 적용할 수
있도록 노력하라는 것이다. 유럽법의 요청을 기능적으로 수용할 수 있다면, 독일식의 보호
규범이론에 따른 주관적 공권론이든 프랑스식의 소송이익 관점이든 수용이 가능한 것이
다. 예컨대 독일은 자국의 주관적 공권론을 근본적으로 바꾸지 않고, 환경 소송에 국한하
여 유럽법의 요구를 수용하였다. 따라서 중요한 것은 회원국 내의 국내법에 따른 행정소송
시에도 유럽법에 따른 기본권과 유럽 시민권의 관점을 고려해야 한다는 점이다. 행정소송
을 담당하는 법관은 유럽법의 관점에서 재판을 수행해야 할 것이다.[63]

V. 행정소송제도의 전망과 과제

1. 행정소송제도의 변화의 요인

19세기 이래 발전된 근대 행정소송제도는 전국가적 자유와 권리를 가지는 개인과 항
시 이러한 개인의 자유와 권리에 대한 침해가능성을 내포하는 국가공권력을 대립시키는

Staaten, DÖV 2002, 133 (142).

61) *Ibid.*
62) Sommermann, DÖV 2002, 133 (141).
63) Vgl. Sommermann, DÖV 2002, 133 (143); Steinbeiß-Winkelmann, NJW 2010, 1233 (1238).

이원적 구도 하에서, 국가 공권력 행사에 의해 침해된 개인의 권리를 구제하는 것을 그 사명으로 하였다.[64]

　　그러나 앞에서 말한 바와 같이 오늘날은 국가로부터 개인의 자유, 민주주의 원리에 의한 공동선의 발견, 재판을 통한 정의의 발견과 같은 근대적 법치국가의 전제들이 무너지거나 의심받는 시대에 와 있다. 가령 근대 민주주의가 전제하는 진정한 국민의사의 존재에 대한 회의와 민주적 원칙과 방법에 의한 일반의사로의 수렴 가능성에 대한 의문이 제기되고 있는데, 이는 법률을 중심으로 한 근대 민주적 법치국가 시스템의 전제들에 심각한 의문을 제기함과 동시에 그 제도의 순조로운 운영에 대한 불확실성을 증대시키고 있다.

　　또한 오늘날 국가는 개인에 대한 자유의 침해자이면서 동시에 자유의 보장자로서의 역할을 겸비하고 있다. 신분에 의한 억압 기제가 공식적으로 거의 철폐된 현대사회에서, 인류를 옥죄는 족쇄중 가장 큰 부분은 경제적 불평등과 빈곤에 의한 실질적 차별이라고 할 수 있다. 국가는 이제 이러한 문제로부터 전통적인 개인의 자유를 존중하면서도 빈곤과 경제적 불평등으로 인해 야기된 사회적 문제들의 해결 과제를 담당할 것을 요구받고 있다. 국가는 이제 더 이상 개인의 자유의 잠재적 침해자에 그치는 것이 아니라 나아가 개인의 자유를 보장해야 할 임무를 동시에 떠안고 있는 것이다.[65]

　　근대적 의미의 재판에 대한 이해는 공동선으로서의 의회 법률을 중심으로 하고, 그 외 각종의 법속에 이미 결정되어 내재하고 있는 개인의 권리를 중립적인 법관이 발견하는 것이었다. 그러나 위에서 본 바와 같이 사회의 공동선의 존재가능성에 대한 회의, 존재한다고 하더라도 그에 대한 합의가능성의 부재 등으로 인해 더 이상 법속에 내재하는 권리의 발견이라는 전통적 재판 관념에 대해 의문을 제기하는 견해들이 대두되고 있다. 이러한 견해들은 입법, 사법, 행정의 엄격한 범주적 권력분립을 비판하고, 기능적 권력분립의 관점에서 3권의 견제와 상호보완적 기능을 중시한다. 따라서 사법 또한 입법과 행정이 해결하지 못하는 상황과 문제들에 대한 대안적인 해결기제로서 주장된다. 즉 민주주의에 대한 보완으로서 사법의 보완적 공론장의 역할에 대해 주목하고 있다. 다시 말해서 재판 과정 자체를 법속에 이미 내재하는 권리의 발견이 아니라, 개인과 개인 간 또는 공동체와 개인 간의 이익의 조정 과정으로, 나아가 사회적 의제에 대한 공적 담론의 장으로 파악하고자

64) 개인의 권리를 구제하는 사법적 판단의 기준은 "법률(Gesetz)과 법(Recht)"이었으며, 특히 '법률(Gesetz)'은 의회민주주의 하에서 공동체의 주요한 문제들에 대한 국민의사로서 하나의 공동선으로 간주된다. 이에 관해 더 자세히는 졸고, "기본법의 관점에서 본 독일 행정소송제도의 기능", 587면 참조.

65) 이러한 행정임무의 다양화 다변화와 병행하여 행정작용형식 또한 다양화 되었다. 계획행정과 계약에 의한 행정의 증가, 그리고 특히 비공식적 행정작용의 증가가 현대행정의 두드러진 특징 중의 하나라고 할 수 있다. 행정작용 형식의 관점에서도 전통적인 강학상의 행정행위 개념을 중심으로 하는 행정통제시스템에 대한 재고필요성이 있다. 이에 관해 더 자세히는 졸고, "기본법의 관점에서 본 독일 행정소송제도의 기능", 587－591면 참조.

하는 견해가 유력하다.[66]

그렇다면 이성적으로 잘 훈련된 법관에 의해 진행되고, 불편부당성을 그 고유의 특징으로 하는 사법적 절차가 전체 국민의 이익을 정의롭게 조정하는데 사용될 필요성은 증가되었다고 할 수 있다. 즉 재판 자체가 하나의 의사소통의 수단으로서 민주주의의 위기에 대한 보완적 기능을 수행할 것을 요청받고 있다고 할 것이다.[67]

2. 개혁의 방향과 구체적 과제

행정소송은 국가 공권력으로서 광범한 행정작용을 그 통제대상으로 하는바, 한 나라의 법치주의에 대한 인식과 수준에 필연적으로 조응해야 한다. 그러한 면에서 선진 법치국가의 문턱에 들어선 2000년대의 대한민국에 지금 시행중인 1984년 행정소송법은 작고 낡은 의복임에 틀림없으며, globallizaltion이라는 세계적 추세에도 부응하지 못한다. 행정소송법 개혁은 선진 법치국가로의 진입을 목전에 둔 21세기 대한민국의 시대적 과제라고 할 것이다. 행정소송제도 개혁은 마땅히 국민의 높아진 권리의식을 반영하여 적정하고 실효성 있는 권리구제절차를 마련하는 것이 그 주목표가 되어야 하며, 아울러 변화하는 21세기의 국제정세와 다양하고 광범해진 공동체 관념에도 조응할 수 있는 내용이 되어야 할 것이다. 1984년에 제정된 행정소송제도는 이러한 측면에서 여러 가지 개혁과 보완이 필요하지만, 대표적으로 아래와 같은 영역들에 대한 개정이 시급하다고 할 것이다.[68]

첫째, 행정소송의 종류를 확대해야 한다. 현행 항고소송의 종류로는 다양한 행정작용을 모두 커버할 수 없다는 점이 학계에서 이미 수차례 반복적으로 지적된 바 있다. 의무이행소송의 도입이나 항고소송의 대상의 획기적 확대가 검토되어야 한다. 특히 행정청의 부작위에 대한 직접적이고 종국적인 권리구제제도와 사후소송으로 회복하기 어려운 손해가 발생할 수 있는 처분에 대한 예방적 금지소송 제도의 도입이 필요하다.

---

66) 앞에서 말한 바와 같이 이러한 분야의 대표적 학자로 독일의 Habermas를 들 수 있다. 하버마스는 자신의 의사소통이론을 재판에 적용시켜 재판과정을 하나의 공적 담론의 과정으로 이해하고자 한다. 사법적 담론 이론에 대하여 더 자세한 것은 Jürgen Habermas/한상진·박영도 역, 「사실성과 타당성」, 305-324면 참조. 국내에서는 이상돈 교수가 하버마스의 의사소통이론에 입각하여 재판의 기능을 새로이 설명한 다수의 글들을 발표하였다. 이에 관한 글로 이상돈, "법인식의 사회적 지평과 근대성", 법철학, 법문사, 2003, 47-79 등 참조, 그러나 Schmidt-Assmann은 그럼에도 불구하고 사법이 입법부나 행정부에서 결정에 이를 수 없었거나 그러한 기관들이 결정을 내릴 의사가 없는 사안들에 대한 담론을 먼저 끌어내거나 종결시킬 수는 없다는 점을 지적한다. Schmidt-Assmann, "Funktionen der Verwaltungsgerichtbarkeit", S. 335 f..

67) 이에 관해 더 자세히는 졸고, "기본법의 관점에서 본 독일 행정소송제도의 기능", 587-591면 참조.

68) 이에 관한 논의는 2003년 대법원 행정소송법 개정안이 제출된 이래 수차례의 개정안 마련 과정에서 논의되었을 뿐만 아니라, 그 후 각각의 주제와 관련한 다수의 논문이 발표되었으므로, 여기에서는 개별 주제에 관한 더 상세한 논의는 생략한다.

둘째, 항고소송의 대상이 획기적으로 확대되어야 한다. 대법원 판례의 대체적 경향에 의하면 현행 항고소송의 대상과 원고는 기본적으로는 전통적인 권리침해 개념에서 크게 벗어나지 못하고 있다. 전형적인 행정행위 외에 권력적 사실행위, 행정계획, 명령·규칙 등에 대해서도 효과적인 권리구제제도가 필요하다. 또한 앞에서 본 바와 같이 공익관련성이 크고 동시에 국민의 법적 지위에 영향을 미치는 임무를 가지고 그에 관한 활동을 하는 각종의 중간적 단체들의 활동을 사법적 통제하에 포섭할 필요가 있다. 물론 그 임무와 활동의 내용이 공익관련성이 클수록 당해 단체의 활동이 행정소송으로 통제되어야 할 필요성이 증가함은 당연하다.

셋째, 원고적격이 확대되어야 한다. 오늘날의 공적 분쟁은 전통적인 권리개념에 국한하기 어렵다. 특히 환경소송과 같이 피해가 대중적이고 결국 인류전체에 영향을 미치는 국가 또는 기관의 작용을 개인의 권리침해를 기준으로 원고적격을 인정하는 것은 적절치 않다. 위에서 고찰한 유럽화의 영향에 따른 독일의 환경소송에서의 원고적격 변화 경향이 이를 극적으로 잘 보여주고 있다고 할 것이다. 구체적 변화의 방향과 내용으로는 먼저 공권론에 연원하는 반사적 이익론을 '완전히' 극복해야 하고, 나아가 환경소송 등 공익소송의 영역에서 단체소송의 활성화를 비롯한 원고적격을 대폭 확대해야 한다.[69]

그 밖에도 행정소송의 소의 이익을 확대해야 하며, 집행정지요건의 완화 및 가처분제도의 신설도 필요하다. 또한 재판부의 화해권고제도를 비롯한 다양한 재판종결제도를 도입할 필요가 있고, 공익관련성의 다양한 양태에 비추어 판결주문의 유연화와 다양화도 모색해 볼 필요가 있다고 할 것이다.

VII. 맺음말

근대 법치국가의 성립·발전의 역사는 권리구제제도 발전의 역사라고 해도 과언이 아니듯이, 오늘날 법치주의 원리의 실현 척도는 행정소송제도의 완비 정도라고 해도 지나침이 없을 것이다. 첨예하게 네트워크화된 21세기 사회는 개인의 권리와 이익들의 방향과 내용이 다양할 뿐만 아니라, 그 자체가 다시 다양한 공동체의 이익과 결부되어 나타나고, 국가 또는 공공단체가 공익이라는 이름으로 행하는 작용 또한 수많은 개인과 단체의 권리 및 이익과 결부되는 것이 필연적 현상이다. 이러한 시대에서 행정소송제도는 마땅히 기존의 제도에 잔존하고 있는 국가편의주의나 행정편의주의의 잔재를 일소하여야 함은 물론이

---

69) 이에 관해 더 자세한 논의는 졸고, "2012년 행정소송법 개정안에 대한 평가와 전망 −개정방향과 주요 쟁점을 중심으로−", 법학논총 제29권 제4호(2012), 한양대학교 법학연구소 참조.

고, 한편으로는 당연히 국민의 권리와 이익의 구제에 충실하며, 다른 한편으로는 다원화된 사회에서 관련된 여러 개인과 단체들의 이해관계를 잘 조정할 수 있는 제도가 되어야 할 것이다. 즉 여러 이해관계자들의 권리와 이익을 공익의 장에서 융합·조화시킬 수 있는 보완적 공론장으로서의 기능이 오늘날 행정소송제도가 요청받고 있는 시대적 과제라고 할 것이다.

제1기 헌법재판소 최광률 재판관의 판결성향 분석*

林智奉**

I. 서론: 문제의 제기

헌법재판소 결정에 가장 직접적인 영향을 끼치는 것은 개별 헌법재판관들의 판결성향이라고 할 수 있다. 우리나라에서 1988년부터 1994년까지 6년간 활동한 제1기 헌법재판소의 판결성향도 9명 헌법재판관들 각자의 판결성향이 만들어낸 결과물이라 할 수 있다. 이 9명의 제1기 헌법재판관 중에는 7년간의 판사생활 이후 오래 동안 변호사생활을 하며 법원 밖에서도 상당한 법조경력을 쌓은 최광률 헌법재판관이 있다.

본 연구는 이러한 최광률 헌법재판관의 판결성향을 분야별 주요사건을 중심으로 정성적으로도 평가해보고, 전체 사건의 통계를 통해 정량적으로도 분석해 봄으로써 최광률 재판관의 판결성향을 귀납해 보는 것을 연구목적으로 삼는다.

이를 위해 본 연구는 우선 최광률 헌법재판관의 주요 경력과 행적을 제1기 헌법재판관으로 임명되기 이전과 이후로 나누어 상세히 살펴본다. 또한 최광률 재판관이 제1기 헌법재판관으로 재직하는 동안 관여했던 주요 사건들 중, 그의 판결성향이 비교적 잘 드러나는 대표적 결정들을 정치, 경제, 사회·문화의 분야별로 선별하여 정성적으로 분석하고 평가해본다. 또한 최광률 헌법재판관이 제1기 헌법재판관으로 재직한 6년 동안 관여했던 모든 전원재판부 사건들을 대상으로 정량분석도 행한다.

또한 본 연구는 최광률 헌법재판관의 판결성향을 분야별 주요사건들을 중심으로 정성분석함에 있어서 다음과 같은 다섯 가지 분석틀을 사용했음도 밝혀둔다.[1]

---

* 이 논문은 「법학논총」 제32집(숭실대학교 법학연구소, 2014년)에 게재된 논문으로 「최광률 명예회장 헌정논문집」에 전재하는 것이다.
** 서강대학교 법학전문대학원 교수

1) 이러한 정성적 판결성향 분석의 틀은 이미 제1기 헌법재판소 변정수 재판관, 김문희 재판관, 한병채 재판관, 이시윤 재판관, 조규광 헌법재판소장, 김진우 재판관과 제2기 헌법재판소 김문희 재판관의 판결성향 분석에서도 정성분석의 분석틀로 사용한 바 있음을 미리 밝혀둔다. 임지봉, "제1기 헌법재판소 변정수

첫째, 사법적극주의와 사법소극주의의 분석틀을 적용하였다. 사법적극주의와 사법소극주의에 대해서는 다양한 개념정의가 가능하겠지만, 본 연구에서는 권력분립원리 하의 사법적극주의와 사법소극주의의 개념 정의를 사용하였다. 이 개념 정의에 따르면 사법적극주의란 '권력분립의 원리가 기초하고 있는 견제와 균형의 이상을 실현하기 위해 행정부나 입법부의 의사나 결정에 곧잘 반대를 제기하여 두 부(附)에 의한 권력의 남용을 적극적으로 견제하는 사법부의 태도나 철학'으로, 사법소극주의란 '판결을 통해 다른 입법부나 행정부의 의사나 결정에 개입하고 반대하기보다는 자주 '사법부 자제'의 미명 하에 심리 자체를 회피하거나 두 부(附)의 의사나 결정을 존중하고 이에 동조하는 판결을 내리는 사법부의 태도나 철학'으로 정의된다. 이 분석틀을 적용할 경우 헌법재판소가 위헌결정이나 광의의 위헌결정인 변형결정을 통해서 입법부가 만든 법률이나 행정부의 공권력 행사에 적극적인 '견제'를 가하면 사법적극주의적 판결로, 그렇지 않고 각하결정을 내려 사법적 판단 자체를 회피하거나 합헌결정을 통해 입법부나 행정부의 의사결정에 '동조'를 하면 사법소극주의적 판결로 귀결된다.

둘째, 사법진보주의와 사법보수주의의 분석틀을 적용했다. 이 분석틀에 의할 경우, '사법진보주의'란 '판결을 통해 기존의 법질서에 변화를 주려는 사법부의 태도'로, '사법보수주의'란 '판결을 통해 기존의 법질서를 유지하려는 사법부의 태도'로 정의된다. 그러나 적지 않은 경우에 이 사법진보주의와 사법보수주의의 분석틀을 적용할 때에 '기존의 법질서'가 무엇이냐를 확정하기가 곤란한 경우가 상당히 많아, 사법진보주의적인 판결인지 사법보수주의적인 판결인지를 구분하기가 쉽지 않은 경우가 많다. 이 때 심판대상 법률 조항 자체가 바로 '기존의 법질서'가 되는 것은 아님을 유념할 필요가 있다. 심판대상 법률 조항이 '기존의 법질서'에 변화를 주려는 진보적인 법률일 경우, 이러한 진보적인 법률에 위헌결정을 내리는 것이야말로 사법보수주의적 판결이 될 수 있는 것이다.

셋째, 문언주의(文言主義, textualism)와 비문언주의(非文言主義, non-textualism)의 분석틀이다. 문언주의는 헌법이나 법령 규정의 자구(字句)의 사전적(辭典的) 의미에 충실하려는 엄격한 법해석의 태도이며, 이에 비해 비문언주의는 사전적 의미보다 입법 취지, 사회 상

재판관의 판결성향 분석」「세계헌법연구」, 제17집 제1호, 세계헌법학회 한국학회, 2011년 4월, 253-54면; 임지봉, "제1기 헌법재판소 김문희 재판관의 판결성향 분석」「법학논총」, 제29집, 숭실대학교 법학연구소, 2013년 1월, 377-78면; 임지봉, "제1기 헌법재판소 한병채 재판관의 판결성향 분석"「동아법학」, 제58호, 동아대학교 법학연구소, 2013년 2월, 43-44면; 임지봉, "제1기 헌법재판소 이시윤 재판관의 판결성향 분석",「법학논총」, 제30집, 숭실대학교 법학연구소, 2013년 7월, 3면; 임지봉, "제2기 헌법재판소 김문희 재판관의 판결성향 분석",「미국헌법연구」, 제24권 제1호, 미국헌법학회, 2013년 4월, 295-96면; 임지봉, "제1기 조규광 헌법재판소장의 판결성향 분석",「세계헌법연구」, 제19집 제3호, 세계헌법학회 한국학회, 2013년 12월, 157면; 임지봉, "제1기 헌법재판소 김진우 재판관의 판결성향 분석",「법학논총」, 제31집, 숭실대학교 법학연구소, 2014년 1월, 197면 참조.

황 등을 고려하여 헌법이나 법령 규정의 자구를 좀 더 유연하게 해석하려는 태도이다.

넷째, 재판관이 판결을 통해 특히 사회적·경제적 소수자 및 약자의 권리를 신장시키려는 입장을 취했는지도 분석틀로 사용했다. 이 때 '사회적·경제적 소수자 및 약자'란 '국회 등을 통해 과소대표됨으로써 그 집단의 의사가 통상적인 정치과정을 통해 제대로 국민 대표기관인 국회의 의사결정에 반영되지 못하는 집단'으로 정의된다. 즉 지속적이고 구조적으로 소외된 지위를 점할 수밖에 없는 집단들을 말한다. 우리 사회에서는 여성, 장애인, 성적 소수자, 아동, 노인, 노동자, 외국인 등이 '사회적·경제적 소수자 및 약자'에 해당될 수 있다.

다섯째, 재판관이 판결을 통해 청구인의 기본권 '보장을 확대'하려고 했는지, 아니면 반대로 청구인의 기본권 '제한을 옹호'하려는 입장에 섰는지도 분석틀로 사용했다.

정량적인 분석에서는 이 네 가지 분석틀 중 사법적극주의 및 사법소극주의의 분석틀만을 적용했다. 판결의 내용이 아니라 통계 수치를 가지고 분석해야 하는 정량분석에서는 사법진보주의 및 사법보수주의, 문언주의 및 비문언주의, 사회적·경제적 약자의 권리를 신장하려 한 판결인지의 여부, 청구인의 기본권 '보장 확대'를 꾀한 판결인지 '제한 옹호'를 꾀한 판결인지는 파악이 되지 않기 때문이다.

II. 최광률 재판관의 주요 경력

최광률 재판관은 1936년 8월 1일 평안남도 대동에서 출생하였다.[2] 1954년 서울대 사범대 부속고등학교를 졸업한 그는 같은 해 서울대학교 법학과에 입학하여 1958년에 졸업을 하였다. 1958년 12월에 제10회 고등고시 사법과에 합격한[3] 최광률 재판관은 1959년부터 1962년까지 공군법무관으로 복무하였다. 군복무를 마친 후 1962년 대전지방법원 판사를 시작으로 법조인의 길을 걷게 된다. 1965년까지 대전지방법원에서 판사로 일한[4] 그는 1965년에는 서울형사지방법원 판사로 임명되어 1969년까지 근무하였다.[5] 서울형사지방법원 재직 중의 주요한 판결로는 먼저 1966년에 승객의 하차 여부를 확인하지 않고 버스를 출발시켜 승객을 사망케 한 버스 운전사와 여차장에게 검찰이 구형한 형량(각 금고 10월과 금고 단기 8월, 장기 10월)보다 무거운 형량(각 금고 1년과 금고 단기 10월, 장기 1년)을 선고하여

2) http://people.joins.com/에서 검색.

3) 합격자 오십명 발표 고등고시사법과, 경향신문, 1958년 12월 28일, 2면.

4) 判事 百64名 異動, 동아일보, 1964년 5월 19일, 3면.

5) 새 법관 58명 임명 판사 대이동, 경향신문, 1965년 10월 27일, 2면; 판사 47명 이동, 동아일보, 1968년 12월 24일, 7면.

언론의 주목을 받은 일을 들 수 있다. 이 판결에서 최광률 재판관은 검찰의 구형량보다 무거운 판결을 내린 이유에 대해 "손님의 안전한 하차 유무를 확인해야 할 주의의무를 게을리 한 것에 대해서는 응분의 형을 내려야 한다."라고 판결이유를 통해서 설명하였다.[6] 당시에 이 판결은 교통사고 사건에 검찰의 구형량보다 무거운 판결을 내린 최초의 판결로 알려졌다.[7] 한편 1969년에는 사법사상 처음으로 "형의 실효"를 결정하는 판결을 내리기도 하였다. 언론보도에 의하면 최광률 재판관은 1940년에 절도죄로 형을 선고받고 복역을 마쳤으나 이후 취직을 하는 데 전과사실이 장애가 되어 형의 실효를 신청한 원모씨에 대해서 "훔친 물건이 피해자에게 환부되었고 이미 형의 집행이 종료된 지 20년이 지나도록 자격정지 이상의 형을 선고받은 사실이 없으므로" 재판의 실효를 결정한다고 밝혔다 한다.[8] 그밖에 최광률 재판관은 1969년에는 양곡관리법 제23조와 제17조가 헌법에 위반되어 무효라고 판시한 일이 있었다. 언론보도를 보면 최광률 재판관은 양곡관리법위반 혐의로 기소된 피고인에 대해서 양곡관리법 제23조와 제17조의 규정은[9] "죄가 되는 행위는 법률로서만 정해야 하며, 대통령령에 범죄를 정하는 규정을 위임할 때는 범위와 조건 등을 구체적으로 정해야 한다는 헌법상의 원칙(위임입법의 한계)에 위배되어 무효이며 따라서 피고인의 양곡관리법 위반에 대해 무죄라고 판시하였다."고 한다.[10] 이 후 최광률 재판관은 1969년 8월 30일자로 서울형사지방법원 판사를 끝으로 법관의 직에서 퇴임한다.[11]

퇴임 직후 최광률 재판관은 곧바로 변호사 개업을 한다.[12] 변호사로 개업한 뒤 최광률 재판관은 대외활동에 활발하게 참여하는데, 그는 서울제일변호사회 소속변호사로서 시민들을 위한 무료법률상담활동을 벌이는 한편,[13] 박세경 변호사, 이돈명 변호사, 이세중 변호사 등과 함께, 1976년 3월 1일 명동성당에서 개최된 3.1절 기념미사를 빌미로 삼아 정

---

6) 개문발차역살 … 운전사와 차장에 구형보다 중형을 선고, 동아일보, 1966년 5월 25일, 3면.

7) 개문발차에 철퇴, 경향신문, 1966년 5월 25일, 7면.

8) 첫 「형실효」결정 서울형사지법, 동아일보, 1969년 5월 12일, 3면.

9) 양곡관리법(법률 제1589호, 1963.12.16, 일부개정)
   제17조 (감독) 정부는 양곡관리상 특히 필요하다고 인정할 때에는 각령이 정하는 바에 의하여 양곡매매업자·운수업자 또는 가공업자에 대하여 필요한 사항을 명할 수 있다.
   제23조 (벌칙) 다음 각 호의 1에 해당하는 자는 3년 이하의 징역 또는 6만원 이하의 벌금에 처한다.
   1. 제16조제1항의 규정에 위반하여 허가를 받지 아니하고 가공업을 영위하는 자와 동조 제2항의 규정에 위반하여 승인을 받지 아니하고 그 시설을 양도·임대 또는 변경한 자
   2. 제17조의 규정에 의한 명령에 위반한 자
   3. 제18조의 규정에 의한 명령에 위반한 자
   4. 제19조의 규정에 의한 명령에 위반하거나 당해 공무원의 조사를 거부한 자

10) 양곡관리법 17, 23조, 동아일보, 1969년 6월 3일, 7면.

11) 대법원인사, 동아일보, 1969년 8월 30일, 2면.

12) 변호사 개업인사, 동아일보, 1969년 9월 4일, 7면.

13) 무료법률상담소 설치, 경향신문, 1972년 6월 27일, 6면.

부가 재야의 지도급 인사들을 정부전복 선동혐의로 대량 구속한 '3.1 민주구국선언사건'(이른바, 명동사건)의[14] 변호인단에 참여하기도 하였다 당시 변호인단은 "의견발표의 권리는 초국가적, 초헌법적인 천부의 권리이므로 이런 권리의 행사는 상규에 벗어나는 행위가 아니므로 처벌할 수 없다."고 주장하였다.[15] 이외에도 그는 변호사들의 부조리사건이 빈발함에 따라 서울제일변호사회를 대표하여 대한변호사협회가 주최한 기획조사위원회에 참여를 한 일이 있었으며,[16] 해운항만청의 해운정책의 입안과 수행과정에 대한 자문을 담당할 자문위원에 위촉되는 한편,[17] 경제법에 관한 연구사업을 위해 창립한 한국경제법학회에 초대이사에 선임되기도 하였다.[18] 그리고 1980년에 이르러 정부는 유신헌법이 막을 내린 뒤에 국회와는 별도로 독자적인 개헌시안을 마련하기 위하여 각계전문가로 구성된 '헌법연구반'을 구성하게 되는데 이 때 최광률 재판관은 재야법조를 대표해서 이종극 변호사, 최건 변호사와 함께 연구위원으로서 헌법연구반에 참여한다.[19] 당시에 최광률 재판관은 제3분과에 소속되어 기본권, 사법제도, 헌법보장(위헌법률심사)에 대한 연구를 담당하였으며,[20] 이후 정부의 헌법개정심의위원회의 전문위원으로 다시 위촉되었다.[21]

1981년부터 1983년까지 대한변호사협회 총무 겸 초대 사무총장을 역임한 최광률 재판관은 1981년에는 정부가 구성한 성장발전저해요인의 개선을 위한 '민간합동실무위원회'의 민간위원으로 위촉되었으며,[22] 같은 해에 법무부에서 민·상법개정작업을 위해서 마련한 '민법·상법개정 특별심의위원회'에도 심의위원(민법분과)으로 참여하였다.[23] 그리고 1982년에는 의약협업제도화방안을 강구하기 위해서 보건사회부에서 구성한 '의약협업추진위원회'에 법조계 인사로서 참여하였다.[24] 그 밖에도 변호사로서 최광률 재판관은 정당, 언론, 사회단체 등에서 제기하는 여러 가지 법적 문제나 입법과제에 대해서 수차례 자문을

14) 3.1민주구국선언사건에 대해서 검찰은 "일부 재야인사들이 반정부분자를 규합하고 종교단체와 사회단체를 통해서 종교행사등을 빙자하여 수시로 회합과 모의를 통해 긴급조치 철폐, 정권퇴진 요구 등 불법적 구호를 내세워 정부전복을 선동했다."고 발표하였다. 재판부에 대한 기피신청, 변호인단 총사퇴 등을 겪은 뒤에 관련자 전원에 대해서 실형이 선고되었다. 이 사건에 대한 자세한 내용은 네이버 지식백과＞'한국현대사' 참조. http://terms.naver.com/entry.nhn?docId=920451&cid=830&categoryId=830 에서 검색함.
15) 27 변호인단 변론 재판부 기피신청, 동아일보, 1976년 12월 17일, 7면.
16) 잇단 변호사부조리사건에 대한변협 업무개선책 논의, 동아일보, 1977년 1월 29일 7면.
17) 해운자문위 구성 위원 23명도 위촉, 매일경제신문, 1978년 2월 9일, 7면.
18) 초대회장 문인구씨, 매일경제신문, 1978년 9월 28일, 2면.
19) 정부 개헌연구반 구성, 경향신문, 1980년 1월 19일, 1면.
20) 정부 헌법연구반 첫 분과위를 소집, 매일경제신문, 1980년 1월 26일, 1면.
21) 심위 전문위원 위촉, 경향신문, 1980년 3월 28일, 1면.
22) 성장저해요인개선 민간위원 12명 위촉, 동아일보, 1981년 6월 23일, 1면.
23) 민·상법 개정 특심위 구성, 경향신문, 1981년 12월 11일, 2면.
24) 위원장에 이두호씨 보사부 의약협업위 구성, 경향신문, 1982년 8월 31일, 2면.

하고 의견을 발표하였다.25) 1981년에는 민한당의 법령정비특위가 주도한 사법관계법률 간담회에 참가해서「소송촉진등에 관한 특례법」,「경찰관직무집행법」,「변호사법」및 그밖에 인신구속에 관한 여러 법률의 문제점과 개정방안에 대해서 의견을 개진한 일이 있었는데26) 이 자리에서 최광률 재판관은 "현행 변호사법은 일제 식민지 통치하의 엄격한 후견적 감독내용을 답습하고 있고, 현행법은 변호사의 사명감만 강조할 뿐 지위보장이 안 돼 있다."고 하며 변호사법의 개정을 주장하기도 하였다.27) 이러한 그간의 활발한 활동을 인정받아 최광률 재판관은 1983년 제20회 법의 날 기념식에서 '국민훈장 모란장'을 받았다.28) 그 밖에 최광률 재판관은 1987년에는 인권보호의 제도적 개선방안을 연구하기 위해서 국무총리 직속으로 설치된 '인권보호특별위원회'에 위원으로 참여하였으며,29) 1987년부터 1988년까지는 경제기획원 공정거래위원회 비상임위원으로 활동하였다.30)

　　1987년 개정된 헌법에서 헌법재판소를 규정함에 따라 1988년 1월에는 '헌법재판소법 제정 세미나'가 열렸는데, 이 자리에 참석한 최광률 재판관은 개정헌법에서 채택한 '헌법소원의 범위'와 관련해서 의견을 발표할 기회가 있었다. 이날 세미나에서는 법원의 판결에 대한 헌법소원의 인정여부가 쟁점이 되었다. 이에 대해서 이강국 법원행정처조사국장은 각급 법원에서 확정판결이 난 사항을 헌법소원의 대상으로 삼게 되면 실제로 4심제가 되어 헌법재판소가 사법부에 대한 최종심판기구가 된다는 점을 지적하며 헌법소원은 그 범위를 상당히 제한해야 한다는 주장을 폈다. 그러나 이강혁 한국외국어대학교 교수는 반대로 원칙적으로 모든 법원의 판결에 대해 헌법소원을 인정할 것을 주장하였다. 이에 대해서 최광률 재판관은 "이강국 조사국장의 의견에 동의하나 법원이 사법절차상의 기본권인 변호권을 직접 침해하거나 위헌제청을 기각한 경우에는 확정판결 후라도 헌법소원의 대상으로 삼는 것이 타당하다."고 하여 법원의 확정판결에 대한 헌법소원을 예외적으로만 인정할 것을 주장하였다.31) 그가 법원의 판결에 대한 헌법소원의 인정여부와 관련해서 원칙적 부정, 예외적 허용이라는 상당히 제한적인 입장을 취한 것에는 길지는 않았지만 법관으로서의 일을 했었던 그의 과거의 경험이 상당히 작용하지 않았을까 하는 생각이 든다.

---

25) 1981년에 최광률 재판관은 각종 법률상의 성년연령의 개정과 관련해서 특히, 선거권은 20세가 되어야만 행사할 수 있으면서도 병역의무는 19세가 되면 부과하는 것이 권리연령과 의무연령 간에 균형이 맞지 않는다는 지적이 있자 이에 대해서, "권리의무연령이 반드시 일치해야 할 이유나 필요는 없는 것이고 목적에 따라 다를 수 있다."는 의견을 제시한 일이 있었다. 성년연령 이대로 좋은가, 동아일보, 1981년 11월 19일, 9면.

26) 상고이유제한규정은 위헌, 동아일보, 1981년 8월 22일, 2면.

27) 7시간 간담회 신기록, 경향신문, 1981년 8월 22일, 2면.

28) 20회 법의 날 기념식, 동아일보, 1983년 4월 30일, 7면.

29) 총리직속 인권특위 발족, 매일경제신문, 1987년 2월 25일, 1면.

30) 공정거래위 비상임위원 변호사 최광률씨 임명, 동아일보, 1987년 6월 24일, 4면.

31)「헌법소원」범위 싸고 논란, 동아일보, 1988년 1월 19일, 9면.

한편, 1988년 7월에 이르러 이일규 대법원장에 대한 임명동의안이 국회에서 통과됨에 따라 당시 세간의 관심은 대법원의 개편으로 쏠리게 된다. 약 10여 명의 대법관의 교체가 예상되는 가운데, 언론에서는 재야법조계에서 대법관이 될 가능성이 있는 인물로서, 이세중 서울변협회장, 조준희 민변 대표간사 등과 함께 김문희 변호사, 최광률 변호사 등이 물망에 오르고 있다는 보도가 나왔다.[32] 그러나, 최광률 재판관은 대법관이 아니라 노태우 대통령에 의해서 초대 헌법재판소의 비상임재판관으로 임명되었다.[33] 당시 언론에서는 헌법재판관에 임명된 최광률 재판관에 대해서 "법이론에 뛰어난 학구파, 사법제도개선에 관한 연구논문을 다수 발표해 주목을 끌었으며, 특히 공법이론에 밝아 행정부처 고문변호사역을 많이 맡았다."고 평가하였다.[34] 그 후 1990년 7월 대한변협이 주관하는 '90년도 한국법률문화상'을 수상한[35] 최광률 재판관은 1991년 11월 30일 헌법재판소법이 개정됨에 따라 김진우 재판관, 황도연 재판관과 함께 비상임 재판관에서 상임재판관으로 임명되고 비로소 주심재판관으로도 참여할 수 있게 된다.[36]

그러나 헌법재판관으로 재직 중이던 1992년 최광률 재판관은 자신이 주심으로 참여하고 있던 "지방자치단체의 장 선거일 불공고 위헌확인사건"과[37] 관련해서 청구인들로부터 '재판 고의지연'등을 이유로 주심재판관에 대한 재판부기피신청을 당하게 된다.[38] 헌법재판소는 이에 대해서 재판부가 일부러 사건을 지연하고 있지는 않다고 하여 기각결정을 내리기는 하였으나,[39] 기각결정 이후에도 바로 심리가 속개되지 않고 오히려 주심재판관

---

32) 사법부 최대규모인사 예고, 동아일보, 1988년 7월 5일, 11면; 사법부 개편 카운트다운, 경향신문, 1988년 7월 6일, 14면.

33) 헌법재판관 3명 임명, 경향신문, 1988년 9월 13일, 1면.

34) 최광률 비상임재판관 공법이론논문 많이 낸 학구파, 동아일보, 1988년 9월 15일, 5면.

35) 최광률 변호사 한국법률 문화상 수상, 경향신문, 1990년 7월 21일, 12면.

36) 비상임 헌법재판관 3명 상임으로 임명, 경향신문, 1991년 12월 1일, 2면.

37) 헌재 1994. 8. 31. 92헌마126.

38) 단체장 선거연기 관련 재판부 기피신청 기각 헌법재판소, 한겨레, 1992년 12월 27일, 2면.

39) 헌재 1992. 12. 24. 92헌사68. 이 결정에서 재판부기피신청을 낸 신청인들은 "자신들이 제소한 헌법재판소 92헌마126 헌법소원심판사건의 주심재판관 최광률이 위 사건을 배당받고 같은 내용의 사건(92헌마122)을 먼저 배당받은 재판관에게 재배당되도록 조처하지 아니하고 변론에까지 이르게 함으로써 재판을 지연케 하였고, 1992. 9. 15. 나머지 재판관 전원과 함께 위 사건의 피 신청인인 대통령이 초청한 청와대 오찬회동에 참석함으로써 위 사건에 대한 공정한 재판을 기대하기 어려워 기피신청을 한다."고 기피신청이유를 밝혔다. 그러나 헌법재판소는 "헌법재판소의 사건의 배당 및 재판의 진행에 관한 사항은 최광률 재판관이 단독으로 결정할 수 있는 사항이 아니므로 이로써 기피의 사유로 삼을 수 없다할 것이고, 청와대 오찬 회동은 제6공화국 출범과 동시에 탄생한 헌법재판소의 개청 4주년 기념일을 맞이하여 헌법재판관의 임명권자인 대통령이 국가원수의 자격으로 초청하고 재판관 전원이 그 초청에 응한 의례적인 의전행사로서 그것이 심판의 공정을 기대하기 어려운 사정이라고 할 수도 없는 것이므로 이 역시 기피의 사유가 될 수 없다."고 하여 변정수 재판관의 반대결정이 있는 외에는 나머지 재판관의 의견 일치로 기각결정을 내렸다.

인 최광률 재판관이 24일 일정으로 유럽과 미국의 주요국가의 헌법재판제도를 시찰하기 위한 해외출장을 떠남에 따라, 이 사건은 한동안 심리가 계속해서 재개되지 않게 되었다. 이에 대해서 당시의 언론은 헌법재판소 내부에서도 "주심재판관의 장기 해외시찰이 시기적으로 오해를 받을 소지가 있다."는 우려의 목소리가 나오고 있으며, 재야법조계에서는 "실추된 헌재의 위상을 회복하기 위해서라도 위헌여부를 조속히 가려야 할 것임에도, 주심재판관의 외유성 해외시찰은 직무유기에 해당한다."는 비판이 일고 있다고 보도하였다.[40] 후에 위 사건에 대해서 헌법재판소는 1994년 8월 31일 각하결정을 내렸다.[41]

헌법재판관으로 재직 중이던 1993년에 실시된 '공직자 재산공개'에서 최광률 재판관은 32억 7천만 원의 재산을 신고하였다. 그런데 이 금액은 36억 3천만 원의 한병채 재판관에 이어 헌법재판소 재판관 중 2위에 해당하는 고액이었다.[42] 언론에서는 최광률 재판관이 변호사 개업 당시에 고액수임료로 유명했음을 들어 20년이 넘는 변호사 경력을 통해 모은 재산들과 부동산에 대한 투자가[43] 고액의 재산형성에 영향을 미쳤을 것으로 분석하였으나 특별한 구체적인 부동산 투기 의혹이 제기되지는 않았다.[44] 1994년 9월 14일에 최광률 재판관은 6년간의 임기를 마치고 조규광 헌법재판소장 등 4인의 재판관과 함께 헌법재판소 재판관의 직에서 물러난다.[45] 그리고 1997년에는 그 간의 헌법재판제도 발전 등 국가사회발전에 대한 공을 이유로 하여 조규광 헌법재판소장 등과 함께 청조근정훈장을 받았다.[46]

퇴임 이후에도 최광률 재판관은 동양합동법률사무소 대표변호사로 있으면서 1998년에는 대통령직속 자문기구인 방송개혁위원회 위원을 역임하였으며[47] 2002년 이후에는 조

---

40) 헌재 재판관들의 「외유」, 동아일보, 1992년 12월 28일, 9면.

41) 헌법재판소는 「공직선거 및 선거부정방지법」의 개정으로 인해서 선거일이 법정화 됨에 따라 피청구인(대통령)의 행위가 "위헌확인이 선고되더라도 청구인들의 주권적 권리구제에 아무런 도움이 되지 않을 뿐만 아니라 동종행위의 반복위험이 없음은 물론 불분명한 헌법문제의 해명이 중대한 의미를 지니고 있는 경우에도 해당하지 아니하여 예외적인 심판청구의 이익이 있는 경우에도 해당하지 않는다."고 하여 각하결정을 내렸다. 헌재 1994. 8. 31. 92헌마126, 판례집 6-2, 176면.

42) 공개된 재산 총액은 3,273,080,000원이었다. 자세한 재산공개 내역은 경향신문, 1993년 9월 7일, 30면 참조.

43) "최광률 재판관의 경우에는 경기도 성남시 분당구 운중동 임야와 남양주군 목장 및 서울 서초동의 빌딩 등을 갖고 있는 것으로 나타났다." 사법부 땅부자 많아 투기 눈총, 한겨레, 12993년 9월 7일, 1면.

44) 헌재 재판관 「평균 23억」, 경향신문, 1993년 9월 7일, 2면; 「청빈법관」기대 깨고 거부 수두룩, 동아일보, 1993년 9월 7일, 5면. 당시에 최광률 재판관은 부동산 취득과정에 대해서 재산공개 직후 별도의 설명자료를 통해서 경기도 성남시 분당구 판교동 230의1 일대 임야와 밭 등 1천 평은 변호사시절 사건수임료 대신 받은 것이라고 해명을 했다고 한다. 관련 내용은 공직 뒷전서 "빌딩임대업", 경향신문, 1993년 9월 9일, 22면 참조.

45) 헌재 재판관 5명 어제 퇴임식 가져, 동아일보, 1994년 9월 15일, 29면.

46) 정부 국가사회발전유공자 11명 포상, 매일경제신문, 1997년 1월 15일, 29면.

47) 방송개혁위원장 강원룡 목사, 김 대통령 위원 12명도 위촉, 경향신문, 1998년 12월 9일, 2면.

선일보 독자권익보호위원회 위원을, 2003년 이후에는 한국광고자율심의기구 광고심의기준위원회 위원장을 맡는 등 다시 변호사로서 예전의 왕성한 활동력을 보여주었다.[48) 그가 헌법재판관을 퇴임한 이후에 변호사로서 맡았던 사건 중에서 주목할 만한 것으로는 1997년말 외환위기를 초래한 책임자로 지목되어 기소된 강경식 전 경제부총리와 김인호 전 청와대 경제수석에 대한 1심 판결을 들 수 있다. 이들은 1심 판결에서 무죄판결을 받았는데, 당시 언론에서는 이에 대해 최광률 재판관이 자신의 행정법에 대한 해박한 지식을 바탕으로 변호인단을 지휘하여 피고인들에 대한 무죄판결을 이끌어낸 것으로 평가하였다.[49) 그 밖에 퇴임 후 그는 '자도소주 구입명령제'를 규정한 주세법 제38조의 7등에 대한 위헌법률심판제청사건에[50) 직접 지방소주업체의 대리인으로서 참여한 일이 있었다. 이 사건에서 위헌제청신청인인 소주판매업자들은 심판대상조항은 구입·판매할 품목에 대한 선택의 자유를 배제함으로써 헌법에서 보장하고 있는 경제활동의 자유를 침해하여 위헌이라고 주장하였는데,[51) 이에 대해서 최광률 재판관은 지방소주업체를 대리하여 "이 조항은 소주시장에 대한 재벌기업의 독과점을 규제하겠다는 취지로 마련된 것이므로 합헌이다."라는 주장을 폈다.[52) 그러나 이 사건에서 헌법재판소는 "소주판매업자의 직업의 자유는 물론 소주제조업자의 경쟁 및 기업의 자유, 즉 직업의 자유"의 침해를 이유로[53) 주세법 제38조의 7등에 대해서 위헌결정을 내렸다.

Ⅲ. 주요 결정문을 통해 살펴본 최광률 재판관의 판결성향 정성분석

헌법재판관의 판결성향은 그 재판관이 다수 재판관이 취한 법정의견에 가담했을 때보다 반대의견에 가담했을 때 더 잘 드러나며, 특히 반대의견의 가담자 수가 적으면 적을수록 더 명확하게 나타난다. 이하에서는 이처럼 최광률 재판관이 주로 반대의견에 가담함으로써 재판관으로서의 판결성향을 잘 드러낸 사건들을 고르고, 다시 이를 정치, 경제, 사회·문화 분야로 나누어 각 분야별로 골고루 대표적인 사건들을 뽑아 분석해 보았다.[54)

---

48) http://people.joins.com/ 에서 검색.
49) 환란변호인단에 시선 집중, 매일경제신문, 1999년 8월 30일, 33면.
50) 헌재 1996. 12. 26. 96헌가18.
51) 헌재 1996. 12. 26. 96헌가18, 판례집 8-2, 688-689면.
52) 헌재 첫 공개변론 요지 재판 헌소대상 대법불참 "반대", 경향신문, 1996년 4월 26일, 22면.
53) 헌재 1996. 12. 26. 96헌가18, 판례집 8-2, 700면.
54) 지면의 제약상 4개를 초과하는 사건들을 분석하는 것은 곤란했기 때문에, 정성분석 대상 결정의 수를 4개의 대표적 결정들로 제한할 수밖에 없었음도 미리 밝혀둔다.

1. 경제 분야: 토지거래허가제 사건[55]

(1) 사실관계의 요지와 심판대상

이 사건은 서울지법 남부지원에 계속 중인 국토이용관리법 위반사건의 피고인 甲이이 재판의 전제가 된 국토이용관리법 제21조의3 제1항,[56] 제31조의2의[57] 위헌여부심판을 제청 신청하여 법원이 헌법재판소에 위 법률의 조항들에 대한 위헌여부의 심판을 제청한 것이다. 甲은 도지사의 허가 없이 규제구역으로 고시된 충남 당진군 소재 임야 5,690평을 미등기 전매하여 2,275만원의 전매차익을 취득한 혐의 등으로 구속 기소되어 징역 1년의 구형을 받은 자이다.

(2) 법정의견 결정이유의 요지

법정의견은 "1. 국토이용관리법(1972.12.30. 법률 제2408호, 1978.12.5. 개정 법률 제3139호, 1982.12.31. 개정 법률 제3642호) 제21조의3 제1항은 헌법에 위반되지 아니한다. 2. 같은 법률 (1989.4.1. 개정 법률 제4120호) 제31조의2는 헌법에 위반된다고 선언할 수 없다."는 주문을 통해 합헌결정을 내렸다.

법정의견은 사유재산제도의 보장은 타인과 더불어 살아가야 하는 공동체 생활과의 조화와 균형을 흐트러뜨리지 않는 범위 내에서의 보장임을 분명히 했다. 그러면서 첫째, 토지재산권의 본질적인 내용이라는 것은 토지재산권의 핵이 되는 실질적 요소 내지 근본요소를 뜻하는데, 국토이용관리법 제21조의3 제1항의 토지거래허가제는 사유재산제도의 부정이 아니라 그 제한의 한 형태이고 토지의 투기적 거래의 억제를 위하여 그 처분을 제한함은 부득이한 것이므로 재산권의 본질적인 침해가 아니라고 보았다. 또한 헌법상의 경제조항에도 위배되지 않고 현재의 상황에서 이러한 제한수단의 선택이 헌법상의 비례의 원칙이나 과잉금지의 원칙에 위배된다고 할 수도 없다고 판시하였다.

둘째, 국토이용관리법 제31조의2가 벌금형과 선택적으로 징역형을 정함은 부득이 한 것으로서 입법재량의 문제이고 과잉금지의 원칙에 반하지 않는다고 보았다. 또한 구성요

---

55) 1989.12.22, 88헌가13, 전원재판부

56) 국토이용관리법 제21조의3 제1항은 "규제구역내에 있는 토지에 관한 소유권 또는 지상권 기타 사용·수익을 목적으로 하는 권리(이러한 권리의 취득을 목적으로 하는 권리를 포함한다)로서 대통령령이 정하는 권리를 이전 또는 설정(대가를 받고 이전 또는 설정하는 경우에 한한다)하는 계약(예약을 포함한다. 이하 "토지 등의 거래계약"이라한다)을 체결하고자 하는 당사자는 공동으로 대통령령이 정하는 바에 의하여 관할도지사의 허가를 받아야 한다. 허가받은 사항을 변경(계약예정금액을 감액하는 경우를 제외한다)하고자 할 때에도 또한 같다."라고 규정하고 있었다.

57) 제31조의2는 "제21조의3 제1항의 규정에 위반하여 허가없이 토지 등의 거래계약을 체결하거나 사위 기타 부정한 방법으로 토지 등의 거래계약허가를 받은 자는 2년 이하의 징역 또는 500만원 이하의 벌금에 처한다."고 규정하고 있었다.

건은 건전한 법관의 양식이나 조리에 따른 보충적인 해석으로 법문의 의미가 구체화될 수 있으므로 죄형법정주의의 명확성의 원칙에도 위배되지 않는다고 판시했다. 위헌의견이 종국심리에 관여한 재판관의 과반수가 되지만 위헌결정의 정족수인 6인에 미달인 때에는 주문에 "헌법에 위반된다고 선언할 수 없다"라고 표시한다고 하면서 단순합헌결정이 아니라 위헌불선언결정의 주문 방식을 취했다.

(3) 최광률 재판관의 반대의견 요지

최광률 재판관은 한병채, 김문희 재판관과 함께 반대의견으로 위헌의견을 개진했다. 그는 국토이용관리법 제21조의3 제1항과 제21조의2, 같은 조의 3 제3항, 제7항, 같은 조의 4,5,15는 불가분의 관계에 있으므로 함께 심판의 대상이 되어야 한다고 보았다. 그러면서 국토이용관리법 제21조의 15가 헌법 제23조의 제1항 제3항에 위반되므로 앞의 법조 전체가 헌법에 위반되나 즉시 실효에 따른 혼란을 피하기 위하여 위 제21조의15를 상당기간 내에 개정할 것을 촉구한다고 주장했다. 한편 위헌인 토지거래허가제를 전제로 한 국토이용관리법 제31조의2는 당연히 헌법에 위반되는 형사법규이므로 즉시 위헌임을 선언하여야 한다고 보았다.

(4) 이 사건에 나타난 최광률 재판관의 판결성향 분석

첫째, 사법적극주의와 사법소극주의의 분석틀을 적용하면, 최광률 재판관은 문제가 된 토지거래허가제 조항 및 그 벌칙조항에 대해 위헌의견을 개진했으므로, 입법부가 만든 토지거래허가제 규정에 대해 반대를 제기하면서 적극적인 견제의 입장을 보여서 사법적극주의적 입장에 선 것으로 판단된다.

둘째, 사법진보주의와 사법보수주의의 분석틀을 적용하면, 우리 헌법 제119조 제1항도 우리 경제질서가 자본주의적 시장경제질서를 근간으로 하면서 헌법 제119조 제2항에서 경제민주화를 위해 국가가 시장에 부분적인 개입과 조정을 할 수 있다고 규정하고 있다. 따라서, 자본주의의 자유시장경제질서가 우리 경제질서의 근거이라고 봤을 때 토지거래허가제에 대한 국토이용관리법 조항이야말로 '토지 투기 방지'를 위해 국가의 부분적 개입과 조정을 허용하는 것이므로 진보적 법률이라 할 수 있다. 이 사건에서 진보적 법률조항들에 대해 최광률 재판관이 위헌입장을 개진했으므로 사법보수주의적 판결성향을 보인 것으로 분석할 수 있다.

셋째, 이 사건은 관련 헌법조항이나 심판대상이 된 국토이용관리법 조항들의 해석과 관련해 뚜렷이 문언주의적 해석이나 비문언주의적 해석을 시도한 경우라 볼 수 없어 문언주의와 비문언주의 분석틀을 적용하기는 곤란하다.

넷째, 사회적·경제적 소수자 및 약자의 권리를 신장시키려는 입장을 취했는지 여부를 보는 분석틀을 적용하기도 곤란하다. 이 사건에서 토지거래허가구역에 토지를 소유한 자를 '사회적·경제적 소수자 및 약자'로 보기는 힘들기 때문이다.

다섯째, 청구인의 기본권 '보장을 확대'하려고 했는지, 아니면 청구인의 기본권 '제한을 옹호'하려는 입장에 섰는지를 보면, 최광률 재판관은 토지거래허가제 조항들에 대해 토지재산권 침해를 주장하는 청구인들의 '재산권'이라는 기본권을 위헌의견을 통해 '보장 확대'하려는 입장을 보인 것으로 판단된다.

2. 사회·문화 분야: 군사기밀보호법 제6조등에 관한 위헌심판[58]

(1) 사실관계의 요지와 심판대상

제청신청인 甲은 국회의원 비서관으로 재직 중 군사 2급 비밀문서인 '국방업무보고' 등을 부당한 방법으로 수집하고 이를 누설하였다고 하여, 제청신청인 乙은 국회의원 비서로 재직 중 같은 문서 등을 보관 중 이를 누설하였다고 하여, 서울형사지방법원에 각 공소제기 되었다. 이에 甲과 乙은 공소사실에 대한 적용법조인 군사기밀보호법 제6조,[59] 제7조,[60] 제10조의[61] 위헌여부에 대하여 법원에 위헌법률심판의 제청을 신청하였고, 법원은 그 신청을 이유 있다고 받아들여 헌법재판소에 위헌법률심판을 제청하였다.

(2) 법정의견 결정이유의 요지

법정의견은 "군사기밀보호법(1972.12.26. 법률 제2387호) 제6조, 제7조, 제10조는 같은 법 제2조 제1항 소정의 군사상의 기밀이 비공지의 사실로서 적법절차에 따라 군사기밀로서의 표지를 갖추고 그 누설이 국가의 안전보장에 명백한 위험을 초래한다고 볼 만큼의 실질사치를 지닌 경우에 한하여 적용된다고 할 것이므로 그러한 해석 하에 헌법에 위반되지 아니한다."는 주문을 통해 한정합헌결정을 내렸다.

법정의견은 우선, 군사기밀보호법상의 "군사상의 기밀"은 그 범위의 광범성이나 내용의 애매성이 문제될 소지가 있지만 그 대상에 대하여 군사기밀인 표지를 갖추게 하고 있으니 실제에 있어 그 애매성이 문제될 소지는 크지 않은 것이며, 다만 그 범위의 광범성에

---

58) 1992.02.25, 89헌가104, 전원재판부
59) "군사상의 기밀을 부당한 방법으로 탐지하거나 수집한 자는 10년 이하의 징역이나 금고에 처한다."고 규정하고 있었다.
60) "군사상의 기밀을 탐지하거나 수집한 자가 이를 타인에게 누설한 때에는 1년 이상의 유기징역이나 유기금고에 처한다."고 규정하고 있었다.
61) "우연히 군사상의 기밀을 지득하거나 점유한 자가 이를 타인에게 누설한 때에는 5년 이하의 징역이나 금고에 처한다."고 규정하고 있었다.

있어서는 "그 내용이 누설되는 경우 국가안전보장상 해로운 결과를 초래할 우려가 있을" 것이라는 요건이 헌법합치적으로 해석된다면 헌법 제37조 제2항에 저촉되지 않으면서 동 법률조항의 존립목적이 달성될 수 있다고 보았다. 또한 "부당한 방법으로 탐지·수집한 자"라는 구성요건은 관계법령이 정하고 있는 적법한 절차에 의하지 아니하고 군사기밀을 탐지·수집한 자를 의미하는 것임이 분명하며 이러한 내용은 통상의 판단능력을 가 진 사람이라면 충분히 그 의미를 이해할 수 있다고 사료되므로 "부당한 방법으로"라는 용어를 썼다는 이유만으로 구성요건의 구체성 내지 명확성을 결여한 것은 아니라고 판시했다.

또한 군사기밀의 범위는 국민의 표현의 자유 내지 '알 권리'의 대상영역을 최대한 넓혀줄 수 있도록 필요한 최소한도에 한정해야 할 것이며, 따라서 군사기밀보호법 제6조, 제7조, 제10조는 동법 제2조 제1항의 "군사상의 기밀"이 비공지(非公知)의 사실로서 적법절차에 따라 군사기밀로서의 표지를 갖추고 그 누설이 국가의 안전보장에 명백한 위험을 초래한다고 볼 만큼의 실질가치를 지닌 것으로 인정되는 경우에 한하여 적용된다 할 것이므로 그러한 해석 하에서는 심판대상조항이 헌법에 위반되지 않는다고 보았다.

또한 주문의 의미와 관련해, 이 사건 주문 중 "……그러한 해석 하에 헌법에 위반되지 아니한다."라는 문구의 취지는 군사기밀보호법 제6조, 제7조, 제10조, 제2조 제1항 소정의 군사상의 기밀의 개념 및 그 범위에 대한 한정축소해석을 통하여 얻어진 일정한 합헌적 의미를 천명한 것이며 그 의미를 넘어선 확대해석은 바로 헌법에 합치하지 않는 것으로서 채택될 수 없다는 것이라며 주문의 의미를 분명히 하고 있다.

(3) 최광률 재판관의 반대의견 요지

최광률 재판관은 한병채, 황도연 재판관과 함께 반대의견으로 단순합헌의견을 개진했다. 그는 군사기밀보호법 제2조 제1항에서 규정한 "군사상의 기밀"의 개념은 명료하고 구체적이어서 헌법 제12조 제1항의 규정에 의해 파생되는 구성요건 명확성의 원칙에 위배될 여지도 없으며, 헌법 제21조 제1항의 규정에 의하여 도출되는 국민의 "알 권리"의 내용을 본질적으로 침해할 소지도 없다고 하면서 합헌의 입장을 보였다.

또한 법정의견과 달리 한정합헌이 아니라 단순합헌의 의견을 개진한 이유로, 그는 헌법재판에서 변형결정의 한 유형으로 쓰이는 '합헌적 법률해석'은 법문이 표현하고 있는 범위 안에서 이루어져야 하고 명료한 문의(文意)는 합헌적 해석의 대상이 되지 않는 것인데, 다수의견이 합헌적 법률해석의 필요성을 인정한 것은 심판의 대상인 군사기밀보호법 제2조 제1항의 규정취지와 법문의 의미를 오해함으로써 합헌적 법률해석의 한계를 벗어난 것이라고 주장했다.

(4) 이 사건에 나타난 최광률 재판관의 판결성향 분석

첫째, 사법적극주의와 사법소극주의의 분석틀을 적용하면, 최광률 재판관은 문제가 된 군사기밀보호법 조항들에 대해 단순합헌의견을 개진함으로써, 입법부의 의사나 결정에 동조하였으므로 이 사건에서 사법소극주의적 판결성향을 보인 것으로 판단된다.

둘째, 사법진보주의와 사법보수주의의 분석틀을 적용하면, 국가 안보를 위해 군사기밀의 범위를 넓게 잡고 상대적으로 국민의 알권리를 제한해 온 것이 '기존의 법질서'라고 한다면, 최광률 재판관은 이 사건에서 군사상의 기밀을 탐지, 수집, 누설한 자 등을 처벌하는 심판대상 조항들에 대해 합헌의견을 개진함으로써 '기존의 법질서'를 유지하려는 입장을 보이고 있으므로 사법보수주의적 입장에 섰다고 분석된다.

셋째, 문언주의와 비문언주의의 분석틀을 적용해보면, 최광률 재판관은 군사기밀보호법상의 "군사상의 기밀"의 해석과 관련해 다수의견이나 위헌의견이 국민의 알권리와의 관계에서 그 의미를 자구의 사전적 의미에서 벗어나 유연하게 해석하려는 입장을 보이고 있는데 반해, "군사상의 기밀"의 의미가 그 자체로 명료하고 구체적이라고 보고 있다. 따라서 국민의 알권리에 대한 별다른 고려 없이 "군사상의 기밀"의 사전적 의미에 엄격히 천착함으로써 문언주의적 입장을 보인 것으로 분석된다.

넷째, 이 사건은 사회적·경제적 소수자 및 약자의 권리와는 무관한 사건이어서 네 번째 분석틀은 적용하기 곤란하다.

다섯째, 최광률 재판관은 단순합헌의견을 통해 명확성의 원칙이 도출되는 청구인의 신체의 자유나 국민의 알권리 '보장을 확대'하기 보다는 그 '제한을 옹호'하는 입장을 보이고 있다.

3. 사회·문화 분야: 「특정범죄 가중처벌 등에 관한 법률」
제5조의3 제2항 제1호에 대한 헌법소원62)

(1) 사실관계의 요지와 심판대상

청구인 甲은 그가 운전하던 자동차로 사람을 치어 상해한 후 피해자를 다른 곳으로 옮겨 유기 도주하여 사망에 이르게 했다는 이유로 1심 법원에서 징역 5년의 형을 선고받았다. 그 후 서울고등법원에 항소 중 같은 법원에서 그 재판의 전제가 되는 「특정범죄 가중처벌 등에 관한 법률」제5조의3 제2항 제1호에63) 대하여 위헌여부심판의 제청신청을

---

62) 1992.04.28, 90헌바24, 전원재판부

63) "사고운전자가 피해자를 사고장소로부터 옮겨 유기하고 도주한 때에는 다음의 구분에 따라 가중처벌한

하였으나 기각 당하자 헌법재판소법 제68조 제2항에 의한 헌법소원을 청구하였다.

(2) 법정의견 결정이유의 요지

법정의견은 "특정범죄가중처벌등에관한법률(1966.2.23. 법률 제1744호, 개정 1973.2.24. 법률 제2550호, 1984.8.4. 법률 제3744호) 제5조의3 제2항 제1호는 헌법에 위반된다."는 주문을 통해 위헌결정을 내렸다.

법정의견은 우리 헌법이 선언하고 있는 '인간의 존엄성'과 '법 앞에 평등'은 행정부나 사법부에 의한 법적용상의 평등만을 의미하는 것이 아니고, 입법권자에게 정의와 형평의 원칙에 합당하게 합헌적으로 법률을 제정하도록 하는 것을 명하는 법내용상의 평등도 의미하기 때문에 그 입법내용이 정의와 형평에 반하거나 자의적으로 이루어진 경우에는 평등권 등의 기본권을 본질적으로 침해한 입법권의 행사로서 위헌성을 면하기 어렵다고 보았다.

그러면서 이 사건의 심판대상 조항에서 과실로 사람을 치상하게 한 자가 구호행위를 하지 않고 도주하거나 고의로 유기함으로써 치사의 결과에 이르게 한 경우에 살인죄와 비교하여 그 법정형을 더 무겁게 한 것은 형벌체계상의 정당성과 균형을 상실한 것으로서 헌법 제10조의 인간으로서의 존엄과 가치를 보장한 국가의 의무와 헌법 제11조의 평등의 원칙 및 헌법 제37조 제2항의 과잉입법금지의 원칙에 위반되어 위헌이라고 판시했다.

(3) 최광률 재판관의 반대의견 요지

최광률 재판관은 황도연 재판관과 함께 반대의견으로 합헌의견을 개진했다. 그는 법정형의 형종(刑種)과 형량은 국가의 입법정책에 속하는 문제이므로 그 내용이 형벌의 목적과 기능에 본질적으로 배치된다든가 또는 평등의 기본원리인 합리성과 비례성의 원칙을 현저하게 침해하지 않는 한 쉽사리 헌법에 위배된다고 단정할 수 없음을 전제했다. 그러면서 이 사건 심판대상 조항은 과실범이 구호조치를 취하지 않고 유기 도주함으로써 사람의 생명을 잃게 한 것이라는 비난가능성과 도주차량에 대한 일반예방적 효과를 달성하려는 형사정책적 고려에서 법정형의 하한을 살인죄의 그것보다 높인 것이므로 합리성과 비례성의 원칙을 현저하게 침해하였다고 할 수 없다고 주장했다.

(4) 이 사건에 나타난 최광률 재판관의 판결성향 분석

첫째, 사법적극주의와 사법소극주의의 분석틀을 적용하면, 최광률 재판관은 이 사건

다. 1. 피해자를 치사하고 도주하거나 도주 후에 피해자가 사망한 때에는 사형·무기 또는 10년 이상의 징역에 처한다."고 규정하고 있었다.

에서 심판대상이 된 특가법 조항에 대해 합헌의견을 개진함으로써, 입법부의 의사나 결정에 동조하는 입장을 보였으므로 사법소극주의적 판결성향을 보인 것으로 판단된다.

둘째, 사법진보주의와 사법보수주의의 분석틀을 적용하면, 이 사건에서 최광률 재판관은 과실에 의한 소위 뺑소니 운전자에 대해 법정형의 하한을 살인죄보다 더 무겁게 한「특정범죄 가중처벌 등에 관한 법률」조항에 대해 합헌의견을 보이고 있다. 다른 범죄와의 형벌의 체계나 균형에 대한 깊은 검토없이 특별법을 통해 엄벌주의를 보이는 것을 '기존의 법질서'라고 본다면, 최광률 재판관은 합헌의견을 통해 '기존의 법질서'를 유지하려는 입장에 섰으므로 사법보수주의적 판결성향을 보인 것으로 분석된다.

셋째, 이 사건에서는 헌법이나 법령조항에 대한 해석이 크게 문제되지 않았으므로 문언주의와 비문언주의의 분석틀은 적용하기 곤란하다.

넷째, 교통사고범이 '사회적·경제적 소수자 및 약자'라고 볼 수는 없으므로 이 사건은 네 번째 분석틀도 적용하기 곤란하다.

다섯째, 이 사건에서 법정의견이 위헌결정을 통해 청구인의 헌법 제10조의 인간으로서의 존엄과 가치 및 제11조의 평등권을 보장하려 한 반면에, 최광률 재판관은 합헌의견을 통해 청구인의 이러한 기본권의 '제한을 옹호'하려는 입장에 섰다고 분석된다.

4. 정치 분야: 지방자치단체의장 선거일 불공고 위헌확인 사건[64]

(1) 사실관계의 요지와 심판대상

「지방자치법 중 개정법률」(1990.12.31. 법률 제4310호) 부칙 제2조 제2항에 의하면, 이 법률에 의한 최초의 지방자치단체의 장 선거는 1992.6.30. 이내에 실시한다고 규정하였고, 구 지방자치단체의장선거법(제정 1990.12.31. 법률 제4312호, 폐지 1994.3.16. 법률 제4739호) 제95조 제3항 부칙 및 제6조에 의하면, 이 법률에 의한 최초의 단체장 선거의 선거일은 대통령이 선거일 전 18일까지 공고한다고 규정하였다. 피청구인은 위 규정들에 의한 공고 마감일에 해당하는 1992.6.12.이 지나도록 단체장선거의 선거일을 공고하지 않았다.

이에 청구인들은 피청구인의 위와 같은 선거일 불공고행위로 말미암아 헌법상 보장된 기본권인 선거권 및 피선거권을 침해받았다고 주장하고, 1992.6.20. 이 사건 심판청구를 하였다. 따라서 이 사건 심판대상은, 피청구인이 1992.6.12.까지 단체장선거의 선거일을 공고하지 않은 공권력의 불행사이다.

---

64) 1994. 08. 31, 92헌마126, 전원재판부

(2) 최광률 재판관이 가담한 법정의견 결정이유의 요지

최광률 재판관은 이 사건에서 법정의견에 가담했다. 법정의견은 "이 사건 심판청구를 모두 기각한다."는 주문을 통해 합헌결정을 내렸다.

법정의견과 최광률 재판관은 헌법소원심판청구 당시 권리보호의 이익이 인정되더라도, 심판계속 중에 생긴 사정변경으로 말미암아 권리보호의 이익이 소멸 또는 제거된 경우에는, 원칙적으로 심판청구는 부적법하게 되지만, 그와 같은 경우에도 그러한 기본권 침해행위가 반복될 위험이 있거나, 그러한 분쟁의 해결이 헌법질서의 수호·유지를 위하여 긴요한 사항이어서 헌법적으로 그 해명이 중대한 의미를 지니고 있는 경우에는, 예외적으로 심판청구의 이익이 있다고 하면서 권리보호이익의 예외를 인정했다. 그러면서 동종행위의 반복가능성은 추상적이고 이론적인 가능성이 아니라 구체적이고 실제적인 가능성을 뜻하고, 법제의 변동으로 제도가 폐지된 경우 문제해명의 중요성을 판단하는 기준은 계속 헌법적으로 중대한 의미를 갖는지 여부이지 피청구인의 행위의 위헌 여부는 아니라고 보았다.

그러면서 이 사건 헌법소원심판 계속 중에 공포된 「공직선거 및 선거부정방지법」에 의하여 선거일은 법정화되고 선거일공고제도가 폐지되었으며, 예외적인 보궐선거 등에서는 관할 선거관리위원회에서 선거일을 공고하도록 하여 피청구인은 선거에 관한 관리사무에 일체 관여할 수 없게 되었으므로, 비록 이 사건에서 위헌확인이 선고되더라도 청구인들의 주권적 권리구제에 아무런 도움이 되지 않을 뿐만 아니라 동종행위의 반복위험이 없음은 물론 불분명한 헌법문제의 해명이 중대한 의미를 지니고 있는 경우에도 해당하지 않아 예외적인 심판청구의 이익이 있는 경우에도 해당하지 않는다고 판시했다.

(3) 이 사건에 나타난 최광률 재판관의 판결성향 분석

이 사건에서 최광률 재판관을 포함한 7인의 재판관의 법정의견과 달리, 변정수, 김양균 재판관은 권리보호의 이익을 인정하고 본안심사를 해야 한다는 반대의견을 개진했다.

첫째, 사법적극주의와 사법소극주의의 분석틀을 적용하면, 최광률 재판관은 피청구인인 대통령이 1992.6.12.까지 단체장선거의 선거일을 공고하지 않은 공권력의 불행사에 대해 각하의견을 개진함으로써, 집행부의 의사나 결정에 대해 형식적 요건 불비를 이유로 아예 사법적 판단 자체를 회피해 버렸으므로 극단적인 사법소극주의적 입장을 보이고 있다.

둘째, 사법진보주의와 사법보수주의의 분석틀을 적용해보면, 지방자치단체장의 선거일을 심판대상 법률조항이 공고하게 하고 있음에도 불구하고 대통령이 기한 내에 이를 공고하지 않은 것에 대해 각하의견을 개진한 것은 사법보수주의적 판결성향을 보인 것으로 분석할 수 있다. 왜냐하면 대통령의 권한 행사와 관련해서는 '통치행위' 등의 이유를 들어 이를 헌법재판의 대상으로 잘 삼지 않는 것이 '기존의 법질서'라고 본다면 이 사건에서 최광률 재판관이 각하의견을 통해 사법적 판단을 회피한 것은 이러한 '기존의 법질서'를 유지하려 한 것으로 볼 여지가 있기 때문이다.

셋째, 이 사건은 헌법이나 심판대상 조항이 된 법령의 해석방식과 직접적 관련이 없으므로 문언주의와 비문언주의의 분석틀은 적용하기 곤란하다.

넷째, 지방자치단체장 출마 희망자를 '사회적·경제적 소수자 및 약자'라 보기는 힘들므로 이 사건에는 네 번째 분석틀도 적용하기 곤란하다.

다섯째, 최광률 재판관은 이 사건에서 각하결정을 통해 청구인의 위헌 주장에 대해 형식적 요건 불비를 이유로 본안심사 자체를 회피했으므로 청구인의 기본권 '보장을 확대'하려 하기 보다는 결국 '제한을 옹호'하는 입장에 서는 결과를 낳았다고 볼 수 있다. 특히 이 사건은 1992년 6월 20일에 제기되었으며 앞에서 본 바와 같이 당시 이 사건의 주심은 최광률 재판관이었다. 그러나 심판 도중에 주심재판관이 청구인으로부터 재판지연 등을 이유로 기피신청을 받았으며 헌법재판소는 기피신청에 대해서 기각결정을 내렸다.[65] 그러나 그 후에도 바로 심리가 속개되지 않고, 주심재판관이 비록 사전에 예정된 일정이었다고는 하나 외유성 해외시찰에 오르자 다시 이에 대하여 헌법재판소 안팎에서 비판이 있었다. 그 후 제1기 헌법재판소의 임기를 보름여 앞둔 1994년 8월 31일에서야 이 사건은 "헌법소원심판청구 이후 법률이 개정되어 구법에 따른 피청구인의 작위의무가 소멸함으로써 권리보호이익이 없다"고 하여 각하결정이 내려졌다. 다만, 헌법재판소의 각하결정문에는 주심재판관이 최광률 재판관인지는 명확히 나타나 있지 않다.

IV. 통계로 살펴본 최광률 재판관의 판결성향 정량분석

이상으로 제1기 최광률 재판관이 관여한 사건에 대해 분야별로 대표적인 주요 사건을 중심으로 정성적 판결성향 분석을 시도해 보았다면, 이제부터는 최광률 재판관이 관여한 모든 전원재판부 사건 결정에 대한 통계적 분석을 통해 정량적 판결성향 분석을 시도해 본다.[66]

---

65) 헌재 1992. 12. 24. 92헌사68

66) 본 통계분석은 다음과 같은 조건에 따라 수행했다. 첫째, 검색은 헌법재판소의 헌법재판정보 (http://search.ccourt.go.kr/)에서 진행하였다. 검색어로는 '최광률,' '전원재판부'를 입력하였으며 검색결과 최광률 헌법재판소장은 제1기 헌법재판관으로 재임한 기간(1988년 9월 15일부터 1994년 9월 14일까지) 동안 총 372건의 전원재판부 결정에 참여한 것으로 조사되었다. 둘째, 검색된 결정들에 대해서 최광률 재판관이 법정의견과 반대의견 중 어디에 가담하였는지를 기준으로 하여 1차 분류를 진행하였다. 헌법 재판소의 결정에 있어 다수의견과 소수의견을 구분하는 것이 불가능한 것은 아니지만, 우리 헌법 제113

〈표 1〉 법정의견과 반대의견으로 살펴본 결정별 통계

총 결정수 (372건)	법정의견	358건	96.24%
	반대의견	14건	3.76%

〈표 2〉 사법소극주의와 사법적극주의로 살펴본 결정별 통계

구분		결정유형	개수	합계	
법정의견 (358건)	사법소극	각하	124건	296건	82.68%
		기각	134건		
		합헌	30건		
		한정합헌	7건		
		취하	0건		
		심판절차종료	1건[67]		
	사법적극	위헌	26건	62건	17.32%
		인용	21건		
		한정위헌	11건		
		헌법불합치	4건		
반대의견 (14건)	사법소극	각하	9건	13건	92.86%
		기각	2건		
		합헌	2건		
		한정합헌	0건		
	사법적극	위헌	1건	1건	7.14%
		인용	0건		
		헌법불합치	0건		
		속행	0건		

전체통계 (372건)	사법소극	309건	83.06%
	사법적극	63건	16.94%

조 제1항은 위헌결정에 있어서 필요한 정족수를 6인 이상으로 규정하고 있어 9인의 재판관 중 5인이 위헌의견이어서 다수의견이기는 하지만 위헌의견에 필요한 정족수 6인에 미달하여 합헌선언을 하는 위헌불선언결정이 있기 때문에 이 점을 고려하여 법정의견과 반대의견으로 나누어 1차 분류를 진행했다. 셋째, 법정의견과 반대의견으로 1차 분류를 한 뒤 법정의견과 반대의견 내에서 다시 2차 분류를 진행하였다. 2차 분류에서는 최광률 재판관의 의견이 합헌, 기각, 변형결정 중 헌법불합치 또는 한정합헌, 각하 등인 경우에는 '사법소극주의'로, 위헌, 인용, 변형결정 중 한정위헌 등인 경우에는 '사법적극주의'로 판단하여 분류했다. 만일 하나의 결정에 대해 두 개 이상의 세부항목에 대한 판단이 병존하는 경우에는 그중 청구인에게 더 이익이 되는 결정을 기준으로 하여 분류했다. 즉 각하보다는 기각을, 변형결정보다는 위헌결정을 더 청구인에게 이익이 되는 결정으로 보고 분류하였다.

67) 헌법소원심판절차의 계속 중에 청구인이 사망하여 심판절차의 종료를 선언한 헌법소원청구사건을 말한다. 자세한 것은 불기소처분에 대한 헌법소원 헌재 1992.11.12. 90헌마33 참조.

　　<표 1>을 보면, 총 372건의 전원재판부 결정 중에서 최광률 재판관이 법정의견에 가담한 비율은 96.24%(358건)이며, 반대의견을 제시한 비율은 3.76%(14건)에 불과한 것으로 나타났다. 헌법재판소의 결정에서 주문으로 표시되는 법정의견에 가담한 비율이 압도적으로 높은 이유는 매사에 신중한 그의 성격과 불편부당하며 무색무취한 그의 인품도 다소간 영향을 미쳤을 것으로 보인다.

　　<표-2>는 최광률 헌법재판관이 재임기간에 참여한 총 372건의 결정을 법정의견과 반대의견 별로, 다시 사법적극주의적 결정과 사법소극주의적 결정으로 나누어 분류한 것을 정리한 것이다. 최광률 재판관이 가담한 358건의 법정의견 중에는 사법소극주의적 결정이 82.68%(296건), 사법적극주의적 결정이 17.32%(62건)인 것으로 나타났다. 반면 14건의 반대의견 중에는 사법소극주의적 결정이 92.86%(13건), 사법적극주의적 결정이 7.14%(1건)인 것으로 나타났다. 법정의견에서 사법적극주의적인 결정이 차지하는 비율이 17.32%(62건)로 나타난 것은 다른 제1기 재판관들에 비해 최광률 재판관이 사법소극주의적 판결성향을 보여주는 것이라 평가할 수 있다. 특히 반대의견에서는 법정의견보다는 사법적극적인 비율이 훨씬 낮아져 7.14%(1건)에 머무르고 있는 것에 주목을 요한다. 즉, 최광률 재판관이 반대의견을 낼 때에는 14건 중 1건을 제외한 13건에서 각하의견이나 합헌의견을 개진하기 위한 것이었음을 알 수 있다. 극단적인 사법소극주의적 판결성향을 보여주고 있다.

〈표 3〉 연도별로 살펴본 결정별 통계

연도별[68]	법정의견		반대의견		법정의견 비율	판단[69]	
	사법적극	사법소극	사법적극	사법소극			
1988년	0	0	0	0	0.00%		
1989년	7	25	1	2	91.43%	사법적극	22.86%
1990년	8	44	0	1	98.11%	사법적극	15.09%
1991년	9	32	0	2	95.35%	사법적극	20.93%
1992년	15	64	0	2	97.53%	사법적극	18.52%
1993년	16	80	0	4	96.00%	사법적극	16.00%
1994년	7	51	0	2	96.67%	사법소극	11.67%
전체통계	62	296	1	13	96.24%	사법적극	16.94%

---

68) 연도구분은 다음과 같이 구분하였다. 1988년 : 1988년 9월 15일 ~ 1988년 12월 31일,
　　1989년 : 1989년 1월 1일 ~ 1989년 12월 31일, 1990년 : 1990년 1월 1일 ~ 1990년 12월 31일,
　　1991년 : 1991년 1월 1일 ~ 1991년 12월 31일, 1992년 : 1992년 1월 1일 ~ 1992년 12월 31일,
　　1993년 : 1993년 1월 1일 ~ 1993년 12월 31일, 1994년 : 1994년 1월 1일 ~ 1994년 9월 14일

69) 여기서 판단이란 사법적극주의, 사법소극주의 여부의 판단을 말한다. 판단의 자료는 최광률 재판관이 참여한 각 연도별 전체결정 중에서 사법적극주의에 해당하는 결정(법정의견, 반대의견 불문하고 사법적극주의에 해당하는 결정)이 차지하는 비율을 백분율로 표시한 것을 사용하였다. 그 결과 사법적극주의에

<표-3>에서는 연도별로 최광률 재판관의 판결성향이 어떻게 변화하여 왔는지를 살펴보았다. 실질적인 재판관 활동의 첫 해라고 할 수 있는 1989년부터 1993년까지는 15%대에서 22%대의 사법적극주의적 성향 비율을 보여주었다. 다만, 임기 마지막해인 1994년에는 11.67%로 눈에 띄게 낮아진 사법적극주의적 성향 비율을 보여주고 있는데, 대체로 헌법재판관들이 임기 말로 갈수록 사법적극주의적인 성향의 비율이 증가하는 것과는 대조적이라 할 수 있다.

V. 결론

이상에서 제1기 헌법재판소 최광률 재판관의 판결성향을 분야별 주요사건을 중심으로 한 정성분석과 전체 관여사건을 대상으로 한 통계적 정량분석을 통해 살펴보았다. 특히 정량분석에서 최광률 재판관이 관여한 총 372건의 전원재판부 관여사건 중 95.24%인 358건에서 다수의 법정의견에 가담하고 있다는 점이 특이하다. 즉, 가급적 다수 재판관의 의견에 가담함으로써 자신만의 독특한 입장을 잘 드러내지 않으려 한 것으로 보인다. 또한, 전체 관여사건인 372건 중 16.94%에 이르는 63건에서 위헌, 인용, 헌법불합치, 한정위헌 등 사법적극주의적 판결성향을 보인 점에도 주목을 요한다. 이는 같은 제1기 헌법재판관 중에서 김문희 재판관이 18.21%의 사건에서 사법적극주의적 판결성향을 보인 것 이외에[70] 조규광 헌법재판소장이 19.03%, 이시윤 재판관이 22.15%,[71] 한병채 재판관이 23.51%,[72] 변정수 재판관이 32.89%의[73] 사건들에서 사법적극주의적 판결성향을 보인 것에 비하면 상대적으로 낮은 수치이다. 이는 최광률 재판관이 다른 제1기 헌법재판관들에 비해 상대적으로 사법소극주의적 판결성향을 많이 보였음을 의미한다. 만 22세의 젊은 나이에 제10회 고등고시 사법과에 합격하여 공군법무관을 거친 후 만 26세에 대전지방법원 판사를 시작으로 7년간 엘리트 판사생활을 했기 때문에 판사시절에 몸에 벤 사법소극주의적 판결성향이 다소간 영향을 준 것으로 분석된다.

구체적인 분야로 들어가면, 우선 정치분야에서 최광률 재판관은 지방자치단체장 선거일을 기한 내 공고하지 않은 대통령의 공권력 불행사에 대해 각하결정을 내려 대통령의

해당하는 결정이 전체 결정에서 차지하는 비율이 15%를 기준으로 하여 그 이상일 경우 사법적극주의로 판단하였으며, 그 이하인 경우 사법소극주의로 판단하였다.
70) 임지봉, "제1기 헌법재판소 김문희 재판관의 판결성향 분석" 앞의 논문, 399면
71) 임지봉, "제1기 헌법재판소 이시윤 재판관의 판결성향 분석" 앞의 논문, 26면
72) 임지봉, "제1기 헌법재판소 한병채 재판관의 판결성향 분석" 앞의 논문, 75면
73) 임지봉, "제1기 변정수 재판관의 판결성향 분석" 앞의 논문, 274면

권한 행사에 대해서는 결과적으로 사법적 판단을 회피하고 현상유지를 인정하는 사법소극주의적·사법보수주의적 판결성향을 보여주었다.

경제분야에서는 토지거래허가제를 규정한 국토이용관리법 규정들에 대해 위헌의견을 개진함으로써 경제민주화를 위한 진보적인 재산권 제한 입법에 대해 반대함으로써 분명한 사법보수주의적 판결성향을 보여주었다. 이는 앞에서 본 바와 같이 헌법재판관으로 재직 중이던 1993년에 실시된 '공직자 재산공개'에서 당시 헌법재판소 재판관 중 2위인 32억 7천만원의 재산을 신고했고 그 중 부동산 재산이 상당비율을 차지했던 것과 무관치 않아 보인다.

사회·문화분야에서는 군사기밀보호법사건에서 볼 수 있는 바와 같이, 최광률 재판관은 군사상의 기밀을 탐지, 수집, 누설한 자 등을 처벌하는 심판대상 조항들에 대해 합헌의견을 개진함으로써 국가 안보를 위해 군사기밀의 범위를 넓게 잡고 상대적으로 국민의 알 권리를 제한해 온 '기존의 법질서'를 유지하려는 사법보수주의적 입장을 보여 주었다.

결론적으로 최광률 재판관은 제1기 헌법재판소 재판관들 중 가장 사법소극주의적이면서도 사법보수주의적인 입장에 선 재판관들 중 한 명이라 평가할 수 있다.

入國禁止決定과 査證發給 拒否處分의 違法性 判斷*

鄭南哲**

대상판결: 대법원 2019. 7. 11. 선고 2017두38874 판결

I. 사실관계 및 소송경과

(1) 원고 甲은 1976.○.○.에 대한민국에서 출생하였으나 2002. 1. 18. 미국 시민권을 취득함으로써 대한민국 국적을 상실한 재외동포로서 외국국적동포에 해당한다. 피고 乙은 법무부장관으로부터 사증(査證) 발급권한을 위임받은 재외공관장(주로스엔젤레스총영사관 총영사)이다.

(2) 병무청장(丙)은 2002. 1. 28. 법무부장관에게 갑이 입국하여 방송·연예 활동을 계속할 경우 국군 장병들의 사기를 저하시키고 병역의무 기피 풍조를 낳게 할 우려가 있으며 외국국적 취득을 병역 면탈의 수단으로 악용하는 사례가 증가할 것 등을 이유로 입국금지를 요청하였다.

(3) 법무부장관은 2002. 2. 1. 출입국관리법 제11조 제1항 제3호, 제4호, 제8호에 따라 甲의 입국을 금지하는 결정을 하고, 그 정보를 내부전산망인 '출입국관리정보시스템'에 입력하였으나, 甲에게 이를 통보하지 않았다(이하 '이 사건 입국금지결정'이라 한다).

(4) 甲은 2015. 8. 27. 乙에게 재외동포(F-4) 체류자격의 사증발급을 신청하였으나, 乙은 2015. 9. 2. 甲의 아버지 소외인 A에게 전화로 '원고가 입국규제대상자에 해당하여 사증발급이 불허되었다. 자세한 이유는 법무부에 문의하기 바란다.'고 통보하였다(이하 '이 사건 사증발급 거부처분'이라 한다).

(5) 그 당시 乙은 여권과 사증발급 신청서를 반환하였을 뿐, 처분이유를 기재한 사증

---

* 본고는 행정판례연구 XXIV-2(2019.12)에 게재된 논문으로 「최광률 명예회장 헌정논문집」에 전재하는 것임을 밝힙니다.
** 숙명여자대학교 법과대학 교수

발급 거부 처분서를 작성해 주지는 않았다. 이 사건 소송에서 乙이 밝힌 사증발급 거부처분의 사유는 2002년 원고 甲에 대한 입국금지결정이 있었다는 점이다.

　　(6) 이에 甲은 이 사건 사증발급 거부처분의 취소를 구하는 소를 제기하였고, 제1심 및 항소심 모두 원고의 청구를 기각하였다.[1]

II. 판결의 요지

　　(1) 일반적으로 처분이 주체·내용·절차와 형식의 요건을 모두 갖추고 외부에 표시된 경우에는 처분의 존재가 인정된다. 행정의사가 외부에 표시되어 행정청이 자유롭게 취소·철회할 수 없는 구속을 받게 되는 시점에 처분이 성립하고, 그 성립 여부는 행정청이 행정의사를 공식적인 방법으로 외부에 표시하였는지를 기준으로 판단해야 한다.

　　(2) 행정청이 행정의사를 외부에 표시하여 행정청이 자유롭게 취소·철회할 수 없는 구속을 받기 전에는 '처분'이 성립하지 않으므로 법무부장관이 출입국관리법 제11조 제1항 제3호 또는 제4호, 출입국관리법 시행령 제14조 제1항, 제2항에 따라 위 입국금지결정을 했다고 해서 '처분'이 성립한다고 볼 수는 없다. 위 입국금지결정은 법무부장관의 의사가 공식적인 방법으로 외부에 표시된 것이 아니라 단지 그 정보를 내부전산망인 '출입국관리 정보시스템'에 입력하여 관리한 것에 지나지 않는다. 따라서 위 입국금지결정은 항고소송의 대상이 될 수 있는 '처분'에 해당하지 않는데도, 위 입국금지결정이 처분에 해당하여 공정력과 불가쟁력이 있다고 본 원심판단에 법리를 오해한 잘못이 있다.

　　(3) 상급행정기관이 소속 공무원이나 하급행정기관에 대하여 업무처리지침이나 법령의 해석·적용 기준을 정해 주는 '행정규칙'은 일반적으로 행정조직 내부에서만 효력을 가질 뿐 대외적으로 국민이나 법원을 구속하는 효력이 없다. 처분이 행정규칙을 위반하였다고 해서 그러한 사정만으로 곧바로 위법하게 되는 것은 아니고, 처분이 행정규칙을 따른 것이라고 해서 적법성이 보장되는 것도 아니다. 처분이 적법한지는 행정규칙에 적합한지 여부가 아니라 상위법령의 규정과 입법 목적 등에 적합한지 여부에 따라 판단해야 한다. 상급행정기관이 소속 공무원이나 하급행정기관에 하는 개별·구체적인 지시도 마찬가지이다. 상급행정기관의 지시는 일반적으로 행정조직 내부에서만 효력을 가질 뿐 대외적으로 국민이나 법원을 구속하는 효력이 없다. 대외적으로 처분 권한이 있는 처분청이 상급행정기관의 지시를 위반하는 처분을 하였다고 해서 그러한 사정만으로 처분이 곧바로 위법하게 되는 것은 아니고, 처분이 상급행정기관의 지시를 따른 것이라고 해서 적법성이 보장되

1) 서울행정법원 2016. 9. 30. 선고 2015구합77189 판결; 서울고등법원 2017. 2. 23. 선고 2016누68825 판결.

는 것도 아니다. 처분이 적법한지는 상급행정기관의 지시를 따른 것인지 여부가 아니라, 헌법과 법률, 대외적으로 구속력 있는 법령의 규정과 입법 목적, 비례·평등원칙과 같은 법의 일반원칙에 적합한지 여부에 따라 판단해야 한다.

(4) 행정절차에 관한 일반법인 행정절차법은 제24조 제1항에서 "행정청이 처분을 할 때에는 다른 법령 등에 특별한 규정이 있는 경우를 제외하고는 문서로 하여야 하며, 전자문서로 하는 경우에는 당사자 등의 동의가 있어야 한다. 다만 신속히 처리할 필요가 있거나 사안이 경미한 경우에는 말 또는 그 밖의 방법으로 할 수 있다"라고 정하고 있다. 이 규정은 처분내용의 명확성을 확보하고 처분의 존부에 관한 다툼을 방지하여 처분상대방의 권익을 보호하기 위한 것이므로, 이를 위반한 처분은 하자가 중대·명백하여 무효이다.

(5) 행정절차법의 적용이 제외되는 '외국인의 출입국에 관한 사항'이란 해당 행정작용의 성질상 행정절차를 거치기 곤란하거나 거칠 필요가 없다고 인정되는 사항이나 행정절차에 준하는 절차를 거친 사항으로서 행정절차법 시행령으로 정하는 사항만을 가리킨다. '외국인의 출입국에 관한 사항'이라고 하여 행정절차를 거칠 필요가 당연히 부정되는 것은 아니다. 외국인의 사증발급 신청에 대한 거부처분은 당사자에게 의무를 부과하거나 적극적으로 권익을 제한하는 처분이 아니므로, 행정절차법 제21조 제1항에서 정한 '처분의 사전통지'와 제22조 제3항에서 정한 '의견제출 기회 부여'의 대상은 아니다. 그러나 사증발급 신청에 대한 거부처분이 성질상 행정절차법 제24조에서 정한 '처분서 작성·교부'를 할 필요가 없거나 곤란한 경우라고 단정하기 어렵다. 또한 출입국관리법령에 사증발급 거부처분서 작성에 관한 규정을 따로 두고 있지 않으므로, 외국인의 사증발급 신청에 대한 거부처분을 하면서 행정절차법 제24조에 정한 절차를 따르지 않고 '행정절차에 준하는 절차'로 대체할 수도 없다.

(6) 재외동포에 대한 사증발급은 행정청의 재량행위에 속하는 것으로서, 재외동포가 사증발급을 신청한 경우에 출입국관리법 시행령 [별표 1의2]에서 정한 재외동포체류자격의 요건을 갖추었다고 해서 무조건 사증을 발급해야 하는 것은 아니다. 재외동포에게 출입국관리법 제11조 제1항 각호에서 정한 입국금지사유 또는 재외동포법 제5조 제2항에서 정한 재외동포체류자격 부여 제외사유(예컨대 '대한민국 남자가 병역을 기피할 목적으로 외국국적을 취득하고 대한민국 국적을 상실하여 외국인이 된 경우')가 있어 그의 국내 체류를 허용하지 않음으로써 달성하고자 하는 공익이 그로 말미암아 발생하는 불이익보다 큰 경우에는 행정청이 재외동포체류자격의 사증을 발급하지 않을 재량을 가진다.

(7) 처분의 근거 법령이 행정청에 처분의 요건과 효과 판단에 일정한 재량을 부여하였는데도, 행정청이 자신에게 재량권이 없다고 오인한 나머지 처분으로 달성하려는 공익과 그로써 처분상대방이 입게 되는 불이익의 내용과 정도를 전혀 비교형량 하지 않은 채

처분을 하였다면, 이는 재량권 불행사로서 그 자체로 재량권 일탈·남용으로 해당 처분을 취소하여야 할 위법사유가 된다.

(8) 비례의 원칙은 법치국가 원리에서 당연히 파생되는 헌법상의 기본원리로서, 모든 국가작용에 적용된다. 행정목적을 달성하기 위한 수단은 목적달성에 유효·적절하고, 가능한 한 최소침해를 가져오는 것이어야 하며, 아울러 그 수단의 도입에 따른 침해가 의도하는 공익을 능가하여서는 안 된다.

(9) 처분상대방의 의무위반을 이유로 한 제재처분의 경우 의무위반 내용과 제재처분의 양정 사이에 엄밀하게는 아니더라도 어느 정도는 비례 관계가 있어야 한다. 제재처분이 의무위반의 내용에 비하여 과중하여 사회통념상 현저하게 타당성을 잃은 경우에는 재량권 일탈·남용에 해당하여 위법하다고 보아야 한다.

(10) 甲의 재외동포(F-4) 체류자격 사증발급 신청에 대하여 재외공관장이 6일 만에 한 사증발급 거부처분이 문서에 의한 처분 방식의 예외로 행정절차법 제24조 제1항 단서에서 정한 '신속히 처리할 필요가 있거나 사안이 경미한 경우'에 해당한다고 볼 수도 없으므로 사증발급 거부처분에는 행정절차법 제24조 제1항을 위반한 하자가 있다. 그럼에도 불구하고 외국인의 사증발급 신청에 대한 거부처분이 성질상 행정절차를 거치기 곤란하거나 불필요하다고 인정되는 처분에 해당하여 행정절차법의 적용이 배제된다고 판단하였다. 또한 재외공관장이 자신에게 주어진 재량권을 전혀 행사하지 않고 오로지 13년 7개월 전에 입국금지결정이 있었다는 이유만으로 그에 구속되어 사증발급 거부처분을 한 것이 비례의 원칙에 반하는 것인지 판단했어야 함에도, 입국금지결정에 따라 사증발급 거부처분을 한 것이 적법하다고 본 원심판단에 법리를 오해한 잘못이 있다.

III. 평 석

1. 문제의 제기

이 사건에서는 재외동포인 甲의 병역기피를 이유로 법무부장관이 입국금지결정을 하고, 이에 따라 재외공관장인 乙이 사증발급 거부처분을 한 것이 적법한지 여부를 다투고 있다. 제1심 판결의 본안전항변에서 외국인에게는 대한민국에 대하여 사증발급을 요구할 수 있는 법규상·조리상의 신청권이 부여되어 있지 않다는 주장이 제기되었다. 재외동포법 제5조 제1항은 재외동포체류자격의 부여에 관한 규정일 뿐이므로 사증발급을 받을 수 있는 권리 또는 법률상 이익이 없다는 것이다. 또한 이 사건 입국금지조치의 효력으로 인하여 사증을 발급받을 수 없고, 사증을 발급받더라도 대한민국에 입국할 수 없어 이 사건의 소(訴)로써 달성하고자 하는 목적의 실현이 불가능하다고 항변하였다. 그러나 제1심 법원은 甲의 원고적격을 인정하였다. 그러나 대법원은 외국인에게 사증발급 거부의 취소를 구할 법률상 이익이 없다고 판시한 적도 있다.[2] 출입국관리법과 그 하위법령의 규정은 공익에 관한 규정으로서 사익보호성이 없다고 판단한 것이다. 이 사건은 중국 국적 여성이 결혼이민(F-6) 사증발급을 신청하였다가 거부당하자, 거부처분 취소소송을 제기한 것이다.

　　외국국적재외동포도 사증발급거부의 취소를 구할 법률상 이익이 있는지가 문제된다. 외국국적재외동포도 외국국적을 보유하고 있다는 점에서 외국인에 해당한다(출입국관리법 제2조 제2호 참조). 그러나 외국국적재외동포가 재외동포법 제5조에 따른 재외동포체류자격을 부여받는 경우에는 사증발급을 신청할 수 있는 중요한 요건이 될 수 있다(출입국관리법 시행규칙 제9조의2 제3호 참조) 또한 입국하려는 외국인도 체류자격을 가져야 한다는 점에서 사증발급 신청의 거부에 대해 법률상 이익을 인정하지 않는 것은 타당하지 않다(출입국관리법 제10조 제1항). 항고소송에 있어서 외국인의 원고적격의 문제를 언급하고 있는 국내문헌은 많지 않다. 행정소송법 제12조에서는 "취소를 구할 법률상 이익이 있는 자"라고만 규정하고 있지만, 제1조의 목적조항에서는 "국민의 권리 또는 이익의 침해를 구제하고"라고 규정하고 있기 때문이다. 근래에 대법원은 난민인정불허취소소송에서 외국인의 원고적격을 인정하고 있다.[3] 또한 외국국적자도 기본권의 성질에 따라 제한적으로 헌법소원의 청구인적격이 인정된다.[4] 다만, 입국의 자유, 복수국적을 가질 자유에 관한 외국인의 기본권 주체성이 부인되고 있다.[5]

　　한편, 독일에서는 항고소송상 외국인의 원고적격을 인정하고 있다. 국내에 머무르는 외국인의 경우에는 큰 문제가 없지만, 외국에 있는 경우에는 독일의 고권력(高權力) 아래에 있다고 보기 어려운 점이 있다. 다만, 국경을 넘어 환경피해를 미치는 경우에는 외국인의 원고적격이 인정될 수 있다고 보고 있다.[6] 외국인의 원고적격을 인정하는 논거로 일반적인 보호규범론 외에 기본권 조항으로서 독일 기본법 제2조 제1항(일반적 행동의 자유, 일반적 인격권)과 제19조 제4항(포괄적 사법구제)을 제시하는 견해가 있다.[7] 외국인의 경우에는 헌

---

2) "체류자격 및 사증발급의 기준과 절차에 관한 출입국관리법과 그 하위법령의 위와 같은 규정들은, 대한민국의 출입국 질서와 국경관리라는 공익을 보호하려는 취지일 뿐, 외국인에게 대한민국에 입국할 권리를 보장하거나 대한민국에 입국하고자 하는 외국인의 사익까지 보호하려는 취지로 해석하기는 어렵다." (대법원 2018. 5. 15. 선고 2014두42506 판결)

3) 대법원 2017. 3. 15. 선고 2013두16333 판결; 대법원 2017. 12. 5. 선고 2016두42913 판결 등.

4) 헌법재판소, 헌법실무제요, 제2개정판, 274면.

5) 헌재 2014. 6. 26. 2011헌마502, 판례집 26-1하, 578.

6) Kopp/Schenke, VwGO, 18. Aufl., § 42 Rn. 90.

7) Hufen, Verwaltungsprozessrecht, 7. Aufl., § 14 Rn. 91.

법 제10조, 헌법 제37조 및 헌법 제107조와 같은 헌법상의 규정 외에 상호주의 원칙이나 관계 법령의 취지나 규율내용, 행정청에 의한 직접적·구체적 이익의 침해 여부 등이 종합적으로 고려될 필요가 있다. 또한 대상판례에서는 법무부장관의 입국금지결정이 항고소송의 대상이 되는 처분에 해당하지 않는다고 보고 있다. 법무부장관이 甲에 대한 입국금지 정보를 내부전산망인 '출입국관리정보시스템'에 입력하였으나 이를 甲에게 통지하지 않았다는 것을 이유로 법무부장관의 입국금지결정에 대해 처분이 성립되지 않는다고 판단한 것이다. 이에 반해 원심은 위 입국금지결정이 처분에 해당하며, 공정력과 불가쟁력이 있다고 판단하였다. 여기에서 법무부장관의 입국금지결정이 어떠한 법적 성질을 가지는지를 검토할 필요가 있다. 대법원은 입국금지결정을 지시로 보고 행정규칙으로 판단하고 있다. 또한 대법원은 '행정의사가 외부에 표시되어 행정청이 자유롭게 취소·철회할 수 없는 구속을 받게 되는 시점'에 처분이 성립한다고 보고 있다. 그러나 처분의 성립 여부에 관한 대법원의 판단기준이 타당한지 여부를 살펴볼 필요가 있다.

병무청장(丙)은 법무부장관에게 '가수 甲이 공연을 위하여 국외여행허가를 받고 출국한 후 미국 시민권을 취득함으로써 사실상 병역의무를 면탈하였다'는 이유로 입국 금지를 요청함에 따라 법무부장관이 甲의 입국금지결정을 하였다. 이 사건에서 甲이 재외공관장인 乙에게 재외동포(F-4) 체류자격의 사증발급을 신청하자 乙은 처분이유를 기재한 사증발급 거부처분서를 작성해 주지 않은 채 甲의 父인 소외인 A에게 전화로 사증발급이 불허되었다고 통보하였다. 이러한 乙의 사증발급 거부처분이 적법한지 여부를 검토할 필요가 있다. 이와 관련하여 문제가 되는 것은 행정절차법의 적용대상인지 여부이다. 행정절차법 제3조 제2항 각호에는 행정절차법의 적용제외대상을 규정하고 있다. 이 사건과 관련하여 같은 조 제2항 제9호에는 '외국인의 출입국'을 규정하고 있다. 특히 이 사건 사증발급 거부처분을 함에 있어서 행정절차법에 따라 '문서'로 하지 않은 것이 적법한지가 문제된다. 대법원은 재외동포에 대한 사증발급은 행정청의 재량행위에 속하며, 재외동포체류자격의 사증발급을 거부할 재량도 가진다고 보고 있다. 대상판례에서 대법원은 행정청이 자신에게 재량권이 없다고 오인한 나머지 재량권 행사를 전혀 하지 않아 재량권의 일탈·남용에 해당한다고 보고 있다. 그 밖에 출입국관리공무원의 입국심사허가거부가 입국금지결정과 어떠한 관계를 가지는지, 그리고 확정판결 후 취소판결의 기속력과 재처분에 관해서도 살펴볼 필요가 있다.

2. 입국금지결정의 법적 성질

대상판결에서 중요한 쟁점 중의 하나는 입국금지결정의 법적 성질이다. 대법원은 입국금지결정의 처분을 부인하고, 입국금지결정이 행정기관 내부에서 사증발급이나 입국허가에 대한 '지시'로서의 성격을 가진다고 보고 있다. 대법원은 이러한 지시를 '행정규칙'의 하나로 파악하고 있다. 행정규칙은 그 형식을 기준으로 훈령, 예규, 지시 및 일일명령으로 구분되는 것이 보통이다.[8] 그러나 지시는 상급기관이 하급기관에 대하여 직권으로, 또는 하급기관의 문의나 신청에 대해 개별적·구체적으로 발하는 경우가 대부분이다.[9] 지시를 일반성과 추상성을 특징으로 하는 행정규칙의 유형으로 분류하는 것이 적절하지 않다고 비판하는 견해가 있다.[10] 이러한 유형구분은 구 사무관리규정 제7조 제2호 및 구 사무관리규정시행규칙 제3조 제2호에 근거하고 있으며, 현재는 '행정 효율과 협업 촉진에 관한 규정' 제4조 제2호에서 이를 '지시문서'의 일종으로 규정하고 있다. 입국금지결정은 이러한 내부적 '지시' 내지 행정규칙과는 성격을 달리한다.

한편, 행정규칙 중에는 주체를 기준으로 행정청 내의 행정규칙, 행정청간 행정규칙, 행정주체간 행정규칙 등으로 분류될 수 있다. 대부분의 행정규칙은 행정청 내의 행정규칙(intrabehördliche Verwaltungsvorschriften)에 해당한다. 대상판결과 같이 법무부와 외교부 사이에 적용되는 행정규칙은 행정청 간의 행정규칙(interbehördliche Verwaltungsvorschriften)에 속한다. 그러나 이 사건의 입국금지결정은 그러한 행정청간의 행정규칙으로도 보기 어렵다.[11] 대통령령으로 제정된 법제업무운영규정 제24조의3에는 훈령·예규 등의 적법성 확보 및 등재 등 절차에 관한 규정을 두고 있다. 같은 조 제1항에 의하면 "각급 행정기관의 훈령·예규·고시(그 명칭에 상관없이 법령의 시행과 직접 관련하여 발령하는 규정·규칙·지시·지침·통첩 등을 포함하며, 이하 '훈령·예규 등'이라 한다)는 그 내용이 적법하고 현실에 적합하게 발령·유지·관리되어야 한다"고 규정하고 있다. 또한 중앙행정기관의 장은 훈령·예규 등이 제정·개정 또는 폐지되었을 때에는 발령 후 10일 이내에 해당 훈령·예규 등을 법제정보시스템에 등재하여야 한다(같은 조 제2항). 법무부장관의 입국금지결정은 이러한 절차를 준수하였다고 보기 어렵다.

대법원은 "행정의사가 외부에 표시되어 행정청이 자유롭게 취소·철회할 수 없는 구속을 받게 되는 시점에 처분이 성립하고, 그 성립 여부는 행정청이 행정의사를 공식적인 방법으로 외부에 표시하였는지를 기준으로 판단해야 한다"고 보고 있다. 그 근거가 되는 선례는 사업시행계획인가처분 취소사건이다.[12] 구 국토의 계획 및 이용에 관한 법률(2013.

---

8) 김도창, 일반행정법론(상), 제4전정판, 청운각, 1992, 327면; 박균성, 행정법론(상), 제15판, 2016, 230면.
9) 김도창, 전게서, 327면.
10) 김남진/김연태, 행정법 Ⅰ, 제22판, 183면; 홍정선, 행정법원론(상), 제27판, 277-278면.
11) 이에 대해서는 Ossenbühl, in: Isensee/Kirchhof, Handbuch des Staatsrechts, Bd. V, 3. Aufl., § 104 Rn. 35 참조.
12) 대법원 2017. 7. 11. 선고 2016두35120 판결.

3. 23. 법률 제11690호로 개정되기 전의 것, 이하 '국토계획법'이라 한다) 제86조에서 행정청이 아닌 자는 도시계획시설사업의 시행자로 지정을 받아 도시·군계획시설사업을 시행할 수 있도록 되어 있는데, 사업시행자 지정 처분의 성립 여부를 판단하면서 그 기준을 설시한 것이다. 이러한 판례가 타당한지에 대해서는 의문이다. 행정행위는 일반적으로 실체적 요건(내용)과 형식적 요건(관할, 절차 및 형식)을 모두 갖춘 경우에 성립한다. 상대방에 대한 통지는 효력발생요건으로 보는 것이 일반적이다.13) 종래 대법원은 "상대방이 있는 행정처분의 경우 특별한 규정이 없는 한 의사표시의 일반적 법리에 따라 그 행정처분이 상대방에게 고지되어야 효력을 발생한다"고 판시하고 있다.14)

입국금지에 관한 사항을 상대방에게 모두 직접 통지하는 것은 현실적으로 어려운 점이 있다. 예컨대 출입국관리법 제11조 제1항 제5호에는 입국금지의 대상이 될 수 있는 외국인으로 "사리 분별력이 없고 국내에서 체류활동을 보조할 사람이 없는 정신장애인, 국내 체류비용을 부담할 능력이 없는 사람, 그 밖에 구호(救護)가 필요한 사람"을 규정하고 있다. 이러한 외국인에게 입국금지사실을 개별적으로 통지하는 것은 쉽지 않다. 입국심사를 하는 단계에서 입국금지대상자라는 사실을 확인하는 것이 보통이다. 또한 출입국관리법 제11조 제1항 제3호에는 "대한민국의 이익이나 공공의 안전을 해치는 행동을 할 염려가 있다고 인정할 만한 상당한 이유가 있는 사람"을 입국금지대상자로 규정하고 있다. 공공의 안전을 해치는 행동을 할 염려가 있는 반정부 테러리스트 ISIS 지도자에 대해서는 소재지를 파악하기 어려울 뿐만 아니라 개별적으로 통지를 하는 것은 불가능하다. 이러한 입국금지결정은 국가나 사회의 이익이나 공공의 안전 등을 위한 것이므로 사전통지나 의견제출, 문서형식 등과 같은 행정절차법의 규정을 그대로 적용하기 어렵다.

이 사건의 제1심 법원인 서울행정법원은 입국금지조치의 처분성을 인정하면서, 외국인에게 처분서 등의 방법으로 통지를 하지 않는 것은 이러한 입국금지조치가 외국인의 입국 신청에 대응하는 조치가 아닐 뿐만 아니라 해외에 소재한 외국인의 주소를 일일이 확인하여 처분서를 송달함이 곤란하기 때문이라고 지적한다.15) 원심인 서울고등법원도 입국금지조치의 처분성이 인정되지 않는다고 쉽게 단정할 수 없고 입국금지조치에 대해 행정심판 또는 행정소송을 제기하는 것이 기대하기 어렵다고 볼 수 없다고 판시하고 있다. 대외적으로 공지를 하지 않고 내부적 자료나 정보로만 활용될 경우에는 행정기관의 내부결정에 해당될 수 있다. 출입국관리법의 관계 규정에 따라 법무부장관이 입국금지결정을 내리더라도 이를 내부전산망인 '출입국관리정보시스템'에 입력하기 때문에 이를 개별적으로

---

13) 이상규, 신행정법론(상), 신판, 400면; 박윤흔/정형근, 최신행정법강의(상), 개정30판, 357면.

14) 대법원 2012. 11. 15. 선고 판결; 대법원 1990. 7. 13. 선고 90누2284 판결, 대법원 2009. 11. 12. 선고 2009두11706 판결.

15) 서울행법 2016. 9. 30. 선고 2015구합77189 판결.

통지하지 않는 한 대외적으로 확인할 수 있는 방법은 없다. 고권적 진술의 불명료성은 행정청의 부담으로 귀착한다.[16] 법무부장관의 입국금지결정은 후술하는 바와 같이 이후의 사증발급과 입국하는 출입국항에서의 입국심사허가에서 중요한 거부사유가 되고 있고, 당사자의 권리 내지 기본권(일반적 행동의 자유 내지 거주·이전의 자유)을 중대하게 제한할 수 있다. 법무부장관의 입국금지결정을 상대방에게 개별적으로 통지하지 않아 행정처분으로서 효력이 발생하지 않았을 뿐, 행정행위 그 자체가 성립하지 않았다고 단정할 수 없다. 처분의 상대방에게 통지하는 절차가 누락되었음을 이유로 입국금지결정의 처분성을 부정하는 것은 성급하다.[17] 입국금지결정이 형식적·실체적 요건을 모두 갖추었는지 여부를 검토하는 것이 선행되어야 한다. 또한 대법원은 대상판례에서 원심이 인용한 판례(대법원 2013. 2. 28. 선고 2012두5992 판결)를 언급하면서, 입국금지결정이 공식적인 방법으로 외부에 표시되었을 뿐만 아니라 실질적인 내용이 강제퇴거명령에 해당하는 것이어서 처분에 해당한다고 본 사례라고 평가하고 있다. 이 사안은 대한민국에 입국한 외국인에 대하여 법무부장관이 입국금지결정을 통보한 것이라는 점에서 대상판례의 경우와 차이가 있는 것은 사실이다. 그러나 이러한 대법원의 입장은 법무부장관의 입국금지결정이 '통지'를 하는 경우에 처분이 될 수 있다는 것을 보여주는 것이다.

　　한편, 독일에서는 이러한 고지 내지 통지(Bekanntgabe)를 적법요건이 아니라 존재요건 (Existenzvoraussetzungen)에 해당하며, 이러한 통지가 없으면 행정행위가 없다고 보고 있다.[18] 이러한 통지는 관할 행정청이 상대방에게 공적인 방식으로 개별적으로 하는 것이 원칙이지만, 불특정다수인에게 하는 공지(Öffentliche Bekanntgabe)의 방식도 가능하다. 이러한 공지(公知)는 일반처분이나 50명 이상 송달해야 하는 계획확정절차 등의 경우를 비롯하여(행정절차법 제3항 제2문 및 제74조 제5항 참조), 문서에 의한 행정행위나 전자적 행정행위의 경우에도 공보나 일간신문, 또는 시청에서의 게시 등을 통해 이루어지고 있다(행정절차법 제41조 제4항). 특히 독일 행정절차법 제41조 제3항 제2문에서는 당사자에게 통지를 할 수 없는 일반처분의 경우에 공지를 하도록 규정하고 있다.

　　처분의 상대방 입장에는 법무부장관의 입국금지결정을 직접 다투는 것이 효과적이다. 공항에서 출입하면서 입국허가를 거부당하는 경우에 그 거부처분에 대해 행정소송을 제기하는 것이 현실적으로 쉽지 않다. 이러한 입국금지결정을 내부전산망만 입력하면 상대방은 이를 알 수 있는 방법이 없다. 그러한 점에서 법무부장관은 적어도 소재지의 파악이 가

---

16) Schmitt Glaeser/Horn, Verwaltungsprozeßrecht, 15. Aufl., S. 96.

17) 법무부장관의 입국금지결정은 이후의 입국거부(입국허가의 관인 거부)를 통해 외부적으로도 행정처분이 성립한 것으로 보고 있다(김중권, "유승준에 대한 대법원 판결 문제점에 관한 관견", 법률신문 2019. 7. 15.자 참조). 그러나 입국허가의 거부는 후술하는 바와 같이 별개의 행정처분으로 보는 것이 타당하다.

18) Maurer/Waldhoff, Allgemeines Verwaltungsrecht, 19. Aufl., § 9 Rn. 71.

능하거나 처분의 통지가 가능한 외국인에게 개별적으로 통지하는 절차를 마련하는 것이 필요하다. 따라서 법무부장관의 입국금지결정은 그 성질상 구체적인 사실에 관한 공권력 행사로서 국민의 권리·의무에 영향을 미치는 행정처분으로 보기에 충분하다. 그러나 이러한 입국금지결정이 행정처분으로서의 효력이 발생하기 위해서는 통지 또는 공지를 해야 한다. 전자적 방식으로 공지를 하는 방법도 강구할 필요가 있다. 독일 행정절차법 제41조 제2항 제2문에서 전자적 고지를 규정하고 있으나, 구체적 방식을 규정하지 않고 시점만 규정하고 있다. 그러나 이러한 전자적 고지는 공고의 특별한 경우로 보고 있다.[19]

3. 사증발급 거부처분의 위법성 판단

(1) 행정절차법의 적용 여부와 절차상 하자

대법원은 사증발급을 "외국인에게 대한민국에 입국할 권리를 부여하거나 입국을 보장하는 완전한 의미에서의 입국허가결정이 아니라, 외국인이 대한민국에 입국하기 위한 예비조건 내지 입국허가의 추천으로서의 성질을 가진다"고 보고 있다.[20] 유효한 사증은 입국허가의 중요한 전제요건이지만, 사증발급 또는 그 거부는 그 자체로 행정처분으로 파악하는 것이 타당하다. 사증발급 거부처분의 위법성 판단과 관련하여 행정절차법이 적용되는지 여부가 문제된다. 행정절차법 제3조 제2항 제9호에는 '외국인의 출입국·난민인정·귀화'에 관한 사항을 행정절차법의 적용제외대상으로 규정하고 있다. 대상판례에서는 외국인의 출입국에 관한 사항이라고 하여 행정절차를 거칠 필요가 당연히 부정되는 것은 아니라고 보고 있다. 이러한 사항이라고 하더라도 해당 행정작용의 성질상 행정절차를 거치기 곤란하거나 거칠 필요가 없다는 인정되는 사항이나 행정절차에 준하는 절차를 거친 사항으로서 행정절차법 시행령으로 정하는 사항에 대하여 행정절차법의 적용이 제외된다는 것이다.[21] 또한 대상판례에서는 외국인의 사증발급 신청거부가 당사자에게 의무를 부과하거나 적극적으로 권익을 제한하는 처분이 아니므로 행정절차법에서 정한 사전통지와 의견제출 기회 부여의 대상은 아니지만, 처분이유를 기재한 사증발급 거부처분서를 작성해 주지 않은 것은 문서에 의한 처분 방식을 규정한 행정절차법 제24조 제1항을 위반한 것이라고 보고 있다.

행정절차법 시행령 제2조 제2호에도 '외국인의 출입국·난민인정·귀화·국적회복에 관한 사항'을 행정절차법의 적용제외대상으로 규정하고 있을 뿐, 별도의 사항을 규정하고

---

19) Kopp/Ramsauer, VwVfG, 19. Aufl., § 41 Rn. 11a.

20) 대법원 2018. 5. 15. 선고 2014두42506 판결.

21) 이러한 입장을 밝힌 판례로는 대법원 2013. 1. 16. 선고 2011두30687 판결; 대법원 2018. 3. 13. 선고 2016 두33339 판결 등.

있지 않다. 수익적 행정처분의 발급 신청에 대한 거부도 역시 권익을 제한하는 처분에 해당한다. 또한 행정절차법 제21조 제1항에는 처분의 사전통지 대상을 "당사자에게 의무를 부과하거나 권익을 제한하는 처분을 하는 경우"라고 규정하고 있을 뿐, 적극적으로 권리를 제한하는 경우라고 제한하고 있지 않다. 소극적으로 권리를 제한하는 거부처분도 이러한 사전통지의 대상으로 볼 수 있다. 행정절차법의 처분 방식에 관한 규정만 적용된다는 논리는 타당하지 않다. 그러나 외국인의 출입국에 관한 사항은 '성질상 행정절차를 거치기 곤란한 경우'에 해당한다고 보아야 한다.

　이 사건 사증발급 거부 통지의 경우에 문서가 아닌 '전화'로 불허사실을 통지하였고, 그 사증발급 불허의 사유로 입국규제대상자에 해당한다는 점을 제시한 것이다. 이러한 전화에 의한 통지도 경우에 따라서는 허용될 수 있다. 독일에서는 통지에 관한 특별한 규정이 없거나 행정행위의 성질이나 특별한 상황 아래에서 요청되는 경우에는 상대방이나 대리인에 대한 '전화통지'도 가능하다고 보고 있다.[22] 또한 출입국관리법 시행규칙 제9조 제1항 제4호의 재외동포 체류기간 2년 이하의 사증발급에 대해서는 규정하고 있지 않다. 출입국관리법 시행규칙 제9조 제1항 제1호에는 법무부장관으로부터 사증발급권한을 위임받은 재외공관의 장이 소정의 사증발급에 대해 신청인에게 알려야 한다고 규정할 뿐, 그 형식을 명확히 규정하고 있지 않다. 전화로 사증발급 거부통지를 하였다고 하여 절차상 하자를 인정한 것은 지나치게 엄격하다.

　행정청이 처분을 하는 때에는 원칙적으로 당사자에게 근거와 이유를 제시하여야 한다(행정절차법 제23조 제1항). 그러나 대법원은 거부처분을 하면서 당사자가 그 근거를 알 수 있을 정도로 이유를 제시한 경우에는 처분의 근거와 이유를 구체적으로 명시하지 않았더라도 그로 인해 거부처분이 위법하다고 볼 수는 없다고 보고 있다.[23] 이러한 판례에 대해서는 비판의 여지도 있지만[24], 이에 의하면 처분의 위법을 곧바로 인정하기도 어렵다. 사증발급 거부의 이유에 대해서는 원고인 甲도 이미 자신이 입국금지 대상자라는 사실을 숙지하고 있다고 추정된다. 제1심 판결문에 의하면, 甲은 2002. 2. 2. 사증을 발급받지 못하고 인천공항에 도착하여 대한민국에 입국하려고 하였으나, 이 사건 입국금지조치로 인해 입국을 거부당한 뒤 미국에 귀국하였다. 또한 교제 중이던 소외인 B의 부친상 조문을 위해 사증발급을 신청하여, 법무부장관이 甲에 대한 입국금지를 임시로 해제함으로써 2003. 6. 26.부터 같은 달 27일까지 대한민국을 방문한 사실이 있다. 甲은 이러한 입국금지대상자에 대하여 출입국관리법 시행규칙 제9조의2 제2호에 따라 사증발급이 거부될 수 있다는

22) Kopp/Ramsauer, VwVfG, § 41 Rn. 11.
23) 대법원 2017. 8. 29. 선고 2016두44186 판결.
24) 이러한 판례의 경향에 대해 비판적인 견해로는 김철용, "처분의 근거·이유제시의 정도: 대법원 2002. 5. 17. 선고 200두8912 판결", 김철용(편), 행정절차와 행정소송, 406-407면.

점을 충분히 인식할 수 있다.

한편, 사증발급 거부처분에 대한 취소소송을 구하면서 입국금지결정의 하자승계를 허용할 것인지도 문제된다. 하자승계론에 의하면 입국금지결정의 처분성이 먼저 인정되어야 하고, 선행처분과 후행처분이 서로 하나의 효과를 목적으로 하여야 한다. 입금금지결정과 사증발급(거부)처분이 동일한 효과를 목적으로 하는 것으로 보기는 어렵다. 하자승계가 유래된 일본에서는 이를 '위법성의 승계'로 보고, 제소기간의 제한문제를 완화하거나 권리구제 확대를 위한 이론으로 이해하고 있다.25) 이러한 점에 비추어보면, 국내의 학설 및 판례에서 인정되는 하자승계론은 일본의 학설에 비해 엄격한 측면이 없지 않다. 입국금지결정과 사증발급거부처분 사이에 하자승계가 인정되지 않더라도 입국금지결정은 사증발급에 직접적인 영향을 미치며, 이러한 입국금지결정의 위법은 후행처분인 사증발급 거부처분의 위법을 구성할 수 있다. 실제 원고(甲)은 입국금지결정의 취소를 구할 기대가능성이나 예측가능성은 거의 없다. 국내의 학설 및 판례가 인정하는 하자승계론은 형식논리적인 측면이 없지 않다. 이러한 사례에서 원고의 권리구제를 위해 하자승계를 인정할 필요성이 있으며, 규준력론에 의하더라도 예측가능성이나 수인가능성이 없어 후행행위에 대한 선행행위의 구속력(규준력)은 차단된다.

(2) 재량권의 불행사에 해당하는지 여부

대상판례에서는 처분의 근거법령이 행정청에 처분의 요건과 효과 판단에 일정한 재량을 부여하였음에도 불구하고 행정청이 자신에게 재량권이 없다고 오인하여 비교형량을 하지 않은 채 처분을 한 것을 재량권 '불행사'라고 보고 있다. 출입국관리법 시행령 제11조 제2항에 의하면 재외동포(F4) 체류자격의 사증발급에 관한 권한을 법무부령으로 그 범위를 정하여 재외공관의 장에게 위임하고 있다. 즉 법무부장관은 행정절차법 제8조 제2항에 따라 [별표 1] 중 3. 일시취재(C-1)부터 5. 단기취업(C-4)까지, [별표 1의2] 중 4. 문화예술(D-1)부터 30. 기타(G-1)까지 또는 [별표 1의3] 영주(F-5)의 체류자격에 해당하는 사람에 대한 사증발급 권한(전자사증 발급권한은 제외한다)을 법무부령으로 그 범위를 정하여 재외공관의 장에게 위임하고 있다. 또한 출입국관리법 시행규칙 제9조 제1항 제5호에는 재외동포(F-4) 체류기간 2년 이하의 사증발급권한을 재외공관의 장에게 위임하고 있다. 같은 법 시행규칙 제9조의2 제2호에 의하면, 출입국관리법 제11조의 규정에 의한 입국금지 내지 입국거부의 대상에 해당하는지 여부를 심사·확인하도록 하고 있다.

대상판례는 법무부장관의 입국금지결정이 있거나 재외동포의 출입국과 법적 지위에 관한 법률(이하 '재외동포법'이라 한다) 제5조 제2항에서 정한 재외동포체류자격 부여 제외사

---

25) 예컨대 塩野 宏, 行政法 I, 제6판, 166면; 芝池義一, 行政救濟法講義, 第3版, 72면 참조.

유가 있는 경우에는 관할 행정청이 재외동포체류자격의 사증을 발급하지 않을 재량을 가진다고 보고 있다. 재외공관장의 사증발급은 일정한 경우에 거부될 수 있지만, 입국금지결정이 있거나 재외동포체류자격 부여 제외사유가 있는 사람에게 재외공관장이 사증을 발급하는 것은 매우 제한적이다. 재외동포법 제5조 제2항 제2호에 의하면, 법무부장관은 외국국적동포가 "대한민국의 안전보장, 질서유지, 공공복리, 외교관계 등 대한민국의 이익을 해칠 우려가 있는 경우"에는 재외동포체류자격을 부여하여서는 아니 된다. 재외공관의 장이 이러한 우려가 있다고 판단되는 사람에게 사증을 발급하려는 경우에는 법무부장관의 '승인'을 얻어야 한다(출입국관리법 시행규칙 제10조 제4호 참조). 대상판례에 의하면, 법무부장관은 출입국관리법 제11조 제1항 제3호, 제4호, 제8호에 근거하여 甲에 대한 입국금지결정을 하였다. 입국금지결정의 사유에 해당하는 "대한민국의 이익이나 공공의 안전을 해치는 행동을 할 염려가 있다고 인정할 만한 상당한 이유가 있는 사람"(제3호), "경제질서 또는 사회질서를 해치거나 선량한 풍속을 해치는 행동을 할 염려가 있다고 인정할 만한 상당한 이유가 있는 사람"(제4호) 등은 전형적인 '불확정개념'에 해당한다. 이와 같이 사증발급이나 그 거부와 관련된 재외공관의 장의 재량은 매우 제한적이며, 그 요건에 관한 판단은 행정권의 독자적 판단영역으로서 '판단여지' 내지 '평가특권'의 문제로 보아야 한다.[26] 이러한 영역은 법원의 사법심사가 상당히 제한될 수밖에 없다. 판례는 여전히 요건 부분의 판단도 재량행위로 판단하고 있으나, 독일에서는 판단여지를 개정된 행정절차법에 명문으로 인정하고 있다. 즉 독일 행정절차법 제35a조에는 완전자동화 행정행위(vollautomatisierter Verwaltungsakt)를 규정하면서, 재량이나 판단여지(Beurteilungsspielraum)가 없는 경우에 이러한 완전자동화 행정행위를 할 수 있다고 규정하고 있다. 이와 같이 독일에서는 오랜 논의를 거쳐 판단여지론이 입법화가 된 것이다.

한편, 대법원은 재외동포체류자격의 사증을 발급하지 않을 재량을 가진다고 보면서, 이러한 재량을 행사하지 않고 오로지 13년 7개월 전에 입국금지결정이 있었다는 것을 이유로 불허통지를 한 것이 위법하다고 보고 있다. 그러나 재외공관의 장은 이러한 입국금지결정을 할 권한이 없으며, 이를 변경할 권한을 위임받은 것도 아니다. 재외공관의 장은 법무부장관으로부터 사증발급에 관한 일부 권한을 위임받은 것뿐이다. 재외공관의 장이 법무부장관의 입국금지결정에 근거하여 사증발급의 불허처분을 하였다고 하더라도 이를 두

---

26) 판단여지와 재량행위의 구별실익이 없다고 보는 견해도 있다(김동희, 행정법 I, 제21판, 275면). 특히 이러한 견해는 제한적으로 판단여지가 인정되는 경우에 재판통제가 미치지 아니한다는 점에서 실질적으로 재량행위와 같다고 보고 있다. 그러나 전술한 바와 같이 양자는 법문의 구조에서 차이가 있을 뿐만 아니라, 사법통제에 있어서도 재량행위와는 구별된다. 구체적 사례에서 판단여지가 인정될 수 있는 영역에서 사법심사를 하는 경우에도 재량의 일탈·남용을 이유로 위법을 인정하기가 사실상 어렵다. 법원은 판단여지의 특성상 결과적으로 기각결정을 할 수밖에 없는 경우가 대부분이다.

고 재량권의 '불행사'로 보기는 어렵다. 나아가 출입국관리법 시행규칙 제10조 제4호에 따라 "대한민국의 안전보장, 질서유지, 공공복리, 외교관계 등 대한민국의 이익을 해칠 우려가 있는" 외국국적동포에 대한 사증의 발급을 위해 법무부장관의 승인을 받지 않은 것을 재량권의 불행사(해태)로 볼 수도 없다. 재외공관의 장은 이러한 입국금지결정의 변경을 신청할 권한도 없으며, 재외공관의 장은 사증발급의 신청인이 입국금지 대상자인지 여부를 심사·확인하고, 이에 해당할 경우에는 사증발급을 거부할 수 있을 뿐이다. 입국금지대상자임에도 불구하고 사증을 발급하는 것은 법령에 위반될 수 있고, 재외공관의 장은 법무부장관이 부여한 권한의 위임 범위를 일탈하게 되어 징계처분의 대상이 될 수 있다. 대상판례에서는 "처분으로 달성하려는 공익과 그로써 처분상대방이 입게 되는 불이익의 내용과 정도를 전혀 비교형량을 하지 않은 채 처분을 하였다"고 지적하고, 이를 근거로 재량권의 일탈·남용하여 해당 처분이 위법하다고 보고 있다. 그러나 이러한 형량은 계획재량에서 문제되는 법리이며, 재량권의 일탈·남용으로 판단할 사항이 아니다. 재량의 하자에는 재량의 유월(踰越) 내지 일탈, 재량의 불행사 내지 해태, 또는 재량의 남용(오용)이 있다.[27] 재량의 불행사는 행정청이 부주의나 태만으로 재량권을 전혀 사용하지 않는 경우를 의미한다. 그러나 이 사안에서 재외공관의 장이 재량권을 전혀 행사하지 않았거나 태만하였다고 단정하기는 어렵다.

4. 입국심사와 입국허가거부

입국금지결정의 대상자는 출입국관리공무원에 의한 입국심사를 통해 입국허가 여부가 결정된다. 출입국관리법 제12조 제1항에 의하면, 외국인이 입국하려는 경우에는 입국하는 출입국항에서 출입국관리공무원의 입국심사를 받아야 한다. 이 경우 출입국관리공무원은 입국심사를 함에 있어서 출입국관리법 제12조 제3항의 허가요건을 심사하고, 외국인이 그러한 요건을 충족하지 못하는 경우에는 허가를 거부할 수 있다(같은 조 제4항). 즉 출입국관리공무원은 첫째, 여권과 사증이 유효할 것, 둘째, 입국목적이 체류자격에 맞을 것, 셋째, 체류기간이 법무부령으로 정하는 바에 따라 정하여졌을 것, 그리고 마지막으로 제11조에 따른 입국의 금지 또는 거부의 대상이 아닐 것을 심사한다.

대상판례의 사건에서는 "(출입국관리법) 제11조에 따른 입국의 금지 또는 거부의 대상이 아닐 것"이라는 요건이 문제된다. 외국인이 출입국관리공무원의 입국심사를 받을 때에 이러한 요건을 충족하지 못하게 되는 경우에는 입국허가가 거부될 수 있다. 그러나 이러한 입국허가의 거부가 재량행위로 파악될 수 있는지가 문제된다. 출입국관리법 제12조 제3항

---

27) 이에 대해서는 Maurer/Waldhoff, a.a.O., § 7 Rn. 21.

에는 소정의 요건을 충족한 경우에는 "입국을 허가한다"라고 규정하고 있다. 이러한 요건을 충족하는 경우에 행정청은 원칙적으로 입국을 허가하여야 하나, 그 요건은 불확정개념으로 되어 있다. 이러한 요건을 충족한 경우에도 출입국관리공무원이 입국허가를 거부할 수 있는지가 문제될 수 있다. 예컨대 입국심사의 요건으로 "입국목적이 체류자격에 맞을 것"에 대한 심사를 하면서 입국허가를 거부하는 경우를 고려해 볼 수 있다. 이 경우는 입국심사의 요건을 충족하지 못하여 거부하는 것이다. 또한 대상판례에서 보는 바와 같이 입국금지의 대상자에 대해서는 입국허가를 거부할 수 있다. 법문에는 "입국을 허가하지 아니할 수 있다"고 하여 재량행위로 규정하고 있다. 그러나 입국금지대상자에 대해서는 입국허가를 결정하기가 어렵다. 출입국관리공무원은 법무부의 입국금지대상에 해당하는지 여부를 판단하고, 입국허가를 거부하는 것이 일반적이다. 대통령령으로 제정된 법무부의 직제규정에 의하면, 이러한 외국인의 출입국 심사는 출입국·외국인청 및 출입국·외국인 사무소의 소관사항이다(법무부와 그 소속기관 직제 제48조 제1항 제1호). 행정청의 입국허가 거부결정은 행정처분에 해당하며, 입국금지결정의 효력발생요건이 아니라 그 자체가 독립한 행정행위(행정처분)라고 보아야 한다.

5. 취소판결의 기속력과 재처분

파기환송 후 대법원의 최종 판결을 지켜보아야 하겠지만, 사증발급 거부처분에 대한 취소판결이 내려진 경우에 행정청이 절차상 하자를 치유하여 다시 동일한 사증발급을 불허할 수 있는지 문제된다. 대상판결에서는 절차상 하자 외에 재량의 불행사를 이유로 실체적 위법성을 인정하고 있기 때문이다. 이러한 취소판결의 기속력은 법무부장관의 입국금지결정에 미치지 아니한다. 확정판결은 소송당사자와 관계행정청이 판결의 취지에 따라 행동할 실체법적 의무를 발생시킨다. 이를 판결의 '기속력'이라고 한다. 행정소송법 제30조에도 "처분등을 취소하는 확정판결은 그 사건에 관하여 당사자인 행정청과 그 밖의 관계행정청을 기속한다"고 규정하고 있다. 기속력의 법적 성질에 대하여 기판력설과 특수효력설이 대립하고 있으나, 다수설은 '특수효력설'로 이해하고 있다.[28] 종전의 판례 중에는 '기속력'의 문제를 '기판력'으로 보는 경우도 있었다.[29] 그러나 대법원은 최근 감차명령처분취소 사건에서 기속력과 기판력을 명확히 구별하면서, 행정소송법 제30조 제1항을 기속력의 문제로 보고 있다.[30] 기판력은 당사자와 법원을 모두 구속하지만, 기속력은 행정청과 관계

---

28) 김도창, 일반행정법론(상), 818면; 이상규, 전게서(상), 884면.

29) 대법원 1962. 3. 15. 선고 4294행상131 판결; 대법원 1982. 5. 11. 선고 80누104 판결.

30) "취소 확정판결의 '기속력'은 취소 청구가 인용된 판결에서 인정되는 것으로서 당사자인 행정청과 그 밖의 관계행정청에게 확정판결의 취지에 따라 행동하여야 할 의무를 지우는 작용을 한다. 이에 비하여 행

행정청을 구속한다.

　　이러한 기속력의 효력에는 반복금지효(저촉금지효)가 인정된다. 동일한 사실관계에서 동일한 당사자에게 동일한 내용의 처분을 하여서는 아니된다. 이를 위반한 처분은 기속력에 반하여 당연무효이다.[31] 그 사실관계의 동일성 여부는 종전 처분에 관하여 위법으로 판단한 사유와 기본적 사실관계의 동일성이 있는지 여부이다. 거부처분의 사유를 명시적으로 밝히고 있지는 않지만, 사실관계에서 언급된 바와 같이 乙이 밝힌 사증발급 거부처분의 사유는 2002년 원고 甲에 대한 입국금지결정이다. 따라서 확정판결에서 위법으로 판단된 종전의 처분사유와 동일한 사유로 거부처분을 다시 해서는 아니 되지만, 새로운 처분사유를 근거로 다시 거부처분을 할 수 있음은 물론이다.[32] 다만, 실체적 위법성에 관한 문제에서 행정청이 자신의 재량권을 행사하더라도 동일한 거부결정에 이르는 경우가 있다. 법무부장관의 입국금지결정이 취소 또는 변경되지 않는 한, 재외공관의 장이 다른 결정(사증발급처분)을 내리기는 사실상 어렵다. 재처분의무에 있어서 행정청의 독자적 판단권(행정재량, 계획재량, 또는 판단여지)이 인정되는 경우에는 유연한 판단이 필요하다. 재량의 흠결이나 해태의 경우에도 다시 주의를 기울여 신중히 재량권을 행사하는 경우, 흠결된 형량의 요소를 고려한 경우에도 거부처분을 내릴 수밖에 없는 경우가 있다. 이러한 경우에는 종전 처분과 같은 거부처분이라고 하더라도 취소판결의 기속력에 반한다고 볼 수 없다.[33]

　　거부처분에 대한 취소판결의 기속력과 관련하여 가장 문제가 되는 것은 '재처분의무'이다. 이는 거부처분에 대한 적극적 처분의무와 관련된 것이다. 거부처분의 취소판결이 확정되면 당해 거부처분을 한 행정청은 판결의 취지에 따라 원래의 신청에 대한 처분을 하여야 할 의무를 진다(행정소송법 제30조 제2항). 행정소송법에서는 직접적인 의무이행소송을 인정하고 있지 않으나, 적극적 처분의무를 이행하지 않는 경우에는 판결의 기속력을 통해 적극적 처분의무를 간접적으로 강제하고 있다(행정소송법 제34조 참조). 그러나 원고의 신청대로 원고가 신청한 처분을 하여야 하는 것은 아니다. 판례는 처분시설을 따르고 있으므로 종전의 처분 후에 발생한 새로운 사유를 이유로 다시 거부처분을 할 수는 있으며, 처분 당시에 이미 존재하던 사실도 확정판결에서 위법으로 인정된 처분사유와 다른 경우에는 이를 근거로 거부처분을 할 수 있다.[34] 또한 처분의 절차상 위법을 이유로 한 취소판결이 확

정소송법 제8조 제2항에 의하여 행정소송에 준용되는 민사소송법 제216조, 제218조가 규정하고 있는 '기판력'이란 기판력 있는 전소 판결의 소송물과 동일한 후소를 허용하지 않음과 동시에, 후소의 소송물이 전소의 소송물과 동일하지는 않더라도 전소의 소송물에 관한 판단이 후소의 선결문제가 되거나 모순관계에 있을 때에는 후소에서 전소 판결의 판단과 다른 주장을 하는 것을 허용하지 않는 작용을 한다." (대법원 2016. 3. 24. 선고 2015두48235 판결)

31) 대법원 1990. 12. 11. 선고 90누3560 판결.

32) 김중권, 행정법, 제3판, 809면; 법원행정처, 법원실무제요(행정), 2016, 387면.

33) 정남철, 행정구제의 기본원리, 제1전정판, 17면 참조.

정된 때에는 적법한 절차에 따라 이전의 신청에 대한 처분을 다시 하여야 한다(행정소송법 제30조 제3항). 판례는 과세처분이 절차상 하자로 취소된 경우 그 하자를 보완하여 다시 새로운 과세처분을 할 수 있으며, 이러한 과세처분은 확정판결에 의해 취소된 종전의 확정판결과는 별개의 처분이라고 판시하고 있다.[35] 따라서 재외공관의 장이 절차상 하자를 치유하여 다시 거부처분을 할 수 있다. 취소판결의 입장과 같이 문서로서 사증거부의 통지를 하되, 거부처분의 사유를 밝혀 거부처분을 할 수 있음은 물론이다.

Ⅳ. 맺음말

대상판례는 기본권 제한의 정도가 중한 법무부장관의 입국금지결정에 대해서는 처분성 그 자체를 부정하면서도 단순히 구두로 통보한 사증발급 거부에 대해서는 처분을 인정한 후 문서형식이 아니라는 이유로 행정절차법 제24조 제1항을 위반한 하자가 있다고 판단하고 있다. 그러나 대상판례는 행정행위의 성립요건과 효력발생요건의 구별을 간과하고 있으며, 입국금지결정을 행정규칙의 하나인 지시로 파악한 것은 타당하지 않다. 법무부장관의 입국금지결정은 사실상 당사자의 권리 내지 기본권(일반적 행동의 자유 내지 거주·이전의 자유)을 중대하게 제한하며, 이후의 사증발급이나 입국심사의 허가 등에 직접적인 영향을 미칠 수 있다. 법무부장관의 입국금지결정을 그대로 둔 채 사증발급신청을 하거나 입국허가를 받기는 사실상 불가능하다. 따라서 법무부장관의 입국금지결정에 대해 처분성을 인정하고 이를 직접 다투도록 이론구성을 하는 것이 바람직하다. 출입국항에서 입국허가를 거부당하는 경우에 그 거부처분에 대해 행정소송으로 다투는 것이 현실적으로 쉽지 않다. 따라서 법무부장관은 적어도 소재지의 파악이 가능하거나 처분의 통지가 가능한 외국인에게 입국금지결정을 개별적으로 통지하는 절차를 마련하거나, 사생활보호나 개인정보보호 등을 고려하면서 입국금지결정의 공지절차를 마련해야 한다.

대상판례에서 사증발급 거부처분의 형식적 요건을 엄격히 판단하고 있는 점은 절차적 기본권의 강화 차원에서 충분히 수긍할 수 있다. 그러나 사증발급 거부에 행정절차법을 그대로 적용하기 어려운 점이 있고, 처분의 문서형식에 관한 행정절차법의 규정을 적용하는

---

34) 법원행정처, 전게서, 389면.

35) "과세의 절차 내지 형식에 위법이 있어 과세처분을 취소하는 판결이 확정되었을 때는 그 확정판결의 기판력은 거기에 적시된 절차내지 형식의 위법사유에 한하여 미치는 것이므로 과세관청은 그 위법사유를 보완하여 다시 새로운 과세처분을 할 수 있고 그 새로운 과세처분은 확정판결에 의하여 취소된 종전의 과세처분과는 별개의 처분이라 할 것이어서 확정판결의 기판력에 저촉되는 것이 아니다."(대법원 1987. 2. 10. 선고 86누91 판결)

것은 지나친 측면도 있다. 다만, 향후 외무행정의 실무에 있어서도 사증발급 거부처분에 관한 절차적 요건을 준수하는 방향으로 정비하는 것이 바람직하다. 주소나 소재지가 확인되는 해외동포에 대해서는 사증발급이나 그 거부에 대해 문서로 통지하고, 그 거부시에 거부의 사유도 명확히 밝히도록 하는 것이 바람직하다. 기왕에 행정절차법을 적용해야 한다면 의견제출의 기회도 보장하여야 한다. 이 사건과 같이 13년 7개월 전의 입국금지결정에 대해 소명을 하거나 이의를 제기할 수 있는 기회를 원천적으로 배제하는 것은 당사자에게 지나치게 가혹하다. 대상판례에서 실체적 위법성의 판단은 재고의 여지가 있다. 입국금지대상자에 대해 재외공관의 장이 이를 달리 판단할 재량권이 있다고 보기 어렵다. 또한 재외공관의 장이 이를 달리 판단할 수 있는 요소를 고려하지 않았다고 하여 이를 재량권의 불행사(해태)로 판단한 것은 타당하지 않다. 대법원 판례에서는 행정처분에 대한 명확한 판단기준이 아직 확립되어 있지 않다. 독일의 대표적인 행정법학자인 슈미트 아쓰만(Schmidt-Aßmann) 교수의 적절한 지적처럼, 행정법의 발전은 "행정법 도그마틱 (verwaltungsrechtliche Dogmatik)의 개혁"에서 시작되어야 한다.36) 일본의 행정법학에서 유래된 '처분' 개념은 강학상 '행정행위'와 달리 이론적으로나 실무적으로 적지 않은 혼란을 가져다 주고 있다. 향후 행정처분의 위법성 판단과 관련된 대법원 판례의 변화를 기대해 본다.

---

36) Schmidt-Aßmann, Verwaltungsrechtliche Dogmatik, 2013, S. 3.

공공조달계약에서
부당특약 관련판례에 대한 고찰*

김대인**

I. 서론

「국가를 당사자로 하는 계약에 관한 법률」(이하 국가계약법)에 기반한 공공조달계약에서 계약금액을 고정하는 특약을 포함시킨 경우 국가계약법령에 위반하는 것이어서 그 특약의 효력을 부정하여야 하는지에 관하여 분쟁이 계속되었고, 하급심의 판단도 엇갈려왔다.[1] 이에 대해 대법원 전원합의체에서는 계약금액조정에 관한 국가계약법령 규정[2]은 강행규정이 아니고, 사적 자치에 입각하여 물가변동 계약금액조정을 배제하는 특약을 하는 것은 가능하다는 판결을 내린 바 있다.[3]

위와 같은 대법원의 태도는 국가계약법에 기반한 공공조달계약의 법적 성질을 사법상 계약으로 이해하고, 국가계약법령을 국가의 내부규정으로 이해하는 전통적인 태도[4]를 일관되게 적용한 것으로 볼 수 있다. 문제는 위와 같은 대법원의 태도가 원래의 의도와는 달리 오히려 국가우월주의적인 행태를 정당화하는 논리로 연결될 수 있다는 점이다. 실제로 위 전원합의체 판결로 인해 현저한 환율상승에도 불구하고 이것이 계약금액조정으로 반영

---

* 이 글은 필자의 "공공조달계약과 공익 — 계약변경의 한계에 관한 우리나라와 독일법제의 비교를 중심으로 —", 행정판례연구 제22-2집, 2017; "공공건설계약의 법적 성질— 대법원 2017. 12. 21. 선고 2012다74076 전원합의체 판결에 대한 평석 —", 건설정책저널 통권 제29호, 2018; "국가연구개발협약과 공·사법구별 — 대법원 2017. 11. 9. 선고 2015다215526 판결에 대한 평석 —", 서울법학 제26권 제2호, 2018 등의 내용을 종합적으로 정리한 것이다.

** 이화여자대학교 법학전문대학원 교수

1) 법무법인 율촌, "물가변동 계약금액조정 배제특약의 효력", 부동산건설 Legal Update 2017. 12, 3면.

2) 국가계약법 제19조(물가변동 등에 따른 계약금액 조정) 각 중앙관서의 장 또는 계약담당공무원은 공사계약·제조계약·용역계약 또는 그 밖에 국고의 부담이 되는 계약을 체결한 다음 물가변동, 설계변경, 그 밖에 계약내용의 변경으로 인하여 계약금액을 조정할 필요가 있을 때에는 대통령령으로 정하는 바에 따라 그 계약금액을 조정한다.

3) 대법원 2017. 12. 21. 선고 2012다74076 전원합의체 판결

4) 대법원 2001. 12. 11. 선고 2001다33604 판결.

되지 못하여 사업자에게 손실이 발생한 바 있다.

　　이러한 문제의식하에 이 글에서는 계약금액조정에 관한 위 대법원 판례를 대상으로 하여 세 가지 논점을 집중적으로 살펴보려고 한다. 첫째, 대법원은 공공조달계약의 법적 성질을 '사법상의 계약'으로 이해하는 전제하에 서 있는데, 이러한 태도가 과연 타당한가 하는 점이다. 둘째, 국가계약법 제19조의 계약금액조정규정의 법적 성질을 강행규정으로 이해할 것인지, 아니면 당사자의 합의에 의해서 배제가 가능한 임의규정으로 이해할 것인지 하는 점이다. 셋째, 국가계약법 제5조 제3항5)에서는 "각 중앙관서의 장 또는 계약담당 공무원은 계약을 체결할 때 이 법 및 관계 법령에 규정된 계약상대자의 계약상 이익을 부당하게 제한하는 특약 또는 조건을 정해서는 아니 된다."고 규정하고 있는데 이 규정의 의미를 어떻게 이해할 것인지 하는 점이다.

　　이하에서는 계약금액조정과 관련한 판례의 내용을 우선적으로 살펴보고(II), 이어서 위 세 가지 논점을 차례로 살펴보도록 한다(III, IV, V). 마지막으로 이상에서의 논의를 바탕으로 일정한 결론을 제시해보도록 한다(VI).

II. 계약금액조정과 관련한 판례의 내용

1. 사실관계

　　A사6)는 2007. 4. 16. 아산배방지구 집단에너지시설 건설공사를 도급받기로 하는 이 사건 도급계약을 한국토지주택공사(이하 LH공사)와 체결하였다. 이 사건 도급계약에는 "입찰예정금액 중 국외업체와 계약하는 부분(이하 국외공급분)과 관련된 금액은 계약기간 중의 물가변동을 고려한 금액으로서 물가조정으로 인한 계약금액 조정이 필요하지 아니한 고정 불변금액이므로, 입찰자는 입찰 전에 전 계약기간 동안 발생할 수 있는 물가변동(환율변동 등)을 감안하여 입찰금액을 작성하여야 하고, 국외공급분의 계약금액 고정에 대하여 민·형사상 이의를 제기할 수 없다."라는 특약(이하 계약금액변동금지특약)이 포함되었다. 위와 같은 내용은 이 사건 도급계약 체결 6개월 전에 개최된 현장설명회에서 A사를 비롯한 입찰 참가업체에 배부된 입찰안내서에도 동일하게 기재되어 있었다.

　　A사는 이 사건 도급계약을 체결한 이후 계약의 이행을 위해서 2007. 6.경 국외업체인 지멘스(SIEMENS)로부터 가스터빈을 매수하고 매매대금으로 스웨덴화 274,530,117크로나를

---

5) 이 사건 대법원 판결 당시에는 국가계약법 시행령 제4조에서 유사한 규정을 두고 있었다.
6) A사는 장기간의 대형설비공사에 관한 계약을 체결한 경험이 많은 1군 건설업체이다.

지급하였고, 2008. 1.경 국외업체인 에스.엔.엠(S. N. M)으로부터 스팀터빈을 매수하고 매매대금으로 일본화 623,278,000엔을 지급하였다. 2008년 발생한 세계적인 금융위기로 환율이 상승하자 A사는 LH공사에게 2009. 5. 7. 이 사건 도급계약의 계약금액 조정을 요청하였으나 이 사건 특약을 이유로 거절당하였다. 그러자 A사는 환율상승으로 인한 금액변동분에 대해서 LH공사를 상대로 부당이득반환청구소송을 제기하였다.

2. 대법원의 판시내용7)

위 사건에 대해서 1심과 원심은 모두 이 사건 특약의 효력을 인정하면서 원고(A사)의 청구를 기각하였다. 대법원 역시 원심판결을 유지하면서 원고의 상고를 기각하였다. 대법원 전원합의체판결에서는 다수의견과 반대의견이 나뉘었는데 그 요지는 다음과 같다.

(1) 다수의견

국가를 당사자로 하는 계약이나 공공기관의 운영에 관한 법률의 적용 대상인 공기업이 일방 당사자가 되는 계약(이하 편의상 '공공계약'이라 한다)은 국가 또는 공기업(이하 '국가 등'이라 한다)이 사경제의 주체로서 상대방과 대등한 지위에서 체결하는 사법(私法)상의 계약으로서 본질적인 내용은 사인 간의 계약과 다를 바가 없으므로, 법령에 특별한 정함이 있는 경우를 제외하고는 서로 대등한 입장에서 당사자의 합의에 따라 계약을 체결하여야 하고 당사자는 계약의 내용을 신의성실의 원칙에 따라 이행하여야 하는 등 사적 자치와 계약자유의 원칙을 비롯한 사법의 원리가 원칙적으로 적용된다.

한편 국가계약법상 물가의 변동으로 인한 계약금액 조정 규정은 계약상대자가 계약 당시에 예측하지 못한 물가의 변동으로 계약이행을 포기하거나 그 내용에 따른 의무를 제대로 이행하지 못하여 공공계약의 목적 달성에 지장이 초래되는 것을 막기 위한 것이다. 이와 더불어 세금을 재원으로 하는 공공계약의 특성상 계약 체결 후 일정 기간이 지난 시점에서 계약금액을 구성하는 각종 품목 또는 비목의 가격이 급격하게 상승하거나 하락한 경우 계약담당자 등으로 하여금 계약금액을 조정하는 내용을 공공계약에 반영하게 함으로써 예산 낭비를 방지하고 계약상대자에게 부당하게 이익이나 불이익을 주지 않으려는 뜻도 있다.

따라서 계약담당자 등은 위 규정의 취지에 배치되지 않는 한 개별 계약의 구체적 특성, 계약이행에 필요한 물품의 가격 추이 및 수급 상황, 환율 변동의 위험성, 정책적 필요성, 경제적 변동에 따른 위험의 합리적 분배 등을 고려하여 계약상대자와 물가변동에 따른

---

7) 대법원 2017. 12. 21. 선고 2012다74076 전원합의체 판결

계약금액 조정 조항의 적용을 배제하는 합의를 할 수 있다. 계약금액을 구성하는 각종 품목 등의 가격은 상승할 수도 있지만 하락할 수도 있는데, 공공계약에서 위 조항의 적용을 배제하는 특약을 한 후 계약상대자가 이를 신뢰하고 환 헤징(hedging) 등 물가변동의 위험을 회피하려고 조치하였음에도 이후 물가 하락을 이유로 국가 등이 계약금액의 감액조정을 요구한다면 오히려 계약상대자가 예상하지 못한 손실을 입을 수 있는 점에 비추어도 그러하다.

위와 같은 공공계약의 성격, 국가계약법령상 물가변동으로 인한 계약금액 조정 규정의 내용과 입법 취지 등을 고려할 때, 위 규정은 국가 등이 사인과의 계약관계를 공정하고 합리적·효율적으로 처리할 수 있도록 계약담당자 등이 지켜야 할 사항을 규정한 데에 그칠 뿐이고, 국가 등이 계약상대자와의 합의에 기초하여 계약당사자 사이에만 효력이 있는 특수조건 등을 부가하는 것을 금지하거나 제한하는 것이라고 할 수 없으며, 사적 자치와 계약자유의 원칙상 그러한 계약 내용이나 조치의 효력을 함부로 부인할 것이 아니다.

다만 국가계약법 시행령 제4조는 "계약담당공무원은 계약을 체결함에 있어서 국가계약법령 및 관계 법령에 규정된 계약상대자의 계약상 이익을 부당하게 제한하는 특약 또는 조건을 정하여서는 아니 된다"고 규정하고 있으므로, 공공계약에서 계약상대자의 계약상 이익을 부당하게 제한하는 특약은 효력이 없다. 여기서 어떠한 특약이 계약상대자의 계약상 이익을 부당하게 제한하는 것으로서 국가계약법 시행령 제4조에 위배되어 효력이 없다고 하기 위해서는 그 특약이 계약상대자에게 다소 불이익하다는 점만으로는 부족하고, 국가 등이 계약상대자의 정당한 이익과 합리적인 기대에 반하여 형평에 어긋나는 특약을 정함으로써 계약상대자에게 부당하게 불이익을 주었다는 점이 인정되어야 한다. 그리고 계약상대자의 계약상 이익을 부당하게 제한하는 특약인지는 그 특약에 의하여 계약상대자에게 생길 수 있는 불이익의 내용과 정도, 불이익 발생의 가능성, 전체 계약에 미치는 영향, 당사자들 사이의 계약체결과정, 관계 법령의 규정 등 모든 사정을 종합하여 판단하여야 한다.

    (2) 반대의견

국가계약법령은 물가변동이나 환율변동에 따른 계약금액 조정의 요건과 효과에 관하여 명확한 규정을 두고 있다. 공공계약 체결 후 계약금액을 구성하는 각종 품목 등의 가격이 물가변동이나 환율변동으로 급격하게 상승하면, 상대방이 경제적 어려움으로 계약의 이행을 중단·포기하여 계약의 목적을 달성할 수 없거나 계약을 부실하게 이행할 우려가 있다. 반면 물가변동이나 환율변동으로 위와 같은 품목 등의 가격이 급격하게 하락하면, 세금을 재원으로 하는 공공계약의 특성상 국가나 공공기관의 예산이 불필요하게 과다 집행될 수 있다. 물가변동이나 환율변동으로 인해 계약을 통해서 달성하고자 하는 목적이 좌절

되거나 더 큰 사회적 비용이 들지 않도록 하고 적정 예산이 집행되도록 하려는 공익적 목적을 달성하기 위하여 계약담당공무원에게 계약 체결 후 일정 기간이 지난 시점에서 계약금액을 구성하는 각종 품목 등의 가격 변동을 반영하여 계약금액을 조정하는 의무를 부과하는 규정이 도입된 것이다.

공공계약을 체결할 당시에 약정으로 물가변동이나 환율변동으로 인한 위험을 미리 배분하는 것이 효율적인 경우도 있을 수 있다. 그러나 국가계약법 제19조는 그러한 약정을 허용하는 것보다 조정을 강제하는 것이 바람직하다는 입법적 선택을 한 것이다. 이러한 입법이 헌법에 반한다거나 감당할 수 없이 부당한 극히 예외적인 상황이 아니라면 국가와 그 상대방은 이에 따라야 한다.

이 규정에 따른 계약금액 조정은 '물가의 변동이나 환율변동으로 인하여 계약금액을 조정할 필요가 있을 때'라는 법률요건을 충족한 경우에 한하여 적용되고 그 요건에 관해서는 법률의 위임에 따라 시행령과 시행규칙에서 구체적으로 명확하게 규정하고 있다. 따라서 위 요건의 해석·적용과 시행령과 시행규칙에 있는 세부적인 규율을 통하여 계약금액 조정을 둘러싼 부당한 결과를 회피할 수 있는 장치가 마련되어 있다.

이러한 규정은 공공계약에 대하여 사적 자치와 계약 자유의 원칙을 제한하는 것으로서 강행규정 또는 효력규정에 해당한다. 따라서 공공계약의 당사자인 국가와 그 상대방은 공공계약 체결 이후 물가변동이나 환율변동에 따른 손실의 위험을 공정하고 형평에 맞게 배분하기 위하여 계약금액을 조정하여야 하고, 이를 배제하는 약정은 효력이 없다.

이러한 결론은 법 규정의 문언에서 명백하게 드러나 있을 뿐만 아니라, 공공계약과 국가계약법의 성격, 입법 경위에서 알 수 있는 입법자의 의사, 법 규정의 체계와 목적 등에 비추어 보아도 타당하다.

Ⅲ. 공공조달계약의 법적 성질

1. 판례의 태도

공공건설계약은 국가와 같은 공공주체가 필요로 하는 물품, 서비스, 공사를 조달하는 공공조달계약(public procurement contract)의 한 종류라고 할 수 있다. 공공조달계약에 적용되는 기본법으로는 국가계약법, 「지방자치단체를 당사자로 하는 계약에 관한 법률」 등을 들 수 있는데 이들 법에 따른 공공조달계약은 민법의 원리가 원칙적으로 적용되는 '사법상 계약'으로 보는 것이 전통적인 판례이다.[8]

반면에 대법원은 국가계약법 이외에 과학기술기본법과 같은 개별법령이 중첩적으로 적용되는 경우에는 해당 개별법령의 내용을 검토하여 '공법상 계약'으로서의 성격을 인정하는 태도9)를 취하고 있다. 대법원은 국책사업인 '한국형 헬기 개발사업'에 개발주관사업자 중 하나로 참여하여 국가 산하 중앙행정기관인 방위사업청과 '한국형헬기 민군겸용 핵심구성품 개발협약'을 체결한 갑 주식회사가 협약을 이행하는 과정에서 환율변동 및 물가상승 등 외부적 요인 때문에 협약금액을 초과하는 비용이 발생하였다고 주장하면서 국가를 상대로 초과비용의 지급을 구하는 민사소송을 제기한 사안에서 다음과 같이 판시한 바 있다.

"과학기술기본법 제11조, 구 국가연구개발사업의 관리 등에 관한 규정(2010. 8. 11. 대통령령 제22328호로 전부 개정되기 전의 것) 제2조 제1호, 제7호, 제7조 제1항, 제10조, 제15조, 제20조, 항공우주산업개발 촉진법 제4조 제1항 제2호, 제2항, 제3항 등의 입법 취지와 규정 내용, 위 협약에서 국가는 갑 회사에 '대가'를 지급한다고 규정하고 있으나 이는 국가연구개발사업규정에 근거하여 국가가 갑 회사에 연구경비로 지급하는 출연금을 지칭하는 데 다름 아닌 점, 위 협약에 정한 협약금액은 정부의 연구개발비 출연금과 참여기업의 투자금 등으로 구성되는데 위 협약 특수조건에 의하여 참여기업이 물가상승 등을 이유로 국가에 협약금액의 증액을 내용으로 하는 협약변경을 구하는 것은 실질적으로 KHP사업에 대한 정부출연금의 증액을 요구하는 것으로 이에 대하여는 국가의 승인을 얻도록 되어 있는 점, 위 협약은 정부와 민간이 공동으로 한국형헬기 민·군 겸용 핵심구성품을 개발하여 기술에 대한 권리는 방위사업이라는 점을 감안하여 국가에 귀속시키되 장차 기술사용권을 갑 회사에 이전하여 군용 헬기를 제작·납품하게 하거나 또는 민간 헬기의 독자적 생산기반을 확보하려는 데 있는 점, KHP사업의 참여기업인 갑 회사로서도 민·군 겸용 핵심구성품 개발사업에 참여하여 기술력을 확보함으로써 향후 군용 헬기 양산 또는 민간 헬기 생산에서 유리한 지위를 확보할 수 있게 된다는 점 등을 종합하면, 국가연구개발사업규정에 근거하여 국가 산하 중앙행정기관의 장과 참여기업인 갑 회사가 체결한 위 협약의 법률관계는 공법관계에 해당하므로 이에 관한 분쟁은 행정소송으로 제기하여야 한다."(대법원 2017. 11. 9. 선고 2015다215526 판결)

위 사안에서 체결된 협약은 국가계약법, 과학기술기본법, 「항공우주산업개발 촉진법」

---

8) 대법원 1996. 4. 26. 선고 95다11436 판결; 대법원 2016. 6. 10. 선고 2014다200763,200770 판결 등.
9) 예를 들어 중소기업 정보화지원사업에 따른 지원금 출연을 위하여 중소기업청장이 체결하는 협약을 공법상 계약으로 본 사례로 대법원 2015. 8. 27. 선고 2015두41449 판결 참조.

등이 중첩적으로 적용되는 공공조달계약에 관한 사안이었는데, 이에 대해서 공법상 계약으로서의 성격을 인정하였다. 공공조달계약에 관한 전통적인 견해와는 달리 대법원이 이 사안에서 공법상 계약으로서의 성격을 인정한 이유는 과학기술기본법, 항공우주산업개발촉진법에서 국가의 승인 등 공법적 성격의 규정들을 두고 있기 때문이었다.[10]

위 판례와 관련하여 살펴볼 또 다른 판례로 기술개발협약에서 특허권의 귀속의무 불이행에 따른 손해배상청구권이 문제된 사례를 들 수 있다. 이 사건에서 대법원은 갑 연구소가 구 민·군겸용기술사업촉진법에서 정한 민·군겸용기술개발사업의 하나로 을 주식회사와 후·박막공정을 이용한 저 자가방전 초소형 전지 개발을 위한 민·군겸용기술개발과제 협약(응용연구단계)을 체결한 후, 을 회사를 상대로 위 협약에 기한 특허권 지분의 귀속의무 불이행을 원인으로 하는 손해배상을 구한 사안에서, "위 협약에 따른 특허권 지분의 귀속의무 불이행에 따른 손해배상청구권의 존부 및 범위는 민사법률관계에 해당하므로 이를 소송물로 다투는 소송은 민사소송에 해당하는 것으로 보아야 하고, 위 소송에 대한 심리·판단은 특허권 등의 지식재산권에 관한 전문적인 지식이나 기술에 대한 이해가 필요한 소송으로 민사소송법 제24조 제2항이 규정하는 특허권 등의 지식재산권에 관한 소로 보아야 하므로, 2015. 12. 1. 법률 제13522호로 개정된 법원조직법 시행일 전에 소가 제기되어 시행일 이후에 제1심판결이 선고된 위 사건에 대한 항소사건은 특허법원의 전속관할에 속한다"고 판시하였다.[11]

위 판례에 대해서는 다음과 같은 평가가 있다. 위 판례는 당해 사안에서 행정소송(당사자소송)의 관할집중 필요성보다 특허권 등 지식재산권 소송의 관할집중 필요성이 더 크다고 본 것으로 평가할 수 있다는 것이다. 이러한 결론을 도출하기 위해, '공법상 계약 => 당사자소송 대상'의 판단기준을 취하지 않고, 하나의 계약에 공법적 요소와 사법적 요소가 혼재되어 있는 상황에서 계약의 법적 성격이 '공법상 계약인지 사법상 계약인지'에 관하여 판단하지 아니한 채, 당해 청구가 협약에 포함된 공법적 법률관계에 영향을 받지 않는다는 사정을 근거로 민사소송의 대상으로 보았다는 것이다.[12]

2. 행정주체가 체결하는 계약에 관한 판례의 비판적 검토

국가가 체결하는 계약 또는 협약에 관한 위의 판례들을 종합적으로 보면 1) 국가계약

---

10) 이 판례에 대한 상세한 평석으로 김대인, "국가연구개발협약과 공·사법구별 – 대법원 2017. 11. 9. 선고 2015다215526 판결에 대한 평석 –", 서울법학 제26권 제2호, 2018 참조.

11) 대법원 2019. 4. 10. 자 2017마6337 결정

12) 허이훈, "행정계약 관련 분쟁의 소송형식 – 공법상 당사자소송과 민사소송의 구별을 중심으로 –", 강원법학 제59호, 2020, 381면.

법만이 적용되는 공공조달계약에 대해서는 '사법상 계약'으로 보고, 2) 국가계약법 이외에 과학기술기본법과 같은 개별법령이 중첩적으로 적용되는 경우에는 분쟁의 대상이 된 쟁점에 따라 공법상 계약으로의 인정여부를 개별적으로 판단하는 태도를 취하고 있는 것으로 보인다. 그러나 이처럼 1)과 2) 유형을 구분하여 판단하고 있는 대법원의 태도는 다음과 같은 점에서 타당하다고 보기 힘들다.

첫째, 위 두 가지 유형은 엄밀하게 구분되기 힘들다. 특히 국가계약법만이 순수하게 적용되는 사례는 현실에는 찾아보기가 힘들다. 방위산업과 관련한 조달의 경우 국가계약법 및 「방위사업법」이 중첩적으로 적용되며, 중소기업으로부터의 조달의 경우에는 「중소기업제품 구매촉진 및 판로지원에 관한 법률」, 공사(건설)와 관련된 조달의 경우에는 건설산업기본법 등이 중첩적으로 적용된다. 그리고 이들 법령에는 다양한 공권력행사와 관련된 규정들이 존재한다.

둘째, 국가계약법 자체에도 공권력 행사에 관한 내용이 포함되어 있다. 예를 들어 행정처분으로서의 성격이 인정되고 있는 부정당업자제재에 대한 근거가 국가계약법에 존재한다(국가계약법 제27조). 더구나 공·사법의 구별을 공권력행사라는 관점에서만 볼 것이 아니라 공익성이라는 관점에서 보게 되면, 국가계약법상의 공공조달은 투명성과 재정효율성을 보호하기 위한 입·낙찰제도를 두고 있는 등 공익성이 매우 높다고 볼 수 있다.

이러한 점들을 고려하면 현재 대법원 판례와 같이 1) 국가계약법만이 적용되는 계약에 대해서는 사법상 계약으로 보고, 2) 국가계약법 이외에 과학기술기본법과 같은 개별법령이 중첩적으로 적용되는 경우에는 개별쟁점에 따라 공법상 계약으로서의 성격을 인정하는 2원론은 소송당사자로 하여금 재판관할 판단의 어려움만을 가중시킨다는 점에서 결코 바람직하다고 볼 수 없다. 국가계약법이 적용되는 모든 계약 또는 협약에 대해서 공법상 계약으로서의 성격을 인정하고 원칙적으로 공법상 당사자소송의 대상이 되도록 하는 것이 바람직하다.[13][14]

---

13) 공공조달계약의 공법적 성격을 강조하는 연구문헌들로는 박정훈, "공법과 사법의 구별 – 행정조달계약의 법적 성격", 행정법의 체계와 방법론, 박영사, 2005; 김대인, "공공조달계약 관련법제의 개혁에 대한 고찰: 국가계약법을 중심으로", 강원법학 제28권, 2009; 정호경·선지원, "공공조달계약의 법적 성격과 통제에 관한 연구 – 공법상 계약 이론을 중심으로", 법제연구 제46호, 2014; 이광윤·김철우, "행정조달계약의 성질에 관한 연구", 성균관법학 제28권 제2호, 2016; 육근영, "공법적 시각에서의 공공조달계약에 대한 개선방안 연구", 건설법무 제3호, 2017; 홍성진, "행정조달계약의 법적 성격 재조명에 따른 입법적 통제방안", 공법학연구 제19권 제1호, 2018 등 다수가 존재한다. 공공조달계약을 공사혼합계약으로 이해하는 견해로 김판기, 행정계약의 공법적 체계에 관한 연구, 고려대학교 법학박사학위논문, 2016 참조.

14) 당사자소송과 민사소송의 관계, 당사자소송과 항고소송의 관계에 관한 연구문헌으로 하명호, "공법상 당사자소송과 민사소송의 구별과 소송상 취급", 인권과 정의 통권 제580호, 2008; 박정훈, "항고소송과 당사자소송의 관계 – 비교법적 연혁과 우리법의 해석을 중심으로 –", 특별법연구 제9권, 2011; 김중권, "공법계약의 해지의 처분성 여부에 관한 소고", 행정판례연구 제11권 제1호, 2016; 박재윤, "공법상 당사자소송 활용론에 대한 비판적 고찰", 법학연구 제27권 제2호, 2016; 정선균, 공법상 당사자소송의 활성화에

독일의 경우 경쟁제한방지법(Gesetz gegen Wettbewerbsbeschränkungen: GWB)이 적용되는 공공조달계약에 대해서 사법상 계약으로 보면서도, 같은 경쟁제한방지법이 적용되는 서비스특허(Dienstleistungskonzession)[15]에 대해서는 공법상 계약으로 보고 있는데, 이러한 2원론은 독일 내에서도 법리의 통일성을 저해한다는 점에서 많은 비판을 받고 있으며, 무엇보다 공공조달계약의 공법적 특수성을 소송법적으로 충분히 반영하지 못한다는 점에서도 비판의 대상이 되고 있다.[16] 이러한 비교법적인 사례를 보더라도 대법원이 1) 국가계약법이 순수하게 적용되는 계약과 2) 기타의 법령이 중첩적으로 적용되는 계약을 구분하는 2원론을 계속하여 유지하는 것은 바람직하다고 보기 힘들다.

이러한 맥락에서 보면 이 사건에서 문제가 된 공공조달계약의 경우에도 공법상 계약으로서의 성격을 인정하고 이에 대해서 행정소송에 의한 권리구제가 가능하도록 하는 것이 바람직하다. 따라서 다수의견, 소수의견 모두 공공조달계약에 대해서 사법상 계약의 성격을 인정하고 이를 전제로 판시하고 있는 점은 비판적으로 보아야 한다.

IV. 국가계약법 제19조의 법적 성질

1. 국가계약법 규정의 법적 성질에 관한 판례의 태도

다음으로 국가계약법 제19조에서 규정하고 있는 계약금액조정의 법적 성질을 강행규정으로 볼 것인지, 아니면 임의규정으로 볼 것인지 하는 점을 보도록 하자. 다수의견은 "위 규정은 국가 등이 사인과의 계약관계를 공정하고 합리적·효율적으로 처리할 수 있도록 계약담당자 등이 지켜야 할 사항을 규정한 데에 그칠 뿐이고, 국가 등이 계약상대자와의 합의에 기초하여 계약당사자 사이에만 효력이 있는 특수조건 등을 부가하는 것을 금지하거나 제한하는 것이라고 할 수 없다"고 하여 위 규정을 임의규정 또는 내부규정으로 이해하는 입장을 보여주고 있다.

위와 같은 다수의견의 태도는 공공조달계약을 사법상 계약으로 보는 입장과 일맥상통

대한 연구, 서강대학교 법학박사학위논문, 2016; 안철상, "당사자소송의 현황과 과제", 김철용 편, 행정절차와 행정소송, 2017; 김대인, "공법상 계약의 법리에 대한 고찰 - 행정행위와의 구별을 중심으로", 유럽헌법연구 제23호, 2017 등 참조.

15) 우리나라의 민간투자법상 실시협약 중 수익형 민자방식(Build-Transfer-Operate: BTO)방식과 유사하다.

16) Schoch, Friedrich, Gerichtliche Verwaltungskontrollen, Hoffmann-Riem/Schmidt-Aßmann/Voßkuhle, Grundlagen des Verwaltungsrecht, 2. Auflage, München, 2012, S. 812; Oehme, Carsten, Die Vegabe von Aufträgen als öffentlich-rechtliches Handlungsinstrument in Deutschland und Frankreich, Baden-Baden, 2011, S. 433 등 참조.

하는 견해라고 할 수 있다. 사법상 계약에서는 사적 자치의 원리, 즉 당사자간의 합의가 우선하기 때문에 국가계약법의 규정들은 국가의 내부규정에 불과하고 국민에게 구속력이 있는 규범이 아니라고 보게 된다. 그러나 이와 같은 다수의견의 태도는 다음과 같은 점에서 비판적으로 보아야 한다.

우선 대법원의 판례를 보면 국가계약법의 모든 규정을 국가의 내부규정에 불과하다고 보는 것은 아니고 강행규정으로서의 성격을 인정하는 규정들도 존재한다. 예를 들어 대법원은 입찰참가의 자격이 없는 자가 참가한 입찰을 무효로 한다고 규정하고 있는 지방계약법 시행령 제13조 제1항, 제39조 제4항을 수의계약에도 유추적용할 수 있다고 보아, 수의계약사유가 없는 자가 체결한 수의계약은 무효라고 보고 있다.[17] 위와 같은 판례를 보면 대법원이 지방계약법 시행령의 입찰무효에 관한 규정을 강행규정으로 보면서 이의 유추적용까지 인정하여 계약체결절차에서의 공정성을 확보한 경우들이 존재함을 알 수 있다.

2. 국가계약법 규정의 법적 성질에 관한 판례의 비판적 검토

위와 같은 판례들을 종합적으로 보면 대법원은 국가계약법령이나 지방계약법령의 규정 중에서 1) 강행규정으로서의 성격을 인정하는 경우와 2) 그렇지 않은 경우를 구분하고 있음을 볼 수 있다. 그러나 대법원은 양자를 구분하여 보는 기준은 명확하게 제시하지 못하고 있다. 이 사건에서의 다수의견도 계약금액조정에 관한 규정을 강행규정으로 보지 않는 이유에 대해서는 충분한 이유를 제시하지 못하고 있다.

반대의견에서 밝히고 있다시피 국가계약법령은 물가변동이나 환율변동에 따른 계약금액 조정의 요건과 효과에 관하여 명확한 규정을 두고 있고, 이는 사업자의 측면에서는 물가상승의 경우에는 계약의 원활한 이행에 지장이 없도록 하면서 물가하락의 경우에는 재정낭비가 발생하지 않도록 함으로써 계약의 공정성을 확보하기 위한 취지인데, 이러한 점에서 동 규정의 강행규정성을 인정하는 것이 입법자의 취지에 보다 부합하는 것으로 보아야 할 것이다. 무엇보다 공공조달계약의 법적 성질을 공법상 계약으로 이해할 경우에는 국가계약법령의 규정은 원칙적으로 강행규정으로 이해하는 것이 논리적으로 일관성이 있다고 볼 것이다.

독일의 경우 경쟁제한방지법 제132조 제1항에서는 계약내용의 변경에 관한 규정을 두고 있다.[18] 이 규정에 의하면 계약기간 중에 공공조달내용의 '본질적인 변경'이 이루어

---

17) 대법원 2015. 4. 23. 선고 2014다236625 판결
18) 이에 관한 상세한 소개로 김대인, "공공조달계약과 공익 – 계약변경의 한계에 관한 우리나라와 독일법제의 비교를 중심으로 –", 행정판례연구 제22–2집, 2017 참조.

지는 경우에는 새로운 조달절차를 거쳐야 하는데, 공공조달내용이 원래의 공공조달내용과 현저하게 다른 경우에는 본질적인 변경이 이루어진 것으로 본다. 본질적인 변경은 특별히 다음의 경우 중 하나에 해당하는 경우에 존재하는 것으로 본다. 첫째, 변경사항이 원래의 조달절차에 포함되어 있었다면, 1) 원래 낙찰된 자 이외의 입찰자가 선정되었을 경우이거나, 2) 원래 낙찰된 입찰과 다른 내용의 입찰에 대하여 낙찰이 이루어졌을 가능성이 있는 경우이거나, 3) 기타 참여자들의 이익이 조달절차에서 문제되었을 경우인 경우, 둘째, 변경으로 인해 원래의 계약에서 예정하지 아니한 방식으로 당사자에게 유리한 방향으로 조달내용의 경제적 수지가 변동되는 경우, 셋째, 변경으로 인해 공공조달내용의 범위가 상당한 정도로 확대된 경우, 넷째, 경쟁제한방지법 제132조 제2항 제1문 제4호 이외의 경우로서 새로운 사업자가 조달을 하게 된 경우이다.[19]

　　다음으로 경쟁제한방지법 제132조 제2항에서는 새로운 조달절차를 거치지 않고 계약변경을 하는 것이 가능한 사유들을 열거하고 있다. 1) 변경에 관한 사항이 원래의 계약서류에 분명하고, 구체적이며, 명확하게 구성된 검토조항 또는 대안으로 규정된 경우, 2) 원래의 당사자에 의한 추가적인 물품, 공사, 서비스공급이 필요하게 된 경우로서 원래의 계약에 그러한 내용이 포함되어 있지 않고 원래의 계약상대방을 변경하는 것이, 경제적 또는 기술적 이유로 불가능한 경우이고, 발주청에게 심각한 불편함을 초래하거나 현저한 추가비용을 발생시킬 경우, 3) 성실한 발주청으로서도 예견할 수 없었던 상황이 발생하여 변경할 필요가 있고, 계약의 변경이 조달내용의 전체적인 성격을 변경하지 않는 경우 등이 그것이다.[20]

---

19) 경쟁제한방지법 제132조(계약기간 중 조달내용변경) ① 계약기간 중에 공공조달내용의 본질적인 변경이 이루어지는 경우에는 새로운 조달절차를 절쳐야 한다. 공공조달내용이 원래의 공공조달내용과 현저하게 다른 경우에는 본질적인 변경이 이루어진 것으로 본다. 본질적인 변경은 특별히 다음의 경우에 존재하는 것으로 본다.
　1. 변경사항이 원래의 조달절차에 포함되어 있었다면,
　　a) 원래 낙찰된 자 이외의 입찰자가 선정되었을 경우,
　　b) 원래 낙찰된 입찰과 다른 내용의 입찰에 대하여 낙찰이 이루어졌을 가능성이 있는 경우, 또는
　　c) 기타 참여자들의 이익이 조달절차에서 문제되었을 경우
　2. 변경으로 인해 원래의 계약에서 예정하지 아니한 방식으로 당사자에게 유리한 방향으로 조달내용의 경제적 수지가 변동되는 경우
　3. 변경으로 인해 공공조달내용의 범위가 상당한 정도로 확대된 경우
　4. 제2항 제1문 제4호 이외의 경우로서 새로운 사업자가 조달을 하게 된 경우
20) 경쟁제한방지법 제132조(계약기간 중 조달내용변경) ② 제1항에도 불구하고 공공조달내용의 변경이 있더라도 다음 각 호 중 어느 하나에 해당하는 경우에는 새로운 조달절차를 거치지 않는 것이 허용된다.
　1. 변경에 관한 사항이 원래의 계약서류에 분명하고, 구체적이며, 명확하게 구성된 검토조항 또는 대안으로 규정된 경우. 위 조항은 가능한 계약내용변경의 방식, 범위, 요건을 포함하며, 계약내용의 전체적인 성격을 변경시켜서는 안 된다.
　2. 원래의 당사자에 의한 추가적인 물품, 공사, 서비스공급이 필요하게 된 경우로서 원래의 계약에 그러한 내용이 포함되어 있지 않고 원래의 계약상대방을 변경하는 것이,

위 규정에서는 '물가변동' 등으로 인한 계약변경에 관한 구체적인 내용을 두고 있지는 않지만 계약변경을 위해서 새로운 조달절차를 거쳐야 하는 경우와 그렇지 않은 경우에 대한 구체적인 기준을 제시하고 있음을 볼 수 있다. 이는 EU 공공조달지침(2014/24/EU) 제72조의 내용을 반영한 것이다. 이처럼 독일 경쟁제한방지법 중 공공조달계약에 관한 규정의 대부분은 EU법이 국내법으로 전환된 것으로서 원칙적으로 강행규정으로서의 성격을 갖는다.[21]

물론 우리나라의 경우 EU법의 적용을 받지는 않기 때문에 독일과 상황이 같다고 할 수는 없지만 공공조달계약의 투명성과 공정성을 확보해야 한다는 점에서는 유사성을 갖는다고 할 수 있다. 계약금액조정에 관한 국가계약법상의 규정은 계약당사자간의 형평성을 확보함으로써 공공조달계약의 투명성과 공정성을 확보하는 취지를 담고 있다. 이러한 점을 고려하면 계약금액조정에 관한 국가계약법의 규정에 대해서 강행규정으로서의 성격을 인정하는 것이 바람직하다.

V. 국가계약법상 부당특약의 해당여부

1. 국가계약법상 부당특약여부에 관한 판례의 태도

위 판결 당시에 적용되던 국가계약법 시행령 제4조에서는 "계약담당공무원은 계약을 체결함에 있어서 국가계약법령 및 관계 법령에 규정된 계약상대자의 계약상 이익을 부당하게 제한하는 특약 또는 조건을 정하여서는 아니 된다"고 규정하고 있었다.[22] 다수의견

---

　　　　a) 경제적 또는 기술적 이유로 불가능한 경우이고,
　　　　b) 발주청에게 심각한 불편함을 초래하거나 현저한 추가비용을 발생시킬 경우
　　3. 성실한 발주청으로서도 예견할 수 없었던 상황이 발생하여 변경할 필요가 있고, 계약의 변경이 조달내용의 전체적인 성격을 변경하지 않는 경우
　　4. 새로운 계약상대방이 원래 낙찰자로 선정했던 계약상대방을 다음 중 어느 하나의 사유로 대체하는 경우
　　　　a) 제1항에 의한 검토조항에 따른 경우
　　　　b) 기업의 조직변경, 즉 영업양도, 합병, 인수 또는 도산 등에 따라 원래의 당사자의 지위를 포괄적으로 또는 부분적으로 승계한 경우로서 원래 정했던 질적인 선택기준을 충족하는 경우. 단, 이러한 조직변경이 제1항에 따른 본질적인 변경을 포함하지 않아야 한다.
　　　　c) 발주청 스스로 주된 계약상대방의 하도급업자에 대한 의무를 승계한 경우.
　　제2호와 제3호의 경우에는 그 가격이 원래 계약가치의 50%를 넘어서는 안 된다. 복수의 계약변경사유가 문제될 경우에는 이러한 제한은 각 개별 계약변경사유에 적용된다. 다만 이러한 변경이 규정을 회피할 목적으로 이루어져서는 안 된다.
21) 독일 조달법의 강행규정화를 언급하고 있는 문헌으로 Knoke, Thomas, "Ein junges Rechtsgebiet für das alte Oberlandesgericht: Vergaberecht", 300 Jahre Oberlandesgericht Celle: Festschrift zum 300jährigen Jubiläum am 14. Oktober 2011, Göttingen, S. 385.

은 위 규정에 위반하여 공공계약에서 계약상대자의 계약상 이익을 부당하게 제한하는 특약은 효력이 없다고 보면서 여기서 어떠한 특약이 계약상대자의 계약상 이익을 부당하게 제한하는 것으로서 국가계약법 시행령 제4조에 위배되어 효력이 없다고 하기 위해서는 그 특약이 계약상대자에게 다소 불이익하다는 점만으로는 부족하고, 국가 등이 계약상대자의 정당한 이익과 합리적인 기대에 반하여 형평에 어긋나는 특약을 정함으로써 계약상대자에게 부당하게 불이익을 주었다는 점이 인정되어야 한다고 판시하고 있다.

또한 다수의견은 계약상대자의 계약상 이익을 부당하게 제한하는 특약인지는 그 특약에 의하여 계약상대자에게 생길 수 있는 불이익의 내용과 정도, 불이익 발생의 가능성, 전체 계약에 미치는 영향, 당사자들 사이의 계약체결과정, 관계 법령의 규정 등 모든 사정을 종합하여 판단하여야 한다고 보고 있다. 흥미로운 점은 대법원 다수의견이 공공조달계약의 사법상 계약의 성격을 인정하면서도 실질적으로 국가계약법의 공법적 특수성을 고려하여 국가계약법 시행령 제4조의 해석을 할 수 있는 가능성을 열어두고 있다는 점이다. 따라서 향후 대법원이 판례를 변경하여 일반적인 공공조달계약에 대해서 공법상 계약으로 보게 된다고 하더라도 국가계약법 시행령 제4조의 해석을 변경하지 않을 가능성이 존재한다.

그러나 계약의 형평성 해석에 있어서 공법상의 계약과 사법상의 계약을 동일하게 해석하는 것은 곤란하다. 무엇보다 사법상 계약에서의 '사익과 사익간의 충돌'과 공법상 계약에서의 '공익과 사익간의 충돌'을 동일하게 취급하는 것은 곤란하기 때문이다. 특히 공법상 계약은 공익성, 특히 재정효율성을 근거로 하여 사법상 계약에는 들어가지 않는 특별한 조항이 들어갈 수 있다. 따라서 국가에게 유리하다는 이유만으로 계약상대자의 계약상 이익을 부당하게 제한한다고 단정하는 것은 곤란하다. 다만 아무리 공익적인 사유가 있다고 하더라도 국가에게 유리한 정도가 지나치다면 이는 의사합치를 기반으로 하는 계약의 본질에 반한다고 할 수 있고, 행정법의 일반원리인 비례원칙에도 부합하지 않는 것으로도 볼 수 있다.[23] 이러할 경우에는 국가계약법 시행령 제4조에 반한다고 보아야 한다.

위 대법원 전원합의체 판결에서 다수의견은 계약금액변경금지특약이 일방적으로 사업자에게 불이익한 것으로 보기 힘들다는 입장을 취하고 있다. 다수의견이 언급하고 있는 바와 같이 부당특약인지 여부는 "그 특약에 의하여 계약상대자에게 생길 수 있는 불이익의 내용과 정도, 불이익 발생의 가능성, 전체 계약에 미치는 영향, 당사자들 사이의 계약체

---

22) 2019. 11. 26 국가계약법 개정으로 현재는 국가계약법 제5조 제3항에서 "각 중앙관서의 장 또는 계약담당 공무원은 계약을 체결할 때 이 법 및 관계 법령에 규정된 계약상대자의 계약상 이익을 부당하게 제한하는 특약 또는 조건(이하 "부당한 특약등"이라 한다)을 정해서는 아니 된다"는 규정을 두고 있고, 동조 제4항에서는 "제3항에 따른 부당한 특약등은 무효로 한다"는 규정을 두고 있다.
23) 비례원칙은 일방적인 행정행위에만 적용되는 것은 아니며 계약형식의 행정작용에도 적용될 수 있다. 예를 들어 독일 경쟁제한방지법 제97조에서는 공공조달계약에 비례원칙이 적용된다는 점을 명시하고 있다.

결과정, 관계 법령의 규정" 등 모든 사정을 고려하여 판단하는 것이 타당하다고 볼 수 있다. 그러나 위와 같은 일반이론을 적용함에 있어서 결론적으로 예측하지 못한 세계적인 금융위기로 인한 환율변동으로 인한 리스크를 전적으로 사업자가 부담하도록 하는 내용의 특약임에도 불구하고 다수의견이 부당특약이 아니라고 본 것은 동의하기 힘든 태도라고 하지 않을 수 없다. 이에 관해서 보다 상세하게 살펴보자.

다수의견은 원심이 부당특약이 아니라고 본 세 가지 근거, 즉, 1) 이 사건 도급계약이 불공정한지는 계약체결 당시를 기준으로 판단하여야 한다는 점, 2) 이 사건 도급계약 체결일인 2007. 4. 16.에는 2008년경에 세계적인 금융위기가 발생하여 크로나화와 엔화의 환율이 급격히 상승할 것을 예상할 수 없었다는 점, 3) 환율이 하락하는 경우에는 오히려 A사가 환차익 상당의 이득을 얻을 수도 있었다는 점을 모두 타당하다고 보고 있다. 그러나 이러한 점들을 부당특약이 아닌 근거로 보는 것은 곤란하다.

우선 첫 번째 근거에서 계약체결 당시를 기준으로 불공정성여부를 판단하는 것이 일반적인 경우라면 타당하겠지만, 계약체결 이후에 발생할 수밖에 없는 예측불가능한 계약금액조정사유의 발생에도 동일하게 판단시점을 적용하는 것이 부당하다. 다음으로 두 번째 근거에서 언급한 예측불가능한 환율변동은 오히려 특약의 불공정성의 논거가 되는 것으로 보아야 한다. 세 번째 근거는 가정적인 판단이라는 점에서 이 사건 특약의 긍정성을 논증하는 논거로는 부적합하다.

다수의견이 명시적으로 언급하고 있지 않지만 위와 같은 특약내용이 결과적으로 '공공재정의 절감'이라는 결과를 낳았다는 점에서 공익부합성이 존재한다는 이유로 위와 같은 결론에 도달했을 가능성도 존재한다. 왜냐하면 대법원은 위 국가계약법 시행령 제4조와 매우 유사한 내용을 담고 있는 「약관의 규제에 관한 법률」(이하 약관규제법)이 공공조달계약에 원칙적으로 적용된다는 입장에 서 있으면서도, 실제로 공공주체에게 현저하게 유리한 약관에 대해서 무효를 인정하는 데에 매우 인색한데 이러한 태도의 배경에는 위와 같은 정서가 존재하는 것으로 볼 가능성이 있기 때문이다.

그러나 '공공재정의 절감'이라는 공익성만을 근거로 사업자에게 일방적으로 불리한 특약을 강요하는 것은 원칙적으로 계약의 공정성을 해하는 것이며, 국가계약법 시행령 제4조의 취지에도 반하는 것으로 보아야 한다. 이는 공공조달계약을 '사법상 계약'으로 보지 않고, '공법상 계약'으로 보더라도 마찬가지이다. 비교법적으로 보면 공공조달계약을 공법상 계약으로 이해하는 프랑스의 경우에도 공익적 사유로 인한 공공조달계약의 해지 등 공공주체에게 특별한 권한을 부여하는 경우가 있지만 이에 따른 정당한 보상을 해주도록 하는 등 계약의 공정성을 확보하기 위한 노력을 함께 하고 있다.24) 다시 말해서 공법상 계약

---

24) 이에 관해 상세히는 Richer, Laurent & Lichère, François, Droit des contrats administratifs, 10e édition,

으로 보더라도 일방적으로 공공주체에게만 유리하게 법리가 구성되어서는 곤란하다고 하겠다.

2. 「약관의 규제에 관한 법률」의 공공조달계약 적용문제

이와 연관해서 추가로 살펴볼 점은 공공조달계약에 약관규제법 제6조[25]가 적용되는 것으로 볼 것인가 하는 점이다. 현재 대법원은 위 국가계약법 시행령 제4조와 매우 유사한 내용을 담고 있는 약관규제법 제6조가 공공조달계약에 원칙적으로 적용된다는 입장에 서 있다.[26] 이러한 취지는 공공조달계약을 공법상 계약으로 보더라도 마찬가지로 적용되는 것으로 보아야 한다. 왜냐하면 공법상 계약에서 사용되는 약관에 대해서도 불공정성에 대한 규제를 함으로써 국민의 정당한 권리가 보호되도록 할 필요가 있기 때문이다.

이와 관련하여 독일법제의 사례를 살펴보도록 한다. 우리나라의 약관규제법에 해당되는 내용이 독일에서는 2002년부터 채권법 현대화의 영향으로 민법전(제305조부터 제310조)에 편입되어 있다. 그런데 독일 민법 제310조 제1항에서는 국가와 같은 공법인이 체결하는 계약이나 공사조달규칙(VOB/B)의 적용을 받는 계약은 위와 같은 약관규제조항 적용에서 배제된다고 규정하고 있다. 이는 국가가 체결하는 계약의 특수성을 고려한 것으로 볼 수 있다.[27] 그러나 독일에서 이처럼 국가가 체결하는 계약에 약관규제조항의 적용을 배제한다고 하여 국가의 무조건적인 우위성을 정당화하는 것은 아니다. 공공조달계약에 대해서는 경쟁제한방지법 제97조 제1항에서 비례원칙이 적용된다고 규정하여 불공정한 계약내용에 대한 통제가 가능토록 하고 있다.

공공조달계약의 공정성에 대한 통제가 국가계약법에서 제대로 이루어지지 못하고 있는 우리나라의 경우에는 독일과 같이 약관규제법의 적용을 배제하는 것은 곤란하다. 물론 위에서 본 바와 같이 국가계약법 시행령 제4조에 의한 통제가 가능하기는 하지만 국가계약법의 규정을 국가의 내부규정으로 보는 판례의 태도로 인해 국가계약법 시행령 제4조에 의한 통제에 제약이 존재한다. 이러한 점을 고려할 때 공공조달계약에 대해서 약관규제법

LGDJ, Paris, 2016, p. 250 이하.

25) 약관규제법 제6조(일반원칙) ① 신의성실의 원칙을 위반하여 공정성을 잃은 약관 조항은 무효이다.
　　② 약관의 내용 중 다음 각 호의 어느 하나에 해당하는 내용을 정하고 있는 조항은 공정성을 잃은 것으로 추정된다.
1. 고객에게 부당하게 불리한 조항
2. 고객이 계약의 거래형태 등 관련된 모든 사정에 비추어 예상하기 어려운 조항
3. 계약의 목적을 달성할 수 없을 정도로 계약에 따르는 본질적 권리를 제한하는 조항

26) 대법원 2002. 4. 23. 선고 2000다56976 판결. 공공조달계약에 약관규제법 적용여부에 관한 상세한 논의로 권대우, "행정조달계약과 약관규제", 법학논총 제24권 제2호, 2007 참조.

27) Basdow, Münchener Kommentar zum BGB, 7. Auflage, München, 2016, §310 Rn. 6, 12－13a 참조.

에 의한 통제가 가능하다고 보는 것이 타당하다. 다만 앞서 국가계약법 시행령 제4조와 마찬가지로 공익과 사익간의 형량을 고려해야 하며, 공익적 사유를 위한 특별한 조항을 둘 수 있는 법률상 근거가 별도로 존재하는 경우에 한해서 약관규제법의 적용이 제한되는 것으로 해석해야 한다. 위와 같은 전제하에서 볼 때 국가계약법상의 계약금액조정규정을 배제하는 특약은 약관규제법상으로도 부당한 특약으로 보는 것이 타당하다.

VI. 결론

대법원 다수의견은 공공조달계약의 일종인 공공건설계약을 사법상 계약으로 보는 전제하에서 사적 자치의 원리를 강조하면서 국가계약법상의 계약금액조정규정에 우선하여 당사자간의 계약금액조정금지특약이 적용된다는 입장을 취하고 있다. 소수의견은 공공조달계약을 사법상 계약으로 보는 점에서는 다수의견과 동일하나, 국가계약법상의 계약금액조정규정은 강행규정이고 따라서 당사자간의 계약금액조정금지특약은 무효라는 입장이다.

위와 같이 대법원의 다수의견과 소수의견이 모두 공공조달계약의 법적 성질을 사법상 계약으로 보고 있는 것은 비판적으로 보아야 한다. 계약방식, 낙찰방식 등 계약의 자유를 제한하는 규정들이 국가계약법에 존재하고, 부정당업자제재와 같은 일방적 행정처분도 국가계약법에 근거를 두고 있으며, 건설산업기본법 등 다양한 공법상 법령이 국가계약법과 함께 적용된다는 점을 고려하면 공공조달계약을 포함하여 공공조달계약은 공법상 계약으로 보아야 한다.

위와 같은 전제에 설 때 국가계약법의 규정은 원칙적으로 강행규정으로 보아야 하고, 따라서 계약이행의 안전성과 재정의 효율성 모두를 고려한 국가계약법 제19조의 계약금액조정규정도 강행규정이라고 보아야 한다. 가사 공공조달계약이 사법상 계약의 성격을 갖는다고 보더라도 위와 같은 계약금액조정규정의 취지를 고려할 때 이를 강행규정으로 이해하는 것이 타당하다.

국가계약법 시행령 제4조의 불이익특약금지규정은 계약의 공정성을 확보하기 위한 중요한 규정이라고 할 수 있다. 이에 해당되는지 여부를 판단함에 있어서는 그 특약에 의하여 계약상대자에게 생길 수 있는 불이익의 내용과 정도, 불이익 발생의 가능성, 전체 계약에 미치는 영향, 당사자들 사이의 계약체결과정, 관계 법령의 규정" 등의 다양한 사정을 종합적으로 고려하는 것이 필요하다고 할 것인데, 계약체결 이후에 예측불가능한 상황이 발생한 경우 불공정의 판단기준시점을 계약체결당시로만 보는 것은 타당하지 않다고 하겠다. 이러한 법리는 약관규제법 제6조에도 마찬가지로 적용된다고 보아야 한다.

지방자치단체에 대한 국가의 감독과
그에 대한 사법적 통제*
법치주의와 지방자치의 균형 및 조화를 위한
사법부의 역할을 중심으로

이진수**

I. 서론

1995년에 본격적인 지방자치시대가 개막된 이래 지방자치의 역사도 사반세기를 지나고 있다. 그동안 지방자치의 확립을 위한 학문적 노력이 계속되어 왔고, 그에 따라 우리나라의 지방자치도 시행 초기에 비하여는 상당한 수준에 도달하였다고 평가할 수 있다.

지방자치의 시행 초기에는 국가로부터의 지방자치단체의 '자치권의 확보'에 초점을 두고, 지방자치단체의 독자적 영역을 구축하려는 노력이 주를 이루었다고 할 수 있을 것이다. 제도 시행 초기에는 제도의 안정적 정착을 위해 그러한 노력이 중요하고 필요하다고 할 수 있다. 그러나 이제 시행 20년을 넘어 안정적으로 정착해 가고 있는 지방자치제도가 헌법정신을 실현하고 국민의 삶을 행복하게 하는데 기여하기 위해서는, 그동안의 노력에 더하여 새로운 시각과의 접목도 필요하다고 생각된다. 본 연구에서는 그러한 시도의 일환으로, 국가의 감독을 통한 지방행정의 합법성 제고, 즉 지방행정에서의 '법치주의의 고도화'와 '지방자치의 보장'이라는 두 가지 중요한 가치의 조화를 위하여, 현재의 우리 제도를 개관해보고 이러한 조화를 위한 중요한 역할을 할 수 있는 행위자로서의 사법부의 역할에 대하여 살펴보고자 한다.[1]

---

* 본 논문은 2018. 7. 5. 한국행정법학회·사법정책연구원 공동학술대회에서 필자가 "지방자치단체에 대한 국가의 감독과 사법적 통제"라는 주제로 발표한 발표문을 기초로 하여 2018. 8. 서울법학 제26권 제2호에 "지방자치단체에 대한 국가의 감독과 그에 대한 사법적 통제 - 법치주의와 지방자치의 균형 및 조화를 위한 사법부의 역할을 중심으로"라는 주제로 게재한 것입니다.
** 서울대학교 행정대학원 조교수, 법학박사(행정법), 변호사.
1) 국가와 지방자치단체의 관계에 있어 사법절차의 활용을 강조하는 견해로는 문상덕, "국가와 지방자치단체의 관계에 관한 기본원칙의 정립", 행정법연구 제9호(2003), 284-286면; 박정훈, "지방자치단체의 자치권을 보장하기 위한 행정소송", 행정소송의 구조와 기능, 2008, 박영사. 331-332면 등 참조.

먼저, 지방자치단체에 대한 국가의 감독수단과 그에 대한 불복절차를 현행 제도를 바탕으로 살펴보고(Ⅱ.), 현행 제도의 한계를 검토(Ⅲ.)한 뒤에, 사법부의 균형적 역할을 통한 법치주의와 지방자치의 조화방안에 대하여 살펴보고자 한다(Ⅳ.).

Ⅱ. 지방자치단체에 대한 국가의 감독수단

지방자치단체에 대한 국가의 감독수단에 대하여 살펴보려면, 먼저 그 대상을 확정할 필요가 있다. 국가는 입법·사법·행정으로 구성되므로, 국가의 감독수단에는 입법, 사법, 행정에 의한 감독수단이 모두 포함되게 되는데, 본고에서는 이 중에서 행정에 의한 감독수단을 중심으로 살펴보려 한다. 또한, 행정에 의한 감독수단은 그 법적 효과에 따라 권력적인 감독수단과 비권력적인 감독수단[2]으로 나누어볼 수 있는데, 본 연구에서는 주로 권력적 감독수단에 대하여 살펴보기로 한다.

1. 위법·부당한 명령·처분에 대한 시정명령 및 취소·정지

(1) 의의

지방자치단체의 사무에 관한 그 장의 명령이나 처분이 법령에 위반되거나 현저히 부당하여 공익을 해친다고 인정되면 시·도에 대하여는 주무부장관이, 시·군 및 자치구에 대하여는 시·도지사가 기간을 정하여 서면으로 시정할 것을 명하고, 그 기간에 이행하지 아니하면 이를 취소하거나 정지할 수 있다(지방자치법 제169조 제1항 본문). 이 경우 자치사무에 관한 명령이나 처분에 대하여는 법령을 위반하는 것에 한한다(동항 단서).

(2) 대상

시정명령의 대상이 되는 지방자치단체의 사무에는 자치사무와 단체위임사무가 포함된다는 점에 대하여는 견해의 대립이 없으나, 기관위임사무의 포함 여부에 대하여는 견해의 대립이 있다.[3] 기관위임사무는 포함되지 않고 자치사무와 단체위임사무만 포함된다는

---

2) 대표적으로 지방자치법 제166조에 규정되어 있는 '지방자치단체의 사무에 대한 지도와 지원'을 들 수 있다. 중앙행정기관의 장이나 시·도지사는 지방자치단체의 사무에 관하여 조언 또는 권고하거나 지도할 수 있으며, 이를 위하여 필요하면 지방자치단체에 자료의 제출을 요구할 수 있다(동조 제1항). 그리고 국가나 시·도는 지방자치단체가 그 지방자치단체의 사무를 처리하는 데에 필요하다고 인정하면 재정지원이나 기술지원을 할 수 있다(동조 제2항).

3) 이일세, "지방자치단체에 대한 국가통제수단의 법적 문제", 지방자치법연구 제45호(2015), 14-15면; 홍정선, 신지방자치법, 2018, 박영사, 686면 등 참조.

것이 다수설의 입장이다.4) 판례의 입장은 명확하지는 않으나, "지방자치법 제169조 제1항은 지방자치단체의 자치행정 사무처리가 법령 및 공익의 범위 내에서 행해지도록 감독하기 위한 규정"5)으로 보고 있다는 점에서, 국가사무인 기관위임사무는 그 대상으로 이해하고 있지 않은 것으로 보인다. 또한 판례는 동조의 '처분'은 항고소송의 대상이 되는 행정처분으로 제한되는 것은 아니라고 한다.6)

동 조항에 의하여 자치사무는 합법성 통제의, 단체위임사무는 합법성 통제뿐만 아니라 합목적성 통제의 대상이 된다.7)

(3) 불복절차

지방자치단체의 장은 지방자치법 제169조 제1항에 따른 자치사무에 관한 명령이나 처분의 취소 또는 정지에 대하여 이의가 있으면 그 취소처분 또는 정지처분을 통보받은 날부터 15일 이내에 대법원에 소(訴)를 제기할 수 있다(지방자치법 제169조 제2항). 동 조항의 문언을 보면, 자치사무에 관한 취소·정지에 대하여만 소송으로 불복할 수 있는 것으로 규정되어 있어, 자치사무에 대한 시정명령, 단체위임사무에 대한 시정명령과 취소·정지처분에 대한 불복 가능 여부는 해석을 통하여 확정하여야 하는 문제가 된다. 시정명령에 대하여 소송을 통하여 불복할 수 있는지 여부에 대하여, 판례는 이를 부정8)하나, 시정명령에 대한 불복을 인정하여야 한다는 견해도 주장되고 있다.9) 단체위임사무에 대한 취소 및 정

---

4) 홍준형, 행정법, 2017, 법문사, 1323면 참조.

5) 대법원 2017. 3. 30. 선고 2016추5087 판결.

6) 행정소송법상 항고소송은 행정청이 행하는 구체적 사실에 관한 법집행으로서의 공권력의 행사 또는 거부와 그 밖에 이에 준하는 행정작용을 대상으로 하여 위법상태를 배제함으로써 국민의 권익을 구제함을 목적으로 하는 것과 달리, 지방자치법 제169조 제1항은 지방자치단체의 자치행정 사무처리가 법령 및 공익의 범위 내에서 행해지도록 감독하기 위한 규정이므로 적용대상을 항고소송의 대상이 되는 행정처분으로 제한할 이유가 없다(대법원 2017.3.30. 선고 2016추5087 판결).

7) 홍준형, 앞의 책, 1323면 참조.

8) 지방자치법 제169조 제1항은 "지방자치단체의 사무에 관한 그 장의 명령이나 처분이 법령에 위반되거나 현저히 부당하여 공익을 해친다고 인정되면 시·도에 대하여는 주무부장관이, 시·군 및 자치구에 대하여는 시·도지사가 기간을 정하여 서면으로 시정할 것을 명하고, 그 기간에 이행하지 아니하면 이를 취소하거나 정지할 수 있다. 이 경우 자치사무에 관한 명령이나 처분에 대하여는 법령을 위반하는 것에 한한다."라고 규정하고, 제2항은 "지방자치단체의 장은 제1항에 따른 자치사무에 관한 명령이나 처분의 취소 또는 정지에 대하여 이의가 있으면 그 취소처분 또는 정지처분을 통보받은 날부터 15일 이내에 대법원에 소를 제기할 수 있다."라고 규정하고 있다. 이와 같이 지방자치법 제169조 제2항은 '시·군 및 자치구의 자치사무에 관한 지방자치단체의 장의 명령이나 처분에 대하여 시·도지사가 행한 취소 또는 정지'에 대하여 해당 지방자치단체의 장이 대법원에 소를 제기할 수 있다고 규정하고 있을 뿐 '시·도지사가 지방자치법 제169조 제1항에 따라 시·군 및 자치구에 대하여 행한 시정명령'에 대하여도 대법원에 소를 제기할 수 있다고 규정하고 있지 않으므로, 이러한 시정명령의 취소를 구하는 소송은 허용되지 않는다(대법원 2017.10.12. 선고 2016추5148 판결).

9) 법치주의의 관점에서 감독처분의 적법성에 대한 사법적 통제가 허용되어야 한다는 견해로 조성규, "지방

지처분에 대하여는 불복할 수 없다고 보는 것이 일반적인 견해로 보인다.[10]

2. 지방자치단체의 장에 대한 직무이행명령

(1) 의의

지방자치단체의 장이 법령의 규정에 따라 그 의무에 속하는 국가위임사무나 시·도위임사무의 관리와 집행을 명백히 게을리하고 있다고 인정되면 시·도에 대하여는 주무부장관이, 시·군 및 자치구에 대하여는 시·도지사가 기간을 정하여 서면으로 이행할 사항을 명령할 수 있다(지방자치법 제170조 제1항). 주무부장관이나 시·도지사는 해당 지방자치단체의 장이 제1항의 기간에 이행명령을 이행하지 아니하면 그 지방자치단체의 비용부담으로 대집행하거나 행정상·재정상 필요한 조치를 할 수 있다. 이 경우 행정대집행에 관하여는 「행정대집행법」을 준용한다(동조 제2항).

(2) 대상

동조의 직무이행명령의 대상이 되는 사무는 기관위임사무라는 견해가 통설적 입장[11]이나, 단체위임사무를 포함하는 것으로 이해하는 견해도 있다.[12] 판례는 동조에 따른 직무이행명령의 대상사무는 '국가위임사무의 관리와 집행'인데, 규정의 문언과 함께 직무이행명령 제도의 취지, 즉 교육감이나 지방자치단체의 장 등, 기관에 위임된 국가사무의 통일적 실현을 강제하고자 하는 점 등을 고려하면, 국가위임사무란 교육감 등에 위임된 국가사무, 즉 기관위임사무를 뜻한다고 보고 있다.[13][14]

자치단체에 대한 국가감독의 법적 쟁점", 지방자치법연구 제51호(2016), 374면; 시정명령의 처분성을 근거로 취소소송을 제기할 수 있다는 견해로는 홍정선, 앞의 책, 687면 참조.

10) 이일세, 앞의 논문, 17면 참조.

11) 정남철, "지방자치단체에 대한 국가감독 및 사법적 통제", 지방자치법연구 제51호(2016), 325면; 홍준형, 앞의 책, 1327면 등 참조.

12) 이일세, 앞의 논문, 21면 참조.

13) 대법원 2013.6.27. 선고 2009추206 판결.

14) 한편, 지방자치법의 문언상 자치사무의 경우에도 중앙분쟁조정위원회의 조정대상인 '분쟁'에 해당하게 되면 직무이행명령의 대상이 될 수 있다. '분쟁' 개념에 제한이 없음에도, 분쟁에만 해당하면 자치사무에 대하여도 중앙분쟁조정위원회가 결정을 할 수 있고, 행정안전부장관은 그에 따라 지방자치법 제170조의 직무이행명령도 할 수 있게 되어, 결국 자치사무에 대한 직무이행명령이 우회적으로 가능하게 되는 문제점이 있다. 이를 지적하는 견해로는 이진수, "중앙분쟁조정위원회 분쟁조정제도의 개선방안에 관한 연구", 지방행정연구 제90호(2012), 147-172면 참조. 최근 대법원은 "지방자치단체의 자치사무라도 당해 지방자치단체에 내부적인 효과만을 발생시키는 것이 아니라 그 사무로 인하여 다른 지방자치단체나 그 주민의 보호할 만한 가치가 있는 이익을 침해하는 경우에는 지방자치법 제148조에서 정한 분쟁조정 대상 사무가 될 수 있다."(대법원 2016.7.22. 선고 2012추121 판결)고 판단하여, 분쟁의 개념을 구체화하였다. 이러한 판례는 환영할만한 것이지만, 결국에는 입법을 통한 개념의 명확화가 필요하다고 생각된다.

(3) 불복절차

지방자치단체의 장은 위의 이행명령에 이의가 있으면 이행명령서를 접수한 날부터 15일 이내에 대법원에 소를 제기할 수 있다. 이 경우 지방자치단체의 장은 이행명령의 집행을 정지하게 하는 집행정지결정을 신청할 수 있다(지방자치법 제170조 제3항).

3. 지방자치단체의 사무에 대한 감사

지방자치법 제171조의2 제2항에서는 지방자치단체에 대한 감사의 종류를 "제167조에 따른 주무부장관의 위임사무 감사"와 "제171조에 따른 행정안전부장관의 자치사무 감사"로 구분하고 있다.[15] 자치사무에 대하여는 행정안전부장관이, 위임사무에 대하여는 주무부장관이 감사를 할 수 있다. 또한 감사원법에 의한 감사가 가능하다.[16]

(1) 위임사무에 대한 주무부장관(또는 상급 지방자치단체장)의 감사

지방자치단체나 그 장이 위임받아 처리하는 국가사무에 관하여 시·도에서는 주무부장관의, 시·군 및 자치구에서는 1차로 시·도지사의, 2차로 주무부장관의 지도·감독을 받는다(지방자치법 제167조 제1항). 시·군 및 자치구나 그 장이 위임받아 처리하는 시·도의 사무에 관하여는 시·도지사의 지도·감독을 받는다(동조 제2항). 동조의 위임사무에는 단체위임사무와 기관위임사무도 포함되는 것으로 보고 있다.[17] 그리고 감사권한은 감독권에 포함되는 것이기 때문에, 동 조항이 감사권의 근거규정이 될 수 있다.[18] 결과적으로, 동조에

---

15) 제171조의2(지방자치단체에 대한 감사 절차 등) ① 주무부장관, 행정안전부장관 또는 시·도지사는 이미 감사원 감사 등이 실시된 사안에 대하여는 새로운 사실이 발견되거나 중요한 사항이 누락된 경우 등 대통령령으로 정하는 경우를 제외하고는 감사대상에서 제외하고 종전의 감사결과를 활용하여야 한다.
② 주무부장관과 행정안전부장관은 다음 각 호의 어느 하나에 해당하는 감사를 실시하고자 하는 때에는 지방자치단체의 수감부담을 줄이고 감사의 효율성을 높이기 위하여 같은 기간 동안 함께 감사를 실시할 수 있다.
  1. 제167조에 따른 주무부장관의 위임사무 감사
  2. 제171조에 따른 행정안전부장관의 자치사무 감사
③ 제167조, 제171조 및 제2항에 따른 감사에 대한 절차·방법 등 필요한 사항은 대통령령으로 정한다.
16) 그밖에도 국정감사 및 조사에 관한 법률에 따라 국회의 국정감사도 가능하나, 본고에서는 행정적 감독을 대상으로 하므로, 별도로 다루지는 않는다. 국회는 국정을 감사할 수 있는 헌법상 권한을 가지고 있다(헌법 제61조 제1항). 국회는 지방자치단체 중 특별시·광역시·도에 대하여 국가위임사무와 국가가 보조금 등 예산을 지원하는 사업에 관하여 국정감사를 할 수 있고, 본회의가 특히 필요하다고 의결한 경우에는 기초자치단체에 대하여도 국정감사를 실시할 수 있다(국정감사 및 조사에 관한 법률 제7조 제2호, 제4호).
17) 한국지방자치법학회, 지방자치법주해, 2004, 박영사, 700면 참조.
18) 김유환, "지방자치단체에 대한 감사제도의 재검토", 행정법연구 제7호(2001), 60−61면 참조.

따라 기관위임사무와 단체위임사무에 대하여 주무부장관의 감사가 실시될 수 있다.[19]

(2) 자치사무에 대한 행정안전부장관(또는 상급 지방자치단체장)의 합법성 감사

행정안전부장관이나 시·도지사는 지방자치단체의 자치사무에 관하여 보고를 받거나 서류·장부 또는 회계를 감사할 수 있다. 이 경우 감사는 법령위반사항에 대하여만 실시한다(지방자치법 제171조 제1항). 행정안전부장관 또는 시·도지사는 제1항에 따라 감사를 실시하기 전에 해당 사무의 처리가 법령에 위반되는지 여부 등을 확인하여야 한다(동조 제2항). 동 조항은 행정안전부장관에 의한 자치사무의 합법성 감사에 대하여 규정한다.[20]

(3) 감사원에 의한 감사

국가의 세입·세출의 결산, 국가 및 법률이 정한 단체의 회계검사와 행정기관 및 공무원의 직무에 관한 감찰을 하기 위하여 대통령 소속하에 감사원을 둔다(헌법 제97조). 지방자치단체와 관련하여 감사원은 '지방자치단체의 회계'를 필요적 검사사항으로 검사하도록 되어 있고(감사원법 제22조 제1항 제2호), 지방자치단체의 사무와 그에 소속한 지방공무원의 직무에 관한 사항을 감찰할 수 있다(동법 제24조 제1항 제2호[21]). 감사원의 지방자치단체에 대한 감사권한의 범위와 관련하여, 헌법재판소는 감사원이 지방자치단체에 대하여 자치사무에 대하여도 합법성 감사뿐만 아니라 합목적성 감사까지 할 수 있는 것으로 허용하고 있다고 해석하고, 그 근거가 되는 감사원법 제24조 제1항 제2호의 규정이 지방자치권의 본질적 내용을 침해하였다고 볼 수 없다고 판단하였다.[22] 이러한 헌법재판소의 결정 취지

---

19) 종래에는 지방자치법에 단체위임사무 및 기관위임사무에 대한 감사 규정이 존재하지 않았음에도, 국가사무나 시·도사무 처리의 지도·감독에 대하여 규정하고 있는 「지방자치법」 제167조 또는 「행정권한의 위임 및 위탁에 관한 규정」 제9조를 근거로 하여 서류·장부 또는 회계를 감사할 수 있다는 주장이 유력하였다(이에 대하여는 홍정선, 앞의 책, 699-701면 참조). 현재는 지방자치법 제171조의2 제2항 제1호에 "제167조에 따른 주무부장관의 위임사무감사"가 규정되었으므로, 위임사무에 대한 감사가 허용된다는 점이 법문상 명확하게 되었다고 할 수 있다.

20) 동 조항에 따라 행정안전부장관은 시·도의 자치사무에 대하여 합법성 감사를 실시할 수 있으나, 합목적성 감사는 실시할 수 없다. 이러한 합법성 감사도 무조건적으로 허용되는 것이 아니라, 일정한 제한이 있다. 헌법재판소는 서울특별시와 정부 사이의 권한쟁의 사건에서, 동 조항에 따른 법령위반사항에 대한 감사권은 사전적·일반적 포괄감사권이 아니라 그 대상과 범위가 한정적인 제한된 감사권이고, 따라서 안전행정부장관이 자치사무에 대한 법령위반사항 감사에 착수하기 위해서는 자치사무에 관하여 특정한 법령위반행위가 확인되었거나 위법행위가 있었으리라는 합리적 의심이 가능한 경우이어야 하고, 또한 그 감사대상을 특정해야하며, 자치사무에 대한 합목적성 감사를 하는 셈이 되는 포괄적·사전적 일반감사나 위법사항을 특정하지 않고 개시하는 감사 또는 법령위반사항을 적발하기 위한 감사는 허용될 수 없다고 판단하였다(헌법재판소 2009.5.28. 선고 2006헌라6 결정).

21) 감사원법 제24조(감찰 사항) ① 감사원은 다음 각 호의 사항을 감찰한다.
1. 「정부조직법」 및 그 밖의 법률에 따라 설치된 행정기관의 사무와 그에 소속한 공무원의 직무
2. 지방자치단체의 사무와 그에 소속한 지방공무원의 직무

에 따르면, 감사원은 지방자치단체에 대하여 자치사무, 위임사무 모두 감사할 수 있고, 자치사무의 경우 합법성 감사와 합목적성 감사 모두를 할 수 있다.

4. 지방의회 의결에 대한 재의요구지시·제소지시·직접제소

(1) 재의요구지시

지방의회의 의결이 법령에 위반되거나 공익을 현저히 해친다고 판단되면 시·도에 대하여는 주무부장관이, 시·군 및 자치구에 대하여는 시·도지사가 재의를 요구하게 할 수 있고, 재의요구를 받은 지방자치단체의 장은 의결사항을 이송받은 날부터 20일 이내에 지방의회에 이유를 붙여 재의를 요구하여야 한다(지방자치법 제172조 제1항). 지방의회가 재의결을 한 경우에 재의결된 사항이 법령에 위반된다고 판단되면, 지방자치단체의 장은 재의결된 날부터 20일 이내에 대법원에 소를 제기할 수 있고, 집행정지신청을 할 수 있다(동조 제3항).

(2) 제소지시 및 직접제소

만약, 재의결된 사항이 법령에 위반된다고 판단됨에도 불구하고 해당 지방자치단체의 장이 소(訴)를 제기하지 아니하면, 주무부장관이나 시·도지사는 그 지방자치단체의 장에게 제소를 지시하거나 직접 제소 및 집행정지결정을 신청할 수 있다(동조 제4항).

만약, 지방의회의 의결이 법령에 위반된다고 판단되어 주무부장관이나 시·도지사로부터 재의요구지시를 받은 지방자치단체의 장이 재의를 요구하지 아니하는 경우 또는 법령에 위반되는 지방의회의 의결사항이 조례안인 경우로서 재의요구지시를 받기 전에 그 조례안을 공포한 경우에는, 주무부장관이나 시·도지사는 대법원에 직접 제소 및 집행정지결정을 신청할 수 있다(동조 제7항).

III. 현행 제도의 한계

현행 지방자치법을 중심으로 하여 국가의 행정적 감독수단과 그에 대한 불복절차에 대하여 대략적으로 살펴보았다. 현행 제도의 가장 큰 특징은, 사무배분에 따라, 즉 자치사무인가 위임사무인가에 따라 감독수단과 감독의 범위, 그리고 불복의 가능성에 차등을 두는 제도라는 점이다. 구체적으로는 ① 자치사무인지 위임사무인지, 그리고 ② 합법성 통제

22) 헌법재판소 2008.5.29. 2005헌라3 결정 참조.

인지 합목적성 통제인지에 따라 구분되고 있다. 사무의 종류에 따라 감독수단과 불복절차가 달라지므로, 결국 자치사무와 위임사무의 구분 문제가 핵심쟁점이 되는데, 사무구분 자체는 부정확하고 명확하지 않다는 점에 문제가 있다. 또한 합법성과 합목적성의 구별도 쉬운 것은 아니다.

1. 사무배분의 불명확성 문제

현행 지방자치법은 제9조에서 지방자치단체의 사무범위를 정하고 있다. 즉, 관할 구역의 자치사무와 법령에 따라 지방자치단체에 속하는 사무가 지방자치단체의 사무에 해당한다(동조 제1항). 지방자치단체의 사무의 예로 동조 제2항에서는 ① 지방자치단체의 구역, 조직, 행정관리 등에 관한 사무, ② 주민의 복지증진에 관한 사무, ③ 농림·상공업 등 산업진흥에 관한 사무, ④ 지역개발과 주민의 생활환경시설의 설치·관리에 관한 사무, ⑤ 교육·체육·문화·예술의 진흥에 관한 사무, ⑥ 지역민방위 및 지방소방에 관한 사무 등을 예시하고 있다. 이러한 법률규정만으로는 자치사무인지 위임사무인지, 단체위임사무인지 기관위임사무인지의 구분이 명확하지 않으므로 학설과 판례는 일반적인 기준을 제시하고자 한다. 대법원은 법령상 지방자치단체의 장이 처리하도록 규정하고 있는 사무가 자치사무인지 기관위임사무인지를 판단할 때 그에 관한 법령의 규정 형식과 취지를 우선 고려하여야 하지만, 그 밖에도 사무의 성질이 전국적으로 통일적인 처리가 요구되는 사무인지 여부나 그에 관한 경비부담과 최종적인 책임귀속의 주체 등도 아울러 고려하여야 한다고 하여 일응의 기준을 제시하고 있다.[23]

문제는, 자치사무인지 위임사무인지의 구분이 법률상 명확하지 않다[24]는 점이다. 감독수단과 불복절차의 갈림길이라고 할 수 있는 사무의 구분이 명확하지 않기 때문에, 감독을 하는 당사자인 국가와 상급자치단체도, 감독을 받는 지방자치단체도, 어떠한 감독수단이 옳은 것인지 판단하기가 쉽지 않은 경우가 많은 것이 현실이다. 결국 판례를 통하여 확정되어야만 그 사무의 성격이 확인되는 상황이기 때문에, 지방자치법에 따른 감독수단과 불복절차의 활용에 혼란을 발생시키게 된다.

사무배분의 문제는 어떠한 해석기준을 제시하더라도 그 불명확성을 없애기에 충분하지 않기 때문에, 결국에는 입법적으로 해결할 수밖에 없는 문제이다.[25] 이에 대하여도 다

---

23) 대법원 2017.12.5. 선고 2016추5162 판결 등 참조.

24) 사무의 구분이 법률 문언만으로 명확하지 않다는 문제의식으로는 문상덕, "지방자치단체의 사무구분체계 – 새로운 사무구분체계의 모색", 지방자치법연구 제8호(2004), 381-410면(383-387면); 박균성, 행정법론(하), 2017, 박영사, 160면; 장경원, "교육자치와 국가의 감독권", 서울법학 제24권 제4호(2017), 145-148면; 최봉석, 앞의 책, 186면; 홍정선, 앞의 책, 468면; 홍준형, 앞의 책, 1275면 등 참조.

양한 견해들이 제기되고 있으나, 본 연구의 핵심적인 연구대상은 아니기 때문에, 법률조항을 통하여 명확하게 사무배분을 알 수 있도록 개별 법률이 입법되어야 한다는 점을 강조하는 것으로 논의를 마치고자 한다.

2. 합법성과 합목적성의 구별 문제

지방자치단체의 사무에 관한 그 장의 명령이나 처분이 법령에 위반되거나 현저히 부당하여 공익을 해친다고 인정되면 시·도에 대하여는 주무부장관이, 시·군 및 자치구에 대하여는 시·도지사가 기간을 정하여 서면으로 시정할 것을 명하고, 그 기간에 이행하지 아니하면 이를 취소하거나 정지할 수 있는데, 이 경우 자치사무에 관한 명령이나 처분에 대하여는 법령을 위반하는 것에 한한다(지방자치법 제167조 제1항). 또한, 행정안전부장관이나 시·도지사는 지방자치단체의 자치사무에 관하여 보고를 받거나 서류·장부 또는 회계를 감사할 수 있는데, 이 경우 감사는 법령위반사항에 대하여만 실시한다(지방자치법 제171조 제1항).

이와 같이 지방자치법상 자치사무에 대하여는 합법성 통제만이 가능하기 때문에, 합법성과 합목적성의 구분은 지방자치단체에 대한 국가감독의 범위를 결정함에 있어 핵심적인 개념이 된다고 할 수 있다. 문제는 합법성 통제와 합목적성 통제의 구분이 대단히 어려운 문제라는 점이다. 대법원 2007.3.22. 선고 2005추62 전원합의체 판결에서, 소수의견은 "이론적으로는 합목적성과 합법성의 심사가 명확히 구분된다고 하더라도 '현저히 부당하여 공익을 해한다는 것'과 '재량권의 한계를 일탈하였다는 것'을 실무적으로 구별하기 매우 어렵다."는 점을 지적한다.[26] 실제에 있어서도 합법성 감독이라는 이름으로 국가의 감독권이 행사되는데 그 실질은 합목적성 감독인 경우가 많을 수밖에 없을 것이다.[27]

---

25) 홍정선, 앞의 책, 468면.

26) 동 전원합의체판결에서 대법원의 다수의견은 지방자치단체의 사무에 관한 그 장의 명령이나 처분이 법령에 위반되는 경우라 함은 명령이나 처분이 현저히 부당하여 공익을 해하는 경우, 즉 합목적성을 현저히 결하는 경우와 대비되는 개념으로, 시·군·구의 장의 사무의 집행이 명시적인 법령의 규정을 구체적으로 위반한 경우뿐만 아니라 그러한 사무의 집행이 재량권을 일탈·남용하여 위법하게 되는 경우를 포함한다고 보았다. 이에 대하여 반대의견은 일반적으로 '법령위반'의 개념에 '재량권의 일탈·남용'도 포함된다고 보고 있기는 하나, 지방자치법 제157조 제1항에서 정한 취소권의 행사요건은 위임사무에 관하여는 '법령에 위반되거나 현저히 부당하여 공익을 해한다고 인정될 때', 자치사무에 관하여는 '법령에 위반하는 때'라고 규정되어 있어, 여기에서의 '법령위반'이라는 문구는 '현저히 부당하여 공익을 해한다고 인정될 때'와 대비적으로 쓰이고 있고, 재량권의 한계 위반 여부를 판단할 때에 통상적으로는 '현저히 부당하여 공익을 해하는' 경우를 바로 '재량권이 일탈·남용된 경우'로 보는 견해가 일반적이므로, 위 법조항에서 '현저히 부당하여 공익을 해하는 경우'와 대비되어 규정된 '법령에 위반하는 때'의 개념 속에는 일반적인 '법령위반'의 개념과는 다르게 '재량권의 일탈·남용'은 포함되지 않는 것으로 해석하여야 한다고 한다.

27) 정남철, 앞의 논문, 357면 참조.

3. 소결

정리하면, 현행 지방자치법상의 감독수단과 불복절차는 자치사무와 위임사무의 구분, 그리고 합법성과 합목적성의 구별이라는 두 가지의 개념적 불확실성을 가진 요건으로부터 출발한다는 점에서, 제도의 한계가 있다고 할 수 있다. 거기에 더하여 지방자치법 제9장의 해석에 있어, 각 수단별 대상이 되는 사무의 범위가 어디까지인지에 대하여도 여러 견해가 주장될 수밖에 없는 모호성이 함께 존재하고 있다. 이러한 제도적 한계에서, 국가의 감독수단과 그에 대한 통제수단의 허용범위를 판단할 수 있는 행위주체로서의 사법부의 역할의 중요성이 시작된다고 할 수 있다.

IV. 법치주의와 지방자치의 균형 및 조화를 위한 사법부의 역할

1. 자치사무·위임사무, 합법성·합목적성의 해석을 통한 균형의 모색

지방자치법상 감독수단과 불복절차의 핵심개념인 자치사무와 위임사무의 구분, 합법성과 합목적성의 구별 문제는 현재로서는 종국적으로 개별 사안마다 대법원의 해석을 통하여 확정될 수밖에 없는 문제이다. 따라서 대법원은 지방자치단체에 대한 국가의 감독 가부와 그 범위, 그리고 지방자치단체의 불복 가부 등을 결정할 수 있게 되므로, 국가의 감독을 통한 행정의 합법성 확보라는 하나의 가치와 지방자치의 보장이라는 다른 하나의 가치를 조화시킬 수 있는 위치에 있게 된다.

대법원이 자치사무와 위임사무, 합법성과 합목적성이라는 개념을 해석함에 있어, 다음의 사항을 고려하여야 할 것으로 생각된다. 우선, 지방자치법은 자치사무에 대하여서는 국가와 지방자치단체의 관계를 "상명하복의 계서적 관계가 아니라 병립적 협력관계"[28]로 설정하고 있으며, "자치사무의 수행에 있어 다른 행정주체(특히 국가)로부터 합목적성에 관하여 명령·지시를 받지 않는 권한을 헌법상 제도적으로 보장된 '자치권'의 구성부분"[29]으로 보고 있다는 점 등을 고려하여, 자치사무에 대한 지방자치단체의 1차적 권한을 인정할 필요가 있다는 점이다.[30]

---

28) 홍준형, "자치사무에 대한 중앙정부의 감사권의 한계", 공법연구 제38집 제1호 제2권(2009), 295면.

29) 홍준형, 앞의 논문, 298면.

30) 제도보장으로서의 지방자치제도의 본질적 내용의 보호 필요성, 민주주의에서의 지방자치의 중요성 등을 고려하여 지방자치단체가 행하고 있는 사무 중 기관위임사무의 비중을 점차 줄여가는 방향으로 해석하는 것이 바람직하다는 견해로 장경원, 앞의 논문, 147면 참조.

한편, 지방자치단체의 사무 역시도 대한민국이라는 국가의 행정의 연속이고, 지방자치단체의 주민 역시 대한민국의 국민이며, 자치사무라고 하여 국가가 국민의 기본권을 보호할 의무가 사라지는 것은 아니기 때문에, 자치사무에 대한 합법성 확보를 통한 법치주의의 구현이라는 측면에서는 국가의 감독도 필요하게 된다. 따라서 자치권을 보장하는 것이 더욱 중시되어야 하는 사안인 경우와 행정의 합법성 확보가 더욱 시급한 사안인 경우에 따라, 합리적인 해석을 통하여 국가의 감독범위를 정할 필요가 있다고 본다.

2. 집행정지를 통한 지방자치와 합법성 통제 사이의 균형 모색

지방자치법 제9장에 규정된 국가의 감독에 대한 지방자치단체의 불복소송의 경우에, 집행정지결정을 어떻게 활용하는가에 따라 합법성 통제와 지방자치의 보장이라는 두 가지 가치의 균형과 조화가 가능할 수 있다고 본다.

지방자치단체의 장은 직무이행명령에 이의가 있으면 이행명령서를 접수한 날부터 15일 이내에 대법원에 소를 제기할 수 있고, 이 경우 이행명령의 집행을 정지하게 하는 집행정지결정을 신청할 수 있다(지방자치법 제170조 제3항). 지방자치단체의 장이 지방의회의 재의결에 대하여 대법원에 제소하는 경우나 주무부장관이나 시·도지사가 직접 제소하는 경우에도 집행정지결정을 신청할 수 있다(동법 제172조 제3항, 4항, 7항). 한편, 지방자치단체의 장은 자치사무에 관한 명령이나 처분의 취소 또는 정지에 대하여 이의가 있으면 그 취소처분 또는 정지처분을 통보받은 날부터 15일 이내에 대법원에 소(訴)를 제기할 수 있는데(지방자치법 제169조 제2항), 이 경우에는 집행정지결정을 신청할 수 있다는 명문의 규정은 없으나, 해석상 이를 인정하여야 한다는 견해도 주장되고 있다.[31]

국가의 감독수단으로서의 취소·정지처분, 직무이행명령이 있으면 그 처분이 효력을 곧바로 발생하게 되고, 지방자치단체의 장이 국가의 감독처분에 대하여 불복하는 소송을 제기하더라도 그 소송의 제기는 국가의 감독처분의 효력 또는 집행을 정지하는 효력이 인정되지 않으므로(행정소송법 제23조 제1항), 지방자치단체의 장이 국가의 감독처분에 대하여 집행정지를 신청하여 인용결정을 받아야만 국가의 감독처분의 효력·집행이 비로소 정지될 수 있다. 그러한 의미에서는 현행 지방자치법의 규정은 지방자치단체의 자치권보다는 국가의 감독권을 중시하는 입장이라고 할 수 있을 것이다. 반면, 지방자치법 제172조에 따르면, 지방의회의 재의결에 대하여는 재의결의 효력을 인정하면서 그 효력을 정지시키려면 감독권자가 집행정지결정을 신청하여 인용결정을 받도록 규정하고 있다. 위의 소송들에 있어 집행정지결정을 인용하는지 여부가 본안의 판단보다 국가의 감독권을 우선할 것

---

31) 박균성, 앞의 책, 214면; 홍정선, 앞의 책, 689면 등 참조.

인지, 지방자치의 보장을 우선시킬 것인지의 문제에 있어 실제로는 더 큰 영향을 미치게 될 것으로 보인다. 집행정지결정은 법치와 자치의 균형과 조화에 있어 중요한 수단이라고 할 수 있을 것이다.

3. 지방자치단체의 일반적 항고소송 문제

(1) 인정의 필요성

국가의 감독과 지방자치의 조화를 위하여, 지방자치단체가 국가의 감독처분에 대하여 항고소송을 제기할 수 있어야 한다는 견해가 유력하게 주장되고 있다. 현행 지방자치법상 단체위임사무나 기관위임사무에 대한 시정명령이나 직권취소처분, 자치사무에 대한 시정 명령 등은 지방자치단체가 다툴 수 없다는 한계가 있기 때문에, 법률에 규정이 없더라도 행정소송으로 다툴 수 있어야 한다는 견해32), 현행 지방자치법은 개별 법률에 규정되어 있는 다양한 국가의 감독수단을 망라하지 못하고 있기 때문에 지방자치법상의 불복절차만 으로는 한계가 있고, 따라서 일반적인 항고소송을 인정하여 다양한 감독수단에 대하여 불 복할 수 있도록 하여야 한다는 견해33) 등이 그것이다.

(2) 학계의 논의

지방자치단체가 국가의 감독처분에 대하여 항고소송을 제기할 수 있는지 여부의 문제 는 대상적격의 문제, 즉 국가가 지방자치단체에 대하여 행정소송법상 '처분'을 발할 수 있 는지 여부와 원고적격의 문제, 즉 지방자치단체에게 행정소송법 제12조에서 정하는 '법률 상 이익'을 인정할 수 있는지 여부의 문제로 주로 논의되고 있다.

1) 대상적격

항고소송의 대상이 되는 처분이란 행정청이 행하는 구체적 사실에 관한 법집행으로서 의 공권력의 행사 또는 그 거부와 그 밖에 이에 준하는 행정작용을 말한다(행정소송법 제2 조 제1항 제1호). 대법원은 항고소송 대상이 되는 행정청의 처분에 대하여, "원칙적으로 행 정청의 공법상 행위로서 특정사항에 대하여 법규에 의한 권리의 설정 또는 의무의 부담을 명하거나 기타 법률상 효과를 직접 발생하게 하는 등 국민의 권리의무에 직접 관계가 있 는 행위"를 말하는 것으로 본다.34) 국가가 지방자치단체에 대하여 행하는 감독·관여행위

---

32) 정남철, 앞의 논문, 333-335면 참조.
33) 박정훈, 앞의 책, 342-344면 참조. 국가의 감독권의 행사 내지 승인권 행사의 거부로 인한 자치권의 침 해에 대한 구제의 요청을 항고소송의 방식으로 수용하여야 한다는 견해[문상덕, "지방자치쟁송과 민주주 의", 지방자치법연구 제26호(2010), 37-38면 참조]도 같은 입장으로 생각된다.
34) 대법원 2011. 4. 21. 자 2010무111 전원합의체 결정 참조.

가 항고소송의 대상인 처분에 해당하려면, 지방자치단체가 '국민'에 포함될 수 있어야 하고, 지방자치단체의 '권리의무'가 인정될 수 있어야 한다. 그리고 국가와 지방자치단체 사이의 관계가 행정주체의 내부적 관계가 아니라 외부적 관계로 인정될 수 있어야 한다.[35]

현재 우리의 학계에서는 국가의 감독 · 관여행위의 처분성을 긍정하는 견해가 다수 주장되고 있다. 처분의 대상인 '국민'에 해당하는지에 대하여 국민에는 법인격을 가지는 지방자치단체도 포함된다고 보는 견해[36]와 "국가 내의 모든 법인격 주체"로 확대해석하여 처분성을 긍정하는 견해[37] 등이 주장된다. 그리고 위의 요건들을 모두 포괄하여, 지방자치단체가 사인의 지위에 서는 경우는 물론, 행정주체의 지위에 서는 경우에도 국가의 감독조치는 별개의 행정주체간의 대외적 관계에서의 행위이므로 처분성을 인정할 수 있다는 견해[38], 지방자치단체는 국가로부터 독립하여 고유목적 · 사무를 가지는 공법인이므로 국가가 지방자치단체를 상대로 행하는 공권력 발동행위는 항고소송의 대상이 되는 행정처분이 될 수 있는 것으로 보는 견해[39] 등이 유력하게 주장되고 있다.

2) 원고적격

이와 관련하여, 지방자치단체의 자치권은 일종의 통치권으로서 행정소송법상의 법률상 이익과는 성질이 다르므로, 원고적격을 인정할 수 없다는 견해가 종래의 통설적 입장이라고 할 수 있다.[40] 지방자치단체의 원고적격을 부정하는 입장의 논거로는 공권력은 단일한 것이고, 국가가 아닌 사인만이 주관적 권리를 가질 수 있다는 것 등이다.[41] 그러나 최근에는 지방자치단체의 원고적격을 인정하여야 한다는 견해가 다수 주장되고 있다. 예를 들어, 국가의 감독권 행사는 처분에 해당하고 지방자치단체는 지방자치권이라는 헌법에 의하여 보호되는 법적 이익을 가지므로 항고소송을 통한 사법적 보호가 보장되어야 한다는 견해[42], 헌법상의 제도적 보장의 내용으로 주관적 법적 지위의 보장을 위해 원고적격

---

35) 이에 대한 상세한 연구로는 이상덕, "국가의 지방자치단체 대한 간접보조금 지원 거부에 관한 항고소송에서의 대상적격과 원고적격", 사법 제24호(2013), 246−247면 참조.

36) 송영천, "지방자치제 시행과 관련한 각종 쟁송의 제문제", 저스티스 제69호(2002), 51−52면 참조.

37) 박정훈, 앞의 책, 352면; 박현정, "국가의 지방자치단체에 대한 보조금 지원 거부에 관한 소고", 행정법연구 제32호(2012), 179면 등 참조.

38) 박정훈, 앞의 책, 350−351면 참조. 동 견해에 따르면, 지방자치단체가 행정주체의 지위가 아니라 사인의 지위에 서는 경우에는 처분성이 인정되고, 행정주체의 지위에 서는 경우에도 자치사무와 단체위임사무의 경우에는 별개의 주체간의 행위이므로 처분성이 인정되며, 기관위임사무의 경우에 있어서는 단체장에 대하여 처분성을 인정할 수 있으므로 처분 개념의 객관적 성격상 지방자치단체에 대하여도 처분성을 긍정하게 된다.

39) 서원우, "지방자치단체의 사법적 보장", 전환기의 행정법이론, 1997, 박영사, 323−324면 참조. 여기에서는 기채의 허가, 보조금의 교부결정, 지방교부세액의 결정 · 감액결정 등 국가가 고유한 자격에서 지방자치단체를 상대로 행하는 공권력의 발동인 행위에 대하여는 처분성을 인정하여야 한다고 본다.

40) 김남진/김연태, 행정법Ⅱ, 2011, 법문사, 187면 참조.

41) 김중권, 행정법, 2016, 법문사, 644면 참조.

이 인정되어야 한다는 견해,43) 지방자치단체의 자치권은 권한에 해당하는데, 이러한 권한의 침해도 '법률상 이익'의 침해로 볼 수 있으므로 원고적격이 인정된다는 견해,44) 자치행정보장이 침해되면 개별 법률이 정하는 바에 따라, 또는 개별 법률에 규정이 없는 경우에는 행정소송법에 따라 행정소송을 제기할 수 있다는 견해,45) 지방자치단체는 자신의 권리침해가 있는 경우에는 당연히 원고적격이 인정될 수 있다는 견해46) 등이 그것이다.

(3) 판례

일반화하기는 어렵지만 대법원은 지방자치단체가 국가를 상대로 항고소송을 제기하는 것을 허용하는 것을 전제로 하고 있는 것으로 보인다.47) 다만, 개별 사안에 있어서 대상적격48) 또는 원고적격49)의 인정에 대하여 개별적으로 판단하고 있는 것으로 보인다. 최근 대법원의 주목할 만한 판결(대법원 2017. 9. 21. 선고 2014두43073 판결)이 있어 이를 간략히 소개하고자 한다.

1) 사안의 개요

위 사건의 사실관계는 다음과 같다. 강원도교육감은 2006년에 강원외고 설립추진계획을 공고하였다. 강원도 양구군은 소유재산을 출연하여 학교법인 양록학원을 설립한 후, 강원외고 설립자 공모에 참여하였다. 강원도교육감은 위 양록학원을 강원외고 설립자로 선

---

42) 문상덕, "지방자치제도의 활성화와 행정소송 – 지방자치 관련 대법원판례 검토를 중심으로", 행정법연구 제25호(2009), 77면; 박현정, 앞의 논문, 178면; 조성규, 앞의 논문, 364면 등 참조.

43) 김남철, "국가와 지방자치단체간의 분쟁해결수단", 지방자치법연구 제4호(2002), 5면 참조.

44) 박정훈, 앞의 책, 352면; 이상덕, 앞의 논문, 251면; 정남철, 앞의 논문, 335면; 정호경, "행정소송과 헌법재판의 관계에 관한 고찰 – 항고소송, 헌법소원, 권한쟁의심판을 중심으로", 행정법연구 제22호(2008), 76−77면 등 참조.

45) 김철용, 행정법, 2011, 박영사, 899−902면; 홍정선, 앞의 책, 95면 등 참조. 김철용 교수께서는 국가와 지방자치단체의 기본관계를 대등한 법주체간의 법률관계로 이해하여, 국가의 위법한 감독권 행사는 독립된 법주체인 지방자치단체의 자치권 침해에 해당하고 독립된 법주체간의 구체적 권리의무관계에 관한 법적용상의 쟁송에 해당하여 항고소송을 제기할 수 있다고 설명한다.

46) 김중권, 앞의 책, 644면 참조.

47) 이상덕, 앞의 논문, 253면 참조.

48) 대법원 2007.11.15. 선고 2007두10198 판결 참조. 동 판결에서 대법원은 정부의 수도권 소재 공공기관의 지방이전시책을 추진하는 과정에서 도지사가 도 내 특정시를 공공기관이 이전할 혁신도시 최종입지로 선정한 행위는 항고소송의 대상이 되는 행정처분이 아니라고 판단하였다. 이에 대하여, 동 판결이 대상적격은 부정하였으나 원고 춘천시의 원고적격을 인정하는 전제에서 판단한 것으로 해석하는 견해[문상덕, 앞의 논문(각주 42), 76면] 및 원고적격을 부정한 것으로 해석하는 견해(김중권, 앞의 책, 644−645면) 등이 주장되고 있다.

49) 대법원 2014.2.27. 선고 2012두22980 판결 참조. 동 판결에서 대법원은 건축협의 취소는 상대방이 다른 지방자치단체 등 행정주체라 하더라도 처분에 해당한다고 볼 수 있고, 지방자치단체인 원고가 이를 다툴 실효적 해결 수단이 없는 이상, 원고는 건축물 소재지 관할 허가권자인 지방자치단체의 장을 상대로 항고소송을 통해 건축협의 취소의 취소를 구할 수 있다고 판단하였다.

정하고, 설립허가 및 설립계획 승인조치를 하였다. 강원도 양구군은 양록학원 설립 및 운영 지원에 관한 조례를 제정하고, 양록학원에 대하여 각종 재정지원을 하였다. 강원도교육감은 강원외고를 특목고로 지정하였고, 강원도 양구군은 2007 – 2010년 사이에 348억 원을 양록학원 출연금으로 지출하였다. 2010년 감사원 감사를 통하여, 기초 지방자치단체가 학교법인을 설립하여 예산을 출연하는 것은 지방재정법, 사립학교법 등 위반임이 지적되었다. 이에 따라 행정자치부장관(당시는 행정안전부)은 감사원 감사결과에 따라 강원도 양구군에 대하여 '법령위반 경비의 과다지출'임을 이유로 지방교부세 161억 원 감액결정을 하였다.[50] 양구군은 재량의 일탈남용을 주장하며 행정안전부장관을 피고로 하여 위 감액결정에 대하여 취소소송을 제기하였다.

　2) 법원의 판단

　제1심인 서울행정법원, 원심인 서울고등법원 그리고 대법원에 이르기까지, 항고소송의 허용 여부나 처분성·원고적격 등의 소송요건 충족 여부 등에 대한 특별한 언급 없이, 강원도 양구군이 행정자치부장관을 피고로 하여 지방교부세감액결정의 취소를 구한 위 항고소송에 대하여 본안판단을 하였다. 본안에서는 강원도 양구군의 지출행위가 지방재정법 제17조 제1항을 위반한 것으로 보아, 피고(행정안전부장관)의 처분에 재량권 일탈·남용의 위법이 없다고 판단하였다.

　3) 위 대법원 판례의 검토

　제1심에서부터 대법원까지 모두 본안판단을 통하여 지방교부세감액결정의 위법성을 심리한 후 동 결정에 재량권 일탈남용의 위법이 없다고 판단하였는바, 이는 지방교부세감액결정의 처분성을 전제로, 지방자치단체가 이를 다툴 원고적격이 있으며 지방자치단체가 항고소송의 방법으로 다투는 것이 허용된다는 점을 전제로 하고 있는 것으로 볼 수 있다.[51]

　지방교부세란 국가가 재정적 결함이 있는 지방자치단체에 교부하는 금액을 말한다(지방교부세법 제2조 제1호). 지방교부세에는 보통교부세·특별교부세·부동산교부세 및 소방안전교부세가 있다(동법 제3조). 지방교부세 중 보통교부세와 특별교부세의 재원은 내국세의 19.24%에 해당하는 금액인데, 이 중 97%는 보통교부세에, 3%는 특별교부세에 해당한다(동법 제4조 제1항 제1호 및 제2항). 보통교부세액이 결정되면 행정안전부장관은 보통교부세의 산정 기초자료, 지방자치단체별 내역, 관련 자료 등을 첨부하여 보통교부세결정을 해당 지방자치단체장에게 통지하여야 한다(동법 제6조 제2항). 지방자치단체의 장은 보통교부세

---

50) 매년 감사원 및 행정안전부 감사결과 지방자치단체가 법령을 위반한 재정지출이 있거나 수입징수를 게을리한 것으로 지적받은 경우 행정안전부장관은 그 자료를 조사하고 지방자치단체의 소명 자료와 관계부처의 의견을 제출받아 지방교부세 감액을 결정하고, 다음 연도 지방교부세를 감액하고 있다.

51) 지방자치단체에 대한 지방교부세감액결정의 처분성 문제나 원고 강원도 양구군의 원고적격 문제, 그리고 지방자치단체의 항고소송의 허용 문제 등은 제1심부터 대법원에 이르기까지 판결문에 언급되지 않았다.

의 결정 통지를 받은 경우에 이의가 있으면 통지를 받은 날부터 30일 이내에 행정안전부장관에게 이의신청을 할 수 있다(동법 제13조 제1항). 교부세는 매년 국가예산으로 계상되고(동법 제5조 제1항), 지방자치단체의 일반예산으로 지급된다.[52]

　사안에서 문제되는 지방교부세감액결정이란, 1) 지방자치단체가 교부세 산정에 필요한 자료를 부풀리거나 거짓으로 기재하여 부당하게 교부세를 교부받거나 받으려 하는 경우, 2) 지방자치단체가 법령을 위반하여 지나치게 많은 경비를 지출하였거나 수입 확보를 위한 징수를 게을리한 경우, 3) 지방자치단체의 장이 특별교부세의 사용에 부가된 교부조건이나 용도제한을 위반하여 특별교부세를 사용한 경우 등의 사유가 있으면 행정안전부장관이 그 지방자치단체에 교부할 교부세를 감액하거나 이미 교부한 교부세의 일부를 반환하도록 명하는 제도를 말한다(동법 제11조). 지방교부세 감액결정을 하게 되면, 통상적으로 차년도에 지급될 보통교부세액에서 감액분을 차감하는 방식으로 정산하게 된다.

　위 판례는 국가가 지방자치단체에 매년 법률에 따라 일반예산으로 교부하는 지방교부세에 대하여 법률이 정한 요건에 해당한다는 이유로 감액결정을 한 사안에서, 지방교부세 감액결정이 항고소송의 대상이 되는 처분에 해당[53]하고 그 상대방인 지방자치단체에 원고적격이 있다는 전제에서 판단하였다는 점에서 의미가 있다고 생각된다. 지방교부세감액결정의 처분성을 긍정한 것은 지방교부세의 지급관계에 있어 국가와 지방자치단체의 관계를 독립된 주체 사이의 외부적 관계로 보고, 지방교부세를 지급받을 권리를 인정한 것으로 해석할 수 있을 것이다. 또한 지방교부세감액결정의 상대방인 지방자치단체의 원고적격을 인정한 것은 교부세 감액에 따른 지방자치단체의 예산의 감소를 '법률상 이익'으로 인정한 것으로 해석할 수 있을 것이다. 이 경우 지방교부세를 지급받는 것은 지방자치단체가 행정주체의 지위에서 일반예산으로 지급받는 것인데, 그러한 행정주체의 지위에서도 원고적격을 인정하였다는 점에서 의미가 있다고 생각된다.[54]

　섣불리 일반화하기는 어려울 수도 있으나, 향후 지방자치단체가 국가의 행정청에 대하여 직접 항고소송으로 다투는 것을 대법원이 인정하는 범위가 보다 넓어지게 될 것으로

---

52) 지방교부세제도의 개요에 대하여는 이진수, "재정분권을 위한 지방재정법제의 개선방향에 대한 제안적 연구 – '세입집권화론'과 '세출 자율성'으로의 관점전환을 위한 提言", 지방자치법연구 제58호(2018), 46 – 48면 참조.

53) 지방교부세액의 결정과 감액결정은 항고소송의 대상이 되는 처분에 해당한다고 보는 견해로는 서원우, 앞의 책, 323면 참조.

54) 보조금 관리에 관한 법률에 따라 국가가 지급하는 보조금은 그 대상이 지방자치단체에 한정되지 않고, 일반 사인도 보조금의 지원대상이 될 수 있다. 반면 지방교부세는 지방자치단체에게만 지급이 허용된다. 이러한 점에서, 지방교부세의 지급과 관련된 국가와 지방자치단체의 관계에서 항고소송을 인정한 대법원의 판단은 대단히 전향적인 것이라고 할 수 있을 것이다. 다만, 당사자의 주장이 없었다고 하더라도 직권으로라도 대상적격이나 원고적격과 같은 소송요건에 대한 판단을 명확하게 할 필요가 있지 않았나 하는 아쉬움이 있다.

전망할 수 있을 것이다.

(4) 소결

진정한 지방자치의 보장을 위해서는, 정치적 타협과 조정에 의한 것보다는 지방자치를 법치주의적으로 보장하는 데에 이르도록 하는 것이 보다 확실한 방법이라고 할 수 있다. 이러한 지방자치의 법치주의적 보장을 위한 가장 중요한 제도는 재판이라고 할 수 있다.55) 국가의 다양한 감독수단에 대응하여 지방자치단체의 항고소송도 폭넓게 인정되어야 할 것으로 본다. 국가의 감독권을 통하여 행정의 합법성이 구현됨과 동시에 항고소송을 통하여 지방자치단체의 자치권 보장이 상호적으로 실현되어야 할 것이다.56)

4. 권한쟁의와 항고소송의 관계

헌법 제111조와 헌법재판소법 제61조에 따라 권한쟁의심판이 인정되는데, 특히 국가와 지방자치단체 사이의 권한쟁의와의 관계가 문제된다. 권한쟁의심판은 국가와 지방자치단체의 분쟁해결수단으로 의미를 갖는 것57)인데, 지방자치단체의 항고소송을 폭넓게 인정할 경우에 법원과 헌법재판소 사이에 상이한 결과를 가져오는 경우가 있을 수 있어 항고소송과 권한쟁의심판이 충돌할 수도 있다는 지적이 있다.58)

권한쟁의심판과 행정소송의 관계에 대하여, 권한쟁의심판의 독자성을 인정하여 권한쟁의심판을 바로 청구할 수 있도록 하자는 견해,59) 국가 또는 다른 지방자치단체가 어떤 지방자치단체의 권한과 모순되는 권한을 행사한 때에는 권한쟁의심판으로, 국가 또는 다른 지방자치단체의 권한 행사가 위법한 경우에는 행정소송으로 해결하여야 한다는 견해,60) 지방자치단체간의 권한분쟁에 있어서는 헌법적 문제보다는 다양한 법률적 문제들과 관련된 사실인정 등의 문제가 더 중요할 것이므로 헌법재판에 적합하지 않고, 권한의 존부에 대한 다툼이 아닌 처분 또는 부작위의 위법 여부에 대한 다툼의 경우에는 권한쟁의심판의 요건을 갖출 수 없으므로 항고소송이 보다 적절한 해결책이 될 수 있다는 견해61) 등이 주장되고 있다.

---

55) 박정훈, 앞의 책, 331면 참조.
56) 조성규, "지방자치권의 사법적 보장 – 항고소송의 가능성을 중심으로", 행정법연구 제14호(2005), 267–268면 참조.
57) 김남철, 앞의 논문, 4면 참조.
58) 성낙인, 헌법학, 2017, 법문사, 893–894면 참조.
59) 류지태/박종수, 행정법신론, 2016, 박영사, 1008–1009면 참조.
60) 박정훈, 앞의 책, 346–347면 참조.
61) 정호경, 앞의 논문, 75–76면 참조.

법치주의와 지방자치의 조화와 균형이라는 관점에서, 항고소송과 권한쟁의 모두 중요한 역할을 할 수 있을 것으로 생각된다. 다만, 권한쟁의는 '권한의 침해' 여부에 초점이 있어, 결국 누구의 권한인지, 누구의 관할인지의 문제가 핵심이 되는데 반하여, 행정소송은 지방자치단체의 처분 또는 국가의 감독권 행사에 따른 처분의 '위법' 여부에 보다 초점이 맞추어지게 되므로, 지방자치에서의 법치주의의 구현이라는 측면에서는 항고소송의 역할이 보다 크게 인정될 수 있을 것으로 생각된다.62)

V. 결론

자치권의 확대는 지방자치의 정착에 따른 필연적인 현상이라고 할 수 있다. 다만, 자치권의 확대가 지방자치단체의 독점적 관할권을 확고하게 하는 것이 되어서는 안 되고, 자치권이 확대되는 만큼, 그에 대한 책임성을 확보하여야 하고, 이를 위하여 합법성 통제는 여전히 중시되어야 할 것이다. 합법성 통제를 매개로 하는 국가의 감독이 여전히 중시되는 만큼, 지방자치단체의 불복수단도 넓게 인정되어야 할 것으로 본다.

현행 지방자치법상의 감독수단과 불복절차는 자치사무인지 아닌지, 합법성 통제인지 합목적성 통제인지라는 판단하기 어려운 논의를 전제로 하고 있다는 문제점이 있다. 이에 대하여는 입법적 해결이 종국적인 해결방법이 될 것이다. 다만, 그 전 단계에 있어서는 해석론이 분쟁해결에 있어 중요한 역할을 할 수밖에 없을 것이다. 관련규정의 해석에 있어서, 자치사무인지 위임사무인지, 합법성 통제인지 합목적성 통제인지에 중점을 두는 것보다는 실제로 지방자치단체의 처분이 위법했는지, 그로 인하여 국민의 권익침해가 있었는지, 아니면 국가의 관여가 위법했는지 등의 실질적 문제로 관심이 이동해야 할 것으로 생각된다. 이를 위해서는 대법원이 법치주의와 지방자치의 조화의 관점에서 해석을 통하여 국가 감독권의 범위를 조정할 필요가 있다고 생각된다. 또한, 항고소송을 통한 불복의 가능성을 넓히는 것도 하나의 해결방안이 될 수 있을 것으로 보고, 그러한 의미에서 최근의 대법원 판례의 방향은 긍정적이라고 생각된다.

국가를 통한 통제를 통하여, 잘못된 행정으로 인한 국민의 피해를 방지하는 것이 중요하고, 지방자치단체의 불복수단 보장을 통하여 국가의 잘못된 간섭이 있다면 이를 바로 잡는 것도 필요할 것이다. 이러한 두 가지 요청의 균형과 조화를 위한 균형추로서 사법부의 역할이 중요하다는 점을 다시 한 번 강조하고자 한다.

---

62) 권한쟁의심판은 추상적 권한의 소재 또는 범위에 관한 분쟁을 대상으로 할 뿐, 그 권한이 개별 사안에서 적법 또는 위법하게 행사되었는가를 문제 삼지 않는 것으로 보는 견해로 문상덕, "지방자치쟁송과 민주주의", 지방자치법연구 제26호(2010), 38면 참조.

난민법상 인도적 체류허가 거부의 처분성*

I. 서론

(1) 인도적 체류허가는 한국 난민법이 실제로 제공하고 있는 보호의 상당 부분을 차지한다. 1994년부터 2020년 사이의 기간 동안 난민법에 따라 보호받은 사람은 전체 3,346명인데, 난민인정자는 1,052명, 인도적 체류자는 2,294명으로, 인도적 체류자가 난민인정자의 두 배를 넘는다.[1] 이러한 경향은 시리아와 예멘 내전으로 인한 난민신청자의 상황을 보면 더욱 뚜렷이 드러난다. 일상용어로는 '시리아 난민', '예멘 난민'이라고 말하지만, 시리아나 예멘 출신 난민신청자의 대부분은 난민 지위가 아닌 인도적 체류자 지위를 부여받았다.[2] 시리아 출신 신청자는 1994년부터 2017년 사이의 기간 동안 4명이 난민인정을 받

---

* 이 논문은 행정법연구 제63호(2020.11)에 게재된 논문으로 「최광률 명예회장 헌정논문집」에 전재하는 것이다.

** 서울대학교 법학전문대학원 교수

1) 법무부 출입국·외국인정책 통계월보[2020년 4월호]

구분 연도	심사완료	난민인정(보호)					불인정
		소 계	인 정	인도적체류	인정률	보호율	
총 계	29,463	3,346	1,052	2,294	3.6%	11.4%	26,117
'94년-'12년	2,646	495	324	171	12.2%	18.7%	2,151
2013년	523	63	57	6	10.9%	12%	460
2014년	1,574	627	94	533	6%	39.8%	947
2015년	2,755	303	105	198	3.8%	11%	2,452
2016년	5,665	350	98	252	1.7%	6.2%	5,315
2017년	5,876	438	121	317	2.1%	7.4%	5,438
2018년	3,964	652	144	508	3.6%	16.4%	3,312
2019년	5,102	310	79	231	1.5%	6.1%	4,792
'20년 1~4월	1,358	108	30	78	2.2%	7.9%	1,250

※ 보호율은 난민인정자와 인도적 체류자의 숫자를 합쳐 산정한 것이다.

2) 무력분쟁과 관련된 난민신청에 대해 난민협약상 박해사유에 해당하지 않는다는 이유로 난민인정에 소극적인 행정부와 법원의 태도로 인한 것이다. 무력분쟁 실향민에 대한 국제적 보호 체계에 관한 전반적인 설명은 이세련, "1951년 난민의 지위에 관한 협약의 현대적 재조명 – 협약 외 난민 보호를 중심으로", 최계영(편), 난민법의 현황과 과제, 경인문화사, 2019, 371쪽 이하; 이인수, "무력분쟁과 폭력 사태로 인한 실향민에 대한 난민법제의 보호", 최계영(편), 앞의 책, 399쪽 이하 참조.

고 1,120명이 인도적 체류허가를 받았다.3) 2018년 뜨거운 논쟁을 불러일으켰던 (제주도로 입국한) 예멘 출신 난민신청자의 경우를 보면, 난민인정을 받은 사람은 2명에 불과하고 412명이 인도적 체류허가를 받았다.4)

　　(2) 이처럼 난민법상 보호의 상당 부분은 인도적 체류허가에 기초하지만, 난민법에서는 이에 관해 매우 단출한 규정만을 두고 있다. "인도적 체류 허가를 받은 사람(이하 "인도적 체류자"라 한다)"이란 난민에는 해당하지 아니하지만 "고문 등의 비인도적인 처우나 처벌 또는 그 밖의 상황으로 인하여 생명이나 신체의 자유 등을 현저히 침해당할 수 있다고 인정할 만한 합리적인 근거가 있는 사람으로서 대통령령으로 정하는 바에 따라 법무부장관으로부터 체류허가를 받은 외국인"이다(제2조 제3호). 인도적 체류자는 강제송환이 금지된다(제3조). 강제송환금지는 난민인정자, 난민신청자와 함께 규정되어 있고 난민협약과 고문방지협약이 근거로 제시되고 있다. 인도적 체류자의 처우에 관해서는 취업활동 허가를 할 수 있다는 하나의 조문만 있다(제39조).5) 체류에 관해서는 대통령령에서 정한다. 인도적 체류허가를 받은 자는 출입국관리법에 따라 체류자격을 받거나 체류자격에 대한 변경허가 또는 체류기간의 연장허가를 받아야 한다(난민법 시행령 제2조 제3항).

　　인도적 체류허가의 절차에 대해서는 난민법 제2조 제3호의 위임에 따라 대통령령에서 정하고 있다. 인도적 체류허가는 난민신청자가 난민인정절차에서 난민불인정결정을 받거나 이의신청절차에서 기각결정을 받을 때 할 수 있다(난민법 시행령 제2조 제1항 각 호). 인도적 체류허가를 한 경우 서면으로 통지된다. 이는 난민불인정결정통지서 또는 이의신청 기각결정통지서에 인도적 체류허가를 하기로 한 뜻을 적어 통지할 수 있다(이상 같은 조 제2항). 즉 인도적 체류허가에 대해서는 별도의 절차가 없고, 난민인정절차나 이의신청절차에서 난민인정신청이나 이의신청과 함께 판단하게 된다.

　　무력분쟁을 이유로 한 난민인정에 관한 가장 최신의 권위 있는 해석기준에 관하여는 2016년에 간행된 유엔난민기구, '국제적 보호에 관한 지침 제12호: 난민의 지위에 관한 1951년 협약과 1967년 의정서 제1조 제A항 제2호 및 지역협약상 난민의 정의에 근거한 무력분쟁 및 폭력 사태에서의 난민신청' 참조. 위 지침에서는 기존 유엔난민기구 편람의 "국제적 또는 국내적 무력충돌의 결과로 출신국을 강제로 떠날 수밖에 없었던 사람은 일반적으로 1951년 협약이나 1967년 의정서에 의거하여 난민으로 간주되지 않는다"[유엔난민기구, 난민 지위의 인정기준 및 절차 편람과 지침(한글판), 2014, 164 단락]는 문구는 "박해를 받을 수 있다는 두려움과 1951년 협약 사이에 인과관계가 전혀 존재하지 않을 경우에만 적용할 수 있는 내용"이라고 강조하여 무력충돌과 관련된 난민신청에 대한 소극적인 난민인정을 경계하고 있다(위 지침, 10단락).

3) 심사결정 완료된 1,153명 중 난민인정 4명, 인도적 체류허가 1,120명, 불인정 29명(법무부 2017년 난민현황).

4) 신청자 총 484명 중 난민인정 2명, 인도적 체류허가 412명, 불인정 56명, 직권종료 14명(법무부 2018. 12. 17. 보도자료).

5) 인도적 체류자의 체류자격과 처우에 관해서는 국가인권위원회, 2019「이주 인권가이드라인」모니터링 결과 보고회 자료집(2019. 11. 11.); 김세진, "한국의 인도적 체류지위 현황과 보충적 보호지위 신설의 필요성", 최계영(편), 난민법의 현황과 과제, 경인문화사, 2019, 338쪽 이하 참조.

(3) 위와 같은 절차 구조로 인해 최근 하급심에서는 인도적 체류허가 거부가 항고소송의 대상인 처분인지를 두고 판단이 엇갈리고 있다. 난민불인정결정은 처분이므로 취소소송으로 이를 다툴 수 있고, 난민불인정결정을 하면서 인도적 체류허가를 발급받은 경우에도 인도적 체류자에서 난민인정자로의 지위 상승을 위해 난민불인정결정 취소소송을 제기할 수 있다. 문제는 난민불인정결정을 하면서 인도적 체류허가도 발급하지 아니한 경우에 인도적 체류허가를 발급하지 아니한 처분도 있는 것으로 보아 취소소송으로 다툴 수 있는가 하는 것이다.[6] 예를 들어 시리아나 예멘과 같은 내전 지역 출신 난민신청자가 정치적 의견이나 종교로 인한 박해의 공포를 주장하면서 난민신청을 하였는데, 난민불인정결정이 내려졌고 인도적 체류허가가 발급되지 아니하였다. 이와 같은 사안에서 난민불인정결정 취소소송과 함께 (예비적으로) 인도적 체류허가 거부처분 취소소송을 제기한 경우 이러한 문제가 발생한다. 앞서의 통계에서 보듯 시리아나 예멘 출신 난민신청자 대부분은 인도적 체류허가를 통해 내전 지역으로 송환될 위험에서 벗어나고 있는데, 같은 국가 출신이면서 그러한 보호가 거부된 사람들에게 거부사유의 적법성을 사법심사로 다툴 기회를 줄 것인가의 문제이다.

이 글은 인도적 체류허가의 사법심사 가능성을 둘러싸고 엇갈리고 있는 최근의 하급심 판결들을 검토하는 것을 목적으로 한다(Ⅲ). 이 문제를 본격적으로 다루기 전에 먼저 난민협약 외의 난민을 보호하기 위한 국제난민법의 '보충적 보호'개념을 살펴볼 것이다. 한국 난민법의 인도적 체류허가 제도는 보충적 보호에 관한 국제사회의 논의의 흐름 속에서 설계된 것이어서, 입법과정에서의 논의와 법적 성격을 파악하기 위해서는 보충적 보호에 대한 이해가 필요하기 때문이다(Ⅱ).

Ⅱ. 보충적 보호

1. 개념과 기능

'보충적 보호'(complementary protection)란 난민협약[7]상의 난민(이하 '협약상 난민'이라 줄

---

6) 법무부 통계나 보도자료(앞의 각주)에서 '난민인정 ○명, 인도적 체류허가 ○명, 불인정 ○명'이라고 할 때 '인도적 체류허가'는 난민불인정결정과 인도적 체류허가를 받은 사람을, '불인정'은 난민불인정결정을 받으면서 인도적 체류허가를 받지 못한 사람을 가리킨다.

7) '난민의 지위에 관한 협약'(Convention relating to the Status of Refugees)과 '난민의 지위에 관한 의정서'(Protocol Relating to the Status of Refugees). 이하 조약의 번역은 국가법령정보센터에 수록된 번역을 기초로 한다.

인다)에는 해당하지 않지만, 국제적 보호가 필요한 사람들에게 각 국가가 제공하는 보호를 가리킨다. 특정한 조약이나 국내법에서 사용되는 용어는 아니지만, 위와 같은 기능을 수행하는 제도들 통틀어서 가리키는 개념으로 유엔난민기구[8]와 학계에서 통용되고 있다.[9] 주의할 점은, 난민협약의 직접적인 이행은 아니지만, 국제법적 근거 없이 각국의 재량이나 인도적 선의에만 기반하고 있는 제도도 아니라는 점이다.[10][11] 보충적 보호는, 강제송환금지(non-refoulement) 원칙이 국제인권법을 통해 확장된 결과 각국이 지게 된 보호의무를 이행하는 방식이다.[12]

　'보충적'이라는 것은 난민협약과의 관계에서 보충적이라는 의미이다. 협약상 난민 개념은 일정한 박해사유와의 연관성이 있는 경우만 난민으로 포섭한다.[13] '인종, 종교, 국적, 특정 사회집단의 구성원인 신분 또는 정치적 견해를 이유로 박해를 받을 수 있다고 인정할 충분한 근거가 있는 공포'[14]로 인하여 출신국의 보호를 받을 수 없는 사람들만이 협약상 난민에 해당한다. 출신국으로 돌아가면 겪게 될 위험이 인종, 종교, 국적, 특정 사회집단의 구성원인 신분 또는 정치적 견해와 무관하다고 평가되는 경우에는 협약상 난민으로 보호받지 못한다. 이 점은 난민협약의 성립에 관여한 사람들도 이미 알고 있었다. 난민협약을 채택한 전권대사 회의의 최종문서에서는 "모든 국가들이 자국 영역 내에 난민으로 체재하고 있지만 협약의 정의에 해당하지 않는 사람들에게도 가능한 한 협약에 따른 처우를 해 줄 것을 희망한다"고 권고하고 있다.[15] 난민협약 성립 후 70여 년이 흐르는 동안 이른바 '진화적'해석을 통해 협약상 난민 개념은 확장되었고 여전히 국제적 난민보호 체계의 중심에 서 있지만,[16] 국제적 보호가 필요한 사람들을 모두 포함하지는 못한다.[17] 보충적

---

8) 대표적으로 UNHCR Executive Committee of the High Commissioner's Programme, Conclusion on the Provision on International Protection Including Through Complementary Forms of Protection No. 103 (LVI) - 2005, (h)항 참조.

9) Battjes, "Subsidiary Protection and other alternative form of protection" in: Chetail/Bauloz, Research Handbook on International Law and Migration, Edward Elgar, 2014, p. 542.

10) Goodwin-Gill/McAdam, The Refugee in International Law, 3rd ed., Oxford, 2007, pp. 285, 295; McAdam, Complementary Protection in International Refugee Law, Oxford, 2007. p. 21.

11) 유엔난민기구 집행위원회는 2005년 결의안에서 온정적인 배려나 현실적인 이유로 국가가 체류를 허용하는 경우도 있으나 이는 보충적 보호와는 명확히 구별되어야 한다고 설명하고 있다. UNHCR Executive Committee of the High Commissioner's Programme, Conclusion on the Provision on International Protection Including Through Complementary Forms of Protection No. 103 (LVI) - 2005, (j)항.

12) 상세한 설명은 아래의 2. 참조.

13) 이는 제2차 세계대전이 끝나고 냉전이 시작되는 시기인 1951년에 생성되었다는 시대적 한계로 인한 것이다. 난민협약 성립의 시대적 배경과 그로 인한 한계에 관하여는 J. Hathaway, "A Reconsideration of the Underlying Premise of Refugee Law", Havard International Law Journal 31(1)(1990), pp. 129-183 참조.

14) 난민협약 제1조 제A항 제2호; 난민법 제2조 제1호

15) 유엔난민기구, 난민 지위의 인정기준 및 절차 편람과 지침(한글판), 2014, 8면 참조.

16) Goodwin-Gill, "The International Law of Refugee Protection", in: Fiddlian-Qasmiyeh/Loescher/Long/

보호 제도는 이러한 난민협약의 한계, 즉 출신국에서 중대한 인권침해의 위험이 있는 모든 사람, 출신국의 보호를 받을 수 없어 국제사회의 보호가 필요한 모든 사람을 포괄하지 못한다는 한계를 보완하는 역할을 한다.[18]

2. 국제인권법에 기초한 강제송환금지 원칙

국제인권법을 통해 강제송환금지 원칙은 강화되고 확장되어 왔다. 강제송환금지 원칙은 난민협약의 핵심적 요소이기는 하지만,[19] 난민협약에서만 도출되는 것은 아니다. 여러 국제인권조약에서는 중대한 인권침해를 당할 우려가 있는 곳으로의 송환을 금지한다. 대표적으로는 고문방지협약[20]과 자유권규약[21]이 그러하다.[22] 고문방지협약은 명시적으로 강제송환금지 원칙을 규정하고 있고, 자유권규약은 규약의 해석상 비인도적 처우의 위험이 있는 곳으로 송환하는 것을 금지한다.[23]

Sigona, The Oxford Handbook of Refugee and Forced Migration Studies, Oxford, 2014, pp. 44−45; Schoenholtz, "The New Refugees and the Old Treaty: Persecutors and Persecuted in the Twenty−First Century", Chi. J. Int'l L., 16(2015), pp. 81−126 참조.

17) 난민협약의 보호를 보완하는 방식으로는, 보충적 보호 이외에 지역협약에서 난민 개념 자체를 확장하는 방식도 있다. 『아프리카통일기구 협약』(OAU Convention Governing the Specific Aspects of Refugee Problems in Africa, September 10, 1969)은 "외부침략, 점령, 외국의 지배 또는 출신국이나 국적국 일부 또는 전부의 공공질서를 심각하게 해치는 사건으로 인하여 … 출신국이나 국적국 밖의 다른 장소에서 피난처를 구하기 위하여 상주지를 떠날 수밖에 없었던 모든 사람"을, 라틴아메리카 국가들이 채택한 『카르타헤나 선언』(Cartagena Declaration of 1984)은 "일반화된 폭력, 외국의 공격, 국내 분쟁, 대량의 인권침해, 그 밖의 공공질서를 심각하게 해치는 상황으로 인하여 생명, 안전, 자유를 위협받기 때문에 출신국을 떠난 자"를 난민에 포함시킨다(번역은 유엔난민기구, 난민 지위의 인정기준 및 절차 편람과 지침(한글판), 2014, 8면 참조). 해당 지역 국가들에서는 이른바 전쟁난민, 내전난민도 보충적 보호가 아니라 난민으로서 보호를 받게 된다. 확장된 난민 개념에 관해서는 이세련, 앞의 논문, 374−377쪽; 조정현, *A Study on Expanded Refugee Concept for Large−scale Displacement Crises*, 외법논집 제42권 제1호(2018), 549쪽 이하 참조.

18) 이러한 한계는 일정 부분은 협약상 난민 개념에 내재한 것이지만, 일정 부분은 체약국의 협소한 해석·적용으로 인한 것이다. 1960년대 이후에 성립된 국제인권조약들과 달리 난민협약은 조약이행을 감독하는 기구(예를 들어 자유권규약위원회)가 없다.

19) 난민협약 제33조 제1항("체약국은 난민을 어떠한 방법으로도 인종, 종교, 국적, 특정사회 집단의 구성원 신분 또는 정치적 의견을 이유로 그 생명이나 자유가 위협받을 우려가 있는 영역의 국경으로 추방하거나 송환하여서는 아니된다.")

20) '고문 및 그 밖의 잔혹한, 비인도적인 또는 굴욕적인 대우나 처벌의 방지에 관한 협약'(Convention against Torture and Other Cruel, Inhuman or Degrading Treatment or Punishment)

21) '시민적 및 정치적 권리에 관한 국제규약'(B규약, International Covenant on Civil and Political Rights)

22) 그 밖에 아동의 '최선의 이익'에 관해 규정하고 있는 아동권리협약도 강제송환금지 원칙을 내포하고 있는 것으로 이해된다(Mandal, Protection Mechanisms Outside of the 1951 Convention ('Complementary Protection'), UNHCR Legal and Protection Policy Research Series, PPLA/2005/02, para. 60 참조). 또한 유럽인권협약의 체약국들의 경우 유럽인권협약 제3조도 주요한 근거이다.

(1) 고문방지협약과 자유권규약

고문방지협약은 명시적으로 강제송환금지 원칙을 규정하고 있다. 고문방지협약 제3조 제1항에 따르면 "어떠한 당사국도 고문받을 위험이 있다고 믿을 만한 상당한 근거가 있는 다른 나라로 개인을 추방·송환 또는 인도하여서는 아니된다."제2항에서는 위험이 있다고 믿을 만한 상당한 근거가 있는지 판단할 때 "관련국가에서 현저하며 극악한 또는 대규모 인권침해 사례가 꾸준하게 존재하여 왔는지 여부를 포함하여 모든 관련사항을 고려"하도록 한다. 고문방지협약상의 강제송환금지 원칙은, 배제사유가 규정된 난민협약24)과 달리 배제사유를 두지 않고 있어, 난민협약보다 적용범위가 넓다.25)

고문방지협약이 고문에 대해서만 강제송환금지를 규정하고 있는 데 반해, 자유권규약은 그 적용범위를 고문 이외의 비인도적인 처우에까지 확장한다.26) 자유권규약 제7조는 '고문 또는 잔혹하거나 비인도적이거나 굴욕적인 처우·형벌'을 금지한다. 자유권규약위원회는 체약국이 고문, 잔혹하거나 비인도적이거나 굴욕적인 처우·형벌을 받을 위험이 있는 국가로 사람을 송환하는 것 역시 위 조항에 따라 금지된다고 해석하여 왔다.27) 자유권규약 제6조,28) 제7조에서 규율하는 사항 등에 대하여 "회복할 수 없는 침해가 발생할 실제의 위험이 있다고 믿을만한 상당한 근거"가 있는 경우에는 그 사람을 자국의 영토로부터 범죄인인도, 출국, 추방 등 어떠한 방식으로도 퇴거시켜서는 안된다. 송환된 국가에 그러한 위험이 있는 경우뿐만 아니라, 송환된 국가에서 그러한 위험이 있는 국가로 다시 송환될

---

23) 고문방지협약, 자유권규약, 유럽인권협약에 기초하여 강제송환금지 원칙을 적용한 국제인권조약기구와 법원의 결정례와 판례에 관해서는 김민수·김효권, "강제송환금지 원칙에 대한 국제법상 보충적 보호 – 개별 사례를 중심으로", 국제법평론 제34호(2011. 10.), 185–209쪽 참조.

24) 난민협약 제33조 제2항("체약국에 있는 난민으로서 그 국가의 안보에 위험하다고 인정되기에 충분한 상당한 이유가 있는 자 또는 특히 중대한 범죄에 관하여 유죄의 판결이 확정되고 그 국가공동체에 대하여 위험한 존재가 된 자는 이 규정의 이익을 요구하지 못한다.")

25) Kälin/Caloni/Heim, Article 33, para. 1, in: Zimmermann(ed.), The 1951 Convention Relating to the Status of Refugees and Its 1967 Protocol: A Commentary, Oxford, 2011, p. 1351. 고문방지협약에 배제조항이 없다는 점은 테러리즘에 대한 국제사회의 관심이 높아지면서 주목을 끌었으나, 배제조항이 적용될 수 있는 사람은 매우 소수이므로, 이에 관한 우려는 현실적인 것이라기보다는 상징적이라고 한다. Chetail, "Are refugee rights human rights? An unorthodox questioning of the relations between refugee law and human rights law", Human Rights and Immigration 19(2014), 37쪽 참조.

26) Goodwin–Gill/McAdam, The Refugee in International Law, 3rd ed., Oxford, 2007, pp. 302, 306. 또한 위해의 주체에 관해서도 차이가 있다. 고문방지협약상의 고문은 국가가 행하거나 묵인한 행위만 의미하는데 반해(고문방지협약 제1조 제1항 참조), 자유권규약의 비인도적 처우는 비국가행위자에 의한 행위일지라도 국가가 그로부터 보호할 의사나 능력이 없으면 포함된다.

27) UN Human Rights Committee (HRC), CCPR General Comment No. 20: Article 7 (Prohibition of Torture, or Other Cruel, Inhuman or Degrading Treatment or Punishment), 10 March 1992, para. 9 등.

28) 생명권, 사형폐지

가능성이 있는 경우(간접송환)에도 마찬가지이다. 이는 자국의 영토 안에 있는 모든 사람에 대하여 규약상의 권리를 존중하고 보장할 의무를 체약국에게 부과한 자유권규약 제2조에 기초한다.[29]

(2) 강제송환금지와 국가의 보호의무

위와 같은 국제인권법상의 강제송환금지 원칙으로부터 강제송환으로부터의 보호는 도출할 수 있지만, 체류할 권리나 법적 지위가 직접 도출되지는 않는다.[30] 각국은 이른바 '안전한 제3국'으로의 송환을 통해 체류를 허용하지 않고도 강제송환금지 원칙을 어기지 않을 수 있다. 즉, 제3국에서 비인도적인 처우를 받을 위험이 없(고 그러한 처우를 받을 위험이 있는 다른 국가로 송환될 위험도 없)으면, 제3국으로 송환하는 것은 강제송환금지 원칙에 반하지 않는다. 그러나 체류를 하지 못하게 함으로써 고문이나 비인도적인 처우를 초래할 수 있다면 이는 강제송환금지 원칙에 반한다.[31] 결국 국제난민법에서와 마찬가지로 국제인권법에 있어서도, 강제송환금지 원칙을 존중하기 위해서는, 안전한 제3국으로 송환할 수 있는 경우를 제외하면, 국가는 체류를 허용할 수밖에 없다. 다시 말해 강제송환금지 원칙에는 체류를 허용할 묵시적 의무가 내포되어 있다.[32]

고문방지위원회도 마찬가지 입장이다. 고문방지위원회는, 고문방지협약 제3조 위반이라는 위원회의 판단으로 인해 비호(庇護)의 부여 여부에 대한 체약국의 결정을 변경해야 하는 것은 아니라고 하면서도, 체약국은 제3조와의 합치를 가능하게 하는 해결책을 찾을 책임이 있다고 하였다. 이러한 해결책은 법적 성격의 것(예를 들어 신청자의 일시적인 체류를 허용하는 결정)일 수도 있고, 정치적인 성격의 것(예를 들어 신청자를 자국 영토에 체류하게 하고 다시 송환하지 않을 제3국을 찾는 것)일 수도 있다고 한다.[33] 즉 안전한 제3국으로의 송환이 가능하지 않다면, 협약을 준수할 방법은 체류를 허용하는 것이다.

---

29) 이상 UN Human Rights Committee (HRC), General comment no. 31 [80], The nature of the general legal obligation imposed on States Parties to the Covenant, 26 May 2004, CCPR/C/21/Rev.1/Add.13, para. 12.

30) Türk/Dowd, "Protection Gaps", in: Fiddlian−Qasmiyeh/Loescher/Long/Sigona, The Oxford Handbook of Refugee and Forced Migration Studies, Oxford, 2014, p. 283.

31) 이상 Mandal, Protection Mechanisms Outside of the 1951 Convention ('Complementary Protection'), UNHCR Legal and Protection Policy Research Series, PPLA/2005/02, para. 57.

32) 이상 Chetail, "Are refugee rights human rights? An unorthodox questioning of the relations between refugee law and human rights law", Human Rights and Immigration 19(2014), p. 38.

33) Seid Mortesa Aemei v. Switzerland, CAT/C/18/D/34/1995, UN Committee Against Torture (CAT), 29 May 1997, para. 11. 또한 자유권규약위원회는 자유권규약 제7조를 준수하기 위해서는 절차적 보장이 중요함을 강조한다(Mansour Ahani v. Canada, CCPR/C/80/D/1051/2002, UN Human Rights Committee (HRC), 15 June 2004, para. 10.6 10.7 10.8).

3. 외국의 입법례[34]

위와 같은 국가의 보호의무를 실현하기 위하여 각국은 난민협약을 보충하여 입법적 또는 행정적으로 보충적 형태의 보호 제도를 만들어 운용하고 있다. 2020년 현재 유럽연합 회원국 전부, 알바니아, 오스트레일리아, 보스니아, 캐나다, 핀란드, 마케도니아, 멕시코, 몬테네그로, 뉴질랜드, 노르웨이, 세르비아, 남아프리카 공화국, 스위스, 터키, 우크라이나, 미국 등이 여기에 해당한다.[35]

유럽연합은 2004년 난민자격지침[36]에서 '보충적 보호'(subsidiary[37] protection) 제도를 창설하였다. 이는 보충적 보호에 관한 최초의 초국가적(supranational) 입법으로서, 난민보호에 관한 회원국의 기존제도와 관행을 통일시키고자 하는 작업의 산물이다.[38] 난민자격지침 제2조 (f)호[39]에서는 보충적 보호를 받을 자격이 있는 사람을 난민에 해당하지 아니하는 사람으로서 출신국으로 돌아가면 '중대한 위해를 받을 실제의 위험'(a real risk of serious harm)이 있다고 믿을 만한 상당한 근거가 있는 사람으로 정의한다. 중대한 위해는 다음과 같이 정의된다.

제15조[중대한 위해] 중대한 위해는 다음의 각호의 하나를 말한다.
(a) 사형 또는 그 집행
(b) 출신국에서 신청인에 대한 고문 또는 비인도적이거나 굴욕적인 처우·형벌
(c) 국제적 또는 국내적 무력분쟁에서 무차별적인 폭력으로 인한 민간인의 생명 또는 신체에 대한 중대하고 개별적인 위협

---

34) 보충적 보호의 인정 및 불복 절차에 관해서는 이 글의 목적상 뒤의 Ⅲ.3.(4)에서 따로 살펴볼 것이다.

35) Frelick, "What's Wrong with Temporary Protected Status and How to Fix It: Exploring a Complementary Protection Regime", Journal on Migration and Human Security 8(1)(2020). 한국도 보충적 보호 제도를 운용하는 국가로 분류되어 있다.

36) Council Directive 2004/83/EC of 29 April 2004 on minimum standards for the qualification and status of third country nationals or stateless persons as refugees or as persons who otherwise need international protection and the content of the protection granted. 유럽연합 이사회는 1999년 '유럽공동비호체계'(Common European Asylum Systerm)을 형성하기로 결의하였고, 그 일환으로 위 난민자격지침을 제정하였다.

37) complementary protection과 구별하기 위해 '부수적 보호'라고 번역하기도 한다.

38) McAdam, Complementary Protection in International Refugee Law, Oxford, 2007, p. 325.

39) 이하의 조문 인용은 현행 지침인 Directive 2011/95/EU of the European Parliament and of the Council of 13 December 2011 on standards for the qualification of third—country nationals or stateless persons as beneficiaries of international protection, for a uniform status for refugees or for persons eligible for subsidiary protection, and for the content of the protection granted를 기준으로 한다.

위 (c)항은 특히 내전 등 무력분쟁으로 인한 실향민 보호와 관련하여 중요한 의미를 갖는다. 보충적 보호의 요건에 관해서는 난민자격지침에서 규정하고 있고 회원국 입법은 이를 그대로 이행하여야 하지만, 심사절차는 회원국이 각자 규정하게 된다. 보충적 보호지위를 인정받은 사람에게 난민과 같은 지위와 권리를 부여할 것인지에 관하여 보면, 일부의 권리는 그러하지만, 일부의 권리는 회원국에게 선택권이 있다.[40] 후자의 경우 일정한 최저 기준만 충족하면 협약상 난민에 미치지 못하는 권리만을 부여하는 것도 가능하다.[41][42]

유럽연합 이외의 국가 중에서 대표적으로 캐나다와 호주의 법률을 보면 다음과 같다. 캐나다는 출신국 송환시 ① 고문의 위험, ② 생명의 위험 또는 잔혹하고 이례적인 처우·처벌의 위험이 있는 외국인에 대하여 '보호를 필요로 하는 사람'(a person in need of protection)의 지위를 부여하고 있다(이민·난민보호법[43] 제97조). 보충적 보호지위를 가진 사람에게 협약상 난민과 동일한 지위와 권리를 부여한다는 점이 캐나다의 제도의 특징이다.[44] 호주는 2011년 보충적 보호 제도를 도입하였다.[45] 호주에서 송환된 결과 '중대한 위해'(significant harm)를 겪을 실제의 위험이 있다고 믿을 만한 상당한 이유가 있으면 체류자격이 부여된다. 여기에서 '중대한 위해'는 자의적인 생명의 박탈, 사형의 집행, 고문, 잔혹하거나 비인도적인 처우·형벌, 굴욕적인 처우·형벌을 가리킨다.[46]

---

40) 대표적으로 가족결합(난민자격지침 제23조), 체류허가의 기간(같은 지침 제24조 제2항)과 사회보장(같은 지침 제29조 제2항)이 그러하다.

41) Battjes, "Subsidiary Protection and other alternative form of protection" in: Chetail/Bauloz, Research Handbook on International Law and Migration, Edward Elgar, 2014, p. 555.

42) 확장된 난민 개념을 채택한 아프리카나 라틴아메리카와는 달리, 유럽연합 등 보충적 보호 체계를 택한 국가들은, 난민보호와 보충적 보호의 2단계 구조를 갖는다. 유럽연합의 2단계 구조에 대해서는 다음과 같은 문제점이 지적되고 있다. ① 우선 난민인정과 보충적 보호 중 어떠한 지위가 부여되는가가 나라마다 매우 다르다. 2016년 시리아 출신의 비호신청자의 경우, 아일랜드에서는 100%, 영국과 이탈리아에서는 92%가 난민으로 인정된 반면, 스페인에서는 0.9%만 난민으로 인정되고 대부분 보충적 보호지위를 부여받았다. 나라간 차이뿐만 아니라 한 나라 안에서도 시기별로 급격한 변화를 보이기도 한다. 독일의 경우 시리아 출신은 2015년에는 0.06%만 보충적 보호 대상이었으나 2016년 42%로 급격히 증가하였다. 보충적 보호지위를 부여받은 사람들이 대거 난민불인정결정에 대해 소를 제기하였고 법원에서는 대부분 난민이라고 판단되었다. ② 다음으로 난민인정자와 보충적 보호지위자가 각각 누리는 권리의 차이도 나라마다 매우 다르다. 예를 들어 프랑스의 경우 난민은 10년의 체류허가를 받는 반면, 보충적 보호지위를 받은 사람은 1년의 체류허가를 받는다.
ECRC는 위와 같은 문제로 인해 (보충적 보호지위에서 난민 지위로 올라가기 위한) 소송이 유발되고, 다른 회원국으로의 이차적 이동을 할 유인이 되며, 복잡성으로 인해 각 국가의 행정적 부담이 늘어나므로, 2단계 구조를 하나로 통합할 것을 제안한 바 있다. 이상의 내용은 ECRC(European Council on Refugees and Exiles), Refugee rights subsiding? − Europe's two−tier protection regime and its effect on the rights of beneficiaries, 2017, pp. 13, 16−23, 28, 31 등 참조.

43) Immigration and Refugee Protection ActS.C. 2001, c. 27.

44) Mandal, Protection Mechanisms Outside of the 1951 Convention ('Complementary Protection'), UNHCR Legal and Protection Policy Research Series, PPLA/2005/02, xii 참조.

45) Migration Amendment(Complementary Protection) Act 2011.

III. 인도적 체류허가에 대한 신청권의 존부

1. 도입

대법원은 행정청의 거부가 처분이 되기 위해서는 신청의 대상이 된 행위가 처분인 것만으로는 부족하고, 법규상 또는 조리상의 신청권이 필요하다고 한다.[47] 따라서 인도적 체류허가 거부의 처분성 문제도 인도적 체류허가를 구할 법규상 또는 조리상의 신청권이 인정되는가에 좌우된다. 본격적인 논의에 들어가기에 앞서 필자는 기본적으로 신청권 법리에 반대하는 입장임을 밝혀 두고자 한다. 행정소송법은 '공권력 행사 또는 그 거부'(밑줄 필자)라고만 처분 개념을 규정하고 있으므로(제2조 제1항 제1호), 처분의 거부이면 충분하고 별도로 신청권을 요구할 법적 근거가 없기 때문이다.[48] 다만, 1984년[49] 이래 35년 이상 유지되어 온 대법원의 확고한 입장이 단시간 내에 쉽게 바뀌길 기대하기는 어려우므로 이하의 논의는 신청권 법리를 전제로 하여 전개할 것이다.

2. 하급심의 엇갈린 판단

서울행정법원 2018. 12. 7. 선고 2018구단15406 판결[50]은 인도적 체류허가의 신청권을 인정한 최초의 판결이다. 난민법 제3조는 인도적 체류자에 대한 강제송환금지의 근거가 고문방지협약 제3조임을 밝히고 있고, 고문방지협약 제3조는 강제송환금지 원칙을 규정하여 고문을 받을 위험이 있는 사람에 대한 당사국의 보호의무를 밝히고 있으므로 신청권이 인정된다는 것이다.[51] 반면 뒤이어 나온 서울행정법원 2019. 2. 20. 선고 2018구단72621 판결[52]과 서울행정법원 2019. 10. 16. 선고 2019구단52440 판결[53]에서는 신청권을 부정하였다. 신청권을 부정한 판결들[54]에서는 다음과 같은 이유로 신청권을 부정하였다.

---

46) 이상 Section 36(2)(aa)(2A) of the Migration Act 1958.

47) 대법원 2009. 9. 10. 선고 2007두20638 판결 등.

48) 최계영, "용도폐지된 공공시설에 대한 무상양도신청거부의 처분성", 행정법연구 제14호(2005. 10.), 436-437쪽. 현재 신청권이 없다는 이유로 대상적격 단계에서 각하되는 사건들 중 상당수는 본안판단이 필요하고, 처분의 위법성에 대한 사법판단이 불가능하거나 부적절한 사건은 다른 소송요건(사법심사의 한계, 원고적격, 협의의 소의 이익)의 문제로 해소될 수 있을 것이다.

49) 대법원 1984. 10. 23. 선고 84누227 판결.

50) 항소심 계속 중

51) 난민 임시상륙허가 출입국관리법 제16조의2도 신청권의 근거 법규로 제시되었다.

52) 확정(대법원에서 심리불속행 상고 기각)

53) 항소심 계속 중

54) 두 판결이 표현과 구성은 약간 다르지만 핵심적인 부분은 공통되므로 신청권 부정의 근거를 함께 서술하

첫째, 고문방지협약에 기초한 신청권55)을 부정하였다. 고문방지협약 제3조는 어떤 개인이 추방·송환 또는 인도되게 되면 고문을 받을 위험에 처하게 되는 특수한 경우에 그 개인을 추방·송환 또는 인도하지 말도록 당사국에게 의무를 부과하는 내용이므로, 외국인에게 모든 인도적 사유를 이유로 체류허가를 신청할 권리가 일반적으로 인정된다고 보기 어렵다고 한다. 또한 고문방지협약에 가입한 국가가 고문을 받을 위험이 있는 사람을 다른 나라로 추방·송환 또는 인도하여서는 아니 될 의무를 부담하는 것과 외국인에게 인도적 체류허가를 구할 신청권을 인정하는 것은 별개의 문제라는 입장이다. 둘째, 난민법상 인도적 체류허가에 관한 규정에 기초한 신청권을 부정하였다.56) 난민법 제정 경과에 비추어 보면, 국회는 난민법 제정 당시 외국인에게 인도적 체류허가 신청권을 부여할 것인지 논의한 끝에 신청권을 인정하지 않기로 결단하였다는 것이다. 셋째, 조리상 신청권도 부정하였다. 성문법 국가에서 조리는 보충적인 기능만 가지므로 입법기관이 신청권을 두지 아니하기로 결정하였다면 사법기관은 조리를 근거로 신청권을 인정하는 데 신중을 기하여야 한다는 것이다.57)

3. 입법자의 의도

(1) 인도적 체류허가 절차의 입법과정

신청권을 부정한 판결들의 핵심적인 논거는 입법과정으로부터 추론한 입법자의 의도이다. 당초 국회에 제출된 법률안58)(이하 '제정안'이라 한다)은 아래와 같이 난민인정절차와 별개로 인도적 지위 부여절차를 두고, 난민인정신청과 동시에 또는 선택적으로 신청할 수 있는 것이었다.

인도적 지위의 부여절차는 난민인정절차를 준용한다. 다만 난민인정의 신청과 인도적 지위 부여의 신청은 동시에 혹은 선택적으로 제출될 수 있으며, 법무부 장관은 난민인정의 신청만이 있는 경우에도 인도적 지위를 부여하는 것이 적합하다고 판단되는 때에는 이를 부여

였다.

55) 법규상 신청권 중 헌법에 따른 신청권(헌법 제6조 제1항의 "헌법에 의하여 체결·공포된 조약과 일반적으로 승인된 국제법규")의 문제로 논의되었다.

56) 법규상 신청권 중 국내법에 따른 신청권의 문제로 논의되었다.

57) 조리상 신청권 인정에 신중을 기하여야 한다는 입장은 자칫 오해의 소지가 있다. 신청권 법리 자체가 성문법에 근거하지 아니한 사법심사 제한을 판례를 통해 창설한 것인데, 신청권을 인정받기 위해서는 원칙적으로 성문법의 근거가 필요하다는 의미를 읽힐 수 있기 때문이다. 신청권을 부여하지 않겠다는 입법자의 명시적 의사를 전제로 하는 해당 판결들의 논리적 흐름 속에서만 의미를 갖는 입장일 것이다.

58) 「난민 등의 지위와 처우에 관한 법률안」(황우여의원 대표발의), 2009. 5. 25., 의안번호 4927.

할 수 있다.59)

그런데 국회 법제사법위원회 심사보고서에서 아래와 같이 외국인에게 인도적 지위 부여 신청권을 부여하는 것에 대하여 "유보적인 입장"60)을 보였고, 결국 현재와 같은 형태로 난민법이 제정되었으므로, 인도적 체류허가를 신청할 권리를 인정하지 않는 것이 입법자의 의도라는 것이다.

제정안은 '인도적 지위'의 신청권을 인정하여 난민신청자를 더욱 두텁게 보호하려는 취지로 이해되나, 별도로 '인도적 지위' 신청권을 보장하는 것에 대하여는 입법정책적 판단이 필요하다고 하겠음.61)

위와 같은 논리는 법규상 신청권을 부정하는 데 그치지 않고, 조리상 신청권을 부정하는 데까지 나아가므로('조리상 신청권을 인정하는 것은 입법자의 의도에 반하는 것이어서 성문법 국가인 한국에서는 허용할 수 없다')는 데에까지 나아가므로, 처분성을 부정한 판결들에 있어서 입법자의 의도에 관한 위와 같은 해석은 결정적인 논거이다. 그렇다면 과연 심사보고서에 나타난 "별도로 '인도적 지위' 신청권을 보장"하는 데 유보적인 입장이, 인도적 체류허가 자체의 신청권을 부정하고 사법심사 가능성을 배제하고자 하는 것이었을까?
심사보고서에는 별도로 신청권을 부여하기 어려운 사유로 다음과 같은 법무부의 의견을 들고 있다.

제정안대로 규정할 경우 신청자가 인도적 지위만을 요청한 경우, 만약 신청자가 난민인정 요건에 해당하더라도 인정을 하지 못하고 인도적 지위만을 부여하게 되는 문제가 발생할 우려가 있다고 함(법무부)62)

---

59) 제정안 제27조.

60) 서울행정법원 2019. 2. 20. 선고 2018구단72621 판결; 2019. 10. 16. 선고 2019구단52440 판결.

61) 2011. 12. 국회 법제사법위원회장 '난민 등의 지위와 처우에 관한 법률안 심사보고서' 중 "Ⅲ. 전문위원 검토보고의 요지", 22-23쪽. 사실 심사보고서 중 이 부분은 "전문위원 검토보고의 요지"로서 법제사법위원회 심사 이전에 이미 작성된 보고서를 요약하여 수록한 것이다. 즉 2009. 11. 법제사법위원회 전문위원 진정구 작성의 검토보고서 '난민 등의 지위와 처우에 관한 법률안 검토보고서', 21면과 동일한 내용이다. 처분성을 부정한 판결들에서는 "국회 법제사법위원회의 심사 종료 후 법제사법위원회 위원장 명의로 작성"되었다는 점이 언급되고 있으나, 법제사법위원회 심사 이전에 작성된 것이고, 심사보고서 전체 체계상 전문위원 검토보고를 요약하여 담은 것에 불과할 뿐 법제사법위원회 심사내용이 반영된 것도 아니어서, 심사보고서의 일부라는 이유만으로 입법자의 의사를 추론할 수 있는 자료로 쓸 수 있을지 의문이다.

62) 위 심사보고서, 23쪽 각주 31번.

법무부에서 별도의 신청권을 부여하는 데 대해 부정적인 입장을 밝혔는데, 그 이유는 난민에 해당하는 사람이 난민신청을 하지 않고 인도적 체류허가만 신청하면 난민인정을 받지 못하는 불합리한 결과가 생긴다는 것이다. 절차적 지위와 권리를 부정하겠다거나 약화시켜야 한다는 언급은 찾아볼 수 없다. 심사보고서의 다른 부분에서도 인도적 지위 절차에 관한 내용을 찾아볼 수 있다.

> UNHCR는 '보완적 보호에 대한 보고서'(제네바, 2001)에서 단일절차로 난민이나 '다른 보호를 필요로 하는 자'(인도적 지위 등 포함)에 대한 결정을 할 것을 권고하고 있음.[63]

위의 내용은 난민법 제정안에 대해 유엔난민기구가 제시하였던 의견과 연관된 것으로 보인다. 유엔난민기구는 "본 법률안이 단일절차를 통해 국제적 보호의 필요성을 파악하는 접근법을 채택할 것을 지지한다. UNHCR은 단일비호절차를 도입하면 비호관련 의사결정의 효율성 증가와 비용 절감 효과가 있다고 본다."[64]는 의견을 제시한 바 있다.

한편 국회 법제사법위원회 소위원회 회의에서의 전문위원 보고에서도 단일절차를 지지하는 의견이 제시되었다. 공청회 및 관계기관의 의견에 있어서는 "난민신청시 인도적 지위도 같이 검토"하는 것이 필요하다는 의견이 많았고, "난민신청절차와 별도의 (인도적 지위) 신청 및 심사·결정절차를 둘 것인지와 관련해서는, 난민신청을 하면 난민 요건에 해당하지 아니할 경우에도 인도적 지위를 인정할지 여부도 반드시 심사·결정하여 결정서에 밝히도록 하는 그러한 방안이 좋다"는 것이다.[65]

(2) 유엔난민기구의 의견

앞서 본 것처럼 유엔난민기구는 단일절차를 권고하였는데, 어떠한 맥락에서 그러한 권고를 한 것인지 살펴볼 필요가 있다. 심사보고서에서는 "UNHCR'보완적 보호에 대한 보고서'(제네바, 2001)"[66](이하 '2001년 보고서'라고 한다)를 인용하고 있다. 2001년 보고서에서는 보충적 보호절차에 관한 당시의 국가들의 관행을 조사하여 다음과 같이 세 유형으로 파악하였다.

---

63) 위 심사보고서, 22쪽 각주 30번.

64) UNHCR, UNHCR's Comments on the Republic of Korea 2009 Draft Bill on Refugee Status Determination and Treatment of Refugees and Others(2009년도 난민 등의 지위와 처우에 관한 법률안에 대한 UNHCR의 의견), 15 June 2009, p. 21.

65) 제301회 국회(임시회), 법제사법위원회회의록(법안심사제1소위원회) 제1호, 2011. 6. 23., 4쪽 중 전문위원 허영호 보고.

66) UNHCR, Global Consultations on International Protection/Third Track: Complementary Forms of Protection, 4 September 2001, EC/GC/01/18.

① 병행적인(parallel) 절차로 규정되어 있어서 신청자가 어떠한 유형의 신청을 할지 선택 해야 하는 경우

② 순차적인(sequential) 절차 - 두 절차의 결정기관이 달라 분리되어 있는 - 로 규정되어 있어서 난민신청이 거부된 후에 보충적 보호 신청을 하도록 하는 경우

③ 하나의 단일한(one single) 절차에서 포괄적으로 모든 보호의 필요성을 심사하는 경우

유엔난민기구는 단일절차가 가장 간명·신속하고 경제적이며, 병행절차나 순차적 절차에서 나타날 수 있는 두 절차 사이의 해석의 불일치 문제를 피할 수 있다는 이유로, 단일절차의 채택을 권고하였다. 이어서 단일절차가 갖추어야 할 요소를 아래와 같이 제시하였다. 특히 불복기회의 보장이 강조되고 있다.

- 하나의 중앙집중적인 전문기관이, 단일한 절차에서, 먼저 협약상 난민인지 다음으로 그 밖의 보호 필요성이 있는지의 순서로 검토한다.
- 적절한 증명의 기준과 규칙이 있어야 하고, 결정에는 이유가 제시되어야 한다.
- 거부결정에 대해서는 의미 있는 불복의 기회가 있어야 한다.[67] 보호의 필요에 대한 최종 결정 이전에 송환되지 않도록 집행정지효가 부여되어야 한다.[68]

단일절차를 지지하고 효과적인 권리구제의 필요성을 강조하는 유엔난민기구의 입장은, 유럽연합 집행위원회의 의견표명에 대한 2004년 논평[69]에서도 확인할 수 있다. 유럽연합 난민자격지침 제정과정에서 유럽연합 집행위원회는 단일절차가 신청자의 보호에 적합하다는 의견을 제시하였다. 신청자가 자신의 신청이 협약상 난민에 해당하는지 아니면 보충적 보호에 해당하는지 판단할 수 있을 것이라 기대하기 어렵다는 것이다.[70] 또한 집행위원회는 단일절차를 제안하면서 핵심적인 요소로 보충적 보호 거부결정에 대한 효과적

---

67) 밑줄 필자, 이하 같음.

68) 이상 UNHCR, Global Consultations on International Protection/Third Track: Complementary Forms of Protection, 4 September 2001, EC/GC/01/18, paras. 8-10.

69) UNHCR, UNHCR Observations on the European Commission Communication on 'A More Efficient Common European Asylum System: The Single Procedure as the Next Step' (COM(2004)503 final; Annex SEC(2004)937, 15 July 2004), 30 August 2004.

70) European Union: European Commission, Communication from the Commission to the Council and the European Parliament, A More Efficient Common European Asylum System: The Single Procedure as the Next Step, COM(2004) 503 final, 15 July 2004, COM(2004) 503 final, para. 5. 이외에도 한 번만 절차를 거치도록 함으로서 트라우마를 최소화할 수 있고, 순차적 절차에 서로 다른 기관이 서로 다른 기준에 기초하여 심사할 경우 신청자는 절차에 맞춰 진술을 조정할 것이서 진술의 신빙성이 낮아지게 된다는 점도 지적되고 있다(위의 의견표명, para. 6).

인 구제수단을 들었다. 보충적 보호 거부결정에 대해서도 난민불인정결정과 마찬가지로 법원 또는 심판소(tribunal)에 의한 구제가 보장되어야 한다는 것이다.71) 유엔난민기구는 유럽연합 의견표명에 대한 논평에서, 신청자가 협약상 보호와 보충적 보호 중 어디에 해당하는지를 판단하기 어렵다는 점에 동감을 표시하였다.72) 나아가 거부결정에 대한 효과적인 구제수단을 보장해야 한다는 제안에 대해서도 강력한 지지를 표명하였다.73) 신청자가 자신이 난민보호의 대상인지 보충적 보호의 대상인지 알기 어려우므로 하나의 절차에서 심사해야 한다는 의견은, 난민법 입법과정에서 법무부가 제시한 의견과 실질적으로 동일한 것이다.

국회 법률안 심사보고서에서 인용한 2001년 보고서는 2005년의 보충적 보호에 관한 유엔난민기구 집행위원회 결의안74) 초안 마련을 위한 의견수렴과정에서 작성된 것이다. 위 결의안에서도 단일절차가 지지되고 있다. "난민 보호와 보충적 보호에 대한 심사가 하나의 결정에서 내려질 수 있는 포괄적인 절차(comprehensive procedure)"가 마련되어야 하는데, "난민 보호를 약화시키지 않으면서 모든 국제적 보호의 필요성을 검토할 수 있도록 난민심사를 먼저 하고 다른 국제적 보호의 필요성을 이어서 심사"하는 절차이어야 한다.75) 또한 포괄적인 절차는 "공정하고 효율적"이어야 한다.76)

(3) 단일절차의 취지

병행절차였던 최초의 제정안이 현재 법률과 같은 단일절차로 변모하게 된 과정은 구체적으로 드러나지 않는다. 그러나 단일절차를 지지한 국회 전문위원 의견, 법무부 의견, 유엔난민기구 의견 어디에서도, 인도적 체류허가에 관한 절차적 권리를 부정하고 불복기회나 사법심사를 배제하겠다는 의도는 보이지 아니한다. 즉 심사보고서에 나타난 "별도로 '인도적 지위' 신청권"을 인정하는 데 대한 유보적인 입장은 "별도로"에 방점이 찍혀 있는 것이지, 신청권 자체의 배제에 방점이 찍혀져 있는 것이라 보기 어렵다. "별도로" 신청권을 보장할 것이 아니라 난민인정절차와 통합하라는 취지로 읽어야 하는 것이다. 또한 유엔난

71) Ibid., para. 17.

72) UNHCR, UNHCR Observations on the European Commission Communication on 'A More Efficient Common European Asylum System: The Single Procedure as the Next Step' (COM(2004)503 final; Annex SEC(2004)937, 15 July 2004), 30 August 2004, para. 5.

73) Ibid., para. 10.

74) UNHCR Executive Committee of the High Commissioner's Programme, Conclusion on the Provision on International Protection Including Through Complementary Forms of Protection No. 103(LVI). 국문번역은 채현영, "보충적 보호 지위 관련 국제 기준 및 해외 사례", 국가인권위원회, 2019「이주 인권가이드라인」 모니터링 결과 보고회 자료집(2019. 11. 11.), 126−127쪽 참조.

75) Ibid., (q)항.

76) Ibid., (r)항.

민기구가 제시한 일련의 의견에서 나타나듯이 단일절차는 사법심사의 제한과는 무관하다.

단일절차가 권장되는 이유는 난민인정심사와 보충적 보호의 심사가 다음과 같은 관계에 있기 때문이다. 난민인정심사의 대상인 '박해를 받을 수 있다고 인정할 충분한 근거가 있는 공포'와 보충적 보호의 심사대상인 '고문 또는 잔혹하거나 비인도적이거나 굴욕적인 처우를 받을 실제의 위험'은 각자 고유한 의미가 있지만, 실질적으로는 상당 부분 겹칠 수밖에 없다.[77] 난민협약의 박해 개념은 인권법의 영향을 받아 생명 또는 자유에 대한 위협과 그 밖의 중대한 인권 침해[78]라고 일반적으로 이해되고 있다.[79] 보충적 보호는 난민요건 중 일부(박해사유와의 연관성 등)가 결여된 경우로서 심사해야 할 요건이 실제로 크게 다르지 아니하다.[80] 결국 단일절차는 실질적으로 중첩되는 요건에 대한 면접과 사실조사를 한 번에 실시할 수 있어 효율적이고, 난민 요건부터 심사하도록 함으로써 난민 보호의 우선성[81]을 관철하고 난민으로 인정받을 수 있는 사람의 지위가 보충적 보호로 낮아질 위험을 제거하는 장점이 있다.[82]

(4) 보론 - 외국의 입법례

앞서 본 바와 같이 유엔난민기구는 2000년대 초반부터 단일절차로의 통합을 권고하였고, 주요 난민수용국들은 대부분 단일절차를 채택하였다. 구체적으로 보면 다음과 같다.

독일 비호법[83]에서는 세 가지 종류의 보호를 제공한다. ⅰ) 독일 기본법 제16a조 제1항의 비호권에 따른 비호,[84] ⅱ) 난민협약에 따른 보호,[85] ⅲ) 보충적 보호[86]가 그것이다.

---

77) Chetail, "Are refugee rights human rights? An unorthodox questioning of the relations between refugee law and human rights law", Human Rights and Immigration 19(2014), pp. 35-36.

78) 유엔난민기구, 난민 지위의 인정기준 및 절차 편람과 지침, 2014(한글번역본), 51단락 참조. 대법원도 박해를 '생명, 신체 또는 자유에 대한 위협을 비롯하여 인간의 본질적 존엄성에 대한 중대한 침해나 차별을 야기하는 행위'라고 정의한다(대법원 2008. 7. 24. 선고 2007두3930 판결 등).

79) Chetail, "Are refugee rights human rights? An unorthodox questioning of the relations between refugee law and human rights law", Human Rights and Immigration 19(2014), pp. 25-26.

80) 고문방지위원회가 강제추방과 관련하여 내린 결정의 대다수는 협약상 난민지위의 거부결정이 (난민신청자 진술의 신빙성 등과 관련하여) 오류가 있는 사건들이라고 한다(Mandal, 앞의 보고서, para. 58).

81) 보충적 보호는 난민 보호를 약화시키는 것이 아닌 강화시키는 방향으로 작용하여야 하기 때문이다. UNHCR Executive Committee of the High Commissioner's Programme, Conclusion on the Provision on International Protection Including Through Complementary Forms of Protection No. 103 (LVI) - 2005, (k)항.

82) Vedsted-Hansen, Complementary or subsidiary protection? Offering an appropriate status without undermining refugee protection, New Issues in Refugee Research, UNHCR Policy Development and Evaluation Service, Working Paper No. 52, 2002, p. 7.

83) Asylgesetz

84) 독일 비호법 제2조

85) 독일 비호법 제3조

모든 비호신청은 세 가지 종류의 신청을 모두 포함하는 것으로 본다. 신청인이 신청의 범위를 제한할 수 있지만, 그 경우 행정청은 그러한 제한이 가져올 결과를 신청인에게 미리 알려야 한다.[87] (기본법상 비호권의 보호의 적용대상이 아니라면) 행정청은 우선 협약상 난민에 해당하는지 심사해야 하고, 난민에 해당하지 않을 때 비로소 보충적 보호의 요건을 갖추었는지 심사해야 한다.[88] 보호를 받지 못한 신청자가 소송으로 다투고자 할 경우 적절한 소송유형은 의무이행소송이다. 협약상 난민의 지위와 보충적 보호 지위를 모두 인정받지 못한 경우에는 통상 예비적 병합의 형태로 소를 제기한다. 주위적으로 난민인정을 구하는 청구를, 예비적으로 보충적 보호 인정을 구하는 청구를 제기하는 것이다.[89]

프랑스 또한 난민인정과 보충적 보호 인정을 단일절차에서 심사하고 있다. '난민과 무국적자 보호 사무국(OFPRA)[90]'는 비호신청에 대하여 심사하여 난민지위를 인정할 수 없다고 판단되면 보충적 보호의 자격이 있는지 심사한다.[91] 비호신청에 관련한 쟁송은 특별행정법원인 국가비호법원(CNDA)에 제기한다. 소송유형은 완전심판소송이다. 원래는 판례를 통해 인정되었으나 현재는 법률에 명시되어 있다.[92] 완전심판소송으로 재판할 수 있으므로 법원은 보호 사무국의 결정을 취소하여 되돌려 보내는 것에 그치지 않고, 직접 난민지위 또는 보충적 보호지위를 부여할 수 있다. 이는 국가비호법원 판결에 대해 최고행정법원인 꽁세유데따에 항소한 경우에도 마찬가지이다.[93]

캐나다의 경우 과거에는 난민인정과 보충적 보호에 관한 권한이 서로 다른 기관에 속해 있었고 절차도 따로 진행되었다. 그러나 현재는 이민난민위원회(Immigration and Refugee Board)가 두 절차에 대한 권한을 모두 갖고 있다. 이민난민위원회는 일종의 독립행정위원회로서, 1차적 결정을 담당하는 난민보호부(Refugee Protection Division)와 이에 대한 불복을 담당하는 난민불복부(Refugee Appeal Division)로 구성된다. 1차적 결정 단계에 대해서는 난민보호부가, 불복절차 단계에서는 난민불복부가, 하나의 절차에서 우선 협약상 난민인지 여부를 심사하고 다음으로 보충적 보호의 필요성이 있는지를 심사한다.[94]

---

86) 독일 비호법 제4조

87) 독일 비호법 제13조 제2항

88) Heusch/Haderlein/Schönenbroicher, Das neue Asylrecht, C.H.Beck, 2016, Rn. 96.

89) 이상 Heusch/Haderlein/Schönenbroicher, Das neue Asylrecht, C.H.Beck, 2016, Rn. 295.

90) Office français de protection des réfugiés et apatrides

91) ECRE(European Council on Refugees and Exiles), Complementary Protection in Europe, 29 July 2009, p. 40; 강지은, "난민지위 인정절차의 제문제－ 프랑스의 2015년 개정 외국인법제를 중심으로", 행정법연구 제45호(2016. 6.), 141쪽; 이혜영/표현덕 등, 난민인정과 재판 절차의 개선 방안, 사법정책연구원, 2017, 461－462쪽 참조.

92) Art. L. 733－5 CESEDA

93) 이상 강지은, 앞의 논문, 143－145쪽; 이혜영/표현덕 등, 앞의 책, 472－484쪽 참조.

94) 이상 Dicker/Mansfield, Filling the protection gap: current trends in complementary protection in Canada,

이상과 같이 보충적 보호 제도를 도입한 여러 나라에서는 단일절차에서 난민보호와 보충적 보호를 실현하고 있고, 이는 쟁송절차에서도 마찬가지이다. 난민신청과 함께 심사 된다고 하더라도, 보충적 보호지위를 거부한 결정에 대한 별도의 사법심사가 보장된다.[95]

4. 국제인권조약에 부합하는 해석

신청권을 부정한 판결들에서는 ① 고문방지협약 제3조의 강제송환금지 원칙은 '고문' 에 대해서만 적용되고, ② 강제송환의 금지와 인도적 체류허가의 부여는 별개의 문제라는 논리를 전개한다. 이에 대해 차례로 살펴본다.

(1) 국제인권법상 보호의무의 범위

우선 고문방지협약상의 강제송환금지 원칙은 앞서 본 바와 같이[96] 고문에 대해서만 적용되는 것이 사실이다. 그러나 한국 난민법의 인도적 체류허가의 근거는 고문방지협약 뿐만 아니라 자유권규약에서도 찾을 수 있다. 앞서 본 바와 같이 자유권규약위원회는 고 문, 잔혹하거나 비인도적이거나 굴욕적인 처우·형벌을 받을 위험이 있는 국가로의 강제송 환금지 의무를 자유권규약 제7조로부터 도출하고 있다.[97] 자유권규약에 관한 자유권규약 위원회 등의 해석은 그것이 규정 자체는 아니기 때문에 법적 구속력이 있는 것은 아니지 만 존중되어야 한다.[98] 또한 자유권규약상의 강제송환금지 원칙은 이미 국제관습법의 지 위를 갖고 있다고 볼 수도 있다.[99]

이에 대해서는 난민법 제3조의 강제송환금지 원칙이 난민협약 외에는 고문방지협약

Mexico and Australia, New Issues in Refugee Research, UNHCR Policy Development and Evaluation Service, Research Paper No. 238, 2012, p. 28;https://irb-cisr.gc.ca/en/legal-policy/legal-concepts /Pages/ProtectLifVie.aspx(2020. 7. 10. 최종방문) 참조.

95) 각국 법원에 의한 보충적 보호에 관한 판례 비교분석에 관해서는 Hart, "Complementary Protection and Transjudicial Dialogue: Global Best Practice or Race to the Bottom?", International Journal of Refugee Law 28.2(2016), pp. 171-209 참조.

96) Ⅱ.2.(1) 참조.

97) Ⅱ.2.(1) 참조.

98) 양심적 병역거부에 관한 대법원 2018. 11. 1. 선고 2016도10912 전원합의체 판결 중 다수의견에 대한 대 법관 권순일, 대법관 김재형, 대법관 조재연, 대법관 민유숙의 보충의견. 그러한 존중의 근거는 "세계평 화와 인류공영에 이바지"하도록 한 헌법 전문과 국제법 존중주의를 담고 있는 헌법 제6조에서 찾을 수 있을 것이다. 전종익, "헌법재판소의 국제인권조약 적용", 저스티스 제170-2호(2019. 2.), 534-535쪽; 신 윤진, "국제인권규범과 헌법: 통합적 관계 구성을 위한 이론적·실천적 고찰", 서울대학교 법학 제61권 제1호(2020. 3.), 239-240쪽 참조.

99) Lauterpacht/Bethelehem, "The Scope and content of non-refoulement: Opinion", in: Feller/Türk/ Nicholson(ed.), Refugee Protection in International Law - UNHCR's Global Consultations on International Protection, Cambridge, 2003, paras. 224-229.

제3조만 규정하고 있다는 반론이 제기될 수 있다. 그런데 위 조항은 인도적 체류자, 즉 "고문 등의 비인도적인 처우나 처벌 또는 그 밖의 상황으로 인하여 생명이나 신체의 자유 등을 현저히 침해당할 수 있다고 인정할 만한 합리적인 근거가 있는 사람"[100]에 대하여 고문에 대해서만 적용되는 고문방지협약 제3조에 따라 강제송환을 금지한다. 즉 조항 자체로 모순되는 내용을 담고 있다. 이를 체계적으로 모순 없이 해석하기 위해서는 고문방지협약 제3조는 보호대상자의 범위를 정하기 위해서가 아니라 금지되는 행위의 태양을 정하기 위해 포함된 것으로 볼 수밖에 없다. 난민법 제3조는 금지되는 강제송환행위의 태양과 범위를 난민협약 제33조 외에 고문방지협약 제3조를 참조하여 규정하고 있는 것이다.

그렇다면 난민법 제3조의 인도적 체류자에 대한 강제송환금지 중 적어도 "고문 등의 비인도적인 처우나 처벌…로 인하여 생명이나 신체의 자유 등을 현저히 침해당할 수 있다고 인정할 만한 합리적인 근거가 있는 사람" 부분은 한국이 고문방지협약과 자유권규약의 체약국으로서 보호의무를 이행하기 위해 입법한 것이라 보아야 할 것이다. 즉 '고문 등의 비인도적인 처우나 처벌'을 근거로 하는 인도적 체류허가는 자유권규약, 고문방지협약에 규정된 국제인권법상의 보호의무에 따라 규정되어 있는 것이다. 다만 이렇게 해석하더라도 '그 밖의 상황' 부분은 국제인권법상의 보호의무에 근거하지 아니하는, 즉 체약국에 입법재량이 있는 부분이다.[101]

(2) 신청권의 불가분성

인도적 체류허가의 요건 중 일부는 국제인권법상 보호의무에 기초하고 있고 일부는 국가의 입법재량에 기초하고 있을 때, 신청권의 존부는 어떻게 파악하여야 하는가?[102] 대법원의 논리에 의하면, 신청권은 대상적격인 처분성의 요소이므로 "구체적 사건에서 신청인이 누구인가를 고려하지 않고 관계 법규의 해석에 의하여 일반 국민에게 그러한 신청권을 인정하고 있는가를 살펴 추상적으로 결정되는" 것이고(원고적격과의 구별), "신청인이 그 신청에 따른 단순한 응답을 받을 권리를 넘어서 신청의 인용이라는 만족적 결과를 얻을 권리를 의미하는 것은 아니"다(본안판단과의 구별).[103] 그렇다면 고문, 비인도적인 처우·처벌의 위험을 주장하는 사람과 그 밖의 상황을 주장하는 사람을 나누어 신청권의 존부를 따로 판단할 수 없다. 원고적격의 문제가 아니기 때문이다. 마찬가지로 고문, 비인도적인 처

---

100) 난민법 제2조 제3호

101) 이상 한종현·황승종, "우리 난민법제상 인도적 체류 허가에 관한 연구", 서울대학교 법학 제60권 제2호 (2019. 6.), 73쪽 각주 109에서 인용하고 있는 조정현 교수의 견해 참조.

102) 처분성을 부정한 판결들에서는 고문방지협약에 따른 고문이 포함되어 있다는 점을 인정하면서도, 그 부분에 대해서도 신청권을 인정하지 아니하였다.

103) 대법원 2009. 9. 10. 선고 2007두20638 판결 참조.

우·처벌의 위험이 인정되는 사람과 그 밖의 상황이 인정되는 사람을 나누어 신청권의 존부를 따로 판단할 수 없다. 이는 본안판단을 선취하는 것이기 때문이다.

사실 근본적인 문제는 신청인으로 하여금 어느 유형에 해당하는지를 정하여 신청하도록 요구할 수는 없다는 점이다. 앞서의 단일절차에 관한 논의에서 살펴보았듯이[104] 난민신청과 인도적 체류허가 신청 사이에서 신청인에게 절차 선택의 위험을 전가하지 않겠다는 것이 입법자의 의사이다. 이는 인도적 체류허가의 세부유형 사이에서도 마찬가지이다. 신청인은 출신국으로 돌아갈 경우 생명이나 신체의 자유 등을 침해당할 위험이 있다는 사정을 기초로 신청하면 충분하다. 그 원인이 되는 행위가 난민협약의 박해인지, 고문방지협약의 고문인지, 자유권규약의 비인도적인 처우·처벌인지, 아니면 그 어디에도 해당하지 않는지는 법적 평가의 문제일 뿐이고, 행정청이 자신의 권한과 책임 하에 판단해야 할 사항이다. 그러므로 인도적 체류허가에 대해서는 세부유형에 상관없이 하나의 신청권이 인정된다고 보아야 할 것이다. 후자의 경우 인도적 체류허가의 부여 여부에 있어서 행정청에게 재량이 인정될 수도 있겠지만, 이는 본안판단에서 고려될 문제일 뿐이다.

(3) 강제송환금지와 인도적 체류허가의 관계

마지막으로 살펴볼 문제는 국가의 강제송환금지 의무와 외국인에게 인도적 체류 허가를 신청할 권리가 별개의 문제인가 하는 것이다. 즉 인도적 체류허가 신청권은 인정하지 않더라도 강제송환의 집행행위만 하지 아니하면 체약국으로서의 의무를 이행[105]한 것이 아닌가 하는 것이다. 우선 짚고 넘어가야 할 점은 강제송환금지 원칙의 실효적인 이행을 위해서는 이에 위반된 강제송환을 막을 수 있는 효과적인 권리구제절차가 필요하다는 점이다. 자유권규약위원회는 이 점을 분명히 하고 있다.[106]

강제송환금지 원칙의 보호를 받는 자에 대하여 강제퇴거명령이 내려진 경우 강제퇴거명령의 유·무효 또는 위법 여부에 관해서는 대법원의 명확한 입장을 알 수 없다. 하급심 판결에서 "난민법 제3조는 강제퇴거명령을 집행하여 송환을 금지하는 규정일 뿐 강제퇴거명령 자체의 효력을 소멸시키는 규정으로 볼 수 없다"는 판시를 찾을 수 있을 뿐이다.[107] 이러한 논리에 기초하면 강제퇴거명령에 대한 항고소송이나 그 집행정지가 강제송환금지 원칙을 구현하는 효과적인 구제수단이라고 보기 어렵다. 강제퇴거명령 취소소송에서 고문

---

104) Ⅲ.3.(3) 참조.

105) 서울행정법원 2019. 2. 20. 선고 2018구단72621 판결.

106) Mansour Ahani v. Canada, CCPR/C/80/D/1051/2002, UN Human Rights Committee (HRC), 15 June 2004, paras. 10.6 − 10.10 참조.

107) 서울행정법원 2013. 6. 27. 선고 2013구합3269 판결(서울행정법원 실무연구회, 행정소송의 이론과 실무, 사법발전재단, 2008, 378쪽에서 재인용).

방지협약이나 자유권규약에 기초하여 강제송환금지 원칙의 적용을 주장할 경우 강제퇴거명령의 위법사유가 될 수 있을지 불확실하기 때문이다. 위의 하급심 판결은 오히려 강제퇴거명령은 적법·유효한 것으로 보고 행정부에서 그 집행만 하지 않으면 강제송환금지 원칙을 이행한 것으로 보는 입장인데, 이에 따르면 사법절차를 통해 강제송환금지 원칙에 반하는 송환의 집행을 막을 수 없다. 난민법 제3조는 인도적 체류허가를 이미 받은 사람인 인도적 체류자만 강제송환금지 원칙의 보호대상으로 규정하고 있으므로, 인도적 체류허가발급을 위한 사법심사를 허용하는 것이 강제송환금지 원칙을 사법절차에서 관철시킬 수 있는 실질적으로 유일한 방법이다.

IV. 결론

이상의 논의를 바탕으로 인도적 체류허가 거부의 처분성 여부에 대한 입장을 정리하는 것으로 글을 마치고자 한다. 첫째, 난민법 입법과정에서 당초의 제정안을 변경하여 난민인정절차 내에서 인도적 체류허가 여부를 판단하도록 한 이유는 인도적 체류허가에 대한 신청권을 부정하기 위한 것이 아니라 신청자의 절차 선택의 위험을 줄이기 위한 것이었다. 그러므로 신청권을 부정하겠다는 입법자의 의사를 도출할 수 없고, 사법심사를 배제하고자 하는 의사 역시 찾아볼 수 없다. 여러 나라의 예에서 보듯이 단일절차에서도 보충적 보호에 대한 사법심사가 보장될 수 있고 보장되어야 한다. 둘째, 인도적 체류허가 제도는 국가의 시혜적인 입법재량에 기초하여 창설된 것이 아니라, 국제인권법상의 보호의무를 이행하기 위한 수단으로 입법된 것이다. 국제인권법상의 보호의무는 그 침해에 대한 효과적인 구제수단을 보장할 것까지 포함한다. 인도적 체류허가에 대한 신청권을 부정하여 사법통제에서 전면적으로 배제하는 것은 실질적으로 행정부의 무제한적인 재량을 인정하는 것으로서 국제인권협약상의 보호의무 및 이를 국내법으로 이행하고자 한 입법자의 의사에 배치된다.

마지막으로 덧붙이고자 하는 말은 신청권을 부정하는 것은 사법심사를 배제하고 권리구제 가능성을 박탈하는 것이므로 신중해야 한다는 점이다. 이 점에서 "관계법령에 행정권한 발동의 요건이나 기준에 관한 구체적인 규정이 (거의) 없는 예외적 사안에서 제한적으로 적용하는 것이 바람직하다"는 지적에 공감할 수 있다.[108] 그렇지 아니하면 조리상 신청권의 존부 판단에 따라 선택적으로 사법심사 가능성이 정해질 위험이 있기 때문이다. 인도

---

108) 이상덕, "일반 행정소송 사건의 주요 쟁점", 사법연수원, 2020년도 법관연수 공법소송실무(2020. 3.), 15쪽 참조.

적 체류허가에 위 기준을 대입하여 보면, 난민법과 그 시행령에서는 인도적 체류허가의 구체적인 요건과 절차를 정하고 있다. 특히 요건에 관해서는 국제인권조약 및 이에 관한 다른 나라의 판례나 이행감독기구의 해석을 참조할 수 있다. 인도적 체류허가 거부의 처분성에 관한 법원의 전향적인 판결이 있기를 기대하며 글을 맺는다.

국가의 종교적·윤리적 중립성과 윤리과목 편성 요구권*

계인국**

I. 서론: 해외 행정판례 동향과 분석

한국행정판례연구회는 기획연구로서 매년 해외 각국의 행정판례 동향을 소개하고 분석하는 연구를 진행하고 있다. 외국의 판례를 소개하는 것은 일차적으로 해외 각국에서 발생하는 사건과 이에 적용되는 법제를 분석하고 해당 국가의 사법부가 어떤 법리를 통해 문제를 해결하였는지를 이해하는 데에 있다. 이를 통해 향후 국내에서도 발생할 수 있는 사건을 선제적으로 대응할 수도 있으며 표면적으로 이해되어온 해외 법제를 보다 심층적으로 분석할 수 있다는 의의를 가진다. 또한, 각국의 법원이 기반으로 하고 있는, 또는 판례를 통해 발전되었거나 수용된 이론들을 연구하고 법해석방법을 검토함으로 학문 발전에도 기여할 수 있다. 이러한 미시적·거시적 비교법 연구를 동시에 진행하는 것은 그리 간단하지 않을 뿐만 아니라, 결국 어느 한 쪽에 더 큰 비중을 둘 수밖에 없는 경우가 빈번히 발생한다. 특히 연구방법에 있어 다양한 판례를 소개할 것인가 특정 판례를 주로 소개할 것인가에 따라 이 비중의 차이는 더욱 크게 부각될 것이다.

본 연구는 독일 연방행정법원(Bundesverwaltungsgericht)의 2014년도 선고 판결 중 종교수업 대체과목으로서 윤리과목의 편성 요구권이 문제되었던 BVerwG 6 C 11. 13 판결을 대상으로 하였다. 먼저 위 판결에서 쟁점이 된 사실관계와 소송경과를 소개하고 이어서 독일 연방행정법원과 연방헌법재판소의 판례 변화를 통해 국가의 종교적 중립성에 대한

---

* 본 논문은 행정판례연구 XX−2(2015. 12.)에 게재된 논문으로 「최광률 명예회장 헌정논문집」에 전재하는 것임을 밝혀둔다.
** 고려대학교 공공정책대학 정부행정학부 조교수, 법학박사(Dr. jur.).

여러 모델들을 검토한다.[1] 동시에, 국가의 중립성이 하나의 법원칙으로 기능할 수 있는지 가능성을 모색하기 위하여 비교개념을 살펴본다. 다만, 해외 판례의 동향과 분석이라는 원래의 취지에 맞추어 본 연구는 주된 연구대상을 판례의 소개와 분석으로 하고 이와 관련된 기존의 논의는[2] 간략히 소개하는 데에 그치도록 한다.

II. 대상판결

1. 사실관계

원고는 무교의 자녀 셋을 둔 단독친권자로, 2010년 2월 원고의 두 아들이 각각 K초등학교 4학년과 2학년이 되었고 2013년 여름 셋째 아들이 입학을 앞두고 있다. 원고의 자녀들은 모두 무교이나 K 초등학교에서는 종교 대체과목(Ersatzfach für Religion)이 따로 지정되어 있지 않았다. 이에 원고는 2010. 2. 1. 피고 바덴-뷔르템베르크(Baden-Württemberg)주 문화부(Kulturministerium)[3]에 서신으로 원고에게는 자녀의 윤리-도덕에 대한 권리가 있으며, 윤리과목 미개설로 인해 자녀들이 세계관적 신조에 근거한 불이익을 받는 것은 헌법에 합치되지 않는다는 점을 들어, 초등학교 저학년을 위한 윤리과목을 편성해 줄 것을 요청하였다.

이에 대하여 피고 문화부는 2010. 2. 22 서신으로 다음과 같이 답하였다: 독일연방기본법 제7조 제3항 1문[4]과 바덴-뷔르템베르크 주 헌법 제17조 및 바덴-뷔르템베르크 주 학교법 제96조[5]에 의하여 종교교육은 모든 바덴-뷔르템베르크 주의 공립학교에서 정규

---

1) 특히 엄격한 정교분리의 원칙을 정하고 있는 국가와 비교가 요구되나 본고에서는 다루지 않는다.
2) 종교의 자유와 종교적 중립성에 대한 국내 논의를 살펴보면 김상겸, "종교의 자유와 정교분리 원칙에 관한 연구", 공법연구 제35집 제2호 (2006); 김성배, "수용재결과 헌법상 정교분리의 원칙", 행정판례연구 제15권 제2호 (2010); 전훈, "종교적 중립성에 관한 고찰", 법학논고 제41집 (2013); 최윤철, 종교의 자유와 국가의 종교적 중립성, 공법연구 제32집 제3호 (2004), 한수웅, "교육의 자주성·전문성·중립성 및 교사의 교육의 자유", 저스티스 (2007. 12.) 외 다수가 있다.
3) 바덴-뷔르템베르크 주 문화·청소년·체육부(Ministerium für Kultus, Jugend und Sport Baden-Württemberg)
4) Grundgesetz (GG)
   Art. 7 (3) Der Religionsunterricht ist in den öffentlichen Schulen mit Ausnahme der bekenntnisfreien Schulen ordentliches Lehrfach.
5) Schulgesetz für Baden-Württemberg (SchG)
   § 96 Grundsätze
   (1) Der Religionsunterricht ist ordentliches Lehrfach an allen öffentlichen Schulen.

교과목이다. 그러므로 원칙적으로 모든 학생들이 종교과목 수업을 들어야 할 것이나, 종교가 없는 학생은 윤리 과목수업을 들어야 한다. 바덴－뷔르템베르크 주에서는 직업학교나 인문계 학교 등 학제에 따라 각각 8학년에서 10학년, 7학년에서 10학년, 혹은 8학년에서 11학년까지 윤리과목 수업이 진행된다. 원고가 요청하는 저학년의 윤리과목 수업은 따로 개설되지 않으나 윤리－도덕 교육은 학교 교육의 핵심적인 임무이므로 특정 과목을 넘어 전반적으로 이뤄진다.

원고는 피고의 답신 이후 2010. 4. 19. 현재 초등학생인 원고의 자녀를 위한 윤리과목의 편성을 요구하는 한편 대안으로 원고의 자녀들을 사설기관 무료 등록을 보장해줄 것을 요구하였다. 원심의 절차진행중 원고의 장남이 초등학교를 졸업하게 되자, 양 당사자는 이 점에 있어서는 본안 종료(Erledigung der Hauptsache)[6]를 선언하였으나, 원고는 새로이 그의 차남을 위하려 초등학교 1학기부터 윤리과목을 편성하도록 학교법 시행령을 개정할 의무가 피고에게 있음을 주장하였다.

2. 소송 경과

(1) 제1심 Freiburg 행정법원 판결[7]

프라이부르크 행정법원은 2011. 9. 21. 본안에 대해 당사자의 본안 종료가 있었음을 확인하였으나, 그 외에 대하여는 청구를 기각하였다. 바덴－뷔르템베르크 주 교육법 제100a조 제1항에 의하면 종교과목 수업에 참여하지 않는 학생들에게는 윤리과목을 정규과목으로 편성하도록 되어있지만 동조 제3항은 윤리과목의 개설 시기를 각 학교별로 어느 학기에 시작할 것인지에 대해서는 문화부 장관이 시행령을 통해 정하도록 되어있다는 것이다.[8] 2001. 7. 31. 발령한 시행령에서 문화부장관은 초등학교에서의 윤리과목 편성을 정한 바가 없으며 문화부장관이 윤리과목을 초등학교에서도 편성해야 할 의무는 헌법 규정의 해석에 의하여서도 도출될 수 없다고 보았다.

---

6) 독일 행정소송법 제161조 제2항의 본안종료(Erledigung der Hauptsache)는 당사자의 소송행위로 소송계속이 소멸하고 아직 확정되지 않은 판결이 소급적으로 사라진다.

7) VG Freiburg 21.09.2011 － 2 K 638/10

8) § 100a 윤리교육
   (1) 종교수업에 참여하지 않는 학생들을 위해 윤리과목을 정규과목으로 편성한다.
   (2) 윤리수업은 학생들의 책임 인식 및 가치 인식적 행동을 위한 교육에 기여한다. 윤리과목의 내용은 헌법과 제1조의 교육임무에서 규정하고 있는 바와 같이, 가치관과 일반적 윤리원칙을 목적으로 한다. 윤리교육은 이러한 관념과 원칙을 가르치며 철학적, 종교학적 문제제기를 열어주어야 한다.
   (3) 문화부는 시행령을 통해서 학교의 종류 및 학기에 따라 어느 시점에 윤리과목 수업을 들어야 할 것인지에 대한 인적, 사실적 조건을 확정한다.

(2) 제2심 Baden-Württemberg 주 행정법원

원고는 2011. 11. 14. 항소를 제기하면서, 원고의 장남은 초등학교를 졸업하였으나 여전히 차남이 초등학생이므로 확인의 이익이 존재함을 주장하였다. 항소심에서 원고는 기본법 제7조와 평등원칙의 위반을 주장하였다. 그러나 2013. 1. 23. 바덴-뷔르템베르크 주 행정법원은 원고의 주장을 이유없다고 보아 기각하였다.

1) 적법요건

바덴-뷔르템베르크 주 행정법원은[9] 먼저, 문화부령의 개정을 목적으로 하는 원고의 확인청구에 대해서는 이를 적법하다고 보았다.

원고의 자가 초등학교에 있던 기간 동안 교육법 제100a조 제3항에 따라 법규명령을 발령할 피고의 의무를 확인하는 소는, 행정소송법 제43조 제1항에 따라 법률관계의 확인을 구하는 소로 허용된다. 과거의 법률관계를 대상으로 함에도 불구하고 원고에게는 확인의 이익이 존재한다. 원고의 장남은 이미 초등학교를 졸업했으나 차남과 취학을 앞두고 있는 삼남이 있기 때문에 소위 반복될 위험을 방지하기 위한 확인의 이익을 인정할 필요가 있다.

주 행정법원은 이 경우 확인소송(Feststellungsklage)이 적절한 소송유형이라고 보았다. 행정소송법 제47조의 규범통제의 경우에는 하위의 규범이 유효함을 확인하거나 적용가능성, 적용의무를 확인하는 것이 아니라 효력 없음, 즉, 무효임을 확인하는 것이기 때문이다. 한편, 행정소송법 제43조 제2항 1문의 규범발령에 대한 이행소송에 대해서는 규범제정권을 가진 기관의 결정에 자유에 대한 사법적 판단을 자제하는 것이 권력분립원칙을 위해 보다 낫다고 보여지므로 이행소송을 확인소송보다 앞서 고려하는 것은 적절하지 않다.[10]

2) 본안 판단

(a) 항소심에서 원고는 주 헌법이나 교육법에서 정한 바와 같이 윤리과목을 포함하여 포괄적인 교육의 임무가 초등학교에 있는 것이며, 이를 위하여 정규과목으로서 종교과목 수업의 형태와 같은 사회적 가치나 규범에 대한 교육이 필수적이라고 하였다. 또한 초등학교에서의 종교수업을 위한 지도이념들이나 교육목표는 윤리-도덕 교육을 위해서도 중요한 의미를 가지는 전문지식을 전달하는 것이며 다른 교과목에서 직접 이를 주제로 할 수는 없을 것이라고 보았다.

---

9) VGH Baden-Württemberg - Urteil Az. 9 S 2180/12
10) 단, 연방행정법원 판결에서는 권력분립원칙에 대한 언급이 전혀 없음을 유의할 필요가 있다.

또한 원고는, 학교가 윤리과목을 편성하고 개설해야 하는 이유로, 이러한 수업에 대해 종교단체(교회)가 어떤 특권을 가지고 있는 것은 아니며 오히려 정규과목으로서 종교수업의 유지를 통해 교회에게 이에 대한 의무가 이전되는 것처럼, 학교에서의 윤리－도덕교육을 위해서는 국가가 이를 수행해야 한다고 주장하였다. 그 근거로 종교교육의 역사나 Weimar 헌법에서도 나타나는 중립성은 현재의 기본법에서도 유지되는 것이라 하였다. 이에 대한 근거로, 바덴－뷔르템베르크 주 헌법 제12조 제1항에서 하나님에 대한 경외와 크리스트교적 이웃 사랑을 교육 목표로 정하고 있으며 동조 제2항은 종교단체를 명시적으로 종교교육의 수행자로 정하고 있는데, 만약 종교교육이 순수하게 교회 내적인 사안이었다면 이러한 규정들이 필요하지 않았다는 것이다. 그러므로 국가는 교회에 종교교육에 대한 임무를 위임한 것이며 각 주는 바덴－뷔르템베르크 주 헌법이 표명한 바와 같이 종교교육에 대한 국가적 이익 아래 있다. 이를 통해 신앙을 가지고 있는 초등학교 학생에게 특권이 주어진다면 이는 헌법에 부합하지 않게 되므로, 윤리과목의 교육은 종교교육과 병렬적으로 또는 보충적으로 이뤄져야 함이 자명하다는 것이다.

이러한 이유에서 원고는, 현 문화부령은 기본법 제7조와 평등원칙에 위배되는 것이며 피고에게 학교법 제100a조 제3항에 따라 새로이 법규명령을 발령할 의무가 있다고 주장하였다.

(b) 주 행정법원은 원고의 청구를 기각하였다.

(aa) 윤리과목 편성 요구권의 존부

원고는 학교법 제100a조로부터 초등학교에 윤리과목을 편성해줄 것을 요구할 권리를 도출할 수 없다. 학교법 제100a조 제1항은 종교수업에 참석하지 않는 학생들을 위하여 윤리과목을 정규과목으로 편성할 것을, 제2항은 윤리교육의 내용적 측면을, 제3항은 문화부가 시행령을 통해서 학교의 종류 및 학기에 따라 어느 시점에 윤리과목 수업을 들어야 할 것인지에 정할 것을 각각 규정하고 있으나, 이 규정으로부터 부모에게 어떤 주관적 권리가 주어지는 것은 아니라고 보았다. 동조 제3항의 규정에서는 어떤 조건에서 윤리과목의 교육이 이뤄질 것인지를 확정하는 법률상의 임무가 발견될 뿐이다. 결국 학교법 제100a조는 단지 공익에 기여하는 규정일 뿐이고, 초등학교의 어떤 학기에 윤리교육을 실시할 것인지에 대해서는 문화부에게 행위여지가 주어진다.

원고가 주장하는 권리가 헌법상 직접 도출될 수 있는 권리인지에 대해서는 먼저 기본법 제7조 제1항이 문제된다. 기본법 제7조 제1항은 모든 학교제도를 국가의 감독 아래에 두고 있다. 이에 의하여 국가는 모든 국민들에게 능력에 따라 현대 사회에 적합한 교육기회를 제공하는 교육제도를 보장한다는 목적을 위해 학교에 대한 계획을 수립하고 조직을 확립한다. 국가의 형성영역에는 학교의 조직적 구성뿐만 아니라 교육과정의 내용적 확정 및 교육목표도 포함된다. 기본법 제7조가 정하고 있는 국가의 교육에 대한 임무는 각각의 어린이가 책임있는 사회의 구성원으로 양성한다는 것을 내용으로 하며[11] 세부적인 교육임무의 형성은 기본법 제30조 및 제70조 이하에 따라 각 주의 권한에 속한다.

이에 따라 바덴-뷔르템베르크 주 헌법 제12조와 학교법 제1조 제1항 및 제4조는 교육의 임무를 구체화하였다. 주 헌법 제12조 제1항에 따르면 신에 대한 경외심과 기독교적 이웃사랑의 정신에서는 형제애와 평화애를, 민족과 조국(또는 고향: Heimat)에 대한 사랑에서는 윤리적, 정치적 책임의식, 직업적, 사회적 훈련(연단: Bewährung), 그리고 자유민주주의적 사상을 갖도록 교육하여야 한다고 규정하고 있다. 제2항은 책임있는 교육 수행자를 국가만이 아니라 부모, 종교단체, 지방자치단체 및 각 주로 하여, 국가의 교육독점을 부정하는 헌법적 보장을 담고 있다. 그러나 기본법 제7조 제1항과 주 헌법 제12조 및 학교법 제1조에서 규정하는 국가의 교육임무는 객관적 법으로 이해되어야 한다. 기본권 제7조 제1항은 기본권이 아니라 조직규범이므로 이러한 임무를 수행하는 국가에 대한 어떤 주관적 권리는 기본법 제7조 제1항만으로는 도출할 수 없다.

또한 원고는 그의 헌법상 교육에 대한 기본권을 이유로 초등학교에서의 윤리과목 편성을 주장할 수 없다. 먼저 기본법 제2조 제1항의 일반적 인격권에서 위와 같은 교육에 대한 기본권을 도출해낼 수 있는 지 문제되는데, 과거 연방행정법원이 이를 긍정한 바는 있다.[12] 다만 국가의 확정권한에 따라 입법자에게는 광범위한 형성의 여지가 주어질 것이다. 이러한 교육에 대한 기본권의 보장을 통해 원고가 그의 주장을 직접 관철시킬 수 있을 것인지에 대해서는 부정적이다. 교육에 대한 기본권은 당사자, 특히 각각의 학생들에게 주어지는 것이지 부모에게 속하는 것이 아니기 때문이다.

한편, 원고는 기본법 제6조 제2항에서 자연적 권리로서 자녀의 부양과 교육에 대한 권리를 가지고 이는 세계관적-종교적 관점에 있어서도 동일하다. 그렇다면, 부모의 교육권과 종교의 자유로부터 부모가 자녀의 초등학교에서 윤리과목의 편성을 요구할 수 있는 권리가 있는지 문제된다. 그러나 이 경우에도 초등학교에서 윤리과목이 편성되지 않았다

---

11) BVerfGE 34, 165 (182); BVerfGE 47, 26 (71 f.).

12) BVerwGE 47, 201 (206); 56, 155 (158).

는 것이 부모의 종교적, 세계관적 관점에서의 교육에 대한 권리를 침해하는 것은 아니다. 오히려 원고는 국가의 간섭 없이 그의 자녀를 그의 바램에 따라 교육할 수 있는 것이다. 그렇다고 그 자녀를 강제로 종교수업에 참석시킴으로 기본권 제7조 제2항이 규정하고 있는 교육권자의 결정권을 침해하는 것도 아니다. 동 조항에 따라 허용되지 않는 것은 국가가 종교수업의 선택에 대한 적극적 또는 소극적 영향력을 미치는 경우이다.

　기본법 제6조 제2항 1문과 제4항 제1항 및 제2항의 종교 및 세계관적 문제들을 포괄하는 부모의 교육권으로부터 특정한 과목의 편성을 요구할 권리가 바로 주어지는 것은 아니다. 기본법 제7조 제1항에 의한 국가의 학교에 대한 임무는 부모의 교육에 대해 열위에 놓여있는 것이 아니라 동등한 것이다. 부모의 권리나 학교의 교육임무 어디에도 절대적인 우위가 주어지지 않는다. 그러므로 학교는 원칙적으로 부모에게 구속받음 없이 교육의 목표를 추구할 수 있고 교육과정을 정할 수 있고 수업교재를 정할 수 있는 것이다.

　bb) 종교교육에 대한 국가의 형성권한과 중립성

　국가에게는 기본법 제7조 제1항에 따라 수업과목과 교육내용의 형성에 대한 권한이 주어지고 이에 따라 윤리과목의 편성을 위한 권한도 주어진다. 또한 국가는 신앙의 자유를 포괄적으로 보장하고 이를 통해 종교적인 세계관에 대해 중립성을 지닐 것을 의무로 하지만, 그렇다고 사회적 결합에서 기인하고 국가의 임무이행에 의존되는 문화적으로 전래되고 역사적인 바탕을 가진 가치 확신과 견해를 버릴 수 없다. 이러한 점에서 중요한 사상적 전통, 가치경험 및 행위모범을 계승하는 것이 국가에게 의미 없는 일일 수 없다. 특히 사회의 문화적 기초를 계승하고 발전시키는 학교 교육에 대해서는 더욱 그러하다.[13] 그러나 이로써 윤리교육의 목적이 이를 위해 별도로 편성된 과목에서 달성될 수 있을 것이라고 할 수는 없다. 이와 같은 과목의 편성에 앞서 학교교육에서 윤리적 문제를 다루지만 다른 과목과의 관련 하에, 부분적으로만 다룰 뿐이다.

　기본법 제7조 제3항 1문과 2문, 주 헌법 제18조 제1항과 제2항은 공립학교에서의 종교수업이 종교와 무관한 학교를 제외하고는 정규교과목임을 규정하고 있다. 학교에 대한 국가의 감독권에도 불구하고 종교수업은 종교단체가 담당한다. 종교단체는 위 규정들에서 언급된 조건과 기준 하에서 국가에 대하여 해당 신앙의 내용에 맞는 종교교육을 편성해줄 것을 요구할 권리가 인정된다. 이는 종교단체가 가지는 종교의 자유를 적극적으로 실현하는 수단이다. 연방행정법원은 종교단체를 단일한 또는 여러 종교 교리를 가진 신자

---

13) BVerwGE 107, 75 (79).

들이 공통의 신앙을 통해 주어진 임무를 다방면에서 이행하기 위해 통합된 단체로 이해하고 있다.[14]

원고의 주장과는 달리, 그렇다고 해서 국가가 종교단체에게 윤리－도덕에 대한 교육의 임무를 완전히 넘겨준 것은 아니다. 오히려 기본법 제7조 제3항은 종교단체가 "국가적 영역"에서 그의 기본권을 수행할 수 있도록 하는 것이다. 이러한 점에서 기본법은 종교단체가 적법한 교육임무의 이행 안에서 정규과목으로서 종교를 가르칠 것이라고 믿고 있는 것이다. 교육의 임무는 국가에서 종교단체나 다른 주체로 이전되는 것이 아니라, 국가가 교육에 대한 독점을 가지고 있지 않다는 것을 의미한다. 국가는 비록 감독권을 가지고 있기는 해도 교육의 여러 주체 중 하나일 뿐이다.[15]

종교수업은 다른 과목에 비해 특별한 지위를 가지고 있으며 이는 종교교육이 국가의 감독권을 침해하지 않는 범위에서 종교단체의 교리에 따라 행해진다는 기본법 제7조 제3항 2문의 합치명령(Übereinstimmungsgebot)에서 주어진다. 즉, 종교수업은 그 내용을 해당 종교의 교리원칙으로 하는 것이지, 종교의 초교파적인 비교, 단순한 도덕률이나 도의교육, 역사적 혹은 상대화된 종교학, 종교역사, 성서역사는 이에 해당되지 않는다. 이와 같이, 기본법이 종교교육을 공립학교의 정규과목으로 두었고 이에 따라 종교적 세계관의 교육이 이뤄짐에도 불구하고 바이마르 헌법 제137조 제7항과 현 기본법 및 주 헌법에 근거를 두고 있는 국가작용의 종교적, 세계관적 중립성 원칙은 원칙적으로 공립학교에서 종교적 세계관에 대한 수업을 할 가능성을 세계관적 단체에게도 허용하고 있다.[16] 그렇기 때문에 개별적인 경우 종교와 세계관을 구별하기가 더욱 어려워질 수 있다. 물론 국가는 다양한 종교 및 세계관적 단체들의 평등원칙에 따른 행위를 주의하여야 하고 자신을 어떤 특정한 종교 및 세계관적 단체와 동일시해서는 안 된다.[17]

기본법 제7조 제3항에서 헌법제정자는 종파적인 종교수업이나 세계관 수업이 무교 학교의 예외 하에서 공립학교의 정규과목이라는 것을 의식적으로 결정하였다. 또한, 국가에 명령되는 종교적－세계관적 중립성은 거리를 두고 국가와 교회를 엄격하게 분리하는 것이

---

14) BVerwG 123, 49 (54).

15) BVerfGE 34, 165 (183).

16) 세계관적 단체(Weltanschauungsgemeinschaften)는 종교단체에 대비되는 단체로 주로 무교적, 비종교적 세계관의 보호를 위하여 조직된 법인이다. 대표적으로 Humanistischer Verband Deutschlands(HDV)와 같은 단체가 있으며 이들은 일정한 조건 하에서 공법인으로서의 지위를 가진다.

17) BVerfGE 108, 282 (299 f.).

아니라 개방적이고, 포괄적이며 모든 종파를 위한 신앙의 자유를 균등하게 진흥하는 태도로 이해할 수 있다. 기본법 제4조 제1항 및 제2항은 적극적인 의미에서, 신앙고백의 적극적 행동과 세계관적 종교영역에 대한 자치적 인격의 실현을 보호하는 영역을 요구한다.

결국, 원고는 기본법 제7조 제3항 1문과 2문 및 주 헌법 제18조 1문과 2문에 따라 초등학교에 윤리과목을 편성해줄 것을 요구할 수 없다. 윤리수업에 있어서는 종파관련적 종교 및 윤리교육이 아니라 종파중립적인 수업이 중요한 것이며 내용적으로 국가에 책임이 있는 수업이지 종교단체나 세계관적 단체의 책임이 아니다. 그러므로 원고가 어떤 세계관적 단체에 가입되어있는지와 그 일원으로서 그의 자녀를 위해 세계관적 수업의 편성을 요구할 수 있을 것인지는 여기에서 중요하지 않다.

(cc) 평등원칙

끝으로 기본권 제3조 제3항 1문[18]의 평등원칙이 문제된다. 제3항은 입법자에게 주어지는 형성의 자유를 좁게 정하여, 동조 제1항이 규정하는 일반적 평등원칙을 더욱 강화하는 규정이다. 여기에서 명시적으로 신앙과 종교를 언급하고 있고 무교적 세계관에 대해서는 언급한 바가 없으나 역시 기본법 제3조 제3항 제1문의 특별한 차별금지에 포함된다고 본다.

위의 심사기준에 의하는 경우 윤리과목을 초등학교 1학년부터 편성하지 않은 것이 기본법 제3조 제3항 제1문을 침해한다고 보기 어렵다. 윤리과목의 수업이 7학년 내지 8학년부터 시작하기 때문에 그 동안 원고는 종교를 가진 자녀들이 1학년부터 종교수업에 참여하는 것에 비해, 그의 자녀를 위한 윤리-도덕 교육을 해주어야 할 부담을 안게 된다. 여기에서 윤리과목을 정규과목으로서 편성하는 것은 원고의 주장처럼 장점으로만 볼 수 없고 교육의무를 만드는 것이 되어 누군가에게는 단점이 될 수도 있다. 또한 기본법 제7조 제1항에 따라 국가가 교육임무를 실현함에 있어 가지는 형성의 여지를 벗어났다고 보기 어렵다.

(3) 연방행정법원

연방행정법원은 원고에게 비록 확인의 이익이 주어지나(행정소송법 제43조 제1항), 항소심의 판시를 받아들여 원고의 주장은 이유가 없다고 보아 2014. 4. 16. 이를 기각하였다.

---

18) 기본법 제3조
　(3) 누구든지 성별, 가문, 종족, 언어, 고향과 출신, 신앙, 종교적 또는 정치적 견해 때문에 불이익을 받거나 특혜를 받지 아니한다. 누구든지 장애를 이유로 불이익을 받지 아니한다.

특히 중요한 점은, 연방행정법원이 종교적 중립성을 아래에서 다뤄지는 "비동일성 원칙"과 중립성 명령의 주관화, 그리고 "진흥적 중립성"으로 인식하였다는 것이다.

III. 국가의 종교적, 윤리적 중립성

1. 국가의 중립성: 통일적 법개념?

(1) 중립성 개념의 기원과 용법

1) 기원과 확장

중립성은 종종 독립성, 다양성, 비당파성, 공정성 등과 병렬적으로 사용된다. 종래 중립성 개념이 가장 직접적으로 논의된 영역은 대내적으로는 국가와 교회의 관계, 즉, 종교에 대한 국가의 중립성[19]과 대외적으로 국가 간의 중립정책이었으나 점차 국가 내의 질서관계(예를 들어 공무원의 중립성)를 위해 사용되고 국가와 사회영역(예를 들어 교육, 방송 등) 혹은 각 권한영역의 기능관계(예를 들어 사법부의 독립성과 중립성) 등으로 확장되어왔다.[20] 또한 중립성은 헌법상 민주주의 원리와도 밀접한 연관성이 있다. 헌법상 민주적 질서의 출발점은 인간의 인식에 대한 한계와 오류 가능성을 전제로 하기 때문에 민주적 질서는 특정의 종교적 내지 세계관적 지도표상에 구속되어서는 안된다는 것이다.[21] 이러한 설명은 국가의 중립성에 대한 기본적 관념을 이해하는 데에는 도움이 되나 중립성 개념을 확실히 도출해내는 어떤 근본적 결정이나 학문적 해명이 되기는 힘들다.[22] 초창기 독일 연방헌법재판소 역시 중립성 개념을 "세계관에 있어 중립적인 국가"라고 표현한 바는 있으나, 그 내용을 특정할 수도, 특정해서도 안 된다고 하였을 뿐이다.

2) 경제정책의 중립성 테제

중립성 개념의 용법 중 잘 알려진 것은 경제정책의 중립성이다. 소위 "경제정책의 중립성 테제(Die These von der wirtschaftspolitischen Neutralität)"란, 독일기본법으로부터 어떤 특정한 경제정책이나 경제 질서에 대한 확정을 도출할 수 없다는 독일연방헌법재판소 판례의 일관된 태도이다.[23] 즉, 법치국가적 원칙의 준수 하에서 입법자는 헌법적으로 정당한

---

19) 같은 견해로는 *S. Huster*, Die ethische Neutralität des Staates, S. 12.

20) 기원에 대해서는 *K. Schlaich*, Neutralität als verfassungsrechtliches Prinzip, S. 26 ff.

21) *K. Hesse*, Grundzüge des Verfassungsrechts der Bundesrepublik Deutschland, 20. Aufl., Rn. 159.

22) *S. Huster*, Die ethische Neutralität des Staates, S. 12.

23) BVerfGE 4, 7 (17 f.).; 7, 377 (400).; 12, 341 (347).; 14, 263 (275).; 26, 16 (37.); 27, 253 (283).; 30, 292 (315).; 50, 290 (336 f.).

경제정책 및 경제 질서를 정해야 하며,[24] 헌법으로부터 직접 도출되어지는 경제질서는 이에 따라 "중립적이고 개방적"이라는 것이다.[25]

일반적 행동의 자유권, 일반적 인격권, 직업의 자유, 재산권의 보장 등 기본법의 각 규정들은 독일 헌법이 자유 시장 경제적 관점에 기반하고 있음을 보여주나 동시에 기본법은 제20조에 사회국가원리를 두고 있다. 국가는 사회적 법치국가의 목표들을 형성하고, 구체화하고, 달성하기 위한 헌법상 의무를 지고,[26] 입법자는 이 형성의 임무를 이행함에 있어 사회국가원리에 구속되어 사회적 대립에 있어서 정당한 사회적 조정을 고려해야만 한다.[27] 이러한 이유로 기본법상 경제정책은 중립적이 아니라 "사회적 시장경제질서(soziale Marktwirtschaft)"라는 견해도 매우 유력하게 제시된다.[28]

그러나 경제정책의 중립성 테제에 의하면 독일 기본법상 어떤 확정적이고 완결되어진 경제체계를 위한 규범적 표현이 헌법에 존재하는 것은 아니기 때문에[29] 결국 입법자가 어떤 방법과 수단으로 사회국가원리에 도달하거나 추구하여야 하는 가에 대한 경제정책을 형성할 자유를 가진다는 것이지[30] 독일 헌법이 어떤 경제정책에 대해서도 무관심하다거나 무조건 분리되어야 한다는 의미가 아니다. 즉, 경제정책의 중립성은 어디까지나 "의식적인 개방성(bewusste Offenheit)"이지 경제 질서를 위한 가치판단의 기본적 방향마저 부인한다는 것은 아니다.[31] 오히려 이러한 의식적 개방성을 통해 헌법상 경제정책의 체계적 폐쇄성을 방지할 수 있게 된다. 입법자에게는 사회국가원리는 물론 다른 헌법적 규정, 특히 기본권과의 관련성을 고려하여 정당한 사회적 질서를 형성할 의무와 일정한 경제 질서를 형성할 의무가 주어진다.[32] 경제정책의 중립성은 사회국가원리가 한편으로는 국민경제적 이

---

24) *P. M. Huber*, Öffentliches Wirtschaftsrecht, in: *Schmidt–Aßmann*/Schoch (Hrsg.), Besonders Verwaltungsrecht, 3. Kap., Rn. 19.

25) BVerfGE 4, 7 (17 f.).

26) BVerfGE 100, 271 (284).

27) BVerfGE 22, 180 (204); 50, 57 (108); 100, 271 (284).

28) 자세한 내용은, G. Robbers, in: Bonner Kommentar GG, Art. 20 Abs. 1, Rn. 1715; *P. M. Huber*, Öffentliches Wirtschaftsrecht, in: *Schmidt–Aßmann*/Schoch (Hrsg.), Besonders Verwaltungsrecht, 3. Kap., Rn. 19. 또한, 이 견해는 독일 경제학과 경제정책이 이른바 질서자유주의(ordo–Liberalismus)에 입각하고 있다는 점에서 더욱 유력하게 제시된다

29) 독일기본법의 해석에 있어서, 어떤 견해에 따르든 이 명제는 동일하게 받아들여진다. *J. Ziekow*, Öffentliches Wirtschaftsrecht, § 3, Rn. 7.

30) *K. –P. Sommermann*, in: v. *Mangoldt/Klein/Starck* (Hrsg.), Grundgesetz Kommentar, Bd. II., 5. Aufl., Art. 20, Rn. 103.

31) *K. Hesse*, Grundzüge des Verfassungsrechts der Bundesrepublik Deutschland, 20. Aufl., Rn. 21.

32) BVerfGE 59, 231 (263); 69, 272 (314).

익 보장이나 사회적 급부제공의 보호를, 다른 한편으로는 자유권의 실현과 장려를 목표로 함을 보장하며33) 이에 따라 법적인 경제 질서, 특히 공공경제법(öffentliches Wirtschaftsrecht)의 입법에 대한 헌법적 해석의 한계가 된다.

3) 시사점

이와 같은 경제정책의 중립성은 중립성 개념을 어떤 식으로 이해할 것이며 어떤 상황에 사용될 것인지에 대한 중요한 시사점을 제공한다. 첫째, 중립성 명령은 특정 가치의 판단이나 결정과 결코 무관하지 않다. 둘째, 헌법상 중립성 명령은 헌법의 통일적 해석, 특히 다른 (자유권적) 기본권과의 관련성 하에 놓여있다. 셋째, 중립성 명령의 실현은 원칙적으로 행위규범적인 설정에 관련되며 따라서 입법자의 형성여지에 속한다.34) 넷째, 중립성 명령은 외형상 또는 실질적으로 대립되는 양 관점, 영역, 제도, 정책 등이 최적으로 실현될 필요가 있는 분야에서 주요한 국가의 행위전략으로 나타난다. 다섯째, 국가의 행위전략이라는 차원에서, 중립성 명령은 헌법상 명문의 규정 존부와 관계없이 헌법의 여러 원리들을 토대로 하여 인정될 수 있다.

(2) 현행 헌법 및 법률 규정의 해석

1) 정치적 중립성

명시적 언급을 발견하기 힘든 독일 기본법과 달리, 현행 헌법은 일단 중립성을 "정치적 중립성"으로 언급하고 있긴 하다. 헌법 제5조 제2항은 국군의 정치적 중립성 준수의무를 규정하였고 제7조 제2항은 공무원의 신분과 정치적 중립성이 법률에 의하여 보장된다는 것을, 그리고 제31조 제4항이 교육의 중립성을 "교육의 자주성·전문성·정치적 중립성 및 대학의 자율성은 법률이 정하는 바에 의하여 보장"됨을 규정하였다. 현행 헌법은 일관되게 "정치적 중립성"이라는 표현을 사용하고 있으나 무엇이 '정치적인 것'인가는 현행 헌법의 해석은 물론 헌법 이론적으로도 오랜 논란의 대상이다. 그러나 '정치적인 것'을 (헌)법으로부터 철저히 배제하려는 견해와 달리, 헌법의 정치성을 헌법의 특성으로 보는 견해에 의할 경우 정치적 중립성은 매우 광범위한 세계관에 대한 문제가 될 수 있다. 그렇다면 비록 "정치적 중립성"이라는 표현을 사용하고 또한 명문의 헌법 규정을 두고 있음에도 과연 중립성이 무엇인지에 대한 논의는 계속될 수밖에 없다.

---

33) *K. −P. Sommermann*, in: v. *Mangoldt/Klein/Starck* (Hrsg.), Grundgesetz Kommentar, Bd. II., 5. Aufl., Art. 20, Rn. 108 ff.

34) 이러한 점에서 중립성 명령은 법치국가적 구성요소가 될 수도 있다. *C. Starck*, in: v. *Mangoldt/Klein/ders.* (Hrsg.), GG Kommentar, Art. 4, Rn. 22.

  2) 교육의 중립성과 교육이념의 설정

  헌법 제31조 제4항의 교육의 자주성·전문성·정치적 중립성은 교육제도에 대한 헌법적 보장을 위한 기본원칙으로 볼 수 있다. 헌법재판소는 교육의 자주성·전문성·정치적 중립성을 헌법에 직접 규정하여 이를 보장하는 것은 교육이 국가의 백년대계이며 국가의 안정적인 성장, 발전을 위해 교육이 외부세력의 부당한 간섭에 영향 받지 않도록 교육자 내지 교육전문가에 의해 주도되고 관할되어야 할 필요가 있다고 설시한 바 있다.35) 제4항의 규정은 단지 수동적, 방어적 성격에 한정되지 않으며 또한 제6항이 학교교육 및 평생교육을 포함한 교육제도와 그 운영, 교육재정 및 교원의 지위에 관한 법률유보 규정을 두고 있다는 점에서 입법자에 의해 구체적으로 형성될 필요를 보여준다.

  또한, 현행 헌법과 교육 관련 법령은 독일과 달리 공립학교에서의 종교수업을 인정하지 않는다. 예를 들어 현행 「교육기본법」 제6조 제2항은 "국가와 지방자치단체가 설립한 학교에서는 특정한 종교를 위한 종교교육을 하여서는 아니 된다."고 규정하고 있다. 또한 동법 제6조 제1항은 "제1항은 "교육은 교육 본래의 목적에 따라 그 기능을 다하도록 운영되어야 하며, 정치적·파당적 또는 개인적 편견을 전파하기 위한 방편으로 이용되어서는 아니 된다."고 하여 중립성을 명시적으로 명령하고 있다. 그러나 동시에 우리 헌법은 "자유민주적 기본질서"나 "평화적 통일"과 같은 세계관적 결정을 서문에 두고 있으며 더 나아가 「교육기본법」은 제2조에서 교육이념을 "홍익인간(弘益人間)의 이념"이라고 규정하고 있다.36) 널리 사람을 이롭게 한다는 홍익인간의 이념은 공동선(Gemeinwohl)으로 설명할 수 있다. 그렇다면 이는 어떤 합의가 아니라 지도형상(Leitbild)이며, 윤리적 척도이며, 실정법을 위한 추상적 지침이다.37) 국가는 공동체의 '좋은 삶'을 실현하기 위하여 지침으로서의 공동선을 실정법을 통해 구체화할 의무를 가진다. 이러한 점에서 볼 때, 현행 헌법과 「교육기본법」상 교육이념은 세계관적 가치판단을 포기한 것이 아니라 오히려 적극적으로 결정을 내리고 있다.

---

35) 헌재결 1992. 11. 12. 89헌마88.

36) 「교육기본법」 제2조 "교육은 홍익인간(弘益人間)의 이념 아래 모든 국민으로 하여금 인격을 도야(陶冶)하고 자주적 생활능력과 민주시민으로서 필요한 자질을 갖추게 함으로써 인간다운 삶을 영위하게 하고 민주국가의 발전과 인류공영(人類共榮)의 이상을 실현하는 데에 이바지하게 함을 목적으로 한다."

37) J. Isensee, Konkretisierung des Gemeinwohls in der freiheitlichen Demokratie, in: von Arnim/Sommermann (Hrsg.), Gemeinwohlgefährdung und Gemeinwohlsicherung, S. 95 (105 f.).

2. 세계관적 중립성: 국가의 윤리적 중립성

(1) 비교개념으로서 윤리

개념적으로 이미 윤리(Ethik)가 무엇인지는 간단히 서술할 수 없다. 종래 법학은 윤리 개념을 규범적 의미의 법이나 도덕(Moral)과 일정한 공통점을 가지고 있으나 그럼에도 구별되는 비교개념으로 보아왔다. 윤리는 인간의 행동에 있어 일반적으로 구속력을 가지고 있는 어떤 기준이나 지침 혹은 방향성을 말한다.[38] 또한 윤리는, 무엇이 허용되고 무엇이 금지된 것인지에 대한 자각과 이 자각에 따라 행동할 의무가 있다고 생각함으로써 인간의 내면에 본래적으로 존재하는 옳고 그름에 대한 확신,[39] 즉, 양심(Gewissen)의 문제와 관련된다. 그러므로 양심에 따라 어떤 결정을 내린다는 것을 윤리적인 결정, 판단이라 할 수 있다. 어떤 결정이나 판단이 윤리적인(ethisch)이라는 것은 선과 악, 좋은 것과 나쁜 것에 대한 판단의 기준을 충족하고 있거나 이에 상응하는 방향으로 나아가는 것을 말한다.[40] 그러나 무엇이 선한 것 혹은 악한 것이며 무엇이 좋은 것 혹은 나쁜 것인지, 무엇이 공동체와 타인을 위한 것인지 아닌지는 공동체 구성원인 각 개인마다 매우 상이한 관점을 가지고 있을 뿐만 아니라 시간적, 공간적 조건에도 크게 영향을 받는다. 결국 윤리적인 것은 매우 강력한 세계관의 영향 아래 놓여있는 것이며, 이 세계관에 큰 영향을 미치는 것이 교육, 제도, 공동체의 법이다.

(2) 중립성과 윤리개념

한편 중립성 개념의 발전은 현대 공동체에서 중요한 문제로 제기되는 윤리적 다원주의의 문제와 직결된다. Huster가 적절히 표현한 바와 같이, 현대 사회의 특징은 그 구성원들이 매우 다양한 삶의 방향에 대한 측면을 가지고 있으며 이들이 결코 통일적으로 합치되지 않는다는 점에 있다.[41] 윤리적 다원주의는 이러한 특징을 더욱 강화시켜 이제는 종교적 문제뿐만 아니라 문화적, 전통적인 신념이나 이해의 의미를 계속 희석시키고 있다. 중립성의 논의는 이러한 신념의 문제에 대한 보편성의 요청과 다원적 공동체에서 법이 어느 정도 윤리적 문제를 다루어야 할 것인지에 대한 숙고이기도 하다.[42] 윤리적 중립성은 세계관에 기반한 양심의 결정을 강제하거나 획일화시켜서도 안 되지만 반대로 모든 세계

---

38) 이와 관련하여, 이상돈, 기초법학, 제2판, 318면 이하.

39) BVerwGE 7, 242 (246).

40) 그러므로 양심은 "행태의 윤리적 가치과 비가치에 대한 주관적 자각(의식)"이라 할 수 있다. 계희열, 헌법학(中), 328면.

41) S. *Huster*, Die ethische Neutralität des Staates, S. 5.

42) S. *Huster*, Die ethische Neutralität des Staates, S. 321 ff.

관으로부터 무관심한 것을 말하지도 않는다.43) 특히 국가는 공동체의 전통적 가치관이나 헌법적 가치, 문화적 유산, 공동체의 통합을 위한 교육을 실시할 수 있다. 그러나 위와 같은 목적들은 언제든 중립성을 훼손하는 다른 이념이나 가치와 혼용될 수 있고 이를 명확히 구별하는 것은 용이하지 않다. 불명확한 '중립성' 개념에 더욱 서술하기 어려운 '윤리' 개념이 추가되면서, 윤리적 중립성을 무엇이라 서술하는 것은 더욱 난제가 되었다. 그렇다고 윤리적 중립성을 단순히 세계관으로부터 거리를 두는 정도로 이해하거나, 세계관으로부터 무관한 의미로 여겨버리는 경우 오히려 중립성의 위반을 방치하거나 경우에 따라 더 크게 훼손할 가능성을 열어두게 된다.

2015. 1. 20. 제정되고 2015. 7. 21. 시행된 「인성교육진흥법」을 예로 들어볼 수 있다. 동법은 제1조에서 "이 법은 「대한민국헌법」에 따른 인간으로서의 존엄과 가치를 보장하고 「교육기본법」에 따른 교육이념을 바탕으로 건전하고 올바른 인성(人性)을 갖춘 국민을 육성하여 국가사회의 발전에 이바지함을 목적으로" 함을 밝히고 있다. 나아가 제2조 1호에서 인성교육을 "자신의 내면을 바르고 건전하게 가꾸고 타인·공동체·자연과 더불어 살아가는 데 필요한 인간다운 성품과 역량을 기르는 것을 목적으로 하는 교육"으로, 핵심가치·덕목의 정의를 제2호에서 "인성교육의 목표가 되는 것으로 예(禮), 효(孝), 정직, 책임, 존중, 배려, 소통, 협동 등의 마음가짐이나 사람됨과 관련되는 핵심적인 가치 또는 덕목"으로, 핵심역량의 정의를 "핵심 가치·덕목을 적극적이고 능동적으로 실천 또는 실행하는 데 필요한 지식과 공감·소통하는 의사소통능력이나 갈등해결능력 등이 통합된 능력"이라 정의하고 있다.

그러나 동법의 제정이유는 "오늘날 고도의 과학기술 및 정보화시대에 강조되는 정보기술의 발전과 활용의 원천은 인간에게 있고, 인간의 건전하고 올바른 인성(人性) 여하에 따라 그 의미와 가치가 달라진다는 점에서 보다 장기적이고 진정한 경쟁력은 인성에 달려 있다."고 하여 인성교육의 목표에 대한 시장경제적 가치 우위를 보여주고 있다. 위 제정이유를 충실히 실현하여 동법상의 인성교육종합계획 등이 수립되고 시행될 경우 국가의 윤리적 중립성과 충돌할 우려가 있다. 여기에서 한편으로는 국가가 세계관과 무관하지 않고 다른 한편으로는 특정 세계관에 의한 행위를 회피해야 한다는 국가의 윤리적 중립성을 어떻게 설명할 것인지 문제되지 않을 수 없다.

---

43) 예를 들어, 국제구호단체인 적십자위원회(ICRC)의 중립성 − 비당파성 원칙은 결코 세계관적 무관심이 아니라 종교, 인종, 정치이념에 종속되지 않고 사회구호, 분쟁조정, 보건 및 인간의 존엄성 고양을 위해 활동함을 의미한다. 다소 가상적이라 하더라도 어떤 세계관은 적십자위원회의 이러한 원칙을 결코 '중립적'이지 않다고 볼 수도 있다.

(3) 문제의 제기

현행 헌법에서도 국가의 중립성은 매우 다양한 영역에서 나타나고 있으며 각각 영역 특수적 기능과 성격을 가짐과 동시에 국가와 사회영역 혹은 국가법질서와 사회 규율 간의 관계라는 공통점을 가지고 있다. 앞서 중립성의 개념과 용법, 특히 경제정책의 중립성을 통한 용법과 시사점을 분석하였다. 그러나 국가의 종교적, 윤리적 중립성의 문제에 이들을 곧바로 대입시키는 것은 충분한 숙고가 필요하다. 종교와 윤리, 양심의 문제는 보다 인간의 정신적인 사유에 직결되며 이에 대한 중립성 위반은 그 자체로 곧바로 기본권 침해가 될 수도 있다. 또한 중립성 명령이 통일적 법원칙으로서 통용될 것인지에 대해서, 특히 영역포괄적인 원칙으로 인정될 것인지에 대해서는 부정적인 견해가 많다.[44] 다만 분명한 것은, 중립성의 개념은 과거와 같은 국가의 소극적이고 수동적인 태도, 거리를 두려는 태도에서 점차 적극적인 형성의 측면으로, 더 나아가 조정자와 중재자로서의 역할로 바뀌어가고 있다는 점이다.

이하에서는 독일 연방행정법원과 연방헌법재판소의 판례를 통해 전개되어온 종교적 중립성 명령의 발전을 살펴보면서 국가의 세계관적 중립성, 즉, 윤리적, 종교적 중립성에 대한 시사점을 발견하고자 한다.[45]

3. 종교적 중립성에 대한 독일 판례의 변화

(1) 분리원칙(Trennungsgrundsatz)

1) 중립성과 분리원칙의 동일시

초창기 연방헌법재판소는 포교활동과 관련된 사건에서 종교적 중립성을 "세계관에 있어 중립적인 국가"로 표현하면서 "신앙과 불신앙을 평가하지 않는 것", "그러나 모든 성격의 자유로운 종교행위를 보호하려는 것이 아니라, 오늘날 문화국민들에게 있어 어느 정도 일치된 윤리적 기본관점이 근간에 형성되어 있는 종교를 보호하는 것"이라고 판시한 바 있다.[46] 그러나 이 판결은 헌법상 근거에 대한 설명이 부족하고, 위 중립성 명령의 개념을 통해 사안 적절한 해결방안을 그다지 찾기 힘들며 중립성 명령의 개념이라기보다 그

---

44) 이에 대하여는, *K. Schlaich*, Neutralität als verfassungsrechtliches Prinzip, S. 219 ff.

45) 이에 대해서는 특히 다음 문헌에서 소개된 판례를 주로 소개하였다. *C. D. Classen*, Religionsfreiheit und Staatskirchenrecht in der Grundrechtsordnung; *E. W. W. Busse*, Das Prinzip staatlicher Neutralität und die Freiheit der Religionsübung; *S. Huster*, Die ethische Neutralität des Staates, passim.

46) BVerfGE 12, 1 (4).

내용을 서술하는 것이란 비판을 받는다.[47]

이후 연방헌법재판소는 1960년대 판결에서 국가의 중립성을 엄격한 분리로 이해하였다. 국가는 정교분리의 원칙 아래에서 종교와 세계관을 중립적으로 맞세우고 있다는 것이다.[48] 이러한 엄격한 분리는 정교분리 및 종교단체의 자율성 및 자치행정에 대한 Weimar 헌법 제137조 제3항과 기본법 제140조의 규정에 따른 것으로 이에 따라 국가와 교회와의 관계는 "중립적" 지위에 놓이게 된다고 본 것이다. 이후, 국가의 중립성을 분리로 이해하는 소위 분리원칙(Trennungsprinzip)은 연방헌법재판소[49]는 물론 각급 법원에서도 지배적인 견해로 나타났다.[50] 그러나 이하에서 상세히 보듯, 분리테제는 학계의 비판에 직면하게 된다.

2) 예외

분리원칙은 국가와 교회의 엄격한 분리를 요구하기 때문에 종교에 대한 국가의 일체의 개입이나 교회의 국가에 대한 일체의 영향력 행사를 부정한다. 이로 인해 특히 국가의 교회에 대한 지원이나 협력 등을 어떻게 볼 것인지 문제된다. 분리원칙 하에서는 특히 다음의 두 가지 상황을 분리원칙의 예외로 둘 수밖에 없었다.

(a) 공립학교의 종교교육

연방행정법원 역시 국가와 교회의 독립성 및 헌법의 기본적 결단에 따라 의욕된 분리는 불가침의 것으로 보았고 개별적인 사례에서도 예외가 인정되지 않는 것이라고 보았으나,[51] 다만 기본법 제7조 제3항 제1문의 종교교육만을 예외로 보았다.[52] 연방행정법원은 공립학교에서의 종교교육의 문제를 중립성명령의 예외이자 분리원칙의 예외로 보았으며, 연방헌법재판소가 개진한 중립성명령과 분리원칙의 연결을 수용하였다.[53]

(b) 국가의 지원정책

종교에 관련된 건물의 신축이나 유지, 보수 등을 위하여 국가가 이를 지원하는 경우 국가의 중립성명령을 위반하는 것인지 문제될 수 있다. 연방헌법재판소는 종교관련 건물의 건축 등에 부과하는 교회 건축세(Kirchenbausteuer) 관련 사건에서 교회 건축물 등에 대

---

47) 위 비판에 대해서는, *S. Huster*, Die ethische Neutralität des Staates, S. 12.

48) BVerfGE 19, 1, (7 f.).

49) BVerfGE 18, 385 ff.

50) 중립성과 분리원칙이 동의어로 여겨지기도 하였다. 이에 대해, *E. W. W. Busse*, Das Prinzip staatlicher Neutralität und die Freiheit der Religionsübung, S. 62.

51) BVerwGE 25, 226 (230).

52) BVerwGE 42, 346 (348).

53) *E. W. W. Busse*, Das Prinzip staatlicher Neutralität und die Freiheit der Religionsübung, S. 64.

한 국가의 지원가능성 문제를 논하면서 이 문제를 곧바로 중립성명령의 예외로 보지 않고 추가적인 조건을 요구하였다. 즉, 교회나 목사관 등은 본래 종교적 용도로 건축되는 것이기 때문에 이들의 건축을 바로 국가의 일반적 문화임무(allgemeine kulturaufgabe)라고 볼 수는 없으나, 일반적 의미의 건물유적 또는 문화유적이 된다면 부수적인 결과로 종교 유적들을 국가적 유적으로 보호하고 이를 지원하는 국가의 행위를 허용할 수 있다는 것이다.54) 그러나 연방행정법원은 중립성 명령과 분리원칙을 명시적으로 언급하였고 또한 중립성 명령이 국가의 지원 가능성과 대립한다는 것을 인식함에도 불구하고 그대로 이를 예외로 인정하였다.55)

(2) 중립적 협력

1) 협력의 필수성

1970년대 중반부터 중립성 명령을 분리원칙으로 보던 견해에 변화가 생기기 시작하였다. 앞서 언급한 바와 같이 1960년대 후반 학계에서는 분리원칙에 대한 비판이 개진되었다. 중립성을 분리원칙에 연결 또는 동일시하는 태도는 교회의 권력에 대항하여 세속적 이념의 권력이 점차 성장하면서 대항해왔다는 역사적 인식을 바탕으로 하여 중립성을 투쟁수단(Kampfmittel) 혹은 투쟁개념(Kampfbegriff)으로 인식하는 데에 기인한다.56) 그러나 소위 분리원칙은 투쟁적 개념으로 발전해온 것이 아니라, 화해 또는 조정의 초석이다.57) 국가는 "세속화된 국가"가 되었고 점차 "세계관에 있어 중립적인 국가"가 되는 한편, 교회는 독자성을 가지게 되었으나 내세만이 아닌 현세에 대한 정신적-종교적 임무를 수행함에 있어 독립성을 요구하는 것이며 사회에 대한 국가질서와 권위의 불가결성을 인정하게 된다. 국가와 교회는 국민 혹은 교인이라는 같은 인간, 같은 사회에 대한 책임을 지게 되며 이로서 합리적인 협력의 필요성이 발생하는 것이다.58) 이런 측면에서 보면 엄격한, 완전한 분리테제는 이미 가능하지 않다.

2) 분리원칙으로부터의 해방: 영역구별이론과 대등원칙

교회의 처분이 교회 내에만 미치는 것인지 아니면 국가의 영역에도 영향을 미치는 것인지의 문제는 결국 교회 내적인 사안이 현행 법률에 구속되는 가의 문제로 이에 대한 논의는 이미 이전의 연방헌법재판소 판결에서도 발견된다.59) 위 판결에서는 어떤 본질적인

---

54) BVerfGE 19, 206 (223).

55) BVerwGE 35, 90 (92).

56) *M. Heckel*, Die Kirchen unter dem Grundgesetz, VVDStRL 26 (1968), S. 5 (9).

57) *M. Heckel*, Die Kirchen unter dem Grundgesetz, VVDStRL 26 (1968), S. 5 (27).

58) BVerfGE 42, 312 (330 f.).

59) BVerfGE 18, 385 (386 ff.).

교회질서의 부분이 존재하고 이에 대해 국가가 일반적인 법률에 의한 형태의 제한을 형성
할 능력이 없다는 점과, 국가의 관할영역에 대한 어떠한 직접적인 효력이 없는 규정들은
교회 내적 사안으로 머물러 있다는 점을 발견하게 되고 반대로 교회가 직접 정한 규정이
국가가 규율할 수 있는 공적, 사적 영역으로 넘어와서 직접 효력을 미치는 경우는 거의 없
다는 점이다. 여기에서 국가와 종교는 영역을 통해 구별된다. 이른바 영역구별이론
(Bereichsscheidungslehre)은 국가와 교회가 원칙적으로 각자의 사안에 대해 각각 규율한다
는 것이다. 연방행정법원은 중립성 명령에서 중립이란 특정 당파에 속하는 것이 아니라 초
당파적 및 비당파적 지위를 수용하는 것으로 보았다.60) 여기에서 영역구별이론은 동등원
칙(Paritätsgrundsatz)을 내용으로 하게 된다. 즉, 초당파적 및 비당파적 지위를 가진 국가는
각각의 종교나 종교 및 신앙단체를 대등하게 대하여야 하고 특히 법적 규율에 있어 특별
지위를 인정하지 않는다는 것이다.61)

주의할 점은, 이러한 영역구별이론과 대등원칙은 앞서 언급한 분리원칙과 구별된다는
것이다. 분리원칙은 "불가침의", 그러므로 극히 예외적인 경우를 제외하고는 국가가 종교
에 대해 거리를 두어야만 한다는 것임에 반해, 영역구별이론과 대등원칙은 그 기원을 국가
의 지원가능성, 다시 말해 "적극적인 종교진흥(positive Religionspflege)"에 두고 있다.62) 이
에 따라 국가는 단지 거리를 두고 있는 분리테제를 넘어 종교의 진흥과 지원을, 또는 종교
단체 간을 조정하는 지위에 있는 것이다.63) 연방행정법원 역시 종교단체 간의 분쟁에 있
어서 국가가 그의 관할 영역 내에서는 초당파적 결정권자로서 중도적이고 중개적인 역할
을 가진다. 다만 국가의 결정에 있어서 세계관적 혹은 종교적 고려가 포함되는 것은 중립
성 명령의 기준에 의하여 허용될 수 없다.64)

(3) 중립성 명령의 주관화

"비동일화(Nicht-Identifikation) 원칙"은 일반 국가론에서 제안된 원칙으로 H. Krüger
는 이를 자유권적 기본권의 준수 하에서의 자기이해라는 관점에서 이 원칙을 전개하였
다.65) 비동일화 원칙은 국가가 종교와 동일화되는 것을 현대 국가의 본질과 의미에 상충

---

60) BVerwGE 87, 115 (127 f.)

61) *C. D. Classen*, Religionsfreiheit und Staatskirchenrecht in der Grundrechtsordnung, S. 116.

62) BVerwGE 87, 115 (127 f.).

63) BVerfG, Beschluss vom 26. März 2001 – 2 BvR 943/99; *S. Huster*, Die ethische Neutralität des Staates, S. 204; *E. W. W. Busse*, Das Prinzip staatlicher Neutralität und die Freiheit der Religionsübung, S. 47.

64) *E. W. W. Busse*, Das Prinzip staatlicher Neutralität und die Freiheit der Religionsübung, S. 76.

65) H. Krüger, Allgemeine Staatslehre, S. 178 ff.; *K. Schlaich*, Neutralität als verfassungsrechtliches Prinzip, S. 236 ff. 개인적 자유권에 근거한다는 점에서 비동일화 원칙은 "기본권적 중립성 개념"으로 표현되기도 한

된다고 보아 허용되지 않는다고 본다. 문제는 국가의 모든 행위나 처분이 종교와 무관하거나 분리되는 것이 아니므로, 언제 "허용되지 않는" 동일화가 되는 것인지 명확한 답을 주기 힘들다. 그러나 비동일화 원칙은 중립성의 문제를 기본권과 관련시켜 혹은 기본권으로부터 도출시켜 논의하였다는 의미가 있다.

1995년 소위 "십자가 결정(Kurzifix‒Beschluss)"에서도 연방헌법재판소는 중립성 의무를 기본법 제4조 제1항에서 직접 도출하였다.[66] 연방헌법재판소는 십자가를 문화적 혹은 초교파적인 인도주의의 상징으로 볼 수 없고 특정 종교적 상징이라는 점에서 교실에 십자가를 두도록 규정한 바이에른 주 시행령을 위헌이라고 보았다. 여기에서 주의할 점은, 십자가 결정으로 인하여 국가의 종교적 중립성이 공공영역에서 모든 종교적 측면을 제거한다는 것으로 이해해서는 안 되고 다만 "관용(Toleranz)", "비동일화" 그리고 "동등대우"와 같은 헌법상의 내용들을 포괄한다는 것이다. 마찬가지로 중립성은 종교적 세계관에 대한 완전한 무관심이나 엄격한 정교분리적(laizistisch) 구별을 의미하는 것도 아니다.[67] 오히려 국가는 그의 중립성을 종교나 세계관에 대한 개방성(Offenheit)을 통해 표명한다는 것이다. 이러한 개방적인 태도는 종교나 세계관의 영역으로부터 국가가 후퇴하고 수동적이 되는 것이 아니라 오히려 적극적으로 기본법 제4조를 조직적으로 보장하는 것이다.[68] 연방헌법재판소의 "십자가 결정"과 연방행정법원의 판결은 동일하게 "국가는 문화적으로 전래되고 역사적인 바탕을 가진 가치확신과 견해를 버릴 수는 없다"는 명제를 세웠다.[69]

그러나 이에 대한 비판으로, 헌법상 국가의 중립성의무는 거의 대부분 객관법적 원칙으로 이해되고 이로부터 바로 주관적 권리가 주어지지 않는다는 점이다. 이러한 이유로 중립성 명령이 기본권적으로 주관화된 판결들은 비판되어왔다. 그러나 이 비판에 대해서도 결국 객관적 중립성과 주관적 권리 간 사실상 엄격한 구별이 가능한지 문제될 것이며, 중립성 명령과 각각 관련된 자유권적 및 평등권의 규정내용이 합치될 수 있는지 또는 구별될 수 있는지 여부와 정도에 대한 문제가 지적된다.[70]

다. *S. Huster*, Die ethische Neutralität des Staates, S. 105 f.; E. W. W. Busse, Das Prinzip staatlicher Neutralität und die Freiheit der Religionsübung, S. 51 f.

66) BVerfGE 93, 1 (16 f.).

67) BayVerfGH, NJW 1997, S. 3157 ff.; BVerwGE 109, 40 (46 f.).

68) BayVerfGH, NJW 1997, S. 3157 ff.; E. W. W. Busse, Das Prinzip staatlicher Neutralität und die Freiheit der Religionsübung, S. 83.

69) BVerfGE 93, 1 (21 f.); BVerwGE 107, 75 (79).

70) *S. Huster*, Die ethische Neutralität des Staates, S. 39.

(4) 사전배려적 중립성과 진흥적 중립성

사전배려적 중립성은 연방헌법재판소의 십자가 판결과 이후 연방행정법원의 판결[71]을 통해 제시되었다. 사전배려적 중립성은 이전의 거리를 두는 태도나 수동적, 방어적인 의미의 국가의 중립성에 대한 반대개념이다. 특히 사전배려적 중립성은 독일이 정교분리의 국가가 아니라는 전제에 서 있다.[72] 그러므로 중립성 개념에 기존의 분리원칙을 받아들이지 않고 다만 "존중과 사전배려적인" 중립성을 지향한다. 이 중립성은 사회 내에서의 종교적 평온을 위협하지 않도록 유의할 의무를 말한다. 그러므로 십자가 판결에서 제시된 "국가는 문화적으로 전래되고 역사적인 바탕을 가진 가치확신과 견해를 버릴 수는 없다"는 명제와 함께 사회의 종교적 평온을 위하여 종교 분쟁을 회피할 고권적 사전배려의무가 동시에 존재한다.[73]

한편 연방헌법재판소는 2003년 머리수건(Kopftuch)금지 판결에서 국가에게 명령되는 중립성은 국가와 교회 간의 엄격한 분리의 의미에서의 거리를 두는 중립성이 아니라 "개방적이고 포괄적이며 모든 종파를 위한 신앙의 자유를 동등하게 진흥하는 국가의 태도"라고 하였다.[74] 즉, 종교간의 분쟁을 회피하기 위한 "사전배려적" 중립성에서 이제는 "진흥적" 중립성으로 전개되어가고 있는 것이며, 2007년 연방헌법재판소는 "개방적이고 포괄적이며 모든 종파를 위한 신앙의 자유를 동등하게 진흥"한다는 진흥적 중립성을 다시 선언하였다.

4. 전망

독일 연방행정법원과 연방헌법재판소의 판례를 통해 살펴본 중립성 원칙의 전개는 무엇보다도 그 영역에 있어서 특수한 관계에 놓여있는 국가와 종교 사이의 관계를 바탕으로 하고 있다. 정교분리의 원칙을 명시적으로 두고 있는지 그렇지 않은지에 따라 많은 차이가 있을 것은 분명하나, 그럼에도 불구하고 국가의 "중립적"인 태도가 무엇인지는 현행 헌법에서의 종교의 자유를 해석함에 있어서 충분한 시사점을 줄 것으로 생각된다. 뿐만 아니라, 종교의 자유를 넘어 국가와 사회의 관계에 대해 국가가 "중립적"인 태도를 취한다는

---

71) BVerwGE 109, 40 (48).
72) BVerwGE 110, 326 (338); *E. W. W. Busse*, Das Prinzip staatlicher Neutralität und die Freiheit der Religionsübung, S. 89 ff.
73) BVerwGE 116, 359, (360 ff.).
74) BVerfGE 108, 282 (300).

것은 아무런 신념과 가치판단이 없는 중립(Neutrum)이 아니라,[75) 문화적으로 전래되고 역사적 바탕을 가진 가치확신과 견해를 유지하는 중립성임을 알 수 있다. 반면에 이러한 적극적 의미의 중립성이 해당 영역 국가가 무분별하게 개입하는 것을 방임하는 통로가 되어서도 안 될 것이다.

이런 의미에서 국가의 중립성은 국가의 행위나 결정에 대한 한계를 설정하는 원칙이 될 수 있다. 즉, 중립성은 현대 법치국가의 본질적인 구성요소로서 국가작용의 내용적 한계나 국가임무의 범위를 설정하게 된다.[76) 다만 여기에서 다시 반복되는 문제는, 중립성의 개념을 일반적, 통일적인 법개념으로 사용할 수 있는가이다.

IV. 결어

현대 사회는 다양성에 대한 요청과 우려가 공존한다. 종교적 세계관은 이 다양성이 가장 극명하게 대치될 수 있는 지점이므로 국가의 중립성 명령은 종교적 중립성에 그 기원을 두었고 출발점에서 중립성은 상호 존중과 이해보다는 분리하는 데에 중점이 있었다. 그러나 독일 연방행정법원과 연방헌법재판소가 전개해온 중립성 개념의 논의는 국가와 교회, 나아가 국가와 사회의 관계성 변화를 염두에 두고 있음을 알 수 있다. 동시에 윤리적 다원주의의 요청에 대해서도 이를 단순히 가치 상대주의로 인식하는 것이 아니라, 다양한 신념과 생활방식이 자유롭고 공평하게 이루어지는 공동체 생활을 보장하기 위한 가치판단을 하고 있다. 다양성에 대한 요청과 이에 따른 갈등은 어느 특정한 국가의 특정한 상황이 아닌 다분히 보편적으로 발생하고 있고 그 양상도 종교는 물론 역사관, 지역, 직역 또는 조직 간 갈등으로 나타나고 있다. 다원적 갈등관계에서 국가는 어떤 행위전략을 취할 것인가? 해외 판례의 비교법적 연구를 통해 일단 이에 대한 문제를 제기하였으며 추후 더 많은 논의가 있기를 기대한다.

---

75) *E. W. W. Busse*, Das Prinzip staatlicher Neutralität und die Freiheit der Religionsübung, S. 175.

76) *C. Starck, in: v. Mangoldt/Klein/ders.* (Hrsg.), GG Kommentar, Art. 4, Rn. 22.

행정법규의 헌법합치적 법률해석

허이훈*

대상판결 : 2019. 2. 21. 선고 2014두12697 전원합의체 판결

[사실관계 및 판결요지]

I. 사안의 개요

1. 사건의 경과

- 「구 쌀소득 등의 보전에 관한 법률」(2009. 3. 25. 법률 제9531호로 개정되어 2013. 3. 23. 법률 제11690호로 개정되기 전의 것, 2015. 1. 1. 시행된 「농업소득의 보전에 관한 법률」 부칙 제2조에 의하여 폐지, 이하 '구 쌀소득보전법'으로 약칭)에 의하면, 농림수산식품부장관은 「세계무역기구 설립을 위한 마라케쉬협정」에 따른 국내보조 감축약속 면제기준과 범위에서 농업인 등의 소득안정을 위하여 매년 농업인 등에게 '소득보조금'(이하 '직불금')을 지급하여야 한다(제4조).

- 같은 법에 의하면, 농림수산식품부장관은 직불금 등록자 또는 수령자가 거짓이나 그 밖의 부정한 방법으로 등록 또는 수령을 한 경우 '등록된 모든 농지'에 대하여 직불금 전부를 지급하지 아니하고(제13조 제1항 제1호), 위와 같은 사유에도 불구하고 직불금을 이미 지급한 경우에는 이를 돌려받아야 하며(제13조의2 제1항 전문), 이 경우 제13조 제1항 제1호에 해당하는 경우에는 지급한 금액의 2배를 추가로 징수하여야 한다(제13조의2 제1항 후문, 이하 '이 사건 조항').

---

* 대법원 재판연구관, 변호사

■ **구 쌀소득 등의 보전에 관한 법률**(2013. 3. 23. 법률 제11690호로 개정되기 전의 것)
제13조(쌀소득등보전직접지불금의 감액지급 또는 등록제한) ① 농림수산식품부장관은 쌀
소득등직불금 등록자 또는 수령자가 제1호 또는 제2호에 해당하면 **등록된 모든 농지의 고
정직접지불금 및 변동직접지불금 전부**를 지급하지 아니하고, 제3호 또는 제4호에 해당하면
해당 농지의 고정직접지불금 또는 변동직접지불금 전부 또는 일부를 지급하지 아니한다.

1. 거짓이나 그 밖의 부정한 방법으로 등록 또는 수령을 한 경우
제13조의2(부당이득금 및 가산금) ① 농림수산식품부장관은 제13조 제1항 각 호에 해당하
는 사유에도 불구하고 쌀소득등보전직접지불금을 이미 지급한 경우에는 <u>이</u>를 돌려받아야
한다. 이 경우 제13조 제1항 제1호에 해당하는 경우에는 <u>지급한 금액</u>의 2배를 추가로 징수
하여야 한다.

- 원고는 2005년부터 2010년까지 피고 옥천군수로부터 충북 옥천군 소재 다수의 농
지에 관하여 직불금 합계 11,295,100원을 수령하였다. 그중 2009년도 직불금은 2,828,440
원이다.

- 피고는, 원고가 직불금을 지급받은 농지 중 일부 농지와 관련하여, 농지의 형상을
유지하지 못하고 있고 농사를 실제로 짓지 아니하였음에도 거짓·부정한 방법으로 직불금
지급대상 농지로 등록하고 직불금을 수령하였다는 이유로, 2011. 6. 27. 원고에게 부당이득
금 15,773,080원[= 2005년부터 2010년까지 받은 직불금 합계액 11,295,110원 + 2009년도
직불금 2,828,440원에 대한 추가징수금 5,656,880원(= 2,828,440원× 2) − 자진 반납액
1,178,910원]의 부과처분을 하였다(이하 '이 사건 처분').

- 한편 원고가 구 쌀소득보전법의 시행일인 2009. 6. 26. 이후 지급받은 2009년 직
불금 중 지급요건을 갖추지 못한 농지와 관련하여 부정하게 지급받은 금액은 1,525,410원
이다.

- 원심은, 직불금이 지급된 농지 중 일부 농지에 관하여 거짓·부정이 있는 경우 전
체 농지에 대하여 지급한 직불금 전액을 반환하도록 하는 것에서 더 나아가 그 2배에 대하
여 추가징수까지 하게 되면 상황에 따라 가혹한 결과가 초래될 수도 있다는 등의 이유로,
이 사건 조항에 따라 추가징수할 금액은 지급한 직불금 전액의 2배가 아니라 부정수령한
직불금의 2배라고 보아, 추가징수금 5,656,880원(= 2,828,440원 × 2배) 중 3,050,820원(=
1,525,410원 × 2배)을 초과하는 부분, 즉 이 사건 처분 중 13,167,020원[= 15,773,080원 −
(5,656,880원 − 3,050,820원)]을 초과하는 부분은 위법하다고 판단하였다.

- 이에 피고가 불복하여 상고를 제기하였는데, 상고이유로 이 사건 조항의 문언상 2
배 추가징수의 기준액은 등록된 모든 농지에 관하여 지급받은 직불금 전액이라고 주장하

였다.

2. 쟁점의 정리

구 쌀소득보전법 제13조 제1항 각호에 따라 지급이 제한되는 직불금을 이미 지급한 경우에는 같은 법 제13조의2 제1항 전문에 따라 이를 반환하도록 하여야 한다. 구 쌀소득보전법 제13조 제1항 제1호 사유가 있는 경우에 지급이 제한되는 직불금은 '등록된 모든 농지에 대한 직불금 전액'이므로, 이 경우 이미 지급된 직불금이 있다면 그 전액이 반환 대상이라고 해석되고 대상판결에서도 이 부분 해석에 관하여는 이견이 없었다. 다만 구 쌀소득보전법 제13조의2 제1항 후문, 즉 이 사건 조항의 해석에 관하여 대상판결의 다수의견과 반대의견은 견해를 달리하는바, <u>다수의 농지 중 일부 농지에 관하여만 거짓·부정이 있는 경우 2배의 추가징수 기준인 '지급한 금액'은 '등록된 모든 농지에 대한 직불금 전액'인지</u>(이하 '전액설') 아니면 <u>'거짓이나 그 밖의 부정한 방법으로 수령한 직불금액'인지</u>(이하 '부정수령액설') 여부가 쟁점이다.

II. 대상판결의 판단

"[다수의견] 구 쌀소득보전법 제13조 제1항 각호에 따라 지급이 제한되는 직불금을 이미 지급한 경우에는 같은 법 제13조의2 제1항 전문에 따라 이를 반환하도록 하여야 한다. 구 쌀소득보전법 제13조 제1항 제1호 사유가 있는 경우에 지급이 제한되는 직불금은 '등록된 모든 농지에 대한 직불금 전액'이므로, 이 경우 이미 지급된 직불금이 있다면 그 전액이 반환 대상이 된다.

이와 달리 <u>같은 법 제13조의2 제1항 후문에 따른 2배의 추가징수 기준인 '지급한 금액'은 '거짓이나 그 밖의 부정한 방법으로 수령한 직불금'에 한정된다고 새겨야 한다.</u> 그 이유는 다음과 같다.

① 위 조항에 따른 2배의 추가징수 기준인 '지급한 금액'이 해당 농업인 등이 등록된 모든 농지에 관하여 수령한 직불금 전액인지 아니면 거짓이나 그 밖의 부정한 방법으로 수령한 직불금액으로 한정되는 것인지가 위 조항의 문언만으로는 명확하지 않다.

거짓·부정을 이유로 하는 직불금 추가징수는 침익적 행정처분이고, 침익적 행정처분의 근거가 되는 행정법규는 엄격하게 해석·적용하여야 하며, 그 의미가 불명확한 경우 행정처분의 상대방에게 불리한 방향으로 해석·적용하여서는 아니 된다. 따라서 위와 같이 이 사건 조항에서 말하는 '지급한 금액'의 의미가 명확하지 않은 이상, 이것이 '지급한 직불금 전액'을 의미한다고 함부로 단정할 수 없다.

② 추가징수제도를 도입할 당시의 입법 의도에 등록된 복수의 농지 중 일부 농지에 관하여만 거짓·부정이 있는 경우에도 전체 농지에 관하여 지급한 직불금 전액의 2배를 추가징수하겠다는 취지가 포함되었다고 볼 만한 근거는 찾기 어렵다.

따라서 추가징수제도가 도입된 경위나 도입 취지를 고려하더라도 위 조항에 따른 2배의 추가징수 기준인 '지급한 금액'이 지급한 직불금 전액으로 당연히 해석되는 것은 아니다.

③ 등록된 농지 중 일부 농지에 관하여 거짓·부정이 있는 경우에도 등록된 모든 농지에 관한 직불금 전액의 2배를 추가징수하여야 한다고 해석하게 되면, 그 자체로 지나치게 가혹할 뿐 아니라 제재를 함에 있어 위반행위의 경중이 전혀 고려되지 않게 되므로, 비례의 원칙이나 책임의 원칙에 부합하지 않게 된다. 이러한 결론은 추가징수제도 도입 취지나 이에 의하여 달성되는 공익을 고려하더라도 정당화되기 어렵다."

"[대법관 김재형, 대법관 박정화의 반대의견] 구 쌀소득보전법 제13조의2 제1항 후문의 '지급한 금액' 앞에 아무런 수식어가 없으므로 이를 부정수령액으로 제한해서 해석할 근거가 없다. 위 조항의 '지급한 금액' 앞에 별다른 수식어가 없는데도, 다수의견과 같이 같은 항 안에서 전문에 따른 회수액은 직불금 전액으로, 후문에 따른 추가징수 기준액은 부정수령액으로 서로 다르게 해석하는 것은 자연스럽지 못하다.

2009. 3. 25. 법률 제9531호로 개정된 구 쌀소득보전법의 개정이유에 비추어 보더라도 위 조항에 따른 2배의 추가징수 기준인 '지급한 금액'을 부정수령액으로 한정하는 등 제한을 두려고 한 것으로는 보이지 않는다.

위 조항의 '지급한 금액'을 부정수령액으로 해석해야만 비례원칙에 어긋나지 않고, 직불금 전액으로 해석하면 비례원칙 위반이 된다고 보기도 어렵다.

위 조항의 문언이나 입법 취지에 비추어 위 조항에 따른 2배의 추가징수 기준인 '지급한 금액'은 등록된 모든 농지에 관하여 지급한 직불금 전액으로 해석하여야 하고, 이와 같이 새기더라도 비례원칙 등에 반한다고 볼 수도 없다."

◇ 관련 판례 : 대법원 2016. 2. 18. 선고 2014두43707 판결
"1. 어떤 법률조항에 대하여 여러 갈래의 해석이 가능할 때에는 원칙적으로 그 법률조항의 문언과 목적에 비추어 가능한 범위 내에서 헌법에 합치되는 해석을 하여야지 위헌으로 판단하여서는 아니 되고(헌법재판소 1989. 7. 14. 선고 88헌가5 결정, 헌법재판소 1989. 7.

21. 선고 89헌마38 결정 등 참조), 이와 같은 합헌적 법률해석을 포함하는 법령의 해석·적용 권한은 대법원을 최고법원으로 하는 법원에 전속한다(대법원 2008. 10. 23. 선고 2006다66272 판결 등 참조).

　　2. 원심판결과 원심이 인용한 제1심판결의 이유에 의하면, 원심은 그 판시와 같은 사정을 종합하여, 2013. 5. 22. 법률 제11787호로 개정되면서 비로소 신설된 국민건강보험법 제57조 제2항은 "공단은 제1항에 따라 속임수나 그 밖의 부당한 방법으로 보험급여 비용을 받은 요양기관이 다음 각 호의 어느 하나에 해당하는 경우에는 해당 요양기관을 개설한 자(이하 '개설자'라 한다)에게 그 요양기관과 연대하여 같은 항에 따른 징수금을 납부하게 할 수 있다."고 규정하면서 제1호로 "의료법 제33조 제2항을 위반하여 의료기관을 개설할 수 없는 자가 의료인의 면허나 의료법인 등의 명의를 대여받아 개설·운영하는 의료기관"을 규정하고 있고(이하 '이 사건 개정규정'이라 한다), 같은 법 부칙(2013. 5. 22.) 제2조는 '이 사건 개정규정은 이 법 시행 후 최초로 부당이득을 징수하는 경우부터 적용한다'고 규정(이하 '이 사건 부칙규정'이라 한다)하고 있는바, 이 사건 개정규정은 개정된 국민건강보험법의 시행일인 2013. 5. 22. 이후 최초로 발생한 부당이득을 징수하는 경우부터 적용되는 것으로 이 사건 부칙규정을 해석함이 타당하다고 판단하였다.

　　위 법리와 기록에 비추어 살펴보면, 원심의 위와 같은 판단은 정당한 것으로 수긍이 가고, 거기에 합헌적 법률해석에 관한 법리를 오해하여 판결결과에 영향을 미친 잘못이 없다."

[판례연구]

I. 서론

　　대상판결의 다수의견은 부정수령액설이 타당하다고 본 논거로 먼저 이 사건 조항의 '문언 의미'와 '입법 취지'를 들고 있다. 그러나 "① 관련 조항의 문언만으로는 추가징수의 범위가 명확하지는 않아, 이러한 상황에서 추가징수액이 직불금 전액의 2배라고 함부로 단정할 수는 없고, ② 추가징수제도가 직불금을 부정하게 수령한 자에 대한 제재를 강화하기 위하여 도입된 것이기는 하나, 당시의 입법 의도에 여러 필지의 농지 중 일부 농지에 관하여만 거짓·부정이 있는 경우에도 전체 농지에 관하여 지급한 직불금 전액의 2배를 추가징수하겠다는 취지가 포함되었다고 볼 만한 근거는 찾기 어렵다"는 것이어서, 반드시 전액설을 취하여야 하는 것은 아니라는 '소극적 논거'로 볼 수 있다.

　　대상판결의 다수의견이 부정수령액설이 타당하다고 본 핵심적인 논거는 "비례의 원칙(과잉금지의 원칙)상 행정 목적을 달성하기 위한 수단은 목적달성에 유효·적절하고, 또한 가능한 한 최소침해를 가져오는 것이어야 하며, 아울러 그 수단의 도입으로 인한 침해가 의도하는 공익을 능가하여서는 안 되는데(대법원 1997. 9. 26. 선고 96누10096 판결, 대법원 1998. 4. 24. 선고 97누1501 판결 등 참조)", 전액설에 의할 경우 비례의 원칙이나 책임의 원칙에 부합하지 않게 된다는 것이다. 나아가 다수의견은 "어떤 법률조항에 대하여 여러 갈래의 해석이 가능할 때에는 원칙적으로 그 법률조항의 문언과 목적에 비추어 가능한 범위 내에서 헌법에 합치되도록 해석하여야 함(대법원 2016. 2. 18. 선고 2014두43707 판결 참조)에 비추어 보더라도" 추가징수액을 부정수령액의 2배로 제한하는 것으로 해석하는 것이 타당하다고 하였다.

민사법, 형사법 영역에서는 헌법합치적 법률해석이 적극적으로 활용되어 다수의 판례가 축적되었음에 반하여, 행정법 영역에서 헌법합치적 법률해석에 터 잡아 처분의 근거가 되는 행정법규를 해석한 사례는 상대적으로 눈에 띄지 않았었다. 대상판결이 참조판례로 인용한 관련 판례인 대법원 2014두43707 판결 정도를 행정법규 해석에 있어 헌법합치적 법률해석을 명시적으로 채택한 판결로 볼 수 있는데, 대상판결의 다수의견 또한 헌법합치적 법률해석에 입각하여 부정수령액설을 채택한 것으로 이해된다. 이 사건 조항의 문언만을 놓고 보았을 때 전액설에 좀 더 무게가 실린다고 볼 수 있으나, 전액설을 취할 경우 처분 상대방에게 가혹한 결과를 가져올 수 있다는 인식을 바탕으로 적극적 해석론을 전개하였는데 그 근거로 헌법합치적 법률해석을 활용한 것으로 볼 수 있다.

본고에서는 대상판결의 다수의견과 반대의견을 헌법합치적 법률해석 측면에서 분석, 평가하고 이를 바탕으로 행정법규 해석에 있어서의 헌법합치적 법률해석의 가능성을 모색해보고자 한다. 이를 위하여, 먼저 행정법규 해석의 측면에 주안점을 두어 헌법합치적 법률해석의 의의, 기능 및 한계에 관하여 살펴보도록 하겠으며(Ⅱ 내지 Ⅳ), 이를 바탕으로 대상판결의 정당성과 타당성을 검토하고자 한다(Ⅴ).

II. 헌법합치적 법률해석의 의의

1. 헌법합치적 법률해석의 의미

헌법합치적 법률해석(憲法合致的 法律解釋: Verfassungskonforme Gesetzesauslegung)이란 "법률문언이 다의적이어서 위헌적으로도 합헌적으로도 해석될 여지가 있으면, 합헌적 해석의 여지가 있는 한 이를 위헌이라고 판단하여서는 안 된다는 법률해석원칙"이라고 정의하는 것이 일반적이다.[1] 법원은 국가 사법작용을 담당하는 국가기관으로서 다른 국가기관과 마찬가지로 개인의 기본권을 보장할 의무(헌법 제10조 후문)를 포함하여 마땅히 헌법을 준수하여야 할 의무가 있으므로, 구체적 사건의 해결에서 적용할 법률을 헌법에 부합되도록 해석하여야 할 권한과 의무가 인정된다.

헌법합치적 법률해석의 원칙은 미국과 독일에서 판례상 발전되어 왔는데,[2] 우리 헌법재판소와 대법원 모두 받아들여 원용하고 있다. 헌법재판소는 "일반적으로 어떤 법률에 대한 여러 갈래의 해석이 가능할 때에는 원칙적으로 헌법에 합치되는 해석 즉 합헌해석을 하여야 하지 위헌으로 판단하여서는 안 된다(헌법재판소 1989. 7. 21. 선고 89헌마38 결정)"고, 대법원은 "어떤 법률조항에 대하여 여러 갈래의 해석이 가능할 때에는 원칙적으로 그 법률조항의 문언과 목적에 비추어 가능한 범위 내에서 헌법에 합치되는 해석을 하여야지 위헌으로 판단하여서는 안 된다(대법원 2016. 2. 18. 선고 2014두43707 판결)"고 각 판시하여 헌법합치적 법률해석의 원칙을 명시적으로 채택하고 있다.[3]

대상판결의 다수의견이 이 사건 조항을 헌법에 합치되도록 해석하여야 한다고 판시하면서 참조판례로 인용한 대법원 2016. 2. 18. 선고 2014두43707 판결은 행정법규의 내용을 해석함에 있어 명시적으로 헌법합치적 법률해석을 적용한 최초의 대법원 판결로 볼 수 있다.[4] 위 대법원 2014두43707 판결은 먼저 앞서 본 헌법재판소 89헌마38 결정 등의 헌법

---

[1] 한수웅, 헌법학(제8판), 박영사, 2018, 56면 참조.

[2] 법원이 당해 사건을 심리함에 있어 적용 규범에 대한 위헌 여부를 판단하지 않고 그 사건을 해결하는 것이 가능하다면 그 판단방법을 선택하여야 한다는 이론은 미국, 독일 등에서 이미 확립되었다. 미국에서는 헌법합치적 법률해석(interpreting a statute to make it constitutional)을 법률조항에 대한 위헌판단을 회피하는 방법 가운데 하나로 활용하여 왔으며, 독일에서도 이러한 미국의 이론을 대체로 수용하고 있다고 한다(김시철, "우리 위헌법률심판제도와 헌법재판소 결정의 효력", 저스티스 통권 제90호, 2006. 4., 53-54면 참조).

[3] 대표적인 사례로 노조원인 피고인들이 사전신고 없이 회사 구내의 옥외 주차장에서 집회를 열자 집시법상 사전신고대상인 '옥외집회'를 사전신고 없이 개최한 행위에 해당한다고 하여 기소된 사안인 대법원 2013. 10. 24. 선고 2012도11518 판결은 헌법합치적 법률해석에 기하여 형벌 조항의 구성요건을 목적론적으로 축소해석하였다. 대법원은 위 옥외주차장 집회가 집시법상의 '옥외집회'에는 해당된다고 보면서도, 헌법이 집회의 자유를 보장하는 근본이념과 앞서 본 집시법의 규정 내용 및 입법취지 등을 종합하여 볼 때, "집회의 목적, 방법 및 형태, 참가자의 인원 및 구성, 집회 장소의 개방성 및 접근성, 주변 환경 등에 비추어 집회 과정에서 불특정 다수나 일반 공중 등 외부와 접촉하여 제3자의 법익과 충돌하거나 공공의 안녕질서에 해를 끼칠 수 있는 상황에 대한 예견가능성조차 없거나 일반적인 사회생활질서의 범위 안에 있는 것으로 볼 수 있는 경우"에는 집시법상 미신고 옥외집회의 개최행위로 보아 처벌할 수는 없다고 판단하였다. '옥외집회'라는 문언 자체를 축소하여 해석하였다기보다, 거기에 '공중과의 접촉가능성' 등의 추가적인 구성요건을 설정함으로써 구성요건해당 범위를 축소하여 헌법과 입법취지에 합치되도록 해석하였다.

[4] 그에 앞서 화물자동차운수사업법위반 사안(형사사건)인 대법원 2011. 4. 14. 선고 2008도6693 판결에서는 헌법합치적 법률해석의 적용 가능성을 긍정하면서도, 헌법합치적 법률해석에 의한다 할지라도 피고인들

합치적 법률해석에 관한 법리를 판시하였다. 그 법리를 바탕으로 의료인의 명의를 대여받아 요양기관을 개설한 자에 대하여도 요양기관과 연대하여 부당이득을 징수할 수 있도록 신설된 국민건강보험법 제57조 제2항을 개정법 시행일 이후 '최초로 부당이득을 징수하는 경우'부터 적용하도록 규정한 개정 국민건강보험법 부칙 제2조 중 '최초로 부당이득을 징수하는 경우'의 의미가 개정법 시행일 이후 최초로 '발생한' 부당이득을 징수하는 경우를 의미하는 것으로 해석한 원심의 판단에 합헌적 법률해석에 관한 법리오해의 위법이 없다고 판단하였다. 개정법 시행일 이전에 부당이득의 사유가 발생한 경우에도 부당이득을 징수할 수 있다고 해석하는 경우 개정 법령이 시행되기 이전에 이미 완성 또는 종결된 사실관계 또는 법률관계에 부당이득징수권을 인정하는 것이어서 '진정소급입법'에 해당[5]하여 위헌이라고 볼 여지가 있다는 사정을 고려한 것으로 판단된다.

헌법합치적 법률해석의 근거는 헌법의 최고규범성과 권력분립, 국민의 대표인 입법자에 대한 존중에서 찾을 수 있다. 법률을 가급적 헌법에 합치도록 해석함으로써 헌법을 최고규범으로 하는 통일적인 법질서 형성이 가능하게 된다. 아울러 권력분립의 원칙에 근거하여 입법자가 제정한 법률의 효력이 가급적 유지될 수 있도록 하고 이를 통해 민주주의적 입법기능이 존중될 수 있다. 성전환자의 호적상 성별 정정신청이 허용된다고 판단한 대법원 2006. 6. 22.자 2004스42 전원합의체 결정의 다수의견에 대한 대법관 김지형의 보충의견은 "헌법합치적 법률해석은 국가의 최고규범인 헌법을 법률해석의 기준으로 삼아 법질서의 통일을 기하여야 한다는 법원리에 그 기초를 두고 있는 것"임을 밝힌 바 있다.

한편 전통적이고 일반적인 법률해석의 기준, 방법(즉 문언해석, 논리적·체계적 해석, 역사적 해석, 목적론적 해석)과의 관계에서 헌법합치적 법률해석의 위치에 관하여 기존의 법률해석과 다른 특별한 해석원리라기보다는, 상위법규인 헌법의 가치와 내용이 하위규범에 투사하고 관철되도록 해석하여야 한다는 것으로 이해하는 것이 타당하다는 견해가 있다.[6] 즉, 문리해석, 목적론적 해석 등 종래의 전통적 법률해석 방법을 통해 얻은 의미 내용 중 합헌적 의미를 선택하는 '보완적·보충적 해석방법'으로 파악하여야 한다는 것이다. 이와 달리, 헌법합치적 법률해석이 규범의 일부를 구성하며 분리가 가능한 어떤 의미 단위를 배제한다는 측면에서 이를 체계적·목적론적 해석방법의 한 하부유형으로 파악할 수 없는 독자성이 있다는 견해도 있다.[7]

의 행위가 법규위반에 해당하지 않는 것으로 해석할 여지가 없다고 판시하기도 하였다.

5) 대법원은 소급입법은 새로운 입법으로 이미 종료된 사실관계 또는 법률관계에 적용케 하는 진정소급입법과 현재 진행 중인 사실관계 또는 법률관계에 적용케 하는 부진정소급입법으로 나눌 수 있는데, 이 중에서 기존의 법에 의하여 이미 형성된 개인의 법적 지위를 사후입법을 통하여 박탈하는 것을 내용으로 하는 진정소급입법은 개인의 신뢰보호와 법적 안정성을 내용으로 하는 법치국가 원리에 의하여 허용되지 아니하는 것이 원칙이라고 본다(대법원 2007. 10. 11. 선고 2005두5390 판결 등 참조).

6) 정계선, "법원의 헌법적 판단", 헌법학연구 제21권 제4호, 2005. 12., 112-113면 참조.

2. 헌법합치적 법률해석의 구별개념 – 헌법정향적 해석과의 관계

독일에서는 헌법정향적 해석(憲法定向的 解釋: Verfassungsorientierte Auslegung)과 헌법합치적 법률해석을 구분하는 논의가 있고 그 영향을 받아 우리 학설에서도 양자를 구분하여 설명하기도 한다.[8] 헌법정향적 해석은 헌법의 기본적 결정을 존중하여 법규범을 해석·적용하는 것으로서, 법규범의 위헌적 요소를 배제하는 것을 요소로 하지 않는다는 점에서 헌법합치적 법률해석과 개념적인 차이가 있다고 볼 수 있다. 즉, 헌법합치적 법률해석은 위헌적 요소의 소극적 배제에 중점을 둠에 반하여, 헌법정향적 해석은 가능한 해석 중 헌법원칙들을 규범조화적으로 최적화시키는 것까지 포함하는 것으로 이해할 수 있다.[9]

그런데 '법률 해석의 방법과 한계'에 관하여 대법원 2009. 4. 23. 선고 2006다81035 판결[10]은 "법률의 문언 자체가 비교적 명확한 개념으로 구성되어 있다면 원칙적으로 더 이상 다른 해석방법은 활용할 필요가 없거나 제한될 수밖에 없고, 어떠한 법률의 규정에서 사용된 용어에 관하여 그 법률 및 규정의 입법 취지와 목적을 중시하여 문언의 통상적 의미와 다르게 해석하려 하더라도 당해 법률 내의 다른 규정들 및 다른 법률과의 체계적 관련성 내지 전체 법체계와의 조화를 무시할 수 없으므로, 거기에는 일정한 한계가 있을 수밖에 없다."라고 판시하였다. 이때 체계적 해석의 기준인 '전체 법체계와의 조화'에 헌법의 기본적 결정, 헌법원칙이 포함된다고 보아야 함에 비추어, 헌법정향적 해석의 개념을 독립적으로 인정할 실익이 없거나 크지 않다는 문제제기도 가능할 수 있다.

다만 헌법정향적 해석과 헌법합치적 법률해석은 개념적으로는 구별할 수 있지만, 개별 사안에서 헌법정향적 해석과 헌법합치적 법률해석의 경계를 명확하게 설정하는 것은 현실적·규범적으로도 가능하지 않다. 위헌과 합헌의 명확한 경계를 설정하는 것이 가능하지 않기 때문이다. 앞서 각주 3)의 대법원 2012도11518 판결 사안의 경우 집시법상 미신고 옥외집회의 구성요건 해석에 있어 옥외집회의 개념에 '공중과의 접촉가능성' 등의 추가

7) 조동은, "헌법합치적 법률해석과 법원의 기본적 보장의무 –대법원과 하급심의 기본권 영역에 대한 최근 판례를 중심으로–", 헌법학연구 제23권 제3호, 2017. 9., 398면 참조.

8) 계희열, 헌법론(상) 신정2판, 박영사, 2005, 85–86면; 조동은, "헌법합치적 법률해석과 법원의 기본적 보장의무 –대법원과 하급심의 기본권 영역에 대한 최근 판례를 중심으로–", 헌법학연구 제23권 제3호, 2017. 9., 399면 참조.

9) 조동은, "헌법합치적 법률해석과 법원의 기본적 보장의무 –대법원과 하급심의 기본권 영역에 대한 최근 판례를 중심으로–", 헌법학연구 제23권 제3호, 2017. 9., 399면 참조.

10) 임대주택법상의 '임차인'은 임대차계약에서 목적물의 사용수익권을 가짐과 동시에 차임지급의무를 부담하는 측의 일방당사자를 의미한다고 보는 것이 문언에 충실하면서도 가장 보편타당한 해석이라고 한 사례(이와 달리 당사자 일방의 계약목적, 경제적 부담이나 실제 거주사실 등을 고려한 '실질적 의미의 임차인'까지 포함한다고 변경, 확장 해석하는 것은 본 법률 해석의 원칙과 기준에 어긋나는 것으로서 받아들일 수 없다고 봄)

적 구성요건 설정을 통해 축소해석하지 않았다면 곧바로 헌법상 집회의 자유 침해에 따른 위헌 여부가 문제된다고 볼 있을 것이다. 그러나 대법원 2004스42 전원합의체 결정 사안의 경우 김지형 대법관의 보충의견은 성전환자의 호적상 성별 정정이 허용된다는 근거로 헌법합치적 법률해석을 제시하였으나,[11] 구 호적법 제120조의 규정해석상 성별 정정신청이 허용되지 않는 것으로 해석할 경우 위 조항이 "성전환자의 호적상 성별란 기재를 수정하는 절차규정을 두지 않은 것이 헌법상 입법의무를 위반한 '부진정입법부작위'에 해당"하여 위헌이라고 단언하기 쉽지 않다.

전통적인 체계적 해석은 주로 논리적 해석의 연장선상에서 법체계에 일관된 원리를 통하여 법규와 무질서의 모순을 방지[12]한다는 '소극적' 측면이 강조되었다. 행정법규의 해석에서도 헌법원칙에 저촉되어서는 안 된다는 점이 강조되었고, 위헌적 해석 부분을 해석 가능 범주에서 제외하는 본래의 의미의 헌법합치적 법률해석 또한 그 연장선상에서 이해할 수 있다. 이에 반하여 헌법정향적 해석은 위헌이라고까지 볼 수 없는 법률규정의 해석에서도 '적극적'으로 헌법원칙의 구현을 요구한다는 점에서 체계적 해석과는 다른 독자적인 의의가 있다.[13] 전통적인 체계적 해석에 터 잡은 설명만으로는 이러한 함의(含意)가 제대로 드러나지 않게 된다.

헌법합치적 법률해석과 헌법정향적 해석은 법규의 해석수단으로 헌법원칙을 활용한다는 점에서, 핵심적인 가치를 공유한다. 이에 더하여 헌법정향적 해석과 헌법합치적 법률해석의 구별이 용이하지 않다는 사정까지 고려하였을 때, 넓은 의미의 헌법합치적 법률해석은 본래의 의미의 헌법합치적 법률해석과 헌법정향적 해석을 포괄하는 개념으로 파악할 수 있다.

---

11) 대법원 2006. 6. 22. 자 2004스42 전원합의체 결정에서 대법관 김지형의 다수의견에 대한 보충의견은 "성전환자의 성별 정정에 관한 절차적 규정을 입법적으로 신설하는 것이 이상적임은 두말할 필요도 없지만, 아직까지 어떠한 형태로든 그에 관한 가시적인 입법조치를 예상하기 힘든 현재의 시점에서 본다면 완전한 입법 공백에 따른 위헌적인 상황이 계속되는 것보다는 법원이 구체적·개별적 사안의 심리를 거쳐 성전환자로 확인된 사람에 대해서는 호적법상 정정의 의미에 대한 헌법합치적 법률해석을 통하여 성별 정정을 허용하는 사법적 구제수단의 길을 터놓는 것이 미흡하나마 성전환자의 고통을 덜어 줄 수 있는 최선의 선택일 것이라고 믿어 의심치 않기 때문이다."라고 하였다.

12) 김유환, "행정법 해석의 원리와 해석상의 제문제", 법철학연구 제6권 제1호, 2003, 247면 참조.

13) 사법철학과 헌법합치적 법률해석과의 관계에서 사법적극주의 입장에 설 경우 특히 그러할 것이다(뒤의 Ⅳ.의 1. '권력분립과 민주주의원리에 의한 한계' 부분 참조).

III. 헌법합치적 법률해석의 기능

1. 헌법합치적 법률해석을 통한 규범통제

헌법합치적 법률해석은 단순히 법률해석에 그치는 것이 아니라 이를 통해 실질적으로 규범통제 기능을 하게 된다.[14) 헌법합치적 법률해석에 기한 규범통제의 구체적인 방법으로는 법률규범 안의 위헌적 내용을 축소, 배제하는 '헌법합치적 축소해석'과 위헌적 흠결을 보충하는 '헌법합치적 흠결보충'이 있다. 그중 후자인 헌법합치적 흠결보충의 경우 그 허용 여부에 관하여 논란의 여지가 있을 수 있으나, '법형성'(Rechtsfortbildung)의 일환으로서 법치국가의 원리가 허용하는 범위 내에서 법률내용의 보충이 가능하다고 볼 수 있을 것이다. 기존의 전통적인 해석방법인 3단 논법을 통해 포섭·적용하는 일반적인 법률해석과 달리, 법형성은 전통적인 해석방법을 적용하기 곤란하여 목적론적 축소해석 내지 유추해석 등의 방법으로 법률내용을 보충하는 경우를 의미하는 것으로 볼 수 있다.[15) 다만 이와 같은 헌법합치적 흠결보충은, 법적 안정성을 저해할 우려가 있고 또한 재정상 예상하지 못한 부담을 초래하는 경우도 있을 수 있다는 점을 고려하였을 때, 헌법합치적 축소해석과 비교하여 제한적으로 허용된다.

헌법합치적 흠결보충에서 나아가 헌법합치적 법률수정까지 가능하다고 볼 것인지 여부가 문제 되나, 헌법합치적 법률수정은 '법창조'(Rechtsschöpfung)로서 원칙적으로 법원에 그에 관한 권한까지 인정된다고 볼 수 없다.[16) 즉, 헌법합치적 법률해석을 통해 법률규범 자체를 수정하는 것은 원칙적으로 허용되지 않고, 다만 예외적으로 해석상 명백한 규범의 내용이 법률조항에 잘못 기재됨에 따라 - 이른바 서기(書記)의 실수 - 이를 수정하는 법

---

14) 김하열, "법원의 규범통제와 헌법재판소의 법률해석", 저스티스, 2008. 12., 19-20면; 정계선, "법원의 헌법적 판단", 헌법학연구 제21권 제4호, 2015. 12., 103면 참조.

15) '법형성'(Rechtsfortbildung)의 의미에 관한 설명도 흠결보충 이외에 법률수정까지 포함하여 설명하는 견해를 비롯하여 다양하다. 본고에서는 '법해석'(Rechtsauslegung)과 '법창조'(Rechtsschöpfung)의 중간 의미를 갖는 절충적 의미로 사용하겠다. 즉, 법형성이란 존재하는 법을 해석하는 것도, 존재하지 않는 법을 새롭게 창조하는 것도 아닌, 존재하지만 불완전한 법을 보충하여 발전시킨다는 의미로 사용하겠다(박정훈, "행정법과 법해석 -법률유보와 법형성의 한계-", 행정법연구 제43호, 2015. 11., 26면; 서보국, "조세법상 법관의 법발견과 법형성", 충남대학교 법학연구 제26권 제3호, 2015. 12., 13-14면 참조).

16) 박정훈, "행정법과 법해석 -법률유보와 법형성의 한계-", 행정법연구 제43호, 2015. 11., 26면 참조. 이와 관련하여 일반적인 법률해석에 관한 것이기는 하지만, 김재형 대법관도 같은 취지에서 "법률의 문언을 넘는 해석(praeter legem)과 법률의 문언에 반하는 해석(contra legem)을 구분할 필요가 있다. 법률의 문언을 넘는 해석은 법률에 공백 또는 흠결이 있는 경우에 이를 보충하는 해석이다. 이에 해당하는 예로는 유추 또는 유추해석을 들 수 있다. 법률의 문언에 반하는 해석은 문언의 의미와는 달리 해석하는 것을 가리킨다. 법률의 문언을 넘는 해석은 매우 빈번하게 행해지는 데 반하여, 법률의 문언에 반하는 해석은 극히 예외적인 경우에 한하여 인정된다."고 설명한다(김재형, "황금들녘의 아름다움: 법해석의 한 단면 -임대주택법상의 임차인에 관한 해석 문제-", 법학평론 창간호, 2010, 90면 참조).

률정정이 허용될 여지가 있을 뿐이다.

한편 법해석과 법형성의 구별 및 법형성의 정당화 한계의 문제는 권력분립의 관점에서 문제영역별로 구분하여 고찰하여야 한다. 민사법과 형사법 영역에서는 입법과 사법의 관계만이 문제 됨에 반하여, 행정법 영역의 경우 입법, 행정, 사법 상호 간의 관계가 문제된다. 민사법 영역에서는 헌법합치적 흠결보충이 상대적으로 넓게 정당화될 수 있음에 반하여, 형사법 영역에서는 피고인에 대한 유불리에 따라 달라진다. 피고인에게 유리한 유추는 허용됨에 반하여 불리한 유추는 엄격히 금지되어 법률의 흠결이 발견된다 할지라도 유추를 통한 보충은 허용되지 않는 것이 원칙이다.[17]

행정법 영역의 경우 입법, 사법 이외에 추가로 행정과의 관계도 고려하여야 한다는 특성이 있는데 행정법상 침익적 유추의 허용 여부에 관하여 독일에서는 침익적 유추는 금지된다는 견해(침익유추금지설)가 절대적으로 금지되는 것은 아니며 구체적 사정에 비추어 공익상 필요성이 강하게 인정되고 법적 안정성이 해치지 않는 경우라면 침익적 유추도 허용된다고 하는 견해(절충설)와 비교하여 더 많은 지지를 받고 있다고 한다.[18] 우리 대법원도 침익적 행정처분의 근거가 되는 행정법규는 엄격하게 해석·적용하여야 하고 그 행정행위의 상대방에게 불리한 방향으로 지나치게 확장해석하거나 유추해석하는 것은 허용되지 않는다고 하여(대법원 2013. 12. 12. 선고 2011두3388 판결 참조), 독일의 다수설과 유사한 입장으로 이해된다. 따라서 침익적 행정처분의 근거가 되는 행정법규의 해석에 있어 처분 상대방에 불리한 방향으로의 헌법합치적 흠결보충은 원칙적으로 허용되지 않는다고 볼 것이다.[19]

헌법재판소의 위헌법률이 있으면 당해 법률조항의 효력이 상실되는 것처럼, 법원의 헌법합치적 법률해석을 통해 헌법에 반하는 해석의 가능성이 배제되고 이를 통해 규범통제가 이루어진다. 다만 이와 헌법합치적 법률해석에 의한 규범통제의 효력은 헌법재판소에 의하여 이루어지는 위헌결정에 의한 규범통제와는 그 효력에 있어 차이가 있다. 법원이 헌법합치적 법률해석을 한다 할지라도 당해 사건에 한하여 적용될 뿐, 그 해석에 다른 국가기관을 기속하는 일반적인 효력이 인정되지는 않는다. 그렇지만 실질적으로 대법원에 의한 헌법합치적 법률해석은 하나의 법리(法理)로서 당해 사건뿐만 아니라 하급심 법원의 법률해석 기준으로서의 구속력을 가진다.

---

17) 조동은, "헌법합치적 법률해석과 법원의 기본적 보장의무 -대법원과 하급심의 기본권 영역에 대한 최근 판례를 중심으로-", 헌법학연구 제23권 제3호, 2017. 9., 412면 참조.

18) 박정훈, "행정법과 법해석 -법률유보와 법형성의 한계-", 행정법연구 제43호, 2015. 11., 31면 참조. 박정훈 교수의 설명에 의하면 우리나라에서는 학설상 이에 관한 논의를 찾기 어렵다고 한다.

19) 실제 형사법, 행정법 영역에서 법원이 헌법합치적 법률해석을 시도한 사안은 대부분 피고인(형사법) 내지 처분 상대방(행정법)에게 유리한 방향의 해석인 것으로서, 앞서 본 대법원 2012도11518 판결, 대법원 2014두43707 판결 사안 등도 이에 해당한다.

2. 헌법재판소 규범통제와의 관계

헌법합치적 법률해석은 법률해석 작용에 해당하기 때문에 그 권한은 대법원을 비롯한 법원에 귀속된다.[20] 대법원 또한 "구체적 분쟁사건의 재판에 즈음하여 법률 또는 법률조항의 의미·내용과 적용 범위가 어떠한 것인지를 정하는 권한, 곧 법령의 해석·적용 권한은 사법권의 본질적 내용을 이루는 것이고, 법률이 헌법규범과 조화되도록 해석하는 것은 법령의 해석·적용상 대원칙이므로, 합헌적 법률해석을 포함하는 법령의 해석·적용 권한은 대법원을 최고법원으로 하는 법원에 전속하는 것(대법원 2001. 4. 27. 선고 95재다14 판결)"이라고 판시하였다.[21]

그런데 헌법합치적 법률해석은 법원의 권한인 동시에 의무이기도 하다. 같은 취지에서 대법원 2007. 05. 17. 선고 2006다19054 전원합의체 판결의 다수의견에 대한 대법관 김황식, 박일환의 보충의견은 "헌법은 국가의 최고규범으로서 법률해석의 기준이 되므로 어떠한 법률조항에 대하여 그 문언상 위헌적인 해석과 합헌적인 해석의 가능성이 모두 열려 있는 경우 법원으로서는 마땅히 위헌적인 해석을 배제하고 합헌적인 해석을 함으로써 가능한 한 법률조항을 유효하게 유지할 의무가 있다는 사실이다."라고 하였다. 법원은 헌법재판소에 법률에 대한 위헌제청을 하기 전 위헌의 의심이 있는 법률을 합헌적으로 해석하여 법률의 위헌성이 제거될 수 있는가를 우선 검토하여야 하며, 이러한 헌법합치적 법률해석의 방법을 통해 당해 법률을 적용하고자 하는 시도에도 불구하고 위헌의 의심이 해소되지 않는 경우 비로소 법원은 위헌제청을 하여야 하는 것이다.[22]

법원이 선제적으로 헌법합치적 법률해석에 기하여 위헌성을 제거한 경우, 헌법재판소는 당해 법률에 대한 법원의 해석을 바탕으로 위헌 여부를 판단하게 된다. 구 지방공무원법 제29조의3은 "지방자치단체의 장은 다른 지방자치단체의 장의 동의를 얻어 그 소속 공무원을 전입할 수 있다."고 규정하고 있었는데, 대법원 2001. 12. 11. 선고 99두1823 판결은 "위 규정에 의하여 동의를 한 지방자치단체의 장이 소속 공무원을 전출하는 것은 임명권자를 달리하는 지방자치단체로의 이동인 점에 비추어 반드시 당해 공무원 본인의 동의를 전제로 하는 것이고, 위 법규정도 본인의 동의를 배제하는 취지의 규정은 아니어서 위헌·무효의 규정은 아니다."고 판단하였다. 명시적으로 밝히지는 않았으나, 헌법 제7조에

---

20) 김하열, "법원의 규범통제와 헌법재판소의 법률해석", 저스티스, 2008. 12., 7면 참조.

21) 법률의 헌법합치적 해석·적용은 사법작용의 일부이므로 '합헌적 법률의 위헌적 해석·적용'에 대한 시정(是正)은 재판소원이 금지된 우리나라 법제에서 대법원을 최고법원으로 하는 법원의 심급제도, 최고법원의 판례변경 등의 절차에 의하여 이루어질 수 있을 뿐이어서, 법률조항을 "…하는 것으로 해석적용하는 한 위헌"이라는 취지의 위헌제청신청은 그 법률조항에 대한 법원의 해석을 다투는 것에 불과하여 적법하지 않다는 것이 대법원의 입장이다(대법원 2005. 7. 14.자 2003카기110 결정 등 참조).

22) 헌법재판소, 헌법재판실무제요 제2개정판, 헌법재판소, 2015, 193면 참조.

규정된 공무원의 신분보장, 헌법 제15조에서 보장하는 직업선택의 자유, 과잉금지원칙 등에 합치되도록 해석함으로써 '당해 공무원 본인의 동의' 요건을 설정한 것으로 볼 수 있다. 이후 위 조항의 위헌 여부가 쟁점이 된 헌법재판소 2002. 11. 28. 선고 98헌바101 결정의 다수의견은 위와 같은 대법원의 해석을 전제로 위 조항에 대하여 합헌결정을 하였다.

　　법원이 헌법합치적 법률해석에 관한 의무를 다하지 않아 위헌적인 해석을 배제하는 것이 아니라 그와 같은 위헌적인 해석을 바탕으로 판단하는 경우, 당해 사건 당사자의 헌법상 기본권이 침해된다. 이 경우 헌법재판소가 법원의 법률에 대한 해석·적용을 심판대상으로 삼는 계기가 될 수 있다. 만일 위 대법원 99두1823 판결 사안에서 대법원이 공무원 본인의 동의를 전제로 한다고 판단하지 않았다면, 헌법재판소는 본인의 동의 없이 다른 지방자치단체의 장의 동의만을 근거로 그 소속 공무원의 전입이 가능하다는 해석을 전제로, 위 구 지방공무원법 제29조의3 조항에 대하여 위헌결정을 하였을 것이다.

　　대법원이 나름의 헌법합치적 법률해석을 하였음에도 헌법재판소가 대상 조항에 대하여 헌법불합치 결정 등 위헌결정을 하는 경우도 상정할 수 있는데, 그 경우에는 결과적으로 대법원의 헌법합치적 법률해석이 사실상 번복된 것으로 볼 수 있다.

IV. 헌법합치적 법률해석의 한계

1. 권력분립과 민주주의원리에 의한 한계

　　법률의 위헌심사 및 헌법합치적 법률해석은 의회민주주의(= 다수결 원리)의 남용을 방지하는 데 그 존재 의의가 있다. 이를 통해 법의 지배를 확립함으로써 법원은 실질적으로 그 민주적 정당성을 획득하고 민주주의의 유지, 발전에 기여할 수 있다.

　　그러나 다른 한편으로 헌법재판소의 위헌결정뿐만 아니라 법원의 법률에 대한 헌법합치적 해석·적용 작용 역시 법률의 의미를 축소, 배제 내지 보충함으로써 실질적인 입법적 기능을 하게 되고, 이는 권력분립, 민주주의원리와의 충돌을 초래한다. 이에 따른 헌법합치적 법률해석의 한계는 입법자의 입법권에 대한 존중으로부터 도출된다.[23] 권력분립과 민주주의원리는 헌법합치적 법률해석의 한계의 이론적인 근거에 해당하고 실천적으로 다음 항의 해석상 한계를 통해 한계의 내용, 범위가 구체화된다고 볼 수 있다.

　　헌법합치적 법률해석은 법관이 법률의 문언에 충실할 것을 요구하는 이른바 문언주의(textualism)와 긴장관계에 있을 수밖에 없어, 결국 헌법합치적 법률해석의 한계 문제는 근

---

23) 한수웅, 헌법학(제8판), 박영사, 2018, 59면 참조.

본적으로 사법적극주의와 사법소극주의의 대립문제와도 밀접하게 관련된다. 미국에서의 논의로 치환하면 전통적인 문언주의가 진화하여 연방대법원의 Antonin Scalia 대법관 등에 의하여 제창된 신문언주의(new textualism)는 입법자의 의사를 확인할 수 없으므로 문언에 따라 법률을 해석하여야 한다고 한다.[24] 그러나 이러한 입장에 대하여는 다수 국민의 의사와 괴리가 일어나기 쉬운 현대 대의민주주의 하에서 과도한 문언주의적 해석은 시간이 갈수록 기득권층의 질서만을 옹호하는 역사주의로 전락할 우려가 크다는 비판이 제기되어 왔고, 이에 연방대법원의 Stephen Breyer 대법관은 '국민의 민주적 자기통치'라는 헌법의 민주·공화적 원리와 그 자기통치에 참여하는 개인들의 권리(active liberty, 역동적 자유)에 중점을 두어 헌법을 이해하고, 이를 법해석의 핵심 지도원리로 제시하기도 하였다. 단순한 정책적 논거를 이유로 한 법률해석을 지향하기보다 헌법과 법률해석의 대전제로서 헌법의 민주적 목적을 강조하여 더 바람직한 법을 발견하고자 하는 것으로 평가할 수 있다.

　법관이 가지고 있는 사법철학은 헌법합치적 법률해석의 한계에 관한 판단에 영향을 미칠 수밖에 없다. 먼저 '법문의 가능한 의미'라는 경계 자체가 다시 해석의 대상일 수밖에 없는데 그에 관한 판단에 영향을 미치게 된다. 대상판결에서도 다수의견과 반대의견은 이른바 불확정 개념, 일반조항으로 되어 있지도 아니한 이 사건 조항 문언의 의미에 관하여 달리 해석하였다. 반대의견은 이 사건 조항의 문언상 전액설로 해석된다고 본 반면, 다수의견은 위 조항의 문언만으로는 명확하지 않아 여러 가지 해석이 가능하다고 본 것이다. 헌법합치적 법률해석의 한계에 있어 사법철학이 특히 영향을 미칠 수 있는 지점은 '법형성'(Rechtsfortbildung)의 영역에 해당하는 헌법합치적 흠결보충의 한계이다.[25]

---

24) 미국의 신문언주의 해석방법론을 체계적으로 분석·소개한 문헌으로는 이상윤, "미국 제정법 해석에서의 신문언주의 방법론에 관한 고찰 —John F. Manning의 법이론을 중심으로—", 서울대학교 대학원 석사학위논문, 2016 참조.

25) 앞서 본 성전환자에 대한 호적상 성별 기재의 정정 허용 여부가 문제 된 대법원 2004스42 전원합의체 결정의 다수의견과 반대의견에서 이에 관한 견해 차이가 여실히 드러난다.
다수의견은 "구 호적법 제120조가 성전환자의 호적상 성별란 기재를 수정하는 절차규정을 두지 않은 이유는 성전환자의 호적상 성별 정정신청이 허용하지 않기 때문이 아니라 입법 당시에는 미처 그 가능성과 필요성을 상정하지 못하였기 때문"이라고 하여 입법의 흠결을 인정한 다음, 구 호적법 제120조의 정정사유에 성전환자의 성별 정정이 포함된다고 하였다. 반면 대법관 손지열, 윤재윤의 반대의견은 "호적법 제120조에 규정된 '착오', '호적의 정정'이라는 문구 등은 그 객관적 의미와 내용이 명확하여 해석상 의문의 여지가 없고, 호적법을 제정할 당시의 입법 취지도 그 내용이 처음 호적에 기재된 시점부터 존재하는 착오나 유루를 정정하고자 하는 것으로서 만일 호적기재가 기재 당시의 진정한 신분관계에 부합되게 적법하게 이루어졌다면 정정의 대상이 될 수 없는 것이었음이 명백하므로, 다수의견의 견해는 호적법 제120조에 대한 문리해석이나 입법 취지 등과 관계없이, 객관적으로 명백한 호적법 제120조의 규정내용에 일부 내용을 추가·제거 또는 변경하는 것과 동일한 효과를 가져오는 것으로서 정당한 유추해석의 한계를 벗어나는 것"이고, 권력분립의 견지에서 법원의 권한을 넘어서는 것이라고 하였다.

2. 해석상 한계

헌법합치적 법률해석은 어디까지나 법률해석의 한 방법이라는 점에서, 일반적인 법률 해석의 한계 범위 안에서 이루어져야 한다. 원칙적으로 해석의 대상이 되는 법문이 담고 있는 의미의 한계를 벗어나서는 안 되고, 입법의 목적이 근본적으로 변질되어서는 안 된다는 것이다.[26] 이와 같은 해석상 한계의 취지에 관하여 헌법재판소 1989. 7. 14. 선고 88헌가5 결정은 "법률의 합헌적 해석은 헌법의 최고규범성에서 나오는 법질서의 통일성에 바탕을 두고, 법률이 헌법에 조화하여 해석될 수 있는 경우에는 위헌으로 판단하여서는 안 된다는 것을 뜻하는 것으로서 권력분립과 입법권을 존중하는 정신에 그 뿌리를 두고 있다. 따라서 법률 또는 법률의 위 조항은 원칙적으로 가능한 범위 안에서 합헌적으로 해석함이 마땅하나 그 해석은 법의 문구와 목적에 따른 한계가 있다. 즉, 법률의 조항의 문구가 간직하고 있는 말의 뜻을 넘어서 말의 뜻이 완전히 다른 의미로 변질되지 아니하는 범위 내이어야 한다는 문의적 한계와 입법권자가 그 법률의 제정으로써 추구하고자 하는 입법자의 명백한 의지와 입법의 목적을 헛되게 하는 내용으로 해석할 수 없다는 법 목적에 따른 한계가 바로 그것이다. 왜냐하면, 그러한 범위를 벗어난 합헌적 해석은 그것이 바로 실질적 의미에서의 입법작용을 뜻하게 되어 결과적으로 입법권자의 입법권을 침해하는 것이 되기 때문이다."라고 하였다.[27]

따라서 법원의 헌법합치적 법률해석이 법률해석의 한계를 벗어나 새로운 법을 창설하는 결과에 이르게 되는 경우 법원은 더 이상 헌법합치적 법률해석으로 당사자의 헌법상 기본권 구제를 시도할 것이 아니라, 당해 법률 또는 법률조항에 대하여 위헌법률심판제청을 하여야 한다. 이러한 점에서 법률해석상의 한계는 위헌심판제청 의무와 헌법합치적 법률해석의 경계를 설정하는 것으로도 볼 수 있다. 법원과 헌법재판소로 이원화된 방법이 헌법이 예정하고 있는 법률 또는 법률조항에 대한 규범통제구조라 할 것이다.[28]

---

26) 한수웅, 헌법학(제8판), 박영사, 2018, 59-60면 참조.

27) 앞서 본 대법원 2004스42 전원합의체 결정의 다수의견에 대한 대법관 김지형의 보충의견에서도 당해 사안에서 헌법합치적 법률해석이 가능하다고 보면서도, "헌법합치적 법률해석은 국가의 최고규범인 헌법을 법률해석의 기준으로 삼아 법질서의 통일을 기하여야 한다는 법원리에 그 기초를 두고 있는 것으로서, 어느 법률규정에 대하여 합헌적 법률해석이라는 이름 아래 그 법률규정의 문언이 갖는 일반적인 의미를 뛰어 넘어서거나 그 법률규정의 입법목적에 비추어 입법자가 금지하고 있는 방향으로까지 무리하게 해석하거나 헌법의 의미를 지나치게 확대함으로써 입법자의 입법형성권의 범주에 속하는 사항 등에 이르기까지 함부로 간섭해서는 안 된다."고 하였다.

28) 다만 헌법재판소법 제68조 제2항은 법원이 위와 같은 규범통제 권한을 수행하여 법률이 합헌이라고 판단한 경우에도 당사자가 다시 헌법재판소에 그 법률 또는 법률조항에 대하여 헌법소원을 구하는 규범통제형 헌법소원 제도를 마련함으로써 법률에 대한 위헌심판의 계기를 법원의 권한에 전속시키지 않고 있다. 이는 위헌제청신청이 기각되더라도 당사자에게 연방헌법재판소에 위헌심사를 독자적으로 신청할 권리를 인정하지 않는 대신, 그 법률이 적용된 법원의 종국 재판에 대하여 헌법소원을 제기할 수 있도록 한

V. 대상판결의 의의

과잉금지의 원칙이란 행정목적을 달성하기 위한 수단은 목적달성에 유효·적절하고
또한 가능한 한 최소침해를 가져오는 것이어야 하며 아울러 그 수단의 도입으로 인한 침
해가 의도하는 공익을 능가하여서는 안 된다는 것이다(대법원 2013. 5. 9. 선고 2013다200438
판결 참조). 등록된 농지 중 일부 농지에 관하여 거짓·부정이 있는 경우에도 등록된 모든
농지에 관한 직불금 전액의 2배를 추가징수하여야 한다고 해석하게 되면, 그 자체로 지나
치게 가혹할 뿐 아니라 제재를 함에 있어 위반행위의 경중이 전혀 고려되지 않게 된다는
다수의견의 판시 자체는 타당하다고 볼 수 있다.

그렇지만 그러한 사정이 있다고 하여 과연 전액설에 의할 경우 이 사건 조항이 비례
원칙에 위반된다고 볼 것인지는 별개의 문제라고 볼 수 있다. 행정법규 위반에 대한 제재
의 방법과 정도를 선택함에 있어 입법자에게 재량이 인정된다(헌법재판소 2011. 2. 24. 선고
2008헌바87 결정 참조). 헌법재판소 2004. 10. 28. 선고 2003헌바70 결정은 "어떠한 행위를
법률로 금지하고 그 위반을 어떻게 제재할 것인가 하는 문제는 원칙적으로 보호법익의 침
해 정도, 위반행위의 성질, 위반이 초래하는 사회적 경제적 해악의 정도, 제재로 인한 예방
효과, 기타 사회적 경제적 현실과 그 행위에 대한 국민의 일반적 인식이나 법감정 등을 종
합적으로 고려하여 의회가 결정하여야 할 국가의 입법정책문제이므로 광범위한 입법재량
이 인정되어야 (한다)."고 판시하였다. 이러한 전제에서 헌법재판소 2017. 1. 12. 선고
2001헌가25 결정은 공정거래위원회로 하여금 부당내부거래를 한 사업자에 대하여 그 매출
액의 2% 범위 내에서 과징금을 부과할 수 있도록 한 독점규제 및 공정거래에 관한 법률
조항에 대하여 이중처벌금지원칙, 적법절차원칙, 비례성원칙 등에 위반되지 않는다고 판단
하였다.

구 쌀소득보전법 제13조의2 제1항 전문의 환수처분의 경우 부당이득 환수적 성격과
제재적 성격을 겸유[29]하고 있으나, 같은 항 후문인 이 사건 조항의 추가징수처분의 경우
온전히 행정상의 제재적 성격의 처분이라는 점에서 비례원칙 준수 여부를 판단함에 있어
상대적으로 엄격한 심사가 이루어져야 한다. 대법원은 보조금 부정수급을 이유로 한 추가
징수처분의 요건에 관하여 엄격하게 해석하여야 한다는 입장을 견지하여 왔다. 대법원
2003. 9. 5. 선고 2001두2270 판결은 '직업안정기관의 장은 허위 기타 부정한 방법으로 구
직급여를 지급받은 자에 대하여는 지급받은 전체 구직급여의 전부 또는 일부의 반환을 명

독일의 경우와 대비된다.

29) '등록된 모든 농지에 대한 직불금 전액'을 환수하도록 하고 있는데 그 중 '거짓이나 그 밖의 부정한 방법으
로 수령한 직불금액'의 부분은 부당이득 환수적 성격, 나머지 부분은 제재적 성격이 강하다고 볼 수 있다.

할 수 있고, 이에 추가하여 노동부령이 정하는 기준에 따라 당해 허위 기타 부정한 방법에 의하여 지급받은 구직급여액에 상당하는 금액 이하의 금액을 징수할 수 있다'고 규정하고 있던 고용보험법 조항의 해석과 관련하여, 그 전문에 의한 반환징수와 그 후문에 의한 추가징수의 요건을 달리 볼 것은 아니라고 하면서도, 당해 사안에서 추가징수권을 행사하는 것이 부정행위의 정도에 비하여 균형을 잃은 과중한 제재에 해당하여 비례의 원칙을 위반한 경우 재량권의 한계를 벗어난 추가징수처분으로 위법하다고 판시[30]한 이후, 당해 사안에서 반환징수권 외에 추가징수권까지 행사하는 것은 위법하다고 판단하였다. 같은 취지에서 대법원 2017. 8. 23. 선고 2015두51651 판결은 육아휴직 급여의 지급 제한, 반환명령 및 추가징수의 요건인 고용보험법상 '거짓이나 그 밖의 부정한 방법으로 급여를 지급받은 경우'에 해당한다고 보기 위한 요건의 해석에 관하여 엄격해석의 원칙이 적용되어야 한다고 보아, '거짓이나 그 밖의 부정한 방법으로 급여를 지급받은 경우'에 해당한다고 보기 위해서는 허위, 기만, 은폐 등 사회통념상 부정이라고 인정되는 행위가 있어야 하고, 단순히 요건이 갖추어지지 아니하였음에도 급여를 수령한 경우까지 이에 해당한다고 볼 수는 없다고 판단하였다.

다만 이 사건 조항은 직불금 부정수급자에 대한 제재 수준 강화를 위하여 「쌀소득 등의 보전에 관한 법률」이 2009. 3. 25. 법률 제9531호로 개정되면서 신설되었는바,[31] 이러한 입법목적과 함께, ① 추가징수 사유인 '거짓이나 그 밖의 부정한 방법'의 요건에 관하여 대법원 2015두51165 판결 법리에 의하면 은폐 등 소극적 행위에 의한 부정수급의 경우 위 요건에 해당하지 않는 것으로 해석되는 점, ② 결국 적극적 행위에 기한 직불금의 부정수급에 한하여 추가징수가 가능하다 할 것인데 이러한 행위는 대개 비난가능성이 큰 점, ③ 엄중한 제재를 통한 직불금 부정수급 근절의 '정책적 필요성'이 인정된다고 볼 수 있는 점

---

30) 위 대법원 2003. 9. 5. 선고 2001두2270 판결은 "추가징수를 할 것인지의 여부를 행정청의 재량에 맡긴 취지와 더불어, 부정수급의 경우 부정행위의 형태, 방법, 정도 등이 매우 다양한 점, 추가징수는 허위 기타 부정한 방법으로 구직급여를 받은 자에 대한 징벌적인 처분인 점, 경미한 부정수급의 경우에도 부정수급된 보험급여의 반환 이외에 추가징수까지 하게 된다면 근로자의 생활 안정과 구직활동을 촉진하여 경제·사회발전에 이바지한다는 고용보험법의 목적에 비추어 지나치게 가혹한 점, 통상적으로는 부정수급된 보험급여의 반환만으로도 보험재정상의 손실은 회복될 수 있는 점 등을 종합하여 볼 때, 추가징수권을 행사하는 것이 부정행위의 정도에 비하여 균형을 잃은 과중한 제재에 해당하여 비례의 원칙에 위반하거나, 또는 합리적인 사유 없이 같은 정도의 부정행위에 대하여 일반적으로 적용하여 온 기준과 어긋나게 무거운 추가징수권을 행사함으로써 평등의 원칙에 위반한 경우 등에는, 재량권의 한계를 벗어난 추가징수처분으로서 위법하다고 할 것이다."라고 판시하였다. 위 사안의 경우 추가징수처분이 재량행위로 되어 있었다는 점에서 기속행위로 되어 있는 대상판결 사안과는 차이가 있다.

31) 「쌀소득 등의 보전에 관한 법률」 2009. 3. 25. 법률 제9531호 개정이유 중 이 사건 조항(신설)에 관한 부분을 보면 '개정이유'를 "… 직접지불금 부당수령자에 대하여는 지급금액 외에도 그 금액의 2배를 추가하여 징수하는 등 현행 제도의 운영상 나타난 미비점을 개선·보완하려는 것임.", '주요내용'을 "부당수령자에 대한 제재 수준 강화를 위해 거짓이나 그 밖의 부정한 방법으로 등록 또는 수령한 자에 대하여는 지급한 금액의 2배를 추가로 징수함."이라고 설명하였다.

등의 사정을 더하여 볼 때, 이 사건 조항을 전액설과 같이 해석한다고 하여 위헌이라고 단
정하기 어렵다. 즉, 입법자가 "거짓이나 그 밖의 부정한 방법으로 직불금을 등록 또는 수
령한 경우 등록된 모든 농지에 대한 직불금의 2배를 추가로 징수하여야 한다"고 규정하는
등 보다 명확하게 전액설의 내용으로 입법화하였을 경우를 상정하였을 때, 그 조항이 입법
재량의 범위를 벗어나 위헌이라고 보기는 쉽지 않다. 이러한 측면에서 "부정수령액설에 의
할 경우 비례원칙에 어긋나지 않고, 전액설에 의할 경우 비례원칙 위반이 된다고 보기 어
렵다."거나 "이 사건 조항의 '지급한 금액'을 직불금 전액으로 해석하는 것이 비례의 원칙
에 반한다고 단정할 수 없(다)."는 반대의견 판시는 일면 타당하다고 볼 수 있다.

　　그러나 전액설에 의할 경우 이 사건 조항이 비례의 원칙에 위배되어 위헌이라고 단정하
기 쉽지 않다 할지라도, 부정수령액설의 해석이 전액설의 해석과 비교하였을 때 헌법상 비례
원칙 등에 보다 부합한다는 점까지 부정하기는 어렵다. 다수의견과 같이 문언상 다소 불명확
한 측면이 있다고 보면 이 사건 조항이 침익적 제재처분의 근거조항이라는 점을 고려하였을
때 보다 법익침해의 정도가 중하지 않은 방향으로 해석하는 것이 헌법상 비례의 원칙에 부합
한다. 이분법적으로 "직불금 전액의 2배를 추가징수하는 것은 위헌, 부정수령액의 2배를 추가
징수하는 것은 합헌"이라고 볼 수는 없다 할지라도, 지급액 전액의 2배를 추가징수하는 것보
다 부정수령액의 2배를 추가징수하는 것이 더 합헌적이라고는 볼 수 있는 것이다.

　　이 사건 조항의 문언해석에 천착하였다면 반대의견과 같이 전액설로 귀결되었을 것이
나, 대상판결의 다수의견은 비례의 원칙, 과잉금지의 원칙과 같은 헌법원리와의 규범조화
적 해석을 시도하였다. 대상판결의 다수의견은 '전액설 = 위헌'임을 전제로 좁은 의미의
헌법합치적 법률해석에 따라 부정수령액설의 결론을 도출하였다기보다는, 헌법정향적 해
석을 포괄하는 넓은 의미의 헌법합치적 법률해석에 기초한 적극적 해석론을 전개함으로써
구체적 타당성 있는 사안해결을 시도하였다는 점에서 그 의의가 있다.[32] 대상판결의 다수
의견과 반대의견의 논증은 헌법합치적 법률해석의 측면에서 시사하는 바가 크다 할 것인
바, 대상판결은 행정법규 해석에서의 헌법합치적 법률해석의 역할과 그 한계에 관한 논의
의 단초를 제공한 것으로 볼 수 있다.

---

32) 행정법 전반에 걸친 행정법원칙으로서의 '행정법의 일반원칙'도 행정법의 해석원리로서의 성격을 가진다
　　고 볼 수 있는데(김유환, "행정법 해석의 원리와 해석상의 제문제", 법철학연구 제6권 제1호, 2003, 252면
　　참조), 대상판결 사안에서도 헌법합치적 법률해석을 원용할 필요 없이 행정법의 일반원칙인 비례의 원칙
　　에 근거한 해석을 통해 마찬가지 결론을 도출하는 것이 타당하였다는 문제제기도 가능할 수 있다. 그러
　　나 '행정법의 일반원칙'은 주로 시행령, 시행규칙 등과 같은 하위법규 해석이 문제되는 사안에서 해석원
　　리로 기능하는 것으로 볼 수 있다. 행정법의 일반원칙으로서의 비례의 원칙은 그에 관한 헌법원칙에서
　　파생되었다 할 것인데, 법률, 특히 축소해석, 흠결보충과 같은 적극적인 해석에 있어서는 해석원리로서
　　의 역할이 제한된다고 보아야 한다. 대상판결의 다수의견과 같이 헌법원리로서의 비례의 원칙 등에 근거
　　하여 법률규정인 이 사건 조항을 해석하는 것이 타당하다.

유럽연합의 위임입법에 대한 일고찰*
-위임적 법적행위를 중심으로-

이재훈**

대상판결: 유럽연합법원 2016년 3월 17일자 C-286/14
(유럽의회 vs. 집행위원회) 판결

I. 들어가며

    법은 역동적 성격(dynamischer Charakter des Rechts)을 갖고 있으며, 이는 다른 법의 근거가 되는 법과 이러한 법에 근거하여 이를 구체화하는 법이 존재하고 이들 간의 관계가 상위-하위 질서(Über-und Unterordnung)를 갖고 있다는 점에서 드러난다.[1] 순수법학적 방법론에 동조하는 입장을 취하든, 순수법학적 방법론을 비판하는 입장을 취하든, 현대의 법질서를 탐구함에 있어 각 법질서들이 나름대로의 단계적 구조(Stufenbau der Rechtsordnung)[2]를 갖고 이러한 구조 하에서 역동적으로 구성되고 있다는 점은 쉽게 부정하기 힘든 사실이다. 실제로 대한민국 헌법도 규범구조가 헌법-법률-대통령령-총리령/부령이라는 상하위 질서

---

* 이 글은 행정판례연구 24-2(2019.12)에 게재된 논문으로 「최광률 명예회장 헌정논문집」에 전재하는 것이라는 점을 밝혀두는 바입니다.

** 법학박사, 한국법제연구원 부연구위원

1) Kelsen, Reine Rechtslehre, 1. Aufl.(1934), Studienausgabe hersg. v. Matthias Jestaedt, Mohr Siebeck, 2008, 84쪽 이하; Kelsen, Reine Rechtslehre, 2. Aufl.(1960), Studienausgabe hersg. v. Matthias Jestaedt, Mohr Siebeck, 2017, 399쪽 참조.

2) 법질서의 단계적 구조에 대해서는 Kelsen, Reine Rechtslehre, 1. Aufl.(1934), Studienausgabe hersg. v. Matthias Jestaedt, Mohr Siebeck, 2008, 84쪽 이하; Kelsen, Hans, Reine Rechtslehre, 2. Aufl.(1960), Studienausgabe hersg. v. Matthias Jestaedt, Mohr Siebeck, 2017, 398쪽 이하. 법질서의 단계적 구조에 대한 논의는 메르클의 관점을 켈젠이 수용한 것이라고 평가된다. 이에 대해서는 Koller, Zur Theorie des rechtlichen Stufenbaues, in: Paulson/Stolleis(Hrsg.), Hans Kelsen, Mohr Siebeck, 2005, 106쪽. 메르클의 법단계론에 대해서는 Borowski, Die Lehre vom Stufenbau des Rechts nach Adolf Julius Merkl, in: Paulson/Stolleis(Hrsg.), Hans Kelsen, Mohr Siebeck, 2005, 121쪽 이하. 이들의 법단계설에 관한 국내 문헌으로는 윤재왕, "한스 켈젠의 법해석이론", 『고려법학』 제74호, 고려대학교 법학연구원(2014.9), 534-535쪽.

체계를 갖고 있음을 직·간접적으로 규율하고 있다. 독일의 헌법인 기본법 또한 기본법을 중심으로 한 기본법－법률－법규명령의 관계에서 법의 상하위 질서체계가 반영되어 있음을 직·간접적으로 규율하고 있다.[3]

　　이와 같은 규범질서의 상하위 질서체계는 유럽연합법 차원에서도 발견된다. 유럽연합법의 상하위 질서체계는 유럽연합과 관련된 헌법적 성격을 갖고 있는 최상위 규범들을 제1차법으로, 제1차법에 근거하여 발령된 법적행위(Rechtsakt)를 제2차법으로, 그리고 제2차법에 근거하여 발령된 법적행위를 제3차법으로 분류하여 설명된다.[4] 이와 같은 분류 방식이 예전부터 존재했음에도 불구하고 현행 유럽연합법의 제1차법에 해당하는 유럽연합에 관한 조약(Vertrag über die Europäische Union)과 유럽연합의 기능에 관한 조약(Vertrag über die Arbeitsweise der Europäischen Union, 이하 유럽연합기능조약이라 함) 등을 포함하고 있는 리스본조약이 체결되기 전까지 유럽연합의 규범체계의 계서관계는 체계적이지 못하게 규율되고 있었고, 이러한 비체계성에 대한 지속적인 비판의 결과 유럽헌법초안은 유럽연합의 법질서를 엄격하게 체계화 하는 시도를 포함하고 있었다.[5] 하지만 유럽헌법초안은 몇몇 회원국의 반대로 인해 부결되었고, 유럽헌법초안 대신 유럽연합의 새로운 법질서로서 체결된 리스본조약은 유럽헌법초안만큼 확고하지는 않지만, 입법행위(Gesetzgebungsakt)[6]와 함께 위임적 법적행위(delegierter Rechtsakt, 유럽연합기능조약 제290조)와 실행적 법적행위(Durchführungsakt, 유럽연합기능조약 제291조 제2항)라는 두 가지 유형의 비입법적 법적행위(Rechtsakte ohne Gesetzescharakter)[7]를 명시적으로 규정함으로써 유럽연합 규범체계의 계서화 및 체계화를 실현하였다.[8]

　　리스본조약을 통해 계서적으로 체계화된 유럽연합법의 규범질서 내에서 유럽연합기

---

3) Gröpl, Staatsrecht Ⅰ, 9. Aufl., Beck, 2017, 33쪽, 113쪽, 316쪽 참조.

4) 유럽연합 규범체계에 대한 선행 연구로는, 김중권,『EU行政法研究』, 법문사, 2018, 44~65쪽; 이재훈, "유럽연합 규범체계에 대한 체계적 고찰을 위한 소고",『성균관법학』제30권 제4호, 성균관대학교 법학연구소(2018.12), 582~597쪽.

5) 이광윤, "유럽헌법안의 법적행위 형식",『유럽헌법연구』창간호(유럽헌법학회, 2007), 203쪽 이하 참조.

6) 유럽연합법에서의 입법행위란 유럽연합기능조약 제289조에 따라 유럽연합의 입법자인 유럽의회와 이사회가 일반입법절차와 특별입법절차를 통해 발령한 명령(Verordnung; regulation), 지침(Richtlinie; directive)과 결정(Beschluss; decision)을 의미 한다. 이에 대해서는 이재훈, "유럽연합 규범체계에 대한 체계적 고찰을 위한 소고",『성균관법학』제30권 제4호, 성균관대학교 법학연구소(2018.12), 602쪽.

7) 비입법적 법적행위는 유럽연합의 법적행위 중 입법행위에 해당하지 않는 나머지 법적행위를 칭하는 개념으로서, 제1차법에 근거하고 있기 때문에 제2차법의 성격을 갖는 비입법적 법적행위(예: 유럽연합 경쟁법 차원에서 유럽연합기능조약 제105조 제2항에 따라 집행위원회가 발령하는 결정)와 제2차법에 근거하고 있기 때문에 제3차법의 성격을 갖는 위임적 법적행위와 실행적 법적행위가 이에 포함된다. 이러한 규범구조로 인해 유럽연합법의 규범구조는 여전히 복잡성이 높다고 할 수 있다. 비입법적 법적행위에 대한 보다 자세한 내용은 이재훈, "유럽연합 규범체계에 대한 체계적 고찰을 위한 소고",『성균관법학』제30권 제4호, 성균관대학교 법학연구소(2018.12), 610쪽 이하를 참조할 것.

8) Ruffert, in: Calliess/ders.(Hrsg.), EUV/AEUV, 5. Aufl., Beck, 2016, Art. 290 AEUV Rn. 1.

능조약 제290조에 따른 위임적 법적행위와 유럽연합기능조약 제291조 제2항에 따른 실행적 법적행위는 유럽연합의 입법자인 유럽의회(Europäisches Parlament) 및 이사회(Rat)가 아닌 유럽연합의 집행기관인 유럽연합 집행위원회(Europäische Kommission, 이하 집행위원회라함)가 발령하는 행정입법(exekutivische Rechtsetzung)의 성격을 갖고 있다.9)

　　다만, 유럽연합실행조약을 통해 도입된 위임적 법적행위와 실행적 법적행위는 기존의 유럽연합 규범체계에서는 생경한 면이 있을 뿐 아니라 행정입법의 유형을 두 가지로 설정하고 있기 때문에 이들 간의 관계를 어떻게 정립할 것인지, 유럽연합의 입법자는 집행위원회에게 행정입법 발령 권한을 수여할 때 양자 중 어떠한 작용을 어떠한 방식으로 수여해야하는 것인지, 수여된 권한을 행사할 때 집행위원회가 준수해야할 사항은 무엇인지 등에 대해서 불분명한 측면이 많았다. 그리고 이러한 사항들과 관련한 유럽연합 입법자와 집행위원회 간의 법적 견해 차이가 노정되어 다수의 분쟁사례가 발생하였다. 이처럼 유럽연합의 행정입법과 관련된 유럽연합법원의 주요 판례는 위임적 법적행위와 실행적 법적행위의 관계성과 관련된 사안이 다수를 차지한다.10)

　　반면 본고의 글감이 되는 대상판결인 유럽연합법원의 2016년 3월 17일자 C‒286/14 판결11)은 기존 유럽연합법원의 판례에서 다루어지고 있던 이들 양자의 비교 및 구분이라는 전통적인 논점에서 벗어나 위임적 법적행위를 통해 집행위원회가 행사할 수 있는 권한 유형과 관련된 논점 및 위임적 법적행위를 통해서 집행위원회가 입법행위의 비본질적인 부분을 보충하도록 위임이 되어 있는 경우 집행위원회가 당해 권한을 행사하기 위해서 위임적 법적행위를 발령할 때 고려해야할 형식과 관련된 논점이 다루어지고 있으며, 이와 관련한 구체적인 법리가 제시되고 있다. 이러한 점에서 본고의 글감이 되는 2016년 3월 17일자 C‒286/14판결은 유럽연합법상 집행위원회의 행정입법과 관련된 리딩 케이스라고 할 수 있으며, 유럽연합법상 집행위원회의 위임적 법적행위와 관련된 법리 검토가 집중적으로 이루어지고 있는 독특한 판례라고 할 수 있다.

　　이하에서는 유럽연합법상 행정입법론의 양대 축 중 하나라고 할 수 있는 위임적 법적행위와 관련된 다양한 법리가 구체적 사례를 통해 조명되어 유럽연합의 행정입법에 대한

---

9) Haltern, Europarecht, Bd. I, 3. Aufl., Mohr Siebeck, 2017, 412쪽.

10) 위임적 법적행위와 실행적 법적행위 간의 규범적 관계가 사안의 주요 논점이 되었던 유럽연합법원의 판례 및 유럽연합법적 논의는 별도의 지면을 통해 소개할 예정이다. 유럽연합기능조약 제291조 제2항 및 제290조에 대한 체계적 해석 및 역사적 해석을 통한 실행적 법적행위의 '실행'(Durchführung) 개념 해석에 대해서는 Lee, Demokratische Legitimation der Vollzugsstruktur der sektorspezifischen Regulierungsverwaltung, Nomos, 2017, 243~246쪽. 이에 서적에 대한 긍정적 서평으로는 Fetzer, Buchbesprechung: Lee, Jae‒Hoon, Demokratische Legitimation der Vollzugsstruktur der sektorspezifischen Regulierungsverwaltung, Die Verwaltung 52(2019), 456~459쪽.

11) EuGH, Rs. C‒286/14, ECLI:EU:C:2016:183 = BeckRS 2016, 80496 ‒ EP/Kommission.

체계적 검토 및 (부분적) 조망의 기회를 제공하는 유럽연합법원의 2016년 3월 17일자 C-286/14 판결을 검토하여 유럽연합기능조약을 통해 규율된 위임적 법적행위의 실체법적 특징, 그리고 우리의 행정법제에서는 일반적이지 않는 입법자에 의한 행정입법 직접적 통제[12]와 입법자에 의한 소제기 및 이에 기반한 법원에 의한 사후적 통제 메커니즘을 직·간접적으로 살펴봄으로써 유럽연합법이 갖고 있는 행정입법(거버넌스)의 특수성을 살펴보도록 한다.

II. 대상판례 검토

1. 사건의 개요

유럽의회는 '유럽연결기금(Connecting Europe Facility) 설립을 위한 유럽의회와 이사회의 명령 제1316/2013호'[13](이하 근거명령이라 함)에 근거하여 집행위원회가 발령한 '유럽연결기금 설립을 위한 유럽의회와 이사회의 명령 제1316/2013호의 부록 I 을 수정하기 위한 집행위원회의 2014년 1월 7일자 위임명령 제275/2014호'[14](이하 특별한 사유가 없는 한 계쟁명령이라 함)가 무효임을 선고해달라고 유럽연합법원(Gericht der Europäischen Union)에 소를 제기하였다.[15]

(1) 사안 검토

본 사안에서 유럽의회와 집행위원회간의 분쟁이 발생하게 된 계기는 집행위원회가 제 I 장부터 제 V 장으로 구성된 근거명령의 부록 I 에 부록 I 을 수정하기 위해 발령한 계쟁명령을 통해 제 VI 장을 추가하려 하였기 때문이다. 이를 보다 상세히 살펴보면 다음과 같다.

---

12) 김남진/김연태, 『행정법 I 』(제22판), 법문사, 2018, 172~173쪽; 김남철, 『행정법 강론』(제5판), 박영사, 2019, 296쪽; 김동희, 『행정법 I 』(제24판), 박영사, 2018, 151쪽; 류지태/박종수, 『행정법신론』(제17판), 박영사, 2019, 316쪽; 박균성, 『행정법론(상)』, 박영사, 2018, 215~216쪽; 홍정선, 『행정법원론(상)』(제27판), 박영사, 2019, 256~257쪽. 독일에 있어서 의회의 행정입법에 대한 관여에 대하여 유의미한 국내 선행연구로는 김현준, "법률과 행정입법의 관계", 『공법연구』 제45집 제1호, 한국공법학회(2016.10), 107~135쪽.

13) Verordnung (EU) Nr. 1316/2013 des Europäischen Parlaments und des Rates vom 11. Dezember 2013 zur Schaffung der Fazilität „Connecting Europe" , zur Änderung der Verordnung (EU) Nr. 913/2010 und zur Aufhebung der Verordnungen (EG) Nr. 680/2007 und (EG) Nr. 67/2010 Text von Bedeutung für den EWR, ABl. L 348 vom 20.12.2013, 129~171쪽.

14) Delegierte Verordnung (EU) Nr. 275/2014 der Kommission vom 7. Januar 2014 zur Änderung des Anhangs I der Verordnung (EU) Nr. 1316/2013 des Europäischen Parlaments und des Rates zur Schaffung der Fazilität „Connecting Europe" Text von Bedeutung für den EWR, ABl. L 80 vom 19.3.2014, 1~4쪽.

15) EuGH, Rs. C-286/14, ECLI:EU:C:2016:183 = BeckRS 2016, 80496 - EP/Kommission, Rn. 1.

우선 집행위원회가 계쟁명령을 발령하게 된 법적 근거는 근거명령 제21조 제3항이다. 이에 따르면 집행위원회는 교통 분야와 관련하여 위임적 법적행위를 통해 자금지원우선순위를 상세화(Festlegung im Einzelnen; detailing) 할 수 있는 권한을 수여받는다. 그리고 집행위원회가 발령한 위임적 법적행위를 통해 상세화 된 자금지원우선순위는 실행적 법적행위의 성격을 갖고 있는 유럽연결기금 운용 기간을 위한 업무프로그램에 반영되어야만 한다.

이러한 규범적 배경에 기반하여 집행위원회는 부록 I 을 수정하기 위한 계쟁명령을 발령하였다. 계쟁명령의 부록은 '다년차 및 연차 업무프로그램을 위한 교통분야 자금지원우선순위'라는 제목과 함께 약 2페이지에 걸쳐 이에 대한 상세한 사항을 규정하고 있으며, 계쟁명령 제1조는 당해 부록을 근거명령 부록 I 제Ⅵ장으로 첨부한다고 규정하고 있다.

(2) 유럽의회의 논리

집행위원회의 이와 같은 형태의 위임권한 행사와 관련하여 유럽의회는 ① 근거명령 제21조의 다른 항들이 명시적으로 수정 권한을 위임한 것을 체계적 관점에서 고려해 본다면, 근거명령 제21조 제3항이 자금지원우선순위를 집행위원회가 상세화하도록 권한을 위임한 것은 위임적 법적행위를 통해 근거명령을 보충하도록 한 것임에도 불구하고 집행위원회가 근거명령을 수정하는 위임적 법적행위를 발령하였다는 점,[16] ② 계쟁명령을 통해 자금지원우선순위를 근거명령의 부록으로 추가하게 되면 집행위원회는 근거명령의 수정권한이 없기 때문에 향후 위임적 법적행위를 통해 근거명령에 추가된 부록의 내용을 수정할 수 없으며, 따라서 정치적 우선순위의 변화, 기술적 가능성 및 교통 흐름을 반영하여 계쟁명령을 통해 추가된 부록을 수정할 수 없게 되어 근거명령 입법이유(59)에서 요청하는 제도적 유연성에 반하게 되는 점[17]을 지적하였다.

(3) 집행위원회의 반박

이와 같은 유럽의회의 주장에 대해 집행위원회는 ① 근거명령 제21조 제3항이 유럽연합기능조약 제290조 제1항에서 규정하고 있는 권한의 유형인 수정 또는 보충이라는 법문을 직접적으로 사용하지 않고 상세화라고 표현을 하고 있기 때문에 근거명령의 본질적 내용을 수정하지 않고 부록의 내용을 추가하는 방식을 활용할 수 있으므로 이는 위임된 권한의 범위를 일탈한 것이 아니고,[18] ② 근거명령 제21조 제3항이 상세화라는 표현을 한 것은 집행위원회에게 위임된 권한을 선택할 수 있게 하려는 입법기술적 사항이라고[19]

16) EuGH, Rs. C-286/14, ECLI:EU:C:2016:183 = BeckRS 2016, 80496-EP/Kommission, Rn. 20 재구성.
17) EuGH, Rs. C-286/14, ECLI:EU:C:2016:183 = BeckRS 2016, 80496-EP/Kommission, Rn. 22 재구성.
18) EuGH, Rs. C-286/14, ECLI:EU:C:2016:183 = BeckRS 2016, 80496-EP/Kommission, Rn. 23~25 재구성.
19) EuGH, Rs. C-286/14, ECLI:EU:C:2016:183 = BeckRS 2016, 80496-EP/Kommission, Rn. 27.

을 유럽의회의 논리를 반박하였다.

(4) 유럽연합법원의 판단

본 사안과 관련하여 유럽연합법원은 계쟁명령의 무효를 선고하였다.[20]

2. 관련 규정

이하에서는 앞서 살펴본 사안과 관련된 각종 규범들을 유럽연합이 갖고 있는 규범체계의 층위인 제1차법 – 제2차법 – 제3차법에 맞추어 살펴보도록 한다.[21] 이를 간략히 일별하면, 제1차법 차원에서는 유럽연합의 행정입법으로서의 성격을 갖고 있는 집행위원회의 법적행위[22] 채택에 대한 규정이 소개된다. 제2차법적 차원에서는 계쟁명령의 근거규정과 함께 당해 근거규정이 담고 있는 규범적 내용을 체계적으로 해석하기 위해 고려되어야 할 입법이유 및 관계 규정들이 소개된다. 제3차법적 차원에서는 계쟁명령의 입법이유 및 문제의 소재가 되는 규정이 소개된다. 다만, 근거명령과 계쟁명령의 부록에 담겨 있는 세부적인 사항들은 본고의 지면의 한계 상 생략하도록 한다.

(1) 제1차법 차원에서의 관련 규정

유럽연합기능조약 제290조 (1) 입법행위는 집행위원회에게 당해 입법행위의 비본질적 사항을 *보충*하거나 *수정*하기 위해 일반적인 효력을 갖고 있는 비입법적 법적행위를 발령할 수 있는 권한을 수여할 수 있다.
당해 입법행위에 권한위임의 목적, 내용, 효력범위 및 기한이 명확히 확정되어 있어야 한다. 본질적인 사항은 입법자에게 유보되어 있고 따라서 본질적인 사항의 위임은 금지된다.

---

20) 유럽연합기능조약 제264조 제1항에 따라서 무효소송의 적법요건이 충족되고 청구의 이유가 있는 경우 유럽법원은 대상작용의 무효를 선고하고 이를 통해 대상작용의 적법성 추정이 박탈된다. 따라서 유럽연합기능조약 제264조에 의해 규율되는 무효소송은 형성소송이라고 할 수 있다(Pache, in: Vedder/Heintschel von Heinegg(Hrsg.), Europarecht, Art. 264 AEUV Rn. 2). 따라서 유럽연합의 무효소송을 파악할 때, 우리 행정소송법상 항고소송의 유형 중 하나인 무효등 확인소송이 처분등의 효력 유무 또는 존재여부를 확인하는 소송으로 정의되어 확인소송의 성격을 갖고 있다는 점과는 달리 형성소송임을 유의할 필요가 있다(同旨: 김중권, 『EU行政法研究』, 법문사, 2018, 142쪽).

21) 이하의 규정에 추가된 밑줄, 강조 등의 편집은 본 사안 및 본고에서 다루어질 논점과 직접적인 연관성을 갖고 있는 부분이며, 독자들의 이해의 편의를 위해 필자가 별도로 표기한 것이다.

22) 유럽연합기능조약 제290조 및 제291조에 따라 집행위원회가 채택하는 법적행위는 행정입법 (exekutivische Rechtsetzung)의 성격을 갖는다. 이에 대해서는 Haltern, Europarecht, Bd. I, 3. Aufl., Mohr Siebeck, 2017, 412쪽.

(2) 위임이 이루어지는 조건들은 입법행위에 명시적으로 규정되어야 하며 이러한 조건의 내용은 각호와 같을 수 있다.

    a. 유럽의회 또는 이사회가 위임의 철회를 결정할 수 있다.

    b. 위임적 법적행위는 입법행위에서 규정하고 있는 기간 내에 유럽의회 또는 이사회가 이의를 제기하지 않는 경우에만 효력을 갖는다.

a호에 따른 철회 또는 b호의 이의제기는 유럽의회는 의회구성원의 다수로, 이사회는 구성원의 가중다수로 결정한다.

(3) 위임적 법적행위의 제명에는 "위임"이라는 표현을 붙인다.

유럽연합기능조약 제291조 (1) 회원국은 회원국 법에 따라 유럽연합의 구속적 법적행위의 실행을 위해 필요한 모든 조치를 취한다.

(2) 유럽연합의 구속적 법적행위의 실행을 위해 통일된 조건이 필요한 경우 당해 법적행위로 집행위원회에게 [...] 실행권한이 수여된다.

(3) 제2항과 관련하여 유럽의회와 이사회는 일반 입법절차를 거쳐 명령(Verordnung; Regulation)을 통해 사전에 회원국들이 실행권한 행사를 감독할 수 있는 일반 규정과 원칙을 확정한다.

(4) 실행적 법적행위의 제명에는 "실행"이라는 표현을 붙인다.

    (2) 제2차법 차원에서의 관련 규정

    근거명령 입법이유(59) 제2문 교통분야와 관련하여, 정치적 우선순위의 변화, 기술적 가능성 및 교통 흐름을 고려할 수 있도록 집행위원회에게 유럽연합기능조약 제290조에 따라 부록Ⅰ의 제Ⅰ장을 수정하는 법적행위(Rechtsakt) 발령 권한과 제7조 제2항에 따라 지원될 수 있는 조치에 대한 자금지원우선순위를 업무프로그램에 구체화하는 권한을 수여한다.

근거명령 제17조(다년차 업무프로그램 및 연차 업무프로그램) (1) 집행위원회는 교통, 통신 및 에너지 분야와 관련하여 각각 실행적 법적행위(Durchführungsrechtsakten)로 다년차 *업무프로그램*과 연차 *업무프로그램*을 채택한다. 집행위원회는 복수 분야와 관련된 다년차 *업무프로그램*과 연차 *업무프로그램*도 채택할 수 있다.

근거명령 제21조(위임적 법적행위) (1) 관련 회원국의 승인 유보 하에 [...] 유럽연합기능

조약 제172조 제2항에 따라 집행위원회는 근거명령 제26조에 따라 <u>근거명령 부록Ⅰ 제</u>
<u>Ⅰ장의 **수정**</u>과 관련하여 위임적 법적행위를 발령할 권한을 수여 받는데, 이는 유럽횡단
네트워크와 관련된 재정우선순위의 변화와 공동의 이익을 위한 프로젝트의 변경을 고려
하기 위한 것이다.

(2) 중간점검 결과 및 '유럽－2020－프로젝트 차관' 이니셔티브의 파일럿 단계에 대한
독립적이고 광범위한 평가에 대응하고 재정수단 형성 및 집행의 최적화와 관련하여 지
속적으로 변화하는 시장상황을 고려하기 위해서, 집행위원회에게 근거명령 제26조에 따
라 <u>부록Ⅰ 제Ⅲ장의 외부자금 프레임 및 참여 프레임</u>에 대응한 유럽연합의 재정수단에
대한 유럽연합의 기여금(Beitrag; contribution)과 관련된 <u>주요 규정, 조건 및 절차의 **수**</u>
<u>**정**</u>과 관련하여 위임적 법적행위를 발령할 수 있는 권한을 수여 된다.

(3) <u>교통분야에 대해서 집행위원회는 제3조의 일반 목적 또는 제4조 제2항의 특수 목적</u>
<u>에 따라 제26조에 따른 위임적 법적행위를 발령할 권한을 갖는데, 이 위임적 법적행위</u>
<u>를 통해 자금지원우선순위가 **상세화되며**(Förderprioritäten im Einzelnen festgelegt</u>
werden; detailing the funding priorities), 이 자금지원우선순위는 제7조 제2항에 따라
지원대상조치와 관련하여 제17조에서 언급된 유럽연결기금 운용 기간을 위한 **업무프로**
그램에 반영되어야만 한다. 집행위원회는 2014년 12월 22일까지 이에 상응하는 위임적
법적행위를 발령한다.

　　<중략>

(5) 운송관련 목적에 대한 할당으로부터 5% 이상 달라질 필요가 있다고 인정되는 경우,
집행위원회는 <u>부록Ⅰ 제Ⅳ장에서 확정된 지표 비율의 **수정**</u>하기 위해 제26조에 따라 위
임적 법적행위를 발령할 권한을 갖는다.

(6) 이 명령의 중간점검 또는 이 명령의 적용으로부터 도출된 결과를 고려하기 위해서,
유럽연합 집행위위원회는 제26조에 따라 <u>부록Ⅰ 제Ⅴ장상의 수여범위 확정을 위해 고</u>
<u>려되는 일반규정 리스트를 **수정**</u>하는 위임적 법적행위를 발령한 권한을 갖는다. 이는 각
영역별 가이드라인에 부합하는 방식으로 이루어져야 한다.

근거명령 제26조(위임권한의 행사) (1) <u>위임적 법적행위 발령 권한은 이하에서 규정하고</u>
<u>있는 조건 하에 위임된다.</u>

(2) 제21조에 따른 위임적 법적행위 발령 권한은 2014년 1월 1일부터 2020년 12월 31일
까지 집행위원회에 위임된다.

(3) <u>제21조에 따른 권한위임은 유럽의회 또는 이사회에 의해 언제든지 철회될 수 있다.</u>
<u>철회결정은 이 결정에서 언급된 권한의 위임을 종료시킨다. 이 결정은 유럽연합 관보에</u>

고시된 다음 날 또는 결정의 내용에 제시된 이보다 더 늦은 시점에 효력이 발생한다. 이러한 철회 결정은 이미 실행된 위임적 법적행위의 효력에 영향을 미치지 않는다.

(4) 집행위원회가 위임적 법적행위를 발령하는 즉시, 집행위원회는 이를 동시에 유럽의회와 이사회에 전달한다.

(5) 제21조에 따라 발령된 위임적 법적행위는 당해 법적행위가 유럽의회 또는 이사회에 전달된 후 2개월 내에 유럽의회와 이사회로부터 이의제기가 이루어지지 않거나 이러한 기간이 도과하기 전에 유럽의회와 이사회 양자가 유럽연합집행위원회에게 이의를 제기하지 않겠다는 의견을 전달하면 효력이 발생한다. 유럽의회 또는 이사회의 주도로 이 기간은 2개월 연장된다.

(3) 제3차법 차원에서의 관련 규정

계쟁명령의 제명은 '유럽연결기금 설립을 위한 유럽의회와 이사회의 명령 제1316/2013호의 부록 I 을 *수정*하기 위한 집행위원회의 2014년 1월 7일자 위임명령 제275/2014호'라고 되어 있어 위임적 법적행위와 관련된 집행위원회의 권한이 근거명령의 비본질적 부분의 수정인 것과 같은 외관을 갖고 있다. 그리고 계쟁명령의 주요 내용은 이하와 같다.

계쟁명령 제1조 이 명령의 부록의 본문은 근거명령 부록 I 제Ⅵ장으로 *첨부*된다 (wird...angefügt; is added).

계쟁명령에 의해 근거명령에 첨부될 부록 I 제Ⅵ장의 제목은 '다년차 및 연차 업무프로그램을 위한 교통분야 자금지원우선순위'이고 약 2페이지에 걸쳐 다년차 업무프로그램을 위한 자금지원우선순위와 연차 업무프로그램을 위한 자금지원우선순위을 규정하고 있다.

Ⅲ. 대상판례의 주요 논점 분석 및 평가

1. 논점 정리

본 사안에서의 위임적 법적행위와 관련된 논점은 크게 두 가지로 나누어진다. 우선 근거명령 제21조 제3항을 통해 수여된 집행위원회의 권한이 무엇인지 여부이다. 근거명령

제21조 제3항 법문에 따르면 당해 조항을 통해 집행위원회에게 수여된 권한은 위임적 법적행위를 통해 자금지원우선순위를 상세화하는 것이다. 이에 근거하여 계쟁명령은 제명에 수정이라는 표현을 사용하면서 제1조에서는 부록인 '다년차 및 연차 업무프로그램을 위한 교통분야 자금지원우선순위'가 근거명령의 부록 I 에 '첨부 된다'는 법문을 활용하고 있다. 따라서 근거명령에서 사용된 법문인 상세화가 과연 무엇인지, 집행위원회가 발령한 계쟁명령 제1조의 첨부의 방식이 근거명령이 집행위원회에게 요청한 상세화에 해당하는지, 그리고 이러한 법문은 유럽연합기능조약 제290조상의 '수정'과 '보충'이라는 법문과는 어떠한 관계를 갖고 있는지 문제가 된다.

이상의 논점이 집행위원회에게 수여된 위임적 법적행위 발령과 관련된 실체적 권한에 대한 사항이라면, 또 다른 논점은 권한 행사의 형식에 대한 사항이다. 이는 집행위원회가 위임적 법적행위를 통해 수정 권한을 행사하도록 권한을 위임 받았을 때 집행위원회는 입법행위와는 별도로 독립되어 있는 위임적 법적행위를 발령해야하는지 아니면 보충 권한 행사를 통해 위임적 법적행위의 내용을 입법행위에 통합시킬 수 있는지 여부로 정리될 수 있다. 그리고 이 논의는 입법자가 근거명령을 통해 취하고 있는 3단계 규율체계(① 입법행위: 자금지원프로그램 관련 본질적 사항 규율, ② 위임적 입법행위: 자금자원우선순위 상세화를 통한 정치적 우선순위의 변화, 기술적 가능성 및 교통 흐름 반영, ③ 실행적 법적행위[업무프로그램]: 정치적 우선순위의 변화, 기술적 가능성 및 교통 흐름이 고려된 자금지원우선순위를 반영)와 이에 담겨있는 유럽연결기금 자금지원 제도의 유연성 확보라는 입법목적을 계쟁명령이 위배하고 있는 것인지 여부와도 관련된다.

2. 위임적 법적행위 발령 시 위임 권한의 문제

유럽연합기능조약 제290조 제1항은 위임적 법적행위를 통해 집행위원회가 수행할 수 있는 권한을 '비본질적 사항'에 대한 '보충' 및 '수정'이라고 규정하고 있다. 그리고 근거명령의 경우 집행위원회에게 위임적 법적행위를 통해 자금지원우선순위를 '상세화'하도록 권한을 위임하고 있다. 그런데 계쟁명령의 경우 제명에 수정이라는 표현을 활용하면서 제1조에서 근거명령에 자금지원우선순위를 첨부하도록 규정하고 있다. 이러한 법문들을 어떻게 이해하는지에 따라 계쟁명령이 근거명령을 위반한 것인지 아닌지에 대한 평가가 이루어질 수 있다.

이하에서는 위임적 법적행위를 통해 집행위원회가 행사할 수 있는 권한에 대한 유럽연합법상 주요 법리와 이와 관련하여 대상판결에서 문제된 사항을 검토하여 유럽연합의 행정입법 중 하나인 위임적 법적행위와 관련된 실체법적 사항들을 살펴보도록 하며, 본 판결을 통해 보다 확장된 위임적 법적행위의 법리를 살펴보도록 한다.

(1) 비본질적 사항의 보충 및 수정 관련 법리 일반

가. 비본질적 사항의 의미

유럽연합기능조약 제290조 제1항은 유럽연합의 입법자가 집행위원회에게 위임적 법적행위를 통해 해당 위임적 법적행위의 법적 근거가 되는 입법행위의 비본질적 사항을 보충하거나 변경할 수 있는 권한을 수여할 수 있음을 규정하고 있다. 따라서 본질적인 사항을 위임적 법적행위를 통해 보충 또는 수정할 수 있도록 한 경우 이는 무효인 권한 위임이라고 할 수 있다.[23]

이와 같은 맥락에서 검토되어야 할 것은 -비록 당해 논점이 본 사안에서는 문제되지 않았지만- 집행위원회가 수정 또는 보충할 수 있는 대상인 비본질적인 것은 무엇인지, 이를 역으로 서술하면, 집행위원회에게 수정 또는 보충할 수 있는 권한이 위임되어서는 안 되는 본질적인 것이 무엇인지에 대한 논점이다.

이와 관련하여 유럽연합적 관점에서 정치적인 결정이 이루어져야 하거나 유럽연합정책과 관련하여 중요한 방향성을 제시하는 사항을 주로 본질적인 것이라고 평가되기도 하며, 경우에 따라서는 유럽연합 차원에서도 시민의 기본권 관련성이 있는 것이 본질적인 것이라는 논의가 이루어지고 있다는 견해가 존재한다.[24] 이와는 달리 유럽연합기능조약 제290조에서 논의하는 본질적이라는 것은 유럽연합의 정책과 관련된 부분에 한정되는 것이며, 독일의 본질성설과 같이 시민의 기본권과 관련된 중대한 사항이 본질적이라는 논의는 유럽연합기본권헌장 제52조 제1항 차원의 논의이므로 이에 해당하지 않는다는 논리도 존재한다.[25] 이와 같은 상황을 종합해 보면 아직까지도 위임적 법적행위의 대상이 되는 비본질적인 사항이 유럽연합법적으로 아직까지도 명확히 규명된 것은 아닌 것으로 보인다.[26]

나. 보충의 의미

입법행위가 집행위원회에게 위임적 법적행위를 통해 당해 입법행위의 비본질적 사항을 보충할 수 있는 권한을 규정하고 있는 경우, 집행위원회가 행사할 수 있는 권한은 전체

---

23) Gundel, in: Pechstein/Nowak/Häde(Hrsg.), Frankfurter Kommentar EUV/GRC/ AEUV, Bd. 4, Mohr Siebek, 2017, Art. 290 AEUV Rn. 8.

24) Gellermann, in: Streinz(Hrsg.), EUV/AEUV, 3. Aufl., Beck, 2018, Art. 290 AEUV Rn. 7; Gundel, in: Pechstein/Nowak/Häde(Hrsg.), Frankfurter Kommentar EUV/GRC/ AEUV, Bd. 4, Mohr Siebek, 2017, Art. 290 AEUV Rn. 8.

25) Vedder, in: ders./Heintschel von Heinegg(Hrsg.), Europäisches Unionsrecht, Nomos, 2012, Art. 290 AEUV Rn. 3.

26) 입법행위의 비본질적 사항이 무엇인지는 C-286/14 판결에서 다루어진 핵심 논점은 아니었으므로 본고에서는 위에 대한 논의를 간략하게 소개하는 수준에서 당해 논점의 검토를 마치도록 한다.

입법행위의 규율 내용을 고려하여 입법행위가 규율하지 않은 비본질적인 사항을 구체화하고 그 내용을 덧붙이는 것에 한정된다.[27] 이러한 대표적인 유형으로는 입법행위에 사용된 불확정 법개념을 개별적으로 유형화하여 구체화하는 것을 생각해볼 수 있다.[28] 이와 같은 보충 권한 수여는 기술 발전 등과 같이 변화하는 외적 상황을 시의적절하게 반영하여 규율하는 경우 사용된다.[29]

다. 수정의 의미

이와 달리 입법행위를 통해 집행위원회에게 위임적 법적행위를 통해 당해 입법행위의 비본질적 사항을 수정하는 권한이 위임되어 있는 경우, 집행위원회는 입법자에 의해 수정 대상으로 확정된 비본질적 요소를 변경하거나 삭제하는 것이 허용되며,[30] 이때는 집행위원회가 권한을 행사함에 있어 대상 조항의 내용을 준수하거나 고려할 의무가 보충권한 수여의 경우와는 달리 존재하지 않는다.[31] 다만 집행위원회가 위임적 법적행위를 발령할 수 있는 권한을 입법행위를 통해 수여받은 경우 집행위원회가 당해 입법행위를 전적으로 변경하거나 입법행위를 통해서 설정하지 않았던 새로운 입법목적을 설정하는 것과 같은 형태의 권한행사는 허용되지 않는다.[32]

(2) 계쟁명령 제21조 제3항의 상세화의 의미 및 유럽연합법원을 통한 법리 발전

가. 논의의 전제

앞서 살펴본 바와 같이 유럽연합기능조약 제290조는 집행위원회가 위임적 법적행위를 통해 행사할 수 있는 권한의 유형을 ① 입법행위의 비본질적 사항의 구체화 내지 그 내용을 덧붙이는 수준의 보충과 ②입법행위의 비본질적 사항을 변경 또는 삭제할 수 있는 변경으로 규정하고 있다. 그런데 근거명령 제21조 제3항의 명문 규정은 유럽연합집행위원회에게 자금지원우선순위를 상세화하도록 하는 법문을 사용하고 있다. 따라서 근거명령 제21조 제3항이 집행위원회에게 수여한 권한인 위임적 법적행위를 통한 자금지원우선순위의 상세화가 어떠한 권한인지 그 성격 규명 여부에 따라 집행위원회가 계쟁명령 제1조를 통해 근거명령의 부록Ⅰ 제Ⅵ장으로 '다년차 및 연차 업무프로그램을 위한 교통분야 자금지원우선순위'를 첨부한 것이 근거명령이 수여한 권한의 범위에 속하는 것인지 아닌지가 결정된다.

---

27) EuGH, Rs. C-286/14, ECLI:EU:C:2016:183 = BeckRS 2016, 80496-EP/Kommission, Rn. 41.

28) Gellermann, in: Streinz(Hrsg.), EUV/AEUV, 3. Aufl., Beck, 2018, Art. 290 AEUV Rn. 6.

29) Schoo, in: Schwarze, EU-Kommentar, 4. Aufl., Nomos, 2019, Art. 290 AEUV Rn. 13 참조.

30) Gellermann, in: Streinz(Hrsg.), EUV/AEUV, 3. Aufl., Beck, 2018, Art. 290 AEUV Rn. 6.

31) EuGH, Rs. C-286/14, ECLI:EU:C:2016:183 = BeckRS 2016, 80496 - EP/Kommission, Rn. 42.

32) Schoo, in: Schwarze, EU-Kommentar, 4. Aufl., Nomos, 2019, Art. 290 AEUV Rn. 12.

나. 집행위원회의 논리 – 상세화 법문을 통한 선택재량의 존재

이와 관련하여 집행위원회는 상세화라는 법문으로 인해 근거명령을 수정하지는 않았고 새로운 부록을 근거명령에 첨부하였기 때문에 이는 자신에게 수여된 권한 범위 내의 작용방식이라고 하였으며, 특히 수정 또는 보충이라는 유럽연합기능조약 제290조의 법문이 근거명령 제21조 제3항에 명시적으로 사용되지 않았기 때문에 위임적 법적행위를 발령할 때 행사할 수 있는 권한은 집행위원회가 스스로 선택할 수 있다는 취지의 논의를 전개했다.[33] 집행위원회의 견해는 결국 근거명령에서 사용하고 있는 '상세화'라는 법문은 유럽연합기능조약 제290조에서 사용하고 있는 '수정' 및 '보충' 모두를 포섭할 수 있는 법문이며, 따라서 집행위원회가 위임된 권한을 행사함에 있어 위임적 법적행위를 통해 행사 할 수 있는 권한 유형인 '수정' 및 '보충' 중 적절한 권한을 선택할 수 있는 재량을 갖고 있다는 취지라고 평가할 수 있다.

다. 유럽연합법원의 판단1 – 상세화 개념의 해석 및 범위 제한

이와 관련하여 유럽연합법원은 근거명령 제21조 제3항을 단순히 문리적으로만 해석하지 않고, 근거명령 제21조 제1항, 제2항, 제5항 및 제6항은 집행위원회에게 위임적 법적행위 발령 권한을 수여함에 있어 수정이라는 유럽연합기능조약 제290조 제1항의 개념을 명시적으로 활용하고 있다는 점, 그리고 근거명령 제21조 제1항, 제2항, 제5항 및 제6항뿐 아니라 계쟁명령의 근거가 되는 근거명령 제21조 제3항 모두 공히 근거명령 제26조에 따라 위임적 법적행위가 발령된다고 규정하고 있는 점, 근거명령 제26조는 유럽연합기능조약 제290조에서 요청하는 바에 따라 위임명령과 관련된 조건 및 유럽의회와 이사회의 위임적 법적행위에 대한 통제권을 정한 규정이라는 점들을 종합적으로 고려하여, 근거명령 제21조 제3항에서 상세화는 결국 유럽연합기능조약 제290조에서 위임적 법적행위를 통해 집행위원회에게 위임될 수 있는 권한과는 다른 별도의 새로운 또 다른 권한일 수 없다고 하였다.[34] 즉, 유럽연합법원은 근거명령 제21조 제3항이 비록 '상세화'라는 법문을 사용하고는 있지만, 이것이 유럽연합기능조약 제290조에서 규율하고 있는 집행위원회에 대해 입법자가 수여할 수 있는 권한 형태인 '수정' 및 '보충' 이외의 제3의 권한 수여는 아니라는 점을 명시적으로 밝힘과 동시에, 유럽연합법상 입법행위의 비본질적 사항과 관련하여 위임적 법적행위를 통해 집행위원회가 행사할 수 있는 권한은 이 두 가지 유형에 한정된다는 점을 명시적으로 제시하였다.

이와 같은 판단에 근거하여 유럽연합법원은 근거명령 제21조 제1항, 제2항, 제5항 및 제6항의 경우 수정 대상이 되는 내용들은 입법자가 근거명령을 통해서 결정하고 있는 반

---

33) EuGH, Rs. C－286/14, ECLI:EU:C:2016:183 = BeckRS 2016, 80496－EP/Kommission, Rn. 27.

34) EuGH, Rs. C－286/14, ECLI:EU:C:2016:183 = BeckRS 2016, 80496－EP/Kommission, Rn. 30~38.

면, 근거명령 제21조 제3항의 자금지원우선순위는 입법자가 근거명령을 통해 규정하고 있지 않은 채 이를 상세화할 권한만을 집행위원회에게 위임한 것으로, 입법자가 입법행위를 통해 구체적으로 규정하지 않은 사항을 세부적으로 작성하여 구체화하도록 한 것이라 판단하여 결국 상세화는 유럽연합기능조약 제290조상의 보충에 해당하는 것이라고 판단하였다.35)

라. 유럽연합법원의 판단2 - 수정/보충 준별 및 입법자의 의무

그리고 이러한 논의의 연장선상에서 유럽연합법원은 유럽연합기능조약 제290조에서 규정하고 있는 집행위원회의 수정 권한 및 보충 권한의 내용은 상호 중첩되지 않고 준별되는 것이므로 집행위원회가 위임적 법적행위를 발령함에 있어 당해 위임적 법적행위 발령을 통해 행사하는 권한의 유형을 선택하는 것은 타당하지 않다는 법리를 전개하였으며, 특히 집행위원회에게 위임적 법적행위를 발령할 수 있도록 권한을 수여하는 경우 입법자가 입법행위를 통해 해당 권한의 유형이 무엇인지 명확하게 확정해야 한다고도 하여, 위임적 법적행위와 관련된 입법자의 명확한 권한 제시가 필요하다는 법리를 제시하기도 하였다.36)

(3) 소결

근거명령 제21조 제3항에 대한 문리적 해석에만 국한된 집행위원회의 논리보다는, 근거명령 21조 전체 및 근거명령 제26조와 근거명령 제21조 제3항의 체계적 관계를 검토하고 있다는 점, 유럽연합기능조약 제290조와의 관계에서 근거명령 제21조 제3호를 제1차법합치적 해석37)방식을 통해 해석하고 있다는 점, 이 뿐 아니라 유럽연합기능조약 제290조와 관련된 보다 발전된 법리를 제시하고 있다는 점 등을 종합적으로 고려하면 유럽연합법원의 근거명령 제21조 제3항 상세화에 대한 해석이 타당한 것으로 보인다. 그리고 집행위원회가 위임적 법적행위를 통해 행사 할 수 있는 권한의 준별 필요성 및 이러한 준별론에 기반하여 유럽연합의 입법자가 집행위원회에게 위임적 법적행위를 발령할 수 있는 권한을 수여할 때 집행위원회가 수행할 수 있는 권한의 유형을 명시적으로 제시하여 위임적 법적행위를 발령함에 있어 집행위원회의 선택재량을 배제시키도록 하는 유럽연합법원의 법리는 비록 위임적 법적행위의 대상이 입법행위의 비본질적인 사항과 관련되어 있지만 강한

---

35) EuGH, Rs. C-286/14, ECLI:EU:C:2016:183 = BeckRS 2016, 80496-EP/Kommission, Rn. 39~51.

36) EuGH, Rs. C-286/14, ECLI:EU:C:2016:183 = BeckRS 2016, 80496-EP/Kommission, Rn. 46.

37) 제1차법 합치적 해석은 헌법합치적 해석과 같은 형태의 규범해석방식을 유럽연합법적 체계에 맞추어 변용한 개념이라고 할 수 있다. 제1차법 합치적 해석은 조약합치적 해석이라고 불리기도 한다. 이에 대해서는 이재훈, "유럽연합 규범체계에 대한 체계적 고찰을 위한 소고", 『성균관법학』 제30권 제4호, 성균관대학교 법학연구소(2018.12), 598쪽.

민주적 정당성을 갖고 있는 입법자가 정립한 규범을 민주적 정당성이 약한 집행위원회가 수정할 수 있도록 허용하는 권한을 허용할 것인지 말 것인지를 민주적 정당성이 약한 집행위원회가 재량에 의해 선택할 수 있도록 하지 않고 강한 민주적 정당성을 갖고 있는 입법자가 직접 결정하도록 함으로써 유럽연합의 규범질서의 민주적 정당성 구조를 확보하는 데 일조하는 법리라고 평가할 수 있다.[38]

규범해석 방법론적 체계성 및 다양성, 또한 민주적 정당성 등의 관점을 종합적으로 살펴보았을 때 유럽연합법원의 근거명령의 상세화에 대한 해석 및 이러한 해석을 기반으로 하여 전개한 법리가 타당하다고 평가할 수 있다. 따라서 근거명령 제21조 제3항의 상세화가 위임적 법적행위의 보충에 해당하는 것으로 성격이 규명되었다면, 본 사안에서 집행위원회가 행사할 수 있는 권한은 자금지원우선순위를 구체화하고 그 내용을 덧붙이는 것에 한정된다.

이와 같은 일반적 법리와는 별개로, 개별적인 작용의 양태를 중심으로 살펴보면, 집행위원회가 계쟁명령을 통해 '다년차 및 연차 업무프로그램을 위한 교통분야 자금지원우선순위'를 근거명령의 부록으로 첨부하는 것, 즉 입법행위에 새로운 사항을 첨부하는 것이 입법행위를 수정한 것인지 아니면 입법행위를 구체화하고 그 내용을 덧붙이는 것에 해당하는지 여부에 대한 평가는 당해 작용을 바라보는 관점에 따라 이를 전자로 판단할 수도 혹은 후자로 판단할 수도 있는 애매한 측면이 없지 않은 것으로 판단된다. 다만 이와 같은 판단을 차치하더라도, 계쟁명령의 제명이 '유럽연결기금 설립을 위한 유럽의회와 이사회의 명령 제1316/2013호의 <u>부록 I 을 *수정*</u>하기 위한 집행위원회의 2014년 1월 7일자 <u>위임명령</u> 제275/2014호'라는 점은 집행위원회가 상세화 권한을 수정 권한으로 인식하고 행사했다는 것을 나타내는 것일 뿐 아니라 법형식적으로 수정 권한을 행사한 것이므로 이와 같은 집행위원회의 권한행사는 적합한 권한 행사였다고 판단하기 어려운 점이 있다.[39]

3. 위임적 법적행위를 통한 보충 권한 행사의 형식

C-286/14 판결을 통해 위임적 법적행위와 관련하여 다루어진 또 다른 법리적 논점은 위임적 법적행위를 통해 입법행위를 보충할 수 있는 권한을 집행위원회가 수여받은 경

---

38) 집행위원회의 위임적 법적행위와 유럽연합법 법질서에 있어서 민주적 정당성간의 관계에 대한 일반적 논의는 Lee, Demokratische Legitimation der Vollzugsstruktur der sektorspezifischen Regulierungsverwaltung, Nomos, 2017, 113~115쪽. 이에 서적에 대한 긍정적 서평으로는 Fetzer, Buchbesprechung: Lee, Jae-Hoon, Demokratische Legitimation der Vollzugsstruktur der sektorspezifischen Regulierungsverwaltung, Die Verwaltung 52(2019), 456~459쪽.

39) EuGH, Rs. C-286/14, ECLI:EU:C:2016:183 = BeckRS 2016, 80496 - EP/Kommission, Rn. 60.

우, 집행위원회는 별도의 법적행위를 발령하는 방식, 즉 보충하는 내용을 담고 있는 별도의 법적행위를 발령하고 그 규율 내용이 입법행위와는 절연된 별도의 형태로 존재하도록 해야만 하는 것인지, 아니면 위임적 법적행위를 발령하면서 입법행위의 내용을 보충할 때 보충하고자 하는 내용을 입법행위에 직접 결합시키는 방식, 즉 첨부하는 방식을 활용할 수도 있는지 여부이다.

(1) 유럽연합법원에 의한 법리 발전

위임적 법적행위에 대한 유럽연합기능조약 제290조와 관련하여 본 판결에서 다루어지고 있는 논점인 입법행위 자체에 새로운 내용을 첨부하는 것이 유럽연합기능조약 제290조의 보충의 방식으로서 허용될 수 있는지 여부는, 본 판결 이전 유럽연합법 관련 문헌에서 크게 주목받지 못했던 논점인 것으로 보인다. 따라서 본 판결에서는 집행위원회가 위임적 법적행위를 통한 권한 행사의 일환으로 위임적 법적행위의 근거가 되는 입법행위에 일정한 내용을 첨부하는 것이 다루어지고 있다는 점에 위임적 법적행위의 법리와 관련한 본 판결의 의의가 존재한다.

앞서도 언급된 바와 같이 위임적 법적행위를 통해 그 입법행위에 새로운 사항을 첨부하는 것은 대상 행위를 바라보는 시각에 따라 입법행위를 수정하는 것으로 판단될 수도 있고, 입법행위를 보충하는 것으로도 판단될 수도 있다. 이러한 문제점과 관련하여 유럽연합법원은 본 사안을 통해 위임적 법적행위를 통해 입법행위에 새로운 사항을 첨부하는 것은 유럽연합기능조약 제290조상의 보충이 아닌 수정에 해당하는 것으로 판단하였다.[40] 이와 같은 유럽연합법원의 판단은 수정 권한의 경우 위임적 법적행위의 근거가 되는 입법행위 그 자체에 대한 변경이나 삭제가 허용되는 것과 달리 보충은 입법자가 온전히 규율하지 않은 사항을 집행위원회가 구체화하는 것으로 보는 법리에 기반한 것으로 보인다.

그리고 이와 관련하여 유럽연합법원은 집행위원회가 위임적 법적행위를 통한 보충 권한 행사를 통해 입법행위에 새로운 내용을 첨부한 후 당해 내용을 변경하거나 삭제하고자 하는 경우 입법행위의 일부가 된 해당 내용을 더 이상 집행위원회가 보충 권한을 갖고 변경·삭제하지 못하는 상황이 발생하기 때문에, 집행위원회에 위임적 법적행위로 입법행위를 보충할 권한이 수여된 경우 집행위원회는 보충하고자 하는 내용을 입법행위에 첨부 또는 결합시키는 방식이 아닌 입법행위 그 자체와는 절연된 별도의 법적행위 형식으로 발령해야 한다는 법리를 발전시켰다.[41]

---

40) EuGH, Rs. C−286/14, ECLI:EU:C:2016:183 = BeckRS 2016, 80496−EP/Kommission, Rn. 53.
41) EuGH, Rs. C−286/14, ECLI:EU:C:2016:183 = BeckRS 2016, 80496−EP/Kommission, Rn. 56.

(2) 소결

가. 보충 권한을 통한 입법행위의 내용 첨부 금지

앞서 살펴본 법리들을 기준으로 본 사안을 살펴본다면 계쟁명령 제1조를 통해서 근거명령의 부록 I 제VI장으로 계쟁명령의 부록인 '다년차 및 연차 업무프로그램을 위한 교통분야 자금지원우선순위'를 첨부한 것은 위임적 법적행위를 통한 수정 권한의 행사로서, 상세화라는 법문을 통해 위임적 법적행위를 통한 보충 권한을 수여한 근거명령 제21조 제3항에 위배되는 것이라고 판단할 수 있다.[42] 즉, 집행위원회가 보충 권한을 수여받은 상태에서 보충하고자 하는 내용을 입법행위 자체에 첨부하는 것은 입법행위 그 자체를 수정하는 권한을 행사한 것으로 집행위원회가 수여받은 권한을 유월하여 위임적 법적행위를 발령한 것으로 판단할 수 있다. 그리고 권한의 유월 여부는 유럽연합기능조약 제263조에 따라 유럽연합법원에 의해 감독되고,[43] 이것이 인정되면 유럽연합법원에 의해 무효소송이 인용되므로,[44] 이와 같은 유럽연합법원의 판단은 타당한 것으로 보인다.

나. 제도적 유연성 보장을 위한 법리 전개

유럽연합법원이 본 사안을 통해 새롭게 제시한 법리는 집행위원회가 위임적 법적행위를 통해 입법행위의 비본질적 사항을 보충하는 권한을 행사하는 경우 입법행위와는 절연된 별도의 법적행위로써 위임권한을 행사해야 한다는 것이다. 이와 같은 법리는 위임적 법적행위를 통해 비본질적 사항을 보충하는 내용을 입법행위와 결합시키게 되면 이처럼 입법행위와 결합하게 된 내용은 입법행위의 일부로 성립하게 되고 따라서 집행위원회에게 수여된 보충 권한만으로는 이를 더 이상 수정(변경 또는 삭제)하지 못하게 되기 때문이다(보충/수정 준별). 이와 같은 유럽연합법원의 법리는 구체적 사태의 변화에 대응하여 입법행위의 비본질적 사항을 시의적절 하게 구체화하기 위해 집행위원회에게 수여된 보충 권한이 시의적절 하게 행사되지 못하는 사태를 방지하기 위한 것이라고 할 수 있다.

그리고 본 사안의 근거명령의 경우 두 가지 유형의 집행위원회의 행정입법(위임적 법적행위 및 실행적 법적행위)을 동시에 활용하여 제도적 유연성을 확보하는 독특한 규범체계

---

42) EuGH, Rs. C-286/14, ECLI:EU:C:2016:183 = BeckRS 2016, 80496-EP/Kommission, Rn. 59.

43) **유럽연합기능조약 제263조** 유럽법원은 입법행위, 권고와 의견을 제외한 이사회·집행위원회 및 유럽중앙은행의 작용 그리고 제3자에게 법적 효력을 미치는 유럽의회 및 유럽이사회의 작용의 적법성을 감독한다. 유럽법원은 또한 제3자에게 법적 효력을 미치는 유럽연합의 조직 및 기타 부서의 작용의 적법성을 감독한다.
　이를 위해 유럽법원은 회원국, 유럽의회, 이사회 또는 집행위원회가 관할 위반, 본질적인 형식조항 위반, 유럽연합조약 및 유럽연합기능조약 또는 이들을 실행하기 위해 적용되는 규정의 위반, 재량남용을 근거로 제기한 소송을 관할한다. <이하 생략>

44) 김중권, 『EU行政法研究』, 법문사, 2018, 156쪽.

를 갖추고 있다. 즉, 제2차법적 성격을 입법행위인 근거명령에서는 자금지원프로그램 관련 본질적 사항 규율하고, 제3차법적 성격을 갖고 있는 위임적 입법행위에서 정치적 우선순위의 변화, 기술적 가능성 및 교통 흐름 반영하여 자금자원우선순위를 상세화하도록 한 후, 다시 한 번 제3차법적 성격을 갖고 있는 실행적 법적행위인 집행위원회의 업무프로그램에 위임적 법적행위를 통해 상세화 된 자금지원순위가 반영되도록 함으로써 자금지원프로그램 전반에 있어 정치적 우선순위의 변화, 기술적 가능성 및 교통 흐름이 고려되도록 제도가 설계되어 있다.[45] 그리고 이러한 제도적 유연성은 근거명령의 입법이유(59) 제2문도 명시적으로 요청하고 있는 사항이다.

따라서 시의적절한 상황 변화에 대처할 수 있는 법적 제도로서의 위임적 법적행위의 본질과 제도적 유연성의 요청이라는 관점에서 살펴본다면, 집행위원회가 위임적 법적행위를 통해 입법행위의 비본질적 사항을 보충하는 경우에는 보충하고자 하는 내용을 입법행위에 첨부하는 방식이 아닌 입법행위와는 절연된 별도의 법적행위를 존속시키며 상황에 따라 수여된 보충 권한을 갖고 적절한 시점에 대상이 되는 비본질적 사항의 내용을 새롭게 구체화하는 별도의 법적행위를 발령하는 형태로 위임 권한을 행사하는 것이 타당한 것으로 볼 수 있으며,[46] 이러한 점을 종합적으로 검토한다면, 본 사안에서 문제된 집행위원회의 작용은 이와 같은 법리에 부합하지 못하는 것이라고 판단할 수 있다.

IV. 나가며

지금까지 유럽연합법원의 C-286/14 판결을 구체적 소재로 삼아 유럽연합의 행정입법 중 하나인 위임적 입법행위와 관련한 다양한 법적 논점들을 살펴보았다. 유럽연합법원의 C-256/14 판결은 위임적 입법행위와 관련된 기존 법리에 기반하여 새로운 법리를 제시하고 있다는 점에서 유럽연합의 행정입법 이론 및 법제·법조실무와 관련하여 매우 유의미한 판결이라고 할 수 있다. 한편 보론적 관점에서는, C-286/14판결의 배경이 되는 사실관계는 유럽연합 행정입법과 관련된 거버넌스가 유기적으로 작동하지 못했던 것으로 보이는, 어찌 보면 유럽연합의 행정입법인 위임적 법적행위와 관련된 다양한 주체들 간의 의사소통 및 각 제도적 메커니즘이 원활히 수행되지 못했던 케이스라는 점에서 유럽연합 행정법적 관점에서는 유럽연합 행정법 실무상 발생한 제도적 기능부전의 사례, 특히 집행위원회의 행정입법에 대한 입법자의 사전적 직접통제의 실패 사례로서 유의미한 사례라고

---

45) EuGH, Rs. C-286/14, ECLI:EU:C:2016:183 = BeckRS 2016, 80496-EP/Kommission, Rn. 21 참조.
46) EuGH, Rs. C-286/14, ECLI:EU:C:2016:183 = BeckRS 2016, 80496-EP/Kommission, Rn. 63 참조.

평가할 수 있다.

1. 유럽연합 위임입법 관련 대상판결의 법리적 의의

대상판결은 유럽연합의 행정입법이라 할 수 있는 집행위원회의 위임적 법적행위에 관한 유럽연합기능조약 제290조의 해석 및 집행위원회가 위임적 법적행위를 발령함에 있어서 유의해야 할 주요 사항들을 다루고 있다. 따라서 대상판결은, 기존 유럽연합법원 선례들이 위임적 법적행위와 관련한 사안에서 주로 리스본조약을 통해 유럽연합기능조약에 자리 잡게 된 두 가지 유형의 제3차법적 성격을 갖고 있는 비입법적 법적행위, 즉 위임적 법적행위와 실행적 법적행위 간의 규범적 관계를 규명하는데 집중하고 있다는 점[47])과 비교했을 때, 집행위원회의 위임적 법적행위와 관련된 논점을 보다 심화시킨 유의미한 판례라고 할 수 있다.

본 사안과 관련하여 유럽연합법원은 유럽연합기능조약 제290조에서 규정하고 있는 위임적 법적행위와 관련된 집행위원회의 보충 및 수정 권한의 구체적이 내용이 무엇인지에 대한 법리를 다시금 확인하고 있다. 또한 이와 동시에 양자의 준별 필요성과 양자 이외의 권한이 위임적 법적행위의 형식으로 행사되는 것은 타당하지 않다는 점, 즉 위임적 법적행위를 통해 집행위원회는 입법행위를 보충하거나 수정하는 권한 이외의 제3의 형태의 권한을 행사하지 못한다는 법리를 제시하고 있고, 또한 위임적 법적행위 발령에 대한 권한 수여 시 입법자가 집행위원회에게 수여할 권한의 유형을 명시적으로 선택해야 할 뿐 아니라 집행위원회는 위임적 법적행위를 발령할 때 행사할 수 있는 권한을 스스로 선택할 수 있는 재량이 존재하지 않는다는 점 등을 명시적으로 제시하였다. 이와 같은 유럽연합법원의 법리는 위임적 법적행위와 관련된 집행위원회의 권한 명시를 통한 법질서의 예측가능성 확보라는 법치주의적 요청과 함께 유럽연합 법질서 체계의 민주적 정당성을 보장하기 위한 법리를 전개하고 있다는 점에서 그 유의미성을 찾아볼 수 있다.

또한 유럽연합법원이 유럽연합기능조약 제290조에 따른 위임적 법적행위와 관련하여 입법행위의 보충 권한 수여에 따른 집행위원회의 작용 양태에 대한 법리를 명시적으로 제시하고 있는 점은 눈여겨 볼 필요가 있다. 유럽연합법원은 본 판결을 통해 집행위원회가

47) 위임적 법적행위와 실행적 법적행위 간의 규범적 관계가 사안의 주요 논점이 되었던 유럽연합법원의 판례 및 유럽연합법적 논의는 별도의 지면을 통해 소개할 예정이다. 유럽연합기능조약 제291조 제2항 및 제290조에 대한 체계적 해석 및 역사적 해석을 통한 실행적 법적행위의 '실행'(Durchführung) 개념 해석에 대해서는 Lee, Demokratische Legitimation der Vollzugsstruktur der sektorspezifischen Regulierungsverwaltung, Nomos, 2017, 243~246쪽. 이에 서적에 대한 긍정적 서평으로는 Fetzer, Buchbesprechung: Lee, Jae-Hoon, Demokratische Legitimation der Vollzugsstruktur der sektorspezifischen Regulierungsverwaltung, Die Verwaltung 52(2019), 456~459쪽.

위임적 법적행위를 통해 입법행위를 보충하는 권한을 행사하는 경우 입법행위 그 자체에 보충 내용을 첨부시키지 못하고 입법행위와는 절연된 별도의 법적행위를 발령하는 형태로 자신의 권한을 행사해야한다고 밝히고 있다. 특히 이와 관련하여 집행위원회에게 보충 권한이 수여된 때 입법행위 그 자체를 보충하는 형태로 위임적 법적행위가 발령되어 당해 내용이 입법행위의 일부로서 결합하는 경우, 집행위원회는 보충 권한 근거 규정을 갖고 자신이 발령한 내용을 또다시 수정하는 것이 불가능하다는 문제점을 제시한 점 또한 눈여겨 볼 사항이다.[48]

2. 보론: 유럽연합 행정입법 거버넌스 및 지속적 연구의 필요성

본 사안은 유럽연합법 체계에서의 행정입법 중 하나인 위임적 법적행위, 특히 보충적 권한의 위임과 관련하여 법리적 관점에서 지금까지 구명되지 않았던 사항을 다수 담고 있다는 점에서 유럽연합의 위임입법과 관련된 법리적 유의미성을 찾을 수 있다. 다만 법리적 발전이라는 관점에서 한 발자국 물러나서 이 사안을 살펴보면 유럽연합의 행정입법 거버넌스와 관련하여 본질적인 의문점이 제시될 수 있다. 이 의문점은 왜 유럽의회나 이사회가 계쟁명령이 담고 있는 문제점을 사전에 발견하여 통제하지 못하고 유럽의회에 무효소송을 하게 되었는가이다.

유럽연합기능조약 제290조 제2항은 집행위원회가 위임적 법적행위를 발령하기 이전에 유럽의회나 이사회가 위임적 법적행위의 실행을 사전에 차단할 수 있는 조건을 위임적 법적행위의 근거인 입법행위에 담을 수 있음을 규정하고 있기 때문이다. 유럽연합기능조약 제290조 제2항 b호에 따르면 위임적 법적행위는 입법행위에서 규정하고 있는 기간 내에 유럽의회 구성원 다수의 결정 또는 이사회 구성원 가중다수의 결정을 통해 위임적 법적행위에 대한 이의를 제기할 수 있고 이러한 이의가 제기되는 경우 해당 위임적 법적행위는 효력을 발생할 수 없다. 그리고 본 사안의 근거명령은 실제로 제26조에서 위임적 법적행위의 발령과 관련된 조건을 규정하고 있다. 특히 근거명령 제26조 제4항은 집행위원회가 위임적 법적행위를 발령하는 즉시, 집행위원회는 이를 유럽의회와 이사회에게 동시에 전달하도록 규정하고 있으며, 제5항에서는 발령된 위임적 법적행위는 당해 법적행위가 유럽의회 또는 이사회에 전달된 후 2개월 내에 유럽의회와 이사회로부터 이의제기가 이루어지지 않거나 이러한 기간이 도과하기 전에 유럽의회와 이사회 양자가 유럽연합집행위원

---

48) 이러한 논의의 연결선상에서 본 사안의 근거명령에서 유럽연합 입법자가 구현하고 있는 위임적 법적행위와 실행적 법적행위를 통한 제도적 유연성 확보 방식은 변화하는 사회적 사항을 시의적절하게 반영할 수 있는 탄력성 있는 법제도 확보 방안이라는 관점에서 향후 비교법적으로 주의 깊게 살펴볼 필요가 있는 제도라고 평가할 수 있다.

회에게 이의를 제기하지 않겠다는 의견을 전달하는 경우에 효력이 발생한다고 규정하고 있으며, 유럽의회 또는 이사회의 주도로 이 기간은 2개월 연장될 수 있는 가능성까지도 규정하고 있다. 따라서 이러한 규범적 체계를 고려하면 유럽의회나 이사회가 사전에 계쟁명령에 대한 이의제기를 통해서 그 내용을 통제할 수 있는 가능성이 충분히 존재했는데도 불구하고 이와 같은 통제 권한을 행사하지 않고 계쟁명령의 효력이 발생한 후 뒤늦게 무효소송을 제기한 것으로 파악될 수 있다.

그리고 실제로 계쟁명령과 관련된 사실관계를 보다 자세히 살펴보면 유럽의회와 집행위원회 간에 계쟁명령의 발령 과정에서 지속적인 의사소통을 하였음에도 불구하고 본 사안의 계쟁명령의 형태로 집행위원회가 위임적 법적행위를 발령을 하였고 유럽의회와 이사회에 발령된 계쟁명령이 전달되었음에도 불구하고 근거명령 제26조의 기한 내에 유럽의회나 이사회 모두 이의를 제기하지 않고 효력이 발생하게 되었음을 확인할 수 있다.[49] 문헌상의 간략한 기술이 계쟁명령의 발령 과정을 세세하게 묘사하고 있지 않기 때문에 일정 부분 사실관계의 파악에 한계가 있지만, 이러한 발령 과정을 살펴보면 위임적 법적행위의 발령과 관련한 유럽연합의 주요 기관의 협업 및 통제의 메커니즘이 본 사안과 관련해서는 유기적이지 못했던 것으로 추측된다.

다만 본 판결을 기점으로 유럽법원 판례의 동향과 관련하여 한 가지 생각해 볼 점은, 본 판결이 선고된 2016년 3월 이후 본고가 집필되고 있는 2019년 12월 현재까지 집행위원회의 행정입법과 관련하여 집행위원회와 유럽연합의 입법자 간의 분쟁이 주된 논점인 판례가 등장하고 있지는 않다는 점이다. 다만, 이와 같은 현상의 배경이 본 사안을 통해 불거진 유럽연합 기관 간 유기적이지 못했던 행정입법 관련 거버넌스 운용에 대한 반성 때문인 것인지, 아니면 유럽연합의 행정입법과 관련된 법적 쟁점이 유럽법원의 판례들을 통해 대부분 해소되었기 때문인지는 지금으로써는 단정하기 어려운 측면이 있다. 따라서 이와 같은 현상의 배경은 무엇인지는 향후 다양한 연구 방식을 활용하여 고찰해볼 필요성이 있는 것으로 판단되며, 보다 지속적으로 유럽연합 행정입법과 관련된 개별 사안 연구 및 유럽법원의 관련 판례들을 면밀하게 검토함으로써 이에 대한 실마리를 찾는 것도 필요할 것으로 판단된다. 이와 같은 작업은 향후 우리에게는 비교적 생경한 유럽연합 행정입법의 법리를 통해 우리의 행정입법과 관련된 새로운 법리적 착안점들(예를 들어 입법자에 의한 법규명령 직접통제제도 법제화, 행정입법 유형의 다양화 및 유연화, 행정입법에 대한 소송 유형의 다변화 등)을 검토해 볼 수 있는 이론적 기회를 제공할 수 있을 것으로 판단된다.

---

49) SCHLUSSANTRÄGE DES GENERALANWALTS NIILO JÄÄSKINEN vom 1. Oktober 2015, Rs. C－286/14(1), ECLI:EU:C:2015:645 － EP/Kommission, Rn. 15－17.

도시계획과 수용토지의 보상*
-건축허용성, 건축단위를 중심으로-

박건우**

대법원 2018. 1. 25. 선고 2017두61799 판결 [보상금 증액]

I. 서론

1. 사안의 개요

(1) 피고(대전광역시 유성구)는 1995. 10. 소외인으로부터 자연녹지지역으로서 개발제한구역에 속한 대전 유성구 소재 전 1,471㎡(이하 이 사건 토지)를 청소년 수련원의 공중화장실 및 휴게소 신축 부지로 활용할 목적으로 임대기간을 10년 3개월로 정하여 임차하였다. 피고는 개발제한구역 내 건축협의를 거쳐 이 사건 토지상에 연면적 130.51㎡의 공공화장실과 공공휴게실(이하 이 사건 건물)을 신축한 뒤 1998. 1. 피고 앞으로 건물 소유권보존등기를 마쳤다.

(2) 원고는 2009. 11. 소외인으로부터 이 사건 토지를 매수하여 소유권이전등기를 마쳤다. 원고는 이 사건 토지를 매수한 후 토지분할 및 지목변경신청을 하여 2012. 1. 이 사건 토지는 이 사건 대지(260㎡)와 이 사건 주차장(1,211㎡)으로 분할되었고, 지목도 전에서 각각 대와 주차장으로 변경되었다.

(3) 피고는 자신을 사업시행자로 하여 이 사건 토지상에 수통골 주차장 조성공사를 시행하는 도시계획시설사업(이하 이 사건 공익사업)의 실시계획을 인가하고 2014. 12. 18. 이를 고시하였다. 대전광역시토지수용위원회는 2015. 3. 이 사건 토지 및 지장물을 보상금액

---

* 이 논문은 행정판례연구 XXIV-2(2020.12)에 게재된 논문으로 「최광률 명예회장 헌정논문집」에 전재하는 것임을 밝혀둡니다.
** 서울대학교 법학전문대학원 연구펠로우, 변호사

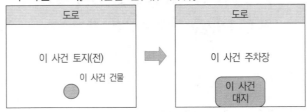

이 사건 토지[토지분할 전(좌), 후(우)]

679,263,100원으로 수용재결하였다.[1] 원고가 이의재결을 신청하자, 중앙토지수용위원회는 2016. 2. 보상금액을 702,770,050원으로 증액하였다.[2]

(4) 원고는 ① 이 사건 토지는 피고의 건물 신축으로 이미 개발이 허용된 바 있고, 수용을 하는 이유도 이 사건 대지는 등산객을 위한 화장실과 휴게실로, 이 사건 주차장은 주차장으로 사용하는 것이므로 개발제한구역에서 해제되었음을 전제로 평가가 이루어져야 하고, ② 이 사건 대지와 이 사건 주차장은 2012. 1.까지 한 필지였고 수용될 때까지 동일 용도로 사용되었으므로 용도상 불가분의 관계에 있어 일괄 평가되어야 한다고 주장하면서,[3] 이 사건 토지가 개발제한구역에서 해제되었음을 전제로 일괄 평가하여 산정한 정당한 보상금과 피고가 이 사건 토지의 보상금으로 공탁한 금원의 차액의 지급을 청구하는 소를 제기하였다.

2. 판결요지

(1) 1심 법원의 판단(청구일부인용)[4]

1) 이 사건 토지는 이 사건 공익사업 시행 이전에 이미 개발제한구역으로 지정되어 있었으므로 수용보상액을 산정함에 있어 공법상 제한을 받는 상태 그대로 평가하여야 할 것이고, 피고가 이 사건 토지에서 개발행위를 할 수 있도록 허가받아 화장실 및 휴게소 등을 건축하였다고 하더라도 이 사건 토지의 개발제한구역 지정이 해제되었다고 볼 수 없다.

---

1) 이 사건 대지(128,908,000원), 이 사건 주차장(513,585,100원)

2) 이 사건 대지(133,887,000원), 이 사건 주차장(531,084,050원)

3) 이하의 논의상 편의를 위해 원고의 주장 순서를 변경하였다. 1심법원과 원심법원의 판단 순서도 또한 같다.

4) 대전지방법원 2017. 5. 4. 선고 2016구합101449 판결; 판결 주문은 다음과 같다: 1. 피고는 원고에게 369,141,950원 및 이에 대하여 2015. 4. 24.부터 2017. 5. 4.까지는 연 5%의, 그 다음날부터 다 갚는 날까지는 연 15%의 각 비율로 계산한 돈을 지급하라. 2. 원고의 나머지 청구를 기각한다. 3. 소송비용 중 2/3는 원고가, 나머지는 피고가 각 부담한다. 4. 제1항은 가집행할 수 있다.

개발제한구역이 해제된 것을 전제로 이 사건 토지의 가격을 평가하여야 한다는 원고의 주장은 이유 없다.

2) 피고가 이 사건 건물을 신축한 이후 이 사건 토지는 이 사건 건물을 위한 대지와 주차장으로 이용되었다. 건축물의 대지는 2m 이상을 도로에 접하여야 하는 바, 피고가 이 사건 건물을 신축할 당시에 이 사건 토지가 전체로서 도로에 2m 이상 접하여야 한다는 요건을 충족하였던 것으로 보이고, 원고가 이 사건 토지를 매수한 후 이를 이 사건 대지와 이 사건 주차장으로 분필하였다고 하더라도 분필 전후로 계속 수통골 이용 시민들을 위한 간이휴게소, 화장실과 그에 부속한 주차장으로 사용되고 있었다면, 양자를 용도상 별개의 토지라고 볼 수 없다. 이 사건 토지는 용도상 불가분의 관계에 있어 일괄 평가함이 상당하다.

(2) 원심법원의 판단(항소기각)[5]

1) 원심법원은 이 사건 토지가 개발제한구역에서 해제되었음을 전제로 평가하여야 하는지 여부, 이 사건 토지를 일괄평가하여야 하는지 여부에 대하여는 1심 법원의 판단을 그대로 판결이유로 인용하였다.

2) 원심법원은 1심의 판단에 추가하여, 다음과 같은 이유에서 피고가 이 사건 토지에 대하여 개발제한구역의 지정을 해제하지 않은 것이 계획재량권의 일탈·남용에 해당함이 객관적으로 명백한 경우라고 볼 수 없으므로 개발제한구역의 해제가 이루어진 상태로 토지가격이 평가될 수는 없다고 판단하였다.[6]

① 이 사건 토지는 1973. 6. 27. 개발제한구역으로 지정된 이래 현재까지 그 지정이 유지되고 있다.

② 이 사건 공익사업은 수통골 주차장 조성공사로 행정청의 허가를 얻어서 설치하는 것이 가능하고 개발제한구역의 지정을 별도로 해제할 필요는 없다.

③ 이 사건 토지가 이 사건 공익사업 시행 이전부터 개발제한구역으로 지정되어 온 이상, 손실보상금이 줄어들 가능성이 있다는 사정만으로, 이 사건 토지 인근의 개발제한구역이 아닌 토지의 소유자들에 비해 원고가 불합리한 차별을 받고 있다고는 보기 어렵다.

---

5) 대전고등법원 2017. 8. 30. 선고 2017누11501 판결.
6) 원고가 항소심에서 청구원인을 추가한 것인지, 또는 1심 법원이 판단을 누락한 것을 원심 법원이 추가로 판단한 것인지는 명확하지 않다.

(3) 대법원의 판단(파기환송)

1) 공법상 제한을 받는 토지에 대한 보상액을 산정할 때에 해당 공법상 제한이 구 도시계획법 등에 따른 용도지역 등의 지정 또는 변경과 같이 그 자체로 제한목적이 달성되는 일반적 계획제한으로서 구체적 도시계획사업과 직접 관련되지 아니한 경우에는 그러한 제한을 받는 상태 그대로 평가하여야 한다. 반면 도로·공원 등 특정 도시계획시설의 설치를 위한 계획결정과 같이 구체적 사업이 따르는 개별적 계획제한이거나, 일반적 계획제한에 해당하는 용도지역 등의 지정 또는 변경에 따른 제한이더라도 그 용도지역 등의 지정 또는 변경이 특정 공익사업의 시행을 위한 것일 때에는, 그 공익사업의 시행을 직접 목적으로 하는 제한으로 보아 그 제한을 받지 아니하는 상태를 상정하여 평가하여야 한다. 이 사건 토지는 1973. 6. 27. 개발제한구역으로 지정된 이래 현재까지 그 지정이 유지되고 있는 바, 이 사건 토지를 개발제한구역에서 해제된 상태로 평가하지 않은 원심의 판단에 위법이 없다.

2) 어느 수용대상 토지에 관하여 특정 시점에서 용도지역 등을 지정 또는 변경하지 않은 것이 특정 공익사업의 시행을 위한 것일 경우 이는 해당 공익사업의 시행을 직접 목적으로 하는 제한이라고 보아 용도지역 등의 지정 또는 변경이 이루어진 상태를 상정하여 토지가격을 평가하여야 한다. 여기에서 특정 공익사업의 시행을 위하여 용도지역 등을 지정 또는 변경하지 않았다고 볼 수 있으려면, 토지가 특정 공익사업에 제공된다는 사정을 배제할 경우 용도지역 등을 지정 또는 변경하지 않은 행위가 계획재량권의 일탈·남용에 해당함이 객관적으로 명백하여야만 한다.

원심은, 개발제한구역 내 주차장을 조성하는 이 사건 공익사업은 관련 법령 규정상 개발제한구역 지정을 별도로 해제할 필요 없이 행정청의 허가를 받아 시행할 수 있다는 점을 근거로 하여 원고 주장을 배척하였다. 이러한 원심의 판단에는 계획재량권의 일탈·남용에 관한 법리를 오해한 잘못이 없다.

3) 2개 이상의 토지 등에 대한 감정평가는 개별평가를 원칙으로 하되, 예외적으로 2개 이상의 토지 등에 거래상 일체성 또는 용도상 불가분의 관계가 인정되는 경우에 일괄평가가 허용된다. 여기에서 '용도상 불가분의 관계'에 있다는 것은 일단의 토지로 이용되고 있는 상황이 사회적·경제적·행정적 측면에서 합리적이고 그 토지의 가치 형성적 측면에서도 타당하다고 인정되는 관계에 있는 경우를 뜻한다.

원심은, 이 사건 대지와 이 사건 주차장을 합한 이 사건 토지가 용도상 불가분의 관계에 있어 일단의 토지로 평가함이 상당하다고 판단하였다.

그러나 다음과 같은 이유에서 원심 판단에는 2개 이상의 토지 등을 일괄평가할 수 있는 요건에 관한 법리를 오해하여 판결에 영향을 미친 잘못이 있고, 이 점을 지적하는 상고이유 주장은 이유 있다(파기환송).[7]
① 이 사건 대지는 지목이 대이고, 이 사건 주차장은 지목이 주차장으로 서로 다르다. ② 피고가 2012. 3. 21.경 이 사건 건물을 철거함으로써 이 사건 대지는 주차장 부속시설인 이 사건 건물 부지로서의 역할을 상실하였고, 그때부터 수용재결일까지 약 3년 동안 나대지 상태로 있었다. ③ 원고는 이 사건 대지에 대하여 개발행위허가를 받아 건물을 신축하기 위하여 토지분할과 지목 변경 절차를 진행하였고, 대지의 형상을 변경한 것으로 보인다. 반면 이 사건 주차장은 아스팔트로 포장되고 주차구획선이 그려진 상태로 수용개시일까지 계속해서 주차장으로 사용되었다. ④ 결국 토지 분할 및 지목 변경, 이 사건 건물의 철거, 이 사건 대지의 형상변경 등 일련의 사정변경으로 인하여 이 사건 대지와 이 사건 주차장이 주차장과 그 부속시설의 부지로서 일체로 사용되던 관계가 종료되었다고 봄이 타당하다.

3. 쟁점의 정리

대상판결은 공익사업의 시행을 위하여 토지를 수용하는 경우 그 토지 보상금 산정에 있어 (i) 현존하고 있거나 또는 (ii) 마땅히 존재하여야 하는 도시계획을 고려하는 방식에 관한 중요한 물음들을 제기하고 있다. 이 사건에서 수용대상이 된 토지는 공공주차장을 설치하기 위한 도시계획시설사업의 시행을 위하여 수용되었다. 이 사건 토지는 개발제한구역에 속한 농지로 원칙적으로 개발가능성이 없는, 다시 말하면 건축허가가 나지 않는 토지인데, 이 사건 공익사업의 사업인정 이전에 행정청인 피고가 이 사건 토지상에 공공용시설을 신축하기 위하여 임대차계약을 체결하여 빌렸고, 건축협의를 거쳐 그 지상에 건물을 건축한 바 있다는 특수한 사정이 있다.

대상판결의 전면에 드러나는 표면적 쟁점은 세 가지이다. 첫째, 우선 원고는 이 사건 토지가 개발제한구역이기는 하지만 행정청인 피고에 의하여 그 지상에 이 사건 건축물이

---

7) 환송심(대전고등법원 2018. 8. 29. 선고 2018누10284 판결)은 대상판결의 취지에 따라 이 사건 대지와 주차장을 개별 평가하여 정당한 보상액을 산정하였다. 이 판결에 원고가 재상고하였으나, 심리불속행 기각(대법원 2018. 11. 15. 선고 2018두56923 판결)됨으로써 그대로 확정되었다.

건축된 바 있으므로 이미 개발이 허용된 것이고, 따라서 건물을 지을 수 있는 상태로 평가하여 보상금을 산정하여야 한다고 주장하였다. 둘째, 원고는 피고가 이 사건 수용토지에 대하여 개발제한구역의 지정을 해제하지 않은 것은 이 사건 공익사업의 시행을 위한 것이므로(이 사건 토지가 이 사건 공익사업에 제공된다는 사정을 배제할 경우 개발제한구역을 해제하지 않은 피고의 행위는 계획재량권의 일탈·남용에 해당함이 객관적으로 명백한 경우이므로), 이 사건 수용토지는 개발제한구역의 해제가 이루어진 상태로 토지가격이 평가되어야 한다고 주장하였다. 셋째, 원고는 이 사건 대지와 이 사건 주차장은 2012. 1.까지 한 필지였고 수용될 때까지 동일 용도로 사용되었으므로 용도상 불가분의 관계에 있어 일괄 평가되어야 한다고 주장하였다. 원고가 제기한 주장의 결론은 이 사건 토지가 개발제한구역에서 해제되었음을 전제로 일괄 평가하여 보상금을 산정하여야 한다는 것이다.

첫 번째와 두 번째 쟁점은 이 사건 토지를 건축허용성이 있는 상태로 평가할 것인지의 문제로서 본질적으로는 같은 쟁점이라 할 수 있다. 다만 첫 번째 주장은 피고 행정청의 적극적 언동(건축협의를 통하여 건축물 건축)에 의하여 이 사건 토지가 개발제한구역에서 해제된 것으로 보아야 한다는 것이고, 두 번째 주장은 이 사건 토지를 개발제한구역에서 해제하지 않은 피고의 부작위가 명백히 위법하여 개발제한구역에서 해제된 상태로 평가하여야 한다는 것이므로 법리적으로는 서로 다른 논리구성이다. 세 번째 쟁점은 토지의 거래상 단위인 필지와 다르게 설정된 건축단위의 문제이다.

원고의 첫 번째 주장은 모든 심급에서 배척되었고, 두 번째 주장에 대하여 1심 법원은 판단을 하지 않았으나 원심법원과 대법원은 일치하여 원고의 주장을 배척했다. 세 번째 주장은 1심과 원심법원에서 받아들여진 반면, 대법원은 이를 받아들인 원심을 파기하고 이 사건 대지와 이 사건 주차장은 서로 별개로 각각 평가되어야 한다고 판단하였다.

[표] 각 쟁점에 대한 심급별 판단

쟁　　점	1심	원심	대법원
개발제한구역에서 해제된 것으로 보아 평가해야 하는지 여부	소극	소극	소극
개발제한구역에서 해제하지 않은 것이 재량권의 명백한 일탈·남용인지 여부	-	소극	소극
이 사건 토지 전체를 일괄평가하여야 하는지 여부	적극	적극	소극

II. 도시계획과 수용토지의 보상

1. 도시계획과 토지보상의 관계

(1) 토지보상법의 기능

공공필요에 의한 재산권의 수용·사용 또는 제한 및 그에 대한 보상은 법률로써 하되, 정당한 보상을 지급하여야 한다(헌법 제23조 제3항). 기반시설의 설치 등 각종 공익사업의 시행을 위한 토지의 수용에 따른 보상을 규율하는 일반법은 「공익사업을 위한 토지 등의 취득 및 보상에 관한 법률」(이하 토지보상법)이다.[8] 토지보상법은 공익사업의 시행 그 자체에 관하여는 규정하고 있지 않고, 각각의 공익사업은 「국토의 계획 및 이용에 관한 법률」(이하 국토계획법), 「도시개발법」, 「택지개발촉진법」, 「산업입지 및 개발에 관한 법률」 등 개별 개발사업법에 따라 시행된다.

이때 토지보상법은 각종 공익사업의 근거가 되는 개별 법률의 구역지정, 실시계획의 인가, 사업시행인가 등을 사업인정(토지보상법 제20조)으로 의제하는 조항[9]을 매개로 토지수용의 근거를 제공하고 그 절차와 보상 문제를 규율하는 방식으로 역할을 분담하게 된다. 이 점에서 토지보상법은 각종 개발사업법에 따른 특별도시계획에 수반하여 수용절차 및 보상을 규율하는 역할을 담당한다.[10]

(2) 토지보상에 반영되어야 하는 도시계획

그런데 토지보상법에 따른 보상을 위해 수용 토지의 현재 가치를 평가하기 위해서는 역으로 다시 토지상에 존재하고 있는 도시계획을 반영하여 평가할 수밖에 없다. 도시계획은 토지의 건축가능성과 한계를 규율하는 가장 대표적인 −사실상 거의 대부분을 차지하는− 규제이기 때문이다.

구체적으로 ① 해당 토지가 개발될 수 있는 토지인지(건축이 허용되는 토지와 금지된 토지), ② 개발이 가능하다면 어느 정도의 규모와 주거/상업용 등 어떤 용도로 개발이 허용되는지(허용 건축물의 규모와 용도), ③ 보상의 대상이 되는 토지는 어떤 단위로 평가·보상하여야 하는지는 토지의 수익력과 현존가치에 가장 중요한 영향을 미치는 요소이고, 이들 각

---

8) 다만, 토지보상법은 손실보상의 원인으로 토지의 수용을 전제로 하는 것이기 때문에 계획제한에 따라 단지 건축자유권을 제한하는 경우에는 아무런 기준이 될 수 없다는 한계를 갖고 있다. 김종보, "계획제한과 손실보상논의의 재검토", 「행정법연구」 제2호, 1998.4. 209면.

9) 국토계획법 제96조 제2항, 도시개발법 제22조 제3항, 택지개발촉진법 제12조 제2항, 산업입지 및 개발에 관한 법률 제22조 제2항.

10) 김종보, 「건설법의 이해」, 피데스, 2018. 340면 참조.

요소를 규율하는 도시계획은 토지의 보상금 산정에 결정적인 영향을 미친다.

다만, 토지보상법이 어떠한 방식으로 수용토지상에 존재하는 도시계획을 반영하도록 규정하고 있는가에 따라 토지이용에 관한 규범적 상태가 보상금 산정에 적확하게 반영될 수도 있고, 그렇지 못할 수도 있다.

2. 도시계획의 반영

(1) 현행 토지보상법상 도시계획의 반영방식

1) 토지보상법 시행규칙 제23조

현행 보상법령상 수용대상이 된 토지상에 존재하는 도시계획을 보상에 어떻게 반영할 것인가는 토지보상법 시행규칙이 '공법상 제한을 받는 토지의 평가'라는 표제의 조문으로 규정하고 있다(제23조).

> **제23조(공법상 제한을 받는 토지의 평가)** ①공법상 제한을 받는 토지에 대하여는 제한받는 상태대로 평가한다. 다만, 그 공법상 제한이 당해 공익사업의 시행을 직접 목적으로 하여 가하여진 경우에는 제한이 없는 상태를 상정하여 평가한다.
> ②당해 공익사업의 시행을 직접 목적으로 하여 용도지역 또는 용도지구 등이 변경된 토지에 대하여는 변경되기 전의 용도지역 또는 용도지구 등을 기준으로 평가한다.

공법상 제한이란 공익목적을 위하여 공법상 토지 등 재산권에 대해 가해지는 토지 등 재산권의 사용·수익·처분에 대한 제한을 뜻한다.[11] 현행법상 도시계획은 전국의 모든 토지를 대상으로 수립되고 있으므로,[12] 이는 원칙적으로 모든 수용토지의 보상에 관하여 그 지상에 현존하고 있는 도시계획의 상태를 그대로 반영하겠다는 것을 의미한다. 바꾸어 말하면, 일반적인 도시계획에 따른 건축제한은 토지재산권에 내재한 사회적 제약이므로 보상금 산정에 있어서도 제한이 있는 그대로 평가하고 따로 보상하지 않으나, 수용의 원인이 된 당해 공익사업의 시행을 목적으로 가하여진 공법상 제한은 특별한 희생에 해당하므로, 그 제한이 없는 상태를 상정하여 토지가치를 보상한다는 의미로 해석된다. 그리고 당연하지만 공법상 제한은 법상 제한이라는 점에서 사실문제가 아니라 법률의 문제이다.[13]

---

11) 박균성/도승하, 『토지보상행정법』, 박영사, 2014. 988면.

12) 김종보, 앞의 책, 200면~201면. 이는 2003년 국토계획법이 종래의 국토이용관리법을 흡수함으로써 용도지역으로 관리지역, 농림지역, 자연환경보존지역 등을 포함시키면서 발생한 현상이다.

13) 林護貞, "公法上 制限을 받는 土地의 報償評價方法", 「토지보상법 연구」, 제4집, 2004. 31면.

2) 대법원 판례의 해석론

판례는 토지보상법 시행규칙 제23조의 공법상 제한을 계획제한과 동일한 개념으로 이해하고,[14] 이를 일반적 계획제한과 개별적 계획제한으로 분류하여 달리 취급하고 있다. 당해 공공사업의 시행 이전에 이미 도시계획법에 의한 이용제한이 가하여진 경우에는 그 제한이 구 도시계획법에 의한 용도지역, 지구, 구역 등의 지정 또는 변경으로 인한 제한의 경우 그 자체로 제한목적이 완성되는 일반적 계획제한으로 보고 그러한 제한을 받는 상태 그대로 재결 당시의 토지의 형태 및 이용상황 등에 따라 평가한 가격을 기준으로 적정한 보상가액을 정하여야 하고, 도로, 공원 등 특정 도시계획시설의 설치를 위한 계획 결정과 같이 구체적 사업이 수반되는 개별적 계획제한은 그러한 제한이 없는 것으로 평가하여야 한다.[15] 제한이 없는 상태로 평가한다는 것은 계획결정 고시로 인하여 하락된 가격으로 수용한다면 국가가 공익사업을 핑계로 사권을 부당하게 침해하는 결과가 되므로 하락된 가격은 고려하지 않고 결정 이전의 상태로 평가하여야 한다는 뜻이다.[16]

3) 일반적 계획제한과 개별적 계획제한의 구별에 대한 검토

판례 법리에 따른 개념구별은 전문계획(Fachplanung)이 존재하는 독일법제의 영향으로 볼 여지도 있으나, 이는 우리의 도시계획체계와 정확히 일치하지는 않는다. 대법원 판례에서 말하는 일반적 계획제한은 주로 도시 내 모든 토지를 대상으로 수립되는 용도지역제 도시계획을, 개별적 계획제한은 기반시설을 설치하기 위한 도시계획시설계획과 각종 개발사업계획을 겨냥한 개념으로 보인다. 토지수용은 후자의 영역에서 발생하고 그 밖에 용도지역제 도시계획과 같이 따로 시설설치사업을 요하지 않는 도시계획 영역에서는 발생하지 않는다. 이러한 의미에서 판례의 분류방법은 토지보상법 시행규칙의 적용범위를 타당하게 구획하고 있다.

그런데 보상을 필요로 하는 특별한 희생이라는 관점에서 보면, 구체적 사업이 수반되지 않는 일반적 도시계획이라고 해서 전부 특별한 희생이 아니라고 단정하기는 어렵다.[17] 실무 관행은 도시계획시설을 설치하기 위해 도시계획시설결정을 하는 외에 별도로 해당 시설이 허용되는 용도로 용도지역까지 함께 변경하고 있다.[18] 토지보상법 시행규칙 제23

14) 배명호/신봉기, "공법상 제한을 받는 토지에 대한 손실보상-대법원 판례의 동향을 중심으로-", 「토지공법연구」, 제79집, 2018. 8. 95면.
15) 대법원 1992. 3. 13. 선고 91누4324 판결; 대법원 1998. 9. 18. 선고 98두4498 판결; 대법원 2002. 12. 10. 선고 2001두5422 판결; 대법원 2005. 2. 18. 선고 2003두1422 판결; 대법원 2012. 5. 24. 선고 2012두1020 판결; 대법원 2017. 7. 11. 선고 2016두35144 판결 등
16) 법무법인 강산, 『實務 토지수용보상』, 2019. 421면.
17) 林護貞, 앞의 논문, 30면.

조 제2항과 대법원 판례는[19] 일반적 도시계획이라 하더라도 당해 공익사업을 직접 목적으로 하는 계획변경은 그 변경이 이루어지지 않은 것으로 간주하고 평가하므로, 당해 공익사업 시행을 직접 목적으로 용도지역이 불리하게 변경되더라도 특별한 문제가 없다.[20] 또한 판례는 개별적 계획제한에 관하여도 법 시행규칙이 정하고 있는 원칙에서 한 걸음 더 나아가서 당해 공익사업을 직접 목적으로 하지 않는 다른 공익사업을 위한 개별적 계획제한도 존재하지 않는 것으로 보고 보상하여야 한다고 판시하여 보상의 범위를 넓히고 있다.[21]

남은 문제는 당해 공익사업과 무관하게 이루어진 일반적 계획제한까지도 존재하지 않는 것으로 평가함으로써 보상의 범위에 포함시킬 수 있는지 여부이다. 대상판결에서 원고 주장의 실질은 일반적 계획제한인 개발제한구역지정으로 장기간 토지의 건축허용성이 부인됨으로 인하여 개발 또는 지가상승의 기회를 상실하였는데, 공익사업 시행의 계기에 그로 인한 손실의 전부 또는 일부를 전보하여 달라는 것이다.

현재의 토지보상법 시행규칙 및 판례 법리에 따르면 당해 공익사업을 목적으로 하는 계획제한이 아닌 이상 일반적 계획제한을 그대로 반영하여 토지의 가치를 평가하여야 하므로, 공익사업 시행과 무관하게 개발제한구역으로 장기간 지정되어 입고 있는 손실은 보상의 범위에 포함되지 않는다.

행정주체가 가한 재산권 제한으로 입은 특별한 희생을 빠짐없이 보상받도록 하는 것(정당보상의 원리)은 헌법적으로 요청되는 중요한 입법목적이다. 그러나 토지상에 설정된 일

---

18) 도시계획시설계획은 용도지역과 논리적으로 양립하는 계획이 아니고 건축허용성을 부인하는 도시계획시설 부지에 건축허용을 전제로 하는 용도가 존재할 필요도 없으므로, 이는 잘못된 관행이다.

19) 대법원 2012. 5. 24. 선고 2012두1020 판결.

20) 예를 들어, 공원조성사업의 시행을 직접 목적으로 일반주거지역에서 자연녹지지역으로 변경된 토지에 대한 수용보상액을 산정하는 경우 그 대상 토지의 용도지역은 일반주거지역으로 평가한다(대법원 2007. 7. 12. 선고 2006두11507 판결). 이처럼 당해 공익사업의 시행을 목적으로 한 용도지역변경을 고려하지 않는다는 것은 용도지역이 불리하게 변경될 경우 당해 사업의 영향을 배제하여 피수용자에 대한 정당보상을 실현하는 측면이 있는 반면, 사업 시행을 위하여 용도지역을 유리하게 변경하는 경우(예컨대 택지개발사업을 위해 자연녹지지역을 주거지역으로 변경하는 경우)에는 사업시행으로 인한 개발이익을 보상에서 배제하는 효과로 나타난다(대법원 1995. 11. 7. 선고 94누13725 판결). 이에 대한 설명으로는 석종현, 『신토지공법론』, 삼영사, 2016. 224면 참조.

21) 대법원 1989. 7. 11. 선고 88누11797 판결(예술의 전당 건립사업 승인 전에 이미 공원용지로 지정고시된 경우); 판례는 이처럼 "당해 사업을 직접목적으로 공법상 제한이 가해진 경우"를 확장해석하는 이유를 당초의 목적사업과 다른 공공사업에 편입되는 경우 토지소유자의 불이익을 막고 사업시행자가 보상액을 적게 하기 위하여 고의적으로 다른 목적의 사업을 이유로 공법상의 제한을 가한 다음에 그와 다른 목적의 사업을 시행하여 보상액을 적게 함으로 인한 토지소유자의 불이익을 방지하기 위함"이라고 설명하고 있다. 이 판결에 대한 해설은 李東洽, "公法上 制限을 받는 土地의 評價", 「대법원 판례해설」, 제12호, 1990. 11. 531면 이하 참조.

반적 계획제한(개발제한구역 지정)의 계획 주체는 당해 공익사업의 시행자와 서로 다른 경우가 많고, 사인이 사업시행자가 되어 공익사업을 시행하는 경우도 많아서,[22] 수용대상 토지상에 존재하고 있던 모든 계획제한으로 인하여 토지소유자가 입은 손실을 공익사업의 시행자가 전부 부담하라고 요구하기는 어렵다. 또한 입법적 결단 없이 장기간 개발제한구역에 묶여 있음으로 인해 토지소유자가 입은 기회이익 상실 내지 손실을 어느 범위에서 특별한 희생으로 인정하고 어떤 방식으로 보상하여야 하는지를 객관적으로 판단하기도 어렵다.[23] 비교법적으로 미국 연방대법원은 Tahoe–Sierra 판결에서 토지에 대한 3년간의 일체의 개발금지가 재산의 사실상 수용에 해당하지 않는다고 판결한 반면,[24] 독일은 4년을 넘어서는 건축금지는 원칙적으로 보상을 요하는 특별한 희생으로 보고 있다.[25] 일본은 건축제한에 대한 금전보상을 인정하는 데 소극적이고 매수청구권을 인정하는 방법을 택하고 있다.[26]

바꾸어 말하면, 토지보상법령을 개정하여 수용대상 토지상에 존재하였거나 존재하고 있는 일반적 계획제한으로 인한 모든 손실을, 당해 공익사업의 시행으로 인한 것인지 여부와 무관하게 사업시행자가 전부 보상하라고 규정할 경우에도 위헌성 문제가 야기될 수 있다는 의미이다. 결국 대상판결 사안에서 문제되고 있는 것은 공익사업의 시행으로 인한 토지수용에 대한 보상규정의 문제라기보다는 개발제한구역제도 자체가 내포하고 있는 위헌성[27]의 문제라고 보아야 한다. 개별적 계획제한에 대하여는 최대한 보상 범주를 넓히지만, 일반적 계획제한으로 인한 손실은 당해 공익사업과 관련성이 있는 경우에 한정하여 보상의 범주에 포함시키는 판례의 입장은 현행법 체계에서는 불가피한 해석론인 것으로 판단된다.[28]

22) 사인이 공익사업의 사업시행자가 되는 경우의 수용 문제에 관하여는 안동인, "私人의 公用收用과 公·私益의 調和"「행정법연구」제46호, 2016. 8. 305면 이하 참조.
23) 김종보, 주 8)의 논문, 228면 이하 참조. 헌법재판소 1998. 12. 24. 89헌마214 결정에서도 입법자는 개발제한구역의 지정으로 인한 국민의 재산권을 합헌적으로 제한하기 위해서는 반드시 금전보상만을 하여야 하는 것은 아니고, 지정의 해제나 기타 손실을 완화할 수 있는 제도를 보완하는 등 여러 가지 다른 방법을 강구할 수 있다고 하였다.
24) 535 U.S. 302(2002). 122 S. Ct. 1465(2002). 이 판결에 대한 상세한 평석은 김동건, "공용제한의 법리와 손실보상",「공법학연구」, 제7권 제3호, 2006. 8. 91면 이하 참조. 공용제한에 대한 미국 판례 법리의 추이는 수용이 아닌 재산권에 대한 각종 제한은 원칙적으로 수인하여야 할 규제이지만, 이른바 본질상 수용(per se taking)에 해당하는 경우 보상을 요한다고 한다.
25) BauGB §18. 원래 독일 연방대법원은 "3년을 넘는 모든 건축금지는 3년에 도달하는 시점부터 자동으로 수용으로 된다"고 판결하였으나[BGHZ 30(1960), 338], 많은 반발에 부딪혀 연방건설법전 개정을 통해 현재와 같이 규정되었다.
26) 일본 건축기준법 제52조의4, 제56조, 제57조의5.
27) 헌법재판소 1998. 12. 24. 89헌바214등 결정 참조.
28) 반대: 林護貞, 앞의 논문, 47면.

4) 현황평가주의와의 관계

보상에 있어서 도시계획의 반영은 토지보상법이 규정하고 있는 현황평가주의와의 관계에서도 살펴볼 필요가 있다. 토지에 대한 보상액은 가격시점에 있어서의 현실적인 이용상황과 일반적인 이용방법에 의한 객관적 상황을 고려하여 산정하되, 일시적인 이용상황과 토지소유자 또는 관계인이 갖는 주관적 가치 및 특별한 용도에 사용할 것을 전제로 한 경우 등을 고려하지 아니한다(토지보상법 제70조 제2항). 이를 통상 현황평가주의라고 부른다.

토지의 현실적인 이용상황 그 자체는 사실인정의 문제라 할 수 있으므로 법적 논의에서 중요하게 다루어지지는 않는다. 문제는 도시계획을 현실적 이용상황의 한 요소에 포함할 것인가의 문제이다. 보상 실무는 대체로 현실적 이용상황에는 공법상 제한이 포함된다고 보아 도시계획(규범)과 토지의 이용상태(사실)의 요소를 절충 내지 혼용하고 있다.[29] 감정평가협회가 제정한 실무 기준인 「토지보상평가지침」도 현실적인 이용상황이란 "지적공부상의 지목에 불구하고 가격시점에서의 실제 이용상황으로서, 주위환경이나 대상토지의 공법상 규제 정도 등으로 보아 인정가능한 범위의 이용상황을 말한다."라고 한다.[30] 이에 따라 도시계획은 시행규칙 제23조에 따라 "공법상 제한을 받는 상태대로 평가한다"는 원칙의 적용을 위한 대전제가 됨과 동시에 법 제70조 제2항에 따른 현실적 이용상황의 고려요소 중 하나로 격하된 모습으로 재등장하게 된다.

도시계획을 현실적인 이용상황의 한 요소로 파악하여야 하는지 아니면 별개의 독자적 영역으로 보아야 하는지의 문제는 보상액 산정의 체계 및 제도의 효율성에 관련될 뿐만 아니라 소송에서는 법률심인 대법원의 판단 범위에 관한 실천적인 의미를 갖는다. 이 점에 대해서는 뒤에서 자세히 검토하기로 한다(V).

(2) 불완전한 도시계획과 토지보상

도시계획을 토지 보상에 반영하는 규범이 이처럼 혼란스러운 형태로 나타나게 된 배경에는 현행 도시계획의 불완전성이라는 근본 원인이 자리하고 있다.

도시계획은 토지상의 건축행위를 규제하기 위하여 발전된 행정작용의 일종으로서, 도시 내 토지의 합리적 사용을 위해 규율대상지역의 ① 법적 성격을 확정하고 ② 도시계획시설, ③ 건축단위, ④ 건축허용성, ⑤ 건축허가요건을 정하는 행정계획으로 정의할 수 있다.[31] 도시를 계획·관리하는 수단으로서 도시계획은 건축단위와 건축허용성을 정하는 기

---

29) 한국감정평가협회/한국감정원, 『감정평가 실무기준 해설(I)』, 2014. 109면; 법무법인 강산, 앞의 책, 379면.

30) 동 지침 제5조 제2항. 참고로 감정평가협회의 자체 규범인 토지보상평가지침은 일반 국민이나 법원을 기속하는 효력은 없다(대법원 2007. 7. 12. 선고 2006두11507 판결).

31) 김종보, 앞의 책, 196면.

능을 불가결의 요소로 한다. 건축단위는 곧 개발단위로서 대상지역 거주 인구를 확정하고 그에 따른 기반시설 용량을 산정하여 설치하게 되므로 도시계획의 핵심 기능에 속한다. 건축허용성은 어떠한 곳에서 건축물이 건축될 것인지를 정하는 것이므로 역시 도시계획의 핵심기능에 속한다.[32]

앞에서 토지 보상에 결정적인 영향을 미치는 요소로 예를 든 ① 해당 토지가 개발될 수 있는 토지인지(건축이 허용되는 토지와 금지된 토지), ② 개발이 가능하다면 어느 정도의 규모와 주거/상업용 등 어떤 용도로 개발이 허용되는지(허용 건축물의 규모와 용도), ③ 보상의 대상이 되는 토지는 어떤 단위로 평가·보상하여야 하는지는 이상적인 도시계획이라면 스스로 완결적으로 규율하여야 하는 내용이다.

특히 ①은 건축허용성의 문제, ③은 건축단위와 관련된 문제이나, 현행 도시계획법은 이들의 결정기능을 완결적으로 수행하지 못하고 있는 한계가 있다. 예를 들면 우리나라에서 가장 흔히 사용되는 도시계획인 용도지역제 도시계획은 일정한 구역 50 필지를 상업지역이라는 용도지역으로 지정하고, 이것으로 만족한다. 그런데 상업지역으로 지정되어 있다는 것만으로 해당 지역 내 특정 토지소유자가 상업용 건물을 건축할 수 있다는 지위를 표시하고 있지 못하다. 실제로는 지목이 대(垈)인 경우에만 한하여 건축허가가 발급되고 있기 때문이다.

도시계획이라는 실정법상의 제도가 그 기능을 수행하지 못하면 다른 유사한 제도나 심지어 민사상의 제도가 도시계획의 기능을 떠맡게 된다. 실제 우리 법제에서는 건축허용성은 「공간정보의 구축 및 관리 등에 관한 법률」(구 지적법)상의 지목에 의존하거나 국토계획법상 토지형질변경을 통해 비로소 도시계획적 판단을 하는 방식으로, 건축단위는 도시계획적 고려를 하지 못한 채 원칙적으로 민사상 거래 단위인 필지에 의존하여 이를 거의 그대로 받아들이는 방식으로 규율된다.

이처럼 우리나라의 현행 도시계획이 불완전한 형태이기 때문에 토지보상에 있어서도 해당 토지상에 존재하고 있는 용도지역제 도시계획만을 확인하여서는 그 토지에 대한 공법상 규제로서 건축이 허용되는지 여부와 건축단위 등을 확정할 수 없고, 실제로 도시계획의 역할을 떠안고 있는 필지, 지목, 형질변경 여부 등을 종합적으로 참조할 수밖에 없게 된다.

---

32) 김종보, "도시계획의 핵심기능과 지적제도의 충돌", 「행정법연구」, 제16호, 2006. 10. 61면 참조.

Ⅲ. 건축허용성과 손실보상

1. 건축허용성이 부여되어 있었는가?

(1) 건축이 금지된 이 사건 토지

건축허용성이란 개별 필지 또는 일단의 토지를 하나의 토지단위로 상정할 때 그 지상에 건축물을 건축할 수 있는 공법적 지위로서 이를 승인하는 행정청의 공적인 견해표명에 의해 확정된다.[33] 통상 건축물의 건축에 대한 공법적 규제로는 「건축법」에 따른 건축허가[34]의 문제를 생각할 수 있지만, 건축허가를 위해서는 당해 토지에서 건축이 허용된다는 도시계획법적인 판단(건축허용성의 결정)이 선행해야 한다. 건축이 허용되어야 비로소 건축허가요건도 존재할 수 있다. 도시계획에 의해 건축물의 용적률, 건폐율, 허용되는 용도 등 건축허가요건이 정해지는 것은 당해 필지에서 건축이 허용된다는 전제에서만 의미를 갖는다.

개발제한구역에서는 건축물의 건축 및 용도변경, 공작물의 설치, 토지의 형질변경 등 개발행위가 금지된다(「개발제한구역의 지정 및 관리에 관한 특별조치법」 제12조 제1항, 이하 개발제한구역법). 개발제한구역의 지정은 대상지역의 건축허용성을 봉쇄하는 도시계획적 결정이다. 개발제한제 도시계획이 수립되어 있는 지역에서는 현재의 법률상태 그대로 건축허용성의 변화가 허용되지 않는다. 즉 건축허용성이 이미 부여되어 있는 토지(대지)에서는 개축·증축, 경우에 따라 신축이 허용되지만 그 밖의 필지에 대해서는 건축이 금지된다.[35] 이 사건 토지(지정당시 전)는 1973. 6. 27. 개발제한구역으로 지정된 이래 지정이 해제되지 않은 현재까지 도시계획법적으로 건축허용성이 부인되어 있는 상태이다. 이 사건 토지에 대한 개발제한구역 지정은 도시의 무질서한 확산을 방지하고 도시 주변의 자연환경을 보전하기 위한 계획목적[36]에 따라 이루어진 것이고, 공용주차장을 설치하기 위한 이 사건 공익사업시행을 위하여 지정된 것이 아니므로 이 사건 토지의 보상금 산정에 있어서도 건축이 금지된 도시계획의 상태를 그대로 반영하여 토지가치를 평가하는 것이 원칙이다(토지보상법 시행규칙 제23조 제1항 본문).

(2) 건축허용성을 부여하는 방식

그런데 원고는 이 사건 토지는 피고의 건물 신축으로 이미 개발이 허용된 바 있으므

33) 김종보, 앞의 책, 219면; 김종보, "건축허용성의 부여와 반영", 「서울대학교 법학」, 제53권 제3호, 2012. 8. 148면.
34) 건축법 제11조.
35) 대법원 2004. 7. 22. 선고 2003두706 판결; 김종보, 앞의 책, 220면, 221면.
36) 구 도시계획법(1976. 12. 31. 법률 제2988호로 개정되기 전의 것) 제21조.

로, 이 사건 토지 전체에 대하여 개발제한구역에서 해제되었음을 전제로 평가가 이루어져야 한다고 주장하고 있다. 이 사건 토지에 대하여 건축허용성을 부여하는 공적인 견해표명이 있었다고 보아야 한다는 의미이다.

행정주체가 건축허용성을 부여하는 모습은 도시관리계획의 결정이라는 형태일 수도 있고, 다른 형태를 띠는 경우도 있다. 원칙적으로 도시관리계획의 결정이라는 형태로 건축허용성의 부여 여부를 결정하는 것이 이상적이겠지만 현행 도시계획의 한계 때문에 그 밖의 형태로 건축허용성을 결정하는 계기도 상당히 많다. 도시계획결정 그 자체로 건축허용성을 부여하는 전형적인 예는 택지개발사업, 도시개발사업, 산업단지개발사업 등 행정주체의 의도에 따라 신도시를 새롭게 건설하는 경우이다. 이 경우 계획 주체는 구역 내 개별 토지단위를 획지하고 각각의 토지 별로 건축허용성을 부여할지 여부를 결정하는 도시계획적 권능을 행사하게 된다.[37] 그 밖에 일정한 기반시설을 설치하기 위한 도시계획시설결정과 일반적으로 건축을 금지하는 개발제한구역 지정은 구역 내 건축허용성을 명시적으로 부인(건축금지)하는 도시계획적 결정이다.

반면, 도시관리계획의 결정이 아닌 다른 방식으로 건축허용성을 부여하는 예로는 토지형질변경허가[38]를 들 수 있다. 비록 도시계획에 의해 결정된 것은 아니지만, 기성시가지 등에서는 각 필지의 지목이 토지의 건축허용성을 판단함에 있어 매우 중요한 기능을 한다. 법률상으로 건축허가의 발급과정에서 명시적으로 지목이 대지일 것을 요구하는 조항을 두고 있지는 않지만, 건축허가의 신청 단계에서 지목을 확인하도록 하고 있고,[39] 행정실무는 지목이 대지가 아닌 경우 의문 없이 건축허가를 거부해왔다.[40]

이처럼 사실상의 도시계획 기능이 지목에 의해 사실상 수행되고 있으므로 지목이 대지로 정해진 필지는 행정청에 의해 건축허용성이 승인된 법적 지위를 확보한 것으로 해석해야 한다.[41] 전, 답, 임야 등 지목이 대지가 아닌 토지소유자는 그 토지의 지목을 대로 바꾸는 형질변경허가를 신청하여 허가를 득하여야[42] 비로소 건축허가를 신청할 수 있다.

---

37) 김종보, 앞의 책, 225면.

38) 국토계획법 제56조 제1항 제2호.

39) 건축법 시행규칙 별지 제1호 서식. 국토계획법도 도시계획시설부지의 매수청구권을 인정함에 있어 그 지목이 대지인가를 중요한 기준으로 삼는다(제47조 제1항).

40) 일제 식민당국에 의한 지적 도입 과정에서 건축물이 있거나 들어설 수 있는 땅을 대지라고 지정하고 전, 답 등에 비하여 높은 세금을 부과하던 실무가 변형되어 대지가 아니면 그 위에 건축물을 세울 수 없다는 규범이 형성된 것으로 보인다(이종준, 「개발제한구역의 법적 성질에 관한 연구」, 서울대학교 대학원 법학석사논문, 2018. 46면).

41) 김종보, "토지형질변경허가의 법적 성질", 「행정판례연구」 제11집, 2006. 6. 383면~421면 참조. 지목의 건축단위 기능에 대하여 상세히는 김종보, 주 32)의 논문, 62면 이하 참조; 개발제한구역 제도의 위헌성을 지적한 헌법재판소 1998. 12. 24. 89헌바214등 결정도 지목이 대지인 토지의 손실보상 필요성을 지적하고 있다.

이처럼 용도지역제 도시계획이 수립된 지역에서 지목이 대지가 아닌 경우에는 형질변경 허가를 통해 비로소 개별 필지별로 건축허용성을 부여할지 여부에 관한 결정이 이루어지게 된다.

(3) 이 사건 토지에 대한 건축허용성 부여 여부

대상판결의 사안에서, 피고 행정청이 이 사건 토지를 임차한 후 개발제한구역 내 건축협의를 거쳐 이 사건 건물을 신축한 것을 건축허용성을 부여하는 공적 견해의 표명으로 해석할 수 있는지가 검토되어야 한다.

행정청이 건축협의[43]를 통하여 건축물을 건축한 것은 어떤 방식으로든 행정 주체 스스로 해당 토지에 대한 개발가능성을 시인한 것이라고 생각할 여지가 없지 않다.

그러나 개발제한구역제도의 계획적 특성을 고려하면 피고가 건축협의를 거쳐 이 사건 건물을 건축한 것을 이 사건 토지에 대한 건축허용성의 부여라고 해석하기 어렵다. 우선 주체의 측면에서, 구청장인 피고는 스스로 이 사건 토지를 개발제한구역에서 해제할 수 있는 계획법적 권한이 없다.[44] 개발제한제 도시계획은 관할 광역자치단체장·시장 또는 군수가 입안(立案)하는 것이 원칙이고(개발제한구역법 제4조 제1항),[45] 계획 결정권자는 국토교통부장관이다(동법 제8조 제1항).

개발제한구역에서는 건축물의 건축 및 용도변경, 공작물의 설치, 토지의 형질변경, 죽목(竹木)의 벌채, 토지의 분할, 물건을 쌓아놓는 행위 또는 도시계획시설사업의 시행이 일반적으로 금지된다(동법 제20조 제1항). 다만, 법이 열거하고 있는 일정한 건축물은 예외적으로 허가를 받아 건축할 수 있다.[46] 여기에서 개발행위 금지의 의미는 건축물의 건축에

---

42) 이때 행정청은 해당 필지에 대한 형질변경허가를 통하여 비로소 건축허용성을 부여할지 여부를 판단하는 계획재량을 행사하여야 하므로, 이는 일반적인 건축허가와 달리 재량행위이다(대법원 2001. 9. 28. 선고 2000두8684 판결; 대법원 2001. 1. 16. 선고 99두8886 판결; 대법원 2000. 7. 7. 선고 99두66 판결; 대법원 2005. 7. 14. 선고 2004두6181 판결 등).

43) 건축법 제29조. 국가나 지방자치단체가 공용건축물을 건축할 경우에는 건축허가를 받는 대신 허가권자와 건축협의를 거치도록 하고 있다.

44) 피고는 용도지역제 도시계획 등 일반적인 도시계획에 관한 입안권도 가지고 있지 않다(국토계획법 제24조). 대도시인 광역시는 광역자치단체이지만 통일적 공간을 구성하므로 공간형성에 관한 주도권을 광역자치단체장에게 부여하고, 기초자치단체장 중 구청장에게는 계획 입안권을 부여하지 않고 있다. 김종보, 앞의 책, 269면.

45) 다만, 국토계획법상 국가계획이나 광역도시계획에 관련된 경우 예외적으로 국토교통부장관이나 도지사가 입안할 수 있다.

46) 공원, 녹지, 실외체육시설 등 개발제한구역의 보전관리에 도움이 될 수 있는 시설, 개발제한구역이 아닌 지역에 입지가 곤란한 지역공공시설, 주민들의 생활편익시설 등이다(개발제한구역법 제12조 제1항, 동법 시행령 제13조). 개발제한구역의 특권적 건축물에 대하여 상세히는 이종준, 앞의 논문, 51면 이하 참조.

따른 위험을 방지하기 위하여 본래 국민의 자유에 속하는 건축물의 건축을 일반적으로 금지하고 위험방지요건을 갖춘 경우에 한하여 예외적으로 금지를 해제한다는 뜻의 건축허가에서와 같은 금지가 아니다. 개발제한구역의 지정은 도시구역의 무분별한 확산 방지라는 도시계획적 판단에 따라 건축의 허가요건을 따지기 전에 구역 내 토지의 건축허용성을 봉쇄하는 계획 결정이고, 이에 따라서 새로운 건축 및 건축허용성을 부여하는 형질변경[47]이 전면적으로 금지되는 것이다. 예외적으로 구역 지정 목적을 침해하지 않는 특권적 건축물의 건축이 개별적 허가를 받아 가능할 뿐이다. 물론 그 허가는 일반적 건축허가와 달리 재량행위이다.[48]

따라서 법이 정하고 있는 특권적 건축물은 개발제한구역을 해제하지 않고 구역 내 건축금지를 유지하고 있는 상태 그대로 예외적 허가(행정청이 설치하는 경우에는 건축협의)를 통하여 설치할 수 있고, 청소년수련원에 부대한 공공화장실과 휴게소로 지어진 이 사건 건물은 바로 그 예외에 해당한다.[49] 또한 토지 임대차계약을 통한 이 사건 건축물의 건축은 영구적인 건축물을 예정한 것이 아니라, 임차기간 만료 후 철거를 예정한 기한부건축물에 가까운 것으로 보인다. 그러므로 피고가 이 사건 토지상에 이 사건 건물을 건축하였다고 하여 이 사건 토지상의 일반적인 건축금지가 해제되었다거나 건축허용성이 부여되었다고 볼 수는 없다.[50]

---

47) 다만, 개발제한구역 지정 당시 지목이 대(垈)인 토지가 개발제한구역 지정 이후 지목이 변경된 경우로서 대통령령으로 정하는 건축물의 건축과 이에 따르는 토지의 형질변경이 허용되는데, 이는 구역 지정 당시 본래 건축허용성을 표상하고 있던 토지라는 점을 고려한 것이다.

48) 대법원 2003. 3. 28. 선고 2002두11905 판결; 대법원 1998. 9. 8. 선고 98두8759 판결.

49) 개발제한구역법 제12조 제1항 제1호 가목, 동법 시행령 제13조 제1항 및 별표 1. 제1항 자목(청소년수련 시설). 1심 판결에서는 이 부분에 대한 판단이유를 "피고가 이 사건 토지에서 개발행위를 할 수 있도록 허가받아 화장실 및 휴게소 등을 건축하였다고 하더라도 이는 피고가 지방자치단체로서 개발제한구역법에 따른 절차에 따라 적법하게 개발행위허가를 받은 것에 불과하고, 위와 같은 사정이 인정된다고 하여 원고가 개발제한구역법에 따라 이 사건 토지에서 개발행위허가에 필요한 법령상의 요건을 모두 구비하였다거나 이 사건 토지의 개발제한구역 지정이 해제되었다고 볼 수 없다."라고 설시하고 있다.

50) 이 사건 토지 중 일부인 이 사건 대지(이 사건 건물의 부지)는 이 사건 건물이 철거된 이후에 지목이 대지로 변경되었는데, 판결 이유에 나타나 있지 않아 명확하지 않지만 이미 건축물이 존재한 대지의 형상이라는 점에서 성질변경허가로서 형질변경허가를 누락하고 지목변경절차만을 거쳤거나, 또는 개발제한구역에서 예외적으로 허용되는 형질변경허가 절차를 거친 것으로 추측된다. 그러나 만약 형질변경을 거쳤다고 하더라도 이 경우는 앞서 언급한 일반적인 용도지역제 아래에서 대지로의 형질변경보다는 현저히 축소된 의미를 갖는다. 개발제한구역 지정을 해제하지 않는 한 여전히 일반적인 건축이 금지되고, 특권적 건축물의 범위 내에서만 예외적인 허가를 받을 가능성이 있는 정도이기 때문이다. 때문에 이 경우는 일반적으로 건축금지를 해제하고 건축허용성을 부여한 것이 아니라, 극도로 좁은 범위에서 예외적으로 건축허가를 받을 수 있는 가능성을 회복시킨 정도의 의미밖에 없다고 해석하여야 한다.

2. 건축허용성을 부여하지 않은 것이 재량권의 명백한
일탈·남용인가?

(1) 판례 법리에 의한 보상범위의 확장

토지보상법 시행규칙 제23조 제2항은 공익사업의 시행을 직접 목적으로 하여 용도지역 또는 용도지구 등이 변경된 토지에 대하여는 변경되기 전의 용도지역 또는 용도지구 등을 기준으로 평가한다고 규정하고 있다. 대법원 판례는 여기에서 더 나아가서 어느 수용 대상 토지에 관하여 특정 시점에서 용도지역·지구·구역을 지정 또는 변경하지 않은 것이 특정 공익사업의 시행을 위한 것일 경우 이는 해당 공익사업의 시행을 직접 목적으로 하는 제한이라고 보아 용도지역 등의 지정 또는 변경이 이루어진 상태를 상정하여 토지가격을 평가하여야 한다고 판시하여[51] 보상범위를 확대하고 있다. 해당 공익사업의 시행을 위해 마땅히 있어야 할 용도지역 지정을 해주고 있지 않은 경우에는 적극적으로 용도지역의 변경이 이루어진 가정의 상태를 상정하여 적정 범위에서 보상을 받을 수 있도록 하여야 한다는 것이다. 판례에 따르면 특정 공익사업의 시행을 위하여 용도지역 등을 지정 또는 변경하지 않았다고 볼 수 있으려면, 토지가 특정 공익사업에 제공된다는 사정을 배제할 경우 용도지역 등을 지정 또는 변경하지 않은 행위가 계획재량권의 일탈·남용에 해당함이 객관적으로 명백하여야만 한다.

(2) 대법원 2012두7950 판결에 대한 검토

위 법리를 선언한 대법원 2015. 8. 27. 선고 2012두7950 판결의 사안은 전형적인 도시계획시설계획의 장기미집행 사례에 해당한다. 이 사건에서 피고인 서울시 강남구는 도시계획시설인 근린공원을 설치하기 위하여 2002. 9. 사업인정을 고시하고 2009.경 서울 강남구 도곡동에 소재한 원고의 토지를 수용하였다. 문제는 원고의 토지가 도시계획시설의 부지로 결정된 것은 이미 1977년경이라는 점이다. 도시계획시설결정이 있으면 그 때부터 그 부지상의 건축이 금지된다.[52] 원고는 해당 토지를 1971년경 매입하였는데 당시에는 일반주거지역으로 지정된 토지였고, 지목은 임야이다. 1980년대 들어 근처의 농지가 대지로 변경되기 시작하였고 주변 토지는 본격적으로 개발되어 상업용 부지 또는 대규모 아파트 부지(제3종 일반주거지역)가 되었다. 반면 해당 토지는 2003. 10. 서울특별시의 일반주거지역 종세분화 조치에 따라 제1종 일반주거지역으로 지정되었다.

---

51) 대법원 2015. 8. 27. 선고 2012두7950 판결.

52) 국토계획법 제64조. 도시계획시설결정이 있으면 예정된 기반시설의 설치에 저촉되는 모든 건축물의 출현을 막기 위하여 건축허용성이 부정되는 효과가 발생한다.

　　이 사건에서 당해 공익사업을 위한 개별적 계획제한인 도시계획시설결정은 고려하지
않으므로(토지보상법 시행규칙 제23조 제2항), 수용 대상토지에 도시계획시설 설치를 위한 건
축금지는 없는 것으로 간주하여 보상하게 된다. 다만 지목이 임야이므로, 건축허용성이 부
여되기 위해서는 따로 형질변경허가가 필요하다. 원고는 이 사건 토지는 (형질변경을 전제한
다면) 인근 토지와 마찬가지로 상업용 건물을 지을 수 있고 고밀도 개발이 가능한 제3종
일반주거지역으로 지정하여야 함에도, 저밀도 주택만 건축할 수 있는 제1종 일반주거지역
으로 지정한 것은 공원설치라는 당해 공익사업을 목적으로 가한 일반적 계획제한에 해당
한다고 주장하였다. 원심 법원은 수용 대상 토지 중 일부는 제3종 일반주거지역으로 지정
될 고도의 개연성이 있다는 이유로 원고의 주장을 받아들여 제3종 일반주거지역으로 지정
된 상태를 상정하여 토지 가치를 평가하였다.[53] 반면, 대법원은 특정 공익사업의 시행을
위하여 용도지역 등을 지정 또는 변경하지 않았다고 볼 수 있으려면, 토지가 특정 공익사업
에 제공된다는 사정을 배제할 경우 용도지역 등을 지정 또는 변경하지 않은 행위가 계획재
량권의 일탈·남용에 해당함이 객관적으로 명백하여야만 한다고 판시하면서, 원심이 계획
재량권 행사의 요소들을 충분히 심리하지 않았다는 이유로 피고 패소부분을 파기하였다.

　　위 판결에 대해서는 당연히 변경하였을 용도지역을 특정 공익사업의 시행을 위하여
변경하지 않은 경우에도 재산권의 보장이라는 측면에서 보호의 필요성이 있다고 지적하면
서 그 결론에 찬성하면서도, 다만 논리구성에서 이는 정당한 보상금을 산정하기 위한 것일
뿐 실제로 용도지역을 지정하거나 변경하는 것이 아니므로, 계획재량권의 통제법리인 형
량명령(Abwägungsgebot)이론을[54] 적용하는 것은 타당하지 않다는 평석이 있다.[55]
　　그런데 구속적 행정계획으로서 도시관리계획은 처분성이 인정되므로,[56] 보상액을 산
정하는 단계에 있어서도 원칙적으로 현재 존재하고 있는 도시계획의 효력이 부정될 수는
없고, 그 계획의 효력을 부정하기 위해서는 권한 있는 기관에 의하여 취소되거나 무효사유
에 이르러야 한다. 실제로 토지보상이 문제되는 것은 쟁송취소가 가능한 기간(도시관리계획
고시일로부터 90일)을 도과한 경우일 것이므로 이런 관점에서 처분의 무효사유에 준하여 계
획재량권의 일탈·남용에 해당함이 객관적으로 명백하여야만 한다고 본 판례의 입장은 이
해될 수 있다고 생각된다. 또한 현재 존재하고 있는 것과 다른 내용의 도시계획을 쉽게 가

53) 서울고등법원 2012. 2. 14. 선고 2010누22643 판결.
54) 계획재량에 대한 통제로서 형량명령이론에 대하여 상세히는 강현호, "계획적 형성의 자유의 통제수단으
　　로서 형량명령", 「토지공법연구」, 제66호, 2014. 203면 이하 참조.
55) 박균성, "공법상 제한을 받는 토지에 대한 손실보상", 「행정판례연구」, 제21권 1호, 2016. 110면.
56) 대법원 1982. 3. 9. 선고 80누105 판결; 대법원 1992. 8. 14. 선고 91누11582 판결; 대법원 1994. 5. 24. 선고
　　93누24230 판결; 대법원 1995. 12. 8. 선고 93누9927 판결; 대법원 2005. 3. 10. 선고 2002두5474 판결; 대
　　법원 1995. 12. 22. 선고 95누3831 판결 등.

정하여 그에 따라 보상금을 산정할 경우 법원에 의하여 행정의 계획고권이 침해될 수 있으므로, 원심과 달리 계획재량권의 행사요소를 면밀하고 구체적으로 따져 명백한 위법이 있는지 여부를 판단해 보아야 한다고 한 판시내용도 타당하다고 생각한다.

(3) 대상판결 사안에 대한 검토

원고는 대법원 2012두7950 판결의 법리를 인용하면서 이 사건 토지에 대하여 개발제한구역의 지정을 해제하지 않은 것은 이 사건 공익사업의 시행을 위한 것이므로 (즉, 이 사건 토지가 이 사건 공익사업에 제공된다는 사정을 배제할 경우 개발제한구역을 해제하지 않은 행위는 계획재량권의 일탈·남용에 해당함이 객관적으로 명백한 경우이므로), 개발제한구역의 해제가 이루어진 상태로 토지가격이 평가되어야 한다고 주장하고 있다.

이에 대하여 원심법원은 ① 이 사건 토지는 1973. 6. 27. 개발제한구역으로 지정된 이래 현재까지 그 지정이 유지되고 있는 점, ② 이 사건 공익사업은 수통골 주차장 조성공사로, 개발제한구역 내 주차장은 개발제한구역법 제12조, 동법 시행령 제13조 제1항, 별표 1, 제3항 라목에 따라[57) 행정청의 허가를 얻어서 설치하는 것이 가능하고 개발제한구역의 지정을 별도로 해제할 필요는 없는 점을 근거로 원고의 주장을 배척하였고, 대법원은 원심의 판단을 적법한 것으로 수긍하였다.

우선, 피고는 이 사건 토지를 개발제한구역에서 해제하지 않고도 해당 공익사업(주차장 설치)을 시행할 수 있으므로 공익사업을 시행하기 위하여 이 사건 개발제한구역을 해제하지 않은 것으로 평가하기는 어렵다. 이 사건 토지가 공익사업에 제공된다는 사정을 배제하더라도 개발제한구역에 포함된 지역인 이 사건 토지에 특별히 계획고권을 행사하여 건축허용성을 부여하여야 할 이유가 발견되지도 않는다. 따라서 이 사건 토지를 개발제한구역에서 해제하지 않은 것은 이 사건 공익사업의 시행을 직접 목적으로 하는 제한에 해당하지 않는다고 본 대상판결의 결론은 타당하다.

대상판결은 현재 존재하는 일반적 계획제한을 부정하고 규범적으로 마땅히 존재하여야 하는 일반적 계획에 따른 제한상태를 상정하여 그에 따른 보상을 해 줄 수 있다는 법적 가능성을 확인하였을 뿐 결론적으로 사업시행자에게 그와 같은 보상을 해 줄 것을 명하지는 않았다. 이는 법원 역시 개발제한구역제도의 위헌성은 공익사업을 시행하는 계기에 수용대상 토지에 대한 금전보상액을 늘리는 방식으로 쉽게 해결할 수 있는 문제가 아님을 인식한 결과로 생각된다.[58)

---

57) 개발제한구역 내 주차수요가 있는 경우로서 국가 또는 지방자치단체가 설치하거나 도시계획시설로 설치하는 경우이다.

Ⅳ. 건축단위와 손실보상

1. 개별평가의 원칙과 예외로서 일괄평가

수용대상 토지의 보상의 단위는 원칙적으로 토지의 거래상 단위인 필지를 기준으로 한다. 「감정평가에 관한 규칙」(국토교통부령) 제7조는 "감정평가는 대상물건마다 개별로 하여야 한다. 둘 이상의 대상물건이 일체로 거래되거나 대상물건 상호 간에 용도상 불가분의 관계가 있는 경우에는 일괄하여 감정평가할 수 있다."라고 하고 있다. 이는 보상평가의 일반원칙으로서 개별평가를, 원칙에 대한 예외로서 일괄평가를 규정한 것이다.

「감정평가실무기준」(국토교통부고시)은 수 개의 토지에 대한 일괄평가의 요건을 구체화하여 "2필지 이상의 토지가 일단으로 이용중이고 그 이용상황이 사회적·경제적·행정적 측면에서 합리적이고 대상토지의 가치형성 측면에서 타당하다고 인정되는 등 용도상 불가분의 관계에 있는 경우"에는 일괄평가를 할 수 있다고 한다.[59]

대상판결도 마찬가지로 수 개의 토지의 일괄평가 요건에 관하여 "용도상 불가분의 관계에 있다는 것은 일단의 토지로 이용되고 있는 상황이 사회적·경제적·행정적 측면에서 합리적이고 그 토지의 가치 형성적 측면에서도 타당하다고 인정되는 관계에 있는 경우를 뜻한다"라고 판시하고 있다.

2. 필지와 별개의 건축단위가 설정된 경우

(1) 건축단위

건축단위는 공법적 의미에서 건축허가의 기준이 되는 토지의 단위이다. 건축단위는 시가지에 수용될 인구를 결정하고 기반시설의 수요를 계산하는 기준이 되므로 그 설정은 본래 도시계획이 수행하여야 할 핵심적 기능이다. 도시계획이 그 기능을 감당하지 못하면 건축허가를 담당하는 건축법이 스스로 건축단위를 만들어 내거나 기존의 토지단위들 중 가장 적합한 토지단위에 의존하는 방식을 취하게 된다.[60]

(2) 건축법상 대지

현행 용도지역제 도시계획은 선제적으로 건축단위를 설정하지 못하고 있으므로, 건축

---

58) 사견으로는 개발제한구역으로 지정된 토지에 대하여는 금전보상은 적절하지 않고, 건축가능성을 확대하는 방안이 바람직하다고 생각된다.

59) 610. 1. 7. 6. 일단으로 이용중인 토지

60) 김종보, 주 32)의 논문, 67면.

법이 건축허가의 계기를 통하여 만들어내고 있는 건축단위가 대지이다(건축법 제2조 제1항 제1호). 비록 표기는 지목으로서 대지와 같지만 여기에서의 대지는 건축허가요건을 판단하고 건축허가가 발급되는 토지의 단위를 뜻한다.

현행 건축법은 건축허가의 기준단위를 「공간정보의 구축 및 관리 등에 관한 법률」(구 지적법)에 원칙적으로 의존하면서 보충적으로 건축법이 스스로 건축단위를 설정할 수 있도록 하고 있다. 건축법은 대지를 "「공간정보의 구축 및 관리 등에 관한 법률」에 따라 각 필지(筆地)로 나눈 토지를 말한다"라고 정의함으로써(건축법 제2조 제1항 제1호 본문), 과세의 표준이 되는 필지를 원칙적 건축단위로 삼고 있다. 건축허가를 담당하는 건축법이 지적법상의 필지를 원칙적인 건축단위로 의제함으로써 필지는 단순히 과세나 민사상 거래의 기본단위가 되는 기능을 넘어 일정한 공법적 기능까지 담당하게 된다.[61]

건축법은 보충적으로 "대통령령이 정하는 토지에 대하여는 2 이상의 필지를 하나의 대지로 하거나 1 이상의 필지의 일부를 하나의 대지로 할 수 있다"고 규정한다(같은 호 단서). 이에 따라 건축허가권자가 필지와 별개로 건축단위를 정할 수 있는 "대통령령이 정하는 토지"란 도시계획시설이 설치되는 경우, 주택법상 아파트가 건설되는 경우 등 국토계획법이나 주택법 등 공법에 의해 건축단위가 설정될 필요가 있거나, 2필지 이상의 토지에 건축물이 건축되는 경우이다(건축법 시행령 제3조 제1항). 법은 2개 이상의 필지 또는 필지의 일부를 대지로 인정할 수 있다는 포괄조항을 둠으로써, 건축허가권자의 판단에 따라 필지를 초월한 하나의 건축단위를 정할 수 있도록 하고 있다. 이 규정을 통해 건축허가권자가 독자적으로 건축단위를 지정하면 민사상 거래단위인 필지와 건축법상의 건축단위가 불일치하는 현상을 보이게 된다.[62]

(3) 대상판결 사안에 대한 검토

감정평가 법령에 따르면 수용 토지를 필지 단위로 평가하지 않고 이를 초월하여 평가할 수 있는 경우는 "2필지 이상의 토지가 일체로 거래되거나 그 토지 상호 간에 용도상 불가분의 관계가 있는 경우"이고, 판례상 그 구체적인 의미는 "일단의 토지로 이용되고 있는 상황이 사회적·경제적·행정적 측면에서 합리적이고 그 토지의 가치 형성적 측면에서도 타당하다고 인정되는 관계"이다. 이는 순수한 사실의 영역인 것처럼 보인다.

대상판결의 사안을 살펴보면, 법원이 일괄평가의 대상인지 여부를 판별함에 있어서 건축법에 의하여 설정된 건축단위를 중요하게 다루고 있는 모습을 발견할 수 있다. 1심 판결은 이 사건 대지와 이 사건 주차장은 2개의 토지이지만 용도상 불가분의 관계에 있어

---

61) 김종보, 주 32)의 논문, 68면.
62) *ibid.*

일괄 평가되어야 한다는 원고의 주장을 받아들이면서 그 판단의 중요한 논거로 피고가 이 사건 건물을 신축할 당시에 이 사건 토지가 전체로서 건축허가를 위한 접도요건을 충족하였던 것으로 보인다는 점을 들고 있다. 건축단위로서 건축법상의 대지가 이 사건 토지 전체였다는 점에 주목하여 2개의 필지임에도 불구하고 일체이거나 용도상 불가분이라고 보아야 한다는 것이다.

건축법 제57조는 건축물이 있는 대지는 접도요건,[63] 건폐율,[64] 용적률,[65] 대지안의 공지,[66] 건축물의 높이 제한[67] 등에 따른 기준에 못 미치게 분할하지 못하도록 제한하고 있다. 가령 건축허가권자가 A, B 필지를 합하여 하나의 건축단위(대지)로 지정하고 그 건축단위를 기준으로 해당 용도지역에서 허용되는 한도인 건폐율 50%의 건축물을 짓는 건축허가를 발급한 경우, 토지소유자가 A 필지상에 건축물을 건축한 후에 다시 B 토지를 따로 떼어내어 B 필지상에 추가로 건폐율 50%의 건축물을 건축하는 것이 허용될 수는 없다. 이렇게 건축법상 대지를 임의로 분할하여 개발하지 못하는 것은 건축단위를 지정한 행정주체의 결정에 따르는 당연한 효력이라고 할 수 있다.

문제는 건축물이 멸실되면 발급된 건축허가의 효력도 상실되고,[68] 건축허가를 전제로 하는 건축단위의 지정도 효력을 상실한다고 보아야 하는 점이다. 대법원은 피고가 2012. 3. 경 이 사건 건물을 철거함으로써 이 사건 대지는 주차장 부속시설인 이 사건 건물 부지로서의 역할을 상실하였다는 점을 주된 근거로 하여 1심과 원심의 판단을 파기하였다. 건축물이 멸실되면 건축허가에 수반하여 지정된 건축단위도 더 이상 효력을 존속할 근거가 없으므로, 대법원이 판시한 결론은 정당하다.

그런데 결론에 이르는 논리에 있어 1심, 원심을 비롯해 대법원도 이 사건 건물이 존속하더라도 이 사건 대지와 이 사건 주차장은 보상단위에 있어 2개의 토지에 해당한다고 보는 전제 하에 토지의 이용현황 등 그 밖의 요소를 종합적으로 고려하여 일괄평가의 대상이 되는지 여부를 판단하고 있다. 그러나 건축물이 존속하여 건축허가의 효력이 유지되는 한 이 사건 토지를 2개의 토지로 보고 일괄평가의 대상이 되는지 여부를 판단하는 것은 타당하지 않다고 생각한다.

---

63) 건축법 제44조.
64) 동법 제55조.
65) 동법 제56조.
66) 동법 제58조.
67) 동법 제60조.
68) 동일한 대지에서 철거 또는 멸실된 건축물과 동일한 건축물을 새로 지을 경우에도 다시 새로운 건축(신축 또는 개축)허가를 받아야 하기 때문이다(건축법 시행령 제2조 제1항).

건축물의 부지는 건축물이 존속하는 한 다른 방법으로 이용할 수 없고, 임의로 분할하여 새로운 건축을 할 수 있는 것도 아니다. 건축단위의 지정에 따른 분할 제한은 토지상에 존재하는 공법상의 제한이고, 이는 판례 법리에 따르면 구체적인 공익사업 시행을 위한 개별적 계획제한이 아니라 토지 재산권의 내용을 형성하는 일반적 계획제한에 해당하므로, 해당 토지를 평가할 때에는 그 제한을 받는 상태대로 평가하여야 한다(토지보상법 시행규칙 제23조 제1항 본문). 따라서 수 개의 필지 상에 공법상 하나의 건축단위(건축법상 대지)를 설정한 경우에는 건축물이 존속하고 있는 한, 개별평가원칙의 예외에 해당하는지 여부를 판단하기 위하여 다른 부수적인 사정들을 심리할 필요 없이 하나의 토지로 평가하는 것이 옳다고 생각된다.

V. 도시계획을 반영하는 근거법조

1. 현실적 이용상황 또는 공법상 제한

「토지보상법」 제70조 제1항에서는 토지보상의 일반원칙을 규정하면서, '관계 법령에 따른 토지의 이용계획'을 하나의 고려 요소로 들고 있다. 같은 조 제2항에서는 현실적 이용상황을 기준으로 하는 현황평가주의를 규정하고 있고, 제6항은 구체적인 보상액 산정 및 평가방법은 국토교통부령으로 정하도록 위임하고 있다.

현행 보상법령 체계는 사실영역인 현실적 이용상황은 직접 법률(법 제70조 제2항)에서 규정하면서도, 규범인 도시계획을 반영하는 방식은 부령인 법 시행규칙(제23조)에 이르러서야 비로소 공법상 제한을 받는 토지라는 표제 하에 규정하고 있다. 이러한 규범 체계 하에서 보상 실무는 토지의 이용현황에 공법상 제한이 포함된다고 보아 도시계획과 현실적 이용상황의 요소를 혼용하고 있다. 그러나 실무의 이러한 입장에는 동의하기 어렵다. 도시계획 또는 공법상 제한은 토지상에 존재하고 있는 규범 자체이고, 현재의 토지이용상황은 사실인정의 문제이다.[69] 양자는 개념상 구별되는 것이므로 공법상 제한을 현실적 이용상황의 구체적인 한 예로 보는 것은 타당하지 않다.[70] 용도지역에 따른 건축허가요건(용도 및 형태 제한)뿐 아니라 지금까지 살펴본 바와 같이 실질적으로 도시계획의 기능을 하는 건

---

69) 토지의 현실적인 이용상황은 객관적 자료에 의하여 판단할 것이지, 법령의 규정에 의하여 의제되어서는 안 된다고 판시한 대법원 판결(대법원 1998. 9. 18. 선고 97누13375 판결)은 사실인정 문제로서 현실적 이용상황의 본질을 잘 지적하고 있다고 생각한다.

70) 박균성, 앞의 논문, 105면도 같은 취지; 다만, 이 견해에서는 현실적 이용상황을 공법상 제한의 한계 내에서 현실적으로 이용되는 상황을 말하는 것으로 이해하는 태도 자체는 긍정하고 있다.

축허용성, 건축단위는 모두 규범의 영역으로 순화하여 판단되어야 한다. 현실적 이용상황은 실제로 그 토지를 어떻게 활용하고 있느냐의 문제로서, 대전제로서의 공법상 규제가 확정된 후에야 비로소 그 공법상 제한에 저촉되는 이용상황인지 여부를 판단할 수 있다. 토지상에 존재하는 규범 자체의 상태를 정확하게 확정하지 않고 현실적 이용상황과 혼화하여 보상 가치를 산정하는 경우 수용을 당하는 토지소유자의 입장에서 보상평가의 근거를 더욱 이해하기 어렵고, 자의적인 보상 판단을 효과적으로 배제하기도 어렵다.

현행법의 해석론으로서는 도시계획을 수용토지에 대한 보상에 반영하는 법률상 근거는 현황평가주의를 규정한 「토지보상법」 제70조 제2항이 아니라, 토지보상의 일반원칙을 규정한 동법 제70조 제1항과 구체적 평가방법을 하위 법규에 위임한 같은 조 제6항으로 보아야 한다고 생각한다. 앞서 소개한 대법원 2015. 8. 27. 선고 2012두7950 판결도 공법상 제한을 받는 토지에 관한 보상을 규정한 토지보상법 시행규칙 제23조의 법률상 근거 규정을 토지보상법 제70조 제2항이 아니라 같은 조 제6항에서 찾고 있다.[71]

덧붙여 입법론을 간략히 지적하고자 한다. 현행 토지보상법이 현실적 이용상황을 보상에 반영하는 방식에 관하여는 직접 법률에서 규정하면서, 공법상 규제를 보상에 반영하는 방식은 시행규칙에서 규정하고 있는 것은 타당하지 않다.[72] 공법상 규제를 보상에 어떻게 반영할 것인가는 현황평가주의의 구체적인 내용도 아닐 뿐더러, 국민의 권리·의무에 관한 중요한 내용이므로 시행규칙이 아니라 별도의 법률조항으로 상향하여 보다 섬세한 내용으로 입법하여야 한다.

2. 사실문제 또는 법률문제

토지보상에 있어서 고려되어야 하는 도시계획은 사실인정의 문제가 아닌 법률문제이다. 대상판결의 사실심인 1심과 원심에서는 피고가 2012. 3. 경 이 사건 건물을 철거함으로써 이 사건 대지는 이 사건 건물 부지로서의 역할을 상실하였다는 사실이 언급되지 않았으나, 대법원은 이 사실을 처음으로 판시하면서, 원심의 판단이 일괄평가에 관한 법리를 오해하였다는 이유로 파기하였다. 피상적으로 접근하면 이는 법률심인 대법원이 관여할 수 있는 범위를 넘은 것이 아닌가라는 의문이 있을 수 있다.

---

71) 박균성, 앞의 논문, 104면에서도 이 판결이 토지보상법 시행규칙 제23조 제1항의 수권법률을 토지보상법 제70조 제6항으로 보고 토지의 이용상황을 규율하는 토지보상법 제70조 제2항으로 보지 않은 점은 주목할 점이라고 지적하고 있다.
72) 박균성, 앞의 논문, 98면도 같은 취지이다.

　　그러나 건축단위 역시 공법에 따른 도시계획의 기능으로서 규범의 문제이고, 건축단위 지정의 효력이 상실되었는가의 문제는 토지이용상황의 일체성이라는 단순한 사실인정의 문제가 아니라 법률문제를 포함하고 있는 것이다. 도시관리계획의 형태로 존재하고 있는 용도지역제 도시계획 뿐 아니라, 실질적으로 도시계획의 기능을 하는 건축허용성, 건축단위의 효력은 토지상에 존재하는 공법상 제한의 문제로서 모두 법률문제로 보아야 할 것이라고 생각한다.

VI. 결론

　　건축허용성과 건축단위는 도시계획의 핵심 기능으로서 토지의 수익력과 현존가치평가에 가장 중요한 영향을 미치는 요소에 속한다. 정당보상의 원리를 구현하기 위하여서는 이들 요소가 수용되는 토지의 보상평가에 정확하게 반영되어야 한다. 현행 토지보상법은 토지의 현황 또는 사실적 이용 상태를 보상에 반영하는 방식에는 세심한 관심을 기울이고 있는 반면, 수용 토지상의 공법상 제한 또는 도시계획을 보상에 반영하는 방식은 사실상 하위 규범에 전적으로 맡겨 두고 있다. 실무에서는 공법상 제한과 현실적 이용상태를 구별하지 않고 혼용하고 있다. 보상 실무의 혼선은 현행 도시계획의 불완전성으로부터 많은 부분 기인하고 있다.

　　대상판결에는 공익사업의 시행을 위하여 토지를 수용하는 경우 그 토지 보상 평가에 있어 ① 건축허용성과 ② 건축단위를 고려하는 방식에 관한 중요한 판단이 포함되어 있다. 이 판결에서 법원은 계획법적 개념을 명시적으로 언급하고 있지 않지만, 실제 판단에 있어서는 공법상 제한 또는 현실적 이용상황을 평가하는 과정에서 중요한 비중을 두고 다루고 있다.

　　이 사건 토지상에 피고가 공공용시설로 사용하기 위하여 건축하였던 건물은 법이 정하고 있는 특권적 건축물로서, 개발제한구역을 해제하지 않고 구역 내 건축금지를 유지하고 있는 상태에서 설치할 수 있다. 그러므로 피고가 이 사건 토지상에 이 사건 건물을 건축하였다고 하여 건축허용성을 부여하는 행정청의 공적인 견해 표명이 있었다고 볼 수는 없다. 또한, 피고는 이 사건 토지에 대하여 일반적인 건축허용성을 회복시키는 계획 결정을 하지 않고도 주차장 설치를 위한 공익사업을 시행할 수 있으므로, 이 사건 공익사업을 시행하기 위한 목적으로 개발제한구역을 해제하지 않은 것으로 평가하기도 어렵다. 따라서 이 사건의 첫 번째 쟁점과 두 번째 쟁점에 대한 대상판결의 결론은 모두 정당하다.

　　건축단위와 관련한 쟁점에 있어서도 법원이 일괄평가의 대상인지 여부를 판별함에 있어서 건축법에 의하여 설정된 건축단위(대지)를 중요하게 고려하고 있는 모습을 발견할 수 있었다. 1심과 원심 판결은 이 사건 토지가 2필지이기는 하지만 전체로서 건축법상의 대지에 해당한다는 점을 주된 논거로 용도상 불가분이라고 보아 일괄평가의 대상이 된다고 판단하였다. 대법원은 건축법상 대지 지정을 중요한 요소로 고려하면서도 해당 건축물이 존속하고 있지 않다는 점에 주목하여 원심의 판단을 파기하였다. 건축물이 멸실되면 건축허가를 전제로 하는 건축단위의 지정도 효력을 상실한다고 보아야 하므로 대법원의 결론이 설득력을 갖는다. 다만, 건축법상 필지를 초월하여 지정된 건축단위를 임의로 분할하여 개발하지 못하는 것은 공법상 제한에 해당하므로, 건축물이 존속하고 있는 한 일괄평가의 대상이 되는지 여부를 심리하기 위하여 다른 사실적 요소를 고려할 필요 없이 1개의 토지로 평가하여야 한다고 생각된다.

대상판결은 도시계획의 기능을 현실적 이용상황과 혼재된 형태로 고려하고 있기는 하지만, 실제 판단에 있어서는 도시계획의 규범적 요소에 중요한 비중을 두고 있는 것으로 보여진다. 또한 대상판결은 건축단위의 효력을 평가함에 있어서 토지이용상황의 양태라는 단순한 사실인정의 문제가 아니라 법률문제를 포함하고 있다는 점을 시사하고 있는 점에서도 의미를 갖는다고 본다. 향후 판례 법리는 보상법의 영역에 있어서도 용도지역에 따른 건축허가요건 뿐 아니라 실질적으로 도시계획의 기능을 담당하는 각종 공법상 제한을 사실문제와 구별하여 보다 체계적으로 반영하는 방향으로 전개될 것으로 기대한다.

참고법령

공익사업을 위한 토지 등의 취득 및 보상에 관한 법률

제70조(취득하는 토지의 보상)

① 협의나 재결에 의하여 취득하는 토지에 대하여는 「부동산 가격공시에 관한 법률」에 따른 공시지가를 기준으로 하여 보상하되, 그 공시기준일부터 가격시점까지의 관계 법령에 따른 그 토지의 이용계획, 해당 공익사업으로 인한 지가의 영향을 받지 아니하는 지역의 대통령령으로 정하는 지가변동률, 생산자물가상승률(「한국은행법」 제86조에 따라 한국은행이 조사·발표하는 생산자물가지수에 따라 산정된 비율을 말한다)과 그 밖에 그 토지의 위치·형상·환경·이용상황 등을 고려하여 평가한 적정가격으로 보상하여야 한다.

② 토지에 대한 보상액은 가격시점에서의 현실적인 이용상황과 일반적인 이용방법에 의한 객관적 상황을 고려하여 산정하되, 일시적인 이용상황과 토지소유자나 관계인이 갖는 주관적 가치 및 특별한 용도에 사용할 것을 전제로 한 경우 등은 고려하지 아니한다.

③, ④, ⑤ 생략

⑥ 취득하는 토지와 이에 관한 소유권 외의 권리에 대한 구체적인 보상액 산정 및 평가방법은 투자비용, 예상수익 및 거래가격 등을 고려하여 국토교통부령으로 정한다.

공익사업을 위한 토지 등의 취득 및 보상에 관한 법률 시행규칙

제23조(공법상 제한을 받는 토지의 평가)

① 공법상 제한을 받는 토지에 대하여는 제한받는 상태대로 평가한다. 다만, 그 공법상 제한이 당해 공익사업의 시행을 직접 목적으로 하여 가하여진 경우에는 제한이 없는 상태를 상정하여 평가한다.

② 당해 공익사업의 시행을 직접 목적으로 하여 용도지역 또는 용도지구 등이 변경된 토지에 대하여는 변경되기 전의 용도지역 또는 용도지구 등을 기준으로 평가한다

건축법

제2조(정의)

① 이 법에서 사용하는 용어의 뜻은 다음과 같다.

1. "대지(垈地)"란 「공간정보의 구축 및 관리 등에 관한 법률」에 따라 각 필지(筆地)로 나
   눈 토지를 말한다. 다만, 대통령령으로 정하는 토지는 둘 이상의 필지를 하나의 대지로
   하거나 하나 이상의 필지의 일부를 하나의 대지로 할 수 있다.

辯護士의 助力權을 制限한
行政節次의 違法性*

辛尙珉**

대법원 2018. 3. 13. 선고 2016두33339 판결

I. 대상판결의 개요

1. 사실관계

(1) 원고는 2014. 2. 17. 육군3사관학교에 입학한 사관생도인데, 2014. 4.경부터 같은 해 8월경까지 사이에 동료 생도들 및 그 여자친구들에 대하여 각종 폭언·욕설·인격모독행위, 성군기 위반 등의 비위행위(이하 '이 사건 비위행위'라고 한다)를 저질렀다는 이유로 징계절차에 회부되었고, 피고는 「육군3사관학교 학칙」 제28조의 위임에 따른 「사관생도 행정예규」 제95조 제1호 (다)목에서 정한 생도대 훈육위원회와 학교교육운영위원회의 2단계 심의·의결을 거친 후 2014. 8. 24. 원고에 대하여 퇴학처분(이하 '종전처분'이라 한다)을 하였다.

(2) 원고는 법무법인을 소송대리인(이하 '원고의 소송대리인'이라고만 표시한다)을 선임하여 대구지방법원 2014구합2005호로 종전처분에 대한 취소소송을 제기하였는데, 위 법원은 2015. 3. 25. '징계사유는 대부분 인정되고 징계양정에 재량권 일탈·남용도 없으며 다른 절차상 하자도 없으나, 징계처분서를 교부하지 아니한 하자가 있어 종전처분이 위법하다'는 이유로 종전처분을 취소하는 판결(이하 '종전판결'이라 한다)을 선고하였고, 위 판결은 그 무렵 확정되었다.

(3) 종전판결의 취지에 따라 원고에 대하여 절차상 흠을 보완하여 다시 징계처분을 하기 위하여, 육군3사관학교 생도대 훈육위원회 위원장은 2015. 4. 15. 원고에게 출석통지

---

* 이 논문은 행정판례연구 ⅩⅩⅣ−2(2019.12)에 게재된 논문으로 「최광률 명예회장 헌정논문집」에 전재하는 것이다.
** 법무법인 태림 변호사

서(갑 제7호증)를 교부함으로써 2015. 4. 20. 11:00에 개최되는 생도대 훈육위원회의 심의에 출석할 것을 통지하였는데, 원고의 소송대리인은 2015. 4. 20. 10:00경 육군3사관학교 정문에 도착하여 위 생도대 훈육위원회 심의에 참석하고자 한다며 출입허가를 요청하였으나 정문 위병소에서 출입이 거부되었고, 생도대 훈육위원회의 심의에는 원고 본인만이 출석하여 진술하였다.

　　(4) 원고의 소송대리인은 2015. 4. 23. 육군3사관학교 생도대장에게 원고의 소송대리인과 부모가 학교교육운영위원회에 참석하는 것을 허가하여 달라고 서면요청서를 제출하였으나, 육군3사관학교 법무실장은 2015. 5. 6.경 원고의 소송대리인에게 '국방부 징계훈령 제14조 및 행정절차법 제12조 제2항, 제1항 제3호, 제11조 제4항의 규정은 사관생도에 대한 퇴학처분에는 적용되지 않으며, 학교교육운영위원회에 징계심의대상자의 대리인이나 부모의 참여권을 인정할 근거 규정이 없으므로 허가할 수 없다'는 내용으로 회신하였고, 2015. 5. 21. 10:30경 개최된 학교교육운영위원회 심의에는 원고 본인만이 출석하여 진술하였다.

　　(5) 피고는 학교교육운영위원회의 의결 결과에 따라 2015. 5. 28. 원고에 대한 이 사건 퇴학처분을 하였다.

2. 소송의 진행 경과

　　(1) 대구지방법원은 대리인의 참여권 제한, 구체적인 징계혐의사실을 통지 흠결, 일부 징계사실 추가 등의 원고 주장의 절차상 하자가 인정되지 않고, 이 사건 비위행위에 처분사유가 존재하며, 이 사건 처분이 재량권을 일탈·남용하였다고 볼 수 없다는 이유로, 원고의 청구를 기각하는 판결을 선고하였다(대구지방법원 2015. 9. 15. 선고 2015구합22259 판결).

　　(2) 항소심인 대구고등법원은 1심 판결을 그대로 인용하면서 항소기각 판결을 선고하였다(대구고등법원 2016. 1. 22. 선고 2015누6461 판결).

　　(3) 대법원은 행정절차법의 적용 범위 등에 관한 일부 원심의 판단이 적절하지는 않지만, 원고의 청구를 기각한 결론은 정당하다면서, 상고를 기각하였다(대법원 2018. 3. 13. 선고 2016두33339 판결, 이하 '대상판결'이라 한다).

3. 대상판결의 요지[1)]

　　[1] 행정절차법 제12조 제1항 제3호, 제2항, 제11조 제4항 본문에 따르면, 당사자 등

---

　1) 대법원 판시내용과 달리 판단한 1심 판결 내용은 아래의 평석 중 해당 부분에서 다룬다.

은 변호사를 대리인으로 선임할 수 있고, 대리인으로 선임된 변호사는 당사자 등을 위하여 행정절차에 관한 모든 행위를 할 수 있다고 규정되어 있다. 위와 같은 행정절차법령의 규정과 취지, 헌법상 법치국가원리와 적법절차원칙에 비추어 징계와 같은 불이익처분절차에서 징계심의대상자에게 변호사를 통한 방어권의 행사를 보장하는 것이 필요하고, 징계심의대상자가 선임한 변호사가 징계위원회에 출석하여 징계심의대상자를 위하여 필요한 의견을 진술하는 것은 방어권 행사의 본질적 내용에 해당하므로, 행정청은 특별한 사정이 없는 한 이를 거부할 수 없다.

[2] 행정절차법 제3조 제2항, 행정절차법 시행령 제2조 등 행정절차법령 관련 규정들의 내용을 행정의 공정성, 투명성 및 신뢰성을 확보하고 국민의 권익보호를 목적으로 하는 행정절차법의 입법 목적에 비추어 보면, 행정절차법의 적용이 제외되는 공무원 인사관계 법령에 의한 처분에 관한 사항이란 성질상 행정절차를 거치기 곤란하거나 불필요하다고 인정되는 처분이나 행정절차에 준하는 절차를 거치도록 하고 있는 처분에 관한 사항만을 말하는 것으로 보아야 한다. 이러한 법리는 '공무원 인사관계 법령에 의한 처분'에 해당하는 육군3사관학교 생도에 대한 퇴학처분에도 마찬가지로 적용된다. 그리고 행정절차법 시행령 제2조 제8호는 '학교·연수원 등에서 교육·훈련의 목적을 달성하기 위하여 학생·연수생들을 대상으로 하는 사항'을 행정절차법의 적용이 제외되는 경우로 규정하고 있으나, 이는 교육과정과 내용의 구체적 결정, 과제의 부과, 성적의 평가, 공식적 징계에 이르지 아니한 질책·훈계 등과 같이 교육·훈련의 목적을 직접 달성하기 위하여 행하는 사항을 말하는 것으로 보아야 하고, 생도에 대한 퇴학처분과 같이 신분을 박탈하는 징계처분은 여기에 해당한다고 볼 수 없다.

[3] 육군3사관학교의 사관생도에 대한 징계절차에서 징계심의대상자가 대리인으로 선임한 변호사가 징계위원회 심의에 출석하여 진술하려고 하였음에도, 징계권자나 그 소속 직원이 변호사가 징계위원회의 심의에 출석하는 것을 막았다면 징계위원회 심의·의결의 절차적 정당성이 상실되어 그 징계의결에 따른 징계처분은 위법하여 원칙적으로 취소되어야 한다. 다만 징계심의대상자의 대리인이 관련된 행정절차나 소송절차에서 이미 실질적인 증거조사를 하고 의견을 진술하는 절차를 거쳐서 징계심의대상자의 방어권 행사에 실질적으로 지장이 초래되었다고 볼 수 없는 특별한 사정이 있는 경우에는, 징계권자가 징계심의대상자의 대리인에게 징계위원회에 출석하여 의견을 진술할 기회를 주지 아니하였더라도 그로 인하여 징계위원회 심의에 절차적 정당성이 상실되었다고 볼 수 없으므로 징계처분을 취소할 것은 아니다.

II. 쟁점의 정리

대상판결은 육군3사관학교 사관생도에 대한 징계절차에서 행정절차법의 적용범위 및 절차적 정당성의 해석이 문제되는 판결로서, ① 행정절차법의 적용배제 사항에 해당되는지 여부, ② 행정절차에 대리인인 변호사의 참여권이 인정되는지 여부(참여가 거부되었을 경우 절차상 하자 인정 여부), ③ 행정절차법상 의견제출의 기회 보장 및 처분의 이유제시 등 절차규정을 준수하였는지 등을 주된 쟁점으로 한다.[2]

첫 번째 논점은, 행정절차법 제3조 제2항 제9호, 동법 시행령 제2조 각 호에 따라 행정절차법의 적용이 제외되는 사항 중에, '공무원 인사관계 법령에 의한 징계 처분'(제3호)과 '학교·연수원 등에서 교육·훈련의 목적을 달성하기 위하여 학생·연수생 등을 대상으로 행하는 사항'(제8호)의 해석 범위이다. 여기에 해당된다고 판단되면 의견제출의 기회 보장, 처분의 이유제시 등 절차 규정의 적용 자체가 배제될 수 있는바, 절차상 하자 유무의 검토에 있어 가장 선행 전제가 되는 논의라고 할 수 있다.

두 번째 논점은, 행정절차법 제12조 제1항 제3호, 제2항, 제11조 제4항 본문의 해석 문제로서, 행정절차에 당사자의 대리인으로서 변호사가 참여하여 의견진술 등 방어권 행사에 관한 대리행위를 하는 것이 어느 범위까지 인정되어야 하는지에 관한 것이다. 특히 변호인의 조력권이 헌법상 인정되는 권리인지, 징계 관련 근거법령에 명문의 규정이 있어야만 인정되는지, 그 밖에 행정절차법과의 관계 등에 대해서도 검토할 필요가 있다.

세 번째 논점은, 피고인 행정청이 행정절차법 제21조 제1항 제4호, 제22조 제3항에 의한 의견제출의 기회 보장, 그리고 동법 제23조에 따른 처분의 이유제시 등 절차 규정을 준수하였는지 여부이다. 우리 법원은 방어권 보장의 측면을 고려하여 절차 위반 여부를 판단하고 있는바, 그 내용과 범위에 대해 살펴보도록 한다.

---

2) 그 외에 ① 종전처분의 징계사유에 비해 추가된 징계사유가 있는지 여부, ② 원고의 행위가 육군3사관학교설치법 시행령 및 사관생도 행정예규에서 정한 1급 사고에 해당하는지 여부, 즉 처분사유의 존재 여부, ③ 재량권을 일탈·남용의 점이 있는지 여부 등이 1심부터 대법원 판결까지 쟁점이 되었으나, 모두 기각되었다. 이들은 기본적으로 사실관계에 대한 판단의 문제로서, 각 심급별 견해의 차이가 존재하지 않으므로, 본고에서는 검토에서 생략하였다.

Ⅲ. 행정절차법의 적용제외 사항

1. 문제의 소재

우리 행정절차법에는 행정행위에 절차상 하자가 존재하는 경우 실체상 하자가 없더라도 행정행위의 취소사유로 작용하는지에 대해 아무런 규정을 두고 있지 않다. 이는 '절차상 하자의 독자적 위법사유성'에 관한 문제인데, 이에 관한 학설로는 ① 행정의 능률이나 소송 경제를 고려했을 때 실체법적으로 적법하다면 절차상 하자만으로는 취소할 수 없다는 견해(소극설), ② 행정의 대원칙인 법률적합성의 원칙 및 절차적 규제의 담보를 위하여 절차상 하자는 그 자체로 독립적인 취소사유가 된다는 견해(적극설),[3] ③ 기속행위와 재량행위를 나누어 재량행위는 절차상의 위법사유가 독자적 취소사유가 되지만, 기속행위는 내용상 하자가 존재하지 않은 채 절차상 하자만으로 위법해지지는 않는다는 견해(절충설)[4] 등이 있다. 대법원은 기속행위나 재량행위를 구별하지 않고 절차상 하자를 독자적인 취소사유로 보고 있다.[5]

적극설을 취하고 있는 우리 대법원의 태도는, 비교법적으로 보더라도 행정절차 보장을 매우 강조하는 입장이다. ① 독일은 연방행정절차법(Verwaltungsverfahrensgesetz) 제46조에 따라 절차 규정에 위반하여 행정행위가 이루어진 경우에도 그 위반으로 인해 당해 결정에 실체적으로 영향을 미치지 않았음이 명백한 때에는 그 위반만을 이유로 행정행위의 취소를 구할 수 없으므로, 절차적 하자만으로 독자적 취소가 가능한 범위가 적고, ② 프랑스는 판례에 의할 때 중요한 절차적 요건(formalité substantielle)에 대한 위반만이 취소사유가 되는데, 청문과 이유제시는 원칙적으로 중요한 절차적 요건에 해당하나 예외도 존재하며, ③ 미국은 행정절차법(Administrative Procedure Act)에 절차적 하자가 있는 행정결정은 위법한 것으로 선언되고 취소되어야 한다고 규정하고 있어(5 U.S.C §706 (2) (D)), 절차적 정당성이 최고도로 강조되고 있다.[6]

이렇듯, 우리 법체계상 절차상 하자는 독립적 취소사유로 인정이 되고 있는데, 만일 특정 절차를 거치지 않은 사안에 행정절차법의 적용 자체가 배제되는 사안이라면, 절차를 지키지 않았다는 사유만으로 처분의 효력을 부정할 수 없게 된다. 우리 행정절차법 제3조

3) 김남진·김연태, 행정법Ⅰ, 제23판, 법문사, 2019, 428면; 홍정선, 행정법특강, 제15판, 박영사, 2016, 375면.
4) 김동희, 행정법Ⅰ, 제24판, 박영사, 2018, 412면.
5) 대법원 1991. 7. 9. 선고 91누971 판결, 대법원 1984. 5. 9. 선고 84누116 판결, 대법원 2007. 3. 15. 선고 2006두15806 판결 등.
6) 박정훈, "행정소송과 행정절차(1)- 비교법적 고찰 및 네 개의 접점문제", 행정소송의 구조와 기능, 박영사, 2011, 570-573면.

제2항 제9호, 동법 시행령 제2조는 행정절차법의 효력이 적용되지 않는 사항에 대하여 명문의 규정을 두고 있는바, 이 사유에 해당한다고 해석되는지 여부에 따라 처분의 위법성 판단에 있어 상반된 결론이 도출될 수 있으므로, 위 적용배제 사유의 해석이 중요하다.

2. 행정절차법 적용제외 사유에 대한 엄격해석의 원칙

행정절차법 제3조 제2항은 "이 법은 다음 각 호의 어느 하나에 해당하는 사항에 대하여는 적용하지 아니한다."고 규정하면서 그 제9호에서 '(…) 등 해당 행정작용의 성질상 행정절차를 거치기 곤란하거나 거칠 필요가 없다고 인정되는 사항과 행정절차에 준하는 절차를 거친 사항으로서 대통령령으로 정하는 사항'을 행정절차법의 적용이 제외되는 경우로 규정하고 있고, 그 위임에 기한 동법 시행령 제2조는 "법 제3조 제2항 제9호에서 '대통령령으로 정하는 사항'이라 함은 다음 각 호의 어느 하나에 해당하는 사항을 말한다"라고 규정하면서 제1호부터 제11호까지를 규정하고 있다.

행정과정에 대한 국민의 참여와 행정의 공정성, 투명성 및 신뢰성을 확보하고 국민의 권익을 보호함을 목적으로 하는 행정절차법의 입법목적과 행정절차법 제3조 제2항 제9호의 규정 내용 등에 비추어 보면, 행정절차법 시행령 제2조 각 호에서 규정된 사항 전부에 대하여 행정절차법의 적용이 배제되는 것이 아니라, 그 사항이 '성질상 행정절차를 거치기 곤란하거나 불필요하다고 인정되는 처분'이나 '행정절차에 준하는 절차를 거치도록 하고 있는 처분'의 요건을 갖춘 경우에 한해서 행정절차법의 적용이 배제되는 것으로 보아야 할 것이다.[7] 즉, 하위법령인 시행령의 문구만 볼 것이 아니라 상위 법률에서 정한 요건을 충족하는 것까지 요구되는 것인바, 대법원은 행정절차법의 적용배제 조항을 엄격하게 해석하고 있다고 볼 수 있다.

3. 대상판결에 대한 검토 및 평석

(1) 원심과 대법원의 입장

1) 1심 및 이를 그대로 인용한 항소심의 판단

행정절차법 시행령 제2조 제8호의 '학교·연수원등에서 교육·훈련의 목적을 달성하기 위하여 학생·연수생 등을 대상으로 행하는 사항'에는 각급 학교 학생 및 연수생의 입학·퇴학·졸업·수료·성적평가 등과 교육·훈련의 목적을 달성하기 위한 징계결정 등이 포함된다고 할 것인바, 이 사건 육군3사관학교의 퇴학처분은 위 제8호에 해당하여 행정절

---

7) 대법원 2007. 9. 21. 선고 2006두20631 판결.

차 관계법령이 적용되지 않는 사항이라 할 것이다.

　　2) 대법원의 판단

　　① 이 사건 육군3사관학교 생도에 대한 퇴학처분은 행정절차법 시행령 제2조 제8호의 '학교·연수원 등에서 교육·훈련의 목적을 달성하기 위하여 학생·연수생 등을 대상으로 행하는 사항'은 교육과정과 내용의 구체적 결정, 과제의 부과, 성적의 평가, 공식적 징계에 이르지 아니한 질책·훈계 등과 같이 교육·훈련의 목적을 직접 달성하기 위하여 행하는 사항을 말하는 것으로 보아야 하므로, 생도에 대한 퇴학처분과 같이 그 신분을 박탈하는 징계처분은 여기에 해당한다고 볼 수 없고, ② 행정절차법 시행령 제2조 제3호의 '공무원 인사관계 법령에 의한 처분에 관한 사항'에 해당하며, ③ 이 경우 행정절차법의 적용이 제외되는 '공무원 인사관계 법령에 의한 처분에 관한 사항'이란 성질상 행정절차를 거치기 곤란하거나 불필요하다고 인정되는 처분이나 행정절차에 준하는 절차를 거치도록 하고 있는 처분에 관한 사항만을 말하는 것으로 보아야 하는데, 이 사건 처분은 이에 해당하지 않는다. 따라서 이 사건은 행정절차법 시행령 제2조 제3호의 적용제외 사유에 해당하지 않아, 행정절차법에서 정한 절차 규정에 따라 처분을 진행해야 한다.

　　(2) 검토 및 평석

　　먼저, 이 사건이 행정절차법 시행령 제2조 '제8호'가 문제되는지, 아니면 동 '제3호'가 문제되는지에 대해 살펴본다.

　　'제8호'의 '학교·연수원 등에서 교육·훈련의 목적을 달성하기 위하여 학생·연수생 등을 대상으로 행하는 사항'에 해당하기 위해서는, 그 문언상 '교육·훈련의 목적 달성' 및 '학생·연수생 등의 신분을 갖는 자를 대상'으로 한다는 요건이 필요하다고 해석된다. 따라서 학생·연수생 등이 그 신분을 가지는 것을 전제로 한 대한 교육과 평가 과정에서 수반되는 처분 외에, 신분 자체를 박탈하는 징계처분까지 이에 해당한다고 보기는 어렵다고 판단된다. 결국 제8호가 적용된다는 원심 판결을 배척하고 제3호가 적용되는 사안이라고 판단한 대법원의 판단은 타당하다고 생각한다.

　　다음으로, '제3호'의 적용이 문제되는 사안이라고 볼 때, 이 사안이 이 사항에 해당하여 행정절차법 적용이 배제되어야 하는지에 대해 본다.

　　행정의 공정성, 투명성 및 신뢰성을 확보하고 국민의 권익을 보호함을 목적으로 하는 행정절차법의 입법 목적에 비추어 보면, 공무원 인사관계 법령에 의한 처분에 관한 사항이라 하더라도 그 전부에 대하여 행정절차법의 적용이 배제된다고 볼 수는 없다.[8] '공무원 인사관계 법령에 의한 처분에 관한 사항'을 행정절차법 적용제외 사유로 정한 이

---

8) 대법원 2013. 1. 16. 선고 2011두30687 판결 참조.

유는, (이제는 사실상 소멸된 이론인) '특별권력관계'의 성격을 고려하였거나, 국가공무원법상 소청심사위원회 심사청구(제76조) 및 징계위원회의 종류·구성·권한·심의절차 및 징계 대상자의 진술권 등에 대해 법정된 각종 징계위원회의 운영(제81조) 등 제 규정을 고려한 것으로 볼 수 있다.

대상판결에서 대법원은 ① '성질상 행정절차를 거치기 곤란하거나 불필요하다고 인정되는 처분'이나 ② '행정절차에 준하는 절차를 거치도록 하고 있는 처분에 관한 사항'만 제3호에 해당한다고 제한 해석하였다. 여기서 ①의 경우 처분의 사전통지의 예외사유인 '해당 처분의 성질상 의견청취가 현저히 곤란하거나 명백히 불필요하다고 인정될 만한 상당한 이유가 있는 경우'(행정절차법 제21조 제4항 제3호)와 동일한 의미로 포함시킨 것으로 보인다. 그리고 ②는 이미 독립성을 갖는 주체에 의하여 처분사유의 제시, 의견청취 등 행정절차에 준하는 절차를 거쳐 인사 관련 처분이 발령되었다면 굳이 행정절차법 상 절차 규정을 반복하여 시행할 필요가 없다는 취지로 해석되는바, 행정절차법의 입법목적을 고려했을 때 지극히 타당하다.

IV. 대리인인 변호사의 조력권 보장

1. 문제의 소재

대한민국 헌법 제12조 제4항 및 제5항은 형사절차에서 변호인의 조력을 받을 권리를 천명하고 있으나, 그 외의 국가작용에 있어 변호사의 참여권 등을 명시적으로 정하고 있지는 않다. 그렇다면 '행정절차에 있어 변호사의 조력을 받을 권리 내지 참여권은 법률에 특별히 규정되지 않는 한 원칙적으로 보장된다고 볼 수 없는 것인지'라는 의문이 제기될 수 있다.

종전 논의를 보면, 행정청이 행정절차를 진행하는 데에 변호사의 참여권이 인정되는지에 관하여 '행정절차 전반'을 대상으로 한 논의는 거의 찾아보기 어려우며,9) 다만 '행정조사'를 대상으로 한 논의는 적지 않게 존재한다. 행정조사에 관한 일반법인 행정조사기본법은 조사대상자는 법률·회계 등에 대하여 전문지식이 있는 관계 전문가로 하여금 행정조사를 받는 과정에 입회하게 하거나 의견을 진술하게 할 수 있다(제23조 제2항)는 규정을

---

9) 정신건강복지법 상 비자의입원의 경우 법원의 재판을 받기 이전단계에서부터 행정절차법에 따라 변호사 등 대리인을 선임하는 등 절차진행에 대한 조력이 이루어질 필요가 있다고 주장함으로써, 행정조사가 아닌 행정절차에서 변호사의 참여권에 대해 언급한 연구로, 박현정, "행정법적 관점에서 본 비자의입원의 법적 성격과 절차", 행정법연구 제56호, 행정법이론실무학회, 2019, 167면 참조.

두고 있으나,[10] 실무상 변호사 참여권이 잘 보장되지 않는 경우가 존재하기도 한다.

이렇게 선행 논의가 많지 않은 상황에서, 일반적인 행정절차에 법률전문가인 변호사가 참여할 권리는 어떤 헌법상 원리와 관련이 되는지, 헌법상 기본권으로 볼 수 있는지, 그 보장의 유무와 정도를 어떻게 해석해야 하는지 등에 대해 검토해 보는 것이 의의가 있을 것이다.

2. 헌법상 적법절차의 원칙의 행정절차에 적용 여부

(1) 적법절차의 원칙의 의의와 적용범위

헌법 제12조 제1항 및 제3항에 규정된 적법절차의 원칙은 일반적 헌법원리로서 모든 공권력의 행사에 적용되는바, 이는 절차의 적법성뿐만 아니라 절차의 적정성까지 보장되어야 한다는 뜻으로 이해되는바, 즉 형식적인 절차뿐만 아니라 실체적 법률내용이 합리성과 정당성을 갖춘 것이어야 한다는 실질적인 의미로 확대 해석되고 있다.[11]

헌법 제12조는 그 문언상으로는 형사처벌 부문에만 적법한 절차에 의할 것이라고 규정하고 있기는 하나, 적법절차의 적용범위는 형사절차 뿐만 아니라 행정절차, 입법절차 등 기본권에 관한 모든 국가작용에 확대 적용되어야 한다고 해석 가능하다.[12] 헌법재판소도 이 적법절차의 원칙의 적용범위를 형사소송절차에 국한하지 않고 모든 국가작용에 대하여 문제된 법률의 실체적 내용이 합리성과 정당성을 갖추고 있는지 여부를 판단하는 기준으로 적용된다고 보면서, 행정절차에도 적법절차의 원칙이 적용됨을 명백히 하고 있다.[13] 헌법재판소는 행정절차에서 도출할 수 있는 가장 중요한 절차적 요청으로 당사자에게 적절한 고지(告知)를 행할 것, 당사자에게 의견 및 자료제출의 기회를 부여할 것을 들고 있다.[14]

적법절차의 내용은, 행정처분에 의해 침해될 사적 이익의 종류와 성격, 절차에 의해 침해되는 사적 이익에 대한 잘못된 박탈의 위험성, 추가적이거나 대체적인 보장의 가치, 추가적이거나 대체적인 절차에 관한 정부의 이익 등 여러 요소를 감안하여 개별 사안마다

---

10) 이에 대하여, 행정조사기본법 제23조 제2항은 행정조사 개시시점에서부터 전문가의 조력을 받을 권리를 고지하는 규정을 두지는 않았는데, 조사가 형사절차로 이어질 수 있기 경우를 고려했을 때 행정조사기본법에 행정조사 개시시점부터 전문가의 조력을 받을 권리 고지규정을 두는 것이 적절하다는 견해가 있다 (이재구·이호용, "수사로 활용될 수 있는 행정조사의 법적 쟁점 – 실무자의 관점에서", 법학논총 제35집 제2호, 한양대학교 법학연구소, 2018, 436면).

11) 헌법재판소 1993. 7. 29. 선고 90헌바35 결정, 헌법재판소 1992. 12. 24. 선고 92헌가8 결정 참조.

12) 김철수, 헌법학신론, 제21전정신판, 박영사 2013, 623면.

13) 헌법재판소 1998. 5. 28. 선고 96헌바4 결정, 헌법재판소 2007. 4. 26. 선고 2006헌바10 결정 참조.

14) 헌법재판소 1994. 7. 29. 선고 93헌가3 결정, 헌법재판소 2002. 6. 27. 선고 99헌마480 결정 참조.

적정한 절차인지 여부가 결정되는 특징을 갖는다.[15]

(2) 적법절차의 원칙과 변호사의 조력권

이러한 적법절차의 원칙에서 행정절차에 변호사가 참여하여 당사자를 조력하는 권리도 도출되는 것인가? 이와 관련하여, 피의자조사 시 변호인 참여권을 인정한 이른바 '송두율 교수 사건'에서 대법원은 피의자신문에 있어 변호인의 참여권을 보장하는 것은 인신구속과 처벌에 관하여 '적법절차주의'를 선언한 헌법의 정신에 부합한다고 판시한 바 있다.[16][17] 헌법재판소도 변호인의 조력을 받을 권리는 우리 헌법에 나타난 법치국가원리 및 적법절차 원칙에서 인정되는 당연한 내용이라고 천명한 바 있다.[18]

이를 종합해 보면, 행정절차에도 헌법 제12조 제1항 및 제3항의 적법절차의 원칙이 적용되고, 적법절차의 원칙은 변호사의 참여권도 포함하는 원리라는 점에서, 일반 행정절차에 있어서 처분 당사자를 조력하는 변호사가 참여할 수 있는 권리가 헌법에 근거하여 보장된다고 볼 수 있으며, 그 참여권을 법률을 통하지 않고 과도하게 제한하는 것은 허용되지 않는다는 결론을 도출해낼 수 있겠다.

(3) 기본권으로서의 변호사의 조력권

이와 관련하여, 변호인의 조력을 받을 권리를 헌법상 기본권으로 보고 그 인정 범위를 검토할 수 있는지 검토해 본다.

헌법재판소는 헌법 제12조 제4항 본문을 근거로 신체구속을 당한 사람에 대하여 변호인의 조력을 받을 권리를 헌법상 '기본권으로 보장'하고 있다고 판시하면서, 여기서의 '변호인의 조력'은 '변호인의 충분한 조력'을 의미한다고 보고 있다.[19] 나아가 변호인의 조력을 받을 권리는 단순히 국민의 권리가 아니라 성질상 '인간의 권리'에 해당된다고 판시하기도 하였다.[20]

이와 같이 형사절차상 변호인의 조력을 받을 권리는 헌법상 기본권으로서의 지위를

---

15) 박균성, "행정상 즉시강제의 통제 - 비례원칙, 영장주의, 적법절차의 원칙과 관련하여", 행정판례연구 제11집, 한국행정판례연구회, 2006, 9면.

16) 대법원 2003. 11. 11. 자 2003모402 결정 참조.

17) 이 판결에 대해 변호인참여권을 헌법상 권리로 인정한 것은 적법절차원리와 관련해서 큰 의미가 있다고 평한 견해로, 조성제, "피의자신문에 있어서 헌법상 적법절차원리의 구현", 세계헌법연구 제14권 제1호, 세계헌법학회 한국학회, 2008, 372면 참조.

18) 헌법재판소 2004. 9. 23. 선고 2000헌마138 결정 참조.

19) 헌법재판소 1992. 1. 28. 선고 91헌마111 결정, 헌법재판소 2009. 10. 29. 선고 2007헌마922 결정, 2017. 11. 30. 선고 2016헌마503 결정 외 다수.

20) 헌법재판소 2018. 5. 31. 선고 2014헌마346 결정 참조.

갖는 것이 분명한데, 그렇다면 행정절차에서도 동일하게 볼 수 있을까? 현재 이에 관한 법원 또는 헌법재판소의 명시적인 판결 또는 결정은 검색하기가 어렵고, 구체적인 학계의 선행 논의도 찾기 어려운 상황이다. 다만, 행정조사 시 절차 보장에 대해서는 주로 공정거래법 상 조사에 대한 논의가 많은데, 공정거래법상 위반 행위에 대해 형사제재까지도 부과되는 점을 고려할 때 공정거래위원회의 조사단계에서부터 헌법 제12조 제4항에 의하여 인정되는 변호인의 조력을 받을 권리를 보장할 필요가 있다고 하는 견해가 있다.[21]

생각건대, 위에서 본 바와 같이, 헌법 제12조 제1항 및 제3항의 적법절차의 원칙은 형사절차 외에 행정절차에도 적용되는 원리인 것처럼, 헌법 제12조 제4항에 근거한 기본권으로서의 변호사의 조력을 받을 권리 역시도 단지 형사절차에만 국한할 것이 아니라 행정절차에서도 사용할 수 있는 권리라고 보는 것이 타당하며, 다만 이때 헌법은 문언상 형사절차에 한하여 규정하고 있다는 점에서 '유추적용'된다고 보아야 할 것이다.

이렇게 행정절차에 헌법상 변호사의 조력을 받을 권리가 유추적용된다고 보았을 때, 그 유추적용되는 행정절차의 범위는 어떻게 보아야 할까? 우선, 국민의 자유와 권리를 침해·제한하거나 일정한 의무·부담을 부과하는 '침익적 처분'이 문제되는 행정절차는, 공권력이 주체가 되어 국민을 상대로 고권적 행위를 하는 구조를 갖는다는 점에서, 형사절차와 달리 보아야 할 특별한 이유는 없을 것이다. 이 경우 행정제재와 형사제재는 인신에 대한 직접적인 구속이 있는지 여부에서 일부 차이가 있을 뿐, 국민의 기본권을 제약한다는 측면에서는 동일성을 갖는다고 생각한다.[22]

반면에, 국민에게 금전 또는 그 밖의 편익을 제공하거나 이미 부과된 의무 등을 해제하여 주는 '수익적 처분'이 문제되는 행정절차라면, 유추적용의 대상이 갖는 취지를 넘어서까지 그 범위를 해석할 수는 없으므로, 변호인의 조력권이 반드시 헌법상 기본권이라고 보기는 어렵다고 보인다. 행정절차법 상 규정을 참고하여 해석해 보면, 행정절차법은 기본적으로 침익적 처분이나 수익적 처분을 가리지 않고 모두 포함하여 규율하고는 있으나, 당사자에게 의무를 부과하거나 권익을 제한하는 처분을 하는 경우에 특별히 처분의 사전통지와 의견제출 기회 보장에 관한 절차규정을 두고 있다는 점에서(제21조 제1항, 제22조 제3항), '침익적 처분'에 관한 행정절차에서 절차적 보장의 중요성 또는 강도가 더 높다는 해석이 가능하다.

---

21) 박해식, "공정경쟁소송에서의 행정법이론의 명암", 행정법학 제1호, 한국행정법학회, 2011, 361면.

22) 물론 이러한 입장에 대하여, 형사절차에서의 변호인의 조력권은 인신의 구금이 존재하는 피의자나 피고인의 인권을 위해 발전된 것으로서 헌법상 명문화 된 것임에 반해, 징계 등의 행정절차에서의 변호사의 조력권은 행정절차법에서 비로소 명문화된 것으로서, 양자의 규범등급을 달리 보아야 한다는 반론이 제기될 수도 있을 것이다. 하지만 국민의 인권 보장의 중요성이 강조되어 가고, 아울러 인신 구속이 아닌 폭넓은 행정권의 행사에 대한 통제 가능성에 대한 인식이 제고되고 있는 현대에 있어서, 행정절차에서 적절한 조력을 받을 권리의 가치 및 등급을 헌법적 시각에서 바라볼 필요가 있다고 생각한다.

이렇게 침익적 성격을 갖는 행정절차에서 변호인의 조력을 받을 권리도 기본권의 지위를 갖는다면, 기본권의 제한에 관한 헌법 제37조 제2항의 법리가 적용될 수 있다. 즉, 변호인의 조력을 받을 권리는 다른 모든 헌법상 기본권과 마찬가지로 헌법으로써는 물론 국가안전보장, 질서유지 또는 공공복리를 위하여 필요한 경우에는 법률로써 제한할 수 있다.23)

3. 대상판결의 검토

(1) 원심과 대법원의 입장

1) 1심 및 이를 그대로 인용한 항소심의 판단

① 국방부 군인·군무원 징계업무처리 훈령은 군인사법 제10장, 군인징계령, 군인징계령 시행규칙 및 군무원인사법 제7장, 군무원인사법 시행령 제7장의 규정에 따라 군인·군무원의 징계 등에 필요한 사항을 규정하는 것을 목적으로 하는데, 위 훈령 제14조 제1항은 "징계심의대상자는 변호사 또는 학식과 경험이 있는 자를 대리인으로 선임하여 징계사건에 대한 보충진술과 증거제출을 하게 할 수 있다."고 규정하고 있다.

② 한편, 육군3사관학교 설치법 시행령 제3조는 육군3사관학교에서 수학하는 사람을 사관생도라 한다고 규정하면서 사관생도의 대우는 준사관에 준한다고 규정하고 있으며, 제19조는 교장은 국방부장관의 승인을 받아 학칙을 정하고, 학칙에는 입학·퇴학·휴학 및 졸업과 상벌에 관한 사항을 정하도록 하고 있다. 또한 제8조는 사관생도의 입학·퇴학 및 휴학은 다른 법령에 특별한 규정이 있는 경우를 제외하고는 교장이 허가한다고 규정하고 있으며, 5가지 퇴학사유를 규정하고 있다. 그리고 육군3사관학교 학칙 제28조는 사관생도가 제반 규정을 위반하였을 때는 징계를 받으며, 퇴학 기타 소정의 징계에 관한 세칙은 생도규정, 기타 내규로 학교장이 따로 정한다고 규정하고 있으며, 위 학칙의 하위문서인 사관생도 행정예규 제95조에서 징계의 종류로 근신, 시정교육, 퇴학을 규정하고, 제99조, 제100조에서 중대한 상벌 심의 결정을 위한 생도대 위원회의 설치와 운영을 규정하고 있다.

③ 이러한 법령을 고려하면, 육군3사관학교 사관생도에 대하여는 그 복무규율에 관하여 육군3사관학교 설치법, 같은 법 시행령, 육군3사관학교 학칙, 사관생도 행정예규 등이 군인사법 및 군인징계령에 앞서 적용된다고 보아야 할 것이고, 사관생도 행정예규상의 징계는 육군3사관학교가 사관생도를 정규장교로 훈육하는 데 있어서 교육목적의 달성을 위하여 행하는 처분으로 군인사법상의 징계와는 그 성질을 달리한다고 할 것이다.

④ 따라서 이 사건 처분은 군인사법 및 군인징계령에 의한 징계가 아니어서, 변호사

---

23) 헌법재판소 2019. 2. 28. 선고 2015헌마1204 결정 참조.

의 참여권을 규정한 국방부 군인·군무원 징계업무처리 훈령 제14조가 적용될 여지가 없다 할 것이며, 행정절차법 제3조 제2항 제9호, 행정절차법 시행령 제2조 제8항의 적용제외 사항에 따라[24] 대리인의 선임에 관한 행정절차법 제12조 제1항 제3호, 제2항, 제11조 제4항의 규정이 육군3사관학교 생도에 대한 상벌 절차에는 적용되지 않으므로, 위 국방부 군인·군무원 징계업무처리 훈령이 적용되어야 함을 전제로 변호사의 참여권을 제한한 피고의 처분이 절차상 하자가 있다는 원고의 주장은 이유 없다.

　　2) 대법원의 판단

　　① 육군3사관학교의 사관생도에 대한 징계에 관해서는 「육군3사관학교설치법 시행령」, 「육군3사관학교 학칙」과 그 하위 규정인 「사관생도 행정예규」에 징계권자, 징계사유, 징계의 종류, 징계의 절차에 관하여 군인에 대한 징계절차의 일반법인 「군인사법」 제10장과는 다른 내용이 특별히 규정되어 있고, 이는 학교생활과 사관생도 신분의 특수성을 고려한 것이므로, 「군인사법」 제10장이 직접 적용될 여지는 없다는 취지의 원심 판결은 적법하다.

　　② 한편, 「국방부 군인·군무원 징계업무처리 훈령」(이하 '국방부 징계훈령'이라 한다)은 제14조 제1항에서 "징계심의대상자는 변호사 또는 학식과 경험이 있는 자를 대리인으로 선임하여 징계사건에 대한 보충진술과 증거제출을 하게 할 수 있다."라고 규정하고 있는데, 이는 이미 행정절차법에서 보장하고 있는 사항을 군징계권자가 간과하지 않도록 확인적·주의적으로 규정한 것이라고 보아야 한다.

　　③ 국방부 징계훈령 제14조 제1항이 육군3사관학교의 사관생도에 대한 징계절차에 직접 적용되지는 않는다고 하더라도, 이것이 육군3사관학교의 사관생도에 대한 징계절차에서 변호사를 대리인으로 선임하여 방어권을 행사할 권리가 부정된다는 의미로 볼 것은 아니며, 행정절차법 제12조 제1항 제3호, 제2항, 제11조 제4항 본문에 따라 변호사 대리가 당연히 허용되어야 할 것이다.

　　④ 그러므로 위 행정절차법 규정과 취지, 헌법상 법치국가원리와 적법절차원칙에 비추어 징계와 같은 불이익처분절차에서 징계심의대상자에게 변호사를 통한 방어권의 행사를 보장하는 것이 필요하고, 징계심의대상자가 선임한 변호사가 징계위원회에 출석하여 징계심의대상자를 위하여 필요한 의견을 진술하는 것은 방어권 행사의 본질적 내용에 해당하므로, 행정청은 특별한 사정이 없는 한 이를 거부할 수 없다.

　　⑤ 따라서 이 사건 징계절차에서 징계심의대상자가 대리인으로 선임한 변호사가 징계위원회 심의에 출석하여 진술하려고 하였음에도, 징계권자인 피고나 그 소속 직원이 원고의 소송대리인에게 원고에 대한 징계절차를 대리할 적법한 권한이 있는지, 그의 출입허

---

24) 1심 판결은 이 부분 판시에 행정절차법 적용배제 사항의 해석 내용도 함께 설시하였는바, 이에 대해서는 위 Ⅲ.항 부분에서 자세히 논의하였다.

가요청이 관계 규정상의 절차를 준수하였는지를 구체적으로 검토하지 아니한 채, 단지 사관생도에 대한 징계위원회 심의에 대리인의 참여를 허용하는 근거 규정이 없다는 이유로, 변호사가 징계위원회의 심의에 출석하는 것을 막았다면 징계위원회 심의·의결의 절차적 정당성이 상실되어 그 징계의결에 따른 징계처분은 위법하여 '원칙적으로' 취소되어야 한다.

⑥ 다만, 징계심의대상자의 대리인이 관련된 행정절차나 소송절차에서 이미 실질적인 증거조사를 하고 의견을 진술하는 절차를 거쳐서 징계심의대상자의 '방어권 행사에 실질적으로 지장이 초래되었다고 볼 수 없는 특별한 사정이 있는 경우'에는, 징계권자가 징계심의대상자의 대리인에게 징계위원회에 출석하여 의견을 진술할 기회를 주지 아니하였더라도 그로 인하여 징계위원회 심의에 절차적 정당성이 상실되었다고 볼 수 없으므로 징계처분을 취소할 것은 아니다.[25]

(2) 검토 및 평석

위 판시에 대해 다음과 같은 의문이 제기될 수 있다: 이 사건 처분 시 변호사의 출석 및 의견진술은 배제되었으나 처분 당사자인 원고 본인의 진술은 정상적으로 이루어졌는바, 대리인이 아닌 본인을 기준으로 보면 의견청취가 존재한다고 볼 수 있는 것 아닌지? 생각건대, 행정절차법 제12조 제2항, 제11조 제4항에 의하면 대리인은 당사자를 위하여 행정절차에 관한 모든 행위를 할 수 있으므로, 변호사의 매우 중요한 절차상 의미를 갖는 행위인 의견진술을 막는 것은 중대한 절차상 하자로 보아야 한다고 생각한다. 나아가 형사절차법 상으로 피의자조사 시 피의자 본인의 진술이 있었더라도 변호인이 부당하게 입회를 거부당한 상황에서의 진술이라고 한다면 위법하다고 보고 있는바, 이러한 법리 내지 이념을 행정절차에도 충분히 가지고 올 수 있다고 보인다.[26]

우리 행정절차법 제11조 제4항, 제12조 제1항에 의하면, 당사자는 행정절차에 관한

---

[25] 법원 실무에서는 대상판결에 대하여 변호사 출석을 막은 것을 절차적 하자로 인한 처분의 취소사유로 인정한 것이 특징이라고 평석하고 있다(이상덕, "사관학교 생도 징계처분에서 행정절차법 적용과 변호사를 통한 방어권 행사", 대법원판례해설 115호(2018년 상), 법원도서관, 2018, 632면).

[26] "대상판결에서는 변호사 출석 거부를 원칙적으로 위법하다고 보았는데, 이는 형사법 영역에서는 변호사 조력을 받을 권리와 유사하다. 본 판결 이전에도 대법원 2016. 12. 27. 선고 2014두46850 판결에서 당사자 동의나 영장 없는 혈액채취가 위법하다고 보아 행정법 영역에서도 위법수집증거 배제 원칙이 적용될 수 있음을 밝힌 적이 있다. 단 2건의 사례로 속단하기는 어려우나 형사절차법 원리가 행정법 영역에 영향을 미칠지는 앞으로 판례 추이를 주시할 필요성이 있어 보인다."면서 형사판결에서의 법리와 행정판결에서의 법리의 연계 가능성을 제시하는 견해로, 박성연 "행정절차법이 보호하는 법익(=방어권 행사에 지장을 주지 않을 것), [대상판례] 대법원 2018. 3. 13 선고 2016두33339 판결", 2018. 3. 29.자 천자평석, 로앤비 전자도서관(2019. 8. 17. 접속).
http://academynext.lawnb.com.oca.korea.ac.kr/Info/ContentView?sid=D0075A4552797901

모든 행위를 할 수 있는 권한을 가진 대리인을 '선임할 수 있다'고 규정되어 있고, 그 대리인에는 변호사가 포함되어 있다. 대리인 선임에 관한 위 규정은 '선임하여야 한다'는 의무조항의 형식을 취하고 있지는 않으나, 행정절차에 있어 변호사가 참여하여 당사자에 대한 조력권을 행사할 수 있는 명문의 근거규정으로서 의의가 있다고 평가할 수 있겠다. 아울러 해당 처분에 직접 적용되는 하위 법령에 변호사 참여권을 규정하는 명문의 규정이 없다고 하여 변호사 대리가 허용되지 않는다고 해석될 것은 아니다.

대법원도 위 행정절차법 규정이 헌법상 '법치국가원리'와 '적법절차원칙'과 관련된다고 보면서 징계절차에 변호사의 참여권 및 변호사의 진술권을 보장하는 것은 방어권 행사의 본질적인 내용에 해당한다고 분명히 인정하였고, 헌법재판소 역시도 변호사의 조력을 받을 권리를 '적법절차의 원칙' 및 '기본권'으로서 보장되어야 한다는 입장이다. 따라서 행정청이 징계절차에의 변호사의 참여를 거부하는 것은 헌법상 원리 내지 기본권을 보장하지 않는 것으로서 원칙적으로 허용되지 않는다고 보아야 한다.

이러한 기본권은 헌법 제37조 제2항에 따라 예외적으로 제한될 수는 있으나, 대상판결의 사안은 사관생도 징계심의 절차에 국가안전보장, 질서유지 또는 공공복리를 위하여 필요한 경우 변호사의 참여를 제한할 수 있다는 법률 규정이 존재하지 않는 사안이다. 그러므로 본 사안에서 변호사의 참여를 막은 것은 그 자체로 '위헌'으로 보아야 한다.

그런데 대상판결은 원칙적으로 변호사의 참여권을 배제할 수 없다고 하면서도, '방어권 행사에 실질적으로 지장이 초래되었다고 볼 수 없는 특별한 사정이 있는 경우'에는 예외적으로 절차 위법을 부정하는 법리(의견제출의 기회 보장 또는 처분이 이유제시에 관한 판례의 법리)를 적시하면서, 본 사안에서 위 예외가 인정되어 변호사의 참여를 거부해도 적법하다는 결론에 이르렀는데, 이는 문제가 있다. 왜냐하면, 방어권 행사의 실질적 지장 초래 여부를 고려하는 위 판례의 법리는, '법률'의 지위에 있는 행정절차법상의 절차보장에 관한 규정의 해석 시 행정현실과 실질적 타당성을 고려한 논리일 뿐,[27] '헌법'상 권리를 제한하는 경우에까지 적용해서는 안 되기 때문이다. 이 사안은 징계에 관한 것으로서 침익적 처분의 행정절차에 관한 사안임이 분명하고, 나아가 침익적 행정절차에서의 변호사의 조력을 받을 권리를 헌법상 기본권으로 보는 이상, 헌법 제37조 제2항에 근거하지 않고 헌법상 권리를 상당한 이유 없이 제한하는 것은 허용될 수 없는 것이다.

정리하면, 행정절차에 변호사가 참여하는 것을 거부한 처분이 원칙적으로 위법하다고 본 것은 타당하나, 여기서 더 나아가 방어권 행사에 실질적 지장을 초래했는지 여부를 고려하여 변호사의 조력권을 부정할 수도 있다는 판시에 이른 것은 타당하지 않다고 생각한다.

---

27) 이 법리에 관해서는 아래 V.항 부분에서 자세한 논의한다.

(3) 비교법적 검토 및 우리 행정 관행의 개선 현황

독일의 입법례를 참고해 보면, 연방행정절차법(Verwaltungsverfahrensgesetz) 제14조(대리인 및 보좌인)도 우리와 유사하게 당사자는 행정절차에 관한 모든 행위를 할 수 있는 권리를 가진 대리인을 선임될 수 있고 절차에 보좌인을 대동할 수 있다는 규정을 두고 있다(제1항, 제4항).[28] 이 규정에 대해 독일 학계에서는 독일 기본법상 법적 청문권 및 일반적 인격권의 구성요소에 해당하고, 이를 통해 법치국가원칙 및 평등원칙으로부터 도출되는 무기평등이 실현될 수 있으며, 사안에 더 집중하고 효과적인 처분을 하도록 함으로써 행정청에게도 이익이 된다고 평가하고 있는바,[29] 독일에서도 기본권성이 인정된다고 볼 수 있다.

그런데 우리 행정 관행은 행정절차의 일종인 행정조사 시 행정청이 변호사의 참여권을 제한하는 사례가 적지 않았다. 공정거래위원회는 2015년 10월에 이르러서야 '사건처리 3.0'을 발표하면서 관련 내규를 개정하여 변호사의 조사과정 참여권에 관한 명문의 규정을 둠으로써 공식적으로 변호사의 참여를 허용하였다.[30] 「공정거래위원회 조사절차에 관한 규칙」 제13조 제1항 본문은 "조사공무원은 피조사업체의 신청이 있는 경우 원칙적으로 피조사업체가 선임(피조사업체 소속변호사 포함)한 변호사 등 변호인을 조사 전 과정(진술조서나 확인서 작성 포함)에 참여하게 하여야 한다."고 규정하면서, 단서에 예외 사유도 규정하고 있다.[31]

또한, 금융감독원은 2019년까지도 조사 과정에 변호사 참여를 불허하는 운영을 하다가, 변호사단체 등으로부터 지속적인 비판을 받자, 2019년 5월 자본시장조사 업무규정 개정안을 의결해 금감원 조사 과정에서 변호사 참여를 허용하는 규정을 새로 마련하였고, 이는 8월부터 시행되어 조사 과정에 변호사 참여가 전면적으로 허용되었다.[32][33]

---

28) 나아가, 동법 제14조는 대리인이 선임된 경우 행정청은 대리인을 상대방으로 하여야 하지만, 당사자가 참여할 법적의무가 있는 경우에는 행정청이 당사자를 직접 상대할 수 있으며, 당사자를 직접 상대할 경우 그 사실을 대리인에게 즉시 통지하여야 한다(제3항)는 규정도 두고 있다. 이는 의무규정(Soll-Vorschrift)으로 해석되며, 행정청이 임의 판단으로 통지를 하지 않을 수는 없다(Schmitz, in: Stelkens/Bonk/Sachs, VwVfG, § 14 Rn. 22).

29) Schmitz, in: Stelkens/Bonk/Sachs, VwVfG, § 14 Rn. 1, Rn. 2.

30) "공정위, 기업 조사 시 변호인 참여 보장", 2015. 10. 22.자 스페셜경제 기사(2019. 8. 13. 접속). https://blog.naver.com/speconomy/220516303908

31) 참고로, EU의 경우 경쟁법에 의한 행정조사 시 피조사자의 변호인의 조력을 받을 권리를 명문으로 규정하고 있지는 않으나, 유럽사법재판소(European Court of Justice)는 피조사인이 전문가로부터 조력받을 권리를 보장받아야 한다는 결정을 내린 바 있으며(Hoechst AG v Commission of the European Communities, 21 September 1989), 실제 실무상으로도 EU위원회는 조사 착수 전 현장에 변호사가 도착하기까지 대기시간을 허용하고 있다고 한다(이정민, "공정거래위원회 사건처리절차의 합리화", 외법논집 제40권 제4호, 한국외국어대학교 법학연구소, 2016, 263면 참조).

32) "금감원, 8월부터 불공정거래 조사에 '변호사 입회 허용'", 2019. 7. 9.자 법률신문 기사(2019. 8. 13. 접속).

앞서 본 바와 같이, 행정절차에의 변호사 조력권을 헌법상 권리로 본다면, 그리고 행정절차에 관한 일반법인 행정절차법에서 변호사의 참여 및 활동 범위에 관한 명문의 근거규정을 두고 있다는 점에서, 단지 법률 또는 하위법령에 이를 허용하는 명문의 규정이 없다는 이유만으로 변호사의 조력권을 제한 또는 박탈하는 것은 허용되지 않는다고 보아야 할 것이다. 이러한 관점에서 보면, 공정거래위원회나 금융감독원의 기존 관행은 타당하지 않다고 볼 수 있으며, 늦었지만 점차 개선되고 있다는 점에서 고무적이다.

V. 의견제출의 기회 보장 및 처분의 이유제시

1. 문제의 소재

위 Ⅳ.항에서 본 바와 같이, 대상판결은 변호사의 조력권을 제한한 처분의 위법성을 판단하면서 의견제출의 기회 보장 및 처분의 이유제시에 관한 판례의 법리를 혼재하여 판시했다는 점에서 문제점이 발견되나, 본 사안은 의견제출의 기회 보장 및 처분의 이유제시에 절차상 하자가 있는지 여부도 별도로 쟁점이 되고 있으므로, 이에 관해서도 검토한다.

행정절차법은 행정청이 당사자에게 의무를 부과하거나 권익을 제한하는 처분을 할 경우에는 원칙적으로 당사자에게 의견제출의 기회를 주어야 한다고 규정하면서(제22조 제3항), 의견청취를 하지 않을 수 있는 예외사유도 정하고 있다(제22조 제4항, 제21조 제4항, 제5항, 동법 시행령 제13조). 또한, 행정청이 처분을 할 때에는 원칙적으로 처분의 근거와 이유를 제시하여야 한다고 규정하면서(제23조 제1항 본문), 각 호 중 어느 하나의 경우에는 이유제시를 하지 않을 수 있는 예외를 두고 있다(제23조 제1항 제1호 내지 제3호).

그런데 행정소송 과정에서 원고로부터 의견제출의 기회 보장 또는 처분의 이유 제시가 이루어지지 않았다는 절차상 하자 주장이 있는 경우, 위와 같은 직접적인 예외규정에 해당하지 않음에도 그 주장을 배척하고 절차상 하자가 없다고 판시하는 판례가 적지 않으며, 대상판결도 그러한 경우에 해당한다.

이때 대법원이 제시하는 주된 판단기준은 '방어권 행사에 지장을 초래했는지 여부' 또

---

https://m.lawtimes.co.kr/Content/Article?serial=154365

33) 관련하여, 종전에 임의사항이었던 대심제{피조치자(변호사 포함), 참고인 및 금융감독원 검사부서 직원이 동석한 상태에서 제재심의위원들이 당사자에게 질의하고 답변을 듣는 방식으로, 대심 진행 후에는 피조치자와 검사부서 직원 모두를 퇴장시키고 위원 간 논의를 거쳐 최종결정을 내리는 방식}를 전면 실시함으로써 제재대상자의 방어권 보장이 제고되었다는 평가가 있다(양승현, "제재대상자 방어권 보장 혁신 방안에 대한 제언", KIRI 리포트 제438권, 보험연구원, 2018, 15-16면).

는 '방어권의 본질적인 침해에 해당하는지 여부'인바, 아래에서는 관련 판례들을 분석하면서 대상판결의 의의에 대해 검토해 보도록 하겠다.

2. 의견제출의 기회 보장과 방어권 행사에 지장을 초래

(1) 판례의 경향

대상판결 이전에는, 대법원 선고 판결 중에 인정된 사실관계 상으로 의견제출 기회가 제대로 보장이 되지 않은 외관이 있음에도 절차상 하자를 인정하지 않은 판례가 거의 없는 것으로 보인다.[34] 대부분 행정절차법 제22조 제3항의 취지를 강조하면서 그 예외사유의 해당 여부를 엄격하게 해석하는 판시인바, 그 요지를 살펴보면 아래와 같다.

❶ 의견제출 기회 보장의 예외사유인 '의견청취가 현저히 곤란하거나 명백히 불필요하다고 인정될 만한 상당한 이유가 있는 경우'에 해당하는지는 해당 행정처분의 성질에 비추어 판단하여야 하며, 처분상대방이 이미 행정청에 위반사실을 시인하였다거나 처분의 사전통지 이전에 의견을 진술할 기회가 있었다는 사정을 고려하여 판단할 것은 아니다.[35]

❷ 행정청이 온천지구임을 간과하여 지하수개발·이용신고를 수리하였다가 행정절차법상의 사전통지를 하거나 의견제출의 기회를 주지 아니한 채 그 신고수리처분을 취소하고 원상복구명령의 처분을 한 경우, 행정지도방식에 의한 사전고지나 그에 따른 당사자의 자진 폐공의 약속 등의 사유만으로는 사전통지 등을 하지 않아도 되는 행정절차법 소정의 예외의 경우에 해당한다고 볼 수 없다는 이유로 그 처분은 위법하다.[36]

❸ 건축법상의 공사중지명령에 대한 사전통지를 하고 의견제출의 기회를 준다면 많은 액수의 손실보상금을 기대하여 공사를 강행할 우려가 있다는 사정이 사전통지 및 의견제출절차의 예외사유에 해당하지 아니한다.[37]

❹ 구 독점규제및공정거래에관한법률 제49조 제3항은 공정거래위원회로 하여금 법위반사실에 대한 조사결과를 서면으로 당해 사건의 당사자에게 통지하도록 규정하고, 같은 법 제52조 제1항에 의하면 공정거래위원회가 같은 법 위반사항에 대하여 시정조치 또는 과징금납부명령을 하기 전에 당사자에게 의견을 진술할 기회를 주어야 하고, 같은 조 제2항은 당사자는 공정거래위원회 회의에 출석하여 그 의견을 진술하거나 필요한 자료를 제출할 수 있다고 규정하고 있는 (…) 이들 규정의 취지는 공정거래위원회의 시정조치 또는 과징금납부명령으로 말미암아 불측의 피해를 받을 수 있는 당사자로 하여금 공정거래

---

34) '대법원 종합법률정보' 사이트 검색에 따른 결과라는 한계가 있음을 밝힌다.
35) 대법원 2016. 10. 27. 선고 2016두41811 판결.
36) 대법원 2000. 11. 14. 선고 99두5870 판결.
37) 대법원 2004. 5. 28. 선고 2004두1254 판결.

위원회의 심의에 출석하여 심사관의 심사결과에 대하여 방어권을 행사하는 것을 보장함으로써 심사절차의 적정을 기함과 아울러, 공정거래위원회로 하여금 적법한 심사절차를 거쳐 사실관계를 보다 구체적으로 파악하게 하여 신중하게 처분을 하게 하는 데 있다 할 것이므로, 같은 법 제49조 제3항, 제52조 제1항이 정하고 있는 절차적 요건을 갖추지 못한 공정거래위원회의 시정조치 또는 과징금납부명령은 설령 실체법적 사유를 갖추고 있다고 하더라도 위법하여 취소를 면할 수 없다.[38]

다만, 하급심 판결 중에는 행정절차의 과정(조사, 회의, 심의 등)에서 당사자가 처분에 대한 의견을 진술한 사실이 증거에 의해 인정되는 경우, 방어권을 본질적으로 침해한 것이 아니므로 의견제출 기회를 보장하지 않은 절차상 하자가 없다는 결론을 내리는 사례도 발견된다.

❶ 비록 피고의 심사관이 작성한 심사보고서에는 공동행위의 내용이 "뱅커스 유산스 인수수수료의 신설"로만 기재되어 있었으나, ① 심사관의 조사과정에서 "뱅커스 유산스 거래에 대해서도 쉬퍼스 유산스와 똑같이 인수시점에서 인수수수료를 부과하기로 합의"하였다는 취지의 증거가 확보되어 있었고, 실제로 원고 등이 신설한 수수료율도 대부분 쉬퍼스 유산스의 인수수수료율과 같은 0.4%였던 것으로 심사보고서에 기재되어 있었던 점, ② 피고의 전원회의 과정에서도 이 사건 공동행위의 내용에 수수료율에 대한 합의가 포함되어 있었는지 여부에 대하여 피심인들과 피고의 심사관의 의견진술이 있었던 점 등에 비추어 보면, 피고가 이 사건 처분을 통하여 이 사건 공동행위의 내용에 수수료율에 대한 합의도 포함되어 있다고 판단한 것은 조사과정과 원고 등의 의견진술 등을 통하여 드러난 2002. 11. 6.자 합의의 성격을 최종적으로 확정한 것에 불과할 뿐 전혀 새로운 사실관계를 추가한 것이라고 볼 수는 없으므로, 이 사건 처분에 공정거래법 제49조 제3항, 제52조 제1항 등에서 정한 원고의 의견진술권과 방어권을 본질적으로 침해한 절차적 위법이 있다고 할 수 없다.[39]

❷ 행정절차법 제23조는 침익적 처분에 관하여 당사자가 어떠한 근거와 이유로 처분이 이루어지는 것인지를 알고 의견제출 등 이에 관한 방어권을 행사할 수 있도록 하는 규정이므로, 처분의 당사자에 처분사유에 관한 의견진술 기회가 충분히 보장되고, 실제로 의견진술이 이루어졌다면 적법한 사전통지절차가 이루어진 것으로 보아야 할 것이다. 그런데 담당 공무원들은 2014. 5. 14. 이 사건 각 건물을 방문하여 건축법 위반행위를 적발한 점, 원고 1은 담당공무원들이 이 사건 각 건물에 대한 건축법 위반행위를 적발할 당시 현

---

38) 대법원 2001. 5. 8. 선고 2000두10212 판결.
39) 서울고등법원 2009. 2. 4. 선고 2008누17013 판결.

장에 함께 있었던 점, 원고 1은 그 자리에서 영업신고를 하지 아니한 채 숙박영업을 하였음을 자인하였고, 이 사건 각 건물을 무단으로 증축하였음을 확인하여 준 점은 앞서 본 바와 같은바, 이러한 사정들에 비추어 보면, 원고 1은 이 사건 시정명령처분을 받기 전에 충분히 이 사건 시정명령처분의 사유에 대한 설명을 들었고, 이에 대한 의견을 진술하였다고 보인다.[40]

(2) 대상판결의 검토

1) 1심 및 이를 그대로 인용한 항소심의 판단

원심은 이 사건 처분에 행정절차법이 적용되지 않고 대리인의 참여권을 보장하는 근거규정도 없으므로, 변호사의 징계위원회 심의 출석을 막았다는 것 자체가 절차적 위법사유에 해당하는 것이 아니라고 판단했다.

2) 대법원의 판단

① 변호사의 징계위원회의 심의에 출석이 거부되었다면 그 징계처분은 위법하여 원칙적으로 취소되어야 한다. 다만 징계심의대상자의 대리인이 관련된 행정절차나 소송절차에서 이미 실질적인 증거조사를 하고 의견을 진술하는 절차를 거쳐서 징계심의대상자의 '방어권 행사에 실질적으로 지장이 초래되었다고 볼 수 없는 특별한 사정이 있는 경우'에는, 징계권자가 징계심의대상자의 대리인에게 징계위원회에 출석하여 의견을 진술할 기회를 주지 아니하였더라도 그로 인하여 징계위원회 심의에 절차적 정당성이 상실되었다고 볼 수 없으므로 징계처분을 취소할 것은 아니다.

② 이 사건의 경우 원고가 변호사를 소송대리인으로 선임하여 종전처분에 대하여 취소소송을 제기하였고, 소송대리인이 취소소송 재판절차에서 사실관계와 법적용에 관하여 각종 주장을 개진하여, 수소법원이 증인신문 등의 실질적인 증거조사를 거쳐 '징계사유가 대부분 인정되고 징계양정에 재량권 일탈·남용도 없으며 오직 징계처분서를 교부하지 아니한 하자가 있어 종전처분이 위법하다'는 이유로 종전처분을 취소하는 판결을 선고하였고, 위 판결이 그대로 확정된 후 피고가 종전판결의 취지에 따라 원고에 대하여 절차상 흠을 보완하여 다시 징계처분을 하기 위하여 동일한 징계사유로 생도대 훈육위원회와 학교교육운영위원회를 개최한 점을 고려하면, 재처분절차의 징계위원회 심의에 원고의 소송대리인의 출석을 허용하지 아니한 것이 원고의 방어권 행사에 지장을 초래하여 재처분절차의 절차적 정당성을 상실하게 하여 재처분, 즉 이 사건 퇴학처분을 또 다시 취소하고 피고로 하여금 새로이 징계절차를 거치도록 하여야 할 필요가 있다고 평가할 정도는 아니라고 할 것이다.

---

40) 의정부지방법원 2015. 6. 16. 선고 2014구합8204 판결.

　(3) 검토 및 평석

　대상판결은 당해 처분만 놓고 보면 당사자의 대리인인 변호사의 출석을 거부함으로써
절차 위법을 범한 사실관계이지만, '동일한 사실관계를 갖는 종전처분 및 종전판결이 존재'
하는 매우 특수한 케이스에 해당한다. 대법원은 그 종전 과정에 동일한 대리인인 변호사가
관여를 하였으며, 종전 판결의 재판 과정에서 증인신문 등 실질적인 증거조사를 거쳤기 때
문에, 단순히 당해 처분의 경위에만 국한하여 의견제출의 기회가 보장되지 않았다고 볼 수
는 없다는 취지로 판시하였다.

　만일 종전 처분과 종전 판결의 존재라는 사실관계가 없었다고 한다면, 피고가 변호사
의 출석을 막은 것에 대해 적법하다고 판단될 가능성은 거의 없어 보인다. 왜냐하면 이 경
우에는 대법원에서 판시하는 '방어권 행사에 실질적으로 지장이 초래되었다고 볼 수 없는
특별한 사정'이 인정될 여지가 없기 때문이다.

　그런데 과연 종전 판결에서 실체적 하자 여부에 대한 실질적 심리가 이루어졌으므로
방어권 행사에 실질적으로 지장이 초래되었다고 볼 수 없는 특별한 사정이 존재한다고 볼
수 있을까? 반드시 그렇게 볼 수는 없다고 생각되는바, 그 이유는 아래와 같다.

　첫째, 대상판결의 판시내용을 보면, '종전 소송에서 소송대리인이 사실관계와 법적용
에 관하여 각종 주장을 개진하여, 수소법원이 증인신문 등의 실질적인 증거조사를 거쳐 징
계사유가 대부분 인정되고 징계양정에 재량권 일탈·남용도 없다'고 판결을 내렸다는 것인
데, 이는 종전 사건의 재판부가 실체적 하자에 대해서도 충분한 심리를 하여 판단했다는
취지로 보인다. 그러나 우리 대법원은 절차적 하자의 독자적 위법사유성을 인정하고 있다.
이러한 우리 법원의 확고한 태도를 놓고 볼 때, 징계처분서를 교부하지 않은 명백한 절차
상 하자가 인정되는 종전 사안에서 과연 실체적 하자 여부에 대해 판단을 할 이유가 있었
는지, 굳이 판단을 한다고 하더라도 '처분을 취소한다'는 판결 주문에 영향을 미치지 않는
'실체적 하자가 없다'는 판단을 실질적으로 진행했을지는 의문이다.

　둘째, 종전 판결 이후 행정청이 바로 절차 하자 사유를 시정하여 재처분을 내렸던 사
건의 경위를 보면, 위 종전 소송은 1심에서 종결되었다. 그 종결된 이유도 원고가 승소한
후 피고 행정청이 판결의 취지에 따라 시정을 하였기 때문이다. 즉, 피고의 처분에 실체적
하자가 있는지(처분사유의 존재 여부, 재량권 일탈·남용 여부 등)에 대한 판단은, 피고의 항소
포기로 인해 1심 단계에서 그쳤을 뿐이다. 만일 종전 소송에서 절차 하자의 문제가 없었고
실체적 하자만 쟁점이 되었다면, 원고의 소송대리인으로서는 실체적 하자를 부정한 1심
판결에 불복하여 상급심에서 새로운 공격·방어방법을 강구했을 수도 있다. 이러한 점을
감안하면, 실체적 위법성에 관하여 단 1심의 판단 단계에서 그치고 만 종전 소송 절차에서

의 심리 상황만 가지고 방어권 행사가 무리 없이 이루어졌다고 단정할 수 있는지는 의문이다.

따라서 종전 소송 과정에서 동일한 변호사가 소송대리인으로서 변론을 진행하였다고 하여 절차적 정당성이 갖춰졌다고 보는 것은 타당하지 않다고 생각한다. 물론 대상판결은 확정적 내지 단정적 표현을 쓰지는 않고 "원고의 방어권 행사에 지장을 초래(한다고) 평가할 정도는 아니라고 할 것"이라면서 완화된 설시를 하고 있기는 하다. 하지만 소송대리인은 최소한 항소심까지는 사실심으로서 다양한 방어권 행사방법을 고려할 수 있다는 점에서, 이 사건에서 방어권 행사에 지장을 초래할 정도는 아니라는 결론을 내린 것에 대해 비판적으로 바라볼 필요가 있어 보인다.

3. 처분의 이유제시

(1) 판례의 경향

적법한 이유제시의 정도는, 처분서 기재 자체로 어떠한 사실관계에 기초하여 어떠한 법적 근거에 따라 처분이 이루어졌는지 알 수 있는 정도로는 기재되어야 하며, 당해 처분에 대한 쟁송절차에서 법원이 그 기재를 검토하여 처분의 적법성 또는 타당성을 확인할 수 있는 정도는 되어야 할 것이다.[41] 대법원은 '불복하여 행정구제절차로 나아가는 데 별다른 지장이 없었다고 인정되는 경우'인지를 판단기준으로 삼고 있는바, 주요 판결을 검토해 본다.

❶ 행정청의 자의적 결정을 배제하고 당사자로 하여금 행정구제절차에서 적절히 대처할 수 있도록 하는 처분의 근거 및 이유제시 제도의 취지에 비추어, 처분을 하면서 당사자가 그 근거를 알 수 있을 정도로 이유를 제시한 경우에는 처분의 근거와 이유를 구체적으로 명시하지 않았더라도 그로 말미암아 그 처분이 위법하다고 볼 수는 없다. 이때 '이유를 제시한 경우'는 처분서에 기재된 내용과 관계 법령 및 당해 처분에 이르기까지의 전체적인 과정 등을 종합적으로 고려하여, 처분 당시 당사자가 어떠한 근거와 이유로 처분이 이루어진 것인지를 충분히 알 수 있어서 그에 불복하여 행정구제절차로 나아가는 데 별다른 지장이 없었다고 인정되는 경우를 뜻한다.[42]

❷ 일반적으로 당사자가 근거규정 등을 명시하여 신청하는 인·허가 등을 거부하는 처분을 함에 있어 당사자가 그 근거를 알 수 있을 정도로 상당한 이유를 제시한 경우에는 당

---

41) 이유제시의 정도와 처분의 위법성 판단기준에 관하여 대법원 판례를 유형적으로 분석한 검토로, 하명호, 행정법, 박영사, 2019, 278 – 282면 참조.
42) 대법원 2017. 8. 29. 선고 2016두44186 판결.

해 처분의 근거 및 이유를 구체적 조항 및 내용까지 명시하지 않았더라도 그로 말미암아 그 처분이 위법한 것이 된다고 할 수 없다.[43]

❸ 교육부장관이 부적격사유가 없는 후보자들 사이에서 어떤 후보자를 상대적으로 더욱 적합하다고 판단하여 임용제청하는 경우라면, 이는 후보자의 경력, 인격, 능력, 대학 운영계획 등 여러 요소를 종합적으로 고려하여 총장 임용의 적격성을 정성적으로 평가하는 것으로 그 판단 결과를 수치화하거나 이유제시를 하기 어려울 수 있다. 이 경우에는 교육부장관이 어떤 후보자를 총장으로 임용제청하는 행위 자체에 그가 총장으로 더욱 적합하다는 정성적 평가 결과가 당연히 포함되어 있는 것으로, 이로써 행정절차법상 이유제시 의무를 다한 것이라고 보아야 한다. 여기에서 나아가 교육부장관에게 개별 심사항목이나 고려요소에 대한 평가 결과를 더 자세히 밝힐 의무까지는 없다.[44]

행정절차에 대한 의식이 강화되었다고 평가되는 오늘날에도 처분서에 당해 처분의 근거 법령의 문언을 그대로 옮겨 놓는 정도의 이유 제시만 기재되는 경우가 다반수이다. 이 경우 해당 처분서 기재만 국한하여 보았을 때 이유 제시가 제대로 안 되었다고 평가될 경우가 많을 것으로 보이는데,[45] 대법원은 단지 처분서의 기재만 놓고 이유 제시의 하자 여부를 판단하고 있지는 않다. 즉, 판례는 '당사자가 충분히 알 수 있는 경우'나 '그에 불복하여 행정구제절차로 나아가는 데 별다른 지장이 없었다고 인정되는 경우'가 증거조사를 통해 인정되면, 절차상 하자를 부정하고 있다.

❶ 처분서에 기재된 내용과 관계 법령 및 해당 처분에 이르기까지의 전체적인 과정 등을 종합적으로 고려하여, 처분 당시 당사자가 어떠한 근거와 이유로 처분이 이루어진 것인지를 충분히 알 수 있어서 그에 불복하여 행정구제절차로 나아가는 데에 별다른 지장이 없었던 것으로 인정되는 경우에는. 처분서에 처분의 근거와 이유가 구체적으로 명시되어 있지 않았다 하더라도 그로 말미암아 그 처분이 위법한 것으로 된다고 할 수는 없다.[46]

❷ 피고 교육부장관의 이 사건 검정도서에 대한 가격 조정 명령 중 ① 이 사건 조항 제3호를 사유로 한 가격 조정 명령의 경우, 원고들이 스스로 적어낸 예상 발행부수와 실제 발행부수를 알고 있었고, 나아가 피고 장관이 처분을 하면서 적용한 기준부수 결정방식 등 조정가격 산정방식과 내역에 관하여 충분히 알 수 있어서 그에 불복하여 행정구제절차로

---

43) 대법원 2002. 5. 17. 선고 2000두8912 판결

44) 대법원 2018. 6. 15. 선고 2016두57564 판결. 이 판결에 대한 평석으로는, 김중권, "총장임용제청거부와 배타적 경쟁자소송 – 대법원 2018. 6. 15. 선고 2016두57564 판결", 법조 제68권 제1호, 법조협회, 2019, 459면부터 참조.

45) 이 때문에 행정소송 제기 시 원고 측에서는 일단 절차상 하자로서 이유제시 의무 위반을 주장하고 보는 경우가 많다.

46) 대법원 2009. 12. 10. 선고 2007두20348 판결.

나아가는 데 별다른 지장이 없었으므로, 행정절차법 제23조 제1항 위반의 절차상 하자가 인정되지 않는다. 반면, ② 나머지 가격 조정 명령의 경우 그 처분서에 처분의 근거와 이유가 구체적으로 명시되어 있지 않아 원고들로서는 처분 당시 어떠한 근거와 이유로 당해 가격 조정 명령이 이루어진 것인지를 알 수 없었으므로, 행정절차법 제23조 제1항 위반이 인정된다.[47]

❸ 갑 제6호증 및 갑 제8호증의 각 기재에 의하면, 피고는 이 사건 처분에 앞서 사전통지를 하면서 근거법률을 '부동산실명법 제6조'로 표시한 사실, 이 사건 처분서에는 부동산실명법이 기재되어 있을 뿐 구체적인 규정이 명시되어 있지 않은 사실을 인정할 수 있다. 그러나 위에서 살핀 각 증거들에 을 제7호증의 기재 및 변론 전체의 취지를 종합하여 인정되는 다음과 같은 사정, 즉, ① 피고가 2012. 10. 12. 원고에게 보낸 처분사전통지서에는 '원고가 이 사건 토지에 관하여 부동산실명법 위반에 따른 과징금 부과일 또는 자신의 명의로 등기할 수 없는 정당한 사유가 소멸된 날로부터 1년이 지났음에도 원고 명의로 소유권이전등기를 경료하지 않았으므로, 부동산실명법 제6조에 따라 388,075,900원 이행강제금을 부과할 예정이다'라는 취지의 내용이 기재되어 있는 점, (…) ⑤ 원고는 이 사건 처분에 관한 처분사전통지서를 받고 2012. 11. 13. 피고에게 '도시관리계획(학교) 변경 결정이 완료되면 이 사건 토지에 관하여 원고 명의로 소유권이전등기를 경료하겠다'는 취지의 내용이 포함된 의견서를 제출한 점 등에 비추어 보면, 이 사건 처분 당시 원고는 어떠한 법률적 근거로 이 사건 처분이 이루어진 것인지를 충분히 알 수 있었던 것으로 보이고, 원고가 이 사건 처분에 불복하여 행정구제절차로 나아가는 데에 별다른 지장이 없었다고 봄이 타당하다.[48]

(2) 대상판결의 검토[49]

이 사건 출석통지서의 출석이유는 징계혐의대상자가 방어권을 행사하는 데 지장이 없을 정도로 특정되면 충분한데, 2015. 4. 20. 개최된 생도대 훈육위원회에 앞서 2015. 4. 15. 원고에게 교부된 출석통지서(갑 제7호증)의 출석이유란에는 "상기자는 폭행·가혹행위, 폭언·욕설·인격모독행위, 성군기 위반 건에 대한 생도대 심의위원회 출석을 요구함"이라고 간략히 기재되어 있고, 2015. 5. 21. 개최된 학교교육운영위원회에 앞서 2015. 5. 15. 원고에게 교부된 출석통지서(갑 제8호증)의 출석이유란에는 "상기자는 성군기 문란, 폭언·욕설·인격모독, 폭행건에 대해 15-8차 학교교육운영위원회 출석을 요구함"이라고 간략히 기

---

47) 대법원 2019. 1. 31. 선고 2016두64975 판결.

48) 서울고등법원 2015. 1. 7. 선고 2014누62304 판결.

49) 원고가 징계위원회 출석통지서에 구체적 혐의사실이 기재되지 않아 징계절차에 흠이 있다고 주장한 것에 대하여, 위에서 본 다른 쟁점과 달리, 1심부터 대법원에 이르기까지 동일한 판시가 있었다.

재되어 있다.

그러나 종전판결에서 종전처분의 징계사유를 거의 그대로 인정하였고, 이 사건 처분은 종전처분이 절차상 하자를 이유로 취소된 후 종전판결의 취지에 따라 재처분을 하게 된 경우인 점 등을 고려하면, 원고가 각 출석통지서를 교부받을 당시에 이 사건 처분의 구체적인 징계혐의사실을 충분히 알 수 있는 상태로서 방어권을 행사하는 데 지장이 없었던 것으로 보아야 한다.

(3) 검토 및 평석

처분의 이유제시 제도는 행정작용의 공정성을 스스로 보장하는 자기통제기능, 처분 당사자로 하여금 처분의 위법성 여부를 보고 행정쟁송 제기 여부를 결정하도록 도움을 주는 권리구제기능, 처분의 의미와 내용을 명확히 하여 당사자에게 처분을 정당한 것으로 받아들여 승복시키는 당사자만족기능 등을 갖는다.[50] 이러한 기능들은 단순히 이유제시의 정도를 형식적으로만 접근해서는 달성될 수 없을 것이다.

대법원은 ① 당사자가 처분 과정에서 처분의 이유에 대해 알고 있음을 전제로 의견제출 등의 대응행위를 한 경우, ② 당사자가 행정청으로부터 처분사유에 관하여 구두 또는 서면상의 설명을 들은 경우, ③ 종국의 처분서 이전 단계에서 사전통지서 등에 처분사유가 기재되어 있다고 인정되는 경우 등에는 '당사자가 충분히 알 수 있는 경우'나 '그에 불복하여 행정구제절차로 나아가는 데 별다른 지장이 없었다고 인정되는 경우'가 인정된다고 보아 이유제시의 하자를 부정하고 있다. 대상판결은 종전처분과 종전판결이 존재하는 경우로서, ①, ②, ③의 경우 모두에 포섭될 수 있다고 보인다.

아직도 행정청이 처분서에 처분사유에 관한 상세한 기재를 하지 않는 행정현실이 아쉽기는 하지만, 행정력의 한계와 행정수행의 범위 등을 감안하였을 때, 오로지 종국 처분서의 기재만 가지고 이유제시의 적법 여부를 판단하는 것이 타당하지는 않다. 따라서 처분의 일련의 과정(대상판결에서는 특히 종전처분과 종전판결 과정)을 두루 고려하여 당사자의 방어권 보장 여부를 검토하는 대법원의 기본적 태도에 찬동하는 바이다.

VI. 결어

대상판결은 행정절차에서 대리인으로 선임된 변호사의 조력권을 제한하는 처분이 적

---

50) 하명호, "이유제시의무와 이유제시의 정도 - 대법원 판례를 중심으로", 안암법학 제25권, 안암법학회, 2007, 335 - 336면.

법한지 논증하면서 이를 방어권 행사의 본질적 내용에 해당한다고 명시한 최초의 사례로서, 행정절차법 해석에 있어 중요한 의미를 갖는 판결이라고 평가할 수 있다. 나아가, 행정절차법의 적용제외 사항을 엄격하게 해석해야 한다는 점, 의견제출의 기회 보장 및 처분의 이유제시가 절차상 하자를 구성하지 않는 정도와 범위 등의 쟁점에 대하여 기존의 법리를 유지하면서도, 종전처분과 종전판결의 존재라는 특수한 사안에 합리적으로 포섭시킨 타당한 판결이라고 생각한다.

다만, 침익적 행정절차에서의 변호사의 조력권을 헌법상 권리에 근거한다고 보면서도 그에 대한 부당한 제한을 바로 위법하다고 보지 않은 채, 방어권 행사에 실질적 지장을 초래했는지 여부를 고려함으로써 의견제출의 기회 보장 및 처분의 이유제시의 제한 법리와 혼재하여 판시한 부분은, 헌법상 권리의 보장과 법률상 권리의 인정 범위를 명확하게 구분하지 않았다는 점에서 논리상 문제가 있다고 판단된다.

앞으로도 행정의 공정성·투명성·신뢰성 확보, 국민의 권익보호, 국민의 방어권 보장, 처분 결과에 대한 수긍 가능성 등이 종합적으로 고려된 절차 위법성에 관한 판결이 형성되기를 기대한다. 무엇보다도 행정절차는 헌법상 적법절차의 원리에 뿌리를 두고 있으며 변호사의 조력을 받을 권리는 헌법상 기본권으로서 보장되어야 한다는 점을 잊지 말아야 할 것이다.

然寓 崔光律 名譽會長 獻呈論文集

집필진

정하중	박홍우	이은기	박균성	오준근	박정훈	한견우	김용섭	김유환
배병호	배보윤	유진식	김창조	최진수	김중권	선정원	김종보	김병기
정하명	강현호	권은민	정호경	임지봉	정남철	김대인	이진수	최계영
계인국	허이훈	이재훈	박건우	신상민				

간행위원회

위원장	김동건							
위 원	박정훈	이승영	배보윤	김중권	최진수	김창조	이진만	유진식
	서규영	이희정	장경원	이현수	하명호	이진수	계인국	이재훈
	우미형	박우경	김찬희	강지은	김판기			

편집위원

김중권	최진수	계인국	김용섭	김창조	박재윤	박종수	이진수	이현수
이희정	최계영	홍강훈						

• 집행위원

최진수	이진수	계인국	이재훈	이채영

規範과 現實의 調和 – 合理性과 實效性 –

초판발행   2020년 12월 15일

엮은이   然寓 崔光律 名譽會長 獻呈論文集 刊行委員會
펴낸이   안종만·안상준

편 집   전채린
표지디자인   박현정
기획/마케팅   조성호
제 작   고철민·조영환

펴낸곳   (주) 박영사
              서울특별시 금천구 가산디지털2로 53, 210호(가산동, 한라시그마밸리)
              등록 1959. 3. 11. 제300-1959-1호(倫)

전 화   02)733-6771
f a x   02)736-4818
e-mail   pys@pybook.co.kr
homepage   www.pybook.co.kr
ISBN   979-11-303-3801-9 93360

copyright©然寓 崔光律 名譽會長 獻呈論文集 刊行委員會, 2020, Printed in Korea

정 가   55,000원